LEVEL 1

CFA注册金融分析师考试中文手册（CFA一级）

第3版

金程教育 编著

机械工业出版社
China Machine Press

图书在版编目（CIP）数据

CFA 注册金融分析师考试中文手册（CFA 一级）/ 金程教育编著．—3 版．—北京：机械工业出版社，2017.5（2017.11 重印）
（通关宝系列）

ISBN 978-7-111-56653-3

I. C…　II. 金…　III. 金融 – 分析 – 资格考试 – 自学参考资料　IV. F83

中国版本图书馆 CIP 数据核字（2017）第 069735 号

本书自考生的角度出发，集金程教育 17 年 CFA 培训经验于一体，力邀国内外众多金融投资专业人士与 CFA 协会投资系列译者精心打造，体现了当今国内 CFA 考试中文解析的高水准。本书依据 CFA 协会颁布的最新考试大纲及指定教材编写，由国内顶尖级 CFA 考试培训机构金程教育旗下专业研发团队携手国内外金融领域专家和学者对本书进行精心设计，并由多位教学经验丰富的资深 CFA 培训师执笔，完全参照 CFA 协会官方推荐用书编写，核心和重要的内容全部囊括，契合中国考生的实际情况，有利于考生快速阅读、备考。本书具有权威性、专业性、前沿性、全面性、实用性和效率性。

CFA 注册金融分析师考试中文手册（CFA 一级）

出版发行：机械工业出版社（北京市西城区百万庄大街 22 号　邮政编码：100037）

责任编辑：施琳琳　　责任校对：殷　虹

印　　刷：中国电影出版社印刷厂　　版　　次：2017 年 11 月第 3 版第 3 次印刷

开　　本：185mm × 260mm　1/16　　印　　张：40.25

书　　号：ISBN 978-7-111-56653-3　　定　　价：169.00 元

凡购本书，如有缺页、倒页、脱页，由本社发行部调换

客服热线：（010）68995261　88361066　　投稿热线：（010）88379007

购书热线：（010）68326294　88379649　68995259　　读者信箱：hzjg@hzbook.com

前言

金融是现代经济的核心，在经济全球化趋势下，金融市场正以不可逆转的趋势走向一体化，并在全球范围内引导资本流动，影响资产定价，优化资源配置以及提高经济运行效率。因而，掌握全球金融市场基础知识和基本原理，熟悉金融市场组织架构、交易工具、运作机制和规律，是现代市场经济条件下所有已经从事和准备从事金融工作的人员应该具备的素质和能力。

被誉为“华尔街入场券”的CFA证书一直以来都是投资行业“皇冠上的明珠”，其专业、领先的知识体系成为金融行业专业人才培养的标杆，受到了国内外机构的高度认可。很多机构甚至以CFA持证人数作为衡量专业形象、管理水平、市场价值的重要指标。然而，自CFA考试设立以来，通过率却持续走低，作为国内较早开展CFA培训的机构之一，金程教育在CFA培训领域积累了十多年的经验，我们希望用我们的专业与实践，助力更多CFA考生通过考试。

本书自2014年出版以来，得到了社会各界CFA考生的一致好评。感谢各界读者通过微信、邮件等方式，将在CFA学习中遇到的问题及对本书的意见和建议反馈给我们，从而帮助我们进一步推动本书的更新及完善。本书得以第三次出版，要感谢关心、爱护我们的读者以及为本书编撰付出辛苦与努力的金程教育的亲密战友。为了本书的第三次出版，金程教育的师资、研究员几乎阅尽所有的CFA学习资料，研究自CFA考试进入中国以来的所有考题，结合课堂中考生最难理解的知识点剖析，反复推敲，不断打磨，将CFA的智慧贯穿到本书的每一句用语、每一个案例、每一道习题之中。作为专门面向中国CFA考生的辅导教材，本书也是帮助有志于从事金融行业人士、金融专业学生以及金融从业人士的参考书籍，有助于掌握全球金融主流且实战的知识体系，从而帮助大家系统地学习金融知识体系。

本书第3版能够问世，一方面是因为现阶段国内CFA考生人数激增，很多考生因为在职，没有足够的时间阅读全英文原版资料，本书提供了学习CFA知识的“快速通道”，以帮助考生用较短的时间迅速掌握CFA的重点、难点；另一方面，CFA的知识体系庞杂，对于零基础考生备考有较大难度及压力，本书紧扣CFA协会官方考纲，基于CFA考试十门课程，引申出CFA考试的知识脉络，全书的知识点以“是什么”“为什么”“举例子”“做习题”为结构框架，深入浅出地帮助考生学习 CFA 一级知识体系，并引导考生巩固知识重点、难点，以达到事半功倍的备考效率，最终实现通过考试和掌握知识的目标。

汤震宇　博士

金程教育首席培训师

金程教育金融研究院院长

CFA FRM CTP CAIA CMA RFP 经济师 CISI 会员

2017 年 3 月于上海

目 录

第 3 章
经济学

第4章 投资组合管理

第5章 财务报表分析

第 6 章 公司理财

第 7 章 权益投资

第 8 章 固定收益

第9章 金融衍生产品

第 10 章 其他类投资

第1章 职业伦理准则

1 投资行业中的道德与信任

知识导引

作为 CFA 项目的候选人之一，你被期望同时要求达到高道德标准。这一部分介绍了相应的概念，将帮助你理解符合道德的行为在投资行业的重要性。随后，这部分将会介绍做出符合道德要求的决策的框架。

考点说明

本章中，我们需要掌握道德的概念、在投资行业的作用以及道德行为面临的挑战。基于理解，对道德标准和法律标准进行一个区分。最后将介绍道德决策制定框架。

1.1 道德的两种定义

道德的一种定义是描述一个社会或者一个社会群体的导向性的信念或理想。道德围绕着一组给我们的行为提供指导的道德原则和行为规则。道德原则是关于什么是好的、可接受的或负责任的行为以及什么是不好的、不被接受的或禁止的行为的信念。

道德的另一种定义是对道德原则的研究，能够被描述为是对好的行为和不好的行为的研究，或是对做出好的选择或不好的选择的研究。

道德行为是指遵守道德原则，平衡自身利益和该行为对他人产生的直接或间接的结果的行为。

1.2 道德标准和行为标准

政府或一些团体会制定相关的法律或制度来反映这些被广泛接受的、关于义务和被禁止的行为的信念。法律上的差异反映了信念和价值观上的差异。

我们生活和工作中的一些特定的社区或社会团体将他们对义务和禁止的行为的信念规范化，并以书面化的原则表示，这些原则就被称为道德标准。

行为标准是衡量社区成员的最小可被接受的行为的基本准则，有助于阐明道德标准。

1.3 道德标准在定义专家时的角色

专家是指一个职业的最终进化形式，是由在高水准下从事该职位，并为整个团体制定一系列道德标准和行为标准的成员的努力而产生。

专家一般为职业的最终发展阶段，需要基于专业知识技能，从而为他人提供服务。在职业发展中能够建立并遵守该行业相应的道德标准。

客户和专家的关系基于信任，而非单次交易。

名师解惑

这里我们主要涉及词汇辨析，首先是关于“工作”的一组名词。job 所指代的仅为赖以生存的工作，vocation 指的是个人各方面的能力以及性格所适合的工作，但是 profession 则是整个职业生涯的最后进展，基于个人专业的知识和技能，能够为他人提供服务并且愿意遵守一定的道德标准。此外，针对 customer 和 client 也有具体的辨析，customer 所指的客户只是基于一次性的交易，而 client 所指代的客户则是基于长期以来的信任和关系。因此，金融领域的专业人士与客户接触沟通中，我们更多的指代的就是 profession 和 client 之间的关系。

1.4 道德行为面临的挑战

第一个挑战是，人们倾向于相信自己是有道德的，他们的道德标准高于平均水平（过度自信偏差）。过度自信将会导致制定错误的决策。

第二个挑战是，决策制定者经常无法认识到或者严重低估情景影响。情景影响是塑造我们的思维方式、决策制定及行为的外部影响因素，例如环境或文化因素。

金钱、升职、声望和对雇主及同事的忠诚度都是情景影响的组成部分，经常在我们的决策制定中起到不同比重的影响。

1.5 道德的重要性

当金融市场的参与者都相信各方的行为符合道德准则时，投资方和借钱方间的资本流动将会更加有效。

虽然道德总是很重要，但它在投资行业如此重要的原因是投资行业和金融市场是建立在信任的基础上的。

信任对所有业务都很重要，其原因有以下三点：①客户的关系是长期的；②和客户之间会存在信息不对称；③服务是无形的。

1.6 区别道德标准和法律标准

虽然法律一般将道德行为标准化，但是法律行为和道德行为不总是一致。

法律不总是减少不道德行为的最好机制。

道德行为不止于法律要求的行为，道德行为围绕着不同社会团体或社区认为道德上正确的行为，包括在一些专业领域。

法律和规则一般将对社会或特定群体股东具有好的结果导向的道德行为进行规范化。

1.7 道德决策制定框架

- 识别：相关事实、股东及对应职责、道德原则、利益冲突。
- 思考：情景影响、附加指导、可替换行为。
- 决策及行动。
- 反省：结果是预期的吗？为什么？

2 CFA 协会职业准则概述

知识导引

在 CFA 的课程体系中，职业伦理与道德准则是其第一部分内容。许多考生会认为这一部分不重要，但是经验证明，如果这门课没有通过，那么考试通不过的概率就会大大增加。虽然可能看起来有点“繁文缛节”，但是只要深入挖掘下去，其实就会发现很多准则之间都是相通的，它的主要目的就是成为整个投资行业中行为准则的“标杆”。接下来，我们就要进入这块内容的学习。

考点说明

本章中，我们需要对 CFA 协会职业行为项目（professional conduct program，PCP）的结构以及职业行为准则实施的过程进行讨论。

职业行为项目 PCP 是基于公平对待会员或候选人（members and candidates），以及维持审查过程的保密而创立的。CFA 协会的纪律审查委员会（disciplinary review committee，DRC）对 PCP 以及职业伦理准则的实施负责。

CFA 协会指定的官员可以通过以下几种方式对会员与候选人进行职业准则的调查：

- 会员与候选人每年在职业行为声明中，对自己受到的法律调查或者他人对自己的书面投诉进行自我披露。
- 职业行为调查官员收到的对会员或候选人的书面投诉信。
- 职业行为调查官员从公开渠道（比如媒体文章等）获取的行为不端的证据。
- CFA 考场的监考官撰写的书面报告。

一旦调查开始，调查官员可能会要求接受调查的会员或候选人进行书面解释。此时，协会指定官员会决定：

- 是否需要进行纪律仲裁；
- 发警告信；
- 或者继续调查。

如果会员或候选人不接受调查结果，可提交至听证会，并由 DRC 委员以及 CFA 会员志愿者裁决。CFA 协会一旦对个人进行制裁，会造成很严重的后果，包括公开谴责、吊销会员资格及收回 CFA 持证人资格，候选人可能无法继续参加 CFA 项目的考试。

CFA 协会的职业伦理准则针对的是所有的会员与候选人，当然其中也包括持证人

(charterholder)。

- 第一，CFA协会要求，所有的会员及候选人在与公众、客户及潜在客户、雇主、员工、同事以及其他全球资本市场参与者打交道的过程中，都要正直、有专业能力、勤勉、尊重，并且遵从道德准则。不仅如此，还要将投资行业的诚信（integrity）及客户的利益置于个人利益之上，并且致力于维持资本市场的诚信。
- 第二，还要维护信用（credit）：不仅自己要守信，而且要鼓励他人诚实守信。
- 第三，在进行投资分析时，要保持谨慎（reasonable care）和独立（independence），此处谨慎体现在投资分析、推荐、投资活动及其他相关活动时，要拥有充分的证据支持自己的观点，而独立体现在不受外界因素的干扰，坚持自己的独立判断。
- 第四，应该保持并不断提高自己的专业胜任能力，同时还应该努力让他人提高专业能力。
- 第五，为了社会和资本市场的利益，必须要维护金融市场的稳定和活动。

综上所述，我们可以看见几个关键词，第一个关键词是诚信正直（integrity）：不仅自己要诚信正直，还要努力确保整个投资行业的诚信；第二个关键词是信用（credit）：不仅自己要守信，还要鼓励他人诚实守信；第三个关键词是谨慎和独立；第四个关键词是有专业胜任能力。

七条职业伦理准则概述

按照顺序来划分，我们可以将七条准则分为以下几个部分（见图1-1）。

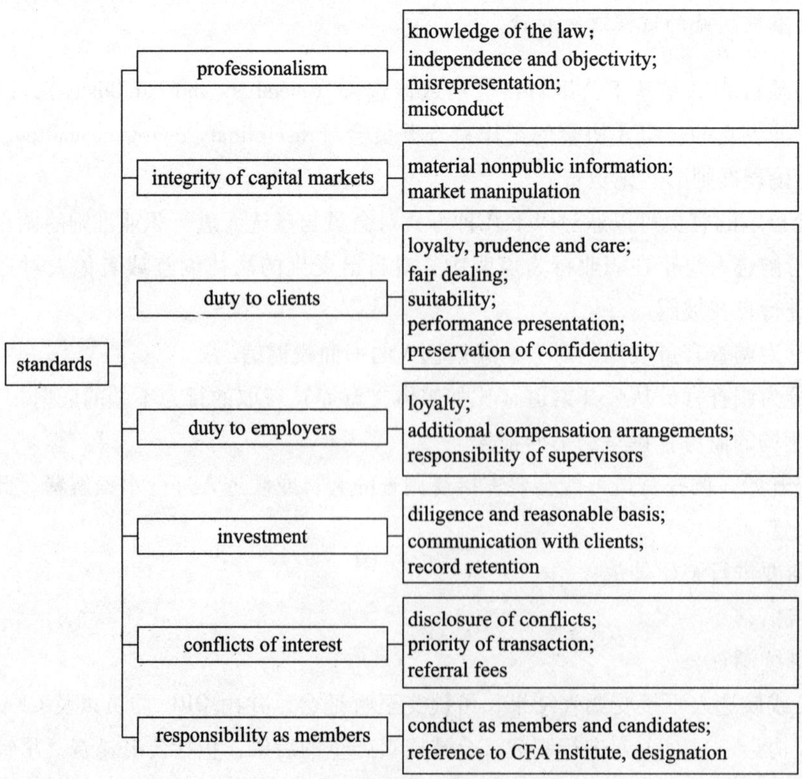

图1-1 七条职业管理准则

对个人的要求

名师解惑

standard I-professionalism、II-integrity of capital markets 以及 VII-responsibility as members 是对个人的要求。

- 首先，必须要有职业操守。对于职业操守，首先要知法守法，同时要言行一致，不能有误导性称述（misrepresentation）和不端的行为（misconduct）。此外，还必须具备客观独立性。
- 个人还需要对资本市场的诚信负责，如何负责？这就涉及使用重要非公开信息的问题，也就是我们通常所说的内幕信息。在投资决策过程中，明令禁止对市场进行操纵。
- standard VII 讲的是作为 CFA 协会的会员或者候选人，应该努力维持 CFA 协会的名誉，不得做出有损协会名誉的行为，并且要按照协会的规定使用 CFA 的称号。

作为会员或候选人的责任

名师解惑

对客户和雇主的责任，其核心是忠诚。对于客户，我们应该公平对待，并提供适合客户的服务，且事先披露；对于雇主，也应该忠诚，这体现在不应做有损雇主利益的事情。

投资过程中应注意的问题

名师解惑

在投资过程中，我们要勤勉并且做充分研究，保存记录。当遇到利益冲突时，应该充分披露，并按照交易的优先顺序进行。

综上所述，整个职业伦理准则讨论的就是一个问题——如何成为一个“好人”。不仅自己要行为端正，而且不能做一些让他人看起来可能会影响个人及行业声誉的行为。在下文中，我们会就这些问题展开具体的讨论。

3　七条职业伦理准则

在介绍七条准则时，我们先介绍准则的具体内容，再介绍如何运用（导引），最后介绍准则里推荐的行为方式（recommended procedures）以及案例分析。并且，下文中所有的准则要求都是针对 CFA 协会的会员以及候选人的。

3.1　standard I-professionalism

知识导引

standard I 主要讲述了个人行为中，对于职业化的要求——首先要知法守法，其次是保证投资决策过程的独立性与客观性，最后是对误导性陈述及不端行为的要求。

I(A)　knowledge of law 内容

会员及候选人都应该理解并遵守所有应遵守的法律法规，包括 CFA 协会伦理准则的要求。

如果法规与准则之间存在冲突，应该遵循最严格的规定，而且不能明知故犯。如果发现了违法行为，必须从中脱离开来。

名师解惑

什么是明知故犯？CFA 协会对此的定义是“知道或者应该知道的”（know or should know）。如果某证券从业者违反了《证券法》，但他却辩称自己不知道相关法律规定，我们仍然认为他是违反法律的，因为作为一名从业者，是“理应知道”这些规定的。

I(A) 导引

职业准则及当地法律

必须知道并且“应该知道”他们业务所在的国家和地区的相关法律法规。

虽然要求知道相关法律，但 CFA 协会并不要求会员与候选人成为法律、合规及内控方面的专家，不过最起码必须了解与你的职业行为直接相关的法律法规。

CFA 协会要求，总是遵循职业准则与所有适用的法律法规中最严格的要求。即使这样的行为本身并不违法，但由于违反了职业准则，因此仍然不能有这样的行为。比如你在一个岛国从事证券行业的工作，岛国的法律没有禁止内幕信息交易，此时你不能用内幕信息交易，因为即使这样的行为不违法，但是违反了职业准则的要求。

如果遵守的规则之间存在着传递关系，我们要把最后生效的法律与职业准则进行比较。这是一种比较复杂的情况，我们可以通过举例来说明（见表 1-1）。

表 1-1 职业准则与当地法律

工作地适用法律	居住地法律	遵从法则
虽然更严格，但规定要遵从居住地法律	相比工作地法律不严格	居住地法律要求低于准则要求，遵从准则
不严格，而且规定要遵从居住地法律	相比工作地法律更严格	居住地法律要求高于准则要求，遵从法律

假如你居住在中国，但是工作在新加坡。工作中所有的行为都要遵循新加坡法律的规定，如果新加坡的法律更严格，那么进行第一步比较，应该遵循新加坡的法律。如果新加坡法律又规定，必须遵从居住地的法律，那么我们应该遵守中国的法律。此时，中国的法律就是最后一个生效的法律，将其与职业准则进行比较。如果中国的法律相对更严格，那就遵循中国的法律；如果中国的法律相对不那么严格，应该遵守职业准则的要求。

所以，如果存在着传递关系，首先应该判断最后一个生效的是哪个法律，然后再与职业准则进行比较，遵从更严格的法律。

参与他人的违规行为

如果知道别人有违规行为，首先应该报告给直属上司或者是合规部门，并且可以考虑（非强制要求）找到违规者奉劝他们终止这样的行为。如果已经报告了问题，但是问题并没有得到妥善的解决，那么应该与这种行为脱离开了，并且做文档记录，甚至要考虑辞职的可能性。

如果怀疑违规行为的存在，首先应该咨询，但并不能免除自己的责任。举例来说，如果发现了违规行为后，你向公司的合规部门咨询，但是合规部的同事给你的是不独立甚至错误的意见，不能因此免除你所担负的责任。

CFA 协会并没有规定必须向当地政府部门报告违法行为，但是否应该报告取决于法律的规定。如果法律规定一定要报告，那就要报告；如果法律规定首先应有保密的义务，则不能报告；如果法律没有相关规定，协会推荐的做法是报告。

如果发现违规行为而无动于衷，继续参与这样的行为就被认为是参与或者协助违规的行为。

投资产品及适用法律

当涉及投资产品时，应该要注意这些产品的来源地以及销售地，因为这里涉及某些地区的法律规定。比如伊斯兰法律规定，借贷不能产生利息，如果将中国发行的债券卖给伊斯兰人民，那么这种行为就是违法的。

负责投资品监管或者开发维护的人员应该理解当地的相关法律法规。

如果有关联企业帮助销售投资产品，我们应该确保关联企业没有违反当地的法律法规。

在跨境交易时，必须要做尽职调查，以保证遵守各种法律法规。

I(A)　推荐程序

这里主要分为对个人的推荐做法、对公司的推荐做法。

对个人的推荐做法

- 获得即时信息：首先，应该制定或者鼓励公司制定一套完整的程序，使得所有员工都能够及时了解最新法律法规的变化。在许多时候，公司的法务部或合规部能够以备忘录的形式将公司制度及法律法规分发给所有员工。除此之外，还应该参加公司内部及外部的继续教育项目，以时刻保持信息灵通。
- 检查的程序：确保公司能够定期检查书面的内控程序，以确保这套程序能反映当下最新的法律要求和职业准则要求。
- 保存现有的文件：公司应该保存当前的文件，以确保所有员工能够及时地获取当前最新法规。

对公司的推荐做法

根据公司的性质与规模的不同，合规程序的完善与复杂性也会有不同。因此协会建议，应该鼓励雇主遵循CFA职业准则。因为职业准则对于一些合规中的“两难”问题以及“在职揭发”（whistleblowing）问题都有一套比较完善的措施。

鼓励公司采取下列措施：

- 所有相关的法律法规的信息都应该放在一个特设的地方或者发给所有的雇员。信息来源可以来自多方面，包括政府部门、发证机构、专业团体以及相关的备忘录及公开出版物等。
- 制定应对违规的具体书面程序，以防止举报人遭到打击报复。

I(A)　案例分析

Case 1　发现证券承销（underwriting）的资料有问题，咨询了公司法律顾问（general counsel）的意见，法律顾问说没有问题。

解释　这样做有问题。公司内部法律顾问的意见不一定独立，如果仅依赖法律顾问的意见，自己仍不能免责，应该咨询独立的法律意见（independent legal opinion）。

Case 2　在承销可转债时，发现公司在募集说明书中隐瞒了损失。

解释　应该首先向公司内部相关的管理者进行汇报，如果仍旧没有改正，应该从实质上脱离这样的行为，并留下记录。有必要向合规人员或法务人员咨询意见，看要不要进一步向法律机关汇报。

Case 3 在计算投资管理公司业绩时违反相关规定，夸大（inflate）了公司业绩并用此业绩去招揽（solicit）业务。

解释 尽管业绩非他本人计算，但是以此来招揽业务，违反了 I(A)；仅仅是与内部人员讨论来改正并不能纠正此问题，应该向公司内部汇报；如无改进，则应该脱离这种行为；如果公司坚持用这个业绩来招揽业务，则应该考虑辞职。

Case 4 工作所在地的法律相比职业伦理准则，不太严格，甚至对于内幕交易（insider trading）没有限制。

解释 应该遵守更加严格的准则，不能够进行内幕交易，因为职业准则是不允许内幕交易的。

Case 5 工作所在地的法律相比职业伦理准则，更加严格，不允许参加股票的 IPO。相比而言，准则是允许参加股票的 IPO，但是不允许参加私募。

解释 应该遵守更严格的规定，即当地的法律。如果参加股票 IPO，则不仅违反当地法律，同时也违反了 I(A)。

Case 6 中东地区的投资者想投资对冲基金，但同时不能违反伊斯兰地区的法律（Islamic Law 不允许买卖债券），而投资产品的宣传册上并没有说明这种对冲基金投资是否适合伊斯兰地区的投资者。

解释 应该了解不同的法律要求和文化及宗教差异，应该积极了解投资产品是不是适合当地的法律。

Case 7 发现公司已经向证券经纪商（broker）支付了投资研究费用，但是，经过了解后，这个经纪商并没有提供相应的研究报告。

解释 应该按公司的规定汇报，并与主管上司或者合规部门讨论这个问题。

Case 8 在使用社会化媒体发表言论的时候，没有遵循关于社会化媒体的法律。

解析 在使用社会化媒体的过程中，要遵循当地关于社会化媒体的法律。

I(B) independence and objectivity 内容

必须在工作中保持谨慎和独立，为此，不能提供、索取或者接受一些可能被认为会损害自己客观独立性的礼物、好处以及酬金。

名师解惑

不仅要确保自己在投资决策过程中保持独立和客观，还要注意自己的行为在他人眼中的影响，也就是说，不能做一些可能被他人看来会影响客观独立判断的行为。这点在考试中可能会出现。举个例子，你收了别人的小礼物，但是没有向大家披露，如果这件事今后被雇主或者客户知道了，可能就“跳进黄河也洗不清”了。因此要注意自己在别人眼中的形象。

I(B) 导引

礼物

最好能够拒绝所有可能会影响自己客观独立性的礼物。第三方的礼品的接受与否取决于礼品的金额是否足够影响你的客观独立性，一般来说，平价的（modest）礼物是允许接受的，但必须披露。如果收到客户的礼物，可以接受，但一定要披露并得到书面同意，否则就违反

I(B)；如果在接受礼物之前无法及时披露，则一定要在事后披露。披露的目的就在于让雇主能够评判到底这样的礼物是否会影响你的客观独立性。此处，我们还需要注意的是，必须评估礼物的实际影响以及在其他客户心目中会产生的影响。

名师解惑

如果公司对每次接受礼物的金额上限有要求，比方说每次最多只能接受价值100美元的礼品。假设对方连续送你好几次礼品，每次礼品价值都是99美元，这样看似遵守了公司的规定，但是仍然违反了I(B)，因为这样的行为目的并不是表达谢意，而是试图影响你的客观独立性，如果你接受了这样的礼物，那么显然违反了I(B)。

买方客户

由于买方是卖方研究报告的主要使用者，并且会支持卖方将研究评级上调，因为评级的上调会对买方持仓的股票有正面影响，而股票的表现直接决定了基金经理的行业声誉，所以买方客户（基金公司等）可能会对卖方分析师施加压力。

对于基金经理，不应该影响卖方分析师的客观独立性，比如采取事后的报复性行为等。

基金经理的关系和托管关系

负责聘用或者留用外部基金经理的人员不能接受任何形式的可能被认为影响客观独立性的礼物，包括娱乐、旅游等。

基金经理以及管理基金的基金（fund of funds）的经理参加市场营销活动，推广自己的投资策略时，应该决定能否参加活动但不影响自己的客观独立性，因为在社交活动中经常会碰到一些人试图影响自己的客观独立性。

独立的投资咨询公司通常会使用第三方托管机构作为它们的托管者，在选择第三方托管机构的过程中也要保持客观独立，不能接受会影响客观独立性的礼物。

与投资银行的业务关系

研究部门与投行部门应该建立防火墙（firewall）以降低可能的冲突，投行部不应该给研究部施加压力，以发布对自身有利的研究报告。因此投行部的总监不能兼任研究部门总监。

当研究部的人员与投行部的人员一起工作时，应该有效充分地披露并管理潜在的冲突。

一般来讲，研究人员不能参加“路演”活动，只有在潜在冲突能够被充分披露并有效管理时，才能参加。

业绩评估与度量

在投行业绩计量部门的人在给基金经理评估业绩的过程中经常会遇到一些影响他们独立客观性的情况。这种情况通常分为两种：基金经理的投资组合偏离他们的投资指令（mandate)；此外，评估绩效的人会被基金经理要求改变业绩合成单位（composite）的组成。对于这两种情况，业绩评估部门都不能受这样的威胁，他们必须要保持自己的客观独立性。

上市公司

对于分析师来说，可以跟踪一家上市公司，但不能保证一定发布有利的研究报告，分析师必须给出客观独立的意见。

分析师不能把研究仅限于和公司管理层的交流上，而应该采取更广泛的渠道，比如与供应商、客户与竞争者的交流等。

评级机构意见

对公司进行评级时，不应该受到发起公司（需要评级的公司）的影响。另外，还要遵循业内有关如何分析及发布报告的标准程序。

如果评级公司有多个部门，应该建立防火墙，防止销售部对评级部的分析产生影响。

当我们使用评级机构的报告时，应该注意潜在冲突。

招聘基金经理/招揽资金

会员或者候选人在招聘外部基金经理，或者招揽外部资金进行投资的过程中，也要保持客观独立性。在招聘的过程中，会员或者候选人不能主动去要礼物、好处或者其他会影响客观独立性的薪酬。比如，在招聘的过程中，会员或者候选人不能接受基金经理候选人送的会影响客观独立性的礼物。在招揽外部资金，或者可以理解为应聘基金经理的过程中，也不能主动去送礼物来影响对方的投资决策。有一个经典的例子叫作“pay to play”，讲的是基金经理为了管理政府养老基金去给政府官员或者政府官员相关的利益主体行贿，这样就影响了政府官员的独立客观性，也属于违背了这条准则。

发行方支付费用的研究报告

此时应该注意，发行方付钱的研究报告是最有可能存在利益冲突的，因为发行方可能会提出只有发布了对自己有利的研究报告才会付钱。但分析师应该秉承着独立客观的原则，要求研究报告的费用是有限的、固定的费用（flat fee），并且不能与研究结论直接或间接地挂钩。

由于存在着利益冲突，所以应该充分披露这种研究报告的费用结构。

旅费

外部机构有时会把分析师的所有差旅费都报销掉，所以最好的办法是采用一般的交通方式，而不采用外部公司特别安排的交通方式或特别招待，比如公司的豪华包机等。因为在这种情况下，可能无法保证独立客观。但是，也存在例外的情况，如果无法采用一般的交通方式，那么可以采用公司安排的平价的差旅去参加收集信息的活动，比如实地调查。

客户的礼品及第三方的礼品应该区别对待，因为客户的礼品可以被视为补充性的报酬，其目的可能并不是影响客观独立性，但是必须披露。如果接受礼品之前无法披露，那么事后一定要披露。披露的目的是让雇主评价你的客观独立性是否会受到影响。

CFA 会员及候选人应该意识到，他们在 CFA 协会内的一些活动可能会影响自己的客观独立性。因此，应该评估实际的影响以及在其他客户心目中可能产生的影响。

I(B) 推荐程序

应该保证自己意见的独立性，确保没有受到其他部门及外部公司的影响。

如果不愿对某家公司发表不利意见，那么应该将这家公司放入限制性清单（restricted list）中，并且对限制性清单中的公司只发布事实性信息。

- 限制旅行成本，最好能够使用一般的交通方式，而且不能让外部公司为你报销费用。如果能够用一般的交通方式，就不应该使用外部公司特意安排的交通方式，而且不能总是由外部公司招待分析师。
- 限制礼品的金额。如果商务礼品不是为了影响客观独立性，是可以接受的。同时，接受礼品的金额是否合适应该按照当地的习俗，并且需要判定每份礼品及总共的金额是否超过限额。

- ➢ 限制投资的措施。公司应该设立相关条例。如果允许参加IPO或买卖股票，那么必须有一个提前核准制。而且应该严格禁止参加股票上市前的私募，因为私募的机会很难得，应该让给客户，此外如果在私募阶段已经配售，那么在之后的分析中可能会影响到自己的客观独立。

因此公司应该有一套正式的书面检查程序，以确保所有的行为都符合公司制度。此外，公司还应该设定一个合规专员以监督并报告违反规定的行为。

I(B) 案例分析

Case 1 分析师在进行实地调查研究时，因为被调查的公司地处偏僻山区，所以公司主动安排了商务包机，并且给各位分析师安排了当地唯一一家汽车旅店，并支付了所有食宿费用。几乎所有的分析师都接受了这种招待，唯独一位分析师坚持要求自己独立支付食宿费用。

解释 如果自己付钱，肯定没有违反客观和独立性；如果自己没有付钱，还要判断是不是违反I(B)独立客观性。在本场景中，因为公司安排的是商务包机，并且住的是公司附近唯一的旅店，因此可以认为这样的安排仅仅是为了公务需要，而且金额不大，不是特别为这些分析师准备的，没有任何额外的附加条件。所以，只要本人的客观独立性没有受到损害，就算自己没有付钱，也没有违反I(B)。最关键的原则是：不仅应该考虑自己的独立客观性能否维持，还要考虑在别人眼中自己的独立客观性是否受到损害。

Case 2 向顾客承诺会提供全方位的研究。

解释 可以承诺对公司进行研究，但是不可以承诺发布某种投资推荐，比如“买入”推荐，投资推荐必须是自己的客观与独立的意见。

Case 3 投行部要为一家公司发行债券，但是经过客观研究后，研究部的分析师准备发出一份价格高估的报告。

解释 应该坚持客观与独立的意见。如果预计要发行债券，那么避免冲突的最好办法是将这家公司放入限制性清单中。

Case 4 发布了关于一家公司不利的报告，担心会影响到与这家公司的关系并遭到报复。

解释 要坚持客观与独立。这家公司不应该对任何分析师施加压力。此时分析师要坚持自己的独立意见，并且宣称投资推荐是基于相对估值法的，可能会对公司管理层有一个定性的意见。

Case 5 由于个人的绩效与债券的销售直接相关，为了个人业绩的考虑而推荐投资者购买一些问题债券。

解释 任何的投资不应该受到内部和外部的影响。除非他通过研究得出债券的价格是合理的，否则他应该拒绝销售问题债券。

Case 6 上司让分析师对一家公司发出推荐买入的投资建议。

解释 他有两种做法：第一种，告诉上司不能在这样的压力下进行研究；或者，继续研究，但是坚持自己的分析和结论，如果结论与上司的要求相冲突，应该将研究结论与上司或者公司内的其他管理者分享，以求得出合适的推荐。

Case 7 一家证券经纪公司赠送给分析师大额的礼品，但是分析师没有对雇主披露。

解释 应该避免所有可能的利益冲突。如果接受了经纪公司的好处，则很有可能被外界认为难以保持独立客观性，违反了I(B)。

Case 8 顾客给了分析师好处，同时分析师对雇主进行了披露。

解释 没有违反 I(B)。顾客的礼品只要披露，就没有违反客观与独立性，因为雇主有机会进行监督。

最好的监管方法是，比较这个顾客的交易成本和收益。成本比较的对象包括这个分析师的所有顾客和公司的其他顾客；收益比较的对象是同一个投资协定书下，此顾客与其他顾客的收益比较。

Case 9 张明作为一名养老金的投资经理，参加了一次旅行，此次旅行的费用一部分由大程公司支付。回来后，张明推荐大程公司作为自己管理的养老金账户的股票投资经理人。

解释 尽管张明可以从此次旅行中获得管理养老金的知识并了解如何选择一个账户管理人，但是张明的客观与独立性有可能受到不利影响。为了避免违反 I(B)，首先应该由养老金计划或者雇主支付此次旅行费用；其次应该将与大程公司老总的接触机会限制在信息或者教育项目上；最后应该将此次旅行、组织者以及赞助商的信息记录在案，并向公众披露。即使不违反 I(B)，张明必须注意公众对此是如何看待的。所以，宗旨是自己不要有影响独立客观性的行为，同时注意这些行为在公众的心目中是如何认为的。

Case 10 分析师在一家投资公司工作，他的薪酬是固定费用（flat fee）再加上奖金，奖金取决于研究报告的推荐所吸引来的新业务量。

解释 这样的薪酬安排会影响到分析师的客观与独立性。有三点很重要：第一，他必须接受固定费用，而奖金不应该与推荐相挂钩；第二，对于发行方支付的研究报告，需要分析师时刻保持自己的客观独立性；第三，对于发行方支付的研究报告，在报告中应该披露可能存在的潜在利益冲突。

Case 11 基金公司提供费用给投资经理，投资经理因此只向客户推销此基金。

解释 违反了 I(B)，因为这样的费用结构会影响到推荐报告的客观独立。经理只推销此基金说明他非常依赖这只基金提供的费用。

此外，还违反了 VI(A)——利益冲突。因为没有披露相关的费用，投资者不知道此事。由于经理不推销其他基金，可能会造成利益冲突。

Case 12 做情景分析（scenario analysis）时，分析师考虑了最差的情况，并坚持自己的意见。

解释 做情景分析时，考虑了最差的情况，是符合 I(B) 的。因为分析师根据自己的独立意见而不是市场趋势或者基金经理的意愿完成研究报告。

此外，不仅遵守了 I(B)，还遵守了 V(A)——勤勉与合理原则。分析师是通过自己的充分研究得出结论的，因此遵守 V(A)。

Case 13 一只基金想要获得管理政府养老金的机会，给相关的政府官员提供竞选经费，并把行贿的支出作为公司的行政支出。

解析 作为 CFA 协会会员或者候选人，不能主动给相关利益主体提供会影响他们客观独立性的礼物和好处，否则就是违反了独立客观性这一条款。

Case 14 一个基金经理想要获得管理政府养老金的机会，就给养老金决策层的朋友安排一些高消费场所的娱乐活动。

解析 同案例 13 类似，作为 CFA 协会的会员或者候选人，不能主动给相关利益主体或其有关的主体提供会影响他们独立客观性的礼物、好处。

Case 15 一个业绩评估的人给外部基金经理作业绩评估的时候，发现一个基金经理在组建业绩合成单位（composite）的时候故意漏掉了一个业绩较差的基金，从而使他的业绩排在前端。但是，这个基金经理管理着公司很大一部分基金，并且是公司 CEO 的好朋友。

解析 这个业绩评估的人在评估业绩的过程中，需要客观公正地把不合理的业绩计量方式披露出来，不能因为基金经理管理大部分公司资产或者这个基金经理是 CEO 的好朋友而去掩盖事实，否则就违反了客观独立性条款。

Case 16 一家基金公司因为投研部门的业绩不好，就解雇了投研部门的很多员工。在计算基金业绩的时候，这家公司把业绩比较差的那只基金去除掉了，因为他们认为这只基金的表现同因解雇已离开公司的那部分员工有关，因此不需要计入业绩表现之内，因为那批员工已经离开公司。

解析 只要这只基金根据约定的投资指令进行投资，那么就必须统计在投资组合中（composite），无论是什么原因导致了它不良的业绩表现。

I(C) misrepresentation 内容

不能明知道自己对投资分析、推荐以及决策做出的陈述是错误的，还去故意犯错，就是说不能明知故犯。

考点说明

这里又一次提到了明知故犯的问题，应该引起重视。

I(C) 导引

错误陈述是指不实的或者片面的陈述，又或者会造成误导的陈述。这里所说的“明知”是指知道或者应该知道。

保证投资收益：对于本身波动性较大的投资产品，不能保证投资收益；如果产品本身能够保证收益（如银行存款）或者发行机构承诺补偿所有损失，则可以保证投资收益。

不能错误陈述（misrepresent）自己能够提供的服务。比如，不能保证自己能够给客户提供“所有的”服务，因为没有一家公司能够为客户提供所有的服务。正确的做法是将自己能够提供的服务列一张清单交给客户，让客户自己选择。

不能错误陈述资质，包括个人和企业的资质。如果发现错误及时更正，就不算违反，比如在宣传页或者名片中的打印错误。

如果使用第三方投资公司进行投资，那必须要披露第三方投资公司的名字，不能把第三方投资公司所做的工作归为自己的投资。

在进行业绩报告的时候，要使用最合适的标准（benchmark），并且披露所用的标准（benchmark）。对于一些比较复杂的组合，例如对冲基金（hedge fund），由于构成比较复杂，无法找到一个合适的标准，可以不使用标准，但是必须要披露原因。

对于社交媒体（social media），会员和候选人必须注意在社交媒体上披露的内容必须是最新的，并且社交媒体上的内容同传统渠道披露的内容必须保持一直。

在使用模型的时候，对于模型的假设要保持完整性，不能遗漏一些可能发生的极端情况。同时，在业绩评估和归因的过程中，要建立严格的构建组合的标准，防止所谓“摘樱桃”

（cherry picking）的发生。

实质上是使用了其他人的成果，但是没有注明来源，这种做法就是抄袭（plagiarism），也属于I(C) 的范畴。此处抄袭的范围比较广，包括小组讨论等形式的口头交流、与客户的见面、音频视频交流以及远程交流等。此处需要注意的是，抄袭行为包括：

➢ 使用别人的研究成果而没有鸣谢；

➢ 只在报告中写“某知名分析师”或者“某投资专家”而不具体署名的行为；

➢ 根据别人的理念构建了一个模型，而未说明这个理念的来源；

➢ 使用相关术语的定义而没有引用；

➢ 未经对方同意的情况下引用他人的统计预测；

➢ 使用图表而未注明来源；

➢ 未经对方同意使用具有知识产权的计算机表格计算方法。

当使用第三方研究报告时，应该予以披露。一般来讲，使用他人的图表、统计结果以及模型时，需要引用并注明出处。但是一种情况例外，使用知名的金融及统计机构的成果无须特别注明，比如国家统计局公布的 CPI 数据等。

当引用媒体机构转载的信息时，不能仅仅引用媒体机构，而应该引用原著者，这是为了防止潜在的错误发生。

当分析报告的原作者离职后，公司可以继续使用这份报告并且可以不注明原作者，但是公司员工不得将作者的名字替换为自己的名字。

I(C)　推荐程序

真实地陈述公司的资质，并且对于服务的内容应该有详细的清单。

有效地验证外部信息，因为外部信息可能会出现错误。

保存网页的目的在于留下当前的网页信息，以防止今后被删除或者修改的可能。

对于抄袭的问题，我们首先应该保留副本并引用来源（知名机构提供的数据无须引用，如统计局）。如果自己对别人的研究成果做了总结，必须说明总结报告的思路来源。

I(C)　案例研究

Case 1　公司宣称“我们能够提供你所需的一切服务”。

解释　违反 I(C)。应该说明本企业能够提供什么服务，并且能够帮助从其他企业找到什么服务。

Case 2　发行方雇请一名分析师撰写对发行方公司的研究报告，分析师没有披露与这家公司的合同关系。

解释　即使研究结果是客观与独立的，但是如果没有披露真实的合同关系，也违反了 I(C)。

Case 3　已经发出的公司宣传材料中有印刷错误，虚增了公司业绩，但是负责人事先不知道。

解释　没有违反 I(C)，因为事先不知道材料中有错误。一旦发现错误，他必须采取措施停止宣传材料的发放，并且将错误通知给已经收到材料的各方。但是，如果经过很长时间仍然没有发现错误，可以认为他刻意隐瞒这个错误，因为有足够的时间让他发现这个错误。

Case 4　在宣传材料中，对于分析师的学历宣传有误，而且已经有相当一段时间了。

解释　违反 I(C)。因为已经有相当长一段时间了，负责人应该知道宣传页上面的错误。

Case 5 用了别人的研究报告，但是没有说明，并且说是自己的研究成果。

解释 这是明显的剽窃（plagiarism）行为，违反了I(C)。

Case 6 投资产品是以MBS（抵押贷款支持证券）为基础的IOs（利息剥离债券，仅拿到MBS的利息），但是公司向投资者宣传时声称“由美国政府所担保”。

解释 对于投资工具的表述错误，违反了I(C)。

Case 7 宣传银行存单（certificate of deposits）这种投资工具时，对投资者说，本金是在一定程度上得到保证的，但是利息不一定。

解释 对于CD（银行存单）的解释是正确的，没有违反I(C)，因为根据美国的存款保险制度，存款的一定金额是可以得到保障的。

Case 8 老板指示其手下的分析师直接使用别人的研究报告，改几句话，签上自己的名字，并声称是分析师自己的研究成果。

解释 如果分析师确实这么做了，那就违反I(C)。他可以用别人的研究报告，但是必须说明其来源，然后再加上自己的意见并签名发布。

Case 9 根据别人的想法及思路，自己开发了一个模型并声称这个模型是自己发明的。

解释 必须说明创意的来源，否则违反了I(C)。

Case 10 完全引用别人在书中的概念描述。

解释 如果是逐字逐句引用，且没有鸣谢（acknowledgement），则违反了I(C)。尽管这些定义是大众皆知的。最好的做法是自己重新组织语句，或者引用其来源。

Case 11 引用媒体转述的研究成果。

解释 有两种做法，第一，找到原作者的研究成果，并说明来源；第二，引用媒体的转载，并说明引用的媒体和原作者。之所以这样做，是因为媒体的转载可能会出错，只要引用了原著者，就不会有这种问题。

Case 12 将第三方研究报告署上自己的名字后发给客户。

解释 违反了I(C)。可以使用第三方报告，但不能宣称是自己的研究成果。

Case 13 小李是大程银行的资产管理团队成员，大程负责向海外客户发行结构化投资产品。小李发现大程的结构化产品比投资策略书（IPS）中描述的风险更小，而且，大程的产品获得了远高于其应有的评级。小李向自己的组长及主管表达了自己的担心，组长及主管回答说大程自己持有这些产品并且负责推销和发行，并且这些产品不受美国法律的监管，产品的风险已经在招股说明书中第184页的底部披露。

解释 作为团队成员之一，表达自己的担心是对的，他应该继续关注大程是否存在错误报告。因为大程的做法产生的不利影响也会波及小李及其所在公司的声誉。

Case 14 产品过于复杂，从而不进行投资。

解释 不违反I(C)。因为无法清楚地向投资者描述风险及收益，这样做是为了投资者的利益着想。

Case 15 业绩评估人员在向评级机构汇报业绩的时候，没有说明基金经理在构建组合（composite）的时候相当随意。他没有说明为什么有些基金账户被放到组合里面，有些基金账户被剔除到组合外面。因此，这个组合的业绩虽然能准确计量，但是不能反映基金经理的投资能力。

解析 这是一种“摘樱桃”的行为，公司应该有一个严格的标准来规定哪些基金放到投资组合里，从而来提高公司业绩汇报的质量。

Case 16 银行帮客户销售第三方基金产品，每个季度在投资者推介会上面，银行都会发一份关于产品的事实陈述给客户。这些陈述是由基金公司撰写，由银行代发。银行知道有些陈述过期，但还是把这些过期的陈述提供给客户，因为银行认为这些宣传资料是由基金公司而非银行提供的。

解析 银行给客户提供过期的信息，违反了 I(C)。银行可以让销售团队给客户披露这个陈述中的缺陷，并且让基金公司提供最新的陈述。

Case 17 一个公司管理八只基金，其中七只基金的 10 年收益率低于行业中位数，只有一只基金超过行业中位数。这个公司最近发布了一个广告：所有的基金都给投资者带来很高的业绩，特别是有一只基金 10 年的收益超过行业平均数。

解析 仅从广告中很难判断，这只基金是否有误导性陈述。如果行业的中位数很高，虽然 7 只基金低于行业的中位数，但说明业绩还是很不错的；但是如果只有一只基金的业绩不错，其他基金的业绩都平平，那么这个广告就存在误导投资者的嫌疑。

I(D) misconduct 内容

不能有涉及不诚实、欺诈、欺骗性质的行为，或者损害职业名誉、正直以及个人竞争力的行为。

考点说明

要注意区分 misrepresentation 与 misconduct。

I(D) 导引

只要是不诚实行为，就属于 misconduct，不管和我们的职业是否相关。

对于个人破产，如果是由于欺诈行为导致的，则违反了 I(D)，如果不是由于欺诈行为导致的，就没有违反 I(D)。

如果在工作间歇时喝醉酒，就可能影响工作时的判断能力，所以违反了 I(D)。

I(D) 推荐程序

应该有一套可执行的道德准则，每个人都应该明确所有对个人、机构有负面影响的行为都是不能容忍的。

制定一个违规的清单，并且分发给所有员工，以保证所有人都能明确什么样的行为是违反规定的。

对员工进行背景调查，以确保员工具有完善的品格以及在投资行业工作的品质。

I(D) 案例研究

Case 1 基金经理工作时间喝醉酒，并且影响了下午的工作。

解释 违反 I(D)，因为这样的行为影响到基金经理的专业判断能力。

Case 2 报销时，多报了费用。

解释 违反 I(D)，在工作中涉嫌故意欺诈。

Case 3 分析师做义工，为慈善机构采购车辆时，与自己的朋友交易并且支付较高费用，通过这种方式为自己牟利。

解释 违反 I(D)，这样的行为涉嫌欺诈。

Case 4 一位基金经理，同时又是环保主义者，在游行示威的过程中，因非法人侵当地化工厂而被捕。

解释 不违反 I(D)。这样的行为并没有影响到个人在专业领域的声誉、诚信以及竞争力。

Case 5 市场表现不佳，自己公司管理的基金却没有报告业绩下滑，问了交易部的经理和内控部的经理，他们都说没有问题。

解释 违反了 I(D)。公司的政策、合规程序出现了问题。根据公司关于汇报潜在不道德行为的程序，当事人应该收集相应的证据。如果公司内部所有的交流都没有解决问题，当事人应该考虑向监管机构汇报。

如果发现潜在的违规行为，应该考虑在职揭发（whistleblowing)，在职揭发不会违反 IV(A)。

如果合规人员无视当事人的意见，则违反了 IV(C)。

3.2 standard II-integrity of capital markets

standard II 讲述了如何维护资本市场的诚信，主要从重要非公开信息以及市场操纵的角度出发。

知识导引

standard II 主要讲述了个人行为中，对于维护资本市场诚信的要求——不能使用重要非公开信息，以及不能操纵市场。

II(A) material nonpublic information 内容

拥有能够影响投资价值的重要非公开信息时，不仅自己不能使用，也不能促使他人使用这些信息。

考点说明

重要非公开信息，也就是我们通常所说的内幕信息，是不能在投资决策过程中使用的。因为如果使用的话，会使得大多数没有掌握这些信息的人处于不利的地位。不过，对于“重要公开信息”或“非重要非公开信息”，是可以使用的。

II(A) 导引

如果使用重要非公开信息进行交易或者促使他人交易，就会使得投资者远离市场，因为此时市场可能会受到拥有内幕信息的人的操控。

不能使用重要非公开信息直接买卖证券，同时不能用这些信息影响衍生品、共同基金或其他投资品的投资表现。

什么是“重要”信息

如果披露这条信息会影响一个证券的价格，或者一个理性的投资人会希望在进行投资决定前知道这个信息，那么这个信息就是重要信息。对于模棱两可的信息，就它对价格的影响来说，可以认为不是实质性的信息。

重要信息的评判标准是——来源可靠并且对股价的影响明确。重要的信息包括公司的盈利、兼并收购、资产的变化等，还包括政府对于经济趋势的预测报告以及还未执行的大单交易等。

什么是“非公开”信息

在市场得到一个信息之前，这个信息是“非公开的”。如果信息一旦对外发布，就没有必要采用最慢的发布方式，举例来说，如果统计局的惯例是每月 15 日发布 CPI，而 13 日你就在主流网站上发现已经有人发布了 CPI 数据，那么尽管对方是违规发布，我们也可以使用这样的公开信息。选择性披露会违反 II(A)，因此最好的做法是召开新闻发布会或者促使信息的公开发布。

如果是能够影响市场走势的著名分析师的意见，在未公开之前，就是重要非公开信息。如果是竞争对手的估计，一般不作为重要非公开信息。

什么时候可以使用内幕消息

公司在并购、贷款承销、信用评级、股票首次发行或者增发时，需要进行尽职调查。在尽职调查的过程中，会员或者候选人可以使用内幕消息。

马赛克理论

马赛克理论是指在分析的过程中可以使用重要公开信息以及非重要非公开信息，如果是重要非公开信息，就一定不能使用。

名师解惑

举例来说，如果去看牙医，牙医告诉我 A 公司要并购 B 公司，这时就应该分析这个信息是否来源可靠、对股价影响明确，假设牙医的亲戚正好在 A 公司担任高管，那么就能确认为重要非公开信息，否则不能确认是重要非公开信息。

社交媒体（social media）

社交媒体不能在像脸书（Facebook）、分析师或者公司的微博、微信等平台上发布内幕消息。如果在有会员资格限制的平台上发布信息，必须保证这些信息也可以从其他渠道获得，除此之外，必须保证所发布的信息同公司其他渠道发布的信息是一致的。

行业专家

当分析师对特定行业的知识不是很了解的时候，他们会通过行业专家来了解那个行业的相关知识。比如医药行业的分析师会通过医生或者药品研发人员来了解医药相关知识。如果在这个过程中，行业专家把内幕消息透露给分析师，那么分析师不能使用这个内幕消息。分析师自身有责任判断所得到的信息是否为内幕消息，并且要自己负责不能接受或者使用内幕消息。比如，一个药品研发人员参加新药的开发，并且无意中把新药的研发进程透露给分析师，对于这种消息，分析师不能使用，直到消息被公布。

研究报告

如果一位知名分析师之前未接触内幕信息，而是通过自己的专业能力发布或者更改研究报告，那么他的研究报告也属于重要信息；如果还未公开发布，则属于非公开信息。作为这名分析师的顾客，可以接受这样的信息，如果不是其客户，要么可以自己研究分析，要么可以成为分析师的客户来获取这样的研究报告。

II(A) 推荐程序

为了防止人们使用重要非公开信息，我们应该促使信息的公开发布，公司应当有相应的合规程序与防火墙制度、个人交易的限制以及完善的报告与沟通制度。总的来说，公司为了防止人们使用内幕信息，首先要在公司内部建立一个完善的制度。

鼓励公司采用内控制度

采用内控制度的原因在于防止滥用内幕信息。其中尤为重要的是，公司必须要审查个人交易以及公司自营交易，并将公司合规程序进行存档，还要监控公司部门间的交流。即使公司的规模不大，也应该具备完善的合规程序。

新闻发布会

公司应该在分析师会议中讨论重要非公开信息之前召开新闻发布会，并且在分析师会议时做会议纪要，以防止把所有的重要非公开信息都公布出去，因为公司仍需要保有这些信息。但是如果重要非公开信息已经在会议中披露，那么公司应该第一时间向公众披露。

防火墙

在投行部里不能使用未经公开的重要非公开信息。

在公司内部设立“监视”清单（watch list）、“限制”清单（restricted list）以及“谣言”清单（rumor list）。“监视”清单是指只有公司内部少数人知道的信息；“限制”清单是指分析师不愿受到外部压力时，对清单内的公司只发表事实性言论；公司建立这些清单的目的在于防止内幕信息的扩散。

就算公司再小，也应该有一套完善的部门间交流制度与报告制度，对公司及个人交易进行审查，如有违规就要马上调查。

因此，对于一套完善的合规程序，至少应该包括：

➢ 部门间交流要在合规部的严格监控下进行；
➢ 通过“监视”清单、“限制”清单以及“谣言”清单对员工的个人交易进行审查；
➢ 公司的合规程序应当书面化并且归档，以限制部门间交流以及今后能够进一步完善合规机制；
➢ 当公司拥有重要非公开信息时，应该严格限制或审查自营交易。

报告制度

有效的防火墙制度的目标就在于建立一套报告制度，使得只有授权人员才能审查并且批准部门间的交易。如果需要部门间交流，必须严格遵守公司的合规制度，对此，相关人员应该首先咨询合规专员（compliance officer）来决定这样的信息交流是否必要，如有必要，合规专员一定要实施充分监管以保障分享的信息是必要的。因此，合规专员有权利和义务去决定这些信息是否可以分享，此外，为了保证其独立性，最好合规专员不要和公司的研究部以及投行部有任何瓜葛。

个人交易的限制

由于公司员工可能会通过公司的业务交流获取重要非公开信息，所以公司应该考虑对员工的个人交易进行限制或者完全禁止，并且应该对自营交易以及个人交易进行严格监管。如果未禁止个人交易，应该对所有的个人交易进行事先批准。

即使当地的证券法规没有相应的要求，员工也应该定期提交自己和家人的交易记录。

如果公司拥有重要非公开信息，那么涉及的公司应该放入限制性清单，并且在全公司范围内发布。

保存记录

公司应该保存部门间交流的书面记录。此外，还要对员工进行相应的培训，尤其是敏感部门的人员，让他们知道公司有合规制度，并且能够判断什么样的信息是重要非公开信息。

自营业务的交易程序

当公司拥有重要非公开信息时，应该对其进行监管并限制自营交易（proprietary trading）。

对于拥有重要非公开信息的做市商，终止交易就意味着向市场释放信号。最好的做法是被动地应对市场——既不提高叫卖价（ask price），也不提高叫买价（bid price）。如果其客户需要进行交易，应该作为客户的交易对手方。

对于风险套利者来说，最好能够终止交易，如果不终止，那就必须证明自己有完善的内控程序。

与所有员工的交流

应该把公司的合规政策与指导文件分发给公司内部所有员工。此外，公司的合规政策还应该运用于员工培训，使员工能够识别重要非公开信息，或者能够意识到可以向主管及合规专员咨询。

II(A)　案例分析

Case 1　将公司正在接受要约收购（tender offer）的消息透露给自己的姐姐，姐夫根据此信息买入公司股票。

解释　违反II(A)。属于内幕消息，自己不能交易也不能促使他人交易。

Case 2　无意中听到首席财务官（CFO）讨论公司未发布的财务信息，而且对于股价会有重大影响。

解释　消息来源可靠，对于股价的影响明确，属于内幕信息。如果交易，就违反II(A)。如果告诉其他人，也违反II(A)。

Case 3　为一家上市公司做增发服务，在与上市公司电话会议的过程中，一些工作人员走进走出，无意中听到了上市公司的每股盈利EPS将会大幅下降，于是利用这个信息为其顾客交易、为雇主交易并为自己交易。

解释　违反II(A)，这样的信息可以视为内幕信息，不可以用此信息进行交易。

Case 4　一家报社的专栏经常讨论股票信息，报社值班员提前将评论发给了分析师，分析师据此来进行交易。

解释　违反II(A)。报纸在没有发行之前，其中包含的信息是内幕信息，不能用来进行交易。

Case 5　从CEO的太太处得知公司的CFO盗用了公司的资金，而且这个信息没有对外发布。

解释　此消息来源可靠且对股价的影响明确，在公开发布之前，属于内幕信息。

Case 6　与一家公司的高管开会时，得知其工厂将进行罢工，并且会对公司有负面影响。

解释　如果用此信息进行交易，就违反了II(A)。

Case 7　一位基金经理与朋友聊天时，这位朋友说A公司要并购T公司，于是基金经理用此消息进行交易。

解释 不违反 II(A)。虽然信息对股价影响明确，但来源并不可靠。如果这位朋友确实有明确的消息渠道，比如他的某位亲戚朋友在 T 公司或 A 公司任高管，则说明消息来源可靠，对股价影响明确，可以认为是内幕信息。

此外，虽然不违反 II(A)，但违反了 V(A)，因为基金经理没有经过认真的研究，而是道听途说的方式进行投资操作，没有尽到自己的责任。

Case 8 通过公开信息，根据自己的分析得出这家公司的盈利将会下降。

解释 虽然盈利信息属于重大信息，但利用公开信息并根据自己的分析得出结论，属于马赛克理论的范畴（使用重大公开信息或者非重要非公开信息），没有违反 II(A)。

Case 9 根据估值模型得出销售额无法达到预期的结论，并且在和公司代表的交谈中以及实地探访过程中，得出公司重组策略会引起工人的不满、货币贬值引起行业的利润下降、银行收缩信贷，据此得出这家公司的盈利下降。

解释 不违反 II(A)，根据非重要信息以及公开信息得出的结论，属于马赛克理论。

Case 10 一位电视台记者在对分析师做采访前，提前知道分析师的预测，而且信息的发布会对股价有重大影响，于是这名记者在采访前进行交易。

解释 违反 II(A)。因为消息发布后对市场有影响，并且记者不是分析师的顾客，但是提前拿到了消息。因此不管分析师的结论是否合理，都不能通过这样的信息进行交易。

Case 11 一位基金经理由于得到了对一家公司不利的分析报告，所以决定将自己管理基金空仓这只股票。在空仓之前，由于他知道这会向市场释放一个信号，从而对股价造成不利的影响，导致自己抛售的价格会越来越低，所以让自己的家人先行交易。

解释 基金经理通过内幕消息进行交易，违反 II(A)。即使没有利用内幕信息，也不能在客户与雇主之前为自己的家人交易，除非家人也是自己的客户。

Case 12 一个证券经纪商在得知一个客户的大单卖出委托之后，先为自己交易。

解释 由于通过内幕信息进行交易，所以违反 II(A)。

Case 13 与一家公司的高管在闲聊时得知，这家公司的盈利将会上升。分析师认为，高管应该知道内幕消息是不应该对外泄露的，所以分析师判断，所获得的消息不是内幕消息。据此进行交易，结果产生亏损。

解释 违反 II(A)。分析师个人认为没有使用内幕信息，并不代表这个信息可能是内幕信息的实质。此外，分析师没有通过自己的认真研究，而是仅仅听取高管的意见，因此同样违反了 V(A)。

Case 14 一个 TMT 行业的分析师在婚礼上碰到一个公司的高管，这个公司的高管说："对于公司的中期业绩，我们再自信不过了，在中期报告出来之前，我们有很多事情要做。" 这个分析师立即把这个消息放到自己的研究报告里面。

解释 这个属于马赛克理论的范畴，这种信息为公开重大信息，分析师在验证了此类信息的可靠程度之后，可以使用这种信息而不违反 II(A)。

Case 15 一个交易员从另外一个交易员口中得知一个公司即将发布的年报业绩超过市场预期，他立即在年报发布之前买入这家公司的股票。

解释 这种消息一般被认为是市场噪声（market noise），除非这个交易员有充分的证据证明另外一个交易员同这家公司有深入的业务交往关系，否则这种消息被认为非重大非公开消息，不构成内幕消息。

Case 16 一个药品行业的分析师向医药行业专家咨询关于癌症治疗的问题，通过咨询，这个分析师加强了对医药行业的了解，对他的行业分析带来很大的帮助。

解释 分析师可以通过行业专家咨询行业的相关信息，但是在咨询的过程中要注意不能接受或者使用内幕消息。

Case 17 一个电子行业分析师向一家电子行业的专家咨询新产品的开发情况，这个专家正好负责新产品的开发。在咨询的过程中，这个行业分析师透露新产品开发前景不是很乐观。得到这个消息之后，这个分析师所在的基金公司买入这家公司的看跌期权。

解释 这个消息属于内幕信息，对于有意或者无意中收到的这种内幕消息，分析师不能使用。

II(B) market manipulation 内容

CFA 会员以及候选人一定不能有以下行为：

- 歪曲（distort）股价或者通过各种手段虚增（artificially inflate）交易量；
- 有误导市场参与者的意图。

市场操纵的行为包括：发布虚假或者误导性信息，以及通过歪曲定价机制来欺骗或可能误导市场参与者的交易行为。

II(B) 导引

市场操纵可以从两个方面进行，一种是基于交易的市场操纵，另一种是基于信息的市场操纵。市场操纵通过歪曲股价或者通过各种手段虚增交易量的方式进行，并且**有误导市场参与者的意图**（with the intent to deceive people）。此处，“误导市场参与者的意图”是决定是否违反 II(B) 的关键因素。

名师解惑

如果市场本身是无效的，可以通过套利的方式使得市场变得更有效，这时由于没有“误导市场参与者的意图”，因此是合理合法的交易策略。此外，为了合理避税，可能会在会计期末卖出股票，并在下一会计期初再次买进，这时由于也没有“误导市场参与者的意图”，因此同样不违反 II(B)。同样，如果交易所与做市商签订协议来确保最低交易量，并且协议内容向投资者及时披露，此协议的目的是为了降低交易佣金，也就是说是为了投资者的利益，那么也就不违反 II(B)。总而言之，为了判断是否存在恶意的市场操纵行为，是否存在“误导市场参与者的意图”是关键决定因素。

II(B) 案例分析

Case 1 某信息服务机构的老总推销两家上市公司的股票以获取现金补偿，因此做了不实的推销之词。而且假装自己是独立的信息提供商，结果股票销售量大增。

解释 很明显，老总违反了 II(B)，因为利用不实报道并假装为独立机构，误导市场来为自己获取利益。除了违反 II(B)，还违反了 V(A) ——勤勉及合理的基础，因为作为一家信息提供商，本应该通过尽职调查进行分析。另外，还违反了 VI(A) ——冲突的披露，因为自己通过推销股票来获取股票增值的收益以及现金补偿，一定要向公众披露，让公众充分了解你是在什么样的情况下做出推荐的。显然也违反了I(C)，同时，由于个人薪酬与推销股票挂钩，因此违反了I(B)。

Case 2 经纪商通过由自己控制的基金之间相互买卖，从而人为提高股票的叫买价（bid price）。

解释 违反II(B)。通过将股票在自己的手中互相买卖，提高市场价格的手段属于操纵市场。

Case 3 发布了一个不实的针对公司的负面消息，从而压低股价，让自己的做空顾客获益。

解释 违反了II(B)和V(A)，因为发布的报告并非基于事实，缺乏合理基础，由此给市场带来异动，损害了资本市场的诚信。

Case 4 通过两个基金之间的相互交易，通过制造虚假交易量来提高股价，从而吸引其他投资者。并且为了抬高股价，不惜以客户佣金的增加为代价，损害客户的利益。

解释 这种做法可能对基金投资者有利，但是因为是人工歪曲交易量，因此违反了II(B)。

Case 5 期货交易所与做市商之间签署协议，每个交易商通过保证一个最低的交易量而减免佣金，但是其目的是为了提高交易产品的流动性。

解释 如果此协议没有对外披露，则违反了II(B)。如果对外披露了这个协议，则没有违反II(B)，因为其目的不是损害投资者，而是为了提高更好的服务（减免佣金）。

Case 6 通过告诉趋势交易（momentum style）的顾客针对一家公司的不利信息，以迫使这家公司修改盈利预期，借此推高股价，从而帮助自己的顾客快速获益。

解释 通过发布不实消息让自己的顾客获益，违反了II(B)。同时，违反了III(B)，因为他只给趋势交易的顾客说明了这个盈利预测。

正确的做法是：

- 在一系列可能的结果中公布盈利预期；
- 清除概括盈利预期模型所用到的假设；
- 向所有客户公布真实的研究报告。

Case 7 为了推高一个公司的股价，有人在网络上散布这个公司的不实消息。

解释 违反II(B)。因为通过散布假消息扰乱资本市场。

Case 8 通过有意识地选择输入变量，来提高一个投资产品的评级。同时，他的个人薪酬与评级以及销售的产品相挂钩。

解释 违反了II(B)，因为刻意在模型变量中只使用了最佳情况，没有考虑到价值下跌的风险。也违反I(B)，因为自己的薪酬与产品的销售和评级挂钩，无法保证独立客观。同时，违反了VI(A)，因为没有向公众披露这样的薪酬结构。

Case 9 一个投资者大量持有一家小盘股公司的股票，这个投资者想要在近期内出售这家公司的股票，但是担心大量的卖单会使得这家公司的股票大跌。因此，他以家庭成员的名义新建了很多账户，并且通过这些账户买入或者卖出股票，只要保证卖出量稍大于买入量，那么这些股票就能以较高的价格出售。

解释 这个是属于通过操纵交易量来进行市场操纵的行为。

Case 10 一个绩效评估分析师认为他们公司的一个基金经理不喜欢他，因为那位基金经理从来不给他棒球赛的门票，却给公司的其他员工提供。因此，为了报复那位基金经理，这个分析师以那位基金经理的名义建立了一个网站，并在这个网站上散播一些小公司并购的消息，由于这些消息，这些小公司的股价上涨，于是，那位基金经理卖出了这些小公司的股票。证监会怀疑市场操纵，就对那位基金经理提起诉讼调查。

解释 这也属于市场操纵的行为，违反了 II(B)。虽然当事人自己没有直接从中获利，但是他通过散播谣言达到了市场操纵的目的，扰乱了金融市场的秩序，因此也违反了 II(B)。

3.3 standard III-duties to clients

standard III 讲述了对于客户的责任，时刻以客户的利益为准。把自己想象为客户的代言人，在投资决策的过程中始终为客户的利益考虑。

知识导引

standard III 主要讲述了对于客户的责任——应该时时刻刻为客户的利益着想，因为客户交钱是为了获得你的专业服务的，所以必须要将客户的利益置于首位。

III(A) loyalty，prudence and care 内容

CFA 会员以及候选人有对客户忠诚的义务，必须对客户有合理的关照，并且要对投资决策做出谨慎的判断。此外，还要时刻为了客户的利益着想，将客户的利益置于雇主和自己的利益之上。

III(A) 导引

对于受托人的要求要比其他业务关系更高，因为受托人是受他人之托，为他人争取利益的特殊团体。在客户与受托人的信托关系中，受托人要为客户的利益着想，必须将客户的利益置于自己的利益之上。一般来说，受托人为客户管理资产，而且对受托人的要求比其他的业务关系更高，所以在管理资产时，一定要严格按照事先约定的信托文件的要求执行。

对于受托人来说，需要谨慎地管理客户资产。谨慎主要体现在，投资方面的专业人士必须要用他们的专业能力，对客户适当地关照，并且在投资决策过程中尽职尽责，保持勤勉的态度，避免损害客户的利益。在管理客户的投资组合时，必须要根据客户事先设定的投资标准来平衡投资的风险与收益，即在最小的风险之下取得最大的收益。

但是这个条款并不是要求所有的人都要有受托义务。如果会员或者候选人同客户是属于咨询关系（advisory relationship），像基金经理、分析师，他们必须要履行受托义务。如果同客户仅是被动的履行交易指令的关系，那么会员或者候选人就不需要履行受托义务，只需要做到满足客户利益最大化就可以了。

但是，III(A) 并不是法律义务的替代，信托关系中对受托人的要求往往高于其他的关系，因为委托代理是一种强化的信托关系。

判断实际的投资客户

第一步是判断客户的身份，以决定受托人应该对谁负责。如果投资经理直接管理个人客户的资产，那么这里的客户就是个人客户，投资经理应该直接对其负责。如果投资经理负责的是信托基金或者养老金计划的投资组合，那么真正的客户就不是雇请投资经理的一方，而是这个信托基金或者养老金计划的最终受益人（ultimate beneficiaries）。但也有一种情况，无法准确地

找到最终受益人，比如基金经理根据一个指数或者一个特定的募集说明书（specific mandate）进行投资管理，此时无法准确地找到最终受益人，所以这个指数或者募集说明书就可以看作最终受益人，基金经理应该按照说明书上的规定进行投资管理。对于上述所有的情况，投资经理应该对最终受益人，而不是中间人负责，在处理投资建议时应该保持自己的客观独立性。

管理客户的资产组合

一般来说，投资经理具备的专业知识相比其客户来说要丰富得多，这种差距使得客户往往处于不利的位置，所以投资经理要对客户忠诚，保持投资谨慎，并且予以客户合理的关照。而客户应该信任其委托的投资经理。在投资管理的过程中，投资经理要确保客户的目标与期望在其现实情况下是合理合适的，而且风险也是可控的。投资策略则应该与客户的当前情况与长期目标相吻合。

投资经理应该为客户的利益着想，因此对于这方面的监管就显得尤为重要。应该设立相关政策以确保投资经理为客户寻找投资机会、买卖操作时是为了追求客户利益的最大化。如果客户有投资规定或者限制，则应该完全按照客户的规定进行操作。对于拥有众多产品的投资组合来说，投资经理应该确保投资组合整体的收益，而不是组合内某一种产品的收益。

软佣金政策

由于投资经理经常全权负责选择合适的经纪人来执行买卖交易，因此这中间很有可能会出现利益的冲突。当投资经理用客户的佣金购买研究报告以协助投资决策时，这样的佣金就称为“软美元”或“软佣金”（soft dollar）。

需要明确的是，软佣金是客户的资产，即使用其购买某种服务，也应该以协助为客户的投资决策过程为基准。因此，如果软佣金没有用于为客户获益，那么投资经理就必须对客户披露这些信息。很显然，如果用相对正常水平更高的价格购买商品或服务，而没有使客户受益，则违反了III(A)。

当客户指定投资经理雇请特定的经纪人来执行交易时，这种行为称为“客户指定交易”。这种情况是允许的，因此不违反III(A)的规定。但此时并不代表投资经理没有义务为客户选择最佳的交易，投资经理应该替客户判断到底哪一家经纪商的“价格最优”（best price）、“执行最优”（best execution），即为了客户资产组合的价值最大化。如果发现客户指定的经纪人并不是最好的，就有义务通知客户。

代理投票政策

对于基金来说，通常将募集的资金投资上市公司，因此基金的投资者就间接参与了对上市公司的投资。由于基金投资者众多且份额较小，所以在参与公司的股东大会时，基金经理就会替客户行使股东权利。此时，基金经理应该秉承认真负责的态度。

由于代理投票对客户是有价值的，因此必须保证投票价值的最大化。投资经理如果没有参与投票，或者没有考虑后果地乱投票，则违反了III(A)。

由于考虑到成本效益的因素（基金投资者数量众多），所以基金经理无法按照所有客户的意愿实行代理投票，基金公司对代理投票的政策就显得尤为重要。基金公司应该向投资者披露有关代理投票的政策。

III(A) 推荐程序

推荐的合规程序可以从三个方面进行说明：①定期向客户披露账户信息；②获得客户同

意；③合理的公司政策。

定期披露账户信息

对于管理客户资产的人来说，至少应该每个季度向客户提交一份详细的书面说明，其中应该包括账户的借贷信息以及相关的交易。同时应该向客户披露资产的维护地点，以及资产何时何地发生移动。将客户的资产与他人的资产分开管理。

客户同意

如果资产管理人员不清楚什么是合适的处理方法，那么就应该设身处地为客户着想，如果自己是这名客户，会希望获得什么样的处理方法。如果仍有疑问，就应该将不清楚的地方写下来向客户披露并且获得客户的同意。

合理的公司政策

所有的公司政策应该为客户着想，在采取行动时应该考虑所有因素，包括此项投资对于客户需求与实际情况、客户基本特点以及资产组合的基本特点的合适性。

为了降低资产组合的非系统性风险，应该将投资分散化。除非分散化与客户的目标不一致或者相悖。

对于代理投票权（proxy voting）来说，公司应当对谁有投票权有明确的规定，并且按照客户以及最终受益人的利益最大化进行投票。

Ⅲ(A) 案例分析

Case 1 一个公司的管理层让公司养老金的受托人（trustee）用养老金的资金来购买这家公司的股票，从而可以抵御外部公司的收购。受托人经过判断，认为这家公司的股价高估了。尽管如此，为了维持与这家公司管理层的良好关系，受托人仍然用养老金的资金购买这个公司的股票。

解释 他不应该用养老金购买股票，这样违反了Ⅲ(A)。不管在何种情况下他都应该从养老金的最终受益人（beneficiaries）的角度出发来考虑问题，如果用养老金购买价格被高估的股票，损害的是养老金受益人的利益。所以总的原则是，管理养老基金要从最终受益人的角度考虑投资的合适性，而不是根据是否有利于受托人自己或者公司管理层来判断。

Case 2 由于两家公司关系比较好，一家投资管理公司将交易都指定给一个经纪商，但是这家经纪商的收费比市场平均收费要高，而且提供的服务也很一般，比如研究报告与交易执行能力等。为了补偿投资管理公司，经纪商为投资管理公司支付日常管理费用，包括租金等。

解释 投资管理公司不应将顾客的佣金用于为自己公司获利，而应该让顾客受益，因此违反Ⅲ(A)。

Case 3 经纪商帮助投资经理介绍顾客，投资经理将自己的顾客介绍给经纪商。

解释 如果投资经理将自己的顾客介绍给经纪商，就必须确保经纪商提供了最优价格并且有最佳的交易执行能力，除此之外，还要将此安排披露给所有客户；如果经纪商无法提供最优价格或者拥有最佳的执行能力，投资经理必须从客户那里获得书面声明，宣称客户并非为了寻求最优价格或者最佳的执行能力。如果没有向客户披露这样的安排，或者没有获得客户的书面同意，就违反了Ⅲ(A)。

Case 4 投资经理将基金的交易指定给一个经纪商，经纪商承诺，投资经理个人进行交易时获得的价格相比基金投资者更优惠。

解释　违反了III(A)，因为投资经理在个人交易时能够获得比自己的客户更优惠的价格。同时由于投资经理个人的交易优先于客户，所以违反了VI(B)。

Case 5　投资管理公司将交易指定给一个经纪商，因为经纪商提供了研究报告，并且替他支付了旅行的费用。

解释　违反III(A)。应该确认经纪商提供的服务是价格最优，并且拥有良好的交易执行能力。此外，还应该考虑经纪商提供的研究报告质量是否与交易佣金相称。经纪商提供的研究报告属于软佣金（soft dollar）的范畴，是客户的资产，不能为投资公司牟利，旅行费用也不能用客户的资产支付。

Case 6　投资经理的投资管理费直接与交易佣金相挂钩（每达成一次交易，就会产生交易佣金，客户支付的投资管理费也会增加），造成了过度交易。

解释　违反了III(A)，因为投资经理用客户的资产（交易佣金）为个人谋利。

Case 7　一个投资经理的家人同时又是他所在公司的一般付费客户，在股票IPO时投资经理为了"避嫌"，将最后剩余的、没有卖出的股份分配给家人的账户。

解释　违反III(A)。由于家人首先是自己的客户，而作为投资经理，不应该歧视任何客户，具体体现在股票分配时应该按照客户的交易委托量的比例（order size）进行分配，不应该将最后剩余的股份分配给某个客户。但是，这里还要考虑的是，如果家人开设的账户的最终受益人是投资经理自己，则首先应该向公众披露，避免任何利益冲突。

Case 8　一个投资经理被一家法律服务公司聘请在法庭上做专业证人（expert witness）。如果法律服务公司同时又是这位投资经理的客户，那么他如何确保不违反III(A)？

解释　由于法律公司聘请投资经理作为证人，他们之间存在雇用关系，所以"谁是客户"的概念并没有清晰的定义。此时，投资经理应该保持自己意见的客观独立性，因为对于社会公众的责任高于一切。

Case 9　张明是私人财富经理（private wealth manager），小王是一家公募基金的基金经理。张明推荐自己的顾客购买小王所管理的基金，并声称自己和小王对顾客承担相同的责任。

解释　这个说法不完全对。张明应该对所有顾客承担责任，而小王作为基金经理，仅对基金的投资策略书（IPS）或者募集说明书（prospectus）承担责任。

Case 10　一个投资业绩分析师在向外部机构公布业绩的时候发现计算投资业绩的时候落掉一个交易，如果把这项交易包括进来的话，计算出来的投资业绩会低很多。有一个客户已经把这个基金公司放到观察者名单里面了，如果这个基金公司的业绩出现问题，那么这个客户就会停止和这个基金公司合作。尽管如此，这个业绩分析师还是将遗漏交易这个事实同客户进行沟通。

解释　这个投资业绩分析师的做法完全符合III(A)的规定。

Case 11　一个股票经纪人为CFA协会的候选人，他只负责为高净值客户完成交易。比如，高净值客户向他下了买入交易指令，他就负责买入股票，同样，如果高净值客户向他下了卖出交易指令，他就负责卖出。他担心协会会要求他履行受托责任，于是发了一封邮件向CFA协会进行咨询。

解释　CFA协会没有要求所有的人都履行受托责任。只有同客户有咨询关系的会员或者候选人才有履行受托责任的义务。同客户只有交易关系的会员或者候选人在履行职责的时候，只需要满足客户利益最大化这条准则就可以了。

III(B)　fair dealing 内容

在进行投资分析、提供投资推荐和投资操作时应该对顾客公平对待。公平就是不能歧视客户，使所有客户能够对投资推荐有充分的时间进行反应。

III(B)　导引

公平（fair）并不等于平等（equal），比如有些 VIP 客户会得到更优质的服务，但这种优质服务不应该使其他客户处于不利地位，所以这样的优质服务应该向所有的客户披露。在所有与顾客交流的形式中，都应该保证公平对待。此外，公平还涉及交易方式上，主要体现在按照客户委托量的比例进行分配，而不是按照客户的账户的比例（account size）进行分配。

任何形式的投资推荐报告都可以，甚至是口头交流也行，只要是向组织以外的人做推荐，我们都应该公平对待。应该保证所有客户都有机会对投资建议做出及时的反应。

因此，为了不违反 III(B)，投资推荐必须是书面的，并且带有时间戳，实行先来后到原则；对客户实行相同收费，相同成交价格；按照委托量的比例进行分配；按照客户而不是基金经理进行分配，并且有书面合规程序，之所以这样做，是为了不损害客户的利益。

重大更改

对于投资推荐的重大修改，我们应该怎么做才能不违反 III(B) 呢？首先，如果客户的投资决策与我们的投资推荐相左，那么我们应该将最新的投资推荐通知给客户。其次，如果客户已经按照我们之前未修改的推荐进行投资，那么应该将最新的情况通知客户。所以，在平日的工作过程中，客户的持仓记录表是很有必要的。

投资推荐

投资推荐是指为了给他人制定投资决策而准备并且向公众或者公司发布的投资意见的推荐。

投资推荐可以通过向客户分发详细的研究报告，也可以通过简报的方式，甚至可以是口头交流的方式。只要是给外部发布的推荐都要求公平对待。

公平是指客户能对我们的每一个推荐都能做出及时的反应，不偏袒或者歧视任何一个客户。对于投资推荐的重大修改，一定要通知当前所有的客户，尤其是那些已经根据我们之前的推荐做出投资决策的客户。如果客户的投资决策与我们的投资推荐相左（conflict），那么我们应该在执行前将最新的投资推荐通知客户。

投资行为

但是公平对待也有前提，就是要根据客户的投资目标及现实情况。比如在参与新股发行或者再融资投资时，应该将这些机会给所有适合这类投资的客户，并且要符合公司大单交易的分配制度。

名师解惑

如果股票被超额认购，应该按照委托量的比例进行分配，而且要实行整手交易，避免零手交易，必要时应该把自己和家庭成员的份额释放出来以满足客户的需求；但如果家庭成员是你的客户，就应该和其他客户一样对待；如果你又是最终受益人，则应该首先满足其他客户的需求。总之，宗旨就是不损害客户的利益。

III(B)　推荐程序

首先，应该有一套相应的公司章程。其次，在制定章程时，应该注意以下几点内容：

➢ 应该限制知情者的人数。在信息没有得到公开发布之前，知道的人越少越好，这样，信息泄露的可能性就会减少。

➢ 缩短决策与披露的时间。其目的是为了防止有人偏袒某些客户。一般来说，详细的推荐报告从准备到发布需要 2～3 周时间，为了解决这一问题，可以事先发布简报（short summary report）。

➢ 对于信息发布前的行为应该有相关章程并予以发布。如果信息发布后给所有客户足够长的时间对信息进行消化，然后再与某些客户详细讨论推荐的细节，这种行为是允许的，因为公司可能有不同级别的服务。

➢ 将信息同时披露给所有客户。

➢ 留有客户的持仓记录。

➢ 制定有关交易分配的规章并予以存档记录。如果公司的交易分配方案从根本上来讲就是不公平的，即使发布了，也不能免除违规的责任。

披露交易分配制度。如果一位投资顾问仅仅是进行个人交易而且全权管理客户的账户，那么就不必向公众发布投资推荐，但是一定要有正式的书面章程，以确保所有的客户都能获得公平的投资机会。

建立系统性的账户审查程序，以检查是否有优待某些客户而损害其他客户利益的情况存在。由于公司可能有不同级别的收费标准和服务标准，因此公司应该清楚地披露各个收费标准下的服务内容。

III(B)　案例分析

Case 1　在研究发布之前，事先将研究报告的内容透露给几个关系较好的顾客。

解释　违反 III(B)。事先将研究报告透露给一部分客户可能会导致客户提前交易，从而损害其他客户的利益。正确的做法是同时向所有客户披露，即使不能做到“同时”，也应该尽最大可能缩短信息披露的时间间隔，这样所有的客户就会有同样的机会“消化”这份研究报告。

Case 2　在交易时，总是优待混合基金投资者，先为其进行交易。

解释　违反 III(B)。所有客户的账户都必须公平对待，不能因为特别优待某一类客户而损害了其他客户的利益。

Case 3　在一家公司上市的过程中，由于认定这家公司一旦上市必将成为热门股，尽管出现超额认购的情况，仍旧优先满足了自己和自己的机构客户的交易委托。此外，他还获得了这家公司的股票期权。

解释　违反了 III(B)，因为没有公平对待所有客户。同时违反了 VI(A)，因为没有向公众披露自己手中握有这家公司的期权这一事实。

Case 4　由于个人的操作失误，导致未能及时分配交易。在发现投资的产品价格大涨后，将盈利的交易分配给特定的客户，而将产生损失的交易分配给其他客户。

解释　违反了 III(B)。应该事先分配或者有一个公平的分配程序，比如按比例分配（pro rata basis）；如果是经纪商，必须披露收到的佣金及其他方面的利益冲突；披露后，必须从顾客处获得同意，才能执行这样的分配制度。

Case 5 Roberts 与其他分析师一起讨论的结果是公司的 EPS 将显著高于 $1.5，但在研究报告中列出的预计 EPS 是 $1.5。他将研究报告发给了所有的客户，并且以非正式的方式告诉了某些大客户自己对于 EPS 的预测是高于 $1.5 的。

解释 违反 III(B)。因为并没有将自己的意见（预计 EPS 将显著高于 $1.5）分享给所有客户，只是将此消息告知了某些大客户。

Case 6 以邮件方式给所有客户发布报告后，与几个大客户详细讨论了自己的报告。

解释 不违反 III(B)，因为在与大客户讨论前，已经将报告发给了所有的客户，使得大家都有交易机会，与大客户讨论可能是因为大客户付的费用较高，能够获得 VIP 服务。此处需要注意的是，允许有 VIP 服务的存在，但是这类服务必须事先向所有客户披露，包括 VIP 服务的费用结构等，使得所有的客户都能自己决定是否需要这样的服务。

Case 7 养老金账户的基金经理管理很多养老金账户，这其中也包括他父母的账户。他为了节省父母养老金账户的交易成本，减少他父母账户的养老金交易次数，但是，增加了其他养老金账户的交易次数。

解释 这个基金经理违背了交易的公平性原则，没有公平地对待父母的账户和其他客户的账户。

Case 8 一个汽车行业的分析师想要在社交媒体上扩张公司的知名度，打算使用社交媒体，比如微博、微信来发布信息。这个分析师最近分析了一家新能源公司，觉得这家公司技术会给汽车行业带来革命性的颠覆。在发布报告之前，他先用公司的推特（Twitter）发了篇简讯。

解释 这个分析师违背了 III(B)，在 Twitter 上先发布简讯就让 Twitter 的用户优先获得这个投资意见，对其他客户是不公正的。

III(C) suitability 内容

作为一名投资顾问，必须：

- 首先，在做投资推荐之前，应该综合考虑客户与潜在客户的投资经验、风险及收益目标、财务状况，并且定期重新评估、更新信息。
- 其次，确保投资适合客户的财务状况，并且与其书面的投资目标相一致。
- 最后，站在客户整个投资组合，而非单一投资品种的角度下，判断投资是否适合这位客户。

III(C) 导引

作为投资顾问，首先要了解客户的实际情况与投资预期，并站在整个投资组合的角度进行投资管理。

名师解惑

如果有一个客户下了投资委托，并且与其实际财务状况和风险承受能力并不吻合，那么我们应该拒绝委托，或者从顾客那里获得书面的同意声明，说明“合适性”并不在自己的考虑范围之内。但是对于基金经理来说，由于只需要遵从当初的招股说明书，因此投资者的投资目标及风险承受能力并不是其考虑的问题。

制定投资策略书（IPS）

如果与客户之间存在着投资顾问的关系，首先必须在这种关系形成之初收集客户的信息。

收集的信息主要指与投资决策相关的客户财务现状、个人情况（比如年龄职业等）、风险偏好与承受能力，以及投资目标等。之后将这些信息汇总并编写投资策略书（IPS）。

了解客户的风险偏好与承受能力

最重要的就是将客户的风险偏好与风险承受能力相匹配。如果有一位投资者风险承受能力很弱，但是偏爱风险极高的投资产品，此时，我们就有义务教育投资者不要进行这样的投资。

更新 IPS

至少应该每年更新一次 IPS，而且每次对任何投资推荐与投资决策的重大改变，都需要更新 IPS。

风险分散化的需要

由于我们需要分散投资的风险，所以要站在整个投资组合的角度考虑问题。但如果客户的投资目标就是纯粹的投机，不考虑风险分散因素，那么我们就无须为其考虑分散风险的需求。如果在制定 IPS 时，客户并没有提供完整的个人信息，那么我们仅仅根据他所提供的信息决定投资的合适性，是不违反 III(C) 的。

对于客户指定的交易的处理方式

有些客户会指定一些交易让基金经理或者经纪人进行下单，对于这种交易，如果同客户的 IPS 不相符合，会员或者候选人可以根据以下两种情况来进行处理。

如果这单笔交易对客户的整个投资组合没有影响或者影响很小，那么会员或者候选人可以在同客户沟通并获得客户同意之后履行交易。如果这单笔交易对客户的整个投资组合影响很大，那么会员或者候选人需要趁这个时间同客户沟通更改 IPS 事宜，如果客户不同意更新 IPS，但仍然坚持这笔交易，那么会员或者候选人可以考虑终止同客户的合约关系。

根据某个指数或者招股说明书进行投资

对于基金经理来说，无须对某个特定的投资者负责，因为他负责的对象是特定的招股说明书，所以只要按照招股说明书上的要求进行投资，就不违反 III(C)。而对个人投资者负责的应该是投资顾问。

III(C)　推荐程序

将客户的需求、实际情况与投资目标写入 IPS，并定期更新。如果按照 IPS 的要求进行投资，由于整个市场行情不好而产生损失，也是不违反 III(C) 的。

除了制定 IPS，还有一个非常重要的内容就是定期更新 IPS。更新的目的就在于将最新的情况及时告知客户，以便为其提供更好的服务。一般来说，每年更新一次就够了，但如果在此期间，市场出现重大变化，那么我们的投资推荐就很有可能发生改变，因此在每次改变后都应该及时更新 IPS。

此外，需要注意的一点是，如果出现无法更新的情况，应该及时留下书面的记录，以便日后查证。

有关合适性测试

合适性测试（suitability test）不仅要求投资专员考虑投资的潜在收益，还要考虑以下几点内容。

- 对于投资组合分散效果的影响；
- 将投资风险与客户的实际风险投资能力进行比较；
- 根据 IPS 所要求的投资策略判断此项投资的合适性。

III(C) 案例分析

Case 1 对于不同情况的人，用了相同的投资策略。

解释 违反 III(C)。不同情况的人，可能有不同的风险偏好以及风险承受能力，因此应该事先制定投资策略。

Case 2 向顾客详细说明了组合的表现。

解释 没有违反 III(C)。在说明投资组合的表现时应该基于整个投资组合的角度。

Case 3 知道客户的财务状况发生巨变。

解释 应首先更新 IPS。如果财富增长，在客户的同意下，可以考虑增加股票的配置，并偏向于低收益率、成长型的股票。

Case 4 基金经理为高收入型的基金买了价值被低估的零股利的股票。

解释 违反 III(C)。投资工具与投资目标不相称。

Case 5 IPS 要求流动性高的投资，但是最终投资了流动性差的工具（带有最少 3 年锁定期的 PE 投资）。

解释 违反了 III(C) 和 III(A)。由于投资工具与投资目标不符，违反了 III(C)。

Case 6 选择投资经理时，选择费用最低的一家。

解释 在为投资者选择二级投资经理时，应该考虑是否适合这位投资者。所以事前的尽职调查工作就涉及将投资者的风险承受能力与意愿和经理的投资策略相比较。如果没有做过尽职调查工作，则违反了 V(A)。如果仅仅基于费用的考虑来选择投资经理，就违反了 III(C)，因为费用最低并不一定最合适。

Case 7 顾客的投资目标是长远的，而公司的激励制度是实现短期目标，而且基金经理的薪酬与季度业绩相挂钩。公司选择了一些风险较高的投资工具，与客户的长期投资目标有所偏离。

解释 由于选择的投资工具与客户的目标不一致，违反了 III(C)；基金经理没有向投资者充分披露公司的短期盈利目标和自己的薪酬结构，违反了 VI(A)、I(B) 以及 V(B)。

Case 8 一名投资管理公司的经理 A 和一家对冲基金经理 B 是好朋友。因为这层关系，以及对冲基金出色的投资业绩，A 将自己建立的一个新基金由 B 代为管理。

解释 A 违反了 III(C)，因为新基金的风险可能并不适合所有客户，因此需要在投资前为客户量身定制 IPS，并且今后严格按照 IPS 上的策略进行投资。同时违反了 V(A)，因为筹备新基金的过程中没有对朋友 B 管理的基金做充分的调查分析。调查分析包括对外部经理以及投资基金的审查分析。在投资管理的过程中，仅仅依靠朋友关系是远远不够的。即使朋友管理的基金确实适合自己的客户，也要有一套完整的调查程序。

III(D) performance presentation 内容

在宣传投资业绩时，必须尽最大努力确保宣传的公平、准确和完整性。

公平体现在必须站在相同尺度下进行比较。

名师解惑

比如说现在有两项投资，一项投资的收益率是30%，另一项投资的收益是3%，从表面上看30%的项目收益率更高，但如果3%收益是经过5个月获得的，而30%收益是却要经过50

年才能够获得的，那么其真实结果显然不同。

➢ 准确体现在正确宣传。比如不能把3%的年化收益说成4%的年化收益。

➢ 完整体现在不能只披露表现最好的时段，而忽视了表现平平甚至亏损的时段。

III(D)　导引

宣传的内容必须是公平、准确和完整的。不能明说或者暗示一定能获得和过去一样的收益率，不能错误地宣传过去的业绩或者期望的业绩。如果使用的模拟业绩，必须说明这是模拟的业绩；如果加入新公司以后，在业绩宣传时能够使用原来公司的业绩，但是必须说明自己在原公司的职责；必须要说明自己的业绩表现形式是以总费用、净费用还是税后的。

如果一个投资组合已经终止，那么我们应该要将其纳入历史业绩中。

在计算收益率时，要用加权平均收益率而不是单个投资的表现。

如果公布的业绩只是简短的说明，那么必须声明如果客户需要就能提供详细信息，最好的做法是简短的说明中包含一些参考信息。

业绩披露时，应该充分解释业绩的核算方式，比如说：

➢ 如果是模拟的业绩，应该说明业绩是根据模型模拟出来的；

➢ 当业绩是在上一家公司获得的，就应该明确地表示；

➢ 或者披露业绩是以总费用、净费用还是税后的形式呈现的。

III(D)　推荐程序

遵循 GIPS 的规定

对于历史业绩的宣传，我们最好能够遵循 GIPS 的规定，因为遵循 GIPS 是遵守 III(D) 的最佳途径。因此，应该鼓励公司遵循 GIPS 规定。

不遵循 GIPS 的规定

不遵循也能够遵守 III(D)，因为 GIPS 是公司自愿遵守的，并非强制，但是要通过以下的方式来进行。

➢ 对业绩进行宣传时，应该考虑到听众的认知水平和专业水准；

➢ 采用加权平均而不是单一投资的表现来展示投资业绩；

➢ 当一个投资组合终止后，应该把已经终止的投资组合纳入历史业绩中；

➢ 对于投资结果应该予以充分的解释［是否模拟，是否在上一家公司的业绩，总费用(gross fee)、净费用（net fee）还是税后形式等］；

➢ 用于计算业绩的各项数据都要予以保存。

III(D)　案例分析

Case 1　呈报业绩时，未包含所有的账户，将偶尔的高业绩说成是经常性的，而且好的业绩是由于市场大环境好。并且在送给潜在客户的宣传资料中写道“预计可以达到与过去一样的业绩”。

解释　违反了 III(D) 和 I(C)。呈报业绩时应该将公司所有类别的账户统统考虑进去，而不是单列某个投资表现较好的基金业绩，因此违反了 III(D)；同时，不能在宣传册中声称能够取得与过去一样的业绩，因为无法准确预测市场走势和基金的业绩，所以违反了 I(C)。

Case 2　未完全遵守 GIPS 的规定，但是宣称遵守了。

解释　违反了 III(D)，因为宣称遵守 GIPS 一定要完全遵守，没有“部分遵守”这一说。所以只要有一点没有遵守 GIPS，就不能宣称遵守 GIPS。

Case 3　将公司过去的业绩说成是现在的业绩，而且未向客户说明。

解释　违反了 III(D)。在业绩陈述时，必须向投资者披露取得业绩的来源，并且充分说明自己在其中扮演的角色以及起到的作用。

Case 4　将模拟的业绩作为业绩的一部分，但是未说明这个事实。

解释　违反 III(D)。在业绩披露时，可以将模拟的业绩纳入其中，因为业绩计算期间尚未结束，模拟的业绩可以作为自己对当期业绩的预测。但是一定要向所有人披露这个事实，以免造成误会。

Case 5　在呈报业绩时，将低于一定资产额的投资组合排除在外，但未说明。

解释　在呈报业绩时，应该通盘考虑所有资产组合的表现。如果需要排除较低资产额的投资组合，一定要向投资者披露，以使投资者能够自己评判公司的业绩表现。

Case 6　一个基金公司采取自下而上，基本面分析的投资策略。这种策略的盈利主要来源于选股。目前这个公司采取的业绩归因测算结果显示公司的盈利来源于资产选择而非股票选择，这个业绩分析师发现另外一种业绩归因方式测算出来的结果更能体现公司目前所采取的投资策略，因此，这个基金公司就采取了这种业绩计量方式。

解释　这种做法没有体现业绩展现时的公平性，公司需要采取最适合的计量业绩方式，而非最能体现交易策略的业绩计量方式。

Case 7　对于业绩计量，一个公司有两种方式：以时间加权的业绩计量方式和以货币加权的业绩计量方式。一个业绩计量分析师咨询部门领导，采取哪种业绩计量方式。部门领导说哪种计量方式得到的结果最好，就采用哪种业绩计量方式。

解释　这种方式没有体现业绩展现时的公正和合理性，业绩计量的合理性应当根据基金的现金流情况来确定，而不应该根据计算结果来确定。

III(E)　preservation of confidentiality 内容

应该对现在的、以前的以及潜在客户的信息进行保密，除非遇到以下情况，才能够披露信息：

➢ 信息涉及违法行为；
➢ 法律要求披露信息；
➢ 客户允许披露。

III(E)　导引

只要在处理客户的商务或者个人事务时获得的信息，以及别人信任你才告诉你的信息，III(E) 都要求对所有现在的、以前的以及潜在客户的信息进行保密。

但是，如果法律要求披露或者这些信息涉及违法行为，那么就有义务向有关机构通报。同样，如果客户明确授权我们可以披露信息，那么我们就能按照客户的指示提供相应的信息。

名师解惑

这一点和 I(A) 相符。法律上规定怎么做，就必须怎么做；如果法律上没有规定的，就按照职业伦理准则的要求来执行。

遵守法律

我们首先应该遵守相应的法律，如果法律要求披露，那么就必须披露；如果法律要求对任何信息都要保密，那么即使是违法行为，我们首先应该保密；如果有疑问，那么就应该在披露前咨询合规人员或者法务人员。

信息安全

III(E) 并没有要求我们成为信息安全方面的专家，但是必须对雇主的规章制度有充分的了解。同时需要注意的是，公司的规模和运营方式不同，其针对信息安全的政策也会有不同。

CFA协会发起的调查

III(E) 并非为了阻止我们配合CFA协会发起的调查。

如果法律允许的话，我们应该把CFA协会的职业行为调查项目（professional conduct program，PCP）视作自己的“延伸”（extension）。当PCP发起调查时，我们最好能够提供相应的信息以协助调查，而且PCP会保证提交的信息将得到严格的保密，而且我们以协助调查的名义提交信息并不违反III(E)。

III(E)　推荐程序

遵循III(E) 最简单易行的方法是避免透露任何信息，向同样为这个客户工作的同事透露除外。

在某些情况下，可能会透露一些在保密协议之外，且不涉及违法行为的信息，在透露这些信息之前，我们需要问自己：

➢ 信息透露到什么程度？

➢ 如果透露一些在工作中获得的信息，那么这些信息是否和工作有关？

➢ 如果透露了这些信息，会不会改善我们对客户的服务水平？

总而言之，即使这些信息不违法，并且透露之后也不会对客户的利益造成实质性损害，我们也不应该传播闲言碎语。

在同客户交流的过程中，要同客户沟通最安全的交流方式，并且同客户说明并不是所有的交流方式公司都有条件提供，并且公司所提供的交流方式并不都是最安全的。

III(E)　案例分析

Case 1　分析师受聘为医疗中心的受托人提供投资建议。受托人将医疗中心的扩建计划透露给分析师，并委托其提供投资建议。此时，当地有一富商想捐款给医疗中心或者当地医院，但是想要知道两家机构各自的建设计划并绕开医疗中心的受托人。

解释　受托人将保密的扩建计划告诉给分析师，是为了得到分析师更好的服务。分析师和受托人之间存在聘用关系，因此分析师有义务为其保密，如果将信息透露给他人，则违反了III(E)。

Case 2　投资经理将顾客准备捐款的消息告诉其他人。

解释　投资经理与客户之间的关系使得其有义务为客户保密，因此将客户要捐款的消息透露给他人是违反III(E) 的。

Case 3　在做一家公司的养老金投资经理的过程中，得知这家公司涉嫌违法。

解释　应该首先向自己的主管报告，并寻求法律意见。但是根据各地法律的不同，报告程序也有所不同。如果法律要求报告违法信息，则一定要向相关的法律机构报告；如果法律要求首先应该对客户的信息进行保密，则不能向相关机构报告。

Case 4 投资管理公司的经理发现其客户的公司内部有人挪用公款。

解释 应该向合规部确认，是否需要向法律机关报告这个问题。

3.4 standard IV-duties to employers

作为雇员，应该为雇主的利益考虑，首先应该对公司忠诚，不损害公司的利益；其次，作为公司的管理者，应该对下属的行为负责。但是这个条款并没有规定在任何时候公司的利益都是大于个人的利益，有时候个人的利益会大于公司的利益，比如生病请假的时候。

IV(A) loyalty 内容

由于存在着雇用关系，所以我们应该为雇主的利益着想，不能有任何损害雇主利益的行为，比如在职时的同业竞争，离职后带走雇主的知识产权等。

名师解惑

雇主的知识产权包括你在公司完成的研究成果。之所以将你的研究成果归类为雇主的资产，是因为在职过程中，你的研究成果是利用了公司的资源才取得的。但是，你在自己的业余时间完成的研究成果可以不认为是雇主的资产。

IV(A) 导引

核心原则：是否损害了公司的利益，或者损害了雇主在专业能力方面的优势。

雇主的责任

最好能够给雇主提供一份 CFA 职业伦理准则的副本。这些材料能够提醒雇主作为 CFA 会员或者候选人的职责，并且能够考量雇主的规章制度的合理性。不过雇主并非一定要遵守 CFA 职业伦理准则，只是作为设计制度的参考。另外，高级管理层有义务制定一些不会鼓励不道德行为的薪酬及激励制度。简而言之，如果薪酬及激励制度与客户的利益相冲突，那么制定薪酬及激励制度时雇主最好能够参照 CFA 职业伦理准则的要求。

在职时的独立竞争性业务

IV(A) 规定在没有获得雇主书面同意的情况下，不得参与独立的竞争性业务，因为这些业务有可能会损害雇主的利益。但是 IV(A) 并没有禁止员工在职时参与竞争性业务，不过前提是告诉雇主，并且对业务的类型、期限以及预期获得薪酬做出详尽解释。只有在向雇主披露后，雇主书面同意所有这些行为，才不算违反 IV(A)。

离职

在离职之前，以下行为将会违反 IV(A)：

- 盗取公司的商业机密。
- 滥用公司的机密信息。
- 雇用期终止前拉拢雇主的客户。
- 将公司的信息或者商业机会用于为个人牟利。
- 盗用客户的信息及清单。如果将客户清单记忆下来也是不允许的，因为信息来源仍然是公司内部。离职后如果没有签订竞业协议并且客户信息来自公共渠道（比如黄页），则可以用来申请原雇主的客户。

➢ 带走雇主的有形或无形资产，甚至是质量极差的研究报告也是不允许的。因为任何在职过程中的研究成果都属于雇主的财产。

不过仅仅知道客户的存在以及客户的名字，一般不会被认为是机密信息，除非协议中或者法律认定这些信息是机密信息。

离职后应该遵守公司有关离职的相关程序及要求，没有雇主的书面同意，不得将雇主的任何财产（包括文件等）带到新的公司。但是在职过程中获得的经验及技能可以在新公司中使用。

如果在职时为了工作的便利，将公司的文件储存在自己的电脑或者移动设备中，那么在离职后，应该将这些信息及时删除，除非获得雇主的书面同意。

使用社交媒体

越来越多的公司采取社交媒体的方式同客户进行交流。如果员工管理公司的社交媒体账号，在离开公司的时候，需要把账号转交给公司；如果个人的账号和公司的账号混合使用，在离开公司的时候需要把这个账号删除，重建一个新账号，或者在账号上发表声明，自己已经离职，从而同公司脱离开来。

在职时的检举揭发

如果雇主的行为损害了客户的利益或者资本市场的诚信，并且检举揭发并不是为了个人的利益，那么对雇主的检举揭发（whistleblowing）并不违反 IV(A)。

如果怀疑雇主的行为会影响客户的利益或者资本市场的诚信，那么应该首先咨询公司的法务部门以决定适当的措施。

雇用关系的性质

IV(A) 的应用是基于雇用关系（比如公司与员工）以及协议关系（比如外包协议）的。作为协议关系的乙方（受命完成任务的一方），有责任遵守口头或者书面协议。

IV(A) 推荐程序

应该鼓励公司制定以下的制度：

➢ 竞争制度。在职过程中，员工必须明确雇主对员工在公司外，向客户提供与公司类似服务的限制。如果雇主要求员工签署竞业协议，那么员工就应该在签署之前确定这些相应条款的细节都能得到很明确的解释。

➢ 合同终止制度。公司制度中应该对离职程序有明确的规定，包括离职信息向客户以及其他员工发布的程序。公司制度中还应该对员工离职后的工作交接有明确的规定，以确保研究及管理工作能够顺利进行。

➢ 报告制度。应该要注意到公司有关在职揭发的制度，并鼓励雇主采用业界最佳做法。许多公司都会依法建立匿名报告制度，允许员工对雇主的不法行为进行揭发。

➢ 员工的分类。应该明确自己在公司内的职责与作用，同时，公司最好采用标准化的员工分类制度，以确保员工的类别，从而明确各自所对应的职责。

IV(A) 案例分析

Case 1 在离职前，招揽现在公司的客户与潜在客户。

解释 在与雇主的雇用关系中，雇员一定要为雇主的利益考虑，所以私下招揽雇主的客户是违反 IV(A) 的。

Case 2 离职时，带走公司的客户清单、账户声明、推荐清单与计算机模型等。

解释 这些都是雇主的资产，除非获得雇主的同意，离职的员工不得带走雇主的任何资产，包括员工自己的研究成果。

Case 3 市场有传言，基金公司将会被另外一家公司收购。所以，基金公司的一名基金经理想发起员工收购目前的公司业务。

解释 员工发起的收购行为是不违反IV(A)的，只要获得公司的许可，且最终获得客户的许可就可以执行。如果仅仅是传言，应该首先咨询法务部门以决定合适的行为。

Case 4 一个人将做兼职过程中的研究成果分享给其他单位使用，虽然之前双方没有约定任何排他性条款。

解释 虽然没有书面约定，原来的单位有优先使用报告的权利。除非原来的单位允许他在其他的单位继续使用报告，否则这个人的行为违反IV(A)。

Case 5 实习的工作成果给其他机构使用，但是实习过程中并没有工资。

解释 尽管实习没有工资，但是他使用了公司的资源，所以视同为一般的雇员。未经公司许可带走工作成果，违反IV(A)。

Case 6 离开公司后，招揽原来公司的客户。

解释 如果使用了公司原有的客户资料联系客户，则违反了IV(A)。与顾客联系的性质和程度取决于竞业协议的约定。如果没有竞业协议，且联系的资料来自公开渠道，可以联系原有公司的客户。

Case 7 注册开设一家公司，与现在的雇主形成竞争关系。

解释 如果在自己的业余时间，在公司外办理注册手续，并且在离开前没有招揽客户，则没有违反IV(A)。

Case 8 在没有辞职之前，以自己注册的新公司的名义参加竞标。

解释 违反IV(A)，除非得到雇主和发标方的同意。

Case 9 在担任投资公司分析师的同时，兼职担任当地城镇的市长。

解释 如果担任市长的工作耗时，并影响到他正常的工作，他应该与雇主讨论他的兼职工作，并且达成一致意见，以平衡这两种职责。

Case 10 与原公司没有竞业协议，且没有带走任何客户资料，通过公开渠道获得客户的联系方式，进而联系原有雇主的顾客。

解释 没有违反IV(A)。因为所有联系客户的方式都是从公开渠道获得，在职过程中没有带走雇主的任何资产。

Case 11 发现公司报告的业绩可能不正确，于是分别向交易部的主管和合规部的主管询问。结果主管无视他的意见。

解释 如果向法律机构报告公司不实的业绩披露，则不违反IV(A)，属于在职揭发(whistleblowing)；但公司违反了I(D)和IV(C)。

Case 12 一个分析师离开公司后向原雇主的客户招揽业务。

解释 如果使用了原公司的资料，则违反IV(A)；如果使用了公开资料且没有竞业协议，则没有违反IV(A)。

Case 13 怀疑公司有可能将垃圾债打包后卖给客户，进行了详细的询问并查阅了公司的内部管理制度。

解释　没有违反 IV(A)。如果是为了维护客户或公众的利益，而不是为了个人的利益，可以不遵循“对雇主的忠诚”，这种行为属于在职揭发（whistleblowing）。

Case 14　一个分析师在一家券商工作的时候，使用领英（Linkin）同客户联系，因为 Linkin 上面有很多自己的朋友，因此，他把工作账户和个人账户混在一起使用。在他离开公司的时候，公司把他离职的消息通过 Linkin 告诉公司现在的所有客户，并且介绍了他的继任。同时，这个分析师也在自己的个人信息页面上面更新了自己的雇用状态。

解释　这个完全符合对雇主的忠诚，并且详细介绍了离开雇主的时候，如果个人账号和工作账号混在一起应该如何处理的问题。

IV(B)　additional compensation arrangements 内容

在职过程中收到的一些礼物或者酬劳，如果会对雇主的利益产生影响，或者被别人认为可能会产生利益冲突时，应该拒收。除非涉及的所有各方都书面同意，才能够接受这些礼物或者酬劳。

IV(B)　导引

如果礼物或者酬劳会损害雇主的利益，就不能接受，除非获得各方的书面同意。此处的“书面同意”是指能够被记录或者回溯的任何方式，包括电子邮件形式。

如果是第三方给予的礼物或者酬劳，超过一定额度是不能接受的；但如果是客户给予的激励或者奖励性质的礼物或者酬劳，则要视情况而定：

- 如果披露了，但没有获得同意，则违反了 IV(B)；
- 如果披露，并获得同意，则没有违反任何准则；
- 如果未披露，而且未获得同意，则同时违反了 I(B)、IV(B) 和 VI(A)。

具体见表 1-2。

表 1-2　接受礼物或酬劳的各种违规情况

披露	同意	违反
√	×	IV(B)
√	√	—
×	×	I(B)，VI(A)，IV(B)

IV(B)　推荐程序

如果除了雇主之外，从其他地方收到好处，那么必须在接受前向雇主披露。详细的报告必须经由提供好处的一方确认，包括客户的激励奖金。如果任何协议中包含了这类额外好处，就必须在报告中进行披露，并说明好处的性质、数量以及协议的期限等。

IV(B)　案例分析

Case 1　顾客给予分析师业绩奖励，但是分析师没有向雇主披露。

解释　违反 IV(B)，必须向雇主披露并获得雇主的书面同意。同时，这种奖励安排可能会影响分析师的独立客观性，因此应当披露，否则违反 I(B)、VI(A)。

Case 2　一个分析师做另外一家公司的董事，其家人可以使用那家公司的会所服务。但是这名分析师没有向自己的雇主披露。

解释 由于没有向雇主披露，所以违反了 IV(B)。因为可能会造成利益冲突，同时违反 I(B)、VI(A)。

Case 3 一个分析师为 ABC 公司做研究报告，需要做实地考察。事先拒绝这家公司的食宿安排，在实地考察结束后，ABC 公司专门在高档饭店宴请了这个分析师，回来后分析师向研究部的主管报告了，并在研究报告中披露了这个事实。

解释 没有违反 IV(B)。由于没有造成利益冲突，所以也不违反 I(B) 和 VI(A)。

IV(C) responsibility of supervisors 内容

作为管理者，应该努力去发现并且阻止相关人员违反法律、法规以及职业伦理准则的行为。

IV(C) 导引

发现违规的程序

通过建立和实行书面的合规制度，定期检查来确保制度能够得到执行。

合规程序

管理者有时可能会无暇顾及整个团队运营的方方面面，可以将一部分管理职责委托给其他人，但是不能免除管理者监管的职责，管理者需要指导被授权者如何进行监管。如果你将部分管理职责下放给下属，而他又无法很好地去履职，那么你不能免除责任。此外，管理者必须要明确什么样的制度是充分的规章制度。

合理的制度必须包括以下几点：

➢ 职业伦理准则；

➢ 合规的政策和流程；

➢ 教育和培训项目；

➢ 鼓励道德行为的绩效激励措施；

➢ 行业的最优化标准（GIPS、AMC 等）。

不充分的制度

如果合规制度不完善、不充分，应该推荐高层管理者采取更完善的管理制度，并提出改进建议。如果没有相应制度或者制度不完善，而你又无法因此免责时，在接受管理职责之前应该书面拒绝履行管理职责，直到公司推行了合理的监管制度。

非投资相关政策的实行

管理者应当对投资相关与非投资相关政策同等对待。

公司应该有针对出勤以及工作场合行为的规定，比如某些特定职位的强制休假制度。所有政策制度的同等实行是为了创造一个良好的工作环境。

IV(C) **推荐程序**

职业伦理准则或合规程序

为了确保能够创造出良好的道德文化而不仅仅是遵循规章，公司里的每个人都应该能够获得并且理解职业伦理准则中的内容。

➢ 准则与合规程序的区别：

准则只是基本的概念；而合规程序是详细的、整个公司都要遵循的规则。

充分的合规程序

如果知道或者应该知道发现并阻止违规的合规程序没有得到执行，那就违反了Ⅳ(C)。因此，充分的合规程序应该包含以下特点：

- 清楚明了，容易理解；
- 指定一名合规专员；
- 清楚的管理层级，并且在管理者之间委派任务；
- 采取制衡制度；
- 概括合规程序所包含的范围并且记录对合规程序的监管和检测；
- 概括允许的行为；
- 发现了违规行为的报告与处分程序。

管理者的责任

一旦有了合规程序，管理者应该：

- 将合规程序分发给相关人员；
- 定期更新程序；
- 经常对相关人员进行合规方面的培训；
- 将职业规范的评估纳入员工业绩考核中；
- 对员工行为进行审查；
- 一旦发现违规，就应该执行相应制度。

一旦发现了违规行为，管理者应该：

- 及时做出回应；
- 充分调查；
- 加强监管，或者在调查结果没有出来之前加强对违纪者的限制，所以口头警告是不够的。

Ⅳ(C) 案例分析

Case 1 高级管理者以口头形式提前告知属下，并说明了自己研究报告的变化，这种做法符合公司的程序。其属下通过这个消息提前进行了交易，首先为自己和全权委托的客户（discretionary client）进行交易。

解释 违反了Ⅳ(C)。公司没有建立规范的制度来阻止提前交易。公司设立合理规范的程序可以在一定程度上阻止内部人员违规操作。由于首先为自己和全权委托的客户交易，并没有考虑到其他客户的利益，违反了Ⅲ(B)。同时，由于更新的研究报告并没有对外发布，属于内幕信息，擅自使用违反了Ⅱ(A)。获得内幕信息后，又首先为自己进行交易，违反了Ⅵ(B)。

Case 2 研究部的主管没有严格审核手下的研究报告。

解释 违反Ⅳ(C)和Ⅴ(A)，管理者必须确保公司发布的推荐具有合理性及充分性，并且没有使用内幕信息进行交易。

Case 3 管理者没有及时监督交易部的异常交易，且其个人薪酬与交易部的佣金有间接的关联。

解释 违反了Ⅳ(C)。主管应该特别注意个人利益与监管责任之间的实际与潜在冲突。由于交易员还使用了公司预期盈利数据进行交易，因此同样违反了Ⅱ(A)。

Case 4 公司对于期货交易没有相关的交易规定且没有书面记录。

解释 主管因为没有对这样的交易进行监管，违反了Ⅳ(C)。此外，主管没有建立一套记录保存及汇报制度，更是违反了Ⅳ(C)。

Case 5 发现公司报告的业绩可能不正确，分别向交易部的主管和合规部的主管询问。结果主管无视他的意见。

解释 如果法律要求披露违法信息的话，向法律机构揭发公司不实的业绩披露，是不违反Ⅳ(A) 的，属于在职揭发（whistleblowing）；公司违反了Ⅰ(D) 和Ⅳ(C)。

Case 6 分析师由于学习与工作的冲突，做研究时草草了事。而公司将其研究报告直接发布了出去。

解释 由于公司将这份草草了事的研究报告发布出去，可见公司缺少了适当的合规制度。主管应当建立一套适当的审查程序以规定所有签约的分析师都遵从相应的规定，因此主管违反了Ⅳ(C)。对于分析师，没有认真写研究报告，违反了Ⅴ(A)。

Case 7 出于同学间的友谊，小明将资金配置给与自己关系不错但是业绩平平的机构（小米），目的是想拉同学（小米）一把。

解释 小明的行为反映了公司没有适当的防范机制，所以其主管违反了Ⅳ(C)。除此之外，小明未做仔细研究，就将资金配置给另一家机构，并且因此损害了客户的利益，违反了Ⅴ(A) 和Ⅴ(B)。未将自己和小米的关系进行披露，违反了Ⅵ(A)。

Case 8 一个汽车行业的分析师想要在社交媒体上扩大公司的知名度，打算使用社交媒体，比如微博、微信来发布信息。这个分析师最近分析了一家新能源公司，觉得这家公司技术会给汽车行业带来革命性的颠覆。在发布报告之前，他先用公司的 twitter 发了篇简讯。

解释 这个分析师的上司违背了Ⅳ(C)，他没有履行好监管的责任，让分析师在发布报告之前，在 twitter 上发了简讯。除此之外，这个分析师还违背了Ⅲ(B)，在 twitter 上先发布简讯，就让 twitter 的用户优先获得这个投资意见，对其他客户是不公正的。

3.5 standard V-investment analysis，recommendations，and actions

standard V 讲述了作为投资行业的从业人员，在进行投资决策分析时应该有什么样的态度。比如，研究报告必须有合理的研究基础，研究人员应该和客户有充分的沟通，并且将记录进行保存。

V(A) diligence and reasonable basis 内容

在做投资分析与推荐、投资行动过程中，应该要勤勉、独立并且彻底。所有的投资分析、推荐、行为都应该有合理、充分的研究调查作为基础。

V(A) 导引

勤勉与合理的定义

与判断投资品对于客户的合适性（suitability）一样，研究与分析报告的深入程度会根据投资品、证券以及提供的投资服务的不同而不同。在提供投资服务时，会使用公司的资源，比如公司的研究报告、第三方研究报告以及从公司的数量模型中得出的结果。但是我们必须要确保研究报告的合理性。

做投资推荐时，我们需要考虑以下方面的内容

➢ 公司的经营历史和财务状况的历史；

➢ 当前的经济周期情况；

➢ 共同基金的费用结构以及管理业绩的历史；

➢ 量化模型的输出结果及潜在的局限性；

➢ 资产证券化产品中，标的资产的质量；

➢ 选取的同类型公司作为参照物是否合适。

在做投资决策时，可以仅仅基于当时所能获得的信息做出决策。而一个尽职的、合理的投资推荐则应该把可能发生的最坏的情况考虑进去。

运用次级资料或者第三方研究报告

如果运用次级资料研究（secondary research）或者第三方研究报告，必须尽力去判断研究报告的合理性。考察研究报告是否具有合理性，需要考虑以下几个方面。

➢ 使用的假设条件；

➢ 分析的严谨程度；

➢ 报告的日期和及时性；

➢ 对于投资推荐的独立客观性的评估。

在评判次级及第三方研究报告是否完善时，可以由公司内部的其他相关人员来判断，除非你有理由怀疑研究程序的合理及有效性。

为了保证研究报告的质量，CFA 会员及候选人应该验证公司是否有及时、持续的、针对研究报告提供者的审查制度。

使用基于量化模型的分析报告

首先，一定要理解量化模型中的参数，因为参数设置不同，可能会对结果产生重大影响。尽管不要求我们成为量化建模的专家，但我们必须能够解释量化模型的重要性以及模型产生的结果是如何应用到投资决策过程中的。

其次，我们要考虑所有模型数据所选取的样本区间有多长，并且考虑极端情况下的结果。

最后，在所有的模型中，我们应该尤其注意建模时的假设以及分析时的严谨程度，以确保模型中已经包含了极端情况。

开发量化模型

量化模型的开发者必须比量化模型的使用者更加懂得模型的原理，在审核模型的时候要表现出更高的审慎度，并且在模型发布之前必须进行系统地测试。量化模型的开发者需要对模型的准确程度负责。

作为模型的开发者，需要审核模型的输入项目，例如数据源、使用数据的时间期限、波动率、模型假设的严谨程度（即，是否包含了极端情况）等。

选择外部分析师

在选择外部分析师时，应该对其进行审查。公司最好有选择外部分析师的标准化审查流程，审查主要包括以下方面：

➢ 对外部分析师的职业伦理进行审查；

➢ 了解其合规制度以及内控制度；

➢ 评估其宣传的业绩表现是否真实；
➢ 审查是否按照投资策略进行投资。

团队研究报告以及投资决策

名师解惑

团队研究报告的结论代表了团队中所有成员的一致意见，但这并不代表你个人的意见，即使你的名字已经包含在了这篇研究报告中。如果你认为这篇报告是经过充分研究的，而且整个过程是独立客观的，那就没有必要将自己的名字从报告中删除。所以，决定是否将自己的名字放入团队研究报告的原则是，只要研究的过程是充分的、严谨的，而不是“胡诌”的，那即使你不同意研究报告的结论，也可以将自己的名字放入研究报告中，但是要在报告中注明自己的意见。

此外，总是推荐“热门股”就表示没有进行充分的研究，违反了V(A)。

V(A) 推荐程序

公司要制定政策，以确保所有的研究报告、信用评级以及投资推荐都是基于充分的研究的。

对于分析师（研究、投资或者信用分析师）、高级分析师以及制定尽职调查程序的审查委员会，公司应该为他们制定一份详细的、书面的指引，以判断投资推荐是否有充分的调查研究。

对于公司内部完成的研究报告，应该有一个详细的标准来评判研究报告的质量，判断是否有合理的基础并经过充分调查研究。此外，对于所有用于开发、评级的量化模型，都应该有一套详细的指引来对其进行情景测试（scenario testing）。

对于外部信息提供者，我们需要考量其提供的信息的质量、收集信息的合理性及充分性以及提供信息的准确性。公司的制度应该对多长时间审查一次有所规定。

对于外部的投资顾问，我们应该有一个标准来衡量其提供信息的准确性，以及多长时间、在何种基础上对其进行衡量。

V(A) 案例分析

Case 1 仅仅根据公司规模来进行估价，等到有时间再做充分研究。

解释 估价时应该有充分的研究，而不只是从公司规模的角度进行，所以没有尽到研究时的勤勉与合理原则，违反了V(A)。

Case 2 将公司业绩中预测的最好情况作为基准，从而提高对公司的估值。

解释 对公司业绩进行预测时，应该将所有可能情况都罗列出来，并说明各种情况发生的可能性以及后果，否则违反了V(A)。

Case 3 分析师由于学习与工作的冲突，做研究时草草了事。而公司将其研究报告直接发布了出去。

解释 由于公司将这份草草了事的研究报告发布出去，可见公司缺少了适当的合规制度。主管应当建立一套适当的审查程序以规定所有签约的分析师都遵从相应的规定，因此主管违反了Ⅳ(C)。对于分析师，没有认真写研究报告，因此分析师本人违反了V(A)。

Case 4 如果不同意研究报告的结论，是否需要将自己的名字从研究报告中移走。

解释　如果研究的过程合理且有适当的基础，即使不同意结论，仍可以保留自己的名字。

Case 5　利用第三方研究机构的报告，作为投资的依据。

解释　需要注意的是，并没有禁止按照第三方研究报告进行投资，只要研究报告有合理及充分的研究过程，就可以使用。

Case 6　出于同学间的友谊，小明将资金配置给与自己关系不错但是业绩平平的机构（小米），目的是想拉同学（小米）一把。

解释　小明的行为反映了公司没有适当的防范机制，所以其主管违反了Ⅳ(C)。除此之外，小明未做仔细研究，就将资金配置给另一家机构，并且因此损害了客户的利益，违反了Ⅴ(A）和Ⅴ(B)。未将自己和小米的关系进行披露，违反了Ⅵ(A)。

Case 7　一名投资管理公司的经理A和一家对冲基金经理B是好朋友。因为这层关系，以及对冲基金出色的投资业绩，A将自己建立的一个新基金由B代为管理。

解释　A违反了Ⅲ(C)，因为新基金的风险可能并不适合所有客户，因此需要在投资前为客户量身定制IPS，并且今后严格按照IPS上的策略进行投资。同时违反了Ⅴ(A)，因为筹备新基金的过程中没有对朋友B管理的基金做充分的调查分析。调查分析包括对外部经理以及投资基金的审查分析。在投资管理的过程中，仅仅依靠朋友关系是远远不够的。即使朋友管理的基金确实适合自己的客户，也要有一套完整的调查程序。

Case 8　选择投资经理时，选择费用最低的一家。

解释　在为投资者选择二级投资经理时，应该考虑是否适合投资者。所以事前的尽职调查工作就涉及将投资者的风险承受能力与意愿和经理的投资策略相比较，如果没有做过尽职调查工作，则违反了Ⅴ(A)。如果仅仅基于费用的考虑，就违反了Ⅲ(C)，因为费用最低并不一定最合适。

Case 9　分析师在研究时，考虑了极端情况，做了充分的情景分析。

解释　由于分析时将所有可能发生的情况都列了出来，所以没有违反Ⅴ(A)。此外，在研究时没有违反Ⅰ(B)。

Case 10　在设计模型时，考虑了各个组成部分的情况，但是没有将整个模型进行综合考虑。

解释　研究时如果运用了模型，则应该从模型整体结果考虑，否则违反了Ⅴ(A)。

Case 11　做了充分研究后，将一个基金推荐给客户，但是客户投资后亏损了。

解释　没有违反Ⅴ(A)。合理性以及充分性并没有保证不存在下行风险。

Case 12　一个模型分析师负责开发、维护、更新模型，这个分析师通常会通过阅读博客、杂志等前沿性学术来确保模型是最新的。现在公司要求分析师在短期内提高模型的预测能力，迫于时间的紧迫性，分析师使用了其他模型里面的因子。新的模型给客户推荐了很多新的投资建议。

解释　模型分析师违背了Ⅴ(A)，他在使用新的模型里面的因子的时候，没有经过审慎合理的调查。

Case 13　一个模型的使用者不太懂模型，通常他在使用模型前都会去咨询模型的开发者。模型开发者在开发了老模型之后，马上去开发新的模型，因此忽略了老模型的更新。过了几个月，数据诊断结果显示老模型出现了一些问题，模型开发者快速修正了老的模型，马上又投身于新模型的开发工作。过了几个月后，老模型又出现问题，模型开发者彻底修正了老模型。但是，模型使用者的结论是基于老模型，为了修正这个问题，模型使用者没有重新运用模型，而是把原先通过老模型得出来的结论反了下，比如原先是买入建议，现状改成卖出建议。

解释 模型使用者和模型开发者都违反了这条准则。模型使用者要懂模型，模型开发者要更懂模型。模型开发者要定期地更新、修正模型；模型使用者在使用模型的时候要理解模型，并且把模型更改同投资者交流。

V(B) communication with clients 内容

向客户与潜在客户披露投资分析、选择股票与构建投资组合的基本形式和原则，并且及时披露任何可能会对投资结果产生影响的重大变化。

需要谨慎地判断哪些因素对投资分析、推荐以及行为是重要的，并且在与客户的交流中把这些因素都包含进去。

在投资分析与推荐的过程中，区分事实与意见（facts and opinions）。

V(B) 导引

与客户交流投资过程

所有形式的交流都可以，包括详细的研究报告、电话、面谈或者电子邮件等形式。

如果只是和客户进行简短的交流，那么要向其说明，客户需要时可以索取详细的报告以及支持研究报告的数据。

交流的不同形式

交流可以有不同的形式，如果推荐是胶囊的形式（capsule form，比如一张推荐的个股清单），那么可以向客户说明，需要时可以索取详细的推荐信息。

识别投资过程中的风险和局限性

会员或者候选人需要同现在以及潜在的客户沟通投资过程中出现的风险和局限性。投资过程中的风险包括市场风险、杠杆风险、对手方风险、国家风险、行业风险、股票风险以及信用风险。其中市场风险和杠杆风险是必须要披露的，其他风险几项风险是可披露，也可不披露的。投资过程中的局限性包括流动性（liquidity）和投资容量（capacity）。流行性指的是如果投资了流动性较差的资产，比如房地产，那就需要把这项投资进行披露。容量指的是投资的上限，比如一只基金规定的最大资金管理规模为 1000 万，那么这项规定必须予以披露。

在研究报告中区别事实与意见

事实是描述客观状况，而意见是个人的主观判断。在量化模型中，我们要把统计的推论与事实区分开，并且向客户披露已知的分析过程中的局限性。

V(B) 推荐程序

当投资风格、限额、投资委员会、投资范围发生改变，都必须与客户和潜在客户说明，否则客户会以为公司仍旧保持着原先的投资风格。

为了方便事后调查，必须将与投资相关的数据保存下来，如果客户索取，应该向其提供。

V(B) 案例分析

Case 1 为了简化研究报告，仅仅将每周排名前五的“买”和“卖”的推荐包含在报告中，没有说明使用的估值模型以及资产组合构建方案。

解释 违反了 V(B)。虽然没有必要详细描述自己的投资是如何进行的，但是有必要告知投资者自己投资的基本过程以及逻辑，否则客户无法得知其中的局限性以及潜在的风险。

Case 2　在分析报告中，将矿储量的预测当作事实来陈述，并由此进行投资推荐。

解释　矿储量的预测是由计算得来的，并没有表示真实储量，如果把预测当作事实进行投资推荐，是违反 V(B) 的。

Case 3　推荐结构化产品时，没有进行情景分析，也没有说明可能的下行风险。

解释　违反 V(B)，因为没有说明这种投资产品的真实特征与潜在风险。

Case 4　基金经理将投资策略中对小盘股的定义和标准进行了修改，并且通知了现有及潜在客户。

解释　没有违反 V(B)。

Case 5　基金经理将投资的范围从美国股票扩充到非美国股票。

解释　V(B) 要求向现有客户和所有相关利益人进行披露。所有投资过程的变化都必须披露，包括引入衍生品或者更改资产组合的 beta。

Case 6　公司决定将多因素模型改为 DDM 模型。

解释　模型的改变是投资过程中一项重要的变化，一定要向客户进行披露，否则违反了 V(B)。

Case 7　将基于多因素模型的主动投资改为被动投资，但是没有披露。

解释　这种改变属于重大变化，应该向投资者披露，否则违反了 V(B)。

Case 8　将投资由个人决策改为由投资委员会来决定，但是没有披露。

解释　投资决策过程有了重大的改变，如果没有向投资者披露，则违反了 V(B)。

Case 9　利用外部分析师进行选股，且对外披露。

解释　对外披露了投资决策者的重大变化，不违反 V(B)。

Case 10　出于同学间的友谊，小明将资金配置给与自己关系不错但是业绩平平的机构（小米），目的是想拉同学（小米）一把。

解释　小明的行为反映了公司没有适当的防范机制，所以其主管违反了 IV(C)。除此之外，小明未做仔细研究，就将资金配置给另一家机构，并且因此损害了客户的利益，违反了 V(A) 和 V(B)。未将自己和小米的关系进行披露，违反了 VI(A)。

Case 11　一个模型的使用者不太懂模型，通常他在使用模型前都会去咨询模型的开发者。模型开发者在开发了老的模型之后，马上去开发新的模型，因此忽略了老模型的更新。过了几个月，数据诊断结果显示老模型出现了一些问题，模型开发者快速修正了老模型，马上又投身于新模型的开发工作。过了几个月后，老模型又出现问题，模型开发者彻底修正了老模型。但是，模型使用者的结论是基于老模型，为了修正这个问题，模型使用者没有重新运用模型，而是把原先通过老模型得出来的结论反了下，比如原先是买入建议，现状改成卖出建议。

解释　这条除了违反 V(A) 之外，还违反了 V(B)，模型使用者要把模型中需要更改的地方向客户进行披露。

Case 12　一家公司的合伙人被一家基金公司的投资策略吸引，决定投资这家基金公司使用这个投资策略的基金。这只基金有容量上的局限性，即融资不可超过 1 000 万，否则投资收益反而会下降。这家基金公司市场部的人认为不需要披露这个容量问题，因为目前基金的容量才刚达到 10 万，离 1 000 万还有很大的距离。

解释　市场部门的人的说法违反了 V(B)，虽然目前的容量距离规定的容量很远，但是，

CFA 的职业伦理规定，要披露容量的局限性，无论这个容量有多大。

V(C) record retention 内容

必须保存相应的记录，以确保能够支持自己的投资分析、推荐以及投资行为。

V(C) 导引

保存的记录可以是纸质的，也可以是电子的。

新媒体上的记录保存

虽然法律条款里面没有对新媒体记录保存作规定，但是职业伦理里面要求会员和候选人对于任何新媒体的记录都要进行保存，因为法律条款的规定总是滞后于新媒体出现，因此会员和候选人有责任在法律条款欠缺的情况下保存新媒体上的记录。新媒体的记录形式包括：

- 电子邮件
- 短信
- 博客
- 微博

记录是公司的财产

当员工离职后，不能带走公司的任何财产，包括原先在公司保存的记录，除非提前获得雇主的同意。

名师解惑

要注意的是，此处说的是获得“雇主”的同意。如果仅仅获得领导的同意，仍然不能带走公司的资产，因为领导并不能代表公司。

离职的员工在新公司里不能使用原先的投资推荐，因为此时没有相应的数据和材料支持这份投资推荐。因此，将来做相同的投资推荐时，应该从公共渠道收集信息，或者直接从被研究的公司那里获得，不能通过自己的回忆或者使用从原雇主处取得的信息，因为从原雇主那里获得的信息被认为是原雇主的资产。

当地法律要求

如果当地法律没有对保存记录的年限进行要求，那么至少应该保存 7 年，不过可以是任何形式的。

名师解惑

要注意的是，如果遵循了当地法律的要求，也就认为是遵循了 CFA 职业伦理准则。举例来说，如果当地法律要求至少保存 5 年，那么就应该至少保存 5 年，而不是 7 年。可能大家会认为应该遵守更严格的要求，也就是保存 7 年，但对于记录保存来说，最终还是要遵从当地法律的要求。

V(C) 推荐程序

保存记录的责任是由公司承担而非个人承担的。必须将研究记录与其他文件予以归档，可以是电子形式，也可以是书面形式的。保存的目的在于支持自己的投资推荐。这样做能够帮助公司遵循对于保存内部与外部记录的要求。

V(C) 案例分析

Case 1 IPS中已经确定根据指数进行投资，但是最终亏损了。

解释 如果根据IPS进行投资，且能够说明指数的选择是合适的，并且有相应的留存记录，就没有违反V(C)。

Case 2 一个分析师的研究报告参考了多种来源。

解释 可以参考其他来源，但是必须将这些来源保存下来，否则违反了V(C)。

Case 3 将原来雇主的研究报告的参考资料全部带走。

解释 违反了Ⅳ(A)，未经雇主的许可带走了原雇主的资料。如果需要之前的研究成果，必须在新公司用公开渠道获得的信息重新得出研究结论。没有违反V(C)。

3.6 standard VI-conflicts of interest

如果存在利益冲突，首先应该想到的是及时披露，披露的目的是让各方都能自行判断利益冲突的程度以及影响的范围。其次，应该注意交易的优先顺序——客户的交易应该优先于雇主及个人。而对于介绍费，最重要的就是披露。

VI(A) disclosure of conflicts 内容

首先，对所有可能损害独立客观性，或者干扰到对顾客、潜在的客户和雇主尽责的行为，必须做完整和公正的披露。并且必须确保这些披露是明显突出的（prominent），而且是用平实语言（in plain language）表述的，并且有效表达了相关信息。

VI(A) 导引

我们应该尽可能避免潜在的和实际的利益冲突。比如说，如果有一家公司希望我们为其写研究报告，我们只能收取固定费用（flat fee），而不能额外收费。如果我们收了额外的费用，写报告的时候就可能无法适中保持自己的独立客观性。此外，披露必须是明显突出的，而且必须用平实的语言，不能写了让别人看不懂。

如果要写这家公司的研究报告，但是自己又是这家公司股票的受益人（比如自己或者家人持有这家公司的股票），那么必须要对外披露。最好的做法是让公司委任另一个分析师跟踪研究这家公司。这样，虽然我是这家公司股票的受益人，也不会影响到研究报告的结果。

向雇主披露冲突

一点点的利益冲突就会给CFA会员、候选人和雇主造成问题。在董事会成员之外，限制个人交易及相关的行为，可以防止一些可能被认为有问题的情况出现。在这个过程中，卖方（sellside）要披露可能影响股票价格的重要持股情况。这里的卖方指卖研究报告的一方。买方（buy side）要披露有关个人交易的汇报程序。比如基金经理就是买研究报告的一方，他们通过买研究报告来进行投资分析并制定投资决策。而基金经理不能在顾客之前先行投资，也就是说基金经理个人的交易必须要在客户的交易之后才能进行（如果公司允许的话）。

如果无意中发现冲突，就必须尽快对这些冲突进行报告，并且尽可能又快又有效地解决冲突。

向客户披露冲突

当无法有效避免冲突时，必须对其进行披露。需要披露的冲突包括：

➤ 董事的职务（directorship）：如果本人是一家公司的董事，而我正在写这家公司的研究报告，就会产生利益冲突，因为我可能会为了自己的利益而夸大这只股票的表现，并且推荐买入。

- 投资银行服务（investment banking services）和公司金融（corporate finance）：如果我们公司正在为一家公司做上市或再融资服务，而我同时为这家公司写分析报告，其中就可能存在利益冲突。
- 做市商行为（market-making activities）：如果我们公司正在努力推销该股票，而我们又在写这个股票的分析报告，那其中必然发生利益冲突。
- 重要的潜在股票的受益人（material beneficial ownership of stocks underlying）：如果我们正在研究一只股票，但我持有这只股票，并且是重要的受益人，那么其中也会发生利益冲突。

因此，利益冲突无非体现在以下 3 个方面。

- 跨部门的冲突：如果公司有很多部门，有投资部和研究部，投资部的同事正在投资某个股票，而研究部的同事又刚好在研究这个股票，写这个股票的报告。
- 股票拥有权的冲突：我可能手上持有某只股票，而且正在写这只股票的研究报告，我的研究报告就可能有失公正。
- 董事的冲突：如果我正在研究这个股票，但我正好又是这家上市公司的董事会成员，那我可能为了自己的利益，推荐购买这只股票，研究报告就有失公允，会产生冲突。

VI(A) 推荐程序

如果我们拥有购买股票的代理期权（agent options），那么这些期权的到期日期（expiration date）和数量（amount）就应该在研究报告的附注（footnote）中披露。有时候，我们公司帮别人做上市服务，同时获得了这个股票的期权，所有这些我们都要向顾客披露，因为当我们有了这个股票的期权，就有推荐购买这只股票的动机。

激励费（incentive fee）不能和顾客的利益冲突。如果有冲突，我们必须向顾客披露；如果雇主不允许披露，我们就必须脱离这样的行为，甚至可以考虑辞职。公司的奖励机制要符合 CFA 的规章制度，建议把 CFA 的职业伦理准则作为公司制定规章制度的基础。我们希望公司在建立奖励制度时，不要和顾客的利益相冲突。

对于公司整体业绩的披露，有以下要求。

- CFA 的规章中鼓励公司在宣传中包括补偿方案的信息（compensation package）。补偿方案也就是如何安排奖金与工资。
- 如果费用是根据资本收益或资本增值（业绩增长）来安排的，我们就应该对外披露。换句话说，如果这只股票涨得越多，我们赚得越多，那么就应该披露，因为我们可能会为了多赚取利润，而写一些虚假的研究报告，这样就有利益冲突。
- 如果上市公司为了刺激业绩而发给我们代理期权，我们应该在研究报告的附注中披露这些期权的数量和到期日期。

VI(A) 案例分析

Case 1 分析师在写 ABC 公司的研究报告，公司的其他人员担任了 ABC 公司的董事。

解释 这种情形很可能产生利益冲突，因此必须披露与 ABC 公司的关系。此外，在研究报告中还应该披露经纪商、做市商以及是否参与股票公开发行。

Case 2 投资公司A卖出了B公司的部分股权，卖出后，A公司的老总在研究报告中将B的推荐建议从“卖出”改为“买入”。

解释 A公司必须在研究报告中披露与B公司的关系，否则违反VI(A)。

Case 3 在写K公司研究报告的过程中，分析师的妻子拥有K公司的股票。

解释 必须在研究报告中披露个人及亲属的持仓情况。最佳的做法是让公司安排其他分析师跟踪K公司。

Case 4 分析师个人买了10万仙股（penny stocks)，公司让他写研究报告。

解释 分析师必须在写研究报告之前或者在研究报告中披露个人的持仓情况。

Case 5 顾客的投资目标是长远的，而公司的激励制度是实现短期目标，而且基金经理的薪酬与季度业绩相挂钩。因此和客户的长期投资目标有所偏离，公司投资了一些风险较高的投资工具。

解释 由于选择的投资工具与客户的目标不一致，违反了III(C)；基金经理没有向投资者充分披露公司的短期盈利目标和自己的薪酬结构，违反了VI(A)、I(B) 以及V(B)。

Case 6 由于持有代理期权（agent option)，所以就发布关于这家公司的有利推荐。

解释 为了避免违反VI(A)，必须在报告中披露期权设计的交易量以及到期日。总之，任何可能的利益冲突都应该披露，包括个人从中获益的可能，如果没有披露，则违反了I(B)。此外，由于没有经过充分调查研究就发布对于这家公司的有利推荐，违反了V(A)。

Case 7 一个股票经纪人帮助B公司推销股票从而获益，未向顾客和雇主披露。

解释 由于未向客户及雇主披露额外的薪酬，同时违反了VI(A) 和IV(B)。此外，由于推销股票与个人的薪酬挂钩，因此在推荐时可能难以保证独立客观性，违反了I(B)。

Case 8 CC在U公司工作，主要服务于个人客户，U公司资产规模大约为1亿。CC现在兼职管理一家非盈利基金（资产规模超过20亿）。CC没有将此事向自己的雇主披露。

解释 由于没有向雇主U披露自己的兼职情况，违反了VI(A) 和IV(B)。此外，还需要兼职管理一家更大的基金，并适时为其做投资决策，可能会难以保证自己的客观独立性，违反了I(B)。

Case 9 小王在写小李的研究报告，自己却持有与小李业绩相挂钩的债券，而且没有披露。

解释 由于自己持有相关的债券，可能会导致利益冲突，如果没有披露的话，就违反了VI(A)。此外，撰写研究报告时，自己的客观独立性有可能会受到影响，违反了I(B)。

Case 10 出于同学间的友谊，小明将资金配置给与自己关系不错但是业绩平平的机构（小米），目的是想拉同学（小米）一把。

解释 小明的行为反映了公司没有适当的防范机制，所以其主管违反了IV(C)。除此之外，小明未做仔细研究，就将资金配置给另一家机构，并且因此损害了客户的利益，违反了V(A) 和V(B)。未将自己和小米的关系进行披露，违反了VI(A)。

Case 11 银行的信托经理在销售各类基金时，获得了某只基金的费用补偿，因此经理仅推销此基金且未向客户说明。

解释 由于受到了利益冲突，没有披露则违反了VI(A) 和I(B)。

Case 12 一个基金公司给员工提供养老金投资清单，这个清单上的投资项目包括公司自己管理的基金。一个公司的员工在选择投资项目时选择了自己公司的基金，这只基金由他的同事管理。这个员工需要担心需要将这层利益冲突进行披露。

解释 这里不存在利益冲突问题，这个公司的员工根据公司的清单进行养老金投资，尽管有一个投资项目是本公司的基金，因为公司在制作这种清单的时候会充分考虑利益冲突问题，因此这种投资是经过公司审核，不需要经过公司的再次同意。但是，管理这只基金的基金经理在进行投资决策的时候需要考虑利益冲突问题，对于个别投资需要经过公司的审核。

VI(B) priority of transaction 内容

对顾客和雇主的投资交易的优先级必须高于个人交易的优先级。也就是说，在投资管理时，应该先满足客户，再满足雇主，最后满足自己。

VI(B) 导引

交易顺序应该是先客户，再雇主，最后才是个人。

名师解惑

如果一个人在管理客户的投资账户，发布了一份针对一只股票的研究报告。但发布7分钟以后，他自己就买了股票，这就违反了VI(B)。因为我们必须要给予顾客足够长的时间来消化这个投资建议。那么究竟多长的时间才叫足够长的时间呢？一般来讲，是发研究报告的前30天，以及发布研究报告之后的5天。在此期间，研究者是不允许进行个人交易的，因为我们必须要给顾客充足的时间对这个研究报告做出反应。

避免潜在的冲突

顾客的利益和投资决策人员的利益可能存在冲突。尽管存在利益冲突，投资经理、顾问以及共同基金的员工只要遵守以下原则，是允许进行个人交易的：

- 个人交易没有损害顾客的利益；
- 相关人士没有从顾客的交易中获得好处；
- 这项投资遵循了相应的法规要求。

个人交易次于顾客交易

个人及其亲属的交易优先级低于客户的交易，也就是说，首先应该为客户进行交易。

名师解惑

此时存在一个例外，如果你的父母同时是你的顾客，你就应该对所有的客户公平对待，因此不能将父母的交易延迟，否则就违反了公平交易原则（fair dealing），因为你的父母首先是你的顾客。而如果你是父母账户的最终受益人，则应该向所有人披露。

非公开信息的评判标准

禁止向任何可能使自己直接或间接获利的人传达非公开的信息，比如朋友、配偶及其他家庭成员。也就是说，如果有内幕信息，你不能向你的家人亲戚或朋友透露。特别是那些会引起证券价格变化的重要非公开信息。不能向任何人透露凡是可能被认为是重要的非公开信息。

对个人受益的账户的影响

个人交易包括为自己的账户执行的交易，以及为家庭成员（包括配偶、子女、其他直系亲属）账户的交易，和一些有直接或间接金钱利益关系的账户交易，比如信托或退休账户。

如果家庭成员同时又是自己的客户，则不应该和其他客户区别对待，更不能由于这层特殊的关系而损害家庭成员的利益。但如果自己是家庭成员账户的最终受益人，那么应该要经过事先批准或者按照雇主及法律的规定提交相应的报告。

VI(B) 推荐程序

基本步骤

- ➢ 限制员工参与股票的 IPO；
- ➢ 如果参加 IPO，在参加之前，员工应该提前获得公司的核准；
- ➢ 禁止参加私募配售；
- ➢ 设定封闭期（blackout period）和限制期（restricted period）。这个期限通常为发布研究报告的前 30 天和发研究报告的后 5 天，在此期间是不允许研究人员进行股票交易的。
- ➢ 公司应该有一套详细的汇报制度以及对于个人交易的批准制度，并且应该向投资者详细披露这方面的信息。

报告的要求

- ➢ 至少每年披露使得员工实际获益的股票持仓情况；
- ➢ 双重交易确认，即告知雇主自己的交易情况，不只自己签字，替你执行交易的经纪人也要签字；
- ➢ 交易前要提前核准。比如，有些公司规定员工允许持有 A 股票多少，B 股票允许持有多少量这样的规定。如果新员工在进公司之前，持仓量超过公司规定的最高限额，那么他就应该马上减仓，卖掉多出来的那部分持股量，才不会违反规定。

为了减少在个人交易中的利益冲突并加强监管措施，最好的方法就是通过报告的形式。比如，在报告制度中可以设立防火墙，是为了防止研究部门的信息泄露到投资部门。比如我们需要一个指定的官员对报告的发放进行审批。就算允许跨部门的人员交流，也必须在一个中间区域（clearance area）进行，一般是合规部或法律部门，并且交流的内容要留下记录并存档，这样就防止别人猜测公司用内幕信息进行交易。

VI(B) 案例分析

Case 1 在推荐雇主买股票之前，自己先买。

解释 这样的行为并不是为雇主的利益考虑，而是为了自己的利益考虑，因此违反了 IV(A)。此外，个人交易应该排在客户交易以及雇主交易之后，所以也违反了 VI(B)。

Case 2 一名基金经理在买股票时，先为自己丈夫买。

解释 亲属也属于个人交易的范畴，因为亲属获益就相当于自己获益，因此为自己的亲属先购买就违反了 VI(B)。

Case 3 家人在本公司开设了账户，小李总是为其他客户先交易。

解释 违反了 III(B)。作为公司的付费客户，小李的家人应该受到与其他客户相同的对待。但是如果小李是其家人账户的最终受益人，情况又会有所不同，小李应该通过公司的提前审核才能进行交易。

Case 4 在公司发布股票推荐之前，M 总是提前交易，且 M 未按规定提交个人交易记录。

解释 个人的交易应该置于客户及公司之后，所以 M 违反了 VI(B)。此外，M 的主管监管不力，每次都允许 M 在未提交个人交易记录的情况下继续交易，所以主管违反了 IV(C)。另外需要注意的是，如果 M 每次的提前交易都是利用公司未发布的推荐的话，则涉及了内幕信息交易，违反了 II(A)。

Case 5 研究报告发布 7 分钟后，自己立即进行交易。

解释 我们一般认为，研究报告发布 7 分钟，这段时间不足以使得客户充分消化这份报告，因此无法做出适当的应对，所以在如此短的时间内马上为自己交易，就违反了 VI(B)。

VI(C) referral fees 内容

必须向雇主、顾客和潜在的顾客披露任何形式的补偿，或者在推荐产品及服务中的其他好处的来往。

名师解惑

如果我把 A 公司推荐给第三方，A 公司就会给我一个介绍费（referral fee）。我可以拿这个介绍费，但要注意辨析与软佣金的区别。软佣金（soft dollar）是当我和顾客存在信托关系的时候，经纪人给我的一部分非现金好处，比如研究报告等，但这些好处是顾客的资产，只能为顾客服务。而介绍费（referral fee），是我将业务推荐给第三方时，这家公司给我的好处，和软佣金是两个概念。另外，就算介绍费只有一分钱，也必须要披露。

VI(C) 导引

介绍费一定要披露，以便让顾客和雇主能够评估我是否会保持客观独立。披露的内容主要包括：

- 在服务的推荐中是否有任何偏袒（partiality），以此判断是不是为了拿介绍费，而有失偏颇地说这家公司的好话。
- 服务的总体成本。比如我把 A 公司推荐给了第三方，于是 A 公司，就向第三方提供服务，第三方付给 A 公司服务费 \$100。同时 A 公司为了感谢我的推荐，给了我推荐费 \$50。那么此时，A 公司总共收到的是 \$100 - \$50 = \$50。所以，总的服务成本就是 \$50。我们必须要让顾客和雇主了解总体服务成本。

在披露被推荐的客户信息时，需要注意以下几点。

表 1-3 披露被推荐的客户信息注意事项

	雇主（employee）	被推荐的顾客
公司间	√	√
部门间	×	√
销售人员	×	×
基金经理	×	×，最好要披露√

- 公司间：如果我把别的公司推荐给顾客，我会收到介绍费，这个介绍费要向雇主以及所有被推荐的顾客进行披露。
- 部门间：如果我把顾客的业务介绍出去，就不需要向雇主说明，因为这本来就是公司的政策，但必须要向顾客披露。
- 销售人员：由于顾客知道我们是销售人员，很清楚我们会拿到销售提成，所以没必要再披露。

➢ 基金经理：对于雇主来说，这是公司政策，因此无须披露。但对于顾客来说，可以不披露，但最好披露，有些顾客可能不了解基金经理的工作性质，所以有必要让一些顾客了解到基金经理每推销一项金融产品，就会拿到提成。

VI(C) 推荐程序

鼓励雇主制定有关介绍费的制度及合规程序。公司可以完全地禁止这些介绍费，如果不限制，至少应该指明适当的申请批准的步骤。也就是说，员工可以拿介绍费，但必须提前申请，经过批准后才能拿。

此外，雇主应该让所有专业投资者向客户披露所有已经审批通过的介绍费。投资人员必须定期（至少每季度一次）向雇主披露收到的酬金数量和性质。

VI(C) 案例分析

Case 1 给客户介绍业务时，没有说明介绍费的安排。

解释 由于没有说明介绍费的安排情况，所以违法了 VI(C)。

Case 2 将自己顾客的交易介绍给公司的其他部门，拿到介绍费，但是没有向顾客披露。

解释 违反 VI(C)。公司内部的介绍费也必须披露，披露的形式应该是书面的，披露的内容包括介绍费的实质与获得的好处。

Case 3 R将顾客的交易指定给某经纪商，但是经纪商提供的价格没有竞争力，而且研究报告没有用处。经纪商为了补偿R，向自己最有钱的客户介绍R的投资管理业务。

解释 由于没有向客户披露介绍费的信息，R违反了 VI(C)；没有为客户的利益考虑，违反了 III(A)。由于R和经纪商之间的利益关系，可能会存在利益冲突，没有披露则违反了 VI(A)。最后，因为利益冲突，可能使R在做投资决策时无法独立客观，因此违反了I(B)。

Case 4 公司内部人员在销售本公司的基金，会拿到业绩提成。

解释 可以不披露，因为作为公司内部人员销售基金，一般来说都知道会拿到业绩提成。但是最好的做法是对外披露。

Case 5 投资经理将顾客所产生的投资管理费的一部分捐给学校，在收到介绍费之前，就事先披露了介绍费用。

解释 由于投资经理不仅获得了雇主的同意，也获得了学校的同意，而且事先向客户披露了介绍费的事情，所以没有违反 VI(C)。

Case 6 张明是养老金的受托人，张明为养老金挑选投资管理经理，并因为涉嫌从投资管理经理处收取回扣而受到调查。但是经过调查后证实，虽然张明收取回扣，但是投资管理经理的投资决策过程仍旧是独立客观的。

解释 很明显，张明收取回扣而且没有对外披露，违反了 VI(C)。此外，张明还有可能违反 I(A)。

3.7 standard VII-responsibilities as a CFA member or candidate

主要讲述了作为CFA协会会员以及候选人应该履行的职责及注意事项。比如正确使用CFA标志的方式等。

知识导引

standard VII 同样讲述了对个人行为的要求，但其立足点在于作为会员及候选人的一般职责及 CFA 称号的引用上。

VII(A) conduct as members and candidates 内容

CFA 会员与候选人不能参与任何损害 CFA 协会或者 CFA 称号的声誉的行为，而且不能涉及任何损害 CFA 考试的公正性、有效性的行为。

VII(A) 导引

具体来讲，以下的行为是不允许的：

- 在 CFA 考试或者 CFA 协会组织的任何考试中，存在作弊或者协助他人作弊的行为。
- 不遵守 CFA 考试的考场规则及安全措施。
- 把 CFA 考试的保密信息，比如试题或考点，透露给 CFA 候选人及公众。
- 在任何形式的交流过程中，没有准确使用 CFA 称号。
- 出于个人或者职业的目的，不恰当地利用与 CFA 协会的特别关系；比如有人利用在 CFA 协会中担任的工作身份来为自己招揽客户等，这些行为是不允许的。
- 在个人述职或者 CFA 协会继续教育项目中使用误导性信息。

保密信息

CFA 协会不允许透露有关考试的任何机密信息，包括考试中涉及的任何公式、考点等。但是 CFA 协会允许对考试本身发表意见，比如考试的难易程度等。

其他 CFA 协会的规定

任何违反考试政策的行为，比如违反计算器使用政策、个人物品政策或者考生承诺等，都违反了 VII(A)。

表达意见

CFA 协会并不阻止公众表达对 CFA 协会或者 CFA 项目本身的意见，只要不涉及保密信息，比如考试的具体内容。

VII(A) 案例分析

Case 1 考官将 CFA 考试内容泄露出去。

解释 CFA 协会规定，CFA 考试的具体内容属于机密信息，任何泄露机密信息的行为都违反 VII(A)。

Case 2 在考试时，将公式写在手掌上。

解释 这样的行为属于作弊行为，违反 VII(A)。

Case 3 考试结束了，考官要求停笔，但考生未停笔。

解释 考官要求停笔后就一定要停笔，否则就违反 VII(A)。即使是写名字，也要在收卷时征得考官的同意。

Case 4 考试后，在论坛中说道，第一，考试很难；第二，没有考到关于 IPO 的问题。

解释 第一句话不违反 VII(A)，因为仅仅讨论考试的难易程度并不违反协会的规定。但是第二句话涉及了考试的具体内容，属于机密信息，泄露机密信息是违反 VII(A) 的。

Case 5 在论坛中回顾考题。

解释 违反 VII(A)，这种行为属于泄露考试机密信息。

Case 6 考试后为某 CFA 培训机构回顾考题。

解释 同 Case 5，违反 VII(A)。

Case 7 利用时差，向先开考地区的考生获取真题。

解释 这是明显的作弊行为，违反 VII(A)。

Case 8 阅卷人员与其他非相关人员讨论阅卷标准。

解释 阅卷人员违反了阅卷协议，与非阅卷人员讨论评判标准是违反 VII(A) 的。

Case 9 李明是 CFA 当地协会的负责人，李明仅安排自己所在公司的顾客为当地 CFA 协会演讲。

解释 这样的行为仅仅使得自己及自己的客户获益，而其他公司没有这样的机会。因此损害了 CFA 协会的名誉，违反了 VII(A)。

Case 10 MW 利用自己在 CFA 协会中的 GIPS 执行委员的身份，来推销他的服务（MW 拥有大量有关 GIPS 的机密信息）。

解释 利用机密信息来为自己谋利的行为损害了 CFA 协会的声誉，因此违反了 VII(A)。

VII(B) reference to CFA institute，designation 内容

CFA 会员及候选人不能误导性陈述或者夸大 CFA 协会、CFA 协会会员、CFA 职称（CFA designation），或 CFA 候选资格（candidacy in the CFA program）的意义及作用。

VII(B) 导引

使用 CFA 职称时需要注意的地方：

- CFA 是一个形容词，不是一个名词。不能说“我是一个 CFA”，只能说我是一个“CFA 持证人”（charterholder）。考试题目中常会遇到，有人说自己是一个“MBA&CFA”，这是不允许的。
- CFA 必须大写。
- 没有 CFA LEVEL 1 的说法，只能说自己“通过了 CFA LEVEL 1”。
- CFA 的字母之间不能用标点符号隔开，没有 C. F. A 的写法。
- 不要改变或创造一个新词。
- CFA 不准作为公司名字中的一部分。
- 不应该把 CFA 职称写得比持证人的名字更明显，比如写得更大或斜体、粗体等。
- 不能估计自己完成 CFA 所有级别考试的时间，以及有权使用证书的时间，比如说“估计两年内通过 CFA 3 级考试”。
- 如果一个考生已经通过 3 级考试但仍未被允许使用 CFA 职称时，就不能使用 CFA 职称。
- 在简历中使用 CFA 职称时，应该将他获得职称的日期写入简历，并且说明 CFA 协会是职称授予的机构，比如可以写“CFA，2001，CFA Institute”，后面还可以加上地址，如“Charlottesville，Virginia，USA”。
- 只有持证人能在名片中或信头上（letterhead）使用 CFA 标志（CFA logo），候选人可以在简历中提及。但公司不允许使用 CFA 称号。
- 如果考生一次性通过所有 3 个级别的考试并且想对此进行陈述，这并不违反 VII(B)，因为这是事实陈述。但不允许据此夸大其竞争力或者暗示未来的投资业绩。

➢ CFA会员应该每年向CFA协会交会费才能继续使用CFA称号。

➢ 从收到CFA协会的注册确认函开始，到考试成绩公布为止，可以自称为CFA协会候选人。

➢ CFA与其他职称，比如CPA、FRM等的先后顺序是无所谓的。

VII(B) 案例分析

Case 1 在公司的宣传材料中写道，公司所有高管都是CFA持证人并且都是一次通过3个级别的考试，暗示了公司超常的专业能力。

解释 "所有高管都是CFA持证人并且都是一次通过3个级别的考试"这种说法只要是陈述事实，就不违反VII(B)。但是如果因此而暗示公司具有超常投资管理能力，就违反了VII(B)。

Case 2 一个CFA持证人，多年没有交会费，还使用CFA这个称号。

解释 违反了VII(B)，因为一旦停止交会费就不再是CFA持证人。只要持续交纳会费并且按照规定完成职业行为声明（professional conduct statement），就可以继续使用CFA称号。

Case 3 一个CFA持证人退休了，多年没有交会费，还使用CFA这个称号。

解释 未交纳会费就不再是CFA持证人，自然也不能继续使用CFA称号，否则违反了VII(B)。由于未正确使用CFA称号，所以同时违反了VII(A)。但是针对退休会员，CFA协会有相应的政策，比如减免会费等。会员只要提交申请并审核通过，缴纳会费后就能以退休人员的身份继续使用CFA称号。

Case 4 将CFA这个标志作为公司信笺的头。

解释 违反VII(B)。正确的用法是，在个人名片或者信头纸上印上CFA称号。

Case 5 王明声称在CFA的学习过程中获得了很多知识，并提高了自己的投资管理技能。因此向公司员工推荐考CFA。

解释 王明的评论属于事实陈述，不违反VII(B)。

Case 6 CFA和CPA两个职称，前后的顺序没有规定。

解释 各种职称的先后顺序是无关紧要的，不违反VII(B)。

Case 7 一个对冲基金的量化模型分析师负责模型的开发、维护和更新工作。这个分析师通过阅读微博、微信上的学术文章来确保模型是最新的。一个被叫作"Expert CFA"运营的博客上发布了一篇新颖的研究报告。这个分析师迫于时间的压力，使用了这个研究报告所依赖的模型的一个因素。这个更新后的模型给这个基金经理提供了一些新投资意见。

解释 "Expert CFA"，违背了VII(B)。CFA这个称号只能加在人名的后面，并且这个称号只能是形容词，不能是名词。因此，在这个称号前不能加像"expert"之类的形容词。

3.8 对于7条准则的总结

准则I、II和VII讲的是个人行为，准则III、IV讲的是作为CFA会员或候选人的职责，准则V、VI讲的是投资过程中需要注意的事项。

I(C)、III(D)和V(B)的比较

表1-4 I(C)、III(D)和V(B)的比较

I(C) 误导性陈述	所有的不正当陈述
III(D) 业绩陈述	业绩的不正当陈述
V(B) 与客户及潜在客户的交流	向客户披露自身的变化，并且区分事实与意见

I(C) 主要针对的是误导性陈述。投资产品本身收益率波动较大，如果向客户保证投资业绩，就违反了I(C)。此外，对服务范围或资质的误导性陈述，以及剽窃行为都违反了I(C)。

III(D) 主要针对的是向客户披露的业绩的不当陈述。比如承诺客户今后仍然能够获得像以前那样的高收益。

V(B) 讲的是向客户披露自身的变化，让客户知道最新信息，并且区分事实与意见。

III(B) 和 VI(B) 的比较

表1-5 III(B) 和 VI(B) 的比较

III(B) 公平交易	客户之间的交易优先顺序
VI(B) 交易优先顺序	客户 > 雇主 > 个人

III(B) 讲的是客户之间，在交易上不能差别对待。但是允许额外的优质服务，而且获得优质服务的条件要事先向客户披露。

VI(B) 讲的是客户、雇主和个人之见的交易优先顺序。

IV(B) 和 VI(A) 的比较

表1-6 IV(B) 和 VI(A) 的比较

IV(B) 额外报酬的安排	为雇主的利益，向其披露额外收入
VI(A) 冲突的披露	为客户及公众的利益，向其披露额外收入

IV(B) 着重于把从客户以及第三方处获得的额外收益向雇主披露。

VI(A) 针对的是向客户以及公众披露任何可能的利益冲突，为的是让客户有准确的判断。

传递性原则

- 一般来说，违反了IV(B)，就违反了VI(A)，同样也违反了I(B)；
- 违反了III(D) 就会违反I(C)。

4 GIPS 简介

CFA协会致力于建立一套可以被广为接受的，基于公平呈现与完全披露基础上的，投资业绩计算及呈报的标准。因此全球投资业绩标准（Global Investment Performance Standards，GIPS）就应运而生，并逐渐成了投资管理公司在全球范围内推广其投资管理业务的“护照”。

4.1 为什么要有全球投资业绩标准 GIPS

过去，整个投资行业没有一套标准化的投资业绩比较方法，所以在公司之间很难按照准确的投资业绩数据进行有意义的比较。而GIPS是一套标准化的、全行业通行的准则，它将过去的投资业绩的计算标准化，并以此呈现给潜在客户，因此更适合公司间的业绩比较，让潜在客户能够通过比较，找到最佳的投资经理人。

然而，有些业绩的衡量方法阻碍了公司之间业绩的比较，这些衡量方法包括：

- 代表性账户：选择业绩最佳的投资组合来代表整个公司的投资业绩。
- 存活者偏差：所呈现的业绩历史都是一些由于表现良好而没有被终止的资产组合的业绩，也就是说计算业绩时没有包含因为业绩表现差而提前终止的资产组合。

➢ 选取的时间区间：刻意选取投资业绩表现优于其参照基准的一段时间区间，造成与其他公司进行业绩比较时产生难以比较的情况。

GIPS 确保了业绩的公平呈现以及完全披露，因此投资管理公司可以在与潜在客户的交流中，避免业绩的误导性陈述。

4.2 谁能宣称遵守 GIPS

任何投资公司都可选择遵守 GIPS。遵守 GIPS 是自愿的，并不是由法律监管机构强制的。

只有实际管理资产的投资管理公司能够宣称遵守 GIPS。养老金计划的发起人以及咨询机构在没有管理资产之前，是不能宣称遵守 GIPS 的。同样，计算机软件（以及软件提供商）不能宣称遵守 GIPS，软件能够帮助公司遵守 GIPS，但只有投资管理公司才能够宣称遵守 GIPS。

宣称遵守是一个全公司的过程（firm-wide），单一产品或者组合群（composite）不能宣称遵守 GIPS。而且对于公司来说，只有两种选择，要么完全遵守 GIPS，要么就选择不遵守 GIPS，没有“部分”遵守这一说。

如果公司选择遵守 GIPS 的所有规定，对外宣称时必须要以下列格式进行：

“[Insert name of firm] has prepared and presented this report in compliance with the Global Investment Performance Standards (GIPS)”。

4.3 谁能从遵守中获益

GIPS 标准主要使两个主体获益：投资管理公司以及潜在客户。

➢ 遵守 GIPS 能够使公司获得和世界各地的合规企业一起参与竞标的机会。持续遵守 GIPS 可以增强公司在业绩相关方面的内控制度。

➢ 投资者会更加信任遵守 GIPS 的公司的业绩披露方式，并且能够在不同的投资管理公司之间进行业绩比较。

4.4 组合群

组合群（composites）是 GIPS 中一个非常重要的概念，它是指由一个或多个资产组合（portfolio）构成的、代表某个特定的投资目标或投资策略的集合。组合群中一定要包含所有付费的（fee paying）、全权委托的（discretionary）资产组合，包括当前的和以前管理的投资组合。将哪个投资组合包含在组合群中应该事先就安排好（ex-ante basis），这是为了防止了公司只选择投资业绩出色的投资组合而蓄意夸大业绩。

名师解惑

所有付费的、全权委托的资产组合必须包含在至少一个组合群中，非付费的（nonfee paying）、全权委托的资产组合可以包含在组合群中，但非全权委托的资产组合一定不能包含在组合群中。

组合群是根据相同目标和（或）相同投资策略建立的资产池（asset pool），可以认为是资产组合的集合，它与资产组合的区别或联系如下：

➢ 一般的资产组合是基于现代投资组合理论建立的各种资产（包括风险资产和无风险资产）的集合，主要考虑的因素是风险与回报的关系；组合群除了考虑风险和回报的关系外，还考虑了既定投资策略和（或）目标的实现，因为组合群是多个相同投资策略和（或）目标的资产组合的集合。

- 一般的投资组合更多地从投资者角度出发，因此资产组合构建与个人的风险偏好有很大关系；但组合群是投资管理公司所做的选择，它体现了投资管理公司某个特定投资策略和（或）投资目标。
- 一个投资管理公司可能只拥有一个组合群，此时组合群几乎可以和公司等同，但一个投资管理公司绝不会只有一个资产组合。
- 组合群的收益率用组合群中所有投资组合收益率的资产加权收益率（asset-weighted rate of return）来表示。
- 具有相同投资目标或投资策略的投资组合必须纳入一个组合群中，以避免资产管理公司只选择较好的投资组合纳入组合群，从而误导投资者。
- 由于上述特征，组合群的业绩结果与综合指数（composite index）的表现很相似，但由于存在组成变动和市场风险，组合群的市场价值经常变动，而且不像综合指数那样容易计算。

另外，根据 GIPS 规定，公司在构建组合群时必须满足以下条款。

- 所有付费的、全权委托的资产组合必须至少包含在一个组合群中。比如投资组合 A 既是大盘蓝筹组合，又是海外投资组合，则 A 既可以包含在“大盘蓝筹”组合群内，也可以包含在“海外投资”组合群中，且至少包含在一个组合群中。
- 资产组合群必须按照相似的投资目标和（或）投资策略进行定义和界定。
- 公司在管理新的投资组合后，组合群必须及时增加新的投资组合。
- 已终止的投资组合必须包含在适当的组合群的历史业绩记录中。
- 除非有客户的书面变更指示或对组合群进行重新界定，各投资组合不得在组合群中进行转换。
- 对可转换债券和其他混合型债券的处理在不同时期必须保持一致。
- 不包括现金的分离资产（carve-out segments，在某一全权委托管理的投资组合中，客户进行了限制并由客户自行管理的资产）。这种资产不属于全权委托管理的投资组合，因此组合群的收益率不能包括分离资产的收益率。
- 组合群只能够包括公司实际管理的资产，不允许公司将模拟的投资组合与实际的表现挂钩。
- 如果公司设定了进入组合群的投资组合最小资产值水平，那么低于这个最小值的所有投资组合都不能进入这个组合群。

4.5 认证

所谓 GIPS 认证（verification），是指由独立的第三方机构（third party）对投资管理公司的绩效评价过程和程序进行检查与核实，公司不能自我认证。第三方认证使得公司宣称的合规更为可信，经过认证的公司可以向现有和潜在客户提供更有力的合规保证，同时也能使公司的内控制度得到改善，从而成为公司的营销优势之一。

认证是在全公司范围下进行的，而不是某个组合群。认证并不能保证特定组合群业绩展示的准确性。认证时主要考察的是：

➢ 投资公司是否在全公司层面上（firm-wide basis）遵守了 GIPS 对组合群构建的要求和条件；
➢ 公司制定的业绩计算、呈报机制及程序是否符合 GIPS 的规定。

名师解惑

这里，我们强调的是，认证是基于整个公司角度的，而不是某个组合群。第三方认证的好处就是使得投资管理公司的业绩报告的展现更加可信。

5 GIPS 的内容

之前，我们已经提到过，GIPS 标准是一个全球通行、标准化的投资业绩展现标准，它不论是给投资者还是全球资本市场都能带来好处。因为对于投资者来说，在全球范围内比较投资公司的投资业绩更为便利，而对于资本市场来讲，由于有了标准化的准则，有利于提振市场信心，促进资本市场的长期健康发展。

5.1 GIPS 的目标

GIPS 的目标如下。

➢ 建立一套全球认可并公允（fair）、可比较及有全面披露的投资表现计算和陈述标准。
➢ 确保呈报、记录、营销及陈述时均使用准确、一致的投资表现数据。
➢ 促使市场上所有投资管理公司进行公平、全球化的竞争，但同时不会对新进入者制造进入市场的壁垒。
➢ 在全球范围内推行业内“自我监管”的理念。

5.2 GIPS 的主要特点

宣称遵守 GIPS 的投资管理公司必须界定宣称合规的实体——也就是公司。“公司”必须界定为投资公司、附属机构或分支机构等面向客户或潜在客户的独立商业实体。

GIPS 标准是一套为陈述投资业绩而设的道德标准，它能确保公司的业绩得到公正的陈述并有全面的披露。

GIPS 标准规定公司必须将所有实际付费且全权管理的投资组合纳入根据近似投资策略或投资目标界定的组合群，并规定公司提供从期初开始最少 5 年的 GIPS 合规历史，如公司或组合群成立未满 5 年则由起始日开始。在出示最少 5 年的合规历史后，公司以后必须每年加上其年度业绩，直至最少有 10 年的历史。

名师解惑

出示最少 5 年的合规历史后，公司以后必须每年加上其年度业绩，直到最少有 10 年历史可查为止。如果又过了一年，公司可以选择将最初一年的数据剔除掉，也可以选择保留 11 年的历史数据。

考点说明

作为重要考点，一定要注意，所有付费的、全权委托的资产组合必须包含在相应的组合群中；非付费的（nonfee paying）、全权委托的资产组合可以包含在组合群中；但非全权委托的（nondiscretionary）资产组合一定不能包含在组合群中，因为此时这个投资组合的交易并不是由投资公司决定的，无法体现投资公司的真实水平。

GIPS 标准规定公司采用一定的计算及报告方法，并且随业绩报告披露一定的相关信息。公司最好能够呈报所有相关的附加信息以及补充信息，以便全面解释在陈述中所包含的业绩。

GIPS 标准依赖于输入数据的真实完整性，所以只能使用真实的数据，不能使用模拟出来的（simulated）数据。

GIPS 标准包括声称合规的公司所必须遵守以及鼓励公司遵守的条文。

宣称合规时没有部分合规（partial compliance）这一说，只有完全合规。

如果地方或者所在国适用的法律法规与 GIPS 标准相冲突时，公司必须遵循法律的要求，并完全披露这些冲突。

目前 GIPS 标准“推荐”采用的项目将来可能会成为“要求”的项目。

GIPS 标准中包含的私募股权（private equity）及房地产的补充条款将被应用于这些资产类别。

5.3 历史业绩记录

上文已经讨论过，GIPS 要求公司至少披露 5 年的、符合 GIPS 规定的年度投资业绩记录。如果公司或者组合群的成立时间不足 5 年，则必须披露自该公司或者组合群成立以来所有年度的投资业绩。

在披露前 5 年的合规历史业绩之后，公司必须继续将今后 5 年的投资业绩进行披露和报告，直到披露的历史业绩达到至少 10 年。

只要该公司在 2000 年 1 月 1 日之后没有非合规的业绩记录，并披露非合规的具体时间，公司可以将非合规的历史业绩记录（non-GIPS-compliant performance）与其合规历史记录相结合。如果 2000 年 1 月 1 日之后有非合规的业绩，就不能将非合规的历史业绩记录与合规历史记录结合起来。

5.4 GIPS 的 9 个组成部分

2010 版的 GIPS 主要分为 9 个部分：合规基本要求、输入数据、计算方法、组合群的构建、披露、陈述与呈报、房地产、私募股权投资、打包费用（wrap fee）/专户管理（separately managed account，SMA）。

0. 合规基本要求

公司在声称遵守 GIPS 时必须考虑的问题包括：公司的定义；将公司关于 GIPS 合规的政策与程序文档化；实时遵守 GIPS 更新条款的要求；正确使用合规声明；当存在第三方认证机构时，正确使用认证声明。

公司的定义——要求条款：

- GIPS 标准必须在全公司范围内实施；
- 公司必须定义为投资公司、附属机构或分支机构等面向客户或潜在客户的独立商业实体；
- 如果公司有自主选择二级投资顾问（sub-advisor）的权力，则公司必须在组合群中纳入分派给二级投资顾问的资产的业绩表现；

➢ 公司组织架构上的变化并不能更改组合群的历史业绩。

公司的定义——推荐条款：

➢ 鼓励公司采纳最广泛、最具有意义的公司定义。此定义范围应当包括在同一品牌下的所有区域（国家、地区等）办事处，而不论个别投资管理公司的实际名称是什么。

文档化政策及程序——要求条款：

➢ 公司必须以书面文件的形式，制定其遵循GIPS所有要求条款的政策和程序。

合规声明——要求条款：

➢ 没有"部分合规"这一说，要么就完全遵守GIPS，要么就选择不遵守GIPS。

➢ 在组合群业绩报告中，没有"与GIPS相符"这一说。同样，公司不得在业绩报告中介绍单个现有客户的业绩时使用如下陈述："与GIPS的计算要求相一致"，除非公司直接向其现有客户报告业绩时可以使用类似的语言。

公司基本责任——要求条款：

➢ 公司必须向所有潜在客户提供符合GIPS标准的报告（潜在客户必须已经在之前的12个月之内收到这样的报告）。

➢ 一旦潜在客户要求提供，公司应该向其提供组合群清单以及组合群的有关描述。此外，至少要将已经终止的组合群保留5年。

➢ 当客户要求提供时，应该向客户提供符合GIPS标准的报告以及公司清单中对任何组合群的描述。

➢ 当公司与其他公司一起参与营销时，宣称遵守GIPS的公司必须确保其资产是明确定义的，并且独立于非GIPS合规的公司。

公司必须遵循所有的"要求条款"，同时，CFA协会也鼓励公司遵循"推荐条款"。时刻注意条款等的更新。

1. 数据输入

数据输入的连贯性对于有效遵守GIPS极为重要，是建立完整、公平以及可比较的投资业绩报告的基础。此外，从2011年1月1日开始，资产组合必须要按照公允价值进行计量。

2. 计算方法

为了保证不同公司之间业绩报告的可比性，需要使用统一的收益计算方法。GIPS要求公司使用特定的方法来计算资产组合（portfolio）以及组合群（composites）的收益率。比如，资产组合运用的是时间加权（time-weighted）来计算平均收益率，而组合群则以资产为权重（asset-weighted）计算平均收益率。一旦选定了一种计算方法，就要持续使用下去，以便后期比较。

3. 组合群的构建

一个组合群是由一个或多个资产组合构成的、代表某个特定投资目标或策略的集合。构建有意义、以资产为权重的组合群，对于公平、持续、可比较报告同一家公司不同时期的投资业绩以及不同公司之间的投资业绩非常关键。组合群的收益率用投资组合收益率的资产加权平均收益率来表示。

4. 信息披露

信息披露使得各公司能够对业绩报告中的原始数据进行详细说明，并使最终用户理解业绩结果。为了满足GIPS的要求，公司必须对其业绩报告及其采纳的政策进行相应的披露。有些信息披露适用于所有公司，但另一些则只适用于特定的公司。如果信息披露对某个特定公司不适用，这家公司就不必对其进行披露。

5. 陈述与呈报

GIPS要求公司至少披露5年的、符合GIPS规定的年度投资业绩记录。如果公司或者组合群的成立时间不足5年，则必须披露自该公司或者组合群成立以来所有年度的投资业绩。在披露前5年的合规历史业绩之后，公司必须继续将今后5年的投资业绩进行披露和报告，直到披露的历史业绩达到至少10年。

在输入数据、计算收益、构建组合群并确定需要披露的信息之后，公司必须按照GIPS的要求条款的规定，报告和披露上述信息。如有必要，各公司应该适时地将GIPS没有涉及的信息披露纳入到业绩报告中。比如，组合群的收益应该注明是总费用还是净费用。

如果该公司在2000年1月1日之后没有非合规的业绩记录，并披露非合规的具体时间，公司可以（may）将非合规的历史业绩记录（non-GIPS-compliant performance）与其合规历史记录相结合。如果2000年1月1日之后有非合规的业绩，就不能将非合规的历史业绩记录与合规历史记录结合起来。

名师解惑

我们之前在职业伦理准则III(D)——业绩陈述中提到，如果使用模拟业绩，应该向公众披露，换句话说，III(D)是允许使用模拟数据作为业绩预测的。而在GIPS中，要求组合群的业绩不能使用模拟的数据，只能用真实数据。

6. 房地产

房地产主要包括土地、建筑等，某些条款适用于所有房地产投资，不论公司实际对该投资享有多大的控制权，并且不论这种投资是否创造收益或者有无杠杆（通过债务融资进行房产投资）。

7. 私募股权投资

私募股权投资必须按照GIPS中有关PE估值的规定进行估值。但是开放式私募股权基金（private equity open-end fund）及长青基金（evergreen fund）不遵守“7. 私募股权投资”，而是遵守0~5部分的要求，封闭式房地产基金（real estate closed-end fund）必须遵守“6. 房地产”的要求。

私募股权投资包括所有非公开交易的对公司的投资形式，不论处在哪个业务发展阶段。所以会包括风险投资、上市公司私有化投资、夹层融资（mezzanine financing），有限合伙人投资以及基金的基金（fund-of-funds）投资。

8. 打包费用/专户管理资产组合

打包费用（wrap fee）指的是一种费用打包的形式，适用于特定的投资产品。打包费用投资组合有时被称为“专户理财”，简称SMA。对于这类资产组合，上述0~5部分的一些要求条款及推荐条款只是作为这类投资组合的补充性条款，或者直接被“8. 打包费用/专户管理资产组合”中的要求条款所取代。

第2章

数量分析

知识导引

数量分析是金融领域的一门基础学科，它利用数学中的一些计量工具，例如概率分布、期望值、方差、相关系数等，进而计算金融收益与风险，在现代金融实践中有重要的作用。

本章主要介绍了货币的时间价值，概率论与数理统计以及技术分析的相关内容。学习完本章，读者应掌握概率论与数理统计的基本内容，了解现金流的现值、终值和年金的相关计算，以及技术分析的工具和在实际中的应用。

考点说明

数量分析是CFA中的一门基础学科，是金融分析的基础，所以数量分析在CFA一级中是很重要的一部分。在一级考试中数量分析占比12%，是占比第三多的一个科目。

数量分析总共有8个reading，可分为四大部分。第一部分是货币的时间价值；第二部分是概率论；第三部分是数量统计；第四部分为技术分析。第一部分是基础部分，为以后金融工具的学习做铺垫；第四部分不作为考试的重点；CFA一级数量部分的重点就是中间的两大部分——概率论与数理统计。

1 货币时间价值

知识导引

金融专业里有一句话叫作“今天的一块钱不等于明天的一块钱”。说的就是货币是有时间价值的。那货币的时间价值指的是什么呢？其实，在商品经济中，货币的时间价值是客观存在的。如将资金存入银行可以获得利息，将资金运用于公司的经营活动可以获得利润，将资金用于对外投资可以获得投资收益，这种由于资金运用实现的利息、利润或投资收益表现为货币的时间价值。由此可见，货币时间价值是指货币经历一定时间的投资和再投资所增加的价值，也称资金的时间价值。

由于货币具有时间价值，今天的100元和一年后的100元是不等值的。今天将100元存入银行，在银行利息率10%的情况下，一年以后会得到110元，多出的10元利息就是100元经过一年时间的投资所增加了的价值，即货币的时间价值。显然，今天的100元与一年后的110元相等。由于不同时间的资金价值不同，所以，在进行价值大小对比时，必须将不同时间的资金折算为同一时间后才能进行大小的比较。

因为我们想衡量一下货币的时间价值是多少，所以在本章开始我们就先引入了利率这个概念。尽管不同风险的金融证券导致了它们各自均衡利率的不同，但利率还是成为计算货币时间价值的最有力工具。引入利率之后，将要介绍这一章里最重要的一个概念——有效年利率(effective annual rate，EAR)，这是本章的一个重点。学习完利率之后，我们就想计算一下，到底今天的一块钱等于明天的几块钱呢，这就是有关现值和终值的计算问题，该计算是为后面债券价格的计算打基础的。同时，在这个计算里面大家要掌握金融计算器的使用方法。

1.1 利率的三种不同表达形式

要求回报率（required rate of return）

如果客户来找基金经理做投资，肯定会有一个要求的收益率，这个收益率就叫作要求回报率。那这里就有一个问题，客户的要求回报率能漫天要价吗？事实上，客户漫天要价肯定是不行的，因为在整个货币市场当中有很多的资金提供方，也有很多资金需求方，如果客户漫天要价的话，基金经理大不了就不给他做投资。所以，这个回报率决定的基础就是资金的供给和需求的水平。这个是经济学中最重要的定理之一，叫作价值规律，也就是说需求和供给决定了商品价格是多少。对于资金也是一样的，资金需求和供给就决定了资金的价格，而资金的价格就是利率。

术语解释

要求回报率 投资人对于风险投资所要求的收益率，它是准确反映未来现金流风险的报酬，也称为人们愿意进行投资所必须赚得的最低收益率。

折现率（discount rate）

利率经常被称为折现率，这一称谓也相当形象。当一个人借入一笔利率为5%的资金时，他必须将他未来所需要支付的钱以5%折现后得到现在所取得的实际借款额。在我们给具体金融产品定价时，如股票、债券等，我们主要用的定价方法就是未来现金流折现求和，那既然要折现，这里就会要求有一个折现率的存在。

术语解释

贴现率 将未来收益折算为现值的利率称为贴现率，是投资分析中一个重要概念。

机会成本（opportunity cost）

利率有时还被认为是即时消费的机会成本，若一年期限的证券利率是10%，则与即时消费相比，一年后得到的10%利息是对储蓄行为的补偿。

机会成本不是我们通常意义上的“成本”，它不是一种支出或费用，而是失去的收益。这种收益不是实际发生的，而是潜在的。

名师解惑

机会成本大家要记住两点：相同风险水平（identical risk）上的次优水平（next best）的收

益率。其实机会成本是一个经济学上的概念，它就代表我今天不做这件事，而去做另外一件事情能够带给我多大的收益。那就是说我今天来做这个事情，所花费的机会成本是多少。举个简单的例子，比如说大家今天去听 CFA 的课，听课带给大家的收益是 40；那大家也有可能去约会，约会带给大家带来的收益是 30；那也有可能在家睡觉，睡觉给大家带来的收益是 10。最终我们选择的是去听课而不是去约会或者在家睡觉，那去听课的机会成本就是 30，这是其他选择中带给大家收益最大的一个选择，也就是大家选择听课的机会成本。

1.2 要求回报率的构成

在基金经理给客户做投资的时候，客户往往会要求基金经理做投资的收益率要高于银行的，如果投资的回报率还没有银行的存款利率高的话，客户认为还不如把钱存在银行，所以通常我们把银行定期存款的利率或者是美国国债的利率作为一个安全利率，我们把它叫作无风险利率。

那要求回报率到底是由什么组成的呢？首先，我们认为客户要求的回报率至少包含一个安全利率，叫作无风险利率。但这里面有一个问题，无风险利率又分为名义无风险利率和实际无风险利率。怎样区分名义和实际的无风险利率呢？比如说现在银行里面的存款利率是 7%，那是不是就代表着资金可以每年增值 7% 了呢？答案是否定的。因为如果每年的通货膨胀率是 6% 的话，其实只能得到 1% 的收益率，所以这里的 7% 就叫作名义无风险利率，而 1% 就叫作实际无风险利率。这就是要求回报率组成的第一大项。

如果客户把钱交给你去投资，你仅仅给他达到一个无风险利率是不够的，因为你不会全部把钱投入到国债里面或者全部投资在银行的存单里面，你还会投资一些股票、公司债券等其他的金融产品。那你投资这些东西，客户就会说了，股票不太安全，他觉得他承担了一些风险，所以他就会要求给他一些补偿。所以，除了安全利率外，这个回报率中还包括其他几个部分，我们统一叫作风险溢价，就是我承担了多少风险，你就必须给我多少补偿。

这里我们主要介绍了三种风险，其实不仅仅是这三种风险，还有很多种风险，我们在固定收益中会详细学到。

首先，第一个叫作流动性风险。流动性风险往往是和金融产品的市值总量有关的，最简单的例子就是大盘股和小盘股。大盘股的流动性比小盘股的好，因为买卖的人很多，流动性比较好。而流动性小的资产的风险溢价比较高，因为流动性越小，说明投资者承担的流动性风险就越高，所以投资者就需要越高的风险溢价给予补偿。这个就是流动性风险溢价。

第二个叫作违约风险。在债券里面违约风险不仅仅是不还款的意思，也包括还款不足，或者是信用评级下降，我们都叫作违约风险。一般来说，信用评级越低，它的风险溢价就越高。因为违约风险越高，所需要的补偿，也就是风险溢价就越高。

最后一个叫作期限风险。“maturity”是债券里面的一个专有名词，叫作债券的期限。比如说，一个债券的持有期或者说这个债券的到期是 5 年，它的 maturity 就是 5。期限风险，也就是说时间越长，金融产品的风险就越大。大家平常做投资都会有这种感觉，锁定期越长的话，一般我们都不愿意投资，因为不确定性很大，而且占用我们资金的时间很长，那我们的机会成本就很高，这就叫作期限风险。

综上所述，要求回报率由三部分组成：其一是实际的无风险利率（real risk-free rate），其二是预期的通货膨胀率（expected inflation），其三是投资的风险溢价（risk premiums），前面两项称为名义无风险利率（nominal risk-free rate）。总结一下就有如下的关系式：

名义无风险利率 = 实际的无风险利率 + 预期通货膨胀率。

要求回报率 = 实际的无风险利率 + 预期通货膨胀率 + 风险溢价。

要求回报率 = 实际的无风险利率 + 预期通货膨胀率 + 流动性风险溢价 + 违约风险溢价 + 期限风险溢价。

考点总结

- 实际的无风险利率和名义无风险利率的关系。
- 风险的种类。

1.3　有效年利率

什么叫作有效年利率呢？比如说，大家去银行存款，银行对外公布的年利率是10%，现在有几种情况，如果是1年计1次息的话，你1年可以拿到的实际收益率就是10%；那如果1年计两次息呢？1年计两次息，银行说我一年的收益率是10%，但这个10%代表1年计两次息的名义的收益率。那这就相当于半年计一次息，半年的收益率应该是5%，也就是10%/2，这种情况就相当于你先投了一个半年，然后再投一个半年。所以我一年的收益率是 $(1+5\%)^2-1$，这是我们投了两个5%所拿到的1年的实际收益率，大概等于10.25%。下面再看另一种情况，如果我一年计4次息，我的年收益率还是10%，那我一年可以拿到的实际收益率就是 $(1+2.5\%)^4-1$。那我一年计 m 次息的话，我们用一个参数代表具体数字，我一年名义收益率是10%，那我最后能够拿到的实际收益率是多少呢？首先，我们每一次计息他的利息是 $10\%/m$，我们一共计了 m 次息，也就是说整个投资一共有 m 期，所以 $(1+10\%/m)^m-1$ 就等于我们这种计息方式下每年能拿到的实际收益率是多少，这个实际的收益率我们就叫作EAR，**有效年利率**。

其实，当利率周期与计息周期不一致时，就出现了名义利率和有效年利率的概念。所谓利率周期，指的就是你给的利率是按什么周期计算的，如我现在给出年利率12%，则指的是这个利率周期是1年。所有给出的利率，如年利率12%，均为名义利率。名义利率（nominal rate）通常是指以年为基础计算的利率。如果你按照1年计息一次，则12%也同时是有效年利率，可以直接使用。如果不是1年计息一次，名义利率12%是不能直接使用的，要将它转化成有效年利率。有效年利率（effective annual rate）是将名义利率按不同计息期调整后的利率。

显然，当复利次数为1时，名义利率就等于有效年利率，如果一年内计算复利次数为 n 时，名义利率为 r，那么有效年利率（EAR）为：$EAR=(1+r/n)^n-1$。如果是连续复利，公式则变为 $EAR=\mathrm{e}^r-1$。

EAR这个概念其实很简单，你就把他想成我每年可以拿到的实际收益率是多少。虽然银行告诉我，每年的收益率是10%，但是并不是每年只计一次息的，我可能会有一个利滚利的过程，所以这个时候才有了EAR的计算。那如果我的计息次数越多的话，EAR就会越大，就像滚雪球一样，利滚利的次数越多，那最后的这个本金就越多，我最后得到的收益率也就会越大。

考点总结

➢ 计算：算EAR，或者是算计息次数。

➢ 定性：EAR和计息次数有关，计息次数越多，EAR越大。

1.4 计算单笔现金流的现值和终值

由于货币随时间的延续而增值，现在的1元钱与将来的1元多钱甚至是几元钱在经济上是等效的。换一种说法，就是现在的1元钱和将来的1元钱经济价值不相等。由于不同时间单位货币的价值不相等，所以，不同时间的货币收入不宜直接进行比较，需要把它们换算到相同的时间基础上，然后才能进行大小的比较和比率的计算。

在CFA考试中，终值和现值的计算一般都是采用复利的。复利，就是不仅本金要计算利息，本金所生的利息在下期也要加入本金一起计算利息，即通常所说的“利滚利”。在复利的计算中，设定以下符号：FV——终值，r—利率，PV——现值，n——期数。

终值（future value，FV）

终值是指一定数量的本金在一定的利率下按照复利的方法计算出来的若干时期以后的本金和利息。例如公司将一笔资金PV存入银行，年利率为r，如果每年计息一次，则n年后的本利和就是复利终值，如图2-1所示。

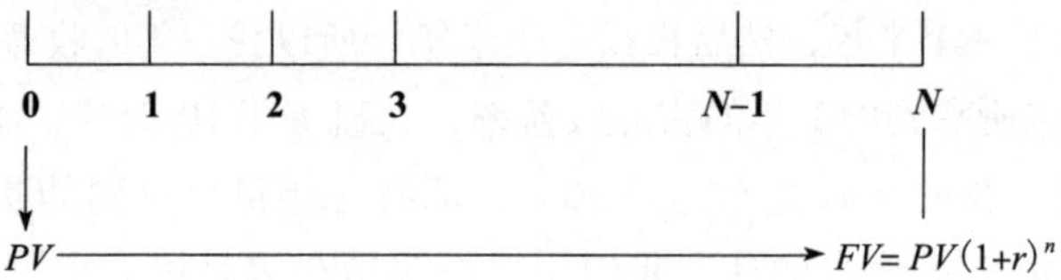

图2-1 单笔现金流终值

每年一次复利的FV：$FV = PV(1+r)^n$

每年多次复利的FV：$FV_N = PV\left(1+\frac{r}{m}\right)^{mn}$

连续复利的FV：$FV = PVe^{rn}$

现值（present value，PV）

现值是指未来一定时间的特定资金按复利计算的现在价值，即为取得未来一定本利和现在所需要的本金。例如，将n年后的一笔资金FV，按年利率r折算为现在的价值，这就是复利现值。

$$PV = FV/(1+r)^n = FV(1+r)^{-n}$$

由终值求现值的过程，称为折现，折算时使用的利率称为折现率。

1.5 年金

年金是指一定时期内一系列相等金额的收付款项。我们经常说的按揭贷款、分期付款、发放养老金、支付租金、提取折旧这些属于年金收付形式。年金描述是现金流的一些特征，主要包括两个方面。首先第一个方面，它是现金流相等（equal cash flow），第二个特点就是相同的时间间隔（equal interval）。也就是说，每一期的时间间隔相同，而且每一期的现金流也相同。按照收付的次数和支付的时间划分，年金可以分为普通年金、先付年金、递延年金和永续年金。

在年金的计算中，设定以下符号：A——每年收付的金额；i——利率；F——年金终值；P——年金现值；n——期数。

普通年金（normal annuity）

普通年金是指每期期末有等额的收付款项的年金，又称后付年金，如图2-2所示。

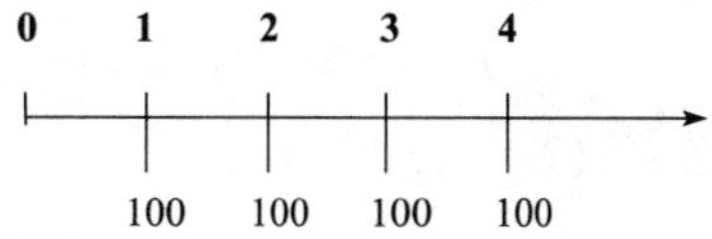

图2-2 普通年金示意图

图2-2中，横轴代表时间，用数字标出各期的顺序号，竖线的位置表示支付的时刻，竖线下端数字表示支付的金额。图2-2表示4期内每年100元的普通年金。

名师解惑

现金流量图是解决货币的时间价值及债券的估值等问题的最好工具，既然我们要用这个工具，我们就要搞清楚这个工具上每一个点都代表什么含义。首先，我们要在横轴的一边标明时间，我们用0表示现在这个时刻。从现在这个时刻开始算起，那现在这个时刻也可以认为是第1年的年初。那接下来的数字我们标1，那这个1就代表的是第1年的年末，也就是从0到1，我们已经走过了1年的时间。再下面的数字我们标2，依此类推。那2这个数字，代表了第2年的年末，同时又是什么第3年的年初。所以，大家要注意，时间轴上的每一个数字它代表的是年末的概念。所以，如果我有一笔现金流，每期都是100，我把它们分别标在每个数字的下面，从1开始（见图2-2），它代表的就是每一年的年末有一笔100的现金流流出；那如果我从0开始，就相当于每年年初有一笔现金流流入或流出。0这个时刻要注意，它既代表现在，又代表第1年的年初。

（1）普通年金的终值

普通年金终值是指一定时期内每期期末等额收付款项的复利终值之和。例如，按图2-2的数据，假如$i=6\%$，第四期期末的普通年金终值的计算见图2-3。

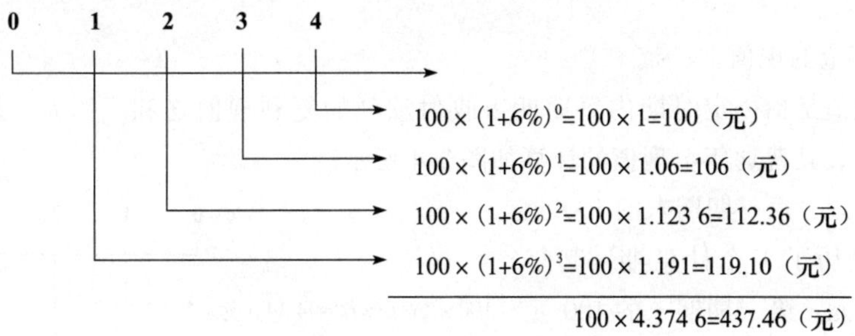

图2-3 普通年金终值计算示意图

从图2-3可知，第一期期末的100元，有3个计息期，其复利终值为119.1元；第二期期末的100元，有2个计息期，其复利终值为112.36元；第三期期末的100元，有1个计息期，其复利终值为106元；而第四期期末的100元，没有利息，其终值仍为100元。将以上四项加总得到437.46元，即为整个的年金终值。

从以上的计算可以看出，通过复利终值计算年金终值比较复杂，但存在一定的规律性，由此可以推导出普通年金终值的计算公式。

根据复利终值的方法计算年金终值F的公式为：

$$F = A + A \cdot (1+i) + A \cdot (1+i)^2 + \cdots + A \cdot (1+i)^{n-1} \quad (1)$$

等式两边同乘（1+i），则有：

$$F \cdot (1+i) = A \cdot (1+i) + A \cdot (1+i)^2 + A \cdot (1+i)^3 + \cdots + A \cdot (1+i)^n \quad (2)$$

公式（2）-公式（1）：

$$F \cdot (1+i) - F = A \cdot (1+i)^n - A$$

$$F \cdot i = A \cdot [(1+i)^n - 1]$$

$$F = A \cdot \frac{(1+i)^n - 1}{i}$$

【例】 某公司每年在银行存入 4 000 元，计划在 10 年后更新设备，银行存款利率 5%，到第 10 年末公司能筹集的资金总额是多少？

$$F = A \times \frac{(1+i)^n - 1}{i} = 4\,000 \times \frac{(1+5\%)^{10} - 1}{5\%} = 50\,312(\text{元})$$

在年金终值的一般公式中有四个变量 F，A，i，n，已知其中的任意三个变量都可以计算出第四个变量。

【例】 某公司计划在 8 年后改造厂房，预计需要 400 万元，假设银行存款利率为 4%，该公司在这 8 年中每年年末要存入多少万元才能满足改造厂房的资金需要？

$$F = A \times \frac{(1+i)^n - 1}{i}$$

$$400 = A \times \frac{(1+4\%)^8 - 1}{4\%}$$

$$400 = A \times 9.214$$

$$A = 43.41(\text{万元})$$

该公司在银行存款利率为4%时，每年年末存入43.41 万元，8 年后可以获得400 万元用于改造厂房。

（2）普通年金的现值

普通年金现值是指一定时期内每期期末收付款项的复利现值之和。例如，按图 2-2 的数据，假如 $i=6\%$，其普通年金现值的计算如图 2-4 所示。

从图 2-4 可知，第一期期末的 100 元到第一期初，经历了 1 个计息期，其复利现值为 94.34 元；第二期期末的 100 元到第一期初，经历了 2 个计息期，其复利现值为 89 元；第三期期末的 100 元到第一期初，经历了 3 个计息期，其复利现值为 83.96 元；第四期期末的 100 元到第一期初，经历了 4 个计息期，其复利现值为 79.21 元。将以上四项加总得到 346.51 元，即为四期的年金现值。

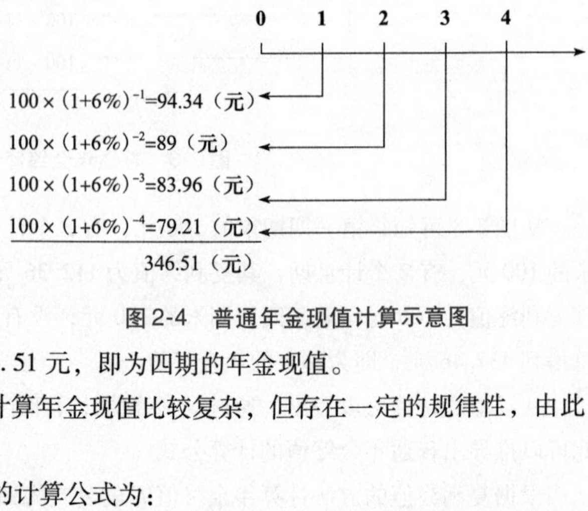

图 2-4 普通年金现值计算示意图

从以上计算可以看出，通过复利现值计算年金现值比较复杂，但存在一定的规律性，由此可以推导出普通年金终值的计算公式。

根据复利现值的方法计算年金现值 P 的计算公式为：

$$P = A \cdot \frac{1}{(1+i)} + A \cdot \frac{1}{(1+i)^2} + \cdots + A \cdot \frac{1}{(1+i)^{n-1}} + A \cdot \frac{1}{(1+i)^n} \quad (1)$$

等式两边同乘（$1+i$），则有：

$$P \cdot (1+i) = A + A \cdot \frac{1}{(1+i)} + A \cdot \frac{1}{(1+i)^2} + \cdots + A \cdot \frac{1}{(1+i)^{n-2}} + A \cdot \frac{1}{(1+i)^{n-1}} \quad (2)$$

公式（2）－公式（1）：

$$P \cdot (1+i) - p = A - A \cdot \frac{1}{(1+i)^n}$$

$$P \cdot i = A \cdot \left[- \frac{1}{(1+i)^n} \right]$$

$$P = A \cdot \frac{1-(1+i)^{-n}}{i}$$

【例】 某公司预计在8年中，从一名顾客处收取6 000元的汽车贷款还款，贷款利率为6%，该顾客借了多少资金，即这笔贷款的现值是多少？

$$P = A \cdot \frac{1-(1+i)^{-n}}{i} = 6\,000 \times \frac{1-(1+6\%)^{-8}}{6\%} = 37\,258.8(\text{元})$$

在年金现值的一般公式中有四个变量 P，A，i，n，已知其中的任意三个变量都可以计算出第四个变量。

先付年金（annuity due）

先付年金是指每期期初有等额的收付款项的年金，又称预付年金。如图2-5所示。

图2-5，横轴代表时间，用数字标出各期的顺序号，竖线的位置表示支付的时刻，竖线下端数字表示支付的金额。图2-5表示4期内每年100元的先付年金。

（1）先付年金的终值

先付年金终值是指一定时期内每期期初等额收付款项的复利终值之和。例如，按图2-5的数据，假如 $i=6\%$，第4期期末的年金终值的计算见图2-6。

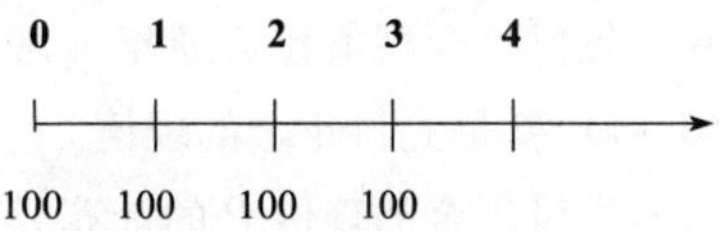

图2-5 先付年金示意图

从图2-6可知，第一期期初的100元，有4个计息期，其复利终值为126.25元；第二期期初的100元，有3个计息期，其复利终值为119.1元；第三期期初的100元，有2个计息期，其复利终值为112.36元；而第四期期初的100元，有1个计息期，其复利终值为106元。将以上四项加总得到463.71元，即为整个的先付年金终值。

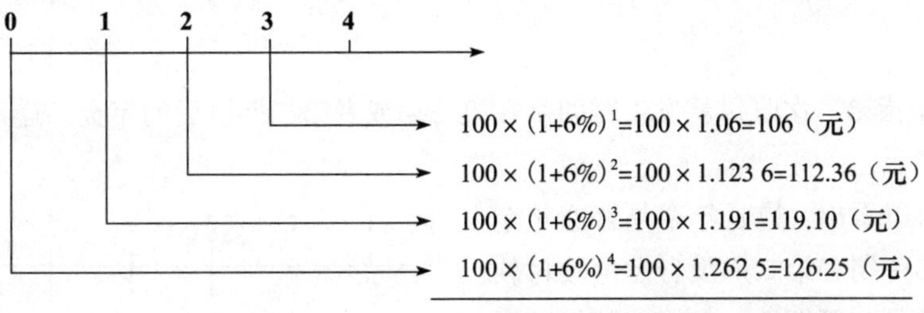

图2-6 先付年金终值计算示意图

从以上的计算可以看出，先付年金与普通年金的付款期数相同，但由于其付款时间的不同，先付年金终值比普通年金终值多计算一期利息。因此，可在普通年金终值的基础上乘上 $(1+i)$ 就是先付年金的终值。

先付年金的终值 F 的计算公式为：

$$F = A \cdot \frac{(1+i)^n - 1}{i} \cdot (1+i) = A \cdot \frac{(1+i)^{n+1} - (1+i)}{i} = A \cdot \left[\frac{(1+i)^{n+1} - 1}{i} - 1\right]$$

【例】 某公司租赁写字楼，每年年初支付租金 5 000 元，年利率为 8%，该公司计划租赁 12 年，需支付的租金为多少？

$$F = A \cdot \left[\frac{(1+i)^{n+1} - 1}{i} - 1\right] = 5\,000 \times \left[\frac{(1+8\%)^{12+1} - 1}{8\%} - 1\right] = 102\,475(\text{元})$$

（2）先付年金的现值

先付年金现值是指一定时期内每期期初收付款项的复利现值之和。例如，按图 2-5 的数据，假如 $i=6\%$，其先付年金现值的计算如图 2-7 所示。

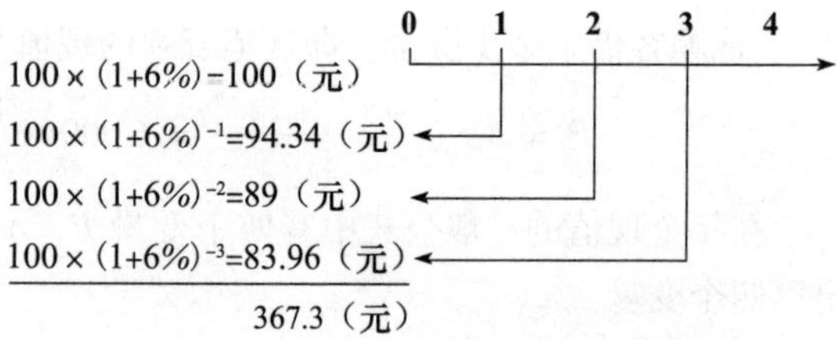

图 2-7 先付年金现值计算示意图

从图 2-7 可知，第一期期初的 100 元，没有计息期，其复利现值仍然为 100 元；第二期期初的 100 元到第一期初，经历了 1 个计息期，其复利现值为 94. 34 元；第三期期初的 100 元到第一期初，经历了 2 个计息期，其复利现值为 89 元；第四期期初的 100 元到第一期初，经历了 3 个计息期，其复利现值为 83. 96 元。将以上四项加总得到 367. 3 元，即为四期的先付年金现值。

从以上的计算可以看出，先付年金与普通年金的付款期数相同，但由于其付款时间的不同，先付年金现值比普通年金现值少折算一期利息。因此，可在普通年金现值的基础上乘上 $(1+i)$ 就是先付年金的现值。

先付年金的现值 P 的计算公式为：

$$P = A \cdot \frac{1-(1+i)^{-n}}{i} \cdot (1+i) = A \cdot \left[\frac{(1+i) - (1+i)^{-(n-1)}}{i}\right] = A \cdot \left[\frac{1-(1+i)^{-(n-1)}}{i} + 1\right]$$

【例】 某人分期付款购买住宅，每年年初支付 6 000 元，20 年还款期，假设银行借款利率为 5%，该项分期付款如果现在一次性支付，需支付现金是多少？

$$P = A \cdot \left[\frac{1-(1+i)^{-(n-1)}}{i} + 1\right] = 6\,000 \times \left[\frac{1-(1+5\%)^{-(20-1)}}{5\%} + 1\right] = 78\,511.8(\text{元})$$

递延年金

递延年金是指第一次收付款发生时间是在第二期或者第二期以后的年金。递延年金的收付形式如图 2-8 所示。

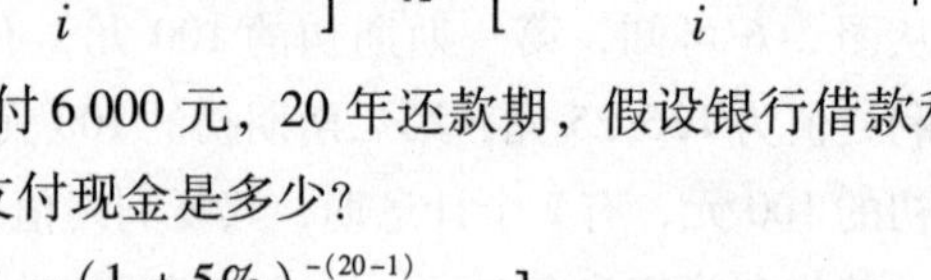

图 2-8 递延年金示意图

从图 2-8 可以看出，递延年金是普通年金的特殊形式，第一期和第二期没有发生收付款项，一般用 m 表示递延期数，$m=2$。从第三期开始连续 4 期发生等额的收付款项，$n=4$。

（1）递延年金终值

递延年金终值的计算方法与普通年金终值的计算方法相似，其终值的大小与递延期限无关。

（2）递延年金现值

递延年金现值是自若干时期后开始每期款项的现值之和。其现值计算方法有两种：

方法一，第一步把递延年金看作 n 期普通年金，计算出递延期末的现值；第二步将已计算出的现值折现到第一期期初。

【例】 如图2-9所示数据，假设银行利率为6%，其递延年金现值为多少？

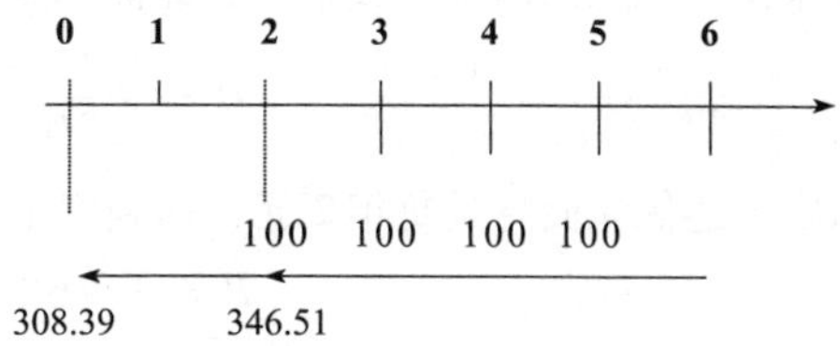

图2-9 递延年金现值

第一步，计算4期的普通年金现值。

$$P_2 = A \cdot \frac{1-(1+i)^{-n}}{i} = 100 \times \frac{1-(1+6\%)^{4}}{6\%}$$

$= 346.51$（元）

第二步，已计算的普通年金现值，折现到第一期期初。

$$P_0 = P_2 \times \frac{1}{(1+i)^m} = 346.51 \times \frac{1}{(1+6\%)^2}$$

$= 308.39$（元）

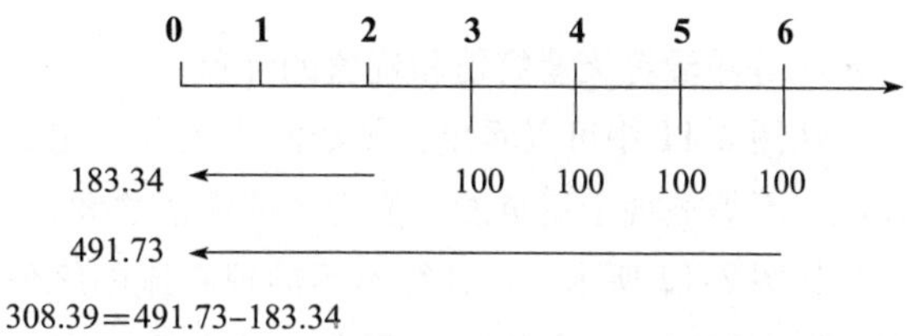

图2-10 递延年金现值例题

方法二，第一步计算出（$m+n$）期的年金现值；第二步，计算 m 期年金现值；第三步，将计算出的（$m+n$）期扣除递延期 m 的年金现值，得出 n 期年金现值。计算步骤为：

$$P_{(m+n)} = 100 \times \frac{1-(1+6\%)^{2+4}}{6\%} = 491.73\text{（元）}$$

$$P_{(m)} = 100 \times \frac{1-(1+6\%)^{2}}{6\%} = 183.34\text{（元）}$$

$$P_{(n)} = P_{(m+n)} - P_{(m)} = 491.73 - 183.34 = 308.39\text{（元）}$$

考点总结

年金是本章节中的另一个重点。在CFA考试中，年金的计算公式不要求掌握，但是要会熟练地运用金融计算器计算年金的相关题目。金融计算器中，N 表示期数；I/Y 表示每期利率；PMT 表示每期收付额；FV 表示终值；PV 表示现值。我们要会在 N，I/Y，PMT，FV，PV 中任意给定四个时，求另外一个。

永续年金（perpetuity）

永续年金是指无限期支付的年金，如优先股股利。由于永续年金持续期无限，没有终止时间，因此没有终值，只有现值。永续年金可视为普通年金的特殊形式，即期限趋于无穷的普通年金。其现值的计算公式可由普通年金现值公式推出。

永续年金现值 P 计算公式为：

$$P = A \cdot \frac{1-(1+i)^{-n}}{i} = A \cdot \frac{1-\frac{1}{(1+i)^n}}{i}$$

当 $n\to\infty$ 时，
$$\frac{1}{(1+i)^n}\to 0$$

故：
$$P=\frac{A}{i}$$

【例】 如果一股优先股，每季分得股息 2 元，而利率是每年 6%，对于一个准备买这种股票的人来说，他愿意出多少钱来购买此优先股?

$$P=\frac{2}{1.5\%}=133.33(\text{元})$$

假定上述优先股息是每年 2 元，而利率是年利 6%，该优先股的价值是：

$$P=2\div 6\%=33.33(\text{元})$$

1.6 货币时间价值的应用

不等额现金流量终值和现值的计算

从图 2-11 中可以看出，每期的收入或付出是不等额的，这种现金流的形式叫作不等额现金流。不等额现金流量的终值为各期终值之和；其现值也是各期现值之和。

如图 2-12 所示，在计算不等额现金流的终值时，我们把每期末的现金流看作单个现金流的现值分别求它们的终值，然后再把所有的终值相加即为整个不等额现金流的终值。

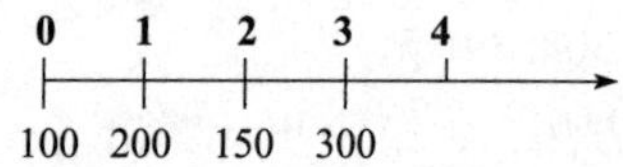

图 2-11 不等额系列现金流量示意图

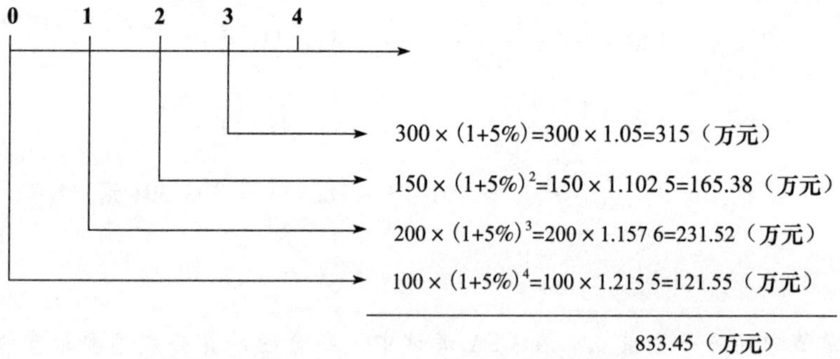

图 2-12 不等额系列现金流终值计算示意图

同样地，如图 2-13 所示，在计算不等额现金流的现值的时候，我们把每期末的现金流看作单个的现金流的终值，再分别求他们的现值，最后再把所有的现值相加即为整个不等额现金流的现值。

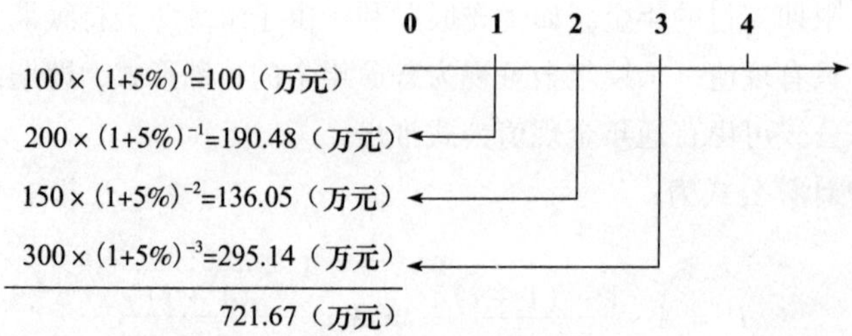

图 2-13 不等额现金流现值计算示意图

分段年金流量

在公司现金流入和流出中，某个时期现金流量保持在一个水平上，而过一时期又保持在另一水平上，通常称为分段年金现金流量。

终值的计算：先计算前三年年金终值，然后将计算结果乘以三年期的复利终值系数；再计算后三年的年金终值，最后将二者加总。

现值的计算：先计算前三年100元年金现值；再计算后三年的年金现值（后三年的年金现值是先计算后三年普通年金，再折现3年）；最后将二者加总（见图2-14）。

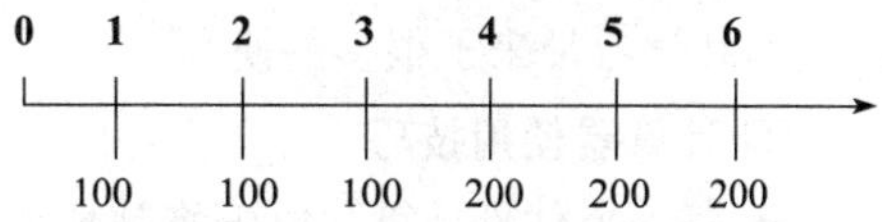

图2-14 分段年金现金流量示意图

养老金问题

抵押贷款、助学贷款或者退休金等问题的货币时间价值计算问题具有一定的相似性，我们以退休金问题为例来看一下具体的分析计算过程。

【例】 一个35岁的投资者想在25年后退休（60岁时）。如果他退休前的投资收益率为12.5%，退休后的投资收益率为10%。如果他想在退休后的30年中（从60岁到90岁）每年初提取25 000元（见图2-15），那么，他在退休前的25年内每年年末应该存多少钱？

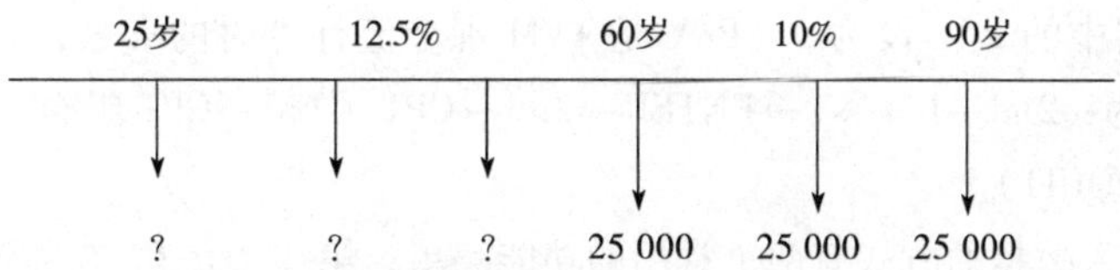

图2-15 养老金问题现金流量图

本题可以有多种思路来解决，但是其中的一个核心原理是两个不同现金流量在同一个时点的价值是相等的。建议计算在60岁时两个现金流的价值。

第一步，计算出60岁到90岁之间现金流在60岁的价值，这是一个先付年金的问题。

29→N，10→I/Y，25 000→PMT，0→FV，CPT→PV，PV′ = 234 240，PV = PV′ + 25 000 = 259 240（元）

第二步，第一步计算的PV值实质是35岁到60岁现金流的终值，这是一个后付年金的问题

25→N，12.5→I/Y，259 240→FV，0→PV，CPT→PMT，PMT = 1 800（元）

这是CFA第一级考试中的一个经典题，其中融合了等价交换原理，以及先付年金和后付年金的问题，特别是要注意本题中有两个不同的投资收益率。

名师解惑

货币时间价值中的现金流可加性

我们知道，现金流的PV和FV的计算公式中，现金流是出现在分子上，在分母相同的情况下，可以将现金流进行拆分或者相加，得到的结果是不变的。也就是说，我们可以将复杂的现金流分解成简单的现金流之和，或者将多笔现金流相加，对应的PV或者FV不会发生变化，前提是分母相同。考虑到不同时点上贴现率（分母）不同的问题，前面的结论也可以解释成，在同一时点上发生的现金流具有可加性。

1.7 TI BA II 计算器使用说明

TI BA II PLUS 计算器使用说明

在 CFA 考试中，美国 CFA 协会指定了两种专用的计算器，其中使用较为普遍并且使用功能简便的是 TI BAII PLUS 计算器。计算器的熟练使用不仅有助于通过 CFA 考试，而且对日常的工作和学习带来了很多的便利。

TI 计算器使用技巧

- 每一个估价计算，要先将其现金流量图画出来。现金流一定要区分方向，站在同一个主体的角度来区分现金是流出还是流入，如果是流入为“+”，现金流出则为“-”。
- TI 等金融类计算器实质上完成了一个最常用的功能，就是将金融计算中的现金流量录入到计算器中去，再由计算器完成计算功能。
- TI 计算器的每个键有两个功能，直接点击按键本身，可以实现此按键上的功能；如果点击 2nd 键后，再点击按键，实现的是此按键上方对应的功能。如 I/Y 按键，点击此键，实质是给 I/Y 赋值；如果点击 2nd 键后，再点击 I/Y 按键，实质上实现了 I/Y 按键上方功能 P/Y。
- 将 TI 计算器中的 P/Y 设为 1（P/Y 是 TVM 现金流计算时的参数，表示每期的付息次数），操作为：2nd→I/Y→1→ENTER→2nd→CPT（2nd→CPT 组合，实现了 CPT 按键上方的功能 QUIT）。
- TI 计算器录入数据的方式有两个常用的功能菜单，第一个是 CF 功能键，可以录入各种各样的现金流（每期的现金流可以是规则的，也可以是大小不一的）；第二个是 TVM 功能，主要录入的是规则的现金流。
- TVM 功能菜单中，N 表示总共有多少期（这个期可以是指年、季、月、周或天，根据计算的要求来定），I/Y 表示每一期的利率（如果已知年利率，但是每一期是指季度，则每期的利率为年利率除以 4），PV 表示现值，FV 表示终值，PMT 表示年金。每次计算之前，给 TVM 清零（2nd→FV，实现了 FV 按键上方的功能 CLR TVM），下文不再赘述。
- 对于年金问题，TI 计算器默认为后付年金法（END）；如果要更改设定，2nd→PMT（实现了 PMT 按键上方的 BGN 功能），再用 SET 功能（2nd→ENTER）即可转换成前付年金方法（BGN）。

计算实例

为了全面地演示 TI 金融计算器的功能，现将教材中出现的例子用计算器实现。

【例 1】 某人将 100 000 元投资于一个项目，年报酬率为 6%，经过一年时间的期终金额为：

清零（重复一下），1→N，6→I/Y（I/Y 录入时，以百分之为单位），100 000→PV，0→PMT，CPT（表示执行计算功能）→FV，FV = 106 000（元）

二年后的终值，2→N，6→I/Y，100 000→PV，0→PMT，CPT→FV，FV = 112 360（元）

三年后的终值，3→N，6→I/Y，100 000→PV，0→PMT，CPT→FV，FV = 119 101.6（元）

【例 2】 某人有 26 000 元，拟投入报酬率为 8% 的投资项目，经过多少年才可使现有的货币增加1倍？

8→I/Y，-26 000→PV，0→PMT，52 000→FV，CPT→N，N=9（对于投资人来说，最初的26 000为现金流出，用负号；最后的52 000为现金流入，用正号；或者，对于银行来说，最初的为现金流入，用正号；最后的52 000为现金流出，用负号，8→I/Y，26 000→PV，0→PMT，-52 000→FV，CPT→N，N=9，结果是一样的）。

【例3】 现有2 500元，欲在19年后使其达到原来的3倍，选择投资机会时最低可接受的报酬率为多少？

19→N，-1→PV，0→PMT，3→FV，CPT→I/Y，I/Y=6（%）

【例4】 某人拟在5年后获得本利和100 000元，假设投资报酬率为10%，他现在应投入多少元？

5→N，10→I/Y，0→PMT，100 000→FV，CPT→PV，PV=62 092（元）

【例5】 本金100元，投资5年，年利率8%，每季复利一次，一年后的终值为多少？

20→N，2→I/Y，-100→PV，0→PMT，CPT→FV，FV=148.594 7（元）

【例6】 某人出国3年，请你代付房租，每年租金1 000元，设银行存款利率10%，他应当现在给你在银行存入多少钱？（普通年金，后付年金，END）

3→N，10→I/Y，1 000→PMT，0→FV，CPT→PV，PV=2 486.9（元）

【例7】 某企业拟购置一台柴油机，更新目前使用的汽油机，每月可节约燃料费用180元，但柴油机价格较汽油机高出4 500元，问柴油机应使用多少年才合算（假设年利率12%，每月复利一次）？

1→I/Y，-4 500→PV，180→PMT，0→FV，CPT→N，N=28.9（期，月），合2.4年。

【例8】 6年分期付款购房子，每年初付50 000元，设银行利率为10%，该项分期付款相当于一次现金支付的购价是多少？（先付年金，可以用多种方法来解决。）

➢ 第一种，将计算器的设置改为先付年金（BGN）。

BGN，6→N，10→I/Y，-50 000→PMT，0→FV，CPT→PV，PV=239 539（元）

➢ 第二种，将6年期的先付年金看作后5年的后付年金与年初支付的和。

END（默认），5→N，10→I/Y，-50 000→PMT，0→FV，CPT→PV，PV=189 539（元），PV′=189 539+50 000=239 539（元）

➢ 第三种，将原来的先付年金看作以0’为起点的后付年金，先计算到0’的PV′，再将它折算到0点的PV。

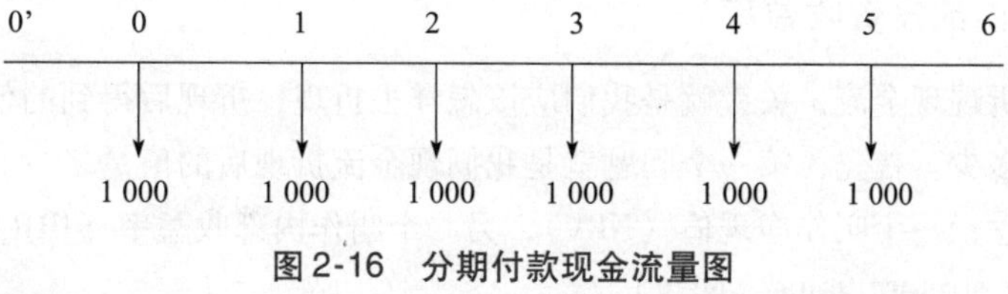

图2-16 分期付款现金流量图

END（默认），6→N，10→I/Y，-50 000→PMT，0→FV，CPT→PV，PV′=217 763，PV=PV′×(1+I/Y) =239 539（元）

【例9】 abc公司已于2000年2月1日购买一张票面额为1 000元的债券，票面利息为8%，每年2月1日支付一次利息，并于5年后1月31日到期。当时的市场利率为10%，请为该债券定价。

END（默认），5→N，10→I/Y，+80→PMT，+1 000→FV，CPT→PV，PV = 924.18（元）

【例 10】 美国政府发行期限为 20 年，利率为 10%，票面值为 1 000 美元的债券，如果当时市场的贴现率为 11%。请为该债券定价（美国债券每半年支付利息一次）。

END（默认），40→N，5.5→I/Y，+50→PMT，+1000→FV，CPT→PV，PV = 518.62（元）（此债券每期的现金流入为 1000 × 10% ÷ 2 = 50，总共的时期有 20 × 2 = 40，最后期的本金流入为 1 000）。

【例 11】 一个 35 岁的投资者想在 25 年后退休（60 岁时）。如果他退休前的投资收益率为 12.5%，退休后的投资收益率为 10%。如果他想在退休后的 30 年中（从 60 岁到 90 岁）每年初提取 25 000 元，那么，他在退休前的 25 年内每年年末应该存多少钱?

本题可以有多种思路来解决，但是其中的一个核心原理是两个不同现金流量在同一个时点的价值是相等的。建议计算中在 60 岁时两个现金流的价值。

第一步，计算出 60 岁到 90 岁之间现金流在 60 岁的价值，这是一个先付年金的问题。

29→N，10→I/Y，25 000→PMT，0→FV，CPT→PV，PV′ = 234 240，PV = PV′ + 25 000 = 259 240（元）

第二步，第一步计算的 PV 值实质是 25 岁到 60 岁现金流的终值，这是一个后付年金的问题。

25→N，12.5→I/Y，259 240→FV，0→PV，CPT→PMT，PMT = 1 800（元）

这是 CFA 第一级考试中的一个经典题，其中融合了等价交换原理，以及先付年金和后付年金的问题，特别是要注意本题中有两个不同的投资收益率。

2 折现现金流方法的应用

知识导引

在这一章里面主要涉及三个问题，第一个是净现值（NPV）和内部收益率（IRR）的相关问题，这个知识点在数量里面只是简单地介绍，在公司理财里面会详细讲解。第二个知识点是持有期收益率、有效年利率等收益率的相关计算，以及他们之间的相互转换。第三个知识点是以现金为权重的收益率和以时间为权重的收益率的计算。后面两个知识点是本章的重点。

2.1 净现值和内部投资收益率

这一章介绍折现现金流，关键就是我们应该怎样去折现，折现后得到的值是多少，以及我们用的折现率是多少。首先，第一个问题就是我们现金流折现后的值是多少。这里我们引入两个非常重要的概念，一个叫作净现值（NPV），另一个叫作内部收益率（IRR）。

净现值（net present value，NPV）

净现值是一项投资所产生的未来现金流的折现值与项目投资成本之间的差值。净现值法是评价投资方案的一种方法。该方法利用净现金效益量的总现值和净现金投资量算出净现值，然后根据净现值的大小来评价投资方案。净现值为正值，投资方案是可以接受的；净现值是负值，从理论上来讲，投资方案是不可接受的，但是从实际操作层面来说这也许会跟公司的战略性决策有关，比如说是为了支持其他的项目，开发新的市场和产品，寻找更多的机会获得更大的利润。此外，回避税收也有可能是另外一个原因。当然净现值越大，投资方案越好。净现值法是一种比较科学也比较简便的投资方案评价方法。

假设预计的现金流入在年末肯定可以实现，并把原始投资看成是按预定贴现率借入的，当净现值为正数时偿还本息后该项目仍有剩余的收益，当净现值为零时偿还本息后一无所获，当净现值为负数时该项目收益不足以偿还本息。

净现值用公式表示为：

$$NPV = PV - C_0 = \sum_{t=0}^{N} \frac{CF_t}{(1+r)^t}$$

内部收益率（internal rate of return，IRR）

IRR是指能够使现金流入量的现值等于现金流出量现值的贴现率，或者说是使投资方案净现值为零的贴现率。

$$NPV = CF_0 + \frac{CF_1}{(1+IRR)^1} + \frac{CF_2}{(1+IRR)^2} + \cdots + \frac{CF_N}{(1+IRR)^N} = 0$$

IRR的计算原理是：给出一系列净收益值（CF），求使得方程NPV=0成立的IRR值。计算过程是不断迭代的。计算机推测一个初始IRR值，然后不断逼近，直至方程等于或接近于零。

IRR的计算是有价值的。因为它能够得到项目的回报率，从而直接与公司的要求回报率进行比较。要求回报率是项目能够被纳入考虑范围的风险调整报酬率。风险调整报酬率要明显高于无风险投资的报酬率。

比较NPV规则和IRR规则

在CFA的考试中，单独考NPV和IRR的计算不太多，更多的是问你某个项目到底是拒绝还是接受。那我们怎样判断一个项目是拒绝还是接受呢，我们一般分为两种情况，一种是单个项目的判断准则；一个是多个项目的判断准则。当我们只需要判断一个项目是拒绝还是接受的时候，根据我们的经验，一般如果这个项目是赚钱的，我们就可以接受。也就是说如果这个项目的NPV是大于0的时候，我们就接受这个项目。那如果这个项目的NPV是小于0的，那我们就拒绝这个项目。这就是用NPV的方法判断单个项目是拒绝还是接受。那如果用IRR的方法的话，如果该项目的IRR大于我们的要求收益率，那我们就接受这个项目；反之，如果IRR小于要求收益率的话，那我们就拒绝该项目。

如果是有两个项目来比较呢，我们该怎样选择呢？有的时候有些公司很有钱，当然这两个项目它都可以投；但是有的时候公司必须做一个抉择，我到底该投哪一个项目呢？所以，这时候就面临一个困难，我到底是用NPV方法来抉择，还是用IRR方法来抉择。在讲解两个项目NPV判断方法和IRR判断方法之前，我们先引入两个概念，一个是“独立项目”，一个是“互斥项目”。

所谓**“独立项目”**（independent project），就是对其做出接受或者放弃的投资决策都不会受其他项目投资决策的影响。举个例子，假设麦当劳打算在一个偏远的小岛上开设一家汉堡包餐厅。这个方案是否采纳都不会受到其他开设新餐厅投资决策的影响，它们是互相独立的。由于该餐厅位置偏远，与其他餐厅的经营就互不干扰。现在我们看看与其相对应的**“互斥项目”**

(mutually exclusive project)。比如项目 A 与项目 B，怎样才能称这两个项目互相排斥呢？你可以选择 A 也可以选择 B，或者是两者同时放弃，但你唯独不能同时采纳项目 A 和项目 B。比如，项目 A 是在你拥有的一块地皮上建一幢公寓楼，而项目 B 是决定在同样一块地上建一座电影院，这两个项目不可能同时采纳，你只能从中选择一个，或者同时放弃两个。

对于独立项目来说，我们的决定原则和单个项目的决定原则是相同的，就是选择那些 NPV 大于 0，IRR 大于要求收益率的项目；拒绝那些 NPV 小于 0，IRR 小于要求收益率的项目。而对于互斥项目来说，因为我们只能从两个项目中选择一个项目，所以我们要选择那些 NPV 比较大的、IRR 比较高的项目。一般来说，NPV 准则和 IRR 准则的选择结果其实是相同的。比如说两个项目 1 和 2，如果项目 1 的 NPV 大于项目 2 的 NPV，那往往项目 1 的 IRR 就会大于项目的 IRR。但是，有的时候 IRR 的准则会失效。因为如果我们这个项目的现金流中不是只有期初的负的现金流，还有其他的负的现金流的话，那这个 IRR 就有可能出现两个解或者没有解的情况。这就是 IRR 计算的一个问题。那既然是 IRR 有问题，那我们认为如果是两个项目比较，用 NPV 的方法是最好的。也就是说当我们用 NPV 和 IRR 两种方法对两个项目进行选择出现矛盾的时候，比如说一个项目的 NPV 比较大，而另一个项目的 IRR 比较大，这时候我们要根据 NPV 方法选择 NPV 比较大的项目。

举个例子，有位教授在课堂讨论时提出这样一个问题："同学们，现在有两个互相排斥的投资机会供大家选择。投资机会 1——现在你给我 1 美元，下课时我还给你 1.50 美元。投资机会 2——你给我 10 美元，然后下课时再还给你 11 美元。只能选择其中的一个投资机会，并且每个投资机会都不能重复选择，你会怎么选择呢？"正确答案是投资机会 2，请看表 2-1。

表 2-1　投资机会的选择

项目	课初现金流量	课末现金流量	NPV	IRR（%）
投资机会 1	-1	+1.50	0.50	50
投资机会 2	-10	+11.00	1.0	10

我们前面强调过了，应该选择净现值最大的投资机会。在例子中也就是投资机会 2。当时回答问题的那个学生这样解释："我知道如何选择，如何赚回我的'投资'。现在有 10 美元供我进行'投资'，如果选择投资机会 2，下课时除了收回最初的投资，我还可以玩两轮我最喜爱的电子游戏，既安全又可靠。而投资机会 1 的利润只够我玩一轮游戏。"

这个例子很形象地暴露了内部收益率决策的一个重大缺陷。内部收益率的基本法则倾向于投资机会 1，因为内部收益率高达 50%。而投资机会 2 的内部收益率只有 10%。内部收益率是哪里出了问题呢？关键在于其忽略了项目的规模。投资机会 1 的内部收益率相对比较高，但投资额太小。换句话说，投资机会 1 的高收益率掩盖了其获取"收益"这一绝对值偏低的不足。

所以，对互斥项目进行选择的时候，如果 NPV 方法和 IRR 方法的结果相互矛盾时，我们要根据 NPV 的方法选择 NPV 较大的项目。

名师解惑

其实，从常理理解互斥项目的 NPV 和 IRR 的选择方法也是很好理解的。NPV 代表的是一个项目实实在在能给股东带来多少收益、带来多少钱。而 IRR 怎么说都是一个利率的概念或者说一个形式，不是我实实在在能够看到多少钱。所以用 NPV 的方式最为合适。而且有一种情况是，比如说我投了100万元，我的NPV可能是1000元，我投了100元，我的NPV可能只有10元，这个时候很明显的第二个项目的IRR要高。100元给我带来10元的收益率，那前面的100万元才给我带来1000元。但是，从实实在在能够拿到钱的角度来考虑，是不是第一个项目比较好。因为，怎么说我都有1000元进账，而后面的我只有10元进账。所以，我们就用NPV的判断准则。

考点总结

NPV和IRR方法的判断准则

➢ 单个项目

- NPV方法：如果NPV>0，接受项目。
- IRR方法：如果IRR>要求收益率，接受项目。

➢ 多个项目

独立项目（independent project）：和单个项目的决定原则相同。

互斥项目（mutually exclusive project）：

- NPV方法：选择NPV大的项目。
- IRR方法：选择IRR高的项目。

NPV和IRR两种方法有时有可能会出现相互矛盾的情况，如果一个项目的NPV比较大，另一个项目的IRR比较高，那根据NPV的方法，选择NPV比较大的项目。

与IRR方法相关的问题 IRR方法可能计算出多个IRR，导致无法判断。另外，计算出IRR与投资的资本成本进行比较时，认为短期借贷和长期借贷的利率都相等，没有考虑到利率的期限结构问题，即资本成本随期限发生变化。

金融计算器计算NPV和IRR

NPV和IRR都可以用TI BA II Plus计算器来计算，下面我们就通过一道例题给大家讲解一下。

【例】 一个项目经理投资一个项目，期初投入是100万元，预计这个项目第一年年末、第二年年末和第三年年末可以分别得到收益20万元、50万元和50万元，如果折现率为10%，求这个项目的净现值和内部收益率（见表2-2）。

表2-2 金融计算器计算NPV和IRR

按键	解释	显示
【CF】【2nd】【CLR WORK】	清除CF功能中的存储记忆	CF0 = 0.000 0
100【+/-】【ENTER】	期初投入	CF0 = -10.000 0
【↓】20【ENTER】	第一期现金流	C01 = 20.000 0
【↓】【↓】50【ENTER】	第二期现金流	C02 = 50.000 0
【↓】【↓】50【ENTER】	第三期现金流	C03 = 50.000 0
【NPV】10【ENTER】	折现率10%	I = 10.000 0
【↓】【CPT】	计算NPV	NPV = -2.930 1
【IRR】【CPT】	计算IRR	IRR = 8.525 2

所以这个项目的净现值为-2.93万元，内部收益率为8.53%。

2.2 持有期收益

持有期收益是投资者持有某一投资工具一段时间所带来的总收益，包括利息收入或股利收入和资本利得或损失。持有期收益率的公式为：

$$HPR = \frac{P_1 - P_0 + CF_1}{P_0}$$

名师解惑

持有期收益率这个概念很好理解，就是我持有一种金融产品期间，能够带给我的收益率是多少。持有期收益率的计算公式用一句话总结就是说我持有的整个期间能带给我的总收益。比如说我买了一只股票，$P_1 - P_0$ 就是我在此期间股价的一个升值，是一个资本利得。而 CF 在股票里面就是红利，就是说这段时间不但股价涨了，我还拿到了一个股利。所以，这是两个部分，一部分是资本利得，一部分是红利。这两个部分相加才是我整个持有期间的收益。而 P_0 是我期初的价格，期初价格就是我购买股票的成本，所以用总的收益除以购买成本，就可以得到持有期的收益率啦，这个就是持有期收益率。

2.3 银行贴现收益率、持有期收益率、有效年利率和货币市场收益率

持有期收益率（holding period yield）

举例来说，某位投资者在年初投资了 10 000 元的股票，到年底卖出股票收回现金 15 000 元，显然，一年里他的投资收益率为：

$$R = \frac{15\,000 - 10\,000}{10\,000} = 50\%$$

这就是我们一般称为**持有期投资收益率**（holding period yield，HPY）的计算方法。如果投资者持有某种金融资产一段时间，用期末资产价值减去期初价值（净收益）的余额除于初始投资额就得到了 HPR，同时考虑到金融产品分发的红利，可以得到如下的公式：

$$R_t = \frac{P_t - P_{t-1} + CF_t}{P_{t-1}}$$

式中 R_t —— $t-1$ 时刻到 t 时刻的 HPR；

P_t —— t 时刻金融产品的价格；

P_{t-1} —— $t-1$ 时刻金融产品的价格；

CF_t —— $t-1$ 时刻到 t 时刻分发的红利。

HPR 衡量的是投资者在一段时期的投资收益率，也就是说，如果要比较两种金融产品的 HPR，其持有期必须相同（起点时刻和终点时刻都相同），否则是无法比较的。比如说，投资者投资股票一年的 HPR 为 15%，投资债券 2 年的 HPR 为 10%，那么是股票的收益率高还是债券的收益率高呢？我们必须找到一种投资收益率的计算方法，使得对于不同投资期的收益率可以相互进行比较。而 HPR 和前面我们讲到的 HPR（holding period return）是等价的，两个是同一个概念。

有效年利率（effective annual yield）

在实际投资的时候，很少应用 HPR 来衡量投资收益率，而是采用**有效年收益率**（effective

annual yield，EAY）来衡量投资收益率。

EAY 把各种金融产品的 HPR 换算成年收益率，这样就可以比较不同金融产品的投资收益率了。具体公式如下：

$$EAY = (1 + HPY)^{\frac{365}{t}} - 1$$

其中 HPY 为持有 t 时间的持有期收益率。

这个公式的含义为：在时间长度为 t 的时候，投资收益率为 HPY，按照此收益率在一年内投资 $365/t$ 次（将前一次的投资回报追加到后一次投资中，即采用复利计算），最后得到的投资收益率即为有效年收益率。而 EAY 和我们在第 1 章中讲到的 EAR 也是同一个概念。

某金融产品投资半年的 HPR 为 5%，那么有：

$$EAY = (1 + HPY)^{365/182.5} - 1 = (1 + 5\%)^2 - 1 = 10.25\%$$

可以这样来看：投资者投资 1 元于该金融产品，半年后为 1.05 元，然后将这 1.05 元再投资于该金融产品，半年后为 1.05 × 1.05 = 1.102 5（元），可以得到这一年投资者的收益率为

$$R = \frac{1.1025 - 1}{1} = 10.25\%$$

一般我们在讨论金融产品的收益率时，除非特别说明，都是指年收益率。

银行贴现收益率（bank discount yield）

货币市场包括同业拆借和票据贴现，相对于债券市场和股票市场，其金融产品期限更短，流动性更好，信用风险更低。

在货币市场中的票据以低于面值出售，然后到期偿还相当于面值的金额，在持有期之间没有利息支付。这种买入价格和面值之间存在折价而且不支付利息的证券称为贴现证券，例如美国的短期零息国债 T-bill。

贴现证券在进行报价的时候并不是报价格，而是报某种贴现率，这样可以使得投资者迅速知道其投资收益率。通常我们称这种贴现率为**银行贴现收益率**（bank discount yield）：

$$r_{BD} = \frac{F - P}{F} \times \frac{360}{t}$$

式中 P——证券的购买价格；

F——证券的票面价格；

t——持有到期的时间；

360——一年按 360 天计算。

这里计算出来的银行贴现收益率是按照**单利计算出来的**，而且是用贴现值占面值的比率来表示的。

【例】 某票据面值为 100，现在的价格为 99 元，到期时间为半年，其银行贴现收益率为：

$$r_{BD} = \frac{F - P}{F} \times \frac{360}{t} = \frac{100 - 99}{100} \times \frac{360}{180} = 2\%$$

可以这样来理解：购买该票据付了 99 元，到期收回 100 元，收益为 1 元，以面值为基准得到半年收益率为 1%，按照单利，一年的收益率为 1% ×2 = 2%。

货币市场收益率（money market yield）

r_{BD}的缺点在于在计算收益率的时候是以面值为计算基准的，而实际上投资者最初付出了

低于面值的价格，没有办法反映投资者真正的收益率。我们引入新的投资收益率计算方法，称作**货币市场收益率**（money market yield）：

$$r_{MM} = \frac{F-P}{P} \times \frac{360}{t}$$

上式的分母为 $F-D=P$ 即是投资者购买票据的价格，显然，r_{MM} 比 r_{BD} 更能适当地反映投资者的收益率。

上面的例子中票据的货币市场收益率为：

$$r_{MM} = \frac{F-P}{P} \times \frac{360}{t} = \frac{100-99}{99} \times \frac{360}{180} = 2.02\%$$

名师解惑

关于这几个公式，有的同学觉得很难记忆，那我们就一个一个来分析一下。

首先，先说 r_{BD} 这一个概念。其实它是一个折现率，或者说是一个折价率。这个收益率的计算，我们只有在 T-bill 的计算中会用得到。美国的 T-bill 都是按照折现或者叫作折价发行的。那什么叫作折价发行呢？比如说我们去买衣服，衣服本来卖 400 块钱，而现在卖 300 块钱，就是在原价上折价了。那对于债券来说也是一样的。债券的面值叫作 face value，假如说面值是 100 块钱，现在按照 95 块钱来卖，这种发行方式就叫作折价发行，也就是价格低于面值的一种发行。那我们现在来看一下，比如说一个 180 天的 T-bill，他的面值是 100 块，现在的卖价是 95 块，那就是说折价了 5 块（=100-95），然后再除以面值 100，也就是说折价了 5%，而这个 5% 对应的是 180 天的，现在我们要将它年化，也就是说换算成年折价率的话，我们就要用 5% 乘以 360 除以 180，这样就得到了一个年化的折价率了，这个就是 r_{BD}。

而 HPY 和 r_{BD} 最大的不同之处就是，HPY 是一个真实的收益率，代表了持有期的收益率，所以我们可以看到 HPY 的公式中，它是由总收益除以购买价格的 $\left(\frac{P_t - P_{t-1} + CF_t}{P_{t-1}}\right)$；同时 HPY 表示的是一个期间收益率，不是特指一年的收益率。

我们已经知道了 HPY 是一个持有期的收益率，它不是一个年化的收益率，那我们如果想把持有期换算成一年的，就是想看一下它年化以后的收益率是多少，这个时候就有了 EAY 和 r_{MM} 这两个概念。EAY 和 r_{MM} 就是年化的 HPY。而 EAY 是复利情况下的年化，是以一年 365 天作为基数的；而 r_{MM} 是单利情况下的年化，是以一年 360 天作为基数的。所以 r_{MM} 的公式还可以用 HPY 来表示：$r_{MM} = HPY \times \frac{360}{t}$。我们需要记住一个规律，在 CFA 考试里面，只要是单利就用 360 作为一年，只要是复利就用 365 作为一年，这个到后面很多地方都会用到。

持有期收益率、有效年利率、货币市场收益率和银行贴现率之间的相互转换

我们已经知道了这几个收益率的计算公式，其实它们之间是可以相互转换的，只要知道它们其中的任意一个收益率，通过公式间的相互转换，就可以得到其他几个收益率。

$$EAY = (1+HPY)^{\frac{365}{t}} - 1$$

$$HPY = \frac{r_{BD}\left(\frac{t}{360}\right)}{1 - r_{BD}\left(\frac{t}{360}\right)}$$

$$r_{MM} = HPY \times \frac{360}{t} = \frac{360 \times r_{BD}}{360 - t \times r_{BD}} = \frac{r_{BD}}{1 - t \times r_{BD}/360}$$

由上式可以看出 HPY、r_{MM}、r_{BD}三种收益率之间的关系，值得注意的是：r_{MM}、r_{BD}都是年收益率，而 HPY 则是一段时间的收益率。

名师解惑

这几个收益率之间相互转换的公式其实是比较麻烦的，同学们也不用刻意去记忆，只要我们掌握了几个收益率的基本概念和公式后，当我们遇到具体的例子和数据的时候，我们肯定会算出来的。举一个例子，我们不用持有期收益率和银行贴现率之间的转换公式，我们依然可以根据银行贴现率计算出持有期收益率的。比如说，r_{BD}等于10%，t 等于180天，现在让我们求 HPY 等于多少？我们不用死板的去套用公式，我们可以假设我们有一种债券，既然债券的 r_{BD} 等于10%，并且 t 等于180天，那也就是说如果债券面值是100的话，债券的价格就是95。然后我们就可以计算 HPY 了，$HPY = (100 - 95)/95 = 5.26\%$。所以说，上面所列举的那些复杂的转换公式，大家可以不用记忆，只要我们知道，当我们知道 r_{BD}时，就一定能计算出 HPY，至于怎么计算，我们可以具体问题具体分析。

债券等价收益率（bond equivalent yield，BEY）

设债券的价格为 P，票面利率为 c，到期支付的本金为 M，每次支付的利息为 C，利息支付的次数为 n。计算到期收益率（在利息支付时间间隔内）的公式为：

$$P = \frac{C}{1+y} + \frac{C}{(1+y)^2} + \cdots + \frac{C+M}{(1+y)^n}$$

【例】 债券票面利率为5%，半年付息，面值为100元，持有期为5年，该债券的价格为110元，则有：

$$P = 110, C = 100 \times \frac{5\%}{2} = 2.5$$

$$110 = \frac{2.5}{1+y} + \frac{2.5}{(1+y)^2} + \cdots + \frac{102.5}{(1+y)^{10}}$$

用试错法得到 y 的值为1.42%，注意这是该债券的半年的到期收益率，其年收益率为 $1.42\% \times 2 = 2.84\%$，即为**债券等价收益率**，这种计算方法称为债券等价基准方法。同样，也可以这样计算年利率：$(1+1.42\%)^2 - 1 = 2.86\%$，这种方法则称为有效利率基准方法。一般在实际的债券市场中采用债券等价基准方法来计算年利率和对债券进行报价。

名师解惑

BEY在这里不是重点，它是固定收益部分的重点，在固定收益部分还会详细讲到，所以大家在这里只要简单地了解一下就可以了。为什么会有BEY呢？因为美国的债券都是一年计两次息的，虽然他们一年计两次息，但是他们对外公布的不是一年实际的收益率，而是每年的名义收益率。比如说他们对外公布一年10%的收益率，这个10%还有另外一个含义，就是它一年计两次息。那这个时候就有一个麻烦了，因为世界上很多国家的债券一年都是计一次息的。比如说我们中国有一个债券，一年计息一次，它的收益率是10.2%；而美国有一个债券，一年计两次息，它的收益率是10%。为了能和全世界其他国家的债券的收益率进行比较，美国人为了方便，就要求其他国家都要按照他们的计息方式来公布收益率，所以才有了 BEY 的概念。也就是说无论用哪种方式来计息，无论你一年计几次息，你都要换算成一年计两次息这种形式，那这种情况，我们算出来的收益率就是 BEY。BEY 和 HPY 以及 EAY 之间的关系还可以写成：

$$1 + HPY = (1 + BEY/2)^{2\times(t/365)} = (1 + EAY)^{t/365}$$

2.4 货币加权收益率和时间加权收益率

货币加权收益率（money-weighted rate of return）

货币加权收益率计算的是使所有子期间的现金流加上评估期末的证券组合的市场值的现值同证券组合初始市场值相等的贴现率。每一个子期间的现金流是来自投资收入的现金流（利息）加上客户的增资再减去客户提款导致的现金流出。在计算货币加权收益率时并不需要知道每个子期间的证券组合市场值。

货币加权收益率就是一个内部收益率的计算过程，因此，也称为内部收益率，其公式为：

$$V_0 = \frac{C_1}{1 + R_D} + \frac{C_2}{(1 + R_D)^2} + \cdots + \frac{C_N + V_N}{(1 + R_D)^n}$$

式中 R_D——货币加权收益率；

V_O——证券组合的初始市场价值；

V_N——证券组合的期末市场价值；

C_K——子期间 K 内证券组合产生的现金流（现金流入减去流出），$K=1，2，\cdots，N$。

【例】 考虑一个在 7 月初的市场价值为 1 亿美元的证券组合在 7、8 月末时，投资者分别撤出资金 100 万美元，在任何一个月都没有现金流入，在 9 月末组合的市场价值为 \$129 635 124，那么该组合的美元加权收益率可以通过下式计算出来。

$$\$100\,000\,000 = \frac{-\$1\,000\,000}{1 + R_D} + \frac{-\$1\,000\,000}{(1 + R_D)^2} + \frac{\$129\,635\,164}{(1 + R_D)^n}$$

满足上式的 R_D 为 8.4%，即该组合的美元加权收益率为 8.4%。

时间加权收益率（time-weighted rate of return）

时间加权收益率衡量的是在评估期内初始证券组合市场价值的混合增长率，它假定所有的现金分红都被重新投资于证券组合当中，通常也称为几何收益率，因为它是用各个子期间收益率的几何平均数计算的，其一般公式为：

$$R_T = [(1 + R_{P1})(1 + R_{P2})\cdots(1 + R_{PN})]^{1/N} - 1$$

式中 R_T——时间加权收益率；

R_{Pk}——子期间 k 的组合投资收益，$k=1，2，3，\cdots，N$；

N——评估期内的子期间数。

如果在评估期内不存在增资和提款，而且所有的投资收益都被再投资时，美元加权收益率和时间加权收益率就会产生相同的结果。美元加权收益率的问题在于它会受到一些不可控因素的影响，具体而言，客户的任何增资或提款都会影响计算的收益率。所以，如果基金经理能控制现金流的大小、方向和时间，则用美元加权收益率来衡量其业绩较准确；如果基金经理不能控制，则用时间加权几何收益率更能准确反映其业绩。

另外，在衡量过去业绩时，用几何平均来计量更准确；用过去业绩来预测下一期收益率时，用算术平均来计量更准确。

【例】 如果在一、二、三、四月投资组合的收益率分别是12%，25%，-15%，-2%，那么时间加权收益率为：

$$
\begin{aligned}
R_T &= [(1+0.12)\times(1+0.25)\times(1-0.15)\times(1-0.02)]^{1/4}-1 \\
&= [(1.12)\times(1.25)\times(0.85)\times(0.98)]^{1/4}-1 \\
&= 3.92\%
\end{aligned}
$$

名师解惑

money-weighted return 和 time-weighted return 这两个概念非常重要，每年考试肯定会考。那为什么会有 money-weighted return 和 time-weighted return 这两个计算呢？比如说你去做一个投资，大家都知道你去投资有可能不是一期，很多情况都是多期投资，如果每一期的收益率都不相同，我们想来综合看一下整个投资期的收益率是多少，就会比较麻烦，因此，我们才引入了 money-weighted return 和 time-weighted return 这两个概念。这两个概念都是计算多期投资的平均收益率的问题。提到计算多期平均收益率，那很容易地就想到一种方法，就是把每一期的收益率都算出来，然后再求平均，就得出了平均收益率。但是要注意了，我们在计算平均收益率的时候可不是简单的算术平均，不是简单地把这几个收益率加起来，再除以期数就可以了，我们用到的是几何平均，这个概念我们会在以后的章节中详细讲到。几何平均这个概念在收益率里用得最多。比如说我投了1年，但是这一年被我分成了4期。为什么要分为4期呢？因为我可能每一期都有现金流的流入和流出，这样一来这4期的收益率有可能就会不一样。比如说这4期的收益率分别是10%、8%、8%、7%，那我想看一下我一年拿到的总的收益率是多少呢？现在就要用到了几何平均这个概念了，就是用 $(1+10\%)\times(1+8\%)\times(1+8\%)\times(1+7\%)-1$，算出来的就是1年总的收益率。这是一种情况，还有一种情况是，如果我整个投资期不是一年而是多年，每一期就是一年，比如说我投了4年，第一年到第四年的收益率分别是10%、8%、8%、7%，那我每一年平均的收益率是多少呢？这时我们不能单单的只是用 $(1+10\%)\times(1+8\%)\times(1+8\%)\times(1+7\%)$ 了，因为这样求出来的是我投了4年总的收益率，所以我现在要把它年化，开4次根，然后再减去1（$\sqrt[4]{(1+10\%)\times(1+8\%)\times(1+8\%)\times(1+7\%)}-1$），就是把它做几何平均，得到的就是平均收益率了。这是一种很容易想到的方法，怎样计算多期投资平均的收益率。第二种方法，我们前面已经讲过了 IRR 的概念，内部收益率其实就可以看成我投资多期的平均收益率。所以我们求多期的平均收益率就分成了这两种，一个叫作 time-weighted return，一个叫作 money-weighted return。Time-weighted return 就是几何平均收益率，money-weighted return 就是内部收益率。

3　数理统计基础

知识导引

统计学在我们日常生活中也经常用到。当你拿到一组数据的时候，你一定会想办法把他的特征表现出来。一般地，我们最先想到的是算一算平均值，那算完平均值后我们就会想比较一下这组数据是比较分散的还是比较集中的。比如说培训机构老师上课会有一个学员给老师的评分，学校会把评分收起来以后算一算平均值，然后再看一下学生对老师的评价是怎样的一个分布情况。用这种方式来看这组数据的话，就会使调查结果更有意义。

统计到底能为我们做什么？对一般人而言，统计就是收集数据，让我知道总体状况是怎样的。这完全正确，但这仅仅是统计的一部分而已。统计更重要的意义在于数据分析，数据分析的目的是做出判断和预测。

3.1 基本概念

描述性统计量和推断性统计量

描述性统计量是对数据性质的描述。描述性统计是我们这一章讲的内容。当我们拿到一组数据，怎么样来看它的特征，描述性统计往往就是求一组数据重要的统计量。比如说我们求均值，求离散程度，然后再求中位数，等等，这些都是描述性统计量。

推断性统计量是用来作判断和预测的。例如我们后面要学到的假设检验，其中的统计量是用来作判断的；我们在 CFA 二级还要学回归分析，其中的统计量是用来作预测的。推断性统计是我们 CFA 一级数量里面相对比较难的一个知识点，因为它会涉及一些逻辑性的东西。推断性统计最核心的其实是从样本去推断总体。那我们为什么要从样本去推断总体呢？我们直接计算一下总体不就行了吗，为什么还要找一个样本。比如说我们要统计一下全中国人的平均身高，那我们得到总体就会非常困难，耗时耗力，还要投入很大的资金。所以，往往我们就从这个总体里抽取一部分人作为样本，那我们算算这个样本的平均身高，用这个样本的平均身高代替整体的平均身高，这个就是推断性统计。

总体和样本

总体是我们所要研究的所有个体的集合。例如我们想要研究中国人的身高状况，那么所有中国人的身高的集合就是我们的总体。

样本是从总体当中抽取出来的一个子集。例如抽取 100 个中国人，分别量了他们的身高，那么这 100 个身高的集合就是一个样本，这个样本的**样本量**（sample size）为 100。

总体和样本的区别在于，总体是指研究的对象的全部（all members of a specified group），而样本是为了能够得到总体的信息而从总体中随机抽出来的一部分（a subset of a population）。

各种测量等级

当我们拿到一组数据的时候首先会想到什么呢？首先会想到要把这组数据分类，再看一下这些类别之间有什么关系，也就是分个级别，所以这时候我们就要引入几个概念，统称为数据的测量等级。我们接下来要讲到四种测量等级，分别是：名义分类、排序分类、区间分类和比率分类。这四种分类是一个逐渐增强的一个过程，描述力度越来越大，而且是从一个粗略的描述到精确的描述的一个过程。

术语解释

名义分类（nominal scale） 最弱等级，直接使用原始的观测值，只对数据进行分类，但并没有进行任何形式的排序。

名师解惑

名义分类是最简单的一个分类，它只对一组数据进行定性的分析。比如说一个班中我们把男生定义成1，把女生定义成2，这样我们就分了一个类，把男和女分开了，这个就是名义分类。所以，名义分类只是做定性的区分，它不代表1和2，或者1比2好，或者2比1大，它表示的只是两组数据之间的分类而已，没有任何的比较关系。

术语解释

排序分类（ordinal scale） 较高级的一种度量尺度，根据某些特征，对观测值进行排序并分类。

名师解惑

排序分类就不仅有分类，还有一个排名，也就是说有一个次序。最简单的例子，比如说达人秀，我们会有一个第一名、第二名、第三名，也就是说我有一个1、2、3，那么这里的1比2好，2比3好。那1和2之间的差等不等于2和3之间的差呢？排序分类里是没有这种关系的。所以排序分类只能用于比较，只能用大于号和小于号，不能用加减乘除。CFA里最经常出现的例子就是，我们把去年上市公司表现最好的前100名选出来，然后从1到100进行排序，那这种排序就属于排序分类。

术语解释

区间分类（interval scale） 在这个等级上，不仅对数据进行了排序分类，而且要确保每个层次之间的差别值是相同的，使得量与量之间的差别可以比较。

一个典型的例子是温度的测量，比如25℃比20℃高5℃，我们可以说30℃和25℃之间的差别与25℃和20℃之间的差别是一样的。注意，在这种测量等级上，0值并不是代表什么都没有的意思，它并不是真正意义上的零值或自然意义上的零。

名师解惑

区间分类也就是说这一组数据不仅有一个大小关系，还可以做加减运算。也就是说我们不仅有一个排序，两者之间的间距也是相同的。区间分类的例子很少，基本上也就温度这一个例子，我们上面已经说过了。那为什么区间分类只能用加减，不能用乘除呢？因为区间分类里面的这个0，不是绝对的0点，也就是说0不是代表什么都没有，也就是说某个城市温度0度，他不是说这个城市没有温度，只是代表他是0度而已。所以不能用乘除，只能用加减。

术语解释

比率分类（ratio scale） 这是最强的一种测量尺度，它不仅具有区间量的所有特点，而且可以提供一个真正的零点。

名师解惑

比率分类不仅可以用于大小排序，还可以用加减，还可以用乘除。比率分类的例子比较广泛，金融里面很多概念都是比率分类的。比如说收益率，股票 1 的收益率是 10%，股票 2 的收益率是 5%，那股票 1 的收益率就是股票 2 的收益率的 2 倍，所以它既可以用加减，也可以用乘除。

总体参数（population parameter）、样本统计量（sample statistic）

我们研究一个总体，通常不是想要了解每一个个体的情况，而是想要知道某些**总体参数**。例如我想要研究中国人的身高状况，我并不是想要知道每一个中国人的身高是多少，我仅仅想知道中国人的平均身高而已（这样就可以与 10 年前的平均身高作比较）。总体参数是总体中个体数值的函数，例如总体均值、总体方差等。在上例中，我们想了解总体均值，就是所有中国人身高加起来除以 13 亿等于几。

但是由于种种原因，我们通常不能得到总体所有个体的数值，我们只能抽取一个样本，来计算**样本统计量**。样本统计量是样本中个体数值的函数。例如样本均值、样本方差等。例如抽取 100 个中国人，分别量了他们的身高，计算了他们的平均身高，用来估计中国人的平均身高。

频率分布（frequency distribution）、柱状图（histogram）和折线图（polygon）

我们看表 2-3，这里有一组数据，但是这组数据的具体数字我们不知道，我们只是知道这组数据的**相对区间值**（relative interval）。那什么是相对区间值呢？我们看这组数据的最大值 15，最小值是 -10，然后我们按照 5 作为一个区间，把它分成了好多个区间。那接下来我们就看一下落在每一个区间里面一共有多少个数。这组数据一共有 310 个数，我们发现落在 -10 ~ -5 之间的有 3 个数，那这个 3 代表的就是**绝对频率**（absolute frequency），也就是说落在这个区间里面的频数是多少。落在 -5 ~ 0 这个区间里面一共有 35 个数，这个 35 代表的也是绝对频率。那我们有了这些数字之后，其实我们觉得还不够直观，我们想看一看落在 -10 ~ -5 这个区间里面的占比是多少，那我们就用绝对频率去除以总的个数 310，就等于**相对频率**（relative frequency）。也就是说落在 -10 ~ -5 这个区间里面，一共占总数的 0.97%。那我们从这个相对频率就可以直接的看出来落在哪个区间里面的数最多，对于上面的这组数据应该是 0 ~ 5 这个区间，也就是说这组数据中的大部分的数都是落在这个区间里面的。下面一个概念叫作**累积绝对频率**（cumulative absolute frequency）。累积是什么意思呢？也就是说比这个数小的所有的。比如说举个例子，我们上面的这张表里 -5 ~ 0 的这个区间的累积绝对频率是 38，这个 38 代表的含义就是小于 0 的所有的数一共有 38 个。那 38 是怎样计算出来的呢？小于 0 的所有的数一共被分为了两个区间，一个是 -10 ~ -5，一个是 -5 ~ 0，所以 38 就是把这两个区间的数据的个数加和得到的（38 = 3 + 35）。最后一个概念叫作**累积相对频率**（cumulative relative frequency）。我们还看 -5 ~ 0 这个区间，它的累积相对频率就是也把两个区间的相对频率相加，也就是小于 0 的数占比是多少。

表 2-3 频率分布

相对区间值	绝对频率	相对频率（%）	累积绝对频率	累积相对频率（%）
-10 ~ -5	3	0.97	3	0.97
-5 ~ 0	35	11.29	38	12.26
0 ~ 5	176	56.77	214	69.03
5 ~ 10	74	23.87	288	92.90
10 ~ 15	22	7.10	310	100
总值	310	100		

表2-3仍然没有带给我们直观的感觉，如果想得到很直观的感觉，最好的方法就是画图。我们最常用的两种图一个叫作柱状图，一个叫作折线图，如图2-17所示，蓝色的是**柱状图**，黑色的是**折线图**。图形很简单，大家了解一下就可以了。但是这里有一个很重要的知识点，大家需要注意的是：柱状图可以很直观地发现一组数据的分散程度（见图2-17）。

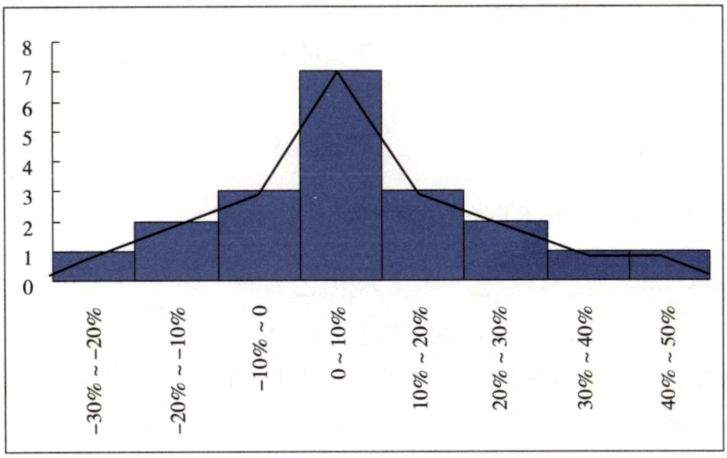

图2-17 柱状图和折线图

3.2 中心趋势的度量

对于随机变量的观测会得到很多的结果，如果这些观测值有很多的话，我们就不容易观察出随机变量的规律。有时候，我们希望能够用一个数据来描述随机变量的特征，一般我们关心随机变量的两个特征：一是随机变量的**中心趋向**（central tendency），即随机变量的观测值会围绕什么值来变动；二是随机变量的**离散性**（dispersion），即随机变量偏离其中心趋向有多大的程度。

在统计上有很多种方法来度量随机变量的中心趋向，下面我们就其中主要的度量方法来做详细介绍。

平均数

平均数分为算术平均数（arithmetic mean）、几何平均数（geometric mean）、加权平均数（weighted mean）、调和平均数（harmonic mean）四种。

➤ **算术平均数**的定义为：$\overline{X} = \dfrac{\sum_{i=1}^{N} X_i}{N}$

算术平均值有一个很重要的性质：所有数据偏离算术平均值的数值之和等于0：

$$\sum_{i=1}^{N}(X_i - \overline{X}) = 0$$

某股票的收益率在一段时间的数值为10%，12%，14%，16%，18%，则收益率的算术平均值为：

$$\overline{X} = \frac{10\% + 12\% + 14\% + 16\% + 18\%}{5} = 14\%$$

所有数据偏离算术平均值的数值之和为：

$$(10\% - 14\%) + (12\% - 14\%) + (14\% - 14\%) + (16\% - 14\%) + (18\% - 14\%) = 0$$

显然对于任何一个数据集来说，算术平均值的大小是唯一的，而且其大小与数据集中每一个数据的大小都有关，如果数据集中有异常值（相对其他数据来说特别大或者特别小），那么将会使得算术平均值发生很大的变化。

如上例中股票的收益率数据为10%，12%，14%，16%，50%，则收益率的算术平均值为：

$$\overline{X} = \frac{10\% + 12\% + 14\% + 16\% + 50\%}{5} = 20.4\%$$

可以看出来，异常值对于算术平均值的大小有非常大的影响。

➢ **加权平均数**的定义为：$\overline{X}_w = \sum_{i=1}^{n} w_i X_i$，其中 $\sum_{i=1}^{n} w_i = 1$。

算术平均值只是加权平均值的一种特殊情况，其取的权重都等于$1/N$。所谓加权平均就是每一个数乘以它的权重，然后再加和。这里的权重就不一定是$1/N$了。比如说，我们一共有10个数，其中3出现了两次，那这个3的概率就是$0.2 \times (2/10)$，因为它出现了两次，所以这里我们就把上面算术平均数里面的$1/N$变成了w_i而已。加权平均数经常被我们用在金融里面求平均收益率，或者叫期望收益率。这里介绍一个概念，如果观测值表示了随机变量所有可能的取值，当权重取为每种取值的概率的时候，加权平均值就称为随机变量的数学期望，记为：

$$E(X) = \sum x_i \cdot P(x_i) = x_1 \cdot P(x_1) + x_2 \cdot P(x_2) + \cdots + x_n \cdot P(x_n)$$

比如说，有一个金融产品，经济好的时候收益率是10%，经济没有那么好的时候收益率是8%，经济差的时候收益率是3%，再给定经济好的时候的概率是多少，经济差的时候的概率是多少，然后让你求一个平均收益率，就是用加权平均数的这个公式来求解的，就是每一个对应的取值乘以概率，然后再加和就可以了。

【例】 股票收益率为10%，11%，12%，权重为0.1，0.5，0.4，那么其加权平均值为：

$$\overline{X}_w = 0.1 \times 10\% + 0.5 \times 11\% + 0.4 \times 12\% = 10.7\%。$$

【例】 已知某股票第二天的收益率情况为：

发生的概率	30%	30%	40%
第二天股票收益率	10%	0	−20%

股票的第二天收益率的数学期望等于：

$$E(R) = 10\% \times 30\% + 0 \times 30\% + (-20\%) \times 40\% = -5\%$$

以后我们会求资产组合的期望收益率，这里简单介绍有关随机变量和的数学期望公式：

如果有$R_P = w_1 R_1 + w_2 R_2$，那么有$E(R_P) = w_1 E(R_1) + w_2 E(R_2)$。

也就是说随机变量和的数学期望等于随机变量数学期望的和。上面的公式可以推导到有多个随机变量的情况。

在后面介绍投资组合理论的时候可以知道上面的R_P可以看作投资组合的收益率，R_1和R_2为组合中证券的收益率，w_1和w_2分别为其价值权重。$E(R_P)$为投资组合收益率的数学期望，$E(R_1)$和$E(R_2)$为组合中证券收益率的数学期望。

➢ **几何平均值**的定义为：$G=\sqrt[n]{X_1 \cdot X_2 \cdot \cdots \cdot X_n}$，其中 $X_i \geqslant 0$

某股票的收益率为10%，12%，14%，16%，18%，其几何平均收益率为：

$$R_G = \sqrt[5]{(1+10\%)\times(1+12\%)\times(1+14\%)\times(1+16\%)\times(1+18\%)}-1=13.96\%$$

几何平均收益率实际上是计算复利收益率，在计算多期投资的平均收益率的时候用几何平均收益率，而在计算单期投资的平均收益率的时候则是用算术平均收益率。

由代数知识可以知道，对于同样的数据集，几何平均收益率是不大于算术平均收益率的，只有当数据集中所有的数据都相等的时候两者才相等。

下面用一个例子来说明几何平均收益率和算术平均收益率的区别。

你以100元价格购买A股票，一年后价格上涨到200元，第二年末，股票的价格又回到100元，分别计算每年收益率的几何平均值和算术平均值。

第一年的收益率 =200/100 -1 =100%

第二年的收益率 =100/200 -1 = -50%

几何平均收益率为 $\sqrt{(1+1.0)\times(1-0.5)}-1=0$

算术平均收益率为（100% -50%）/2 =25%

可以看出：

（1）几何平均收益率小于算术平均收益率；

（2）几何平均收益率表示了实际的收益率，因为你实际的收益率是为0的，而算术平均收益率则得到了正的收益率。

名师解惑

我们学习了算术平均数和几何平均数，那我们应用的时候应该如何选择呢？

一般来说，如果过去几年的年收益是按复利计算，则用几何平均测试过去收益比较合理。例如，过去三年年收益分布为5%、12%、9%时，几何平均收益为 $[(1.05)\times(1.12)\times(1.09)]^{1/3}-1=8.63\%$。而当给出预计几年收益让求出未来收益时，代数平均法会更好。如：未来两年收益分别为100%、-50%，几何平均收益为 $[(1+100\%)\times(1-50\%)]^{1/2}-1=0\%$，代数平均收益为（100% -50%）/2 =25%。

此外，一般我们认为，如果我们要预测下一期的收益率的话，也就是说我们根据历史数据去预测下一期的收益率，我们常用到的是算术平均数。那如果我们已经知道历史数据要求一个历史平均的话，也就是求过去的业绩表现、平均收益的话，用到的是几何平均数。

➢ **调和平均数**：“倒数的平均值的倒数”。公式为：$\overline{X}_H = n \Big/ \sum_{i=1}^{n}(1/X_i)$，其中 $X_i>0$。

调和平均数比较特别。我们先举一个例子。比如说我们买了三只股票，每只股票我们买的金额都相同，我们一共投了3元钱，然后问你，你投的这三只股票它们的平均价格是多少？下面我们来具体分析一下。假如说第一只股票的价格是 X_1，第二只是 X_2，第三只是 X_3，这是每只股票的价格。同时我们一共投了3元，每一只投的金额都相同，那就是说我们第一只股票投了1元，第二只股票投了1元，第三只也投了1元，那我们一共买了多少只股票呢？第一只买了 $1/X_1$，第二只买了 $1/X_2$，第三只买了 $1/X_3$，所以我们一共买了 $1/X_1+1/X_2+1/X_3$ 只股票。我们买这三只股票花的总金额是3元钱，所以我们用总金额除以买的股票的总数就可以得到我们花在每只股票上的平均成本了，即$\frac{3}{\frac{1}{X_1}+\frac{1}{X_2}+\frac{1}{X_3}}$，这就是这三只股票的平均股价。如果我们扩张到 n 只股票的话，我们就可以得到 n 只股票的平均股价就是：$\overline{X}_H = n\Big/\sum_{i=1}^{n}(1/X_i)$。

以上讲解的四种平均数都比较简单，其实这个地方有一个比较重要的知识点，就是：调和平均数 < 几何平均数 < 算术平均数，即在投资时，可以用每期等额投资的方式，使得平均股价最低。

众数（mode）

众数表示的是在随机变量的观测值中出现的次数（频率）最多的那个观测值。如果所有的观测值都不相同，那么没有众数。众数不是唯一的，可能会有很多个众数。这是众数和平均值的一个重要的区别。

【例】 观测值1，2，3，4，5，6，7，6，5，4，5，2，5 中，众数为5，共出现了 4 次。

中位数（median）

中位数表示在把观测值进行排序以后，当观测值的个数为奇数时，中间的那个观测值，当观测值的个数为偶数时，中间两个数的算术平均值。中位数表示的是“中间”的那个数。

【例】 求观测值1，3，2，6，4，8，2，5 的中位数。

先将观测值进行排序，得到1，2，2，3，4，5，6，8，由于观测值个数为偶数，那么中位数为 $(3+4)/2=3.5$。

【例】 求观测值5，6，8，1，3，5，4 的中位数。

先将观测值进行排序，得到1，3，4，5，5，6，8，由于观测值的个数为奇数，中位数为5。

3.3 分位数

为什么会有分位数（quantile）呢？我们为什么想计算分位数呢？其实我们就是想看一组数据的一个大概的范围，也就是说，当我们得到一组数据以后，我们把它切几刀，分成几段，这就是分位数一个大概的描述。其实，分位数用来描述在观测值中特殊位置的观测值大小。有 4 分位数，5 分位数，10 分位数，百分位数。

- **4 分位数**（quartile）表示数据的间隔为1/4；
- **5 分位数**（quintile）表示数据的间隔为1/5；
- **10 分位数**（deciles）表示数据的间隔为1/10；
- **百分位数**（percentile）表示数据的间隔为1/100。

显然，所有的分位数都可以化为百分位数。

百分位数的位置计算公式为：$L_y=(n+1)\frac{y}{100}$，n 表示观测值的个数，y 表示为多少百分位。

【例】 股票收益率为 5%，8%，12%，14%，15%，16%，18%，19%，23%，25%，27%。求其 75% 的分位数。

根据公式可以得到75%的分位数的位置为：$L_y=(11+1)\ \frac{75}{100}=9$，为第9个数（19%）。也可以说有75%的数小于19%。

名师解惑

75%就是第三个四分位数，就是把这组数据切成四段，然后在第三段和第四段这个交点上的数是多少，形象上说就是这个意思。那75%代表的是什么意思呢？它说的是在这第三个四分位数的左边，要至少包含75%的数。那包不包含这个数呢？答案是不包含的，一定是它左边的数。

这个知识点一般的考试方法就是计算。当我们遇到这样的题的时候，首先第一步就是要排序，要按照从小到大的顺序把这组数据排序。第二步就是数一数这组数据一共有几个数，我们上面这道例题中一共有11个数。第三步就是用数据的总个数+1再乘以百分数，也就是代入公式，对于我们上面的这道例题来说就是（11+1）×75%，最后结果为9。最后一步，我们就要从前往后数，看第9个数是哪一个数，上面的这道例题中，第9个数是19%，那么我们就求出来了这组数据它的第三个四分位数就是19%。这说明了什么呢？说明了在19%这个数的左边大概包含了75%的数。那包不包含19%这个数呢？在这75%的数里面是不包含19%这个数的。

这个地方一般大家都会有两个疑问，第一个疑问就是为什么我们要用$N+1$呢，而不是直接用N，也即是用11×75%呢？其实，这里就有一个问题，这75%的数里到底包不包含这个分位数，就是因为不包含，所以我们要用$N+1$。举一个极端的例子，哪一个数的左边包含100%的呢？对于上面的这个例子是第11个数呢，还是第12个数呢？应该是第12个数，所以我们一定要用$N+1$。我们要求100%，那我们代入公式应该是（11+1）×100%，求出来刚好是第12个数的左边包含100%的数。如果我们用11×100%的话，那求出来的就不是第12个数了。这就是为什么要用$N+1$的原因。

第二点，大家肯定还有一个疑问，上面的这道例题我们凑巧了刚好12×75%等于9，是一个整数，那我们就知道是第9个数。那如果说它等于一个分数呢？我们看下面这个例子。

【例】 股票收益率为5%，8%，12%，14%，15%，16%，18%，19%，23%，25%。求其75%的分位数。

根据公式可以得到75%的分位数的位置为：$L_y=(10+1)\times(75/100)=8.25$，为第8个数再往右边移动0.25个位置，其大小为19%+0.25×(23%−19%)=20%，75%的分位数为20%。

我们要注意了，当我们求出8.25时，我们既不能把小数点部分去掉，也不能把它进一位，第8.25个数是在第8个数和第9个数之间的某一个数。第8个数是19%，第9个数是23%，那第8.25个数就是处于这两个数之间的某一个数。23和19之间的距离是4，我们再用4乘以0.25，然后再加上19，得到的就是第8.25个数，结果为20%。虽然它不在这个数列里面，但是它就是这组数据的分位数。

3.4 离散程度的度量

在进行投资的时候，不仅仅要考虑到所要投资的金融产品的收益率，而且要考虑到金融产品的风险，正所谓“天下没有免费的午餐”，高额的收益率可能对应的是无法承受的风险。那么，什么是风险，如何来度量投资风险呢？

其实，人类社会每时每刻面临着风险也每时每刻在防范风险，人们进行储蓄是为了防止未来消费的增加或者收入的下降，人们进行投资是为了防止通货膨胀，人们购买保险是为了预防未来的意外。总之，风险无处不在。一般来说，我们把未来的某种不确定性称为风险，在进行投资的时候投资者最为担心的就是其未来收益率的不确定性：影响金融产品收益率的因素有很多，未来可能会有各种各样的情况发生，那么金融产品的收益率也就会出现不同的结果。由于不确定性的存在，使得金融产品的收益率上下波动，收益率的这种波动性就是我们用来度量投资风险的指标，不同的波动性定义对应着不同的投资风险度量。

【例】 某金融产品的一年中的收益率取决于该年国家经济增长情况，对应关系如下。

经济增长	收益率（%）
增长	10
衰退	-15
不变	3

由于未来可能出现三种经济增长的结果，所以金融产品的收益率不确定，对应有三种不同的结果：投资者有可能有 10% 的收益率，也有可能亏损 15%。也就是说，该金融产品有风险。

度量风险的指标主要有极差、均值绝对偏差、样本和总体的方差、标准差等。以下分别做出介绍。

极差（range）

度量风险的一种自然的方法就是计算出最坏的结果和最好的结果之间的差值，在统计学里我们称之为极差（range）。极差是指随机变量（无法事先准确预测的变量，其大小取决于随机的事件）所可能取到的最大值和最小值之间的差值：

$$\text{Range} = \text{Maximum value} - \text{Minimum value}$$

如果我们取金融产品的投资收益率为上述定义中的随机变量，那么极差就等于金融产品可能的最高收益率和最低收益率之间的差值，它反映的是投资者所面临的最大的风险。

对于上面的例子，可以知道：

$$Range = 10\% - (-15\%) = 25\%$$

极差只利用了收益率的最大值和最小值，仅仅反映了收益率最大波动性，对于其他的信息没有加以利用，因此无法根据极差来全面把握金融产品的投资风险。后面我们可以看到，即使极差相同，收益率的波动还是会有较大的差别。

均值绝对偏差（mean absolute deviation，MAD）

离散程度其实在数学上严格的意义是说它偏离均值的一个发散程度。如果一组数据紧紧围绕着均值波动的话，那它的集中程度就很高，离散程度就很小。如果一组数据很发散，偏离均值很远，这个时候就说明这组数据离散程度就很大。由此我们就可以看出怎样才能衡量一组数据的偏离程度，就是看看这组数据每一个到均值的距离。如果距离很大的话，就说明发散；如果距离很小的话，就说明集中。我们知道一组数据中每一个数据距离均值都有一个距离，那这个距离要怎么样看平均值呢，所以这里就涉及一个平均距离的概念。首先，我们先介绍均值绝对偏差（MAD），它代表的是平均距离。

MAD 表示收益率偏离其平均值的绝对值的平均大小，公式为：

$$MAD = \frac{\sum_{i=1}^{n} |R_i - \overline{R}|}{n}$$

式中，$i = 1,\cdots,n$，表示收益率有 n 种可能的结果；$\overline{R} = \frac{\sum_{i=1}^{n} R_i}{n}$，表示收益率的平均值。

例如某金融产品A的收益率情况为：10%，15%，20%，-15%，0，金融产品B的收益率情况为：10%，10%，20%，-15%，10%，那么有：

$\overline{R}_A = [10\% + 15\% + 20\% - 15\% + 0]/5 = 6\%$

$Range_A = 20\% - (-15\%) = 35\%$

$MAD_A = [|10\% - 6\%| + |15\% - 6\%| + |20\% - 6\%| + |-15\% - 6\%| + |0 - 6\%|]/5$

$= [4\% + 9\% + 14\% + 21\% + 6\%]/5 = 10.8\%$

$\overline{R}_B = [10\% + 10\% + 20\% - 15\% + 10\%]/5 = 7\%$

$Range_B = 20\% - (-15\%) = 35\%$

$MAD_B = [|10\% - 7\%| + |10\% - 7\%| + |20\% - 7\%| + |-15\% - 7\%| + |10\% - 7\%|]/5$

$= [3\% + 3\% + 13\% + 22\% + 7\%]/5 = 9.6\%$

可以看出，A、B的极差相同，但是 MAD 不相等，有 $MAD_A > MAD_B$。从偏离均值的平均程度来看，A的波动性要大于B的波动性。

方差（variance）

由于MAD在计算过程中用到了绝对值，在数学处理上不太方便。因此引入了方差的概念：

方差是收益率偏离其均值的大小的平方的平均值。用公式来表示为：

$$\mathrm{Var}(R) = \sigma^2 = \frac{\sum_{i=1}^{N} (R_i - \mu_R)^2}{N}$$

式中，$\mu_R = \frac{\sum_{i=1}^{N} R_i}{N}$，称为收益率 R 的均值。

在以后会讲到这里的均值实际上是收益率的期望值，只不过假设收益率取每种可能的结果的概率为 $1/N$。

某金融产品的收益率可能结果为：10%，15%，20%，-15%，0，可以得到：

$\mu_R = [10\% + 15\% + 20\% - 15\% + 0]/5 = 6\%$

$$\sigma^2 = \frac{\sum_{i=1}^{N} (R_i - \mu_R)^2}{N}$$

$$= \frac{(10\% - 6\%)^2 + (15\% - 6\%)^2 + (20\% - 6\%)^2 + (-15\% - 6\%)^2 + (0 - 6\%)^2}{5}$$

$$= 1.93\%$$

对于方差来讲还有总体的方差和样本的方差的区别。总体的方差如上面定义，而样本方差则为：

$$s^2 = \frac{\sum_{i=1}^{n}(x_i - \bar{x})^2}{n-1}$$

名师解惑

我们注意到，总体的方差下面除以的是总个数 N，样本的方差除以的是样本的个数减 1，也就是 $n-1$。也就是说如果我们有一组数据，一共是 10 个数，这组数据如果是一个总体的话，那题目让我们求方差的话，我们就直接除以 10；那如果题目告诉我们这组数据是一个样本，让我们求样本的方差的话，那我们下面就要除以 $n-1$，也就是 9。那为什么求样本方差的时候要用 $n-1$ 呢？这个我们在 CFA 里面不讨论，这里我们给大家稍微介绍一下。我们知道，样本是用来估计总体的。我们求样本的方差，其实最主要的是用来估计总体的方差是多少。对于样本的方差来说，它是很不稳定的。所以，我们在估计总体的方差的时候，样本的方差总会和总体的方差有一定的偏差。那这些偏差里面我们要找一个偏差最小的一个数来把它作为总体的方差的一个代替，那作为偏差最小的一个数，下面就是除以 $n-1$，因为除以 n 的话它和总体的距离特别的大。如果我们学过计量经济学的话就可以知道，除以 $n-1$ 的时候所得到的样本方差，是总体方差的一个无偏估计量。这就是为什么样本方差下面要除以 $n-1$，那具体是怎样来的，我们大家在这里不用了解，但大家必须记得样本的方差下面除以的是 $n-1$，不是 n。

标准差（standard deviation）

方差在计算过程中，其数量单位是收益率的平方单位，在使用起来不方便，那么为了使得波动性的单位和收益率相同，将方差开方得到**标准差**：

$$\sigma = \sqrt{\sigma^2}$$

上面例子中金融产品的标准差为：

$$\sigma = \sqrt{1.93\%} = 13.87\%$$

样本标准差：$s = \sqrt{\dfrac{\sum_{i=1}^{n}(x_i - \bar{x})^2}{n-1}}$

3.5 切比雪夫不等式

对于任意一组观测值，无论其分布如何，个体落在均值周围 K 个标准差之间的概率不小于 $\left(1-\frac{1}{k^2}\right)$，即

$$P(|X-\mu| \leqslant K\sigma) \geqslant 1 - \frac{1}{k^2}$$

切比雪夫不等式可以用来大致判断随机变量落在某个区间的概率。

一般大家都觉得这个公式比较难记，那我们现在就来分析一下。首先，我们来看这句话“个体落在均值周围 K 个标准差之内”，我们用 μ 表示均值，用 σ 表示标准差，那就说明这个数取值在（$\mu \pm k\sigma$）之间，也就是说，它是从（$\mu - k\sigma$）到（$\mu + k\sigma$）之间的一个取值。那这个值落在这个区间里面的概率不小于（$1-1/K^2$）。不小于，也就是说大于等于，或者说至少是（$1-1/K^2$）。

我们举个简单的例子，就是说一个数被夹在（$\mu \pm 2k\sigma$）之间的概率是多少呢？应该是 $1-50\%^2=3/4$，也就是说落在（$\mu \pm 2\sigma$）之间的概率至少是75%，或者说不小于75%，或者说大于等于75%，这地方很可能会变换不同的问法来考大家。

此外，还有一点大家需要注意，切比雪夫不等式对于任何一组观测值，就是无论是哪组数据都符合这种规律，无论它的分布是怎样的，也都符合这样的规律。

3.6 变异系数和夏普比率

变异系数

通过求标准差，我们得到了金融产品收益率的波动性，但是要注意到标准差的单位和金融产品的收益率单位相一致。为了比较不同金融产品的波动性，必须将波动性进行标准化，因此有如下的方差系数定义：

$$CV = \frac{s}{\overline{X}}$$

这就是变异系数的表达式。

很多人都会有疑问，为什么这个地方要引入变异系数这个概念呢？下面我们就来举个例子。比如说我们要修一段路，我们找了两个工程队，我们跟第一个工程队说要修1 002米路，这个时候他给我们修了三条，第一条修了1 001米，第二条修了1 002米，第三条修了1 003米，因为我们给他说了精确的数字，他可能会有一些误差，所以他修的每一条路不一定是我们给他的这个精确的数字。这是工程队一修的路。那对于工程队二，我们跟他说要修一条2米的路，他也修了3条，第一条修了1米，第二条修了2米，第三条修了3米。那我们来看一下，这两个工程队他们到底修的好不好呢？那我们就要看他和我们的要求符不符合。第一个工程队的均值是1 002米，很符合我们的要求。第二个工程队的均值是2米，也很符合我们的要求。那从均值方面就比较不出差别了，那我们再看一下他们的方差，就是再看一下这两组数据的离散程度。通过计算我们可以得到，第一组数据的方差是0.816 5，而第二组数据的方差也是0.816 5，这两组数据的方差是相同的。也就是说从方差方面，我们也比较不出来到底哪个工程队修的比较好。但是，我们很能直观的看出来应该是第一个工程队修的比较好。因为我们一共才让第二个工程队修2米，他一个修的多了1米，一个少了1米，很显然第二个工程队修的不好。但是我们用常规的均值和方差又比较不出来，这个时候我们就想了一个办法，就是剔除规模的影响，来看一下他们的离散程度，也就是说用标准差除以均值得到一个数来比较不同规模数据之间的一个离散程度。这个就是变异系数（CV）的概念。也就是每一单位的均值所包含的标准差是多少，就是变异系数。所以，变异系数衡量的是一个相对的离散程度。这里的“相对”，是相对均值而言的。

我们看下面的一个例子，已知国债的平均收益率为0.2%，收益率标准差为0.36%，标准普尔500指数的平均收益率为1%，收益率标准差为7%，哪个的波动性更大呢？

计算出国债和标准普尔500指数的变异系数得到：

$$CV_1 = \frac{0.36\%}{0.2\%} = 1.8,\ CV_2 = \frac{7\%}{1\%} = 7$$

可以看出，相对于标准普尔500指数来说，国债的波动性更小。

考点总结

变异系数一共有两个地方会考，一个是计算，一个是定义。

夏普比率（Sharpe ratio）

在评价金融产品收益率的时候，必须考虑到其风险，因此引入一个综合的指标来衡量金融产品的投资收益率：

$$\text{Sharpe ratio} = \frac{\overline{R}_p - \overline{R}_f}{\sigma_p}$$

式中，$\overline{R}_p$ 为资产组合平均收益率；$\overline{R}_p - \overline{R}_f$ 为超额收益率；σ_p 为资产组合收益率的标准差。

夏普比率综合考虑了收益率和风险，其含义是指投资者承担单位风险的收益率。显然，风险越小，夏普比率越高，收益率越高，夏普比率越高。金融产品的夏普比率越高，说明单位风险所得到的差额收益率越高，从风险和收益率两方面综合来看，要优于夏普比率小的金融产品。

金融产品 A 的收益率为 15%，标准差为 10%，B 的收益率为 20%，标准差为 15%，无风险利率为 5%。可以得到金融产品 A 和 B 的 Sharpe 比率为：

$$\text{Sharpe ratio(A)} = \frac{15\% - 5\%}{10\%} = 1$$

$$\text{Sharpe ratio(B)} = \frac{20\% - 5\%}{15\%} = 1$$

虽然 A 的收益率没有 B 高，但是 A 的风险要小于 B，两者的夏普比率相等。

3.7 偏度

什么叫作偏度呢？偏度其实就是衡量偏的程度。那什么叫“偏”呢？偏是和什么对比的呢？其实，偏是和对称对比的。不是对称的，我们就称为是偏的。偏的程度大小，我们就用偏度来表示。所以，我们用偏度来描述分布的对称性。

偏度又分为两种情况，一种叫作左偏（negatively skewed），一种叫作右偏（positively skewed），如图 2-18 所示。偏度大于零，表示分布右偏，偏度小于零，表示分布左偏。正态分布（normal distribution）偏度等于零。

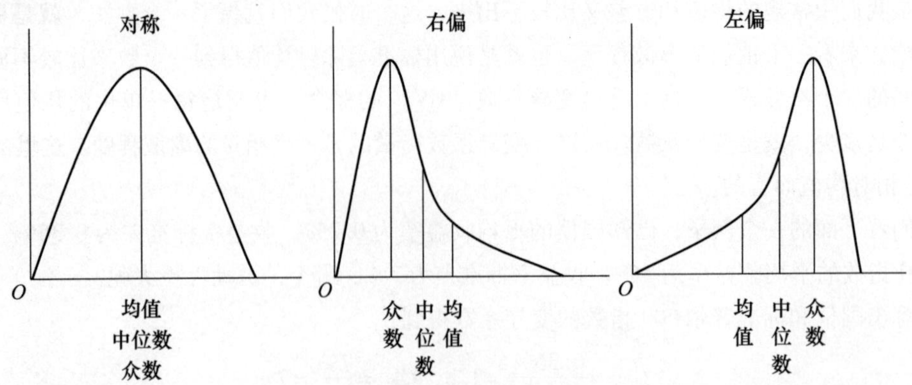

图 2-18 偏度

其实，我们从字面意思就可以理解。**右偏**就是图形往右边偏一点，就是右边比对称的分布多出来一块儿，就是右边多了一些异常值，所以右边的尾巴就比较长，我们就叫作右偏。总结起来就是，尾巴甩在右边，就是右偏。那右偏有什么特点呢？我们可以想一想，如果我们在计算收益率的时候，这一组收益率是右偏的，那我们作为投资者的话喜不喜欢呢？答案肯定是喜欢的。因为右偏，说明收益率是正的时候有很多异常值，那说明我们这组收益率的平均收益率就比较高。我们可以看一下图2-18右偏的图形，就表示了这个特点。首先，这个图中最高的那个点就是众数，众数就是取值最多的一个数，所以最高的这一点就是众数。那中位数就是中间的那一个数。此外，右边有很多异常值就会拉高我们的均值，所以均值就比较大。总结一下，右偏的特点就是：均值大于中位数，大于众数。那左偏的图形呢？**左偏**就是左边有很多的异常值。因为左边有很多的异常值，所以左边就有一条长长的尾巴。那左偏总结起来就是尾巴甩在左边的叫作左偏。左偏有什么特点呢？左偏就是说我们有很多负的异常值，那它们就会拉低我们的平均值，所以均值就比较小。如图2-18左偏的图形所示，最高的那一点还是众数，中位数就是位于中间的那个数。所以，左偏图形的特点是：均值小于中位数，小于众数。

考点总结

这个知识点一共有两种考察方法，一个就是根据描述的方法来判断它是左偏还是右偏；第二个就是根据题目中告诉我们某个分布是左偏还是右偏来让我们选择它都有哪些特点。

3.8 峰度

什么是峰度呢？我们可以看一下图2-19，就是说分布图形的尖顶的地方是高还是低，这个就叫作峰度。如果比较高的话，我们就叫作**高峰**（leptokurtic），如果比较低的话，我们就叫作**低峰**（platykurtic）。那所谓的高峰和低峰是怎样划分的呢？总要有一个判断标准，所以我们把正态分布的峰度作为一个判断标准。如果大于或高于正态分布的峰度，我们就叫作高峰；如果低于正态分布的峰度，那我们就称为低峰。所以，峰度用来描述与正态分布相比其峰的相对高度。一般我们可以计算出来正态分布的峰度是等于3的，所以如果某个分布的峰度大于3，那它就是高峰；如果小于3，那它就是低峰。

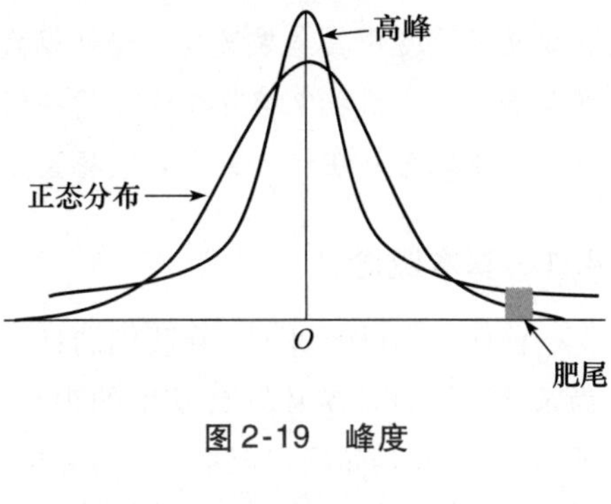

图2-19 峰度

此外，我们还定义了一个**超额峰度**（excess kurtosis）的概念。超额峰度等于（$K-3$），表示分布比正态分布陡峭或者平坦的程度。定义超额峰度就是为了和0作比较，如果超额峰度大于0，就表示高峰；如果超额峰度小于0，就表示低峰（见表2-4）。

表2-4 超额峰度

	高峰	正态分布	低峰
样本峰度	>3	=3	<3
超额峰度	>0	=0	<0

超额峰度 = 样本峰度 - 3

这个地方还有一个知识点叫作“高峰肥尾”，也就是说如果某个分布它是高峰的话，那它必然是肥尾。什么是肥尾呢？肥尾就是说某个分布的尾巴这个地方要比正态分布的厚（见图 2-19）。那为什么会有这种情况呢？因为我们比较它到底是肥尾还是瘦尾的话，我们假设这组数据的方差和正态分布的是一样的，也就是说它们的离散程度是一样的。但是，我们这组数据是高峰的，说明这组数据中间的数据就比较集中。中间的数据比较集中，总体的离散程度相同，那就说明这组数据的分布的尾巴部分的离散程度就肯定比较分散。所以，尾巴部分的数据肯定就比较多，那这样就会造成高峰肥尾。

4 概率论基础

知识导引

自然界和社会上发生的现象是多种多样的。有一类现象，在一定条件下必然发生，例如，向上抛一石子必然落下，同性电荷必不互相吸引，等等。这类现象称为确定现象。在自然界和社会上也还存在着另一类现象，例如，在相同条件下抛同一枚硬币，其结果可能是正面朝上，也可能是反面朝上，并且在每次抛掷之前无法肯定抛掷的结果是什么；用同一门炮向同一目标射击，各次弹着点不尽相同，在一次射击之前无法预测弹着点的确切位置。这类现象，在一定的条件下，可能出现这样的结果，也可能出现那样的结果，而在试验或观察之前不能预知确切的结果。但人们经过长期实践并深入研究之后，发现这类现象在大量重复试验或观察下，它的结果却呈现出某种规律。例如，多次重复抛一枚硬币得到正面朝上的机会大致有一半，同一门炮射击同一目标的弹着点按照一定规律分布，等等。这种在大量重复试验或观察中所呈现出的固有规律性，就是我们以后所说的统计规律性。这种在个别试验中其结果呈现出不确定性，在大量重复试验中其结果又具有统计规律性的现象，我们称之为随机现象。概率论与数理统计是研究和揭示随机现象统计规律性的一门数学学科。在前面一章中我们已经学习过了数理统计的一些基本概念，在这一章中我们将重点学习概率论的一些相关内容。

4.1 基本概念

前面我们已经讲了，在我们的日常生活中会出现两种不同的现象：一种是确定性现象，指当条件满足的时候必然会发生的现象，如“直角三角形斜边长的平方等于另外两边的平方和”；另一种是非确定现象，即可能出现也可能不出现的现象，也称为**随机现象**。例如，第二天股票市场的价格是没有人能够预测的，同一个物体，测量其长度的时候每次都会不相同，抛硬币出现正面还是反面都是不确定的。

概率论的任务就是研究随机现象发生的可能性，以及这种可能性的大小度量方式及其算法。

尽管随机现象在一次观察中其结果不确定，但是经过大量重复的试验和观察，又会呈现一定的规律性。

例如抛硬币的时候无法知道是出现正面还是反面，但是经过多次试验，发现当抛的次数越来越多的时候，正面出现的次数会占总次数的一半。

类似于抛硬币这种试验，我们称之为随机试验，用 E 表示，它有如下特征。

➢ 可在相同条件下重复进行；

➢ 每次试验可出现不同的结果，最终出现哪种结果在试验之前不能确定；

➢ 事先知道试验可能出现的全部结果。

下面给出一些随机试验的例子：

E1：掷一颗均匀对称的骰子，观察出现的点数；

E2：从含有三件次品和三件正品的六件产品中任取两件，观测出现正品、次品的情况；

E3：观察某股票第二天是上涨，下跌还是不涨不跌。

随机试验的每一个可能的结果（outcome）称为一个**随机事件**（event），简称**事件**，一般用 A，B，C 表示，例如 E1 的结果为｛出现 1 点｝，｛出现 2 点｝，｛出现 3 点｝，…，｛出现 6 点｝，每一个都是事件。事件是概率论里面最为基本的概念，是我们进行分析的基础。

当事件 A 和事件 B 不能同时发生的，称 A 和 B 为**互斥事件**（mutually exclusive）。前面的章节我们已经讲过了，如果 A 和 B 是互斥事件，那就说明如果 A 发生的话，B 一定不会发生；B 如果发生的话，那 A 也一定不会发生。比如说，我们掷一枚骰子，1 朝上这个事件和 2 朝上这个事件就是一个互斥事件。我们知道，如果 1 朝上发生了，那 2 朝上就一定不会发生，所以我们称它们为互斥事件。

当事件包括所有的结果时，称为**遍历事件**（exhaustive events）。遍历事件就是说包含了所有的可能结果，就是所有可能结果都被包含在内了。比如说，掷骰子这个事件，它的遍历事件是什么呢？就是取值等于 1、等于 2、等于 3、等于 4、等于 5、等于 6，也就是说所有可能结果都被包含在内，这就是一个遍历事件。

4.2 概率的性质

概率有以下两个性质：

（1）所有事件的概率介于 0 和 1 之间，$0 \leqslant P(E) \leqslant 1$；

如果某事件的概率等于 0，说明这个事件是不可能发生的；如果等于 1 的话，就说明这个事件一定会发生。

（2）对于互斥和遍历的事件 E_1，E_2，…，E_n，有 $\sum_{i=1}^{n} P(E_i) = 1$ 。

所有互斥遍历事件的概率加总等于 1，也就是说我们把所有的取值都取到了。比如说我们掷骰子，E_1 就代表事件 1，就是 1 朝上这个事件，事件 2 就是 2 朝上，依次类推，事件 6 就是 6 朝上。所以 $P(1)+P(2)+P(3)+P(4)+P(5)+P(6)=1$，因为掷骰子的结果一共就 6 种情况，我们把所有的取值都取到了，所以概率加总就等于 1。

4.3 概率的分类

我们把概率分为两大类，一类是客观概率（objective probability），另一类是主观概率（subjective probability）。客观概率又可分为经验概率（empirical probability）和先验概率（priori probability）。经验概率和先验概率都是根据历史数据得出来的，主观概率是加入了我们自己的主观思考的（见图 2-20）。

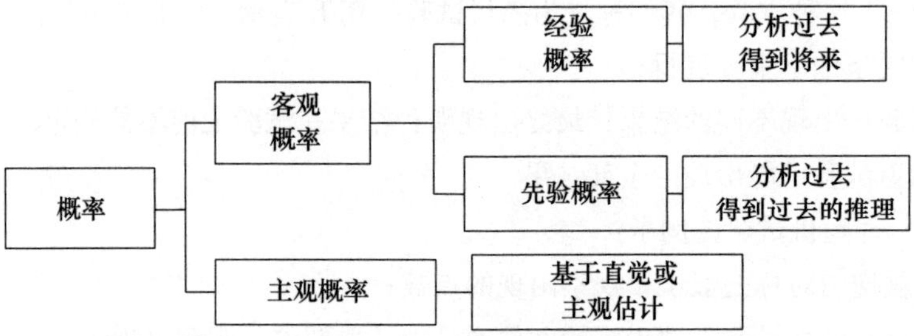

图 2-20 概率的分类

经验概率 是通过分析以前的数据，估算每个结果出现的概率。一般我们总结为，经验概率是分析过去，得到将来。举一个例子，比如说我们通过历史数据得到道琼斯工业指数 3 天里面有 2 天是上涨的，那我们可以推测，明天上涨的概率就是 2/3，这个就叫作经验概率。就是我们根据过去的历史的一些数据，得到明天的规律，也就是说我们是根据经验得到的。

先验概率 是使用逻辑推理分析来预测每个结果出现的概率。一般我们把它总结为，先验概率是分析过去，得到过去的一个规律。比如说我们发现昨天道琼斯工业指数里面 30 只股票有 24 只是上涨的，那么我们可以说从昨天的 30 只股票里面抽到 1 只，那这只股票上涨的概率就是 24/32。其实，经验概率和先验概率最大的区别是：经验概率是我们分析过去得到将来，而先验概率是说我们分析过去还是得到过去的一个推理。

主观概率 是通过个人主观的判断给出每个结果出现的概率。在做出判断的过程中，只要我们加入一点点主观的想法，那最后得到的概率都是主观概率。比如说我们根据历史数据得到一个概率，然后我们又加入了我们自己的推测，最后预测出来一个新的概率，那这个概率是属于主观概率的，不是客观概率。

4.4 赔率

在给定某一事件 E 发生的概率 $P(E)$ 的情况下，用“几比几”来表示事件发生和不发生的可能性：

发生的可能性（odds for E）：$P(E)/[1-P(E)]$，表示“$P(E)$ 比 $[1-P(E)]$”，说明事件 E 发生的可能性是 $P(E)/\{[1-P(E)]+P(E)\}=P(E)$。比如，如果说一个公司 2009 年 EPS 达到 \$5 发生的可能性是 1:4，则说明 2009 年该公司 EPS 达到 \$5 的概率是 1/4 = 25%。

事件不发生的可能性（odds against E）：$[1-P(E)]/P(E)$，表示“$[1-P(E)]$ 比 $P(E)$”，即事件 E 不发生的可能性是 $[1-P(E)]/\{P(E)+[1-P(E)]\}=[1-P(E)]$。

总结一下，odds 就是表示某个事件的胜率或赔率。

➢ Odds for E = $P(E)/[1-P(E)]$，事件 E 的胜率。

➢ Odds against $E=[1-P(E)]/P(E)$，事件 E 的赔率。

4.5 无条件概率和条件概率

无条件概率 也称为边际概率（marginal probability），表示事件单独发生的概率，不考虑其他事件的发生，也就是说不管 B 事件发不发生，A 事件发生的概率。

条件概率 是指在已知 B 事件发生的情况下，A 事件发生的概率，用 $P(A|B)$ 表示。

举个简单的例子，比如说我们根据晚上加不加班来决定晚上我们去不去看电影。如果不加班的话，我们有 80% 的可能性去看电影，那就有 20% 的可能性不去看电影；那如果加班的话，我们就可能只有 10% 的可能性去看电影，那就有 90% 的可能性不去看电影。那大家考虑一下，在不加班的情况下我们去看电影的概率是多少呢？应该是 80%，那这个 80% 就叫作条件概率。也就是说某个事件已经发生了，另外一个事件发生的概率是多少。

4.6 概率的加法法则和乘法法则

联合概率（joint probability）

在讲解概率的加法法则和乘法法则之前，我们需要先了解一个概念，就是联合概率。联合概率就是事件 A 和事件 B 同时发生的概率，我们记为 $P(AB)$。

$$P(AB) = P(A|B)P(B) = P(B|A)P(A)$$

这个公式表示的就是事件 A 和事件 B 同时发生。其实，我们可以把它拆成两步。首先，第一步就是事件 B 先发生，所以就有一个事件 B 发生的概率 $P(B)$；第二步就是在 B 发生的条件下，A 发生的概率 $P(A|B)$。所以事件 A 和事件 B 同时发生的概率 $P(AB)$ 就等于一个条件概率乘以一个非条件概率。或者，我们也可以把它拆成事件 A 先发生，在 A 发生的条件下事件 B 发生的概率。

如果事件 A 和事件 B 是互斥事件的话，也就是说如果事件 A 发生的，那事件 B 就肯定不会发生的情况下，$P(AB)$ 等于多少呢？因为事件 A 和事件 B 是互斥事件，所以它们就不可能同时发生，所以 $P(AB)$ 是等于 0 的。因为 $P(AB)$ 等于 0，也就是说：

$$P(AB) = P(A|B)P(B) = P(B|A)P(A) = 0$$

所以，如果事件 A 和事件 B 是互斥事件的话，条件概率 $P(A|B)$ 和 $P(B|A)$ 都是等于 0 的。这个从定义上也好理解，也就是说在事件 B 发生的条件下事件 A 发生的概率等于 0。因为它们是互斥事件，所以事件 B 发生了，事件 A 就不会发生，所以 $P(A|B)$ 就等于 0。

乘法法则（multiplication rule）

我们上面学习到的联合概率，其实就是运用了概率的乘法法则。它的公式是：

$$P(AB) = P(A|B)P(B) = P(B|A)P(A)$$

和我们上面学到的联合概率 $P(AB)$ 的公式是一模一样的。我们知道，如果事件 A 和事件 B 是互斥事件的话，$P(AB)$ 是等于 0 的。

【例】共有 16 个球，玻璃球 6 个——红色 2 个，蓝色 4 个，木质球 10 个——红色 3 个，蓝色 7 个，如果从中任取一个，定义事件 A = “取到蓝色球”，事件 B = “取到玻璃球”，则

$$P(A) = 11/16，P(B) = 6/16，P(AB) = 4/16$$

如果已知取到的球是蓝色球，那么该球是玻璃球的概率是多少？也就是求在事件 A 发生的前提下事件 B 的概率。

根据条件概率的定义可以知道：$P(B|A) = \dfrac{P(AB)}{P(A)} = \dfrac{4/16}{11/16} = \dfrac{4}{11}$

根据条件概率的定义式变形得到：

$$P(AB) = P(B \mid A)P(A)$$

显然同样有：

$$P(AB) = P(A \mid B)P(B)$$

加法法则（addition rule）

事件（A+B）表示事件 A 和事件 B 至少有一个发生。概率 $P(A+B)$ 表示事件 A 和 B 至少有一个发生的概率。我们看下面这个图，事件 A 和事件 B 当中至少有一个发生，说明就是下面这个图形的总体的面积。那总体的面积应该怎么求呢？一般我们会想到的就是直接用 $P(A)+P(B)$。但是，如果用 $P(A)+P(B)$ 的话，我们发现中间两个圆相交的部分 $P(AB)$ 就被加了两次，所以我们必须再减去一个 $P(AB)$（见图 2-21）。

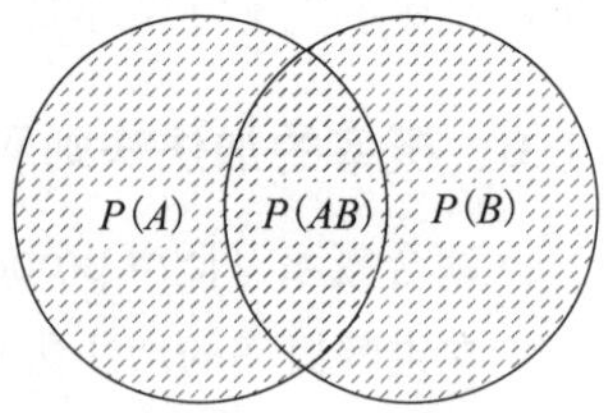

图 2-21　加法法则示意图

所以，加法法则的公式就是：$P(A \text{ or } B) = P(A) + P(B) - P(AB)$。

如果事件 A 和事件 B 是互斥事件的话，那就是说事件 A 和事件 B 不可能同时发生，所以 $P(AB)=0$。这样，加法法则的公式就可以变为：$P(A \text{ or } B) = P(A) + P(B)$。

【例】袋中有红黄蓝色球各一个，每次取一个，有放回地抽取三次。求“取到的三球里没有红球或没有黄球”的概率。

首先我们利用列举法计算的方法解决这个问题。

列出所有的情况，可以得到：

红红红红红黄红红蓝
红黄红红黄黄红黄蓝
红蓝红红蓝黄红蓝蓝
黄红红黄红黄黄红蓝
黄黄红黄黄黄黄黄蓝
黄蓝红黄蓝黄黄蓝蓝
蓝红红蓝红黄蓝红蓝
蓝黄红蓝黄黄蓝黄蓝
蓝蓝红蓝蓝黄蓝蓝蓝

则“没有红球或没有黄球”的概率是 $P=\frac{15}{27}$

同样我们可以利用加法公式来解决这个问题。

记事件 G=“三球都不是红球”，事件 H=“三球都不是黄球”，则“没有红球或没有黄球”$=G+H$。

概率为：$P(G+H)=P(G)+P(H)-P(GH)$

$P(G)=\frac{8}{27}$，$P(H)=\frac{8}{27}$，$P(GH)=\frac{1}{27}$

所以 $P(G+H)=P(G)+P(H)-P(GH)=\frac{8}{27}+\frac{8}{27}-\frac{1}{27}=\frac{15}{27}$

4.7 独立事件

独立事件就是说事件A和事件B的发生互不影响。如果用公式来表达的话，就是如果事件A和事件B是独立事件，那么$P(A|B)=P(A)$，否则称为不独立事件。也就是说事件A和事件B的发生互不影响，所以不管事件B是否发生，事件A还是照样发生或者照样不发生。所以，事件A的条件概率就等于它的非条件概率，也就是说事件B这个条件，对它没有任何影响，这就叫作独立事件。

根据乘法规则，可以知道，独立事件满足：

$$P(AB)=P(A)P(B)$$

事件独立的意思就是指两个事件的发生没有关系，不会相互影响。利用事件独立性的性质，会使我们在计算某些事件概率的时候非常方便。

【例】甲、乙两人同时向一敌机开炮，已知甲击中敌机的概率为0.6，乙击中敌机的概率为0.5，求敌机被击中的概率。

记 A=“甲击中敌机”，B=“乙击中敌机”，C=“击中敌机”，显然A，B两个事件独立。

则$C=A+B$，由加法公式有

$$P(C)=P(A+B)=P(A)+P(B)-P(AB)$$

由独立性可以知道：$P(AB)=P(A)P(B)=0.6\times0.5=0.30$，于是$P(C)=0.6+0.5-0.3=0.8$

名师解惑

独立事件和互斥事件之间是否存在关系

首先，独立肯定不等于互斥，独立是独立，互斥是互斥，它们含义不同。此外，还有一个更深层的关系，如果两个事件是互斥事件，那它们一定不是独立事件。比如说，如果事件A和事件B是互斥事件的话，那就说明事件A发生的情况下事件B一定不会发生。也就是说，事件A的发生对事件B的发生是有影响的。所以，这个时候事件A和事件B肯定不是独立事件。总结起来也就是说，如果两个事件是互斥的，那它们肯定不是独立的。

其实，从公式上面来证明也是可以的。如果事件A和事件B是互斥的，也就说明$P(AB)$等于0。假设它们是独立的，那么$P(AB)=P(A)P(B)$。既然$P(AB)$等于0，就说明$P(A)$和$P(B)$之间至少有一个等于0，这和条件是不相符的，所以它们肯定不是独立事件。所以我们说，互斥就一定不独立。

4.8 全概率公式

为什么叫作全概率公式呢？既然我们前面介绍了条件概率，那我们就想一下，一个东西发不发生是有很多原因的，那我们把所有的原因都列举出来，并且把所有原因对应发生的概率也都列举出来，就可以得到这个全概率公式。全概率的公式是：

$$P(A)=P\left(\frac{A}{S_1}\right)P(S_1)+P\left(\frac{A}{S_2}\right)P(S_2)+\cdots+P\left(\frac{A}{S_n}\right)P(S_n)$$

S_1，S_2，…，S_n 是一系列互斥且遍历的事件，可以称为对全集的“完全划分”。

我们还举加班和看电影的这个例子。我们晚上去不去看电影有两个原因，或者说有两个条件，一个条件是不加班，一个条件是加班。我们不加班的概率是 70%，加班的概率是 30%；我们不加班的情况下有 80% 的可能性去看电影，有 20% 的可能性不去看电影；加班的时候我们就只有 10% 的可能性去看电影，90% 的可能性不去看电影。大家现在思考一下，我们去看电影的非条件概率是多少呢？这个时候我们就要用到全概率公式。也就是说，我们现在要去看电影的概率有两种情况，一种是我们加班的时候可能去看电影，一种是我们不加班的时候可能去看电影。首先是我们加班的时候，我们有 30% 的可能性会加班，同时我们加班情况下去看电影的概率是 10%；此外，我们不加班的概率是 70%，在这种情况下我们去看电影的概率是 80%。我们把所有的条件都列出来，然后再分别考虑，最后就可以得到一个总的非条件概率，这个就是全概率公式。即

$$P(\text{看电影}) = P(\text{看电影} \mid \text{加班})P(\text{加班}) + P(\text{看电影} \mid \text{不加班})P(\text{不加班})$$
$$= 30\% \times 10\% + 70\% \times 80\% = 0.59$$

【例】假定已知利率变动的概率，以及在利率变动情况下经济变动的条件概率，可以求得经济变动的无条件概率。

	利率变动	条件概率	联合概率
衰退和利率	$P(I)=0.40$	$P(R \mid I)=0.70$	$P(RI)=0.4\times0.7=0.28$
		$P(\bar{R} \mid I)=0.30$	$P(\bar{R}I)=0.4\times0.3=0.12$
	$P(\bar{I})=0.60$	$P(R \mid \bar{I})=0.10$	$P(R\bar{I})=0.6\times0.1=0.06$
		$P(\bar{R} \mid \bar{I})=0.90$	$P(\overline{RI})=0.6\times0.9=0.54$

由全概率公式，可以得到经济衰退和不衰退的概率为：

$$P(R) = P(RI) + P(R\bar{I}) = 0.28 + 0.06 = 0.34$$
$$P(\bar{R}) = P(\bar{R}I) + P(\overline{RI}) = 0.12 + 0.54 = 0.66$$

全概率公式有两个重要的应用，一个是贝叶斯公式，这个我们在后面会详细地讲解到，另一个就是计算期望值（expected value）。其实，期望值就是均值，求期望就是求平均。我们前面已经讲过平均数的求解了，平均数等于所有的数加总再除以它们的总个数，或者就是取值乘以对应的概率后再加总，这个就是求期望值的一种方法。所以，期望就等于均值，没有什么差别，只不过期望值是我们金融里面比较专业的一个术语。那类似于全概率公式，可以得到期望全概率规则：

$$E(X) = \sum E(X \mid A_i) \times P(A_i) = E(X \mid A_1) \times P(A_1) + E(X \mid A_2) \times P(A_2) + \cdots + E(X \mid A_n) \times P(A_n)$$

4.9 协方差和相关系数

协方差的英文单词 covariance 是由方差（variance）前面加了个前缀 co- 得来的。co- 是同步的意思，所以 Variance 前面加一个 co-，它表示的就不再是一个随机变量或者说一组数据的离散程度，而是两个随机变量之间的一个随机关系。其实，**协方差**度量的是两个随机变量变动的同向性。所谓同向性，就是一个随机变量高于均值的时候，另一个随机变量也高于均值，就说

明这两个随机变量的变动是同向的；如果一个随机变量高于均值的时候，另一个随机变量低于均值，就说明这两个随机变量的变动是反向的。总结一下也就是说，协方差用来描述随机变量变动的同向性：当两个随机变量的协方差大于零时，说明随机变量偏离其期望值的方向相同；当协方差小于零时，说明随机变量偏离其期望值的方向相反；如果协方差等于零，说明随机变量偏离期望值的方向没有关系。

知道协方差的概念以后，我们就要考虑它的计算了，那协方差的计算公式是怎样的呢？我们首先回想一下我们前面学过的方差的计算。求方差就是求一个期望，是距离平方的期望，或者叫作距离平方的均值。那什么是距离的平方呢？就是随机变量 X 到均值（$X_i-\overline{X}$）的平方，它的期望值就是方差。那我们看一下什么是协方差呢？协方差既然度量的是两个随机变量之间的关系，那它就不能只包含一个距离了，要包含两个距离。所以，协方差的公式应该是这样的，它表示随机变量 X 到均值的距离（$X_i-\overline{X}$），乘以随机变量 Y 到均值的距离（$Y_i-\overline{Y}$），即（$X_i-\overline{X}$）（$Y_i-\overline{Y}$）的期望，也就是说 X 和 Y 协方差的公式为：

$$\mathrm{Cov}(X,Y)=E[(X_i-\overline{X})(Y_i-\overline{Y})]$$

协方差还有两个知识点，大家需要掌握。第一点，由公式可以知道，随机变量与其本身的协方差就是方差：$\mathrm{Cov}(X,X)=E[(X-E(X))(X-E(X))]=\sigma^2(X)$。第二点，关于协方差的取值范围，协方差的取值范围是从负无穷到正无穷的。相比之下，方差的取值范围是从 0 到正无穷的，方差是不可能取到负数的。

当给定随机变量的联合概率函数时，我们也是可以计算协方差的大小的，大家可以看下面这道例题。

【例】（给定联合概率函数计算协方差） 假定两家公司的收益率的联合概率如下表。

	$X=20\%$	$X=16\%$	$X=10\%$
$Y=25\%$	0.20	0	0
$Y=12\%$	0	0.50	0
$Y=10\%$	0	0	0.30

可以知道 X 公司的期望收益率为：$0.20\times20\%+0.50\times16\%+0.30\times10\%=15\%$。

Y 公司的期望收益率为：$0.20\times25\%+0.50\times12\%+0.30\times10\%=14\%$（回忆前面提到的全概率公式）。

情况	X 对期望的偏离	Y 对期望的偏离	偏离的乘积	联合概率	概率权重乘积
好	20－15	25－14	55	0.20	55×0.20＝11
一般	16－15	12－14	－2	0.50	－2×0.50＝－1
差	10－15	10－14	20	0.30	20×0.30＝6
				协方差＝11－1＋6＝16	

$$\begin{aligned}\mathrm{Cov}(X,Y)&=0.20\times(20-15)\times(25-14)+0.50\times(16-15)\times(12-14)\\&\quad+0.30\times(10-15)\times(10-14)=16\end{aligned}$$

考点总结

协方差这个考点，我们需要掌握以下四方面的内容：

➢ 首先是定义，我们要知道协方差度量的是两个随机变量变动的同向性；

➢ 第二个就是计算，我们要记住协方差的计算公式，同时当我们知道随机变量的联合概率的时候，我们也要会求它们的协方差；
➢ 第三个就是自己和自己的协方差就等于方差；
➢ 第四个就是协方差的取值范围，它的取值范围是从负无穷到正无穷的。

从上面的讲解中我们已经知道了协方差的取值范围是从负无穷到正无穷的，它的取值范围特别广，正是因为它的取值范围特别广，我们才引入了下面一个概念，叫作**相关系数**（correlation）。当我们把协方差标准化之后，就可以得到一个相关系数。那它具体是怎么得到的呢？随机变量 X 和 Y 的相关系数等于它们的协方差除以它们的标准差之积，即

$$\rho_{X,Y} = \frac{\mathrm{Cov}(X,Y)}{\sigma_X\sigma_Y}$$

我们知道协方差衡量的是两个随机变量变动的同向性，那相关系数度量的是什么呢？相关系数度量的是两个随机变量之间的线性关系。如果两个随机变量能用加减的关系来表示的话，那它们之间就是线性关系，而乘除、乘方等关系就不属于线性关系。比如说有两个随机变量 X 和 Y，$Y+X$ 表示的是线性关系；$Y-2X$ 表示的也是线性关系；但是 XY 就不是线性关系了。

协方差的取值范围是从负无穷到正无穷的，而相关系数是协方差经过标准化后得到的，取值范围从 -1 到 1。既然相关系数的取值范围是从 -1 到 1，我们就要看一下几个特殊点代表的含义是什么。如果相关系数等于 -1 的话，代表的是两个随机变量之间是完全负相关的关系，或者叫作完全负的线性关系。那就是说 Y 就可能等于多少个负的 X 加上一个常数，例如 $Y=-aX+b$，这个表示的就是 X 和 Y 之间是完全负的线性关系（a 为正值的情况下）。如果相关系数等于 1，说明 X 和 Y 之间是一个完全正的相关关系。比如 $Y=aX$，如果 X 增加了 1，那 Y 就会增加 a。如果相关系数等于 0，就表示两个随机变量之间不存在线性关系。这时，我们需要考虑一个问题，如果两个随机变量的相关系数等于 0，那能不能说这两个随机变量之间是独立的呢？答案是否定的。相关系数等于 0，仅仅只代表它们之间不存在线性关系，但是它们之间可能会存在其他的关系，只不过别的关系我们这里不知道而已。而如果两个随机变量是独立的话，那就说明它们两个之间任何关系都没有。所以，相关系数等于 0，不代表两个随机变量是独立的。总结一下，相关系数表示的是两个随机变量之间的线性相关关系。如果相关系数小于 1 大于 0，表示随机变量存在正的线性关系；如果相关系数小于 0 大于 -1，表示随机变量存在负的线性关系；如果相关系数等于 1（-1），表示随机变量存在完全正（负）线性关系；如果相关系数等于 0，表示随机变量不存在线性关系（见图 2-22）。

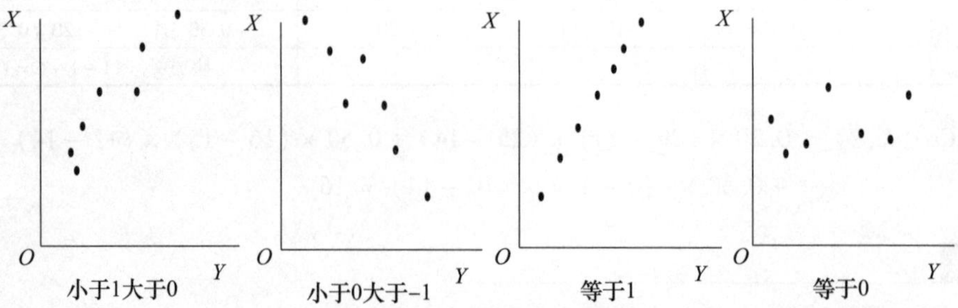

图 2-22 相关系数示意图

名师解惑

在学习相关系数的时候，很多同学都会犯一个错误。举个例子，比如说如果 $Y=2X$，那它们之间的相关系数等于几呢？有些同学会认为它们的相关系数等于2，这是不对的，它们的相关系数应该是等于1的。我们要知道相关系数代表的是两个随机变量之间的线性关系，而不是式子中 X 前面的系数是多少。再比如说，对于 $Y=-0.5X$ 来说，它们的相关系数是等于 -1 的，而不是 X 前面的系数 -0.5。

考点总结

相关系数这个考点，我们需要掌握以下四方面的内容：

- 第一个就是相关系数的公式，我们要会计算；
- 第二个，我们要知道相关系数衡量的是两个随机变量之间的线性关系；
- 第三个就是要知道相关系数的取值范围，它的取值范围是从 -1 到 1 的，相关系数等于 1 时，表示的是完全正相关，相关系数等于 -1 时，表示的是完全负相关；
- 第四个，我们要知道如果相关系数等于0的话，代表的是两个随机变量之间是没有线性关系的，但是它们之间可以有别的关系，只不过别的关系我们在这里不知道而已。所以，相关系数等于0不等价于独立。

4.10　贝叶斯公式

我们进行投资时，常常基于自己的经验和知识进行判断，提出一些看法。这些看法被新的经验和知识的改变或者确证。贝叶斯公式用来处理当出现新信息的时候，如何调整当前的看法。在投资决策和其他很多商业领域中，包括基金业绩评估，贝叶斯公式都被广泛地应用。

贝叶斯公式是基于乘法法则 $P(AB)=P(A)P(B)=P(B|A)P(A)$，变形得到：

$$P(A|B)=\frac{P(B|A)}{P(B)}P(A)$$

其中，$P(B)=P(B|S_1)P(S_1)+P(B|S_2)P(S_2)+\cdots+P(B|S_n)P(S_n)$

全概率公式描述的是：事件的概率等于在给定的情况下的事件的条件概率的加权平均值。

而贝叶斯公式正好相反，用当前出现的事件来推断产生这种情况的事件发生的概率。我们把这种贝叶斯公式叫作求它们的后验概率，就是我们知道结果而反推前面的一个概率。举一个非常经典的例子，比如说世界上存在某一种病，这种病我们已经统计出来发病的概率是30%，不发病的概率是70%，也就是说一个人有病的概率是0.3，没病的概率是0.7。这个时候我们发明了一种快速诊断仪，这个诊断仪可以快速测出来到底这个人有没有病。但是，大家知道在这个世界上任何一种精密的仪器都会有一点点失误的，所以这个机器测出来某个人有病的话，也不能代表这个人就百分之百的有病。所以，就分成了下面这四种情况。首先，如果人真的有病的话，机器可能测出来有病的概率是0.8，机器没有测出来有病的概率是0.2；如果人没病的话，机器测出来有病的概率是0.1，没病的概率是0.9。

	机器测出有病	机器测出没病
(有病)(0.3)	0.8	0.2
(没病)(0.7)	0.1	0.9

这个时候就有一个问题啦，如果我们用机器测出来某个人真的有病，那这个人真的有病的概率是多少呢？有的同学可能会认为是0.8，其实没有那么简单。这个概率0.8说的是人真的有病的情况下，机器说有病的概率是0.8，所以我们不能把这两个条件搞混了。首先，我们先给每个事件设一个字母。我们用A来代表人真的有病，B来代表机器说有病，那人真的没病用$\overline{A}$来表示，机器说没病用$\overline{B}$来表示。接下来，我们再看一下我们都知道了哪些条件。我们已经知道了人真的有病的概率是0.3，即$P(A)=0.3$；人真的没病的概率是0.7，即$P(\overline{A})=0.7$；我们还知道在人真的有病的情况下机器测出来有病的概率是0.8，也就是说在A发生的情况下B发生的概率0.8，即$P(B|A)=0.8$；以及如果人真的没病，机器测出有病的概率是0.1，即$P(B|\overline{A})=0.1$。那我们再来看一下，我们现在想求的是什么呢？我们要求的是在机器测出来某人有病的情况下，这个人真的有病的概率是多少，也就是我们知道B已经发生了，我们现在想知道在B发生的情况下，A发生的概率是多少，即求$P(A|B)$等于多少。

前面我们已经学过$P(A|B)=\dfrac{P(AB)}{P(B)}$，$P(AB)=P(B|A)P(A)$，所以$P(A|B)=\dfrac{P(B|A)P(A)}{P(B)}$，这个公式就是我们上面提到的贝叶斯公式。现在我们再来看一下，这个公式中$P(B|A)=0.8$和$P(A)=0.3$都是已知的，未知的、我们需要求的是$P(B)$等于多少。$P(B)$代表的是机器说某个人有病的概率，我们需要注意的是，机器说某个人有病是有两种情况的，一种情况是某个人真的有病的时候机器说他有病，另一种情况是这个人没病的时候机器说他有病。所以，如果我们要求$P(B)$的话，我们就要用到全概率公式$P(B)=P(B|A)P(A)+P(B|\overline{A})P(\overline{A})=0.8\times0.3+0.1\times0.7=0.31$。

有的同学可能会觉得这个过程很复杂，那接下来我们就再把贝叶斯公式这类题型的做题顺序再总结一下。首先，我们要先用字母去代表题干中所提到的两个事件，例如上面的例子中，一个事件是某个人真的有病，另一个事件是机器测出某个人有病。有了两个字母之后，我们就可以用两个字母把已知条件写出来。已知条件写出来之后，最重要的是我们要知道题目当中问的是什么，同时我们也要把问题用这两个字母表示出来。那最后一步就是直接代公式计算了，同学们一定要把贝叶斯公式记清楚。

4.11 计数原理

当你所考虑的问题的结果是有限的情况下，就可能用到前面的计算方法。

- 如果要把n个物品放到n个位置上去，采用n的阶乘；
- 如果要把n个物品进行标号，计算有多少种标号方法，需要采用多元二项公式；
- 如果需要从n个物品中选取r个，不考虑顺序，采用组合公式；
- 如果需要从n个物品中选取r个，考虑顺序，采用排列公式；
- 最后考虑采用乘法法则。

如果做第一件事有n_1种方法，做第二件事情有n_2种方法，做第三件事情有n_3种方法，做第k件事情有n_k种方法，那么做这k件事情的方法为（$n_1 \cdot n_2 \cdot n_3 \cdot \cdots \cdot n_k$）种。这就称为**乘法法则**。乘法法则也可以这样来解释：把一组指定数目的物体放到有相同数量的位置上。如：选择3个股票来代表3个行业。有多少种方法呢？简单来看，对第一个行业，有三种选法，对第二个行业，有两种选法，对第三种行业，有一种选法。总的方法为$3 \times 2 \times 1 = 3!$（3 factorial，3的阶乘）种。同样，把n个物品放到n个位置上，有$n! = n \times (n-1) \times \cdots \times 1$种选法。

$$n\ factorial: n! = n(n-1)(n-2)(n-3)\cdots 1$$

另外一种计数问题是**标号**（labeling）问题。把不同物体进行标号，以便于放入到目录中。例如，现在有18个股票基金，需要进行风险评级，分为5个风险等级：高风险（4个），中高风险（4个），平均风险（3个），中低风险（4个），低风险（3个）。一共有多少种标号方法呢？显然，对于高风险，有$18 \times 17 \times 16 \times 15$种选法，对于中高风险，有$14 \times 13 \times 12 \times 11$，依此类推，根据乘法法则，可以得到总的方法为18！种。但是注意到标号是不考虑顺序的，在一个风险等级中基金是没有顺序的。例如在高风险等级中，有4！种方法是相同的，总的方法中，就有$4! \times 4! \times 3! \times 4! \times 3!$种方法是相同的。因此，总的标号方法为：$18!/(4! \times 4! \times 3! \times 4! \times 3!)$种。

一般的公式（称为**多元二项公式**，multinomial formula）为：有n个物品，需要标上k个标签，第一类为n_1个，第二类为n_2个，依此类推，$n_1 + n_2 + n_3 + \cdots + n_k = n$，总的方法为：

$$\frac{n!}{n_1! \times n_2! \times \cdots \times n_k!}$$

备注：这个问题可以这样理解，如假设组合数为X，则如果n个标签进行排列，有两种方法：第一种，先进行组合有X种可能，然后分步进行排列，则排列的总数为$n_1! \times n_2! \times \cdots \times n_k! \times X$；第二种方法直接进行排列有$n!$种可能。两种方法得出的结论是一样的，则可求解得出$X$是多少。

一种特殊的情况是只有两个标签，这称为**组合**（combination）问题。第一个标签为$n_1 = r$，第二个标签为$n_1 = (n-r)$个。由上面的公式可以得到组合公式为：

$${}_nC_r = \binom{n}{r} = \frac{n!}{(n-r)! \times r!}$$

如果我们选择r个物品进入某个组，剩余的物体则不进入，组合公式告诉我们得到一个有r个物品的组有多少种方法。例如在用二叉树对期权进行定价时，假定股票价格的运动要么下降（Down），要么上升（Up）。两种路径如UUUDD，和UDUUD最终产生同样的股票价格。对于一般的欧式期权来说，其价格只与最终的股价有关。所以我们关心的是最终股价往上运动的数目而不是次序。有多少条路径是5次运动中有3次上升呢？根据组合公式，可以得到这实际上是“5选3”的问题，应该有${}_5C_3 = 5!/[(5-3)!\ 3!] = 10$次。

有时候在进行标号时需要考虑每个类别中的顺序，这就是**排列**（permutation）问题。由于考虑顺序，所以公式为：

$${}_nP_r = \frac{n!}{(n-r)!}$$

简言之，从n个物品里选r个的方法，在考虑顺序和不考虑顺序的情况下分别采用组合公式和排列公式。

5 常见概率分布

知识导引

几乎是在所有的投资决策中，我们都会用到随机变量。股票收益率和每股收益都是我们非常熟悉的随机变量的例子。为了能给出一个随机变量发生概率情况的表述，我们需要了解随机变量的概率分布。那什么叫作概率分布呢？概率分布描述一个随机变量所有取值结果的一个概率情况，也就是说一个概率分布具体规定了一个随机变量可能出现的所有结果的概率。举一个最简单的例子，比如说我们掷骰子，它所有可能的取值是1、2、3、4、5、6，然后我们再把它取每一个值对应的概率都描述出来，每一个取值对应的概率都是1/6，这样的一个描述就叫作概率分布。这一章我们将要介绍几种常见的概率分布。

5.1 基本概念

随机变量（random variable）是一个未来发生的结果不确定的量。两种基本的随机变量类别为离散型随机变量（discrete random variable）和连续型随机变量（continuous random variable）。一个离散型的随机变量至多可以取可数个可能的结果。也就是说**离散型随机变量**是取值有限，而且可数的。比如说我们前面提到的掷骰子的问题，我们可以列出来1、2、3、4、5、6，所以它的结果是有限的而且是可数的，所以它就是一个离散型的随机变量。相反，我们不能够数出一个**连续型随机变量**的所有结果。举一个简单的例子，比如说明天中午上海市区的温度是多少，因为明天中午的温度只有明天才知道，所以它是取值不确定的，是一个随机变量。那它可以取多少呢？有可能是30度，有可能是31度，也有可能是32度，还有可能是31.1度，或者31.11度。但是我们不能把所有的情况都罗列出来，因为它的取值可以是小数点之后无穷多位，这种的随机变量就是连续型随机变量，是不可能都列出来的，而且它的取值是无限的。

对于离散随机变量来说，它的取值是有限的，比如随机变量 X 表示抛硬币的结果，正面为1，反面为0，X 的结果集合为 $\{1, 0\}$，只取两个值。对于每一个取值，我们都可以得到一个相应的概率。若 $P(X=x)=0$，则说明 x 值不会取到，在前面抛硬币的例子中，可以表示为 $P(X=2)=0$。

而在连续的情况下，随机变量的取值是无限的，比如股票的收益率可以有无数个取值。但与离散随机变量不同，即便某个数值 x 可以取到，也是 $P(X=x)=0$，因为取到某一确定值的可能性是无穷分之一，取极限之后的结果为零。因此，对于连续随机变量，只能考虑 $P(X\leqslant x)$、$P(X\geqslant x)$ 等。如 $P(EPS\geqslant \$2.6)=0.6$。

每个随机变量是与一个能完全描述该变量的概率分布相联系的。我们能从两个方面来看待这概率分布。一个基本的观点是把它看作一个概率函数。该函数定义了随机变量取一个特定值的概率：$P(X=x)$ 是随机变量 X 取 x 这个值时的概率（注意大写的 X 表示随机变量，而小写的 x 表示随机变量所取的一个特定的值）。对于一个离散型随机变量来说，其概率函数可以简写为$p(x)=P(X=x)$。而对于一个连续型随机变量来说，概率函数记为$f(x)$，并称其为**概率密度函数**（probability density function，pdf），或者简称为概率密度。如果从图形上看（见图2-23），曲线代表的是概率密度函数，任何两条线之间夹住的面积代表的是取值在 a 和 b 之间的概率。

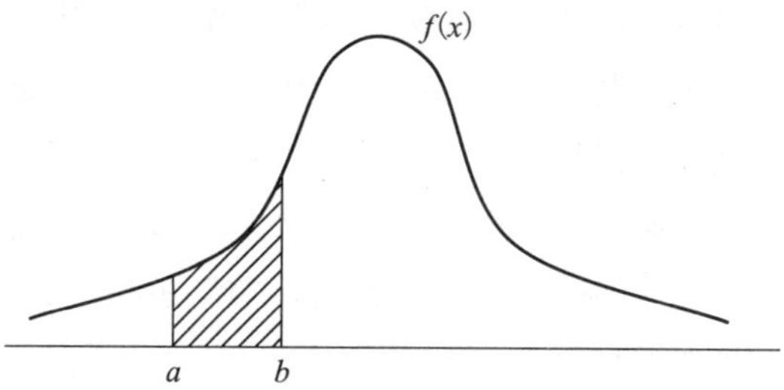

图2-23 概率密度函数示意图

一个概率分布函数具有两个重要的性质（不失一般性，我们用一个离散型随机变量的记号来进行说明）：

- $0\leqslant p(x)\leqslant 1$，因为概率是一个介于0~1之间的数值。
- 取遍 X 所有的值的概率 $p(x)$ 之和为1。如果我们将一个随机变量所有不同可能结果的概率值相加，其总和必须等于1。

我们经常关注求解出现在一定范围的结果的概率值，而不是一个特定结果的概率值。在这种情况下，我们要从两个角度来看待概率分布，即把它理解为一个累积分布函数（cumulative distribution function，cdf）。累积分布函数或者称分布函数，给出了一个随机变量小于等于某个特定值 x 的概率 $P(X\leqslant x)$。对于离散型和连续型随机变量，我们都把分布函数记为 $F(x)=P(X\leqslant x)$。那么累计分布函数是怎样和概率函数联系起来的呢？“累计”一次给出了答案。我们前面经学习过了累积频数这一概念，累积频数就是小于等于某一个数发生的概率。那累积分布函数就是这样一个概念，取值小于等于某一个数的概率是多少。为了求解 $F(x)$，我们需要加总或者累积所有小于等于 x 这一结果的概率数值。

5.2 离散分布

在CFA一级中，我们主要学习两种离散分布，一种是离散均匀分布，另一种是二项分布。

离散均匀分布（discrete uniform distribution）

所有概率分布中最简单的概率分布就是离散均匀分布。就像我们之前举的掷骰子的例子，可能取到的值是1、2、3、4、5、6，同时该随机变量取到任何可能值的概率对于每个结果来说是相同的（即它是均匀的）。由于有6个结果，故$p(x)=1/6$（对于所有的$X=1$，2，3，4，5，6）；刚才的描述是对于这个离散型均匀随机变量的一个完整描述。分布具有有限个特定结果，且每个结果是等可能性的。

二项分布（binomial distribution）

要讲二项分布，要先从贝努里分布（Bernoulli distribution）讲起。建立二项分布的基础是**贝努里随机变量**（Bernoulli random variable），它是用瑞士概率学家雅各布·贝努里（Jakob Bernoulli，1654—1704）的名字来命名的。贝努里随机变量有这样一个特点，一个随机变量如果只有两个结果的话，那我们就认为它是贝努里随机变量。最简单的一个例子就是抛硬币。抛硬币的话只有两种结果，一种结果是正面朝上，一种结果是反面朝上，因为它只有这两种结果的随机变量，所以我们把它叫作贝努里随机变量。更广泛地，比如我们去做一个项目，有可能成功，也有可能失败，也只有这两种结果，所以也属于贝努里随机变量。如果我们把 1 当成成功，把 0 当成失败，那成功的概率是 p，不成功的概率就是 $1-p$。所以，贝努里随机变量的定义为：如果一个试验只有两种结果，成功或者失败，成功时（概率为 p），随机变量 $X=1$，失败时（概率为 $1-p$），$X=0$，那这个随机变量称为贝努里随机变量，该试验称为 **Bernoulli**（贝努里）试验。

那么，我们做 n 次贝努里实验，正好得到 x 次“1”的概率为多少？**二项分布**就是表示 n 次贝努里试验中正好有 x 次“1”的概率，也就是说 n 次贝努里试验有多少次成功的概率，其概率函数为：

$$p(x) = P(X = x) = {}_nC_x p^x(1-p)^{n-x} = \frac{n!}{(n-x)!x!}p^x(1-p)^{n-x}$$

比如说我们抛 100 次硬币，有多少次正面朝上呢？这个结果是不确定的，有可能是 1 次，有可能是 2 次，也有可能是 100 次，那既然它的取值不确定，所以它就是一个随机变量，而这种随机变量是服从二项分布的。如果单次正面朝上的概率是 p 的话，那这 100 次里面 60 次正面朝上的概率是多少呢？首先，我们要从 100 次里面选 60 次出来，也就是 ${}_{100}C_{60}$，60 次正面朝上的，剩下 40 次反面朝上的。单次正面朝上的概率是 p，他一共发生了 60 次，所以 60 次正面朝上的概率是 p^{60}。单次反面朝上发生的概率是 $1-p$，一共发生了 40 次，那反面朝上的概率就是 $(1-p)^{40}$。所以，这 100 次里面 60 次正面朝上的概率就是：$p(60) = {}_{100}C_{60}p^{60}(1-p)^{40}$。

经常在投资中用到两个描述变量为均值和方差，而二项分布的均值和方差也是一个重要的考点。下面的表格中列出来了贝努里随机变量和二项随机变量的期望和方差。

	期望	方差
贝努里随机变量	p	$p(1-p)$
二项随机变量	np	$np(1-p)$

贝努里随机变量表示一次试验的成功次数，其期望和方差很容易求出，而二项随机变量表示 n 次试验的成功次数，可以看作 n 个独立的贝努里试验，所以其期望和方差都为贝努里随机变量的 n 倍。

5.3 二叉树模型

每天股价的变动是不确定的，有可能上升，也有可能下降。下面我们将描述一个连续三天的股价变动的模型。三天当中，每天股价上升下降都是一个独立的试验。股价以常数概率 p 向上变动；如果股价向上变动，U 等于 1 加上向上变动所带来的收益率。股票以常数概率 $1-p$ 向下变动；如果股价向下变动，D 等于 1 加上向下变动所带来的收益率。我们在图 2-24 中画出股票变动的情况。图的形状告诉了我们为什么它被称为二叉树的原因。每个格中的值给出了连续的变动情况或者结果，树上的每个分支被称为一个结点。例如在这个例子中，一个结点就是一个具体时点股价可能的值。

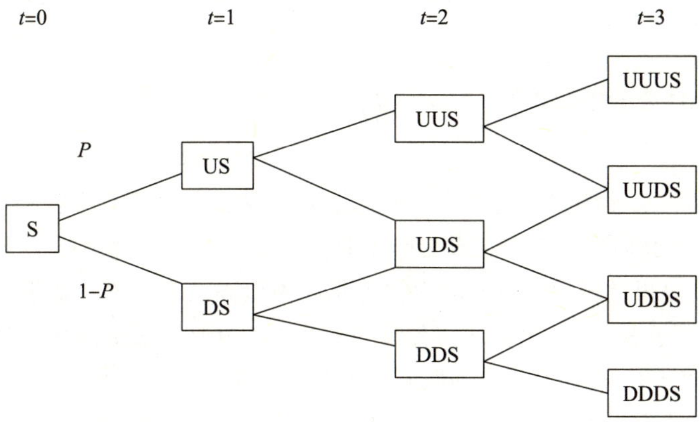

图 2-24 二叉树模型

我们从树中看到在 $t=3$ 上的股票价格有 4 个可能值：UUUS，UUDS，UDDS 和 DDDS。股票价格等于这 4 个值中的任一个概率是由二项分布所给出的。例如，有 3 个变动序列最终会导致 UUDS 的结果，这些序列为 UUD，UDU 和 DUU。这些序列在总的 3 次移动中又两次上升移动；组合公式也证明了 3 个区间（试验）中有两次向上变动（成功）的种数为 $3!/(3-2)!2!=3$。下面注意到这些序列中的每个 UUD、UDU 和 DUU，具有 $p^2(1-p)$。所以 $P(S_3=\text{UUDS})=3p^2(1-p)$，式中，$S_3$ 表示 3 次移动后的股票价格。

在这个应用中的二项随机变量是向上变动的数目。最后股票价格的分布是关于初始股价、向上变动数目以及向上和向下变动总数目的一个函数。我们不能说股价本身是一个二项随机变量；但可以说它是二项随机变量的一个函数，同时也是 U、D 和初始价格的一个函数。这一补充实际上是解释为什么用这种方式对股价建模是有用的一个关键：它使我们选择这些参数来估计不同股票价格（利用多个时间段）。另一个可以被用来估计的分布是对数正态分布，这是一个我们将在后面讨论的重要的刻画股票价格的连续分布模型，它能够扩展得更加灵活。在上面显示的树种，转变概率在每个结点上是相同的：上升是 p，下降是 $1-p$。标准的公式描述了一个随着时间波动为常数的股价变化过程。

5.4 连续分布

连续均匀分布（continuous uniform distribution）

前面我们已经介绍过了离散均匀分布，每一个取值对应的概率都相同，我们就叫作均匀分布。类似地，对连续的随机变量来说也是这样的，每一个取值的机会都相同。那对于连续分布来讲，我前面也介绍过了，必须要用密度函数来进行表达。所以，在我们下面接触到每一个连续分布的时候，一定要记得它的密度函数等于什么，以及密度函数的形状是怎样的。对于连续均匀分布来说，它的密度函数就是一条直线。此外，对于任何一个连续的均匀分布来说，它是有一个取值范围的。假设某个连续均匀分布的取值范围是 a 到 b，那它的密度函数为：

$$f(x)=\begin{cases}\dfrac{1}{b-a} & a\leqslant x\leqslant b\\ 0 & \text{其他}\end{cases}$$

【例】当 $a=0$，$b=4$，$f(x)=1/4$ 或者 0.25。那如果 x 的取值是在 a、b 之外呢？那 $f(x)=0$.

随机变量的累积概率分布函数为：$F(x)=\begin{cases} 0 & \text{for} \quad x \leqslant a \\ \dfrac{x-a}{b-a} & \text{for} \quad a<x<b \\ 1 & \text{for} \quad x \geqslant b \end{cases}$

如果 $a=2$，$b=9$，那连续型随机变量 X 取值在 3 ~ 5 之间的概率是多少呢？也就是求一下 P(3≤X≤5) 是多少？我们看图 2-25，求变量 X 取值在 3 ~ 5 之间的概率，就是让我们算一下中间阴影部分矩形的面积是多少。矩形的面积等于底乘以高。阴影部分矩形的底等于 2(5 − 3 = 2)，但是它的高等于多少呢？我们可以先看一下整个大矩形，它的底等于 7(9 − 2 = 7)。对于这道题中，$a=2$、$b=9$，两条垂线之间取遍了所有可能取到的值，所以它的概率就是 1。我们知道连续分布中，我们用面积表示概率，所以整个大矩形的面积就是 1，那它的高就等于 1/7。阴影部分的矩形和整个大矩形是等高的，所以阴影部分的矩形的高也等于 1/7，进而它的面积就为 2/7。也就是说 $P(3 \leqslant X \leqslant 5)=2/7$。其实，我们还可以从另一个角度思考，因为它是均匀分布，所以整个图形都很均匀。那这样的话，我们只需要看一下 3 ~ 5 这一段的距离占整个距离（也就是 2 ~ 9 之间的距离）的百分比，就等于变量 X 取值在 3 ~ 5 之间的概率（见图 2-25）。

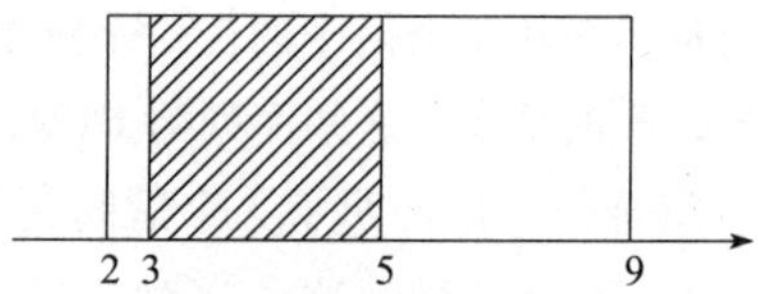

图 2-25 连续均匀分布密度函数

正态分布

(1) 正态分布的性质

正态分布（normal distribution）是最重要的概率分布。正态分布是由德国数学家高斯发现的，因此又称为高斯分布。正态分布的密度函数图形如钟形，如图 2-26 所示，因此又称为钟形分布。

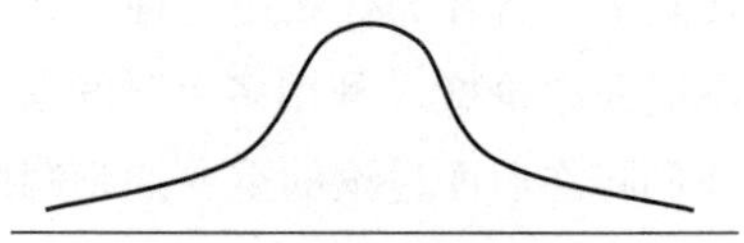
图 2-26 正态分布

为什么说正态分布是最常见的一种分布呢？我们看上面的图形，我们会发现它中间的面积最大，也就是说大部分的数都集中在中间，这和我们常见的很多东西都是一样的。比如说我们大部分人都是平凡人，天才和弱智总是很少很少，所以那大部分人的智商还是集中在中部的。类似地，收益率也是这样的，特别高的收益率和特别低的收益率都非常的少，绝大多数我们的投资所获得的一个收益率都是一般水平，都集中在中间。所以，正态分布是我们最常见的一种分布形式。

从图 2-26 中可知，正态分布是对称的分布，其均值、中位数、众数均相等。正态分布的取值范围为（$-\infty$，$+\infty$），即正态分布的密度函数向左右两边无限延伸，无限接近 X 轴但在 X 轴上方。

正态分布有以下几点重要性质。

- 正态分布可以由其均值和方差完全描述，记为：$X \sim N(\mu, \sigma^2)$，表示随机变量 X 服从均值为 μ，方差为 σ^2 的正态分布；
- 正态分布是对称的分布，其密度函数关于均值左右对称，随机变量落在均值两边的概率相等，其偏度为零，超额峰度为零；
- 两个服从正态分布的随机变量经过线性组合得到的新随机变量仍然服从正态分布。

(2) 正态分布的置信区间 (confidence interval)

有了正态分布的概率密度函数，我们可以知道正态随机变量取值落在某个区间的概率，这称为正态分布的置信区间。

名师解惑

置信区间是指由样本统计量所构造的总体参数的估计区间。在统计学中，一个概率样本的置信区间是对这个样本的某个总体参数的区间估计。置信区间展现的是这个参数的真实值有一定概率落在测量结果的周围的程度。置信区间给出的是被测量参数的测量值的可信程度，即前面所要求的“一定概率”。这个概率被称为置信水平。举例来说，如果在一次大选中某人的支持率为55%，而置信水平0.95上的置信区间是（50%，60%），那么它的真实支持率有95%的概率落在50%和60%之间，因此它的真实支持率不足一半的可能性小于5%。如例子中一样，置信水平一般用百分比表示，因此置信水平0.95上的置信空间也可以表达为：95%置信区间。置信区间的两端被称为置信极限。对一个给定情形的估计来说，置信水平越高，所对应的置信区间就会越大。

设 $\overline{X}$ 为样本均值，s 为样本标准差，则如图2-27所示。

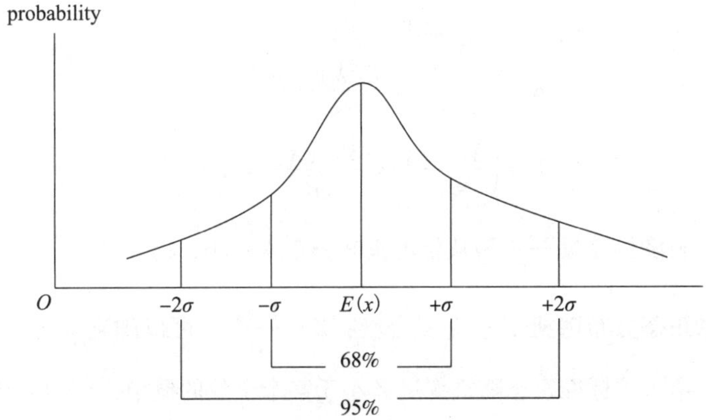

图2-27 正态分布的置信区间

- 服从正态分布的随机变量 X 落在均值周围正负1个标准差的概率为0.68，我们称 X 的68%的置信区间为 $[\overline{X}-s, \overline{X}+s]$；
- 服从正态分布的随机变量 X 落在均值周围正负1.65个标准差的概率为0.9，我们称 X 的90%的置信区间为 $[\overline{X}-1.65s, \overline{X}+1.65s]$；
- 服从正态分布的随机变量 X 落在均值周围正负1.96个标准差的概率为0.95，我们称 X 的95%的置信区间为 $[\overline{X}-1.96s, \overline{X}+1.96s]$；
- 服从正态分布的随机变量 X 落在均值周围正负2.58个标准差的概率为0.99，我们称 X 的99%的置信区间为 $[\overline{X}-2.58s, \overline{X}+2.58s]$。

【例】 一个互助基金今年的平均收益是10.5%，年收益的标准差是18%。如果收益可以看作近似正态分布，那么明年互助基金收益落在置信区间95%以内的概率是多少？

$$10.5 \pm 1.96*(18) = -24.78\% \quad \text{to} \quad 45.78\%$$

$$P(-24.78 < R < 45.78) = 0.95$$

（3）标准正态分布（standard normal distribution）

正态分布的期望为0，标准差为1，称为标准正态分布，记为 $N\sim(0,\ 1)$ 或 Z 分布。

一般给出标准正态分布的概率分布表，可以很方便地查出随机变量的概率。一般的标准正态随机变量，根据正态分布的性质，可以将其化成标准正态分布进行计算。

一个一般的正态分布 $N\sim(\mu,\ \sigma^2)$，我们怎样才能把它转换成一个标准的正态分布呢？在讲解之前，我们先给大家介绍一些期望和方差的性质。

（1）$E(aX)=aE(X)$，也就是说一个随机变量乘以一个常数 a，它的期望就等于 a 倍的 $E(X)$；

（2）$E(aX+b)=aE(X)+b$；

（3）$\text{Var}(aX)=a^2\text{Var}(X)$，也就是说一个随机变量乘以一个常数，它的方差就等于 a^2 倍的 $\text{Var}(X)$；

（4）$\text{Var}(aX+b)=a^2\text{Var}(X)$，在一个随机变量后面加一个常数，是不会影响这个随机变量的离散程度的，所以有没有 b 是没有关系的，$\text{Var}(aX+b)$ 还是等于 $a^2\text{Var}(X)$。

μ 和 σ 分别是随机变量 X 的期望和标准差，如果一个正态分布随机变量是这样的 $\frac{X-\mu}{\sigma}$，那它的均值和方差等于什么呢？我们可以分别求一下：

$$E\left(\frac{X-\mu}{\sigma}\right)=\frac{E(X)-\mu}{\sigma}=0$$

$$\text{Var}\left(\frac{X-\mu}{\sigma}\right)=\frac{\text{Var}(X)}{\sigma^2}=1$$

也就是说正态分布随机变量 $\frac{X-\mu}{\sigma}$ 服从标准正态分布 $N\sim(0,\ 1)$。

我们对于一般的正态分布随机变量 X 做变换：$Z=\frac{X-\mu}{\sigma}$，可以知道 Z 为标准正态随机变量。标准正态分布表给出了标准正态随机变量 Z 小于某个正数的概率：$F(z)=P(Z<z)$，其中 $z\geqslant 0$。

根据正态分布的对称性，可以知道：

$$F(-z)=P(Z<-z)=P(Z>z)=1-P(Z<z)=1-F(z)$$

利用标准正态分布表可以计算任意的随机变量在某个区间的概率。

【例】随机变量 X 服从 $N(6,\ 4)$，求 $P(3.5<X<9.34)$。

$$\begin{aligned}P(3.5<X<9.34)&=P\left(\frac{3.5-6}{2}<\frac{X-6}{2}<\frac{9.34-6}{2}\right)=P(-1.25<Z<1.67)\\&=F(1.67)-F(-1.25)=F(1.67)-[1-F(1.25)]=0.8469\end{aligned}$$

名师解惑

大家一般会有一个疑问，我们为什么要把一个一般的正态分布转换成标准的正态分布呢？我们大家要知道，如果我们要求正态分布的某一个区间对应的概率是多少的话，大部分的数据我们都是要查表得来的，但是不是任何一个正态分布都有这样一个分布表的。统计学家做出来的分布表只有标准正态分布的而已，所以我们要把一般的正态分布转换成标准的正态分布，就是为了方便查表。

5.5 超亏风险和罗伊第一安全比率

超亏风险是指资产组合的价值低于某个可以接受的最低值的风险。比如说，一个客户给我们100万元，让我们帮他去投资，他最低能够忍受的收益率是6%，那如果这个时候我们给他做投资的收益率是低于6%的，那我们就说这个客户面临着超亏风险。

假设投资者将任何低于 R_L 水平的收益率视为不可接受的，那么根据罗伊第一安全比率准则，最优投资组合将最小化投资组合 R_P 低于临界值 R_L 的概率。用符号来表示，投资者的目标是选择一个投资组合使得 $P(R_P<R_L)$ 最小化。当投资组合收益率服从正态分布时，我们可以利用 R_L 位于期望投资组合收益率 $E(R_P)$ 下方的标准差的数值来计算 $P(R_P<R_L)$。$E(R_P)-R_L$ 相对于标准差达到最大的投资组合能使 $P(R_P<R_L)$ 达到最小（见图2-28）。因此，如果收益率服从正态分布，安全第一最优投资组合将最大化安全第一比率（SFR）：

$$SFR=\frac{E(R_P)-R_L}{\sigma_P}$$

$E(R_P)-R_L$ 这个量是平均收益率与损失水平之间的距离。将这个距离除以 σ_P 得到单位标准差的距离。运用安全第一比率准则选择投资组合有两个步骤（满足正态分布假设）：

（1）计算每个投资组合的SFR。

（2）选择最高SFR的组合。

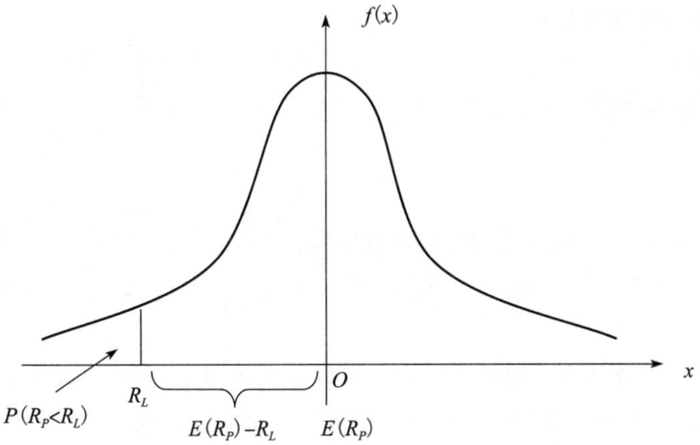

图2-28 罗伊第一安全比率

对于一个给定安全第一比率的投资组合，其收益率将低于 R_L 的概率为 N(−SFR)，而且安全第一最优投资组合的该概率最低。例如，假设一个投资组合的临界收益率 R_L 为2%。它被给予两个投资组合的选择。投资组合1具有12%的预期收益率和15%的标准差。投资组合2具有14%的收益率和16%的标准差。SFR分别为投资组合1[0.667=(12−2)/15]、投资组合2[0.75=(14−2)/16]。对于较优的投资组合2，假设投资组合收益率服从正态分布，投资组合收益率将低于2%的概率为 $N(-0.75)=1-N(0.75)=1-0.7734=0.227$ 或者约为23%。

大家可能已经注意到了SFR和夏普比率是十分相似的。我们可以认为夏普比率是SFR的一种特殊情况，即如果SFR中的 R_L 等于无风险利率 R_f 的话，那么SFR就变成了夏普比率。

5.6 对数正态分布

随机变量 X 的自然对数服从正态分布，那么称 X 服从对数正态分布。对数正态分布的密度函数是右偏的，而且大于零，其图形如图 2-29 所示。

CFA 一级里面不要求大家知道对数正态分布的期望和方差，对于对数正态分布，大家只需要记住以下三点：

（1）如果随机变量 X 的自然对数服从正态分布，那么 X 服从对数正态分布；

（2）对数正态分布的取值范围大于零；

（3）对数正态分布是右偏的。

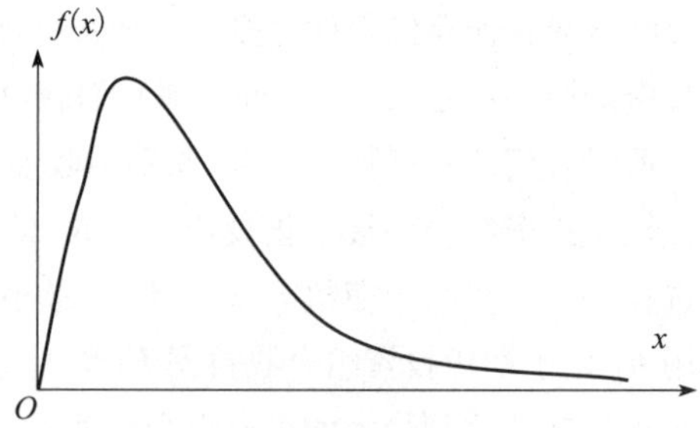

图 2-29 对数正态分布

我们常常用对数正态分布来描述股票价格的运动，而用正态分布来描述股票收益率的运动。因为如果用正态分布来描述股票价格的变动，则我们有时会得到收益率小于 -100% 的结果，这样股票价格有可能为负值。而使用对数正态分布的相对价格模型描述股票价格的变动可以避免这样的问题，股票的价格永远是非负值。

5.7 离散复利收益和连续复利收益

离散复利收益和连续复利收益

假定股票的价格为一个序列：S_0，S_1，…，S_T，其中初始价格 S_0 已知，而以后的价格为随机变量。那么 0 ~ 1 时刻持有期收益率为：

$$R_{0,1}=\frac{S_1-S_0}{S_0}=\frac{S_1}{S_0}-1$$

同样可以得到 $t\sim(t+1)$ 时刻的持有期收益率为：

$$R_{t,t+1}=\frac{S_{t+1}-S_t}{S_t}=\frac{S_{t+1}}{S_t}-1$$

我们可以考虑年收益率为 R，投资 n 年的复利收益率为 $(1+R)^n$，如果每半年复利一次，那么 n 年的复利收益率为 $(1+R/2)^{2n}$，如果复利 m 次，那么，n 年的离散复利收益率为 $(1+R/m)^{mn}$，当 m 为无穷大时，就成了连续复利收益率为 e^{Rn}。对于一般的离散复利收益率，假定其对等的连续复利收益率为 R_c，即有 $e^{nRc}=(1+R/m)^{mn}$，可以推导出 $R_c=m\ln(1+R/m)$。这样我们就定义连续复利收益率为：$r_{t,t+1}=\ln(S_{t+1}/S_t)=\ln(1+R_{t,t+1})$。

连续复利收益率的好处在于，计算多期收益率的时候，多期连续复利收益率就等于单期连续复利收益率的和。

给定持有期收益（HPR），计算连续复利收益率

假定某股票的价格为以下所示：

$t=0$，$S=12.59$；$t=1$，$S=12.11$；$t=2$，$S=11.59$；$t=3$，$S=12.00$；$t=4$，$S=12.03$。

可以得到连续复利收益率为 $\ln(12.11/12.59)=-0.038\,871$，$\ln(11.59/12.11)=-0.043\,889$，$\ln(12.00/11.59)=0.034\,764$，$\ln(12.03/12.00)=0.002\,497$。

知道 HPR，可以直接利用公式计算连续复利收益率。

5.8 跟踪误差

跟踪误差是投资组合的收益率和基准收益率的一个偏差。也就是说拿我们的投资组合的收益率和大盘的收益率作对比，它们之间的差额就是跟踪误差。跟踪误差的公式就为：

(tracking error = total return - benchmark return)

一般我们做投资的时候，都会希望我们投资组合的收益率和基准收益相比有一个正的偏差。比如说我们自己去选股，选了5只股票去投资，我们肯定希望投资的收益率能跑赢大盘。但是，跟踪误差有的时候也会是负的，也就是说我们的投资收益率还没有大盘的好。

那我们为什么要引入跟踪误差这个概念呢？我们大家可以想一下，我们做投资的时候总希望它是能跑得赢大盘的，但是对于我们一般的散户来说，跑得赢大盘是比较困难的，所以这个时候我们都会找基金经理帮我们来投资。那如果这个基金经理帮我们投资的收益率是10%的话，我们怎么知道他投的到底好不好呢？比如说如果大盘的收益率是11%的话，那这个基金经理投的就很不好，他做的投资还没有大盘的收益率高。所以，跟踪误差就是用来判定基金经理投资业绩的。如果跟踪误差大于0，就说明他做的投资的收益率比大盘的好；如果跟踪误差小于0，就说明他做的投资的收益率还不如大盘的好；如果跟踪误差等于0，就说明他做的投资的收益率和大盘的一样。

5.9 蒙特卡罗模拟和历史模拟

当所研究的系统过于复杂时，我们需要先进行模拟。那什么叫作模拟呢？模拟是利用能得到的一个数据来形成一个东西的分布，从而我们知道它的均值是什么。比如说我们想知道一个债券的价格，它的均值是多少，那我们首先要得到债券价格的一个分布，然后根据这个分布来得到它的均值是多少。那我们怎么样才能得到债券价格的分布呢？我们知道对于债券的价格来说最重要的一个参数应该是利率，所以我们可以先找到利率的分布是怎样的，从而得到很多个利率，然后我们再根据这很多个利率再形成很多个债券的价格。那我们就可以根据形成的很多个债券的价格观察到规律了，进而得到债券价格的分布。有了分布之后，我们就很容易得到债券价格的一个均值了。这个就是模拟的含义。

但是，大家需要思考一下，我们怎么才能得到很多个利率的值呢？我们一般有两种方法，一种叫作蒙特卡罗模拟，一种叫作历史模拟。

对于上面的例子，如果我们运用**历史模拟**的话，我们就需要去观察历史上很多个利率是多少。比如说我们观察1990~2010年这20年间，每年的利率的数据是多少，从而我们就可以得到很多利率的值，进而得到很多个债券的价格，然后在得到债券价格的分布，最后我们可以得到债券价格的一个均值。这就是历史模拟。

那蒙特卡罗模拟和历史模拟的区别是什么呢？我们需要知道的是，**蒙特卡罗模拟**中选取的这些数据不是历史上真实存在的。而是我们先假设一个利率的分布，我们根据这个利率的分布再用计算机去抽取很多个利率的值，然后我们再根据这些值去得到债券的价格，进而得到债券价格的分布，最后得到债券价格的均值。所以，蒙特卡罗模拟和历史模拟后面的步骤是相同的，它们最关键的一点区别就在于历史模拟中的数据都是历史上真实存在的，而蒙特卡罗模拟中的数据不是历史上真实存在的，而是我们假设了一个分布，再根据这个假设的分布得到很多的值。

那蒙特卡罗的优点是什么呢？比如说 2008 年经济危机的时候，人们是不会想到会发生经济危机的，谁都不知道利率的值会变成多少，在经济危机前，人们对经济还是一片看好，大家也都不知道房价会跌那么多，所以这个时候我们用蒙特卡罗模拟最好的一点就是，它可以包含了历史上没有出现过的数据，由此我们就可以预测到经济危机。同样地，例如欧洲危机、美债评级下降，这些东西都是大家之前没有预计到的，历史上也没有这样的数据存在，所以我们就无法利用历史模拟。那这个时候我们可以假设一个分布，根据这个分布我们可以取很多的数，我们取每一个数的概率是相同的，也就是说我们不仅取到了好的数，我们也可以取到一些不好的数，这个时候我们得到的这个均值就会比较合理。但是，蒙特卡罗模拟最大的一个缺点就是相对比较复杂。此外，我们还需要知道，蒙特卡罗模拟不是一个分析的方法。因为我们不是把历史上的数据拿来分析才得到的结果，而是一个统计的结果，我们是根据统计学上的一个分布才得到这样一个结果的。

那对于历史模拟来说，它最大的缺点就是无法解决“what if”的问题，正如我们前面讲过的，对于历史上不存在的数据，我们再进一步分析的时候就无法得到这样的数据，这就是历史模拟最大的问题。历史模拟的缺点是蒙特卡洛模拟的优点，而蒙特卡罗模拟的缺点是历史模拟的优点。

6 抽样和估计

知识导引

每天，我们都会观察到全球各股票市场指数的最高价、最低价和收盘价。诸如标准普尔 500 指数和日经－道琼斯平均工业指数这些指数代表的是市场所有股票的一个样本。虽然标准普尔 500 和日经指数并不能代表美国和日本市场中所有股票的总体，但是我们常将它们视为反映整个总体表现的有效指标。作为分析师，我们习惯利用这些样本信息来评估全球不同市场的表现。然后，我们通过样本信息所计算出的任何统计量，只是相对应总体参数的一个估计。所以，一个样本是总体的一个子集，我们要通过对该子集的研究来推断出总体自身的结论。从这一章开始，我们就要学习推断性统计的内容了。前面我们已经介绍过了推断性统计的概念，推断性统计就是要用样本去推断总体。推断性统计的内容一共有两章，这一章我们将要学习抽样和估计，在下一章中我们将要学习假设性检验。

6.1 基本概念

我们再来回顾一下我们前面学过的基本概念。总体是我们所要研究的所有个体的集合。例如我们想要研究中国人的身高状况，那么所有中国人的身高的集合就是我们的总体。样本是从总体当中抽取出来的一个子集。例如我们抽取了 100 个中国人，分别量了他们的身高，那么这 100 个人的身高的集合就是我们的一个样本。这个样本的样本量为 100。

我们研究一个总体，通常不是想要了解每一个个体的情况，而是想要知道某些总体参数。总体参数是总体中个体数值的函数，例如总体均值、总体方差，等等。

但是由于种种原因，我们通常不能得到总体中所有个体的数值，我们只能抽取一个样本来计算样本统计量。样本统计量是样本中个体数值的函数，例如样本均值、样本方差等。例如我抽取了100个中国人，分别量了他们的身高，计算了他们的平均身高，用来估计中国人的平均身高。

抽样（sampling）是指从总体中抽取样本。

估计（estimation）是指计算样本统计量来估计总体参数。

最基本的两种抽样方法是简单随机抽样（simple random sampling）和分层随机抽样（stratified random sampling）。

随机抽样是指总体中的每个个体被抽中的概率相同。

简单随机抽样是把总体中的所有个体放在一起抽，要保证每个个体被抽中的概率相同。例如我们看到电视上彩票开奖，把10个球放入大球内滚动，随机抽取一个，这就是简单随机抽样。

再举一个例子，比如说我们想调查一下全上海的平均收入是多少，如果我们跑到陆家嘴地铁站去，对每一个路过的人进行问卷调查，这样我们就得到了一个全上海的平均收入7 000元，那这种方法属于简单随机抽样吗？答案是否定的。因为在陆家嘴工作的基本上都是金融行业的从业人员，他们的月收入和其他行业相比是比较高的，所以这种方法得到的7 000元并不能代表全上海的平均收入水平。因此，我们就必须改变我们的抽样方法。我们知道上海分成了好多个区，例如长宁区、闵行区、徐汇区、杨浦区、虹口区、浦东新区，等等，那么我们就从每一个区抽10个人来看一下他们的月收入是多少，用这种方法最后我们得到的一个平均收入就可以代表全上海的平均收入水平。在这种抽样方法中，我们首先把总体分成了几大块，每一块里我们抽取相同的数目，这种抽样方法我们就叫作分层随机抽样。分层随机抽样就是先将总体分成几个子集，然后分别在各个子集中进行简单随机抽样，最后将抽到的个体合起来称为一个样本。

例如我们要在1 000只股票中抽取100只股票构造指数，我们先把所有股票按照市值大小分为大盘股、中盘股和小盘股三种，然后每种里面再分为价值型和成长型两种，如下表所示。

	大盘股	中盘股	小盘股
价值型	280	120	190
成长型	140	170	100

表中的数字代表该种股票的数量，例如大盘股价值型股票共有280个。那么，由于我们要抽取1/10的股票，所以大盘价值型股票共应抽取28个。同理，大盘成长型股票共应抽取14个，依此类推。使用分层随机抽样可以保证我们抽取的股票在各个格子中的分布情况与总体分布情况一致，而如果使用简单随机抽样的话，那么有可能我们抽取的100个股票在一个格子里，例如，全都是中盘成长型的股票。

由于抽样是随机的，因此样本统计量不会正好等于总体参数，用样本统计量来估计总体参数会产生误差，这称为**抽样误差**（sampling error）。比如说我们要检查一下全中国人的平均身高，如果我们把整体所有的人都检查到的话，我们得到平均身高是170cm；如果我进行抽样，抽了100个人，我们得到的平均身高是168cm。由于我们对整体进行抽样，得到的样本均值和总体均值之间就有一个偏差2cm，而这个偏差是由于抽样所导致的，我们把这个偏差就叫作抽样误差。

而且，由于抽样是随机的，因此计算出来的样本统计量也是随机变量。例如我们抽一个样本，就得到一个样本均值；再抽一个样本，就得到另一个样本均值。样本统计量既然是随机变量，那么它们就有自己的概率分布（称为抽样分布），也有自己的期望值和方差等。只有理解了样本统计量是随机变量，才能理解统计中重要的定理——中心极限定理，我们将在后面详细学习到。我们要知道，样本统计量是随机变量，而总体参数是常数。例如中国人的平均身高是客观存在的常数，只是我们不知道是多少。我们通过抽样，计算样本统计量，来估计这个常数。由于每次得到的样本可能不同，是不确定的，所以样本统计量是随机变量。

6.2 时间序列数据和截面数据

时间序列数据

时间序列数据是在固定间隔的时间上的离散数据集合。比如说我们抽一个公司，把它 2000 ~ 2010 年每年的净利润都抽出来，这样就形成了一列数，这列数是和时间有关的，因为我们是根据时间进行排序的，所以这列数据就是时间序列数据。

截面数据

截面数据是在某个时间点上的某种数据集合。比如说我们把 2010 年所有的医药行业里面上市公司的净利润都抽出来，这样就形成了一组数据，这些数据都是同一个年份的，但是是不同公司的净利润，那这样一组数据我们就把它叫作横截面数据。

6.3 中心极限定理

中心极限定理告诉我们：如果已知总体期望值为 μ，方差为 σ^2，那么当样本量 n 很大（$n \geqslant 30$）时，样本均值 $\overline{X}$ 的抽样分布服从期望值为 μ，方差为 σ^2/n 的正态分布。

简单地说，中心极限定理告诉我们三件事情：

（1）不管总体是什么分布，只要样本量够大（$n \geqslant 30$）的话，样本均值 $\overline{X}$ 就服从正态分布；

（2）样本均值的期望等于总体均值［$E(\overline{X})=\mu$］；

（3）样本均值的方差等于总体方差除以样本量［$\text{Var}(\overline{X})=\sigma^2/n$］。

中心极限定理是概率理论中最具有实践应用意义的理论之一，它说明了我们如何构建置信区间以及假设检验。中心极限定理使我们可以用样本均值对于服从任意分布的总体的均值做出精确的概率判断，因为样本均值的分布是正态分布。一般来说，样本量大于 30，就可以满足中心极限定理的要求了。

6.4 样本均值标准误

我们前面已经讲过了样本均值是一个随机变量，它也有分布，那样本均值这个随机变量的标准差是什么呢？就是我们将要学习的这个新的概念——标准误。标准误就是样本均值的标准差。

根据中心极限定理，样本均值标准误为：

已知总体标准差：$\sigma_{\bar{x}}=\sigma/\sqrt{n}$

未知总体标准差：$s_{\bar{x}}=s/\sqrt{n}$

其中 s 为样本标准差，$s^2 = \dfrac{\sum_{i=1}^{n}(X_i - \overline{X})^2}{n-1}$

6.5 好的估计量的性质

在许多应用中，我们要在许多给定参数的可能估计量中做出一个选择。那么我们如何做选择呢？我们经常对于估计量进行选择，因为我们希望它们具有一个或者多个良好的统计性质。一个估计量的优良性质很多，但是在 CFA 一级中我们主要讲了三个性质，分别是：无偏性、有效性和一致性。

无偏性

一个**无偏估计量**是指其期望值等于它所要估计的参数值，也就是说样本统计量的期望值等于总体参数。比如说我们要用样本的均值去代替总体的均值，那首先就要符合样本均值的均值等于整体均值。举个例子，我们想检验一下全中国人的平均身高，我们抽 100 个人作为样本，有的时候我们抽出来的样本算出来的均值是 168cm，有的时候算出来的均值是 172cm，有的时候算出来的是 170cm，假如总体均值是 170cm，那我们就要保证我们算出来的这些个均值平均来说是等于 170cm 的。

有效性

无偏估计量可能有许多个，其中方差最小的那个无偏估计量称为最小方差无偏估计量，又称**有效估计量**。所以，有效性的定义是：当对于同一个参数，没有其他无偏估计量具有比该估计量更小的抽样分布方差时，我们就称该无偏估计量是有效的。有效性的定义很好理解，无偏估计量的方差越小，就代表它的离散程度越小，就说明它比较集中在总体均值的周围，那当然就越好。

一致性

我们知道，一个统计量的抽样分布是根据给定的样本容量决定的。不同的样本容量决定了不同的样本分布。例如，样本均值抽样分布的方差对于大样本来说较小。无偏性和有效性是对于任何大小样本估计量抽样分布的普遍性质。一个估计量在样本大小为 10 时是无偏估计量，在样本大小为 1 000 时，也同样是无偏估计量。那到底哪个无偏估计量更好一些呢？在这种情况下，我们一般选取样本容量更大的。因为随着样本容量越来越大，就越来越接近总体，这样就会越来越不像是抽样，而越来越像是总体的一个普查，这样我们得到的这个样本统计量就会更接近总体参数，这个性质就叫作**一致性**。概括来说，一致性的定义是：随着样本容量的增大，样本估计量接近总体参数真值的概率也会增大，并趋近于 1。

6.6 总体参数的点估计和区间估计

点估计

所谓估计就是我们在抽样之后，根据样本统计量推断总体参数。比如我们要检查一下全中国人的平均身高，我们抽取 100 个人，得到这 100 个人的平均身高是 168cm，这个就是样本均值。那我们可不可以就由这个 168cm 得到全中国人的平均身高就是 168cm 呢？我们需要分两种情况。首先，如果我们采用比较粗略的估计，我们就根据样本的均值是多少来认为总体均值就是多少，这个就叫作点估计。点估计中，我们用一个点来代表一个整体，这样得到的结果一般不太准确，这只是一个很粗略的估计，很多时候我们要选用一个更严谨的估计方法。比如说我应该告诉你，我有百分之多少的把握总体的均值就落在某个范围之内，这种严谨的估计方法就叫作区间估计。比如，我们估计明天中午 12 点的温度是 25 度，这就是点估计。如果我们估计明天中午 12 点的温度在 23 度到 27 度之间，这就是区间估计。我们在估计总体均值的时候，用样本均值作为总体均值的估计，这就是点估计。

区间估计

我们前面已经讲过了置信区间的概念，例如，95% 的置信区间对应的是：［$\mu-1.96\sigma$，$\mu+1.96\sigma$］。置信区间和我们这里学习的区间估计是一个东西，大家不要觉得很混乱。在作置信区间估计之前，我们必须先规定一个置信度（confidence level），例如 95%。置信度以概率 $1-\alpha$ 表示，这里的 α 表示的显著性水平（significance level）。因此，95% 的置信度就相对于 5% 的显著性水平。置信区间边界的端点被称为置信区间的上界和下界。在本章中，我们只讨论双边的置信区间，我们会同时计算下界和上界的置信区间。

置信区间估计的一般公式为：点估计 ± 关键值 × 点估计的标准差。

当我们从一个已知方差的正态分布中进行抽样时，就产生了最基本的对于总体均值的置信区间。在这种情况下的关键值是基于均值为 0，方差为 1 的标准正态分布得到的。一个标准正态随机变量一般记为 Z。记号 z_α 指的是标准正态分布中使得右侧尾部概率为 α 的那一点的值。例如，标准正态随机变量的取值有 5% 的概率要比 $Z_{0.05}=1.65$ 要大。

假如我们想要构造一个总体均值是 95% 的置信区间，我们已经从一个已知方程为 $\sigma^2=400$ 的正态分布中抽取了一个大小为 100 的样本。我们计算得到样本均值 $\overline{X}=25$。因此，我们对于总体均值的点估计等于 25。如果我们从正态分布的均值向上移动 1.96 个标准差，那么在右侧尾部的概率将为 2.5%。由正态分布的对称性，如果我们从均值向下移动 1.96 个标准差，那么在左侧尾部的概率也将变为 2.5%，故总共有 5% 的概率在两个尾部，而 95% 的概率位于中间的部分。因此，$Z_{0.025}=1.96$ 是这个 95% 置信区间的关键值。我们根据样本均值标准误的计算公式 $\sigma_{\bar{x}}=\sigma/\sqrt{n}$，可以算得这个例子中样本均值的标准误是 2。因此，置信区间具有下界 $\overline{X}-1.96\sigma_{\overline{X}}=25-1.96\times2=21.08$。置信区间的上界等于 $\overline{X}+1.96\sigma_{\overline{X}}=25+1.96\times2=28.92$。所以，对于总体均值 95% 的置信区间为（21.08，28.92）。

根据上面的例题，我们可以总结出来总体均值的置信区间为：样本均值 ± 关键值 × 样本均值标准误，也就是说，当我们从一个已知方差 σ^2 的正态分布总体中抽样时，总体均值 μ 的一个（$1-\alpha$）% 置信区间为：$\overline{X}\pm z_{\alpha/2}\dfrac{\sigma}{\sqrt{n}}$。

根据我们前面学过的，我们知道 90% 的置信区间，对应 $Z_{0.05}=1.65$；95% 的置信区间，对应 $Z_{0.025}=1.96$；99% 的置信区间，对应 $Z_{0.005}=2.58$。

下面我们再来思考一个问题，置信区间是越宽越好呢？还是越窄越好呢？应该是越窄越好。因为置信区间越窄，就说明估计的越准确。我们想一下，最准确的时候是我们不进行抽样了，我们算一下整个总体的均值，那这样我们得到的就是一个点，所以区间估计越窄越好。那怎样才能使置信区间变窄呢？从置信区间的公式 $\overline{X}\pm z_{\alpha/2}\dfrac{\sigma}{\sqrt{n}}$ 我们可以看出，当样本容量越来越大时，置信区间的范围就会变窄，因为样本容量越大就说明它越接近总体，那我们估计的就越准确；另外，从公式中我们还可以看出，当样本的方差变小的时候，置信区间的范围也会变窄，我们知道样本方差越小，离散程度就越小，所以我们得到的估计结果就会越准确。

6.7 学生 t 分布

在前面一章中我们已经学过了一些常见的分布，但是还有一个常见的分布我们没有讲到，叫作学生 t 分布（简称为 t 分布）。t 分布其实是正态分布的一个延伸，它可以算作正态分布的一般形式，正态分布只是它的一种特殊形式。

名师解惑

学生 t 分布名字的由来

学生 t 分布是由威廉·戈塞于1908年首先发表，但是他还在都柏林的健力士酿酒厂工作。因为不能以他本人的名义发表，所以论文使用了学生（student）这一笔名。之后 t 检验以及相关理论由罗纳德·费雪的工作发扬光大，而正是他将此分布称为学生分布。

学生 t 分布类似于正态分布，也是对称分布，不过其峰要比标准正态分布小。有一个参数，称为自由度。每个自由度对应了一个 t 分布。当自由度增加时，t 分布会逼近正态分布。一般我们定义 t 统计量为：$t=(\bar{x}-\mu)/(s/\sqrt{n})$，服从自由度为 $n-1$ 的 t 分布。t 分布有以下四个性质。

- t 分布是对称的，对称中心轴也是它的均值；
- t 分布是有自由度的，它的自由度等于 $n-1$；
- t 分布和正态分布相比，它更分散，峰更低，尾巴更肥，它是低峰肥尾（见图2-30）；
- 当自由度增加时，t 分布会逼近正态分布。

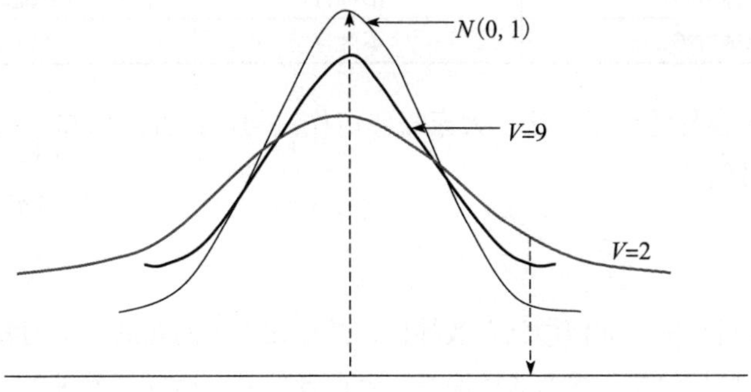

图2-30 t 分布

名师解惑

自由度

统计学上的自由度是指当以样本的统计量来估计总体的参数时，样本中独立或能自由变化的资料的个数，称为该统计量的自由度。统计学上的自由度包括两方面的内容。

首先，在估计总体的平均数时，由于样本中的 n 个数都是相互独立的，从其中抽出任何一个数都不影响其他数据，所以其自由度为 n。

在估计总体的方差时，使用的是离差平方和。只要 $n-1$ 个数的离差平方和确定了，方差也就确定了；因为在均值确定后，如果知道了其中 $n-1$ 个数的值，第 n 个数的值也就确定了。这里，均值就相当于一个限制条件，由于加了这个限制条件，估计总体方差的自由度为 $n-1$。

例如，有一个有4个数据（$n=4$）的样本，其平均值 m 等于5，即受到 $m=5$ 的条件限制，在自由确定4、2、5三个数据后，第四个数据只能是9，否则 $m\neq5$。因而这里的自由度 $U=n-1=4-1=3$。推而广之，任何统计量的自由度 $U=n-$ 限制条件的个数。

其次，统计模型的自由度等于可自由取值的自变量的个数。如在回归方程中，如果共有 p 个参数需要估计，则其中包括了 $p-1$ 个自变量（与截距对应的自变量是常量1）。因此该回归方程的自由度为 $p-1$。

我们前面已经讲过区间估计，公式为：点估计 ± 关键值 × 点估计的标准差。那这里的关键值是怎样确定的呢？我们要求大家记住在正态分布中常见的一些关键值，例如90%的置信度对应的是1.65，95%的置信度对应的是1.96，99%的置信度对应的是2.58。这是一些常见的关键值，其实，一般关键值我们都是查表查出来的。前面我们只讲过正态分布，所以你只能查 z 分布表，我们现在又学习了 t 分布，那我们到底是要查 t 分布表呢？还是 z 分布表呢？我们要根据我们抽出来的这个样本的样本均值，看它服从哪个分布，我们就查哪个分布表。那我们怎样判断一个样本统计量是服从哪个分布的呢？判断规则如表2-5所示。

表2-5 判断样本服从 t 分布或 z 分布的规则

类型	检验统计量	
	小样本（$n<30$）	大样本（$n\geqslant30$）
正态分布，总体方差已知	z 统计量	z 统计量
正态分布，总体方差未知	t 统计量	t 统计量或 z 统计量
非正态分布，总体方差已知	不可行	z 统计量
非正态分布，总体方差未知	不可行	t 统计量或 z 统计量

这里有一个比较容易的记忆方法，大家需要记住三句话：方差已知用 z，方差未知用 t，非正态总体小样本不可估计。

6.8 偏差

在处理金融数据过程中，如何做到有效抽样，是存在许多问题的。下面我们将讨论4个与抽样相关的问题：数据挖掘偏差、样本选择偏差、生存者偏差和时间区间偏差。所有这些问题在点估计、区间估计和假设检验中都是非常重要的。正如我们将会看到的，如果样本以任何方式存在偏差，那么由我们所抽取的样本所得到的点估计和区间估计或者是其他任何结论都将是错误的。

数据挖掘偏差（data-mining bias）

数据挖掘偏差是偏差中最常见的一种，最简单的一句话概括就是把偶然当成必然。什么叫把偶然当成必然呢？我们来举一个例子。以前，华尔街街口有一个咖啡馆，里面那些服务员发现，只要股票经纪人带的领带是宽的，那一天的股市就会上涨；如果经纪人带的领带是窄的，那当天的股市就会下跌。所以，这些服务员就得到一个结论，他们说股票经纪人的领带的宽度和股市涨跌有关系的。这个就是把偶然当成了必然。

数据挖掘是指采用不同的模式或者交易规则对历史数据进行研究，试图发现某种预测模型。例如基于高收益率股票的历史数据的研究，经过大量的交易模式的研究，发现了某种历史上表现非常好的交易模式。如果研究报告只写了一种成功的模式，而没有指出一共进行了多少种不同的模型的测试才得到该成功的交易模式，就会出现数据挖掘偏差。

数据挖掘偏差是指由于错误使用数据而产生的误差。最常见的一种造成数据挖掘偏差的情况就是对于相同或者相关数据的过度使用。具有数据挖掘偏差的投资策略通常是不会在将来获得成功的。即使如此，还是有不少投资从业者和研究者经常从事数据挖掘的工作。因此，分析师需要理解和防范这类问题。

样本选择偏差（sample selection bias）

当研究者们考察分析师或者投资组合经理所关心的问题时，他们可能会根据不同理由（可能因为数据的可获得性），从分析中排除特定的股票、债券、投资组合或者时间段。当数据的可获得性导致特定的资产被排除到分析之外时，我们将由此产生的问题称为样本选择偏差。也就是说，当我们去考察一些东西的时候，有些样本我们是不可能抽得到的，那这个时候我们就不再是随机抽样了，因为有些样本我们根本抽不到，所以就会导致我们估计出来的结果有一定的偏差。举一个例子，比如说我们想看一下上海市所有豪宅的装修水平是怎样的，有一些豪宅我们是没办法抽得到的，因为拒绝我们入内。所以这个时候，我们就不得不把这些豪宅排除在外，我们只能从剩下的豪宅里面抽几套出来，看一看上海豪宅的装修水平是怎样的，那我们这样得到的平均水平就是有偏差的，因为有些样本在我们最开始抽样的时候就把它们剔除出去了。这种偏差就叫作选择偏差。

存活偏差（survivorship bias）

存活偏差又称为“幸存者偏差”。对于共同基金的研究，那些停止运作的、失败的基金的数据没有包含在数据库中，忽略对这些数据的研究就会导致存活偏差。同样地，大部分的对冲基金数据库中也是存在存活偏差的。如果我们想看一下对冲基金的平均收益率是多少，我们能拿到的数据都是一些已经存活下来的对冲基金的数据，那些没有存活下来的对冲基金的数据在数据库中就不再存在，因此这些数据我们根本是拿不到的。所以，我们看到的都是一些成功的案例，我们算出来的它的平均收益率肯定也非常高，这就是存活偏差所导致的。

前视偏差（look-ahead bias）

如果一个检验设计使用到了在检验日无法获得的信息，那么该检验设计就受到了前视偏差的影响。例如，使用股票市场收益率和资产负债表会计数据来进行交易策略的检验就必须对于前视偏差进行说明。在这类检验中，一家公司每股账面价值通常被用来构建 P/B（市净率）变量。虽然股票的市场价格是可以在相同时点为每个市场参与者所及时获取的，但是期末财务报告中的每股账面权益可能在下一季度公布之前不会为公众所获知。

时间区间偏差（time-period bias）

如果一个检验设计是基于一个使得结论成立的特定时间段的话，那么该检验设计就受到了时间区间偏差的影响。一个较短的时间序列很可能得出一个无法反应长期的特殊区间段的结果。一个较长的时间序列可能给出实际投资业绩表现的一个更加准确的结果；但是长时间序列的缺点在于在其时间区间内可能产生一个结构性的变化，从而造成其数据来自两个不同的收益率分布。在这种情况下，在变化之前的分布所反映的情况与变化之后的分布所描述的情况会有所不同。

7 假设检验

知识导引

分析师经常会遇到一些有关金融市场如何运行的相互对立的观点。在这些观点中，一些观点来自人们对于市场的个人研究或者经理，另一些观点来源于与同事间的交流，而这些观点更多的是出现在金融和投资的相关专业文献之中。那么，通常一位分析师是如何来判断一个关于金融市场的陈述可能是正确的还是可能是错误的呢？

当我们能够将一个想法或者论断浓缩为关于一个量（如对应的均值或者总体均值）的确定性表述时，这个想法就称为一个在统计上可以检验的陈述或者假设。分析师可能会希望回答下列问题：

- 这个基金所对应的平均收益率是否不同于其基准的平均收益率？
- 这只股票收益率的波动率是否在其加入指数之后发生了改变？
- 一个证券的买卖差价是否与市场中对该证券进行做市的交易商的数量有关？

为了回答这些问题，我们需要使用假设检验的概念和工具。假设检验是推断性统计中的一个主题。假设检验的概念和工具提供了判断所获得的证据是否能够支持假设的一种客观方法。虽然我们的结论总是以确定性的语言进行表述的，但是在对于一个假设进行统计检验之后，我们应该能对该假设是否为真的概率有一个比较清晰的认识。假设检验已经成为投资这一门学科发展中的一个有用的工具。正如社会研究协会的罗伯特 L. 卡恩（Robert L. Kahn）所说的，“只有当假设和数据相互紧密地联系在一起时，科学这个磨坊中才会研磨出有用的产品”。

与参数估计比较，假设检验是另一类重要的统计推断问题，在有些实际问题中，为说明总体的某些性质是否成立，首先做出某种假设，然后根据一定的规则和取到的样本数据去检验这种假设是否合理，经检验后若假设合理就接受这个假设，否则就拒绝这个假设。这就是假设检验问题。本章中我们将主要关注两个问题，一个是假设检验的流程，一个是均值和方差的假设检验。

7.1 假设检验的基本步骤

很久很久以前人们提出了一个疑问：太阳是不是从东方升起的呢？很多人都认为太阳是从东方升起的，但是从来没有人验证过，于是有个人就对此做了一个检验，检验一下太阳是不是从东方升起的。他的方法很简单，每天早上观察太阳升起的方向，他连续观察了很多很多天，发现每天太阳都是从东方升起的，所以他就得出了结论：太阳就是从东方升起的。

假设检验的过程也是类似的。从假设检验的名字中我们就可以看到，它包含了两个名词——假设、检验。我们知道推断性统计是用样本去估计总体，那我们得到的样本到底能不能去估计总体呢？我们就需要检验一下。要检验，我们首先要提出一个假设，假设样本能估计总体，然后我们再对此做一个检验，最后得到一个结论，看看我们的结论到底对不对，这就叫作假设检验。假设检验的步骤可以清晰地说明什么是假设检验以及如何进行假设检验，其具体步骤如下：

（1）说明一个假设

（2）确定合适的检验统计量以及其概率分布

(3) 说明显著性水平

(4) 阐述决策规则

(5) 收集数据，计算相应的检验统计量

(6) 做出统计决策

(7) 做出经济决策或投资决策

本章接下来的内容将会围绕假设检验的步骤详细展开。

名师解惑

大家都认为假设检验的步骤很难记忆，这里我们给大家举一个通俗易懂的例子便于大家记忆。比如说男女生谈恋爱，女生找了一个男朋友，她想检验一下这个男朋友到底是不是他未来合适的老公。为了检验，她首先就做了一个假设，假设这个男朋友是她未来合适的老公。然后她就要去检验这个假设对不对了。既然要检验，就要有一个检验的标准，但是有的时候我们那些所谓的标准并不能看清楚一个人到底怎么样。比如说女生的标准经常是，这个人的学历怎么样啊，工作怎么样啊，家庭背景怎么样啊，等等。因此，我们只能说通过她的标准，她有多大的把握来判断这个男朋友就是她未来合适的老公。比如说她希望检验一下她能不能有95%的把握说这个男朋友就是她未来合适的老公。只要能达到这个95%的把握她就认定他了，就打算以后嫁给他了。这就是她定的标准，有了这个标准之后，她就要从某个方面来检验一下她的男朋友了，于是这个女生就想了一个方法，她想看一下一个月里面男朋友能有几天来接她下班。有人会说越多越好，其实多了也不好，大家想一下，如果一个月里有30天男朋友都来接你下班的话，那就说明他的工作不怎么样，未来没有成长性，所以太多了也不好；但是太少的话就说明他不在乎你，所以太少了也不好。这个时候这个女生就定了一个标准，只要她男朋友一个月里面有10~20天来接她下班的话，她就认为自己有95%的把握认定他了。这就是她最后选了一个终结标准：10~20天。既然检验方法选择到了，下面她就要开始检验了，看看一个月里面她男朋友到底有几天来接她下班。如果一个月里面来接她下班的天数在10~20的话，她就认为男朋友合格了；如果一个月里面来接她下班的次数小于10天或者大于20天的话，她就把他排除掉，不选他。这就是这位女生检验她男朋友是不是她未来合适的老公的整个过程，步骤和我们的假设检验非常类似，当同学们记不起来假设检验的步骤是什么的时候，可以回想一下这个例子。

7.2 基本概念

为了推断总体的某些性质，我们会提出关于总体性质的各种假设。**假设检验**（hypothesis testing）就是根据样本提供的信息对所提出的假设做出判断的过程。

原假设（null hypothesis）是我们有怀疑，想要拒绝的假设，也就是说我们怀疑什么，我们就把它设为原假设，记为 H_0；**备择假设**（alternative hypothesis）是我们拒绝了原假设后得到的结论，记为 H_a。假设都是关于总体参数的，样本是不需要假设的，因为当我们抽出一个样本的时候，我们就知道了关于它的具体的样本统计量是多少。所以，假设都是对总体参数提出的假设。例如我们想知道总体均值是否等于某个常数 μ_0，那么原假设是：$H_0: \mu=\mu_0$；备择假设总是原假设的反面：$H_a: \mu\neq\mu_0$。上面这种检验我们称为**双尾检验**（two-tailed test），因为备择假设是双边的（$<\mu_0$ and $>\mu_0$）。以下两种假设检验称为**单尾检验**（one-tailed test）。

- H_0：$\mu \geqslant \mu_0$，H_a：$\mu < \mu_0$
- H_0：$\mu \leqslant \mu_0$，H_a：$\mu > \mu_0$

名师解惑

在单尾检验中同学们可能会有一个问题：单尾检验的时候我们是把大于号放在原假设上面，还是把大于号放在备择假设上面呢？我们还是遵循原假设的那个最基本的定义，你怀疑什么就把它放在原假设上面，就是说你想推翻什么你就把它放在原假设上面。但是，我们在做题的时候往往会发现是很不好判断的。所以，这边我们有一个小技巧告诉大家，就是：等于号一定是放在原假设上面的。这是一个非常有用的小技巧。

7.3 检验统计量

假设我们做完之后我们就要选择一个检验的方法，我们选择的这个检验的方法就叫作检验**统计量**。检验统计量最重要的一个作用就是我们要用这个检验统计量和我们自己所设定的标准进行比较。因此，检验统计量的定义就是：一个检验统计量是一个由样本计算而来的量，其数值是我们决定是否拒绝原假设的一个基础。检验统计量的一般形式为：

检验统计量 =（样本统计量 − 在 H_0 中假设的总体参数值）/ 样本统计量的标准误

比如说，我们想检验一下全中国人的平均身高是不是等于 170cm，那我们就设 H_0：$\mu = 170$；H_a：$\mu \neq 170$。然后我们进行抽样，抽取的样本的均值是 168cm。那我们该怎么样去计算检验统计量呢？就是把样本统计量 168 代入到公式中去，然后减去一个假设的值，在这个例子中假设的值就是 170，因为我们假设 $\mu = 170$，所以这个 170 就是我们假设的数。因此，分母就是（168 − 170），然后再除以样本统计量的标准误就可以了。其实，检验统计量的一般性公式大家可以不用记忆，只要记住如果我们想要检验总体均值的话，我们应该用哪个公式就可以了，就是下面的两个公式：

$$Test\ Statistic = \frac{\overline{X} - \mu_0}{\sigma/\sqrt{n}},\quad Test\ Statistic = \frac{\overline{X} - \mu_0}{s/\sqrt{n}}$$

当总体方差已知的时候用第一个公式，当总体方差未知的时候，用样本方差代替。

此外，检验统计量还有以下三个性质：

- 检验统计量是根据样本统计量计算出来的，不是查表查出来的。
- 检验统计量是服从正态分布、t 分布、卡方分布或者 F 分布的。

  因为检验统计量是根据样本统计量计算出来的，而我们抽去出来的样本是不确定的，比如说我们想估计一下全中国人的平均身高，我们抽出来的第一个样本的均值是 168cm，第二个样本的均值是 169cm，第三个样本的均值是 170cm，等等。我们可以抽出好多个样本，从而有很多个样本统计量，所以样本统计量的取值是不确定的，取值不确定的量就是一个随机变量。既然样本统计量的取值是不确定的，是一个随机变量，那么根据它计算出来的检验统计量的取值也是不确定的，也是一个随机变量。所以，检验统计量是有分布的。
- 检验统计量的一般公式只适用于 z 分布和 t 分布，不适用于卡方分布和 F 分布。

7.4 关键值

我们前面已经讲解过了检验的方法，既然我们有了检验的方法，那下面我们就要判定我们是接受原假设呢？还是拒绝原假设呢？这个时候我们就要有一个判定的标准，我们把这个标准就叫作**关键值**。这个标准其实也是衍生出来的，我们最开始的标志是只知道有百分之多少的把握，是90%的把握，还是95%的把握，还是99%的把握，这是最基本的。也就是说如果我要知道关键值的话，我就要首先知道显著性水平，也就是 α 是多少。我们前面已经讲过了，在正态分布双尾检验里面，如果显著性水平是5%的话，也就是说如果我有95%的把握的话，对应的关键值是1.96；如果显著性水平是1%的话，也就是说如果我有99%的把握的话，对应的关键值是2.58。这些是个别特例，或者说是关键值最直观的一个定义。但是我们怎么知道它到底是1.96还是2.58呢？这些常见的关键值大家是需要记忆的，如果没有记住的话怎么办呢？那我们就只能查表。我们只要知道一个 α，我们就可以查出这个 α 对应的关键值是多少。

那关键值到底是和什么有关的呢？首先，它是和样本无关的，也就是说我们把样本抽出来，样本的均值是多少，样本的方差是多少，对关键值是没有影响的。关键值只和以下三项有关。

- 和查哪张分布表有关。我们查的分布表不同，我们就会得到不同的关键值。那我们到底应该查哪一张分布表呢？一般我们遵循这样一个原则：检验统计量服从哪个分布，我们就查哪个分布表。如果服从 z 分布，我们就查 z 分布表；如果服从 t 分布，我们就查 t 分布表，等等。
- 和显著性水平 α 有关。前面我们已经讲过了，α 不同的话，就会有不同的关键值。例如，在正态分布双尾检验中，如果 α 等于5%，它对应的关键值是±1.96；如果 α 等于1%，它对应的关键值是±2.58。
- 和单尾检验还是双尾检验有关。我们已经知道在正态分布双尾检验中，如果 α 等于5%，也就是95%的置信度，对应的关键值是±1.96（如图2-31所示）。正因为它的拒绝域在两边，所以我们把它称为双尾检验。和双尾检验对应的还有单尾检验，单尾检验的特点就是它的拒绝域在一边。在正态分布单尾检验中，如果显著性水平 α 等于5%，那它对应的关键值应该是多少呢？我们可以看下面单尾检验的图，由于正态分布是对称图形，当一边拒绝域的面积是5%的时候，另一边和它对应的应该也是5%。在双尾检验中两边都是5%的情况下，置信度为90%，对应的关键值应该是±1.65。所以，单尾检验中如果 α 等于5%，拒绝域在右边的话，对应的关键值就是1.65。

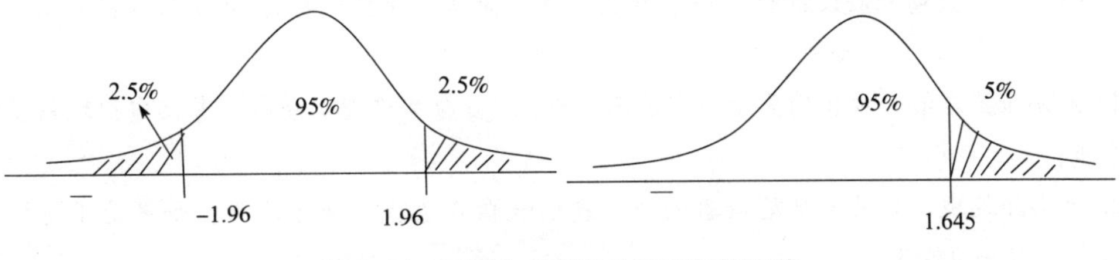

图2-31 双尾与单尾的关键值与拒绝域

7.5 判断规则

基于检验统计量和关键值的判断规则

计算了检验统计量和关键值之后，怎样判断是拒绝原假设还是不拒绝原假设呢？

首先，我们要搞清楚我们做的是双尾检验还是单尾检验。如果是双尾检验，那么拒绝域在两边。以双尾的z检验为例，首先画出z分布（标准正态分布），在两边画出黑色的拒绝域，如图2-32所示。

拒绝域的面积应等于显著性水平α。以$\alpha=5\%$为例，左右两块拒绝域的面积之和应等于5%，可知交界处的数值为±1.96。±1.96即为关键值。

如果从样本数据中计算得出的检验统计量落在拒绝域（小于-1.96或大于1.96），就拒绝原假设；如果检验统计量没有落在拒绝域（在-1.96和1.96之间），就不能拒绝原假设。

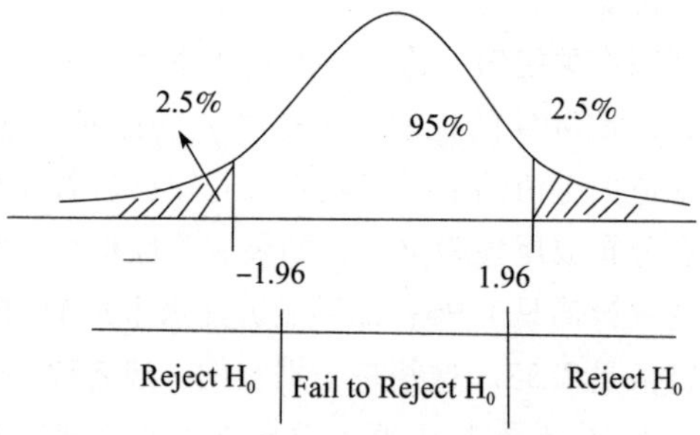

图2-32 基于检验统计量和关键值的判断规则（双尾）

如果是单尾检验，那么拒绝域在一边。拒绝域在哪一边，要看备择假设中是大于号还是小于号，如果备择假设中是大于号，那拒绝域就在右边；如果备择假设中是小于号，那拒绝域就在左边。以单尾的z检验为例，假如原假设设为H_0：$\mu\leq\mu_0$，备择假设为H_a：$\mu>\mu_0$，那么拒绝域在右边，因为备择假设中是大于号（$\mu>\mu_0$）。首先画出z分布（标准正态分布），在右边画出黑色的拒绝域，如图2-33所示。

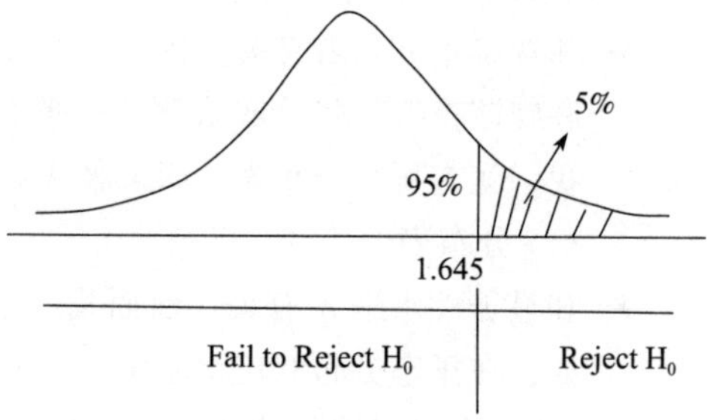

图2-33 基于检验统计量和关键值的判断规则（单尾）

拒绝域的面积还是等于显著性水平α。以$\alpha=5\%$为例，因只有一块拒绝域，因此其面积应等于5%，可知交界处的数值为1.65，1.65即为关键值。

如果从样本数据中计算得出的检验统计量落在拒绝域（大于1.65），就拒绝原假设；如果检验统计量没有落在拒绝域（小于1.65），就不能拒绝原假设。

以上就是双尾检验和单尾检验的判断规则。双尾检验和单尾检验计算的检验统计量是一样的，但注意查表求得的关键值是不同的。

名师解惑

在CFA一级数量中假设检验是一个难点，很多同学认为假设检验的过程不容易记忆，下面我们就把假设检验的过程给大家总结一下，一共是六大步：

1. 画分布图。第一步我们要把分布图画出来，是z分布还是t分布，考试中出现最多的就是z分布；

2. 画出拒绝域。如果是双尾检验的话，我们就在两边找个地方涂黑，如果是单尾检验的话，我们就在一边涂黑；

3. 找出拒绝域面积。拒绝域的面积是和显著性水平α有关的，α就是拒绝域的面积，$(1-\alpha)$就是接受域的面积；

4. 找到关键值。我们要找到黑白交界处的值，有了α，有了分布以后，我们就可以知道黑白交界处的值是多少了；

5. 计算检验统计量。我们把样本统计量代入到公式当中计算出检验统计量的值；

6. 判断决绝还是接受。有了检验统计量之后，我们就看这个检验统计量是落在拒绝域里面还是落在接受域里面。如果落在拒绝域里面，我们就拒绝原假设，如果落在接受域里面，我们就不能拒绝原假设。

基于 p 值（p-value）和显著性水平的判断规则

上面讲了基于检验统计量和关键值的判断规则，这是考试最喜欢考的一种判断规则。但是在实际应用中，很少使用这一种决策规则。几乎所有统计软件都不要你输入显著性水平 α，因此统计软件无法计算出关键值，而只能计算出检验统计量。统计软件在计算出检验统计量之后，进一步计算出 p 值，你可以讲 p 值与显著性水平 α 作比较，以决定拒绝还是不拒绝原假设，这就是基于 p 值和显著性水平的判断规则。

首先，我们来看看 p 值究竟是什么。对于双尾检验，有两个检验统计量，两个检验统计量两边的面积之和就是 p 值。因此，每一边的面积都是 $p/2$，如图 2-34 所示。

对于单尾检验，只有一个检验统计量，检验统计量边上的面积就是 p 值，如图 2-34 所示。

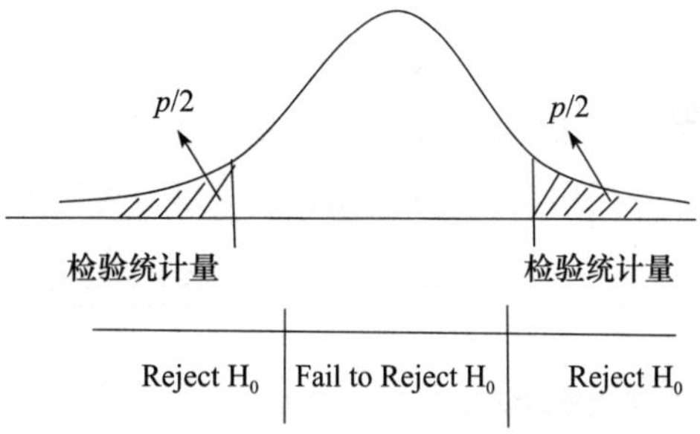

图 2-34 基于 p 值和显著性水平的判断规则

计算 p 值的目的是与显著性水平 α 作比较。如果 p 值小于显著性水平 α，说明检验统计量落在拒绝域，因此拒绝原假设。如果 p 值大于显著性水平 α，说明检验统计量没有落在拒绝域，因此不能拒绝原假设。

术语解释

p 值的定义 可以拒绝原假设的最小显著性水平。

以上就是基于 p 值和显著性水平的判断规则，本质上与基于检验统计量和关键值的判断规则是一致的。大家需要同时掌握这两种判断规则。

7.6 结论的陈述

如果我们要拒绝原假设的话，那就用 reject；如果不能够拒绝原假设的话，我们不能说"接受"（accept）原假设，我们只能说"fail to reject H_0"或者"cannot reject H_0"。

在做出判断之后，我们还要陈述结论。如果拒绝原假设 H_0：$\mu=\mu_0$，那么我们说：总体均值显著地不等于 μ_0（μ is significantly different from μ_0）。如果没有拒绝原假设，那么我们说：总体均值没有显著地不等于 μ_0（μ is not significantly different from μ_0）。

7.7 第一类错误和第二类错误

我们在做假设检验的时候会犯两种错误：①原假设是正确的，而你判断它为错误的；②原假设是错误的，而你判断它为正确的。我们分别成这两种错误为第一类错误和第二类错误。

第一类错误 原假设是正确的，却拒绝了原假设；

第二类错误 原假设是错误的，却没有拒绝原假设。

我们常把假设检验比作法庭判案，我们想知道被告是好人还是坏人。原假设是“被告是好人”，备择假设是“被告是坏人”。法庭判案会犯两种错误：如果被告真是好人，而你判他有罪，这是第一类错误（错杀好人）；如果被告真是坏人，而你判他无罪，这是第二类错误（放走坏人）。

大家一般都认为这两种错误类型比较难记，我们这里有两种记忆方法：我们可以把第一类错误记为“以真为假”，把第二类错误记为“以假为真”。同时，我们仍然可以讲第一类错误记为“错杀好人”，把第二类错误记为“放走坏人”。

在其他条件不变的情况下，如果要求犯第一类错误概率越小，那么犯第二类错误的概率就会越大。这个结论比较容易理解，当我们要求“错杀好人”的概率降低时，那么往往就会“放走坏人”。

在做假设检验的时候，我们会规定一个允许犯第一类错误的概率，比如 5%，这就是我们所谓的显著性水平 α。我们通常只规定犯第一类错误的概率，而不规定犯第二类错误的概率。

检验的势（power of the test）定义为在原假设是错误的情况下正确拒绝原假设的概率。检验的势等于 1 减去犯第二类错误的概率：*power of the test* = 1 − *P*(Type II error)。

我们用表 2-6 来更清楚地表示显著性水平和检验的势与第一类错误和第二类错误的关系。

表 2-6　显著性水平和检验的势与第一类错误和第二类错误的关系

	原假设正确	**原假设不正确**
拒绝原假设	第一类错误 *significance level* = α	判断正确
没有拒绝原假设	判断正确	第二类错误 *power of the test* = *P*(Type II error)

7.8　总体均值的假设检验

单个总体均值的假设检验

我们想知道一个正态分布的总体的均值是否等于（或大于等于、小于等于）某个常数 μ_0，可以使用 z 检验或 t 检验。双尾和单位检验的原假设和备择假设如下。

- H_0：$\mu = \mu_0$，H_a：$\mu \neq \mu_0$
- H_0：$\mu \geqslant \mu_0$，H_a：$\mu < \mu_0$
- H_0：$\mu \leqslant \mu_0$，H_a：$\mu > \mu_0$

我们前面已经讲过了什么时候用 z 检验，什么时候用 t 检验，这里我们再简单地复习一下，具体如表 2-7 所示：

表 2-7　z 检验和 t 检验的使用

正态总体	$n<30$	$n \geqslant 30$
已知总体方差（σ^2）	z 检验	z 检验
未知总体方差	t 检验	t 检验或 z 检验

从表 2-6 可知，如果已知总体的方差，用 z 检验；如果总体方差未知，用 t 检验。但如果未知总体方差而样本又比较大（$n \geqslant 30$）时，也可以用 z 检验。

下面，我们就要计算 z 统计量和 t 统计量。如果已知总体方差，那么 z 统计量的公式为：

$$Z = \frac{\bar{x} - \mu_0}{\sigma / \sqrt{n}}$$

其中 $\bar{x}$ 为样本均值；σ 为总体标准差；n 为样本容量。

如果总体方差未知，那么 z 统计量的公式中，总体标准差 σ 用样本标准差 s 代替：

$$Z = \frac{\bar{x} - \mu_0}{s/\sqrt{n}}$$

t 统计量的计算方法和 z 统计量相似：

$$t_{n-1} = \frac{\bar{x} - \mu_0}{s/\sqrt{n}}$$

下标（$n-1$）是 t 分布的自由度，我们在查表寻找关键值的时候需要用到自由度。

检验两个总体均值是否相等

我们想知道两个相互独立的正态分布总体的均值是否相等，可以使用 t 检验来完成。双尾和单位检验的备择假设如下。

➢ H_0：$\mu_1 = \mu_2$，H_a：$\mu_1 \neq \mu_2$

➢ H_0：$\mu_1 \geqslant \mu_2$，H_a：$\mu_1 < \mu_2$

➢ H_0：$\mu_1 \leqslant \mu_2$，H_a：$\mu_1 > \mu_2$

下标1和2分别表示取自第一个总体的样本和取自第二个总体的样本。这两个样本相互独立。

在开始做假设检验之前，我们要先区分两种情况：①总体方差未知但假定相等（$\sigma_1^2 = \sigma_2^2$）；②总体方差未知且假定不相等（$\sigma_1^2 \neq \sigma_2^2$）。

对于第一种情况，我们用 t 检验，其自由度为 $n_1 + n_2 - 2$。t 统计量的计算公式如下：

$$t_{n_1+n_2-2} = \frac{(\bar{x}_1 - \bar{x}_2) - (\mu_1 - \mu_2)}{\left(\frac{s_p^2}{n_1} + \frac{s_p^2}{n_2}\right)^{1/2}}$$

式中，s_p^2 为$\frac{(n_1 - 1)\ s_1^2 + (n_2 - 1)\ s_2^2}{n_1 + n_2 - 2}$；$s_1^2$ 为第一个样本的样本方差；s_2^2 为第二个样本的样本方差；n_1 为第一个样本的样本容量；n_2 为第二个样本的样本容量。

对于第二种情况，我们也用 t 检验，其自由度$\frac{\left(\frac{s_1^2}{n_1} + \frac{s_2^2}{n_2}\right)^2}{\frac{(s_1^2/n_1)^2}{n_1} + \frac{(s_2^2/n_2)^2}{n_2}}$。$t$ 统计量的计算公式如下：

$$t = \frac{\bar{x}_1 - \bar{x}_2 - (\mu_1 - \mu_2)}{\left(\frac{s_1^2}{n_1} + \frac{s_2^2}{n_2}\right)^{1/2}}$$

式中，s_1^2 为第一个样本的样本方差；s_2^2 为第二个样本的样本方差；n_1 为第一个样本的样本容量；n_2 为第二个样本的样本容量。

成对数检验（paired comparisons test）

上面我们讲了两个相互独立的正态分布总体的均值检验，两个样本是相互独立的。如果两个样本相互不独立，我们做均值检验时要使用成对数检验。成对数检验也使用 t 检验来完成，双尾和单尾检验的原假设和备择假设如下：

➢ H_0：$\mu_d = \mu_0$，H_a：$\mu_d \neq \mu_0$

➢ H_0：$\mu_d \geqslant \mu_0$，H_a：$\mu_d < \mu_0$

➢ H_0：$\mu_d \leqslant \mu_0$，H_a：$\mu_d > \mu_0$

μ_d 表示两个总体均值之差（$\mu_d=\mu_1-\mu_2$），为常熟；μ_0 通常等于零。t 统计量的自由度为 $(n-1)$，计算方法如下：

$$t=\frac{\bar{d}-\mu_0}{s_{\bar{d}}}$$

其中，$\bar{d}$ 是样本差的均值。我们取得两个成对的样本之后，对应相减，就得到一组样本差数据，求这一组数据的均值，就是 $\bar{d}$。$s_{\bar{d}}$ 是 $\bar{d}$ 的标准误，即 $s_{\bar{d}}=\frac{s_d}{\sqrt{n}}$。

7.9 总体方差的假设检验

单个总体方差的假设检验

上面我们讲的都是关于总体均值的假设检验，下面我们要讲关于总体方差的假设检验。首先是关于单个总体方差是否等于（或大于等于、小于等于）某个常数 σ_0 的假设检验。我们要使用 χ^2 检验（chi - square test）。χ 是希腊字母，中文翻译为“卡方检验”。双尾和单尾检验的原假设和备择假设如下。

- H_0：$\sigma^2=\sigma_0^2$，H_a：$\sigma^2\neq\sigma_0^2$
- H_0：$\sigma^2\geqslant\sigma_0^2$，$H_a$：$\sigma^2<\sigma_0^2$
- H_0：$\sigma^2\leqslant\sigma_0^2$，$H_a$：$\sigma^2>\sigma_0^2$

χ^2 统计量的自由度为 $n-1$，计算方法如下：

$$\chi_{n-1}^2=\frac{(n-1)s^2}{\sigma_0^2}$$

其中，s^2 为样本方差。

检验两个总体方差是否相等

我们想知道两个相互独立的正态分布总体的方差是否相等，可以使用 F 检验来完成。双尾和单尾检验的原假设和备择假设如下。

- H_0：$\sigma_1^2=\sigma_2^2$，H_a：$\sigma_1^2\neq\sigma_2^2$
- H_0：$\sigma_1^2\geqslant\sigma_2^2$，$H_a$：$\sigma_1^2<\sigma_2^2$
- H_0：$\sigma_1^2\leqslant\sigma_2^2$，$H_a$：$\sigma_1^2>\sigma_2^2$

下标1和2分别表示取自第一个总体的样本和取自第二个总体的样本。

F 统计量的自由度为 n_1-1 和 n_2-1，计算方法如下：

$$F=\frac{s_1^2}{s_2^2}$$

其中，s_1^2 和 s_2^2 分别为第一个样本和第二个样本的样本方差。请记住，永远把较大的一个样本方差放在分子上（$s_1^2>s_2^2$），即 F 统计量永远大于1。如果我们这样了的话，我们就只需考虑右边的拒绝域，而不管 F 检验是单尾检验还是双尾检验。请记住，不管你做的 F 检验是单尾检验还是双尾检验，其拒绝域只在右边一边。

F 分布有两个自由度——分子自由度（n_1-1）和分母自由度（n_2-1）。哪个样本的样本方差在分子上，分子自由度就是哪个样本的样本容量减1；哪个样本的样本方差在分母上，分母自由度就是哪个样本的样本容量减1。

名师解惑

同学们通常觉得这么多个统计量很难记，而且不知道什么时候该用哪个统计量，我们把上面的讲到的几个统计量现总结如下：

检验类型	具体情况	检验统计量	服从分布
均值检验	单个正态总体，方差已知	$Z=\frac{\bar{x}-\mu_0}{\sigma/\sqrt{n}}$	$N(0,1)$
	单个正态总体，方差未知	$t_{n-1}=\frac{\bar{x}-\mu_0}{s/\sqrt{n}}$	$t(n-1)$
	两个正态总体，独立样本，方差未知但是相等	$t=\frac{\bar{x}_1-\bar{x}_2-(\mu_1-\mu_2)}{\left(\frac{s_p^2}{n_1}+\frac{s_p^2}{n_2}\right)^{1/2}}$	$t(n_1+n_2-2)$
	两个正态总体，独立样本，方差未知不相等	$t=\frac{\bar{x}_1-\bar{x}_2-(\mu_1-\mu_2)}{\left(\frac{s_1^2}{n_1}+\frac{s_2^2}{n_2}\right)^{1/2}}$	$t\left(\frac{\left(\frac{s_1^2}{n_1}+\frac{s_2^2}{n_2}\right)^2}{\frac{(s_1^2/n_1)^2}{n_1}+\frac{(s_2^2/n_2)^2}{n_2}}\right)$
	两个非独立总体，成对检验	$t=\frac{\bar{d}-\mu_0}{s_{\bar{d}}}$	$t(n-1)$
方差检验	单个正态总体	$\chi_{n-1}^2=\frac{(n-1)\ s^2}{\sigma_0^2}$	$\chi^2(n-1)$
	两个正态总体，独立样本	$F=\frac{s_1^2}{s_2^2}$	$F(n_1-1,\ n_2-1)$

注：其中 $s_p^2=[(n_1-1)\ s_1^2+(n_2-1)\ s_2^2]/(n_1+n_2-2)$，$s_{\bar{d}}=s_d/\sqrt{n}$

这张表中，我们要着重掌握检验统计量，我们要知道在哪种情况下要用哪一个检验统计量。

7.10 参数检验和非参数检验

参数检验 是在已知总体分布的条件下（一般要求总体服从正态分布）对一些主要的参数（如均值、百分数、方差、相关系数等）进行的检验，有时还要求某些总体参数满足一定条件。如独立样本的 T 检验和方差分析不仅要求总体符合正态分布，还要求各总体方差齐性。我们之前所介绍的统计方法都是参数检验法。

比较两个总体间的差异，我们比较熟悉的是依据总体方差是否已知，选择使用正态 Z 检验或 t 检验法。但如果有明显的证据表明，这些参数检验法不能使用时又该如何呢？非参数检验法对此提供了解决方案。

非参数检验 不考虑总体分布是否已知，常常也不是针对总体参数，而是针对总体的某些一般性假设（如总体分布的位置是否相同，总体分布是否正态）进行检验。

非参数检验方法简便，不依赖于总体分布的具体形式因而适用性强，但灵敏度和精确度不如参数检验。一般而言，非参数检验适用于以下三种情况：①顺序类型的数据资料，这类数据的分布形态一般是未知的；②虽然是连续数据，但总体分布形态未知或者非正态，这和卡方检验一样，称自由分布检验；③总体分布虽然正态，数据也是连续类型，但样本容量极小，如10以下（虽然T检验被称为小样本统计方法，但样本容量太小时，代表性毕竟很差，最好不要用要求较严格的参数检验法）。因为这些特点，加上非参数检验法一般原理和计算比较简单，因此常用于一些为正式研究进行探路的预备性研究的数据统计中。当然，由于非参数检验许多牵涉不到参数计算，对数据中的信息利用不够，因而其统计检验力相对参数检验也差得多。

斯皮尔曼等级相关

斯皮尔曼等级相关是根据等级资料研究两个变量间相关关系的方法。它是依据两列成对等级的各对等级数之差来进行计算的，所以又称为“等级差数法”。

斯皮尔曼等级相关对数据条件的要求没有积差相关系数严格，只要两个变量的观测值是成对的等级评定资料，或者是由连续变量观测资料转化得到的等级资料，不论两个变量的总体分布形态、样本容量的大小如何，都可以用斯皮尔曼等级相关来进行研究。

8 技术分析

知识导引

证券投资的技术分析法认为股票价格的变化取决于市场的供求关系，所有影响股票价格的因素都已反映在股票价格和交易量的变化之中，而不需要再去分析各种基本资料。技术分析法还认为股票市场的变化有一定规律，市场变化的历史还会重演，过去股票市场变化的规律和形态会在一定条件下再度出现。因此技术分析主要是利用逻辑学、数学的方法去发现过去股票价格形态重现的时机。技术分析主要用于分析股票市场的短期波动，帮助投资者选择投资的时机。

技术分析法也有其不足之处，人们批评技术分析法缺乏可靠、周密、有说服力的理论依据，它的分析指标没有统一标准，预测市场变动的准确率也不高。尽管如此，仍有不少市场人士对技术分析法倍加青睐，也不乏预测成功的实例。

8.1 技术分析的含义和分析目的

技术分析是以证券市场的过去轨迹为基础，预测证券价格未来变动趋势的一种分析方法。这种方法建立在一定的假设条件之上，并以证券的价格、成交量和证券价格变动的时间跨度为分析的三要素。

技术分析的含义

技术分析是以证券价格的动态变化和变动规律为分析对象，借助图标和各类指标，通过对证券市场行为的分析，预测证券市场未来变动趋势的分析方法。实际上，技术分析不仅用于证券市场，还广泛地应用于外汇市场、期货市场和其他金融市场。

技术分析的目的

技术分析的目的在于探索证券市场的价格变动趋势。证券价格的变动趋势有上升趋势、下降趋势和盘整趋势三种类型。技术分析从本质上说，是着眼于把握证券价格总体的、长期的变动趋势。一个长期的上升趋势，并非始终直线上升，而是以“进二退一”的方式逐渐攀升。在证券价格上涨的过程中，证券价格会出现多次大小不等的回调，或者借以消化以前套牢的“筹码”，或者因为部分投资者的获利回吐，在一次次回调中，积蓄功能，以便进一步冲击新高点。同样，在一个长期下跌的过程中，证券价格也会不断出现反弹，以“退二进一”的方式逐渐下跌，而不是直线下降。而盘整的局面不可能永远不变，盘整本身就意味着能量的积聚，一旦走出盘局，证券价格无非是上涨或下跌两种可能。技术分析的目的，就是帮助投资者把握市场趋势，一是不要在大势未变、仅仅是出现回调或反弹。实际上，要正确预测市场趋势的变化和趋势的转折是十分困难的事，正因为如此，有人对技术分析全盘否定，有人孜孜以求，至今莫衷一是，无一定论。

在实际应用中，有不少投资者利用技术分析方法对回调和反弹的预测做中线或短线投资，或是利用对盘整趋势的预测在盘整区域逢低吸纳，逢高派发。还有很多投资者运用技术分析法预测个股的价格走势，寻找相对低点和相对高点作为买卖的时机。对这些投资者来说，证券市场长期、总体的变动趋势似乎并不重要，只要把握中期甚至短期趋势，照样能获取投资收益。由于预测市场趋势的变化和转折十分困难，技术分析更多地被应用于预测证券价格的短期波动和帮助投资者获得短期收益。

8.2 技术分析的假设和要素

技术分析的假设

技术分析作为一种投资分析工具，是以一定的假设条件为前提而存在的。

（1）市场行为涵盖一切信息

这一前提是与有效市场假说（efficient markets hypothesis，EMH）一致的。根据有效市场假说，如果信息是高度对称的、透明的，那么任何信息都会迅速而充分地反映在市场价格中。技术分析也认为，如果证券市场是有效的，那么影响证券价格的所有因素，都会立即反映在市场行为中，并在证券价格上得到体现。作为技术分析方法的应用者，不用去关心是什么因素影响证券价格，只需要从市场的量价变化中知道这些因素对市场行为的影响效果。这一假设是有一定合理性的，因为任何一个因素对证券市场的影响最终都必然体现在证券价格的变动上，所以这一假设是技术分析的基础，离开这一假设条件，技术分析将无法进行。

（2）证券价格沿趋势移动

这一假设认为证券价格的变动是有规律的，即有保持原来变动方向的惯性，而证券价格的运动方向是由供求关系决定的。技术分析法认为供求关系是一种理性和非理性力量的综合，证券价格运动反映了一定时期内供求关系的变化。供求关系一旦确立，证券价格的变动趋势就会一直持续下去，只要供求关系不发生彻底改变，证券价格走势就不会发生反转。这一假设条件也有一定的合理性，因为供求关系决定价格在市场经济中是普遍存在的。这一假设条件是技术分析最根本、最核心的条件，只有承认证券价格遵循一定规律变动，运用各种方法发现、解释这些规律并对证券投资活动进行有效指导的技术分析法才是存在的价值。

（3）历史会重复

这一假设建立在对投资者心理分析的基础上，即当市场出现和过去相同或相似的情况时，投资者会根据过去的成功经验或失败教训来做出目前的投资选择，市场行为和证券价格走势会出现历史重演。因此，技术分析法认为，根据历史资料概括出来的规律已经包含了未来证券市场一切变动的趋势，所以可以根据历史预测未来。这一假设也有一定的合理性，一位投资者的心理因素影响着投资行为进而影响证券价格。

技术分析的三个假设条件有合理的一面也有不尽合理的一面。例如，第一个假设存在的前提条件是证券市场是有效的市场，然而众多实证分析指出，即使像美国这样发达的证券市场也仅是弱势有效市场，或者最多是半强式有效市场，更何况信息损失是必然的，因此市场行为包括一切信息也只能是理想状态。又如一切基本因素确实通过供求关系影响证券价格和成交量，但证券价格最终要受它的内在价值制约。再如，历史也确实有相似之处，但绝不是简单的重复，差异总是存在的，绝不会出现完全相同的历史重演。正因为如此，技术分析显得说服力不够强、逻辑联系充分并引起不同的看法和争论。

技术分析的三大要素

技术分析的三大要素是证券价格、成交量和价格变动的时间跨度。技术分析可以简单地归结为对价、量、时间三者关系的分析。在技术分析中，价量关系是基本要素，市场价格指数可以解释和反映市场的大部分行为，收盘价和收盘价格指数是最重要的价格和指数，而成交量则是确定价格走势的重要保证。某一时点上的价和量是交易双方市场行为形成的结果，是双方力量对比暂时的均衡点。一般来说，买卖双方对价格的认同程度是通过成交量加以确认的，认同程度大，成交量大；反之，成交量小。双方的这种认同程度反映在价量关系上就形成价升量增、价跌量减的规律性变化。根据这一规律，当价格上升而成交量不能随之放大时，意味着价格的上升得不到买方认可，价格上升缺乏动力；当价格下跌而成交量不能伴随放大却一再萎缩时，表明价格下降已得不到卖方认同，价格将止跌回稳。时间既可消耗能量，又可积蓄能量，随着时间的推移，双方的力量对比会发生变化，证券价格的运动趋势也会改变。价格、成交量、时间是技术分析的三维变量，缺一不可。一切技术分析方法都是以价、量、时间为研究对象，通过分析三者关系的变化研究证券市场的运行规律。

8.3 技术分析的优点及其面对的挑战

技术分析和基本面分析的差别

基本面分析认为证券的供给和需求由其内在价值决定，如期望收益率和风险等信息，可以通过对于公司盈利和其他公开数据的分析预测股票的内在价值变动。而技术分析就是指基于历史价格和交易量变动等因素来估计判断未来证券价格波动的一种分析方法。技术分析、基本面分析和有效市场分析的区别在于证券价格反映新信息的速度不同。有效市场分析认为证券价格反映信息的速度最快，技术分析方法次之，而基本面分析方法下的证券价格反映新信息的速度最慢。

图 2-35 说明，在没有新信息的情况下，某股票价格围绕其内在价值上下波动，新信息（如公司盈利增长）到达市场。基本分析需要找到为什么股票价值会上升，一旦找到理由，股票的价格就会上升到内在价值，价格调整路径为 0 ~ 1；技术分析寻找股价变动区间移动的信号，认为价格的变动将会持续较长时间，价格调整路径为 0 ~ 2；有效市场假设认为股价将立即上升，即从 0 ~ 3。

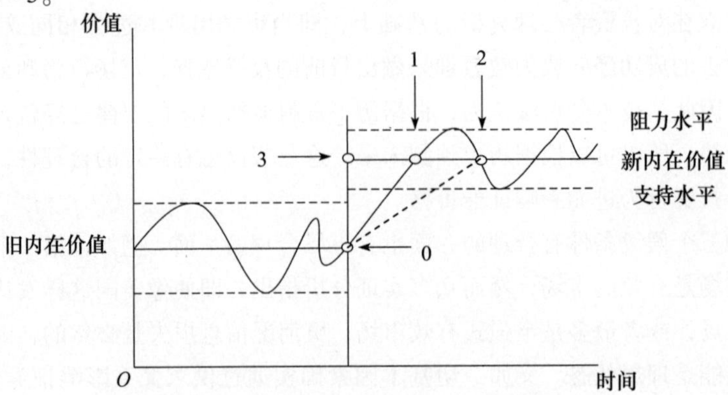

图 2-35 基本面分析和技术分析的差别

技术分析的优点

技术分析是证券投资分析中常用的一种分析方法，各种理论和技术指标都经过几十年甚至上百年的实践检验，在今天看来仍然具有参考意义。技术分析主要有以下优点。

- 很快、很容易；
- 交易信息数据无缺失，不用处理会计问题；
- 包含了价格运动后面的心理分析和经济原因分析；
- 可以辨别什么时候买而不是为什么买。

技术分析面临的挑战

技术分析的缺点是考虑对象的范围相对较窄，对长远的市场趋势难以进行有效的判断。基本面分析主要适用于周期相对比较长的市场预测，以及预测精确度要求不高的领域。技术分析相对于基本面分析更适用于短期的行情预测，要进行周期较长的分析则必须参考基本分析，这是应用技术分析最应该注意的问题。因为技术分析是经验的总结而非科学体系，所以通过技术分析所得到的结论并由此进行的交易操作需要以概率的形式为投资者带来收益。此外，技术分析法还面临着以下挑战：

- 根据自相关检验和游程检验等学术研究结果，过去的价格运动趋势也许将来不会重复发生，根据有效市场假说，信息也不会滞后较长时间才反映到股价上。因此技术分析可能是无效的；
- 如果技术交易法则是有效的，那么价格波动会成为“自我实现”先验，也就是说，如果有足够多的人相信价格一旦突破某一个临界值就会继续上涨10元，则在这一临界值附近买方压力会很大，这足以引起10元的上涨幅度；
- 因为技术分析很容易完成，如果有效，其他人就会去模仿，市场将自我毁灭；
- 解释技术规则时主观性太强，不同时间决策方法不同，因此难以执行。

8.4 技术分析的理论基础——道氏理论

形成过程

道氏理论是技术分析的理论基础，许多技术分析方法的基本思想都来自道氏理论。该理论的创始人是美国人查尔斯·亨利·道。为了反映市场总体趋势，他与爱德华·琼斯创立了著名的道-琼斯平均指数。他们在《华尔街日报》上发表的有关证券市场的文章，经后人整理，成为我们今天看到的道氏理论。

主要原理

（1）市场平均指数可以解释和反映市场的大部分行为。这是道氏理论对证券市场的重大贡献。道氏理论认为收盘价是最重要的价格，并利用收盘价计算平均价格指数。目前，世界上所有的证券交易所计算价格指数的方法大同小异，都源于道氏理论。此外，他还提出平均价格涵盖一切信息的假设。目前，这仍是技术分析的一个基本假设。

（2）市场波动具有某种趋势。道氏理论认为，价格的波动尽管表现形式不同，但最终可以将它们分为三种趋势：主要趋势（primary trend）、次要趋势（secondary trend）和短暂趋势（near term trend）。主要趋势是那些持续1年或1年以上的趋势，看起来像大潮；次要趋势是那些持续3周~3个月的趋势，看起来像波浪，是对主要趋势的调整；短暂趋势持续时间不超过3周，看起来像波纹，其波动幅度更小。

（3）主要趋势有三个阶段（以上升趋势为例）。

第一个阶段为积累阶段。该阶段中，股价处于横向盘整时期。在这一阶段，聪明的投资者在得到信息并进行分析的基础上开始买入股票。

第二个阶段上涨阶段。在这一阶段，更多的投资者根据财经信息并加以分析，开始参与股市。尽管趋势是上升的，但也存在股价修正和回落。

第三个阶段为市场价格达到顶峰后出现的又一个积累期。在这一阶段，市场信息变得更加为众人所知，市场活动更为频繁。第三个阶段结束的标志是下降趋势，并又回到积累期。

（4）两种平均价格指数必须相互加强。道氏理论认为，工业平均指数和运输业平均指数必须在同一方向上运行才可确认某一市场趋势的形成。

（5）趋势必须得到交易量的确认。在确定趋势时，交易量是重要的附加信息，交易量应在主要趋势的方向上放大。

（6）一个趋势形成后将持续，知道趋势出现明显的反转信号。这是趋势分析的基础。然而，确定趋势的反转却不太容易。

对道氏理论的评价

道氏理论自问世以来，经历了时间的考验，曾经数次在股票市场长期趋势的转折关头发出及时准确的信号，令很多人信服。道氏理论作为股价理论的重要基础，有他的合理成分。①道氏理论具有合理的内核和严密的逻辑，指出了股市循环和经济周期变动的联系，在一定程度上能对股市的未来变动趋势做出预测和判断，因而拥有很多信奉者，为投资大众所熟悉。②依道氏理论编制的股票价格平均数和股价指数是反映经济周期变动的灵敏的晴雨表，被认为是最可靠的先导指标。有证据表明，道琼斯指数领先经济周期好转6个月而向上变动，比经济衰退领先3~6个月而向下变动。③道氏理论对以后的技术分析法有重大影响。尽管道氏理论主要是对股市变动的长期趋势做出预测，但后人却在道氏理论的基础上发展演绎出种种长期、中短期的技术分析方法。因此，道氏理论被认为是技术分析法的鼻祖。

但是人们对道氏理论也提出不少批评意见，并且涉及它的实用性和可靠性，主要有以下几点：①道氏理论最明显的缺点是侧重于长期分析而不能做出中短期分析，更不能指明最佳的买卖时机。②即使是对长期趋势的预测，道氏理论也无法预先精确地指明股市变动的高峰和低谷，而要等股价变动数周甚至数月以后，在两个股价平均数明显突破上一次的高峰或低估后才能发出趋势转变的信号，因此它的预告有滞后性。③股票市场的实际变动，特别是长期趋势和中期趋势，并不像道氏理论表述的那样泾渭分明，人们很难将它们加以区分，加上这一理论多次发出错误信号，使投资者遭受损失。④道氏理论过于强调股价平均数，但股价平均数不等于整个股票市场，并非所有股票都与股价平均数同涨同跌，这一理论没有给投资者指出具体的投资对象。⑤道氏理论将工业股价平均数与运输业股价平均数相关联有其历史背景，在道氏理论创建时，铁路运输在美国经济中占有重要地位，但时至今日运输业的变动是否能代表整个经济的背景状况已不能令人信服。

8.5 股价图形分析

股价图形分析是将股票价格记录和绘制在特定的图标上，通过对图标上走势的分析来预测股票价格的变化趋势，从而决定买卖行为的一种技术分析法。图形分析的基础是股价走势图表，按图形的形态分有点线图、直线图、K线图和○×图等。

折线图（line chart）

折线图又称为点线图，一般是将每日的收盘价画在坐标上，并将逐个点连接成线，这是一种最简单的图形，可以反映股票价格的简单走势（见图2-36）。

图2-36 折线图

条形图（bar chart）

直线图又叫棒状图，其直线部分表示当天或本周行情的最高价和最低价，左侧横线代表开盘价，右侧横线代表收盘价，也有仅用最高价、最低价、收盘价表示，也可以将直线图绘制在坐标图上，借以反映价格的走势（见图2-37）。

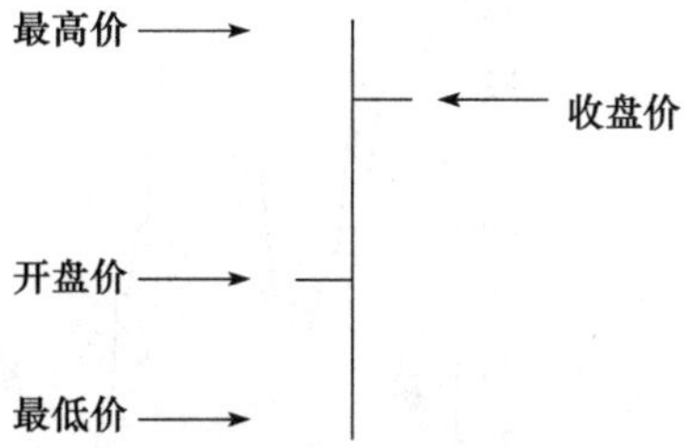

图2-37 条形图

蜡烛图（candlestick line）

蜡烛图又称K线图或阴阳线，是目前普遍使用的图形，K线图较细腻地表现了交易过程中买卖双方的实力对比和价格波动状况，可用于判断买卖双方的强弱程度，并作为投资决策的参考。

K线的结构分为实体、上影线和下影线三部分，实体部分表示一定时期（一日、一周、一月、一年等）的开盘价和收盘价，上影线的上端顶点表示同一时期的最高价，下影线的下端顶点表示最低价。依一定时期开盘价与收盘价的关系分，又将K线分为红线与黑线两种，收盘价高于开盘价用红色表示，称为阳线；收盘价低于开盘价，用黑色表示，称为阴线（见图2-38和图2-39）。

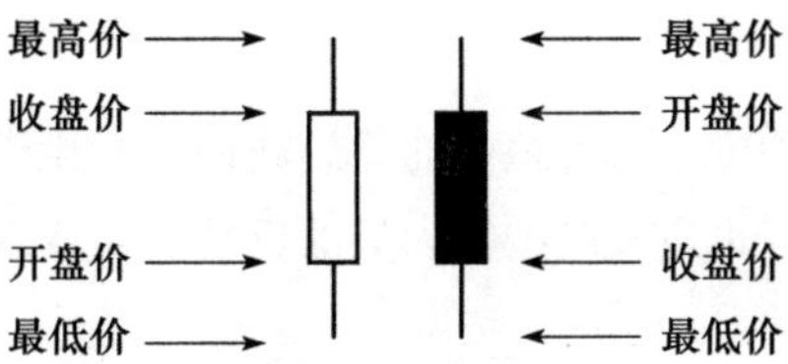

图2-38 阴线、阳线

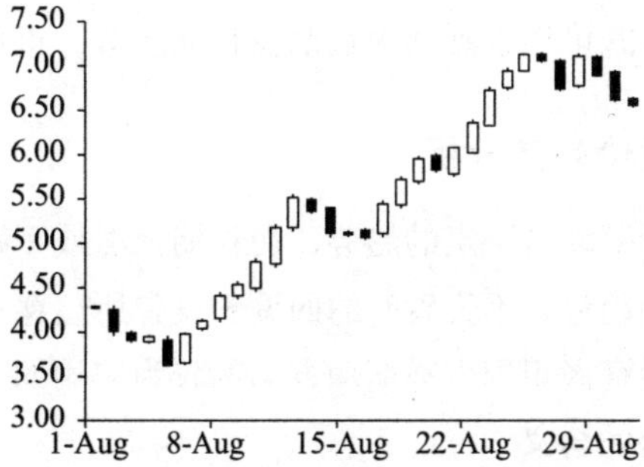

图2-39 K线图

○×图（point and figure chart）

○×图也是技术分析方法的一种，在欧美国家非常流行。画○×图时，首先要将当日收盘价与前一交易日收盘价比较，如果当日收盘价上涨，就用“×”符号，价格每上升一个单位，就用一个小方格表示。如果一次上升多个价位，就用多个小方格表示。与前一交易日相比，如果当日收盘价下跌，则用“○”符号表示，每下降一个单位，就用一个“○”符号表示，下降多个价位就用多个“○”符号。其次，如果当天使用的符号与上一交易日相同，就直接加载上一交易日的股价变动上，如果使用的符号与前一交易日不同，就需换一行用不同符号表示，○×图的特点是涨时加涨，跌时加跌。再次，○×图是以每日最高价与最低价作为画“○”“×”符号的范围，即比较前后两个交易日的收盘价决定使用什么符号，而“○”“×”符号画在什么区间则要比较前后两个交易日的最高价与最低价。如果后一个交易日的最高价高于前一日，就要添上相应价位的“×”符号，相反，则不需加添；如果后一个交易日的最低价低于前一日，就要加上相应价位的“○”符号，相反呢？则无须加添。此外，我们要知道○×图表示的是价格的反转，或者价格的走势，它的反转单位是3倍的基本单位。当发生反转的时候，我们需要另起一列。比如说股价原来的走势是上涨的，我们一共画了四个“×”，这个时候出现了一个下跌，下跌的单位是3倍的基本单位，这个时候我们就需要另起一列画“○”（见图2-40）。

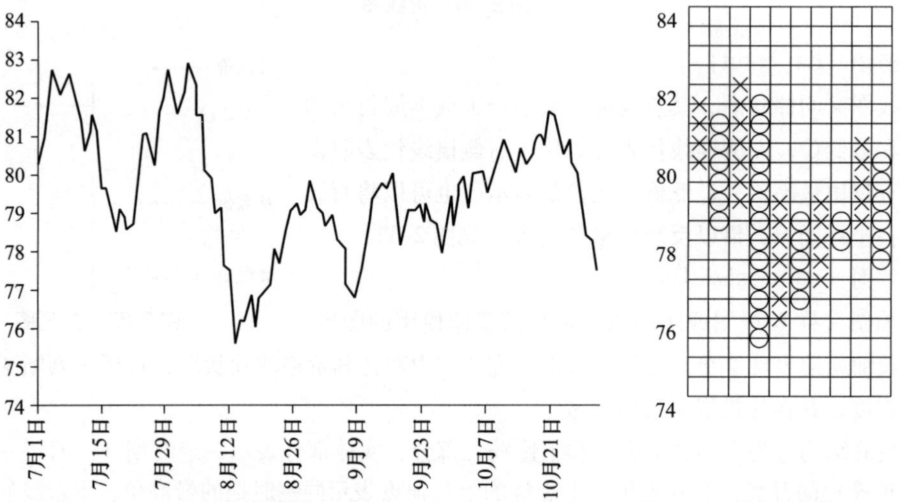

a）折线图　　b）○×图

图2-40　○×图

○×图用最简单的符号表示多空双方的强弱变化，能显示买入卖出的时机以及支撑、阻力的区域，既可用于观察中长期及长期趋势，也可用于分析个股股价的变动方向。

8.6　股价趋势分析

股价变动有一定的趋势，在长期上涨或下跌的趋势中，会有短暂的盘旋或调整，投资者应把握长期趋势，不为暂时的回调和反弹所迷惑；同时，也应及时把握大势的反转。切线理论就是帮助投资者识别大势变动方向的较为实用的方法。

趋势的含义

趋势是指股票价格的波动方向。若确定了一段上升或下降的趋势，则股价的波动必然朝着这个方向运动。上升的行情中，虽然也时有下降，但不影响上升的大方向；同样，下降行情中也可能上升，但不断出现的新低使下降趋势不变。

一般说来，市场变动不是朝着一个方向直来直去，中间肯定要有曲折，从图形上看就是一条曲折蜿蜒的折线，每个折点处就形成一个峰或谷。由这些峰和谷的相对高度，我们可以看出趋势的方向。

技术分析的三大假设中的第二条明确说明价格的变化是有趋势的，没有特别的理由，价格将沿着这个趋势继续运动。这一点就说明趋势这个概念在技术分析中的重要地位。

趋势的方向

趋势的方向有三类。

（1）上升方向。如果图形中每个后面的峰和谷都高于前面的峰和谷，则趋势就是上升方向。这就是常说的一底比一底高或底部抬高。

（2）下降方向。如果图形中每个后面的峰和谷都低于前面的峰和谷，则趋势就是下降方向。这就是常说的一顶比一顶低或顶部降低。

（3）水平方向（无趋势方向）。如果图形中后面的峰和谷与前面的峰和谷相比，没有明显的高地之分，几乎呈水平延伸，这时的趋势就是水平方向。水平方向趋势是被大多数人忽视的一种方向，这种方向在市场上出现的机会是相当多的。就水平方向本身而言，也是极为重要的。大多数的技术分析法，在对处于水平方向的市场进行分析时，都容易出错，或者说作用不大。这是因为这时的市场正处在供需平衡的状态，股价下一步朝哪个方向走没有规律可循，可以向上也可以向下，而对这样的对象去预测它朝何方运动是极为困难的，也是不明智的。

趋势的类型

按道氏理论的分类，趋势分为三个类型：

（1）主要趋势。主要趋势是趋势的主要方向，是股票投资者极力要弄清楚的。了解了主要趋势才能顺势而为。主要趋势是股价波动的大方向，一般持续的时间比较长（这是技术分析第二大假设所决定的）。

（2）次要趋势。次要趋势是在主要趋势过程中进行的调整。由于趋势不会是直来直去的，总有个局部的调整和回撤，次要趋势完成的正是这一使命。

（3）短暂趋势。短暂趋势是在次要趋势中进行的调整。短暂趋势与次要趋势的关系就如同次要趋势与主要趋势的关系一样。

这三种类型的趋势最大的区别是时间的长短和波动幅度的大小。主要趋势持续时间最长，波动幅度最大；次要趋势次之；短期趋势持续时间最短，波动幅度最小。

趋势线的画法

尽早及尽可能准确地画出趋势线对判断未来股价走势有很重要的意义，问题的关键在于选择两个具有决定意义的点。决定上升趋势时需要两个反转低点，即当股价下跌到某一低价，旋即回升，随后再下跌，没有跌破前一个低点，再度迅速上升，将这两个低点连接成直线就是上升趋势线。同样，决定下跌趋势时则需要两个反转高点，即股价上升到某一价位开始下跌，随后回升却未能突破前一高点，再度迅速下跌，将这两个高点连成直线就是下降趋势线。总之，找出最先出现或最有意义的两点是画好趋势线的关键。

最早的趋势线画出以后，有时不能得到股价的确认，还需做出修正。如果股票价格在画出趋势线后的短短几天内跌破上升趋势线或涨过下降趋势线，说明股价仍在盘整，尚未真正形成趋势。真正趋势的形成是股价变动在一定时期内始终在上升趋势线的上方，甚至始终与趋势线保持一段距离，或是在下降趋势线下方或保持一段距离。通常，过于陡峭的趋势线需要修正的机会较多。

趋势线有效突破的确认

趋势线经过一段时间后终会被突破，关键是要及时确认是改变行情变化方向的有效突破，还是因某一偶然因素作用的无效突破。

（1）收盘价突破。如果在某一交易日的交易过程中，股价曾以最高价或最低价突破趋势线，但收盘价仍未突破趋势线，这种突破不可确认。

（2）连续两天以上的突破。趋势线被突破后收盘价格连续两天以上向突破方向发展，即表明突破有效。

（3）连续两天创新价的突破。在上升趋势线被突破后，连续两天创新低价或是下跌趋势线被突破后连续两天创新高价，可视为有效突破。

（4）长期趋势线突破。时间跨度很长的趋势线一旦被突破，说明大势反转的可能性大，股价反向变化的力度强，形成新趋势线的时间跨度也大。

（5）与成交量配合的突破。股价从下降的趋势转为上升的趋势，必须要有成交量配合。当股票价格向上突破下降趋势线时，成交量随之放大，为有效突破。但是股价下跌突破上升趋势则不一定需要成交量增加。当股价向下跌破趋势线后如果跌幅不深，成交量不一定增加，甚至有所萎缩，但是当股价反弹至趋势线下方，成交量明显放大，股价立即快速下跌，可确认上升趋势线已被有效突破。

支撑与阻力

在一段时间股票价格会多次出现上升到某一价位就不再继续上升或下跌到某一价位就不再下跌的情况，这就表明股价运动遇到了阻力和支撑。所谓支撑，是指股价下跌到某一价位附近，会出现买方增加、卖方减少的情况，从而使股价暂停下跌甚至反弹上升。所谓阻力是指股价上升到某一价位附近会出现卖方增加、买方减少的情况，从而使股价上涨受阻甚至反转下跌。在股价得到支撑和受阻的价位附近画出趋势线称为支撑线（support line）或阻力线（resistance line）（见图 2-41）。

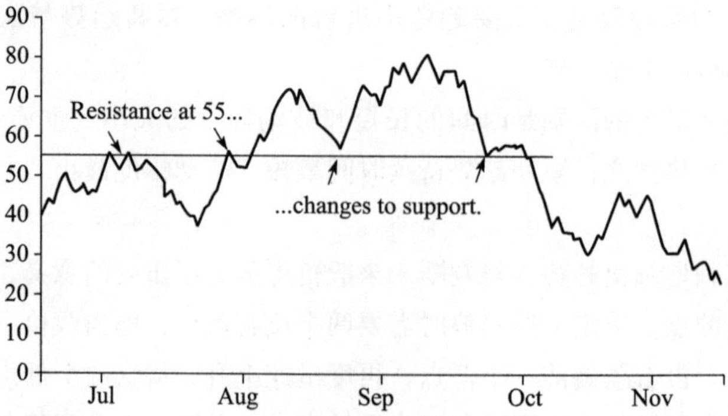

图 2-41 支撑与阻力

有时股价运动在一段时间内会始终在下有支撑上有阻力的空间内进行，两条平行的支撑线和阻力线之间形成的区间称为“轨道”（channel）。按股价运动方向，可将轨道分为上升轨道、下降轨道和水平轨道。

有的时候阻力位和支撑位两者之间也会发生转换，支撑位可能会变成阻力位，阻力位有可能变成支撑位，我们把这种情况称之为两级之间的转换（change in polarity）。

8.7 股价形态分析

股价形态是记录股票价格的图形表现为某种形状，这种形状的出现和突破对未来股价移动的方向和变动幅度有技术上的分析意义。

反转形态（reversal patterns）

反转形态的出现表示股价运动将出现方向性转折，即由原来的上升行情转变为下跌行情或由原来的下跌行情转变为上升行情。反转形态出现的前提条件是原来确实存在着股价上升或下降的趋势，而当股价运动打破了一条重要趋势线时，可认为大势将发生翻转。通常反转形态的规模越大，即形态中股价波动幅度大，形态跨越区域大，形成时间长，则形态潜在的能量也越大，一旦反转后价格变动也越剧烈；反之，则股价变动幅度也小。反转形态主要有头肩顶、头肩底、双重顶、双重底、三重顶、三重底等。

（1）头肩顶（head and shoulders top pattern）和头肩底（head and shoulders bottom pattern）。头肩顶形态的前提条件是，股价在长期上升后堆积了大成交量，获利回吐压力增强，上升趋势慢慢失去能量，升幅趋缓。

如图2-42所示，头肩顶的形成是左肩成交量大，随后出现股价回落至B点。股价回升创新高（C点），价位超过左肩但成交量却有所减少，头部形成。股价第三次上升，价位达不到左肩的高度即回跌，成交量显著下降。在两肩的颈部B点和D点之间画一条趋势线，即颈线（neckline）。当股价第三次下跌急速穿过颈线时，头肩顶完成。在头肩顶图形中，技术分析师都会设定一个价格来作为结束投资的目标价格（price target）。目标价格的计算公式为：目标价格 = 颈线价格 -（头部价格 - 颈线价格）。而一个头肩顶图形的大小是头部价格和颈线价格之间的差额。

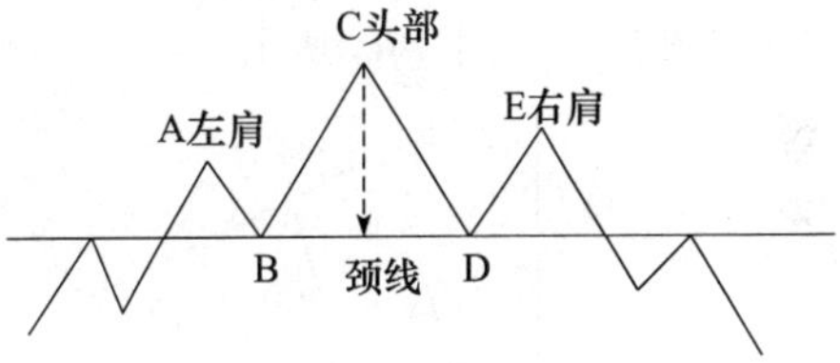

图2-42 头肩顶

头肩底是头肩顶的相反形态，是股价从长期下跌状态中反转上升的主要形态。头肩底与头肩顶的显著区别在于成交量的变化，股价在形成左肩、头部与第一次反弹时，成交量没有明显增加，甚至有所减少，形成头部后反弹，成交量放大，形成邮件，成交量萎缩，突破颈线上升时必须有大成交量配合（如图2-43所示）。头肩底图形的目标价格的计算公式是：目标价格 = 颈线价格 +（颈线价格 - 头部价格）。

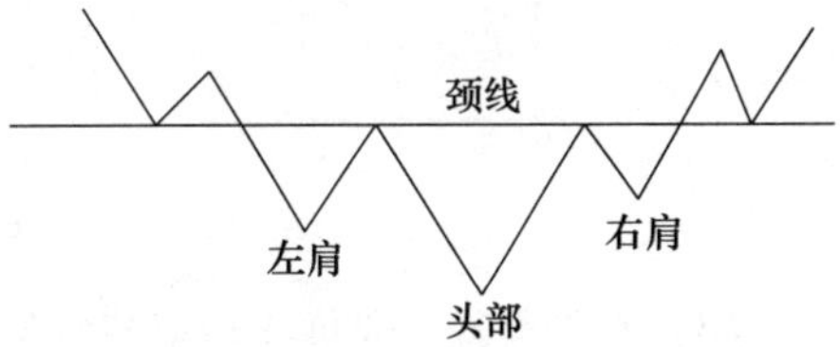

图2-43 头肩底

（2）双重顶和双重底（double tops and bottoms）。双重顶和双重底都是基本的反转形态。双重顶又称为M头，在它形成前已有一段上升趋势。当股价上升至第一个峰顶，在此价位附近堆积了大量的筹码，股价必然回跌，成交量随之下降，股价再度上升至第一峰顶附近，不能创新高，成交量虽有放大却不及第一峰顶，随后是第二次下跌，双重顶基本形成。

双重底又称W底，是双重顶的相反形态。它与双重顶的最大区别在于股价从下向上突破颈线时必须有成交量放大配合，否则它的有效性降低。

（3）三重顶和三重底（triple tops and bottoms）。三重顶和三重底比双重顶和双重底多一个顶部和底部，完成形态所需时间较长，常出现在长期或中期趋势的反转过程中。

三重顶的三个顶峰之间时间跨度不一定要相等，三个顶点的股价水平也不一定要完全相等，只要相近即可，但三个顶峰的成交量有逐渐减少的趋势，当第三个顶峰成交量非常小时就出现了下跌的征兆。重要的是当股价跌破颈线，即跌破两个谷底的支撑价位时，三重顶形态才算完成。预计股价跌破颈线后的最小跌幅为从顶部最高价至颈线的距离。

三重底是三重顶的相反形态，当它的第三个底部完成，股价向上突破颈线，并有成交量增加相配合，突破的有效性才能被确认。

整理形态（continuation patterns）

在市场的波动中，不一定会如上部分所述的那样发生价格的反方向运动。可能由于投资双方的力量相差不大，当市场的波动幅度过大时，将其拉回保持原来的走势。这种情况，称为整理形态，主要的整理形态包括楔形整理、旗形整理和矩形整理。

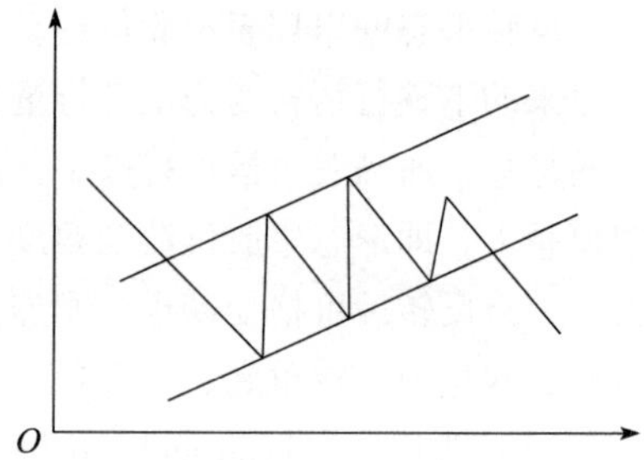

图 2-44　旗形整理

（1）旗形整理。是整理形态中比较常见的一种形态，发生在急速上升或者下降的过程中，形成的类似旗状的平行四边形，如图2-44 所示。旗形包括上升旗形和下降旗形两种，对于上升旗形，前期的快速增长形成旗杆，经过短期的整理之后，继续保证增长趋势，是对后市看好的形态。下降旗形则是相反的效果。

（2）楔形整理形态。与旗形相类似，所不同的仅有一点，旗形的上下界线平行向上或向下移动，而楔形上下界线虽然亦往同方向移动，但上界线或下界线倾斜度较大，使两条界线仍是收敛圆形，如图 2-45 所示。

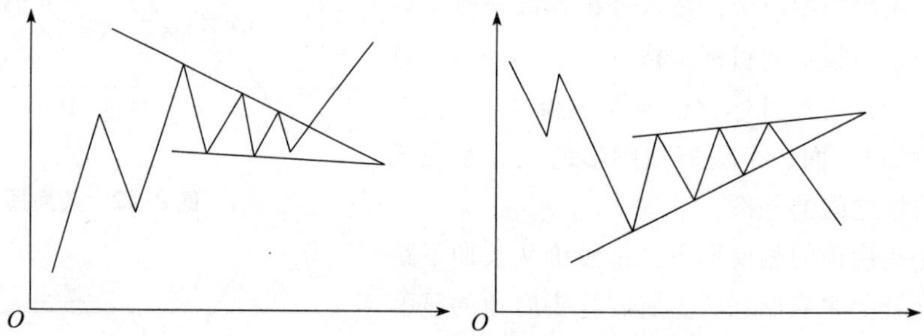

图 2-45　楔形整理

（3）矩形整理。股价波动至某价位区，会发生“滞留”现象，在某段期间内，股价上下变动仍具弹性，但局限于高点与低点间，从图形看，可在股价密集区的上端与下端各连成一条直线，相互平行，类似长方形，称为“矩形整理形态”，如图 2-46 所示。

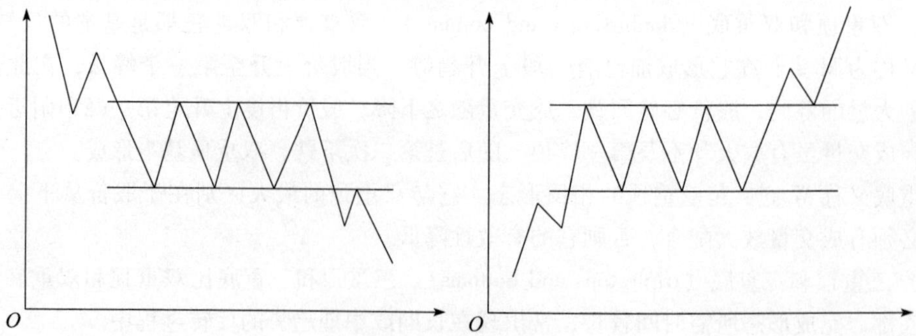

图 2-46　矩形整理

综上所述，形态理论给投资者提供一种对价格未来走势的判断手段，当投资者对历史和现在的价格形状进行正确的判断，明确当前走势是反转形态还是整理形态，以及是其中的哪种后，按照结论进行投资的正确率一般较高。

8.8 市场指标分析

基于价格的指标（price-based indicators）

（1）移动平均线指标（moving average lines）

移动平均线（MA）是以道·琼斯的“平均成本概念”为理论基础，采用统计学中“移动平均”的原理，将一段时期内的股票价格平均值连成曲线，用来显示股价的历史波动情况，进而反映股价指数未来发展趋势的技术分析方法。它是道氏理论的形象化表述。

移动平均线是由著名的美国投资专家 Joseph E. Granville（葛兰碧，又译为格兰威尔）于20世纪中期提出来的。均线理论是当今应用最普遍的技术指标之一，它帮助交易者确认现有趋势、判断将出现的趋势、发现过度延生即将反转的趋势。

①移动平均线的简介

移动平均线是将某一段时间股指或股价的平均值画在坐标图上所连成的曲线，用它可以研判股价未来的运动趋势。

移动平均线常用线有 5 天、10 天、30 天、60 天、120 天和 240 天的指标。其中，5 天和 10 天的短期移动平均线。是短线炒作的参照指标，称作日均线指标；30 天和 60 天的是中期均线指标，称作季均线指标；120 天、240 天的是长期均线指标，称作年均线指标。对移动平均线的考查一般从几个方面进行。

计算方法将某一时间段的收盘股价或收盘指数相加的总和，除以时间周期，即得到这一时间的平均线，如 5 日移动平均线，就是将近 5 日的收盘价相加除以 5，得到的就是第一个 5 日平均线，再将第一个 5 日平均线乘以 5 减去第一日的收盘价加上第 6 日的收盘价，其总和除以 5 得到的就是第二个 5 日平均线，将计算得到的平均数画在坐标图上连成线，即是 5 日平均线。其他移动平均线的计算方法依此类推。

移动平均线多头排列当股指或股价上涨时，移动平均线托着 K 线上升，也就是 K 线在均线的左上方，这现象叫多头排列。多头排列发生的时候，是投资者的持股期。

移动平均线空头排列当股价或股指下跌时，移动平均线由大到小自然排列，从 K 线的右上方压制 K 线向右下方行进，这种现象叫空头排列。空头排列发生时，是投资者的持币期。

②移动平均线的基本种类

- 短期移动平均线。一般都以 5 天及 10 天为计算期间，代表一周的平均价，可作为短线进出的依据。
- 中期移动平均线。大多以 30 日为准，称为月移动平均线，代表一个月的平均价或成本，亦有扣除四个星期日以 26 天来做月移动平均线。另有 72 日移动平均线，俗称季线。大致说来月移动平均线有效性极高，尤其在股市尚未十分明朗前，预先显示股价未来变动方向。
- 长期移动平均线。在欧美股市技术分析所采用的长期移动平均线，多以 200 天为准。因为经过美国投资专家葛南维，研究与试验移动平均线系统后，认为 200 日移动平均线最具代表性，在国内则是超级大户，实户与做手操作股票时三考的重要指标，投资人将未来一年世界与国内经济景气动向，各行业的展望，股票发行公司产销状况与成长率仔细研究后，再与其他投资环境（例如银行利率变动，房地产增值比率，以及投资设厂报酬率）做一比较，若投资股票利润较高，则进行市场操作。由于进出数量庞大，炒作期间长，必须要了解平均成本变动情形，故以此样本大小最能代表长期移动平均线。

③移动平均线的基本特点

➢ 追踪趋势。注意价格的趋势，并追随这个趋势，不轻易放弃。如果从股价的图表中能够找出上升或下降趋势线，那么，MA 的曲线将保持与趋势线方向一致，能消除中间股价在这个过程中出现的起伏。原始数据的股价图表不具备这个保持追踪趋势的特性。

➢ 滞后性。在股价原有趋势发生反转时，由于 MA 的追踪趋势的特性，MA 的行动往往过于迟缓，调头速度落后于大趋势。这是 MA 的一个极大的弱点。等 MA 发出反转信号时，股价调头的深度已经很大了。

➢ 稳定性。由于 MA 的计算方法就可知道，要比较大地改变 MA 的数值，无论是向上还是向下，都比较困难，必须是当天的股价有很大的变动。因为 MA 的变动不是一天的变动，而是几天的变动，一天的大变动被几天一分摊，变动就会变小而显不出来。这种稳定性有优点，也有缺点，在应用时应多加注意，掌握好分寸。

➢ 助涨助跌性。当股价突破了 MA 时，无论是向上突破还是向下突破，股价有继续向突破方面再走一程的愿望，这就是 MA 的助涨助跌性。

➢ 支撑线和压力线的特性。由于 MA 的上述四个特性。使得它在股价走势中起支撑线和压力线的作用。

④移动平均线的计算法则

➢ 移动平均线从下降逐渐走平且略向上方抬头，而股价从移动平均线下方向上方突破，为买进信号。

➢ 股价位于移动平均线之上运行，回档时未跌破移动平均线后又再度上升时为买进时机。

➢ 股价位于移动平均线之上运行，回档时跌破移动平均线，但短期移动平均线继续呈上升趋势，此时为买进时机。

➢ 股价位于移动平均线以下运行，突然暴跌，距离移动平均线太远，极有可能向移动平均线靠近（物极必反，下跌反弹），此时为买进时机。

➢ 股价位于移动平均线之上运行，连续数日大涨，离移动平均线愈来愈远，说明近期内购买股票者获利丰厚，随时都会产生获利回吐的卖压，应暂时卖出持股。

➢ 移动平均线从上升逐渐走平，而股价从移动平均线上方向下跌破移动平均线时说明卖压渐重，应卖出所持股票。

➢ 股价位于移动平均线下方运行，反弹时未突破移动平均线，且移动平均线跌势减缓，趋于水平后又出现下跌趋势，此时为卖出时机。

➢ 股价反弹后在移动平均线上方徘徊，而移动平均线却继续下跌，宜卖出所持股票。

（2）BOLL 指标（又叫布林线指标）

①BOLL 指标的简介

BOLL 指标又叫布林线指标，其英文全称是“Bolinger bands”，布林线（BOLL）由约翰布林先生创造，其利用统计原理，求出股价的标准差及其信赖区间，从而确定股价的波动范围及未来走势，利用波带显示股价的安全高低价位，因而也被称为布林带。其上下限范围不固定，随股价的滚动而变化。布林指标和麦克指标（MIKE）一样同属路径指标，股价波动在上限和下限的区间之内，这条带状区的宽窄，随着股价波动幅度的大小而变化，股价涨跌幅度加大时，带状区变宽，涨跌幅度狭小盘整时，带状区则变窄。

②BOLL 指标的原理

BOLL 指标是美国股市分析家约翰·布林根据统计学中的标准差原理设计出来的一种非常简单实用的技术分析指标。一般而言，股价的运动总是围绕某一价值中枢（如均线、成本线等）在一定的范围内变动，布林线指标正是在上述条件的基础上，引进了“股价信道”的概念，其认为股价信道的宽窄随着股价波动幅度的大小而变化，而且股价信道又具有变异性，它会随着股价的变化而自动调整。正是由于它具有灵活性、直观性和趋势性的特点，BOLL 指标渐渐成为投资者广为应用的市场上热门指标。

在众多技术分析指标中，BOLL 指标属于比较特殊的一类指标。绝大多数技术分析指标都是通过数量的方法构造出来的，它们本身不依赖趋势分析和形态分析，而 BOLL 指标却股价的形态和趋势有着密不可分的联系。BOLL 指标中的“股价信道”概念正是股价趋势理论的直观表现形式。BOLL 是利用“股价信道”来显示股价的各种价位，当股价波动很小，处于盘整时，股价信道就会变窄，这可能预示着股价的波动处于暂时的平静期；当股价波动超出狭窄的股价信道的上轨时，预示着股价的异常激烈的向上波动即将开始；当股价波动超出狭窄的股价信道的下轨时，同样也预示着股价的异常激烈的向下波动将开始。

投资者常常会遇到两种最常见的交易陷阱，一是买低陷阱，投资者在所谓的低位买进之后，股价不仅没有止跌反而不断下跌；二是卖高陷阱，股票在所谓的高点卖出后，股价却一路上涨。布林线特别运用了爱因斯坦的相对论，认为各类市场间都是互动的，市场内和市场间的各种变化都是相对性的，是不存在绝对性的，股价的高低是相对的，股价在上轨线以上或在下轨线以下只反映该股股价相对较高或较低，投资者做出投资判断前还须综合参考其他技术指标，包括价量配合，心理类指标，类比类指标，市场间的关联数据等。

总之，BOLL 指标中的股价信道对预测未来行情的走势起着重要的参考作用，它也是布林线指标所特有的分析手段。

③BOLL 指标的计算方法

在所有的指标计算中，BOLL 指标的计算方法是最复杂的之一，其中引进了统计学中的标准差概念，涉及中轨线（MB）、上轨线（UP）和下轨线（DN）的计算。另外，和其他指标的计算一样，由于选用的计算周期的不同，BOLL 指标也包括日 BOLL 指标、周 BOLL 指标、月 BOLL 指标、年 BOLL 指标以及分钟 BOLL 指标等各种类型。经常被用于股市研判的是日 BOLL 指标和周 BOLL 指标。虽然它们的计算时的取值有所不同，但基本的计算方法一样。

以日 BOLL 指标计算为例，其计算方法如下。

➤ 日 BOLL 指标的计算公式

$$\text{中轨线} = N\text{日的移动平均线}$$

$$\text{上轨线} = \text{中轨线} + \text{两倍的标准差}$$

$$\text{下轨线} = \text{中轨线} - \text{两倍的标准差}$$

➢ 日 BOLL 指标的计算过程

（1）计算 MA

$$MA = N\text{日内的收盘价之和} \div N$$

（2）计算标准差 MD

$$MD = \text{平方根}\,N\,\text{日的}(C - MA)\text{的两次方之和除以}\,N$$

（3）计算 MB、UP、DN 线

$$MB = (N-1)\text{日的}\,MA$$

$$UP = MB + 2 \times MD$$

$$DN = MB - 2 \times MD$$

在股市分析软件中，BOLL 指标一共由四条线组成，即上轨线 UP、中轨线 MB、下轨线 DN 和价格线。其中上轨线 UP 是 UP 数值的连线，用黄色线表示；中轨线 MB 是 MB 数值的连线，用白色线表示；下轨线 DN 是 DN 数值的连线，用紫色线表示；价格线是以美国线表示，颜色为浅蓝色。和其他技术指标一样，在实战中，投资者不需要进行 BOLL 指标的计算，主要是了解 BOLL 的计算方法和过程，以便更加深入地掌握 BOLL 指标的实质，为运用指标打下基础。

动量摆动指标（momentum oscillators）

（1）价格变动率指标（rate of change oscillator）

价格变动率指标，简称 ROC。为最近收盘价与几天前（如 10 天前）收盘价的变动率。如两者相减，数值在 0 左右波动；如两者相除再乘以 100，数值在 100 左右波动。

ROC 指标上涨至大于 0（或大于 100）是买入信号；ROC 指标太高为超买信号。

ROC 指标趋势与股价趋势相反，是反转信号。

（2）相对强弱指标（relative strength index，RSI）

RSI 以一定时期内股价的变动情况推测价格未来的变动方向，并根据股价涨跌幅度显示市场的强弱。

①相对强弱指标的意义

相对强弱指标是目前最流行、最广泛使用的技术分析工具。相对强弱指标的根据在于市场的价格走势取决于供需双方的力量对比：当市场上对某一证券的需求大于供给时，价格上扬；当需求小于供给时，价格下降；当供求基本平衡时，价格稳定。相对强弱指标以某一时间内整个股市或某一股票的涨跌平均值作为衡量供需双方力量对比的尺度，并以此作为预测未来股价变动的依据。

②相对强弱指标的计算公式

$$\text{相对强度}(RS) = N\text{日内收盘涨幅平均值}/N\text{日内收盘跌幅平均值}$$

$$\text{相对强弱指标}(RSI) = 100 - 100/(1 + RS)$$

或者，

$$\text{相对强弱指标}(RSI) = N\text{日内收盘涨幅平均值}/(N\text{日内收盘涨幅平均值} + N\text{日内收盘跌幅平均值}) \times 100$$

这两个公式虽然有所不同，但计算的结果一样。在计算出某一日的 RSI 值以后，可以采用平滑运算法计算以后的 RSI 值，根据 RSI 值在坐标图上连成的曲线即为 RSI 线。

RSI 的计算周期和取值区间：计算 RSI 值一般以 10 日、14 日为单位，6 日、12 日、24 日为单位也较为普遍，还有用5日、8日、13日、21日为单位的。一般而言，样本数小的RSI值易受当日股价变动的影响，图形上下振幅大，而样本数大的RSI值受当日股价变动的影响小，图形上下振幅小。计算周期过短或过长发出的信号不是过于敏感就是过于迟钝，对分析股价变动方向都会发生较大误差，所以选择计算周期一般需要根据分析对象价格波动的特性和一般幅度做出决定。

③相对强弱指标的研判要点

RSI值始终介于1～100，投资者利用RSI指标分析的取值区间有人设定在30～70，有人设定在20～80，甚至有人设定在15～85。对取值区间的设定应根据股票市场或个别股票的波动习性以及投资者个人的风险承受能力而决定。对其研判要点，简单归纳如下：

- 当RSI值为50时，表示买卖双方势均力敌，供求平衡；RSI在40～60波动的概率最大，表明市场正处于牛皮盘整行情；RSI在50以上表示涨势强于跌势，若RSI指标上升至70或80以上表示已有超买现象，继续上升则表示已进入严重超买警戒区，暗示股价极可能在短期内反转下跌；RSI在50以下表示弱势市场，若RSI指标下跌至30或20以下，表明已有超卖现象，一旦再度下跌表示已进入严重超卖警戒区，股价有可能止跌回升。
- RSI的最大功能在于图形研判，若将RSI线与K线等配合分析，可以发现RSI线图形能现出清晰的头肩形、头肩底、三角形、M头、W底等形状，较容易判断出突破点、买入点和卖出点，还可以利用切线画出支撑线和阻力线以判定股价未来走向。
- RSI指标有比股价指数或个别股票价格先行显示未来行情走势的特征，在股价指数尚未上涨时，RSI指标已先升，当股价指数未跌时，RSI指标已先降，尤其在股价峰谷区域特别明显。利用这一特征，可作如下判断：在股市盘整时，RSI一底比一底高表示多头势强，相反一底比一底低表示空头势强；股价尚在盘旋，而RSI已整理完毕，领先突破趋势线，暗示股价即将突破整理；在股价不断创新高的同时，RSI也创新高点表示后势仍属强势，可能还会上涨；在股价不断创新低点的同时，RSI也创新低表示后市仍弱，可能还会下跌；在超买区域或超卖区域RSI图形比K线图形提早出现顶部或底部图形，如M头或W底，显示出反转或反弹信号。
- 背离信号：当RSI指标与股价或股价指数呈现反方向变动时，通常是即将发生重大变化的信号。当日K线图的走势不断创新高，而RSI线未能同时创新高甚至出现走低的情形时，表明出现了背离信号，这种背离显示股票价格有虚涨现象，通常是较大反转下跌的前兆；相反，若股价创新低而RSI未创新低，暗示股价可能反转上升。

④RSI指标的缺点

RSI指标虽被普遍使用，但也有些不足之处。

- RSI的计算周期与取值区间要根据市场特征决定，特别是对超买区和超卖区的确定，有时会发生RSI信号与实际行情不一致的情形。在特殊的涨跌行情中，RSI值涨至95以上或跌至5以下都不足为奇，此时若根据RSI发出的信号在70附近卖出或30附近买入都隐含着相当的风险。
- RSI值在40～60之间变化较为敏感，而RSI值在20以下和80以上区间往往有钝化、失真现象，在使用上要谨慎。
- 背离信号难以事先确认，有时要两次、三次出现背离信号后行情才真正反转，也有发出背离信号后行情并无反转的情况，因此很难单纯以背离信号确认行情的根本反转。

（3）MACD 指标（平滑异同移动平均线）

①MACD 指标的简介

MACD 称为指数平滑异同移动平均线，是从双移动平均线发展而来的，由快的移动平均线减去慢的移动平均线，MACD 的意义和双移动平均线基本相同，但阅读起来更方便。当 MACD 从负数转向正数，是买的信号。当 MACD 从正数转向负数，是卖的信号。当 MACD 以大角度变化，表示快的移动平均线和慢的移动平均线的差距非常迅速地拉开，代表了一个市场大趋势的转变。

MACD（moving average convergence and divergence）是 Geral Appel 于 1979 年提出的，它是一项利用短期（常用为 12 日）移动平均线与长期（常用为 26 日）移动平均线之间的聚合与分离状况，对买进、卖出时机做出研判的技术指标。

②MACD 指标的应用原则

首先我们要了解一些以下基本概念。

DIF 线（difference）是短期移动平均线和长期移动平均线的离差值；

DEA 线（difference exponential average）是 DIF 线的 M 日指数平滑移动平均线。

- 当 DIF 和 DEA 处于 0 轴以上时，属于多头市场，DIF 线自下而上穿越 DEA 线时是买入信号。DIF 线自上而下穿越 DEA 线时，如果两线值还处于 0 轴以上运行，仅仅只能视为一次短暂的回落，而不能确定趋势转折，此时是否卖出还需要借助其他指标来综合判断。
- 当 DIF 和 DEA 处于 0 轴以下时，属于空头市场。DIF 线自上而下穿越 DEA 线时是卖出信号，DIF 线自下而上穿越 DEA 线时，如果两线值还处于 0 轴以下运行，仅仅只能视为一次短暂的反弹，而不能确定趋势转折，此时是否买入还需要借助其他指标来综合判断。
- 柱状线收缩和放大。一般地说，柱状线的持续收缩表明趋势运行的强度正在逐渐减弱，当柱状线颜色发生改变时，趋势确定转折。但在一些时间周期不长的 MACD 指标使用过程中，这一观点并不能完全成立。
- 形态和背离情况。MACD 指标也强调形态和背离现象。当形态上 MACD 指标的 DIF 线与 MACD 线形成高位看跌形态，如头肩顶、双头等，应当保持警惕；而当形态上 MACD 指标 DIF 线与 MACD 线形成低位看涨形态时，应考虑进行买入。在判断形态时以 DIF 线为主，MACD 线为辅。当价格持续升高，而 MACD 指标走出一波比一波低的走势时，意味着顶背离出现，预示着价格将可能在不久之后出现转头下行，当价格持续降低，而 MACD 指标却走出一波高于一波的走势时，意味着底背离现象的出现，预示着价格将很快结束下跌，转头上涨。
- 牛皮市道中指标将失真。当价格并不是自上而下或者自下而上运行，而是保持水平方向的移动时，我们称之为牛皮市道，此时虚假信号将在 MACD 指标中产生，指标 DIF 线与 MACD 线的交叉将会十分频繁，同时柱状线的收放也将频频出现，颜色也会常常由绿转红或者由红转绿，此时 MACD 指标处于失真状态，使用价值相应降低。

③MACD 指标的买卖策略

- DIF 由上向下转势，又或者 DEA 由上向下转，则表示价位可能下跌，可考虑出货。

➢ 反之，如 DIF 由下向上转势，又或者 DEA 由下向上转势，则表示价位可能上升，可考虑入货。

➢ 这种买卖讯号的出现会较频密，投资者的买卖次数亦会相应增加。当大升市时，价位会有所调整，投资者未能获取较可观的回报。相对而言，获取较少的利润，同样，亏蚀的风险亦较低。

（4）随机指标（又称 KD 指标）

随机指标（stochastic oscillator）又称 KD 指标。

随机指标（KD）适用于中短期股票的技术分析。KD 线的随机观念与移动平均线相比，各有所长。移动平均线在习惯上只以收盘价来计算，因而无法表现出一段行情的真正波幅。换句话说，当日或最近数日的最高价、最低价、无法在移动平均线上体现。因而有些专家才慢慢开创出一些更进步的技术理论，将移动平均线的运用发挥得淋漓尽致。KD 线就是其中一个颇具代表性的杰作。

随机指标（KD）的主要理论依据是：当价格上涨时，收盘价倾向于接近当日价格区间的上端；相反，在下降趋势中，收盘价倾向于接近当日价格区间的下端。随机指标（KD）在设计中充分考虑价格波动的随机振幅与中短期波动的测算，使其短期测市功能比移动平均线更加准确有效，在市场短期超买超卖的预测方面又比相对强弱指标敏感。因此，这一指标被投资者广泛采用。

情绪指标（sentiment indicators）

（1）卖权－买权比率（put-call ratio）

出售期权与买入期权成交量的比率，可用来评估市场的投资气氛，该比率越大，说明出售期权成交活跃，市场偏空的气氛较浓。

选择权的 put-call ratio 是衡量市场气氛的指标之一，成交量的 put-call ratio 是将卖权的成交量除以买权的成交量所得出的比例，未平仓量的 put-call ratio 则是将卖权的未平仓量除以买权的未平仓量所得出的比例。

在某些方面，put-call ratio 可以解读为市场对于卖权交易的热衷程度，看多的投资人倾向交易买权，看空的投资人倾向于交易卖权，而一般对于买权的偏爱又胜过于卖权，因此卖权交易的变化可以反映出市场当时的多空气氛。

不过市场的气氛不代表行情的实际走势，因为行情总是在悲观中上涨，而在乐观中下跌，因此，put-call ratio 虽然反映市场当时的多空气氛，但也经常是行情走势的反向指标。

（2）波动率指数（volatility index，VIX）

①VIX 的定义

VIX 是由芝加哥期权交易所（CBOE）在 1993 年所推出，是指数期权隐含波动率加权平均后所得之指数。

②VIX 的计算方式

起初是选取 S&P100 指数期权的近月份与次月份最接近平价的看涨期权及看跌期权共八个序列，分别计算其隐含波动率之后再加权平均所得出的指数，后来该指数在 2003 年修正将选取标的从 S&P100 改为 S&P500 并将最接近平价的看涨期权及看跌期权的序列改为所有序列，以透过更广泛的标的物基础提供市场参与者一个更能够反映大盘整体走势的指标。

③VIX 与指数的关系

当 VIX 越高时，表示市场参与者预期后市波动程度会更加激烈同时也反映其不安的心理状态；相反的，如果 VIX 越低时，则反映市场参与者预期后市波动程度会趋于缓和的心态，也因此 VIX 又被称为投资人恐慌指标（the investor fear gauge）。在指数下跌时，通常 VIX 会不断升高，而在指数上升时，VIX 会下跌。若从另一个角度来看，当 VIX 异常的高或低时，表示市场参与者陷入极度的恐慌而不计代价的买进看跌期权或是过度乐观而不作任何避险动作，而这也往往是行情即将反转的讯息。

（3）保证金负债量（margin debt）

在金融领域有一个名词叫作“融资融券”，什么叫作“融资融券”呢？融资就是我们向经纪人借钱去购买股票；融券就是我们向经纪人去借股票然后卖出，这里的保证金负债量指的就是融资。如果保证金负债量上涨的话，就表示着有很多人借钱去买股票，说明我们对这个市场是看好的；相反，如果保证金负债量下跌的话，表明我们对市场是不看好的。

（4）卖空比率（short interest ratio）

卖空比率等于当前卖空的股数除以平均每天成交量，是一个百分比。比如一家公司总的股数是 100 万，当前卖空 10 万，那么卖空比率 = 10/100 = 10%。

当 short interest 逐渐增加时，可能意味着越来越多的人看空这只股票。当然不一定它会跌，但至少需要关注下为什么 short interest 会变化，是不是基本面有什么变化，或是有什么消息，或是纯粹的炒作。高到一定程度时，也许是可以入场买入的时机，因为能卖空的也空的差不多了，空头的力量开始减弱。

卖空比率还有一种表达式是：卖空比率 = 当前卖空股数/平均每天成交量，这个指标也称为 days to cover，即回补天数。这个指标说明按日均交易量，空头需要几天来回补。

这个指标在一定程度上可以预测 short squeeze（轧空），若回补天数较小，比如 1、2 天，那么当空头回补时交易量不大就完成了。但是若比较大，可能会引起大量的回补交易，引起价格的持续上涨，造成轧空。

对于市值小的股票、平时交易量小的股票，如果回补天数高，更容易引起轧空。

资金流量指标（flow of funds indicators）

（1）短线交易指数（short-term trading index）

短线交易指数是市场涨跌指标的一种，为上升股票与下跌股票之比除以上升股票交易量与下跌股票交易量之比。即

短线交易指数 =（上升股票数量／下降股票数量）/（上升股票交易量／下降股票交易量）

通常以移动平均线来描述指数的运行方向。指标的标准值为 1.0，当指标低于 1.0 时表示市场处于下跌状态；当指标高于 1.0 时表示市场处于上升状态。因其为短线指标，经常被平均移动线所覆盖。

（2）保证金负债量（margin debt）

在情感指标中我们已经讲过了保证金负债量。如果保证金负债量上涨的话，就表示着有很多人借钱去买股票，说明我们对这个市场是看好的；相反，如果保证金负债量下跌的话，表明我们对市场是不看好的。

（3）共同基金现金头寸（mutual fund cash position）

我们知道市场中不仅仅有散户，更大的是机构投资者。机构投资者当中占比最大的就是基金，而货币市场基金是更为重要的一部分。如果共同基金中的现金比较多，说明基金不看好这个股市，

所以他才会选择持有现金而不去购买股票。共同基金现金头寸的计算公式就等于共同基金中持有的现金总量除以共同基金所拥有的资产总量。共同基金中的现金越多，说明它越不看好这个市场。

（4）新股发行（new equity issuance）

因为只有市场比较好的时候，公司才会新发股。所以，如果新发股的数量越多，说明大家看好这个市场。比如说市场好的时候某公司的一只股票可以卖到50块钱，市场不好的时候他只能卖到10块钱。对于这个公司来说，他肯定是想在50块钱的时候发行股票，这样他才能融得更多的资金。所以，如果新发股的数量比较多的话就说明市场上大部分人对这个市场还是看好的。

8.9 周期理论

周期理论也是技术分析里面非常重要的一个理论，但在CFA一级考试中只要求我们大家对其有一个简单的了解。周期理论主要包括以下几类：①4年期。4年的这个周期其实只是针对美国市场来说的，因为美国总统大选是4年一次，所以他们就认为4年可以作为一个周期；②10年期；③18年期。一般认为人从出生到成熟要历时18年，所以以18年作为一个周期；④54年期。54年是人的生命周期。

8.10 艾略特波浪理论

艾略特最初的波浪理论是以周期为基础的，跟它有密切关系的还有导师理论和斐波那契数列（fibonacci ratio）。波浪理论由美国证券分析家拉尔夫·纳尔逊·艾略特（R. N. Elliott）利用道琼斯工业指数平均作为研究工具，发现不断变化的股价结构性形态反映了自然和谐之美，根据这一发现他提出了一套相关的市场分析理论，精炼出市场的13中形态或谓波，在市场上这些形态重复出现，但是出现的时间间隔及幅度大小并不一定具有再现性。

波浪理论的形成经历了一个较为复杂的过程。最初由艾略特首先发现并应用于证券市场，但是他的这些研究成果没有形成完整的体系，在他在世的时候没有得到社会的广泛承认。直到20世纪70年代，柯林斯的专著*Wave Theory*出版后，波浪理论才正式确立。

艾略特最初提出波浪理论是受到股价上涨下跌现象不断重复的启发，力图找出其上升或下降的规律。艾略特认为，由于证券市场是经济的晴雨表，而经济发展具有周期性，所以股价的上涨和下跌也应该遵循周期发展的规律。不过股价波动的周期规律比经济发展的周期要复杂得多。

艾略特的波浪理论以周期为基础。他把大的运动周期分成时间长短不同的各种周期，并指出，在一个大周期之中可能存在一些小周期，而小的周期又可以再细分成更小的周期。每个周期无论时间长短，都是以一种模式进行，即每个周期都是由上升（或下降）的5个过程和下降（或上升）的3个过程组成。这8个过程完结以后，我们才能说这个周期已经结束，将进入另一个周期。新的周期仍然遵循上述的模式。这是波浪理论最核心的内容，也是艾略特对波浪理论最为突出的贡献。

艾略特波浪理论的大部分理论是与道氏理论相吻合的。不过艾略特不仅找到了股价移动的规律，而且还找到了股价移动发生的时间和位置，这是波浪理论较之于道氏理论更为优越的地方。道氏理论必须等到新的趋势确定以后才能发出行动的信号，而波浪理论可以明确地知道目前股价是处在上升（或下降）的尽头，还是处在上升（或下降）的中途，可以更明确地指导操作。

艾略特波浪理论中所用到的数字2、3、58、13、21、34……都来自斐波那契数列。这个数列是数学上很著名的数列，它有很多特殊的性质，是波浪理论的数学基础。

第3章 经济学

微观和宏观经济学部分

知识导引

微观经济学主要研究个体消费者、企业或者产业的经济行为，以及生产和收入分配的情况。分析单个生产者如何将有限资源分配在各种商品的生产上以取得最大利润；单个消费者如何将有限收入分配在各种商品消费上以获得最大满足；单个生产者的产量、成本、使用的生产要素数量和利润如何确定；生产要素供应者的收入如何决定；单个商品的效用、供给量、需求量和价格如何确定等问题。

宏观经济学研究整个经济。宏观经济学的目标是解释同时影响许多家庭、企业和市场的经济变化。宏观经济学家解决各种问题：为什么一些国家的平均收入高，而另一些国家的平均收入低？为什么物价有时上升迅速，而在另一些时候较为稳定？为什么生产和就业在一些年份扩张，而在另一些年份收缩？如果可能的话，政府可以用什么方法来促进收入增长迅速、通货膨胀率低和就业稳定呢？这些问题涉及整体经济的运行，本质上都属于宏观经济范畴。

考点说明

微观经济学并非 CFA 一级经济学中的难点，但是仍然需要考生将数量与图形相结合进行学习，这样才能对微观经济学的思想有所了解。虽然 CFA 考试不会以图形形式来考察同学，但是在解答这些问题时，图形可以说是必不可少的。因此，在学习微观经济学时，应该尤其注意图形，并牢记图形的用法。

CFA 考试中，主要考察经济学的基本概念，因此在学习中应该重视基本概念。此外，各个概念之间的异同点也是考察的重点，应该引起特别注意。

宏观经济学可以说是 CFA 一级经济学中的难点，需要将经济理论与图形相结合才能更深入地理解其中的内涵。所以在 CFA 考试中，虽然考卷上没有画图，但是在做经济学的题目时，一定要画图，不仅能够帮助理解题目的要求，更能直观地对问题进行解析。宏观经济学中，IS-LM 模型以及 AD-AS 模型是非常重要的，不仅要熟悉图形，还要掌握各个变量的变化对图形的影响。

在经济周期这一节中，失业率的计算以及通货膨胀的内容是必须要掌握的，此外，还需要能够判断经济先行指标、同步指标以及滞后指标。

在货币政策与财政政策这一节中，需要掌握货币与财政政策对经济的影响机制以及各自在应用中的局限性。

1 供给与需求分析

知识导引

微观经济学把微观经济主体划分为两类：消费者（或者家庭）和厂商。两类经济主体分别把研究内容划分为针对消费者的理论和针对厂商的理论。针对消费者的理论主要关注基于消费者效用最大化的消费行为（即对商品和服务的需求）。针对厂商的理论主要关注基于厂商利润最大化的生产行为（即对商品和服务的供给）。本节的内容主要探求买卖双方如何通过其相互作用决定交易的价格和数量。

考点说明

在对消费者的需求分析部分，主要在于对需求的价格弹性、收入弹性和交叉弹性的计算和理解，以及对各种弹性的影响因素的描述，此外还应该注意各种类型商品的收入效应和替代效应的不同。

在对厂商的供给分析部分，我们要掌握会计利润、经济利润和正常利润的区别与计算，还要对总收入（成本）、平均收入（成本）以及边际收入（成本）进行计算并由此进行厂商决策的分析。

术语解释

市场（markets） 指物品和劳务交易的场所。买卖双方在市场上决定商品交换的价格可以是有形的（比如菜市场），也可以是无形存在的（比如期货交易市场）。所以，市场是物品买卖双方相互作用并决定交易价格及交易数量的一种组织形式，市场上买方作为一个群体决定了产品的需求，而卖方决定了产品的供给。

消费者剩余（consumer surplus） 指消费者为取得一种商品所愿意支付的价格与他取得该商品而支付的实际价格之间的差额。

会计利润（accounting profit） 指企业在一定会计期间的经营成果，会计利润也就是账面利润，是公司在利润表中披露的利润。

经济利润（economic profit） 企业利润中超过正常利润的那部分利润。

正常利润（normal profit） 指企业能够维护经营的最低限度的利润，是厂商对自己所提供的企业家才能的报酬支付。

任何一种商品或服务都有一个交易市场，我们可以将经济学中所有可交易的物品分为商品和生产要素这两类，相应地，可以将市场分为商品市场和要素市场这两类。

要素市场是生产要素交易的市场。在资本主义私有制经济体制中，家庭拥有生产资料，包括土地、劳动力、实物资本以及用于生产的原材料。要素市场主要对生产要素而非商品进行交易，比如土地、资本、劳动力与原材料等。要素市场的买方主要是厂商，通过购买生产要素以生产最终商品或中间商品；卖方主要是家庭，通过向买方出卖劳动力而获得经济补偿（工资等）。

商品市场是提供产品的市场。在经济学的视角下，公司是生产要素的买方，通过购买生产要素进行生产加工，最终生产出中间商品或最终商品及服务。中间商品及服务是指不能直接使用，需要经过加工的用于生产其他产品的物品，而最终商品指的是能够直接被家庭购买及使用的商品。现实生活中，中间商品有计算机芯片、机械零部件等，而最终商品包括衣服、香烟等。由此可见，商品市场中的交易双方主要是家庭和公司。公司既可扮演商品市场中的买方（购买中间商品再加工），也可作为卖方（销售最终商品及服务）；而家庭（households）一般作为买方，购买最终商品及服务（见图 3-1）。

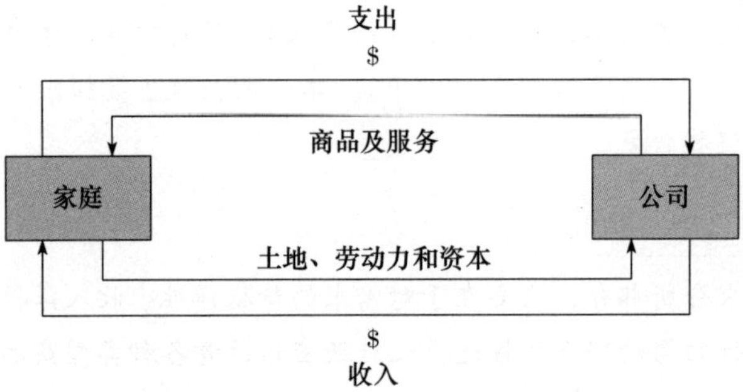

图 3-1 经济体中生产要素循环简图

在劳动力的要素市场中，家庭作为卖方，而厂商是买方。在商品市场中，公司是卖方，而家庭及厂商都是买方。当厂商认为其销售收入大于其生产成本时，就会愿意提供产品及服务。家庭认为当商品给其带来的价值高于自己支付的价格时，就会愿意购买商品及服务。此时，双方就会有交易，而且如果买方所认定的商品价值高于卖方，则交易会使双方都受益。

按照上述的分析方法，在劳动力要素市场中，当家庭认为他们所能获得的收益大于所放弃的闲暇时间时，他们就会提供劳动力。而厂商认为，当雇用工人所带来的收益大于用工成本时，就会雇用工人。此时，厂商支付给家庭的经济补偿就是家庭收入或厂商的生产成本。

此外，当家庭消费小于收入时，节省下来的部分称为储蓄。储蓄能为家庭积累资本，如果用作投资或出借，将会获得其他收入，比如利息、红利及资本利得等。家庭之所以要储蓄，是因为他们认为储蓄所带来的未来收入大于现在所放弃的消费。

金融机构及市场的存在主要是为了将人们的储蓄转化为资本投资。资本市场是进行长期资本交易的市场，企业利用资本市场出售债券或股票，融资并用于生产。当企业认为融资带来的价值大于融资成本时，就会选择利用资本市场融资。

1.1 前导：需求曲线和供给曲线

需求函数与需求曲线

商品需求的最大特点就是：一般来说，一种商品的价格越高，该商品的需求量就会越小，反之，需求量越大。这个特点几乎是普适的，因而被称作需求定律。但一个商品的需求量并非只由这个商品的价格所决定，而是由多个因素决定，比如其他商品价格及收入水平。

一种商品的需求是指消费者在各种可能的价格水平下，愿意而且能够购买的商品数量。

$$需求函数:Q_x^d = f(P_X,I,P_Y\cdots)$$

其中，Q_x^d 表示X商品的需求数量；P_X 指X商品的价格，P_Y 指Y商品的价格；I 指收入水平。

关于消费者的收入水平，一般来说，收入水平越高，商品需求量就会越大，反之亦然。而关于其他相关商品Y价格，其影响就不一定了，因为Y商品可能与X商品是互补品，也可能是替代品，其影响是不一样的。

假设 $Q_{汽油} = 9 - 1.5P_{汽油} + 0.02I + 0.11P_{巴士} - 0.008P_{汽车}$，其中 $Q_{汽油}$ 指消费者对汽油的需求量，$P_{汽油}$ 是汽油的价格，$P_{巴士}$ 是公交的价格，$P_{汽车}$ 是汽车的价格。

如果 $I=40$，$P_{巴士}=25$，$P_{汽车}=26$，则得出需求函数 $Q_{汽油} = 12.34 - 1.5P_{汽油}$，经过变换得到其反函数 $P_{汽油}=8.23-0.667Q_{汽油}$。此时需要注意，需求函数的反函数的图形才是需求曲线，所以需求曲线的斜率为 -0.667，而非 -1.5（见图3-2）。

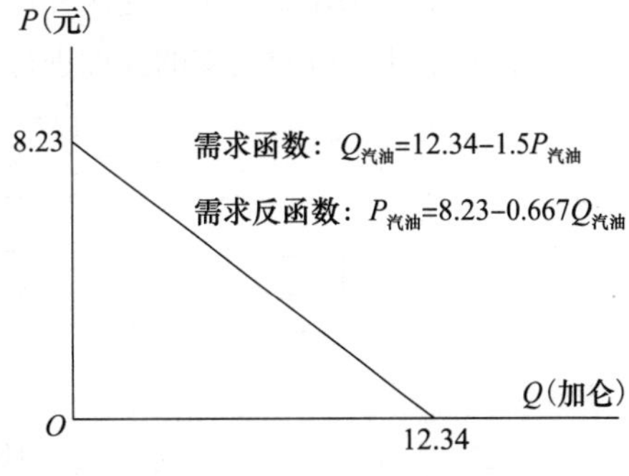

图3-2 需求曲线示意图

供给函数与供给曲线

一种商品的供给是生产者在各种可能的价格下愿意而且能够出售该商品的数量。

$$供给函数:Q_X^S = f(P_X,W\cdots)$$

其中，Q_X^S 表示X商品的供给数量，P_X 表示X商品的价格，而 W 表示工资水平。商品供给量取决于多种因素，其中最主要的就是价格与生产成本（工资水平）。其一般特点是：商品自身价格越高，生产者提供的产量就越大，反之亦然；在自身价格保持不变的情况下，W 越高，利润越小，自然供给量就越少。

假设 $Q_{桌子} = -300 + 1.5P_{桌子} - 8W - 0.2P_{木材}$，其中 $Q_{桌子}$ 表示桌子的供给数量，$P_{桌子}$ 表示桌子的价格，W 表示工资水平，$P_{木材}$ 表示木材的价格。

若 $W=12$，$P_{木材}=150$，则供给函数 $Q_{桌子} = -426 + 1.5P_{桌子}$，经变换得到反函数 $P_{桌子} = 284 + 0.667Q_{桌子}$，注意供给函数的反函数图像是供给曲线，所以供给曲线的斜率为0.667（见图3-3）。

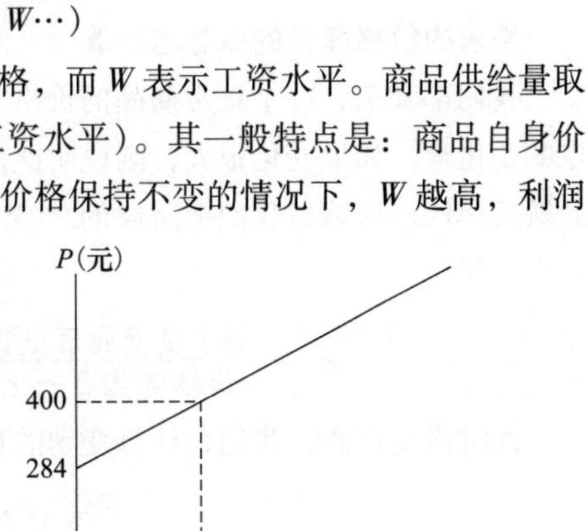

图3-3 供给曲线示意图

1.2 消费者需求分析

必会知识点

- ➢ 掌握需求的价格弹性、需求的交叉弹性、需求的收入弹性的计算和解释
- ➢ 掌握需求的价格弹性、需求的交叉弹性、需求的收入弹性的影响因素
- ➢ 比较替代效应和收入效应
- ➢ 区别正常商品和劣质商品（包括吉芬商品）

弹性

假设因为某些国际政治因素使得国内成品油价格上涨，如果不考虑全面通货膨胀的风险，

那么国内私家车主会对此如何反应？很明显，车主会少消费汽油，那么到底会减少多少消费呢？这就可以通过本节的讨论来进行解答。

弹性是衡量买卖双方对市场变化的反应程度。对于上述问题，我们通过研究会发现，成品油需求量在长期的变化大于短期的变化，也就是说，成品油（如汽油）在长期中消费的减少量一部分是因为人们开车不那么频繁了，而另一部分是因为许多车主转而购买大排量汽车的替代品——节能型小排量汽车。这两种现象都能反映在需求曲线及其弹性上。

下面我们主要针对需求的弹性进行讨论（见图 3-4）。

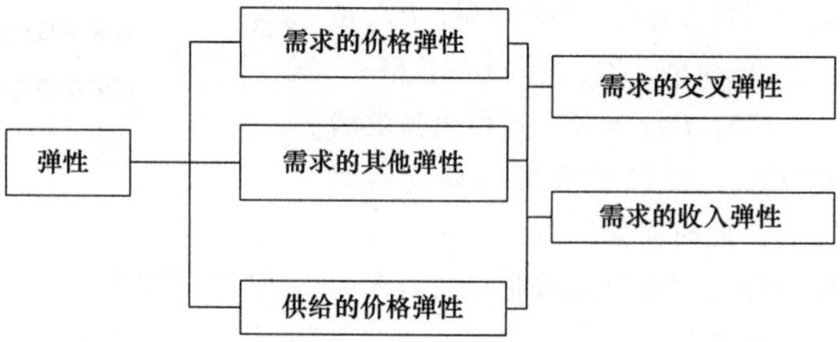

图 3-4　弹性的种类

需求的价格弹性（own-price elasticity of demand）

需求的价格弹性的概念与计算

我们都知道，一个正常商品的价格下降会使其需求量上升，需求的价格弹性反映了其需求量的变化量。如果变化很大，则说明此商品是富有弹性的；反之，如果变化较小，则说明此商品缺乏弹性。所以，我们把这样的“变化”表现为需求变动的百分比与价格变动的百分比的比率，即

$$\varepsilon_d = \frac{\text{需求量变化百分比}}{\text{价格变化百分比}} = \frac{\%\Delta Q}{\%\Delta P} = \frac{(Q_1 - Q_0)/(Q_1 + Q_0)/2}{(P_1 - P_0)/(P_1 + P_0)/2}$$

此时需要注意，我们在计算变动的百分比时，一般采用中点法，即

$$\text{变化百分比} = \frac{\text{终值} - \text{初值}}{\frac{\text{终值} + \text{初值}}{2}}$$

为什么要采用中点法，我们来看以下例子：

A 点：$P = \$4$，$Q = 120$

B 点：$P = \$6$，$Q = 80$

从 A 点变动到 B 点时，价格上升 50%，数量减少 33%，需求的价格弹性为 33/50 = 0.66；而从 B 点变动到 A 点时，价格下降 33%，数量增加 50%，需求的价格弹性为 50/33 = 1.52。由于计算变动百分比时分母的值不同导致最终弹性不同。为了避免这种情况，我们再计算变动百分比时把分母取平均。此时，无论从 A 点到 B 点，还是从 B 点到 A 点，价格和数量的变动百分比都是 40%，所以需求的价格弹性为 1。

很明显，从上述计算公式可以得出，当弹性 $|\varepsilon_d| > 1$ 时，表示当价格变化 1 个百分比单位，需求量的变动会大于 1 个百分比单位，即富有弹性。注意，我们已经把计算弹性时的负号去掉，即所有弹性都为正数。

➢ 当弹性 $|\varepsilon_d|<1$ 时，表示当价格变化 1 个百分比单位，需求量的变动会小于 1 个百分比单位，即缺乏弹性。

➢ 当弹性 $|\varepsilon_d|=1$ 时，表示当价格变化 1 个百分比单位，需求量的变动为 1 个百分比单位，即单位弹性。

➢ 当弹性 $|\varepsilon_d|=\infty$ 时，如果商品价格上涨，需求量马上变为 0，称为完全弹性。需求曲线是水平的。

➢ 当弹性 $|\varepsilon_d|=0$ 时，纵使价格变化幅度再大，需求量也不会有变化，称为完全无弹性。需求曲线垂直（见表 3-1）。

表 3-1 需求的价格弹性的几种形态

$\lvert\varepsilon_d\rvert>1$	富有弹性	价格增加使得销售额（$P\times Q$）减少
$\lvert\varepsilon_d\rvert=1$	单位弹性	价格增加使销售额不变
$\lvert\varepsilon_d\rvert<1$	缺乏弹性	价格增加使销售额增加
$\lvert\varepsilon_d\rvert=\infty$	完全弹性	水平的需求曲线
$\lvert\varepsilon_d\rvert=0$	完全缺乏弹性	垂直的需求曲线

图形如图 3-5 所示。

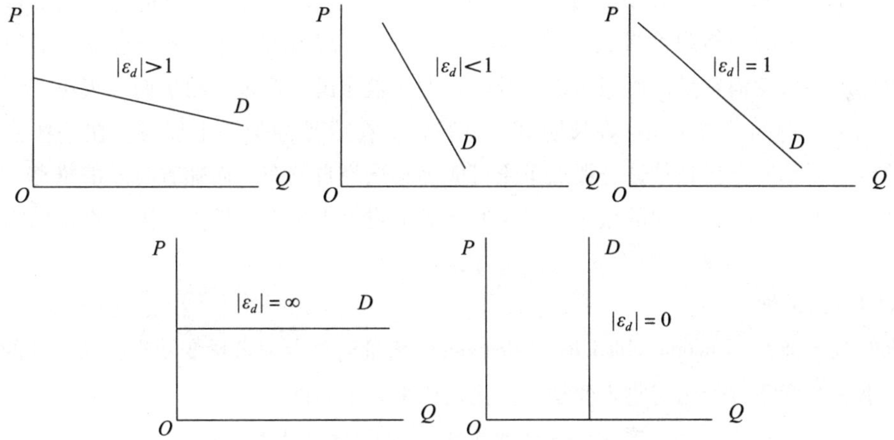

图 3-5 不同弹性大小示意图

沿着一条线性需求曲线的弹性与总收益

一条线性需求曲线上，各个点的弹性是否相同？答案是否定的，因为线性需求曲线上，斜率是不变的，但由于斜率是两个变量变动的比率，即$\frac{\Delta P}{\Delta Q}$，取倒数后$\frac{\Delta Q}{\Delta P}$仍不变。而弹性是两个变量变动百分比的比率，即$\frac{\%\Delta Q}{\%\Delta P}$。所以需求曲线上的各个点弹性不同。

图 3-6 展示了一条线性需求曲线的弹性。

从图 3-6 中我们可以观察到，在价格低于 \$4.5 时，需求是缺乏弹性的，因为 $|\varepsilon_d|<1$；而当价格高于 \$4.5 时，需求是富有弹性的，因为 $|\varepsilon_d|>1$。当价格等于 \$4.5 时，需求是单位弹性的，因为 $|\varepsilon_d|=1$。

此外，当价格逐渐从低到高接近于 \$4.5 时，总收益（$TR=P\times Q$）会上升。比如当价格为

$1，$TR=1\times80=\$80$；当 $P=\$3$，$TR=3\times60=\$180$；当 $P=\$4.5$，$TR=4.5\times45=\$202.5$。

当价格从 \$4.5 开始逐渐升高，总收益会下降。比如当 $P=\$5$，$TR=5\times40=\$200$；当 $P=\$7$，$TR=7\times20=\$140$。

由此可见，需求曲线的中点即为单位弹性点，且总收益 TR 最大。偏离此点时，价格升高，则弹性升高，总收益下降；价格降低，则弹性降低，总收益减小。

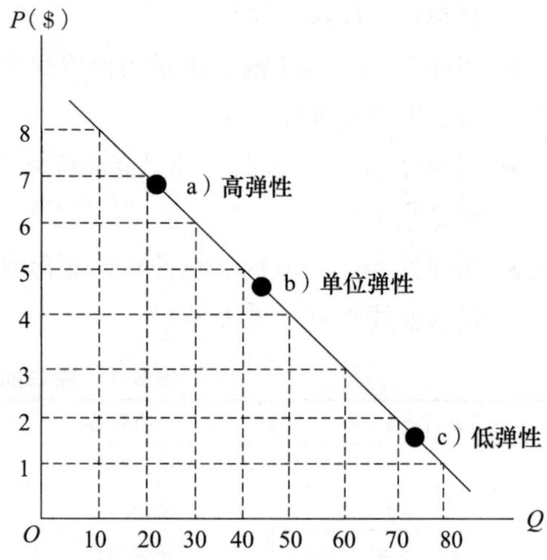

图 3-6　同一条需求曲线上的弹性变动示意图

需求的价格弹性的影响因素

根据经验，我们总结出一些决定需求价格弹性的一般规律。

（1）替代品的可获得性。有替代品的物品往往需求富有弹性，因为当此商品价格上涨时，消费者可以选择其替代商品，从而对该商品的需求（依赖性）不那么强。由于烟草没有合适的替代品，所以烟草的需求的价格弹性较小。

（2）商品价格占收入的比例。当商品价格占收入的比例较大时，消费者对其价格的敏感程度较大，即需求的价格弹性较大。如果消费者对某一品牌的日用品十分喜爱，即使价格上涨，一般也不会减少消费量；而当房价上升时，大多数居民都会选择租房而非买房。

（3）时间。商品的需求往往在长期更具有弹性。在成品油价格上涨时，在一些公共交通不发达的地区，私家车仍是首选，那么车主可能仍会选择自驾车。而随着时间的推移，人们会选择公共交通或选购节能省油的汽车，甚至搬至离上班地点更近的地方，因此汽油的需求量会随之减少。

需求的收入弹性

需求的收入弹性（income elasticity of demand）衡量消费者需求量变动对收入变动的敏感程度，用需求量的变动百分比与收入变动百分比之比来表示，即

$$\varepsilon_I=\frac{\text{需求量变化百分比}}{\text{收入变化百分比}}=\frac{\Delta Q/Q}{\Delta I/I}=\frac{\Delta Q}{\Delta I}\times\frac{I}{Q}$$

虽然需求的价格弹性几乎都是负数，需求的收入弹性可能会是负数、正数或是 0。需求的收入弹性为正的商品，被称为正常商品；需求的收入弹性为负的商品，被称为劣质商品。关于正常商品和劣质商品的概念会在后续各节中继续讲到。在正常商品中，收入弹性也有很大差别，比如生活必需品的收入弹性较小，因为即使消费者收入很低，也要消费生活必需品，并且即使收入提高，必需品的消费需求量也不会增加多少（收入较低时每天吃 3 碗饭，收入高时仍是 3 碗饭）；奢侈品的收入弹性较大，因为一旦跨入高收入阶段，很有可能增加奢侈品的消费，而收入低时完全可以不必消费奢侈品。

需要指出的是，不同商品在一定的收入范围内具有不同的收入弹性，同一商品在不同的收入范围内也具有不同的收入弹性。收入弹性并不取决于商品本身的属性，而取决于消费者购买时的收入水平。这是因为，收入水平提高时，本来被认为是奢侈品的东西也许会被认为是必需品，本来被认为是正常品的东西也许会被认为是劣等品。

假设你的收入从 \$10 000 涨到 \$15 000，而你对苹果的消费量由原来的 100 斤上涨到 120 斤，根据以上信息，判断苹果是必需品还是奢侈品。

$$\text{收入弹性} = \frac{(120-100)/110}{(15\,000-10\,000)/12\,500} = 0.23 < 1$$

所以苹果是必需品（necessity）。

需求的交叉弹性

需求的交叉弹性（cross-price elasticity of demand）衡量一种商品的需求量对于另一种商品价格变动的敏感程度，用一种商品需求量变动的百分比与另一种商品价格变动的百分比之比来表示。如果以 A 和 B 代表两种商品，用代表 A 商品的需求量衡量对 B 商品的价格反应程度，则需求的交叉弹性的公式为：

$$\varepsilon_c = \frac{\text{A 商品需求量变化百分比}}{\text{B 商品价格变化百分比}} = \frac{\Delta Q_A/Q_A}{\Delta P_B/P_B} = \frac{\Delta Q_A}{\Delta P_B} \times \frac{P_B}{Q_A}$$

交叉弹性的正负取决于这两种商品是替代品还是互补品。

替代品是指可以互相替代的商品，如肯德基和麦当劳的快餐。替代品的需求的交叉弹性为正，因为当 B 商品价格上涨时，其替代品 A 的需求量会增加。

互补品是指需要协同作用的商品，如汽车和汽油。互补品的需求的交叉弹性为负，因为当 B 商品价格上涨时，互补品 A “无用武之地”，需求量随之减少。

假设某一地区橘子价格从 \$5.5 每斤降到 \$4.5 每斤，那么香蕉的需求量从 105 000kg 下降到 95 000kg，那么两者的交叉弹性为：

$$\varepsilon_c = \frac{(Q_1^1 - Q_0^1)/(Q_1^1 + Q_0^1)/2}{(P_1^2 - P_0^2)/(P_1^2 + P_0^2)/2} = \frac{(95\,000 - 105\,000)/(95\,000 + 105\,000)/2}{(4.5 - 5.5)/(4.5 + 5.5)/2} = 0.5$$

此时两者的交叉弹性系数为正，说明它们是替代品。

收入效应与替代效应

假设现在我们有两种正常商品：巨无霸汉堡和烤鸡翅，当巨无霸价格下跌时，消费者可能会有两种反应：

（1）巨无霸价格下跌，说明我的收入相对增加，我就可以购买更多的巨无霸和烤鸡翅（收入效应）。

（2）巨无霸价格下跌，烤鸡翅的价格相对上涨，那么我放弃一份烤鸡翅可以换得更多的巨无霸，我应该少买烤鸡翅而多买巨无霸（替代效应）。

这两种想法都有道理，也就是我们要在这里引出的收入效应与替代效应。巨无霸价格下跌使得消费者的相对收入增加，从而需求量增加的效应称为收入效应（income effect），这种效应使得人们消费更多的巨无霸和烤鸡翅。同时，巨无霸的价格相对于烤鸡翅更便宜，此时的替代效应（substitution effect）使得人们减少烤鸡翅的消费而增加巨无霸的消费（见表 3-2）。

表 3-2 巨无霸价格下跌时的收入效应与替代效应

商品	收入效应	替代效应	总效应
巨无霸	消费者收入更高，购买更多巨无霸	巨无霸相对便宜，消费更多	购买更多巨无霸
烤鸡翅	消费者收入更高，购买更多烤鸡翅	烤鸡翅相对昂贵，消费更少	不确定

正常商品和劣质商品

是否收入增加时，商品的需求量就一定增加？答案是否定的，这是因为虽然绝大多数商品都是正常商品（normal goods）（收入提高，需求量增加），但也有些商品是劣质商品（inferior goods）（收入提高，需求量减少，如方便面）。

需求的收入弹性系数可正可负，并可据此来判别该商品是正常商品还是劣质商品。

➢ 正常商品：如果某商品的需求的收入弹性系数为正，即 $\varepsilon_I>0$，表示随着收入水平的提高，消费者对此种商品的需求量增加，该商品称为正常商品，其需求的收入弹性系数可等于1、大于1（奢侈品），或小于1（必需品），分别称为单位弹性、富有弹性和缺乏弹性。

➢ 劣等品：如果某商品的需求的收入弹性系数为负，即 $\varepsilon_I<0$，表示随着收入水平提高，消费者对此种商品的需求量反而下降，该商品称为劣质商品。

无论对于正常商品还是劣质商品而言，替代效应总是会导致当相对价格降低时，消费者会购买更多的商品。而收入效应的作用则依赖于该商品属于正常商品还是劣质商品。对于正常商品而言，收入效应加强了替代效应的作用，共同形成一条斜向下的需求曲线。但对于劣质商品而言，收入效应和替代效应的作用方向相反，收入效应削弱了替代效应的作用。

吉芬商品（Giffen goods）是劣质商品的一种，不过和一般的劣质商品不同，吉芬商品的收入效应要强于其替代效应，从而导致其需求量随着价格上涨反而上升。

除了以上三种商品，我们还要研究韦伯伦商品。韦伯伦商品通常指一些能展示人们社会地位的“炫耀性”商品，比如法拉利跑车、游艇、私人飞机等。商品的价格越高，人们对其的需求量也就越大，因为此时这种商品给人们带来的效用已经不仅仅在于其实际的使用价值，而更多的在于高价格所体现出来的高规格、高品位、高地位上面。很容易想象，如果法拉利跑车降价促销，那么其价格体现出的品位就会有所下降，人们也就不愿意购买；而如果涨价，则其代表的品位就会上升，人们对其的需求量也就会加大，但说到底，涨价也有个限度，如果价格实在太高，远远高过相同级别的保时捷跑车，那么人们可能也不愿意去购买法拉利，转而购买保时捷。因此韦伯伦商品在一定价格区间内的需求曲线是向上倾斜的，超过这个价格区间后，需求曲线开始向下倾斜。

韦伯伦商品与吉芬商品有两点不同。首先，吉芬商品是劣质商品，而韦伯伦商品显然不是；其次，消费者选择理论能够解释吉芬商品的存在，但无法解释为什么会有韦伯伦商品。几种商品的比较如表3-3所示。

表3-3 几种商品的特点比较

商品	价格与替代效应的关系	价格与收入效应的关系	价格与总效应的关系	需求曲线的形状
正常商品	反向	反向	反向	向下倾斜
劣质商品	反向	正向	反向	向下倾斜
吉芬商品	反向	正向	正向	向上倾斜
韦伯伦商品	反向	正向	正向	先向上方倾斜，再向下倾斜

1.3 厂商供给分析

必会知识点

➢ 描述边际收益递减的现象

➢ 确定和描述关停和盈亏平衡点

➢ 掌握会计利润、经济利润及正常利润的计算及它们组成的差别

➢ 描述规模经济和规模不经济如何影响成本

我们知道，企业的目标就是实现最大利润，利润 = 总收益 - 总成本。所以我们需要对总收益和总成本进行分析。

至于分析过程，我们可以从“总”“平均”“边际”三个角度进行。我们可以从表 3-4 所列出的关系切入并研究。

表 3-4 利润、收益和成本的计算

经济利润	总收入减总经济成本（$TR-TC$）
总收入（TR）	价格乘以数量（$P\times Q$），或者各种商品的销售量与售价乘积之和（$\sum P_i\times Q_i$）
平均收入（AR）	总收入除以数量（TR/Q）
边际收入（MR）	总收入的变化量除以数量的变化（$\Delta TR/\Delta Q$）
总固定成本（TFC）	所有固定成本之和，包括所有机会成本
总可变成本（TVC）	所有可变成本之和，或者每单位可变成本乘以数量（每单位 $VC\times Q$）
总成本（TC）	总固定成本加总可变成本（$TFC+TVC$）
平均固定成本（AFC）	总固定成本除以数量（TFC/Q）
平均可变成本（AVC）	总可变成本除以数量（TVC/Q）
平均总成本（ATC）	总成本除以数量（TC/Q）或平均固定成本加平均可变成本（$AFC+AVC$）
边际成本（MC）	总成本变化除以数量的变化（$\Delta TC/\Delta Q$）

利润最大化

一般，我们可以从 3 个角度切入，分析利润最大化。

首先，从总收益 TR 和总成本 TC 角度展开：当 $TR-TC$ 最大时，就获得了最大利润。

其次，还可以从边际收益 MR 和边际成本 MC 的角度展开：当 $MR=MC$ 时，实现利润最大化，下面将详细展开。

最后，可以从边际收益产品 MRP 的角度展开：当要素的 MRP 等于要素价格时，会实现利润最大化，下面将详细阐述。

会计利润、经济利润和正常利润

会计利润的定义和企业利润表中的净利润相同，即收益减去总的会计成本（显性成本）：

会计利润 = 总收益 - 总会计成本

其中显性成本是支付给所有企业以外的经济资源所有者的货币额，如工资费用、营销费用、生产费用等，显性成本反映的是实际应用成本。

比如小王经营一家快餐店，每个月的收益为 10 万美元，店面租金 3 万美元，员工工资 3 万美元，假设没有其他费用，则显性成本为 6 万美元，会计利润为 4 万美元。这样的计算方法与一般编制企业利润表的方法相同，是站在会计的角度上看问题。

在上例中，我们假设小王不仅有能力开快餐店，同时还精通心理学，拥有心理咨询师的资质。如果去当一名全职心理咨询师，他每小时能赚取 100 美元，那么相对于开快餐店来说，在快餐店工作 1 小时，就会放弃心理咨询师的每小时 100 美元收益，这种放弃的收益也应该是其成本的一部分，称为隐性成本，也是机会成本。所以我们如果从经济学的角度看问题，经营快餐店的总成本应该是显性成本与隐性成本之和，此时的总成本就称为经济成本。

所以，我们看到，经济学和会计学对利润分析的角度不同：经济学的角度下，成本包括显性成本与隐性成本，而在会计学的角度下的成本只是显性成本。

我们在探讨经济利润时，是站在经济学的角度上看问题的。所以经济利润应该考虑到隐性成本的因素：

经济利润 = 收益 - 经济成本 = 收益 -（显性成本 + 隐性成本）= 会计利润 - 隐性成本

对于私有公司来说，隐性成本包括投入资本的机会成本、时间的机会成本以及老板的企业家才能。而对于上市公司来说，基本上股东要求的回报就是最大的隐性成本。

我们通常把经济利润称为超额利润，之所以这么说，是因为与之对应的有正常利润。当企业的经济利润为0时，我们不能说企业没有利润，应该说企业赚取了正常利润。正常利润是企业刚好抵消隐性成本的会计利润。

我们可以将会计利润与经济利润、正常利润联系起来：

会计利润 = 经济利润 + 正常利润

- 当企业的经济利润 =0 时，其会计利润 = 正常利润，也就是说企业此时赚取了正常利润。
- 当企业的经济利润 >0 时，其会计利润 > 正常利润，即企业获取了超额利润。
- 当企业的经济利润 <0 时，其会计利润 < 正常利润，即企业蒙受了经济损失。

总收益、平均收益与边际收益

总收益是公司对每个消费者都收取价格 P，因此只要乘以销售量就是总收益。而平均收益就是对总收益求算数平均。因此总收益和平均收益的计算很直观：

$$TR = P \times Q, \quad AR = TR/Q$$

边际收益 MR 是多卖出一单位商品或服务所增加的总收入，因此，从定义我们可以知道 MR 的计算公式为：

$$MR = \frac{\mathrm{d}TR}{\mathrm{d}Q}$$

对于一个处于完全竞争市场中的企业来说，由于自身没有定价能力（下一节将详细论述），是价格接受者，所以不论销售量如何，都会对所有消费者收取相同价格，因此多卖出一单位产品，将获得相当于1个单位 P 的收益，即 $MR = P$。再根据 $AR = TR/Q$，我们可以得出：$AR = MR = P$。图3-7就是完全竞争市场中的需求曲线和边际收益曲线。

讨论了完全竞争市场中的需求曲线与边际收益曲线之后，有必要进一步讨论在不完全竞争市场中的情况。在不完全竞争市场中，厂商拥有一定的市场占有率，对于价格有一定的决定权，要根据不同的销量决定不同的售价，因此，厂商是价格搜寻者。厂商为了卖出更多数量的产品，就需要相应降低价格，即向下倾斜的需求曲线（见图3-8）。

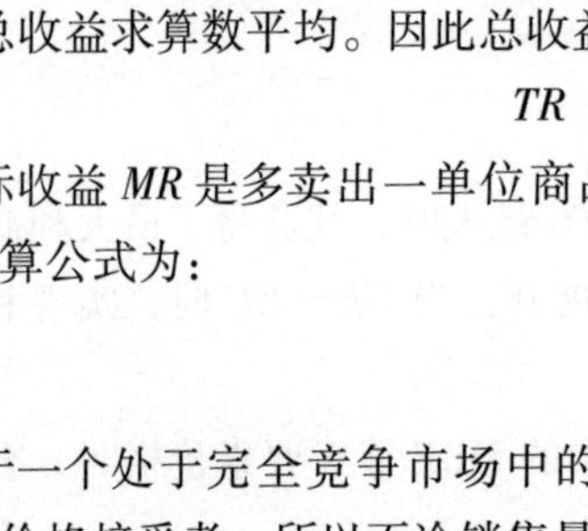

图3-7 完全竞争市场需求曲线

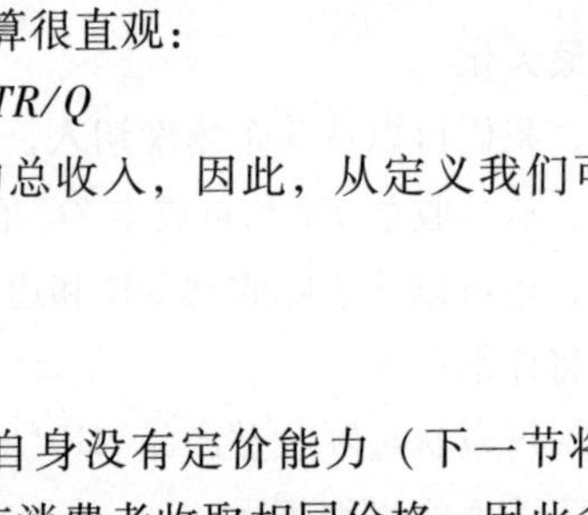

图3-8 平均收益曲线与边际收益曲线

在不完全竞争市场中，销量上升时，平均收益 AR（或需求曲线）与 MR 都会下降，只不过下降的速率不同，我们可以通过数学的方法证明：MR 曲线斜率的绝对值是需求曲线或 AR 曲线的斜率绝对值的两倍。证明如下：

$$P = a - bQ$$

$$TR = PQ = (a - bQ) \times Q = aQ - bQ^2$$

$$AR = \frac{PQ}{Q} = a - bQ$$

$$MR = \frac{\mathrm{d}TR}{\mathrm{d}Q} = a - 2bQ$$

根据 MR 的定义，我们知道 MR 是 TR 对 Q 求一阶导数，得出 MR 曲线的斜率为 $-2b$，而 AR 曲线的斜率很明显是 $-b$。

厂商的生产要素

企业需要靠销售商品及服务以获得收益，而商品的生产则涉及生产要素的使用。生产过程中最主要的生产要素是：

- 土地：厂房设备等的所在地。
- 劳动力：包括熟练工与非熟练工，以及管理人员。
- 资本：这里指的是实物资本——企业的有形资产，比如机器设备及厂房等。需要和金融资本区分开。
- 材料：直接投入生产的原材料，比如生产用水、铁矿石等。

为了简化分析过程，我们主要考虑两个因素——资本 K 和劳动力 L。厂商的生产函数则是这两个因素共同决定的，是它们的函数，我们可以表示为：

$$Q = f(K,L)$$

这个函数就称为企业的生产函数。当我们把其中一项变量固定，比如 K，那么只有 1 个工人时的产量就是第一个单位劳动力的边际产出 MP。当我们继续招募一个工人，所增加的产出就是第二个工人的边际产出。

那么边际产出是否会变化呢？答案是肯定的。当一个企业只有少数员工时，由于组织合作的作用，MP 可能会递增。但是总有一个临界点，超过这个点时，每招募一个新员工，边际产出是递减的，这可能是由于此时的组织机构过于庞大，效率降低而造成的，我们把这种边际产出减少的规律称为边际产出递减规律。当继续招募新员工，甚至可能会出现边际产出为负的现象，减少企业的总产出（见图 3-9）。

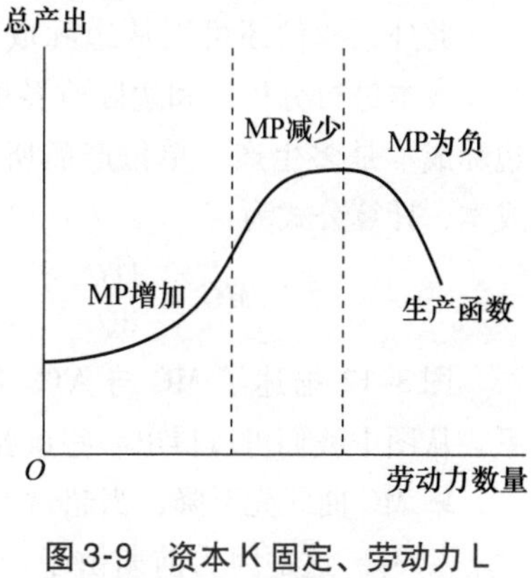

图 3-9 资本 K 固定、劳动力 L 可变的情况下的生产函数

总成本、平均成本和边际成本

既然企业生产商品或提供服务，那么肯定会产生成本，所以我们要对企业的成本进行分析。我们可以从以下 3 个角度着手分析：①总成本 TC；②平均成本 AC；③边际成本 MC。

总成本由两个部分组成：总固定成本 TFC 和总可变成本 TVC，即

$$TC = TVC + TFC$$

总固定成本是不会随着产量的变化而变化的成本，是无论怎样（短期内）企业都要支付的费用。企业中常见的固定成本有厂房、机器设备、固定利息费用和管理人员工资（不随产量变化而变化）等。

总可变成本会随着产量的变化而变化。企业中最大的可变成本是生产人员工资（随着产量增长而增长）、原材料成本等。总可变成本可随着产量的增加而增加，也可随着产品需求的降低而降低（因为产量降低）（见图 3-10）。

平均成本的算法很直观，直接把相应的总成本除以产量即可（见图 3-11）。

$$ATC = TC/Q$$

$$AFC = TFC/Q$$

$$AVC = TVC/Q$$

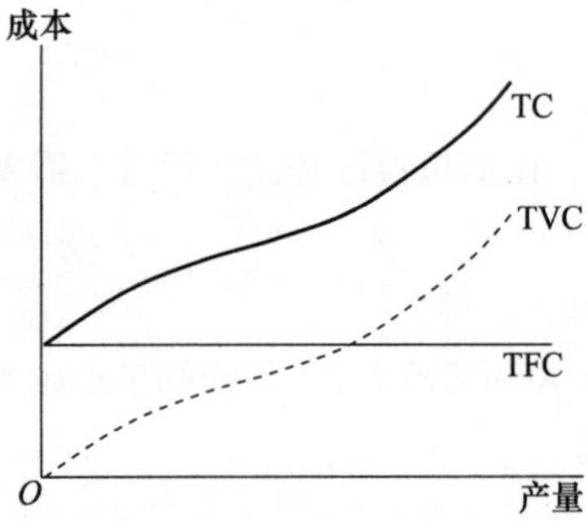

图 3-10 总成本、总固定成本与总可变成本

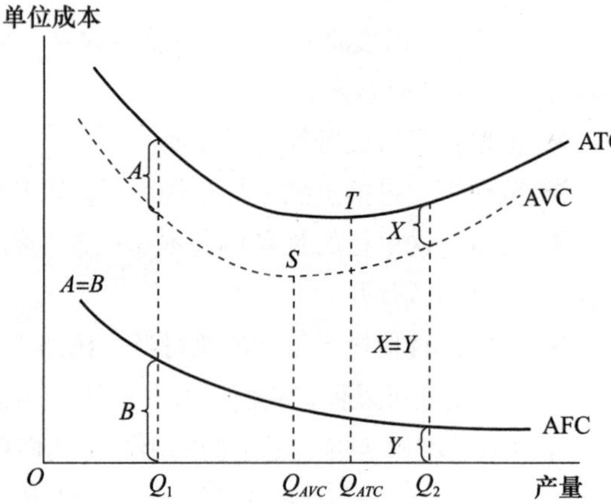

图 3-11 平均成本、平均固定成本与平均可变成本

由图 3-11 可见，首先，AFC 曲线向下倾斜。这是因为 TFC 不变，随着 Q 的增加，AFC 必然逐渐降低。

其次，ATC 和 AVC 曲线都是 U 形的，这是因为 AVC 先是随着产量的增加而降低，随后再升高。至于 ATC，则是在 AVC 的基础上加上 AFC，最后将逐渐与 AVC 趋近并收敛。

最后，由于 $ATC = AVC + AFC$，所以图中 $A = B$，且 $X = Y$。

此外，我们还可以从边际成本的角度对企业成本进行分析。和边际收益的分析类似，边际成本是多生产一单位产品所额外增加的成本，计算公式为：

$$MC = \frac{dTC}{dQ}$$

图 3-12 描述了 MC 与 ATC 和 AVC 的关系。从图中我们可以得出一些重要的结论：

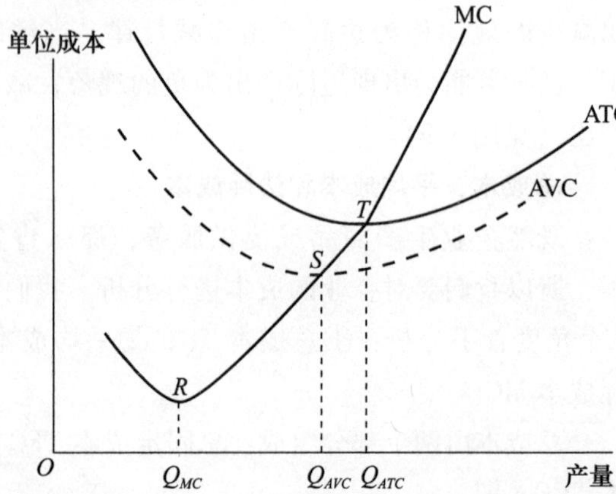

图 3-12 平均总成本、平均可变成本与边际成本

- MC 曲线先下降，当超过 Q_{MC} 时才会上升。这是因为前期由于产量较低，可以通过劳动力的分工合作来达到效率

的优化，而当投入越来越多的劳动力时，可能会由于边际收益递减的原因使得边际成本递增。

- MC 曲线交于 ATC 和 AVC 的最低点。我们可以分析出，当 MC 低于 AVC（或 ATC）时，AVC（或 ATC）是处于下降通道的。反之亦然，当 MC 高于 AVC（或 ATC）时，AVC（或 ATC）是处于上升通道的。
- MC 曲线高于 AVC 曲线的部分，是完全竞争厂商的短期供给曲线。

关停点及盈亏平衡点

通常，我们会假设企业经营在短期内，资本 K 是不会改变的，比如一些厂房及设备一般不会在短期内有变动（规模变动）。而在长期时，任何生产要素都是可变的，比如企业可以通过扩张生产规模，或者变卖资产等方法改变一些短期内无法变动的要素。

我们前面已经介绍过，在完全竞争的环境中，任何企业都是价格接受者，即无论企业生产多少产品，其产品价格都是相同的，而且价格既等于平均收益 AR，也等于边际收益 MR。

企业都是以利润最大化为目标的，而且并不是生产越多利润越大，因为从图 3-12 可以看出，企业的总成本也是随着产量的增加而增加的。那么如何决定企业在利润最大时的产量呢？我们可以通过 $MR=MC$ 的方法来决定最大利润时的产量。为什么可以用 $MR=MC$ 作为最大利润的判定条件呢？我们知道，单个厂商的需求曲线上的每一个点表示其愿意为既定单位的产品所支付的价值，整条曲线就代表每增加一单位产量，给厂商带来的收益，即边际收益；同样，供给曲线上的每一个点表示既定单位的产品的生产成本，整条曲线就代表了每增加一单位产量，所要多付出的成本，即边际成本。

- 当边际收益 > 边际成本时，多生产一单位产品所获得的收益完全能覆盖所带来的成本，因此企业一定会继续生产；
- 当边际收益 < 边际成本时，多生产一单位产品的收益小于成本，因此企业一定会减产；
- 因此，只有当边际收益 = 边际成本时，才能达到利润最大化。

我们来观察图 3-13，当企业的 $MR=MC$ 时，厂商利润最大，此时它们交点的产量 Q 即利润最大的产量，Q 点时的总成本为 C，价格为 P。因此，企业此时的利润为正，等于 $(P-C)Q$。

显而易见，如果当需求曲线正好与 MC 曲线交于 ATC 的最低点时，$P=C$，因此经济利润为 0，即盈亏平衡点，见图 3-14 的盈亏平衡点（breakeven）。

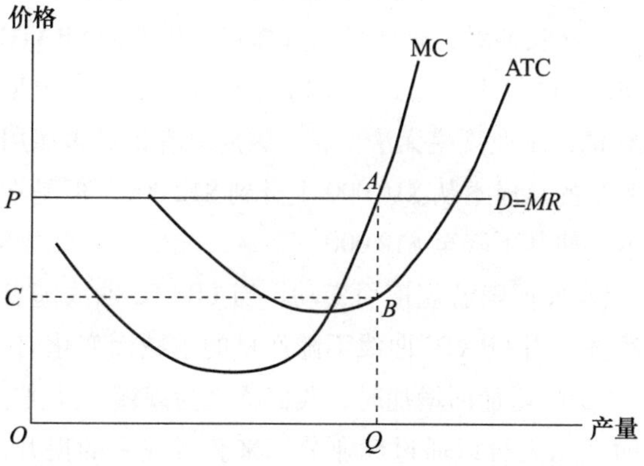

图 3-13 完全竞争环境下的经营决策

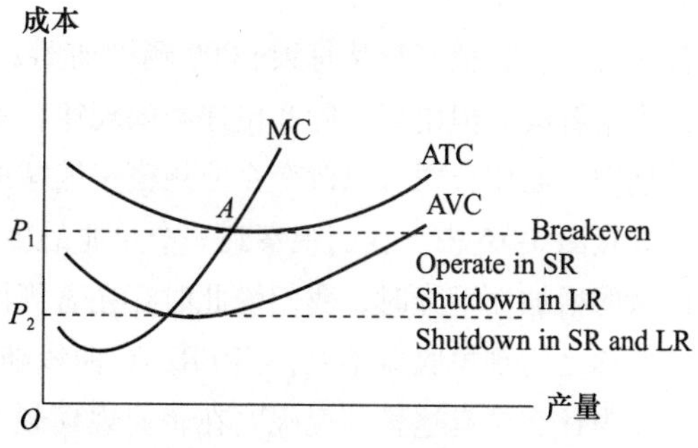

图 3-14 关停点的确定

如果利润最大化时的产量所决定的价格处在图 3-14 的 P_1 和 P_2 之间，那么企业的经济利润为负。此时有两种经营决策，分别是短期和长期。短期时，由于一些生产要素是固定的，只要总收益大于总可变成本 TVC，至少一些固定成本会被覆盖，所以会继续生产；长期由于任何要素都可变，企业可以采取关停的措施以避免损失。

如果利润最大化点所对应的价格为 P_2，甚至低于 P_2，则无论是短期还是长期，都应该停产并且退出这个市场，所以 P_2 又称为关停点（shutdown point）。

上述情况讨论了完全竞争环境下的经营决策，那么在非完全竞争下应该如何决策呢？非完全竞争情况下，我们之前分析过，其需求曲线（或平均收益曲线）并不与边际收益曲线重合，这是与完全竞争环境不一样的地方。但是，决策方法都是一样的：通过 $MR = MC$ 决定利润最大化时的产量 Q_e，在此点时的价格 P_e 由需求曲线（或平均收益曲线 AR）决定（见图 3-15）。

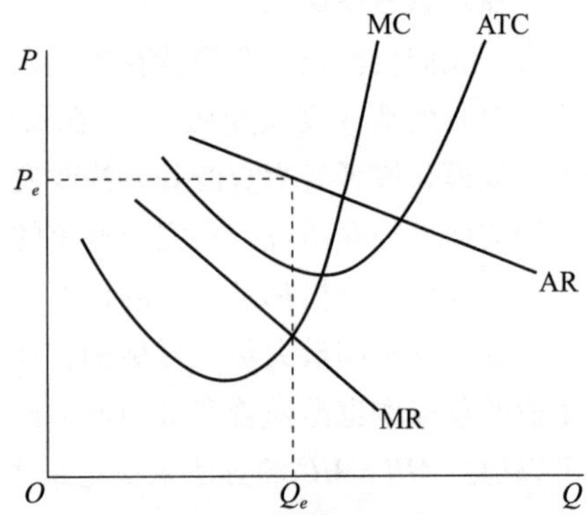

图 3-15 非完全竞争环境下的经营决策

非完全竞争环境下，厂商的经营决策与完全竞争环境时的一样，在此不重复讨论。

因此，我们总结如下（见表 3-5）。

表 3-5 企业在不同成本构成情况下的决策

收入、成本关系	短期决策	长期决策
$TR \geqslant TC$	留在市场	留在市场
$TVC < TR < TFC + TVC$	留在市场	退出市场
$TR < TVC$	停产	退出市场

规模经济与规模不经济

我们在前面已经介绍，企业的成本会随着考察时间的变化而变化。对于许多企业，总成本在固定成本和可变成本之间的划分取决于时间。比如通用公司，在几个月的时间内不太可能改变工厂规模，生产更多汽车的唯一方法就是多雇用工人。因此，工厂的成本在短期内是固定的。当时间跨度从月变为年时，通用公司可以通过改变工厂规模，建立新厂或关闭旧厂，即原先的固定成本在长期是可变的。

从图 3-16 中我们可以看出，短期内有三条平均总成本曲线 SRATC，分别是小规模工厂、中规模工厂和大规模工厂，同时还有一条长期平均总成本曲线 LRATC。LRATC 曲线是一条底面水平的 U 型曲线，而且所有的 SRATC 曲线都在 LRATC 曲线之上，之所以会产生这种现象，是因为企业在长期时有更大的灵活性。也可以说，在长期时，企业可以选择自己想要的 SRATC 曲线；而在短期时，在特定的规模下只有一条 SRATC 曲线。比如，在通用公司还是一个中型公司时，若想把产量从每天 1 000 辆增加到 1 200 辆，企业规模无法变化，因此只有依靠多雇用工人来解决。但由于边际产出递减的规律，每辆车的总成本从 \$10 000 上升到 \$12 000。但是在长期中，通用公司可以改变企业规模来缩减成本，使其下降至 \$10 000。

在图 3-16 中，我们观察到一个企业的生产成本如何随着规模而变动。当 LRATC 曲线随着产量的增加而下降时，我们说此时存在着规模经济；当 LRATC 曲线不随产量的增减而变化时，我们称之为规模收益不变；当 LRATC 曲线随着产量的增加而增加时，我们称之为规模不经济。

为什么会有这种情况呢？在企业规模较小时，工人可以通过专业分工来获得效率的提升，因此企业的平均成本下降，处于规模经济状态；而当企业规模较大时，组织结构也相当庞大，管理中难免会出现组织协调问题，因此产量越大，成本越高，处于规模不经济状态。

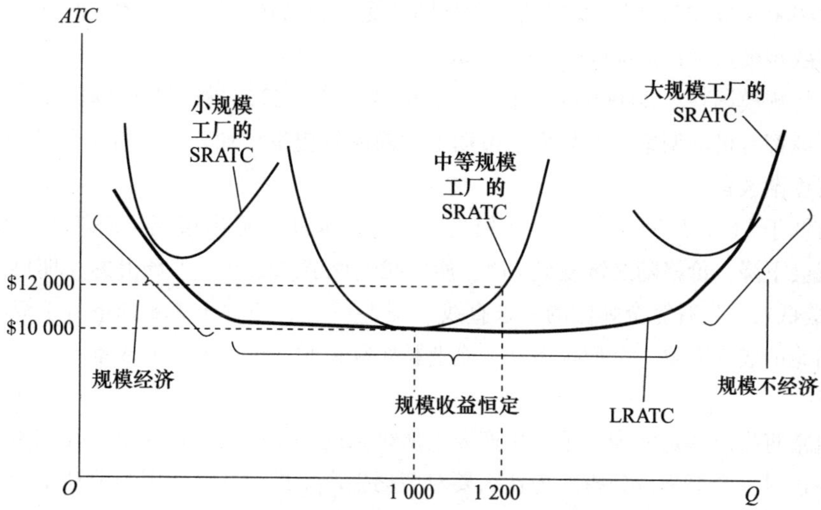

图 3-16 厂商长期与短期内平均总成本曲线图（1）

现在我们再来讨论一下在长期时，如果企业能够进入或退出市场，将会发生怎样的情况。如果市场上有企业获得经济利润（超额收益），则会有新企业进入，从而导致商品供应量上升，价格随之降低，经济利润不断被蚕食。相反，如果市场上有企业亏损，那么一些现有的企业会退出市场，从而导致商品供给减少，价格回升，利润增长。

短期利润最大化与长期利润最大化

我们已经讨论过，短期内厂房规模无法改变，因此只能在特定生产规模下由 $MR = MC$ 决定其产量；而在长期时，厂房的规模可以发生改变，厂商此时可以选择平均总成本更低的一种生产规模，比如图 3-17 中产量为 20 000 和 40 000 的 SRATC 曲线。

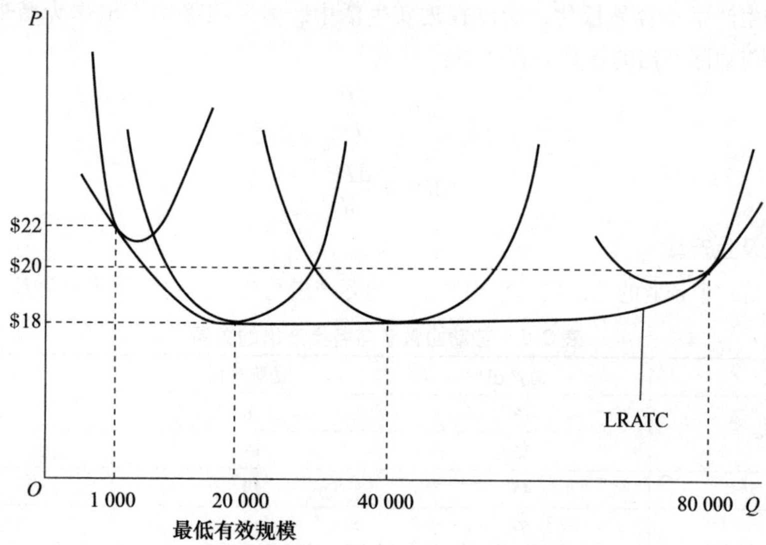

图 3-17 厂商长期与短期内平均总成本曲线图（2）

当产量处于 1 000 时，平均总成本仍然高企，但是短期内由于厂商无法调整规模，因此只能按照这样的高成本进行生产；而长期时，厂商可以调整生产规模，那么厂商完全有理由将产量调整至20 000 ~ 40 000，因为此时的长期平均总成本 LRATC 最低，这个最低点产量20 000 就称为最低有效规模点（minimum efficient scale）。

当厂商将规模调整至20 000 时，如果市场价格仍然是 \$22，则厂商能够获得经济利润，但此时所有厂商都有机会调整生产规模，市场上的商品供应量增加，市场价格降低至 \$18，最终经济利润就逐渐被蚕食。

当价格低于 \$18，厂商会蒙受经济损失，一些企业就会退出市场，而随着个别企业的退出，产量就会下降，价格随之恢复到 \$18。所以我们就能总结出，市场上的长期供给曲线就是在 LRATC 最低点、具有完全弹性的一条直线（图 3-17 中价格处于 \$18 的平行于横轴的直线）。但是这个结论的成立需要一个前提条件：企业扩张规模时，生产要素的成本不变。

生产率

我们通常将生产率定义为一单位生产要素所带来的平均产出，在这里，我们主要把劳动力作为生产要素对生产率进行分析。为什么要对劳动生产率进行分析？因为劳动生产率决定了企业利润最大化及成本最小化的能力，进而影响了将来的盈利能力以及股东回报。我们主要通过劳动总产出、平均产出和边际产出对劳动生产率进行分析。

总产出、平均产出和边际产出

由定义出发，劳动总产出指的是一定数量的劳动力的产出，用 TP 或 Q 表示。劳动总产出并没有体现出企业的生产效率，因为用的是总值的概念。

平均产出是总产出 TP 除以工人的数量 L，用 AP 表示。它提供了一个可供参考的比较基准，来衡量每个工人的生产效率如何。相比总产出，平均产出是一种更好的度量劳动生产率的方法。

边际产出是每多雇用一个工人所带来的总产出的增加值，用 MP 表示。边际产出衡量了每一个劳动力所创造的产出值，所以相比平均产出，是一种更好的衡量劳动生产率的方法。但是每一个工人的生产率不容易量化，所以在现实生活中，多采用平均产出作为衡量生产率的方法。平均产出与边际产出的计算公式如下：

$$AP = \frac{TP}{L}$$

$$MP = \frac{\mathrm{d}TP}{\mathrm{d}L}$$

边际收益及生产率

我们先来看一个企业的总产出、平均产出、边际产出与劳动力数量直接的关系（见表 3-6）。

表 3-6 劳动力数量与各类产出的关系

工人	总产出	边际产出	平均产出
1	8	8	8
2	26	18	13
3	45	19	15
4	57	12	14. 25
5	62	5	12. 4
6	65	3	10. 8

在表3-6中，我们可以看到，第3个工人的产出最高，高于第2个工人的18与第1个工人的8。从1个工人增加到3个工人时，边际产出是逐渐增加的，我们把这种现象称为边际收益递增。而从第4个工人开始，边际产出逐渐下降，总产出的增幅也不像之前那么快，我们把这种现象称为边际收益递减规律。此处要注意，当劳动力逐渐增加时，边际产出甚至有可能为负，因而会导致总产出的减少。当然，如果多雇用一名工人导致总产出减少的话，企业自然不愿意这么去做。

根据之前的分析，我们可以得知，厂商的成本是由生产率所决定的。而我们这里研究的成本包括边际成本MC和平均可变成本AVC，生产率用边际产出MP和平均产出AP衡量。那么它们之间具体有什么联系呢？其实，MC和AVC的图形与MP和AP的图形呈对称关系，如图3-18所示。

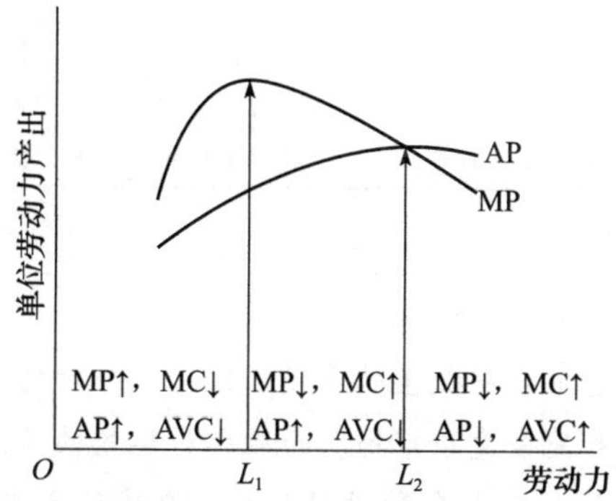

a）边际产出与平均产出曲线

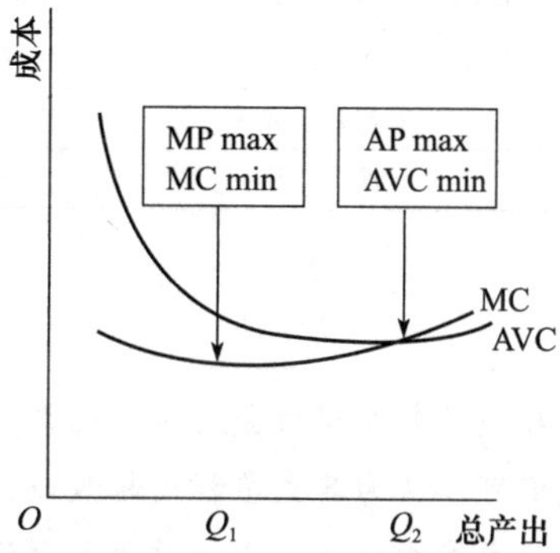

b）成本曲线

图3-18 边际产出与平均产出之间的关系，边际成本与平均可变成本之间的关系

由图3-18我们可以看出，MP的最高点对应着MC的最低点，AP的最高点对应着AVC的最低点。

- 当劳动力数量从0增加至L_1时，MP（MC）逐渐上升（下降）至最高（低）点。
- 当劳动力数量从L_1增加至L_2时，开始出现边际产出递减，随之产生的是边际成本递增。此时，AP逐渐到达最高点，而AVC逐渐到达最低点。
- 当劳动力数量从L_2开始增加时，边际产出递减和边际成本递增规律仍然存在，此时，AP从最高点开始下降，而AVC从最低点开始上升。

很显然，生产率的提高有助于企业降低生产成本，进而影响企业利润，即生产率与企业成本及利润有着直接的联系。而生产率则取决于技术、劳动力素质、资本以及企业家能力等。

2 厂商与市场结构

知识导引

在本章中，我们将会学到，完全竞争市场中的企业是价格接受者，不具有定价能力。而从垄断竞争、寡头垄断到完全垄断市场，厂商在市场中的竞争能力会越来越强，逐渐会从价格接受者转变为价格搜寻者，也就是说具有定价能力。在本章中，我们将分别对完全竞争市场、垄断竞争市场、寡头垄断市场以及完全垄断市场逐个进行分析，来考察厂商在这些市场中如何生产才能使自己的利润最大化。此外，我们还会对市场集中度进行分析，分别探讨两种市场集中度计算的利弊。

考点说明

在本章中，我们要掌握4种市场各自的特点，以及市场集中度的概念。

在经济分析中，根据不同市场结构的特征，我们通常将市场结构分成4种：完全竞争、垄断竞争、寡头垄断以及完全垄断。决定市场类型划分的主要因素主要有：市场上的厂商数目、产品差别程度、对价格的控制程度、其他厂商进入市场的难易程度以及非价格竞争。关于完全竞争、垄断竞争、寡头垄断以及完全垄断市场的划分，我们可以用表3-7来概括。

表3-7 四种市场之间的比较

市场类型	厂商数目	产品差别程度	对价格的控制程度	进入市场的难易程度	非价格竞争
完全竞争	很多	同质产品	没有	容易	无
垄断竞争	较多	有差别	一些	比较容易	广告、产品差异
寡头垄断	几个	有差别或无差别	比较大	不容易	广告、产品差异
完全垄断	一个	唯一产品，无法替代	相当大，但经常受到管制	几乎不可能	广告

名师解惑

厂商的数量及相对规模会对市场结构产生影响。从数量的角度来说，一个市场中厂商的数量越多，我们可以认为其竞争程度越激烈，比如完全竞争市场。而从相对规模的角度来说，规模越大，其竞争能力越强，比如对于大型汽车厂，如大众和通用几乎在全球范围内都有工厂，竞争能力较强；而对于一些规模较小的汽车厂，竞争能力则较弱。

在垄断竞争市场中，有较多的厂商供应商品，但厂商数量一般小于完全竞争市场。垄断竞争市场的特点是商品可能是有差异的，厂商可以通过根据这些差异点进行广告推广。当产品差异越大，则市场越类似完全垄断市场。

当价格由整个市场而非某个厂商决定时，厂商就没有定价能力，只能成为价格接受者(price taker)。因此，完全竞争市场的厂商都是价格接受者，其需求曲线和*MR*曲线重合，并处于水平状态。在垄断竞争市场中，产品差异化的程度决定了其影响价格的能力。在寡头垄断市场中，虽然若干厂商能够统一价格，但这种价格联盟很容易破裂，我们后面会谈到“囚徒困境”。在完全垄断市场中，厂商拥有定价能力，因此成为价格搜寻者（price searcher）并且*MR*曲线向下倾斜的程度比需求曲线更大。

2.1 完全竞争市场

根据表3-7，完全竞争市场的特点是：

- 厂商数量很多
- 厂商提供同质商品
- 厂商对价格没有控制，是价格接受者
- 其他厂商很容易进入市场
- 没有非价格竞争的形式

比如农副产品市场就是典型的完全竞争市场，几乎完全能够符合上述的5个条件。

我们在前面已经介绍过，完全竞争厂商的需求曲线和边际收益曲线、平均收益曲线重合，并且都平行于横轴。这是由于厂商是价格接受者，所以不论生产多少产品，其定价 P 都不会改变。再根据 $TR=PQ$ 得知：

$MR=\frac{dTR}{dQ}=P$，而 $AR=\frac{TR}{Q}=P$，故 $D=MR=AR$，如图 3-19 所示。

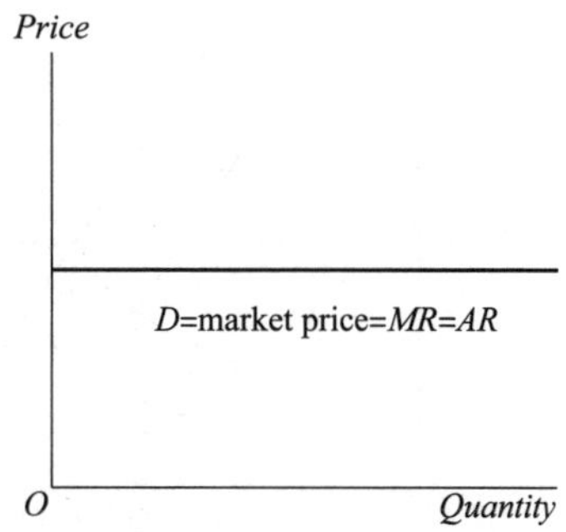

图 3-19 完全竞争市场需求曲线、边际收益曲线与平均收益曲线

那么如何决定短期内企业利润最大化的产量呢？我们可以通过 $MR=MC$ 或者 $TR-TC$ 最大化来决定，具体见图 3-20。

由于完全竞争市场的进入壁垒很低，所以即使有厂商获得经济利润，也会马上被其他厂商蚕食，因此厂商不会获得经济利润。厂商都会在成本最低点，即 *ATC* 与 *MC* 的交点处进行生产。

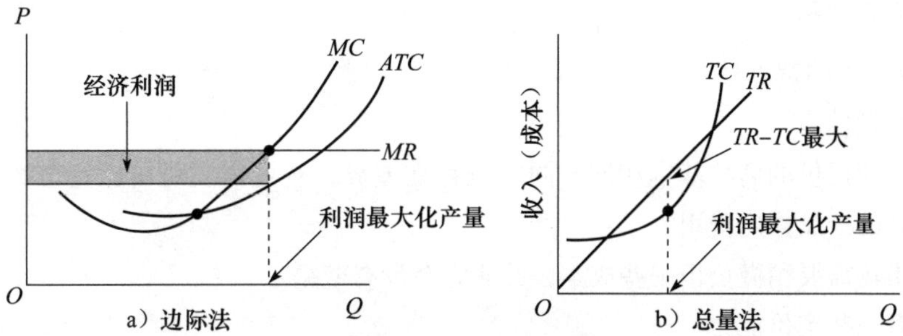

图 3-20 完全竞争市场下厂商收益与成本情况示意图

即使 $MR=MC$，也可能会出现经济损失的情况。当价格 *P* 处于图 3-21 的 P_1 与 P_2 之间时，虽然蒙受经济损失，但短期内厂商不至于退出市场；而如果 *P* 低于 P_1 时，厂商会马上决定退出市场。因此，对于厂商来说，其短期供给曲线就是图 3-21a 中 *MC* 曲线高于 *AVC* 曲线的部分；而对于整个市场来说，短期供给曲线是所有厂商供给曲线的叠加，如图 3-21b 所示。

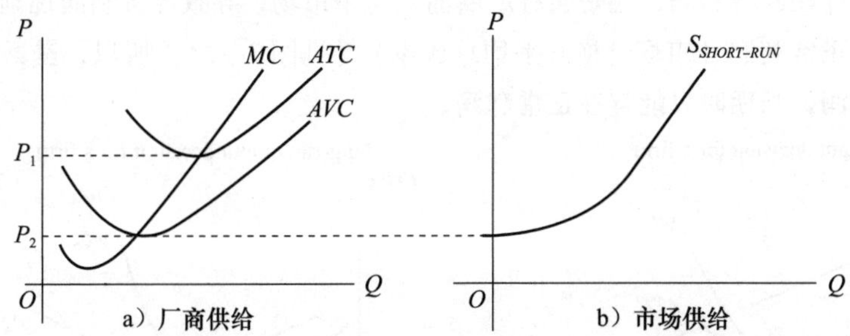

图 3-21 厂商的边际成本、平均总成本与平均可变成本

厂商如何在长期应对需求的永久性变化呢？在长期时，厂商可以通过改变生产规模以应对需求的变化。如图 3-22 所示，当需求永久性从 D_0 增加至 D_1 时，价格上涨至 P_1。由于是完全竞争市场，厂商是价格接受者，所以厂商收到的价格也是 P_1，从而产生了经济利润。在长期内，完全竞争市场的经济利润不可能一直存在，由于其他厂商的涌入，导致商品供给量增加，供给曲线从 S_0 移动到 S_1，价格再一次回复至均衡水平 P_0。

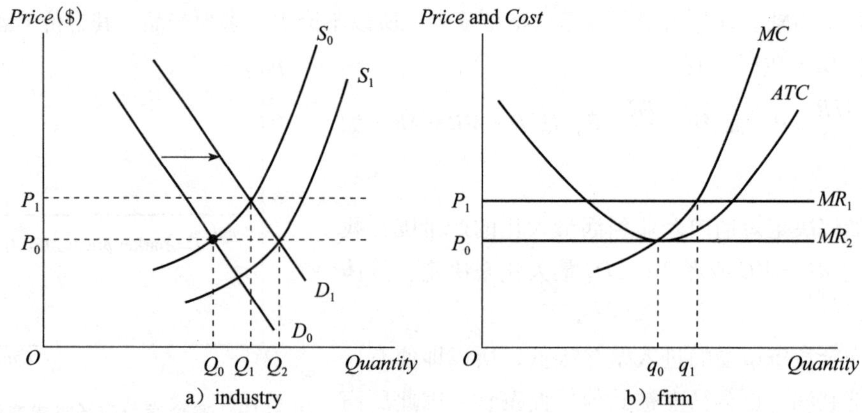

图 3-22 长期内厂商行为变化示意图（完全竞争市场）

2.2 垄断竞争市场

垄断竞争市场的特点是：

- 厂商数量较多
- 各家厂商提供的商品基本相同，同时也存在差异，企业需要付出比完全竞争、完全垄断更高的产品推广费用
- 进出市场需要稍微负担一些成本，并非完全没有壁垒
- 厂商有一些定价能力
- 厂商根据其商品的差异性进行推广

我们之前已经分析过，在非完全竞争时，厂商是价格搜寻者（price searcher），其需求曲线是向下倾斜的，并且不再和边际收益曲线重合。

与完全竞争市场一样，企业利润最大化的产量由 $MR = MC$ 来决定，若这个产量对应的市场价格高于企业的平均总成本，则产生经济利润。虽然垄断竞争市场有一些进出壁垒，但并不大，只要市场上存在经济利润，还是会有厂商涌入这个市场，导致经济利润逐渐消失，最终使得厂商只能获得正常利润（市场价格 = 平均总成本）（见图 3-23）。所以，**垄断竞争只有在短期内存在经济利润，长期时只能存在正常利润。**

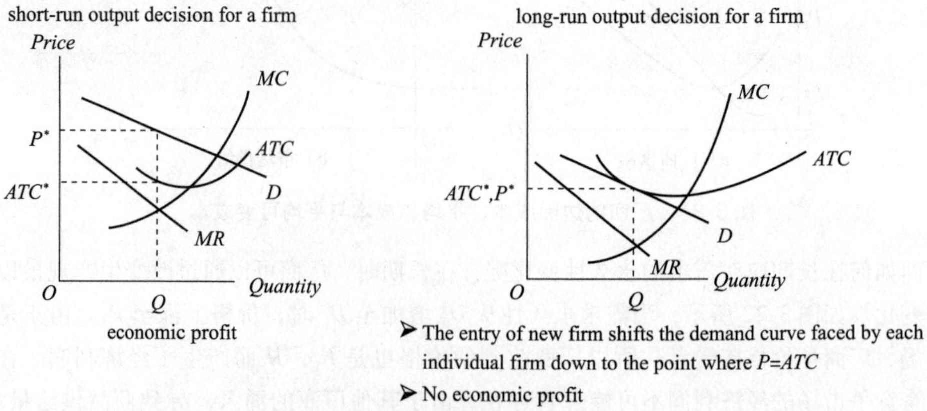

图 3-23 短期内与长期内厂商的产出决策（垄断竞争市场）

需要注意的是，即使垄断竞争在长期时的经济利润为零，情况和完全竞争也是不同的。在完全竞争中，由于需求曲线水平，企业依旧按照最低成本 P_{pc} 进行生产，产量为 Q_{pc}。而垄断竞争中，需求曲线向下倾斜，无法与平均总成本曲线相切与最低点，最终的价格为 P_{mc}，且产量为 Q_{mc}。从图 3-24 中我们可以很容易观察到，$Q_{mc} < Q_{pc}$，且 $P_{mc} > P_{pc}$。这就说明垄断竞争市场在长期均衡时，会保留一定的产能，并且均衡价格高于完全竞争时的均衡价格。

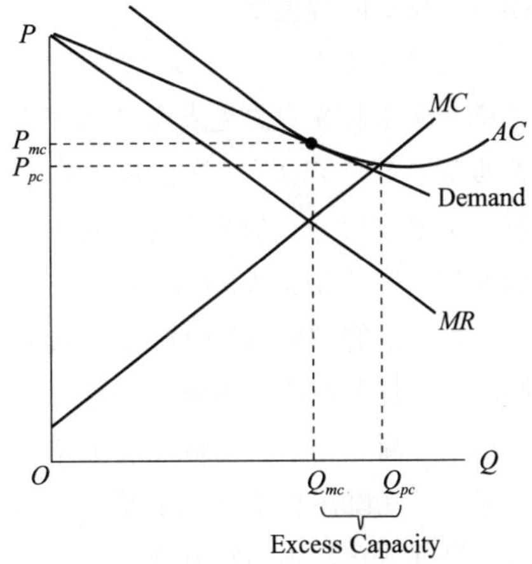

图 3-24 垄断竞争市场中厂商的均衡产量与价格

为了持续获得经济利润，厂商会愿意对产品进行创新，以体现差异化并提高售价。当然，这需要消费者的配合：如果消费者的需求曲线的弹性较小，厂商完全可以通过提高产品售价以增加其经济利润。而在长期时，由于市场上替代商品及“山寨”商品的存在，企业的经济利润就被瓜分，此时企业则需要持续不断地进行产品创新以求获得经济利润。

2.3 寡头垄断市场

必会知识点

- 拐折需求曲线的特点。
- 纳什均衡产生的原因及其特点。

寡头垄断市场的特点是：

- 只有少数厂商供应商品
- 一家厂商供应的商品可以完全被其他厂商的产品所替代，但也可以有品牌等其他方面的区别
- 进入市场很难，通常需要高成本及高壁垒。比如钢企需要大量起初的固定成本投资，进入壁垒很高
- 厂商通常拥有较强的定价能力，但其定价策略会相互影响
- 可以通过市场化推广以及一些非价格竞争策略实现商品的差异化

在分析寡头垄断的过程中，我们需要简单介绍 4 种模型。

- 拐折需求曲线模型
- 古诺双寡头模型
- 纳什均衡模型（囚徒困境）
- 斯塔克伯格主导厂商模型

拐折需求曲线模型

上文介绍过，虽然寡头垄断企业具有较强的定价能力，但如果一家企业的定价策略有所改变，其他厂商就会研究这家企业的定价策略，从而制定相应政策予以应对，其基本的假设就是市场中的企业“跟跌不跟涨”。从事家电销售的电商基本上是属于寡头垄断行业，因为这个行业中的厂商不多，国内知名的电商主要包括京东商城、苏宁易购、国美以及易讯和亚马逊等。

进入这个市场很难，已经成立的电商基本上已经拥有稳定的客户群，新进入的企业不仅要投入大量的固定成本，还要设法争夺客户群，所以进入壁垒很高。我们可以通过下面的实例来解释拐折的需求曲线模型。

2012 年 8 月 15 日，国内知名电商京东商城与苏宁易购展开了万众瞩目的价格战。8 月 14 日晚，京东刘强东首先表态“大家电三年零毛利，即日起京东所有大家电保证比国美、苏宁连锁店便宜 10% 以上”，而紧接着苏宁易购主任李斌回应称“全品类价格低于京东”。随着“战事”的愈演愈烈，国美和易讯也加入到了价格战的行列中，分别宣称“全线商品价格比京东低 5%”和“大家电/3C 比京东便宜”。

从上述的“8 · 15 价格战”的实例中我们可以看出：京东宣布降价后，各大电商都有积极回应，并且采取跟随策略——降价。我们可以试想一下，如果京东不是降价而是涨价的话，那么其他电商一定不会采取涨价策略，因为此时客户会因为嫌京东的价格高而转向其他的电商。很显然，在既定价格下，如果一家寡头厂商降价，其他寡头也会选择降价；如果一家寡头涨价，则其他寡头不会跟着涨价。

为什么会产生拐折的需求曲线，我们可以做如下的分析推导。

在图 3-25a 中，反映了消费者应对价格上涨时的需求曲线，为何如此？因为当一家寡头的价格从既定价格开始上涨，消费者就会立即转向其他寡头，所以需求的价格弹性很大；图 3-25b 中，反映了消费者应对价格下跌时的需求曲线，因为一家寡头的价格一旦从既定价格开始下跌，其他寡头会采取“跟跌”策略，此时对于这家寡头来说，客户群并没有显著增加，因此需求的价格弹性较小。

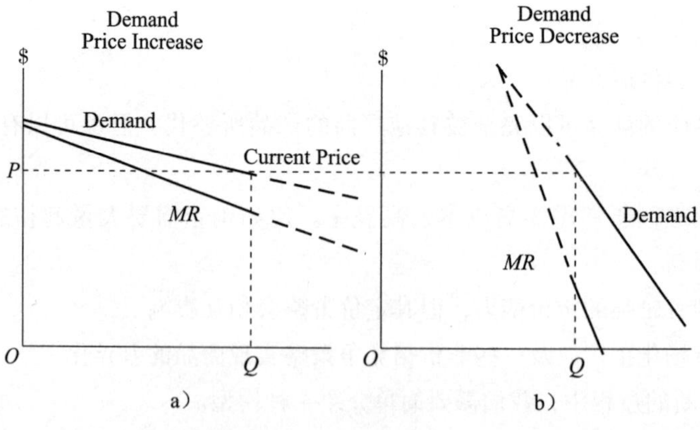

图 3-25 消费者应对价格上涨与下跌时的需求曲线

我们将图 3-25a 与图 3-25b 的实线部分拼接起来，就会得到拐折需求曲线模型，如图 3-26。

在图 3-26 的拐折需求曲线模型中，我们可以观察到 *MR* 曲线是不连续的，存在一个缺口，我们称为边际成本范围（*MC* range）。对于任意穿过这个缺口的边际成本曲线，厂商都会以利润最大化的价格——即需求曲线拐折处的价格 *P* 进行商品供给，供给数量为 *Q*。我们还可以从此图中看出，不论 *MC* 在缺口范围内怎样移动，价格都保持不变，因此说价格保持刚性。

但是，拐折需求曲线模型也有缺陷，因为它并不能解释拐折处的价格是如何决定的。

古诺双寡头模型

古诺模型假设，企业通过假设其他厂商的供给量不会改变来决定自己的利润最大化产量。在双寡头模型中，两家厂商拥有同样的边际成本，且边际成本恒定。任何一家厂商都知道另一家厂商在前一段时期内的供给量，并且假设对方的供给量在将来也不会改变。古诺模型还假设，厂商会同时决定各自的利润最大产量，根据数学推导，我们可以证明在均衡时厂商 A 和厂商 B 的产量时相同的，即 $Q_A = Q_B$，此时再改变产量不会增加厂商利润，处于稳定均衡状态（其数学推导在此处不作赘述）。

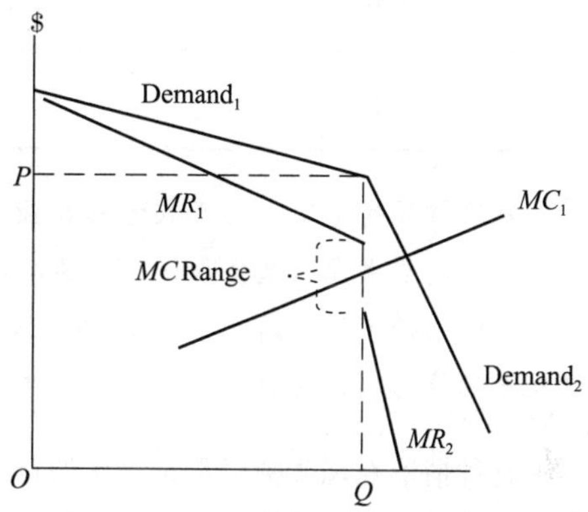

图 3-26 拐折的需求曲线

我们考虑以下情形，假设市场需求函数为：

$$Q_D = 450 - P$$

供给曲线由 $MC = 30$ 来表示。

由于市场上只有两家寡头厂商 A 和 B，所以 $Q_D = Q_A + Q_B$，我们将上式进行转换：

$P = 450 - Q_D = 450 - Q_A - Q_B$，并且 $MC = 30$

对于 A 厂商来说，$TR_A = PQ_A = (450 - Q_A - Q_B)Q_A = 450Q_A - Q_AQ_B - Q_A^2$

并且 $MR_A = \frac{\Delta TR_A}{\Delta Q_A} = 450 - 2Q_A - Q_B$，如果要利润最大化，必须 $MR_A = MC = 30$

对于 B 厂商来说，$TR_B = PQ_B = (450 - Q_A - Q_B)Q_B = 450Q_B - Q_AQ_B - Q_B^2$

并且 $MR_B = \frac{\Delta TR_B}{\Delta Q_B} = 450 - 2Q_B - Q_A$，如果要利润最大化，必须 $MR_B = MC = 30$

联系方程组得到：

$$450 - 2Q_A - Q_B = 450 - Q_A - 2Q_B$$

由于之前已经得出 $Q_A = Q_B$，所以可以解得 $Q_A = Q_B = 140$，$Q = 280$，$P = 170$

此时市场均衡价格 $P = 170$，均衡数量 $Q = 280$，称为古诺均衡。古诺均衡与完全竞争、完全垄断的价格数量水平不同：古诺均衡价格高于完全竞争时的价格，低于完全垄断的价格；古诺均衡数量高于完全垄断数量，低于完全竞争的数量。

纳什均衡

当厂商各自为自己做出最佳决策时，便达成了纳什均衡。

名师解惑

有一种博弈称为囚徒困境，这个博弈说明了为什么合作是困难的，即使合作使所有人的状况变好时，也往往不能合作。考虑有两个囚犯 A 和 B，如果未经审讯获得证据，就无法进行起诉。现在审讯员将 A 和 B 分别关在两个独立的房间内进行审问，双方都不知道对方做出的选择。审讯员给他们的选择是：

- 如果 A 承认罪行而 B 不承认，则 A 能获得自由而 B 判处 10 年监禁。
- 如果 B 承认罪行而 A 不承认，则 B 能获得自由而 A 判处 10 年监禁。
- 如果双方都不承认，都会被判处 6 个月监禁。

➢ 如果双方都承认，都会被判处 2 年监禁。

	B 不承认	B 承认
A 不承认	A 被判处 6 个月 B 被判处 6 个月	A 判处 10 年 B 获得自由
A 承认	A 获得自由 B 判处 10 年	A 判处 2 年 B 判处 2 年

在这样的情形下，由于双方都在独立的审讯室内作抉择，因此无法进行合谋。A 肯定会为了自己的利益考虑而选择承认，因为承认后将获得自由；而 B 在同样的环境下也会做出同样选择，最终选择承认。因此 A 和 B 都承认的结果就是各自判处 2 年监禁。像这样双方都承认的结果就是纳什均衡，因为双方都不会选择不承认而减少罪行。

这种情形在现实中很常见，比如石油输出国组织（OPEC）。OPEC 是世界上生产大部分石油的国家形成的一种价格卡特尔，其宗旨是协调和统一成员国的石油政策，维护各自的和共同的利益，即通过合谋（collusion）以期望达到最大利润。成立之初，OPEC 成员包括伊朗、伊拉克、科威特、沙特阿拉伯和委内瑞拉。现有的成员国是：沙特阿拉伯、伊拉克、伊朗、科威特、阿拉伯联合酋长国、卡塔尔、利比亚、尼日利亚、阿尔及利亚、印度尼西亚和委内瑞拉。

与任何一个卡特尔相同，OPEC 力图通过各成员过之间的协议减少国际原油供给量以提高原油价格。但是 OPEC 面临的问题与我们所说的囚徒困境相同，虽然整个组织想维持原油的高价格，但是其成员国都受到因增产而得到总利润增加的诱惑，因此其成员常常在协议的背后偷偷“打小算盘”，通过增产而各自违背协议。很明显，对于各方来说，选择违背协议最终损失的还是自己的利益，因为国际市场上原油供给量的增加会导致油价下跌，这样并不能使违背协议的国家获得最大的利润。

主导厂商模型

最后一个寡头垄断模型是主导厂商模型。在这个模型中，存在一个市场占有率极高、生产成本很低的大型企业，称为主导厂商（领导者），而另一个小规模企业称为竞争厂商（或追随者）。主导厂商决定市场价格，而追随者根据市场价格决定其产量。

如图 3-27，领导者认为追随者的产量会随着价格的降低而减少，所以其需求曲线 D_{DF} 与市场需求曲线有关系，并且推出领导者的边际收益曲线 MR_{DF}。领导者根据 $MR_{DF}=MC_{DF}$ 的方法决定其利润最大化时的产量 Q_{DF} 及价格 P^*，而追随者只能根据 $MC=P^*$ 来决定其产量 Q_{CF}。

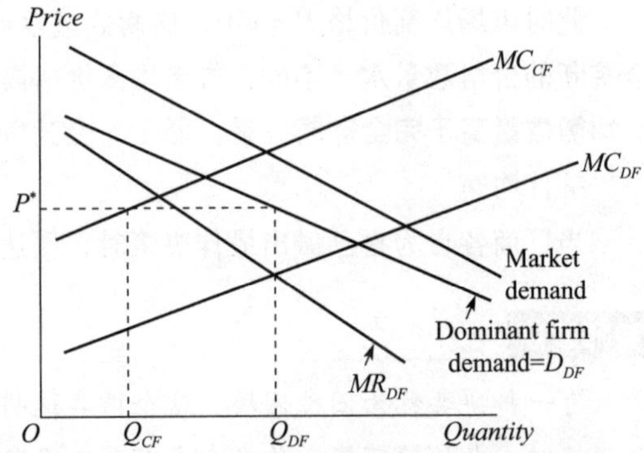

图 3-27 主导厂商与追随厂商的边际成本对比

虽然短期内追随者可以通过主动降价以增加产量，而且领导者也会随之降价，但是这种情况在长期内显然不可行。因为我们可以从图 3-27 中看到，追随者的边际成本 MC_{CF} 显著高于领导者的边际成本 MC_{DF}，因此长期时追随者一定会因为亏损而选择减产，甚至退出市场。所以在长期内，追随者主动降价只能导致其市场占有率的下降和领导者的市场占有率上升。

2.4 完全垄断市场

必会知识点

- 完全垄断市场的特点
- 价格歧视对生产者剩余产生的影响
- 自然垄断的特点以及平均成本定价法与边际成本定价法的区别

完全垄断的特点

市场上只有一个厂商供应高度差异化的产品（无替代品）。如果有一家药厂研制出了抗艾滋病的新药，就能完全对这个市场进行垄断。

进入壁垒很高，主要体现在高进入成本上。

我们来比较一下完全竞争市场与完全垄断市场的配置有效性。在完全竞争市场中，供给曲线 S 是所有厂商供给曲线的叠加，并且与边际成本曲线 MC 一致。其均衡数量 Q_C 及价格 P_C 由供求曲线的交点决定。由于所有厂商都以 P_C 价格出售，所以不能通过降低供给量来提高售价。

在完全垄断市场中，由于只有一家供应商，其定价能力非常强，但是否价格越高利润越大？并非如此，利润最大化的数量 Q_M 及价格 P_M 还是以 $MC = MR$ 来决定的。从图 3-28 中可以看出，$Q_M < Q_C$，因此资源配置无效，会产生无谓损失 DWL。

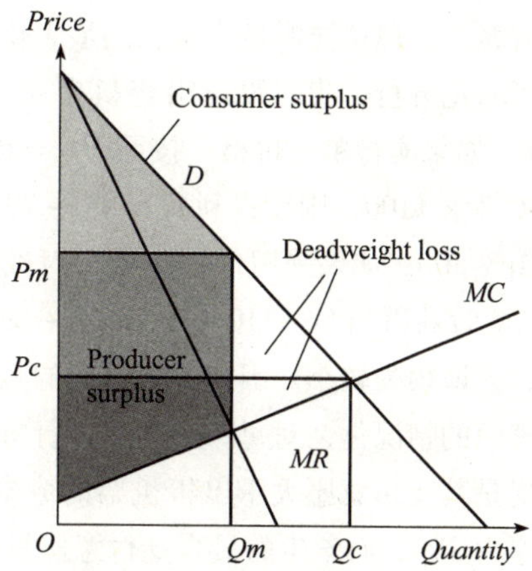

图 3-28 完全竞争与完全垄断的配置有效性比较

上文中介绍过，由于完全竞争市场中厂商是价格接受者，需求曲线平行于横轴。而在非完全竞争市场中（此处指完全垄断），厂商面临着向下倾斜的需求曲线和 MR 曲线。与完全竞争不同，完全垄断时厂商是价格搜寻者，而且拥有极大的价格制定权，但并不是价格收取得越高越好，因为价格太高消费者会无力承受，从而放弃消费。因此厂商会制定使得其利润最大化的价格和产量。那么看到这里，可能会有疑问，如何决定完全竞争厂商的利润最大产量及价格呢？我们有两种方法：**单一价格**决定法与**价格歧视**法。

单一价格决定利润最大化时的产量

当我们使用单一价格决定利润最大产量时，我们仍旧用惯常的手法，即 $MR = MC$。之前我们讨论完全竞争及垄断竞争时，由于进入壁垒较低，长期中经济利润会被新进入的厂商所瓜分；而完全垄断则不同，进入壁垒非常高，因此不会有新厂商进入这个市场瓜分经济利润，完全垄断厂商可以在长期中独享这份经济利润。

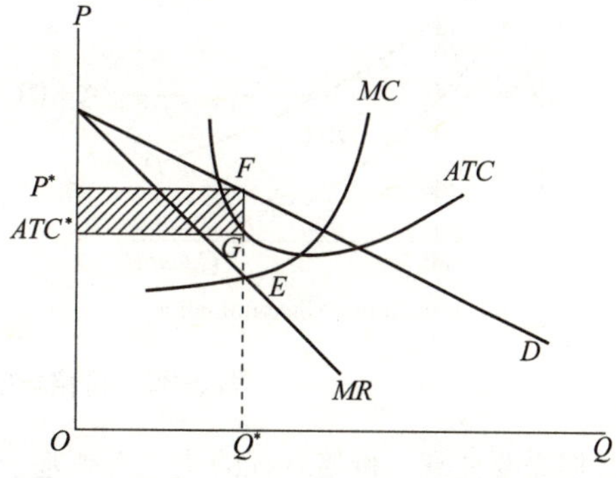

图 3-29 单一价格决定法（完全垄断市场）

图 3-29 中显示，当 $MR = MC$ 时，决定了

利润最大时的产量 Q^*，从而找到了价格 P^*。P^* 与 ATC 之间的矩形阴影部分就是经济利润。为了确保经济利润 >0，则必须保证 $P>ATC$。

价格歧视

企业以不同价格把同一商品卖给不同客户，尽管对每个客户的生产成本是相同的，这种做法就是价格歧视。典型的例子包括学生票与普通票的价格不同，对会员与非会员收取不同的价格等。

我们要注意，当一种物品在完全竞争市场上出售时，价格歧视是不可能的，因为完全竞争市场上所有企业都以同样的价格出售同一种商品，没有一个企业愿意向任何一个客户收取更低的价格，因为企业可以以更高的市场价格出售该商品；反之，如果企业想要向客户收取高于市场的价格，则没有人会去买。所以说，能够实行价格歧视的企业一定在市场上拥有很强的垄断能力。

价格歧视的动机就在于尽量攫取更多的消费者剩余，使其转化为经济利润。想象一下，乘飞机的旅客中不仅有一般的旅行者，还有商务出差的人群。对于一般的旅行者来说，对机票的价格可能会较为敏感，而商务人群则可能不太敏感。因此航空公司一般不会对这两类人群收取同样的价格，如果价格定得稍高，则可能失去旅行者这样的客户；如果价格稍低，虽然能够争取到所有客户，但这样明显不是利润最大化的做法。

为了简化分析，我们假设出售机票是没有固定成本和可变成本的，因此 $MC=ATC$。如图 3-30a，如果实行单一价格，按照 $MC=MR$ 的方法确定机票供应数量为 80 张，由此确定机票价格为每张 \$100，则获得利润（100－70）×80＝\$2 400，此时无谓损失 *DWL* 较大。

如图 3-30b，如果采用价格歧视，对商务客户收取每张 \$110，而对一般旅客只收取每张 \$90，则此时获得利润（110－70）×50＋(90－70)×(110－50)＝\$3 200，此时明显获得的利润较大，无谓损失较小。因此价格歧视的意义就在于将原本的消费者剩余转移至厂商的经济利润，最理想的情况是，对每一个客户进行特别定价，按照其对应的支付意愿制定价格，当然有一个前提是其支付意愿大于出售机票的成本。比如商务客户的支付意愿为 \$130，团购客户的支付意愿为 \$90，而学生的最高支付意愿只有 \$80 等，按照这样的方法定价就能够最大限度地获取消费者剩余，并减少无谓损失。

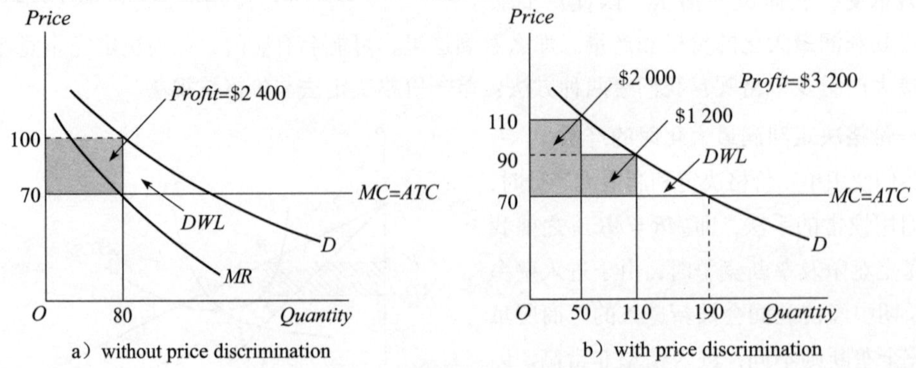

图 3-30 价格歧视法（完全垄断市场）

我们需要注意，价格歧视的成立必须基于如下假设：

➢ 需求曲线向下倾斜，即必须是非完全竞争市场。
➢ 至少两组不同的客户，并且拥有不同的价格需求弹性，也就是说他们对某种商品的价值认同是不同的。
➢ 不存在低价收购的客户向其他客户兜售的情况。如果存在，其他客户就会以低于自己认同的价格购买商品，消费者剩余无法转移至厂商。

我们可以对价格歧视进行以下总结：

➢ 价格歧视是利润最大化垄断者的一种理性策略。通过对不同的客户收取不同的价格，垄断者可以增加利润。垄断者向客户收取的价格应该接近或等于客户的支付意愿，这样会比单一定价获得更多的利润，销售数量也会更多。
➢ 价格歧视要求能够根据支付意愿划分客户。在上述买机票的例子中，可以根据客户的不同类型划分。但某些情况会阻碍企业实行价格歧视，比如套利。套利是指从一个地方以低价收购，再于另一个地方高价出售，从中谋取价格差的过程。上述例子中，如果游客能以 \$100 的价格将机票转卖给商务人士，那么各自能够获得 \$10 的收益，因为游客以 \$90 收购，而商务人士的支付意愿是 \$110。
➢ 价格歧视可以增加经济福利。考虑最极端的情况，如果航空公司能对每一位客户征收其心目中的最高价格，则所有的消费者剩余都转换为了航空公司的经济利润，*DWL* 将不复存在。但现实生活中，一般不会出现这种理想情况，但是和单一定价相比，价格歧视还是可以消除垄断定价中的无效率。

自然垄断

当一个企业能以低于其他企业的成本为整个市场提供一种商品时，其他企业无法在这个市场上继续生存，由此产生的垄断我们称为自然垄断（natural monopoly）。这里提到的成本是指平均总成本，在上一节的内容中我们介绍过，当企业的长期平均总成本 *LRATC* 下降时，会存在规模经济的现象，即每多生产一单位产品会带来平均总成本的降低（见图3-31）。

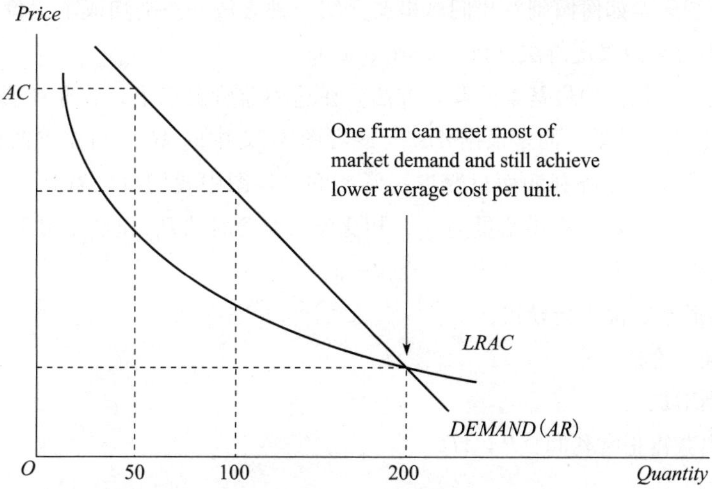

图3-31 自然垄断市场中需求曲线与平均成本曲线

自然垄断的典型例子就是电信企业建设宽带网络。为了向市民提供光纤上网的服务，必须将光纤铺设到每家每户。而如果有多家企业参与到其中进行竞争，则每家电信企业都要支付铺设光纤的固定成本。因此，只有一家企业提供这项服务时，总成本才是最低的，而且当一家新企业进入这个市场后，平均成本会增加。

平均成本定价法

我们知道，垄断厂商是不会收取最高价格的，因为其追求的不是最高价格，而是最大利润，所以在没有政府监管时，垄断厂商会根据 $MR = MC$ 来决定利润最大化时的产量 Q_m 和 P_m。我们会发现，此时资源并未得到有效配置，产生了相当于△abc 面积大小的无谓损失（见图 3-32）。

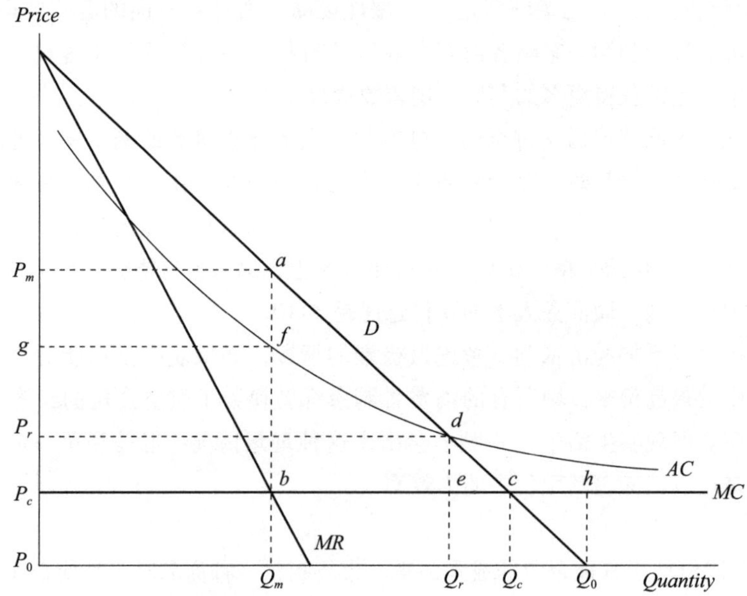

图 3-32　垄断市场中厂商的成本情况

那么既然政府要对垄断厂商进行监管，那么一定是对其售价与供应数量进行管制，以减少整个社会的无谓损失。如何做到？我们这里要介绍一种方法——平均成本定价法（average cost pricing），或称为公平回报定价法（fair return pricing）。

平均成本定价法是一种最基本的监管方法。在这种监管要求下，企业被要求不再以 $MR = MC$ 来制定价格和供应数量，而是根据 ATC（或者图 3-32 中的 AC）与需求曲线的交点。此举意在迫使垄断厂商放弃经济利润而只赚取正常利润。从图中我们可以看到，平均成本定价法下，企业制定的价格为 P_r，而供给量为 Q_r，相比没有监管时的 P_m 和 Q_m，供给量明显增加，价格下降，整个无谓损失 DWL 缩小至相当于△dec 面积大小。

因此，平均成本定价法会导致：

- 产量增加，价格下降
- 社会福利增加
- 垄断厂商获得正常利润，$P = ATC$

边际成本定价法

如图 3-32，边际成本定价法（marginal cost pricing）使厂商的价格再下降至边际成本曲线 MC，即供应价格为 P_c，数量为 Q_c。从图 3-32 中我们可以清楚地看到，当采用边际成本定价法时，企业提供商品的价格 $P_c < ATC$，因此会产生经济损失。我们知道，任何一家企业，在长期

内如果一直蒙受经济损失，一定会退出市场。所以为了防止企业离开市场，政策制定者可以通过各种方式鼓励企业继续留在这个市场，最常见的一种方式就是补贴垄断者相当于企业经济损失的部分。

2.5 市场集中度

在前几章的内容中，我们知道可以通过直接用需求弹性来衡量厂商的定价能力：需求弹性越大，厂商定价能力越弱；需求弹性越小，厂商定价能力越强。但现实情况中，很难判断消费者对某一商品的需求弹性大小。因此，我们通常使用市场集中度的方法来衡量企业的垄断能力或定价能力。下面就来介绍两种最常用的市场集中度的计算方法。

必会知识点

- 四企业集中度与 *HHI* 的计算。
- 四企业集中度与 *HHI* 在应用上的优点与局限性。

企业集中度

企业集中度的计算方法很简单，就是用市场中份额最大的前 N 家企业的占有率相加即可，我们通常取$N=4$。根据四企业集中度判定方法是，当四企业集中率超过 40% 时，则被认为是寡头垄断市场；当四企业集中率低于 40% 时，则被认为是垄断竞争市场。我们可以观察以下例子：

公司	市场占有率（%）	公司	市场占有率（%）
A	30	D	20
B	20	E	5
C	20	F	5

根据四企业集中度的算法，我们可以算出其集中度为 30% +20% +20% +20% =90%，垄断能力较强。

但是四企业集中度的算法有局限性，因为它对企业的合并所产生的影响并不敏感。

如果 B 和 C 公司合并，四企业集中度为 30% +（20% +20%）+20% +5% =95%，与 90% 相比，对于合并所产生的影响不太敏感。

如何解决这个问题从而更好地度量行业的集中度呢？我们可以通过赫芬达尔－赫希曼指数（Herfindahl-Hirschman index，HHI）来解决。

赫芬达尔－赫希曼指数

HHI 的计算方法也比较简单，只要将前 N 名企业市场占有率的平方相加即可。上表中三家公司的 $HHI=0.30^2+0.20^2+0.20^2=0.170$。如果 B 公司和 C 公司合并，则三家公司的 $HHI=0.30^2+0.40^2+0.20^2=0.29$，所以 *HHI* 对于公司合并所产生的影响比较敏感。

名师解惑

N-企业集中度和 *HHI* 共同的局限性在于没有考虑进入壁垒的因素。即使集中度较高，也不能说明行业内的企业垄断能力强，因为如果进入壁垒很低，会有新企业进入这个行业并加剧竞

争。由于进入壁垒很低，其他厂商可能会观察市场内企业的定价，从而伺机进入这个市场。所以，即使企业拥有高市场占有率，商品的需求弹性低，集中度高，也不能完全说明其具有很强的垄断能力。

宏观经济学部分

知识导引

微观经济学主要研究个体消费者、企业或者产业如何做出决策，以及它们如何在市场上相互交易。宏观经济学研究整个经济。宏观经济学的目标是解释同时影响许多家庭、企业和市场的经济变化。宏观经济学家解决各种问题：为什么一些国家的平均收入高，而另一些国家的平均收入低？为什么物价有时上升迅速，而在另一些时候较为稳定？为什么生产和就业在一些年份扩张，而在另一些年份收缩？如果可能的话，政府可以用什么方法来促进收入增长迅速、通货膨胀率低和就业稳定呢？这些问题本质上都是属于宏观经济范畴的，因为涉及整体经济的运行，对它们的讨论将会在下面几个章节中展开。

考点说明

宏观经济学可以说是CFA一级经济学中的难点，需要将经济理论与图形相结合才能更深入地理解其中的内涵。所以在CFA的考试中，虽然考卷上没有画图，但是在做经济学的题目时，一定要画图，不仅能够帮助理解题目的要求，更能直观地对问题进行解析。宏观经济学中，IS-LM模型以及AD-AS模型是非常重要的，不仅要熟悉图形，还要掌握各个变量的变化对图形的影响。

在经济周期这一章中，失业率的计算以及通货膨胀的内容是必须要掌握的，此外，还需要能够判断经济先行指标、同步指标以及之后指标。

在货币政策与财政政策这一章中，需要掌握货币与财政政策对经济的影响机制以及各自在应用中的局限性。

3 总产出、价格与经济增长

知识导引

本章将讨论经济学家和决策者用来监测整体经济状况的一些数据，这些数据反映了宏观经济学家试图解释的经济变动。本章考查国内生产总值，即GDP，它衡量了一国的总收入。GDP是最受瞩目的经济统计数字，因为它被认为是衡量经济社会福利的最好的指标之一。

考点说明

在本章中，GDP的相关计算往往是考试中的重点，此外，我们还要掌握IS-LM曲线与导致总需求-总供给曲线移动的因素。

3.1 总产出及收入

总产出是所有生产的商品和提供的劳务的价值总和。总收入是所有生产要素提供者在生产商品及提供劳务的过程中所赚取的报酬。由于产出的价值总和归结于所有的生产要素，所以总产出和总收入一定是相等的。

总支出是衡量一段时期内支付给国内生产的商品和劳务的总额，要注意的是，总支出不仅包括了国内居民的支出，还包括了国外的净支出（以净出口的方式，即国外消费者购买国内商品的净额）。总支出必须和总产出和总收入相等，因此，通过以上分析可以得出，总产出、总收入和总支出在数量上是相同的，只不过划分方法不同。

下面首先来讨论一下产出和收入是如何度量的。

必会知识点

- 名义 *GDP*、实际 *GDP* 与 *GDP* 平减指数的计算。
- 从收入法与支出法分别得出 *GDP* 的计算公式。
- 国家收入、个人收入与个人可支配收入的计算。

国内生产总值

可以从两个不同角度来看国内生产总值（*GDP*）衡量了什么。

- 在一定时期内一个经济体生产的所有最终商品及劳务的市场价值。
- 在一定时期内一个经济体内所有家庭、企业及政府的收入总和。

直观地说，*GDP* 衡量了一个经济体中产出和收入的流动，它代表了一段时期内所有经济活动的价值。如何体现这种价值，一定是由这段时期内购买新生产出来的商品和劳务进行衡量的，前一期的商品销售与再出售是不包括在内的。同时，政府的转移支付（对失业、退休人口等的补助）是不包含在 *GDP* 的计算中的。

由于 *GDP* 衡量了最终商品的市场价值，这里的重点词是“最终”和“市场价值”，所以，计算机芯片的价值并没有直接包含在 *GDP* 中，而是包含在成品计算机的价格中。

由于政府提供的各种服务在市场中没有标价，但同样为社会创造了价值，所以用其成本计入 *GDP*，比如政府提供的警力服务。

GDP 可以由两种方式决定：支出法和收入法。如果用支出法，*GDP* 可以通过将商品及劳务的支付价格加总得到；而如果用收入法，则 *GDP* 可以通过将家庭及企业、政府的收入加总得到，包括工资收入、利息收入和经营利润等。由于总支出 = 总收入，因此两种方法可以得到同样的结果，但实际上由于计算方法的问题，会导致两种方法的计算结果不一致。

支出法计算 *GDP* 又可以有两种不同的方法：最终产出价值法（value of final output）与价值附加法（sum of value added）（见表 3-8）。

表 3-8 最终价值法与价值附加法

生产阶段	销售额（$）	价值附加（$）
原材料	200	200
生产制造	300	100
批发零售	550	250
价值附加总和		550

表 3-8 中分别列示了最终价值法与价值附加法的计算过程：从原材料的采购到生产制造，对企业的总价值是 \$300，而价值附加为 300 - 200 = \$100；从生产制造到最终的批发零售，从销售额来看企业最终收到 \$550，而价值附加为 550 - 300 = \$250。我们将各阶段的价值附加相累加，就得到了总价值 \$550。

名义 GDP 与实际 GDP

使用支出法计算得到的 *GDP* 称为名义 *GDP*——一段时期内所有以市场价值计量的商品及

劳务的总价值。由于用到了当期的市场价值，所以名义GDP的算法并没有去除通货膨胀的因素，会受到当期价格变动的影响，使得计量不准确。为了消除这一影响，经济学家用实际*GDP*来衡量——假设价格在讨论期内不变化时的*GDP*。

由此可见，名义*GDP*的计算公式为：

$$\text{第 } t \text{ 年的名义 } GDP = \sum_{i=1}^{N} P_{i,t}Q_{i,t} = \sum_{i=1}^{N}(\text{第 } t \text{ 年商品 } i \text{ 的价格} \times \text{第 } t \text{ 年商品 } i \text{ 的产量})$$

实际*GDP*的计算需要确定一个基期，由于在计算实际*GDP*时假设价格在讨论期内是不变的，所以需要用基期的价格来计算：

$$\text{第 } t \text{ 年的实际 } GDP = \sum_{i=1}^{N} P_{i,t-5}Q_{i,t} = \sum_{i=1}^{N}(\text{第 } t-5 \text{ 年商品 } i \text{ 的价格}) \times (\text{第 } t \text{ 年商品 } i \text{ 的产量})$$

注意，上述计算是基于基期和计算期相差5年，即如果计算2011年的实际*GDP*，我们需要采用2006年的价格。当然，实际计算中相差不一定要5年。

与实际*GDP*相联系的就是人均实际*GDP*，就定义为实际*GDP*除以人口。这个指标通常用于衡量一个国家居民的生活水平。

此外，一个新的概念将被引入，即*GDP*平减指数（*GDP* deflator）。*GDP*平减指数用于名义*GDP*与实际*GDP*的相互转换，其计算公式为：

$$\text{第 } t \text{ 年 } GDP \text{ 平减指数} = \frac{\sum_{i=1}^{N} P_{i,t}Q_{i,t}}{\sum_{i=1}^{N} P_{i,t-5}Q_{i,t}} \times 100 = \frac{\text{第 } t \text{ 年名义 } GDP}{\text{第 } t \text{ 年实际 } GDP} \times 100$$

注意，此处仍假设基期和计算期相差5年。

假设2011年的名义*GDP*为14.5万亿美元，而实际*GDP*为13.3万亿美元（以2006年为基期），则通过公式可以计算得出2011年*GDP*平减指数为14.5/13.3×100=109.02。

假设2006年的名义*GDP*（基期的名义*GDP*即实际*GDP*）为12万亿美元，则*GDP*的年复合增长率为：

$$\left(\frac{13.3}{12}\right)^{\frac{1}{5}} - 1 = 2.08\%$$

GDP的组成

既然已经讨论过*GDP*的计算，它的组成也将被关注。任何经济活动中，总少不了这四个部门：家庭部门、商业部门、政府部门以及国外部门。与之相对应，经济学家将*GDP*（用Y表示）分为四个组成部分：消费C、投资I、政府购买G和净出口NX（出口减进口，即$X-M$）：

$$Y = C + I + G + NX$$

*GDP*中每一元的支出都属于这四个部分之一，所以这四个部分组合必然等于*GDP*。

以上的计算方法是基于支出法的，除此之外，*GDP*还可以由收入法计算：

$$GDP = \text{国家收入} + \text{资本消耗扣除} + \text{统计误差}$$

其中，资本消耗扣除（capital consumption allowance，CCA）是指在生产产品的过程中实物资本的折旧，即经济活动中的收入将有一部分重新投入实物资本以补偿折旧损失。由于收入法和支出法计算的*GDP*在理论上一定相等，所以才有了统计误差这一项，将两种方法计算得出的*GDP*配平。

还有一项，就是国家收入（national income），它代表了所有进行生产最终商品的生产要素所收到的收入补偿：

国家收入 = 员工薪酬 + 公司及国企税前利润 + 利息收入
+ 未包含的净利润(私营企业利润) + 租金 + 间接税减去补贴

其中，员工薪酬包括所有的工资及福利。公司税前利润包括：支付给家庭的股利（家庭成员购买公司股票）、公司未分配利润以及公司上缴的所得税。之所以有利息收入这一项，是因为公司可能通过向家庭、政府及国外投资者发行债券来维持日常经营，它表示负债的公司在一段时期内向债权人支付的利息。未包含净利润及租金表示所有流入私营单位的收入。间接税减补贴表示包含在最终产品价格中的税收与补贴。

除了国家收入以外，我们还要引入个人收入的概念。个人收入是衡量家庭的税前收入的一种方式，它是消费者购买力的一个决定因素。个人收入之所以与国家收入不同是因为个人收入包含了个人所能收到的所有收入，包括转移支付，并且除去了税收及未付给个人的企业收入（企业未分配利润）。所以其计算公式为：

个人收入 = 国家收入 - 间接税 - 公司所得税 - 企业未分配利润 + 转移支付

个人可支配收入 *PDI* 是税后个人收入，是衡量家庭储蓄或消费能力的经济指标。由于扣除了个人所得税，所以它是更精确的衡量个人消费或储蓄能力的指标。

个人可支配收入 = 个人收入 - 个人所得税

由上述公式，推断得出家庭储蓄是 *PDI* 减去另外三项，分别是消费支出、利息支付以及个人对国外的转移支付。

3.2 总需求、总供给与均衡

在这一节，总需求与总供给模型将会被建立并用来讨论均衡产出与价格是如何达到的。总需求 *AD* 表示一定价格水平下，经济活动中四大部门对商品及劳务的需求，即家庭、企业、政府和国外消费者；同样，总供给 *AS* 表示一定价格水平下，经济活动中四大部门愿意提供的商品及劳务总量，对于家庭部门来说，总供给表示家庭成员在一定工资率（资本成本）的水平下愿意提供的劳动力（资本）。

必会知识点

- *IS* 曲线与 *LM* 曲线的特点。
- 总需求、总供给曲线的特点以及导致其移动的因素分析。

总需求

总需求 *AD* 曲线类似于微观经济学中的需求曲线。在微观经济学中，一般而言，商品的价格越高，需求量越低。而此处宏观经济学中讨论的总需求曲线模型需要考虑总收入/支出的因素。总需求曲线表示总收入与价格水平的关系，它是建立在两个条件上的：

- 总支出等于总收入——实际收入与计划支出的相等推出了 *IS* 曲线
- 家庭及企业自愿持有货币——货币市场均衡隐含在 *LM* 曲线中

当上述两个条件同时满足，则得到了总需求曲线。

总收入与总支出的均衡：*IS* 曲线

经过前面的分析，可以看到，当使用支出法计算总支出时，有

$$Y = C + I + G + (X - M) \tag{3-1}$$

而从收入法的角度分析时，可以得出另一个公式。对于家庭收入来源出发，个人可支配收入 *PDI* 等于 *GDP*(*Y*) 加上转移支付 *TR*，减去留存收益和折旧（即企业储蓄 S_B），再减去直接税间接税 *R*。从家庭收入的去向出发，同样，可以将可支配收入用于两个方面，即消费 *C* 及储蓄 S_H。很显然，来源必等于去向，因此得到以下公式：

$$Y + TR - S_B - R = C + S_H$$

将上式变换得到：

$$Y = C + S + T \tag{3-2}$$

其中，$T = (R - TR)$ 表示政府部门的净税收，$S = (S_B + S_H)$ 表示私人部门的总储蓄。式（3-2）就是从收入法的角度出发得到的总收入公式。

由于我们假设总支出等于总收入，通过将式（3-1）与式（3-2）联立，得到以下基本公式：

$$S = I + (G - T) + (X - M)$$

在上式中，如果 $(G - T) > 0$ 则称为财政赤字，因为它表示了政府支出大于税收收入，反之则称为财政盈余。$(X - M)$ 称为贸易余额，如果大于零，则称为贸易盈余，反之则称为贸易赤字。

将上式移项后得到：

$$(G - T) = (S - I) - (X - M)$$

它表示与政府赤字相关联的是储蓄大于投资，即 $S - I > 0$；或者是贸易赤字，即 $X - M < 0$。

为了导出 *IS* 曲线，我们必须先对式（3-1）中的各项目进行分析。

家庭是消费的主要来源，消费 *C* 是可支配收入的函数。个人收入的增加，或税收的降低，会同时增加消费和储蓄，那么到底会增加多少呢？当可支配收入增加时，其一般被用于两个方面——消费和储蓄，我们将每增加1元收入中用于储蓄的比例称为边际储蓄倾向 *MPS*，用于消费的比例称为边际消费倾向 *MPC*，$MPC + MPS = 1$。如果 $MPC = 20\%$，$MPS = 80\%$，则人们将会把增加的1元收入的20%进行消费，80%存起来。

企业是投资的主要来源，投资 *I* 是预期盈利能力与融资成本（利率）的函数。预期盈利能力取决于总产出，如果总产出增加，那么预期盈利能力会增加；融资成本由利率水平体现，利率水平越高，表示融资成本越高，则投资势必会减少。因此，投资是利率的递减函数，是总产出的递增函数。

一般来说，政府支出 *G* 对于当前经济、利率水平、汇率水平及其他经济因素都不太敏感，因此被视为宏观经济模型之外的外生变量。而政府的税收收入以至于贸易余额是产出的函数，并且产出越大，税收越多，即税收收入与产出 *Y* 同向变化。

净出口 $(X - M)$ 是国内收入和国外收入以及国内国外相对价格的函数。当国内收入增加，进口 *M* 增加，产生贸易赤字；当国外收入增加，出口 *X* 增加，产生贸易盈余；当国内商品价格相对国外价格增加（可能由本币升值造成），净出口会减少。

得到如下公式：

$$(S - I) = (G - T) + (X - M)$$

经过上述分析可以得知当收入 *Y* 增加时，贸易余额 $(X - M)$ 及财政余额 $(G - T)$ 都会降

低，即等式的右边会随着收入的增加而降低，（G－T）＋（X－M）是Y的减函数。因此，它们之间的关系图如图3-33所示。

假设高收入水平对于储蓄的直接影响大于投资的影响，那么随着收入增加，等式左边就会增加，即图中的（S－I）是Y的增函数。两条曲线的交点表示在给定的利率条件下，同时满足上述两个函数的收入水平。

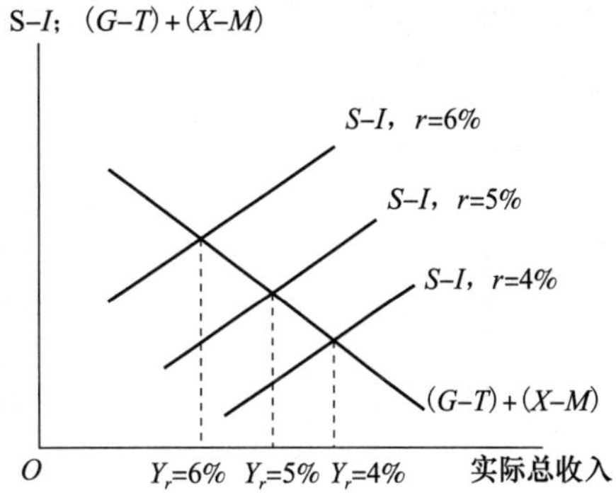

图3-33 收入与财政余额、贸易余额之间的关系

不同利率水平会如何影响IS曲线呢？在其他条件不变的情况下，实际利率的下降会降低融资成本，从而投资I增加，由于其他条件都不变，所以投资I的增加量就是储蓄S的增加量，并且只有收入Y的增加才会导致这种情况。因此实际利率的下调会导致，收入Y会增加，所得到的IS曲线如图3-34。

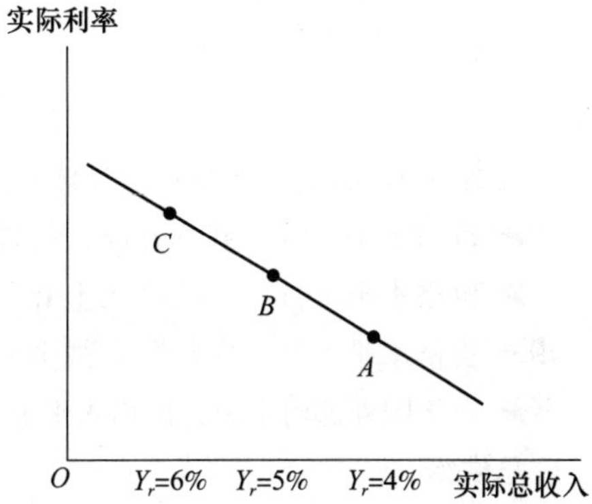

图3-34 *IS*曲线

之所以称为IS曲线是因为投资I与储蓄S是维持总支出与总收入相等的重要因素。

货币市场均衡：*LM*曲线

首先，我们需要引入货币数量理论，它将名义货币供给M、价格水平P以及实际收入/支出Y联系了起来：$MV = PY$。

其中，V表示货币的周转速度。为了便于分析，通过移项，可以将名义货币供给调整为实际货币供给，因此有以下公式：

$$M/P = (1/V)Y$$

其中，$1/V$代表人们愿意为每一单位的Y持有的货币数量。我们知道，货币需求是与实际利率呈反向关系，实际利率越高，人们持有货币的意愿就越低；而货币需求与实际收入呈正向关系，实际收入越高，人们持有货币的意愿就越强。可以想象，实际收入Y的增加导致货币需求增加，如果保持实际货币供给M/P不变，那么为了保持货币需求与货币供给的均衡，则利率必须上升以抵消之前货币需求增加的影响。因此，以上分析可得出结论：在实际货币供给给定的条件下，实际收入（GDP）与实际利率呈正向关系，如图3-35所示。

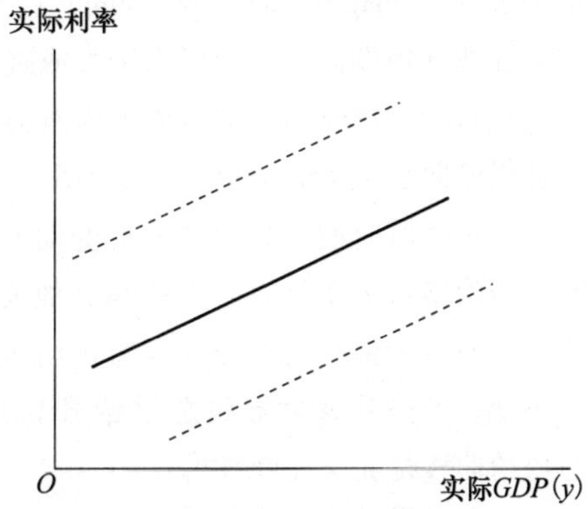

图3-35 *LM*曲线

总需求曲线

当我们把IS与LM曲线结合起来，它们之间的交点就表示了同时满足收入—支出均衡（IS曲线上的点）与实际货币供给—实际利率均衡（LM曲线上的点）时，实际利率与收入之间的关系。

图3-36a 中，*A* 点在 *LM* 曲线中表示了比 *B* 点更高的价格，即更低的实际货币供给。*C* 点的价格比 *B* 点更低，实际货币供给更高。在收入等于支出（*IS* 曲线），且货币需求等于货币供给（*LM* 曲线）的条件下，价格水平与实际收入一定是反向关系，这就是图 3-36b 中的总需求 *AD* 曲线。

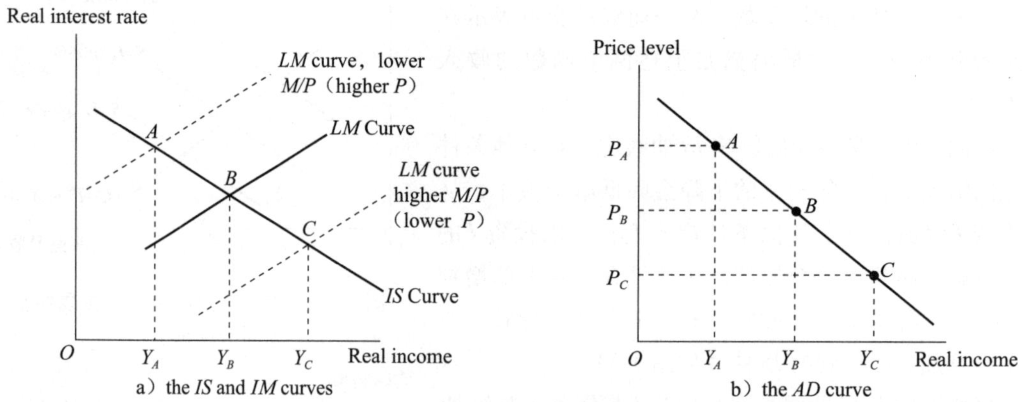

图 3-36　*IS*、*LM* 与 *AD* 曲线

之所以 *AD* 曲线向下倾斜的具体原因在于：

- 价格水平上升，利率升高，投资 *I* 下降，*Y* 下降，即 *AD* 向下倾斜
- 价格水平上升，名义收入上升，税收增加，总需求减少
- 价格水平上升，实际财富减少，总需求减少
- 对于国外部门来说，价格水平上升，出口下降，进口上升，(*X* – *M*) 下降，总需求下降。

总供给

总供给曲线表示在各种价格水平之下，厂商愿意生产的数量。此处必须区分非常短期供给 *VSRAS*（very short run aggregate supply）、短期供给 *SRAS*（short run aggregate supply）与长期供给 *LRAS*（long run aggregate supply）。

在非常短期内，企业可以增加或减少产出而不改变价格，因此 *VSRAS* 是具有完全弹性的。经过稍长的一段时期，某些成本因素会从不变转为可变，因此价格水平也会发生相应的变化，因此供给曲线从 *VSRAS* 转变为 *SRAS*。

经过一段时期，短期内不易变动的工资与其他要素成本因素开始容易变动。所以在长期时，当价格水平变化时，工资与其他要素成本也随之改变，使得价格升高无法改变总供给量（如果要素成本不变，价格升高会导致总供给升高）。所以，长期总供给曲线是完全无弹性的。

长期总供给水平下的产出水平我们成为潜在 *GDP*（potential *GDP*）或完全就业 *GDP*（full employment *GDP*）（见图 3-37）。

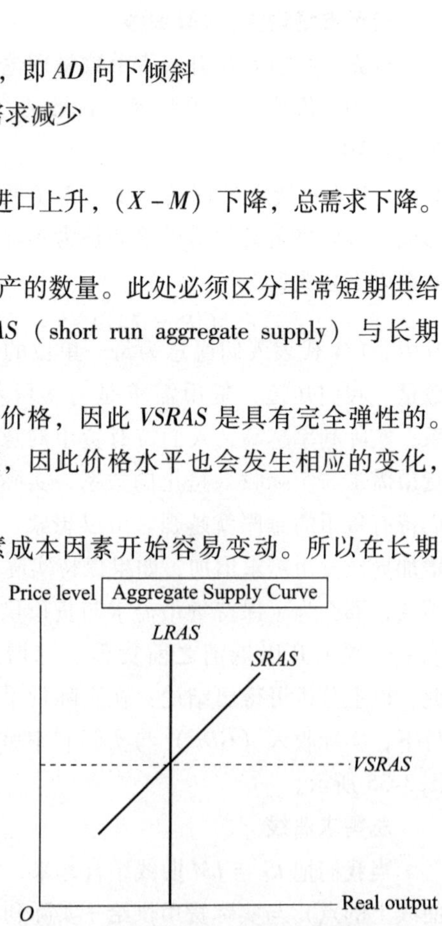

图 3-37　非常短期供给曲线、短期供给曲线与长期供给曲线

总需求与总供给曲线的移动

在这一节中，要解决如下三个问题。

- 什么造成了经济增长或衰退

➢ 什么造成了通货膨胀以及失业率水平的变化
➢ 什么因素决定了经济的可持续增长率以及如何度量

为了要解决以上问题，我们需要先理解有哪些因素能够引起总需求、总供给曲线的移动。

总需求曲线的移动

总需求曲线向右下方倾斜表示物价水平下降增加了商品及劳务的总需求量。但是其他许多因素也影响物价水平既定时的商品及劳务的需求量。当这些因素中的一种变动时，每一种物价水平对应的商品及劳务的需求量改变，总需求曲线就移动（见图3-38）。

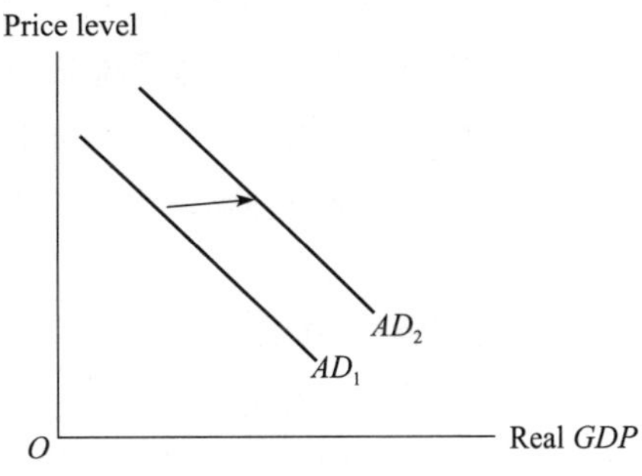

图3-38 总需求曲线的移动

➢ **家庭财富**。当家庭财富增加时，比如家庭成员持有的股票、不动产以及其他金融资产的升值，储蓄的比例减少，而消费 C 的比例增加，所以导致了总需求的上升，总需求曲线向右平移。
➢ **消费者及企业对未来的预期**。消费者对未来的预期表现在对于未来工资增长的预期，如果预期未来工资增长，那么现在就会增加消费。因为他们认为未来的工作会更稳定、工资更高，所以会增加现在的消费。企业对未来的预期体现在对未来的经济形势的判断，如果预期未来经济向好，那么未来的销售额会增加，他们现在就会投资厂房并招工以应对未来大量的订单，因此投资 I 会增加。所以从消费者层面上来讲，预期未来工资上涨导致现在消费 C 的增加；而从企业层面上讲，预期未来经济向好导致现在投资 I 的增加，这两方面因素都能导致总需求曲线向右平移。
➢ **资本利用率**。资本利用率衡量了经济生产能力的利用程度。当企业已经拥有过剩的产能，就不会投资建厂。相反，当企业正在或者接近完全利用水平时，就会为了扩张产能而增加固定资产的投资，随之而来的便是投资 I 的增长和总需求曲线 AD 的向右平移。
➢ **财政政策**。扩张性的财政政策是指减少政府财政预算余额，或者说增加预算赤字。如何达到？可以通过减税的方法增加可支配收入以及消费 C，而此时政府支出 G 的增加也会导致总需求 AD 的向右平移。
➢ **货币政策**。当实行扩张性货币政策时，短期货币供给的增加降低了利率，这种利率的下降使得融资成本降低，从而刺激了投资支出 I，使得总需求曲线向右平移。
➢ **汇率**。本币贬值导致国内商品价格相对国外商品下降，因此对于国外消费者来说更具有吸引力，净出口（$X-M$）增加直接导致了国内总需求的增加，AD 向右平移。
➢ **全球经济的增长**。如果外围经济持续增长，则本国的出口就会增加，从而使得总需求增长。

因此，对于总需求曲线的移动，可得出如下结论：

➢ 消费引起的移动：在物价水平既定时，使消费者支出增加的事件（减税、股市上涨等）使总需求曲线向右移动；相反，使消费者支出减少的事件（增税、股市低迷等）使总需求曲线向左移动。
➢ 投资引起的移动：在物价水平既定时，使企业投资增加的事件（对未来的乐观，由于货币供给增加引起的利率下降等）使总需求曲线向右移动；相反，使企业投资减少的事件（对未来的悲观，由于货币供给减少引起的利率上升等）使总需求曲线向左移动。

- 政府购买引起的移动：政府对商品与劳务购买的增加（增加对国防及基础建设的投资等）使总需求曲线向右移动；相反，政府对商品与劳务购买的减少（减少对国防及基础建设的投资等）使得总需求曲线向左移动。
- 净出口引起的移动：在物价水平既定时，增加净出口的事件（国外经济繁荣等）使总需求曲线向右移动；相反，减少净出口的事件（国外经济衰退等）使总需求曲线向左移动。

总供给曲线的移动

总供给 *AS* 曲线分为长期总供给曲线和短期总供给曲线，而且引起各自移动的因素也不完全一致。能使长期总供给移动的因素同时也能使短期总供给移动，而使短期总供给移动的因素并不一定都能使长期总供给移动。以下分别对造成短期总供给和长期总供给移动的因素进行分析。

引起短期总供给曲线移动的因素：

- **名义工资的变化**。由于工资可以被认为是企业最大的成本，所以工资的变化必然会导致短期总供给曲线的变化。名义工资的增加会提高生产成本，导致 *SRAS* 曲线向左移动。此处要注意的是，名义工资的变化对长期供给曲线 *LRAS* 没有影响。
- **劳动生产率**。此处需要引入单位劳动成本的概念，并将单位劳动成本的变化定义为：

  $$\%\text{ 单位劳动成本变化} = \%\text{ 名义工资变化} - \%\text{ 生产率变化}$$

  由此可见，劳动生产率的增加会导致单位劳动成本的降低，因此企业会增加商品供给，*SRAS* 向右移动。
- **其他生产要素成本的变化**。除了劳动力成本，其他要素成本对于企业的短期供给也具有很大的影响，原材料价格就是其中十分重要的一环。当原材料价格下跌，企业生产成本随之下降，企业就愿意在各单位价格上生产更多的产品，也就是说，*SRAS* 向右移动。反之，则向左移动。
- **未来产品价格预期**。当企业预期未来产品价格增长，他们不一定会盲目扩充产能，因为他们关注的是自己能够卖出的价格，而非总体价格水平。因此，如果卖价高于总体价格水平，则企业会增产；反之，如果卖价低于总体价格水平，则企业会减产。但是总的来说，由于上述两种因素都可能存在，所以公司无法卖得高于总体价格水平，也不会低于这个水平，所以，上述两种因素导致的 *SRAS* 的移动只是暂时的。所以，我们的结论是预期未来价格的升高会导致 *SRAS* 暂时性地向右移动。
- **企业赋税与政府补贴**。如果政府对企业课税减少，则企业愿意在现有的价格水平下提供更多的商品，即 *SRAS* 向右移动；政府补贴的效果与减税相同。
- **汇率变化**。在国际贸易中，汇率扮演着十分重要的角色，因为其变化能引起企业生产成本乃至总供给的改变。当人民币汇率处于上升通道时，其相对购买力提高，因此购买原材料及中间商品的成本就会降低，从而导致中国国内生产成本降低，*SRAS* 向右移动。

引起长期供给曲线移动的因素：

之前指出，长期供给曲线 *LRAS* 所处的位置取决于经济的潜在生产水平。潜在 *GDP* 衡量了经济的生产能力，并且是完全就业状态下的真实 GDP。潜在 GDP 并非一个静态的概念，它每年会随着经济资源的增长以一个稳定的比率增长。因此，任何会改变经济资源的因素都会导致 *LRAS* 的平移。

- 劳动力供给。如果一个经济体中劳动力数量增加，在完全就业的情况下，商品及劳务的供给也会增加，*LRAS* 向右移动。而劳动力的技能增长会导致一定劳动力水平下生产率的提高，从而增加潜在产出，*LRAS* 也向右移动。
- 自然资源的变动。经济的生产取决于自然资源，包括土地、矿藏和天气。新矿藏的发现使 *LRAS* 向右移动；恶劣的天气使 *LRAS* 向左移动。在许多国家，重要的自然资源是从国外进口的。这些资源的可获得性的变化也使总供给曲线移动。
- 实物资本的存量。给定劳动力数量的前提下，经济体中累积资本存量的增加会使得潜在产出增加，*LRAS* 向右移动。
- 科学技术。现代经济产量更高的最重要原因就是技术的进步。电脑的普及使我们能够在既定量的劳动、资本和自然资源下，生产出更多的商品及劳务，它使得 *LRAS* 向右移动（见表 3-9）。

表 3-9 影响长期与短期总供给曲线移动的因素

相关因素的增加	导致 *SRAS* 移动	导致 *LRAS* 移动	原因
劳动力供给	向右	向右	资源增加
自然资源供给	向右	向右	资源增加
人力资本供给	向右	向右	资源增加
实物资本供给	向右	向右	资源增加
生产率和技术	向右	向右	改善生产效率
名义工资	向左	无影响	劳动力成本增加
其他要素价格	向左	无影响	生产成本提高
预期未来价格	向右	无影响	预期成本增加及定价能力增强
企业税	向左	无影响	生产成本提高
补贴	向右	无影响	降低生产成本
汇率	向右	无影响	降低生产成本

均衡 GDP 与价格

通过介绍总需求与总供给模型，使我们有了分析经济活动波动所需的基本工具。通过讨论总需求移动与总供给移动可以解释下列四种市场形态。

本节将具体讨论四种可能的宏观均衡形态。

- 长期完全就业
- 短期萧条缺口
- 短期通货膨胀缺口
- 短期滞涨

之所以要讨论以上四种形态，是因为在不同的形态下，资产及金融市场的表现都会不同，所以有必要对其进行分析。

长期均衡

如图 3-39 所示，均衡产量和物价水平在长期中是由总需求曲线和长期总供给曲线的交点决定的，在这一点时，产量为潜在实际 *GDP*，劳动力和资本都得到充分利用，处于长期完全就业（周期性失业为零）状态。

由于经济总是处于短期总供给曲线上，即短期总供给曲线也通过这一点，这表示预期物价水平已经调整到了这种长期均衡，即当一个经济处于长期均衡时，预期物价水平必定等于实际物价水平（图中的 $P=105$），从而总需求曲线与短期总供给曲线的交点和总需求曲线与长期总供给曲线的交点重合。

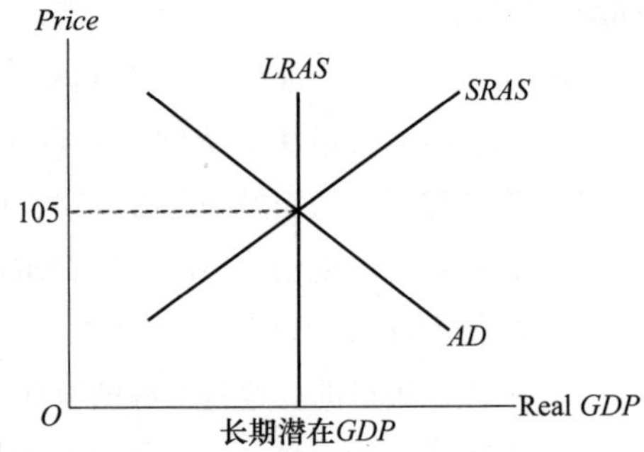

图 3-39　短期总供给曲线与长期总供给曲线（长期均衡）

萧条缺口

实际 *GDP* 和物价的周期性波动是由 *AD* 和 *SRAS* 的共同移动所造成的，从图 3-40 中可以看出，当 *AD* 减少或者说向左移动时，产出和物价都会低于处于长期均衡状态时的水平，即物价从 105 下跌至 103（见图 3-40）。

当物价处于 103 时，新的 *AD* 曲线和 *SRAS* 曲线也有交点，此时的产出水平低于潜在 *GDP* 的水平，我们就把此时新均衡时的 *GDP* 与潜在 *GDP* 之差称为萧条缺口。

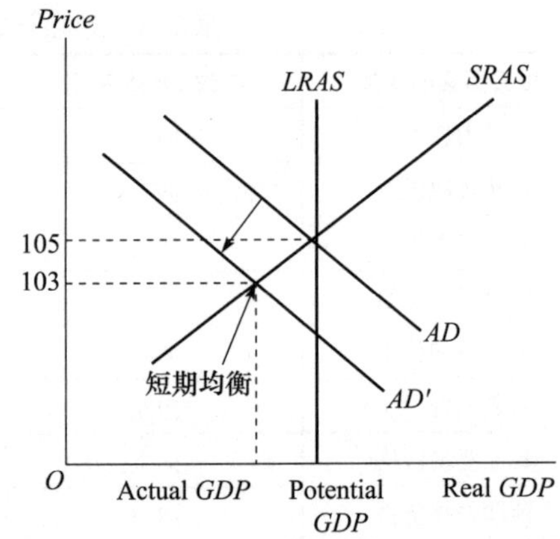

图 3-40　总需求曲线的移动（萧条缺口）

既然上面提到新均衡是 *AD* 与 *SRAS* 的交点，属于短期的变化，那么长期会怎么变化呢？目前有两种争论。

- 第一种争论是说经济可以通过自我调节的方式自动回归到长期均衡状态，不需要任何干预；
- 另一种说法是政府应该通过积极的财政政策与货币政策对其进行调节。

两种说法都有道理。首先，第一种说法的依据在于物价水平的下跌及失业率的提高会导致工人们愿意接受更低的工资，其结果是要素成本的降低导致 *SRAS* 曲线向右移动，回复到长期均衡状态。

而第二种说法的道理在于上述的自动调节机制历时过长，所以政府可以通过在短期内实行经济刺激政策直接将 *AD* 曲线拉回原始长期均衡状态（见图 3-41）。

- 在财政措施方面，政府可以通过减税及增加政府投资；
- 在货币政策方面，政府可以通过降息或者增加货币供给的方式刺激总需求，使其回归至原来的长期均衡状态。

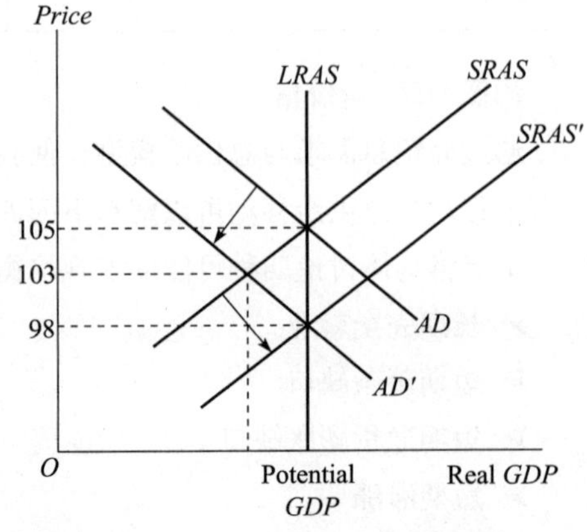

图 3-41　总需求曲线与短期总供给曲线的移动

2010年当世界金融危机愈演愈烈时，中国政府的“4万亿”政策及美联储的量化宽松政策都属于积极的货币政策。但是通过政府干预的方式调节经济也有一些问题，主要在于政策的时滞效应可能会导致过度调节。

当经济处于萧条缺口时，理性的投资策略应该是什么呢？

- 由于经济处于萧条缺口，国内需求不足，物价下跌，企业利润一般会下滑，所以应该放弃投资周期性行业，转而投资防御型行业。因为周期性行业受经济形势的冲击较大。
- 由于商品价格下跌，所以应该减少大宗商品及相关企业的投资。
- 由于央行可能会降息，所以应该增加投资级债券和长期政府债券的持有量，因为此时高收益债券（垃圾债）受到经济衰退的冲击较大，很有可能违约；而相同情况下，当利率下跌，长期债券的价格上涨比短期债券更多（原理详见固定收益部分）。

通货膨胀缺口

*AD*的增加导致经济扩张，实际*GDP*与就业率上升，如果此时由于经济的迅速扩张导致产出水平高于经济的实际生产能力——潜在*GDP*，通货膨胀就由此产生。

在图3-42中，*AD*的增加或向右移动导致新均衡点2偏离原先均衡点1，价格水平由105升至110水平，此时的短期实际*GDP*高于长期均衡时的潜在*GDP*，它们之间的差距就称为通货膨胀缺口。

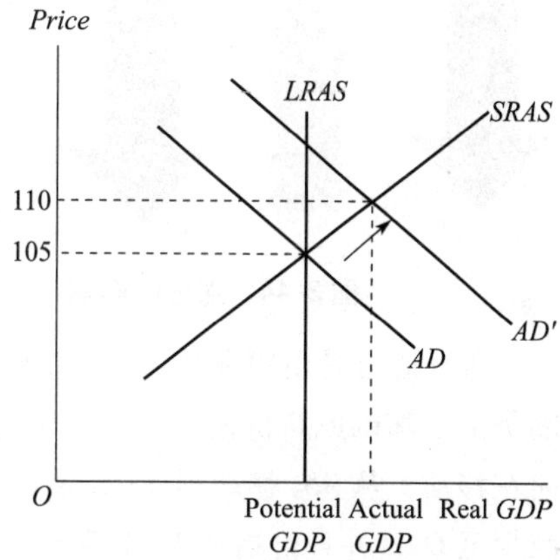

图3-42 总需求曲线的移动（通货膨胀缺口）

但是，实际*GDP*不会一直维持在这样的水平，因为整个经济体已经在超负荷利用资源，比如过量雇用劳动力以及机器设备的持续运转。随着物价/工资水平的持续高企，企业的生产成本一直处于高位，因此企业会根据实际情况调整产量，*SRAS*会降低或向左移动，从而使得实际*GDP*又恢复到长期均衡状态，但物价会因此而升高至117水平。

以上的回复均衡分析的最终结果是物价水平的上升，那有没有办法使得物价水平不至于上升呢？与紧缩缺口一样，一国的政府或者央行同样可以通过紧缩性的财政政策及货币政策对总需求进行控制，其运作机制是减少*AD*使其向左移动至最初均衡水平，而不改变总体物价水平（见图3-43）。具体的做法与紧缩缺口时的措施正好相反。

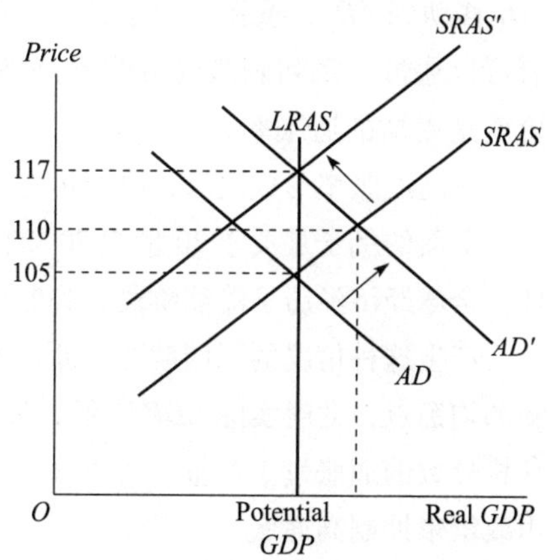

图3-43 总需求曲线与短期总供给曲线的移动（通货膨胀缺口）

- 在财政政策方面，政策制定者可以增税或减少政府支出。
- 在货币政策方面，央行可以通过调节商业银行的法定准备金，从而达到减少其可贷资金以及更高的利率水平。

当经济处于通货膨胀缺口时，理性的投资策略应该是什么呢？

- 当经济处于通货膨胀缺口时，商品价格上升，一般来说企业的利润也会随之上升，所以应该投资大宗商品或相关公司。此外，还可以投资一些周期性行业的公司，因为它们会随着经济形势的向好而受到正面影响。
- 央行可能会采取紧缩性的货币政策，因此利率会上升。此时应该投资高收益债券，并减少投资级债券的持有量。因为经济形势的向好使得高收益债券的违约风险降低。

滞涨

滞涨所带来的最大问题就在于高通胀与高失业率的同时存在，并且难以改善，它还会带来实际 *GDP* 和企业盈利能力的下降（见图 3-44）。

下面的分析描述了滞涨的成因（见图 3-45）。

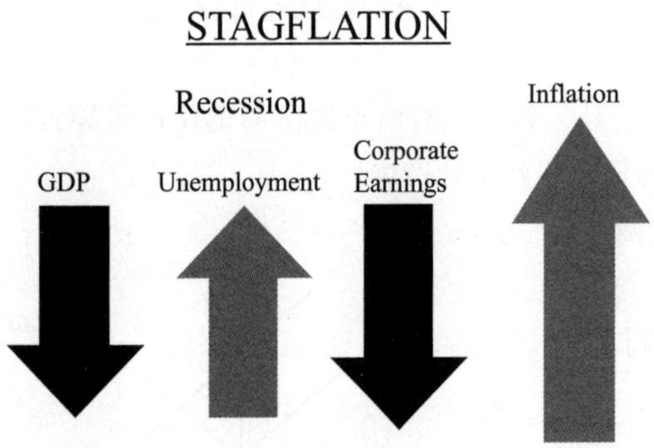

图 3-44 滞涨的影响

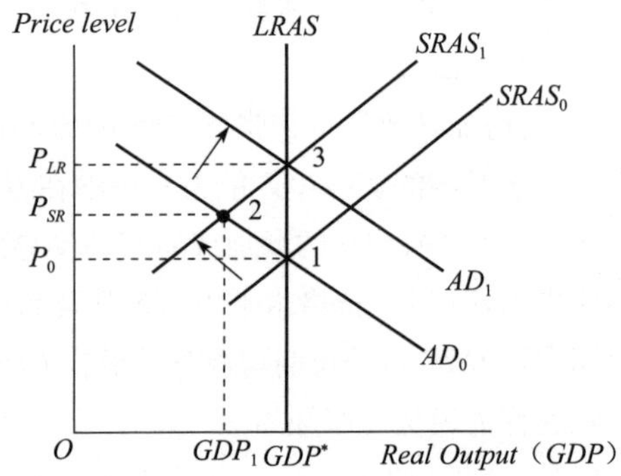

图 3-45 滞涨的传导机制

滞涨通常是由短期总供给 *SRAS* 的突然减少造成，而产生这种情况的原因是多样的，可能是由于基础原料价格与石油价格的未预期上涨造成。原材料价格的非预期上涨使得 *SRAS* 向左移动，从 AS_1 移动到 AS_2，从而均衡点从原来的 1 点移动到了 2 点，此时实际 *GDP* 从 Q_1 减少至 Q_2，并且价格从 P_1 上升至 P_2。从长期来看，实际 *GDP* 的降低以及失业率的上升应该使工资受到下降的压力，并且重新使 *SRAS* 向右移动到原来位置。但是这种自动回归的机制速度实在太慢，所以政府往往会通过积极的货币及财政政策刺激 *AD* 向右移动，也就是从 AD_1 移动到 AD_2，重新回归至长期均衡水平，但此时物价水平继续升高至 P_3。由此可见，政府可以通过一系列刺激政策改善经济情况，提高实际 *GDP* 并降低失业率，但因此产生的代价就是更高的通胀率。

在高通胀率形成之后，政府可能会通过一些紧缩性的财政或货币政策来抑制通胀。

下面的例子是关于 20 世纪 70 年代的石油危机。20 世纪 70 年代中期到 20 世纪 80 年代早期，全球经济经历了滞涨阶段，失业率和通胀水平双双高企（见图 3-46）。

产生这种情况的原因就在于原油价格暴涨导致的物价普遍上涨，从而 *SRAS* 向左移动达到新的均衡点，此时实际 *GDP* 降低，失业率升高，由此导致了全球的经济衰退，但是由于石油危机导致的通胀过于严重，所以政府首先采取的措施并不是积极的货币政策，而是紧缩性的货币政策来抑制高通胀。

一般而言，滞涨一直是政府困扰的问题，因为如果降低通胀水平将带来失业率的上升，而抑制经济紧缩所采取的措施会导致通胀水平的上升。如果政府不采取任何措施，*SRAS* 会回到原来的位置，但是历时过长，因此政府会采取一些应对措施。为了应对滞涨，最佳的措施是提高劳动生产率，使得 *SRAS* 曲线直接向右移动，恢复到原始均衡状态。

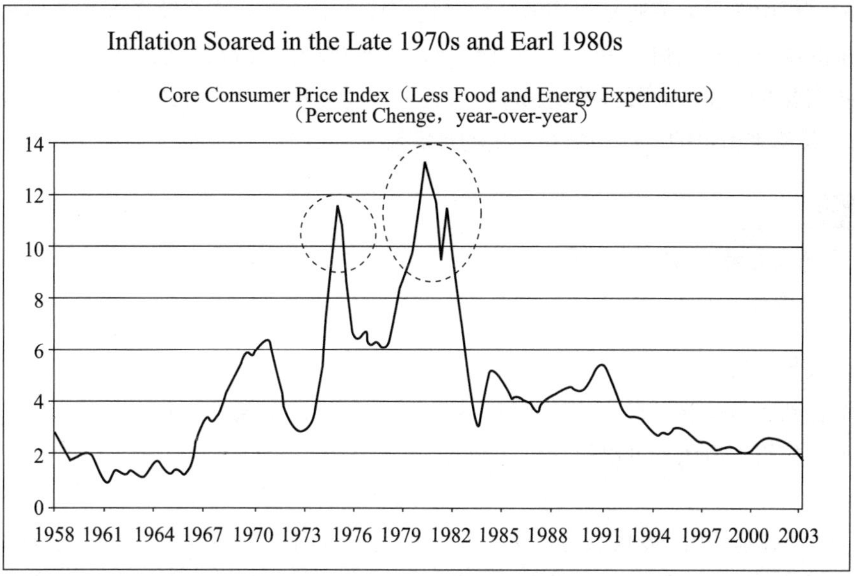

图 3-46 20 世纪 70 年代石油危机引发的滞涨

资料来源：Bureau of Labor Statistics current as of June 2003.

那么当 *SRAS* 向右移动时，理性的投资策略应该是什么呢？

- 滞涨带来的最直接后果是商品价格的大幅度上升，所以应该投资一些大宗商品及相关公司的股票。
- 由于滞涨会使得企业盈利能力下降，所以应该减少非商品类公司的股票持仓比例。
- 通胀水平的高企给了名义利率的上升压力，因此我们应该减少固定收益证券的投资。

由于实际 *GDP* 的变化是由 *AD* 和 *AS* 的移动造成的，所以需要对以上的内容进行总结，到底 *AD* 和 *AS* 的移动会对实际 *GDP* 及物价造成什么影响。

首先，最基本的要素在于（见表 3-10）：

- *AD* 增加或向右移动会造成实际 *GDP* 的上升、失业率降低，物价上涨；
- *AD* 减少或向左移动会造成实际 *GDP* 的下降、失业率上升，物价下跌；
- *AS* 增加或向右移动会造成实际 *GDP* 的上升、失业率降低，物价下跌；
- *AS* 减少或向左移动会造成实际 *GDP* 的下降、失业率上升，物价上涨。

表 3-10 *AS* 及 *AD* 的变化对实际 *GDP* 与总体价格水平的影响

AS 的变化	*AD* 的变化	对实际 *GDP* 的影响	对总体价格水平的影响
增加	增加	增加	中等
减少	减少	减少	中等
增加	减少	中等	减少
减少	增加	中等	增加

其中，“中等”表示实际影响不一定，取决于 *AD* 或 *AS* 相对作用的强弱。

3.3 经济增长与可持续性

前面的分析所涉及的范畴是经济的短期变化，接下来的部分将涉及经济的长期增长。一般而言，经济的增长并非越快越好，因为过快增长会有相应的代价，比如高通胀率及环境污染等，所以我们要介绍经济的可持续增长率。经济的可持续增长率是由经济的生产容量或者说潜在 *GDP* 的增长率来衡量的，但是潜在产出的计算没那么简单，下文将对此做出解释。

必会知识点

- 生产函数与潜在 *GDP* 之间的关系。
- 影响经济增长的因素。

生产函数与潜在 GDP

经济增长到底与哪些因素相关？经过人们的分析研究，发现劳动力、资本及技术对经济增长有着很大的作用，由此，可以得到生产函数：

$$Y = AF(L,K)$$

其中，Y 代表经济总产出，L 代表劳动力数量，K 代表可用资本的数量，A 代表技术或者全要素生产力（total factor productivity，TFP）。*TFP* 是一个乘数，它代表了无法由劳动力与资本解释的经济增长，它主要受到科技进步的影响。但是上述公式仍旧是一个“总体”的概念，并没有去除劳动力数量的影响因素，因此需要引入“人均”的概念，人均产出可以表示为：

$$Y/L = Af(K/L)$$

其中，Y 代表人均产出，即劳动生产率，K/L 代表人均资本。

这里，还需要介绍一个生产函数的重要假设——要素的边际生产率递减。边际生产率递减表示每多增加一单位的要素投入，其产出是随着要素投入量的增加而递减的。当资本稀缺时，资本的生产率会高于其他相对富余的要素，但是当逐渐增加资本投入后，其边际生产率会表现出下降的状态，这种增加资本投入的行为被称为资本加深型投资（capital deepening investment）。

由边际生产率递减而得出以下两个重要结论。

- 长期可持续增长并不能只依靠资本加深型投资，因为加大资本投入只能带来边际生产率的递减。
- 发展中国家由于资本缺乏，因此期初的资本生产率相对发达国家来说较高，其经济增长率也相对较高。在长期，发达国家和发展中国家的收入会趋于相等。

由于资本收益递减的原因，人均潜在 *GDP* 的增长就取决于技术的进步或者说全要素生产力的提高。根据生产函数，罗伯特·索洛（Robert Solow）推导出了下列等式来说明潜在 *GDP* 的增长取决于哪些因素：

$$潜在\ GDP\ 增长 = 技术的进步 + W_L(劳动力增长) + W_C(资本增长)$$

将上述公式变形后得到：

$$人均潜在\ GDP\ 增长 = 技术进步 + W_C(资本/劳动力的增长率)$$

其中，W_L 和 W_C 分别代表劳动力和资本所占要素的比重；资本/劳动力比率衡量了每个工人的资本数量。假设美国经济中资本所占比重为 0.3，人均资本量增加 1% 会导致人均潜在 *GDP* 增加0.3%，此公式也表明，技术进步带来的潜在 *GDP* 的增长远大于其他要素。

经济增长的来源

经济增长的原因可主要归结为以下5个因素。

- **劳动力供给**。劳动力是指16周岁以上、正在工作或者可以工作却没有被雇用的人数。经济增长的来源可以用劳动总工时数来表示，它用劳动力与人均劳动工时的乘积来衡量。
- **人力资本**。除了劳动力的数量，劳动力的质量也很重要。人力资本是指工人在教育、培训和生活经历中累计取得的知识和技能，衡量了劳动力的质量。一般来说，受教育程度越高，生产率越高，也越容易适应技术的更新。
- **实物资本储量**。实物资本储量指用于生产商品及劳务的厂房、机器设备的累计量，只要每年的净投资（总投资减折旧）大于零，实物资本储量就会增加。所以，具有高投资比例的国家应该有逐渐增加的实物资本储量以及高 *GDP* 增长。
- **技术**。上一节的生产函数公式及其衍生公式指出技术的进步对经济增长的贡献非常之大。
- **自然资源**。自然资源可分为可再生与不可再生资源。拥有大量生产性自然资源的国家也就有了更高的经济增长率。

4 经济周期

知识导引

本章将就经济周期的各个阶段的特点进行分析。考生需要判别并解释经济先行指标、同步指标以及滞后指标。此外，考生需要准备好分析某些经济指标对当前或者未来经济周期的影响。

考点说明

考生不仅要对货币政策与财政政策工具有所了解，还要对其局限性有一个概念性的理解。此外，央行在其中起到的作用应该做重点理解。

4.1 经济周期概述

经济周期是指经济运行中周期性出现的经济扩张与经济紧缩交替更迭、循环往复的一种现象。是国民总产出、总收入和总就业的波动，是国民收入或总体经济活动扩张与紧缩的交替或周期性波动变化。

它主要分为4个阶段，分别是巅峰期（peak）、衰退期（contraction or recession）、谷底期（trough）和扩张期（expansion）。下面我们就来介绍一下经济周期及其引发的问题。

经济周期的阶段

经济周期主要分为4个阶段，分别是巅峰期、衰退期、谷底期和扩张期（见图3-47）。

- 当经济处于巅峰期时，经济活动暂时处于最顶峰，此时失业率较低，通货膨胀较高。
- 衰退期对应的是总产出的减少、失业率上升和通胀率的降低。

➢ 谷底期是衰退期的底部，此时失业率处于最高点，通胀率较低。

➢ 扩张期对应的是总产出的增加、失业率开始下滑并且通胀率开始上升。

如何判断经济开始进入衰退期或扩张期，取决于是否连续两个季度实际*GDP*减少或增长，如果连续两个季度实际*GDP*增长，则能够说明经济已经开始进入扩张期；而如果连续两个季度实际*GDP*减少，则说明经济已经开始进入衰退期。

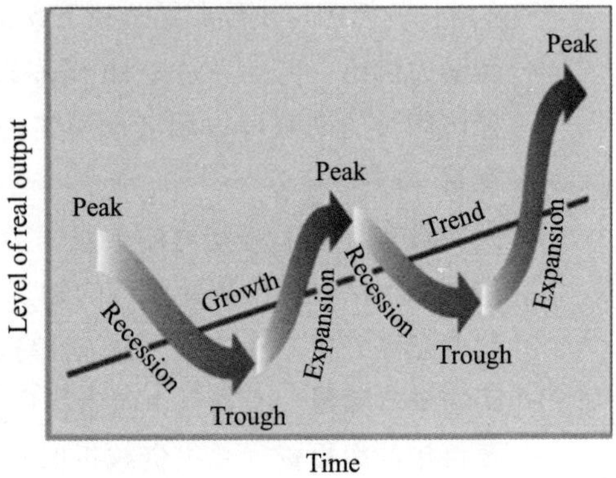

图3-47 经济周期的不同阶段

经济周期的特点在于它是无规律并且是重复出现的。之所以无规律是因为历史数据证明，相同两个周期（比如两个相邻的巅峰或谷底）的时间间隔是不固定的，有时十分接近，只有2~3年，有时甚至多年没有经历经济衰退。而重复出现的原因在与经济不可能永远处于顶峰或者谷底，处于顶峰时总会遇到增长的瓶颈，开始进入衰退期；而处于谷底时不可能永远衰退下去，此时经济便会恢复甚至进入扩张期（见表3-11）。

表3-11 经济周期不同阶段的特征

	早期扩张（恢复）期	后期扩张	巅峰	衰退期
经济活动	*GDP*、生产及其他经济活动从衰退转为扩张	经济活动显示经济增长加速	经济活动显示经济增长减速	经济活动显示经济下滑
就业率	下岗减少，但是失业率依旧高企。起初为了满足市场需求，企业倾向于超时工作以及聘用临时工	当企业超时工作，逐渐开始招募新员工，失业率开始降入低点	企业招聘的速度放缓，但是失业率继续下降	企业缩短工时并停止招聘，甚至开始裁员，失业率上升
消费者及企业支出	住房、耐用消费品以及轻型生产设备的订单开始增加	更多产品的订单量开始增长，企业开始增加重型机械设备的订单	资本支出迅速扩张，但是支出的增长率开始下降	工业生产、住房以及耐用消费品和机械设备的订单开始减少，然后其他资本支出再开始减少
通货膨胀	通胀率并不高，并可能持续下降	通胀率开始缓慢上升	通胀率开始加速上涨	通胀率开始下降，但是存在时滞

经济周期中的资源使用

本节主要讨论经济处于各个阶段时，企业会如何利用资源。

在判断经济周期时，常用的指标是存货销售比（inventory-sales ratio）。

当经济开始进入衰退阶段时，总需求*AD*减少，此时会出现产能过剩的情况。但是企业并不会马上辞退工人，这主要从两方面原因考虑：一方面是由于企业认为这只是暂时性的经济衰退，在不久的将来还会恢复；另一方面在于辞退工人对于忠诚度有很大的影响，而且如果不辞退工人，工人就会感激并且更努力地工作。此时企业应对经济形势的措施往往是减产并且不再接受新订单。此时虽然已经开始减产，但前期的存货还是会慢慢累积，由于销售开始疲软，存货销售比会高于正常水平。

当经济持续低迷并接近谷底时，企业就会考虑削减不必要的成本，比如过量的人力成本、广告营销费用等。虽然此时销售依然低迷，但企业在刚开始进入衰退期时就已经开始减产，而且存货已经开始减值。但在谷底时销售已经开始出现回升的势头，所以存货销售比会低于正常水平。为了应对销售的回暖，企业会增加产出，企业的销售存货比也会慢慢地恢复到正常水平。

当经济欣欣向荣并且接近顶峰时，销售增长开始减缓，存货开始累积，此时会导致存货销售比大于正常水平。但企业不会无动于衷，他们会根据经济形势及时调整产能——减产，这也就成为了下一波衰退的前兆。

从上述分析中可以看出，持续增加的存货销售比是一个消极的信号，它表示企业难以控制自身的存货量或者销售持续低迷，也通常暗示了企业可能会面临财务困境。如果存货销售比持续降低则表示企业对自身的存货量控制得很好或者销售持续高涨，因此是一个积极信号。

需要引起注意的是，企业在开始进入衰退期时并不会马上裁员或者变卖机器设备，而是通过调整工时及利用率的方式来减少产量。

4.2 经济周期理论

本节讨论的重点将集中在各个经济学派对经济周期的不同观点。

必会知识点

- 工资下降黏性的意义。
- 各经济学派之间的区别。

新古典主义学派

新古典主义学派（neoclassical school）对于经济周期的最重要观点就是经济周期只是对长期均衡的暂时性偏离，最终“看不见的手”会重新调配资源，经济也会恢复到长期均衡状态。如果经济处于衰退期，工资率就会受到下调的压力，从而使得短期总供给向右移动，重新恢复到原来的长期均衡状态；如果经济处于扩张期，工资率会受到上调的压力，短期总供给向左移动，回到原来的长期均衡状态。他们还认为，总需求与总供给的移动主要是由技术的变革驱动的。

尽管新古典主义学派的观点很有道理，但是实际上1930年美国经济的大萧条和新古典主义学派的观点大相径庭。大萧条造成了美国经济持续多年的不景气，失业率大幅攀升，对经济的影响程度与持续时间大大超过了新古典主义学派的论断。新古典主义理论不认为会有长时间的萧条，但实际上真实发生了。

20世纪30年代的大萧条使得经济理论有了非常大的突破，其中一个重大的突破就在于新古典主义对于工资下调的假设，受到了凯恩斯主义者的质疑。

凯恩斯学派与新凯恩斯学派

凯恩斯学派（Keynesian school）对新古典主义学派的理论做了重大改进，以解释20世纪30年代的大萧条。他认为新古典主义学派观点的缺陷在于忽视了政府的作用。新古典主义学派认为经济的衰退只是暂时的，总会通过“无形的手”将经济重新调整至均衡状态，因此政府无需进行干预。而凯恩斯主义者却不这么认为，通过观察工资及物价水平，发现在衰退阶段时很难通过市场的力量重新回复均衡。他还发现一个有趣的现象——工资具有下降黏性

(downward sticky)，意思是经济衰退时一般不会先下调工资，因为没人愿意看到自己降薪。即使人们接受降薪，也不会使经济走出困境，因为降薪将会导致总需求的减少，进一步加深了经济衰退。因此无法通过增加短期总供给的方法使经济回到原始均衡状态，此时政府的作用就显现了出来——政府可以通过积极的财政政策（财政赤字）推动总需求，使其向右移动。虽然凯恩斯也认同政府即使不作为，经济在长期也会自动回复均衡，但他提出“长期我们都会进入衰亡”，说明人们遭受的痛苦历时过长，还不如通过政府的作用进行调整。

对于经济周期，凯恩斯学派认为影响经济周期的主要因素是由于人们的预期改变而造成的 *AD* 曲线的移动。凯恩斯主义者认为经济波动主要由市场上人们对经济预期的变化而造成。当市场上对于经济过于乐观，就会造成过度投资和生产；相反，如果对于经济过度悲观，就会造成投资和生产不足。

新凯恩斯学派（new Keynesian school）继承了凯恩斯学派的主要观点，并提出了新观点，不仅工资具有“下降黏性”，所有的生产要素价格都具有“下降黏性”，因此短期总供给更不容易向右移动，经济也越难恢复到原始均衡状态。

货币主义学派

货币主义学派（monetarist school）认为造成经济周期的总需求的变化是由货币供给的增长速度造成的。这与凯恩斯学派的观点主要在四个方面存在冲突：

- 货币主义学派认为，凯恩斯学派没有认识到货币供给的重要性。如果货币供给的增长过快，只会带来暂时性的经济增长；而如果货币供给过慢，经济将会进入衰退阶段。
- 凯恩斯的模型并没有考虑到效用最大化，因此不合理。
- 凯恩斯主要关注短期，而忽视了政府干预所带来的长期成本，比如政府债务的增长以及增加的融资成本。
- 凯恩斯有关政府采取积极财政政策的措施可能并不合时宜，因为由于多多少少存在时滞，政策可能会在经济走出困境后才得到实施，最终又导致刺激过头。

因此，货币主义学派提倡央行应该制定一个保持稳定的货币供给增长的政策。

奥地利学派

奥地利学派（Austrian school）考虑到了两个因素——货币供给和政府干预。他们认为经济周期主要是由政府干预造成的。当政府错误地调降利率（过量发行货币造成），企业会过度投资及生产，并超过市场上所需要的产量，因此将来会造成企业减少产量，进入新的经济衰退期。

新兴古典主义学派

新兴古典主义学派（new classical school）考虑到了理性预期下，个人效用最大化的因素。

新兴古典主义学派引入了实际经济周期理论（real business cycle theory，RBC）。他们认为，如果所有企业都预期下一阶段经济会进入衰退阶段，并且政府会调降利率，那么他们当前就不会贷款投资。而如果现在就已经不进行贷款投资了，也就不存在投资于生产过量这一说，经济也就不会进入衰退阶段。因此 RBC 理论认为货币并不是造成经济周期的因素，技术与外部冲击的变化才是。

新兴古典主义经济学家认为扩张与衰退是经济对于外部冲击的有效应对。由于任何时候的经济活动都与最大化效用一致，因此根据 RBC 理论，政府不应该采取经济干预措施。

4.3 失业与通货膨胀

由于许多国家的政府都声称自己的宏观经济政策是控制失业率和通货膨胀率，因此本节将讨论失业率和通货膨胀的意义和关系。

必会知识点

- 失业率、劳动参与率的计算，以及经济好转初期，失业率会上升的原因。
- 恶性通货膨胀、反通货膨胀与通货紧缩之间的区别。
- 成本推动型以及需求拉动型通货膨胀的区别。

失业

失业率的问题将会涉及以下一些名词。

- 就业（employed）：拥有工作的人数，但通常不包括在非正式部门工作的人，比如开黑车、打黑工等。
- 劳动力（labor force）：拥有工作，或者正在积极找工作的人。不包括退休人员、儿童、赋闲在家的父母亲、学生以及其他既没有工作也不愿意找工作的人。
- 失业（unemployed）：目前没有工作，但是正在积极寻找工作的人。失业主要分为长期失业与摩擦性失业。长期失业表示已经失业3~4个月，但仍在积极找工作的人群；而摩擦性失业表示失业后虽然有适合的工作等着他们，但由于信息不对称双方都无法找到对方。
- 失业率（unemployment rate）：失业人数除以劳动力。
- 劳动参与率（participation rate）：劳动力除以劳动适龄人口。各个国家对劳动适龄人口的定义不同，我们一般将其定为16~64周岁。
- 就业不足（underemployed）：有工作但是其能力远超过工作对他的要求。比如大学教授扫马路。
- 丧志的工人（discouraged worker）：由于找工作屡屡受挫而放弃继续找工作的人。这可能是由于经济不景气所造成的。我们一般将其排除在劳动力的统计之中，也就是说在计算失业率时这部分人群不包括在内。但是当经济景气时，这部分人群又可能重新找工作，此时他们又算在劳动力之内。由于他们不包括在劳动力的统计范围中，所以就不能算失业者。
- 自愿失业（voluntarily unemployed）：主要包括自愿退出劳动力大军的人群，可能是因为工资过低而不愿工作或者提前退休的人群。

接下来讨论一下失业率与劳动参与率的计算。

根据上述失业率的介绍，可以得到失业率的计算公式：

$$失业率=\frac{失业人口}{劳动力}$$

劳动力包括了已经就业及正在找工作的失业人群。

同样，根据对劳动参与率的介绍，可以得到劳动参与率的计算公式：

$$劳动参与率=\frac{劳动力}{劳动适龄人口}$$

在将有关失业的概念都介绍了一遍之后，我们可以得出一个有趣的结论。前面所介绍的丧志的工人是指暂时放弃找工作的人群，这部分人群是不包括在失业人口和劳动力的统计范围的。而当经济形势好转时，企业开始大量招工，整个社会对劳动力的需求也逐渐增加，因此这部分原本找不到工作的人很有可能重新燃起工作的希望并开始积极地找工作，也就是说，他们最终还是会包含在失业人口与劳动力的统计范围之内的，此时反而会导致失业率的上升。这是由于失业率 <1，当这部分人群包含在失业人口与劳动力的统计范围之内时，分子和分母同时加上相同的数，导致失业率上升。

由于企业在进入衰退阶段时不会马上裁员，所以失业率只是反映了上一个经济周期的情况，此称之为经济滞后指标，关于先行指标、同步指标和滞后指标的概念将会在下文中介绍。这种情形在劳动生产率的统计中也可以证明。劳动生产率是每工时的劳动产出。当经济处于衰退期时，企业首先想到的不是马上裁员，而是减少工人的劳动工时，因此劳动生产率会降低；同样，当经济处于扩张期，企业首先想到的不是马上招工，而是增加工人的劳动工时，因此劳动生产率会升高。

通货膨胀

通货膨胀是指总体物价水平的持续上升。如果物价水平突然上涨但并非持续现象，那么不能称为通货膨胀；而如果只有一种商品的价格水平存在着非持续性上涨，也不能称为通货膨胀。所以，通货膨胀是一个经济体中总体物价水平的持续性上涨。既然已经提出了通货膨胀的概念，那么通货膨胀如何去度量？对此，我们选择用物价指数来度量。通货膨胀率就是物价指数的变化率，它衡量了总体物价水平变化的速率。

- 如果通货膨胀率持续上升，也就是物价上涨的速度越来越快，此称之为恶性通货膨胀（hyperinflation）。
- 如果通货膨胀率持续降低，但仍然保持大于零，也就是说物价上涨的速率在持续降低但物价仍旧在上涨，此称之为反通货膨胀（disinflation）。
- 如果通货膨胀率持续小于零，也就是说总体物价水平在持续下降，此称之为通货紧缩（deflation）。

这里要特别注意通货紧缩与反通货膨胀的区别。

物价指数的构建

衡量通货膨胀的物价指数有很多种，比如个人消费支出（personal consumption expenditures，PCE）、生产者物价指数（producer price index，PPI）、批发价格指数（wholesale price index，WPI）、消费者物价指数（consumer price index，CPI）等。其中最常用的指数是 *CPI*。

关于 *CPI* 的构建，主要有三种方法，分别是拉氏价格指数（Laspeyres index）、帕氏价格指数（Paasche index）以及费雪指数（Fisher index），下面就它们的构建方式与比较展开介绍。

首先是拉氏价格指数，拉氏价格指数构建 *CPI* 时最大的特点就是使用基期的一篮子商品数量，其计算公式为：

$$CPI=\frac{\text{基期商品数量}\times\text{当前价格}}{\text{基期商品数量}\times\text{基期价格}}\times 100$$

具体请看以下例子。

商品	基期数量	基期价格（$）	当前价格（$）
汉堡包	4	3	4
热狗	5	1	2
薯条	3	3	3
炸鸡翅	2	2	3

如果用拉氏指数计算 *CPI*，则基期商品数量 × 当前价格 = 4 × 4 + 5 × 2 + 3 × 3 + 2 × 3 = 41；基期商品数量 × 基期价格 = 4 × 3 + 5 × 1 + 3 × 3 + 2 × 2 = 30，因此，*CPI* = 41/30 × 100 = 137。

由于基期的 *CPI* 设定为 100，所以通胀率 = 137/100 − 1 = 37%。

这种保持恒定价格篮子的计算方法称为拉氏指数。由于许多国家对于消费篮子的统计通常都滞后，因此使用拉氏指数较为方便，但是也存在着一些问题：

- 替代偏差：微观经济学指出当一种商品存在替代品，并且此商品价格升高的话，那么消费者会转向价格稍低的替代品。而拉氏指数中假设的固定商品篮子并没有考虑到这个因素，所以计算出的 *CPI* 较实际偏高。
- 质量偏差：产品价格的上涨不仅由于通货膨胀的因素，还可能是由于产品质量的提高。但是拉氏指数没有考虑考产品质量给价格带来的影响因素，所以计算出的 *CPI* 较实际偏高。
- 新产品偏差：由于新产品不断上市，而拉氏指数基于固定的基期商品篮子，所以总体来说，也造成了计算的 *CPI* 偏高。

质量偏差可以使用享乐定价法（hedonic pricing）来解决；而新产品偏差则可以由费雪指数来解决，费雪指数是拉氏指数 I_P 与帕氏指数 I_L 的几何平均，即 $\sqrt{I_P I_L}$。

既然提到了帕氏指数，这里有必要介绍一下它的计算方式，帕氏指数与拉氏指数最大的区别就在于它用了当前商品篮子而非基期商品篮子，计算公式为：

$$CPI = \frac{\text{当前商品数量} \times \text{当前商品价格}}{\text{当前商品数量} \times \text{基期商品价格}}$$

假设有以下商品篮子：

商品	基期数量	基期价格（$）	当前数量	当前价格（$）
汉堡包	4	3	4	4
热狗	5	1	4	2
薯条	3	3	5	3
炸鸡翅	2	2	1	3

用帕氏指数计算 *CPI* 时，当前商品数量 × 当前商品价格 = 4 × 4 + 4 × 2 + 5 × 3 + 1 × 3 = 42；当前商品数量 × 基期商品价格 = 4 × 3 + 4 × 1 + 5 × 3 + 1 × 2 = 33。

所以用帕氏指数计算的 *CPI* = 42/33 × 100 = 127。

如果用费雪指数计算，则 $CPI = \sqrt{137 \times 127} = 132$。

成本推动型通货膨胀

通货膨胀可以由两种条件产生，一种是成本推动，另一种是需求拉动。现在，首先来讨论一下成本推动型通货膨胀。

如图3-48所示，由于工资增长或者其他生产要素价格的上涨推高了企业的生产成本，因此短期供给曲线首先从SAS_0移动到SAS_1。

如果此时政府为了刺激国内需求而采取扩张性的政策，那么AD曲线就会由原来的AD_0移动到AD_1，均衡点回到了长期均衡水平，只不过总体物价水平上升，产量也再次恢复到长期均衡。

因此，成本推动型通货膨胀的特点是首先由要素成本的增加导致短期供给曲线向左移，然后政府出台相应政策应对需求不足，其结果是物价水平提高。

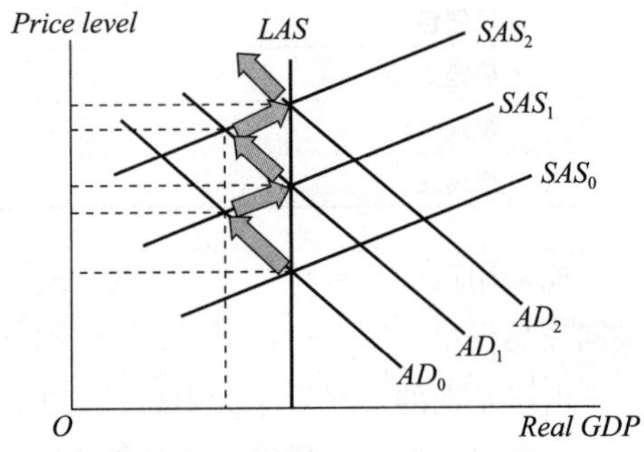

图3-48 成本推动型通货膨胀

分析师可以用公开的小时工资、周工资以及劳动生产率数据来评判通胀压力。如果只讨论工资水平，并不能完全说明实际的通货膨胀水平，因为并没有反映实际的劳动生产率。因此必须将工资水平与劳动生产率结合起来，组成一个新指标——单位劳动成本（unit labor cost），它是每工时的劳动报酬与每工时的产出之比，即每单位产出所给予的报酬。

另外，通胀压力的另一个来源是预期通货膨胀水平。如果预期通胀水平上升，人们则会提高对工资的要求；相反，如果预期通胀水平下降，人们会降低对工资的要求。那么如何去度量预期通胀水平呢？一种方法是依靠过去的通胀水平来预测未来趋势，并且假设市场参与者都根据各自的经历去预测。另一种方法是进行市场调查，尽管这种方法的偏差较大。还有一种方法是将通货膨胀保护债券（TIPS）的利息收益与没有通胀保护债券的利息进行比较，来判断未来的通货膨胀预期。比如，今天10年期普通债券的收益是4.5%，而10年期TIPS收益2%，则它们之间的差值2.5%表示了未来10年中每年平均通胀率。但是这种方法也有其局限性，在于TIPS的市场较小，容易受到市场上其他因素的影响。

需求拉动型通货膨胀

上面已经介绍了成本推动型通货膨胀，接下来要介绍的是需求拉动型通货膨胀。

如图3-49，在初始状态时，AD_0与SAS_0相交于长期供给曲线，如果受到市场上其他力量的影响，比如货币供给、政府支出增加，那么总需求就会受到刺激，从AD_0移动到AD_1，与SAS_0相交，处于新的短期均衡。

但此时的均衡并不稳定，因为工资水平并没有及时地随着物价的上涨而上涨，所以短期总供给SAS_0会减少到SAS_1，与AD_1相交，再次回到长期均衡，产量处在潜在GDP水平。如果此时央行再次推行扩张性政策，那么AD_1会继续向右移动，导致新一轮的需求拉动型通胀。

对此，可以得出的结论是，需求拉动型通胀主要是由过量的货币追逐少量的商品造成，如果货币供给的增速超过名义的经济增速，则存在通胀压力；相反，如果货币供给增速放缓，并且低于名义经济增速，那么可能存在反通货膨胀或者通货紧缩。

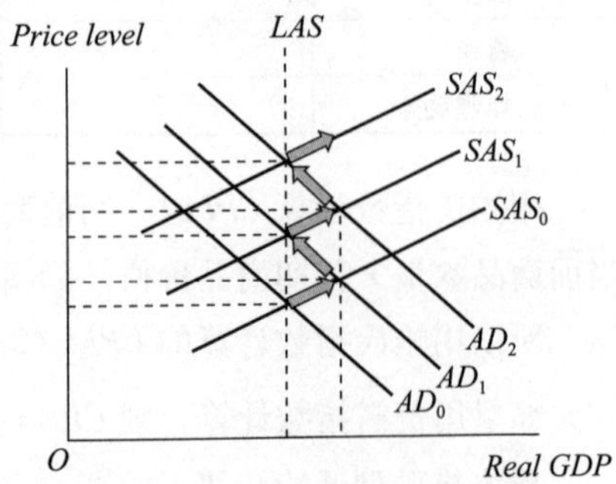

图3-49 需求拉动型通货膨胀

4.4 经济指标

在宏观经济周期的分析中，离不开对经济指标的分析，因此有必要研究一下各个经济指标的意义以及用途。

经济指标主要分为先行指标（leading economic indicators）、同步指标（coincident economic indicators）以及滞后指标（lagging economic indicators）。顾名思义，先行指标能够提前预示下一波经济走向；同步指标的变化与经济周期的变化保持时间上的一致；而滞后指标只有在经济周期有所发展以后才能够在指标中显现出来。

在上文中，已有提到一些经济指标，比如CPI、存货销售比、平均每周工时等。接着来解释一下它们是怎样的经济指标，并且对各种指标进行总结。

必会知识点

- 经济先行指标、同步指标以及滞后指标的判别。

经济先行指标

根据世界大型企业联合会（Conference Board）的规定，可以将经济先行指标分成10种，以预测未来经济的动向：

- **制造业每周平均工时** 由于企业倾向于先调整工时，实在不得已时才会调整工人的数量，因此这个指标优先于实际经济周期的动向。
- **平均周申请失业金人数** 这个指标相当敏感，一旦申请失业金人数上升，就预示经济将要进入衰退期；相反，一旦下降，就预示经济将要进入扩张期。
- **制造商新增消费品和原材料订单** 由于商品需求量的增减基本显示了经济走势，而商品生产首先需要有订单，因此订单量的多少就决定了将来能够生产多少商品，也间接预示了下一波经济走势，所以是先行指标。
- **卖主交割执行情况——延缓交货扩散指数** 通过工厂生产与交货的速度，来衡量经济的发展情况。如果卖方延迟交货，就能够间接说明需求旺盛，从而对经济形势有着指示性的作用。
- **非国防重工业制造商的新订单** 与“制造商新增消费品和原材料订单”相同，都间接预示着经济的下一波走势。
- **新增私人住宅的营建许可** 由于大多数地方政府都要求私人住宅在开工前必须得到相关批准，所以获批数量就间接预示着建筑行业、房地产行业的未来走势。
- **标准普尔500股票指数** 由于股指有着预示经济走势的作用，所以标普500指数能够间接预示美国经济的走势。
- **M2货币供应量** 货币供给的增速代表了货币政策的松紧，如果*M2*增速加快，表示央行实行了扩张性货币政策，国内总需求将会增加，实际*GDP*会高于潜在*GDP*，因此经济将会进入到上行趋势。所以*M2*供应量是经济的先行指标。
- **10年期国债利率与隔夜拆借利率（如联邦基金利率）的差额** 如果利差扩大，那么10年期国债收益率将会上升，短期国债收益率的预期也会上升，其结果就是民间投资的增加，实际*GDP*将会增加。所以这个利差是先行指标。

- **密歇根大学的消费者预期指数** 这个指数是仅有的完全基于预期的领先指数。由于消费者预期将会影响到未来消费的多少，因此这是一个先行指标。

经济同步指标

同步指标与经济的变化基本同步，因此也显示了当前经济形势。同步指标经常用于判定经济周期的顶峰与谷底，主要分为 4 种。

- **非农就业人员工资水平** 当经济形势明朗时，企业就会调整员工的工资水平，因此是同步指标。
- **实际个人收入** 这个指标需要去除政府转移支付的影响，比如低收入人群的补贴等。这个指标同步显示了当前经济情况。
- **工业生产指数** 工业生产指数衡量制造业、矿业与公共事业的实质产出，衡量的基础是数量，而非金额，反映的是某一时期工业经济的景气状况和发展趋势。
- **制造与贸易总额** 制造与贸易额衡量了一个经济体当前的实际产出，因此是同步指标。

经济滞后指标

顾名思义，滞后指标在经济周期出现一段时间之后才对其有所反应，通常滞后期为一个季度到一年。之前已经讨论过的失业率就是典型的滞后指标，因为当经济开始向好时，企业并不会马上招工，而是等到这波经济形势明朗之后，企业才会考虑是否招工，所以刚开始进入上行通道时，失业率并不会马上下降，通常会滞后一段时间。同样，当经济开始进入下行通道时，企业由于并不清楚这波形势是否会持续，所以不会马上裁员，而是采取压缩工时的方式降低成本，所以失业率不会马上上升。

常见的经济滞后指标有以下 7 种。

- **平均失业周期** 与失业率相同，平均失业周期是一种滞后指标。
- **存货销售比** 当经济进入下降通道，需求相对不那么旺盛，企业需要一定的时间才能有所反应并减少生产，因此存货开始增加，销售额减少，存货销售比增加。由于这中间存在一定的时差，所以是滞后指标。
- **单位劳动成本的变化** 之前已介绍过，这个指标衡量的是每工时的劳动报酬与每工时的产出之比，即每单位产出所给予的报酬。当刚开始进入下行通道时，企业并不会降低工人工资，因为工资具有“下降黏性”，所以并不能马上减少单位劳动成本，只有当下降趋势逐渐明朗，工人才会面对工资下调的压力。因此这个指标是滞后指标。
- **平均贷款基本利率** 基本利率又称优惠利率，是银行提供给信用等级最高的贷款客户的贷款利率。属于滞后指标。
- **工商业逾期未偿还的贷款数** 这些贷款通常由于企业的存货生产，所以与存货销售比的分析一样，都是属于滞后指标。
- **分期付款债务余额与收入比** 由于一般消费者只有在有信心偿还时才去借款，因此经济刚进入上升通道时，投资者仍以为经济处于低谷期，只有在上升趋势明显时，才有信心去借款。因此这个指标是滞后指标。
- **消费者物价指数的变化** *CPI* 的变化衡量了通胀水平，通胀的调整一般滞后于经济周期，所以 *CPI* 是滞后指标。

利用各种指标衡量经济周期

既然已经介绍了先行、同步于滞后指标及其用途，那么也应该在实例中对它们进行应用。下表中包含了各种经济指标，我们需要逐一对其进行分析。

指标	最近一月	上月
企业订单数	+1.2%	+0.5%
采购经理指数 *PMI*	+1.0%	+0.3%
失业率	-0.3%	0.0%
个人收入	+0.3%	+0.1%
消费者物价指数 *CPI*	0.0%	-0.1%
工业生产指数	+0.2%	0.0%

在上述各指标中，企业订单数与 *PMI* 是先行指标，失业率与 *CPI* 是滞后指标，个人收入与工业生产指数是同步指标。

从上表中可以看出，企业订单数和 *PMI* 开始以较大速率上升，预示着经济进入上升通道。而作为滞后指标的失业率和 *CPI* 显示经济已经走出谷底。根据同步指标可以判断经济目前正在处于上升趋势。

因此，根据上述各种指标的综合分析，可以得知目前经济已经由衰退转入扩张，并且未来将持续扩张。

5 货币政策与财政政策

知识导引

本章将详细地考察政府的政策工具，这些政策工具包括货币政策和财政政策。我们不仅要了解财政政策如何影响储蓄、投资和长期经济增长，货币政策如何影响长期物价水平，还要了解这些政策工具在实际应用过程中的局限性。

考点说明

考生不仅要对货币政策与财政政策工具有所了解，还要对其局限性有一个概念性的理解。此外，央行在其中起到的作用应该做重点理解。

5.1 货币政策

货币政策是指政府或中央银行为影响经济活动所采取的措施，尤指控制货币供给以及调控利率的各项措施。本章先对货币进行讨论，然后再讨论中央银行的作用。

必会知识点

- ➢ 影响货币需求与供给的因素。
- ➢ 费雪效应的含义。

➢ 三种常见的货币政策实施工具。

➢ 货币政策的局限性。

货币

人们已经习惯了用货币进行交易，试想一下如果没有货币，那么人们的生活将会变得如何。其中最重要的结果就是商品的流动性大幅降低，经济活动也将不再像现在这般繁荣。因此货币对于人们的生活水平无疑是非常重要的。为了了解货币，首先要明白货币的作用。

货币的功能及其创造过程

货币主要有三个方面的作用。

➢ 货币可以作为交易的媒介。

➢ 货币可以作为计价单位，使得商品的价值有一个可以量化的指标。

➢ 另外，货币还可以作为价值的贮藏，因为可以将收到的货币储存起来以便今后购买商品。

一般而言，货币可以作为交易的媒介，它首先必须要：

➢ 大家都认同其作为交易的媒介；

➢ 难以伪造；

➢ 相对其价值来说，其重量很轻；

➢ 可以分割。

下面的例子阐述了货币是如何制造的。

首先，银行是有准备金要求的，它限制了银行的放贷能力。假设所有银行每收到 100 元的存款，只能放出其中的 80 元贷款，剩下 20 元留作准备金，以抵御挤兑风险，即银行的准备金率是 20%。

现在我们假设某人将 1 000 元存入第一家银行，那么银行将把 200 元留作准备金，最多贷出 800 元；收到 800 元贷款的人将所有的钱都存入第二家银行，这家银行又把 $800 \times 20\% = 160$ 元留作准备金，并将 $800 - 160 = 640$ 元贷出；收到 640 元贷款的人将其存入第三家银行，银行将 $640 \times 20\% = 128$ 元留作准备金，将 $640 - 128 = 512$ 元贷出……

依此类推，最终 1 000 元的现金将会转化为 $\frac{1\,000}{1-80\%} = 5\,000$ 元，货币就由此创造了出来。如果最初的现金是 1 元，则最终会生成 5 元，这就是货币的乘数效应，其计算公式为：

$$货币乘数 = \frac{1}{法定准备金率}$$

从上述公式中我们可以看出，准备金率越高，货币乘数越小。

货币的分类

此处，可以将货币分为狭义货币和广义货币两种。狭义货币是指流通中货币加上流动性高的现金储蓄。而广义货币是指狭义货币加上其他能够用于购买商品的流动资产。

由于各国金融系统的不同，狭义货币与广义货币的分类也就不同。根据美联储的分类方法，狭义货币 $M1$ 仅限于流动性最高的货币形式，包括公众手中持有的货币、旅行支票、活期存款以及其他能够开具支票的存款。$M2$ 包含了 $M1$，并且另外加上储蓄账户、$100 000 以下的定期存款以及货币市场共同基金。

欧洲中央银行的分类方法如下（见表3-12）。

货币数量理论

在前面已经介绍了货币的形成，本节中将介绍货币与物价的关系，因此需要引入货币的数量理论。

表3-12 货币的分类

	M1	*M2*	*M3*
流通货币	√	√	√
隔夜存款	√	√	√
两年以上定期存款		√	√
3个月以下活期存款		√	√
回购协议			√
货币市场基金份额			√
两年期以下债券			√

我们可以考虑一下，普通的1元现金每年有多少次用于支付商品及劳务？货币在不同人手中流通的速度称为货币的流通速度（velocity of money）。通过名义*GDP*除以货币量*M*，就能得出货币流通速度*V*。在前几个章节的内容中，已经知道名义*GDP*是*GDP*平减指数乘以实际*GDP*，因此，可以得到货币流通速度的计算公式：

$$V = (P \cdot Y)/M$$

其中，*V*代表了货币流通速度，*P*代表了物价水平（*GDP*平减指数[⊖]），*Y*代表产量（实际*GDP*），*M*代表货币量。

为了说明这个公式的意义，假设一个经济体一年内生产了1 000个汉堡包，每个售价为10元，经济体内总货币量为2 000元。那么货币流通速度为：

$$V = (10 \times 1\,000)/2\,000 = 5$$

这个公式表明人们每年用10 000元购买汉堡包，而只用2 000元进行交易，因此平均每1元换手5次。

将上述公式整理后，就能得出货币数量方程：

$$M \times V = P \times Y$$

货币数量方程将货币量、货币流通速度和经济中物品与劳务产出的价值联系在一起。在大多数情况下，货币流通速度是稳定的，因此货币供给量*M*的增加会使得*PY*同比例上升。而产量*Y*主要由要素供给和生产技术决定的，因此不受*M*的影响，所以*M*的增加使得物价*P*上升。这就是所谓的货币中性理论。

货币需求与货币供给

货币需求是人们愿意以货币形式，而非债券及股票形式持有的货币数量。人们持有货币的原因有三种，分别是：

- 交易性需求：为了进行商品交易而持有的货币。当实际*GDP*上升时，人们对商品消费的需求增加，进而货币的需求也会增加。因此货币的交易性需求是*Y*的增函数。
- 预防性需求：为了抵御将来的不确定事件而持有的货币。一个经济体越庞大，那么其可能遇到的风险也就越大，因此需要更多的货币来抵御未知的风险。
- 投机性需求：投机性需求是指为了抵御金融工具自身所具有的风险（如债券价格的涨跌），而持有货币的需求。如果债券或其他投资产品的收益率*r*上升，则人们愿意将手中多余的货币投资于这些金融产品，而减少手中的货币持有量。如果这些金融产品的

⊖ 名义*GDP*既反映经济中生产的商品及劳务的数量，又反映其价格；实际*GDP*由于把价格固定在基年的水平，只反映了生产的数量；*GDP*平减指数是名义*GDP*除以实际*GDP*，只反映了商品与劳务的价格。

可预期风险增加，比如债券的违约风险增加，则人们宁愿选择不去投资这些产品，货币需求增加。因此，投机性需求与预期收益率呈反向关系，与可预期风险呈正向关系。

通过上述的分析，可以得知货币需求是与收益率 r（或者货币的收益率，即利率 i）呈反向关系的。如图 3-50 所示，当使用现金而不是带有利息的债券形式来持有财富时，就会失去本来可以获得的利息收入。利率上升增加了持有货币的机会成本，因此货币需求量减少；利率下降减少了持有货币的机会成本，因此货币需求量增加。所以货币需求曲线向右下方倾斜。

一般而言，货币供给是受到中央银行限制的，这里先不讨论央行是如何实施具体货币政策的，假设央行直接控制货币供给，因此经济体中的货币供给量是固定在央行设定的水平上的，它不取决于其他经济变量，尤其是利率。一旦央行做出了决策，无论现行利率是多少，货币供给量都是相同的。我们用一条垂直的供给曲线表示固定的货币供给，如图 3-51 所示。

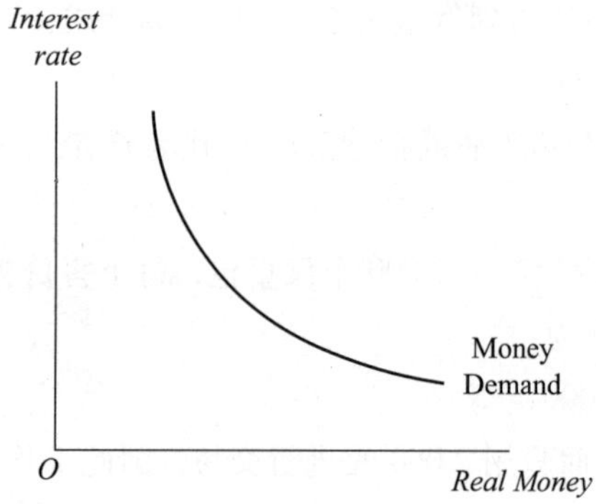

图 3-50　货币需求量与收益率之间的关系

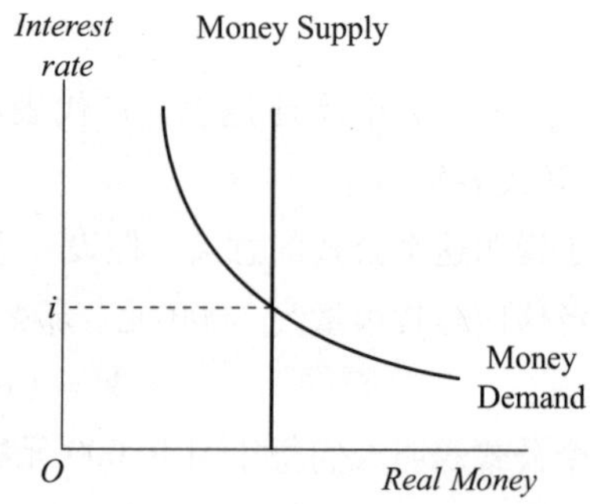

图 3-51　货币的需求曲线与供给曲线

当货币供给曲线与需求曲线相交时，称为货币市场均衡。根据流动性偏好理论，利率的调整能够使货币供求平衡。这个利率水平（图 3-52 中 10% 的利率水平）就是均衡利率，在此利率水平下，货币需求量正好与货币供给量相等，都是 3 千亿美元。

如果利率水平高于 10%，此时货币供给高于货币需求，即人们手中持有的货币量增加，就会倾向于投资，从而拉低利率，直至重新回到均衡状态。

如果利率水平低于 10%，货币需求高于货币供给，即人们手中持有的货币量低于他们想要持有的数量，因此会卖出投资产品并收回现金，从而使得利率上升至均衡水平。

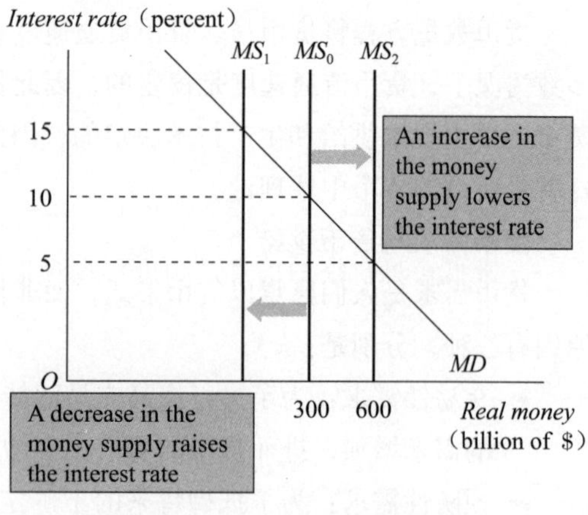

图 3-52　货币供给曲线的平移

上述讨论都是基于货币供给不变的情况下进行的，那么货币供给量的增加将会带来什么结果呢？如果央行增加货币供给至 6 000 亿美元，货币供给曲线向右移动，均衡利率就会从 10% 降低至 5%，则在原先 10% 的利率水平下，将会存在过量的货币供给。

费雪效应

上文已经提及了货币中性理论——货币供给增加的长期效果只是导致物价上涨，而并不会影响实际 GDP 以及货币流通速度。费雪效应与货币中性理论直接相关，它描述了名义利率在长期的变化只是因为预期通货膨胀的变化，其潜在含义就是实际利率在长期来说是稳定的。如果将名义利率用 R_{nom} 表示，实际利率用 R_{real} 表示，预期通货膨胀率用 π 表示：

$$R_{nom} = R_{real} + \pi$$

根据货币中性理论，货币供给的增长在长期并不会影响 R_{real} 而会影响 π 进而影响 R_{nom}。此外还需要注意的是，投资者有可能无法准确预期通货膨胀水平，因此需要加上风险溢价（risk premium，*RP*）对上式进行修正：

$$R_{nom} = R_{real} + \pi + RP$$

中央银行的作用

中央银行作为一个国家金融系统中极其关键的一环，主要有以下几方面的作用：

- 独占货币发行权；
- 政府和其他银行的银行：央行为政府以及国内其他银行提供银行业务；
- 政策制定者以及支付系统的监管者：在许多国家，央行制定银行的准备金制度。同时，央行还是国内支付系统的监管者，以确保国内清算系统与国际银行间交易的正常运行；
- 最后的借款来源（lender of last resort）：央行的印钞能力可以使资金短缺的银行获得贷款，即提供了最后的借款来源；
- 黄金和外汇储备持有者；
- 货币政策的执行者：央行制定货币政策并且予以执行。

央行扮演了很多的角色，那么扮演这些角色的目的又是什么呢？目的就在于控制通货膨胀，维持国内物价水平的稳定，这是各国央行的普遍目标。因为高通胀会导致一个国家经济环境的不稳定。而**预期的**通货膨胀会导致菜单成本与皮鞋成本。而**未预期**的通货膨胀会导致：

- 借贷双方之间财富的转移：如果贷款方没有将未预期的通胀计入贷款利率中，那么借款人将来的还款会偏少，造成了双方财富的转移。
- 造成了贷款利率的风险溢价：如果通货膨胀很难预期或者变动非常大，那么贷款方会要求在贷款利率的基础上增加一个风险溢价以补偿不确定性。因此利率会升高，经济活动减少。
- 降低市场价格的信息透明度：未预期通胀将会反映在市场价格中，而市场参与者对此并不知情。

货币政策实施工具

央行主要通过三种工具来执行货币政策，分别是公开市场操作、政策利率和准备金。

- 央行实施货币政策最直接也是最常用的就是公开市场操作。公开市场操作是指向商业银行或指定做市商买卖政府债券的行为。当央行从其他金融机构买入政府债券，就要支付相应数额的货币资金，因此这种行为就相当于向市场上投放货币；当央行向其他金融机构卖出政府债券，就会收到相应数额的货币资金，因此这种行为就相当于从市场上收拢货币。通过公开市场操作，央行可以直接影响货币供给，进而影响利率。
- 央行实施货币政策的目的就在于控制货币供给量，从而影响市场利率。而央行可以通过设定一个官方基准利率（也称政策利率）来影响短期及长期利率，并最终影响经济活动。政策利率是央行向商业银行出借资金的利率。通过制定一个政策利率，央行可以控制货币市场中的货币供给量。政策利率越高，商业银行面临流动性短缺的问题时就会受到更大的损失，因此就会降低商业银行出借资金的意愿，广义货币数量就会减少。

- 第三种控制货币供应量的方法是法定准备金要求。在货币的创造过程中我们已经学到，如果法定准备金越低，那么货币乘数越大，对货币供给量的影响也会越大。因此，改变准备金率对于整个货币市场来说容易造成较大的冲击，因此在发达国家中不常用。

货币政策传导机制

货币政策的传导机制是利率影响经济增长和通胀率的过程，它主要分为 3 个阶段（见图 3-53）[⊖]。

- 第一个阶段是政策利率的变化可能会同时影响到市场利率、资产价格、市场参与者的预期以及汇率。如果政策利率上升，那么市场利率也会上升，一些金融资产（比如债券）的价格会下跌。市场参与者可能会因此对未来经济增长持悲观态度，同时利率升高造成了本币升值，国内出口商利润下滑。
- 第二个阶段：由于资产价格下跌，居民财富下降，那么国内需求也会下降。由于汇率的升高，导致国外消费者不愿意购买国内的商品，因此国外需求也会下降，总体来说，会造成总需求的降低。
- 第三个阶段：由于总需求的下降，国内通货膨胀压力会减少。同时，更强的本币（本币升值）会使进口商品的价格相对较低。两者的共同作用使得通货膨胀率降低。

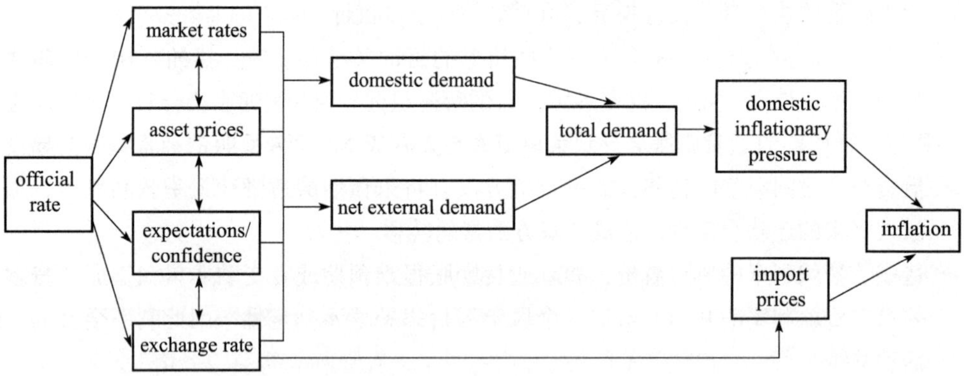

图 3-53　货币政策的传导机制

中央银行的有效性

央行的目标是控制通货膨胀和维持物价稳定，那么如何去控制，最好的方法就是设定一个通胀目标，并且通过一系列货币政策来达到这个目标。为此，一个有效的中央银行，应该有如下特点：

- 独立。央行在达成其目标的过程中必须要具备独立性，这里的独立性是指必须独立于任何的政治影响，因为有时央行的目标会与政府的目标相左。举个例子来说，如果央行认为目前的通货膨胀水平过高，可能会采取紧缩性的货币政策，而紧缩性的货币政策会降低经济增速，并且失业率会升高，而对于政府来说，其目标是刺激经济增长并降低失业率。因此，央行又是会受到政府的压力，而为了维持控制通货膨胀与稳定物

⊖ 来源：http://www.bankofengland.co.uk/publications/Documents/other/monetary/montrans.pdf。

价的目标，央行应该具有相当的独立性。

央行的独立性可以从两个方面进行考量，分别是操作独立和目标独立。操作独立是指央行有自行设定政策利率的权力，而目标独立是指央行可以自行定义通货膨胀的算法，并制定及维护目标通胀水平。欧洲央行同时具有操作独立与目标独立，而大多数其他国家的央行只能保持操作独立。

➢ 公信力。央行的公信力体现在遵从其目标。如果一个担负巨额债务的政府能够代替央行设定通胀目标，那么政府很有可能无法控制通胀，因为政府有动机通过通货膨胀来减少自身债务余额。

➢ 透明。央行的透明能够提高其公信力，它体现在定期向公众披露通货膨胀报告（inflation report）。央行需要定期对当前经济指标发表意见，以达到透明及良好的公信力。

紧缩性及扩张性货币政策

如果央行确信目前的经济活动会导致通货膨胀，那么就会提高利率，从而降低流动性与总需求，这样的货币政策称为紧缩性货币政策；而如果央行认为经济将进入通货紧缩状态，那么就会降低利率，从而增加流动性与总需求，这样的货币政策称为扩张性货币政策。

政策利率的高低必然有一个参照物，这个参照物称为中性利率。中性利率是一个既不会增加，也不会降低经济增长率的利率。当政策利率大于中性利率时，就是紧缩性货币政策；当小于中性利率时，就是扩张性货币政策。

那么这个中性利率由哪些因素构成呢？目前一致的观点是由经济实际增长趋势（real trend rate of growth of the underlying economy）以及长期预期通胀（long-run expected inflation）：

$$\text{中性利率} = \text{增长趋势} + \text{通胀目标}$$

假设通胀目标设定为每年3%，而分析师对经济长期可持续增长率的预测为2%，那么中性利率将是5%。如果政策利率低于5%，则被认为是扩张性货币政策；如果高于5%，则被认为是紧缩性货币政策。

货币政策的局限性

货币政策的局限性首先体现在其传导机制上，政府采取的货币政策可能无法达到预期的效果，尤其是长期利率的升降是根据人们对未来通胀的预期而决定的。

当央行采取紧缩性货币政策，并减少货币供给时，反而有可能会起到刺激总需求的作用。这是因为如果人们认为紧缩性措施是有效的，那么就会预期未来通胀率降低，长期收益率就会降低，反而起到刺激总需求的作用。另外，如果人们认为货币供给一下子调降得太多，甚至可能会带来经济衰退，那么就会使得长期债券更受欢迎，长期债券价格升高，长期收益率下调，反而起到刺激总需求的作用。因此，由于人们的预期不同，**央行的紧缩性货币政策可能无效**。

同样，**央行的扩张性货币政策也可能无效**，也就是说，当央行增加货币供给，起不到刺激总需求的作用。这里，需要引入流动性陷阱的概念。**流动性陷阱**是指当央行增加货币供给之后，虽然人们手中的现金多了，但仅仅是“持币观望”，并未投资债券，债券的价格和收益率也未受影响，因此总需求未被刺激。流动性陷阱的假设条件是人们对货币的需求弹性无穷大，也就是说，即使货币的价格——利率没有变化，人们也愿意持有增加的货币，而并不是将其进行投资。在这种条件下，很显然原本的扩张性货币政策没有起到预期的效果。这种现象经常与通货紧缩联系在一起。

通货紧缩是指一段时期内物价的持续下降，经济学家对通货紧缩的问题一直非常头疼，因为一旦将名义利率降低至零，但经济就是不见起色时，无法再通过降低利率的方法来刺激经济。通货紧缩使得债务增加，而价格的持续下降会使消费者延迟消费，导致国内需求不足，进而受到更大的通缩压力，此时就会出现流动性陷阱——即使降低利率，人们也只是持币观望。

日本在20世纪90年代所遇到的情况就是这样的——低消费增长、物价下跌以及债务上升。增加货币供给无法起到预期效果的另一个原因是，即使银行拥有更多的可贷资金，鉴于目前经济形势不景气，也不会将资金贷出。自从2008年信用危机爆发之后，许多国家的央行都将利率降低至接近于零，但是银行不愿将资金投入实体经济。

为了解决这一问题，美国政府就实行了量化宽松政策（quantitative easing）。在第一轮量化宽松中，美联储（Fed）创造了超过一万亿美元的储备，主要是将其贷给它们的附属机构，然后直接购买抵押贷款支持证券（ABS），以此鼓励银行放贷并降低抵押贷款利率。通过这种方法，就稳定了银行体系，这些超额储备使得银行不必通过贷款来恢复其流动性。

5.2 财政政策

除了货币政策，财政政策也能对经济起到较大的影响。财政政策是指通过政府支出与税收政策的调整来影响经济。

必会知识点

- 扩张性与紧缩性财政政策的形式。
- 政府支出工具与收入工具。
- 财政政策实施的优势与劣势。
- 实施财政政策的难处。

财政政策的概述

既然财政政策能够影响经济，那么它又是如何影响的呢？前面已经提到过，总需求会受到政府支出与税收的影响，因此一个扩张性的财政政策可以有以下几种形式。

- 削减个人收入所得税
- 减少消费税
- 减少企业所得税
- 增加公共支出等

但是，这些措施也并不是一定有用的，因为即使政府想通过减税方案来拉动内需，老百姓可能和政府对经济形式的预期并不相同，他们可能会认为经济可能会持续低迷一段时间，因此就算得到了减税的好处，也不会增加消费，因此经济在短期内可能无法恢复。总的来说，对于财政政策的实施，目前有两个学派：凯恩斯主义者与货币主义者。凯恩斯主义者认为财政政策对总需求、产出和就业率有很大的影响（当国内就业容量较大时）；货币主义者认为财政政策只是暂时性地对总需求产生影响，而货币政策才是控制经济发展的有效方法。

之前提到过，政府支出 G 与税收 T 之差小于零代表税收大于支出，体现为政府净收入，是预算盈余，因此是紧缩性财政政策；$(G-T)$ 大于零则表示政府净支出，是预算赤字，也是扩张性财政政策。但是财政政策也有着自动稳定器（automatic stabilizer）的作用，比如经济衰退并且失业率上升，政府支出以及转移支付的增加会使得总需求增加，从而对经济发展起到正面影响。

财政政策工具及宏观经济

政府支出工具主要包括：

- 转移支付。转移支付时通过社会保障系统向老百姓发放的福利，主要包含养老金、住房优惠、贫困家庭税收优惠和收入保障、失业补助等。转移支付为政府提供了一种重新分配财富的方法。要注意的是，转移支付并不包含在 *GDP* 的计算中，也不被认为是政府对商品及劳务的支出。
- 当前政府支出。是指政府惯常、重复地对某些商品及劳务的支出，包括医疗、教育及国防等，因此这种支出对国民的劳动技能以及劳动生产率有很大影响。
- 资本支出。主要是指基础设施建设，包括公路、医院、监狱、学校等。这种支出会对一个国家的资本量以及生产潜力产生巨大的影响。

政府收入有以下几种形式。

- 直接税。直接税是直接向收入、企业利润进行征税，其中包括资本利得税和企业所得税。
- 间接税。间接税是指消费商品及劳务时所征收的税，比如燃油消费税、酒精及烟草税、增值税。

各种财政政策的优势与劣势

财政政策的优势在于：

- 间接税能够在公布调整方案后立即进行调整，并且可以马上影响人们的消费行为。
- 间接税能够很快地实行也就意味着政府能够以低成本或者零成本获得税收收入。

但是，财政政策也有其劣势，具体体现在：

- 直接税和转移支付需要较长时间去执行，使得财政政策难以在准确的时机去执行。
- 资本支出方案需要经过很长时间才能得到实行，通常需要几年时间。因为从发现经济上的问题，到指定方案以及最终执行，每个环节都有一定的时间滞后。

需要注意的是，政府支出工具对总产出的效果要比减税或者转移支付的效果更大。但如果减税或者转移支付方案对社会低收入人群实行的话，则会有更大的效果。

乘数效应

当政府支出一笔金额后，会产生一系列的影响，其中最主要的影响是增加了接受订单的公司的就业和利润。当工人收入以及企业收入增加时，他们对收入增加的反应是增加消费，因此，还刺激了国内其他企业产品的需求。由于政府支出每一元可以增加的商品及劳务的消费大于一元，所以政府购买对总需求有乘数效应。

这里，需要先引入一个边际消费倾向 *MPC* 的概念——家庭可支配收入中用于消费而不用于储蓄的比例。与其对应的是边际储蓄倾向 *MPS*——家庭可支配收入中用于储蓄而不用于消费的比例。很容易得知，$MPC + MPS = 1$，并且 *MPC* 与 *MPS* 都大于 0 且小于 1。

对于每一元的额外支出，对总收入的影响是 $1/(1-MPC)$，由于 $MPC<1$，因此这种效应对总收入产生的影响 >1。这个乘数 $1/(1-MPC)$ 就称为支出乘数。

一般而言，政府的税收能够减少人们的可支配收入 *YD*，因此可以得到：

$$YD = (1 - t)Y$$

其中，t 表示税率，Y 表示总收入。如果与 MPC 的概念结合起来，可以得出，如果政府购买增加了1元，那么 YD 就增加了（$1-t$），消费会增加 $MPC(1-t)$，因此会导致 AD 的增加。而 AD 的增加又会导致 YD 增加额外的（$1-t)MPC(1-t$），从而导致消费又会增加 $MPC(1-t)MPC(1-t)$。这种循环累积的作用能够在经济中以 MPC（$1-t$）的速度传播开来，最终使得每增加1元的政府购买或者税收，会导致产出 Y 变化 $\frac{1}{1-MPC(1-t)}$ 元，这就是所说的**财政乘数**。比如，如果税率 t 是15%，边际消费倾向 $MPC=80\%$，那么财政乘数就是 $1/[1-0.8\times(1-0.15)]=3.125$，也就是说，如果政府购买增加了1亿元，则总收入 Y 会增加3.125亿元。

名师解惑

从 $G-T$ 中我们可以看出，政府支出 G 增加100元可以由100元的征税所抵消，但事实真的是这样吗？答案是否定的，因为税收的变化同样会给总需求带来乘数效应。假设总收入1 000元中，用于消费的是900元，用于投资支出的是100元。如果政府支出设定在200元，而且这200元是从税收中征得的，税率是20%，那么产出会有什么变化？首先，200元的政府支出会等额地增加产出 Y，但是200元的税收并不能等额地减少产出 Y。假设 $MPC=0.9$，那么200元的增税会导致支出降低 $200\times0.9=180$（元），但是此时政府支出 G 已经设定在了200元，因此对于 Y 的影响是 $G-T=200-180=20$（元）。这个额外增加的20元会因为乘数效应，继续导致 Y 的增加。

所以说，尽管从 $G-T$ 中得到的结论是 G 和 T 同时增长相同的量对于 Y 是没有影响的，但是由于乘数效应，使得它们各自对 Y 的影响实际上并不相同。承接上述例子，如果税收 T 不是增加200元，而是增加 $200/MPC=200/0.9=222.22$（元），那么对于 Y 的影响是 $-200/MPC\times MPC=-200$（元），正好与政府支出200元相抵消，那么对于总需求是没有影响的。

政府债务大于政府税收收入会导致财政赤字，财政赤字的增加也就意味着未来存在着更大的税收压力。如果政府减少了100亿元的税收，而增加了100亿元的债务，那么会对经济产生什么影响？这就取决于人们是怎么看的。如果人们认为100亿元的债务将来还会通过征税的方式偿还本金和累积的利息，那么这就无异于延迟征税，因此人们会预期将来税务负担加重，导致现在多储蓄少消费。这种情况就称为**李嘉图等价**（Ricardian equivalence）。根据李嘉图的观点，消费者是向前看的，因此他们的支出不仅基于当期收入，而且还基于其预期的未来收入。向前看的消费者认为，政府今天借贷意味着未来更高的税收，政府通过借债筹得资金来减税实际上并没有减少税收负担，仅仅是重新安排了税收的时间，也就不会刺激消费者更多地支出。但是如果事实证明人们低估了自己的赚钱能力，那么当政府通过借贷来减税时，他们会感觉自己更富有，也会增加消费。但是，李嘉图等价在实际中是否正确仍旧值得研究。

对于财政政策运用的讨论

财政赤字表示政府支出大于政府收入，之间的差额需要由债务工具来填补，这就会导致将来的利息费用以及本金的偿还。当政府借债过多时，其偿还能力就可能会收到质疑。一般用债务比率（总债务占GDP的比重）来衡量一个国家的负债情况。经济的增长同时能够带来税收的增长，如果政府债务的实际利率高于实际 GDP 的增长率，那么债务占比会逐年加大；而如果政府债务的实际利率低于实际 GDP 的增长率，则债务占比会逐年降低。

是否应该考虑政府债务大小的问题

政府债务一方面能够增加未来的偿还压力，但同时也能增加当前的实际产出，因此对于是否要关注一个国家债务大小，就有以下几种争论。

认为需要关注债务大小的原因：

- 高债务占比会导致未来的利息支付压力，也可能会增加未来增税的可能性。这种预期会导致企业及工人的劳动意愿下降以及长期经济增长率的下降。
- 如果市场对政府失去信心，那么央行就会通过“印钞”的方式来填补财政赤字，很明显，这会导致未来高度通货膨胀。
- 政府借债增加会推高市场利率，从而使得私人部门融资成本增加，私人投资就会相应减少，这就是所说的挤出效应（crowding out effect）。

认为不需要关注债务大小的原因：

- 如果政府债务大部分由国民所持有，那么债务问题可能并没有想象的那么严重。
- 如果政府债务的一部分被用于投资生产性项目或者用于增加人力资本，比如培训等，那么未来的产出增长就有可能覆盖掉利息支出与本金偿还。
- 如果当前的税制急需改革，那么政府赤字可能正好给税制改革提供了一个契机。
- 财政赤字可能对总产出没有影响，因为根据上文所述的李嘉图等价原则，消费者可能会增加当期储蓄，从而正好抵消了财政赤字。
- 如果存在着较高的失业率，即产出处于低于潜在 GDP 的水平，那么政府债务反而会增加就业率，因此并没有将资本从生产性用途中转移出去。

实施财政政策的难处

前文已提到了自动稳定器的概念，自动稳定器讲的是当经济衰退时，政府税收 T 会减少，失业率上升，政府购买会增加预算赤字，刺激总需求的增长；当经济扩张时，税收增加，失业率下降，同时减少预算赤字，总需求降低。这个过程的特点就在于完全是自动完成的，无须政策制定者选择合适的财政政策予以应对。

与自动稳定器相对应，还有自主性财政政策（discretionary fiscal policy），它需要政策制定者对当前的经济形势采取相应的财政政策：当经济处于衰退期时，就应该采取扩张性的财政政策来予以应对；当经济处于扩张期时，就应该采取紧缩性的财政政策来予以应对。

但是，这样的财政政策存在着一些问题，主要包括：

- 认识上的滞后（recognition lag）：政策制定者可能无法完全掌握当前的经济形势，因此可能在经济放缓或增速的数月滞后，政策制定者才会意识到这个问题，因此存在认识上的时滞。
- 行动上的滞后（action lag）：政府制定财政政策需要前期讨论、投票表决等过程，因此从认识到问题到真正去执行政策，存在着行动上的时滞。
- 影响上的滞后（impact lag）：财政政策可以说是政府的“一厢情愿”，政府只是政策制定者，真正影响经济的还是企业以及工人。财政政策实施后，企业和工人需要一段反应的时间，这段时间就是政策影响上的时滞。

由于财政政策从制定到最终影响经济会存在时间滞后，所以真正对经济产生影响时，经济可能已经步入了下一个周期。比如在经济快要进入谷底时，政府采取了扩张性的财政政策，但真正显现出效果的时候可能是经济扩张时期，因此会过度刺激总需求，达到相反的效果。

此外，还存在着一些因素，会抑制财政政策的有效性。

- 兼顾失业率与通货膨胀：当政府同时关注失业率以及通胀水平，总需求朝着完全就业水平方向的增加可能会导致工资及物价的上涨，也就是说，会导致通货膨胀。
- 逐渐升高的融资成本：如果预算赤字占 GDP 的比重已经很高，但依然需要债务融资时，市场会要求一个更高的补偿——融资成本升高。从图 3-54 我们可以看出，近年来由于西班牙国内经济形势持续恶化，西班牙政府 10 年期国债收益率持续走高，这意味着投资者对于政府是否有能力偿还债务表示悲观，因此其国债收益率会持续攀升。
- 供给不足：如果未利用资源是因无法获得足够的劳动力所造成，而不是需求不足，那么自主性财政政策不会导致总需求的增加，因此是无效的。这样的政策反而会导致通货膨胀的压力上升。
- 挤出效应：就像上文所论述的一样，政府借款会导致借款利率的攀升，从而导致私人部门的融资成本增加，因此私人部门的投资会减少，反而会对产出 Y 造成负面影响。
- 难以准确衡量充分就业水平：由于充分就业水平难以衡量，因此政府可能会对实际上已经处在充分就业的经济实行刺激政策，进一步推高通胀水平。

图 3-54　西班牙政府债券收益率水平走势图

资料来源：http://www.tradingeconomics.com/spain/government-bond-yield。
选取 2011 年 10 月～2012 年 9 月作为研究区间。

一般而言，财政政策包括税收与支出的制定。当税收超过（低于）政府支出，则是预算盈余（赤字）。但是，政府实施财政政策的意图并不能通过当前的财政赤字或者盈余来判断。因为如果一个经济体处于衰退期，税收减少，转移支付增加，由此导致财政赤字。但这种财政赤字并不能被认为是扩张性的，因为这是衰退期自然而然的结果，而非政府干预。因此，为了判断政府的财政政策，经济学家经常用结构性（周期调整）预算赤字进行衡量，这是假设经济正处于完全就业情况下的赤字情况。

5.3 货币政策与财政政策的关系

既然货币政策与财政政策都有扩张性与紧缩性之分，那么它们之间就有四种组合。虽然货币政策与财政政策都能够改变总需求，但它们影响总需求的渠道不同，影响力也不同，因此对于这个问题的讨论并没有想象的那么简单。

- **扩张性的货币政策与扩张性的财政政策结合**

  两种政策都是扩张性的，会导致更大的扩张性效果，使得总需求增加。由于扩张性货币政策，利率会降低，私人和公共部门都会扩张。

- **紧缩性的货币政策与紧缩性的财政政策结合**

  两种政策都是紧缩性的，利率会升高，投资减少。此外，高额税收以及政府支出的降低也会导致总需求减少。

- **紧缩性的货币政策与扩张性的财政政策结合**

  如果政府采取减税措施或者增加政府支出，那么扩张性的财政政策会导致产出 Y 的增长。但是此时货币政策是紧缩性的，它会在一定程度上抑制财政政策的效果，利率会上升，导致私人部门总需求的降低（投资 I 减少）。此时，同时存在高产出与高利率，但是政府支出的效果会更大，导致总产出增长。

- **扩张性的货币政策与紧缩性的财政政策结合**

  扩张性货币政策带来低利率，如果将扩张性的货币政策与紧缩性的财政政策相结合的话，私人部门的需求会增加，导致实际 GDP 的增加，而公共部门的需求则会减少，产出到底会怎么变化还是没有定论，取决于两种政策的相对强度。

从以上的现象中经过总结可以得出，政府支出的财政乘数要大于转移支付或者税收减免的财政乘数。在转移支付、税收减免的财政乘数之中，按照影响从大到小排序，政府对贫困人口的转移支付效果最大，其次就是对工人的税收减免，最后才是对广大群众的转移支付。

不论怎样，同时为扩张性的财政与货币政策会对经济产生最大的正面影响，但同时也伴随着高通胀率、降低的利率以及私人部门投资的增加。

对此，总结如下（见表 3-13）。

表 3-13 不同货币政策与财政政策组合对经济指标的影响

货币政策	财政政策	利率	产出	私人部门投资	政府支出
紧缩	紧缩	升高	降低	降低	降低
宽松	宽松	降低	升高	升高	升高
紧缩	宽松	升高	升高	降低	升高
宽松	紧缩	降低	看情况	升高	降低

全球体系下的经济学

知识导引

人与人之间需要通过交易买卖来维系日常生活，国与国之间同样需要各种交易来满足国家间的各种需求。随着国家的经济开放和世界经济的发展，国家之间的交易及资金往来日趋密切，了解国际贸易与资金交流成为当下一项重要课题。

考点说明

国际经济学是经济学中概念比较多的一个章节，图形较上节少了许多，因而主要考点在于对各种概念的比较和辨析。国际贸易部分的重点在于对比较优势和绝对优势的识别和解释、贸易限制的特征和影响、贸易集团的特征，难点在于国民经济账户的理解和归类；汇率部分的重点在于交叉汇率的计算、利率平价套利模式的辨析、各类汇率体制的特征，难点在于汇率对于国际贸易和资金流通影响的理解。学习本节时一定要注意多比较和总结，区分可比概念的相同点和不同点。

6 国际贸易与资本流动

6.1 定义

术语解释

进口（import） 公司、个人或政府从国外生产者购买的商品和服务。

出口（export） 国外的公司，个人或政府从本国生产者购买商品或服务。

自给自足的封闭性经济（autarky or closed economy） 不和别的国家产生贸易往来的国家。

自由贸易（free trade） 一个政府对于进出口毫无限制或者对进出口不征收额外费用。

贸易保护（trade protection） 一个政府对进出口施加约束，限制和收费。

世界价格（world price） 世界价格就是商品或服务在世界上通行的价格。

国内价格（domestic price） 国内价格就是商品或服务在国内的价格，如果本国允许贸易，那国内价格可能等于世界价格；如果本国不允许贸易，国内价格就不等于世界价格。

净出口（net export） 净出口就是一个国家一段时期内的出口总额减去进口额。

贸易盈余（trade surplus） 净出口是正数，也就是出口的产品总额高于进口的产品总额。

贸易赤字（trade deficit） 净出口是负的，也就是出口产品的总额小于进口产品的总额。

贸易条件（terms of trade） 又称贸易比价或交换比价，是同一市场中出口价格指数与进口价格指数之比，基数为100。

外国直接投资（foreign direct investment） 本国在国外拥有生产资源（土地、工厂、自然资源等）。

6.2 国际贸易

必会知识点

➢ 绝对优势与比较优势的含义。

➢ 李嘉图模型与赫克歇尔-俄林模型中，各自考虑的因素。

国际贸易的利与弊

名师解惑

贸易究竟能带来什么好处呢？

➢ 从交换和专业化分工中取得好处：首先是交换，比如说挪威，挪威位于北欧，是一个相当寒冷的国家，它的地理条件不允许它生产柑橘，但挪威人想吃柑橘怎么办呢？他们就需要从别的国家进口柑橘。其次就是专业化分工，什么是专业化分工？行业间相对劳动生产率不同的国家会在不同的产品生产中进行专业化分工。所以，两个国家分别生产他们有优势的产品，然后互换，就能互惠互利。

➢ 从经济规模上获益：开放了国际贸易后，企业就能在别的国家拓展消费群，为他们的产品打开新市场。国际贸易使各国在较小的产品范围内进行专业化生产，从而产生规模经济的效应。

➢ 对于出口大国，势必会改善国内就业率、出口利润的增加同时会增加工人工资。

尽管一个国家在整体上获得好处，但是国际贸易使得国家内部的某些特殊团体受损却是极有可能的。那究竟有哪些坏处呢？

➢ 国内厂商的产品与进口商品竞争：国内厂商生产的商品会与进口商品产生竞争，导致企业利润下降。

➢ 失业率增加：如果贸易赤字持续增加，一些本国生产者会受到竞争的影响而利润下滑，从而裁员。

➢ 工人需要增加新的技能：因为受到国内外的竞争，不少产业裁员，所以工人们需要学习新的技能来竞争其他岗位。

尽管国际贸易也会损害到某群体的利益，但对于整体经济来说，还是利大于弊的。对于整体经济来说，这部分人获得的利益能弥补另一部分人的损失。

绝对优势和比较优势

术语解释

绝对优势（absolute advantage） 一国生产某种产品所需的资源成本比别国生产同样产品所需的要少，该国就具有生产这种产品的绝对优势。

比较优势（comparative advantage） 如果一个国家在本国生产一种产品的机会成本（用其他产品来衡量）低于在其他国家生产该产品的机会成本的话，则这个国家在生产该种产品上就拥有比较优势。

名师解惑

绝对优势和相对优势的区别是什么呢？

首先，绝对优势理论认为，国际贸易和国际分工的原因及基础是各国间存在的劳动生产率和生产成本的绝对差别。一国如果在某种产品上具有比别国更高的劳动生产率，该国在这一产品上就具有绝对优势。但比较优势理论认为，国际贸易的条件并不限于劳动生产率上的绝对差别，而是只要各国之间存在劳动生产率上的相对差别。这里的相对差别具体就由机会成本来衡量。那么什么是机会成本呢？一般而言资源是有限的，所以在生产一个产品的同时一定会放弃生产另一种产品，所放弃生产另一种产品的收益就是机会成本。

首先来详细解释下比较优势理论。举个例子，南美拥有种植香蕉的比较优势，而美国拥有生产电脑的比较优势。那么，如果南美为美国生产香蕉，而美国为南美生产电脑，那么两地的生活水平质量都提高。所以，比较优势的原理就是，如果每个国家都出口本国具有比较优势的商品，那么两国间的贸易就能使两国同时受益。也就是说，每个国家专门生产他们机会成本低的商品并用这些商品与别国交换他们机会成本高的商品。如果一个国家能出口那些具有比较优势的商品和进口他们没有比较优势的商品，那么这个国家就能从国际贸易中获利。因此只要国与国之间生产同一商品的机会成本有差异，两个国家就能通过交易来获得收益。

下面的例子阐述了比较优势理论的模型。

A 国和 B 国同时能生产 X 产品和 Y 产品。

A 国用同样的资源能生产 10 个 X 或 5 个 Y。那么生产 1 个 Y 的机会成本就是 $1Y=10/5=2X$。

B 国用同样的资源能生产 9 个 X 或 3 个 Y。那么生产 1 个 Y 的机会成本就是 $1Y=9/3=3X$。

同样生产 Y 产品，A 国要放弃 2 个 X，B 国要放弃 3 个 X。所以，A 国生产 Y 的机会成本低。所以，A 国应该专注生产 Y，B 国应该专注生产 X（见表 3-14）。

表 3-14 A 国与 B 国生产 X 产品与 Y 产品的情况（比较优势）

Country / Product	A	B
X	10	⑨
Y	⑤	3

所以，只要生产产品时有不同的机会成本，每个国家就有自己有比较优势的产品。如果这两个国家按照各自的比较优势进行专业化分工，那么，这两个国家通过贸易不仅可以增加生产量和消费量，还可以实现国民收入的增加与国民福利的增进。

同样可以通过举例来说明专注生产对两国的消费量的影响。

图 3-55 和图 3-56 分别是 A 国和 B 国的生产可能性边界曲线。

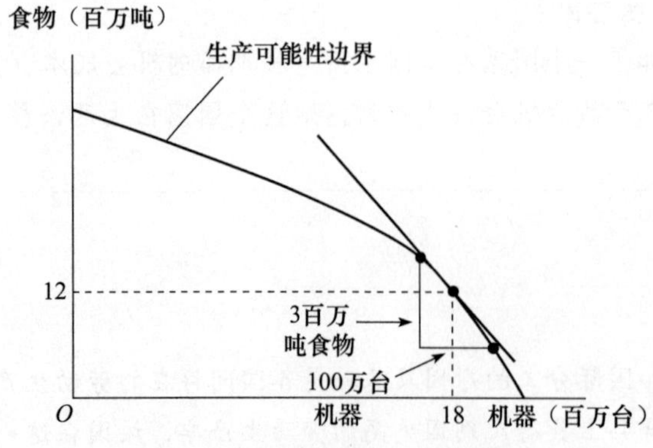

图 3-55 A 国生产可能性边界曲线

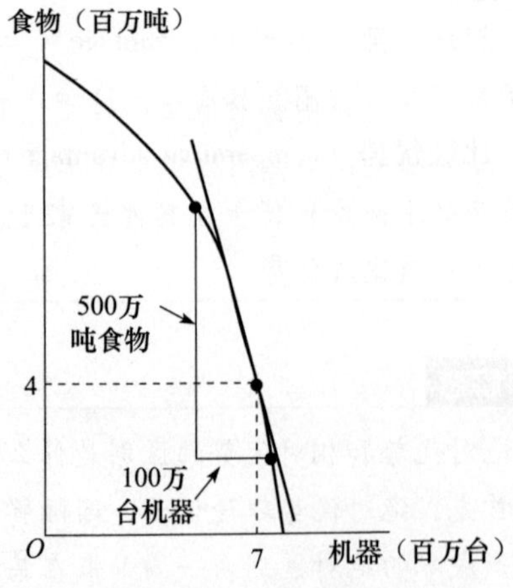

图 3-56 B 国生产可能性边界曲线

首先看 A 国，A 国在交易前，用同样的资源能生产 12 吨食物或者 18 台机器。在这个点上

的斜率是 -3。也就是说生产 1 台机器要放弃生产 3 吨食物。所以生产 1 台机器的机会成本是 3 吨食物。

再看 B 国，B 国在交易前，用同样的资源能生产 4 吨食物或 7 台机器。在这个点上的斜率是 -5，也就是说生产 1 台机器要放弃 5 吨食物。所以生产 1 台机器的机会成本是 5 吨食物。

可见，在生产两种商品上，A 国都拥有绝对优势。而在生产机器上，A 国拥有比较优势，相对的，B 国在生产食物上拥有比较优势。

既然两国在生产时的机会成本有差别，那么交易能使两国消费更多产品。既然 A 国在生产机器上有比较优势，那么 A 国就能通过生产更多机器来和 B 国交换食物来获得收益。比如，A 国可以多生产 2 台机器同时少生产 6 吨食物。B 国在生产一吨食物的机会成本是 1/5 台机器的条件下，B 国可以多生产 6 吨食物，同时少生产 1. 2 台机器。

两国总体生产的食物还是 16 吨，但机器的总量增加了 0. 8 台，既然 A 国生产机器只需花费少量的机会成本，那么它可以出口机器，然后向 B 国进口食物。相对的，B 国在生产食物上有比较优势，B 国就是向 A 国出口食物，然后向 A 国进口机器（见表 3-15）。

表 3-15　开展贸易前后 A 国与 B 国产出情况

	Without Trade		***With Trade***	
	Machinery	***Food***	***Machinery***	***Food***
Alton	18 million	12 million tons	20. 0 million	6 million tons
Borton	7 million	4 million tons	5. 8 million	10 million tons
Total	25 million	16 million tons	25. 8 million	16 million tons

总而言之，当每个国家专注生产他们有比较优势的产品，然后彼此间进行贸易交换，他们就能明显地从中获益。

李嘉图模型（Ricardian model）

名师解惑

比较优势理论是由大卫 - 李嘉图提出的。李嘉图模型说的是国际间的劳动生产率的不同是国际贸易产生的唯一因素。李嘉图模型中唯一生产要素就是劳动力，所以两国机会成本的差异就在于劳动生产率的差异，那为什么两国的劳动生产率会有差异呢？那就是两国的技术差异。要记住劳动力是李嘉图模型中的唯一生产要素。

我们知道在李嘉图模型中技术差异导致了机会成本的差异以至于比较优势的差异。但是随着时间的推移，国际间技术的交流，技术差异会逐步缩小。

赫克歇尔 - 俄林模型（Heckscher-Ohlin model）

名师解惑

如果像李嘉图模型所假设的那样，劳动是唯一生产要素，那么产生比较优势的唯一原因就是各国之间劳动生产率的不同。但是，随着各国技术交流的加强，许多国家在生产技术上不相上下，并且随着资本主义生产关系的出现，资本越来越成为一种重要的生产要素。于是，出现了赫克歇尔 - 俄林模型（Heckscher-Ohlin model，又称资源禀赋理论，简称 H-O 理论、H-O 模型）。

H-O 模型假定只有两种生产要素——劳动力和资本。它认为生产商品需要不同的生产要素而不仅仅是劳动力。资本也在生产中起到了重要作用并影响到劳动生产率和生产成本。

一个国家拥有充裕的某种生产要素，而生产某产品正好需要密集使用这种生产要素，那么这个国家就在这个商品上拥有比较优势，并且可以专注生产这种产品，然后出口这种产品。什么称为拥有充裕的生产要素呢？比如：

➢ 一个国家的资本相对更充裕，那么就应该出口资本密集型产品。
➢ 一个国家的劳动力相对充裕，那么就应该出口劳动力密集型的产品。

6.3 贸易限制

必会知识点

➢ 贸易限制的种类及其对国家福利的影响差异。
➢ 自由贸易区、关税同盟、共同市场、经济同盟以及货币联盟的特点区分。

贸易限制的原因

如上所述，从经济角度来看，无论是出口还是进口，自由贸易给双方都带来了净收益。可是在现实生活中，自由贸易往往会受到许多国家的限制，这是为什么呢？以下就是限制自由贸易的原因。

➢ 新兴产业（infant industry）：在大多数发展中国家，面对来自发达工业化国家产品出口的猛烈冲击下，为保护本国新兴产业的生存与发展，政府会实行关税，使其在同外国企业竞争下存活并有机会发展成为具有国际竞争力的产业规模。
➢ 国防（national security）：保护那些对国防至关紧要的生产商（比如军工类及通信安全类企业）来确保自己的国防工业不受国际贸易的影响。因为国防涉及国家安全，所以有保护的必要。
➢ 保护国内工作（protecting domestic jobs）：在与国外企业的竞争下，一些本国企业会失去竞争力，很多员工就面临失业。但这个观点也有问题，因为随着这些工作机会的消失，其他工作机会将会被创造，在没有贸易限制的情况下本国消费者将会得到更低的价格。
➢ 保护本国行业（protecting domestic industries）：本国行业里的公司会要求实行贸易限制措施来获得保护。但这样会对消费者有不利的影响，因为消费者将支付更高的价格。

其他关于贸易限制的观点：

➢ 会使得外国也实行贸易限制来报复本国；
➢ 政府会从关税中取得收益；
➢ 政府补贴的效果会被外国增加进口关税的政策所抵消；
➢ 防止了外国用低于生产成本的价格出口（倾销）；

总体来说，自由贸易对于全球经济是有利的，因为专注化生产更充分有效地利用了资源。

贸易限制的种类及其影响

术语解释

进口关税（import tariff） 进口关税就是外国商品进入本国时，政府对其征税。
进口配额（import quota） 进口配额就是限制一段时期内进口商品的数量。

出口补贴（export subsidies） 出口津贴就是政府支付给出口企业的补贴。

最低国产化程度要求（minimum domestic content） 最低国产化程度要求就是政府规定市场上某商品的总量中的有一定比例必须由国内生产者生产。

自愿出口限制（voluntary export restraints，VER） 出口国“自愿”限制其出口量，寄希望于避免贸易伙伴的关税及配额限制。

进口关税

对于进口商品征收关税会增加国内商品价格，降低进口数量，并增加国内商品的供给量。由于进口数量降低，国内商品供给量增加，并且商品价格升高，国内生产商就会因此获益，国外出口商利益受损。同时，政府会获得关税收入。但是，关税毕竟不利于资源的有效配置，因此会产生无谓损失 DWL。

因此，对于进口关税来说，它对福利（welfare）的影响有以下几点。

- 国内厂商获利；
- 国外出口商受到损失；
- 国内政府获得关税收入；
- 消费者剩余的减少大于生产者剩余的增加与政府收入之和。

进口配额

进口配额就是政府用行政的手段来决定本国可进口产品的数量。

如果政府手中握有进口配额，那么对于配额和关税的分析是一样的；如果政府将配额卖给国内厂商，那么必定会增加国内厂商的收益。

关税与进口配额看似一样，实际上两者有很大区别。对于关税，关税使进口商品价格上升，这部分价格上升形成的收入归政府所有。但对于进口配额，这部分收入将归进口商所有，除非本国政府采取进口许可证有偿拍卖的做法。

现在通过图 3-57 来详细解释进口关税或配额对财富效应的影响。

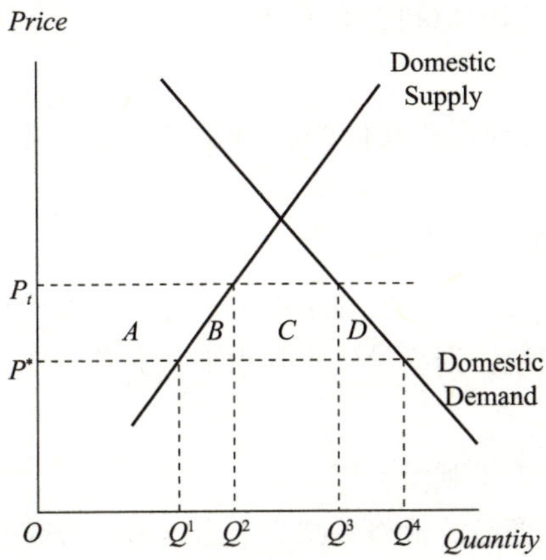

	Importing Country
consumer surplus	−(A+B+C+D)
producer surplus	+A
tariff revenue or quota rents	+C
national welfare	−B−D

图 3-57 进口关税与配额对财富效应影响

名师解惑

从图 3-57 上看，施加进口关税或进口配额前，价格是 P^*，供应在 Q^1 的位置，需求在 Q^4

的位置，所以进口量为 Q^1Q^4。施加进口关税后，价格是 $P_t = P^* +$ 关税，供应在 Q^2 的位置，需求在 Q^3 的位置，所以进口量变为 Q^2Q^3。在实行进口关税以后，消费者盈余减少了 $(A+B+C+D)$，生产者盈余增加了 A，政府的关税收入或可能的配额租收入为 C。三者的总和就是国民福利，国民福利减少 $(B+D)$。所以，关税或配额尽管使一部分群体获利，但在总体上是损害社会福利的。

	进口国
消费者盈余	$-(A+B+C+D)$
生产者盈余	$+A$
关税收入或配额租	$+C$
国民福利	$-(B+D)$

关税和配额对大国和小国的可能影响

那么如果进口国是大国呢？这里所说的大小并不是指传统意义上面积、人口或 *GDP* 的大小，而是指市场需求的大小。小国是世界市场上的价格接受者，因为它对于某些商品的需求量相对于全球范围来讲还是太小，所以即使它对外施加进口关税，也不影响世界价格。例如，巴西国土面积很大，但是在汽车市场它是小国，因为巴西国内对于汽车的需求量的变化不足以影响世界价格。

大国就是世界市场上的价格决定者，因为大国对于某一产品有大量需求，并且进口量相当大，以至于会影响到世界价格。在理论上，大国可以通过施加关税影响世界价格。这是为什么呢？

当大国施加关税后，会提高价格，使得对于某商品的需求量大量减少，消费量也大量减少。于是，这种商品的出口国为了保持它的市场份额不得不降低价格来提高出口量，也就是说世界价格会降低。

世界价格的降低改变了贸易条件，同时也使出口国和进口国的收入再次分配。也就是说，出口国（小国）的一部分利益流入进口国（大国）。因此，对于大国来说，如果实行进口关税，那么其国内福利可能会增加。而对小国来说，国内福利必然下降。

但是产生这一结果有两个假设条件：

- 贸易伙伴不会报复，就是说如果出口国不会利用在其他商品上施加关税来同样报复进口国。
- 关税导致的净损失小于贸易条件改善所带来的收益。

在这里，关税和配额的分析是一样的。总而言之，由于贸易条件的改善，大国征收关税有可能会提高整个社会的福利水平；小国如果征收关税，则会导致福利水平的下降。

出口补贴

出口补贴是政府发给本国出口商的，其目的是为了刺激出口。

出口补贴虽然使国内生产者获益，但是抬高了商品的价格并减少了出口国的消费盈余。

政府插手自由贸易一般是为了收入再分配，为了增进被认为对本国经济至关重要的产业的发展，或者为了国际收支平衡等。但是不管关税和出口补贴的原因是什么，它对社会福利都产生了不利影响。因为它干扰了自由市场贸易，使交易背离比较优势原则，所以减少了社会福利。反补贴税就是一个出口补贴的例子。那它的原理是什么呢？

本国出口商为了多拿到补贴就会多出口本国商品到外国，因为本国出口商每出口一单位的商品就能收获世界价格加上单位补贴。

但是这些补贴会导致社会福利的损失，其原因如下：

➢ 首先对于小国：由于补贴，价格在市场上就会变为国内价格加出口补贴。国内生产商收到补贴导致出口量增加，但是国内消费者的消费量减少，同时政府也要支付补贴。因此，国内福利降低。

➢ 对于大国，由于补贴，生产量增加。由于大国的生产量变动足以影响世界价格，所以产量增加，世界价格就会降低。由于价格降低，大国生产者的收益减少。与此同时，大国消费者盈余减少，并且政府花费出口补贴。因此，国内福利降低。

所以，无论是对于大国还是小国，福利都会减少，并且大国损失更严重。因为对于大国来说，世界价格的降低意味一部分补贴流入到外国市场，因此外国消费者就受到更低的世界价格。

总而言之，本国的出口补贴使本国的福利降低，外国的福利增加，并且政府收入也会随之降低。

自愿出口限制

自愿出口限制（VER）是进口配额的一种特殊形式，它是出口国自愿对出口产品实行配额。

对进口国来说，由于对方出口国自愿限制出口，因此进口量也就自然减少。自愿出口限制对进口国国内市场的价格、生产、消费的影响都跟配额相同。

各种贸易限制的影响

各种贸易限制的影响，详见表3-16。

表3-16 各种贸易限制的影响

<table>
<tr><th></th><th>关税</th><th>进口配额</th><th>出口补贴</th><th>自愿出口限制</th></tr>
<tr><td>影响到的国家</td><td>进口国</td><td>进口国</td><td>出口国</td><td>进口国</td></tr>
<tr><td>生产者盈余</td><td>增加</td><td>增加</td><td>增加</td><td>增加</td></tr>
<tr><td>消费者盈余</td><td>减少</td><td>减少</td><td>减少</td><td>减少</td></tr>
<tr><td>政府收入</td><td>增加</td><td>不明（取决于进口许可证是否出售给进口商）</td><td>减少（政府支出增加）</td><td>没有改变（配额租转移至国外）</td></tr>
<tr><td rowspan="2">国内福利</td><td>在小国，福利减少</td><td>在小国，福利减少</td><td rowspan="2">减少（在大国，福利减少更多）</td><td rowspan="2">减少</td></tr>
<tr><td>在大国，福利可能增加</td><td>在大国，福利可能增加</td></tr>
<tr><td>价格</td><td>增加</td><td>增加</td><td>增加</td><td>增加</td></tr>
<tr><td>本国消费量</td><td>减少</td><td>减少</td><td>减少</td><td>减少</td></tr>
<tr><td>本国生产量</td><td>增加</td><td>增加</td><td>增加</td><td>增加</td></tr>
<tr><td>贸易</td><td>进口减少</td><td>进口减少</td><td>出口增加</td><td>进口减少</td></tr>
</table>

贸易集团、共同市场与经济联盟

国际自由贸易在整体上改进了经济福利，但是同样损害到了一些群体，比如一些技术落后的企业和工作者等。于是，通过一系列国际谈判，一些贸易组织，区域贸易协定产生了。根据各种不同的限制条件可以把贸易联盟分为以下几种类型。

（1）**自由贸易区**（free trade areas，FTA）

成员国之间的进出口没有任何限制，比如北美自由贸易协议（NAFTA）。

（2）**关税同盟**（customs union）

成员国之间的进出口没有任何限制；

所有联盟国对非联盟国采取同样的贸易限制，例如比利时、荷兰和卢森堡三国建立的比荷卢经济联盟（Union Economique Benelux）。

（3）**共同市场**（common market）

成员国之间的进出口没有任何限制；

所有联盟国对非联盟国采取同样的贸易限制；

联盟国之间的劳动力和资金流动没有任何限制，例如南方共同市场（MERCOSUR）。

（4）**经济联盟**（economic union）

成员国之间的进出口没有任何限制；

所有联盟国对非联盟国采取同样的贸易限制；

联盟国之间的劳动力和资金流动没有任何限制；

联盟国之间为联盟建立共同的机构和经济政策，例如东南亚国家联盟。

（5）**货币联盟**（monetary union）

成员国之间的进出口没有任何限制；

所有联盟国对非联盟国采取同样的贸易限制；

联盟国之间的劳动力和资金流动没有任何限制；

联盟国之间为联盟建立共同的机构和经济政策；

联盟国之间采用同一种货币，例如欧盟。

资本限制

随着世界经济的发展，国际资本流动的数量和频率也急剧上升。国际资本流动是指一个国家与另一个国家之间，以及国际金融组织之间资本的流入和流出。我们将其定义为一种特殊的贸易行为也未尝不可。国际资金流动促进了全球范围内资本的优化配置，促进了财富效应，增强了资金的流动性和国际金融市场的一体化，但它也加大了各国维持外部平衡的难度，加大了微观积极主体经营的困难，给衍生工具放大了交易风险和影响内部均衡的实现等。

所以，同贸易一样，一些国家同样在国际资本流动上实行了资金管制。这些管制包括：

➢ 禁止完全的外商独资；

➢ 禁止本国公民对外投资，或者在对外投资收益上收税；

➢ 禁止外商在本国特定的行业里投资；

➢ 禁止外商将在本国经营获得的收益带离本国。

总体来说，资本限制和贸易限制一样，对总的社会福利会有所损害。

然而，在短期内，可以帮助发展中国家避免在经济膨胀的情况下，流入大量外资，而在市场不济和金融危机的时候大量外资流出本国。

如果这个国家在国际资金流动上被国际市场排斥，那么这些短期收益不能抵消长期的损失。

6.4 国际收支平衡

国际贸易需要用货币进行收付。国际收支可以用来反映：

- 一国与他国之间的商品、服务等的交易行为；
- 该国所持有的货币黄金、特别提款权的变化，以及与他国债券、债务关系的变化；
- 无须偿还的单方转移项目和相应的科目。

因此，国际收支平衡表是反映一个经济实体在一定时期内以货币形式表示的全部对外经济往来的一种统计表。

国际收支平衡表（balance of payments，BOP）就是以复式记账法记录与世界上其他国家在一定时间内进出口的收支，金融投资交易以及财务交易等的簿记系统，通常是一个季度或一年。

每次交易分为借方（debit）和贷方（credit）。

按照复式记账原理，一笔经济交易往往会同时涉及两个项目，借方与贷方，借方的总和和贷方的总和应该是相等的，所有在国际收支平衡表上的项目的净账户必须等于0（见表3-17）。

表3-17 复式记账法下国际收支平衡表的借方与贷方项目

借方	贷方
资产增加，负债减少	资产减少，负债增加
进口的商品与服务的价值	进口的商品与服务的付款
国外金融资产的购买	国外金融资产的付款
向外国收到的付款	出口商品和服务的价值
外国的欠本国的债务增加	外国偿还债务的付款
偿还外国债务的付款	欠外国的债务增加

国际收支账户的组成部分

经常账户

经常账户是对商品及劳务在国际间的流动进行记录的账户。

经常账户的子账户包括：

- 货物及服务（merchandise）。包括一般商品、用于加工的货物，服务包括旅游、交通、业务及工程服务等。
- 收入（income receipts）。包括从国外股票和债券等金融投资上获得的回报。
- 单方面转移支付（unilateral transfers）。单方向的资产转移，比如国外经济援助，礼物以及其他单方面资金汇入。

资本账户

主要记录资本转移，以及购置或处置非生产性、非金融资产，其中包括：

- 资本转移（capital transfers）。包括债务豁免，以及移民时带来和走时带走的商品和金融资产。
- 非金融资产的购买及出售。包括各种无形资产如专利、版权、商标、经销权以及租赁和其他可转让合同的交易。

金融账户

金融账户记录投资流动，包括：

➢ 政府在国外拥有的资产。包括黄金、外汇、国外证券、在国际货币基金组织（IMF）的准备金、其他长期资产、国外直接投资和对外国银行的索求权等。
➢ 外国在本国拥有的资产。分为国外官方资产和在本国的其他资产。这些资产包括本国政府和公司的证券、在本国的直接投资、本国货币和本国银行回报的本国欠外国的负债。

国民经济账户与国际收支平衡表

这里主要涉及的是经常账户赤字或者盈余。如果一个国家私人部门及政府的储蓄小于投资总额，那么其差额必定依靠向国外借债来弥补。向国外借债会导致资本项下盈余（capital account surplus），而且会产生贸易赤字（trade deficit）。这点可以从下面的公式得出：

$$X - M = (S - I) + (T - G)$$

其中，S 表示私人部门净储蓄，T 表示政府部门净储蓄，$(I + G)$ 表示投资总额。私人部门储蓄低、大量政府赤字以及较高的国内投资会导致经常账户赤字的增加。

当本国储蓄不足以支持本国投资时，可以通过产生经常账户赤字的方法来进口产品，以满足投资需要，形成国内资产。也就是说用国外在本国的投资来弥补经常账户赤字。

还有一种方法，就是利用对外债务，实际上就是用国外资本弥补本国的储蓄缺口。所以，利用国外债务为国内的高消费低储蓄来融资增加了本国的债务，但没有增加国家将来的生产力。但如果利用国外债务投资于生产性资源，这样增加债务的同时也伴随着未来生来力的增加。

6.5 国际贸易组织

由于 20 世纪 30 年代的金融危机，在当时的国际贸易，货币交流严重减少，所以到 20 世纪 40 年代，世界经济急需组织来维护世界经济的交流。在此情况下，WTO 等众所周知的国际性组织应运而生。

国际货币基金组织

首先来介绍国际货币基金组织（International Monetary Fund，IMF）。IMF 与世界银行同时成立、并列为世界两大金融机构之一。

IMF 的主要职能有：

➢ 通过成员国共同研讨和协商国际货币问题，促进国际货币合作；
➢ 促进国际贸易的扩大和平衡发展，开发成员国的生产资源；
➢ 促进就业，经济增长和减少贫困；
➢ 促进汇率稳定和会员国有条不紊的汇率安排，避免竞争性贬值，为国际支付开发系统；
➢ 协助成员国克服国际收支困难，借外汇给有需要的国际，暂时性地提供足够的资金支援，来帮助他们解决国际收支问题。

世界银行

世界银行是世界银行集团的俗称，“世界银行”这个名称一直是用于指国际复兴开发银行（IBRD）和国际开发协会（IDA）。

世界银行的主旨是帮助发展中国家脱离贫困，增加全球金融环境的良好经济增长。为了使发展中国家发展和吸引商务，世界银行必须：

➢ 增加监管并且不断教育他们的监管官员；

- ➢ 实行法律及司法制度来“鼓励”商务；
- ➢ 保护个人和财产权利并且遵守合约；
- ➢ 发展足够强大的金融系统来支持从需要小型贷款的努力发展中的企业到需要融资的大规模企业；
- ➢ 打击腐败。

世界贸易组织

最后是我们熟知的世界贸易组织（World Trade Organization，WTO）。与世界银行和国际货币基金组织这些联合国附属组织不同，WTO是一个独立于联合国的、基于规则、由成员驱动的国际组织—起全部决策由成员国政府决定，规则通过成员国之间的谈判达成。WTO是唯一一个处理国家间全球贸易调理的国际组织。它主要的职能是确保国际贸易能自由地，平稳地和可预期地流通。WTO的争端解决程序通过确保国家的贸易条例政策符合组织解释的条例和承诺来处理贸易间的摩擦问题。多边贸易系统是WTO的核心系统。它是大部分世界贸易国协商并签订并被他们的国会批准的协议。WTO约束政府们在同意限制所有人利益的时候遵守贸易条约。这些协议和合约确保了国家贸易政策的规范以及国际贸易交流的正常运行。

7 汇率

知识导引

在当前世界经济格局下，过去国与国之间“老死不相往来”的局面早已一去不复返，取而代之的是相互依存、相互交流的开放世界。不论是在国际贸易，还是在任何的国际交往中，货币所起的作用就是在国际范围内行使购买手段、支付手段和储蓄价值的职能。而外汇就是指以外国货币或以外国货币表示的，能用来清算国际收支余额的资产。那么外汇和我们普通老百姓有什么关系呢？外汇的波动影响了国家间的进出口贸易。比如人民币升值了，国内老百姓出国旅游就更便宜，也能买更多的进口商品。对于学习金融的同学来说更是密切相关，因为汇率对短期资本投资影响很大，如果人民币贬值我国投资者和外国投资者就不愿意持有人民币计价的各种金融资产，而将它们转换成外汇，由于大家都转兑成外汇，这样又加剧了外汇供给的紧张局面，更加促使人民币贬值。下面就先从汇率开始讲解。

7.1 外汇市场

外汇市场的参与者

术语解释

卖方（sell side） 外汇服务的提供者，并非传统意义上的卖东西的一方，这里指大型跨国银行。

买方（buy side） 需要并接受外汇服务的一方，并非一般意义上的买方。

外汇市场的价格不稳定，这样给外汇购买者带来不少风险。所以很多购买者选择进入远期外汇市场来减少这些风险，也就是对冲（hedge），又叫套期保值。这些购买者知道在将来的某一个日期将收到或支出一笔外汇，为了避免可能发生的汇率变动的风险，他们就于现在签订合同，以便为将来得到或出售这笔外汇做好事先的准备。因为他们现在签订了合同等于就把外币价格锁住了，所以就不害怕将来外币的升值带来的损失了。有些人风险承受能力相对高，同样也能利用汇率价格的不稳定来赚取利润，这种利润的取得决定于这些人对远期外汇价格的预测能力。那在远期外汇市场上参与的都有哪些呢？

卖方主要是大型跨国银行，而买方包括以下一些机构：

➢ 企业（corporations）：在多个国家开展业务的公司，日常业务收支所用的货币往往会与总部所在国的货币不一致。例如，为了支付位于中国工厂的工人工资，戴尔公司可能需要人民币。如果戴尔只有在美国出售电脑而获得美元，他们就必须在外汇市场上用美元购买人民币。

➢ 投资账户（investment accounts）：许多用外币交易或持有外国证券的投资账户可以利用货币衍生工具进行投机和对冲。投资账户中包括：
  - 实际货币账户：共同基金、养老金、保险公司及其他不使用金融衍生品的机构账户。
  - 杠杆账户：使用对冲基金等金融衍生品的各种投资公司，为自己账户进行交易的公司，以及其他各种交易型公司。

➢ 政府和政府机构：包括一些有外汇交易、投资或投机需求的主权财富基金及养老基金。

➢ 中央银行：中央银行有时也会根据政府政策干预外汇市场从而在短期内影响汇率。由于汇率变动对一国的进出口贸易和资本流动等有着直接的影响，并转而影响到国内的生产、投资和价格等，所以各国中央银行为了避免汇率波动，尤其是短期内的剧烈起伏波动对国内经济造成不利影响，往往对汇率进行干预。

➢ 零售市场：一些私人和小型机构可能为了出游、跨国投资或投机交易而进行外汇交易。

7.2 汇率的计算

必会知识点

➢ 名义汇率与实际汇率之间的转换。

➢ 直接标价法与间接标价法的判断。

➢ 即期汇率与远期汇率、交叉汇率的计算。

➢ 利率平价公式的运用。

➢ 马歇尔-勒纳条件的运用以及 J 曲线的含义。

名义汇率和实际汇率

术语解释

外汇汇率（foreign exchange rate） 外汇汇率是一个国家的货币折算成另一个国家货币的比率，即用一国货币所表示的另一国货币的兑换比率。换言之，汇率就是两种不同货币之间的比价，它反映一国货币的对外价值。

名义汇率（nominal exchange rate） 名义汇率是我们从市场上观察到的外汇价格。

实际汇率（real exchange rate） 实际汇率就是名义汇率去除了通货膨胀因素以后的汇率，它并不是在外汇市场上观察到的价格，而是货币真正的购买能力。

比如，我们在银行看到7RMB/USD，此时RMB称为标价货币（price currency），而USD就是基础货币（base currency），这种标价方法表示7块人民币可以购买1块美元。

在银行，或者上网等看到的汇率叫作名义汇率。但是国家与国家之前存在着不同程度的通货膨胀，为了更清楚了解汇率改变导致的购买力的变化，我们在名义汇率的基础上剔除通货膨胀因素得到实际汇率，它表示了货币实际的购买力。对于名义汇率与实际汇率之间的关系，可以得到如下公式：

$$S_{X/Y}^{R} = S_{X/Y}^{N} \cdot \left(\frac{CPI_Y}{CPI_X}\right)$$

这个公式怎么理解呢？首先可以观察到的汇率表示为$S_{X/Y}^{N}$，就是用X标价的Y的名义汇率。在去除掉$S_{X/Y}^{N}$的通货膨胀因素之后，就能得到实际汇率S^{Real}：

$$S^{Real} = (S_X^N/CPI_X)/(1Y/CPI_Y) = S_{X/Y}^{N} \cdot (CPI_Y/CPI_X)$$

其中，$S_{X/Y}^{N} = S_X^N/1Y$。

下面通过实际例题来解释。

【例】 基期时，美国和英国的CPI都是100，汇率是\$1.70每英镑。三年后，汇率是\$1.60每英镑，美国CPI已经升至110，而英国已经升至112。实际汇率是多少？

解答 实际汇率为1.60×112/110 = \$1.629每英镑

通过将题目中的数字代入$S^{Real} = S_{X/Y}^{N} \cdot (CPI_Y/CPI_X)$，我们得出英镑的汇率变为\$1.629每英镑，相比较原来的\$1.60每英镑，英镑相对于美元升值了\$0.002 9。

那英镑升值了说明了什么问题呢？英镑升值了，英国人手中的钱的购买力相对美元更强了，也就是说美国的商品对于他们变得便宜了。相对的，美国人就觉得英国的商品贵了。所以，英国就会增加从美国进口商品减少出口，相对的，美国就增加出口，减少了进口。总而言之，实际汇率的改变影响了国家的进出口等经济问题。

间接标价法和直接标价法

术语解释

直接标价法（direct quote） 直接标价法是指以一个单位本国货币来表示的固定数量的外国货币。

间接标价法（indirect quote） 间接标价法是以一个单位外国货币来表示的固定数量的本国货币。

基础货币（base currency） 基础货币是在报价中以一个单位表示的货币。

标价货币（price currency） 标价货币是用来标价的货币。表达方式为一单位的基础货币可兑换多少单位的标价货币。

在日常生活中，直接标价法随处可见。比如，我们去商店买东西，一支笔的价格2元人民币，这就是直接标价。在这里，我们以一支笔作为标准折算成人民币。在外汇中，以一单位的外国货币作为标准，折算成一定数量的本国货币，这对于外国人来说，就是直接标价。另一种标价方法是间接标价法，它是以一单位的本国货币作为标准，折算成一定数量的外国货币，就好像几只笔能换一块钱。所以在本例中，直接标价法表明，外币是基础货币。在间接标价法中，本国货币是基础货币。直接标价法和间接标价法是可以相互转换的。如果你要将间接标价法转换成直接标价法，只需要计算其倒数（在计算器上使用 1/x 这个按键）即可。例如，AUD：USD＝0.6，0.6USD/AUD，1AUD＝0.6USD，这三种都表示同一个意思，即1澳元等于0.6美元。如果求其倒数，我们可以知道，USD：AUD＝1/0.6＝1.67，1.67AUD/USD，即1美元等于1.67澳元。

以上是美元与澳币的汇率，用直接标价表示就是每1澳元价值0.6美元，用间接标价法表示就是每1美元价值1.67澳元。这里，对于澳大利亚人来讲，第一种标价方法是直接标价法，第二种标价方法是间接标价法。

即期汇率和远期汇率

术语解释

即期汇率（spot rate） 即期汇率是指目前市场上两种货币的比价，用于外汇的现货买卖。

即期市场（spot market） 即期市场是指货币交易买卖成交后双方立即办理货币交换的市场。实际上，交割期为交易后的两个工作日。

远期汇率（forward rate） 远期汇率是指当前约定，在将来某一时刻（比如1个月后、3个月后或6个月后）交割外汇时所用的两种货币比价，用于外汇远期交易和期货买卖。

远期市场（forward market） 远期市场是指在未来某一日进行外汇交易的市场。交易双方达成协议在未来某一日进行货币交易。

如果即刻把人民币换成美元，那么所用来兑换美元的汇率就是即期汇率。如果约定好在6个月后再兑换美元，这时所用到的汇率是远期汇率。进行即期汇率交易的市场就是即期市场，同样地，进行远期交易的市场就是远期市场。

汇率的变化

下面通过举例来说明汇率的百分比变化。一般采用直接标价法来计算汇率变化。USD/EUR 由1.42变动至1.39，1欧元的美元价值的百分比变化就是1.39/1.42－1＝－0.0211＝－2.11%。

通过计算，得出从1.42到1.39，降低了2.11%。以上是以美元计价的欧元价值。因为欧元的美元价格降低了，所以欧元相对于美元贬值了（depreciation）2.11%，如今1欧元只能少购买2.11%的美元。但不能单纯说美元升值了2.11%。可以看出，在直接标价法下，1欧元可以兑换1.39美元，但是在间接标价法下，这一关系则相反。例如，X与Y的汇率由 $1X=3Y$ 变成 $1X=2Y$，所以X贬值了33%。但从间接标价法看，$1Y=1/3X$ 变成 $1Y=1/2X$，Y升值了50%。所以，两种货币的升值贬值大小是不同的。根据上面的例子，经计算得美元的升值比率为2.16%。

先将汇率转换至EUR/USD，那么汇率由0.7042 EUR/USD变动至0.7194 EUR/USD，然后计算美元的升值幅度为0.7194/0.7042－1＝0.0216＝2.16%。

通过将欧元的直接标价法转换为间接标价法，进而得到了美元的直接标价，最终算出美元升值了2.16%。

交叉汇率

术语解释

交叉汇率（cross rate） 交叉汇率是两种货币之间的汇率，按照第三种货币的汇率来表示。

交叉汇率就是说，两国间的汇率是通过各自与第三种货币的汇率间接计算出来的。举例如下：

$$USD/AUD = 0.60,\quad MXN/USD = 10.70$$

$$MXN/AUD = (USD/AUD) \cdot (MXN/USD) = 0.60 \times 10.70 = 6.42$$

因此通过交叉汇率计算出，墨西哥比索与澳元之间的汇率为 MXN/AUD = 6.42；

$$CHF/USD = 1.7799,\quad NZD/USD = 2.2529$$

$$CHF/NZD = (CHF/USD)/(NZD/USD) = 1.7799/2.2529 = 0.7900$$

同样，可以通过交叉汇率计算出，瑞郎与新西兰元之间的汇率为 CHF/NZD = 0.7900

因此，可以看到交叉汇率的计算方式是完全按照分数的乘法原则进行的。

远期升水和贴水

术语解释

远期升水/贴水（forward premium/discount） 远期升水是指一种货币的远期汇率（forward rate）高于即期汇率（spot rate），升水表示该货币在远期升值；相反，远期贴水是指一种货币的远期汇率低于即期汇率，贴水表示该货币在远期贬值。

当远期汇率高于即期汇率时，我们称该货币远期升水；反之，当远期汇率低于即期汇率时，我们称该货币远期贴水；当两者相等时，则称为远期平价。升水或贴水的大小为远期汇率与即期汇率的差。下面通过举例来说明。

AUD/EUR 的即期汇率是 0.7313，1 年期远期汇率报价为即期汇率基础上加 3.5 个基点。那么 AUD/EUR 远期汇率为 0.7313 + 0.00035 = 0.73165，由于以 AUD 计价的欧元价格在 1 年以后更高，因此欧元远期升水，澳元远期贴水。

需要注意的是，一个基点（basis point，bp）表示 0.01%，即 1bp = 0.0001。

一种处于远期升水的货币称为“强”货币，相反，处于远期贴水的货币称为“弱货币”。

以下例子可以用来说明汇率的变化问题：

如果从 $3X/Y$ 变动到 $2X/Y$，也就意味着汇率从 $1Y = 3X$ 变化到 $1Y = 2X$，Y 相对于 X 就贬值了，那么 Y 货币处于远期贴水，属于“弱”货币；X 货币相对于 Y 升值了，X 则是“强”货币。

利率平价

术语解释

利率平价（interest rate parity，IRP） 当任意远期升水或贴水正好抵消掉两国利率之间的差异，以至于投资者投资任何一种货币都能获得相同收益，利率平价就成立。

假设有一单位的本国货币（用 d 表示）可以投资，第一种方案是按照国内无风险利率 i_d

进行投资，在投资期末获得（$1+i_d$）数量的本国货币；第二种方案是先将这 1 单位的本国货币按照即期汇率转换为 $S_{f/d}$（1 单位的本国货币所对应的国外货币量，即期用 S 表示）的国外货币（用 f 表示），然后再按照国外的无风险利率 i_f 投资，收到 $S_{f/d}(1+i_f)$ 数量的国外货币，最后按照远期汇率 $F_{f/d}$将其转化为 $S_{f/d}(1+i_f)\left(\frac{1}{F_{f/d}}\right)$数量的本国货币。根据无套利原则，这两种投资的结果应该相同，即 $1+i_d=S_{f/d}(1+i_f)\left(\frac{1}{F_{f/d}}\right)$。因此，如果汇率以 f/d 形式标价，那么存在以下关系：

$$\frac{F}{S}=\frac{1+i_f}{1+i_d}$$

这个公式的意义在于，将即期汇率、远期汇率与本国和国外的利率水平联系了起来。如果 $i_f>i_d$，则按照 f/d 形式标价的国内货币将远期升水，国外货币远期贴水。

因此，结论是利率较高（低）的国家的货币将会在远期市场上贴（升）水交易。

以上结论是基于无套利原则所得出的结论，那么如果存在套利，也就是说，在利率平价理论不成立的情况下，又会如何呢？如果 $1+i_f>\frac{F}{S}(1+i_d)$，就存在套利空间，套利空间大小为 $(1+i_f)-\frac{F}{S}(1+i_d)$，投资者会将目光都集中到国外货币，导致国外货币需求量上升，外币升值，最终导致套利空间逐步缩小，利率平价依旧成立。

基于利率评价公式的套利总结

可以得出以下结论：

- 如果$\frac{F}{S}>\frac{1+r_X}{1+r_Y}$，$\frac{F}{S}(1+r_Y)>1+r_X$，那么借 X 货币，毛利为$\frac{F}{S}(1+r_Y)-(1+r_X)$；
- 如果$\frac{F}{S}<\frac{1+r_X}{1+r_Y}$，$\frac{S}{F}(1+r_X)>1+r_Y$，那么借 Y 货币，毛利为$\frac{S}{F}(1+r_X)-(1+r_Y)$

由上述两个公式可以看到，当利率平价公式不成立时，存在套利空间。

首先看第一个公式，假设我们向银行贷款借了 X 货币来投资 Y 货币，那我们需要在到期后归还银行以 X 货币计量的利息率，也就是 r_X。我们用 X 货币以即期汇率 S（X/Y 的形式标价）购买了 Y 货币，然后在 Y 国家的银行按照无风险利率 r_Y 进行储蓄。一段时间以后，我们从 Y 国家的银行取出 Y 货币，用远期汇率 F（X/Y 的形式标价）换成 X 货币来归还借 X 应付的利息 $1+r_X$，而在 Y 国银行储蓄得到的收益是$\frac{F}{S}(1+r_Y)$。

如果我们的收益$\frac{F}{S}(1+r_Y)$ 大于付出 $1+r_X$，就能通过套利获得收益。

第二个公式，就是从 Y 国家的银行借 Y 货币来投资 X 的情况，和以上从 X 国的银行借 X 货币来投资 Y 是一样道理，此处不再重复。

7.3 汇率体制

接下来所涉及的是汇率的体制，其中两种体制是针对不发行自己的货币的国家，另外七种是针对发行各自货币的国家。

➢ 自身不发行货币的国家

- 一国可以使用别国的货币，称为正式美元化（formal dollarization）。由于不发行自己的货币，这个国家无法自行制定货币政策。这里的“美元”泛指一切被选择作为替代货币的强势货币，其中主要是美元，因为大多数实行美元化的国家所选择的替代货币是美元。
- 一国可以和其他国家一起参与某个货币联盟（monetary union），从而使用同一种货币，例如欧元区国家统一以欧元作为本国的法定货币，但是这样会使得成员国丧失制定自己的货币政策的能力。

➢ 发行自己货币的国家

- 货币局制度（currency board arrangement，CBA）是指政府以立法形式明确规定，承诺本币与某一确定的外国货币之间可以以固定比率进行无限制兑换，并要求货币当局确保这一兑换义务的实现的汇率制度，比如中国香港。在中国香港，货币只有当持有相等数量的美元的情况下才能发行港币。香港金融管理局可以在美元账户余额上获得利息收入。
- 传统的固定钉住制度（conventional fixed peg arrangement）是指钉住单一货币或者一篮子货币，汇率波动最大幅度不超过中心汇率的 +/-1%。它分为直接干涉与间接干涉。直接干涉（direct intervention）是金融局利用在外汇市场买卖货币来将本国货币保持在 +/-1% 的幅度内。而间接干涉（indirect intervention）包括利用利率政策，外汇交易管理条例和劝说人民持有外汇的行为来调控汇率。
- 汇率目标区（target zone）：是指政府设定本国货币对其他货币的中心汇率（central rate）并规定汇率上下浮动幅度的汇率制度。（e. g.， +/-2 %）
- 爬行钉住（crawling peg）是指政府按预先宣布的固定范围对汇率作较小的定期调整或对选取的定量指标的变化作定期的调整，使汇率逐步趋向于目标水平的汇率制度安排。也就是说，汇率是在不断调整变化到一定目标水平。爬行钉住又分为被动爬行钉住与主动爬行钉住。被动爬行钉住（passive crawling peg）是随着时间的推移，货币当局可以根据需要对汇率进行一系列的调整。主动爬行钉住（active crawling peg）是货币当局通过增加对于本国通货膨胀的预测来影响通胀预期从而影响汇率。
- 在爬行区域内的管理浮动（management of exchange rate within crawling band）表示货币当局允许汇率变动区间随着时间的增长而增加。
- 管理浮动（managed floating rates）货币当局试图根据一些特定的指标来影响汇率。在缺乏一些特定的目标汇率或事先决定的汇率路径的情况下，这些指标包括国际收支账户，通货膨胀，或就业率等。
- 独立浮动（independently floating）就是汇率由市场决定，一国的货币不予其他任何国家的货币发生固定的联系。货币当局的干预目标在于缓和汇率变动速率和阻止汇率过度波动。

7.4 汇率对国家的国际贸易和资金流通的影响

受经济政策等多种因素影响的汇率，其变动及其作用从来就不是被动的，它反过来会对一国的经济、政策升值整个世界经济产生重大的影响。首先来了解一下汇率对国际贸易的影响。根据前面几章的学习，我们可以得到以下公式：

$$X - M \equiv (S - I) + (T - G)$$

其中，$S - I$ 表示私人部门的净储蓄，$T - G$ 表示政府盈余，$X - M$ 表示贸易余额。

直接从公式分析，可以得出，如果 $X - M > 0$，就会有贸易盈余，那么私人净储蓄与政府盈余（政府储蓄）之和也一定是大于 0 的。换句话说，私人和国家的总储蓄一定大于国家在实物资产上的投资。如果此时 $T - G < 0$，也就是国家财政赤字的话，私人储蓄超过投资的部分（私人净储蓄）必定在数量上超过政府的净支出。这部分超出的储蓄就抵消了外国投资，换句话说，一部分资金流向外国金融资产投资来抵消贸易盈余。

反过来，如果 $X - M < 0$，就会产生贸易赤字。那么政府和个人储蓄的总和一定小于本国投资。那么，一些投资一定是由别的国家输入资金来购买我国的金融产品来补足的。

汇率与贸易余额——弹性法

汇率对国际贸易平衡的影响具体是怎么样的呢？下面通过弹性法和支出法来进行分析。

弹性论的前提条件是：其他一切条件不变（收入不变、偏好不变、其他商品价格不变），只考虑汇率变化对进出口商品的影响；贸易商品的供给弹性无限大；没有资本移动，国际收支等于贸易收支。

弹性论认为，汇率变动引起进出口商品价格的变动，价格的变动引起进出口数量的变动，从而导致国际收支的变化。打比方说，货币贬值使得这个国家的商品相对外国的便宜，于是，贬值使得进口减少，出口增加。这看似必定会减少贸易赤字，然而，弹性论关注的是能影响贸易赤字的进出口的总支出（expenditure），也就是既考虑了数量又考虑了价格，并不是单单的数量（quantity）。因为对于不同弹性的商品，价格变动对于数量的影响是不同的。所以，进出口商品的需求弹性是这个分析中最重要的一环。

我们将 ω_M、ω_X 分别定义为进口量占进出口总量的比重、出口量占进出口总量的比重。此外，我们将 e_M 和 e_X 分别定义为进口的需求弹性与出口的需求弹性，并都取正数。

通过本币贬值来改善贸易余额（$X - M$）是有条件的，因为会受到进出口商品需求弹性的影响。对此，引入马歇尔 - 勒纳条件（Marshall-Lerner condition）：

$$\omega_X e_X + \omega_M (e_M - 1) > 0$$

只有当这个条件成立时，本币贬值才能导致本国国际收支得到改善，即（$X - M$）会增加。

一般而言，收入 R 是价格与数量的乘积，因此通过差分，可以得到以下关系：

$$\frac{\Delta R}{R} = \frac{\Delta P}{P} + \frac{\Delta Q}{Q} = \frac{\Delta P}{P}\left(1 + \frac{\Delta Q/Q}{\Delta P/P}\right) = \frac{\Delta P}{P}(1 - e)$$

由此可见，上式括号中的 1 表示价格的变化，而 e 表示数量的变化。如果本币贬值，那么进口商品的价格会上升，那么贸易余额改善的必要条件就是 $e_M > 1$，因为只有这样进口额才会减少。对于进口来说，收到了两个方面的影响，一个是价格的影响（用 1 表示），另一个是数量的影响（用 e_M 表示）。

那么根据马歇尔 - 勒纳条件，大家可能会有疑问：为什么对于出口来说只受到数量的影响（用 e_X 表示），而不受到价格（用 1 表示）的影响呢？我们可以试着站在美国的角度，如果美元贬值，商品的市场价格仍旧是 \$1/个，而不会变成 \$0.8/个。因此，对于出口来说，只受到数量的影响，所以马歇尔－勒纳条件中的第一项是$\omega_X e_X$，而不是$\omega_X(e_X-1)$。

如果我们假设$\omega_X=\omega_M$，那么马歇尔－勒纳条件可以简化为：

$$e_X + e_M > 1$$

马歇尔－勒纳条件指出：弹性越大，本币贬值可以降低贸易赤字，因此对本国更有利。

那么什么样的商品具有高弹性呢？微观经济学指出奢侈品、有众多替代品的商品弹性较大，因此出口这些商品时，本币贬值对本国会更有利。

J 曲线

即使满足了马歇尔－勒纳条件，本币的贬值起初会造成国际收支的恶化，只有经过一段时间后，才能真正起到改善国际收支的作用。J 曲线如图 3-58 所示。

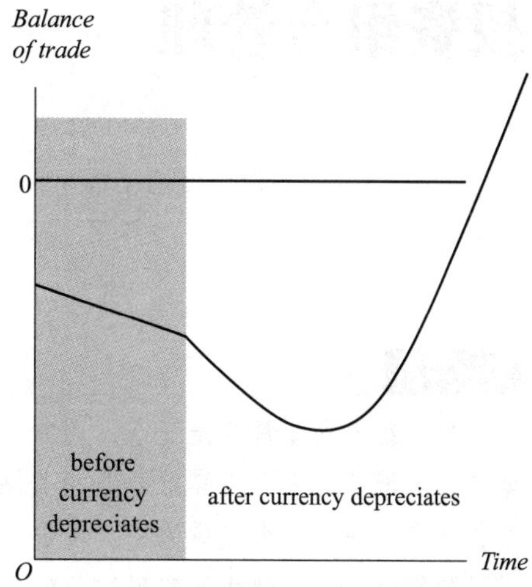

图 3-58　J 曲线

这是为什么呢？打个比方，假设美国的成衣进口商从中国进口成衣。订单在 2 月份签订，5 月份按照人民币结算，由于 2 月份美元贬值导致结算时美国进口商需要多付美元，导致美国的贸易余额恶化。这就是本币贬值之初，国际收支会恶化的原因。

汇率与贸易余额——吸收法

吸收法认为，由于国内商品和劳务的消费大于生产，因此必须进口国外的商品和劳务来补足国内需求，故出现贸易逆差。

$$BT = Y - E$$

Y表示国内产出或者国内收入；E表示国内对商品及劳务的吸收，即国内消费总支出；BT表示贸易余额。

该公式表明，国际收支最终要通过改变收入或吸收来调节，或增加收入或减少支出。所以，如果要通过货币贬值来改善国际收支，货币贬值必须能够使国民收入高于支出。但是，货币贬值是否有效果，取决于经济是否处于完全就业（full employment）。

➤ 如果经济未达到完全就业

贬值导致国内商品价格下降，人们更倾向于消费国内商品（吸收增加），从而刺激消费，此时收入和支出同时增加。由于一部分的收入增加被存了下来，国内储蓄增加，储蓄相对于投资增加，因此产出的增加低于国内吸收，进口额降低，国际收支得到改善。

➤ 如果经济达到了完全就业

如果经济已经达到了完全就业，那么只有通过减少国内支出才能改善国际收支。如果国内支出增加，贬值会使国内商品价格有上涨的压力，因此会抵消本币贬值的改善性效果（改善国际收支），最终国际收支回复到原始水平。本币贬值带来国内资产的贬值，也就是说，人们的实际财富减少，因此人们倾向于多储蓄，自然就改善了国际收支；当储户的实际财富逐渐增加时，储蓄对于国际收支的正向效应将会减少，再次回到原先的国际收支水平。

第4章

投资组合管理

知识导引

投资组合所重视的是资产，例如股票、债券、外币、期权、贵金属、衍生性金融产品、房地产、土地等。一个投资组合是投资者手中持有的资产性投资组合的成分，其中可分为进取型、保守型等。一个优质的资产投资组合最理想的状态是具有高流动性、平稳及较高收益率、低风险等特征。如何才能实现这样的投资组合目标，这就是投资组合管理这门学科所要进行研究的。

本章主要介绍了投资组合管理的一些基本概念和步骤，以及投资组合中两个重要的理论——现代投资理论和资本市场理论。学习完本章，读者应熟练掌握投资组合的两个重要理论——现代投资理论和资本市场理论。

考点说明

投资组合管理在CFA一级考试中占比只有5%，以前学员通常会放弃，其实在CFA一级中这部分的内容比较简单，它是以后二级、三级组合管理部分的基础，在一级考试中这部分的内容比较容易得分。

投资组合管理总共分4个Reading，第一个Reading是对组合管理的一个简单的介绍，最后一个Reading是对IPS（investment policy statement）的简单介绍，中间的两个Reading是一级投资组合管理考试的重点，主要讲的是现代投资组合理论、资本市场理论和资本资产定价模型等。

1 投资组合管理总览

1.1 投资组合的意义

经济基础会影响许多资产的平均收益，一种资产收益的风险情况往往与其他资产收益的风险情况相关。如果我们单独评估每种资产的预期而忽视了它们之间的相关性，我们很可能会对投资者投资总头寸的风险和收益预期产生错误的认识，这恰恰是我们关心的一个基本问题。

关于投资远景的历史渊源可以追溯到诺贝尔经济学奖获得者哈里·马科维茨的著作（1952）。马科维茨和在他之后的研究者们，例如杰克·特雷诺和诺贝尔经济学奖得主威廉·夏普，开创了现代投资组合理论（modern portfolio theory，MPT）的先河。这是一种建立在有效利用风险之上的理性投资组合决策分析方法。现代投资组合理论给投资管理带来了革新：第一，在专业投资事件中人们开始意识到投资组合前景在达成投资目标方面的重要性；第二，现代投资组合理论有助于知识的传播和定量分析方法在投资组合管理中的使用。如今，定量和定性概念在投资管理实务中作为相互补充的部分而存在。

在投资组合选择理论的发展过程中，马科维茨主要研究了单一投资周期。包括诺贝尔经济学奖得主罗伯特·默顿在内的其他学者则就多个投资周期背景下的投资组合动态进行研究。这些后续贡献极大地丰富了现代投资组合理论的内涵。如果马科维茨、默顿和其他学者创造了投资前景的供给，投资行业的三大发展则创造了对他的需求。第一大发展是全球范围内兴起的机构投资者在金融市场上扮演着日益重要的角色，对巨量资金的风险衡量和控制势在必行。第二大发展是人们得以更加便利并廉价地进行计算机处理，更快捷地交流沟通，因此实现现代投资组合理论的投资组合概念的技术变得切实可行。第三大发展是在投资组合管理领域的专业化进程方面。这体现在全球范围内的专业认证项目的增长，这也孕育了 CFA 这一称号。

在 CFA 一级的学习中，我们要会根据个人投资者对其投资组合的风险和收益的贡献来评估他们的投资业绩。同时，我们还要明白投资组合多样化可以使投资者在不减少组合收益的情况下降低投资组合的风险。但是，在经济危机时期，资产之间的相关性将会增加，这将有损投资组合多样化的效果。

名师解惑

我们知道一般养老基金的风险容忍度比较低，投资期限比较长，它比较偏向投资于那些具有稳定性收益的产品。所以一个养老金经理就说了，因为养老金是投资于那些低风险低收益的资产，所以不能投期货，因为衍生品的风险都太大。其实，这句话是不对的。衍生品有一个重要的作用就是规避风险。如果我们投了股指，然后再做空股指期货的话，就可以规避风险。也就是说投资组合多样化可以使投资者降低风险。

考点总结

这部分考试的重点就是本节最后一段的内容，大家要知道多样化可以在不减少组合收益率的情况下降低组合风险。但是，在经济危机时期，由于资产之间的相关性增加，投资组合多样化的好处将会减弱。

1.2 投资者及投资目标

绝大多数投资者都会同意这样一个观点：他们要通过投资赚尽可能多的钱。尽管“赚钱”这一概念在投资既成事实之后显得简单无比——你只需要查一查账上的利润就行了，但在投资之前，这个概念是模糊的，因为你根本就无从知道你到底可能赚多少钱。几乎所有的投资都具有不确定性。这样，尽管所有的投资者都想取得尽可能高的收益率，他们同样会想方设法去规避风险。所以，毫无疑问，那些可能高投资收益率的公司必定会隐含更高的风险，这就是所谓风险——收益的均衡关系。

“风险”和“预期收益率”这两个概念很难被十分精确地定义或测量，但是它们却可以从直觉上被理解。在下一章中，我们将更加精确地对这些概念进行定量分析；此处，我们只需要去定性理解这些概念。投资者必须考虑一大批投资资产，因为每种资产都有其独特的风险及收益特征。

面对投资决策，投资者会有不同选择，这是因为他们在风险与收益的取舍上会有不同的意愿。我们将承担高风险，获取高收益的意愿称为“风险容忍”（risk tolerance），相应的，我们可以将对风险敬而远之的态度用“风险厌恶”（risk aversion）这一概念来形容，就是说，不愿意接受风险。我们对一个投资者进行观察，如果我们可以清楚地知道在这些资产中的风险和收益，我们就可以通过观察投资者投资于不同风险及收益特征的资产来测度出投资者的风险厌恶程度（或风险容忍能力）。如果没有上述数据，也没有对投资风险及收益程度的完美洞察力，我们对投资者的风险厌恶程度就只能完全凭臆测了。应注意的是，不管是明显的还是不明显的，许多职业投资者所做的正是这些（显然，他们所做的还不止这些）：通过为自己的客户进行投资选择，他们正进行着风险 - 收益的选择。

个人投资者（individual investor）

个人投资者就是个人为了满足生活目标而进行理财的投资者，是牺牲当前消费以期获得未来更高水平消费的个人。

影响个人投资者的基本因素通常取决于他们在生命周期中所处的阶段。对于多数个人投资者来说，他们的第一项重要投资决策是教育，这是一种“人力资本”的投资。在多数人参加工作初期，他们拥有的主要资产是从他们的技术中获取的挣钱能力。对于这些人来讲，疾病或受伤所带来的金融风险要远远大于与投资资产组合收益率相关的风险。在生命周期的这一阶段上，最重要的金融决策就是针对发生致残或死亡的可能进行保险。

许多人拥有的第一件主要资产就是他们的房子。购买一所房子可以规避两种类型的风险。第一就是房租涨价的风险。如果你“付房租给自己”，你就不用考虑房租涨价的风险了。第二个类型的风险是你所住的某一特定的房子或公寓并不总是可以为你所用。把它买下来，你就可以保证做到这一点。

当人逐渐长大，并积累了可供退休后使用的积蓄，财富的组成就从原来的人力资本变成了金融资本。在这个时候，关于投资组合的选择就逐渐变得更加重要了。在中年的时候，多数投资者都会愿意去承担一定数量的投资组合风险以求增加其预期收益率。当退休的年龄逐渐临近，风险承受力有会逐渐变小了。

表 4-1 中的数据支持了投资行为的生命周期论。问卷证明，对待风险的态度将随着年龄的增长从风险容忍向风险厌恶转化。随着年龄的增长，他就会失去从灾难性的投资损失中恢复的能力。当投资者还年轻时，他们可以靠更加努力地工作，攒更多的钱来弥补其损失；但当退休的年龄愈近时，投资者们意识到只会有很少的时间来恢复，因此他们就转向了更安全的资产进行投资。

表 4-1　不同年龄的投资者愿意承担的风险

	不同年龄的投资者愿意承担的风险（%）		
	25 岁以下	35 ~ 54 岁	55 岁及以上
无风险	54	55	71
少量风险	30	28	21
一些风险	14	16	8
大量风险	2	1	1

对于多数人来说，进行生命周期的金融规划是一项非常艰巨的任务。因此，一个以提供个人金融规划咨询的行业已经出现，这一点不足为怪。

养老基金（pension plan）

养老基金有两种基本的类型：贡献确定型（defined contribution）和收益确定型（defined benefit）。贡献确定型养老基金计划主要针对有公司为其雇员建立起来的有效储蓄账户。雇主为整个计划提供资金，但雇员对这一基金的投资业绩承担全部风险。这一计划之所以被称为贡献确定计划，是因为公司的唯一责任即在于对雇员的保证金账户提供规定的资金。雇员负责对资产的管理加以指导，他们通常从各种投资基金中选择部分加以投资。这些退休投资计划所得的投资收入一般是不征税的，直到资金被提取（通常是在退休之后）。

与之相对应，在收益确定的养老金计划中，雇主负有每年提供一个既定数额退休金的责任。该退休金通常由一个公式来计算出来，公式中包括服务期限和薪金或工资水平两个变量。举一个例子，雇主承诺付给其退休雇员的年退休金相当于雇员服务期限与2%的最终年薪乘积的金额。一个工作了30年的雇员退休后每年可收到相当于最终年薪60%的退休金。这笔付款即构成了雇主的责任，养老基金中的实际资产则为这些他们所承诺的收益提供了担保。如果这些资产的投资业绩不好，公司就有责任提供其他资产来补足其担保。和贡献确定的投资计划不同，对于收益确定的投资计划来说，投资业绩所产生的风险是有公司来承担的。

人寿保险公司（life insurance company）

人寿保险公司通常通过投资为其卖出的保单中注明的债务套期保值。人寿保险公司会投资于那些当其人寿保单承保范围扩大时收益率也相应升高的资产，以此来降低自身的风险。例如，如果人寿保险公司签发一份保单，将死亡险的赔付与消费价格指数联系在一起，这样公司就要承受通货膨胀的风险。因此，人寿保险公司就要去搜寻当通货膨胀率上升时收益率也提高的资产，借此来消除其保单与价格指数之间的联系带来的风险。

有多少种不同的寿险保单，就有多少种投资目标。然而到19世纪70年代，只有两种寿险保单可供个人选择：即终生险和定期险保单。

终生险保单将死亡险和一个储蓄计划组合在一起，这一储蓄计划使现金价值逐渐积累，保单持有人通常在65岁左右可以将其取出。

另外，定期险保单只提供了死亡赔付，没有现金价值的积累。

在终生险保单中，现金价值积累计划中承诺的利率是一个固定利率。保险公司使其负责保值的方法之一是投资于长期债券。被保险的个人通常有权按事先约定的固定利率从保单的现金价值账户中借入款项。

在近几十年中，保险公司发现保单持有人在行为上出现巨大变化。在利率很高的20世纪70年代和80年代早期，许多旧的终身保单允许保单持有人以4%或5%的低利率借入资金，于是部分持有人从保单的现金价值账户大量地借入现金，投资于那些可得到双倍收益率的资产。另外一些实际及潜在的保单持有人则放弃了终身险保单，转投定期保险，使得定期保险占了新销售的个人寿险保单的一半以上。

为了适应这种发展趋势，保险业出现了两个新的险种：可变寿险和通用寿险。可变寿险中，受保客户购买了保单，可以得到一份固定的死亡赔偿金和现金价值账户，并且客户可以决定将现金投资于自己选择的共同基金。而通用寿险保单则允许受保客户根据自己需要，增加或减少保费（保单每年需缴付的费用）或者死亡赔偿金（当被保险者死亡时所偿付给受益人的现金）。另外，现金价值部分的利率水平也是随着市场利率而变化的。

可变寿险保单和通用寿险保单的一个重要的优点是：在现金被取出之前，现金价值账户是不必缴税的。

非人寿保险公司

非人寿保险公司，如财产险和意外损失保险公司，也将保费基金用于投资，这主要是因为他们在收取保险金后可能要支付索赔的款项。通常，他们对待风险的态度比较谨慎。

在养老计划和保险公司投资目标之间普遍的共同点是它们都需要对可预测的长期债务进行保值。它们的投资策略通常要求投资于不同期限的债券来为这些债务保值。

银行（bank）

多数银行的投资是对企业及消费者的贷款，而其债务大部分是存款。作为投资者，银行希望在赚取一个借贷利差的基础上，使其资产和负债的风险相匹配。银行向贷款者收取的利率和为负债支付的利率之间的差异称为银行利率差。

银行和储蓄机构的多数债务是支票账户、定期存款或储蓄存款以及存单。支票账户中的资金可以在任何时间提取，其期限最短，定期存款或储蓄存款具有多种期限，有些存款的期限可以长达 7 年，但他们的平均期限还是相当短的。存单是指银行向投资者发行的各种期限的债务，其期限从 90 天到 10 年不等，但平均期限约为 1 年。

储蓄机构的贷款组合中传统上有一大部分是抵押的房地产贷款，一般称为抵押贷款。抵押贷款的期限通常为 15 ~ 30 年，远比储蓄机构的债务的平均期限要长。这样，利润就要暴露于利率风险中了。当利率上升时，储蓄机构就需要对储户付出更高的利率，而其长期投资的收益率却是相对固定的。这一问题可能是 20 世纪 80 年代储贷机构大崩溃的成因。70 年代利率节节上升时，许多银行及储蓄机构的财务状况江河日下，这使得他们更愿意承担较高的风险，以求取得更高的收益率。然而，存款者对贷款组合所面临的巨大风险却关心甚少，因为存款是受联邦存款保险公司（FDIC）或现在已不存在的联邦储蓄与贷款保险公司（FSLIC）保障的。

当前多数长期固定利率抵押贷款已经证券化，变为转手证券，称为共同基金、养老基金和其他机构投资者的投资组合中重要的证券品种。抵押贷款的发起人通常将他们发起的抵押贷款卖给如 Fannie Mae 和 Freddie Mac 等的转手机构，而不是将其当成资产组合中的一部分。他们凭借发起抵押贷款和收取服务费用赚取利润。这种避免持有长期抵押贷款的趋势同样可以降低利率风险。

捐赠基金（endowment fund）

捐赠基金由已注册的组织持有，用于某些特定的非营利目的。它们靠一个或多个赞助人捐赠来融资，并通常由教育、文化和慈善机构以及那些专门为实现基金特别目的而设立的机构来管理。通常，捐赠基金的投资目标是产生一个稳定的收入流，且仅仅愿承受一个较小的风险。但是，捐赠基金的受托人也可以根据投资环境的不同，制定其他投资目标。

基金会（foundation）

基金会通常是由个人或者其他机构的捐赠或投入资产而形成的，对某些特定的时间或者相关人员提供包括慈善赠予在内的多种形式财务资助而专门设立的机构。捐赠基金一般由非营利机构成立并专门从事慈善活动，与此不同，基金会的成立并不一定由非营利机构成立或者完全资助既定的慈善活动。基金会可以由个人成立，并专门资助某个宗教的教义普及活动，还可能仅仅在一段时间内对某些既定的活动进行资助。此外，绝大多数的基金会在年度开支方面都受到相当的规定，必须保持一定的开支规模来资助既定的慈善活动。

职业投资者

职业投资者提供投资管理服务，并借此收费。有些职业投资者直接为富有的个人投资者所雇用。然而，对于多数的职业投资者来说，他们或者是将许多个人投资者的资金聚集在一起进行管理，或者为机构投资者服务。

（1）个人信托（personal trust）

个人将其财产的合法持有权授予其他的人或机构，由其代为一个或多个收益人管理。这样个人信托也就建立了起来。持有这一所有权的人被称为受托人，受托人通常是银行、律师或职业投资者。信托投资必须遵从相关的信托法律和“审慎管理人”的法则，这一法则从谨慎的角度出发，为信托资金限制了允许投资的类型。

和个人投资者相比，个人信托的目标在范围上一般要受更多的限制。由于个人信托管理人负有信托的责任，他们一般都被认为比个人投资者更加厌恶风险。某些种类的金融资产（例如期权和期货合同）和投资策略（例如卖空和保证金信用购买，等等）是不允许进行的。

（2）共同基金（mutual fund）

共同基金是指将个人投资者的资金集中起来进行管理的机构。他们根据投资目标进行投资，并发行基金份额，这些基金份额使投资者有权按比例享有基金产生的收入。共同基金的投资目标必须在其募股说明书中指明。

主权财富基金（sovereign wealth funds）

所谓主权财富，与私人财富相对应，是指一国政府通过特定税收与预算分配、可再生自然资源收入和国际收支盈余等方式积累形成的，由政府控制与支配的，通常以外币形式持有的公共财富。

主权财富基金，是指一国政府利用外汇储备资产与国家财政盈余创立的、在全球范围内进行投资以提升本国经济和居民福利的金融投资工具，是现代国家资本主义的主要表现形式之一。它是一种全新的专业化、市场化的进取型投资基金，除进行股票、债券、房地产等风险投资外，已逐步扩展到私人股权投资、商品投资、商品期货、对冲基金等非传统类投资领域。

考点总结

表4-2总结的是不同类型的投资者的特点，CFA一级考试中最经常考的是养老基金、银行、基金会和保险公司这四类投资者的风险容忍度和投资期限。

表4-2 各种投资者的特点

投资者	风险容忍度	投资期限	流动性需求	收入需求
个人投资者	取决于个人	取决于个人	取决于个人	取决于个人
规定收益型养老基金	高	长	低	取决于年龄
银行	低	短	高	付利息
基金会	高	长	低	支出水平
保险公司	低	寿险——长 非寿险——短	高	低
共同基金	取决于基金	取决于基金	高	取决于基金

1.3 投资组合管理过程

任何管理业务流程都离不开三大要素，即计划、执行和反馈。同样，这也是投资组合管理流程的基础，如图 4-1 所示。

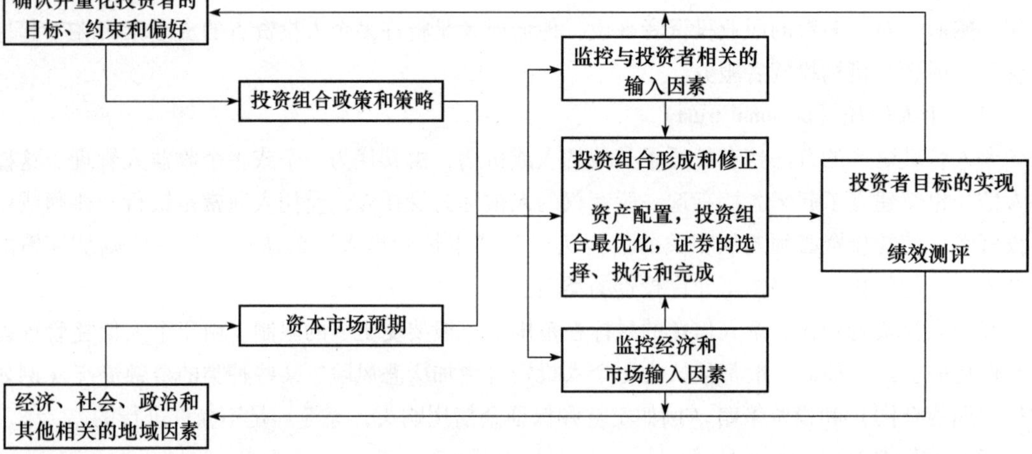

图 4-1 投资组合管理流程图

计划（planning step）

计划这一步骤具体表现在图 4-1 左边的四个框中。上两个代表的是与投资者相关的输入要素，下两个则代表着经济和市场输入。

（1）确认并量化投资者的目标与约束

投资计划的首要任务就是确认并量化投资者的目标和约束。投资目标就是投资所追求的产出。在投资中，其目标只要与风险和收益相关。约束条件是指对投资者进行特定投资全部或者部分能力的约束。比如，一个投资者可能会因政府管制而不得不集中持有某资产，或因为政府法律文件约束而造成的种种投资约束。这种约束可能是内部的，比如客户具体的流动性要求、投资期限及特殊的情况；也可能是外部的，比如税收情况和法律法规要求。在后面的章节中，我们会详细讲解到投资目标和约束条件的细化过程。

（2）完成投资决策书

一旦客户的目标和约束被确定下来，经理人的下一个任务便是完成投资策略说明。投资策略书 IPS 是所有投资决策制定的指导性文件。除了投资目标和约束条件，它还可能涵盖许多其他的问题。比如说，投资策略书通常会给出关于报告要求、再平衡的指导方针、投资情况汇报的频率和格式、经理人薪酬、投资策略和所偏好的投资风格或经理人风格。一份典型的投资策略书包含以下要素。

- 客户的简要说明；
- 确立政策和指导方针的目的；
- 当事人的职责和投资责任，尤其是那些与受托人责任、汇报、操作效率和可说明性相关的事项，此处的当事人包括客户、有关的投资委员会、投资经理人和银行保管人；
- 对投资目标和约束的说明；

➢ 对投资业绩和投资策略书本身进行回顾的安排；
➢ 投资业绩评估时使用的评估方法和基准；
➢ 在优化战略性资产配置时需要考虑的各种要素；
➢ 投资策略和投资风格；
➢ 基于反馈的投资组合再平衡的指导方针。

（3）形成资本市场预期

经理人在计划阶段的第三项任务就是形成资本市场预期。对众多资产品种的长期风险和收益特征进行预测，这些预测构成了选择给定的风险水平下预期收益最大化或是在给定预期收益基础上风险最小化的投资组合的基础。

（4）建立战略性资产配置

计划部分的第四项也是最后一项任务是决定战略性资产配置。这时，经理人会结合投资策略说明和资本市场预期来决定各目标资产种类的比重。可允许的资产品种权重的上限和下限常常也是可以用风险控制机制来加以界定。投资者不仅会考虑单一周期内其所拥有资产配置的收益风险特征的前景，也会对多个时期的情况加以考察。单一周期的情况较为简单。多个周期的则必须考虑到随着不同时期再平衡的投资组合变化而产生的流动性、税收和收益上的序列关联性（长期和短期的依赖关系），而且执行起来的成本会更高。

执行（execution step）

图4-1代表“执行”这一步骤的是“投资组合形成和修正”。到此步时，经理人会结合投资策略和资本市场预期来为投资组合挑选具体的资产——投资组合选择/构造决策。投资组合经理人根据分析师输入的信息形成其决策，交易柜台则执行这些决策——投资组合执行决策。随后投资组合会根据投资者的实际情况或者资本市场预期的变化进行修正，因此，执行步骤总是不断地与反馈步骤相互影响。

在做出投资组合选择/构造决策时，经理人会使用投资组合最优化技术。投资组合最优化在将预期融入各种策略上扮演着核心角色，同样也出现在了上图的“投资组合形成和修正”方框中。

有时，某一投资组合的实际资产配置会特意地、临时性地与其战略性资产配置有所区别。例如，资产配置会反映其投资者区别于平时的现实状况而发生变化。这种临时性的配置会一直保持着，直到现状恢复到投资策略说明中描述的情况后，才会被调整到战略性资产配置的水平。如果这种变化是永久的，那么经理人必须更新投资人的投资策略说明，临时性的资产配置方案将会成为新的战略性资产配置方案。

反馈（feedback step）

对任何的商业行为而言，反馈和控制都是为达到目标极其重要的组成部分。在投资组合管理中，这一步由两要素构成：监控和再平衡、业绩评估。

（1）监控和再平衡

监控和再平衡包括了通过信息反馈管理潜在投资机会的不间断风险敞口，以确保客户现期的目标与约束能够持续得到满足和实现。两类因素将会被控制：一是与投资者相关的因素，比如投资者的情况；二是经济、市场的输入要素。

修正投资组合的一大动因是投资者情况改变而产生了投资目标和约束的变动。投资组合经理人需要一种适当的方法来及时了解投资者现状的变化情况。养老金计划的终止或是配偶死亡会引发客户对投资期限和税收考虑上的突变，投资策略书必须列出这些变动的发生以此作为适当修正的基础。

更加容易预测到的是，经济和市场输入要素的变化常常会引起投资组合修正。投资经理人又一次需要对资产和经济、市场要素的风险属性进行系统的回顾。预期的变化也会导致投资组合的修正。但当资产价格发生变化时，即使预期并未发生变化也必须进行修正。确切的再平衡时机和变动数量可以通过回顾该时期或者根据投资组合管理及与战略性资产配置约束范围之间的偏差的特定规则确定，当然也可以是根据经理人的判断得出。例如，假设原本配置政策要求投资组合包含 70% 的股票和 30% 的债券，如果所持股票的价值增加了 40% 而债券增加了 10%，那么此时的投资组合大约是 75% 的股票和 25% 的债券。为使投资组合符合投资政策，他必须根据长期政策中的权重进行再平衡。在任何情况下，再平衡决策都是非常重要的，必须将诸多因素考虑在内，比如交易成本和税收情况。符合规则的再平衡对投资目标的实现有着很重要的影响。再平衡让我们得以重视问题再次修正，而这在反馈过程中是十分关键的。

（2）业绩评估

投资业绩必须由投资者进行阶段性的评估，以对投资目标的实现情况和投资组合的管理技巧进行评价。

对投资组合管理技巧的评价包括了三部分。业绩度量包括投资组合收益率的计算。业绩归因则研究投资组合业绩形成的原因，包括确定投资组合业绩的来源。业绩评估是就经理人是否根据基准（对照组合）运营投资组合相关情况进行的评价。

通常，我们可以根据其总收益测量投资组合的业绩，这又主要来自三种途径：战略性资产配置的相关决策、择时和证券选择。但是，投资组合管理常常是根据基准操作的，或者对一些实体而言是根据一连串有计划的负债或特定的固定收益率目标操作的。所以，相对业绩评估和绝对业绩评估常常担负着极其重要的角色。

考虑到相对业绩我们可能会问这样的问题：“相对投资经理人的基准，经济部门高估或低估了什么呢？”或是“经理人做出这些决策的基本原理是什么？他们的决策有多准确？”投资组合评估也可以根据特定风险模式进行，比如多因素模型，它试图通过对一系列风险因素的敞口来解释资产收益。

与经理人评定同时发生的是对基准的不间断回顾，以确保其持续的适用性。对于一些基准而言，这种回顾包括了对基准中涉及的经济部门和次级部门决定方法、证券的分类及其变动频率的全面彻底的理解。对于任何一个基准而言，人们都需要弄清楚对经理人的命令而言，他是否仍然是一个公正的评定标准。

考点总结

在投资组合管理过程这一部分当中，我们要知道每一步过程中都包含了哪些具体内容，比如说我们要知道 IPS 的写作是属于哪一个过程的，资产分配是属于哪一个过程的，等等。

1.4 共同基金及其他投资公司

投资公司是一种金融中介机构，它将个人投资者的资金集中起来，投资于众多证券或其他资产之中。“集中资产”是证券投资公司背后的核心含义。在投资公司所建立起来的证券组合之中，每个投资者按照投资数额比例享有对资产组合的要求权。这些投资公司为小型投资者们提供了这样一种机制：他们可以联合起来，以获得大规模投资所带来的好处。

尽管投资公司把个人投资者的钱集中起来管理，但投资公司同样需要在投资者之间分清投资者对资产的要求权。投资者购买投资公司的股份，他们的所有权是按照购买份额的多少来划分的。每一份额的价值被称为净资产价值（net asset value，NAV）。净资产价值是资产市值减债务之后的价值在每一份额上的体现。

$$净资产价值 = \frac{资产市值 - 负债}{已发行在外的股份总数}$$

投资公司的类型

在美国，根据《1940 年投资公司法》，投资公司被分为两种：单位投资信托和有管理的投资公司，单位投资信托基金中的证券基本上是固定的，由此它被称为无管理的投资公司。与之相对应，有管理的投资公司之所以得名，是因为投资组合中的证券在不断地被买入和卖出：组合是有管理的。有管理的投资公司又进一步分为封闭式的和开放式。开放式投资公司就是我们通常所说的共同基金。

（1）单位投资信托（unit investment trust）

单位投资信托是指投资于在基金生命期内固定的资产组合的资金集合形式。为了形成这样一种单位投资信托，基金发起人（通常是某家经纪公司）购买那些已存入信托的证券组合，然后它卖给公众基金股份，或称为“基金单位”。在信托投资中，称为“可赎回信托凭证”。证券组合本金所产生的一切收入和支出都是由受托人（通常是一家银行或信托公司）付给基金股份持有人的。许多单位信托投资公司都持有固定收益证券，其期限与证券的期限一致，如果该信托投资于短期证券，比如货币市场工具，那么该基金的期限可以是只有几个月。如果该信托投资公司投资于长期证券，如固定收益债券，则该基金的期限又可以长达几年。固定收益债券这种固定期限非常适合于有固定生命周期的单位投资信托。事实上，有大约 90% 的单位投资信托是投资于固定收益证券的，并且有 90% 左右的固定收益单位投资信托投资于免税债务。

在单位投资信托中，很少是积极管理型的，因为基金一旦建立，其证券组合结构也就固定下来了。所以这些信托又被称为“无管理的信托”。信托基金一般投资于相对单一的资产类型；例如，某一信托基金投资于市政债券，另一基金投资于公司债务。这种证券类型的单一性是与缺乏积极的管理息息相关的。信托基金委投资者提供了这样一种工具，通过这种工具，投资者可以购买某种特定类型的资产组合。同时，证券组合缺乏积极的管理也意味着他的管理费用要低于那些有管理的基金。

单位投资信托发起人通过以标的资产购买成本加上一定溢价的价格出售信托中的股份来获取利润。例如，某一信托基金，购买了价值 5 000 000 美元的资产，以每单位 1 030 美元的价格出售了 5 000 个基金股份（假设该公司无负债），这就意味着信托持有的证券的净资产有 3% 的溢价。3% 的升水就是受托人建立信托的费用。

对于那些希望将持有的信托基金变现的投资者来说，他们可以以净资产价值将基金股份卖回给受托人。而受托人的处理办法是他们可以从证券组合中卖出证券，以获得足够的现金来支付投资者，或者将股份卖给一个新的投资者（同样会是以一个溢价的价格卖给投资者）。

（2）有管理的投资公司

有管理的投资公司有两种主要的类型：封闭式和开放式。在任何一种类型中，由基金持有人选举出来的基金董事会将雇用一家管理投资公司来对证券组合实行管理，该管理公司每年收取一定的费用，通常为资产的0.2%～1.5%不等。在很多情况下，管理公司就是发起基金的公司。对于每一支共同基金，都会估计出一个管理费用。在另一种情况中，共同基金聘用外部的投资组合管理人。多数的管理公司都会与几家基金签有管理合同。

开放式基金（open-end fund）允许随时以净资产价值赎回或购进基金股份（尽管买卖行为都要收取一定的费用）。当开放式基金的投资者们希望将其资产变现时，他们就可以以净资产价值将股份卖回给基金公司。与之相反，封闭式基金（closed-end fund）的投资者们如果想处理其资产，他们就只能将基金股份卖给其他投资者。封闭式基金可以在有组织的证券交易所中像股票一样地通过经纪人进行买卖，因此它们的市场价格也就会与净资产价值有一定的偏差。

（3）其他投资组织

有一些金融中介机构，它们不像投资公司那样有正式的组织或规范化的管理，但却执行者与投资公司相似的职能。其中比较重要的两种就是混合基金和不动产投资信托。

A. 混合基金（commingled fund）

混合基金是以合伙法律形式聚合投资者资金的一种基金形式。由管理公司对合作关系进行组织，例如，由一家银行或保险公司来组织基金，从中收取费用。典型的合伙人包括信托或退休账户，他们拥有的资产组合远大于个人投资者，但如果进行独立管理，规模仍嫌小。

在形式上，混合基金与开放式基金很相似，但它不以基金份额作为投资载体，而是提供一种可以以净资产价格买卖的基金单位。银行或保险公司会提供大量不同的混合基金供信托或退休账户选择。例如，货币市场基金、债券基金和普通股基金。

B. 不动产投资信托（real estate investment trusts，REIT）

不动产投资信托与封闭式基金很相似，均投资于不动产或以不动产为抵押的贷款。除了发行基金股份之外，它还通过向银行借款、发行债券或抵押贷款等方式筹集资金。它们之中的大多数有着很高的债务杠杆，通常负债率为70%。

不动产投资信托有两种主要的形式。权益信托直接投资于不动产，而抵押贷款信托则主要投资于抵押贷款或工程建筑贷款。REIT一般由银行、保险公司和抵押贷款公司建立，它们执行管理职能，并从中收取费用。

只要REIT把95%以上的应税收入都分派给基金股份持有人，那么，它就是免税的。然而，股份持有人却需要对其红利收入缴纳个人所得税。

共同基金

共同基金是开放式投资基金的一个更为普遍的称谓。这是当前投资公司最主要的形式，大约占了投资公司资产的90%左右。每一种共同基金都会有其特定的投资策略，这在其募股说明书之中得以描述。例如，货币市场共同基金持有货币市场中的短期低风险工具，而债券基金则持有固定收益证券。有些基金甚至规定了更狭窄的投资范围。例如，一些固定收益基金主要持有国库券，而另一些则主要持有抵押支持证券。

基金管理公司会管理一系列共同基金或“基金复合体”。它们组织起整个基金系列，并向其收取管理费来运作基金。通过将一系列共同基金集合于同一把伞下集中进行管理，管理公司使得投资者们可以很容易地在市场的不同部分中分派其资产，以及在将资产从不同基金间转换的过程中还可以从同一个注册记录名下收益。

下面我们介绍一些投资策略不同的基金种类。

（1）货币市场基金（money market fund）

货币市场基金投资于货币市场证券，持有人可以凭此基金签发支票。净资产价值固定于每股份1美元，因此与股份赎回相关联的资本利得（损失）也就无须纳税。

（2）权益基金（stock mutual fund）

权益基金主要投资于股票市场——尽管出于谨慎的考虑，基金管理者也可以将其投资于固定收益或其他种类的证券。通常，基金总要持有一些货币市场证券以保证其流动性，来满足那些潜在的赎回需要。

传统上来讲，股票基金可以按其对资本利得或现时收入的偏好不同来进行分类。收入型基金倾向于持有提供高股利收入公司的股票，以获取较高的现时收入。而成长型基金则宁愿放弃现时收入，而更看好资本利得的前景。虽然这种分类仅是字面意义的不同，但在现实生活中，与之相关的风险水平的不同值得我们一提：成长性的股票——相应的成长型基金较之收入型基金要更具风险偏好，并且，一旦遇到经济环境变化，它的反应也会更加剧烈。

（3）固定收益基金（bond mutual fund）

正如它的名称所显示的，这种基金偏好固定收益资产。但在其中，仍然有非常大的细化空间。例如，许多基金集中投资于公司债券、国库券、抵押支持债券和市政债券（免税）。事实上，有些市政债券基金仅仅投资于某一特定州（甚至某一市）的债券，以满足该州居民希望规避债券利息的地区和联邦税收。许多基金还会根据证券期限的不同，选择短期、中期或长期债券，或者根据信用风险的不同，选择从非常安全的证券直到高回报率的垃圾债券中的一些证券进行投资。

（4）均衡及收入基金（balanced and income fund）

有一些基金是为个人投资者整个的证券组合而设计的。因此，它既持有权益证券，又持有固定收益证券，两者之间保持一个相对稳定的比例。按照文森伯格（Wiesenberger）的理论，这种基金可以被分为收入型基金或平衡性基金，收入型基金是为了保证本金的安全以及获得尽可能合理的现时投资收入；而均衡型基金则在不影响长期发展及现时收入的前提下实现风险最小化。

（5）资产分配基金（asset allocation fund）

这种基金与平衡型基金的相似之处是，它也同时持有股票和债券。但是，根据管理者对各个市场相对表现的预测，分配给每一市场的投资额比例将会剧烈变动。这样，这种基金的业绩于市场时机的选择有很大的关系，因此并不是低风险的投资工具。

（6）指数基金

指数基金试图与整个市场指数的表现相对应。按照不同的证券在某一特定指数中的权重，该基金即相应地购买同样比例的该证券。对于小型投资者来讲，指数基金是执行一个被动投资策略的低成本方式，就是说，不进行任何证券分析。当然，指数基金也可以用于非权益指数。

其他投资产品

除了共同基金以外，现在越来越多的其他类投资产品也逐渐受到投资者的青睐。接下来我们会介绍一些常见的其他投资产品。

（1）对冲基金（hedge fund）

对冲基金，也称避险基金或套利基金，是指由金融期货和金融期权等金融衍生工具与金融组织结合后以高风险投机为手段并以盈利为目的的金融基金。它是投资基金的一种形式，属于免责市场产品。对冲基金采用各种交易手段（如卖空、杠杆操作、程序交易、互换交易、套利交易、衍生品等）进行对冲、套期来赚取巨额利润。这些概念已经超出了传统的防止风险、保障收益操作范畴。加之发起和设立对冲基金的法律门槛远低于共同基金，使其风险进一步加大。为了保护投资者，北美的证券管理机构将其列入高风险投资品种行列，严格限制普通投资者介入。如规定每个对冲基金的投资者应少于 100 人，最低投资额为 100 万美元等。举个例子，在一个最基本的对冲操作中。基金管理人在购入一种股票后，同时购入这种股票的看跌期权。看跌期权的效用在于当股票价位跌破期权的执行价格时，看跌期权的持有者可将手中持有的股票以期权的执行价格卖出，从而使股票单边下跌的风险得到对冲。

对冲基金已成为一种新的投资模式的代名词，即基于最新的投资理论和极其复杂的金融市场操作技巧，充分利用各种金融衍生产品的杠杆效用，承担高风险，追求高收益的投资模式。

（2）交易所交易基金（exchange traded fund，ETF）

交易所交易基金指的是可以在交易所交易的基金。交易所交易基金从法律结构上说仍然属于开放式基金，但它主要是在二级市场上以竞价方式交易，并且通常不允许现金申购及赎回，而是以一篮子股票来创设或赎回基金份额。对一般投资者而言，交易所交易基金主要还是在二级市场上进行买卖。

（3）并购基金（buyout fund）

并购基金，是专注于对目标企业进行并购的基金，其投资手法是，通过收购目标企业股权，获得对目标企业的控制权，然后对其进行一定的重组改造，持有一定时期后再出售。并购基金与其他类型投资的不同表现在，风险投资主要投资于创业型企业，并购基金选择的对象是成熟企业；其他私募股权投资对企业控制权无兴趣，而并购基金意在获得目标企业的控制权。

（4）风险投资基金（venture capital fund）

风险投资基金又叫创业基金，是当今世界上广泛流行的一种新型投资机构。它以一定的方式吸收机构和个人的资金，投向于那些不具备上市资格的中小企业和新兴企业，尤其是高新技术企业。风险投资基金无须风险企业的资产抵押担保，手续相对简单。它的经营方针是在高风险中追求高收益。风险投资基金多以股份的形式参与投资，其目的就是为了帮助所投资的企业尽快成熟，取得上市资格，从而使资本增值。一旦公司股票上市后，风险投资基金就可以通过证券市场转让股权而收回资金，继续投向其他风险企业。

（5）专款理财账户（独立管理账户）

专款理财账户是指高净值客户把自己的所有财富或者财富的大部分交给一个投资经理为其管理的一种账户。因为这种账户是一个投资经理对一个客户专门负责，所以投资是为了满足单个特别客户的投资目标和限制的，所以我们将其称为专款理财账户，也称为独立管理账户（separately managed account）。在 CFA 一级考试中，大家只需要掌握专款理财账户的几个特点即可：对资金的投入量有要求（一般是高净值客户）、有专门针对单个投资者的投资策略书（IPS）。

2 风险管理介绍

知识导引

风险与风险管理是经济活动不可分割的一部分。我们的生活中充斥着各种各样的风险，但是，我们这一个章节将主要关注那些与投资活动相关的经济与财务风险。

风险管理步骤与其风控工具使金融市场上复杂的经济金融问题显得更加明了易懂。

经营与投资活动的成功需要我们审慎地去选择与管理风险。一个发展良好的风险管理体系是与企业的最终目标、发展能力紧密相关的。好的风险管理会顺其自然地产生更好的决策，也会使公司在许多利益风险均衡的前提下做出使公司利益最大化的诸多决策。

2.1　风险管理总览

风险与风险管理对于好的经济与投资活动而言是至关重要的。需要注意的是，我们说的风险管理并不是仅仅指规避风险。

承担风险是董事会、管理层，或者投资经理，乃至个人投资者所采取的一种积极应对风险的方式。但是，风险应该要被完全理解和审慎管理。

风险敞口（risk exposure）指的就是未经保护的风险。

风险管理涉及定义风险容忍程度与度量，同时监测与调整风险使其与公司的容忍度相匹配。

风险管理框架指的是为了满足有效风险管理的需要而进行的基础设施、流程和分析；它包括风险管理，风险识别和风险度量，风险基础建设，风险政策和风险流程，风险缓释和管理，风险沟通，战略风险分析和集成。

2.2　风险治理

风险治理（risk governance）是风险管理的高层基础，包括了管理层高层对于风险的一个宏观评估以及设定一个企业角度的风险容忍度。

2.3　风险识别

风险的确认与计量（risk identification and measurement）既要定量又要定性地对所有潜在的风险来源与企业的风险敞口进行评估。

风险基础设施（risk infrastructure）包含了可以用于追踪与评估企业风险概况的资源与系统。

风险政策与步骤（risk policies and processes）是为了让管理层在日常操作层面上把控对于风险的治理。

风险减轻（risk mitigation and management）采取积极的方式对风险敞口进行检测与调整，并且将所有其他因素考虑进风险管理体系。

风险交流（communication）包含风险报告与积极的反馈机制，并以此来改善决策。

战略风险分析与整合（strategic risk analysis and integration）涉及运用这些风险工具去区分哪些风险因子会使管理决策增加价值，而哪些分析对我们的价值并没有帮助。我们通过这个来改善我们的投资决策。

一个公司有首席风险师（chief risk officer）往往是不够的，最好还雇有一个风险管理委员会（risk management committee）。

值得一提的是风险控制应该从整个公司的角度出发——企业风险管理（enterprise risk management），以此来确保我们是将整个公司利益最大化。而不是只考虑了某个部门的风险控制，更不是各部门之间相互独立地进行风控。

风险容忍度（risk tolerance）是良好风险治理的关键要素。它指出了哪些风险是可接受的，哪些是不可接受的，以及整个组织风险暴露的程度。

风险预算（risk budgeting）指的是一切根据客户风险特征配置投资组合和资产的方法。

金融风险来源于金融市场的活动。

非金融风险发生在组织内部或者来源于外部条件，诸如环境、社区、监管者、政治家、供应商和消费者。

金融风险由市场风险、信用风险和流动性风险组成。

市场风险起因于股票价格、利率、汇率和大宗商品价格的变动。

信用风险指的是交易对手不支付所欠款项的风险。

流动性风险指的是由于市场环境的恶化或市场参与者的缺乏，投资者不得不以低于基础价值的价格出售资产的风险。

非金融风险由多种风险组成，其中包括结算风险（settlement risk）、操作风险、法律风险、监管风险、会计风险、税务风险、模型风险、尾部风险（tail risk）、主权风险（sovereign risk）和政策风险。

操作风险来源于组织内部的操作失误，包括人为的、系统的或者流程的。

偿付风险（solvency risk）指的是一个组织因为没有足够的现金偿还债务而无法继续运营的风险。

除了面临这里列出的组织风险，个人还面临健康风险、死亡率或长寿风险、财产保险和意外伤亡风险。

风险不一定是独立的，因为许多风险之间存在因果关系；风险之间的交互会具有非线性关系而变得有害。

基本的国内外宏观经济和行业因素所产生风险都可以被称之为风险的驱动因素。

常见的风险度量包括标准差；资产相关的风险度量有 β(beta）或者久期（duration）；衍生品相关的风险度量有 Δ(delta)、γ(gamma)、υ(vega）和 ρ(rho)；尾部风险度量有在险价值(VaR)、条件在险价值（CVaR）和预期损失（expected loss given default)。

2.4 测量和修正风险

风险可以通过一些手段预防和避免，比如通过保险进行风险转移，通过衍生品进行风险转嫁。

风险在内部可以通过自保险或者分散的方法进行缓释。

权衡了成本之后的收益（考虑整体最终风险和风险管理目标），是确定最优风险修正办法的主要决定因素。

3 现代投资组合理论

知识导引

在投资过程中，我们除了关注收益率，同时还要关注风险。在金融学习的过程中，必须对此牢牢记忆在脑海。金融专业里有一句话叫作“天下没有免费的午餐”，在投资中，高收益必定意味着要承担高风险，反过来说，高风险也必然要求高收益。那么收益与风险哪个更为重要呢？有的人可能认为是收益，其实应该是风险。在进行投资时，我们必须清楚客户所面临的风险和潜在风险。举一个例子，在进行招聘时，公司老板都希望招到的人是“德才兼备”的。可以把“德”想象成投资中的风险，而把“才”想象成投资中的收益。“德”指的是一个人的品德，如果品德不好，公司反而会因为雇用这个人而遭受损失（比如盗取客户名单），也就意味着这个人的风险比较高；“才”指的是一个人的才能，才能越高给公司带来的收益就越高，也就意味着这个人的收益率很高。公司在招聘时当然也倾向于高收益低风险，但是当两者不可兼得时，很多公司更注重员工的品德，然后才是才能。这与我们做投资是类似的，我们首先要考虑的就是投资的风险。在这一章中，我们会详细地介绍投资组合的风险与收益，以及相关的经典理论。

3.1　均值 - 方差模型

1952年，25岁的哈里·马科维茨（Harry Markowitz）在芝加哥大学攻读经济学博士学位。这一年，他在《金融杂志》上发表了《资产组合的选择》一文，首次提出了均值 - 方差模型。马科维茨用收益率的期望值来度量收益，用收益率的标准差来度量风险，开创了投资组合理论的先河。1990年，马科维茨凭此获得了诺贝尔经济学奖。

均值 - 方差分析法是指：我们要决定到底投资于什么样的投资组合（买哪些资产以及各个资产的权重），只需要知道3件事情：①各个资产的期望收益率；②各个资产收益率的方差（或标准差）；③任何两个资产收益率的协方差（或相关系数）。

所谓均值 - 方差模型，其实是均值 - 标准差模型。马科维茨建立了一个坐标轴，X轴上是收益率的标准差，用来度量风险，Y轴上是收益率的期望值（均值），用来度量收益。如图4-2所示。

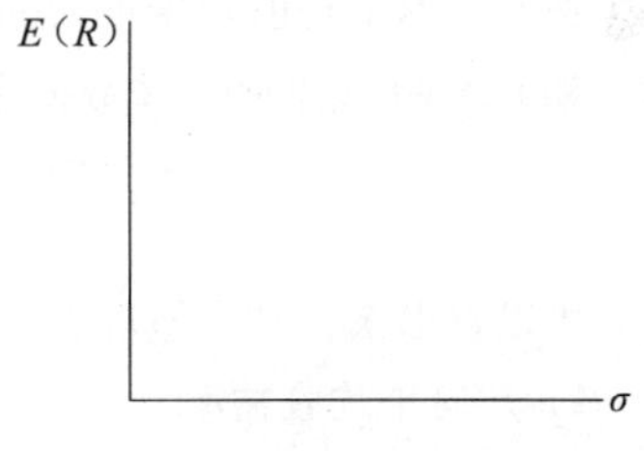

图4-2　均值 - 方差模型坐标轴

对任何一个资产或资产组合，我们可以计算其收益率的期望值和标准差，在马科维茨均值 - 标准差二维空间上找到一个点与之对应。

3.2　主要收益率

持有期收益率（holding period return，HPR）

持有期收益是投资者持有某一投资工具一段时间所带来的总收益，包括利息收入或股利收入和资本利得或损失。持有期收益率的公式为：

$$HPR = \frac{P_1 - P_0 + CF_1}{P_0}$$

名师解惑

持有期收益率这个概念很好理解，就是我持有一种金融产品期间，能够带给我的收益率是多少。持有期收益率的计算公式用一句话总结就是说我持有的整个期间能带给我的总收益。比如说我买了一只股票，（P_1-P_0）就是这段时间股价的变化，是一个资本利得或损失。而 CF 在股票里面就是红利，就是说这段时间不但股价涨了，还拿到了股利。所以，就是两个部分，一部分是资本利得，一部分是红利。这两个部分相加才是整个持有期间的收益。而 P_0 是期初的价格，就是购买股票的成本，所以用总的收益除以购买成本，就可以得到持有期的收益率。

平均收益率（average return）

1. 算术平均收益率

算术平均收益率的定义为：$\bar{R}=\frac{R_1+R_2+R_3+\cdots+R_n}{n}$

算术平均值有一个很重要的性质：所有数据偏离算术平均值的数值之和等于0：

$$\sum_{i=1}^{N}(R_i-\bar{R})=0$$

某股票的收益率在某一段时间内为10%，12%，14%，16%，18%，则收益率的算术平均值为：

$$\bar{R}=\frac{10\%+12\%+14\%+16\%+18\%}{5}=14\%$$

所有数据偏离算术平均值的数值之和为：

$$(10\%-14\%)+(12\%-14\%)+(14\%-14\%)+(16\%-14\%)+(18\%-14\%)=0$$

显然对于任何一个数据集来说，算术平均值的大小是唯一的，而且其大小与数据集中每一个数据的大小都有关，如果数据集中有异常值（相对其他数据来说特别大或者特别小），那么将会使得算术平均值发生很大的变化。

如上例中股票的收益率数据为10%，12%，14%，16%，50%，则收益率的算术平均值为：

$$\bar{R}=\frac{10\%+12\%+14\%+16\%+50\%}{5}=20.4\%$$

可以看出来，异常值对于算术平均值的大小有非常大的影响。

2. 几何平均收益率

几何平均收益率的定义为：$\bar{R}=\sqrt[n]{(1+R_1)\times(1+R_2)\times(1+R_3)\times\cdots\times(1+R_n)}-1$

某股票的收益率为10%，12%，14%，16%，18%，其几何平均收益率为：

$$\bar{R}=\sqrt[5]{(1+10\%)\times(1+12\%)\times(1+14\%)\times(1+16\%)\times(1+18\%)}-1=13.96\%$$

几何平均收益率实际上是计算复利收益率，在计算多期投资的平均收益率的时候用几何平均收益率，而在计算单期投资的平均收益率的时候则是用算术平均收益率。

由代数知识可以知道，对于同样的数据集，几何平均收益率是不大于算术平均收益率的，只有当数据集中所有的数据都相等的时候两者才相等。

下面用一个例子来说明几何平均收益率和算术平均收益率的区别。

以100元价格购买A股票，一年后价格上涨到200元，第二年年末，股票的价格又回到100元，分别计算每年收益率的几何平均值和算术平均值。

第一年的收益率 $=200/100-1=100\%$

第二年的收益率 $=100/200-1=-50\%$

几何平均收益率为 $\sqrt{(1+1.0)\times(1-0.5)}-1=0$

算术平均收益率为 $(100\%-50\%)/2=25\%$

可以看出：

(1) 几何平均收益率小于算术平均收益率；

(2) 几何平均收益率表示了实际的收益率，因为你实际的收益率是为0的，而算术平均收益率则得到了正的收益率。

名师解惑

我们学习了算术平均收益率和几何平均收益率，那我们应用的时候应该如何选择呢？

一般来说，如果过去几年的年收益是按复利计算，则用几何平均测试过去收益比较合理。例如，过去三年年收益分布为5%，12%，9%时，几何平均收益为$[(1.05)\times(1.12)\times(1.09)]^{1/3}-1=8.63\%$。而当给出预计几年收益让求出未来收益时，代数平均法会更好。如：未来两年收益分别为100%，-50%，几何平均收益为$[(1+100\%)\times(1-50\%)]^{1/2}-1=0\%$，代数平均收益为$(100\%-50\%)/2=25\%$。

此外，一般我们认为，如果要预测下一期的收益率的话，也就是说根据历史数据去预测下一期的收益率，我们常用到的是算术平均数。如果我们已经知道历史数据需要再求一个历史平均的话，也就是求过去的业绩平均表现的话，用到的是几何平均数。

3. 货币加权收益率（money-weighted rate of return）

货币加权收益率是使得未来现金流折现求和等于资产现值时候的折现率。每一个子期间的现金流是来自投资收入的现金流（利息）加上客户的增资再减去客户提款导致的现金流出。在计算货币加权收益率时并不需要知道每个子期间的证券组合市场值。

货币加权收益率就是一个内部收益率（IRR）的计算过程，因此，也称为内部收益率，其公式为：

$$V_0=\frac{C_1}{1+R_D}+\frac{C_2}{(1+R_D)^2}+\cdots\cdots+\frac{C_N+V_N}{(1+R_D)^n}$$

式中 R_D——货币加权收益率；

V_O——证券组合的初始市场价值；

V_N——证券组合的期末市场价值；

C_K——子期间K内证券组合产生的现金流（现金流入减去流出），$K=1,2,\cdots,N$。

【例】 一个在7月初的市场价值为1亿美元的证券组，在7、8月末投资者分别撤出资金100万美元，且在每一月都没有现金流入在9月末组合的市场价值为\$129 635 124，那么该组合的美元加权收益率可以通过下式计算出来。

$$\$100\,000\,000=\frac{-\$1\,000\,000}{1+R_D}+\frac{-\$1\,000\,000}{(1+R_D)^2}+\frac{\$129\,635\,164}{(1+R_D)^n}$$

满足上式的R_D为8.4%，即该组合的美元加权收益率为8.4%。

3.3 投资组合中资产的特点

我们前面已经讲过了，在进行投资时我们要同时考虑收益和风险，我们一般用期望收益率来衡量投资收益，用方差或标准差来衡量风险。表4-3中列出了一些常见的投资资产的风险和收益。

表 4-3　常见的投资资产的风险和收益

英国机构投资者资本市场预期					
资产类别	期望收益率（%）	标准差（%）	资产类别	期望收益率（%）	标准差（%）
英国股票	10.0	15	长期债券	4.5	8
英国之外股票	8.0	12	国际债券	5.0	9
中期债券	4.0	7	不动产	7.0	10

这是一个英国机构投资者的一个资产配置，我们可以看到在这不同类型的资产当中，资产的收益越高，相对应的风险就越大。在这 6 项资产中，英国股票的期望收益率最高（10%），而他的标准差也最大（15%）；相比之下，中期债券的期望收益率最小（4.0%），而它的标准差也最小（7%）。正如我们前面所说的，“天下没有免费的午餐”，想要得到高收益，就必然要承担高风险。

用期望收益率和方差来进行评估是一种比较简单的方法。其实，资产的收益率并不服从正态分布，它的分布是左偏的，且峰度要大于正态分布。因此，它的分布在左边尾巴处会有很多异常值。

此外，在我们进行投资时，流动性也是一个重要的考虑因素。因为，流动性会影响资产的价格，进而影响资产的收益率。在新兴市场中尤为重要。

3.4　资产收益率的期望、方差和协方差

单个资产的期望收益率

前面我们已经讲过了算术平均收益率的计算，其实算术平均收益率只是加权平均收益率的一种特殊情况，其取的权重都等于 1/N。加权平均收益率，所谓加权就是每一个收益率乘以权重，然后再加总。这里的权重就不一定是 1/N 了。比如说，我们一共有 10 个收益率，其中 3% 出现了两次，那这个 3% 的概率就是 0.2（2/10），因为出现了两次，所以这里我们就把上面算术平均收益率里面的 1/N 变成了 w_i 而已。加权平均收益率经常被我们用在金融里求平均收益率，或者叫期望收益率。这里介绍一个概念，如果观测值表示了随机变量所有可能的取值，当权重取为每种取值的概率的时候，加权平均值就称为随机变量的**数学期望**，记为：

$$E(X) = \sum x_i \cdot P(x_i) = x_1 \cdot P(x_1) + x_2 \cdot P(x_2) + \cdots + x_n \cdot P(x_n)$$

比如说，有一个金融产品，经济好的时候收益率是 10%，经济没有那么好的时候收益率是 8%，经济差的时候收益率是 3%，然后再给你一个经济好的时候的概率是多少，经济差的时候的概率是多少，然后让你求一个平均收益率，就是用加权平均数的这个公式来求解的，就是每一个对应的取值乘以概率，然后再加总就可以了。

【例】　股票收益率为 10%，11%，12%，权重为 0.1，0.5，0.4，那么其加权平均值为：

$$\overline{R}_w = 0.1 \times 10\% + 0.5 \times 11\% + 0.4 \times 12\% = 11.3\%。$$

【例】　已知某股票第二天的收益率情况为：

发生的概率	30%	30%	40%
第二天股票收益率	10%	0%	-20%

股票的第二天收益率的数学期望等于：

$$E(R) = 10\% \times 30\% + 0\% \times 30\% + (-20\%) \times 40\% = -5\%$$

在我们求资产组合的期望收益率时，它的公式是：

如果有 $R_P = w_1R_1 + w_2R_2$，那么有 $E(R_P) = w_1E(R_1) + w_2E(R_2)$

也就是说随机变量和的数学期望等于随机变量数学期望的和。上面的公式可以推导到有多个随机变量的情况。

在投资组合中，R_P 可以看作投资组合的收益率，R_1 和 R_2 为组合中的证券的收益率，w_1 和 w_2 分别为其价值权重。$E(R_P)$ 为投资组合收益率的数学期望，$E(R_1)$ 和 $E(R_2)$ 为组合中证券的收益率的数学期望。

单个资产收益率的方差

方差是收益率偏离其均值的大小的平方的平均大小。用公式来表示为：

$$\mathrm{Var}(R) = \sigma^2 = \frac{\sum_{i=1}^{N}(R_i - \mu_R)^2}{N}$$

其中，$\mu_R = \frac{\sum_{i=1}^{N} R_i}{N}$，称为收益率 R 的均值。

这里的均值实际上是收益率的期望值，只不过假设收益率取每种可能的结果的概率为 $1/N$。

某金融产品的收益率可能结果为：10%，15%，20%，-15%，0，可以得到：

$\mu_R = (10\% + 15\% + 20\% - 15\% + 0)/5 = 6\%$

$$\sigma^2 = \frac{\sum_{i=1}^{N}(R_i - \mu_R)^2}{N}$$

$$= \frac{(10\% - 6\%)^2 + (15\% - 6\%)^2 + (20\% - 6\%)^2 + (-15\% - 6\%)^2 + (0 - 6\%)^2}{5}$$

$= 1.93\%$

对于方差来讲，总体方差和样本方差也有区别。总体方差如上面定义，而样本方差则为：

$$s^2 = \frac{\sum_{i=1}^{n}(R_i - \overline{R})^2}{n-1}$$

两个资产收益率的协方差和相关系数

协方差的英文单词 covariance 是由方差（variance）前面加了个前缀 co-得来的。co-是同步的意思，所以 variance 前面加一个 co-，表示的就不再是一个随机变量或者说一组数据的离散程度，而是两个随机变量之间的一个随机关系。其实，协方差度量的是两个随机变量变动的同向性。所谓同向性，就是一个随机变量高于均值的时候，另一个随机变量也高于均值，就说明这两个随机变量他们的变动是同向的；如果一个随机变量高于均值的时候，另一个随机变量低于均值，就说明这两个随机变量的变动是反向的。总结一下也就是说，协方差用来描述随机变量变动的同向性：当两个随机变量的协方差大于零时，说明随机变量偏离其期望值的方向相同；当协方差小于零时，说明随机变量偏离其期望值的方向相反；如果协方差等于零，说明随机变量偏离期望值的方向没有关系。

知道协方差的概念以后，我们就要考虑计算了，那协方差的计算公式是怎样的呢？我们首先回想一下我们前面学过的方差的计算。求方差就是求一个期望，是距离平方的期望，或者叫作距离平方的均值。那什么是距离的平方呢？就是随机变量 X 的均值（$X_i - \overline{X}$）的平方，它的期望值就是方差。那我们看一下什么是协方差呢？协方差既然度量的是两个随机变量之间的关系，那就不能只包含一个距离了，要包含两个距离。所以，协方差的公式应该是这样的，表示一个资产在一定时期内的收益率到均值的距离（$R_{t,1}-\overline{R_1}$），乘以另一个资产同一时期内的收益率到均值的距离（$R_{t,2}-\overline{R_2}$），即（$R_{t,1}-\overline{R_1}$）（$R_{t,2}-\overline{R_2}$）的期望，也就是说这两个资产收益率的协方差的公式为：

$$\text{Cov}_{1,2}=E[(R_{t,1}-\overline{R_1})(R_{t,2}-\overline{R_2})]$$

这是我们用期望的方法求得两个资产收益率的协方差，如果我们用两个资产收益率的历史数据的话，这两个资产收益率的协方差的公式则为：

$$\text{Cov}_{1,2}=\frac{1}{n-1}\sum_{t=1}^{n}[R_{t,1}-\overline{R_1}][R_{t,2}-\overline{R_2}]$$

协方差还有两个知识点，大家需要掌握。第一点，由公式可以知道，随机变量与其本身的协方差就是方差：$\text{Cov}(X,X)=E[(X-E(X))\times(X-E(X))]=\sigma^2(X)$。第二点，关于协方差的取值范围，可以从负无穷到正无穷。相比之下，方差的取值范围是从 0 到正无穷，方差是不可能取到负数的。

从上面的讲解中我们已经知道了协方差的取值范围是从负无穷到正无穷的，取值范围特别的广，正是由于这个原因，我们才引入了下面一个概念，叫作相关系数（correlation）。当我们把协方差标准化之后，就可以得到一个相关系数。那它具体是怎么得到的呢？两个随机变量的相关系数等于它们的协方差除以它们的标准差之积，即：

$$\rho_{1,2}=\frac{\text{Cov}_{1,2}}{\sigma_1\sigma_2}$$

我们知道协方差衡量的是两个随机变量变动的同向性，那相关系数度量的是什么呢？相关系数度量的是两个随机变量之间的线性关系。如果两个随机变量能用加减的关系来表示的话，那它们之间就是线性关系，而乘除、乘方等关系就不属于线性关系。比如说有两个随机变量 X 和 Y，$Y+X$ 表示的是线性关系；$Y-2X$ 表示的也是线性关系；但是 XY 就不是线性关系了。

协方差的取值范围是从负无穷到正无穷的，而相关系数是协方差经过标准化后得到的，取值范围是从 -1 到 1 的。既然如此，我们就要看几个特殊点代表的含义是什么。如果相关系数等于 -1 的话，代表的是两个随机变量之间是完全负相关的关系，或者叫作完全负的线性关系。那就是说 Y 可能等于几个负的 X 加上一个常数，例如 $Y=-aX+b$，其含义就是 X 和 Y 之间是完全负的线性关系。如果相关系数等于 1，说明 X 和 Y 之间是一个完全正的相关关系。比如 $Y=aX$，如果 X 增加了 1，那 Y 就会增加 a。如果相关系数等于 0，就表示两个随机变量之间不存在线性关系。这时，我们需要考虑一个问题，如果两个随机变量的相关系数等于 0，那能不能说这两个随机变量之间是独立的呢？答案是否定的。相关系数等于 0，仅仅只代表它们之间不存在线性关系，但是他们之间可能会存在其他的关系，只不过别的关系我们这里不知道而已。而如果两个随机变量是独立的话，那就说明它们两个之间任何关系都没有。所以，相关系数等于 0，不代表两个随机变量是独立的。总结一下，相关系数表示的是两个随机变量之间的线性相关关系。如果相关系数小于 1 大于 0，表示随机变量存在正的线性关系；如果相关系数小于 0 大于 -1，表示随机变量存在负的线性关系；如果相关系数等于 1（-1），表示随机变量存在完全正（负）线性关系；如果相关系数等于 0，表示随机变量不存在线性关系。

考点总结

相关系数这个考点，我们需要掌握以下四方面的内容：

- 第一个是相关系数的公式，我们要会计算；
- 第二个，我们要知道相关系数衡量的是两个随机变量之间的线性关系；
- 第三个就是要知道，相关系数的取值范围是从 -1 到 1 的。相关系数等于 1 时，表示的是完全正相关；相关系数等于 -1 时，表示的是完全负相关；
- 第四个，我们要知道如果相关系数等于 0 的话，两个随机变量之间是没有线性关系的，但是他们之间可以有别的关系，只不过别的关系我们在这里不知道而已。所以，相关系数等于 0 不等价于两个随机变量独立。

投资组合收益率的方差和标准差

我们前面已经学到单个资产收益率的方差，也知道了可以用方差来衡量一个资产的风险。当我们在投资的时候，往往一个组合中会有多个资产，那组合收益率的方差是如何衡量的呢？当一个组合由两个资产构成的时候，它的收益率的方差的计算公式是：

$$s_p^2 = w_1^2 s_1^2 + w_2^2 s_2^2 + 2w_1 w_2 \mathrm{COV}_{1,2}$$

我们从公式中可以看出，一个组合的风险取决于构成它的各个资产的权重、方差以及它们的相关系数。在其他条件都一定的情况下，资产之间的相关性越低，组合的方差，即风险也就会越小。

我们知道一个随机变量的标准差的平方即为它的方差，那组合的标准差的公式为：

$$\sigma_P = \sqrt{w_1^2\sigma_1^2 + w_2^2\sigma_2^2 + 2w_1 w_2 \rho_1 \sigma_1 \sigma_2}$$

当我们把组合中的两个资产扩展到 n 个资产的话，组合标准差的公式就变为：

$$\sigma_P = \sqrt{\sigma_P^2} = \sqrt{\sum_{i=1}^{n} w_i^2\sigma_i^2 + \sum_{i=1}^{n}\sum_{j=1}^{n} w_i w_j \mathrm{Cov}_{i,j}}$$

如果我们设组合中所有的资产的权重都是相等的，即都是 $1/n$ 的话，那组合方差的公式就可以变为：

$$\sigma_p^2 = \frac{1}{n^2}\sum_{i=1}^{n}\sigma_i^2 + \frac{n^2 - n}{n^2}\mathrm{Cov}_{i,j}$$

当 n 趋近于无穷大时，我们可以发现，组合的方差近似等于平均的协方差。此时，组合的方差主要受组合中两两之间的协方差的均值的影响，受单个资产方差的影响减弱。各项资产之间的协方差有正有负，它们会起相互对冲抵消的作用，但不会完全抵消。因此，我们可以通过扩大投资组合进行风险的分散化。

考点总结

在 CFA 一级的考试中，由两个资产构成的组合的方差和标准差是考试的重点，所以两个资产构成的组合方差的计算公式一定要牢记。而三个资产构成的组合的方差虽然在一级考试中考得较少，但也要求掌握。其他多个资产构成的组合的方差公式只要了解一下即可，比如组合方差公式的一般式，一级考试不作要求。

3.5　资产组合的方差和相关系数的关系

前面我们已经学习过，如果一个组合由两个资产构成，组合的方差和标准差的计算公式为：

$$\sigma_p^2 = w_1^2\sigma_1^2 + w_2^2\sigma_2^2 + 2w_1w_2\text{COV}_{1,2} = w_1^2\sigma_1^2 + w_2^2\sigma_2^2 + 2w_1w_2\rho_{1,2}\sigma_1\sigma_2$$

$$\sigma_P = \sqrt{w_1^2\sigma_1^2 + w_2^2\sigma_2^2 + 2w_1w_2\rho_1\sigma_1\sigma_2}$$

在由两个资产构成的组合中，当相关系数取一些特殊值的时候，有以下关系。

- 当 $\rho_{12}=1$，则 $\sigma_p = w_1\sigma_1 + w_2\sigma_2$；
- 当 $\rho_{12}=0$，则 $\sigma_p = \sqrt{w_1{}^2\sigma_1{}^2 + w_2^2\sigma_2{}^2}$；
- 当 $\rho_{12}=-1$，则 $\sigma_p = w_1\sigma_1 - w_2\sigma_2 |$。

大家思考一下，当 $\rho_{12}=-1$ 时，σ_p 是否可能为 0 呢？答案是肯定的，我们只要将 w_1，w_2 做适当的配比，就有可能使得组合的方差（或标准差）为 0。这就意味着当两个资产是完全负相关时，必定能找到一点使得组合风险为 0，也就是无风险投资品种。随着 ρ_{12} 下降，投资组合的风险一直下降，直到 0 为止。也就是说，相关系数越低，投资组合的风险就越小，组合分散风险的效果就越好。

如果我们将由两个资产构成的组合的期望收益率和标准差在坐标图中表示的话，就如图 4-3 所示。

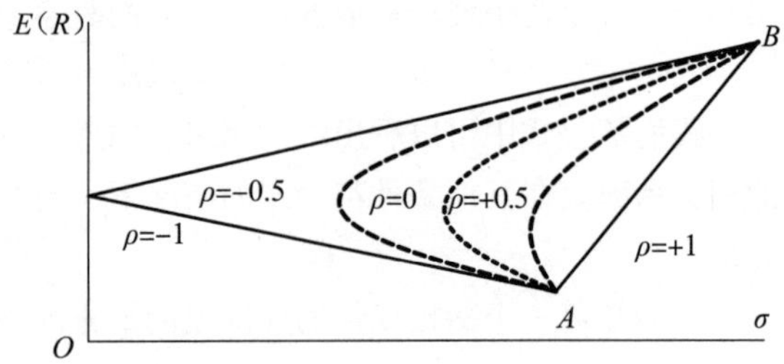

图 4-3　资产组合的相关系数

从图 4-3 中我们可以看得出来，当两个组合的相关系数等于 1 时，即 $\rho=1$ 时，两个资产的投资组合将呈一条直线，直线上的每一个点表示不同权重组合的投资组合。如果我们把 100% 的资金投资于资产 A（0% 给资产 B），那么“投资组合”就是 *A* 点。随着 A 的权重越来越小，B 的权重越来越大，投资组合的点就沿着直线向右上方移动。直到 B 的权重达到 100%（A 的权重为 0），那么“投资组合”就到达 *B* 点。如果资产 A 和资产 B 的收益率的相关系数等于 −1，即 $\rho=-1$ 时，一定能发现一点，使得投资组合的标准差为 0，这时，两个资产的投资组合将呈一条折线。更一般地讲，如果资产 A 和资产 B 的收益率和相关系数在 −1 到 1 之间，那么两个资产的投资组合将呈一条向左上方弯曲的曲线。曲线上的每一个点表示资产权重不同的投资组合。而且相关系数越小，曲线越往左边弯曲。由此可知，相关系数越小，组合的效用越高。因为相关系数越小，组合的曲线越往左弯曲，而左边的组合风险小（即在相同收益率的情况下，风险更小）。

3.6　风险厌恶

风险厌恶是一个人在承受风险情况下其偏好的特征。可以用它来测量人们为降低所面临的风险而进行支付的意愿。在降低风险的成本与收益的权衡过程中，厌恶风险的人在相同的成本下更倾向于选择低风险。对具有相同预期回报率的投资项目进行选择时，风险厌恶者一般选择风险最低的项目。而对于具有同样风险的资产，则钟情于具有高预期收益率的资产。

与风险回避者恰恰相反，**风险追求**（risk-seeking）者通常主动追求风险，喜欢波动的收益胜于稳定的收益。他们选择资产的原则是：当预期收益相同时，选择风险大的，因为这会给他们带来更大的效用。**风险中立**（risk-neutral）者通常既不回避风险，也不主动追求风险。他们选择资产的唯一标准是预期收益的大小，而不管风险状况如何。

3.7 最小方差前沿与有效前沿

如果我们将全世界所有风险资产都在同一个坐标轴中体现出来的话，我们就可以得到一个面，我们把这个面叫作可行集，如图4-4所示。

如果我们做一条和横轴平行的直线，和可行集的边界交于A、B两点（如图4-5所示），我们可以发现两点的预期收益率是完全相同的，但是它们的风险不同，A点在左边，它的风险相比B点更小一些。

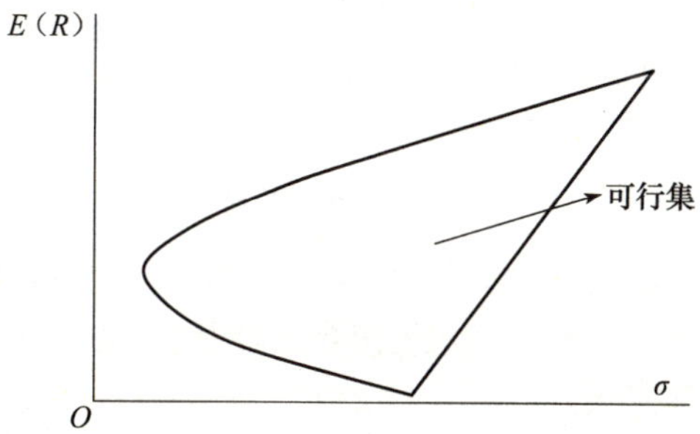

图4-4 可行集1

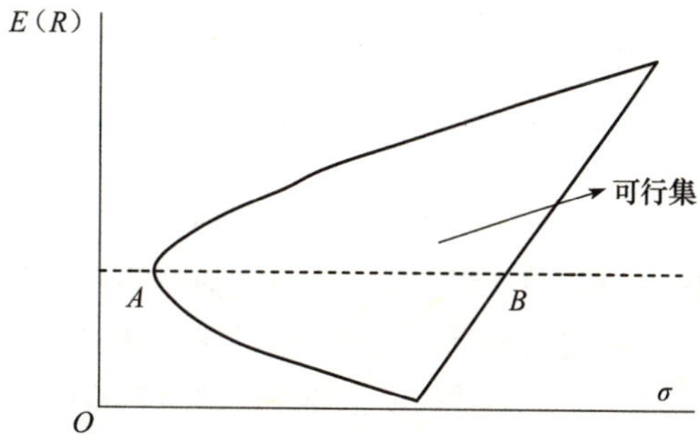

图4-5 可行集2

当我们把所有具有相同收益率的组合作比较的时候，我们会发现位于可行集最左边的组合有更低的风险。在收益率一定的情况下，我们都会追求最小的风险，投资于那些风险更小的组合。因此，只有可行集最左边的点是有效的，右边所有的点都是无效的。我们把最左边的点都连在一起形成一条曲线（如图4-6所示），这条曲线称为**最小方差前沿**。最小方差前沿是最左边的一条曲线，它上面的点代表所有风险资产的组合，在相同收益率水平下，这条曲线上的组合具有最小方差，因此称为最小方差组合。最小方差前沿上每个点都是所有风险资产的组合，各个点的区别是权重不同。

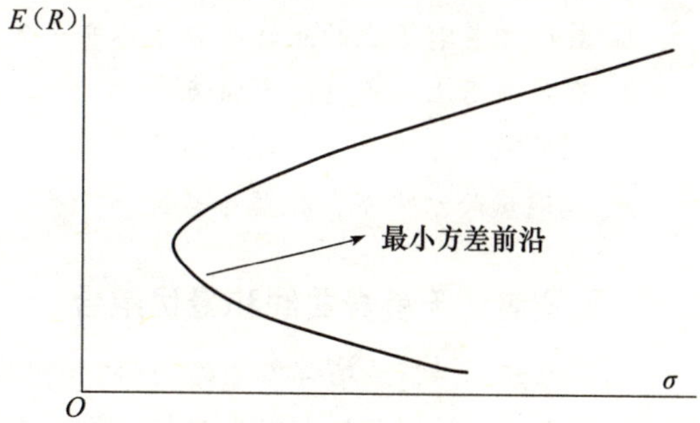

图4-6 最小方差前沿

上面我们已经分析过了，投资者应该投资于那些最小方差前沿上的点，因为对于相同收益率水平，最小方差前沿上的组合的风险最小。但是，是否最小方差前沿上的每个点都值得投资呢？显然，最小方差前沿的下半部分并不值得投资，因为对于相同风险水平下，最小方差前沿的上半部分的组合的收益率都比下半部分的更高。因此，我们说最小方差前沿只有上半部分才是有效的。

那么，从哪里开始算上半部分呢？类似地，我们可以做无数条与纵轴平行的直线，让它们都与最小方差前沿相交，我们会发现在最小方差前沿最左边的拐点处会有一条直线和最小方差前沿相切，只有一个交点（即切点C），这个切点叫作**全球最小方差组合**（global minimum variance portfolio）（如图4-7所示）。全球最小方差组合是所有资产组合中风险最小的一个组合，因为它在最左边，这一点就是上半部分与下半部分的分界点。上半部分的点在风险水平一定的情况下，具有更高的期望收益率。如图4-7所示，组合A和组合B具有相同的风险，但是组合A在最小方差前沿的上半部分，具有更高的收益率。

从全球最小方差组合开始，最小方差前沿的上半部分就称为马科维茨有效前沿，简称**有效**

前沿（efficient frontier）。有效前沿是能够达到的最优的投资组合的集合，它位于所有资产和资产组合的左上方，如图 4-8 所示：

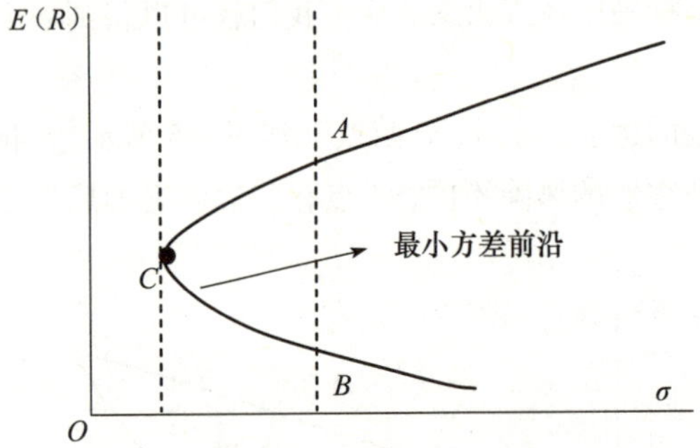

图 4-7　全球最小方程组合

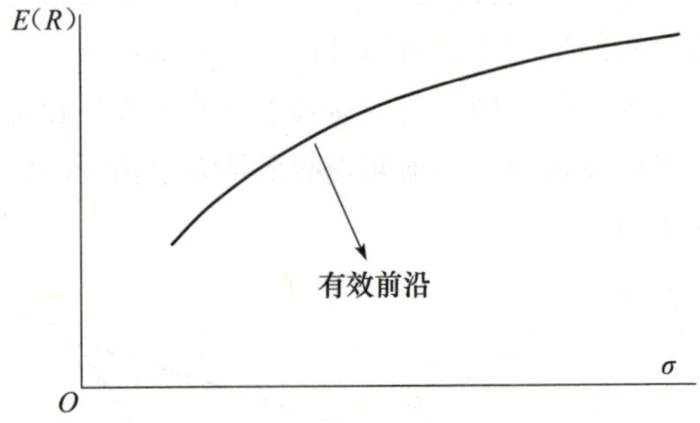

图 4-8　有效前沿

所有的单个资产都位于有效前沿的右下方，有效前沿的左上方无法利用现有市场上的风险资产来获得。在一定的期望收益率 $E(R)$ 水平下，有效前沿上的投资组合风险最小；在一定的风险水平下，有效前沿上的投资组合期望收益率水平最大。

有效前沿上的投资组合称为**有效组合**（efficient portfolio），其特点是包含了所有风险资产，所以我们称有效组合是完全分散化（well-diversified，fully-diversified）的投资组合。

考点总结

这部分内容我们要记住以下两点：

1. 最小方差前沿上的点在收益率水平一定的情况下，风险最小；
2. 有效前沿上的点有两个特点：

➢ 相同收益率水平下，风险最小；

➢ 相同风险水平下，收益率最大。

3.8　投资者的无差异曲线和最优组合

马科维茨在进行均值 – 方差模型研究的时候，首先对投资者行为进行了研究，假定了投资者的效用函数。效用函数表现为多条无差异曲线，无差异曲线将投资者对风险和收益的偏好形象地描绘了出来，如图 4-9 所示。

无差异曲线具有以下性质。

➢ 无差异曲线有无数条；

➢ 无差异曲线不相交；

➢ 越往左上方的无差异曲线，效用越高；

➢ 每个投资者的无差异曲线不同。

马科维茨的现代投资组合理论（modern portfolio theory，MPT）假设投资者是风险厌恶的。我们前面已经讲过，风险厌恶是指投资者不喜欢风险，对于两个收益率相同的资产，投资者会投资于风险较小的那个资产。风险厌恶用效用函数表示，表现为无差异曲线的斜率大于 0。

我们知道，有效前沿是证券市场的客观实际，而投资者的效用函数是投资者的主观愿望。将投资者的效用函数（无差异曲线）与有效前沿结合起来，其切点就是使得投资者效用最大的投资组合，称为**最优组合**（optimal portfolio），如图 4-10 所示：

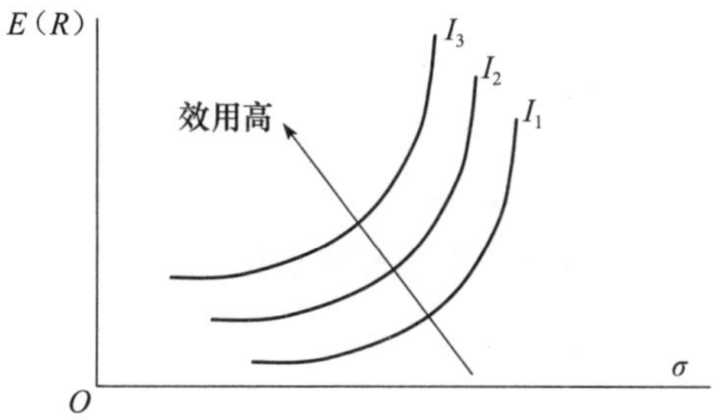

图4-9　无差异曲线

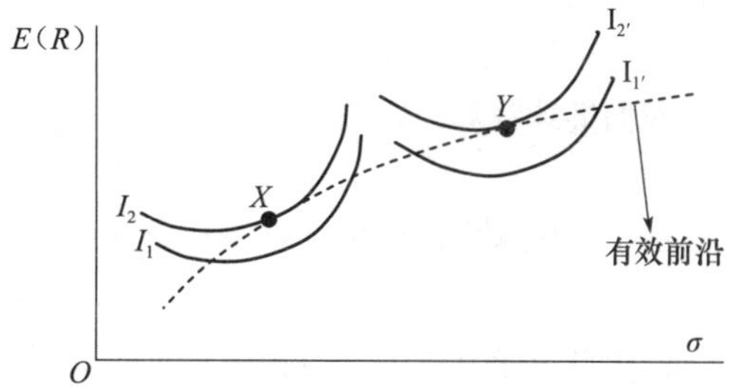

图4-10　最优组合

由于不同投资者的无差异曲线不相同，所以其切点（最优组合）也不相同。如图4-10所示，X投资者比Y投资者更加风险厌恶，因此X的最优组合在Y最优组合的左下方。

4　资本市场理论

4.1　资本市场理论的假设

马科维茨的现代投资组合理论（MPT）的问题在于难以付诸实际应用，因此威廉·夏普（William Sharpe）在现代投资组合理论的基础上加上了无风险资产，得到了资本市场理论（Capital Market Theory）。

威廉·夏普在资本市场理论中作了以下7条前提假设：

1. 所有的投资者都是马科维茨投资者，即所有投资者都以马科维茨均值 - 方差分析框架来分析证券，追求效用最大化，属风险厌恶者，他们购买有效前沿与无差异曲线的切点的最优组合。因此说威廉·夏普的资本市场理论是基于马科维茨现代投资组合理论基础上的。

2. 投资者可以以无风险利率无限借贷。在马科维茨的世界里，世界上所有的资产都是风险资产，没有无风险资产。在威廉·夏普的世界里，第一次引入了无风险资产。无风险资产的风险（标准差）为0，收益率为无风险收益率。

3. 所有投资者的期望相同。即任何投资者认为同一个股票由相同的风险/收益分布。

4. 所有的投资者的投资期限相同，都为一期。

5. 资产无限可分。即投资者可以买0.1股股票，可以买0.01股股票，等等。

6. 无摩擦市场。主要指没有税和交易费用。

7. 投资者是价格的接受者，也就是投资者的买卖行为不会改变证券价格。

资本市场理论的7条前提假设可以归结为两条：一是所有投资者都是一样的；二是市场是有效的。

这7条假设既是资本市场理论的前提假设，也是资本资产定价模型（capital asset pricing model，CAPM）的前提假设，因此显得尤为重要。

4.2　资本配置线

马科维茨有效前沿上的投资组合仅包含了所有风险资产，威廉·夏普对马科维茨有效前沿作了改进，引入了无风险资产。

无风险资产位于纵轴上，其标准差为0，收益率为无风险收益率 R_f。夏普想要计算出无风险资产与任一风险资产（或资产组合）X组合后的情况如何。

假定风险资产X的权重为 w_x，那么无风险资产的权重为 $(1-w_x)$。我们可以计算组合的期望收益率为：

$$E(R_P) = (1 - w_x)R_f + w_x E(R_x) = R_f + w_x[E(R_x) - R_f]$$

我们继续计算组合的方差：

$$\sigma_p^2 = w_x^2\sigma_x^2 + (1 - w_x)^2\sigma_f^2 + 2w_x(1 - w_x)\sigma_x\sigma_f\rho_{x,f}$$

由于无风险资产的标准差为0($\sigma_f = 0$)，所以右边第二项和第三项都等于0，我们有：

$$\sigma_p^2 = w_x^2\sigma_x^2$$

两边开方求标准差，得：

$$\sigma_p = w_x\sigma_x$$

变形得到：$w_x = \frac{\sigma_p}{\sigma_x}$，代入到第一个式子（组合的期望收益率），得：

$$E(R_p) = R_f + \left(\frac{E(R_x) - R_f}{\sigma_x}\right) \times \sigma_p$$

从该式子中我们可以看到，无风险资产与任一风险资产 X 组合后得到一条直线，这一条直线被称为资本配置线（capital allocation line，CAL）。资本配置线上的点表示无风险资产与风险资产 X 的线性组合，其截距是无风险收益率 R_f，斜率是 $\frac{E(R_x) - R_f}{\sigma_x}$（如图 4-11 所示）。值得注意的是，这个斜率就是风险资产 X 的夏普比率（Sharpe ratio），也是这条 CAL 线上任一点的夏普比率。

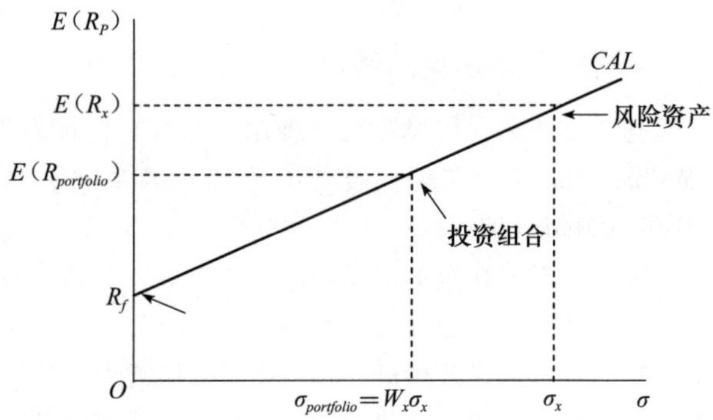

图 4-11　资本配置线

每一个投资者对于收益和风险都有不同的预期和偏好，因此，每一个投资者都有不同的最优投资组合，以及不同的 *CAL* 线（如下图 4-12 所示）。有效前沿上的点表示所有投资者最优的风险资产组合，我们取无风险资产与有效前沿上的点相连，可以得到无数条 *CAL* 线。

在这无数条 *CAL* 线中，最优的 *CAL* 线是与有效前沿相切的那条 *CAL* 线。因为，在相同的风险水平下，最高的 *CAL* 线期望收益率最高（即在相同的风险水平下，收益率最高），因此是最优的 *CAL*（如图 4-13 所示）。

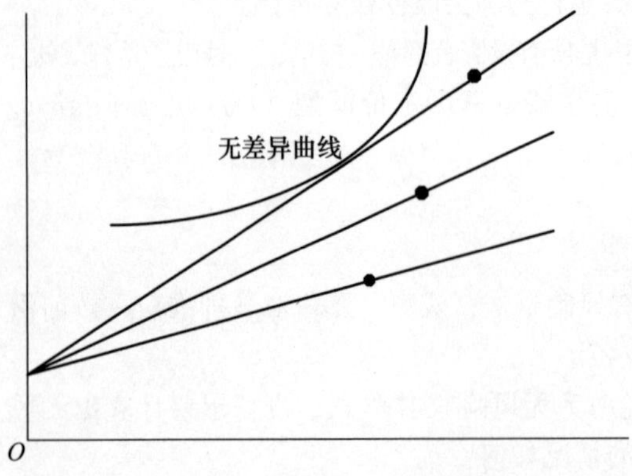

图 4-12　无数条资本配置线

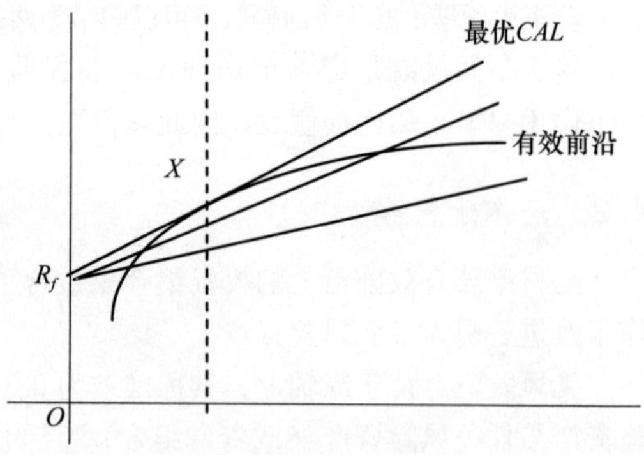

图 4-13　最优资本配置线

考点总结

对于 CAL 线，我们要掌握以下几方面内容：

- 由一个风险资产和一个无风险资产构成的组合的收益率的期望和方差的计算公式。
- CAL 是无风险资产与有效前沿上任何一点直接相连所得到的直线，换句话说就是无风险资产与最优风险资产的组合，因此 CAL 线有无数条。
- CAL 是 capital allocation line 的缩写，目的是寻找投资者的最优投资组合，每一个投资者都可以利用 CAL 进行资本配置。
- 最优的 CAL 只有一条，是与有效前沿相切的那一条。

4.3 两基金分离定理

两基金分离定理是说，在所有风险资产组合的有效组合边界上，任意两个分离的点都代表两个分离的有效投资组合，而有效组合边界上任意其他的点所代表的有效投资组合，都可以由这两个分离的点所代表的有效投资组合生成。

两基金分离定理的金融含义是，如果有两个不同的共同基金，它们都投资于风险资产，并且经营良好（意味着都在有效前沿边界上），投资者只要将自己的资金按一定比例投资于这两家基金，就可以保证该组合一定落在投资组合边界上，获得与共同基金同样好的效果。

4.4 资本市场线

前面我们已经分析过了，不同的投资者有不同的最优资产组合以及不同的 *CAL* 线，那么，我们到底应该取哪一个风险资产组合 X 去跟无风险资产做组合呢？我们已经知道，对于投资者来说，最佳的资本配置线是与有效前沿相切的一条直线，这条直线在任一资本配置线的左上方，也在有效前沿的左上方，因此它效用最高。这条直线取代了马科维茨有效前沿，成为新的有效前沿。假设切点为 M，点 M 称为市场组合（market portfolio），其包含了所有的风险资产，权重是市值权重。通常把标准普尔 500 指数当作市场组合的替代。

当所有的投资者对于收益的期望和方差以及风险资产之间的相关性具有相同的预期时，对于所有的投资者来说将有一条相同的 *CAL* 线，这条 *CAL* 线称为资本市场线（*CML*）。它的公式为：

$$E(R_p) = R_f + \left(\frac{E(R_M) - R_f}{\sigma_M}\right)\sigma_p$$

从公式中我们可以看出，*CML* 线的斜率是$\frac{E(R_M) - R_f}{\sigma_M}$，它即为市场组合的夏普比率，而 *CML* 线上任一个组合的夏普比率都等于市场组合的夏普比率。因为 *CML* 线取代了马科维茨有效前沿成为新的有效前沿，因此 *CML* 线上所有的组合都是有效组合，即所有的组合都是完全分散化了的资产组合。

CAL 线和 *CML* 线之间既有联系又有区别。它们的区别在于：*CAL* 线是由无风险资产与任意最优的风险资产组成的，即无风险资产与有效前沿上的任何一点的连线；而 *CML* 线是由无风险资产和市场组合所构成的，其假设前提是所有的投资者都有相同的预期。*CAL* 线和 *CML* 线也有很多联系，我们说 *CML* 线是一条特殊的 *CAL* 线，具体表现在它是 *CAL* 线和有效前沿相切时得到的。

因为不同投资者有不同的偏好，因此有不同的无差异曲线，他们各自的无差异曲线与 *CML* 线的切点就是各个投资者的最优投资组合。因为市场组合包含了所有的风险资产，而各个资产的权重是他们的市值权重，是已经确定好的，所以投资者无法决定市场组合中各个资产的权重配比，他们只能在无风险资产与市场组合之间做配比。因此，投资于一个无风险资产和市场组合这样的投资组合称为消极型投资（passive investment）。投资者不去主动选择，而是根据市场组合（大盘）进行配比。常见的，购买指数就是一种消极型的投资方式。

名师解惑

例如在标准普尔 500 指数中，假如可口可乐的市值为 100 亿元，沃尔玛的市值为 150 亿元，标准普尔 500 的总市值是 1 000 亿元，那可口可乐的市值权重就是 10%，沃尔玛的是 15%。标准普尔 500 指数就是一种市场组合，它里面各个股票的市值权重是已经确定的，单个投资者是无法决定的。如果我们购买标准普尔 500 指数，我们就是做了一种消极的投资，我们不主动地去选择投哪种股票，而是跟着大盘走，大盘里有什么我们就投什么。

我们知道，资本市场线上任何点都是无风险资产与市场组合的线性组合。在资本市场线上，位于无风险资产和市场组合之间的任意一点表示部分钱投资于市场组合（即风险资产），部分钱投资于无风险资产，就相当于把钱存入了银行，我们把这种组合称之为贷出组合（lending portfolio），如图 4-14 所示的 X 组合；位于市场组合右边的任意一点表示以无风险利率融资（卖空无风险资产），就相当于从银行贷款，来投资市场组合，我们把这种组合称之为借入组合（borrowing portfolio），如图 4-14 所示的 Y 组合。因为 Y 组合借钱全部投资于了风险资产，而 X 组合一部分投资于风险资产，一部分投资于无风险资产，所以相比之下 X 组合（即贷出组合）的风险厌恶程度更高，而 Y 组合（借入组合）的风险厌恶程度相对较低。

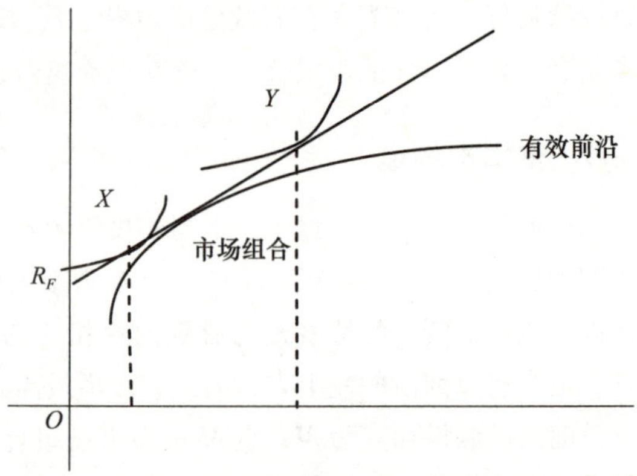

图 4-14　贷出组合与借入组合

考点总结

CML 线是 CFA 一级组合管理中的一个考试重点和难点，要求大家要掌握以下几方面的内容。

- 知道市场组合的特点：a. CML 线和马科维茨有效前沿的切点；b. 市场组合包含了所有的风险资产；c. 市场组合中的资产的权重是按市值配比，投资者无法决定；
- 知道 CML 线的表达式；
- CML 线上的任何一点的夏普比率都等于市场组合的夏普比率，即 CML 线的斜率；
- CML 线上的组合都是有效组合，即都是充分分散化的组合；
- 知道 CAL 线和 CML 线的相同点和不同点；
- 掌握贷出组合和借入组合，以及消极型投资。

4.5 系统性风险和非系统性风险

威廉·夏普看到，通过构造资产组合，可以降低风险，但不能完全消除风险。我们把可以通过构造资产组合分散掉的风险称为非系统风险，不能通过构造资产组合分散掉的风险称为系统风险。我们有：

总风险 = 系统性风险 + 非系统性风险

我们知道“天下没有免费的午餐”，投资者要求在承担风险的时候得到风险补偿，即风险溢价。非系统性风险可以通过构造资产组合分散掉，是可以避免的风险，因此，承担非系统性风险不能得到风险补偿。风险补偿只能是对于不可避免的风险的补偿，即承担系统性风险的补偿。当组合中资产的数目逐渐增多的时候，非系统风险就会被逐步分散，但是无论资产数目有多少，系统性风险都是固定不变的（如图4-15所示）。

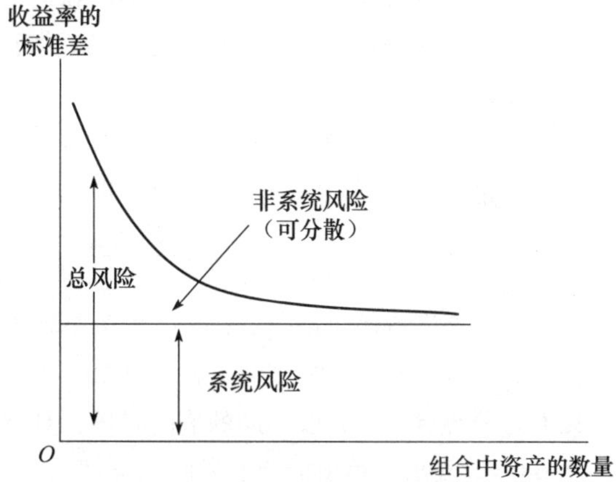

图4-15 系统风险和非系统风险

我们在进行上述分析的时候，有一个假设前提就是，非系统性风险是可以分散掉的，且没有分散成本，所以就没有对非系统性风险给予补偿，那么获得补偿的只有系统性风险。因此，我们可以得到一个结论，资产的均衡收益率取决于该资产或组合的系统性风险，而并不是由方差衡量的总风险决定的。

名师解惑

在我们前面讲过的CML线中，我们是在均值－方差的模型中讨论的，我们用方差来衡量总风险。但是CML线上的市场组合是一个完全分散化的资产组合，其非系统性风险都被分散掉了，只有系统性风险。而CML线上的任一组合都是对无风险资产和市场组合做配比得到的，因为无风险资产是没有风险的，市场组合只有系统风险，所以由这两者构成的组合也只有系统性风险，因此，CML线上的任一组合只有系统性风险，没有非系统性风险。

4.6 β的衡量

β系数也称为贝塔系数（beta coefficient），是一种风险指数，用来衡量个别股票或股票基金相对于整个股市的价格波动情况。β系数是一种评估证券系统性风险的工具，用以度量一种证券或一个投资证券组合相对总体市场的波动性。贝塔系数是统计学上的概念，它所反映的是某一投资对象相对于大盘的表现情况。其绝对值越大，显示其收益变化幅度相对于大盘的变化幅度越大；绝对值越小，显示其变化幅度相对于大盘越小。如果是负值，则显示其变化的方向与大盘的变化方向相反；大盘涨的时候它跌，大盘跌的时候它涨。由于我们投资于投资基金的目的是为了取得专家理财的服务，以取得优于被动投资于大盘的表现情况，这一指标可以作为考察基金经理降低投资波动性风险的能力。在计算贝塔系数时，除了基金的表现数据外，还需要有作为反映大盘表现的指标。根据投资理论，全体市场本身的β系数为1，若基金投资组合净值的波动大于全体市场的波动幅度，则β系数大于1。反之，若基金投资组合净值的波动小于全体市场的波动幅度，则β系数就小于1。β系数越大的证券，通常是投机性较强的证券。以美国为例，通常以标准普尔五百企业指数（S&P 500）代表股市，贝塔系数为1。一个共同基金的贝塔系数如果是1.10，表示其波动是股市的1.10倍，亦即上涨时比市场表现优10%，而下跌时则更差10%；若贝塔系数为0.5，则波动情况只及一半。$\beta=0.5$为低风险股票，$\beta=1.0$表示为平均风险股票，而$\beta=2.0$表示高风险股票，大多数股票的β系数介于0.5～1.5。贝塔系数衡量股票收益相对于业绩评价基准收益的总体波动性，是一个相对指标。β越高，意味着股票相对于业绩评价基准的波动性越大。β大于1，则股票的波动性大于业绩评价基准的波动性。反之亦然。

单项资产系统风险用β系数来计量，通过以整个市场作为参照物，用单项资产的风险收益率与整个市场的平均风险收益率作比较，即：

$$\beta_i = \frac{\text{Cov}_{i,mkt}}{\sigma_{mkt}^2} = \left(\frac{\sigma_i}{\sigma_{mkt}}\right) \times \rho_{i,mkt}$$

其中，β_i是单个资产的贝塔值，$\text{Cov}_{i,mkt}$是单个资产和市场组合之间的协方差，σ_{mkt}^2是市场组合的方差，σ_i是单个资产的标准差，$\rho_{i,mkt}$是单个资产和市场组合之间的相关系数。

以1为分界点，当β取不同的值的时候，具有不同的含义：

- $\beta=1$，表示该单项资产的风险收益率与市场组合平均风险收益率呈同比例变化，其风险情况与市场投资组合的风险情况一致；
- $\beta>1$，说明该单项资产的风险收益率高于市场组合平均风险收益率，则该单项资产的风险大于整个市场投资组合的风险；
- $\beta<1$，说明该单项资产的风险收益率小于市场组合平均风险收益率，则该单项资产的风险程度小于整个市场投资组合的风险。

在实践当中，我们经常用回归模型来估计单个资产的贝塔值。但是回归模型是CFA二级中要求掌握的内容，在这里我们只要简单地了解一下就可以。

一般，我们将一个股票的收益表示为：

$$R_i = \alpha_i + \beta_i R_M + e_i$$

这个方程式被认为在任何时点上都成立，虽然α_i、β_i和σ_{ei}^2可能随时间而发生变化。当观察历史数据时，我们是不能直接观察出α_i、β_i和σ_{ei}^2的。我们所能观察的是证券和市场的历史收益。如果假设α_i、β_i和σ_{ei}^2是固定的，不随时间而变化，那么同样的方程在任何时点都成立。这样一来，估计α_i、β_i和σ_{ei}^2就存在一个直接的程序。

我们要注意，上面的股票收益的方程是一个直线方程。如果σ_{ei}^2等于0，那么我们可以根据2个观察估计出α_i和β_i。但是，随机变量e_i的存在意味着实际收益将在直线周围形成散点。图4-16说明了这样的形态。纵轴是证券i的收益，横轴是市场收益。图中的

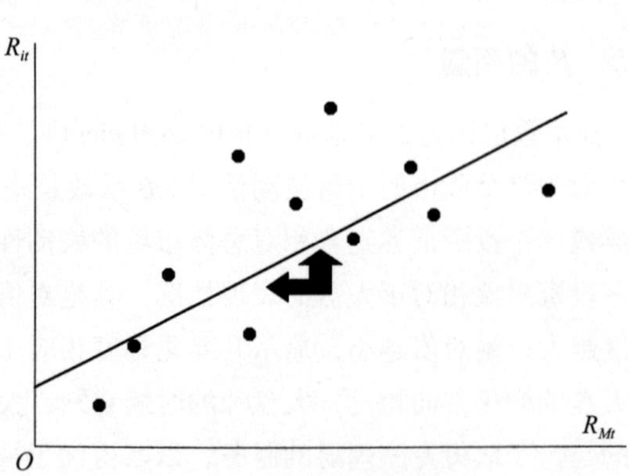

图4-16 β的衡量

每一点是股票 i 在某一时期内的收益，例如，1 个月（t）的收益在图中对应 1 个月的市场收益。实际观察到的值位于真实的关系线（图4-16 中示为粗线）上或在其周围。σ_{ei}^2越大，线周围的点越分散，因为我们并不能实际观察到真实的线，所以就会越不肯定真实线的位置。给定观察到的散点，对于真实线究竟位于何处有很多种估计方法。通常我们使用回归分析来估计线的位置。

可以这样看这一程序，先画出 R_{it}对 R_{Mt}得到散点图，如上图。每一点代表 1 个月内某一股票的收益和市场收益。其他的点通过画出在连续的月内两者的收益而得出。下一步是用直线拟合数据，使得与直线垂直（R_{it}）偏离的平方之和最小。直线的斜率就是在直线拟合的时期内我们对于贝塔最好的估计值，截距就是我们对 α_i 最好的估计值。

考点总结

我们要知道 β 是衡量系统风险的，虽然我们讲解了两种 β 值的衡量方式，但是我们要求掌握第一种 β 值的计算公式，第二种线性回归的方法大家只要了解一下即可。

4.7　单因素模型与多因素模型

因素模型由威廉·夏普在 1963 年提出，它是描述证券收益率生产过程的一种模型，建立在证券关联性基础上。认为证券间的关联性是由于某些共同因素的作用所致，不同证券对这些共同的因素有不同的敏感度。这些对所有证券的共同因素就是系统性风险。因素模型正是抓住了这些系统影响对证券收益的影响，并用一种线性关系来表示。因素模型中的因素常以指数形式出现（如 GNP 指数、股价指数、物价指数等），所以又称为指数模型。

单因素模型（single factor model）

一般地，单因素模型认为有一个因素 F 对证券收益产生了广泛影响，这种影响力通过对任意证券 i 在任意时期 t 建立如下方程来反映：

$$R_{it} = \alpha_i + \beta_i F_t + \varepsilon_{it}$$

其中，R_{it}是证券 i 在 t 时期的收益率，F_t 是宏观因素在 t 时期的值，β_i 是证券 i 对宏观因素的敏感度，ε_{it}是一个均值为零的随机变量，α_i 是当宏观因素均值为零时证券的收益率。

如果我们做如下假设：

- 收益率的生成过程有上述回归方程描述；
- 对每一证券 i，$E(\varepsilon_{it})=0$；
- 每一证券的残差与宏观因素不相关，这意味着因素的结果对随机误差的结果没有任何影响，$\mathrm{Cov}(\varepsilon_{it}, F_t)=0$；
- 证券 i 和 j 的残差不相关，这意味着一种证券的随机误差结果对任意其他证券的随机误差结果不产生任何影响。换句话说，两种证券的回报率仅仅通过对因素的共同反应而相关联，$\mathrm{Cov}(\varepsilon_i, \varepsilon_j)=0$。

我们可以得到上述方程中证券 i 的期望收益为：

$$E(R_i) = \alpha_i + \beta_i E(F)$$

在实际应用中，常用证券市场指数来作为影响证券价格的单因素，此时的单因素模型被称为市场模型（market model）。市场模型实际上是单因素模型的一个特例。

在我们下面将要介绍的资本资产定价模型也可视为一个特殊的单因素模型，在那里的市场组合收益率实质上就是一个单因素，以市场组合的收益率的风险补偿来作为宏观经济指数，在下一节中，我们将会详细讲解到资本资产定价模型。

多因素模型（multifactor model）

经济状况影响着大部分企业，因而对经济前景的预期的变化被认为对绝大部分证券的收益率产生深刻影响。然而经济并不是一个简单、统一的实体，因而我们需要确认一些具有广泛作用的共同影响力，比如：①国内生产总值；②利率水平；③通货膨胀率；④石油价格水平。除了这些宏观经济因素外，我们还可以考虑一些与单个公司基本面相关的因素，例如：①公司规模；②公式市盈率；③公司收益增长率，等等。多因素模型对现实的近似程度更高。这一简化形式使得证券组合理论广泛应用于实际成为可能，尤其是20世纪70年代以来计算机的发展和普及以及软件的成套化和市场化，极大地促进了现代证券组合理论在实践中的应用。

与单因素模型不同，当考虑多个因素对证券收益率的影响时，则产生了多因素模型，多因素模型更加清晰明确地解释了系统风险，从而有可能展示不同的股票对不同的因素有不同的敏感性，这可能会使精确性得以提高。多因素模型的一般式是：

$$R_{it} = \alpha_i + \beta_{i1}F_{1t} + \beta_{i2}F_{2t} + \cdots + \varepsilon_{it}$$

在多因素模型中，一个组合对某一因素的敏感性是对所含证券的敏感性的加权平均，权数为投资于各证券的比例。

如果我们对多因素模型做出和单因素模型相同的假设的话，我们可以得到多因素模型下单个证券的期望收益率，如下：

$$E(R_{it}) = \alpha_i + \beta_{i1}E(F_{1t}) + \beta_{i2}E(F_{2t}) + \cdots + \beta_{ik}E(F_{kt})$$

4.8 资本资产定价模型与证券市场线

在马科维茨的MPT世界和夏普的CML世界中，我们看到的都是回报率与总风险（标准差σ度量总风险）的关系。既然风险溢价只与系统性风险有关，那么我们当然要把横轴上的标准差σ换成一个度量系统性风险的指标，来观察回报率与系统性风险的关系。

威廉·夏普用β系数来衡量一个证券的系统性风险，得到了鼎鼎大名的资本资产定价模型（CAPM），夏普也因此获得1990年诺贝尔经济学奖。资本资产定价模型可以帮助我们准确预测资产风险与其预期收益率之间的联系。这种联系的意义主要体现在两个方面：

首先，它为我们评估一项可能的投资提供了收益率的标准。例如，证券分析师可能希望知道他所预测的证券的预期收益率与该证券既定风险水平下的“公平”收益率之间的关系。其次，这个模型可以帮助我们科学预测尚未在市场上进行交易的资产的预期收益率。例如，我们如何对首次公开发行的证券进行定价？公司新上马的某个投资项目会如何影响投资者对公司股票所要求的收益率？虽然，资本资产定价模型并不能经受历史经验的检验，但它仍然得到了广泛的运用，原因在于其独特的研究角度与一些重要的应用。

资本资产定价模型是建立在下面观点的基础上的：一个资产的风险溢价取决于它对投资者整个投资组合的风险的贡献。组合的收益是投资者最关注的问题，组合的风险则是决定风险溢价的因素。

我们已经知道，通过多样化投资，组合的非系统风险可以降低到足够低的水平，因此，投资者并不要求利用风险溢价来补偿非系统风险。需要被补偿的是不能被分散的系统风险。我们也已经了解到，单个证券对高度分散化的组合风险的贡献取决于其用β值衡量的系统风险。因此，资产的风险溢价与其β值成比例就是自然而然的事了；如果证券的系统风险成倍增加，对于愿意继续持有该证券的投资者而言，他的β值也必须以相同倍数增加。因此，组合中任何两种证券的风险溢价与β值的比率必须相同。

例如，我们如果比较市场组合与戴尔公司股票的这一比率，我们把市场组合作为基准，设定其β值为1的话，就会发现：

$$\frac{E(R_M)-R_f}{1}=\frac{E(R_i)-R_f}{\beta_i}$$

将这个等式进行变形，就可以得到资本资产定价模型中的预期收益率与β值的关系式：

$$E(R_i)=R_f+\beta_i[E(R_M)-R_f]$$

用语言表述，就是指任何资产的风险溢价，即其收益率超过无风险利率的差额，等于资产的系统风险（β值）乘以市场组合的风险溢价。这种预期收益率与β值关系式是资本资产定价模型的一个重要组成部分。

资本资产定价模型中的预期收益率与β值关系式有十分重要的经济意义。它说明，如果一个证券的方差较高，β值相对较低为0.5，风险溢价是另外一个β值为1.5的方差较低的证券的1/3。这再次证明了我们前面所得到的结论：对于可以进行多样化投资的投资者而言，只有系统风险才是最重要的，而系统风险用β值来衡量。

我们可以将预期收益率与β值关系式看作收益－风险等式。因为，β值与证券对最优风险组合的风险的贡献成正比，因此一种证券的β值是衡量风险的相当合适的指标。

风险厌恶型投资者用标准差衡量最优风险组合的风险。我们可以认为收益率（或单个资产的风险溢价）取决于该资产的风险对整个组合的贡献度。因为β值测度了一只股票对市场组合的标准差的影响，所以我们认为所要求的风险溢价是β值的函数。资本资产定价模型证实了我们的推理，并进一步说明证券的风险溢价与β值和市场组合的风险溢价成正比，也就是说，风险溢价就等于$\beta[E(R_M)-R_f]$。

如图4-17所示，预期收益率与β值关系式可以表示成证券市场线（security market line，SML）的形式。证券市场线的斜率是市场组合的风险溢价。我们可以看到与$\beta=1.0$（这实际上是市场组合的β值）相对应的预期收益率，这实际上就是市场组合的预期收益率。

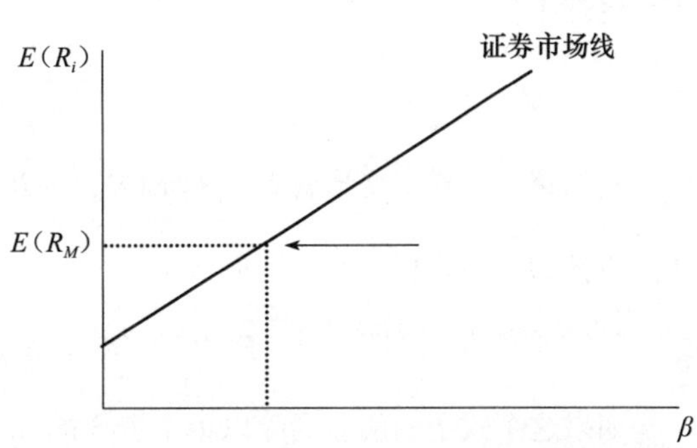

图4-17　证券市场线

我们可以将证券市场线与资本市场线进行比较。资本市场线描述了有效组合（由最优风险组合与无风险资产所构成的整个组合）的市场溢价与组合标准差之间的函数关系。之所以可以得到资本市场线，原因在于：标准差可以用来有效地衡量组合的风险，因而可以作为衡量整个组合的风险的辅助工具。资本市场线是用来进行资产配置（在无风险资产和市场组合之间进行资产配置）的一个工具。因为资本市场线上的组合都是有效组合，它构成了一个新的有效前沿。而资本市场线的斜率是市场组合的夏普比率。

证券市场线 *SML* 则描述了单个资产的风险溢价与市场风险之间的函数关系。用于评估单个资产（单个资产是高度分散化的投资组合中的一部分）的不是该资产的标准差，而是资产对整个组合的标准差的贡献，这种贡献可以用资产的 β 值来衡量。证券市场线既适用于组合，又适用于单个资产。我们可以用证券市场线来给资产确定一个最合理的预期收益率。证券市场线是基于资本资产定价模型的，斜率是市场组合的风险溢价。将证券市场线和资本市场线的区别总结一下，如表 4-4 所示。

表 4-4 证券市场线和资本市场线的区别

	SML	*CML*
风险的衡量	系统性风险（用 β 值衡量）	总风险（用标准差衡量）
应用	决定资产最合理的预期收益率（定价）	决定最合适的资产配置点（资产配置）
定义	资本资产定价模型的曲线	有效前沿
斜率	市场组合的风险溢价	市场组合的夏普比率

证券市场线最重要的一个应用就是用来判断一个资产的定价是否合理。如果一个资产的定价合理，其应当位于 *SML* 线上，如图 4-18*A* 点所示。如果一个资产的价格被高估（收益率被低估），其应当位于 *SML* 线下方，如图 4-18*B* 点所示。如果一个资产的价格被低估（收益率被高估），其应当位于 *SML* 线上方，如图 4-18*C* 点所示。对于价格被高估的资产我们应该卖出，价格被低估的资产我们应该买入。

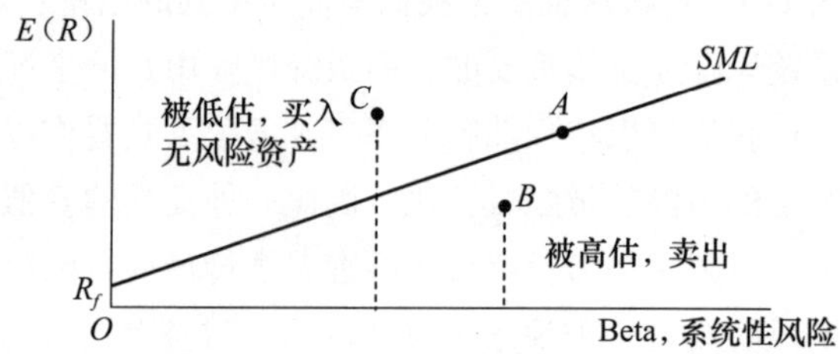

图 4-18 资产价格的评估

而证券市场线的另一个应用是，如果我们知道了一个资产和市场组合的相关系数和市场组合的夏普比率的话，我们可以用 *SML* 线的公式来求该资产的夏普比率。在前面我们学习资本资产定价模型的时候我们举了戴尔公司的例子，是为了说明组合中任何两种证券的风险溢价与 β 值的比率必须相同。我们比较了市场组合和戴尔公司股票的风险溢价和 β 值的比率，得到了：

$$\frac{E(R_M)-R_f}{1}=\frac{E(R_i)-R_f}{\beta_i}$$

我们将这个式子变形就有：$\beta_i[E(R_M)-R_f]=E(R_i)-R_f$，我们知道，$\beta_i=\frac{\mathrm{Cov}_{i,M}}{\sigma_M^2}=\rho_{i,M}\frac{\sigma_i}{\sigma_M}$，我们将 β 的表达式代入到上面的式子中，就有：

$$E(R_i)-R_f=\rho_{i,M}\frac{\sigma_i}{\sigma_M}[E(R_M)-R_f]$$

如果这个式子的两边同除以单个资产的标准差就可以得到：

$$\frac{E(R_i)-R_f}{\sigma_i}=\rho_{i,M}\frac{[E(R_M)-R_f]}{\sigma_M}$$

这个式子的左边即为单个资产的夏普比率，而式子的右边则是市场组合的夏普比率乘以单个资产和市场组合的相关系数。所以，单个资产的夏普比率就等于：

$$Sharpe\ Ratio_i=\rho_{i,M}\cdot Sharpe\ Ratio_M$$

考点总结

证券市场线是 CFA 一级组合管理中的考试重点，我们主要掌握三个方面的内容：

- 证券市场线的公式；
- SML 线和 CML 线的不同点；
- 证券市场线的应用——资产定价的高估与低估。

4.9 投资绩效评估

在做投资绩效评估的时候，我们需要综合评估的时候，我们需要综合评估投资的风险和收益。常用的绩效评估的指标包括夏普比率、M^2 指标、特雷诺比率和詹森 α。

夏普比率（Sharpe ratio，Sharpe measure）

夏普比率是资本配置线（*CAL*）的斜率，它度量的是单位风险的超额收益。夏普比率的公式是：

$$Sharpe\ ratio = \frac{R_P - R_f}{\sigma_P}$$

夏普比率的分子是资产组合的平均收益率超过无风险收益率的部分，称为超额收益（也称风险溢价）。资产组合的平均收益率之所以会超过无风险收益率，是因为承担了风险。我们把超额收益除以总风险的度量，即为单位风险的超额收益。

夏普比率综合衡量了投资的风险和收益，被广泛用于绩效评估。夏普比率越高越好。根据资本市场理论，最有效的投资组合位于资本市场线（*CML*）上，即组合的夏普比率等于市场组合（*M*）的夏普比率。在实践当中，如果投资绩效特别好的话，那么投资组合就会位于资本市场线的上方，也就意味着组合的夏普比率高于市场组合的夏普比率。

M^2 指标

到底什么是 M^2 呢？在实践当中，如果投资组合 *P* 的绩效特别好的话，那么它就会位于资本市场线的上方，也就是 *P* 的夏普比率高于市场组合的夏普比率。我们延长投资组合 *P* 的资本配置线（*CAL*）至市场组合（*M*）的上方一点 P^*，也就是 P^* 与 *M* 具有相同的总风险 σ_M（如图 4-19 所示）。则 M^2 就是 P^* 与 *M* 之间的距离。

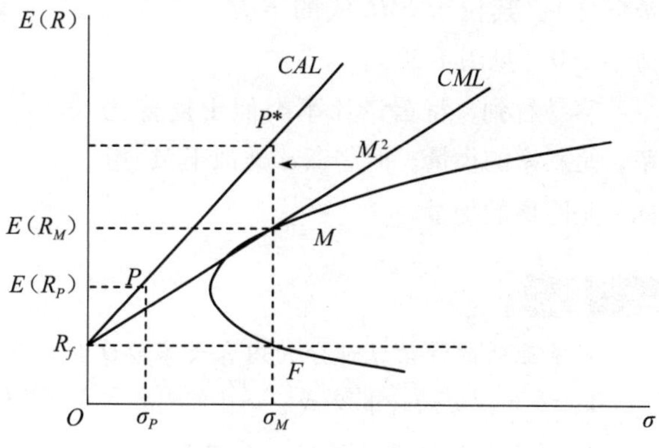

图 4-19　M^2 指标

M^2 指标（*M*-Square）的公式为：$M^2 = [E(R_P) - R_f]\dfrac{\sigma_M}{\sigma_P} - [E(R_M) - R_f]$。

公式中的第一项 $[E(R_P) - R_f]\dfrac{\sigma_M}{\sigma_P}$ 为 P^* 到 *F* 的距离，第二项 $[E(R_M) - R_f]$ 为 *M* 到 *F* 的距离，相减即为 P^* 到 *M* 的距离（如图 4-19 所示）。

所以 M^2 指标度量的是投资组合 *P* 在 *CAL* 线上对应的点 P^* 到市场组合 *M* 点的距离。与夏普比率一样，M^2 指标越大越好。而且，夏普比率越大，M^2 指标也就越大。

特雷诺比率（Treynor measure）

在夏普比率的分母上是总风险的度量，如果换成系统性风险的度量β的话，那么就是特雷诺比率。这也就意味着，特雷诺比率是在以β系数为横坐标的图上，投资组合P与无风险收益率的连线的斜率。特雷诺比率的公式为：

$$Treynor\ measure = \frac{R_P - R_f}{\beta_P}$$

特雷诺比率度量的是单位系统性风险的超额收益。根据 CAPM 模型，如果一个资产定价合理，那么其特雷诺比率应为市场风险溢价$[E(R_M) - R_f]$。如果一个资产价格被低估（收益率被高估），那么它的特雷诺比率应大于市场风险溢价。如果一个资产价格被高估（收益率被低估），那么它的特雷诺比率应小于市场风险溢价。

詹森α（Jensen's α）

詹森α又称为异常收益率，它可以看作总风险风险补偿$(R_P - R_f)$与系统性风险的风险补偿$\beta_P(R_M - R_f)$之差，即非系统性风险的风险补偿。公式为：

$$\alpha = (R_P - R_f) - \beta_P(R_M - R_f)$$

如果一个资产的定价是合理的，那就位于SML线上，詹森α值为0；

如果一个资产的价格被低估（收益率被高估），其位于SML线的上方，詹森α值大于0；

如果一个资产的价格被高估（收益率被低估），其位于SML线的下方，詹森α值小于0（见图4-20）。

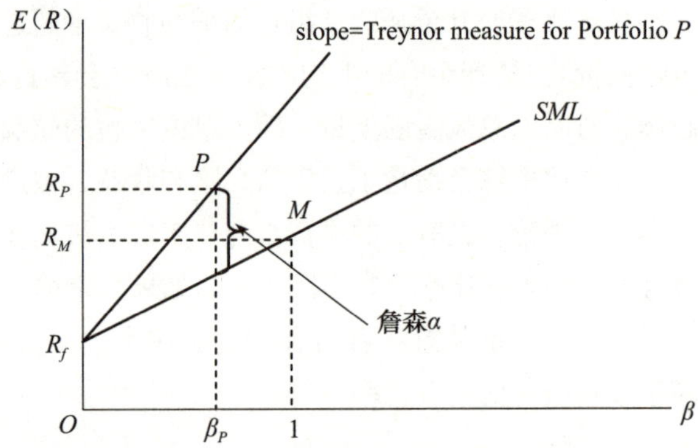

图 4-20 詹森的α

容易看到，特雷诺比率类似于夏普比率，是斜率的衡量；而詹森α类似于M^2指标，是距离的衡量。

考点总结

投资业绩的评估这部分的内容大家要掌握以下两个方面。

- 四个指标的计算公式；
- 四个指标性质的辨析。大家要知道夏普比率和M^2指标是和 CML 线相联系的，用标准差（方差）衡量总风险；而特雷诺比率和詹森α是和 SML 线相联系的，用β值衡量系统性风险。

5 投资组合的构建

知识导引

在第一章中我们已经讲过，投资组合管理分为计划、执行、反馈 3 个步骤。CFA 一级主要关心的是计划的步骤，也就是要根据投资者个人的情况，为投资者制定投资策略书。投资策略书（investment policy statement，IPS）相当于投资的“宪法”，它规定了我们应该怎么投资。在投资策略书中详细的列明了投资者的风险和收益的目标以及投资限制，同时它也为衡量投资经理业绩提供了一个客观标准。

投资策略书是根据投资者的个人情况指定的，各个投资者的个人情况不同，因此投资政策陈述需要量身定制。CFA 一级主要关心的是个人投资者的投资策略书，而机构投资者的投资策略书是三级考试的内容。

投资策略书相当于投资者的无差异曲线，我们要将投资策略书结合客观的资本市场状况（相当于 CML 线），就可以确定投资者的资产配置（asset allocation），也就是决定每一种资产在组合中的权重。

5.1　投资策略书的内容

投资策略书并没有一个明确的标准的格式，大部分的投资策略书中都包含了以下内容：

- 介绍（introduction）。这一部分将会对客户的基本情况进行描述；
- 目的陈述（statement of purpose）。这一部分将会对撰写投资策略书的目的进行陈述；
- 责任和职责的陈述（statement of duties and responsibilities）。这一部分将会详细地写明顾客、顾客资产的管理者以及投资经理的责任和职责各是什么；
- 流程（procedures）。这一部分将会详细介绍根据投资策略书进行投资的每一个步骤，以及各种突发和偶然情况的应对措施；
- 投资目标（investment objectives）。这一部分将会解释客户的投资目标；
- 投资限制（investment constraints）。这一部分将会陈述限制客户达到投资目标的各种因素；
- 投资指导方针（investment guideline）。这一部分将会提供一些有关政策如何执行的信息，以及一些投资过程中将会被排除掉的特殊资产类型。
- 评估和复审（evaluation and review）。这一部分将会对如何得到投资结果的反馈信息进行说明；
- 附录（appendices）。①战略性资产配置（strategic asset allocation）；②政策调整（rebalancing policy）。许多投资者都会指定一个独特的战略性资产配置方式，也被称为组合方针，这是根据投资者投资目标进行资产配置时的基准。此外，在附录中还会写明由于组合中资产权重的变化如何对投资策略书进行调整。

考点总结

投资策略书中的考试重点是投资目标和投资限制，这两部分将会在接下来的内容中详细的讲解到。

5.2　投资目标

投资策略书是投资组合管理流程的基石。因为其极端重要，我们接下的两节将会对其主要构成部分进行介绍，一个是投资目标，一个是投资限制。投资目标可分为风险目标和收益目标，两者是相互依赖的，无法被分开讨论。风险目标约束了投资者收益目标的高低。

风险目标（risk objective）

风险-收益框架的第一要素是风险目标，因为它很大程度上决定了收益目标。风险目标的描述方法可以是绝对的，也可以是相对的。

绝对风险目标（absolute risk objectives）的描述方法有多种：

（1）用标准差描述。例如，年收益率的标准差不可大于 10%。

（2）用损失的绝对限制表述。例如，未来 2 年内任何时候的损失都不可大于 5%。

（3）用损失的概率表述。例如，未来 2 年内损失大于 5% 的概率要小于 10%。

相对风险目标（relative risk objectives）是与某个基准相对比的风险目标，描述方法包括：

（1）用循迹误差表述。例如，未来 2 年内的月收益率与当月标准普尔 500 指数收益率的差异的标准差不可大于 2%。

（2）用损失的绝对限制表述。例如，未来 2 年内任何时候的收益率都不可低于无风险收益率。

（3）用损失的概率表述。例如，未来 2 年内收益率比标准普尔 500 指数收益率低 2% 以上的概率要小于 10%。

以上风险目标都是客观的标准，即用数字来度量的标准，而风险承受度是主观的标准，分为高中低三档。风险承受度即为其接受风险的能力，它是一个与投资者承担风险的意愿和能力相关的函数。风险承受度可以用风险规避（risk aversion）来描述，也就是投资者无力承担且不愿意承担风险的程度。投资者具体的风险目标会根据其风险承受度的水平确定。重要的是，任何对风险承受度的评定都必须同时考虑到投资者承担风险的意愿和能力。如果这两者之间存在错配，风险承受度的决定就需要根据情况对客户就承担额外风险或无视通货膨胀风险进行指导说明。承担风险的意愿（willingness to take risk）是投资者的主观愿望，受投资者心理状况的影响。承担风险的能力（ability to take risk）是由投资者的客观因素决定的，例如年龄、家庭状况、收入支出状况、现有财富状况、是否有养老金和商业保险、身体健康状况等。当投资者承担风险的意愿大于承担风险的能力的时候，我们要对其进行指导说明，要根据投资者承担风险的能力来进行投资。如果投资者承担风险的能力大于承担风险的意愿的话，我们要分两种情况进行判定。第一种情况，如果投资者的收益目标和投资者承担风险的意愿相符的话，我们就按照投资者承担风险的意愿来进行投资，但是要对其进行重新评估；第二种情况，如果投资者的收益目标和投资者承担风险的能力不相符的话，我们就要对其进行指导说明，并按照投资者承担风险的能力进行投资。总结一下，就如表 4-5 所示。

表 4-5 投资者风险承受能力及承受意愿关系

<table>
<tr><th colspan="2">状态</th><th>风险承受度</th></tr>
<tr><td colspan="2">意愿 > 能力</td><td>能力（指导）</td></tr>
<tr><td rowspan="2">意愿 < 能力</td><td>收益目标 = 意愿</td><td>意愿（重新评估）</td></tr>
<tr><td>收益目标 = 能力</td><td>能力（指导）</td></tr>
</table>

收益目标（return objective）

投资策略框架的第二要素是收益目标，它与风险目标保持一致。正如在制定风险目标时意愿和能力常常存在出入，收益目标也需要与收益需求进行权衡。投资者要求多少收益，被称为规定预期收益率（stated return desire）。这种需求可能是现实的，也可能是不切实际的。比如，投资者为满足高消费需求或较高的终极财富目标可能有超过平均水平的收益率需求，就像说“我想要 20% 的年收益”。咨询师或投资组合经理人必须不断根据该投资者的能力对这种高收益率的需求进行评估，以确定其风险和固定收益率需求的合理性，尤其是涉及资本市场预期时。而投资者想要平均实现多少收益，这一数目被称为要求收益率（required return）或收益率要求（return requirement）。要求比需求更加严格，因为有要求的投资者常常一定要——至少在平均水平上——实现那些收益。一个这样的例子是养老金项目的责任人必须为当前和未来的养老金领取者赚得基于精算得出来的平均收益。收益目标吸收了规定预期收益率、要求收益率和风险目标的内容，形成了一种可测量的每年总收益说明。投资者的收益率目标应该与其风险目标相一致。比如，高收益率目标暗示着其资产配置伴随着相对于其风险目标而言更大的预期风险水平。而且预期的投资组合收益率应该能够满足其必须赚得的收益目标或债务需要。

与风险目标类似，收益目标的描述也可以是绝对和相对的。

绝对的收益目标的描述方法有：

（1）用名义收益率表示。例如年总收益率不低于 8%；

（2）用实际收益率表示。例如年总收益率至少比通货膨胀率高 2%。

相对收益率目标是与某个基准相对比的收益目标，例如年总收益率至少比标准普尔 500 指数收益率高 3%。

5.3　投资限制

对于不同的家庭或机构来说，即使它们对待风险的态度是相同的，它们也会选择不同的投资组合，这是由它们所处的不同的环境所决定的。这些环境因素包括税收状况、对流动性的需求、对投资组合所带来的收入现金流的不同要求以及各种各样的制度限制。这些环境因素给投资者的选择带来了限制。总的来说，投资目标和投资限制共同决定了一个适当的投资策略。

正像我们提到的，投资限制总是和投资者所处的环境相关。例如，一个家庭中有孩子要上大学，那么它就对流动性有一个较高的要求，因为这个家庭需要现金去缴纳学费。而在另一些情况中，投资限制是外部强加的。例如，银行与信托公司在其资产组合中所能持有的资产类型要受法律规定的限制。而最后一种限制来自自身。所谓“社会投资”意味着投资者不能持有那些在伦理上受到谴责的公司的股票。用来判断一家公司的股票是否不适于进入资产组合的标准包括：是否参与核能生产、生产烟草或酒精、参与制造污染的活动等。

我们下面讨论五种比较普遍的限制因素。

流动性（liquidity）

流动性是指资产能够以一个合理的价格顺利变现的能力，它是一种投资的时间尺度（卖出它需要多长时间）和价格尺度（与公平市场价格相比的折扣）之间的关系。

当我们确实需要对流动性进行测量时，我们会考虑到当需要立刻卖出这一资产时的折扣幅度。现金和货币市场工具，如国库券和商业票据，其买卖差价约为价格的 1%，是最具流动性的资产，房地产则是流动性最差的资产之一。在一些较为极端的例子中，办公大楼和制造业建筑有可能面临高达 50% 的流动性折价。

不管是个人投资者还是机构投资者，他们都需要考虑在多大程度上在很短的时间内需要现金。从这种可能性入手，他们将在其投资组合中安排他们所需要的流动性资产的最小比例。

投资期限（time horizon）

这是指预先计划的投资清偿日。个人投资者的“投资期限”的例子可以是需要为大学教育筹资的时间或是一个工薪族的退休日。对于一所大学或一家医院的捐赠款来说，投资期限可能和一个主要的建筑工程的融资时间有关。当投资者们在不同期限的资产中进行选择时，投资期限是必须考虑的一个因素。例如，一种债券的到期日如果恰好与需要现金的时间相重合，这一债券对投资者来说无疑更具吸引力。

法规（legal and regulatory）

只有职业投资者和机构投资者受法律的限制。第一，也是最重要的法规是“审慎管理人法规”。它是指：替他人理财的职业投资者们负有信托责任而将其投资限定到那些被谨慎的投资者所认可的资产中去。这一法规被有意地设置为不具特定性。每一个职业投资者必须随时准备在法庭上为某一投资策略辩护，而其解释又会随着不同时间的标准变动而变化。

此外，还有适合各种机构投资者的特定法规。例如，美国的共同基金特有的任何公众公司公开发行的股票份额不能超过5%。

有些时候，自我加强的法规也会影响投资决策。例如，我们在前面已经提到过，共同基金需要在募股说明书中描述其投资策略。而这些策略指导相当于为自由选择投资组合加了一个限制。

税收考虑（tax situation）

税收问题是投资决策的中心问题。任何投资策略的业绩好坏都以税后收益率来衡量。对于面临高税率的家庭投资者和机构投资者来说，避税和税收延付将对投资策略起至关重要的作用。

独特的需求（unique circumstances）

每个投资者都会面对独特的投资环境，这是很自然的。假设有一对航空工程师夫妇，在同一家航空工程公司拥有高收入的职位。整个家庭的所有人力资源将会与同一个周期性行业息息相关。因此，这对夫妇则需要在航空业景气时对航空业衰退的风险进行规避。

相似的情况同样会发生在华尔街拥有一套公寓的主管身上。因为在这一地区，房屋价格的高低取决于证券业的波动，这样这位主管就会是双倍暴露于证券市场不确定的风险之下。由于工作和房子都取决于华尔街的财富，购买一个典型的多样化投资组合将会在实际上增加其在股市上的风险敞口。

这些事例证明工作往往是个人首要的投资，从雇用工作中派生出的风险状况可以在决定一个适宜的投资组合的过程中起到非常大的作用。

正如我们在前面所讨论的那样，其他的一些独特需求经常围绕着他们的生命周期。退休、住房以及孩子的教育构成了对资金的三大主要需求。投资策略在一定程度上将取决于这些支出的急需程度。

机构投资者同样会面临独特需求。例如，养老基金将会根据其参与者平均年龄的不同，而在其投资策略中显示出差异。独特需求的另一个例子可以是一所大学。其受托人只允许管理人员使用捐赠基金所产生的现金流入。这一限制就可以解释为对一种高红利收益资产的偏好。

5.4 资产配置

对于投资者来说，从不同的资产类别中选择投资组合的资产类型并对资金进行配置是很重要的。一种70/30的股票/债券投资组合与30/70的股票/债券投资组合相比，具有不同的预期收益、风险和现金流形式。对于某个特定的投资者来说，一种资产配置对他的合适程度取决于该资产配置的特征与投资者的投资策略书（IPS）中所描述的投资目标及投资环境的匹配程度。

资产配置是一个过程也是一个结果。战略性资产配置在投资组合管理的计划这一步骤中起到整合的作用。在战略性资产配置（strategic asset allocation）中，投资者的目标收益、风险承受度以及投资的约束将被整合到长期资本市场期望中去，然后得到符合投资策略书的资产配置。它的目的是既满足投资者的投资目标也符合投资的约束性条件。因此，战略性资产配置可以看成是有某种明确定义步骤的过程。按照这些步骤，我们可以得到各种资产类别的权重；我们称这些资产的权重为战略性资产配置。因此，战略性资产配置可以看成一个过程或者是一种最终的结果。

资产配置的第二种主要方法是战术性资产配置（tactical asset allocation），是根据资产类别相对表现的短期期望，对资产类别的权重进行短期性的调整。了解了一些关于战略性资产配置的基本概念之后，我们可以更好地区分战略性资产和战术性资产配置。

表 4-6 中给出了战略性资产配置的一个例子。通常来说，如表 4-6 所示，战略性资产配置指出了每种资产的目标百分比以及这个百分比的允许范围。指出这个百分比的允许范围是一种风险管理机制。因为在这个范围之外的配置可能蕴含于战略性资产配置截然不同的风险特性，如果资产类别的权重超出了允许的范围，那么投资组合就得进行重新调整。

表 4-6　战略性资产配置

战略性资产配置					
资产类别	目标配置百分比（%）	允许范围（%）	资产类别	目标配置百分比（%）	允许范围（%）
国内股票	50	46 ~ 54	国内中期债券	25	22 ~ 28
国际股票	10	9 ~ 11	国内长期债券	8	6 ~ 10
现金等价物	2	0 ~ 5	国际债券	5	3 ~ 7

战略性资产配置时资产组合管理选择投资组合的过程的第一要素。它是在广泛的资产类别中施行资产组合管理的一个步骤。战略性资产配置时建立投资组合的起点，也是许多投资者在资产组合管理中加入自己想法的一个步骤。机构以及个人投资者经常认为战略性资产配置时投资过程中一个核心元素。

5.5　积极与消极的投资策略

不管是个人投资者还是机构投资者，他们必须面临的一个选择是：其投资组合要在多大程度上实行积极的或消极的管理。消极的管理方式是基于这样一种信条：证券价格总会非常接近于一个“公平”的水平。投资者们不用去花费大量的时间或其他资源来“击败市场”，就是说，发现那些错误定价的、具有不同寻常的风险收益特征的证券。只要承受风险一定会得到补偿，那么选择一个适合的风险承受能力的投资组合就够了。

消极型管理既可以被应用于证券选择（security selection），也可以被应用于资产配置过程中。在进行资产配置时，消极型管理意味着高级管理者并不用改变“正常的”资产分配比重，不管市场上证券的预期有何变动。这种所谓“正常的”比重建立在我们前面分析过的投资者的风险和收益目标的基础之上。例如，对于一个 45 岁的投资者，一个投资经理向其所推荐的投资组合是 65% 的权益，20% 的债券以及 15% 的现金等价物。不管对市场表现的预期如何，一个纯粹的消极型管理者是不会改变这一比重的，只有随着时间的推移，年龄和财富出现的变化引起其风险承受力出现变化时，这一比重才会被加以调整。

下面我们来看消极型证券选择。假设，在你没有对证券价格掌握任何特殊信息的前提下，你需要在证券市场上进行选择。如果你相信自己对一只股票的了解程度和别人完全一致，并且你所了解的信息已经完全反映在价格之中，这种情况正是我们所想要的。如果你不能预测出哪只股票可能胜出，你就应该使你的投资多样化以避免将所有的鸡蛋放在同一个篮子里。这样一个投资者在进行股票组合的选择时自然会“每样都选择一点”。

以上的推理将引导我们去寻找一个投资组合，该投资组合能涵盖整个证券市场。共同基金的操作者们正是根据类似的策略建立起了指数基金，基金根据各股票或债券在某一指数中的权重按比例特有股票或债券，例如标准普尔500股票价格指数和雷曼兄弟债券指数。持有一个指数化的投资组合代表了纯粹的消极证券选择策略，因为投资者的收益率仅仅是复制了整个市场的收益率，而不是把赌注押在某一只股票或证券市场的某一部分之上。

和消极型的投资策略相反，积极管理假设具有一种超出市场上其他投资者的能力，能够预先判断出在不远的将来哪种证券或资产类别会升值。机构投资者所进行的积极证券选择通常有两层含义：证券分析和组合选择。证券分析侧重于特定的行业或公司，对其所处的市场地位进行评估。投资组合管理者然后利用许多分析师的报告筛选所要投资的证券。他们运用对市场状况的预测来进行资产分配决策，运用证券分析师的推荐报告来选择每一资产种类项下应购入的证券。

在积极和消极的管理策略之间进行的选择不必过于极端。例如，投资者可以同时进行积极的证券选择与消极的资产分配。在这种情况下，管理者将保持一个固定比率的资产分配目标，但同时在每一种资产类别中又积极地选择证券。或者，他还可以进行积极的资产分配与消极的证券选择。在这种情况下，管理者将积极地制定在权益资产和债券之间的资产分配比例，但同时，在每一类资产中持有指数化的投资组合。而另一种混合方式称为消极核心策略。在这种情况下，管理者将部分资产组合指数化，即以消极型管理为核心，然后积极管理其余的投资组合。

那么，积极和消极的管理策略，哪一种更好呢？乍一想这个问题，看起来积极的管理者们更占上风，因为积极管理必须要获得更出色的业绩。但不要忘了积极管理者实际上也面临着一些不利因素。他们在进行市场分析与证券分析时要承受较高成本。而且，其资产组合周转率较高，他们要承担高额的交易成本。如果他们不能发现那些现在还不为其他投资者所知的信息，他们这些成本都已经花出去了，其业绩也将不如消极的投资策略。

第5章 财务报表分析

知识导引

会计是金融之本，金融是会计之魂。随着经济全球化和资本市场的快速发展，会计作为一门商业语言，正发挥着越来越重要的作用。不懂会计，不懂财务报表分析，就不能深刻地理解金融市场与金融产品。无论是在资源配置、经营管理还是融资投资方面，会计与财务报表分析都得到了广泛应用，对各利益主体的决策行为产生重大影响。随着我国改革开放进程的不断推进，资本市场的不断发展，对个人而言，掌握一定的会计知识与财务报表分析技术有益无害。本章节从会计与财务的基本概念出发，通过通俗易懂的表达方式，讲解财务报表分析的相关内容。学习完本章，读者应当能够独立使用相关技术对目标公司的财务报表进行深入分析，透过报表表面，一窥公司经营情况与财务状况的真实面貌。

考点说明

财务报表分析在 CFA 一级考试中占比高达 20%，重要性不言而喻，而且在二级考试中，财务报表分析的重要性只增不减。考生在准备 CFA 一级考试过程中打好财务基础，对二级考试也大有裨益。但是，财务报表分析历来是 CFA 考试中的重点和难点，涉及的知识点既有广度又有深度，需要引起考生的高度重视。特别是对于非财经背景的考生，在初次接触财务内容时会有诸多困难，需要勤于思考，深入理解，多做习题。

财务报表分析分为 4 个部分，共 14 个章节。第一个和第四个部分分别为财务报表导引与评价盈利质量及其他应用，理论性较强。第二部分详细介绍了三大报表的具体内容，第三部分介绍了资产与负债，这两个部分贴近实务，涉及大量计算，历年来是 CFA 考试的重中之重。

1 财务报告分析介绍

1.1 财务报告和财务报表分析的作用

术语解释

财务报告 财务报告指公司将它们的财务表现展示给投资者、债权人、政府和其他利益相关方的方式，是反映企业财务状况和经营成果的书面文件，包括资产负债表、利润表、现金流量表、所有者权益变动表、附表及会计报表附注和财务情况说明书。

IASB（国际会计准则委员会）在2010年“财务报告的准备和表达的框架”里是这样描述财务报告作用的：“财务报告的目标是提供一个实体关于财务状况和业绩表现的信息，从而在大范围使用者做出经济决策时提供帮助。”

财务报表分析的作用是使用公司财务报告里提供的信息，以及其他相关信息，做出经济决策。分析师使用财务报表数据估计一个公司的过去表现和目前财务状况，从而对公司获取利润和产生未来现金流的能力形成认识。

分析师作为市场重要的信息中介，通过各种渠道搜寻公司的公开信息与内部信息，并且凭借个人能力、经验将这些信息汇总为投资报告，供投资者参阅。而公司发布的财务报告就是分析师最重要的公开信息来源。

名师解惑

各利益相关方进行财务报表分析的目的是什么？

财务报表使用者不同，他们对财务报表进行分析的目的也不尽相同。公司经营管理者对本公司财务报表进行分析，可以发现经营管理过程中存在的隐患，对日后改进这些问题提供了方向。投资者对目标公司财务报表进行分析，将分析结果与同行业公司或者行业平均水平对比，可以预测公司未来的发展前景，对其投资决策产生影响，也就是说，他们关注的是公司盈利能力和长期增长能力。债权人对公司的财务报表进行分析，可以得到公司的经营风险与财务风险等各类风险的详细状况，债权人可以根据公司的风险状况做出贷款决策，主要关注的是公司偿债能力，也就是说，债权人更为注重公司的短期经营状况，因为他们需要保证债务本金与利息的安全。政府则可以借助公司财务报表分析的结果了解公司的税收情况。总而言之，财务报表作为公司信息披露的最重要组成部分，包含了大量与公司经营活动相关的信息，对其进行深入分析，各利益相关方可以根据结果做出必要决策。

财务报告（financial report）和财务报表（financial statement）有差别吗？

两者是有差别的，财务报表属于财务报告范畴，但是财务报告不仅仅限于财务报表，范围更加广泛。例如，公司管理层的业绩预测报告属于财务报告，但并非财务报表。

会计准则的两套系统

在世界范围内，国际会计准则与美国会计准则作为最为流行的两大会计准则系统，已经呈分庭抗礼之势，各国的会计准则大多取法于这两套会计准则。国际会计准则（IFRS）由国际会计准则委员会（IASB）制定，而美国会计准则（U. S. GAAP）由财务会计准则委员会（FASB）制定。中国的会计准则更接近于国际会计准则。两套准则在一些方面存在显著差异，CFA 一级考试中也多有涉及，下文也会有进一步的详细介绍，考生应当引起足够重视。

1.2 重要财务报表在评估公司财务状况与业绩表现时的作用

资产负债表（balance sheet）

术语解释

资产负债表 反映企业在其一特定时点上（可看作企业财务状况的即时“快照”）的资源（资产）、债务（负债），以及企业所有者对剩余资源的要求权（股东权益）。

➢ 资产（assets）

资产是由某一特定主体过去的交易或者事项形成的，由企业拥有或者控制的，预期会给企业带来经济利益的资源。资产是企业利益流入的根源。

➢ 负债（liability）

负债是由某一特定主体过去的交易或者事项形成的，预期会导致经济利益流出企业的现时义务。负债是企业利益流出的根源。

➢ 所有者权益（owners' equity）

所有者权益是某一主体资产减去负债后的剩余权益。股东权益是由所有权发生的，所以代表权益，它与负债不一样，是对企业净资产或剩余资产（资产减去负债后的余额）的所有权或利益。

资产负债表传达了企业在某一特定时点上拥有的资源、承担的义务及所有者享有的净资产的信息，然而，从资产负债表中不能得知企业的资产、负债、所有者权益发生变化的原因，同时，虽然资产负债表中也有现金的相关信息，但只是静态结果，不能说明现金的来源与去向。这时，利润表与现金流量表显得格外重要。

考点总结

资产=负债+股东权益，这是最为重要的会计恒等式。右边的负债与股东权益可以看作企业资金的来源，即“钱从哪里来”，不管是银行借款、企业发行债券还是增加股本、获得留存收益，等等，都显示了企业获取资金的渠道，而左边的资产可以看作企业资金的去向，即“钱到哪里去”，应收账款、存货等资产项目都显示了企业对资金的不同配置方式。而企业的目的就是使用从负债和股东权益获得的资金，经过有效的经营组织管理（高效地将资金在不同资产项目中分配），创造最大利润，继而最大化股东价值。

利润表（income statement）

术语解释

利润表 反映企业在一定会计期间（可看作特定时期内企业运营的“录像”）的经营成果的财务报表，它动态反映资产负债表中部分的资产、负债、权益变动。主要包括：收入、费用、其他收入、利润等。

利润表的主要项目在下文会有详细介绍，这里主要介绍一下所谓的“其他收入”（other

income)，其他收入是指可能由日常经营活动所引起的收入，当然，也包括不是由日常经营活动引起的收入。例如，食品企业以较低的价格为贫困山区的孩子提供爱心早餐，政府会酌量给予企业一定补贴，这部分补贴即属于与企业日常经营活动相关的其他收入。如果该企业处置食品加工设备得到一定的利得，则属于与日常经营活动无关的其他收入。

利润表按照权责发生制进行确认和计量，没有提供经营活动产生的现金信息。利润表中反映的投资损益与财务费用等信息，只是反映了企业投资活动与筹资活动的成效与结果，没有反映投资活动与筹资活动本身情况，即投资的方向、规模与筹资的方式、规模等。

考点总结

利润表中，收入、费用、利得（gain）与损失（loss）之间的差别是什么？

在这里，需要记住，收入与费用是针对公司主营业务来说的，而利得与损失则是针对公司的非主营活动而言，如固定资产的处置，获得了利得，但是该事项并不是经常发生的。

现金流量表（cash flow statement）

术语解释

现金流量表 揭示会计主体在特定时期内现金流入和流出的情况，它通过提供有关经营、投资和筹资活动的信息，来解释现金变动的原因。

根据西方主流观点，企业存在的目的就是使股东财富最大化，而利润是企业得以存续的根本。但是在企业日常经营过程中，现金是企业的“血液”，现金严重短缺会直接危及企业的方方面面。

利润表不能直接提供企业经营活动取得现金流量的信息，资产负债表也很难提供企业投资与筹资活动现金流的信息，而现金流量表是一张反映企业经营全貌、揭示企业现金来源与运用、作为资产负债表和利润表之间纽带的报表。

在现金流量表中，现金类型分为经营性现金流（CFO）、投资性现金流（CFI）和融资性现金流（CFF）。CFO 是公司日常经营活动所产生的现金流，CFI 是公司为了维持规模或者保持增长而发生的现金流，CFF 是公司为了获得外部资金而发生的现金流。事实上，CFO 与 CFI 在本质上可划分为一类，都是为了保证公司可以持续存在和发展而发生的现金流，很明显，企业当期投资是未来的经营基础。

名师解惑

资产负债表、利润表与现金流量表制定原则分别是什么？

资产负债表与利润表反映企业财务状况和经营成果，都以权责发生制为编制基础。现金流量表以收付实现制为编制基础。因为制定原则不同，在一定程度上存在企业账面盈利、报表利润与实际现金之间的差别。企业呈现在利润表上的净利润实际上由两部分组成——应计（accrual）利润与现金（cash）利润，应计利润受会计假设、管理层判断等多方面因素影响，可操纵性强，弹性空间大；现金利润则更具有客观性，因此对现金流量表的分析尤为重要。

股东权益变动表（statement of changes in owners' equity）

股东权益变动表主要反映一段时间内股东权益的变化数量与来源，即反映企业不同资本形态、资本公积、盈余转投资、买卖库存股票及总体利益增减变化的信息。但是该表只能从资本和股东权益的角度提供数据，不能反映企业经营过程中收入、费用以及现金流量增减变动的情况。

综合收益表（statement of comprehensive income，或称全面损益表）

综合收益表揭示除股东交易之外（如发行股票、回购股票和支付股利等）的权益变动。

在国际会计准则（IFRS）下，利润表和其他综合收入可以合并为一张报表——综合收益表，（也可以分开为利润表，然后将利润表的最后一项净利润和其他综合收入合并列示为综合收益表）净利润和其他综合收入的当期发生额会被分类汇总到股东权益变动表的相应位置，最后期末余额结转到资产负债表的股东权益内。

在美国会计准则（U. S. GAAP）下的做法与 IFRS 下类似，但是公司也可以在股东权益变动表中呈报综合收益。

综合收益（comprehensive income，CI）= 净收益（net income，NI）+ 其他综合收益（other comprehensive income，OCI）

考点总结

利润表中，净利润减去股利后进入留存收益，影响权益，但是有些项目并不通过利润表中的净利润影响股东权益，这些项目称为其他综合收益（OCI）。之所以会出现所谓的 OCI，是因为一些项目会在较长时间内持续变动（如可供出售的金融资产的盈亏），如果列示在短期的利润表中，则会造成利润表总体信息的扭曲与失真，影响或者误导报表使用者。

1.3 财务报表附注、补充信息和管理层讨论和分析的重要性

财务报表附注（financial statement notes/footnotes）

财务报表附注是财务报表不可或缺的一部分。财务报表附注包括对财务报表中信息进一步详细的披露。在很多时候，报表附注的内容比报表正文更加重要。具体包括：

- 提供管理层使用的会计政策、会计估计和会计假设的相关信息；
- 提供诸如公司兼并与转让、法律诉讼、股票期权计划、重要客户、承诺事项和或有负债、员工福利计划、第三方关联交易等信息；

和财务报表一样，财务报表附注内容需要审计；

补充信息（supplementary schedules）

- 地方或分支部门的营业收入或销售信息，按产品种类或者经营领域划分的营业收入；
- 对能源及矿产企业来说，揭示石油和天然气公司的储备；
- 公司对冲行为以及持有金融工具的信息。

管理层讨论与分析（MD&A）

管理层讨论和分析是指美国证监会（SEC）要求在年度财务报表披露中必须提供的对于公司的深度分析，主要是对公司的财务绩效、环境等进行评价。近年来公司公布年度报告时，该

部分所占比重越来越大，也引起了学术界的广泛关注，得到了一些有意义的研究成果。管理层讨论与分析具体包括：

- 经营结果，包括销售和费用趋势以及构成百分比的讨论；
- 资本来源和财务的灵活性，包括讨论公司未来现金流的趋势；
- 商业趋势概览，主要是对公司所处行业未来发展前景的预测；
- 要求管理层进行主观判断的以及将对财务列报产生重要影响的关键性会计政策；
- 对未来的经营和财务状况产生重大影响的通货膨胀、价格变动以及其他重要事件以及不确定性因素的讨论。

需要注意，MD&A 中的有些内容是未经审计机构审计过的。

1.4 财务报表审计的目标、审计报告类型及公司内部控制

财务报表审计的定义与目标

审计是独立的审计公司对客户公司财务报表的独立评价。审计的目标是审计师提供关于客户公司财务报表公正性和可靠性的观点。

这里需要注意的是，此处的审计指代的是外审，独立的审计公司由董事会聘请，审计公司管理层的工作业绩（即财务报表），已达到为股东负责的目的。内审则向公司管理层负责。

审计报告类型（审计意见类型）

术语解释

审计意见 审计意见是指审计师在完成审计工作后，对于鉴证对象是否符合鉴证标准而发表的意见。对财务报表审计而言，则是对财务报表是否已按照适用的会计准则编制，以及财务报表是否在所有重大方面公允表述，反映了被审计者的财务状况、经营成果和现金流量情况。

公司之所以需要审计，是因为在现代公司制度下，委托代理问题广泛存在，股东必须确保董事会与管理层以公司价值最大化为经营目的。

- 标准无保留意见（unqualified opinion，又称 clear opinion）

  标准无保留意见说明审计师认为财务报表在所有重大方面公允反映了公司的财务状况、经营成果和现金流量。

  在某些情况下，对财务报表发布无保留意见要求审计人员在审计意见后增加说明段（或解释段），在此段中审计师可以表达同意某项准则的背离，说明重大的不确定事项。说明段也可用于强调某事项。有些文献将带说明段的无保留意见单独作为一种审计意见类型。

- 保留意见（qualified opinion）

  如果报表有任何不遵守会计准则的地方，会计师会发布有保留意见，并在审计报告中做出解释。

- 否定意见（adverse opinion）

  如果报表严重不符合会计准则或者存在重大错误，会计师可以发布否定意见。

➤ 拒绝表示意见（disclaimer of opinion，或无法表示意见）

所谓拒绝表示意见，是指审计人员在审计过程中因未搜集到足够的审计证据，无法对被审计单位的会计报表发表确切的审计意见，所出具的一种不发表评价意见的审计报告，即对会计报表不发表肯定、保留和否定审计意见的审计报告。在学术研究中，一般将其视为对公司具有负面影响的审计意见。

公司内部控制（internal control）

完善有效的公司内部控制能够保证公司出具正确的财务报表，内部控制是管理层的重要责任。在U.S. GAAP下，审计师必须对公司内部控制情况出具意见。

《萨班斯-奥克斯利法案》（*Sarbanes-Oxley Act*）对公司内部控制的规定：

该法案规定，公司管理层必须执行与维持有效的公司内控系统

➤ 对管理层如何评估公司内控系统的描述

➤ 管理层对最近几年公司内控系统有效性的评估

➤ 审计师对管理层出具的与公司内控系统相关报告的评估结果

➤ 能够保证公司呈报翔实可靠的财务报告

1.5 中期报告和分析师用于财务报表分析的补充信息

中期报告（interim report）

除了年度财务报表，分析师还应该分析评价公司的季度报告和半年报告。这些中期报告更新了主要的财务报表和附注相关信息，但并不是必须需要审计。

代理委托书（proxy statements）

代理委托书是当上市公司有重大事项需要股东投票时分发给股东的文件，它是关于董事会成员选举、薪酬、管理层资质、股票期权发行的很好的信息来源。由于代理委托书提供了关于管理层和董事薪酬、管理层和董事的利益冲突等信息，近年来受到越来越多的重视。

公司报告及新闻稿（corporate reports and press releases）

公司报告及新闻稿由企业管理层撰写，经常被视为公共关系材料和广告材料。这些材料通常在公司网站上发表，并且不需要外部审计师独立审计。盈余预测（earnings guidance）是公司报告的一个例子。公司经常在财务报表发布之前，预先发布盈余预测。一旦公司对外发布盈余情况，公司将举行电话会议，并由高级管理层回答提问。最近风行全球的企业社会责任报告也可以视为是一种公司报告。

其他相关信息

分析师还应评价经济状况和公司所处行业的相关信息，并将公司与市场竞争者比较。这些必要信息可从统计报告、同业竞争者发布的相关信息等渠道获得。

考点总结

美国财务报告的专业术语

在美国，公司年度报表称之为10-K表（Form 10-K），但并非公司公开发布的年度报告。10-K的格式高度标准化，公司与公司之间差别不大。季度报表称之为10-Q表（Form 10-Q）。当期报表称之为8-K表（Form 8-K）。美国证券法规定，当上市公司（内部或外部）发生重大

事件，可能会影响投资者决策时必须递交 8-K 表，该报告应该在重大事件发生后 5—15 天内递交。8-K 表格所涉及的重大事件包括：①公司控股权的转移；②破产；③更换会计师事务所；④董事辞职且要求公司披露其辞职原因；⑤其他具有实质性意义的重大事件，诸如取得与处置主要资产、管理层变动、公司治理情况等。

1.6 财务报表分析框架

财务报表分析框架包括六个步骤：

- 首先要明确财务报表分析的目的，需要解决什么问题，即“要做什么事”，列出分析的时间限制与预算资源。一般来说，进行财务分析的目的是解读财务信息，并以此作为决策依据。由于不同的财务报表用户与企业的利益关系不同，做出的决策也不同，分析的目的也不同。
- 收集数据。这是分析过程重要的一环，所谓“garbage in，garbage out”（垃圾进，垃圾出），翔实可靠的信息对后续分析工作大有益处。以分析师为例，即便分析师的能力再强，经验再丰富，如果使用低质量信息进行分析，也肯定得不到合理的结果。分析师需要尽可能广泛搜集各类信息。公开信息（public information）获得渠道包括公司定期发布财务报告、临时公告、行业资料等，一般而言，分析师能够获取的公开信息类似。此外，内部信息（private information）的获取对分析师尤为重要，这在一定程度上反映了分析师的独特竞争力，可以通过走访目标公司，与公司管理层进行讨论获取相关信息。
- 处理数据。这个环节对分析师的能力提出较高要求。此外，丰富的经验对分析师处理数据也有很大帮助。该环节主要是对财务报表做合适的调整，使得不同公司财务报表具备可比性，同时计算相关比率。
- 分析解释数据。基于处理数据得到的结果（相关比率等），结合分析师的个人判断，回答第一个步骤提出的问题。
- 报告结论或建议。这是分析师的最终产出成果，表现为分析报告与投资建议（买入、持有还是卖出）。
- 持续跟进，更新分析。根据最新的市场行情，定期重复这些步骤，必要时改变结论或投资建议。

2 财务报告机制

2.1 财务报表账户分类

资产（assets）

资产是某一特定主体由于过去的交易或事项而获得或控制的未来可能实现的经济利益。资产包括：

- 现金及现金等价物（cash and cash equivalents）：包括现金、活期存款（demand deposits）以及 90 天以内到期的证券等。
- 应收账款（accounts receivable）：是指客户所欠款项，应以预期可收回的净值进行计价，但在资产负债表中应把应收款总额和坏账准备（allowance for bad debts）一并列示，使报表使用者准确了解无法收到的应收款可能会有多少。

- 存货（inventory）：存货在商业企业中，主要是商品存货，在制造企业则包括原材料、在产品、产成品等项，通常按照成本与可变现净值孰低原则来计价。按照U.S. GAAP，存货计价可以有若干种方法供选择，如后进先出法（LIFO），先进先出法（FIFO），加权平均法（AVCO），移动平均法等，但企业采用何种方法计价，应在报表中说明，以便报表使用者能够正确了解相关数据。
- 金融资产（financial assets）：指各类可交易证券。
- 待摊费用（prepaid expenses，又称预付费用）：指在使用经济资源之前提前支付的款项。
- 地产、厂房或设备（property，plant and equipment）：在IFRS下，亦称之为固定资产（fixed assets），土地以历史成本计价；厂房和设备以历史成本减去累计折旧计价。
- 在分支机构的投资（investment in affiliates）：使用权益法计价。
- 递延所得税资产（deferred tax assets）：就是递延到未来缴纳的税款，递延所得税是时间性差异对所得税的影响，
- 无形资产（intangible assets）指企业拥有或控制的无实物形态的可辨认的非货币性资产。它们虽然没有物质实体，但可给企业未来带来经济利益。无形资产包括专利权、专营权、版权、租赁权、商标、商誉、研究和开发成本等。

负债

负债（liability）是某一特定主体由于过去的交易或事项而产生的，预期会导致经济利益流出企业的现时义务。包括：

- 应付账款（accounts payable）：欠供应商或服务提供者的款项。
- 金融负债（financial liabilities）：如短期应付票据。
- 预收账款（unearned revenue）：企业按照合同规定或交易双方约定，而向购买单位或接受劳务的单位在未发出商品或提供劳务时预收的款项。
- 应付所得税（income taxes payable）：是指企业按照国家税法规定，应从生产经营等活动的所得中缴纳的税金，但是该税金尚未缴纳。
- 长期负债（long-term debt）：如应付债券。
- 递延所得税负债（deferred tax liabilities）：递延所得税负债是指根据应税暂时性差异计算的未来期间应付所得税的金额。

股东权益（stockholders equity）

股东权益是某一主体资产减去负债后的剩余权益。股东权益是由所有权发生的，所以代表权益，它与负债不一样，是对企业净资产或剩余资产（资产减去负债后的余额）的所有权或利益。包括：

- 实收资本（contributed capital）：是指股东向企业投入的现款或其他财产。
- 普通股（common stock）：是指股东投入资产以股票面值或固定价值计价的部分。
- 追缴股本（additional paid-in capital）：又称资本公积，指股东实缴资本超过股票面值的部分。
- 留存收益（retained earnings）：是指净收益减去股利分配后的余额。包括盈余公积和未分配利润。

➢ 其他综合性收益（other comprehensive income）：由外汇兑换、最少养老金调整、各类未实现利得和损失造成的收益。

收入（revenue）

收入是企业在日常活动中形成的、会导致所有者权益增加的、与所有者投入资本无关的经济利益总流入，收入包括：

➢ 营业收入（sales）：公司日常经营（销售商品或提供劳务）收入。

➢ 让渡资产使用权收入与租金收入等。

➢ 利得（gains）：企业偶然事件所导致的权益增加，但是这并不是由企业日常经营活动造成的，一般不具有持续性。

➢ 投资收入（investment income）：利息或股利收入。

费用（expenses）

费用是在日常活动中发生的、会导致所有者权益减少的、与所有者分配利润无关的经济利益的总流出。费用包括：

➢ 销货成本（cost of goods sold）：是指企业当期已售商品之成本，即为制造这些产品所直接投入的原材料、劳动力及分摊的制造费用，不包括无法轻易按合理比例分摊到各种产品上的间接成本（overhead）。一般来说，销货成本占据费用的较大比例。

➢ 销售，综合和管理费用（selling，general and administrative expenses，SG&A）：包括广告费、促销费、销售人员的工资、佣金支出，差旅费、招待费等。

➢ 折旧和摊销（depreciation and amortization）：折旧是固定资产的当期“耗费”，反映了固定资产在当期生产中的转移价值。摊销指对除固定资产之外（一般指无形资产），其他可以长期使用的经营性资产按照其使用年限每年分摊购置成本的会计处理办法。

➢ 税收费用（tax expense）：公司根据税法需要缴纳的各类税收。

➢ 利息费用（interest expense）：利息费用是企业在生产经营中进行债权性融资支付的资金占用费用，包括财务费用中的利息费用，计入固定资产成本的资本化利息。资本化利息虽然不在利润表中扣除，但仍然是要偿还的。

➢ 损失（losses）：指相对于企业的日常经营活动，那些偶然发生的事件（如固定资产的处置）所造成的权益减少。

考点总结

乍一看，以上部分所介绍的都是相对枯燥的基本概念，但是如果要想对企业财务报告进行深入细致地分析，必须要对这些会计科目和项目了如指掌。CFA考试财务部分的重点就在于如何合适对这些项目进行处理。为什么折旧方式的不同会造成递延所得税资产或负债的产生，将一项成本资本化还是费用化的标准是什么？利得和损失如何影响企业现金流量？诸如此类的问题是下文的重点，需要考生予以重点关注。

2.2 会计恒等式与复式记账法

会计恒等式

➢ 基本会计恒等式：资产 = 负债 + 所有者权益，如果初期留存收益为0，不考虑分发股利，则可以将此基本恒等式扩展为：

- 资产 = 负债 + 实收资本 + 收入 - 费用；如果初期留存收益不为0，且考虑股利因素，则可以将基本恒等式扩展为：
- 资产 = 负债 + 实收资本 + 期初留存收益 + 收入 - 费用 - 股利，在这里，期末留存收益 = 期初留存收益 + 收入 - 费用 - 股利。留存收益的本质是内部股权融资，是股东的再投资。
- 所有者权益 = 累计资本 + 留存收益，于是有资产 = 负债 + 累计资本 + 期末留存收益，即资产 = 负债 + 累计资本 + 期初留存收益 + 收入 - 费用 - 股利。

复式记账法（double-entry accounting）

术语解释

复式记账法 复式记账法是指以资产与负债、权益平衡关系作为记账基础，对于每一项经济业务，都要在两个或两个以上的账户中相互联系进行登记，系统地反映资金运动变化结果的一种记账方法。复式记账的理论依据是会计恒等式。

复式记账法是会计三大支柱之一，是会计记录环节的基础。根据会计恒等式，如果一个资产账户余额增加了，必须让另一个资产账户余额减少或一个负债账户余额（股东权益账户）增加。

现在，国际上广泛使用的复式记账法就是借贷记账法，借贷记账法的特点如下。

- 可以了解每一项经济业务的来龙去脉，全面了解经济活动的过程和结果。
- 有借必有贷，借贷必相等，可以对账户记录的结果进行试算平衡，以检查账户记录的准确性。

2.3 权责发生制与会计调整

权责发生制（accrual basis）

权责发生制（应计制）：以收入和费用的归属期来计量收入和费用，而不以款项是否实际收付来计量。主要是从时间上规定会计确认的基础，其核心是根据权责关系的实际发生期间来确认收入和费用。

权责发生制作为会计三大支柱之一，是会计确认环节的基础，能够更准确合理地反映特定会计期间的财务状况和经营成果。与权责发生制相对，收付实现制（现金制）以款项的收支来确认收入和费用。两种会计确认制度的不同之处如下所示：

- 因为在权责发生制下存在费用的待摊和预提问题等，而在收付实现制下不存在这些问题，所以在进行核算时它们所设置的会计科目不完全相同。
- 因为权责发生制和收付实现制确定收入和费用的原则不同，因此，它们即使是在同一时期同一业务计算的收入和费用总额也可能不同。
- 由于在权责发生制上是以应收应付为标准作为收入和费用的归属、配比，因此，计算出的盈亏较为准确。而在收付实现制下是以款项的实际收付为标准作为收入和费用的归属、配比，因此，计算出的盈亏不够准确。

➢ 在权责发生制下，期末对账簿记录进行调整之后才能计算盈亏，手续比较麻烦，而在收付实现制下期末不要对账簿记录进行调整，即可计算盈亏，手续比较简单。

以下四种情况运用了权责发生制：

➢ 预收账款（unearned revenue）。公司在提供商品和服务之前收到了现金。现金增加了，作为负债的预收账款也增加了同样的数额。例如客户订购书报，对报社来说，这是一笔预收账款，不能立即确认为收入。

➢ 应计收入（accrued revenue）。公司在收到现金之前提供了商品和服务。收入增加了（即所有者权益增加），资产负债表中，作为资产的应收账款增加了同样的数额。

➢ 预付费用（prepaid expenses）。公司在享受商品和服务之前支付了现金。现金减少了，作为资产的预付费用也增加了同样的数额。例如房客预付的租金。

➢ 预提费用（accrued expenses，又称应计费用）。公司在支付现金之前享受了商品和服务。费用增加了（即所有者权益减少），作为负债的预提费用增加了同样的数额。例如公司需要发放给职工的未付工资。

名师解惑

应计收入（accrued revenue）与应收账款（accounts receivable）有何区别

尽管听上去很相似，然而应计收入与应收账款在财务报表中属于不同的概念。应计收入出现在利润表中，而应收账款则是资产负债表的一个科目。当公司向客户赊销商品，则在利润表中记录为应计收入，在资产负债表中记录为应收账款。在未来，当公司收到了客户支付的现金，则在资产负债表中记录为现金增加，应收账款减少，但是这并不影响初期记录的应计收入数额。但是，那些未收到的应收账款（销售坏账）会同时影响已经实现的应计收入与应收账款净额（见表 5-1）。

表 5-1 权责发生制的应用

		Assets	Liabilities	Revenue	Expense	Equity
预收账款	• 不确认收入 • 属于负债	↑	↑			
应计收入	• 确认收入 • 属于资产	↑		↑		↑
预付费用	• 不确认费用 • 属于资产	↓ ↑				
预提费用	• 确认费用 • 属于负债		↑	↑		↓

考点总结

与权责发生制相对的是收付实现制。在权责发生制下，并不是以现金收到或者支付来确认的。举个例子，事业单位如学校找建筑公司造一座教学楼，学校没付钱，基于收付实现制，所以不确认为固定资产。收付实现制是以现金收付为准的，建筑公司造了教学楼，校方钱没付，校方就不会确认固定资产，也不用计提折旧。教学楼用了十年，钱还没付，这样仍不用计提折旧。这种规则比较荒谬。而权责发生制下，跟你是否收付钱没关系，而是基于权利和责任来界定。这两种记账方式的区别在于是不是以权利和责任。比如说，预收账款——商家从客户那里先收钱了，但还没有提供商品和服务，因为商家收了钱，资产肯定增加了，所以商家还欠对方商品或者劳务，负债增加；客户的预付费用，对于客户来说将来就不用付了，将来就有好处，这就是客户的资产；应计收入，就是东西已经给对方了，但对方钱还没有付；cash paid in arrears，后付的，比如水电煤费，一般是后付的，用水电的事已经发生了，这段时间用掉的，就应该确认为这段时间的费用，记为预提费用（应计费用）。

另外，在收付实现制下，企业的现金与利润具有很大的波动性，难以预测，对于那些拥有复杂业务与融资策略的企业来说很不适用，并且难以对资产负债表进行深入分析。与收付实现制相反，在权责发生制下，企业的收入、现金、利润更加平滑，且现金与利润更易预测，并且为公司盈利能力提供了有利信息。但是权责发生制也会带来会计操纵的问题。

总结一下。在权责发生制下，预收账款，不确认收入，资产增加，负债增加，应计收入，是我提供了商品和劳务，但对方还没有给现金，确认为收入，净利润增加，权益增加，资产增加；预付费用，不确认为费用，资产现金减少，资产增加，仍然是平衡的。预提费用，刚才举的例子，水电已经用了，但还没付钱，利润表中费用增加，净利润减少，留存收益减少，权益会减少，负债增加。

会计调整

大部分资产是以历史成本记录在资产负债表上的。尽管如此，会计准则要求这些资产在资产负债表上的价值反映它们的当前市场价值。调整这些资产价值的会计条目叫作“公允价值调整”。为了保证会计恒等式平衡，资产价值变化时，通过在利润表上记录利得或损失，所有者权益也发生相应变化。

术语解释

历史成本（historic cost） 历史成本亦称原始成本，指将取得资产时实际发生的成本作为资产的入账价值，在资产处置前保持其入账价值不变。历史成本原则的依据是：成本是实际发生的，有客观依据，便于查核，容易确定，比较可靠，且历史成本数据容易获得。历史成本是会计三大支柱之一。

公允价值（fair value） 公允价值亦称公允市价、公允价格。指熟悉市场情况的买卖双方在公平交易的条件下和自愿的情况下所确定的价格，或无关联的双方在公平交易的条件下一项资产可以被买卖或者一项负债可以被清偿的成交价格。在公允价值计量下，资产和负债按照在公平交易中，熟悉市场情况的交易双方自愿进行资产交换或者债务清偿的金额计量。

历史成本原则虽然有着可验证、可靠性高等优点，但是相关性较差。举例来说，历史成本原则对高科技企业无形资产的计量力不从心。高科技企业以知识资本作为企业财富增加的源泉，绝大多数资产是无形资产。如果对无形资产按历史成本计价，可能只是几本书的价格，培训费以及其他为取得知识而花费的实际支出，这无疑极大地歪曲了无形资产的价值。

新颁布的会计准则在部分资产的确认上抛弃了历史成本原则，采用了公允价值计量模式。

2.4 会计系统中的信息流

信息通过四个步骤流过会计系统：

- 分类账条目记录了每一项交易，表明哪一个账目发生变动和变动了多少。
- 综合分类账将分类账条目按账目做了分类。

➢ 在会计期末时，先准备一个最初试算表。如果有任何需要调整的账目，把它们记录下来并且反映在调整试算表里。

➢ 形成财务报表。

注意：日记账分录（journal entries）记录了企业每一项经济行为对会计账户余额的影响，按照记账日期的日记账分录列表被称为普通日记账（general journal）。

➢ 日记总账（general ledger）是对普通日记账按照会计账户进行的分类

➢ 初期试算平衡表（initial trial balance）描述的是期末各会计账户的余额

➢ 调整试算平衡表（adjusted trial balance）对进行调整后的期末各会计账户的余额。

分析师无法获知流过公司会计系统的详细信息，只能看到最终的结果即财务报表。分析师需要理解财务报表里包含的各种各样的权责发生制、调整和管理层假设，大部分这些细节包含在财务报表的附注（footnotes）和管理层讨论（MD&A）和分析中，所以分析师需要特别关注财务报表的这些内容。有了这些信息，分析师就能够更好的判断财务报表是否很好地反映了公司的真实表现，继而通过更好的判断做出合理分析与预测，应对数据做出怎样的调整。

3 财务报告准则

3.1 证券分析和估价中财务报告准则的重要性

上文已经提及，财务报表的目标是向投资者或者债权人提供关于公司财务表现和财务状况的有用信息，并最终帮助他们做出投资或借贷决策。但是由于不同公司在规模、经营理念等方面存在很大差异，可能的交易和公司业绩呈报时的预测与假设也纷繁复杂，如果财务报告准则不存在的话，财务报表能够以任意形式表达。财务报告准则使不同公司的财务报表可比较，压缩了管理层“合理”预测的范围，从而保证了信息对大范围的使用者（包括证券分析师）有效。

术语解释

可比性 可比性作为会计核算的一般原则，是指企业之间的会计信息口径一致，相互可比。企业可能处于不同行业、不同地区，经济业务在不同时点发生，为了保证会计信息能够满足经济决策的需要，便于比较不同企业的财务状况和经营成果，只要是同样的经济业务，就应当采用同样的会计方法和程序。根据可比性原则，国家统一的会计制度应当尽量减少企业选择会计政策的余地。其次，要求企业严格按照国家统一的会计制度的规定选择会计政策。

一致性 一致性作为会计核算的一般原则，要求企业采用的会计政策在前后各期保持一致，不得随意改变，只有遵循一致性，保持前后各期会计政策的一致，才能对前后期间的会计信息进行比较、分析和利用。根据一致性原则，企业不得随意改变会计政策。一致性原则并不意味着所选择的会计政策不能作任何变更。一般来说，在两种情况下，可以变更会计政策，一是有关法规发生变化，要求企业改变会计政策，二是改变会计政策后能够更恰当地反映企业的财务状况和经营成果。企业如果按照以上原则改变会计政策，必然按国家统一的会计制度对会计政策变更进行恰当的会计处理。

可比性原则与一致性原则加强了企业财务报表的“稳定性”，在一定程度上保证了不同企业的财务报表可以进行比较，有助于财务报表分析者得到合理可靠的预测结果。

但是，财务报告准则同样具有一定的灵活性，管理层可以通过利用准则使用过程中允许一定限度自由裁量权展示公司的经营特质乃至核心竞争力，这一结论已经为众多实证结果所证明。

最后，财务报告并不仅仅因为公司整体估值的目的而存在，但是它确实给公司估值提供了大量信息。企业价值评估者可以从财务报告中得到企业风险状态，结合企业外在生存环境，继而在估值模型中对企业进行合理估计。

3.2 准则设置机构和监管机构在建立和执行财务报告准则中的作用

准则设置机构

术语解释

准则设置机构（standard-setting bodies） 建立财务报告准则的会计师和审计师的专业性组织。全球有两个主要的准则设置机构，即 FASB 与 IASB。

- 在美国，财务会计准则委员会（Financial Accounting Standards Board，FASB）制定了一般公认会计准则（generally accepted accounting principles，GAAP）。FASB 是一个独立的组织，由财务会计基金会管理。
- 在美国之外，国际会计准则委员会（International Accounting Standards Board，IASB）制定了国际财务报告准则（international financial reporting standards，IFRS）。

  IASB 有四个目标：
  - 发展一套国际化的会计准则，对信息质量、透明性和可比性提出高要求；
  - 促进这些会计准则的严格执行；
  - 考虑中小型以及新兴经济体的特殊利益；
  - 实现国家会计准则和国际会计准则的趋同。
- 准则制定机构的属性
  - 组成成员需要具有较高的专业素质，机构本身拥有足够高的权威性，并且具有实现目标的充足资源；
  - 具有一整套透明及一致的准则制定流程；
  - 具有一个严密整合的框架结构；
  - 具备高度的独立性；
  - 制定准则过程中，不受特定利益集团的影响；
  - 在充分考量公众利益的情况下做出决策。

监管机构

监管机构（regulatory authorities）拥有法律权力，可以强制执行财务报告准则。

- 美国政府建立的 Securities and Exchange Commission（SEC）
  - SEC 制定的三部最为重要的法规。

《1933年证券法》：由于1929年股市崩盘激起了对外部披露财务信息的广泛关注，颁布该法案的目的是保护投资者免受财务报告的愚弄，同时该法也规定了州内商业交易中股票的最初报价与销售价格。

《1934年证券交易法》：目的在于管理国内股票证券交易。实际上．该法案把研究与制订公认会计准则和管理会计职业的有关权力与责任交给了证券交易委员会（SEC）。但证券交易委员会又把部分权力与责任授予了有关的私人机构（如FASB），但准则制定的法定权力和最终权力仍然属于SEC，SEC有权决定准则是否采用，虽然事实上SEC很少行使这种权力。当然，证券交易委员会有时也发布自己的准则。

2002年《萨班斯－奥克斯利法案》：标志着美国证券法律根本思想的转变：从披露转向实质性管制。

- SEC要求上市公司提交的报告。

证券发行注册报告：新的证券发行企业以及之前注册过的再次发行证券企业所要求的注册报告，即证券发行注册报告，应当包括以下信息：披露待售证券的信息，新发行的证券与其他证券的关系，年度报告中的信息，最近一份经审计的财务报告以及经营中的风险。

S－1表：在新证券向公众销售之前提交的注册报告；

10－K，20－F，40－F表：有关企业的经营、财务披露、法律诉讼以及管理层综合信息的年度报告。10－K表为美国注册企业提供的，20－F表为其他非美国注册企业提供的，40－F为加拿大注册企业提供的。

年度报告：提供给股东以及其他外部人员的年度市场报告，包括照片、CEO公开信、财务信息、市场分割信息、研发信息以及未来公司目标，该年度报告不是SEC的硬性要求。

代理投票声明/DEF－14A表：SEC要求股东在股东大会和其他股东投票事项前收到代理投票声明，代理投票信息以DEF－14A表的形式提供给SEC。

10－Q和6－K表：关于财务信息的中期报告，包括未经审计的财务报表、MD&A以及某些非经常发生的事件。10－Q是美国企业的季报，6－K是非美国企业的半年报。

8－K表：关于公司重大事件的报告，包括公司资产的并购和处置，证券和交易市场变化，与会计师和财务报表有关的事项，公司治理以及管理层变动。

144表：企业可以定向发行证券而不用在SEC注册，但是应当通知SEC。

3，4，5表：披露公司管理层和董事拥有的证券权益。分析师可以从这些报告中得知公司证券的内幕交易信息。

11－K表：关于员工持股计划等的报告。

➢ 英国政府建立的Financial Service Authority（FSA）

FSA于1997年由证券投资委员会改制而成，为独立的非政府组织，拟成为英国金融市场统一的监管机构，行使法定职责，直接向财政部负责。FSA的宗旨与目标如下：

宗旨：对金融服务行业进行监管。保持高效、有序、廉洁的金融市场，帮助中小消费者取得公平交易机会。

目标：

- 维护英国金融市场及业界信心；

- 促进公众对金融制度的理解，了解不同类型投资和金融交易的利益和风险。
- 确保业者有适当经营能力及财务结构健全，以保护投资者，同时，教育投资者正确认识投资风险。
- 监督、防范和打击金融犯罪。

➢ 国际证监会（International Organization of Securities Commissions，IOSCO）IOSCO是由来自181个国家的监管机构组成的国际组织，关于金融市场管理的三个目标：保护投资者，确保市场的公平、有效、透明，降低系统性风险。

IOSCO服务于国际证券行业，并在以下几方面发挥重要作用：

- 为与国际证券交易有关的监管问题提供调查研究和解决方案；
- 设定国际会计标准，促进会计趋同；
- 以国际的视角提倡财务报告准则，从而构建一个更公平与透明的资本市场。

➢ 欧盟证券委员会（ESC）和欧盟证券监管委员会（CESR）：2001年欧盟委员会设立了两个与证券监管有关的委员会——欧盟证券委员会（ESC）以及欧盟证券监管委员会（CESR）。ESC由各成员国的高级代表组成，并且为欧盟委员会的证券政策问题提供咨询；CESR是一个独立的咨询实体。

3.3 建立一套全球通行的财务报告准则（会计趋同）面临的障碍

伴随着经济全球化的不断推进，建立一套全球通行的财务报告准则势在必行，而且会计准则是一种“反映经济活动、确认产权关系、规范收益分配的会计专业技术标准”。相对于同一经济交易与事项，不管采用什么样的会计准则计量，其反映的结果应是一样的，而不应因发生交易与事项的国家的经济政治文化的背景不同而反映出不同的结果，这才是公允的表达。从这个层面看，会计是没有国界之分的，从技术上讲，各国的会计准则很有必要统一起来，也就是不管在什么国家与地区，相同的经济交易事项都应该使用同一的会计处理办法。并且，会计准则的技术标准性也使会计准则在理论上有可能统一。但是，会计趋同是一个长期过程，面临着各种困难与障碍，主要有如下几点。

➢ 不同国家的不同准则设置机构和监管机构在特定问题的处理上有不同的看法。

以美国为例，一直到1995年7月IASB与国际证监会（IOSCO）达成了制定一套核心准则的协议之前，美国FASB对IASB制定的国际会计准则的努力一直不以为然、不屑一顾。因此，在相当长的时期内，美国与IASB一直处于“对立”局面，美国对国际会计准则的态度是消极的。

➢ 来自商业集团和会被准则变动影响到的其他利益集团的政治压力。

会计学者的研究结果显示，财务准则的制定不仅是经济过程，更是政治博弈过程。财务准则从实质上说就是游戏规则，而规则的制定者往往是实力最为强大的一方或多方。各利益集团的利益交织纷繁，为了维护自身利益，它们在准则制定过程中各尽其能，对设置机构施加压力。这种利益导向的不同直接阻碍了财务准则在全球范围内趋向一致。

3.4 国际财务报告准则（IFRS）的框架结构：目标、特征、报告要素与约束

目标

在IFRS的框架中，财务报告的目标是“提供一个实体关于财务状况和表现的信息，从而

对大范围使用者的经济决策时提供帮助”。换句话说，财务报告的目标就是对一个公司财务表现的公正表达。

特征

相关性与可靠性是财务报告最为重要的性质特征。

- 相关性（relevance）：信息应当是及时的、细致的、重要的，从而影响报表使用者的经济决策，帮助他们评估过去、现在和未来的事件，或者纠正过去的评价。换句话说，只要是报表使用者在做经济决策之前想要知道的信息，都是相关的。重要性（materiality）是相关性的一个方面。
- 可靠性（reliability）：信息应当没有重大错误或偏差，反映经济现实，真实地和完整地反映公司的财务状况，包括对交易和事件的忠实表达（faithful representation）、形式下的实质（substance over form）、中立性（neutrality）、预测的谨慎性（prudence）、完整性（completeness）。

可比性、可验证性、及时性与可理解性是在相关性与可靠性基础上的进一步强化。

- 可比性（comparability）：财务报告应当符合同一企业不同时期可比、不同企业相同会计期间可比的要求。
- 可验证性（verifiability）：指对于独立的第三方观察者，使用相同的方法可以得到类似的结果。如同自然科学的实验，在相同的条件下，采用相同的方法重复实验，如果能够得到相同的结果，这一结果才是可靠的。
- 及时性（timeliness）：指财务报告需要在“过期”以前被使用者利用。财务报表信息的价值很大程度上取决于它的时效性，只有那些能够满足经济决策的及时需要的信息才有价值。此外，如果企业迟迟不在规定的时间内发布财务报告，就有可能被投资者与监管当局认为是存在重大经营失误，严重者会被追加处罚。
- 可理解性（understandability）：对于具有商业与会计基本知识且愿意钻研报表信息的使用者来说，财务报告必须是可以被理解的。一份晦涩难懂的财务报告肯定不能达到帮助报表使用者做出正确决策的目的。然而，在财务报表中，不应该忽略一些有用但是复杂的信息。

考点总结

相关性、可靠性、可比性、可验证性、及时性与可理解性是一份高质量财务报告的基本属性，这部分虽然在 CFA 考试中是属于需要记忆的知识，但是考生必须充分把握这些性质背后的深刻会计机理，尽可能地从本质把握这些属性。

另外，与预算决策过程类似，企业在编制会计报表的时候也存在限制条件，要遵循成本——收益原则。如果精确记录一项资产所要花费的成本（人力成本等）甚至超过了资产本身的价值，则可以简略处理。换句话说，面面到位、精细正确的财务报表固然有益，但是其内在价值要是不能抵消编制成本，则是不合算的。我们在编制财务报表时需要再三权衡。

报告要素

要求的报告要素是我们如今很熟悉的资产、负债、所有者权益、收入和费用，不再赘述其概念。以上要素的计量基于以下基础：

➢ 历史成本：购买资产的时候支付的价款；
➢ 现行成本（重置成本）：当前要获取相同的资产所需支付的价款；
➢ 可变现价值/清算价值：可变现价值是对资产来说的，是企业处置资产可得的价值；清算价值是对负债来说的，是企业清偿债务所要付出的价值。
➢ 现值：对于资产来说，现值是未来现金净流入以一定折现率折到当期的价值；对于负债来说，现值是未来现金净流出以一定折现率折到当期的价值。

约束

➢ 财务报告的质量要求之间可能存在矛盾。例如，为了达到相关性要求，信息必须及时，然而要确保信息是可靠的，就需要一定时间来验证，这就体现了相关性和可靠性的矛盾。财务报告需要在相关性与可靠性之间达到平衡。将历史成本法计价与公允价值计价两种方式进行对比可以很好地说明问题。我们知道，资产以历史成本计价，可以保证较高的可靠性，但是资产入账与现在存在时间差，宏观经济环境、行业发展状况、企业经营情况可能已经发生巨大变化，以历史成本计价的特定资产价值（如对企业发展至关重要的无形资产）的相关性较低；资产以公允价值入账，则可以保证较高相关性，但是可靠性不佳，企业管理层可能会通过这一方式虚增企业资产，夸大利润总额。于是，在编制财务报表时，需要权衡这两种计价方式的利弊。
➢ 财务报告的使用者从这些信息中获得的好处应该大于它的准备成本。从某种程度上来说，财务报告具有"公共产品"的特征，财务报告一经发布，使用者几乎可以无偿地获得这些信息，并且在"消费"（使用）时具有非排他性。但是，编制财务报告也需要成本，而财务报告使用者是不付费或者很少付费的。从整个社会来说，报告的使用者从信息中获得的好处应大于财务报告的编制成本，这符合成本——收益原则。
➢ 公司无形和不能量化的信息无法直接从财务报表中获得。比如，公司人力资源的能力无法在财务报告中反映出来，因为并不是每样资产都是可以用货币计量的。

3.5 财务报表的一般性要求

IAS 要求的报表包括

➢ 资产负债表
➢ 综合利润表
➢ 现金流量表
➢ 所有者权益变动表
➢ 解释性附注，包括会计政策的说明和其他批注

IAS NO.1 中涉及的财务报表准备与呈报的基本原则

财务报表准备的基本原则：

➢ 持续经营假设（going concern basis）

持续经营是假定企业主体在可以预见的将来无限期地经营下去，该假设提供了企业未来的前景，为财务工作的正常活动做出了时间规定。例如，决定固定资产折旧年限为 5 年，就是假设公司能够持续经营下去，如果公司明天就破产，那么折旧年限就无意义。

➢ 权责发生制（accrual basis of accounting）

除了现金流量表，权责发生制用于编制其他财务报表。

➢ 公允表达（fair presentation）

公允表达指依据确认资产、负债、收入、费用时所需要的准则对影响会计主体的交易与重大事项进行公正合适的表达与呈现。

➢ 一致性（consistency）

这里强调不同时期的一致性。企业当期的项目（科目）与前期的项目（科目）可以进行对比分析。需要采取一致的会计估计。

➢ 重要性（materiality）

重要性指财务报告应当尽量避免错报漏报那些可能会影响财务信息使用者决策的重要信息。也就是说，在选择会计方法和程序时，要考虑经济业务本身的性质和规模，根据特定的经济业务对经济决策影响的大小，来选择合适的会计方法和程序。如果一笔经济业务的性质比较特殊，不单独反映就有可能遗漏一个重要事实，不利于所有者以及其他方面全面掌握这个企业的情况，就应当严格核算，单独反映，提请注意。但是，如果一笔经济业务的金额在收入、费用或资产总额中所占的比重很小，就可以采用较为简单的方法和程序进行核算，甚至不一定严格采用规定的会计方法和程序。重要性原则与会计信息成本效益直接相关。坚持重要性原则，就能够使提供会计信息的收益大于成本。对于那些不重要的项目，如果也采用严格的会计程序，分别核算，分项反映，就会导致会计信息成本高于收益。

考点总结

需要注意可比性与一致性的区别。可比性是针对不同的企业而言，是横向比较，指企业之间的会计信息口径一致，相互可比。企业可能处于不同行业、不同地区，经济业务在不同时点发生，为了保证会计信息能够满足经济决策的需要，便于比较不同企业的财务状况和经营成果，只要是同样的经济业务，就应当采用同样的会计方法和程序。一致性是针对企业自身而言，是纵向比较，要求企业采用的会计政策在前后各期保持一致，不得随意改变。只有遵循一致性，保持前后各期会计政策的一致性，才能对前后期间的会计信息进行比较、分析和利用。

此外，在呈报财务报告时应当注意：

➢ 将类似的项目合计统计（如将现金与现金等价物合并），将具有显著差异的项目分开统计（有形资产与无形资产分开）。

➢ 除非准则允许或有要求，否则不能将资产与负债、收入与费用互相抵消。

➢ 财务报告频率：每年至少呈报一次，而且必须发布年报。

➢ 将长期资产负债与短期资产负债分类。

➢ 每张财务报表有要求的最少信息量。例如，资产负债表必须报告现金及现金等价物、存货、固定资产等科目信息；利润表必须报告收入、利润或亏损、税收费用和财务费用等。

➢ 每张财务报表附注要求的最少信息量，并且财务报表和附注要互相印证。

➢ 应包括过往经营周期的可比较信息。

3.6 FASB 框架与 IASB 框架的比较

表 5-2 FASB 框架与 IASB 框架比较分析图

<table>
<tr><td>框架结构的目的</td><td colspan="2">FASB 和 IASB 的框架结构在目的上类似，均旨在协助发展和修订财务报告标准，但是 FASB 的框架结构在层级上更低。在 IFRS 下，如果相关标准或解释不存在的情况下，管理层被明示要求考虑框架结构；而 FASB 框架结构没有类似要求</td></tr>
<tr><td>财务报告的目的</td><td colspan="2">两个框架结构都普遍重视向广泛的使用者提供相关信息。两者的主要区别在于：FASB 框架结构在经营实体和非经营实体上采用不同的目标，而 IASB 的框架结构只有一个目标</td></tr>
<tr><td>假设</td><td colspan="2">IASB 更加强调权责发生制和持续经营假设</td></tr>
<tr><td>质量特征</td><td colspan="2">与 IASB 相比，FASB 规定了相同的质量要求，但是对这些质量要求划分了等级；相关性和可靠性被认为是最重要的质量要求，而可比性被认为是第二重要的质量要求，可理解性被认为是对使用者特定的质量要求</td></tr>
<tr><td>限制</td><td colspan="2">FASB 与 IASB 有相同的限制</td></tr>
<tr><td rowspan="4">财务报表要素</td><td>业绩要素</td><td>IASB 用收入和费用来衡量企业的业绩，而 FASB 包括收入、费用、利得、损失和综合收益来衡量业绩</td></tr>
<tr><td>财务状况要素</td><td>IASB 将资产定义为未来流入企业的经济利益可能的来源，而 FASB 将资产定义为未来经济利益</td></tr>
<tr><td>要素的确认</td><td>在资产和负债的确认上，IASB 引入“可能性“概念，而 FASB 未提及这一概念</td></tr>
<tr><td>要素的计量</td><td>在大多数情况下，FASB 禁止资产以公允价值计价和重估价值，除非是某些特定的金融工具。但是在 IASB 允许以公允价值计价</td></tr>
</table>

一些企业（尤其是那些在海外资本市场上市的企业）会应资本市场监管机构的需求，同时发布以不同会计准则为基础编制的报表，称之为调节表（a reconciliation statement）。虽然这种做法有利于不同国家与地区的报表使用者，但是对企业来说，无形中加大了发布信息的成本。

退一步说，即便在未来形成了统一的准则框架，但是由于行业的特殊性（如银行与保险行业），一些特殊的报告准则并不会消失。

3.7 连贯的财务报告框架的特征与构建连贯的财务报告框架面临的障碍

连贯的财务报告框架的特征

连贯的财务报告框架的特征兼有透明性（transparency）、全面性（comprehensiveness）、一致性（consistency）三种特征。

- 透明性：指充分详尽、公允合理的信息披露与呈报。
- 全面性：在记录现有与新出现的交易时能够提供普适性指导，换句话说，财务报表上的信息越详细，越有利于使用者做出正确决策。例如，在记录销售收入时，公司最好将各产品的销售情况分列（传统产品或者新研发产品等），以利于报表使用者做出预测。
- 一致性：无论所处行业、企业规模、地理位置有何不同，只要企业进行了相似的交易，就应当在财务报告上以相同或类似的方式记录，并且最好与行业和其他同类公司保持一致性。

构建连贯的财务报告框架面临的障碍

创造连贯的财务报告框架的障碍有评估（valuation）、标准设定（standard setting）与计量（measurement）。

➢ 评估：评估资产和负债有不同的计量方法。历史成本估价更可靠，要求的调整最少；公允价值与最近的交易更相关有用，但是可靠性较低。

➢ 标准设定方法

- 基于原则的方法：提供了一个广泛全面的财务报告结构，但是较少提及如何列报某一特定元素或具体交易
- 基于规则的方法：有特定的规则、特定的数量测试，在对交易分类的基础上提供了特定的执行指导与列报方法。
- 目标驱动的方法：混合上述两种方法，既提供框架结构又包括具体的执行指导。未来趋同的财务报告框架似乎遵循目标驱动方法。

➢ 计量：在财务报告框架中，另一个需要权衡的是对某一特定时点（资产负债表）的评估还是对某一特定时期（利润表）的评估，前者称之为资产/负债方法，后者为收入/费用方法。

记忆方法

在对“标准设定方法”进行理解记忆时，可以将其与法律体系对照。世界上主要有大陆法系（成文法）与普通法系（判例法）两大重要法系。大陆法系的特点是构建重视逻辑、抽象化的概念体系，法律条款很多，但是并不针对某一个或某一类特定案例，这与“基于原则的方法”类似，“基于原则的方法”同样也是提供了一个面面俱到的财务报告结构，但是并不提供针对特定交易的执行指导。普通法系又称“英美法系”，则是以已有的判例为基础，没有成文的法律条款，故也称之判例法、不成文法，这与“基于规则的方法”类似，“基于规则的方法”在对交易分类的基础上提供了特定的执行指导与列报方法。而近年来，一些法律学者提出“混合法系”的概念，兼有大陆法系与普通法系的特点，这与“目标驱动的方法”类似，既提供框架结构又包括具体的执行指导。

3.8 监控财务报告准则的更新与发展

➢ 在 IFRS 与 GAAP 下，公司在准备财务报告时，必须在财务报表附注和管理层讨论（MD&A）中披露所采用的会计政策与会计假设。

➢ 上市公司必须披露由于采用新近发布的会计准则给公司带来的影响。管理层需要讨论采用新会计准则的影响，并且得出结论，诸如公司不适用于新准则，或者新准则不会对公司财务报表产生重大影响。管理者或者要表明他们正在评估新准则的潜在影响。

4 理解利润表

术语解释

利润表（income statement） 利润表是动态反映资产负债表中部分的资产、负债、权益变动的财务报表。主要包括收入与费用、利得与损失以及利润（收益）。

4.1 利润表的主要内容

利润表是一张动态报表，记录的信息与企业的日常经营活动息息相关，得到的净利润最终会反映到资产负债表所有者权益项目的变动上，所以利润表经常被认为是最重要的一种财务报表。利润表的主要内容与项目如下：

- 收入（revenue）：企业在日常活动中形成的，会导致所有者权益增加的与所有者投入资本无关的经济利益的总流入，来源于销售商品或提供劳务。净收入为收入扣除退回商品、折扣、坏账、计提售后服务准备等项目后的余额。
- 费用（expenses）：企业在日常活动中发生的、会导致所有者权益减少的与向所有者分配利润无关的经济利益总流出。费用可以认为是企业为了获得收入而付出的代价，包括销货成本、经营费用、息税费用等。
- 销货成本（COGS）：企业当期已售商品的成本，即为制造这些产品所直接投入的原材料、劳动力及分摊的制造费用等支出。
- 利得与损失（gain or loss）：在处置一项资产时，销售价格与账面价值之间的差异称为利得（销售价格大于账面价值）或损失（销售价格小于账面价值）。利得会增加企业经济利润，损失会减少企业经济利润。
- 利得与损失一般由企业非日常经营活动形成。
- 非控制权益（noncontrolling interest）：又称少数股东权益，当母公司拥有子公司的控股权，但是并非 100% 控股时，那些按照比例属于其他外部股东的权益在母公司利润表中表现为非控制权益。在这种情况下，母公司计算净利润时，应当在总收入中减去非控制权益所占比例的那部分。需要注意的是，这一项目在利润表上有时列在预提所得税之前，有时列在预提所得税之后。当列在预提所得税之前，通常按含税总额列示。当列在预提所得税之后，按税后净额列示。
- 经营费用：销售费用、管理费用等费用（SG&A）。
- 经营利润 = 毛利润 - 经营费用。
- 对非金融公司来说，经营利润不考虑财务费用、所得税及营业外收支所得的利润。从经营利润中减去以上项目费用，则最终可以得到净利润，净利润有时也被称为“盈余”或者“下线”。
- 营业外收支：由企业日常经营活动以外的活动产生的收支，包括投资的收益和损失、筹资的收益和损失以及租金等。
- 息税前利润（EBIT）：这一概念要与经营利润（operating income）区分开来，在 CFA 考试中，一般情况下将经营利润与息税前利润等同，但是在有些情况下二者会有差别——当题目中出现营业外收支项目时，需要用经营利润减去营业外收支才能得到息税前利润，这一点需要引起注意。另外，EBIT 在财务分析中非常重要，这其实是不考虑公司借贷因素的盈利能力，使不同公司的可比性增加。
- 财务费用：一般指利息费用，这里的利息费用是所谓的“净值”（net）概念，公司既有利息收入（银行存款等）也有利息支出，需要抵扣得到净利息费用。

➢ 税前利润：是指扣除所得税前企业所有活动产生的收益。
➢ 所得税。
➢ 净利润：净利润 = 税前利润 - 所得税。

简单来说，在利润表中核算净利润的过程如下：

- 净利润 = 收入 - 日常费用 + 其他收入 - 其他费用 + 利得 - 损失，利润表的格式分为单步法与多步法两种，在单步法下，所有的收入被归结在一起，所有的费用被归结在一起。多步格式中包括了分类汇总，例如毛利润和经营利润。
- 毛利润：毛利是指主营业务收入减去主营业务成本。毛利润 = 收入 - 成本；毛利率 =（收入 - 成本）/收入

通常我们使用的利润表格式（多步格式）如下：

净收入
-成本（COGS）
毛利
-经营费用（SG&A）
经营利润
+其他收入（非主营业务）
息税前利润
-财务费用（利息）
+/-非经常项目收入（税前）
税前利润
-所得税费用
经营性净利润（线上）

+/-已终止经营业务收入（税后）（线下） +/-异常项目收入（税后）（线下） +/-会计标准变更的影响（税后）（线下） 净利润（线下）

➢ 非经常项目（unusual or infrequent items）。

该项目处于线上，并且在税前列示，通常不会对现金流量造成影响。注意该项目是偶然或特殊的，而不是偶然且特殊的，主要包括：

- 出售资产、处置业务所造成的利得或损失；
- 处理商业部门的收益或损失，如员工遣散成本、工厂关闭成本等；
- 出售在附属部门的投资的收益或损失；
- 环境污染罚款；
- 资产减值、销账（write offs，资产毁损消失）、调账（Write downs，资产减少）及重组费用。

分析关键：虽然非经常项目属于持续经营收入部分，但分析师应该仔细分析在收益预测中是不是应该包括该部分。在对报表进行最初分析时，应将这些非经常项目剔除；在补充分析时，则应考虑非经常项目，可以避免由于完全忽视这些项目而造成的潜在影响。

➢ 异常项目（extraordinary items）。

有时也称之为特别项目，指具有不寻常特性且不经常发生的重大事件和经济业务，在线下列示，并且以税后净值呈报。与线上的非经常项目不同，异常项目必须是既特殊又偶然的。

主要包括：

- 政府（本国或外国）对企业的资产没收和政府新颁法规禁止企业某种业务而发生的损失
- 提前偿还债务带来的收益或损失（暗含债权人原先是准备按期偿还的，并未想要提前偿还债务）
- 因为没有买保险，自然灾难导致的损失

正因为异常项目是特殊且偶然的，其必须与持续经营的项目分开披露，并放到利润表中持续经营项目的下方。

分析关键：在收入预测中要确定这些异常项目未来发生的可能性。但在分析损益以确定企业未来发展趋势时，应剔除异常项目，因为这些项目并不是人们期望发生或预期发生的。在补充分析时，则应考虑这些项目，以避免因完全忽视这些项目而造成的影响。

考点总结

非经常项目与异常项目的差别

考生需要从本质上理解这两个项目的差异，非经常项目是偶然或者特殊的，异常项目是偶然且特殊的。正因为非经常项目是偶然或者特殊的，所以其发生的概率一般要大于异常项目，所以将非经常项目纳入企业持续收入，也就是线上，而将异常项目纳入线下范围。

➢ 已终止经营业务（discontinued operations，或称“不持续业务”）。

已终止经营业务也称之为非持续性经营活动，已终止经营业务的一个常见类型就是企业或生产线的清理。已终止经营是指管理层决定处置，但是或者还未具体执行，或者在该经营活动产生收入或损失后在当期完成处置。与这些部门相关的净收益以及处理的收益或损失必须与持续经营项目分开披露，并放到利润表中持续经营项目的下方。

当公司做出正式的终止经营计划的日期称为开始计量期（measurement date），在开始计量期和实际处置期（actual disposal date）之间称为逐步退出期（phase-out period）。过往年度的利润表要进行调整。从开始计量期日起，公司将累计在逐步退出期间的任何估计损失以及在处置日的任何估计损失。任何预期的处置收益在出售完成时才能进行列报。

若相关资产出售后，那些减少的资产会通过在资产负债表中资产项目下的相关非流动资产减少体现出来，主要原因是已终止经营业务的资产一般属于非流动资产项目，这类资产的出售会以非经常性损益进行会计核算，并且在税后计算，在线下单独列示。

分析关键：在理想情况下进行初步分析时，资产负债表上与非持续性经营相关的项目应剔除。这些项目应在补充分析时予以考虑，因为它们对未来经营收益的预测并无帮助，这些非持续性经营业务的收入或损失在未来并不能持续。但是由于公司披露不充分的缘故，这些项目经常无法从分析中剔除。

➢ 会计标准变更。
  - 会计政策变更：比如存货计量方法从 LIFO 变到 FIFO。会计原则变更要求追溯调整。所有的前期财务报告要重新表述以反映这样的变化。一般需要在利润表中追溯调整
  - 会计估计变更：是管理层判断的变更，比如折旧期限的变更。会计估计的变更不用追溯调整，不用重述以前年度的财务报表，所以一般不需要在线下调整

注意，会计前期差错更正通过重述以前年度财务报表来实现，不会对当期利润表产生影响。此外，还要求披露调整的收益和对净利润的影响，直接在期初留存收益中调整。

分析关键：要确定相关改变对未来经营结果的冲击。

4.2 权责发生制、收入确认原则及方法

权责发生制

权责发生制的原则是要求当公司取得收入或发生费用时即予以记录，而不考虑是否有真实现金流发生。权责发生制原则主要是从时间上规定会计确认的基础，其核心是根据权责关系的实际发生期间来确认收入和费用。所以采用这一原则进行收入与成本费用的核算，能更准确地反映特定会计期间的财务状况和经营成果。

于是，公司可以通过提前或者推迟收入与费用的确认来达到操控盈余的目的，这是企业盈余管理的主要手段之一。

权责发生制与收付实现制下确认收入与费用的区别如表 5-3 所示。

表 5-3 权责发生制与收付实现制下确认收入与费用的区别

	权责发生制	收付实现制
确认收入的条件	已经获得时	收到现金时
确认费用的条件	实际发生时	支付现金时

收入确认原则

在 IFRS 下，当以下条件被满足时，商品销售收入可以被确认。

➢ 企业已将产品所有权的主要风险和报酬转移给买方；

➢ 企业既没有保留通常与所有权相联系的继续管理权，也没有对已售出的商品实施有效控制；

➢ 收入的金额能够被可靠计量；

➢ 与交易相关的经济利益很可能流入企业；

➢ 相关的已发生或将发生的成本能够可靠地计量。

在 IFRS 下，当以下条件被满足时，劳务收入可以被确认：

➢ 收入的金额能够被可靠计量；

➢ 与交易相关的经济利益很可能流入企业；

➢ 劳务完成的各个阶段可以可靠计量；

➢ 相关的已发生或将发生的成本能够被可靠计量。

在 U. S. GAAP 下，当收入满足下面两个条件时在利润表中确认收入：

➢ 已经实现或可以实现；

➢ 已经获得。

美国证监会（SEC）对收入确认提出了四条更具体的判断标准；

➢ 有证据证明买卖双方之间存在协议；

➢ 产品已经交付或服务已经提供；

➢ 价格已经确定或可以确定（相当于收入的金额可以可靠计量）；

➢ 卖方合理地确信能获得收入。

考点总结

在这里需要重点关注 IFRS 与 U. S. GAAP 下对收入确认原则的差别。很明显，在 IFRS 下，有这样的表述："相关的已发生或将发生的成本能够可靠地计量"，即成本的计量是收入确认的前提之一，而 U. S. GAAP 并没有这样的表述。在 U. S. GAAP 下，存在"证明买卖双方之间存在协议"，即必须有证据认定双方存在事实的买卖合同，这一点在 IFRS 下不存在。

名师解惑

在确认与计量收入、费用时需要遵循哪些基本法则

简单来说，在确认与计量费用时，必须遵循稳健性（conservatism）、实现概念及配比原则。所谓稳健性，是指在衡量不确定性时，会计师宁愿低估净收益与净资产也不愿高估它们。稳健性概念的两个方面可表述如下：

只有当收入可以合理确定时才确认收入（留存收益增加）。

只要费用的发生具有合理可能性就要确认费用（留存收益的减少）。

换句话说，在合理的情况下，多确认费用，少确认收入。

实现是指由于销售商品或提供服务而引起的现金或现金索取权（如应收账款）的流入。实现概念指明应被确认为收入的数量是能够合理确定实现的数量，即顾客合理确定要支付的数量。

配比原则在运用时，首先要确定该期间内需要确认收入的各个项目及数量（根据稳健性概念与实现概念），然后确认与这些收入相匹配的成本。

特殊的收入确认方法：长期合同（long-term contracts）

在介绍特殊的收入确认方法之前，首先详细介绍配比原则，因为这一原则与收入确认息息相关。

配比原则（matching principle）：某个会计期间或某个会计对象所取得的收入应与为取得该收入所发生的费用、成本相匹配，以正确计算在该会计期间、该会计主体所获得的净损益。

配比原则以权责发生制为基础，并与权责发生制共同作用来确定本期损益，最终受持续经营与会计分期两个前提的制约。收入在发生时而不是在收账时确定，与之相配比的费用成本就是为取得该项收入而实际发生的费用，不必考虑费用是否已经以现金形式付出，即会计主体必须按照权责发生制的原则对各期的收入费用进行核算。而按照权责发生制算出的费用并非全部

都是期间费用或产品成本，只有按照配比原则确定的与本期收入或产品收入相对应的费用才是期间费用或产品成本。我国上市公司在粉饰财务报表时，提早确认收入和延迟确认费用是操纵盈余的主要手段。

完工百分比法（percentage-of-completion method）

完工百分比法主要应用于长期的建筑安装合同，是指按照劳务的完成程度确认收入与费用的方法。使用这种方法，合同总收入和总成本能够可靠地计量，合同总收入一般根据双方签订的合同或协议注明的交易总额确定，随着合同的不断执行，可能会根据实际情况增加或减少交易总金额，则应该及时调整合同总收入。FASB 认为，完工百分比法是一种优先法；只有拿出可以推翻其前提的相反证据，才可以使用完工成本法。

- ➢ 完工百分比下，合同完成程度的测量方法
  - 由专业测量师对工程完成部分进行测量；
  - 已经提供的劳务占应提供劳务总量的比例；
  - 已经发生的成本占全部估计成本的比例。由于简便，一般在实务中使用该方法。
- ➢ 完工百分比法的计量方法
  - 本期确认的收入 = 劳务总收入 × 本期末劳务的完工进度 - 以前期间已确认的收入
  - 本期确认的费用 = 劳务总成本 × 本期末劳务的完工进度 - 以前期间已确认的费用
- ➢ 完工百分比法的优点
  - 当期确认期间收益，而不是随着合同的完工不规则地确认；
  - 对于完工成本或完工程度进行的当前估计反映了未完工合同的当前状态。
- ➢ 完工百分比法的缺点

  为了确认当期收益，需要对最终成本进行估计。一般而言，最终成本估计值经常受到长期合同所具有的不确定性因素影响。

完成合同法（completed-contract method）

完成合同法指在合同没有全部完成前不确认收入也不结转成本，完成后才确认所有的收入和费用。该方法一般应用于销售价格或成本不能精确估计的情况。

- ➢ 完成合同法的优点

  反映收益的依据是最终结果，而不是对可能含有未预见成本或可能损失的完工工程的估计，较为稳健。
- ➢ 完成合同法的缺点

  相关性较差，特别是将利润集中到工程完工时一次确认，使得会计收益在各会计期间波动较大，无法真实反映各期的经营成果。

两种收入确认方法的选择

在 IFRS 下，

- ➢ 如果完工百分比法适用，则使用该方法，与 U. S. GAAP 下相同；
- ➢ 如果完工百分比法不适用，使用完成合同法：
  - 如果成本预期能收回，则可以在发生成本的范围内确认收入。直到项目完成才能确认利润。
  - 如果成本预期无法收回，则所有发生的成本确认为费用。

两种收入确认方法对财务信息的不同影响

➢ 与完成合同法相比，完工百分比法的效果有：

- 在完工之前有更高的净收益、留存收益，并且收益波动不大。因为完工百分比法比完成合同法更早确认了收入，而且为分期确认收入。
- 在完工之前有更高的 ROA。由于完工百分比法提早确认了收入，所以完工之前利润也较多，完工之前时期的 ROA 较高。
- 在完工之前有更高的权益，更低的负债，更低的负债权益比率。完工百分比法的净收益高于完成合同法，因此完工百分比法的权益大于完成合同法的权益；此外，在完成合同法中，完成前收到的货款计为预收款，计入负债，因此完工百分比法的负债水平低于完成合同法。总的来说，完工百分比法负债权益比率更低。
- 在完工百分比下，如果收到的现金小于确认的收入，则差额部分计入应收账款，表现出有更多的流动资产。
- 在完工百分比下，如果收到的现金大于确认的收入，则差额部分计入预收账款，表现出有更多的流动负债。
- 在两种方法下，现金流没有差别。

表 5-4　两种收入确认方法对财务信息的不同影响

<table>
<tr><th>财务报表/比率</th><th>项目</th><th>完成百分比法</th><th>完成合同法</th></tr>
<tr><td>现金流量表</td><td>现金流</td><td>相同</td><td>相同</td></tr>
<tr><td rowspan="2">利润表</td><td>收益波动</td><td>更小</td><td rowspan="7">相反</td></tr>
<tr><td>净利润</td><td>更大</td></tr>
<tr><td rowspan="3">资产负债表</td><td>总资产</td><td>更大</td></tr>
<tr><td>总负债</td><td>更小</td></tr>
<tr><td>所有者权益</td><td>更大</td></tr>
<tr><td>比率</td><td>负债权益比率</td><td>更小</td></tr>
</table>

考点总结

CFA 一级考试中，完工百分比法（POC）与完全合同法（CC）几乎每年必考，而且考点主要集中于两种方法对财务信息的影响效应。考生需要牢牢掌握的是，与 CC 相比，POC 的最大不同是在项目完工以前就可以确认收入与成本，如果这个项目是盈利的（收入 > 成本），则在 POC 下，利润表中的净利润更高，这直接造成资产负债表中留存收益更高，股东权益更高。总资产更大。而在 CC 下，即使在项目工期内收到收入，仍然必须以预收账款的形式计入负债，这导致 CC 下的负债更高，负债权益比率更高。与 CC 相比，在 POC 下，净利润与总资产都较高，那么如何判别 ROA 的大小呢？一般来说，企业的 ROA 是小于 1 的，在这种情况下，在分子和分母增加相同数额的情况下，增加后的数值大于增加前的数值（显而易见，1/2，分子分母同时加 1，得到 2/3，大于 1/2）。于是，在 POC 下 ROA 更高。ROE 也是一样，在 POC 下更高。与 CC 相比，POC 是一种平滑盈利模式，盈利进入公司的趋势为“细水长流”，而在 CC 下盈利为“波涛汹涌”，起伏很大。

分期付款销售（installment sales）的两种收入确认方法

分期付款销售是指在较长的时间内按合同规定期限分期收取货款的销售方式。如果货款确定可回收，则收入在销售的时候就可以确认；如果货款的回收无法合理估计，则使用分期付款法；如果货款的回收很大程度上不确定，则使用成本回收法。

分期收款法（installment method）

分期收款法是指在分期收款销售合同约定的收款期限内，在每期收到款项时按比例确认毛利润的方法，常用于房地产或其他公司资产的销售中，一般在销售款项的可回收性存在风险时采用。

每期实现的毛利＝分期收款销货毛利率×分期收到货款的数额

以分期收款法计量收入时，存在毛利率，且绝大部分使用分期付款法的销售涉及物业买卖。

成本回收法（cost recovery method）

收到的款项优先补偿成本，销售成本以收到款项加以记录，在总成本得到全部补偿前，以收到款项的相同金额记录销售收入和销售成本，直到购买者累积支付的现金量超过销售总成本后才确认利润。也就是说，所有的现金收入首先应该被看作成本的回收，之后再确认为毛利润。

使用成本回收法时，除非收到的现金全部补偿了成本，否则不存在毛利率。

名师解惑

完成百分比法与分期付款法有什么区别

举例来说，公司卖出房子，客户采用分期付款法，销售总收入为1 000万元，成本是800万元。付款分三期，分别为400万元、400万元、200万元。而在一个造船合同中，采用完工百分比法，销售总收入也是1 000万元，成本同样是800万元，成本每年是400万元、300万元、100万元。分期付款下，销售收入1 000万元，成本是800万元，告诉下面的明细数字是400万元、400万元、200万元，是现金收取，400＋400＋200＝1 000万元。而完工百分比下是400＋300＋100＝800万元的成本。一个合同是造船，一个合同是买房子，虽然有共同点但并不是一回事。在分期付款法下，我们应该将利润率先求出来，因为收入是1 000万元，成本是800万元，那么利润率是20%。于是，可以确定收入分三期获得，分别是400万元、400万元、200万元，所以确认销售收入就是按照现金收取来确认。也可以从成本占收入比例的角度来看这个问题，因为总成本是800万元，销售收入是1 000万元，所以就应该是80%去乘以各期的r收入。净利润就是各期收入和成本之差，或者收入乘以20%。分期付款法基于的是一个margin乘以收取的现金。POC方法以每一期成本占总成本来确认其完成的百分比。

在IFRS下如何处理分期销售的款项

在IFRS下，在销售时，将未来各期销售的款项的折现值确认为收入，而销售款项与净现值之间的差异记录为利息。如果销售款项的可回收性不能确定，则在IFRS下收入确认方式类似于成本回收法。这充分显示了在确认收入时遵循的稳健性原则。

实物交易

在实物交易中，双方互换商品和服务，而没有现金的支付。

往返交易（round-trip transaction）：指一方将商品卖给另一方，但同时从另一方买入几乎相同商品的交易类型。这种交易的潜在问题是收入是否应该被确认。例如，在网络泡沫破灭之前，很多网络公司用的就是这种方法，你是一个网站，我是一个网站，你有服务器，我有服务器，大家都没有收入怎么办？互相租用服务器。

根据 U. S. GAAP，实物交易的收入，仅当公司有从这种商品或服务中获得现金支付的历史，而且能根据历史经验确定公允价值时，才以公允价值确认，否则，收入按换出资产的账面价值计算。

根据 IFRS，实物交易的收入必须以与无关方的相似非实物交易的公允价值收入为基础。

毛收入报告与净收入报告

在毛收入报告下，公司分别报告销售收入和成本。在净收入报告下，仅仅报告销售收入和成本的差额。尽管在两种报告模式下利润总额是一致的，但是在毛收入报告中，销售收入更高。

FASB 规定只有符合以下条件的企业才能报告营业毛收入。

- 是销售合同的直接义务方；
- 承担存货风险及信用风险；
- 能够自主选择供应商；
- 有权力自由确定合理的价格。

考点总结

这里说的毛收入报告和净收入报告具体指的是什么呢？举个例子。在 40 多年前 500 强企业的榜单上，排在前面的有很多日本商社，比如三菱商社、三井物产之类企业，商社是实质类似于投资银行、贸易公司，是日本的一种经济形式。比如说企业进口重油，用来燃烧发电用，一船重油可能几千万美元，利润丰厚。如果按照毛收入报告的话，可能就需要报告收入几千万美元，但这其实是荒谬的，因为商社是在替别人运作业务，只能收取手续费，比如说百分之一，这项交易如果是 5 000 万美元。如果按照净收入报告，那么就应该报告 50 万美元，收的手续费是 50 万美元，而不应该报告销售收入 5 000 万美元，给对方 4 950 万美元，两者之差是 50 万美元。应该直接把手续费报告为收入。这就称为净收入报告。采用净收入报告之后，日本商社的排名就靠后很多。

U. S. GAAP 规定了毛收入，就是全额能使用的地方。首先公司自身一定是合同的义务方，如同上面进口重油的例子，其实也取决于合同是谁签订的。还有其他条件，如承担存货风险及信用风险，如果公司买下商品，转为存货，然后转让出去，那就可以确认为收入。公司可以选择供应商，是东京电力还是三菱商社选择。然后是价格是谁定的，比如东京电力和沙特阿拉伯签订的协议，三菱商社只是起到一个中介的作用，那么三菱商社报告的就应该是净收入。只有三菱商社满足以上四个条件，才就可以把整船重油作为收入。

例如，旅行社要定头等舱的机票，票价是一万美元，票务中介人（如携程）要收手续费 1 000美元，如果是毛收入报告的话，就会报告 10 000 美元的收入，9 000 美元的成本费用，和 1 000 美元的利润。如果是净收入报告，你就报告 1 000 美元作为收入，该项交易没有成本费用。

财务报告分析的含义

财务信息的使用者在分析公司收入时必须考虑两点。

- 公司确认收入的政策是否稳健。一般来说，与较早确认收入的公司相比，较晚确认收入的公司经营风格相对稳健。

➢ 公司的会计政策在多大程度上取决于判断和估计。

4.3 费用确认的一般原则与方法

费用确认的一般原则

配比原则为决定哪些成本属于当期费用提供了一条标准：特定事件对收入与费用的影响应在同一会计期间内确认。另外还有两条相关的标准：①与本期活动相联系的成本属于当期费用；②与未来各期收入不相关的成本属于当期费用。

当然，配比原则的缺陷在于在实际应用中往往需要估计，如设备的使用寿命等，因此一些会计项目有可能被操纵。

与收入确认一样，费用确认也需要大量的预测。既然涉及预测，公司就有可能推迟或加速费用的确认。推迟费用确认增加了当前的净收入。分析师必须考虑费用预测变动的潜在原因。分析师还应该将公司的费用预测与同行业其他公司相比较。

名师解惑

企业在进行会计操纵时，是不是总是少计入费用使得利润提高？

公司的财务高层在会计规则允许的范围内具有一定的操纵空间。早一点确认或者晚一点确认收入费用其实就是做会计操纵。财务经理可以把财务报表做得好看，比如说利润率变高了，销售收入增长快了，但也可以把数据做得难看，难看也是操纵。为什么要做难看呢？举个例子，国外的阶级矛盾很严重，劳资双方经常发生冲突，资本家和工会在谈判的时候，资本家就会把账做得难看，说今年亏钱了，大家都不容易，你们加工资少加点吧。有人说过，一个计策：big bath，洗个大澡——在特定时期确认巨额费用。比如说资本家要收购一家国有企业，私下里跟厂长说好了，给点好处，厂长就会通过一些手段，操纵公司的财务报表，比如认为机器不行了，多计提折旧进行减值，1 000 万元的机器记成 100 万元，把账记得很难看，费用提得很多，资产大幅减值，利润极差，最好是亏损的。公司卖给谁、多高的价格卖无所谓，反正也不是我的，所以完全有可能故意说得很差。再比如资本家跟工会谈判的时候，比如关联方之间利益输送的时候。比如新旧管理层交替的时候，交替期有三个月，新的 CEO 到了就会指手画脚，这东西有问题，那东西不合适，记在前面的账上，把费用在当期全部确认掉，以后公司经营有了起色就全是他的功劳，干得不好全是前任的。这些例子提醒我们，不要以为会计操纵就是将账目做得好看，这完全取决于利益相关方要达到什么目的。

折旧方法、存货的会计方法，无形资产的摊销方法

折旧方法

术语解释

折旧 折旧指在固定资产的使用寿命内，按照确定的方法对应计折旧额进行的系统分摊。

➢ 直线法（straight-line method）是普遍采用的折旧方法，适用于运行正常、为企业每年提供的净收益基本一致的厂房和设备资产。直线法的突出特征是每一会计期都计提相等的折旧费用，其计算公式如下：

$$第\ i\ 年折旧额 = (固定资产成本 - 残值)/n$$

其中：n 为资产预计可使用年限。

采用直线法计算折旧，其是基于这样的假设，即该固定资产每年为企业带来的经济效益相同，但这样的假设显然有悖于一般的经济现实。一般而言，固定资产在前期的工作效率较高，所带来的经济效益当然也较高；而在后期，由于固定资产的损耗，其工作效率就可能下降，而所带来的经济效益也可能减少。直线法折旧显然没有考虑一般的经济现实。

当然由于直线法折旧方法计算比较简单，目前仍为大部分企业所采用。

注意：在 CFA 考试中计算折旧时不要遗忘减去残值，这是考生经常犯的错误。

➢ 加速折旧法（accelerated depreciation methods）

加速折旧法是将厂房设备资产使用年限确定后，各年计提折旧的数额不是相等的，而是逐年递减的，资产使用前期多提折旧、后期少提折旧。采用加速折旧法，并不会影响整个资产使用寿命期间的收益和所得税，但使用该方法在前期会多计折旧费用、少计算净收益，从而会少交税，而在后期情况正好相反，等于获得了税收部门提供的税收优惠。

与直线法相比，加速折旧法更加符合配比原则（收入与费用匹配），因为通常来说，资产在使用前期能够创造更多价值，并且资产在前期的维护与修缮费用较少，所以在前期多提折旧是合理的；资产使用后期，一方面，由于老化，资产创造的价值少于前期，另一方面，维护与修缮费用增加，应当少提折旧。

主要的加速折旧法有年数总和法和双倍余额递减法。

- 年数总和法（SOY）

  年数总和法下的计算公式为：

$$折旧额 = (原始成本 - 残值) \times 剩余年数/所有年数的总和$$

  【例】 一台设备的原值1 000万元，残值为200万元，估计使用年限为4年，则所有年数的总和 = 1 + 2 + 3 + 4 = 10。计算折旧额为：

  第一年：(1 000 - 200) × 4/10 = 320（万元）

  第二年：(1 000 - 200) × 3/10 = 240（万元）

  第三年：(1 000 - 200) × 2/10 = 160（万元）

  第四年：(1 000 - 200) × 1/10 = 80（万元）

- 双倍余额递减法（double declining balance，DDB）

  双倍余额递减法下折旧比率相当于直线法下折旧率的两倍，但不是按资产原值。而是按账面折余价值计算折旧。例如，预计经济年限为4年的资产，在直线法下的折旧率为25%，而在双倍余额递减法下的折旧率应为50%。公式为：

$$\text{DDB depreciation} = \left(\frac{2}{\text{useful life}}\right)(\text{cost-accumulated depreciation})$$

【例】 一台机器在当年 1 月 1 日以 12 000 元购买，估计使用年限是 5 年，估计残值是 2 000 元，使用双倍余额递减法计算折旧为：

第一年：(12 000 − 0) × 2/5 = 4 800（元）

第二年：(12 000 − 4 800) × 2/5 = 2 880（元）

第三年：(12 000 − 7 680) × 2/5 = 1 728（元）

第四年：(12 000 − 9 408) × 2/5 = 1 036（元）

注意：在计算第一年折旧的时候，不需要减去残值。因为总的折旧费用 = 原始成本 − 估计的净残值 = 10 000 元，第四年实际的折旧限额为 592 元。

➢ 单位产品折旧法（units-of-production method）

$$\textit{units-of-production depreciation} = \frac{\textit{original cost-salvage value}}{\textit{life in output units}} \times \textit{output units in the period}$$

综上所述，使用直线法与加速折旧法对企业财务报表的影响汇总如表 5-5 所示。

在资产使用的前几年：

表 5-5 使用直线法与加速折旧法对企业财务报表的影响

财务报表项目	直线法	加速折旧法	财务报表项目	直线法	加速折旧法
折旧费用	较低	较高	资产收益率	较高	较低
净利润	较高	较低	净资产收益率	较高	较低
资产额	较高	较低	周转比率	较低	较高
所有者权益	较高	较低	现金流量	相同	相同

在资产寿命的早期，加速折旧法降低净利润以及留存收益，并导致 ROE 和 ROA 偏低。在资产寿命接近到期日，情况正好相反。如果公司的资本支出是稳定或者持续增长的，上述的初期财务效应将持续，从整个公司的角度看，如果采用加速折旧法，折旧费用会偏高。

在资产使用的后几年，其对财务报表的影响正好与上述表格相反，就不再赘述了。

名师解惑

在使用直线法折旧时企业的税前利润与使用加速折旧法折旧时企业的税前利润是不同的，因此，使用两种不同方法的企业的所得税费用也不相同。那么，为什么使用两种不同方法的企业的现金流量却是相同的呢？

要回答这个问题，我们首先要了解所得税的概念。企业所得税费用的不同，不等于企业所支付的所得税不同。在美国，税务当局颁布了一套修正的加速成本回收体系，它规定了企业在纳税时所必须采用的折旧方法，因此不管企业在财务报告中采用何种折旧方法，在税收报告中必须采用这套规定的加速成本回收体系。也就是说，在财务报告中，企业的所得税费用会因为采用不同的折旧方法而不同，但在税务报告中，企业必须按照该体系计提折旧来计算企业的应纳税所得额。因此，不管企业在财务上采用何种折旧方法，其应纳税所得额是一致的，因此企业的应交所得税也是一致的，即企业向税务当局缴纳的所得税——现金流出，也是一致的。所以，企业采用何种折旧方法对于企业的现金流量没有影响。

存货的会计方法

术语解释

存货 存货指企业在正常生产经营过程中持有以备出售的产成品，或者为了出售仍然处在生产过程中的在产品，或者将在生产过程或提供劳务过程中耗用的材料等有形资产。

存货其实是企业在由采购原材料、生产产品并再将其出售的实物载体。需要指出的是存货是存量概念，即是描述某一时间点上数量；而采购及销售成本是流量概念，是描述某一时间段——即某一时间点到另一个时间点之间的通过的数量。因此，可以得到这样一个公式：

期末存货 = 期初存货 + 当期采购 - 当期销售成本

存货的计量与企业销售成本的计量有直接的联系。因此，若企业存货的期初余额、期末余额及采购成本能够精确地计量，则可以通过以上公式计算出该期间的销售成本。企业存货的采购成本可以精确计量，在一段期间内的总采购成本无非就是这段时间内每一次采购成本的总和。但存货的期初及期末余额如何计量呢？以下介绍企业在日常经营活动中比较常用的存货计量方法。

- 个别识别法（specific identification）

  如果公司能够确认每一个商品的价值，则可使用该方法。一般来说，单位价值较高且差异较大的商品可以使用个别识别法，如珠宝、古董、二手车等。

- 加权平均成本计价法（weighted average cost——AVCO）

  加权平均法指本月全部收货数量加月初存货数量作为分母，本月全部收货成本加上月初存货成本作为分子，用分子除以分母计算出存货的加权平均单位成本，从而确定存货的发出和库存成本。

  存货单位成本 = （月初结存金额与本月各批收货金额之和）/（月初结存数量 + 本月各批货数量之和）

  本月发出存货成本 = 本月发出存货数量 × 存货单位成本

  月末库存存货成本 = 月末库存存货数量 × 存货单位成本

  加油站的油品一般使用该方法计量存货价值。

- 先进先出（first-in, first-out, FIFO）

  先进先出法是以先购入的存货先发出这样一种存货实物流转假设为前提，对发出存货进行计价的一种方法。当采购价格不断上涨时，先进先出法将较低的成本指派给销售成本，而将较高的成本留在存货中。因为销售成本较低，企业采用先进先出法报告的利润要比其他存货计价法报告的利润高。有些企业乐于在财务报告中采用先进先出法，因为它们的目的是尽量抬高净利润，而在所得税问题上，多报利润就要多缴纳税金。有些会计人员和决策者认为采用先进先出法会高估企业的盈利能力，因为收入建立在现在的市场情况上，而作为收入抵销项目的销售成本却是以较早（或较低）的成本为基础，所以毛利被持续虚计。

  先进先出法的优点是存货以最近的采购价格计价。因此资产负债表的存货资产价值就更接近其现行重置成本（市场价值）。

➢ 后进先出（last-in，first-out，LIFO）

后进先出法是以后购入的存货先发出这样一种存货实物流转假设为前提，对发出存货进行计价的一种方法。它的基本假设是最近采购的单位最先出售，而最早采购的单位仍然作为存货留在仓库里。这一假设与大多数企业的商品实物流转不一致。然而除了所得税考虑外，还有其他十分合乎逻辑的论点支持这一方法。估算利润时，大多数会计人员认为成本流转比商品实物流转更为重要，后进先出法的支持者就认为利润的估算应以市场实际情况为基础，因此，现行的销售收入应该由售出商品的现行成本抵销。后进先出法下，销售成本接近于当前的实际情况，因为它源自于最近的采购，而先进先出法的销售成本却是建立在较早的成本上的。

然而所得税考虑是后进先出法得以广泛使用的最主要原因。后进先出法将最近的存货采购成本转入销售成本，在物价持续上涨的情况下，最近的成本也是最高的成本，后进先出法报告的销售成本比其他方法都高，所以应税利润就降低了。总之，如果存货成本上涨，企业使用后进先出法申报所得税可以减少税收负担。

如果企业能在申报所得税采用后进先出法降低应税利润，而在编制财务报表时采用先进先出法提高向投资者和债权人报告的净利润，这个方法似乎是最好的。但所得税法规规定只有在企业采用后进先出法编制财务报表时，才允许企业采用同一方法申报所得税。因此，所得税考虑是企业选择后进先出法的主要原因。

后进先出法也有一个显著的缺点，即存货资产的计价以企业最早的存货采购成本为基础，企业经营数年后存货的现行重置成本就大大低估了。因此采用后进先出法进行存货计价的企业需要在报表附注中披露存货的现行重置成本。

在存货重置成本不断上升的时期，后进先出法使存货的计价和净利润的估计都达到最低，所以，后进先出法被视为最稳健的存货计价方法，而先进先出法则成为最不稳健的方法。

在 U. S. GAAP 和 IFRS 下，FIFO 和 WAC 都是可以采用的，但是，在 IFRS 下，LIFO 被禁止采用，U. S. GAAP 下 LIFO 可以使用。

考点总结

很明显，在价格上涨的情况下，使用 LIFO 会使得 COGS 上升，导致 profit 下降，tax 下降，CF 上升。同时会使存货价值 inv 下降。使用 FIFO 的情形刚好相反（Tips：第一，选择何种存货计价方式会直接影响现金流变化，因为与 tax 相关；第二，无论是 LIFO 还是 FIFO，牢牢记得 CF 与 COGS 的变动趋势相同，其他变量与 COGS 变动趋势相反）。

无形资产的摊销

有限寿命的无形资产的摊销（amortization）费用类似于折旧。摊销费用应与在无形资产寿命内产生的经济好处相匹配。大部分公司在财务报告中使用直线方法。

借：制造费用、管理费用等

贷：累计摊销

商誉和其他无限寿命的无形资产不摊销，但是它们应当至少在每年年末做一次减值测试。如果资产减值，应当在利润表中确认一笔减值损失。

借：资产减值损失—无形资产减值损失

　贷：无形资产减值准备

4.4　公司在简单资本结构和复杂资本结构下的每股收益（基本每股收益与稀释每股收益）

会计准则委员会第 15 号意见书要求在提交每年财务信息时，在收益表上列示每股收益额（仅限普通股）。每股收益的计算和报告要求依赖于公司的资本结构。每股收益是体现公司盈利能力最为广泛使用的指标之一。

- 简单资本结构（simple capital structure）：是指股东权益只由普通股构成，不包括可转换证券、认股权证或其他可转换为普通股的证券等潜在稀释性证券。
- 复杂资本结构（complex capital structure）：是指根据会计原则委员会第 15 号意见书，不符合简单资本结构定义的资本结构均可归类为复杂资本结构，这种资本结构包括诸如可转换债券、可转换优先股、股票期权、认股权证等稀释证券。在复杂资本结构情况下，必须披露两种每股收益金额：基本的每股收益和稀释后的每股收益。
- 基本 EPS

  基本每股收益 =（净利润 - 优先股股利）/发行在外的加权平均普通股股数

  注意要把优先股红利从当年的净利润中剔除，因为每股收益仅指普通股股东能够获得的收益，优先股股利通常是固定的，是在普通股股利之前予以支付的，其性质类似公司债券，不能享受公司业务发展的利益。当然，普通股股利在上述公式中是不需要剔除的。

  计算基本每股收益中，分母是流通在外的加权平均普通股股数，而不是普通股年底流通在外股数。这是因为年底流通在外的普通股，并不一定对公司全年净收益有贡献。例如 7 月 1 日发行新股 3 000 股，所收取的价款对 6 月 30 日以前已获得的净收益并无贡献，只对 7 月 1 日以后的净收益有贡献。因此计算每股收益时全年只能按 1 500 股的加权平均数计算。
- 发行新股和收回库藏股票

  年度内公司有发行新股和库藏股票交易时，加权平均流通在外股数应按期间分段计算。分段原则是，只要股数有增减变动，即为新的一段期间．并计算该段时间实际流通在外股数的全年加权平均股数。

  【例】　某公司 2004 年 1 月 1 日有 50 000 股普通股流通在外，3 月 1 日发行新股 5 000股，5 月 1 日收回库藏股票 2 000 股，6 月 30 日再发行库藏股票 2 000 股。则其实际流通在外的股数分为四段计算：

  1 月 1 日至 3 月 1 日；50 000 × 2/12：8 333 股；3 月 1 日至 5 月 1 日：55 000 × 2/12；9 167 股；5 月 1 日至 6 月 30 日：53 000 × 2/12；8 833 股；7 月 1 日至 12 月 30 日：55 000 × 6/12：27 500 股；将以上加总，得到全年加权平均股数为 53 833 股。
- 发行股票股利或股票分割（dividends and splits）

  无论是发行股票股利还是股票分割，都不会使股东权益发生变动，只是增加了股数。由于公司的股东权益总额仍与以前相同，为便于比较，所有发放股票股利或股票分割前流通在外的股数均应追溯调整，也即均应乘以股票股利率或股票分割率。具体地说，有以下三种情况：

（1）年度内不论何时发生股票股利或股票分割、均视为在 1 月 1 日发生。

（2）年度内发行新股，其后有股票股利或股票分割，则视为自发行日起分配股票股利或进行股票分割。

（3）若发放股票股利或股票分割以后再发行新股购回库藏股票，则新股应按实际流通在外期间计算全年加权股数。

如果是在会计年度结束以后，财务报表公布以前发布股票股利或股份分割。在计算每股股利时，加权平均股数应按发放股票股利或分割后的股数计算。若列示两年的比较报表，则上年度的报表应根据本年度发放股票股利和股份分割情况作相应调整。

➢ 公司在复杂资本结构下的稀释每股收益将在下个知识点详细论述。

4.5 稀释与反稀释证券

稀释证券（dilutive securities）是指可转换债券、可转换优先股、股票期权、认股权证等，这些证券执行或转换为普通股将引起每股收益下降。

反稀释证券（antidilutive securities）是指执行或转换为普通股将引起每股收益增加的证券。反稀释引起每股收益额增加，高于用其他方法报告的金额。在计算原先的每股收益额和完全稀释的每股收益额时，要把所有反稀释证券排除掉。反稀释是由股票购买合约（股票期权、认股权证、其他股票购买合约等）和可转换证券（可转换债券和可转换优先股）产生。例如，如果发行在外的普通股认股权证规定的价格高于市价，在计算每股收益时应予以排除，因为它们起到反稀释作用，所以会增加计算的每股收益。

基本的每股收益和稀释后的每股收益之间的差异决定于是否考虑各种可转换证券和认股权证。拥有复杂资本结构的公司必须同时报告基本的和稀释的每股收益。

稀释的每股收益（diluted earnings per share）是指在复杂资本结构下，根据本期发行在外的加权平均普通股数加所有因为转换权利的存在、可能增加普通股股份的稀释证券计算的每股收益。注意具有反稀释作用的可转换证券不能计入。

计算加权股数时，稀释证券应该认为从年初已经转换为普通股，或者从当年发行时已经转换来计算，而且每一个具有潜在稀释作用的金融工具都必须单独考虑。

在决定稀释的每股收益中，仅仅考虑来自持续经营的收入（排除非持续经营、非常项目和会计转变）。

后文将举例说明与可转换证券、期权和认股权证有关的每股收益计算问题。

➢ 可转换证券

如果公司证券在发行后某个特定时期内可转换为公司的普通股，就称为可转换证券。可转换证券主要包括可转换优先股和可转换债券，它们把债券的优点和债券持有者用之换取股票的权利结合在一起。

只有具有稀释作用的可转换证券才能纳入计算，是否具有稀释作用，同样需要加以测定。常用的方法是“如果调换法”，（if convertable method），即假设可转换证券年初已调换成普通股（如在年中发行，则假设自发行日即转换），因而增加普通股流通在外股数，但同时因节省税后利息费用和优先股利，增加了普通股所能享受的净收益，以所增加的净收益除以所增加的普通股流通在外股数，得到可转换证券调换成普通股后的每股收益，将这一新计算出的每股收益比基本每股收益低，则具有稀释作用。

如果：(可转换优先股股利/可转换优先股转换的普通股股数) < 基本每股收益，那么：

稀释每股收益 =(净利润 − 优先股股利 + 可转换优先股股利)/(发行在外的加权平均普通股股数 + 可转换优先股转换的普通股股数)；

如果：{可转换债券利息 ×(1 − 所得税税率)}/可转换债券转换的普通股股数 < 基本每股收益，那么：

稀释每股收益 ={净利润 − 优先股股利 + 可转换债券利息（1 − 所得税税率)}/(发行在外的加权平均普通股股数 + 可转换债券转换的普通股股数)。

需要注意的是，基本每股收益的分子包括普通股股东可支配收入（持续经营性收入减去优先股股利)，而在计算稀释每股收益时，稀释证券的存在会引起发行在外的加权平均流通股股数的变化，因此分子同样要调整，可转换优先股如果是稀释证券，则优先股的股利应该加回分子。

可转换公司债券若属于稀释证券，则列入计算，同时由于这种公司债券假定已调换成普通股，参与每股收益的计算，自然不能再领取利息，而本期净收益原已减除利息费用。所以应将公司债券的利息按税后净额加回本期净收益中。

稀释每股收益 = 调整后普通股所得收益/(发行在外的加权平均普通股股数 + 潜在的普通股股数)

分子 =(净利润 − 优先股股利) +(可转换优先股股利) + 可转换债券利息 ×(1 − 所得税税率)

分母 =(发行在外的加权平均普通股股数) +(可转换优先股转换的普通股股数) +(可转换债券转换的普通股股数) +(执行股票期权新发行的股票股数)

【例】 某公司2001年有净收益11 560元，全年有2 000股流通在外的普通股。同时，该公司还有1 000股面值100元，收益率10%的优先股。在2 000年，以面值发行了60股面值1 000元，收益率8%的可转换债券，每张债券可以转换为100股普通股。所得税率为40%。

第一步：计算基本的每股收益

基本的每股收益 = (11 560 − 10% ×1 000 ×100)/2 000 = 0.78(元/股)

第二步：计算稀释的每股收益

如果可转换债券在2001年年初被转换成普通股，增加的股数 =60 ×100 =6 000（股)。

可转换债券的利息费用应该加回净收益中，增加的净收益 =(60 ×1 000 ×0.08) ×(1 −0.4) =2 880(元)，稀释的每股收益为（11 560 −10 000 +2 880)/(2 000 +6 000) =0.56(元/股)。

➢ 期权和认股权证

期权和认股权证是否具有稀释作用，需要视认购价格和普通股市价而定。由于普通股市价每年都在变动，而认购价格是固定的，所以期权和认股权证可能在某年具有稀释作用，而在另一年则具有反稀释作用，这样一来，是否应列入基本每股收益的计算，在每年都不确定。

为确定期权和认股权证是否具有稀释作用，通常可采用库藏股票法（the treasury stock method）加以验证。所谓库藏股票验证方法，就是要确定行使期权和认股权证后，公司在外流通的普通股股票是否增加，如果增加，则每股收益就要减少，即具有稀释作用。反之，如果在外流通普通股股票减少，则每股收益就要增加，具有反稀释作用。具体做法是，假定期权和认股权证在年初行使（如在年中发行，则假设自发行日即转换），并假定用所得的现金按平均市价收回库藏股票，然后比较期权和认股权证行使时发出的股数与收回的库藏股票股数，若前者大于后者，则意味着期权和认股权证的行使导致在外流通普通股数的增加，因净收益不变，所以普通股每股收益减少，即具有稀释作用。反之，若后者大于前者，即具有反稀释作用。因此，计算稀释每股收益的分母需要调整，增加部分的公式为：

增加的在外流通股股数 = 执行期权和认股权证增加的股数 - 以平均市价回购股数。

如果大于0，则具有稀释作用，反之则没有稀释作用。

需要注意的是，在期权和认股权证的情况下，分子就无需再调整了。

【例】 其他情况同上例，只是没有可转换债券，变为全年 1 000 份股票期权，每份期权可以购买以 15 元价格购买 10 股普通股。2001 年平均市价为 20 元/股。

如果行使期权净增加的股数为：1 000 × 10 = 10 000（股）

如果行使期权收到的现金为：10 000 × 15 = 150 000（元）

收到的现金购买的普通股股 150 000/20 = 7 500（股）

行使期权净增加的股数为：10 000 - 7500 = 2 500（股）

稀释的每股收益 = (11 560 - 0. 1 × 100 × 1 000)/(2 500 + 2 000) = 0. 35（元/股）

名师解惑

股票期权与认股权证有什么区别

与认股权证相比，股票期权更广义。认股权证是券商创设的，或者由股票发行公司以外的外部机构创设的，股票期权是由股票发行公司自己创设的。

4.6 运用通用型损益表比率和财务比率来评估公司的财务业绩

衡量财务业绩的重要指标是盈利率，盈利率可以通过边际比率来快速衡量。经常用到的边际比率是边际毛利率、边际净利率、净营业利润率、税前利润率。

➢ 边际毛利率（gross profit margin）

边际毛利率是毛利率（收入 - 销货成本）除以总收入。

$$边际毛利率 = \frac{毛收入}{总收入} = \frac{总收入 - 销货成本}{总收入}$$

➢ 边际净利率（net profit margin，profit margin，return on sales）

$$边际利润率 = \frac{净利润}{总收入}$$

边际净利率反映的是企业每增加一美元的收入为该企业带来多少净利润。较高的边际净利润代表了较高的利润率。

➢ 净营业利润率（operating profit margin）

$$营业利润率 = \frac{营业利润}{总收入}$$

➢ 税前利润率（pretax margin）

$$税前利润率 = \frac{税前利润}{总收入}$$

以上这些财务比率都可以用于衡量企业在不同阶段的盈利水平，也可以用于企业与企业之间的横向对比。这些财务比率越高反映了企业获得了较高的利润。在这些财务比率中，不同的边际毛利率反映出各家公司战略的不同。

名师解惑

为什么毛利率对公司来说非常重要？如何通过分析毛利率得到公司的战略？

比如一个公司的毛利率是70%，另一个公司30%，这说明什么？它们当然是有可比性的，这说明，第一层意思是毛利率高，盈利能力高，至少是在扣减费用之前是这个样子的。还说明了，说明业务模式不一样。从公司战略来说，有三大类，第一是成本领先，第二是差异化，第三个是专一化。一个公司毛利比较高的话，一般是差异化的策略，毛利比较低的话，可能就是成本领先。如果是差异化的策略，意味着公司要花更多的研发、销售、广告费用，会在SC&A后面继续扣除，如果毛利率不够高的话，也就不能支撑起差异化的战略，毛利率都很低了，做差异化就没有空间了。

4.7 综合性收益

在每个会计期末，公司的净利润通过留存收益加到股东权益表上，所以，任何影响净利润的交易都会影响股东权益，尽管如此，并非所有的会计交易都显示在利润表上。包括在其他综合收益（other comprehensive income）里的交易不在利润表中但是影响股东权益。这就引入了综合性收益。

术语解释

综合性收益（comprehensive income） 指来自交易而并非所有者投入或分配的权益变动额，包括某一期间内，剔除所有者的投资和返还给所有者资本后的全部权益变动。综合收益的概念是帮助区分来自持续经营的收益和其他资产或负债变动产生的收入。

综合性收益是净收益（净利润）与其他综合收益的总和，即

综合收益（comprehensive income，CI）= **净收益**（net income，NI）+ **其他综合收益**（other comprehensive income，OCI）

注意：净收益来源于利润表，最终通过留存收益影响股东权益，净收益表现的是公司在短期内变动情况，而其他综合收益来源于资产负债表，直接影响股东权益，指的是公司在长期且经常性发生的变动情况。然而，如果将长期且经常发生的变动情况直接计入净收益，虽然更加具体，但是反而会对报表使用者造成干扰与影响，所以我们才另外创立一个所谓的其他综合收益项目。

其他综合收益的来源如下：

➢ 外币折算的利得和损失（外币汇兑损益）：这里并不是指出口行为的应收账款是美元，美元汇率变动造成的损益。比如说一家中国公司用人民币做会计报表，但是在美国还有个子公司，美国的子公司用美元做会计报表，年末将会计报表合并的时候，要将美元转换为人民币，会产生汇率的损益，即在跨国投资时，合并国外子公司财务报表时因为汇率转换造成的利得或损失。

➢ 对最少养老金负债的调整：是公司对养老金的承诺和义务，比如职工退休之前工资的5%，公司对养老金的确认所产生的综合性收益。养老金是典型的长期项目，所以应该计入其他综合收益。

➢ 来自现金流套期保值衍生品的未实现利得和损失。如在未来举债时将浮动利率互换为固定利率。

➢ 来自可供出售金融资产的未实现利得和损失。

考点总结

关于金融资产的考点在考试中是必考项目，考试需要高度重视。在资产负债表中“金融资产”项目有三大类，如果买入债券或股票，准备短期卖掉赚差价的，就是交易性证券（trading securities，TS）；如果是债券，并且准备持有到期的，这就称为held-to maturity（HTM），持有到期一定是债券，股票没有持有到期的说法。如果这两者都不是，我们称为可供出售金融资产(available for sale，AFS)。不同的金融资产在B/S表上的记账是不一样的，TS和AFS都是以公允价值计价的，而HTM，由于是债券，是用摊销成本计价，如果是折价债券或者是溢价债券，我们要进行摊销。由于TS和AFS都是以公允价值计价的，就意味着变现的损益一定要计入权益，不然B/S表是不平的。

TS是短期交易，所以我们规定其已实现损益、未实现损益（即浮盈、浮亏，账面的），收到的利息，收到的股利都计入利润表。

AFS收到的利息与股利，已实现的部分计入利润表，而未实现的部分进入综合性收益。因为TS是短期交易的，是平时经营的一部分，所以应该在利润中体现，放在利润表中。而AFS是长期持有的，所以短期内会发生频繁变动，如果放在利润表里的话，很容易对财务报表信息产生干扰，起伏很大。进入综合性收益的原因是我们不希望这些与公司平时经营并不那么密切的项目干扰利润指标，影响财务报表的使用者，但它又是确实会影响股东权益的，所以通过OCI直接调整股东权益。

TS与AFS之所以会出现未实现损益，是因为以公允价值计价，需要不断地调整。

对HTM来说，利息和已实现的利得和损失计入利润表。

表5-6 不同金融资产的损益的会计处理方式

	Trading	***Avilable-for-sale***	***Held-to-maturity***
Balance sheet	Fair value	Fair value	Amortized cost
Income statement	Dividends Interest Realized G/L Unrealized G/L	Dividends Interest Realized G/L	Interest Realized G/L

5 理解资产负债表

术语解释

资产负债表（balance sheet） 反映企业在其一特定时点上的资源（资产）、债务（负债），以及企业所有者对剩余资源的要求权（股东权益）。左边是资产（assets），代表资源的去向；右边是负债（liability）和股东权益（owner's equity），代表资源的来源。

5.1 资产负债表的组成

➢ 资产（assets）：是某一特定主体由于过去的交易或事项而获得或控制的未来可能实现的经济利益。资产可分为流动资产与非流动资产（长期资产）。

- 流动资产（current assets）：是指按照合理的估计，会在一年以内或在一个正常营业期间（按照孰长标准，即两者相比应选期间长者为衡量资产的标准）以内转变为现金或在正常经营周期内将被耗用的资产。正常经营周期指从现金转变为存货，由存货转变为应收账款，应收账款最后又转变为现金这样一个循环所经历的平均周期。流动资产包括的内容按流动性强弱排列如下：

  √ 现金及现金等价物（cash and cash equivalents）：包括现金、活期存款（demand deposits）。现金是最具有流动性的资产，包括可转让支票、支票存款账户中的非限定用途的存款余额以及现钞。此外，我们也会把短期、流动性很强、市值变化很小的证券作为现金等价物，如短期国债。

  √ 短期投资（short-term investment）：又称有价证券，是指会在一年以内或在一个正常营业期间内出售的债权或股权投资，以市值计价。企业持有有价证券是为了使类似现金的资源保值增值。只有那些企业管理部门计划在当期变卖为现金的证券才能分类为有价证券。

术语解释

投资 一般指企业在其本身经营的主要业务之外，以其资产投放于其他企业或单位，并从中取得收益的一种经济活动，其主要目的是利用暂时闲置的资产获取较高投资收益，或为了长远利益影响、控制其他在经济业务上相关联的企业，或为将来扩大经营规模积蓄资金。从会计的观点看，投资也是企业的一项资产，即企业投资于其他企业或单位的资产。按照投资的目的和投资的期限，投资分为短期投资和长期投资两类。短期投资是各种能随时变现，持有时间不超过一年的有价证券以及不超过一年的其他投资。短期投资证券的账面价值的计价方法有成本法、市价法、成本与市价孰低法三种。

  √ 应收票据（notes receivable）：一般是客户所欠款项，包括银行承兑汇票与商业承兑汇票，按净值计价。

√ 应收账款（accounts receivable）：是指由于销售产品或提供劳务应向客户收取的账款，即客户所欠款项，应以预期可收回的净值进行计价，但在资产负债表中应把应收款总额和坏账准备（allowance for bad debts）一并列示，使报表使用者准确了解无法收到的应收款大概会有多少。

名师解惑

应收账款与应收票据有什么区别

应收账款是公司已经获取但是尚未实际收回的款项。应收账款一般是没有期限的，可收回性在很大程度上取决于客户的信用。

应收票据是公司持有的、尚未变现的票据，包括银行承兑汇票与商业承兑汇票，应收票据一般都是具有一定期限的，到期即可兑付；或不到期也可以贴息兑现或者背书转让。

应收账款与应收票据都属于公司流动资产，未来有可能变现，但是应收票据由于流动性更强，是一种比应收账款更为可靠的流动资产。

另外值得注意的是，银行本票、银行汇票等属于其他货币资金，而不是应收票据，支票属于银行存款，也不属于应收票据。

√ 存货（inventory）：存货是指企业在生产经营过程中为销售或生产经营耗用而储存，或停留在生产过程中的各种物资。存货在商业企业中，主要是商品存货；在制造企业则包括材料、在产品、产成品和制造用品等项，通常按照成本与可变现净值孰低原则来计价。按照公认会计原则（U.S. GAAP，即美国会计准则），存货计价可以有若干种方法供选择，如后进先出法（LIFO），先进先出法（FIFO），加权平均法（AVCO），移动平均法等，但企业采用何种方法计价，应在报表附注中说明，以便报表使用者能够正确了解有关数据。

√ 预付费用（prepaid expenses），指在使用经济资源之前提前支付的款项。

- 非流动资产（non-current Assets）：也称长期资产，是指超过一年时间才能转换为现金或长期占用现金的资产。可划分为四大类：固定资产、无形资产、长期投资和其他资产。

  固定资产：指使用期限较长，单位价格较高，并且在使用过程中保持原有实物形态的资产。一般包括地产、厂房或设备。其中土地以历史成本计价；厂房和设备以历史成本减去累计折旧计价。

  无形资产：指企业用于经营业务的无实物形态的特殊权利或优越条件。它们虽然没有物质实体，但可给企业未来带来经济利益。无形资产包括专利权、专营权、版权、租赁权、商标、商誉、研究和开发成本，等等。无形资产应按照购入或自创的成本入账，减去累计摊销后的账面余额在资产负债表中列示，无形资产的摊销方法应在报表附注中说明。

  长期投资：是指除短期投资以外的投资，包括持有时间准备超过1年（不含1年）的各种股权性质的投资、不能变现或不准备随时变现的债券、长期债权投资和其他长期投资。对外长期投资，通常是为了保持商业联系或控制其他企业而购买其他企业的股票和债券。只有管理部门计划长期持有的对外投资才归为长期资产类，这一点与短期投资（有价证券）不同。短期投资的目的是在短期内获利并转换为现金。

其他资产：企业有时候会有一些资产，无法划分为上述任何一种的资产类型。这些资产称为其他资产，包括非流动性应收款项和非流动性预付款项，递延资产等。

➢ 负债（Liability）：是某一特定主体由于过去的交易或事项而产生的，预期会导致经济利益流出企业的现时义务。企业通常支付现金来偿还负债，也可以通过支付货物或劳务偿还。大多数负债都是货币性的，要求支付一定数量的货币资金。那些一年以内需偿还的负债以到期需支付货币价值入账。如果负债到期日超过一年，则按未来现金流出量的贴现值入账。

负债一般分为流动负债和长期负债两类。

- 流动负债（current liability）：是指那些在一年或超过一年的一个营业周期内必须用现有的流动资产偿付或用其他流动负债替换的责任。流动负债包括以下几个项目。
  - √ 应付账款（accounts payable）：欠供应商或服务提供者的款项。
  - √ 应付工资（wages payable）：应付工资是企业在一年内应付给职工的工资总额，包括工资总额中的各种工资、津贴、资金等和按工作成绩提取的工资。
  - √ 应付票据（notes payable）：是公司因购买材料、商品和接受劳务供应等而开出、承兑的商业汇票，包括银行承兑汇票和商业承兑汇票。资产负债表“应付票据”反映的是尚未到期付款的应付票据面额。
  - √ 应付股利（dividends payable）：该科目用以记录企业经董事会或股东大会决议确定分配的、但尚未实际支出的现金股利和利润。企业分配的股票股利，并不通过本科目核算。股票股利在分析时无须进行任何账务处理，只在对外呈报的会计报表中予以披露。
  - √ 长期负债的流动部分，指一年内要支付的长期负债。
  - √ 短期借款：企业向银行或其他金融机构借入的期限在一年以下的借款称为短期借款。对于企业而言，短期借款主要是为了维持正常的生产经营，或者为抵偿某种债务。
  - √ 预收账款：预收账款是企业商品销售尚未发生或劳务尚未提供，而向购货方收取的货款或定金。预收账款可以单独设立“预收账款”科目，也可以记入“应收账款”科目的贷方。
  - √ 应交税金：企业在某个会计期间应负担税额的总称，包括增值税、消费税、营业税、所得税、资源税、土地增值税、城市维护建设税、房产税、土地使用税、车船使用税、个人所得税等。
  - √ 其他应交款与其他应付款
  - √ 其他应交款是企业除应交税金、应付股利等以外的其他各种应交的款项，包括应交的教育费附加、矿产资源补偿费等。
  - √ 其他应付款是企业应付或暂收其他单位或个人的款项，如应付租入固定资产和包装物的租金、存入保证金等。租入固定资产的租金是指经营性租赁方式租入的固定资产应付的租金，而融资租入固定资产应付的租赁费，应作为长期负债，计入“长期应付款”科目。

√ 预提费用：该科目记录企业按照规定从成本费用中预先提取但尚未支付的费用，如预提的租金、保险费、借款利息、固定资产修理费用等。

√ 预计负债：包括对外提供担保、商业承兑票据贴现、未决诉讼、产品质量保证等很可能产生的负债。

- 长期负债（long-term liabilities）：指那些在一年或超过一年的一个营业周期后必须偿还的债务。长期负债通常有两种：资产筹措负债和营业负债，长期负债以将来要支付现金的现值计价。

  √ 筹资协议相关的负债：与资本筹措有关的长期负债一般要求定期连续偿还本金和利息。包括应付票据、应付债券和贷款协议。

  √ 经营活动有关的负债：包括从企业营业活动中产生的债务，大部分是服务性质的，例如退休金（养老金）债务，非退休金计划的退休后福利债务，递延税金，以及产品售后担保。

➢ 股东权益（stockholders' equity）：是某一主体资产减去负债后的剩余权益。股东权益是由所有权发生的，所以代表权益，它与负债不一样，是对企业净资产或剩余资产（资产减去负债后的余额）的所有权或利益，包括投入资本与留存收益。

- 投入资本

  √ 普通股（common stock）：是指股东投入资产以股票面值或固定价值计价的部分。它代表一种所有权，享有选举权和求偿权。普通股股东选举董事会，决定公司主要决策。如果公司破产清算，普通股股东在债权人和优先股股东的权利实现后有求偿权。

  √ 优先股：大多没有选举权。通常只有由于公司无力支付股利时，优先股才可以有选举权。

  √ 实缴资本（contributed capital）是指股东向企业投入的现款或其他财产。

  √ 超面值缴入股本（other paid-in-capital）又称资本公积：指股东实缴资本超过股票面值的部分。

- 留存收益（retained earnings）：是指净收益减去股利分配后的余额，又可表示为盈余公积和未分配利润的和。留存收益是企业未分配的利润，也就是过去累计的净利润减去已宣布的股利，包括现金股利和股票股利。除非有特别的限制，留存收益是法定用于支付股利的来源。留存收益的本质是公司赚的钱，除了分给股东回报的一部分之后，又留在公司继续生产。其实就是内部股权融资。相当于赚来的钱，又投回到公司里面，用于扩大再生产。

- 库存股（treasury stock）：又称库藏股，是指由公司购回而没有注销、并由该公司持有的已发行股份。库存股在回购后并不注销，而由公司自己持有，在适当的时机再向市场出售或用于对员工的激励。简单来说，就是公司将已经发行出去的股票，从市场中买回，存放于公司。库存股没有投票权，也没有股利。

记忆方法

BASE 法则：B 表示 beginning，A 表示 addition，S 表示 subtraction（扣减），E 表示 ending。B + A - S = E。BASE 法则适用于所有的 B/S 科目。比如 retained earnings，我们就知道 R/E (beginning) + NI(addition) - dividend(subtraction) = R/E(ending)。

再举个例子。固定资产的期初数 + 购买 - 处置（disposal） - 折旧 = 固定资产的期末数。

- 少数股东权益：在母公司拥有子公司股份不足 100%，即只拥有子公司净资产的部分产权时，子公司股东权益的一部分属于母公司所有，即多数股权，其余仍属外界其他股东所有，由于后者在子公司全部股权中不足半数，对子公司没有控制能力，故被称为少数股东权益。该项目只在合并报表中出现，更能翔实客观地向报表使用者展现公司实际掌握的资产、负债以及收入费用状况。母公司财务报表中不存在少数股东权益。

其他项目，如其他综合收益（OCI）也属于所有者权益范畴。

资产负债表对投资者和借贷者都很重要，但分析师必须理解其局限性。不是所有的资产负债都在资产负债表上报告，还有一些资产未按公允价值报告，在实际使用时应当注意。

5.2 资产负债表的用途与局限

资产负债表的用途

资产负债表可以用来评估一家企业的流动性（liquidity）、偿付能力（solvency）和给股东分配收益（distributions to shareholders）的能力。从企业的角度看，流动性体现了企业偿还短期债务的能力，而偿付能力（solvency）体现了公司偿还长期债务的能力。

此外，资产负债表可以解释、评价和预测企业的财务弹性与绩效，帮助管理部门做出合理的经营决策。

资产负债表的局限

- 报表项目受会计准则确认标准的限制。货币计量是会计的一大特点，会计信息主要是能用货币表述的信息，因此，资产负债表难免遗漏许多无法用货币计量的重要经济资源和义务的信息。如企业的人力资源（包括人数、知识结构和工作态度等），固定资产在全行业的先进程度，企业所承担的社会责任（如退休金和职工家属的医疗费支出）等。
- 计量的局限性。资产负债表中的会计科目的价值有多种记录方式。资产负债表的要素（资产、负债和权益）不能单一地被理解为市场价值或内在价值。绝大多公司的资产负债表中体现的都是混合价值。比如，有些资产记录的是历史成本，有些资产记录的是摊销成本，而有些记录的则是公允价值。即使资产负债表中的资产价值用公允价值进行记录，这些价值也可能会随着资产负债表日期的变动所改变。
- 确认滞后。在资产或负债价值改变时。会计准则有时允许企业对这种改变推迟确认，如美国的员工福利计划。
- 资产负债表的信息包含了许多估计数。例如；坏账准备、固定资产累计折旧和无形资产摊销，分别基于对坏账百分比、固定资产使用年限和无形资产摊销期限等因素的估计。此外，诸如预提修理费用，或有负债等均需估计。估计的数据难免主观，从而影响信息的可靠性。

5.3 资产负债表的格式

资产负债表格式一般有如下三种。

➢ 报告式（report format）：指垂直列示资产、负债和所有者权益项目的一种格式，即上资产、下权益格式。报告式便于编制比较资产负债表，可在一张表中，平行列示连续的若干期资产负债表，而且易于使用括弧旁注方式注明某些特殊项目。其缺点是资产和权益间的恒等关系并不一目了然。许多国家的企业在实务中采用报告式。我国上市公司年报中一般也采用报告式资产负债表。

➢ 账户式（account format）：资产在左边，负债和权益在右边，即按照“T”型账户的形式设计资产负债表。账户式资产负债表的优点是能使资产和权益的恒等关系一目了然，尤其是易于比较流动资产和流动负债的数额和关系，但是要编制比较资产负债表则颇为不便。

➢ 分类的资产负债表（classified balance sheet）：是指按照不同用途和不同来源资产和负债划分出的按类别编制的资产负债表，进而可以更加清晰地了解企业资产和负债的具体构成情况。它的基本编制原则是：

  ➢ 资产以流动性顺序，按照从最具流动性到最不具有流动性列示；
  ➢ 负债以到期日顺序编制，到期日短的在前，到期日长的在后；
  ➢ 权益部分先列示实缴资本，然后才是留存收益等。

5.4 资产负债表和所有者权益变动表之间的关系

所有者权益变动表（又称股东权益变动表）是指反映构成所有者权益的各组成部分当期的增减变动情况的报表。

所有者权益变动表解释在某一特定时间内，股东权益如何因企业经营的盈亏及现金股利的发放而发生的变化。他是说明管理层是否公平对待股东的最重要信息。

所有者权益变动表的内容：

➢ 净利润；
➢ 直接计入所有者权益的利得和损失项目及其总额；
➢ 会计政策变更和差错更正的累积影响金额；
➢ 所有者投入资本和向所有者分配利润等；
➢ 按照规定提取的盈余公积；
➢ 实收资本（或股本）、资本公积、盈余公积、未分配利润的期初和期末余额及其调节情况。

5.5 计算和解释流动性比率与偿债能力比率

➢ 流动性比率

流动性比率用来衡量公司偿还短期债务的能力，流动性比率包括流动比率（current ratio），速动比率（quick ratio）和现金比率（cash ratio）。

- 流动比率

$$流动比率 = \frac{流动资产}{流动负债}$$

流动比率是流动资产对流动负债的比率，用来衡量企业流动资产在短期债务到期以前，可以变为现金用于偿还负债的能力。流动比率越高，偿债能力越强，流动比率下降，偿债能力下降。西方国家对企业流动比率曾作过调查，认定合理的流动比率应为2，流动比率如果低于1，在说明企业的短期流动性存在问题。在20世纪60年代中期许多企业的流动比率高于2；从20世纪60年代中期开始，许多企业的流动比率下降到略低于2。而目前大多数企业都没有高于2，说明企业的变现能力普遍下降。

当然，这个调查规定流动比率为2，也不能看成是绝对的。我们在分析中对流动比率进行比较，首先是看其行业水平的流动比率是多少。因为不同行业水平的流动比率是不一样的，只有与同行业水平的流动比率相比后才能得出正确的结论。其次，是与该企业历史的流动比率进行比较，能够得知在当前情况下该企业的流动比率是高是低。同时要找出流动比率高低的原因，通过分析指标计算流动资产和流动负债的内容，一般主要分析存货和应收账款。最后，看营业周期的长短，营业周期越短，正常的流动比率也越低，反之，营业周期越长，正常的流动比率也就越高。

- 速动比率

$$速动比率=\frac{现金+有价证券+应收账款}{流动负债}$$

速动比率，又称“酸性测验比率”（acid-test ratio），是指速动资产对流动负债的比率。它是衡量企业流动资产中可以立即变现用于偿还流动负债的能力。速动比率与流动比率不同之处就是在流动资产与流动负债比较时，从流动资产中扣除存货。这是因为存货的变现速度相对其他流动资产要慢，存货也有可能过时，部分存货还有可能已经抵押给某个债权人。存货还存在成本与合理市价相差悬殊的问题，如果把全部存货的价值都用来计算流动比率，显然夸大了企业流动资产的变现能力。一般债权人不期望企业以变卖存货来偿还债务，而又想了解该企业的变现能力，因而要把存货从流动资产中扣除，计算出速动比率。通常认为正常的速动比率是1。这个比率主要在企业不同会计年度之间，不同企业之间以及企业与行业平均数之间进行对比。但是，某些行业的速动比率允许低于1，而有些行业必须保持高于1。例如，只作现金销售，商店没有应收账款，因此允许保持一个大大低于1的速动比率，但这对其正常营业不会有不良影响。

- 现金比率

$$现金比率=\frac{现金+有价证券}{流动负债}$$

现金比率通过计算公司现金以及现金等价资产总量与当前流动负债的比率，来衡量公司资产的流动性。在评价企业变现能力中，这个指标不作为重要指标来进行分析，只是在最坏的情况下用来衡量短期偿债能力。一般情况下，在存货和应收账款的期限相当长的企业里，经营活动又具有高度的投资性，分析企业现金比率才显得很重要。

现金比率反映企业即刻变现能力，这个指标如果很高，也不一定是好事，可能反映该企业不善于充分利用现金资产，没有把现金投入经营。因此在对这个指标下结论前，要充分了解企业的实际情况。

上述财务比率用来衡量公司偿付短期负债的能力，在财务分析时应当共同使用。

➢ 偿债能力比率

偿债能力比率考察的是公司长期偿还负债能力的比率。

- 长期负债权益比率（long-term debt-to-equity ratio）

$$长期负债权益比率=\frac{长期负债}{权益总额}$$

- 总负债比率（total debt-to-equity ratio）

$$总负债权益比率=\frac{总负债}{权益总额}$$

它反映了债权人所提供资金与股东所提供资金的对比关系，因此它可以揭示企业的财务风险以及股东权益对债务的保障程度。该比率越低，说明企业长期财务状况越好，债权人贷款的安全越有保障，企业财务风险越小。

- 负债率（debt ratio）

$$负债率=\frac{总负债}{资产总额}$$

资产负债率反映企业偿还债务的综合能力，这个比率越高，企业偿还债务的能力越差；反之，偿还债务的能力越强。

- 财务杠杆比率（financial leverage）

$$财务杠杆比率=\frac{资产总额}{权益总额}$$

该乘数越大，说明股东投入的资本在资产中所占比重越小，即企业负债较多，财务风险较大。

6　理解现金流量表

现金流量表是必须呈报的财务报表，它反映现金的来源和使用。现金流量是指现金流入和现金流出。现金流量表按照企业的主要活动——经营活动、投资活动、筹资活动来反映现金收支。

6.1　现金流量表的功能

现金是企业日常经营活动的“血液”，现金的收支状况直接与企业的经营发展息息相关，对企业来说，现金流量表的作用有如下几点：

➢ 提供企业在一段会计期间内现金流的收支情况。

➢ 提供企业经营、投资及筹资的信息。

➢ 说明净利润与现金变动的关系。通常现金和净利润是同步变动的。高收益可能导致现金流入，反之亦然。但是也可能出现公司净利润高而现金减少，净利润低而现金增加。有些公司净利润高但现金不足导致破产，说明了现金流量信息的重要。

➢ 预计未来现金流量。用来付账的是现金而不是报告的会计利润。在许多情况下，过去的现金收付是预计未来现金收付的合理依据。

评价经营决策。如果经营者的投资决策正确，企业就会获利；如果投资决策不正确，企业就会受损。现金流量表反映企业在固定资产上的投资，为投资者和债权人根据现金流量信息来评估经营者的决策。

➢ 确定支付股利和还本付息能力。股东对发放股利感兴趣，而债权人则希望按时收到本息。现金流量表有助于投资者和债权人预测企业的支付能力。

6.2　比较经营性现金流（CFO）、投资性现金流（CFI）和融资性现金流（CFF）

经营性现金流（CFO）

这里的经营活动，指企业在正常业务范围内进行的经济行为，如购买货物、销售产品、支付职工工资、缴纳税款等。经营活动的现金流量一般列在前面，因为它在大多数企业中都是数额最大最重要的现金来源。如果公司的经营活动在相当长时期内不能产生大量现金流入，可能意味着公司陷入困境。

➢ 现金流入

　　该项目包括：销售商品或提供劳务所取得的现金收入，销售货物退款发生的现金支出应抵扣本项目的现金收入，不单独反映；企业进行权益性投资和债券投资收到的现金，股利收入和现金利息收入，以及贷款和资金拆借的现金利息收入；企业销售货物实际收到的增值税销项税额和出口退税等。

➢ 现金流出

　　该项目包括：为购买货物等业务当期所支付的现金，包括当期购买货物支付的现金、前期购买货物于当期支付的现金，为购买货物而预付的现金等；企业向外部实际支付的现金利息支出，抵减银行存款利息收入后以净额反映（已资本化的投资借款利息应在筹资活动产生的现金流量中反映）；已按规定当期实际支付的、除增值税以外的各种税金；企业购买货物实际支付的增值税进项税额以及实际支付给税务部门的增值税税金（应归属于投资的增值税支出，应在投资活动产生的现金流量中反映）；以现金方式支付职工的工资和其他劳动报酬等；企业发生的除上述各项支出以外的、用现金支付的、用于经营活动的费用，如支付的差旅费、保险费等。

　　在U. S. GAAP下，经营性现金流包括股利收入、利息收入和利息支出。但注意不包括股利支付，而将其归入融资性现金流。

投资性现金流（CFI）

这里的投资活动，指期限在3个月以上的债券投资、全部权益性投资以及购置和处理固定资产、无形资产的行为。许多投资者认为投资是很关键的活动，因为公司的投资决定其未来前景。大量购买固定资产意味着扩张，通常是好兆头。长期低水平的投资活动表明公司没有补充固定资产。了解现金流动情况能帮助投资者和债权人评价经营者的经营方向。CFI主要有：

➢ 现金流入

　　企业以现金方式收回的对外投资本金；出售固定资产、无形资产而取得的现金，扣除以现金支付的有关费用和税金后的现金净额。有些情况下出售固定资产可能是好事，如公司为摆脱不盈利的分公司而出售资产。出售资产究竟对该公司有利还是不利，应该从公司的经营特点上重新评估。

➢ 现金流出

　　为购建固定资产、无形资产而支付的现金或偿付的应付款（融资租赁租入固定资产所支付的租金应在筹资活动产生的现金流量中反映）；购买股票、持有期超过3个月的债券支付的现金；对于合资或附属企业的投资也包括在投资性现金流出中。

融资性现金流（CFF）

指与筹资活动相关的现金流，这里的筹资活动，指企业进行的与筹集资金有关的行为，包括吸收资本、分配红利、发行债券、借款、还贷或清算债务等。

- 现金流入

  企业发行股票筹措资金而收入的现金，委托发行股票所取得的现金应以净额列示；企业发行债券筹措资金而收入的现金，委托发行债券所取得的现金应以净额列示；向银行等金融企业或外部机构借入长短期款项所取得的现金。

- 现金流出

  现金流出包括：当期支付的现金股利；以现金偿付的借款或债券本金；企业支付的利息应在经营活动或投资活动产生的现金流量中列示；企业为发行股票、债券或借款及其他筹资活动而以现金支付的费用，委托发行股票或债券，如采用发行收入扣除费用的结算办法，其发行费用直接在筹资收入中抵扣，不在本项目反映；企业采用融资租赁方式租入固定资产以现金形式所支付的租赁费；依法收购本企业的股票（购买库藏股）支付的现金。

表 5-7　在 U. S. GAAP 与 IFRS 下现金流的分类

项目	GAAP	IFRS
利息收入	CFO	CFO or CFI
利息支出	CFO	CFO or CFF
股利收入	CFO	CFO or CFI
股利支出	CFF	CFO or CFF
税收支出	CFO	CFO，CFI or CFF
银行透支	CFF	现金等价物
披露	鼓励使用直接法，但也允许使用间接法。如果使用直接法，则必须在报表附注中披露间接法。	鼓励使用直接法，但也允许使用间接法。

名师解惑

非现金投资和融资活动如何报告？

因为非现金投资和融资活动不影响现金的流入和流出，所以不在现金流量表中报告。

比如，公司用向卖方融资的形式购买房地产，或者债务与权益的互换，在会计分录上表现为借贷双方都是非现金项目，所以不影响现金流量。

非现金交易必须在附注或补充说明中披露。分析师应该将公司的非现金交易纳入到对过去和现在表现的分析中，并在预测未来现金流时考虑它们的影响。

6.3　使用直接法与间接法计算经营性现金流

表达现金流量表有两种方法：直接法和间接法。两种方法在 U. S. GAAP 下和 IFRS 下都是被允许的。在表达 CFI 和 CFF 时两种方法是相同的，在表达 CFO 时两种方法存在着不同。

在报告经营活动现金流量时，按照经营活动现金收支主要类别列示说明经营活动净现金流量变化的原因。在直接法下，对经营活动引起的现金流量的确认将直接根据有关账户记录分析求得。在现金流出的项目中，“支付借款利息”金额的确认就可以通过分析企业的银行存款及相关账户的本期付款内容来求得。这种方法比间接法易于理解，但工作量较大。根据 95 号公告要求，最低限度应该单独报告下列各类经营性现金收支：

➢ 现金收入
- 向客户收取的现金，包括租金等
- 利息和股利收入
- 其他经营性现金收入

➢ 现金支出
- 对商品或劳务供应商付的现金，包括提供广告和保险服务企业支出
- 对雇员支付的现金
- 利息支出
- 所得税现金支出
- 其他现金支出

换句话说，用直接法计算现金流量的过程就是将以权责发生制为基础的利润表转换为以收付实现制为基础的现金流量表过程。

Calculation of CFO by Direct method	
Cash received from customers	Opening A/R + net sales − Closing A/R = Net sales − ΔA/R
− Cash paid to suppliers	Opening A/P + COGS − Closing A/P = − COGS + ΔA/P + Depreciation included in COGS (COGS = Opening Inventory + purchase − Closing Inventory)
− Cash paid to employees	Opening wage payables + wage expense − Closing wage payables = − wage expense + Δwage payables
− Interests paid	Opening interest payables + interest expense − Closing interest payables = − interest expense + ΔInterest payables + Amortization of bond discount
− Tax paid	Opening tax payables + income tax expense − Closing tax payables = − income tax expense + Δtax payables
= CFO	

CFA考试中，一般是以间接法求CFO为重点，直接法求CFO的概率相对较小，但也要求掌握。

在间接法下编制现金流量表时，对经营活动引起的现金流量的确认，是以本年净利润为基础，加上不引起现金减少的费用，再减去不引起现金增加的收入，并减去营运资本投资。间接法相对于直接法能更好地显示净利润和经营活动现金流量之间的联系，这也是很多公司选择间接法的原因。尽管FASB建议使用直接法，但一项对600家公司的调查表明，有585家公司（97.5%）采用间接法。间接法的主要缺点是不能反映经营活动各项目的现金流量，如来自客户的现金收入和其他现金收入、向供应商付款、向雇员付款、支付利息和所得税。

➢ 采用间接法时，对净收益的调整的主要项目包括：
- 固定资产折旧
- 摊销费用
- 应收账款的净增加额
- 存货的增加
- 应付账款的减少
- 应付票据的减少
- 出售长期资产的损益
- 其他应付款项的减少
- 增值税实际收缴净额等

➢ 用间接法计算的公式：

CFO = 净利润 + 非现金项目 +/− 与经营活动无关的损失与利得 − 营运资本的变化额

➢ 用间接法编制的基本原则就是：
- 资产增加：现金流减少
- 资产减少：现金流增加
- 负债增加：现金流增加
- 负债减少：现金流减少

名师解惑

在计算 CFO 时，需要计算得到营运资本的变化额，这里的营运资本与严格意义的营运资本有差别吗？

计算 CFO 时，虽然和营运资本有关，但和我们严格定义的营运资本存在差别。我们通常所说的营运资本是指流动资产与流动负债的差额。计算 CFO 时，虽然用的名词一样，但指代的内容不尽相同，这里涉及营运资本时，在流动资产里不包含现金。因为我们现在需要计算的就是现金，如果包含进来就没办法算了。流动负债里面有什么问题呢？答案是不能包含含息的短期债务，比如说短期借款，如短期债券是不能包含在里面的。为什么？这又与利息有关。应付票据不包含在里面，因为含利息，应付账款包含在里面，因为不含利息。我们现在在算 CFO，而 short-term revenue 影响 CFF，所以不能把这些项目放进去。

流动资产和流动负债里面都会剔除一些项目，所以这里的营运资本是特定的。

另外一个问题，为什么影响营运资本的只是短期的资产和负债，为什么不把长期的资产与负债也放进来呢？因为长期资产的变动一定是投资，而长期负债的变动一定是融资。

使用间接法计算 CFO	
净利润	
+非现金费用或损失	利润表项目
-非现金收入或利得	
+/-非经营性项目	
-非现金经营资产项目增加额（存货、应收账款）	资产负债表项（营运资本）
+非现金经营负债项目增加额（应付账款）	
=经营性现金流	

更具体地：

加（减）对净利润和经营活动现金流量有不同影响的项目：

净利润
- +折旧
- +折耗
- +摊销
- +处置长期资产或提前赎回负债的损失
- -处置长期资产或提前赎回负债的收益
- +非现金流动资产的减少
- -非现金流动资产的增加
- +流动负债的增加*
- -流动负债的减少*

经营活动的净现金流入（流出）

*短期应付票据负债和长期应付票据的到期部分都属于筹资活动，不属于经营活动

➢ 比较直接法和间接法的优缺点

- 直接法的主要好处是包括公司的经营现金流的收入和支出，提供了更多信息。
- 间接法的主要好处是聚焦于净收入与经营现金流的差别，从而有利于分析师判断净收入的质量。

在 U. S. GAAP 下，即使使用直接法，也必须要披露经营活动中的净收入现金流的调整过程（间接法）。在 IFRS 下则不要求。

在 IFRS 下，利息和税收的支付必须在现金流量表中分别披露（不论是直接法还是间接法）。在 U. S. GAAP 下，利息和税收的支付可以记录在现金流量表中或在附注中披露。

考点总结

用间接法计算现金流是每年 CFA 一级考试的必考点，考生需要引起高度重视，时刻牢记间接法的规则——流动资产增加额要从净利润中减掉，流动资产减少额要加回到净利润中去，流动负债增加额要加回到净利润中去，流动负债减少额要从净利润中减掉。

名师解惑

现金流量表如何连接到利润表和资产负债表上

将两个报表连接在一起的理论基础是会计恒等式：

资产 = 负债 + 所有者权益

现金（cash）是资产的一部分，现金流量表体现了一段会计期间现金的变动。现金的变化是由企业运营、投资活动和融资活动引起的公式表示如下：

营业现金流转
+投资现金流转
+融资现金流转
=现金结余变化
+期初现金结余
期末现金结余

在大多数情况下，企业的经营活动同企业流动资产和短期负债相关，投资活动同企业的长期资产相关，融资活动同企业的长期负债和权益相关

6.4 计算投资性现金流量与融资性现金流量

计算投资性现金流量

CFI 主要出现在对固定资产（FA）的购买（purchase）及处置（disposal）过程中。计算公式如下：

账面价值 = 购买成本 − 累计折旧 − 减值

期末账面价值 = 期初账面价值 + 当期购买成本 − 处置账面价值 − 折旧

利得或损失 = 出售资产所得款项 − 已售资产账面价值

注意：出售固定资产或者其他长期资产所得的利得与损失不体现在 CFI 中，而体现在 CFO 中。

计算筹资性现金流量

公司借款的增减、新发股票、回购股票以及发放股利等筹资活动会引起 CFF 变化。与分发股利相关的 CFF 变化计算公式如下：

应付股利 = 宣布分发的股利 + 应付股利变化额

$$期末留存收益 = 期初留存收益 + 净利润 - 宣布分发的股利$$

有一点值得注意，只有宣布分发的股利才会影响 CFF。

一般来说，在 CFA 考试中，应付股利变化额为 0，此时应付股利 = 宣布分发的股利，但是也有例外，此时必须仔细考察应付股利变化额。

考点总结

经营性现金流（CFO）从本质上反映了公司盈余的质量，如果公司盈余很多但是经营性现金流很少，则分析师需要提高警觉。投资性现金流（CFI）的净流出反映了企业扩张步伐加快，对产业未来有乐观期许，分析师有理由认为企业在未来存在较高增长，但是也应该高度关切投资项目的质量。融资性现金流（CFF）反映的企业获取外部融资的途径，在一定程度上反映了企业对风险的态度。

6.5 解释共同比现金流量表

共同比财务报表（common-size statements）：是指报表中所有项目以百分比加以规范，通常是以报表中某一总数为 100%，其他各组成项目表示为该总数的百分比，以显示构成项目的相对比重。该方法有助于分析公司财务报表的结构，以及便于不同规模的企业之间进行相互比较。

共同比现金流量表的百分比是以收入为 100% 来计算的，或者将流出单项除以流出总和，流进单项除以流进总和，如以下公式所示：

$$\frac{\textbf{cash flow statement account}}{\textbf{revenues}}$$

$$\frac{\textbf{cash outflow}}{\textbf{\textit{total} cash outflows}} \qquad \frac{\textbf{cash inflow}}{\textbf{\textit{total} cash inflows}}$$

6.6 公司的自由现金流、对权益所有者的自由现金流以及其他的现金流比率

公司自由现金流（FCFF）

自由现金流是在财务分析和估价模型中非常重要的概念。它是用来衡量公司在支付所有必要的现金流出后可被任意支配的现金量。公司自由现金流对所有投资者（股东与债权人）来说可用的现金。计算公式如下：

$$FCFF = NI + NCC + [Int \times (1 - tax\ rate)] - FCInv - WCInv$$

其中，NI = 净收入；NCC = 非现金费用（折旧与摊销）；

Int = 利息费用；$FCInv$ = 固定资产投资（净资产买入）；

$WCInv$ = 运营资本投资

$$FCFF = CFO + [Int \times (1 - tax\ rate)] - FCInv$$

由于在 IFRS 下将股利支出视为 CFO，故在计算自由现金流时需要将股利支出额加回。

权益所有者的自由现金流（FCFE）

权益所有者的自由现金流指对普通股股东来说可用的现金。计算公式如下：

$$FCFE = CFO - FCInv + net\ borrowing$$

其中，CFO = 经营现金流；$FCInv$ = 固定资产投资

$$net\ borrowing = debt\ issued - debt\ repaid$$

其他现金流比率

➢ 业绩比率

$$\text{cash flow-to-revenue} = \frac{\text{CFO}}{\text{net revenue}}$$

$$\text{cash return-on-assets} = \frac{\text{CFO}}{\text{average total assets}}$$

$$\text{cash return-on-equity} = \frac{\text{CFO}}{\text{average total equity}}$$

$$\text{cash-to-income} = \frac{\text{CFO}}{\text{operating income}}$$

$$\text{cash flow per share} = \frac{\text{CFO-preferred dividends}}{\text{weighted average number of common shares}}$$

➢ 覆盖比率

$$\text{debt coverage} = \frac{\text{CFO}}{\text{total debt}} \quad \text{interest coverage} = \frac{\text{CFO + interest paid + taxes paid}}{\text{interest paid}}$$

$$\text{reinvestment} = \frac{\text{CFO}}{\text{cash paid for long-term assets}} \quad \text{dividend payment} = \frac{\text{CFO}}{\text{dividends paid}}$$

$$\text{debt payment} = \frac{\text{CFO}}{\text{cash long-term debt repayment}}$$

$$\text{investing and financing} = \frac{\text{CFO}}{\text{cash outflows from investing and financing activities}}$$

7　财务分析技术

7.1　各种财务分析技术的使用和局限性

财务报表分析的重要工具包括财务比率分析、共同百分比报表分析、图表分析和回归分析等。

财务比率分析（ratio analysis）

术语解释

比率分析　通过把报表内的某一个数据与其他的数据相比较，而建立数据之间的联系，从而得出分析结论或提出待解释的问题的一种分析方法。

财务比率是重要的财务分析工具。财务比率可以描述数据之间的关系，并且可以用来揭示企业自身的内部变化情况，也可以用来与其他企业进行对比，是财务报表分析中应用最广泛的一种方法。需要注意的是，财务比率用于发现报表中需要解决的问题，但是财务比率自身并不能解决报表中的问题。

➢ 财务比率分析的用途

- 规划企业未来的收入和现金流。
- 评估企业的弹性（遇到突发情况时企业成长和履行义务的能力）。
- 评估管理绩效。

- 评估企业和行业的变化。
- 将企业和行业内竞争者进行比较。

➢ 财务比率分析的局限性

- 单独的财务比率并没有实际用处。财务比率必须同企业的历史财务数据和其他企业财务数据进行比较时才会发挥作用。
- 在比较企业间数据的时候，各家公司不同的会计方法给比较带来困难。
- 对跨行业企业进行分析的时候，很难找到可以用作比较的行业数据。
- 不能凭借单一的财务比率得出结论，各项财务比率必须联系在一起使用。

➢ 采用比率分析法注意的问题

- 对比项目的相关性。计算比率时，分子与分母必须具有相关性。
- 对比口径的一致性。计算比率的分子分母必须在计算时间、范围等方面保持口径一致。
- 衡量标准的科学性。运用比率分析，需要选用一定的标准与之对比，以便对公司的财务状况做出正确的评价。

比率分析对于投资决策来说，是一种用途较广的系统方法。相对财务报表所提供的绝对数金额来说，比率指标更能揭示一个公司的财务状况与经营成果。国外的实证会计研究表明，传统的财务比率与股市的波动存在一定联系，财务比率可以运用于某些预测模型，有效地预测公司未来业绩。因此，在实务中，理财专家、银行家以及证券从业人员在对公司未来进行经济预测时，大量使用比率分析法也就不足为奇了。

共同百分比报表分析

共同百分比报表（common-size statements）：是指报表中所有项目以百分比加以规范，通常是以报表中某一总数为100%，其他各组成项目表示为该总数的百分比，以显示构成项目的相对比重。该方法有助于分析公司财务报表的结构，以及便于不同规模企业之间进行相互比较。共同比损益表的百分比是以销售收入为100%来计算的，这不仅有助于不同规模企业的比较，而且有助于研究公司各个时期的趋势变化。

垂直共同比损益表 = 利润表账户 / 销售收入

垂直共同比资产负债表 = 资产负债表账户 / 总资产

水平共同比损益表和水平共同比资产负债表以第一年的账户额为基准（1.0）进行横向比较。

财务图表分析

财务图表用比较直观的方式对财务数据进行分析，一般有柱状图和曲线图。但是CFA考试中，几乎不涉及财务图表分析的相关题目。

回归分析

回归分析用来确定变量之间的关系，结果经常用于预测，需要将微观公司的数据与宏观经济数据结合分析。回归分析与CFA数量部分存在联系，但是对于回归的具体考核内容重点放在CFA二级考试中。

7.2 财务比率的种类

盈利能力比率

盈利能力是指企业获取利润的能力，企业的盈利能力越强，则其给予股东的回报越高，企业价值越大。同时盈利能力越强，带来的现金流量越多，企业的偿债能力得到加强。

企业盈利能力的大小可以从绝对数字和相对比率两方面进行考虑。如果企业的销售收入、销售利润、利润总额、净利润等各项指标的数值非常大，说明企业的盈利能力比较强。但是上述数值应该结合企业的总资产进行分析。

因此，对企业的盈利能力进行分析时，在考虑绝对值的基础上，往往更多地考虑相对值指标。相对值指标一般用各种比率指标进行反映。反映企业盈利能力的比率指标很多，比率的分子采用收益数值，如销售毛利、营业利润、息税前利润、税前利润或净利润；分母一般采用销售收入、所有者权益或总资产。盈利能力指标通常分为两类：销售回报率（以销售收入为基础）和投资回报率（以资产为基础）。

➢ 销售回报率

- 销售毛利率

$$销售毛利率=\frac{销售毛利}{销售收入}=\frac{销售收入-销售成本}{销售收入}$$

毛利润（gross profit）等于净销售收入减去销售成本（COGS）。

这项指标表明了公司的基本成本结构，分析各个时期的数据并与同行业数据进行比较可以显示出公司相对成本的状况。同时，销售毛利率反映了企业产品或商品销售的初始获利能力，是企业净利润的起点，没有足够大的毛利率便不能形成较大的盈利。销售毛利率的分析与销售毛利额分析相结合，可以评价企业对管理费用、销售费用、财务费用等期间费用的承受能力。

销售毛利率随行业的不同而高低各异，但同一行业的毛利率一般相差不大。与同期行业的平均毛利率比较，可以揭示企业在定价政策、产品或商品推销或生产成本控制方面存在的问题。

企业之间在存货计价和固定资产的折旧方法等会计处理中的差异也会影响销售成本，进而影响毛利率的计算，这一点应在企业之间作横向比较时加以注意。

- 营业利润率

$$营业利润率=\frac{主营业务利润}{销售收入}=\frac{销售毛利-营业性期间费用（销售费用和管理费用）}{销售收入}$$

营业利润通常也称为息税前收入（EBIT），但是二者也有着细微差别，如果要考区分，差异就在于营业利润要加上非经营利润与或减去非经营费用之后得到息税前收入，如果忽略非经营利润与费用之后，这两个指标就是相等的。营业利润率反映了企业主营业务的盈利能力，排除了投资（对子公司投资收益和处置资产的收益）、融资（利息收入和费用）和税收的影响。

- 税前收益率

$$税前收益率=\frac{税前利润（EBT）}{销售收入}$$

- 销售净利率

销售净利率指企业净利润占销售收入净额的百分比，表示每元销售收入净额获取利润的能力。其计算公式如下：

$$销售净利率=\frac{净利润}{销售收入}\times 100\%$$

这项指标的计算基于持续经营的销售收入和营业收入，因为分析师旨在得到关于未来期望值的预测，“线下”（below the line）的非持续经营收入在未来对公司不会有影响，基于持续经营观点的结果具有更大的相关性。

在分析企业的销售净利润率时，可以从以下几方面进行考虑：

√ 销售净利润率是企业销售的最终获利能力指标。该比率越高，说明企业的获利能力越强。但是不同行业的指标不尽相同，越是高科技企业，其销售净利润率越高。越是重工业或传统制造业，其销售净利润率越低，应该结合不同行业的具体情况进行分析。

√ 从指标计算可以看出，只有当净利润的增长速度快于销售收入净额的增长速度时，销售净利润率才会上升。

√ 净利润的形成并非都由销售收入所产生，它还会受到诸如其他业务利润、投资收益、营业外收支等因素的影响，故在分析比较时应多加注意。

√ 在进行不同行业间比较时，必须考虑不同行业和不同时期的情况，设定参考基准进行比较，否则将无法得到正确结论。

➢ 投资回报率

- 总资产回报率（return on assets）

ROA是将净利润与资产总额（即负债和所有者权益合计）的比率。首先，它反映了公司管理者运营资产来获取利润的能力和效率，其次，它反映了所有资本（债务资本和权益资本）的回报情况，而不受资本构成的影响。公式如下：

$$总资产报酬率（ROA）=\frac{净利润+税后利息成本}{平均资产总额}$$

其中，税后利息成本=利息费用×（1－所得税税率）。

ROA的计算也可以采用税前数据，这样计算出的回报率可以消除不同公司的税收政策和融资方式差别所造成的影响。计算公式如下：

$$总资产报酬率(ROA)=\frac{息税前利润(EBIT)}{平均资产总额}$$

$$=\frac{净利润+所得税费用+利息费用}{平均资产总额}$$

- 总资本回报率

由于负债和所有者权益合计（总资产）中包括了一部分贸易性债务，这些贸易性债务一般是不计息的，通常所说的资本，是指融资性债务资本（长期债务）加所有者权益，因此计算ROI的另一种方法是剔除这些贸易性债务，衡量企业融资性资本回报情况，即总资本报酬率（ROTC）。

$$总资本报酬率（ROTC）=\frac{息税前利润（EBIT）}{平均（资本债务+股东权益）}（税前）$$

或

$$总资本报酬率=\frac{净利润+税后利息成本}{平均（资本债务+股东权益）}$$

- 净资产收益率（return on equity）

净资产收益率或称股东权益报酬率（ROE）：将计算ROA过程中分母中的债务

剔除，分子部分则是净利润。

$$净资产收益率（ROE）=\frac{净利润}{平均股东权益}$$

或

$$净资产收益率（ROE）=\frac{利润总额（税前）}{平均股东权益}$$

其中，所得税后的净资产收益率应用得非常广泛，一般我们说的净资产收益率是以净利润为分子计算得出的数值。

进行净资产收益率分析时，应该考虑以下几方面。

√ 净资产收益率反映所有者投资的获利能力，该比率越高，说明所有者投资带来的收益越高。

√ 净资产收益率是从所有者角度考查企业盈利水平高低，而总资产收益率则从所有者和债权人两方面来共同考查整个企业盈利水平。在相同的总资产收益率水平下，由于企业采用不同的资本结构形式，即不同的负债与所有者权益比例，会造成不同的净资产收益率。

√ 该指标是衡量企业盈利能力的主要核心指标之一。传统的盈利能力指标都是以应计制下的利润。但应计制的缺点是利润可能被人为操纵，因此进行财务分析时，可以考虑将经营活动的现金流量作为分子来衡量盈利能力，实证研究表明以现金流量为基础计算的盈利能力指标可以从另一个侧面反映企业的盈利状况，并且对财务分析也很有用。

- 对一些发行优先股的公司，还有一个计算普通股股东投资回报的财务比率，即普通股权益报酬率（return on common equity）。

$$普通股权益报酬率（ROCE）=\frac{净利润-优先股股利}{平均普通股股东权益}$$

营运能力比率

营运效率分析是对企业资金周转状况进行的分析，资金周转得越快，说明资金利用效率越高，企业的经营管理水平越高。营运效率指标包括应收账款周转率、存货周转率、流动资产周转率和总资产周转率等。

➢ 应收账款周转率与应收账款平均收账期

应收账款周转率又称为应收账款周转次数，指年度内应收账款转为现金的平均次数，它说明应收账款的变现速度。从时间角度分析，反映企业应收账款变现的指标应该是应收账款平均收账期，即企业从发生应收账款到收回现金所需要的时间。其计算公式是：

$$应收账款周转率=\frac{销售收入}{应收账款平均余额}$$

平均应收账款周转天数（收款期）=365/应收账款周转率。

应收账款平均余额的计算是用应收账款期初值加上期末值除以 2。

一般而言，企业的应收账款周转率越高，平均收账期越短，说明企业的应收账款回收得越快；反之，则企业的营运资金过多地停滞在应收账款上，会严重影响企业资金的正常周转。

➢ 存货周转率与存货平均周转天数

存货周转率也叫存货周转次数，是企业一定时期的销售成本与平均存货的比率。存货周转率可用来测定企业存货的变现速度，衡量企业的销货能力及存货是否储备过量。它是对企业供、产、销各环节管理状况的综合反映。存货周转率与企业获利能力直接相关，一般情况下，存货周转率越快，则利润率越大，营运资金中用于存货上的金额就越小，企业资金周转得就越快，营运能力就越强。

用时间表示的存货周转率就是存货周转天数，指企业的存货自入库登账之日起到发运出售之日止的平均天数。其计算公式如下：

$$存货周转率（周转次数）=\frac{销售成本}{存货平均余额}=\frac{销售成本}{（期初存货+期末存货）\div 2}$$

注意：这里很多考生常犯的错误就是在分子使用销售收入而不是销货成本。

存货平均周转天数 = 365/存货周转率。

存货平均周转天数意味着公司资金周转速度，较长的存货周转天数表示公司资金被束缚在存货上，即公司存货可能是过时的或不合时宜的。而非常短的周转时间可能意味存货不足，这可能延误了向顾客交货的时间，并影响销售。

➢ 应付账款周转率与应付账款周转天数

应付账款周转率（accounts payable turnover），是指应付账款在一定期间内的周转次数，如一年内全部应付账款共被结清了几次。付款周期（average payment period），是指一笔应付账款从发生到因被支付而消灭平均经历多长时间。如公司应付账款周转率低于行业平均水平，说明公司较同行可以更多占用供应商的货款，显示其重要的市场地位，但同时也要承担较大还款压力，反之亦然。

$$应付账款周转率=\frac{本期存货采购}{平均应付账款余额}=\frac{销售成本+期末存货-期初存货}{平均应付账款余额}$$

应付账款周转天数（payables payment period） = 365/应付账款周转率

➢ 总资产周转率

总资产周转率：指企业在一定时期业务收入净额同平均资产总额的比率。比率带有鲜明的行业特征，资本密集的制造行业平均比率约为 1，而零售行业的平均比率接近 10。在进行财务分析时，必须将特定公司的比率与行业平均水平相比。

$$总资产周转率=\frac{销售收入}{总资产平均余额}$$

➢ 固定资产周转率

这个指标也必须在同一行业之间比较，且考虑使用租赁资产的影响。过低的固定资产周转率说明部分资金冻结在过剩的固定资产里，过高的周转率说明可能使用了已提足折旧的设备。

$$固定资产周转率=\frac{销售收入}{固定资产平均余额}$$

➢ 营运资本周转率，是销售收入与营运资本平均余额的比率。它反映的是营运资本的利用效率。该指标在不同行业之间区别很大，因此必须与同行业的其他企业或者行业平均水平进行比较，而且可能因使用租赁设备而受到影响。

营运资本周转率越大，表示资产的利用效率越高，如果资产增加，导致周转率降低，则可能是因为过度投资或资产没有充分有效利用。

➢ 权益周转率

权益（equity）包括优先股和普通股、实收资本、全部留存利润（一些投资者只考虑所有者权益，则不包括优先股），该项比率与全部资产周转率的区别在于排除了流动负债和长期负债。因此，当检验这一指标时必须考虑公司资本结构，因为公司可能通过增加债务比例来提高权益周转率。公式为：

权益周转率（equity turnover）＝净销售收入/平均权益

➢ 营业周期与现金周期

营业周期（operational cycle，OC）是指企业从取得存货、到完成对存货的加工转化、最后出售存货并收取得货款的一个周期。而现金周期（cash cycle）则是指支付购货款、到销售存货并取得货款的一个周期。这两个周期指标与前面我们刚刚分析过的平均收账期、平均存货周期和平均付款期指标之间的关系及这两个周期指标之间的相互关系如图5-1所示。从该图我们可以看出，营业周期与现金周期两个财务指标是对我们前面介绍过的收账期、付款期和存货周期的高度概括，能够综合地反映企业的营运资本管理效率。流动比率、速动比率等流动性比率是反映企业静态的流动性比率，而营业周期、现金周期这两个比率则从动态方面反映了企业资产的流动性，因此这两个比率不仅可用于评价企业营运资本管理的效率，而且还可以和前面介绍过的流动性比率、资本结构比率结合起来，用于评价企业的流动性与偿债能力。

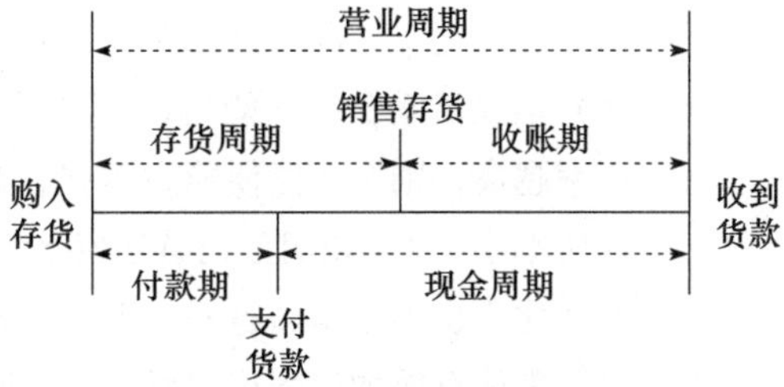

图5-1　营业周期与现金周期

根据图5-1对几种流动资产周期关系的揭示，我们可以将这两个比率的计算公式写为：

营业周期 = 平均存货周期 + 平均收账期

现金周期 = 营业周期 − 平均付款期 = 平均存货周期 + 平均收账期 − 平均付款期

流动能力比率

流动能力比率反映了企业偿还短期债务的能力，分析企业的流动资产和流动负债。如前文所述，流动资产通常分成五类：

（1）现金和现金等价物；

（2）短期投资（有价证券）；

（3）应收账款；

（4）存货；

（5）预付款和待摊费用等其他流动资产。

流动负债通常分成三类：

（1）短期借款；

（2）应付账款；

（3）其他应计流动负债。

短期流动性分析是将企业的现金来源和现金义务比较，这种比较可从存量和流量两个方面进行，如表 5-8 所示：

表 5-8　短期流动性分析

	分母	分子
	现金来源	现金义务
存量	流动性资产	流动性负债
流量	经营活动现金流	经营活动的现金流出

➤ 流动比率

$$流动比率 = 流动资产/流动负债$$

流动比率（current ratio）：用来测度公司通过变现流动资产（将流动资产转化为现金）清偿流动负债的能力，反映了公司在短期运营中避免无力偿还债务的能力。流动比率越高，则企业偿债能力越强，超过 1 的部分越大，债权人保障程度越高。如果流动比率小于 1，说明公司营运资金为负，面临流动性危机。流动比率过低固然不好，但流动比率也不是越高越好，因为流动比率过高，表明企业滞留在流动资产里的资金过多，未能有效加以利用，反而有可有降低企业获利能力。

➤ 速动比率

$$速动比率 = （现金 + 有价证券 + 应收账款）/流动负债$$

速动比率（quick ratio）：也叫作酸性试验比率，意在表明可用来偿付近期负债的流动性较好的流动资产数量，对于那些存货无法及时转变为现金的公司，速动比率是比流动比率更好的流动性测度方法。

➤ 现金比率

现金比率是在企业应收款项和存货的变现能力都存在问题的情况下，如应收账款收回的可能性很小，存货不能变卖或已抵押出去，只有采取极端保守的态度，计算现金比率。这也是衡量短期偿债能力的一个指标。

现金比率可以把现金存量和可上市证券之和与流动负债进行对比。其计算公式为：

$$现金比率 = \frac{货币资金 + 短期投资}{流动负债}$$

➤ 速动资产够用天数（defensive interval）

速动资产够用天数用来测量根据预期的营业开支，现有的速动资产能够满足多久支出。计算公式为：

$$速动资产够用天数 = \frac{速动资产期末余额}{预计下期日均营业支出}$$

速动资产期末余额可以按下面的公式计算：

$$速动资产 = 现金 + 短期投资 + 应收账款，或者：$$

$$速动资产 = 流动资产 - 存货$$

日均营业支出可以按下面的公式计算：

$$日均营业支出 = 年度营业支出 \div 365$$

$$营业支出=销售成本+销售费用+管理费用$$

预计下期营业支出可以用企业披露的盈利预测数据，如果盈利预测数据无法取得，也可以用本年数据替代，只要该比率计算时运用一致，一般不会影响分析的基本结论。

长期偿债能力比率

对企业流动比率进行分析，可以得知短期偿债能力，但是对企业的长期偿债能力同样重要。

➢ 负债权益比率

负债权益比率是负债总额与股东权益总额的比率，也称产权比率。其计算公式为：

$$负债权益比率=\frac{负债总额}{股东权益总额}$$

从公式中可以看出，该比率反映了债权人所提供资金与股东所提供资金的对比关系，因此可以揭示企业的财务风险以及股东权益对债务的保障程度。该比率数值越低，说明企业长期财务状况越好，债权人贷款的安全越有保障，企业财务风险越小。

在公式中，总负债为所有长期固定利息负债，包括可转换债券（convertible bond）。权益包括优先股股本、普通股股本和留存收益。

名师解惑

资产负债表中的递延税项属于负债还是权益

大多数资产负债表都有一个递延税项，一般位于表中长期负债和其他债务的下方。如果递延税项的累积是由于加速折旧和直线折旧之间的差额，这项债务可能永远不会支付。因为公司还在继续成长并增添新的资产，这项总和递延税项便持续增长永不会付清，但是，如果递延税项是由于长期合同收入确认上的差别，比如政府合同，那么将会有终止之日，这项债务也会最终付清。因此一般的处理原则是：递延税款如果随时间而抵消，则记入负债。如果不能随时间抵消，则记入权益。

➢ 资产负债率

资产负债率是企业负债总额与资产总额的比率，也称为负债比率或举债经营比率，它反映企业的资产总额中有多少是通过举债而得到的。其计算公式为：

$$资产负债率=\frac{负债总额}{资产总额}$$

资产负债率反映企业偿还债务的综合能力，这个比率越高，企业偿还债务的能力越差；反之，偿还债务的能力越强。

➢ 股东权益比率

股东权益比率是股东权益与资产总额的比率，该比率反映企业资产中有多少是所有者投入的。其计算公式为：

$$股东权益比率=\frac{股东权益总额}{资产总额}$$

股东权益比率的倒数，称作权益乘数，即资产总额是股东权益的多少倍。该乘数越大，说明股东投入的资本在资产中所占比重越小。其计算公式为：

$$权益乘数=\frac{资产总额}{股东权益总额}$$

➢ 利息保障倍数

利息保障倍数也称利息所得倍数，是税前利润和利息费用之和与利息费用的比率。其计算公式为：

$$利息保障倍数=\frac{税前利润+利息费用}{利息费用}=\frac{息税前收益（EBIT）}{利息费用}$$

公式中的税前利润是指缴纳所得税之前的利润总额，利息费用不仅包括财务费用中的利息费用，还包括计入固定资产成本的资本化利息。利息保障倍数反映了企业的经营所得支付债务利息的能力。如果这个比率太低，说明企业难以保证用经营所得来按时按量支付债务利息，这会引起债权人的担心。一般来说，企业的利息保障倍数至少要大于1，否则，就难以偿付债务及利息，若长此以往，甚至会导致企业破产倒闭。

但是，在利用利息保障倍数这一指标时，必须注意，因为会计采用权责发生制来核算费用，所以本期的利息费用不一定就是本期的实际利息支出，而本期发生的实际利息支出也并非全部是本期的利息费用；同时，本期的息税前利润也并非本期的经营活动所获得的现金。

另外，1 减去利息保障系数的倒数说明利润可以降低到何种程度而不会付不起利息费用。假设利息保障系数是 4，说明利润可以降低 75%（=1－1/4），公司仍然能付得起固定的利息费用。

➢ 固定支出保障倍数（fixed charge coverage ratio）

与利息保障倍数类似，不仅考虑利息费用，还考虑其他固定支出。计算公式为：

$$固定支出保障倍数=\frac{税前利润+固定支出}{固定支出}$$

这里所谓的固定支出主要包括：利息支出、融资租赁租金支出（lease payments,）、债务本金的偿还（debt repayment）、优先股股利的支付。

一般来说，固定支出保障倍数要小于利息保障倍数

➢ 其他相关比率

- 固定财务成本保障倍数（fixed financial cost coverage）

  主要针对的使用租赁设备的企业。

- 固定支付保障倍数（fixed charge coverage ratio）

  代表利润保障全部固定财务费用的情况。

- 现金流与利息比（cash flow to interest expense）＝（净利润＋折旧费用＋增加的递延税）/利息费用

  该指标是利息保障倍数的替代指标，动机是某些公司的利润和现金流量会极不相同。

- 利息现金流保障系数（cash flow coverage ratio）＝（净利润＋折旧费用＋增加的递延税＋利息费用）/利息费用

  为了计算可以同利润倍数指标相比较的现金流量倍数指标，有必要再将利息费用加入现金流量中，因为在计算净利润时这部分费用被扣除了。

- 现金流与长期负债比率 = （净利润 + 折旧费用 + 增加的递延税）/长期负债的账面价值

➢ 影响长期偿债能力的其他因素

除了上述通过利润表、资产负债表中有关项目之间的内在联系计算出来的各种比率，用以评价和分析企业的长期偿债能力以外，还有一些因素影响企业的长期偿债能力，必须引起重视。

- 长期租赁

  当企业急需某种设备或资产而又缺乏足够的资金时，可以通过租赁的方式解决。财产租赁有两种形式：融资租赁和经营租赁。

  融资租赁是由租赁公司垫付资金购买设备租给承租人使用，承租人按合同规定支付租金（包括设备买价、利息、手续费等），一般情况下，在承租方付清最后一笔租金后，其所有权归承租方所有。因此，在融资租赁形式下，租入的固定资产作为企业的固定资产入账，进行管理，相应的租赁费用作为长期负债处理。这种资本化的租赁，在分析长期偿债能力时，已经包括在债务比率指标计算之中。

  当企业的经营租赁量比较大、期限比较长或具有经常性时，则构成了一种长期性筹资，这种长期性筹资虽然不包括在长期负债之内，但到期时必须支付租金，会对企业的偿债能力产生影响。因此，如果企业经常发生经营租赁业务，应考虑租赁费用对偿债能力的影响。

- 担保责任

  担保项目的时间长短不一，有的涉及企业的长期负债，有的涉及企业的短期负债。在分析企业长期偿债能力时，应根据有关资料判断担保责任带来的潜在长期负债问题。

- 或有项目

  在讨论短期偿债能力时曾谈到，或有项目是指在未来某个或几个事件发生或不发生的情况下，会带来收益或损失，但现在还无法肯定是否发生的项目。或有项目的特点是现存条件的最终结果不确定，对它的处理方法要取决于未来的发展。或有项目一旦发生便会影响企业的财务状况，因此企业不得不对它们予以足够的重视，在评价企业长期偿债能力时也要考虑它们的潜在影响。

估值比率

估值比率一般应用于公司估值，并且在相对估值法中应用最为广泛，在 CFA 权益部分会有详细介绍，这里仅作简单介绍（见表 5-9）。

表 5-9　一些常见的估值比率

<table>
<tr><th></th><th>分子</th><th>分母</th></tr>
<tr><td>P/E</td><td rowspan="4">每股价格</td><td>每股收益</td></tr>
<tr><td>P/CF</td><td>每股现金流</td></tr>
<tr><td>P/S</td><td>每股销售额</td></tr>
<tr><td>P/BV</td><td>每股账面价值</td></tr>
<tr><td>BEPS & DEPS</td><td colspan="2"></td></tr>
<tr><td>每股现金流</td><td>经营性现金流</td><td rowspan="3">发行在外的加权平均普通股股数</td></tr>
<tr><td>每股 EBITDA</td><td>EBITDA</td></tr>
<tr><td>每股股利</td><td>宣布的普通股股利</td></tr>
</table>

P/E 是市盈率，P/BV 是市净率，P/CF，CF 是每股现金流量，每股现金流应该是 CFO，减掉优先股股利支付，除以发行在外的加权平均普通股股数。接下来 P/S，是每股价格除以每股销售额。这都是站在股东角度看问题，进行估值。

7.3 用杜邦财务分析体系计算公司的净资产收益率

传统的杜邦分析体系

为了理解影响一家公司净资产收益率（ROE）变化的因素，包括净资产收益率在时间上的变动趋势与相对于竞争对手的表现，分析师经常将净资产收益率“分解”成一系列比率．每种比率都有其自身含义，这个过程帮助分析师将注意力集中于影响净资产收益率表现的彼此独立的因素上。这种净资产收益率分解法通常被称为杜邦系统财务分析法：

$$ROE = \text{销售利润率} \times \text{资产周转率} \times \text{权益乘数} = \frac{\text{利润}}{\text{销售收入}} \times \frac{\text{销售收入}}{\text{资产}} \times \frac{\text{资产}}{\text{权益}}$$

需要指出的是，杜邦分析体系下，并不是利用这三个比率计算净资产收益率，而是将净资产收益率分解，继而更加深刻地理解内涵。分解过程说明，一家公司可以通过提高利润边际（即提高盈利能力）、提高总资产周转率（即提高营运效率）或提高杠杆比率（即提高债务资本比率）来提高净资产收益率。

扩展的杜邦分析体系

$$ROE = \frac{\text{净利润}}{\text{税前利润}} \times \frac{\text{税前利润}}{\text{息税前利润}} \times \frac{\text{息税前利润}}{\text{销售收入}} \times \frac{\text{销售收入}}{\text{资产}} \times \frac{\text{资产}}{\text{权益}}$$

$$= \begin{pmatrix}\text{tax}\\\text{burden}\end{pmatrix}\begin{pmatrix}\text{interest}\\\text{burden}\end{pmatrix}\begin{pmatrix}\text{EBIT}\\\text{margin}\end{pmatrix}\begin{pmatrix}\text{asset}\\\text{turnover}\end{pmatrix}\begin{pmatrix}\text{leverage}\\\text{ratio}\end{pmatrix}$$

$$\text{tax burden} = 1 - \text{tax rate}$$

$$\text{interest burden} = 1 - \text{interest rate}$$

注意，如果净利润/税前利润提高了，即税率下降，税收负担（tax burden）下降，税前利润/息税前利润上升，说明利息负担（interest burden）也下降。如果息税前利润/销售收入上升，表示公司的营业利润率上升，成本控制可能是有效的。如果销售收入/资产上升，说明公司的管理效率和周转率提高，如果资产/权益上升，说明财务杠杆提高，财务风险增加。由此可见，企业可以通过以下五种方法提高净资产收益率：减少纳税，使用更“廉价”的财务杠杆，增加经营利润，提高资产周转率，提高财务杠杆比率。五种方法对应了 ROE 杜邦分析的五因素分解法，即税负、利息负担、经营利润率、资产周转率与权益乘数。

7.4 将计算和解释用于权益分析、信用分析和部门分析的比率

权益分析

➤ 市盈率（P/E）

$$P/E = \frac{\text{price of a share of stock}}{\text{EPS}}$$

市盈率是在相对估值法中最为常用。

➢ 价格－现金流比率（price-to cash flow）

$$P/CF = \frac{\text{share price}}{\text{cash flow per share}}$$

➢ 价格－销售比率（price-to-sales）

$$P/S = \frac{\text{share price}}{\text{revenue per share}}$$

➢ 价格－账面价值比率（price-to-book value）

$$P/BV = \frac{\text{current closing price}}{\text{latest quarter's book value}}$$

考点总结

以上四个比率在相对估值法中使用广泛，其中市盈率使用最普遍。这里值得注意的是，从盈余、现金流、销售额到账面价值，在会计上的可操纵性逐渐递减。

➢ 稀释每股收益（diluted EPS）

上文已经提到，稀释每股收益是以基本每股收益为基础，假设企业所有发行在外的稀释性潜在普通股均已转换为普通股，从而分别调整归属于普通股股东的当期净利润以及发行在外普通股的加权平均数计算而得的每股收益。

➢ 息税前利润（EBIT earnings before interest and tax）

EBIT＝经营利润＋投资收益＋营业外收入－营业外支出＋以前年度损益调整

➢ 税息折旧及摊销前利润，（EBITDA，earnings before interest，taxes，depreciation and amortization）

EBITDA ＝净利润＋所得税＋固定资产折旧＋无形资产摊销＋长期待摊费用摊销＋偿付利息所支付的现金

信用分析

信用分析主要衡量公司偿还债务的能力。

在对公司进行信用风险分析时，可以与管理层会面，前往公司实地考察、咨询评级机构。特别应该关注公司的商业风险与财务风险。

➢ 商业风险的度量

公司的商业风险涉及销售收入、经营利润与净利润，一般使用这些指标的变异系数评估商业风险。

$$\text{CV sales} = \frac{\text{standard deviation of sales}}{\text{mean sales}}$$

$$\text{CV operating income} = \frac{\text{standard deviation of operating income}}{\text{mean operating income}}$$

$$\text{CV net income} = \frac{\text{standard deviation of net income}}{\text{mean net income}}$$

➢ 财务风险的度量

➢ 信用分析常用比率

- 利息覆盖率（interest coverage ratio）

$$利息覆盖率=（营业利润-利息支出）÷利息支出$$

- 资本回报（return on capital）

$$资本回报率=\frac{税后营运收入}{总资本总财产-过剩现金-无息流动负债}$$

$$=\frac{净收入-税收}{总资本总财产-过剩现金-无息流动负债}=\frac{净收入-税收}{股东权益+有息负债}$$

- 资产负债率（debt-to-asset ratio）

$$资产负债率=\frac{负债总额}{资产总额}\times 100\%$$

此外，现金流与总负债比率也是信用分析中的重要比率。

- Z-score 指标

Z-score 是由纽约大学的欧德曼教授于 1968 年提出，用于检测公司破产的概率。实证结果表明，Z-score 对于一家公司在未来是否会出现财务危机具有充分预测能力。

$$Z=1.2A+1.4B+3.3C+0.6D+1.0E$$

式中 $A=WC/TA$——营运资产占总资产比率；

$B=RE/TA$——留存收益占总资产比率；

$C=EBIT/TA$——息税前利润占总资产比率；

$D=MV\ \text{of}\ Equity/BV\ \text{of}\ Debt$——普通股市值对负债比率；

$E=\text{Revenue}/TA$——总资产周转率。

如果 $Z<1.81$，则公司在一年内破产的概率为 100%。

部门分析

- 商业部门（business segment）是大企业下属的一部分，营业收入占企业总收入的 10% 以上，比其他部门承受较高的风险并能获得较高收益。
- 地理部门（geographic segment）指达到一定规模的，并且同企业其他部门的商业环境不同的部门。

U. S. GAAP 和 IFRS 规定公司需要报告部门财务数据，但是只要求公司披露所要求的部门数据即可。

7.5 将共同百分比财务报表分析和比率分析用于构建模型和预测收益

- 基于对销售增长的预测和关于公司财务比率表现的假设，共同百分比财务报表分析和比率分析能用于构造模拟财务报表，进而对未来收益进行预测。
- 有三种方法可以测量在点估计周围的财务结果的变动性：敏感性分析，情景分析和模拟分析。

8 存货分析

必会知识点

- 不同存货计价方法对财务报表的影响

8.1 IFRS 和 U. S. GAAP 对存货成本计量规则

销货成本（COGS）：在 IFRS 下，也称为销售成本（cost of sales），与初期存货、当期购买额及期末存货有关，基本等式为：

$$期末存货 = 期初存货 + 当期购入 - 销货成本$$

产品成本（product costs）

在 IFRS 与 GAAP 下，对产品成本的定义类似，指取得产品过程中发生的全部成本。

产品成本直接资本化入存货账户，包括：

- 购买成本减去销售折扣。
- 人工成本与间接费用（overhead），举例来说，一个工厂下属车间的一些事务需要行政部管理，则行政费用中可以可靠计量和配比的部分需要纳入存货成本，这体现了配比原则。
- 其他使得存货处于可使用状态的必要成本。例如运费和安装费用等。

注意：在将产品成本资本化入资产项目后，只有当存货被卖出并且收入得到确认以后，才可以确认费用。

期间成本（period costs）

并不是所有与存货相关的成本都可以资本化，一些成本在发生时就已经费用化，称为期间成本，包括：

- 那些不能可靠计量和配比的固定成本期间费用（unallocated portion of fixed production overhead）
- 不正常的原材料浪费、人工成本及期间费用
- 仓储成本（除非是生产的必要组成部分）
- 管理费用
- 销售费用

8.2 存货记入报表方式：可变现净值原则

术语解释

可变现净值（net realisable value） 是指在日常活动中，以预计售价减去进一步加工成本和预计销售费用以及相关税费后的净值。在可变现净值计量下，资产按照其正常对外销售所能收到现金或者现金等价物的金额扣减该资产至完工时估计将要发生的成本、估计的销售费用以及相关税费后的金额计量。

可变现净值的确定

按照准则定义，可变现净值（NRV）是指在正常生产经营过程中，以存货的估计售价减去至完工估计将要发生的成本、估计的销售费用以及相关税金后的金额。存货准则特别强调企业在实际确定存货的可变现净值时，应当以取得的可靠证据为基础，并且考虑持有存货的目的、资产负债表日后事项的影响等因素。企业因持有存货的目的不同，确定存货可变现净值的处理方法也各不相同。

一是持有以备出售的存货，如商品、产成品等。对于这一类存货分为两种情况。即有合同约定（销售合同或劳务合同）的存货和没有合同约定的存货。为执行销售合同或劳务合同而持有的存货，通常应当以产成品或商品的合同价格作为其可变现净值的计量基础。但是，如果企业持有存货的数量多于销售合同订购数量，超出部分的存货可变现净值以产成品或商品的一般销售价格作为计量基础。没有销售合同或劳务合同约定的存货，其可变现净值应当以产成品或商品一般销售价格或原材料的市场价格作为计量基础。

二是将在生产过程或提供劳务过程中耗用的存货，如原材料等。在会计期末运用成本与可变现净值孰低原则对材料存货进行计量时，需要考虑材料的用途：对于用于生产而持有的材料等，应将其与所生产的产成品的期末价值减损情况联系起来；对于用于出售的材料等，则只需要将材料的成本与根据材料本身的估计售价确定的可变现净值相比即可。具体来说，对于用于生产而持有的材料等按以下原则处理：①如果用其生产的产成品的可变现净值预计高于成本，则该材料应按照成本计量。②如果材料价格的下降表明产成品的可变现净值低于成本，则该材料应当按可变现净值计量。

计算公式

存货可变现净值 = 存货估计售价 − 至完工估计将发生的成本 − 估计销售费用 − 相关税金

存货跌价准备应按单个项目来计提，数量繁多，单价较低的存货可按存货类别计量成本与可变现净值。

8.3 存货计价方法

企业在经营活动的过程中对于存货的采购与发出的数量一般有精确的记录，因此存货的数量可以比较精确地计量。采购的单位成本就是购买的价格加上其他相关费用项目（如运输费用等），也可以精确地计量。但对于销售的单位成本、期初及期末存货的单位成本的计量就相对复杂了。针对这一问题，会计准则认为企业必须采用系统一致的存货成本流转假设来解决存货计价问题。在理论上，存货成本流转与实物流转应是一致的，也就是说，采购存货时的单位采购成本应随着该项存货的销售而结转。但在实务工作中，由于存货的数量众多、存货难以辨认等因素很难保证各种存货的成本流转与实物流转相一致。由于存货存在一致性，因此无须辨别哪些存货已卖出、哪些存货还留作库存，只要按照不同的成本流转程序确定已发出存货的成本和库存的成本即可。这就是存货成本的流转假设。

采用一定的存货成本假设，在期末存货与发出存货之间分配成本，就产生了不同的确定发出存货的方法。这些方法主要有：个别识别法、先进先出法（FIFO）、后进先出法（LIFO）、加权平均成本计价法（AVCO）等。

在 IFRS 下，允许使用个别识别法、FIFO 与 AVCO；

在 U. S. GAAP 下，允许使用个别识别法、FIFO、LIFO 与 AVCO。

注意：公司在对相同性质与用途的存货计价时，必须使用相同的存货计价方法。

以下详细介绍上文所提及的四种存货计价方法。

➢ 个别识别法（specific identification）

在使用个别识别法时，每一个卖出的产品都有与其匹配的特定成本。个别识别法适用于那些商品与商品之间替代性差且单位价值较大的行业，如珠宝业、古董市场、二手车市场等。

➤ 加权平均成本计价法（AVCO）

加权平均成本计价法：以当期全部采购的存货成本加上期初存货成本作为分子，当期全部采购的存货数量加期初存货数量作为分母，两者相除计算出存货的加权平均单位成本，从而确定存货的发出和库存成本。

存货单位成本 =(期初存货余额 + 采购成本)/(期初存货数量 + 当期采购数量)

当期销售成本 = 单位销售成本 × 销售数量

期末存货余额 = 期末存货单位成本 × 期末存货数量

➤ 先进先出（first-in，first-out，FIFO）

先进先出法是以先购入的存货先发出这样一种存货实物流转假设为前提，对发出存货进行计价的一种方法。当采购价格不断上涨时，先进先出法将较低的成本指派给销售成本，而将较高的成本留在存货中。因为销售成本较低，企业采用先进先出法报告的利润要比其他存货计价法报告的利润高。有些企业乐于在财务报告中采用先进先出法，因为他们的目的是尽量抬高净利润，而在所得税问题上，多报利润就要多缴纳税金。有些会计人员和决策者认为采用先进先出法会高估企业的盈利能力，因为收入建立在现在的市场情况上，而作为收入抵销项目的销售成本却是以较早（或较低）的成本为基础，所以毛利被持续虚计。

先进先出法的优点是存货以最近的采购价格计价。因此资产负债表的存货资产价值就更接近其现行重置成本。

➤ 后进先出（last-in，first-out，LIFO）

后进先出法是以后购入的存货先发出这样一种存货实物流转假设为前提，对发出存货进行计价的一种方法。它的基本假设是最近采购的单位最先出售，而最早采购的单位仍然作为存货留在仓库里。这一假设和大多数企业的商品实物流转不一致。然而除了所得税考虑外，还有其他十分合乎逻辑的论点支持这一方法。估算利润时，大多数会计人员认为成本流转比商品的实物流转更为重要，后进先出法的支持者就认为利润的估算应以市场实际情况为基础，因此，现行的销售收入应该由售出商品的现行成本抵销。后进先出法下，销售成本接近于当前的实际情况，因为它源自于最近的采购，而先进先出法的销售成本却是建立在较早的成本上的。

然而所得税考虑是后进先出法得以广泛使用的最主要原因。后进先出法将最近的存货采购成本转入销售成本，在物价持续上涨的情况下，最近的成本也是最高的成本，后进先出法报告的销售成本比其他方法都高，所以应税利润就降低了。总之，如果存货成本上涨，企业使用后进先出法申报所得税可以减少税收负担。

如果企业能在申报所得税采用后进先出法降低应税利润，而在编制财务报表时采用先进先出法提高向投资者和债权人报告净利润，这个方法似乎是最好的。但所得税法规规定只有在企业采用后进先出法（LIFO）编制财务报表时，才允许企业采用同一方法申报所得税。因此，所得税考虑是企业选择后进先出法的主要原因。在现阶段，只有在US. GAAP下，才允许使用LIFO，在IFRS与中国会计准则下，均禁止使用LIFO。

后进先出法也有一个显著的缺点，即存货资产的计价以企业最早的存货采购成本为基础，企业经营数年后存货的现行重置成本就大大低估了。因此采用后进先出法进行存货计价的企业需要在报表附注中披露存货的现行重置成本。

在存货重置成本不断上升的时期，后进先出法使存货的计价和净利润的估计都达到最低，所以，后进先出法被视为最稳健的存货计价方法，而先进先出法则成为最不稳健的方法。

表 5-10 显示了在物价上涨、存货数量稳定或者不断增长的情况下，不同计价方式对财务报表及相关比率的影响。

表 5-10　FIFO 与 LIFO 下对财务报告的影响

<table>
<tr><th colspan="2"></th><th>LIFO</th><th>FIFO</th></tr>
<tr><td colspan="2" rowspan="4">利润表</td><td>较高的销货成本</td><td>较低的销货成本</td></tr>
<tr><td>较低的息税前利润</td><td>较高的息税前利润</td></tr>
<tr><td>较低的税收</td><td>较高的税收</td></tr>
<tr><td>较低的净利润</td><td>较高的净利润</td></tr>
<tr><td colspan="2" rowspan="2">资产负债表</td><td>较低的存货余额</td><td>较高的存货金额</td></tr>
<tr><td>较低的营运资本</td><td>较高的营运资本</td></tr>
<tr><td colspan="2">现金流量表</td><td>较高的 CFO（由于较低税收）</td><td>较低的 CFO（由于较高税收）</td></tr>
<tr><td rowspan="4">比率</td><td>盈利</td><td>较低的毛利率与净利率</td><td>较高的毛利率与净利率</td></tr>
<tr><td>流动</td><td>较低的流动比率</td><td>较高的流动比率</td></tr>
<tr><td>偿债</td><td>较高的 D/A 与 D/E</td><td>较低的 D/A 与 D/E</td></tr>
<tr><td>营运</td><td>较高的存货周转率</td><td>较低的存货周转率</td></tr>
</table>

考点总结

LIFO 与 FIFO 对财务报告的影响是历年考察重点，考生需要牢牢记住，无论在哪种计价方式下，销货成本（COGS）与现金流（CFO）的变动趋势都是一致的，而与息税前利润，税收、净利润、存货余额、营运资本变动趋势相反。此外，使用 AVCO 方法对存货计价，财务报表各项目的数值与比率介于使用 FIFO 与 LIFO 之间。最后，存货计价方法对采购或生产存货的现金支付没有任何影响，影响的只是所得税的现金支付，但是对现金流总量会产生影响。并且，在 CFA 考试中，只有 FIFO 与 LIFO 存货计价方法的不同会导致公司总体现金流的变化，究其原因，就是因为方法的不同造成了所得税的不同。

因为在 LIFO 下，公司的销货成本更加精确，接近于当前重置成本，各项利润指标也更贴近实际情况，所以在 LIFO 下以比率表现出来的公司盈利能力更为准确，如毛利率与净利率。在 FIFO 下，期末的存货更接近于当前重置成本，公司资产负债表中资产总额更为精确，所以在 FIFO 下以比率表现出来的公司流动、偿债与营运能力更为精确，因为这些比率的计算都涉及公司的资产项目。

与 FIFO 相比，在 LIFO 下，公司的利润被低估，继而股东权益被低估，于是负债权益比率 D/E 较高。要注意的是如果要根据后进先出法储备调整，在调整股东权益的同时，还要调整相应的递延税负债。

➢ 存货计价基本公式

存货计价方法的选择关系到企业的利润表、资产负债表和相关财务指标，尤其是由于会影响到所得税进而影响到现金流。

U. S. GAAP 关于存货计价的基本原则是成本与市值孰低法（lower-of-cost-market，LCM）。即存货的收益忽略不计，但存货跌价的损失则要调整账户余额。

- 成本指存货达到可使用状态所付出的所有合理的和必需的代价。
- 商品存货成本包括购买成本、运输成本、接收成本和检查费等，自行生产的存货包括直接材料成本、直接人工成本和分配的间接成本。市值是指存货的重置成本。
- 商业企业的存货指购入供再销售的商品，制造企业的存货包括制成品、在产品和原材料。
- 购入存货成本的计价公式为：

存货成本 = 发票价格（减折扣）+运输成本 + 税 + 在途存货

期末存货和销货成本之间关系的基本公式为：

期末存货 = 期初存货 + 当期购入 – 销货成本

该公式可以做代数变换，求出其中任意一个值。

➢ 存货系统

在期间系统下，顾名思义，是以一段时期内（如一个月）卖出的货物数量为准计算销货成本；而在永久系统下，不存在期间概念，在计算销货成本时以卖出存货时间点以前购入存货的价格为准（见表5-11）。

表5-11 两种存货系统的对比

期间系统	永久系统
• 在每一个会计期间结束期决定存货价值与销货成本 • **需要“购买账户”**	• 存货价值与销货成本需要时刻更新 • 存货的购买与出售直接记录在存货账户中 • **不需要“购买账户”**
• 这两种系统在 FIFO 与个别识别法下得到一样的结果，但是在 LIFO 与 WAC 下得到不同的结果	

U. S. GAAP 与 IFRS 下存货价值判定如表5-12所示。

表5-12 U. S. GAAP 与 IFRS 下存货价值判定

U. S. GAAP	IFRS
The lower of	The lower of
• Cost Or • Market • If replacement cost (RC) > NRV Market = NRV • If replacement cost (RC) < NRV – normal profit margin Market = NRV – normal profit margin • NRV – normal profit margin < RC < NRV Market = replacement cost	• Cost Or • Net realizable value NRV = selling price – estimated cost of completion – selling costs
If Cost > Market • The inventory is written down to market on the B/S, and a loss is recognized in the I/S • No subsequent written-up is allowed	If Cost > NRV • The inventory should be written down to NRV on the B/S, and a loss is recognized in the I/S • Can be written up and a gain is recognized in the I/S

【例】 Z公司成本 original cost 是210，estimated selling price 是225，预计的 selling cost 是22，replacement cost 是197，normal profit margin 是12。求在 IFRS 与 GAAP 下存货的价值是多少？

在 IFRS 下，NRV = 225 - 22 = 203，original cost = 210，那么取低者，存货价值 203，在利润表中确认 7 块的 loss。美国准则怎么处理？美国准则比较的是 cost 和 market，replacement cost 就是市场价格，NRV 等于 203，NRV - normal profit margin = 191，market price = 197，介于两者之间，所以 inventory value 就是 197，与原始成本 210 比较，差 13，计入利润表中的 loss。如果对题目进行修改。Replacement cost = 205，其他条件不变，美国准则下，market 比较 NRV - normal profit 和 NRV，发现 market price 超过了 203，所以取 203，与 original cost 相比，210 - 203 = 7，所以 loss 是 7。如果再修改，Replacement cost = 180，其他条件不变。因为市场价格 180 低于 191，所以取 191。最后将 inventory value 和 original cost 相比，两者之差是 19，所以 loss 是 19。

注意：美国准则下确认的损失是不能转回的，而在国际准则里面是可以的。美国准则更为保守。

8.4 不同存货计价方法之间的转换

➢ 一致性原则

一致性原则是财务报表可靠性强调的一个基本概念。这一原则要求企业一旦采用了某一种方法，就应该持续采用该法，将这一假设持续运用于该种商品的所有流转行为。然而，一致性原则并不禁止企业变更会计方法。企业一旦决定变更会计方法，必须解释变更的理由，并充分披露变更对企业净利润的影响。

更具体地，针对存货计价方法的转变，当从其他计价方法转变为 LIFO 时，采用未来适用法（prospective application），即变更后的会计政策应用于变更日及以后发生的交易或者事项，或者在会计估计变更当期和未来期间确认会计估计变更影响数的方法。其他存货方法之间的转变，采用追溯调整法（retrospective application），即指对某项交易或事项变更会计政策，视同该项交易或事项初次发生时即采用变更后的会计政策，并以此对财务报表相关项目进行调整的方法。当对存货计价方式进行转换时，需要在财务报表附注中加以披露，这样有利于与同行业其他公司进行比较。

当从其他存货计价方法向 LIFO 转变时，仅仅将在先前计价方法下的存货账面价值作为 LIFO 下的存货价值即可。

很明显，在其他情况下，一旦涉及存货计价方法的转变，大多需要采用追溯调整法。采用新的存货计价方法的累计影响需要体现在初期报表的留存收益项目中。

在 IFRS 下，公司必须证明采用新的存货计价方法可以提供更为相关可靠的信息。

在 U. S. GAAP 下，公司必须解释为什么新的存货计价方法更加适合公司。

下面重点介绍从 LIFO 向 FIFO 转变与从 FIFO 向 LIFO 转变的具体过程。

➢ 后进先出法（LIFO）向先进先出法（FIFO）调整

- 对资产负债表的调整

  先进先出法存货 = 后进先出法存货 + 后进先出法储备

  注意这里有一个新的变量，后进先出法储备（LIFO reserve）：是指后进先出法存货成本和先进先出法下现行重置成本的差异。企业使用 LIFO 时，必须在财务报表附注中披露 LIFO reserve。

$$\text{LIFO reserve} = INV_F - INV_L$$

$$INV_L + \text{LIFO reserve} = INV_F$$

$$COGS_F = COGS_L - \Delta\text{LIFO reserve}$$

$$\Delta NI = \Delta\text{LIFO reserve} \times (1 - T)$$

记忆方法

在考试中，考生经常容易记错以上公式，第一个公式，首先，需要注意 LIFO reserve 是加在 INV_L 后面的，表示对在 LIFO 计价方法下对存货价值的调整，即 L + L = F。更为深入地思考，可以这样理解，LIFO reserve 肯定是正数，而 INV_F 是大于 INV_L 的，所以一个较小的数值，即 INV_L 加上一个正数，才能得到较大的数值 INV_F

第二个公式，对于 COGS 来说，与上面一样的道理，$COGS_L$ 是大于 $COGS_F$ 的，必须要减去一个正数 ΔLIFO reserve，才能得到较小的数值 $COGS_F$，而且 COGS 是利润表中的项目，属于流量项目，与此相对应，LIFO reserve 作为存量，必须使用变动值表示流量。

第三个公式，当 LIFO 向 FIFO 转变时，由于 COGS 变少，ΔLIFO reserve 就是 FIFO 下利润的增加额，即税前利润增加了 ΔLIFO reserve，考虑税收因素，FIFO 下净利润的增加额就是 ΔLIFO reserve × (1 − T)。

后进先出法储备表明企业的存货对于其现行重置成本和采用先进先出法下的计价是低估了的，因此采用后进先出法企业的存货和那些采用先进先出法企业的存货不能直接进行比较，必须根据以上第一个公式进行调整。

- 对递延税负债的调整

增加的递延税负债 = 后进先出法储备 × 所得税率

在物价上升的情况下，由于 COGS 较大，净利润较少，采用 LIFO 的公司比 FIFO 的公司少缴税，所以在 LIFO 向 FIFO 转变过程中，需要将少缴税的数额补回。

- 对销货成本调整

先进先出法下的销货成本 = 后进先出法下的销货成本 − 后进先出法储备的变动

先进先出法下利润的增加额 = 后进先出法储备的变动 × （1 − 所得税率）

【例】 后进先出法下年末存货为 7 000 元，后进先出法储备为 5 000 元，税率为 40%。

调整为：先进先出法下存货 = 7 000 + 5 000 = 12 000（元）

增加的留存收益 = 5 000 × (1 − 0.4) = 3 000（元）

增加的递延税负债 = 5 000 × 0.4 = 2 000（元）

➢ 先进先出法（FIFO）向后进先出法（LIFO）调整

从 FIFO 向 LIFO 调整与上节方法完全不同，FIFO 的期末存货最接近市值，所以一般不做调整，但 COGS 需要调整。

后进先出销货成本 = 先进先出销货成本 + （期初存货 × 行业通货膨胀率）

行业通货膨胀率的计算一般有两种途径：

- 行业统计数据，而非总体经济的通胀率；

- 通胀率 = 同一行业另一企业后进先出法储备变动/该企业在先进先出法下的初始存货水平

8.5 LIFO 储备在什么情况下可能减少以及这种减少对财务分析的冲击

如果企业的年末存货比正常情况下低或存货价格下降，后进先出法就会减少成本，会使企业本年的利润急剧上升。当企业存货下降时，转入销售成本的存货是来自于较早，也是较低的成本批次，将较早和较低的成本纳入销售成本无疑会使企业的利润骤升，这种情况叫作后进先出法储备“清算”。

分析师一旦觉察到这种情况，需要高度关注公司后续运营情况，因为一般来说，“LIFO 清算”是管理层为了尽可能增加企业当前利润（盈余管理）而采取的激进行为，是一种会计操纵。很明显，以存货数量急速下降为代价带来的利润短期内迅速增加趋势在未来不可持续。分析师需要根据公司当下存货的实际价格对销货成本等项目进行调整，以还原企业真实的经营状况。

9 长期资本分析：资本化决策

9.1 解释长期资产支出资本化的会计标准

资本化（capitalized）支出

将成本按资产计入资产负债表，按投资现金流支出计入现金流量表，除了土地或无形资产等，支出按使用年限每年摊销，计入折旧或摊销。

有些资产是按非货币形式的方式交换的，则它们的价值按交换物的市价或者他们自身的市价而定。

如果当期的一项支出预期在未来不同的会计期间能够创造经济价值，则将其资本化。

费用化（expense）支出

在利润表中按照费用直接呈报，在现金流量表里按经营现金流支出计入。如果当期的一项支出不能在为未来创造经济价值，或者创造的经济价值高度不确定，则该支出应当在发生当期费用化。这体现了会计的稳健性原则。

考点总结

从本质上来讲，将一项支出成本资本化还是费用化的关键是该项成本引致的“经营成果”能否在未来为企业带来确定的经济利益。我们联想到，作为一项资产应满足一个基本的条件——能为企业带来未来的经济利益。考生需要理解，当期资本化的资产在未来也需要费用化，将一项支出予以资本化并不是不把该支出计入费用，而是在今后一定的期限内按一定的规则将该项支出逐渐费用化。此外，当期资本化、未来逐期费用化的现金流出归入投资性现金流（CFI），当期费用化的现金流出归入经营性现金流（CFO）。

长期资产其实就是资本化了的支出。根据支出性质的不同，企业将这些资本化的支出分别计入固定资产、无形资产或其他资产，并在其收益年限中将这些支出分摊入成本或费用——即计提折旧或进行摊销。

名师解惑

从分析师的角度来看资本化与费用化和从会计准则来看有什么不同?

首先我们要明白，规则是死的，而人是活的。会计准则在一定程度上给予企业财务人员一定的灵活性，而我们作为独立的分析师更不能拘泥于会计准则的规定与企业财务报表上的列示。分析师的工作是尽可能合理、真实地还原企业现在与未来的经营发展状态，于是在做出决策时不可避免地要加入自己个人的主观倾向，当然，这种主观倾向（包括判断和预测）一定是要建立在客观环境基础上的。就资本化与费用化这个问题来说，从会计的角度来看，到底是资本化还是费用化，我们并不是完全按照准则，而是需要根据自己的分析理解对项目做出调整。比如广告费用，会计准则里面一般要求费用化，但是我们也可以资本化，这个时候会产生什么样的影响，也是我们需要分析、思考的一个问题。这里需要重点关注两个知识点：①会计上对比较重要的项目是如何规定资本化还是费用化的；②资本化和费用化处理方法造成的不同结果。有时会发现虽然会计准则对某些项目规定资本化，但是公司还是进行了费用化。所以在分析资本化还是费用化时有几个角度：①如果没有说明的话，U. S. GAAP 是什么角度？②国际准则是怎么样？③如果作为分析师是怎么样？所以一定要从三个角度来看题目。到底是考会计准则规定还是考分析师是如何思考的？如果确认为是资产，就一定要资本化，记入资产负债表。如果是费用化就要在利润表（income statement）里确认成费用。如果一项资产被资本化就意味着以后需要逐期费用化，也就是说，确认为资产后，以后就需要折旧，如果是有形资产的话就是折旧，如果是无形资产的话就是摊销，其实是一样的，只是叫法不同。如果把广告费用资本化，并不总是遵循会计准则，而是基于分析师的自身判断。

就现金流来说，资本化当期费用就应该归为 CFI，因为资本化后变成了 long - term management，自然就是 CFI 了。如果作为费用，那就是记入 CFO。所以我们做不同处理的时候，会有两个效果，一个记入资产负债表，一个是计入利润表，同时还会和现金流量表相关，注意这个问题，前后需要保持一致性。

资本化利息（capitalized interest）

由于购买某项资产产生的负债的利息支出计入资产成本。负债多出来的不用于该资产项目的部分计为一般费用。

如果公司建造一项资产自用或者转卖，则建造过程中借款的利息可以资本化，资本化利息不作为利息支出反映在利润表上，这部分利息支出以折旧或者 COGS 反映在利润表上。

资本化利息按投资现金流支出（CFI）计入现金流量表，利息支出则作为经营现金流支出（CFO）计入现金流量表。资本化利息对利润表及现金流的影响见表 5-13。

表 5-13　资本化利息对利润表及现金流的影响

项目 / 影响	利息费用	对利润表的影响	净利润	利息保障倍数	CFI	CFO
第一年	不发生利息费用	无	较高	较高	低估	高估
后续年		折旧费用	较低	较低		

如表 5-13 所示，在利息资本化的第一年，由于该项目（在建工程）不发生利息费用，公司总体利息费用较低，净利润较高，利息保障倍数较高。在利息资本化的后续年份，由于初期

的利息在每一年需要以折旧的形式支出，所以折旧费用较高，净利润较低，利息保障倍数较低。在利息资本化期间，由于资本化是一项投资行为，则将原来应当计入 CFO 的利息支出费用归入了 CFI，则 CFI 被低估，而总现金流不变，CFO 被高估。

资本化和费用化对财务报表的影响

资产负债表项目，很明显，由于资本化增加了资产总额，则总资产较高，费用化下总资产较低。费用化下，由于净利润较低，则留存收益和股东权益较低，资本化下则相反。这就造成在资本化下的杠杆比率较低。利润表项目，不管是资本化还是费用化，利润总额是相同的，但是在资本化下，由于将费用分摊到各期，利润波动率较低，较为平滑，且在第一年的净利润较高，后续年的净利润较低，因为净利润会因为折旧费用而减少，ROA 与 ROE 也是一样，费用化下则相反。现金流量表项目，总体现金流一样，但是资本化下的 CFO 较高，CFI 较低（见表 5-14）。

表 5-14 资本化和费用化对财务报表的影响

财务报表	项目	资本化	费用化
资产负债表	总资产	较高	相反
	股东权益	较高	
	杠杆比率（D/E & D/A）	较低	
利润表	利润波动率	较低	
	净利润－第一年（ROA & ROE）	较高	
	净利润－后续年（ROA & ROE）	较低	
现金流量表	总体现金流	一样	一样
	经营性现金流	较高	相反
	投资性现金流	较低	

9.2 固定资产折旧方法的选择及其影响

固定资产成本计量方法及折旧方法

➢ 账面价值（carrying/book value）

账面价值是指资产列报在资产负债表上的净值。比如，对于 PPE 来说，账面价值等于列报在资产负债表上的历史成本扣除累计折旧后的净额。

➢ 历史成本（historical cost）

历史成本是指长期资产初始购入成本，包括购买价、运输费、安装费、保险费等。

在这里需要指出的是，固定资产折旧是重要的经营费用项目，尽管资产记录折旧的当期并不发生现金支出（当买入资产时，现金已经支付），但是其确实是一项重要的费用。分析师需要格外注意，企业财务报告中的折旧费用是否与实际的“经济折旧”吻合，也就是说，在资产使用期内，折旧费用的记录是否与资产的实际价值减少额一致。从本质上来说，固定资产折旧就是固定资产价值“流入”生产的商品中的过程，而这一价值转换的过程常常会受到人为因素影响，企业管理层可能会出于种种目的，对折旧方法、折旧估计等进行操控。

固定资产的折旧方法已经在前文第 4 节 4.3 费用确认的一般原则与方法中有详细阐述，这里就不再赘述。

9.3 固定资产使用寿命、残值以及折旧方法的转变

如前文所述，企业管理层会就折旧过程中的各种估计进行操控，以达到盈余管理的目的。下面详细解释。

解释使用寿命和残值在计算折旧费用中的作用

对使用寿命和残值的估计给公司一些操纵利润的空间，对于过分长的使用寿命或者过分高的残值，分析师应当警惕是否有高估净利润的情况。

- 高估使用寿命，减少了每期的折旧额，高估了净利润，高估了期末的资产余额；必须对高估的资产进行减值处理。
- 高估残值：只对直线法、年数总和法有影响。在资产的使用年限内低估每期的折旧额，高估净利润，在资产报废的时候高估了损失。
- 通货膨胀导致如下后果：
  - 资产的重置成本增加；
  - 以历史成本为基础的折旧费用没有能充分发挥将要去替换的资产价值。

折旧方法转变对财务报表和财务比率的影响

折旧方法的选择是企业基于其对经营活动特点的判断，因此企业应选择符合自身经营活动特点的折旧方法。若企业发现原有的折旧方法不再适合经营活动特点时，可以改变折旧方法。

公司可以改变折旧应用的方法：

- 对于新的固定资产改变折旧方法。对于旧的固定资产仍采用原来的折旧方法。将影响对未来收益的预期。
- 对于现存的资产改变折旧方法。如果公司改变了所有资产的折旧方法，则将发生以下变化：
  - 公司应当披露折旧方法改变对前期收益的影响（追溯调整）；
  - 当前的折旧费用将改变；
  - 因为这种改变表明会计政策发生了变化，所以对过去收益的累计影响应当以税后净额列示在利润表上；
  - 对未来收益的估计将改变。
- 改变固定资产的预计使用寿命或残值的。

  这两项改变被认为是会计估计而非会计原则的改变。过去收益无须重述，但是当前收益要改变，并且未来收益的估计也要改变，因此分析师要警惕在这种改变下利润操纵的可能性。

需要特别指出的是，折旧方法的转变是一种会计政策的转变，必须对累计影响效果进行调整。

如果是对新购置的资产使用新的折旧方法，没有累计影响的效果，也没有特别的披露要求。但如果是对所有的资产使用新的折旧方法，必须披露累计的效果、对净收益的影响和对税收影响。

例如，从加速折旧法到直线法转变，由于是从一种稳健的折旧方法到一种激进的方法，对

披露的要求更加严格。如果这种转变只涉及新购置资产，不需要任何处理，但如果转变是针对所有已经存在的资产，则会①增加由于会计原则调整的净收益，但增加的净收益反映在持续经营收益下方；②折旧费用减少；③由于折旧费用减少而增加持续收益部分；④资产收益率和净资产收益率增加。尽管资产和权益会增加，但由于净收益的增加更大，这些指标将会增加。

比较公司应折旧资产使用年限，讨论固定资产披露的用途

旧的资产效率会降低，将削弱公司的竞争能力。而且对一个分析师来说，了解公司什么时候需要替换重要的固定资产，可以实现预测公司的融资需求。

$$\text{Average age} = \frac{\text{accumulated depreciation}}{\text{depreciation expense}}$$

$$\text{Relative age} = \frac{\text{accumulated depreciation}}{\text{ending gross investment}}$$

$$\text{Average depreciable age} = \frac{\text{ending gross investment}}{\text{depreciation expense}}$$

【例】 假设当年的总固定资产是 40 000 元，折旧费用是 2 000 元，累积折旧是 10 000 元。

平均已折旧年限百分比（average age as a percent of depreciable life） = 累计折旧/期末总的固定资产投资 = 10 000/40 000 = 25%

未来寿命（depreciable life）= 期末总的固定资产投资/折旧费用 = 40 000/2 000 = 20（年）

平均已使用年限（average age of plant and equipment）= 累计折旧/折旧费用 = 10 000/2 000 = 5（年）

9.4 定义和比较各种类型的无形资产

术语解释

无形资产 无形资产是指企业拥有或者控制的没有实物形态的可辨认非货币性资产。无形资产具有广义和狭义之分，广义的无形资产包括货币资金、应收账款、金融资产、长期股权投资、专利权、商标权等，因为它们没有物质实体，而是表现为某种法定权利或技术。但是，会计上通常将无形资产作狭义的理解，即将专利权、商标权、商誉等称为无形资产。

无形资产的分类

- 可确认无形资产（identifiable intangible asset）

  可以与公司分离的无形资产，可以单独外购，如专利、商标、版权等。可确认无形资产有些具有有限使用年限，有些使用年限是不确定的。可确认无形资产可以予以资本化，并且在使用年限内摊销成本。

- 不可确认无形资产（unidentifiable intangible asset）

  不可确认的无形资产指那些不能单独外购且具有无限使用年限的无形资产，典型例子是商誉（good will）。商誉无须摊销，但是需要每年进行减值测试，且在进行减值测试时不能孤立地检测，而必须结合实际业务实体来测试。

除了可确认无形资产与不可确认无形资产，还有一种称之为内部产生无形资产（Internally generated），例如在 U. S. GAAP 下的研发费用，这种无形资产不能资本化，只能费用化。

无形资产包括的内容

➢ 研发费用：根据资产和产业的不同，实证研究表明，研发项目的平均年限在7~10年。为了保持自身的竞争优势、在将来生产出高利润的产品，企业需要不断地投入大量研发费用。然而，若无法研制出符合企业及市场需求的产品，这些投入的研发费用就无法为企业带来将来的经济利益。况且，就算企业研制出了一项好的产品，投入的研发费用也无法直接与该产品的价值相联系。鉴于上述考虑，研发费用的价值有很大的不确定性，因此一般而言，研发费用不予以资本化。

　　根据美国财务会计准则第2号公告（SFAS 2）规定，所有的研发支出均于发生当期予以费用化。而与此不同的是，国际会计准则（IAS 9）规定，研究的支出应予以费用化而当满足下列条件时，开发支出可以予以资本化：

- 产品或过程能清晰地界定，或能清晰地识别；
- 已建立了技术可行性的分析；
- 企业倾向于制造该产品或使用该过程；
- 产品市场能清晰地界定；
- 企业有足够的资源去完成该项目。

➢ 专利或版权：若一项专利或版权是企业自己开发的，则所有的研发成本应在其发生的当期予以费用化，而只有注册这一专利或版权的法律支出才能予以资本化；若一项专利或版权是企业外购的，则所有的购买成本可以予以资本化。

➢ 商标：企业外购品牌及商标的成本可以予以资本化。U. S. GAAP不允许企业将自行开发品牌及商标成本予以资本化。

➢ 特许权及许可证：与专利及版权的支出类似，只有企业外购的特许权及许可证的成本才可以资本化。

➢ 商誉：商誉代表收购企业时支付的费用和企业净资产公允价值之间的差额，只有在外购的情况下才可以确认商誉并资本化。

➢ 计算机软件开发成本：根据U. S. GAAP，企业自己开发的用于出售、出租或其他市场行为的计算机软件时，在完成测试软件的技术可行性之前，所有支出均视作研发支出而予以费用化。所谓完成软件的技术可行性是指，企业完成了所有的为使该软件能满足包括功能、特性及技术要求在内的设计目的所必需的计划、设计、编程及测试活动。一旦该软件的技术可行性完成之后，该软件所有的后续支出包括制造成本可以资本化计入存货并按一定的规则进行摊销。在IFRS下，如果研发的目的是出售则应当费用化，如果是供自身使用，则在软件未证实可用之前的研发成本费用化，在证实可用之后的研发成本资本化。

➢ 广告：一般予以费用化，但直接产生效果的广告费用也可以资本化。

资本化研发成本将在初期增加净利润。如果研发支出费是持续增加的话，则资本化下，未来的净利润也比较高，ROA比较高，D/E ratio比较低；然而，如果研发支出降低，则未来的摊销将使资本化下的后期净利润偏低，由此ROA和D/E ratio也偏低。

无论资本化还是费用化，总体现金流都不受影响，但是在资本化下CFI较低，CFO较高（见表5-15）。

表 5-15 资本化或费用化研发成本的相关影响

	资本化	费用化
当期净利润	较高	较低
未来利润——费用持续增加的情况	较高	较低
未来利润——费用持续减少的情况	较低	较高
D/E 比率	较低	较高
ROA - 初期	较高	较低
ROA - 未来	较低	较高
总体现金流	一样	一样
经营性现金流（CFO）	较高	较低
投资性现金流（CFI）	较低	较高

有形资产和无形资产的财务报表披露

在 IFRS 下的披露：

- ➢ 估算的基础
- ➢ 使用年限或折旧率
- ➢ 账面价值和累计折旧
- ➢ 从期初到期末的维持费用一致
- ➢ 如果使用重估模型，公司必须披露：重估时间、公允价值如何确定、使用历史成本模型的账面价值。
- ➢ 对于折损资产，公司必须披露：
  - 折损以及资产种类撤销的数量；
  - 折损以及撤销计入了利润表何处；
  - 导致折损和撤销的外部因素（环境）。

在 U. S. GAAP 下的披露：

- ➢ 在一定时期内的折旧费用
- ➢ 在自然状态下和运行中的主要资产种类的余额，比如土地、技术改进、厂房、机器和家具等
- ➢ 主要资产或总资产的累积折旧
- ➢ 主要使用的折旧方法
- ➢ 对于折损资产，公司必须披露：
  - 对折损资产的基本描述；
  - 导致折损的外部因素（环境）；
  - 公允价值是如何确定的；
  - 损失总额；
  - 损失记录在利润表何处。

9.5 长期资产减值

我们知道，长期资产就是资本化的支出，这些支出将在企业受益年限中逐渐计入成本或费用，未计入成本或费用的部分按原成本减去已折旧或摊销金额列示于资产负债表。但如果我们从另一个角度来看，即从资产定义的角度来看，所谓资产即是能为企业带来未来经济利益的一种资源。从这个意义上说，资产的内在价值应该等于其所能带来的未来经济利益的净现值。虽

然，现代的会计计量是以历史成本为基础的，但若长期资产的期末账面余额大于其内在价值——其所能带来的未来经济利益的净现值的话，说明在这一时点上企业向财务信息的读者所表述的长期资产的价值被高估了。为反映这一经济事实，企业应对期末账面余额大于内在价值的长期资产计提减值准备，即使得长期资产的期末账目净值（期末账面余额减去已计提的固定资产减值准备）等于其内在价值。因为管理层在很大程度上能够控制减值确认的时间和数量，因此减值准备的确认也是利润控制的工具之一。当有证据表明资产账面价值无法恢复时，应当确认资产减值损失。账面价值在以下几种情况下可以认为无法恢复：

- 资产由于使用用途改变、物理转变或市值大额的削减
- 商业环境或者法律环境的不利转变
- 大笔的成本支出
- 预期与资产有关的收益率将大幅下降，以往年度及当期的经营亏损、现金流量负值或今后长期预测的重大的经营亏损、现金流量负值。

当出现上述迹象时，企业应进行减值测试，即

- 回收性测试

  回收性测试就是将长期资产的账目余额与预测的该资产能产生的现金流量总额进行比较，若长期资产的账目余额小于预测的该资产能产生的现金流量总额，则不需要对这些长期资产计提减值准备；若反之，则需进行下一步的工作。

- 计算减值准备

  若长期资产的账目余额大于预测的该资产能产生的现金流量的总额，则需计算这些长期资产的减值准备。企业可以将长期资产的账目余额与其公允价值进行比较，并对大于公允价值的部分计提资产减值准备。若无法得知这些长期资产的公允价值，则需采用这些长期资产未来能产生的现金流量净现值。

IFRS 下的长期资产减值步骤

第一步，进行减值测试：如果资产的账面价值（carrying value of assets）大于可回收价值，则应该减值。这里的可回收价值取公允价值（fair value）减去销售成本以及使用中的价值（value in use,）两者中的较高者，所谓使用中的价值指如果企业继续使用该项资产所能得到的未来现金流现值，即持续经营的价值。

第二步，计算减值准备：减值准备 = 资产账面价值 - 可变现价值。

U. S. GAAP 下的长期资产减值步骤

第一步，进行减值测试：如果资产的账面价值大于继续使用该项资产产生的未折现现金流，则应该减值。

第二步，计算减值准备：减值准备 = 资产账面价值 - 资产公允价值，如果资产公允价值不能获得，则减值准备 = 资产账面价值 - 继续使用该项资产所能得到的未来现金流的现值。

名师解惑

在 U. S. GAAP 与 IFRS 下长期资产减值能否转回？商誉的减值又是如何规定的？

这个问题需要分两种情况讨论，根据固定资产用途的不同而有差异。首先，在 U. S. GAAP 下，如果这项固定资产由企业持有并且使用，则资产的减值损失不允许转回；如果这项资产由

企业持有并待售，则资产减值损失允许转回。U. S. GAAP 之所以这么规定，是因为持有并待售的资产在短期内就能在利润表里面体现转回的这部分减值损失，所以先转回是可以的。然而企业持有并且使用的资产，这部分转回的减值损失可能永远不能实现，虚增了资产，所以不允许转回。在 IFRS 下，无论固定资产是企业持有且使用还是待售，资产减值损失均允许转回（除了商誉），但是转回的额度必须小于等于之前的减值损失，且损失计入利润表。

这表明在减值转回会计原则规定方面，U. S. GAAP 相对 IFRS 更为稳健。

此外，U. S. GAAP 与 IFRS 对商誉这一特殊长期资产的减值流程相关规定也不相同。在 IFRS 下，如果商誉的账面价值大于可回收金额，则表明商誉发生减值，企业应确认商誉减值损失，资产的账面价值应减记至可收回金额，减记的价值即为资产减值损失，禁止转回以前期间已确认的商誉减值损失。在 U. S. GAAP 下，如果商誉的账面价值大于商誉内含公允价值（即 implied fair value of good will，由于商誉公允价值无法直接计算，故采用报告单位公允价值减去其净资产公允价值的余值），则应当减值，商誉减值损失即为账面价值与内含公允价值之差，商誉减值损失确认后，调整后的商誉账面价值就成为商誉新的会计核算基础，且禁止转回以前期间已确认的商誉减值损失。

长期资产减值对财务报表中财务比率的影响对比表

表 5-16 显示了长期资产减值的影响效用。

表 5-16　长期资产减值的影响效用表

现金流	无影响	现金流	无影响
资产	低	未来净利润，ROA，ROE	高
递延所得税负债	低	未来折旧费用	低
递延所得税资产	高	资产周转率	高
股东权益	低	D/E 比率	高
当前净利润，ROA，ROE	低		

对长期资产计提资产减值准备主要是为了更公允地表示企业财务状况，便于企业财务报表的使用者了解企业的资产质量及盈利能力。

对长期资产计提减值准备，会对企业的财务报表产生影响，主要体现在以下几个方面：

- 减少了长期资产的账目净值及所有者权益（留存收益），同时由于计提减值准备会产生递延所得税负债，所以负债增加；
- 减少了计提准备当期的经营利润；
- 由于长期资产的账目净值减少，增加了长期资产及总资产的周转率；
- 由于所有者权益减少，增加了企业的负债与所有者权益比率及资产负债率；
- 由于计提减值准备，长期资产在未来使用年限内计提的折旧或摊销也减少，增加了这些年度的经营利润。

9.6 长期资产价值重估

在 U. S. GAAP 下，长期资产按照折旧后的价值减去减值损失记录在资产负债表中，增加账面价值基本上是不允许的，除非是持有待出售的长期资产，之前的减值准备可以转回。

在IFRS下，长期资产可以按照折旧后的净值记录，同样，也可以选择按照长期资产的公允价值记录。当公司重估资产价值升高时，可以在利润表中确认收入，转回的幅度仅限于之前确认的损失。否则，收入将直接确认为权益（其他综合性收益）。

重估资产价值上升可能导致：

➢ 总资产和股东权益升高

➢ 杠杆比率降低

➢ 重估当年的利润增加

➢ 后期较高的折旧费用和较低的盈利性

➢ 以后各期较低的ROA和ROE，但是更高的资产价值意味着产生更多的收入

U.S. GAAP和IFRS都允许进行资产价值重估时候的降值，但是U.S. GAAP不允许固定资产价值提高。资产重估时价值的增加会同时增加资产和权益，所以会降低D/E和D/A，降低ROE和ROA，并降低资产周转率。

9.7 长期资产的终止确认

资产最终都将被处置、出售或与其他资产进行交换。

➢ 当出售、交换或者报废固定资产时（sold、exchange and abandon），资产的市场价值很可能与账面价值不等，这个差别记做利得或损失。资产的账面价值等于历史成本减去累计折旧（包括不足一年的折旧）。

➢ 处置的利得或损失反映在利润表里，当作是持续经营的一部分，在现金流量表中，也是属于经营性现金流的一部分，但是出售收入（proceeds）计入投资性现金流。

➢ 如果处置的资产是企业业务的一部分，这部分利得或者损失被确认为非持续经营项目，这里的部分业务指的是子公司、部门或者能够区分现金流的资产组合，他们被列在应纳税之后，在经营性业务的下方。

➢ 丢弃长期资产类似于出售，只是缺少出售收入。资产的价值减少，相应地，在利润表中确认损失。

➢ 若是资产交换，旧资产的账面价值应与旧资产的公允价值之间的差记为利得或损失，如果不能得到旧资产的公允价值，则可将就资产的账面价值与新资产的公允价值之间的差记为利得或损失。旧资产被移除，同时加上新资产的公允价值。为了分析的目的，资产处置的利得或损失应当剔除。

9.8 固定资产和无形资产的披露与列报

IFRS披露

➢ 企业对每类固定资产必须披露：

- 计量基础（通常是历史成本）
- 使用寿命或折旧率
- 总账面价值（gross carrying value）和累计折旧
- 固定资产净值

➢ 针对从期初到期末的变化，企业还必须披露：
- 固定资产的权力限制和作为担保的固定资产
- 未来购买固定资产的协议

➢ 若使用重估或公允价值模型（revaluation or fair value model）企业还必须披露：
- 重估基准日
- 公允价值的确认方法
- 使用历史成本的固定资产净值

➢ 在 IFRS 下，无形资产的披露和固定资产相似，只不过无形资产还要披露使用寿命是有限还是不确定的（无限）。对于固定资产减值，企业必须披露：
- 按资产类别披露减值损失和减值损失转回的数额
- 减值损失和减值损失转回至利润表何处确认
- 造成资产减值和减值损失转回的情形

➢ U. S. GAAP 披露：
- 按会计期间披露折旧费用
- 按性质和功能披露主要资产类别的余额
- 主要类别资产的累计折旧
- 使用折旧方法的一般性描述

➢ 在 U. S. GAAP 下，无形资产的披露和固定资产相似，只不过无形资产还要披露未来五年的无形资产摊销费用的估计。对于固定资产减值，企业必须披露：
- 对减值资产的描述
- 造成减值的原因
- 公允价值的确认方法
- 减值损失数额
- 损失确认在利润表何处

9.9 比较会计报表中对于投资性资产的呈报

在 IFRS 下，如果资产是用于收租金（rental income）或资本增值（capital appreciation），归为投资性资产（investment property）（特指房地产），但是 U. S. CAAP 不作区分。

在 IFRS 下，对于投资性资产，企业可以选择以成本模式（cost model）或者公允价值模式（fair value model，如果公允价值可以可靠获得）计价，一旦选定后必须保持会计政策的一致性。

➢ 成本模式与 PPE 的成本计量完全一致。但是，公允价值模式与 PPE 的增值模式（revaluation model）不同。

➢ 在 PPE 的增值模式（revaluation model）下，超过成本的增值（revaluation surplus）应该先确认在综合利润表中的其他利润里，然后结转进股东权益中的资产重估增值收益项目中。

➢ 直接计入股东权益下（owners' equity）。但是，对于投资性资产，超过成本的增值部分进入到利润表中，并且无须提取折旧。

➢ 要求披露对于投资性资产的价值模式（valuation model）。如果使用公允价值模式，必须如何确定公允价值和调整期初与期末价值的差异。如果使用成本模式（cost model），必须披露投资性PPE的公允价值、使用寿命和折旧方法。

➢ 可以重分类，即投资性的PPE转为不带投资性的PPE，或者普通的PPE转为投资性的PPE。如企业将原来使用中的办公室转为对外出租，此时，如果用公允价值模式，则如表5-17的方式进行转换；如果用成本模式进行计量，其账面价值不发生变化。

表5-17 PPE不同性质之间的转换

转换前	转换后	财务处理方法
自用	投资性房地产	按照资产重估处理：确认利得时，升值部分不能超过之前确认的损失额度
存货	投资性房地产	如果公允价值与账面价值不同，则将差异值确认为利得或损失
投资性房地产	自用或者作为存货	在新的分类下，以转换日的资产公允价值记为成本

➢ 关于投资性房地产转换的处理（公允价值模型）。

10 所得税分析

所得税是利润表中的一项重要项目。政府制定的所得税法，是在公平税负的基础上对某些产业采取鼓励政策、对那些对宏观经济发展不重要的产业采取限制政策，而会计原则则是为报表使用者提供有助于决策的会计信息，两者对企业收入和费用的处理、资产和负债的计列，在某些方面有不同的规定。于是，特定期间的应税所得和会计记录的账面收益往往是不同的。本部分主要论述所得税的会计处理。

10.1 定义所得税会计的相关术语

所得税会计处理中，常用到一些专用名词和术语。按照美国会计原则委员会第11号意见书《所得税会计》中的定义，概述如下。

➢ 应纳税所得额（taxable income）：是指按照国内税法规定计算的应纳税金额。

➢ 应付所得税（taxes payable）：又称current tax expense，指应该向税务当局缴纳的所得税金额，在财务报告中应付所得税作为一项负债。

$$应付所得税=应纳税所得额\times所得税税率$$

➢ 支付所得税（income tax paid）：支付所得税的现金支出，包括支付和退回的。

➢ 所得税损失延后（tax loss carryforward）：指当前净应税损失可以用来抵扣未来的应税所得，并产生递延所得税资产。

➢ 课税基础（tax base）：一项用于税收报告目的的资产或负债的净额。

➢ 税前利润（pretax income）：是指不考虑当期所得税费用，而按公认会计原则确定的利润表中的当期损益。

➢ 所得税费用（income tax expense）：是指决定当期税后净收益时，应予扣除的应归属该期的所得税。

$$\text{Income tax expense} = \text{taxes payable} + \Delta DTL - \Delta DTA$$

这个公式非常重要，可以这样记忆，在等式的左边都是利润表的科目，在等式的右边全是资产负债表的科目。并且资产类是减，负债类是加，这里与间接法计算CFO

原理是一样的。还有一点，Tax Payable 和 DTL 一样都是负债，所以都是加。

- 递延所得税（deferred income tax expense）：指递延到以后各期作为所得税费用或减少所得税费用计税影响数，包括递延所得税负债和递延所得税资产。
- 递延所得税负债（deferred tax liability）：是指应税所得少于税前利润，即代表当期或以前年度已确认但未支付的所得税费用，必须在未来支付，预期未来现金流出。
- 递延所得税资产（deferred tax asset）：是指应税所得超过税前利润，代表当期或以前年度已支付的所得税，并且在未来可以转回或用来抵减应付所得税，预期未来现金流入。
- 计价备抵（valuation allowance）：基于可能无法实现的递延所得税资产减少的准备。
- 时间性差异（temporary difference）：又称暂时性差异。指某一会计期间按公认会计原则所确认的收入和费用，在申报纳税时提前或延后到不同会计期间，从而使当期税前利润与应纳税所得额产生差异，该差异在未来能够转回。
- 永久性差异（permanent difference）：指对某项经济事项，由于税法规定和公认会计原则不同，从而计算出不同的应纳税所得额和税前利润。时间性差异到了提前或延后处理结束后，把有关会计期的应纳税所得额与税前利润总起来比较，两者是一致的，而永久性差异两者是永远不一致的。永久性差异并不产生递延所得税，但是会引起企业实际税率与法定税率的差异。

10.2 递延所得税的会计处理方法

- 递延法（deferred taxes）

  根据美国会计原则委员会第 11 号意见书，递延所得税的金额应根据开始形成时间性差异时的税率，而无须进行调整以反映事后税率的变动，这种方法称为递延法。

  在递延法下，时间性差异对所得税的影响数，即为差异发生年度应付所得税大于或小于该年度所得税费用的数额，也称为利润表法。以后时间性差异回转时，仍用原来差异发生年度的税率将递延所得税冲回。回转年度税率与原税率不同时，调整回转年度的所得税费用。采用递延法，时间性差异在发生时即可明确加以计算，递延所得税金额较为客观，不必考虑未来税率变动。

- 负债法（liability method）

  所谓负债法，是按时间性差异发生回转年度的预期税率来估算这种未来纳税责任（即时间性差异的所得税影响数）的方法。这种方法强调资产负债表上应收应付的性质，递延所得税负债表明未来应付的所得税、递延所得税资产表明将来应收（节省）的所得税，符合资产负债的定义。所以又称为资产负债表法。在时间性未实际回转以前，若预计的所得税率发生变动，则递延所得税也应相应调整。

递延所得税负债和递延所得税资产的形成原因

时间性差异的基本特征是某项所得税费用和损失均可计入税前会计所得和应税所得，但计入税前利润和应纳税所得额的时间不同，这是利润表观下（I/S approach）的概念。

目前，应用的是资产负债表观（B/S approach）。如果差异最终会消失，称为暂时性差异（temporary difference）。如果本期税前利润大于应纳税所得额，即本期所得税费用大于实际支付所得税，并且可转回，从而产生递延所得税负债；如果本期税前利润小于应纳税所得额，即本期支付所得税费用小于实际支付所得税，并且可转回，从而产生递延所得税资产。

对递延所得税进行会计处理的方法——负债方法。前提是暂时性差异能够转回。此外，税率变化时，递延所得税资产和负债要进行调整。

从本质上来说，只要税前利润与应纳税所得额存在差异，就会产生递延所得税资产或者负债。举例来说，在利润表中，如果使用了直线折旧法，每期的折旧额相同；在税表中，如果使用加速折旧法，则前期的折旧额较大，而后期的折旧额较小，两相比较，则在前期，税前利润大于应纳税所得额，利润表中当期确认的所得税费用较大，而税表中当期确认的应付所得税较小。关键的问题在于，当期实际以现金流出形式缴纳的税是以应付所得税为准，在会计的权责发生制下，所得税费用为应计项目（accruals），于是，公司实际缴纳的税金比自身利润表上列示的要少，等于是公司对税务部门的一项负债。既然称之为负债，则总有到期偿还的日期，在后期，利润表中确认的折旧费用反而要大于税表中确认的折旧费用，税前利润小于应纳税所得额，相应会减少递延所得税负债，最终公司将对税务部门的负债“偿还”，DTL 反转。

记忆方法

与财务报表相比，在税表中，使用加速折旧就意味着开始的税缴得少，以后的税缴得多，但是总的税收额度一样。由于时间价值的缘故，如果总税额一样，延后缴税就对企业有好处（总税收额现值变少），相当于企业从税务局获得了免息贷款。所以在缴税的时候公司一定会选择加速折旧。但是公司为了反映实际情况，会使用直线折旧法。所以导致了税务上和财务上是不一样的。

递延所得税资产的减值、对财务报表的影响及分析师应注意的问题

递延所得税资产可能会有减值（valuation allowance），如果转回的可能性小于50%，则应当确认减值，它作为递延所得税资产的抵消账户，来衡量这些资产实现的可能性。

当存在减值时，则 DTA 降低，资产降低，收益降低。

减值会减少经营活动产生的收益，因此减值的变化也常常作为管理层操纵收益的手段。

当公司报告大量递延所得税资产时，分析师应该仔细研究公司的财务状况，并确定这些资产实现的可能性。同时，分析师要确定减值的变化是否在经济上公允。

10.3 公司的税基

资产的税基（tax base asset）：税法认可可以抵减的部分。

【例】 资产的历史成本＝600，折旧（会计）＝150，折旧（税法）＝300，所得税率30%

$$账面价值（accounting base）=600-150=450$$

$$资产税基=600-300=300$$

账面价值＞资产税基，视为递延所得税负债（DTL）。

$$DTL=(450-300)\times 30\%=45$$

结论

账面价值＜资产税基，视为递延所得税资产（DTA）。

账面价值＞资产税基，视为递延所得税负债（DTL）。

DTL 就是递延所得税在贷方，是将来要支付的税收，也就是说是因为税前利润（pretax

income）大于应纳税所得额（taxable income）所引起的。一般递延所得税是由时间性差异引起的，时间性差异的主要存在原因是资产的折旧，资产税基就是说资产按税法计算折旧后的账面价值。如果资产负债表上资产的账面价值大于资产税基，那么递延所得税就是 DTL。

负债的税基 = 负债的账面价值 - 可以抵减的部分（或者是已经纳税的部分）

【例】 预收账款 = 1M 美国税法规定预收账款计入当期应纳所得税额，所得税率 30%

账面价值（accounting base） = 1M

负债税基 = 0

账面价值 > 负债税基，视为递延所得税资产（DTA）。

DTA = (1 - 0) × 30% = 0.3M

结论

账面价值 < 负债税基，视为递延所得税负债（DTL）。

账面价值 > 负债税基，视为递延所得税资产（DTA）。

考点总结

在资产负债表下理解 DTA 与 DTL 更为严密。资产负债表中哪些项目会产生递延税项目呢？第一个就是 depreciable NCA——可折旧的长期资产。可折旧的长期资产会造成 accounting base（账面价值）和 tax base（税基）不一样。具体可以使用刚才的方法判断。第二个就是 R&D——研发费用。还有 A/R 和 financial assets (for trading and AFS financial assets held at fair value)。

上文举了 Liability 的例子，customer advance 指的是客户先付的钱，属于 accounting base，liability 要记录，算是负债，因为钱已经拿了，服务还没有提供。但是税法上不会认为是负债，而是销售收入。所以在税法上的 tax base 是 0。也就是说，预售客户的货款，应该增加负债，但是在税法角度，就认为是公司的盈利，cash 增加，Retained Earnings 增加，股东权益也增加。所以在税法看来 liability = 0，根据刚才的公式（- accounting base）-（- tax base）得到 -1M，前面说到正的得到 DTL，负的得到 DTA，税率是 30%，所以得到 0.3M 的 DTA。所以从资产负债表角度理解确实更方便。

名师解惑

所得税率变化会对财务报表产生何种影响？

在负债法下，所得税率的变化不仅对当期应交所得税和所得税费用有影响，同时会导致所有的递延所得税资产和递延所得税负债进行重估值。

所得税率增加时，增加的递延所得税负债会增加所得税费用，增加的递延所得税资产会减少所得税费用，当递延所得税负债规模大于递延所得税资产时（常态），所得税率增加的会导致所得税费用增加，从而降低净收益和股东权益。

所得税率减少时，减少的递延所得税负债会减少所得税费用，减少的递延所得税资产会增加所得税费用，当递延所得税负债规模大于递延所得税资产时（常态），所得税率减少的会导致所得税费用减少，从而提高净收益和股东权益。

相关公式：

新的递延所得税资产 = 旧的递延所得税资产/旧的递延所得税税率 × 新的递延所得税税率

新的递延所得税负债 = 旧的递延所得税负债/旧的递延所得税税率 × 新的递延所得税税率

以上公式可以这么理解。根据刚才的资产负债表观，DTA 是根据 accounting base 和 tax base 的差额乘以税率得来的。所以当税率发生调整的时候，只需要把原来的税率除掉，乘以新的税率就是新的 DTA 和 DTL 了。公式中，先还原资产负债表中的 base，再乘上税率新的数值。

所得税费用 = 应交所得税 + 递延所得税负债变动 - 递延所得税资产变动

10.4 区别永久性差异和暂时性差异

永久性差异

对于某些经济事项，会计上根据公认会计准则确认为收入或费用，而所得税法则认为不是收入和费用；相反，有些经济事项，公认会计准则不能确认为收入或费用，而所得税法规定必须作为收入或费用，计入应税所得。这样，税法规定与公认会计准则之间永远存在着一定差异，即为永久性差异。

永久性差异会导致公司的实际有效税率与法定税率不同：

$$\text{effective tax rate} = \frac{\text{income tax expense}}{\text{pretax income}}$$

永久性差异不会产生计税后果（因为实际纳税时是按税法规定的应税所得计算的），所以不必进行跨期所得税分摊。永久性差异可归纳为以下四类：

- 会计上确认为收入，但税法规定可以免税。税法规定的某些免税项目，而会计上已被确认为收入，由此产生税前会计所得与应税所得的差异，如投资于政府债券的利息收入，证券交易所得税停征期间的证券交易利益等。
- 会计上不确认为收入，但税法规定列入应税所得。这类项目主要有：未取得合法凭证的销货退回及折让，作废的销货发票存根联遗失等，税法上均视为正常销货而征税。
- 会计上确认为费用，而按税法规定不能列入。这类支出项目常见的有：自由捐赠、交际费，不符合规定的费用凭证、所得税滞纳金、商誉的摊销等。
- 会计上不确认为费用，而按税法规定可以扣减的。

从以上产生差异的情况看，可归纳为两大类，一类是作为税前利润的收入和可在税前利润中扣除的费用或损失，但不作为计算应税所得的收入和不能在应税所得前扣除的费用和损失；另一类是不作为税前利润的收入和不能在税前利润中扣除的费用或损失，但在计算应税所得时作为收入和可在应税所得前扣除的损失。由此产生两种结果：一是税前利润大于应税所得；二是税前利润小于应税所得。在第一种情况下，产生的永久性差异，将税前利润调整为应税所得；在第二种情况下，产生的永久性差异需要缴纳所得税，应当在当期确认所得税费用。

暂时性差异

时间性差异是由税法和公认会计原则（US GAAP）在收入与费用确认时间上的差别而产生的。经过一段时间以后，用于财务报告和纳税申报的两套收入或费用的总额，最终将趋于一致，也即在某一年度所产生的时间性差异，在以后年度会回转。

- 收入或利得包括在税前会计所得中的期间早于它们包括在应税所得中的期间。例如分期付款销售，按公认会计原则，除非收账的可能性非常不确定，应于销售成立时确认为收入，但依据税法规定、可采用分期确认毛利的方法。
- 费用或损失包括在税前会计所得中的期间迟于它们包括在应税所得中的期间。一个典型的例子是折旧的计算方法问题，如果公司在计算税前会计所得时采用直线法，而在确定应税所得时采用加速折旧法，则在固定资产使用寿命的前期确定应税所得时，扣除的折旧费就会大于确定税前会计所得时所扣除的折旧费，而后期则相反。但在整个资产使用寿命期内，会计上的折旧总额与报税的折旧总额相等。

- 收入或利得包括在税前会计所得的期间迟于它们包括在应税所得的期间。例如，预收租金属于收到期间的应税所得，但在会计上要待到实际赚到以后才能确认为收入。
- 费用或损失包括在税前会计所得的期间早于它们包括在应税所得的期间。例如，产品售后服务保证费用（包修、包退、包换发生的费用），根据权责发生制，会计上一般应与销货配比，在销售产生的时候就应该预提这些费用。但是，税务局往往是不承认的，税法规定必须等到实际发生保修费用时才能计列，所以财务报表记的费用就多，税就相对少缴。在税务报表里缴的税多，以后就可以少缴税，所以是 DTA。
- tax lost carry forward。如果公司在 2011 年发生了 500 万元的亏损，那今年如果公司税前收益 300 万元，会允许你抵扣之前的亏损。在税法上有明确规定：在 5 年内要抵扣完，并且抵扣的部分需要进行分担，不可以一次性交易。因为公司之前亏损，以后抵扣，那以后可以少缴税，对公司来说是好处，相当于经济利益的流入，所以是 DTA。

考点总结

对 DTL 来说，如果暂时性差异在未来几乎没有可能转回，则在会计上将其视为股东权益，如果在未来可以转回，则将其视为负债。对 DTA 来说，如果在将来有很大的可能性（超过 50%）不能实现，那么 DTA 需要减去估值备抵（valuation allowance）。估值备抵是作为 DTA 的“反向账户”而存在的，管理层需要根据公司以往和目前的经营状况决定这一账户的额度。需要指出的是，估值备抵账户只与 DTA 相关，与 DTL 无关，且 DTA 与 DTL 也并非可以互相抵消的账户。

名师解惑

资产减值、重组、雇员退休福利和递延酬劳会对公司递延所得税项目产生什么影响

诚然，财务报表与税表中折旧方法的不同是导致递延所得税项目的主要原因，但是公司的其他行为也会对递延所得税产生影响。当对一项资产进行减值处理时，减值损失便立刻在利润表中确认，但是在税表中却并非如此。只有等到这项资产被处置后才可以将这部分损失确认，在这种情况下，资产账面价值小于资产税基，则会增加 DTA。重组也是一样，当公司宣告重组时，重组相关费用必须要在利润表中确认，但是，除非这笔费用实际支付，否则在税表中不能确认，这也会增加 DTA。

职工退休福利和递延酬劳在职工赚得时就已经列示于财务报表上，但是并没有从税表中减去，直到这笔费用实际给付给职工，才能在税表中确认，这同样使公司的资产账面价值小于资产税基，增加了 DTA。

10.5 所得税项披露和有效税率的协调

企业的有效税率对预测企业未来的税后现金流非常有用，通常采用三种方法计算有效税率。

报告有效税率 = 所得税费用/税前利润

有效税率#1 = 应交所得税/税前利润

有效税率#2 = 实付所得税/税前利润

较低的有效税率往往意味着存在操纵收益的行为。

当分析企业的所得税披露时，以下一些迹象要特别关注，可能表明存在利润操控：

- 税前利润高而应付所得税低，公司可能利用比较激进的会计方法或者收益的质量较低。
- 资本支出降低意味着过去的暂时性差异将回转，意味着较高的应付所得税。
- 重组费用通常在列报当年没有与税收有关的现金流，但是在未来，当重组以及减值资产被出售时将产生比较大的影响。
- 由于税法的变化使得暂行性差异可能转回，则应交所得税会变多。

由于存在永久性差异、避税港等问题，企业报告的有效税率往往和法定税率不同，会计准则要求披露这种差异的协调，它能帮助分析师更好地预测企业未来收益和现金流。

由于递延所得税费用源于应税收入和会计收益的差异，我们可以依此估计应税收入：

税前会计收益 - 应税收入 = 递延所得税费用/法定税率

名师解惑

递延所得税项目的披露在分析师分析财务报表时起到什么作用

由于财务报表与税表对收入与费用的不同规定，递延所得税项目在各类企业中广泛存在，而且在很多情况下该类项目的数额较大，分析师在分析预测过程中必须重点关注。如果递延所得税负债或资产期望能在未来转回，它们在会计报表上是以未贴现值列示的，出于分析的目的，我们需要把它贴现为现值，两者的差异反映在股东权益中。一般而言，如果递延所得税负债不能在未来转回，企业的负债比率也应相应调低。

10.6 IFRS 与 U. S. GAAP 下所得税的区别

IFRS 与 U. S. GAAP 下所得税的区别如表 5-18 所示。

表 5-18 IFRS 与 U. S. GAAP 下所得税的区别

	U. S. GAAP	IFRS
固定资产与无形资产重估	Not applicable, no revaluation allowed	递延税记入权益
投资子公司后实现的未分配利润	No deferred taxes for foreign subsidiaries that meet the indefinite reversal criterion No deferred taxes for domestic subsidiaries if the amounts are tax free	Deferred taxes are recognized unless the parent is able to control the distribution of profit and it is probable the temporary difference will not reverse in the future
投资合营公司后实现的未分配利润	No deferred taxes for foreign corporate JVs that meet the indefinite reversal criterion	Deferred taxes are recognized unless the venturer is able to control the distribution of profit and it is probable the temporary difference will not reverse in the future
投资联营公司后实现的未分配利润	Deferred taxes are recognized from temporary differences	Deferred taxes are recognized unless the investor is able to control the distribution of profit and it is probable the temporary difference will not reverse in the future
Deferred tax asset recognition	Recognized in full and then reduced if more likely than not that some or all of the tax asset will not be realized	Recognized if "probable" that sufficient taxable profit will be available to recover the tax asset
Tax rate used to measure deferred taxes	Enacted tax rate only	Enacted or substantially enacted tax rate
Presentation of deferred taxes on the balance sheet	Classified as current or non- current based on the classification of underlying asset or liability	Netted, and classified as noncurrent

在国际准则中只有 loss carried forward 才能确认成 DTA，亏损确认能够抵税才能算是 DTA，所以对 DTA 确认的要求比较严格。US GAAP 对 DTA 确认放得比较宽，但是如果有什么问题的话需要 revaluation allowance。从这一点上说国际准则更保守一点。但是在其他绝大部分情况下还是美国准则更保守一点。

Classification：国际准则把 DTA 和 DTL 都作为 non-current，而美国准则可能是 current，也可能不是 current。

11 长期负债与租赁

11.1 经营行为产生的债务和融资行为产生的债务

在分析公司的长期生存能力和增长潜力时，对负债的评估是很关键的。负债能通过很多途径产生：有些是公司经营活动的结果，即通过交换商品或服务并在将来支付（或相反）；而另一些则是公司的融资活动的结果。这两种形式的负债一般都反映在公司的资产负债表上。

在介绍长期负债与租赁之前，首先回顾一下公司的流动负债。

有两种流动负债来自经营性行为：

- ➢ 贸易应付款（商业信用）：公司用赊账的方式向供应商购买生产投入品。它的增长意味着流动性风险的加大。如果供应商限制向公司提供信用，公司将面临流动性风险。贸易应付款一般以预期支付的现金入账。
- ➢ 预收款项：由经营活动产生，指由公司的客户向其支付提供有关商品或劳务的预付款而产生的；在分析预收款项时应注意与其他应付款项的区别，其他应付款项代表将来现金的流出及支付，而预收款项则是通过将来向客户提供商品或劳务来偿还债务，不需要未来用现金支付，所以它的增长不意味着流动性的恶化。

有两种流动负债来自融资行为：

- ➢ 短期债务：在一年以内或在一个正常营业期间要支付的负债。
- ➢ 一年以内到期的长期借款：由融资活动产生，长期借款中将于一年内到期的部分。

从经营性负债向融资型负债的转移是公司存在潜在流动性问题的典型信号，如果企业发生这种情况，分析师需要高度关注。

11.2 长期负债：债券

债券的一些基本概念

- ➢ 票面价值（the face value）指在债券到期日支付给债券持有者的金额，票面价值是用来计算债券每期利息的基础。
- ➢ 票面利率（the coupon rate）指列示于债券上的利率，用来计算债券利息。
- ➢ 票面利息（the coupon payments）指按期给付给债券持有者的利息，由票面价值乘以票面利率计算所得。
- ➢ 实际利率（the effective rate of interest）指使得债券未来现金流的现值等于发行价格的折现率。

在债券存续期内，票面利率是固定的，而债券的市场利率会不断变化，同时债券的市场价值也会不断发生变化。

债券发行和摊销对损益表、资产负债表以及现金流量表的影响

债券发行和摊销对损益表、资产负债表以及现金流量表的影响见表 5-19、表5-20、表 5-21。

表 5-19 对现金流量表的影响

	融资性现金流	经营性现金流
债券发行时	现金流增加（以市场利率计算的债券现值）	无影响
支付利息	无影响	减少（票面利息）
本金偿还	减少（面值）	无影响

表 5-20 对利润表的影响

平价发行	溢价发行	折价发行
市场利率 = 票面利率	市场利率 < 票面利率	市场价率 > 票面利率
利息费用 = 现金支付	利息费用 = 支付的现金 − 溢价摊销	利息费用 = 支付的现金 + 折价摊销
利息费用固定	利息费用渐减	利息费用渐增

表 5-21 对资产负债表的影响

平价发行	溢价发行	折价发行
按面值入账	面值加上溢价	面值减去折价
	逐步减少到面值	逐步增加到面值

考点总结

票面利率、市场利率与债券发行价格之间的内在关系

可以从两个角度快速理清这三个变量之间的关系。

第一，直接通过债券定价公式。在债券定价模型中，债券的发行价格（PV）可以表示为未来各期投资者可以获得现金流的折现值，很明显，如果票面利率与市场利率相同，则债券发行价格就等于票面价格，如果市场利率小于票面利率，则模型中的分母会变小，折现后的债券价格会大于面值，债券溢价发行，反之则反是。

$$\begin{pmatrix}\text{carrying}\\ \text{value}\end{pmatrix}_0 = \sum_{i=1}^{n} \frac{\text{coupon}}{(1+r)_i} + \frac{\text{par}}{(1+r)_n}$$

第二，更为直接的是根据市场供需情况来考量。如果债券的票面利率大于市场利率，则在相同的风险环境下，相对于市场平均回报率，投资于此债券能够获得更高的回报，则投资者会倾向于抢购此债券，债券发行价格会上扬，即表现为溢价发行，反之则反是。

第三，可以从投资者要求的收益角度考量。债券的票面利率是实际支付给投资者的收益，而债券的折现率（到期收益率）是投资者要求的回报，当后者大于前者时，说明投资者要求较高的回报率，此时债券价格应该较低，即折价发行，当后者小于前者，说明投资者要求较低的回报率，此时债券价格应该较高，即溢价发行。

发行平价、溢价、折价债券在财务报表上的列报

➢ 平价债券

- 在资产负债表上记录的“债券”形式的负债即为债券的账面价值；

- 在利润表上确认的利息费用等于债券面值乘以票面利率；
- CFO：每期实际支付的利息作为 CFO 的减项；
- CFF：发行日的收入作为 CFF 的加项，到期日的支付作为 CFF 的减项。

➢ 溢价债券

- 在资产负债表上记录的"债券"形式的负债是未来现金流量以发行日市场利率折现的现值；
- 在利润表上确认的利息费用等于期初摊余成本乘以发行日市场利率；利息费用也等于息票减去溢价摊销；
- CFO：每期实际支付的利息（注意与利息费用不一样）作为 CFO 的减项；
- CFF：发行日的收入作为 CFF 的加项，到期日的支付作为 CFF 的减项。

➢ 折价债券

- 在资产负债表上记录的"债券"形式的负债是未来现金流量以发行日市场利率折现的现值；
- 在利润表上确认的利息费用等于期初摊余成本乘以发行日市场利率；利息费用也等于息票加上折价摊销
- CFO：每期实际支付的利息（注意与利息费用不一样）作为 CFO 的减项；
- CFF：发行日的收入作为 CFF 的加项，到期日的支付作为 CFF 的减项。

考点总结

（1）对于溢价债券，CFO 低估，CFF 高估；对于折价债券则正好相反。可以通过这样的思考方法加深理解，当债券溢价发行时，由于市场利率小于票面利率，使得每期列示于利润表上的利息费用少于实际以现金形式支付的利息（100），从发行时公司角度来看，发生的利息费用少，而支付的现金利息多，相当于公司"借少还多"，CFO 在整个期间被低估。相反，由于债券溢价发行，在发行时公司获得高于面值的现金流，但是在末期偿还本金时付出等于面值的现金流，相当于公司"借多还少"，CFF 在整个期间被高估。折价发行的债券情况刚好相反。另外，需要指出，在利润表上，随着时间推移，溢价发行的债券账面价值越来越趋向于面值，呈下降趋势，在计算利息费用时，越是临近债券到期日，利息费用越少，折价发行的债券情况则相反。

$$\begin{pmatrix}\text{interest}\\\text{expense}\end{pmatrix}_i=\begin{pmatrix}\text{carrying}\\\text{value}\end{pmatrix}_{i-1}\times\begin{pmatrix}\text{the market rate}\\\text{at issurance}\end{pmatrix}$$

$$\begin{pmatrix}\text{carrying}\\\text{value}\end{pmatrix}_i=\begin{pmatrix}\text{carrying}\\\text{value}\end{pmatrix}_{i-1}-(\text{coupon}-\text{interest expense}_i)$$

（2）在资产负债表上，债券负债以历史成本（historic cost）计价，且不论市场利率如何变化，资产负债表、利润表与债券的相关账户与项目不会发生数值上的变化与调整。尽管随着市场利率变动，发行债券的公司的经济利得与损失（economic gain/loss）的确存在，但是并不体现在财务报表上。债券在资产负债表与利润表上的项目列示都以发行日的市场利率为基准计算相应的数值。

发行零息债券对现金流影响

零息债券发行时以折现现值入账，折现率为公司发债时的市场利率。

总的利息 = 支付总额 - 收到总额 = 面值 + 支付的所有利息 - 发行收入

尽管是零息债券，但是每年还是要确认利息费用。

利息费用 = 折现率 × 期初摊余成本

当零息债券发行的时候，虽然它存在利息费用，且在利润表上体现出来，但不影响经营性现金流，债券发行的现金收入全部直接计入融资性现金流（CFF）。

在到期时，以面值支付债权人，相应的现金流出计入融资性现金流（CFF）。所以在公司存在折扣债券发行时，经营性现金流（CFO）被高估而融资性现金流（CFF）被低估。

零息债券可以看作特殊的折价发行债券（pure-discount bond）。

债券发行成本及债券的终止（提前赎回）

债券发行成本包括法律费用、审计费用、印刷费用及发行佣金等费用，在 US GAAP 与 IFRS 下，对债券发行成本的处理是不同的。在 US GAAP 下，将发行费用资本化入债券发行价格中，并在债券存续期中作为费用在利润表中列示。在 IFRS 中，则直接将发行费用从债券发行价格中扣除，提高了债券实际利率，此时，可将发行成本看作是不可摊销的折价。而在现金流量表中，US GAAP 与 IFRS 的处理方式一致，都将债券发行成本从债券发行价格中抵扣。

当市场利率持续降低（可以赎回债券，重新以较低价格发行债券）、公司经营有足够的资金或者公司发行股票，则公司有可能将债券终止。当债券在到期日之前被提前赎回，则债券赎回价格与账面价值之间的差异记为 gain/loss，列示于利润表中。

在 US GAAP 下，一旦债券提前赎回，未被摊销的债券发行成本必须被冲销（write-off）并计入 gain/loss 计算，冲销该成本会减少 gain 或者增加 loss。在 IFRS 下，则不作处理，因为发行成本已经在发行时扣减。

债券条款如何保护债券持有人

债务条款是债券持有人对发行者做出的限定条约。债务条款通过限制公司投资，股利支付或其他决策来保护债权人。债券条款可以有效降低违约风险，降低借贷成本。债券条款包括肯定条款（affirmative covenants）与限制条款（negative covenants），一般在财务报表附注中列示。

肯定条款包括：

- 保证债券本金与利息可以按时支付
- 要求公司的某些重要财务指标（current，debt-to-equity，and interest coverage ratios）保持在一定范围内
- 担保物的安全

限制条款包括：

- 增加股利支付或股票回购
- 发行更多债券
- 收购合并
- 一些资产的出售，租赁或处理
- 提前偿还相关条款（sinking fund agreement and priority of claims）

很明显，限制性条款中的增加股利支付、股票回购、收购合并等行为都将导致公司大量现金流出，而发行更多债券、资产的出售则会导致资产总额下降、负债总额上升，这些行为都会显著削弱公司偿债能力，对债券持有人不利。

如果公司违反债券条款，债权人有权利要求其立刻归还本金（technical default）。债券条款有助于抑制公司管理层伤害债券持有人的不良动机。

长期债券在负债项的披露

长期债券在资产负债表中归于一类，其中一年内到期的长期债券计入流动负债。除此以外，公司还需要在财务报告附注中披露更多的信息，如：

- 负债性质；
- 到期日；
- 名义利率及有效利率；
- 赎回权及转换权；
- 债券持有人所做的限制；
- 资产抵押证券化；
- 每五年的债权到期数。

名师解惑

市场利率变化如何对债券公允价值（市场价值）产生影响

债券账面价值由发行时点的市场利率决定，如果在债券存续期内，市场利率不发生变化，则债券在资产负债表上的“负债”体现为公允（市场）价值。然而，这一假设并不符合实际情况，市场利率变化的频率很快。由债券的定价公式可知，利率上升导致债券公允价值下降，利率下降导致债券公允价值上升，造成债券账面价值与公允价值之间的差异。在 US GAAP 与 IFRS 下，这种差异（gain/loss）列示于利润表。公司在市场利率较低时发行债券更有利，因为一旦未来利率上升，则公司可以以较低的价格赎回债券，从而减少债券债务，使得股东权益上升，资产负债率下降，反之则反是。对分析师来说，使用公司债券的市场价值（公允价值）进行分析更为合适。

但是市值变化的损益并不反映资产负债表中，于是出现债务的账面价值不等于市值的情况。

发行可转换债券、附认股权证债券和可转换优先股对财务报表和财务比率的影响

- 可转换债券（convertible bonds）

  发行时忽视可转换特征，就像普通债券发行一样处理。发行的时候作为负债处理。当股票价格大于可转换价格时，将该债务按权益处理；当股票价格小于可转换价格时，仍将该债务按负债处理。对债务或权益不同的分类在计算负债比率时有影响。

- 附认股权证债券

  附认股权证债券价值分为两部分，债券部分（折价发行），以公允价值确认负债，折价部分在存续期摊销；认股权的价值按公允价值确认为权益，在执行认股权时收到的现金增加权益资本。与没有权证的债务相比，附认股权证债券的收益率相对较低。

  与转换权不同，在某一时间，权证可与债券分离；

  权证执行后，债券依然存在；投资者同时拥有股票和债券；

  为了执行权证，投资者必须向发行者支付执行价。

➢ 优先股：（preferred stocks）

一般作为权益处理，除非发行人有选择权可以赎回，则作为负债处理。

总的来说，普通债券和可转债确认的负债数额大于相同数量的附认股权债券，因此 D/E 与 D/total capital 在普通债券和可转债时比较高。

11.3　租赁

术语解释

租赁　租赁指按照达成的契约协定，出租人把拥有的特定财产（包括动产和不动产）在特定时期内的使用权转让给承租人，承租人按照协定支付租金的交易行为。

租赁对承租人（lessee）的有利之处

➢ 相对于借入银行贷款买入资产，租赁资产的融资总成本较低；

➢ 降低报废风险：在租约到期后，资产仍然可以返还给出租人。

➢ 较少的限制性条款。

与其他融资方式相比，租赁有更大灵活性，并且可以根据承租人与出租人的特殊需求商定租约。例如，可以约定等到设备开始运转。具有生产能力之后才开始支付租金，而且还可以不要求以取得的新设备向主要贷款人作抵押，承租人可以避免再去签订成本昂贵的再贷款协议。

➢ 属于表外融资。

经营性租赁属于表外业务，并不在资产负债表上增加负债，所以承租人公司的杠杆比率较低。

➢ 税收记录的优势。

租赁对出租人（lessor）的有利之处

➢ 利息收入。租赁也是一种理财方式，通常情况下租赁利息较银行贷款利息高，因此，租赁公司、金融机构发展租赁交易更具有吸引力。

➢ 纳税利益。杠杆型租赁（leverage lease）就是一种纳税导向型租赁（tax oriented lease）。例如，波音公司把一架飞机卖给一位富有的投资者，尽管该投资者不需要这架飞机，但他可以把这架飞机租给一家外国航空公司，该航空公司不能利用纳税利益，而该投资者则可以从中获得纳税利益。在这一交易中，波音公司销售了它的产品，投资者（出租人）获得了纳税利益，外国航空公司（承租人）则以一种较优惠的方式获得了它所需要的飞机。

➢ 高残值。在租赁期满租赁财产返还给出租人的情况下，如果其实际价值远高于最初签订契约时的预计残值时，会给出租人带来大额利润。

租赁方式的选择

租赁一般分为经营性租赁与融资性租赁（又称金融租赁）。

➢ 经营性租赁

经营性租赁是指一种短期租赁形式，是指出租人向承租人短期出租设备，并提供设备保养服务，租赁合同可中途解约，出租人需反复出租才可收回对租赁设备的投资。

出租人的会计处理为：报告租金收入；保留资产在资产负债表中并按期提取折旧。

承租人的会计处理：仅报告租金支付：资产负债表不披露该项资产；并同时披露5年内的现金支付。

选择经营性租赁的主要激励来源是：

如果承租人是享受低税率而出租人是高税率时，经营性租赁可以有税收上的优势。因为出租人要对资产加速折旧，享有税收上的好处。

承租人可以避免将该租赁在资产负债表中列报，降低负债水平。

如果与资产的使用寿命相比，如果承租人对资产仅仅是短期需要，则使用经营性租赁更好。

出租人在期末比承租人更容易出售已使用的资产。

➢ 融资性租赁

融资性租赁又称金融租赁，指租赁的当事人约定，由出租人根据承租人的决定，承租人选定的第三者（供货人）购买承租人选定的设备，以承租人支付租金为条件，将该物件的使用权转让给承租人，并在一个不间断的长期租赁期间内，通过收取租金的方式，收回全部或大部分投资。出租人和承租人可以约定租赁期间届满租赁物的归属。对租赁物的归属没有约定或者约定不明确，租赁物的所有权归出租人。

与经营性租赁形成对照，融资性租赁将出租人的大部分风险和所有权的报酬转移给承租人。融资性租赁被认为实质上相当于出租人对承租人的财产出售——即使租赁财产的所有权未曾转移。因而，出租人应登记融资性租赁为一项财产的出售，承租人登记为一项财产的购进。

出租人对融资租赁的会计处理为：

将租赁资产从资产负债表上移除，将其记录在租赁投资账户（应收融资租赁款）

承租人对融资租赁的会计处理为：

在资产负债表上报告资产以及与之相联系的负债（资产和负债同时增加）；

租金支付划分为利息费用和本金；

负债的摊销以直线法为基础；

是否计提折旧看租赁的所有权是否转移以及有没有最后的购买选择（一般作为资产需要计提折旧）；

选择融资性租赁的主要激励来源是：

对承租人来说，在租赁早期，折旧费用和利息费用比较高，这样可以起到抵税效应；采用融资租赁 CFO 较高，因为 CFO 加上了折旧费用和抵税收益，如果公司比较关注 CFO 的话，则采用融资租赁比较有利。

名师解惑

在经营性租赁与融资性租赁下，如何提取资产折旧

对出租人来说，在经营性租赁下，资产需要计提折旧。对承租人来说，在经营性租赁下，就不再提折旧了，不能双方都提折旧，因为这样会造成少缴税，税务局不答应，因为折旧作为

费用支出可以抵税。如果是融资性租赁，承租人提折旧，出租人不提折旧。因为融资性租赁下，固定资产已经从出租人的资产负债表上转移出去。而经营性租赁，固定资产是在出租人账上，承租人账上是没有这些资产的。

区分经营性租赁与融资性租赁

在IFRS下，主要根据经济实质（economic substance）区分租赁方式。如果在经济实质层面上，出租人将租赁物品的权益与风险全部转移给承租人，则可视为融资性租赁，只要符合以下情况的一种即可视为融资性租赁：

- 出租人在租约末期将资产所有权转移至承租人（title transfer）
- 承租人在期末有折价（显著低于公允价值）购买租赁物的权力（bargain purchase option）
- 租赁期限覆盖了租赁物的大部分经济寿命（使用期）
- 在合同生效，即双方产生权利义务关系的时点，租金的折现值（租赁价值）等于租赁物的公允价值
- 租赁物具有特殊性质（资产专用性），能够满足承租人的特殊需求，也只有承租人能够使用

U. S. GAAP的规定与IFRS相似，只不过更为具体：

- 出租人在租约末期将资产所有权转移至承租人（title transfer）
- 承租人在期末可以以低于市场价值较多的价格购买租赁物
- 租赁期限大于等于资产使用期的75%
- 租金的折现值（租赁价值）大于等于租赁物公允价值的90%

对于出租人来说，如果已知承租人将该项租赁列为融资性租赁，当同时满足：

- 可以确定如期收回租金款项
- 租赁的资产可以使用且成本确定（无重大未确定或有损失）

两个条件时，可以将该租赁当作融资租赁处理。

记忆方法

举个形象的例子，可以将经营性租赁看作租房，而将融资性租赁看作向银行融资买房。向银行贷款买房，贷款期结束，则房子的所有权转移给买方。或者在贷款期结束时，买方可以以较大折扣买入房子。

两种租赁方式对财务报表及财务指标的影响

经营租赁对资产负债表没有影响，租金费用计入利润表，并且减少CFO。此外，对于经营租赁，在报表附注中要披露今后5个财政年度的租金支付。

融资租赁在期初是以租金的现值与租赁物公允价值二者之中的较低值计入资产负债表的资产和负债，折现率是以出租人的隐含利率或承租人的实际利率中较低者为准。

在租赁资产的使用期内，租赁资产要提取折旧，并反映到利润表中，支付的租金分为利息费用和本金支付，经营性现金流（CFO）由于利息费用而减少，融资性现金流（CFF）由于本金支付而减少。随着时间推移，由于本金逐渐被偿还，融资租赁的账面价值变小，租赁的利息费用越来越少，而偿还的本金越来越多。

与经营性租赁相比，融资租赁在租赁期内资产，流动负债，长期负债都将较高，在租赁期的前期其净利润较低，股东权益也较少。总结如下（见表5-22）。

表5-22 融资租赁与经营租赁对会计项目及财务指标的不同影响

指标	融资租赁	经营租赁	指标	融资租赁	经营租赁
流动比率	较低	较高	毛利率	同样	同样
营运资金	较低	较高	息税前收入	较高	较低
资产周转率	较低	较高	利息覆盖率（EBIT/I）	较低	较高
ROA（早期）	较低	较高	净利润（早期）	较低	较高
ROE	较低	较高	净利润（后期）	较高	较低
资产负债率	较高	较低	总利润	同样	同样
负债权益比率	较高	较低	经营性现金流	较高	较低
报表项目			融资性现金流	较低	较高
资产	较高	较低	总现金流	同样	同样
负债	较高	较低			

对于一项租赁业务，如果仅仅是租赁方式的不同，那么承租人每一期付给出租人的现金是一样的。也就是说，不管是融资性租赁还是经营性租赁，在租赁期内的总现金流是一样的。但是如果是经营性租赁，则当期全部租金归为CFO，融资性租赁的租金分为两部分，一部分是利息支出，归入CFO，一部分是本金支付，归为CFF，且随着时间推进租金中的利息支出越来越少，本金支付越来越多。所以相对于经营性租赁来说，承租人在使用融资租赁时CFO较高，CFF较低。

因为在经营性租赁中，承租人付给出租人的租金分为利息与本金，则可以将融资租赁看做是融资与投资相结合的行为。

此外，租赁须在附注中披露租赁付款金额：最近五年中每年的金额，以及五年以后金额（可以单列，也可以记总和）。

销售型租赁、直接融资租赁及经营性租赁的会计处理

➢ 销售型租赁（sale-type lease）

如果一项融资租赁，以后各期租金的现值大于租赁资产的账面价值，则将此项租赁称为销售型租赁。顾名思义，销售型租赁中，出租人是租赁资产的制造商或经纪人。

在租赁初期，出租人确认毛利润等于总租金收入的现值减去租赁资产的成本（账面价值）。在资产负债表上，将租赁资产移除，列入“应收融资租赁款”账户，确认的净投资为总租金收入的现值加上残值的现值。每一期收到租金时，租金的本金部分（净投资收回金额）减少应收融资租赁款，在现金流量表上作为投资现金流入（CFI）确认。同时租金的利息部分在利润表上确认为利息收入，作为经营现金流入（CFO）确认。租金的利息部分等于应收融资租赁款起初余额（净投资）乘以租赁利率。

在期末，资产的残值继续作为资产的一部分。如果出售资产获得的收入作为投资现金流的流入（CFI）。

销售型租赁实际上是出租人对承租人同时进行销售与融资的一项行为。于是，在销售型租赁中，出租人的总利润由两部分组成——销售毛利与利息收入。

➢ 直接融资租赁

如果一项融资租赁，以后各期租金的现值等于租赁资产的账面价值，则将此项租赁称为直接融资租赁，此时出租人不是以销售为目的，不是销售商或经纪人，大多为专门的租赁公司或者金融机构，他们的租赁资产也是从第三方（制造商或者经纪人）购得。直接融资租赁是出租人对承租人的一项融资行为。如果一项租赁是直接融资租赁，在租赁之初不能确认毛利润，所有的利润都来源于利息收入。

在直接融资租赁初期，与销售型租赁一样，出租人确认毛利润等于总租金收入的现值减去租赁资产的成本（账面价值）。在资产负债表上，将租赁资产移除，列入“应收融资租赁款”账户，每一期收到租金时，租金的本金部分（净投资收回金额）减少应收融资租赁款，在现金流量表上作为投资现金流入（CFI）确认。同时租金的利息部分在利润表上确认为利息收入，作为经营现金流入（CFO）确认。

在直接融资租赁中，由于出租人仅仅为承租人提供了融资功能，则出租人的利润只是利息收入，不会赚取其他差价。

➢ 经营性租赁

在经营性租赁中，对出租人来说，承租人的租金支付被简单地归入租赁收入，同时，租赁资产仍然保留在出租人的资产负债表上，并且在使用期内每年提取折旧。

将直接融资租赁与经营性租赁进行比较，如果租赁的其他条件相同，仅仅是由于租赁类型的不同，则对出租人来说，在整个租赁期内二者获得的总利润相同，但是在租赁期的前段时间内，直接融资租赁下的利润较高，经营性租赁下的利润较低，在租赁期的后段时间内，情况相反。原因在于，在直接融资租赁下，由于净投资（可以看做是本金）较高，前段时间内利息收入较高，经营性租赁下，每期利润恒定，等于每期租金减去折旧费用。

表5-23 对租赁的会计处理（经营性租赁、销售型租赁与直接融资租赁之间的比较）

<table>
<tr><th rowspan="2"></th><th rowspan="2">Operating lease</th><th colspan="2">Finance lease</th></tr>
<tr><th>Direct financing lease</th><th>Sales-type lease</th></tr>
<tr><td>Balance sheet</td><td>Retains asset on balance sheet.</td><td>Remove asset from balance sheet.
Recognizes lease receivable.</td><td>Removes asset.
Recognizes lease receivable.</td></tr>
<tr><td>Income statement</td><td>Reports rent income.
Reports depreciation expense on leased asset.</td><td>Reports interest revenue on lease receivable.</td><td>Reports profit on sale.
Reports interest revenue on lease receivable.</td></tr>
<tr><td>Statement of cash flows</td><td>Rent payments received are an operating cash inflow.</td><td>Interest portion of lease payment received is CFO. Receipt of lease principal is CFI.</td><td>Interest portion of lease payment received is CFO.
Receipt of lease principal is CFI.</td></tr>
</table>

11.4 表外融资类型

➢ 经营性租赁

经营性租赁不会在资产负债表中体现，而反映在报表附注中（包括未来五年的租金支付情况），分析师应当在实际分析中将经营性租赁考虑在内。

➢ 交货付款承诺（take or pay and throughput arrangements）

在这种合同下，购买企业承诺将来一定时期内以事先约定的价格或市场价格，购买固定数量的商品。虽然该项合同不会表现在资产负债表中，但购买和支付的义务依然存在，应该在报表附注加上应该支付的最小金额。分析师进行分析时，应该考虑对报表的调整，可以以这部分承诺义务的现值同时增加资产和负债，这会造成资产增加，短期债务增加，长期债务增加，D/E上升。

➢ 应收账款出售（sale of receivables）

企业可以将应收账款出售给其他无关的企业，但企业对应收账款的义务依然存在（附追索权的出售），当付款人没有按时付款，企业仍然要承担相应的债务。因此，如果公司存在应收账款出售的情况，分析师要注意报表的数据其实已经被扭曲。附追索权出售应收款收入只有在义务履行完成即追索权消灭时才能确认，在这之前应作为流动负债处理。分析师应当调整报表，应收账款和流动负债应当同时增加相当于出售的应收账款金额的部分，这会造成应收账款增加，流动负债增加，D/E 增加，CFO 下降，CFF 增加，应收账款周转率下降。

➢ 金融类子公司（finance subsidiaries）

持股比例超过半数的附属公司需要合并财务报表，因此股份少于 50% 的金融公司可以不需要合并报表。例如一个公司持有一个金融公司 49% 的股份，只需要在资产负债表中记录 49% 的资产和相应的负债，而没有计入的其他资产和负债在进行报表分析时同样要综合考虑。

➢ 合资企业和对关联公司投资（joint ventures and investments in affiliates）

企业可以通过关联公司，如供应商或最终客户投资扩大自己的能力。合资企业可以提供规模经济和分摊风险。在合资企业中，常常有 take-or-pay 合同，以及直接或间接的担保，这些负债都应该在公司报表附注中披露。

➢ 与商品相联系的债券（commodity-bonds）

这种债券的利息或本金支付与某种商品的价格相联系。商品价格的变化将影响到该债券的价格以及债务与权益的比率。

➢ 与投资相联系的债券（bonds tied to investments）

该债券是可以转换成另一个公开上市公司的普通股，这种债券有较低的利息率和较高的税收优惠。如果债券转换成股票是有好处的话，应该将该债券视为已经转换，这导致较少的负债，较高的利息保障倍数和较高的获利能力。

名师解惑

决定交货付款合同、应收账款出售如何影响财务比例

在交货付款承诺中，因为负债是表外的，因此分析师在分析时，应该将合同金额的现值加到负债中，会增加负债权益比。

应收账款出售会减少应收账款的余额，将导致经营性现金流被高估，因为现金收到早于应收账款实际到期。对财务报表的调整包括减少经营性现金流、增加融资性现金流，并减少应收账款周转率、增加负债对权益比率、减少资产回报率。

11.5 退休金计划的基本框架

术语解释

退休金计划（pension plan） 退休金计划指为保障员工在退休之后的正常生活水平而实行的一种退休福利。

一般来说，按照养老金给付的确定方式分，养老金计划分为defined contribution plan（约定提存退休办法——DC）与defined benefit plan（约定给付退休办法——DB）。

术语解释

养老金给付 养老金给付指将来企业应支付的养老金金额，在职工领取养老金之前它是企业的一项负债，故也可称之为养老金负债。

约定提存退休办法——DC

约定提存办法要求企业定期（如每年）提取一定金额的养老基金（如职工工资的一定比例）交给信托机构，职工退休时从信托机构领取养老金，至于其金额多少由企业提取的该职工的养老基金总额及其滋生的利息决定。但企业不承诺未来养老金的具体发放金额。

这笔养老基金的数额取决于一系列因素，包括职工工作年限、年龄、工资水平等。从公司的角度看，养老金费用就是这笔每期打入职工账户的金额。

在DC计划下，养老金账户的投资决定由职工直接做出，所以投资风险也全部由职工承担，企业不能确定未来支付给职工的养老金数额，因为这取决于养老金账户资产产生的投资收益。

约定给付退休办法——DB

与约定提存退休办法相反，约定给付退休办法不要求企业定期提存养老基金，但是要求企业承诺职工退休时支付具体数量的养老金金额，既约定具体的养老金给付。

在此计划下，公司必须在未来按期支付给职工固定的养老金数额。因此，公司需要估算未来的养老金负债，而预测养老金负债需要一系列变量，诸如未来工资水平、职工周转率、职工退休年龄、死亡率以及合适的折现率。在DB计划下，雇主承担所有的投资风险。

在DB计划下，未来养老金负债的现值称之为Defined Benefit Obligation（DBO）

在DB计划下，养老金费用与以下变量相关：

- 雇员的服务成本：指雇员在当期付出工作成本而获得的利益现值，该成本会增加defined Benefit obligation（DBO）。
- 利息费用：从本质上来说，养老金计划是雇主对雇员的一项负债，既然是负债，则会发生利息费用，同样会增加benefit obligation。
- 养老金资产的期望收益：显而易见，如果养老金资产的期望收益越高，则在未来会降低养老金费用。
- 由于精算假设的变化而导致的gain/loss：在计算DBO过程中，如果一些前提假设（如退休年龄、工资增长率等）发生了变化，那么因此而导致的gain/loss会对养老金费用产生影响。

12 财务报告质量：警示信号以及会计预警

本节从广义的角度讨论盈利数据的质量问题。主要的论题有：企业夸大或压低盈利的动因、导致低质量盈利报告的行为以及相关风险问题。财务报告质量问题已经引起了国际的广泛关注和各国财务规则、证券法规的高度重视。相关的规则见诸美国的 GAAP、国际的 IFRS 标准中，其中，美国的萨班斯法案第 302 章有专门条目要求上市公司 CEO、CFO 按季认证向证交会提交的财务报告是否公正属实。

12.1 解释导致企业管理层夸大或压低盈利的动机

盈利质量关乎财务报告的整体素质。如果财务报告能够恰当反映企业的财务状况、经营活动及现金流量情况，那么可以有效降低公司与投资者之间的信息不对称程度，从而降低交易费用，有助于投资者做出正确合理的投资决策，这一结果已经由全球会计学者的实证研究所证明。由于反映盈利情况的财务报告，特别是利润表，受到投资者、分析师、债权人、雇员等各类群体的关注，也就是说许多利益相关方与之密切联系，企业管理层对盈利报告进行操作的动机是与这些利益相关方联系在一起的。

➢ 企业在特定阶段夸大盈利报告的动机主要有：
  - 符合市场盈利预期（分析师等第三方研究机构）；
  - 相关研究成果显示，经理人有动机将盈利水平控制在市场普遍预期的水平之上（盈利与股价水平密切相关）；
  - 符合债务合同的要求；
  - 一旦盈利水平不能达到债务条款的相关规定，公司会面临流动性危机；
  - 能够获得更高的激励报酬。研究发现，在职业经理人的薪酬体系中，他们的报酬水平与公司盈利水平挂钩。

➢ 企业在某些时候压低盈利报告的动机主要集中在收集谈判筹码，比如有：
  - 压低盈利表现，以获取贸易解禁的待遇；
  - 在与债权人的谈判中获得更有利的条款；
  - 在与工会、雇员联合会谈判中迫使对方让步；
  - 在频繁的生意谈判中争取更有利的付款方式、折扣率和价格。

➢ 对于资产负债表，企业管理层也会着力于做强其偿付负债的能力，做大资产，减低负债，其动机主要表现在：
  - 使债权人对企业保持信心，降低企业的贷款成本；

➢ 有时，企业也会减低资产，做大负债，主要的动机包括：
  - 改善资产回报率、资产营收率等以资产项目为分母的财务比率数据；
  - 降低企业表现出来的偿债能力，在与债权人、雇员群体和生意对手的谈判中取得有利筹码。

12.2 导致低质量盈利报告的若干行为

这些行为的界限和特点可以归结为：在字面上符合 US GAAP 规定，但是在有选择项目的情况下，选用符合自己目的的选项以达到特定效果。主要包括：

➢ 选取能获得高盈利的折旧方法，而不是选择恰当反映企业经济情况的折旧方法；

➢ 选择激进、不尽合理的假设条件，例如选择超长的固定资产使用期和超高的残值，以节省折旧开支；又如过于乐观地估计应收账款回收概率，以减低应收账款减值准备；

- 为回避合并报表，选用狭义的规则，限定适用合并报表的与租赁事务相关的特别目的主体的范围，越少合并 VIE 或 SPE，合并报表的杠杆比率会降低；
- 认为改变业务的模式，营造预期结果，最典型的事例是回避资本租赁，修订有关租约，使其成为经营性租赁，降低负债和杠杆比率；
- 财务报告中涉及欺诈，实际上已经导致则务报告无质量可言，极端的例子有 2002 年年中揭开的世通公司数目巨大的账目欺诈案。

12.3　欺诈性财务报告的风险因素

导致欺诈性财务报告的诱因或压力所产生的风险因素

- 经济环境、行业状况及企业经营情况威胁财务稳定性或盈利能力，虚假的数字可能掩盖真相，有关的例子包括：
  - 竞争激烈、市场饱和、盈利下降等真实情况可能被掩盖；
  - 瞬息万变的环境，包括科技变化、产品淘汰、利率变化等；
  - 客户需求下降、行业内或整体经济环境中生意失败的概率上升等；
  - 经营失利，导致破产、丧失赎取抵押品的权利或发生被恶意收购事件；
  - 获得盈利，并有盈利增长，但是经营性现金流量为负或没有经营性现金流量；
  - 快速增长或出现盈利率异常现象；
  - 受制于新的会计准则、法律规定或管制要求。
- 基于以下原因，管理层承受来自第三方的压力，必须满足其预期：
  - 投资分析师、机构投资者、主要的债权人及其他外部利益相关方的压力，表现为激进、不合理的盈利或趋势预期；
  - 急需获得额外的债权或股权融资，以维持竞争力，比如为研发或资本支出项目进行融资；为了满足上市要求偿付债务，以及其他债务合约的要求；
  - 在业务并购进程中，迫于真实的不良财务表现的压力。
- 相关研究显示，管理层或董事会成员的私人财务状况受制于其就职企业的财务表现，主要原因是：
  - 他们在所供职企业有重要的经济利益；
  - 如果股价、经营利润、现金流量等项目或者指标处于高位，则管理层可能获取高额激励报酬；企业的负债有时附带有某些人士的私人担保条款。
- 董事会或管理层设定的包括销售额或盈利率等激励性财务指标，对于管理者或经营部门的人员有很大压力。

导致欺诈性财务报告的机会带有的风险因素

- 行业特征或经营实体的特点为欺诈性财务报告提供了可乘之机：
  - 这类交易为非正常性的或是在关联方之间进行，且交易对手方未经审计，并且占总交易宗数的较大份额；
  - 企业具有特殊能力，得以对供应商或客户群体制定不公平的合同条款，导致不合理的或不公平的交易；

- 主要依据主观判断或不确定情况做出的对资产、负债、营业收入或成本预测，难以得到实证的支持；
- 不寻常的或复杂的交易，尤其是临近年末，体现出“实质重于形式”；
- 经营所在地或交易发生地由于分属不同国度，文化环境和商业惯例存在差异；
- 开设在避税天堂的银行户口或经营中心缺少必要的商业立法管辖。

➢ 对管理层的监督失效是因为：

- 由个人或小团体控制管理层；
- 董事会或审计委员会监督不力。

➢ 如果有以下情况发生，可以确认该企业涉嫌复杂的、不稳定的组织结构：

- 难以确认谁是负责人；
- 组织结构设计表现为不正常的法律实体或不正常的授权关系；
- 频繁更换管理人员、法律顾问或董事会成员。

➢ 缺乏内部监控，主要是根源于：

- 监督控制不足；
- 财务、信息技术人员的高频率更换；
- 财务和信息系统效率低下。

导致欺诈性财务报告的理性化态度所具有的风险因素

➢ 企业的价值或道德标准未获得管理层有效的沟通、执行、支持，或企业价值、道德标准未得到适当的沟通；

➢ 非财务管理者过多参与或控制：会计准则的选择与估计，或对于重大预测事项的决定；

➢ 企业曾有违反证券法规或其他法规的前科，或企业曾经受到违规指控，管理层或董事会成员曾经有涉嫌欺诈或违规的前科；

➢ 管理层过度关注维持或提升股价和盈利趋势；

➢ 管理层对分析师、债权人及其他第三方做出承诺，以达到激进或不切实际的预测；

➢ 管理层对可报告的情况不及时修订；

➢ 受到所得税方面的驱动，管理层运用不恰当手段尽可能减低报告的盈利；

➢ 管理层与现任或前任审计机构关系紧张，比如常为会计、审计、报告事项发生争议。管理层对审计机构提出不合理要求，例如对审计工作和出具报告提出不合理的时间限制；对审计人员了解情况的员工范围或信息范围提出不恰当的限制；管理人员以专职行为对待审计人员，尤其是试图影响审计工作的范围、选择或要求延续派遣特指的某些审计人员、查询审计活动等。

➢ 管理层常以重大事项为据，解释某些边缘化的或不恰当的会计做法。

12.4 常用的财务警示以及识别它们的方法

依据《萨班斯 - 奥克斯利法案》第 704 条，美国证券交易委员会将不正当财务行为归为四类：不正当的营业收入确认、不正当的成本开支确认、业务并购相关的财务处理不正当和包括披露不足在内的其他财务和报告不当行为。要发现和确认这些违规行为，主要方法是：根据警示的提示，确认主要线索，在同业公司内搜集资料，进行对比。主要的财务警示包括：

- 激进式确认营业收入，是最常见的人为操控盈利的方式。它的特点是过早确认营业收入。正常情况下，企业应在财务报告的脚注披露其确认营业收入的政策，审核这些政策是否恰当成为发现警示的途径，不恰当的确认营业收入政策包括：
  - 未交运发货前先行开出发票，称为开单并持货（bill-and-hold sales arrangements）；
  - 出租人将出租交易报告为销售，而承租人报告为经营性租赁，称为销售型租赁（sales type leases）；
  - 在发货前或提供服务前，于签约时记录收入；
  - 在未履行完所有合同约定事项前确认收入，例如在卖出的机械调试过程中，尚未确认功能正常前便确认收入；
  - 运用掉期合同或易货合同来调动收入。
- 经营性现金流量与盈利状况不符：主要指盈利持续上升，但经营性现金流量呈净流出或逐期下降态势。这种现象很可能预示有违规的财务操作存在。通常，我们是用特别的比率，即现金流量盈利率=经营性现金流量/盈利净值来衡量，如果此比率一直为小于“1”或逐期下跌，应引起高度重视。
- 营业收入的增幅与整体经济、行业均值或对手公司的增幅不匹配，或与其自身的应收账款增幅不匹配。企业录得高于同业的营业收入增幅，可能是受益于管理层的卓越管理和具备竞争优势的产品，也可能预示其营业收入项目的报告质量值得关注。如果应收账款的增幅高于营业收入的增幅，或者，应收账款周转天数逐期增加，都可能说明某些营业收入并不存在。
- 库存增幅与营业收入、销售额的增幅不匹配，或者，库存周转天数逐期增加。这种现象可能包含的问题有：
  - 库存管理的问题；
  - 库存中有滞期的存货；
  - 故意提高期末库存，以降低销货成本。
- 将非经营性收入或非经常性收入纳入营业收入。
- 滞期记录成本支出，这种做法最多见的是将成本先资本化，再将此资本化项目逐年摊销。我们可以留意到在资产项目中会增加一些不同寻常的名目，如“购置客户资源开支递延项目”等。
- 承租人非常规地使用经营性租赁。有些公司会利用此类经营性租赁合同来完成设备的购置，以达到表外负债的作用，降低负债比率、提高净资产回报率。如果企业使用经营性租赁频率超过同业的其他公司，可能被视为红色警报。分析师可以将经营性租赁转化为融资性租赁，并计算有关比率来衡量该企业的真实财务状况。
- 将成本开支或亏损项目列入非正常项目或非经常性项目。这样做，可以使成本开支显得减少了，并且使经营利润保持上升。如果分析师发现公司经常有非经常性成本内支出项目，特别是比同业的其他公司更频繁使用的话，可以确认为红色警报。为了正确评估，应复原为经营性成本支出来处理财务报表和计算有关财务比率。
- 后进先出清盘法（LIFO liquidation），适用后进先出法库存核算的企业，当销货量超过当期购进货品的总量时，将使用前期以低廉成本采购的存货，经营利润将上升，但是同时会引起高额的税收支出。如果发现 LIFO 储备减少，或有关库存的披露文字有涉及此项目显示时，可以确认这是一种警告。

- 毛利率或经营利润率远高于同业公司水平。这种情况可能归因于卓越的管理水平和成本控制能力，但不能排除会计方法的选择和使用助推了财务报告的盈利表现。行之有效的分析方式是对比同类企业的会计处理，观察相关企业是采用更为保守还是更为激进的方法。重点观察公司有没有采取做高期末库存或成本开支资本化的手段。
- 延长折旧期或摊销期，这种处理可以大幅减低资产折旧或摊销的成本，提高盈利。通过对比同业间的折旧期、摊销期，判断企业会计制度的合理性。
- 退休金计划采用激进的假设条件。如果企业在对退休金计划进行估计时假设了高折现率、高预期回报率、低工资增长率，可以使企业的退休金计划成本显著下降、与同业其他公司进行比较是判断前提假设是否合理的方法。
- 年尾或第四季度末的惊喜。这类惊喜主要集中在第四季度的高营业收入或低支出，又不能归结于季节性或周期性原因。如果是这样，此类惊喜通常预示着人为操控。
- 权益法投资及特殊目的主体或可变利益主体等表外项目的频繁使用。这类操作的结果是大量项目处于表外游离状态，不进入企业的合并报表；但企业又按照其投资的权益比例将表外项目的盈利计入净利润的总额。实际上，在缺乏现金红利分配的情况下，有名无实的投资盈利对整体盈利质量只有拖累作用。
- 其他表外融资或担保安排。这些项目按照规定应在财务报告附注充分披露，为了合理评价企业的财务状况，也可以将其调整到资产负债表内。

如果发现有以上警示现象存在，并不表明财务欺诈，但是如果有太多此类现象同时存在，远离这样的公司应是明智的选择。

权责发生制会计中包含诸多预估和主观判断因素，为进行账面操纵提供了机会，而经营活动现金流量活动情况则不包含预估因素。相对而言，现金流量活动不容易进行账面操纵。但一些隐性的调控手段对现金流量的影响不容轻视。本节集中讨论操纵现金流量的一些处理手段，其中包括在经营性现金、投资性现金和融资性现金之间的交叉入账，也可以选择收付现金的入账时机、延长应付账款付款期、搭配运用融资手段等，此外还涉及运用回购股票等手法控制现金流量。

12.5 对现金流量表进行操控的几种方式

延长应付账款账期（stretching accounts payable）、应付账款的融资（financing of payables）、应收账款的证券化（securitizing accounts receivables）、运用股票回购抵消盈利摊薄（repurchasing stock to offset dilution）。

- 应付账款展期（stretching accounts payable）

  经营性现金活动中有一类是应付账款，是企业赊欠供应商的款项。企业为了临时增加经营性现金流量（CFO），可以拖延支付应付账款。

  - 应付账款展期，实际上是要求供应商提供免息融资；
  - 增加的经营性现金流量并不可能持续；
  - 计算各年度或各季度的应付账款周期，可以比较各年度会计结算期内应付账款周期的变化情况，以判断周期有无延展。

- 相关数据的计算公式为：应付款周转率（payable turnover）= 平均销货成本/平均应付账款
- 按年计应付账款周转天数（payables payment period）= 365 天/应付款周转率 = 365 天 ×（平均应付账款/平均销货成本）

➢ 应付账款的融资（financing of payables）

企业通过第三方金融机构，先偿付供货商货款，然后在此后的一定时期内，企业再将货款连同一笔附加的服务费支付给第三方金融机构。实际上，此种方式与上述的应付账款展期同出一辙，区别在于有独立的第三方金融机构及相关金融协议的介入。

在总体现金流量不发生变化的情况下，应付账款余额减少，经营活动的现金流量产生现金流出；短期借款增加，对融资活动现金流量产生现金流入。企业往往根据具体的经营活动现金流量情况，巧妙地安排这一经营活动现金流出的时机，比如选择在季节性现金流入的高峰期、高额应收账款回收期间，以抵消或隐藏这一类的现金流出。当企业在融资安排到期时，偿还金融机构有关款项，该笔金额仅涉及短期借款，即融资活动的现金流量，对经营活动现金流量则没有影响。

➢ 应收账款的证券化（securitizing accounts receivables）

应收账款的融资活动可细分为两类：

- 抵押应收账款，以获得流动资金；
- 出售应收账款，或通过成立可变利益主体（VIE）吸纳到期日较远、诚信度较高的应收账款，再按标准的证券化规格出售该组合的权益。

  企业通常将出售应收账款所得，纳入经营活动的现金流入量，视同销售货品的现金收入，而不是等待相应的应收账款实际收到时才记入现金收入。这样，企业等于提前加大经营活动现金流入量。由于这类可出售的应收账款并非无限多，因此，基于此种情形的现金流入不可持续。应收账款证券化所得款项，往往由于高于所售应收账款的折现账面值，由此产生盈利，其中折现账面值的确认需要一些预测，主要包括：应收账款回收的违约率、贴现率以及提前还款的可能性。这些预测数据的改变，会影响证券化操作的盈利多寡。盈利数据如何入账，会影响企业经营利润的计算。

➢ 按照由激进到保守的程度，可排列为：

- 体现在营业收入（revenue）内：（最激进）
- 抵减营业支出：（激进）
- 体现在线下（below the line），即记入其他非经营收入：（保守）

➢ 股票期权

来自股票期权的所得税优惠按照新条例的要求，企业应在利润表内反映雇员股票期权的成本。然而，在所得税报表上，用于员工薪酬补偿性质的股票期权成本并不是在该期权授予时抵减成本，因此，两种报表存在差异，往往形成递延所得税资产。当期权行使时，企业可以按照行使价与市价的差额，乘以适用的所得税率，计算来自股票期权的所得税优惠。此项优惠记入经营活动现金流量。

影响来自股票期权的所得税优惠的因素包括：

- 股票期权计划的使用数量；
- 企业股票市价，股价越高，所得税优惠越大；
- 股价越高，越刺激企业发行股票期权计划。

如果此类税收优惠很多，分析其可否持续，以及与企业经营成果是否具有内在关联性，成为分析企业现金流量的重要一环。如果仅仅是由于股价高企而形成的临时现象，则需要警惕。

对冲摊薄的回购股票机制中，当企业股价上升，持有低廉期权者更倾向于行使期权，同时，企业须发行更多的股票。如果企业不采取对冲手段，企业的每股盈利会大幅降低。为了对冲摊薄，企业多数情况下会采取回购股票的办法，这方面的现金支出，归属于融资活动现金流量。总的来说，与股票期权相关的现金流量活动分为两类：经营活动方面是通过所得税优惠；融资活动方面是通过股票回购。当股价上升，所得税优惠上升带来经营活动的现金流量激增时，应考察相应的股票回购运用的现金流量。经营活动的现金流量与回购股票的现金支出两者相抵后，才是较为真实的自由现金流量。

13 财务报表分析：应用

前文一些章节我们介绍了大量的财务比率，分析师能够用这些比率的水平和趋势评价公司过去的财务表现。

财务比率的趋势以及与同行业其他公司或行业平均值的比较能够说明公司策略的重要方面。比如生产个人电脑的两家公司，生产高端电脑的公司会有更高的毛利率，也会在研发和广告上有更多的费用支出。

13.1 对公司未来净收入和现金流的基本预测

对公司未来净收入和现金流的预测常常以对未来销售的预测开始。可以使用由上到下的方法：分析师首先对GDP的增长做出预测，然后用历史关系预测GDP增长和行业销售增长的关系，如果目标公司的市场份额在行业中保持不变，公司销售的增长率就等于行业销售的增长率，如果预测目标公司的市场份额在行业中变动，则做相应调整。

简单的预测模型中，有了对未来销售的预测，用历史平均或趋势调整的利润率就可以预测收益。在复杂的预测模型中，利润表和资产负债表中的每一项都能够预测。

为了预测现金流，分析师必须对未来现金的来源和使用情况做出预测。

13.2 财务报表分析在评价潜在债务投资中信用质量的作用

传统意义上，对信用的评价通过3C标准：

品质（character）：表现为公司管理层的职业声誉、公司以往债务偿还情况

抵押物（collateral）：确实可靠的抵押物能够降低债权人的风险

偿债能力（capacity to repay）：公司的偿债能力需要透过分析财务报告信息得到，并且由

于有些债务期限很长（30年甚至更长），需要分析师长期跟踪分析。

信用评级公司使用一些特定财务比率的加权平均公式。在不同行业公式中特定的项目和它们的权重不同，但是这些项目有四个主要类型：

- 规模和分散化：大公司、拥有多种类型产品线的公司或者地理多样化的公司具有更好的信用，信用风险较低。
- 经营效率（operational efficiency）：通过ROA、经营利润率，EBITDA等指标度量。
- 利润稳定性：利润稳定性越好，按期偿付债务的可能性越大，公司债的评级越高，利率越小。
- 杠杆（leverage）：一般来说，公司杠杆率越低，财务风险越小，信用风险越低。

13.3 财务报表分析在筛选潜在权益投资中的使用

分析师必须从大量的潜在权益投资中选择股票，会计项目和比率能够用于缩小股票范围，便于进一步的分析。

- 一些投资策略的名字中就含有财务比率，例如low price/earnings and low price/sales investing。
- 使用多种判断依据。
- 注意权益筛选可能包括或排除特定行业的许多甚至全部公司。

13.4 对公司的财务报表做合适的分析调整

因为不同公司选择不同的会计方法，分析师必须对公司的财务报表做合适的分析调整以便与其他公司比较。

由于US GAAP和IFRS的不同，分析师在比较不同国家公司的财务结论时，需要将他们的财务报表做出相应调整，以增强财务报告之间的可比性。

第6章

公司理财

知识导引

公司理财（公司金融）是在市场经济条件下，研究以现代化企业——公司为代表的企业的理财（或称财务管理）行为，包括公司如何组织好筹资、投资、营运资金管理、利润分配管理等理财活动和如何处理好公司与其相关利益主体的经济关系。

考点说明

公司理财在CFA一级考试中约占8%。整体上来看，这一部分的内容较为简单，涉及概念与理论的部分较多，但是也有一些与计算相关的内容，需要考生引起重视。该部分共分为7节，第一节为公司治理和ESG一体化，以后各节分别为资本预算、资本成本、杠杆的度量、红利和股票回购、营运资本的管理及财务报表分析。其中，资本预算、资本成本与杠杆的度量等节涉及计算。

1 公司治理和ESG一体化

1.1 公司治理和ESG一体化定义

术语解释

公司治理（corporate governance） 指用于管理公司所使用的内部控制和管理程序的系统，其提供了一个定义公司组织中管理层、董事、控股股东及少数或非控股股东的权利、角色及责任的框架。

ESG一体化（ESG integration） 在投资过程中考虑环境、社会和治理因素的实践被称为ESG一体化或ESG投资。

1.2 公司治理简述

公司治理可以被定义为内部控制和管理的系统。公司治理为公司提供一个定义不同利益相关者的权利、角色和责任的框架，核心在于处理各种不同利益相关者的利益关系。

公司治理实践在不同的国家或地区会有所不同，甚至在同一个国家也会存在不同的公司治理系统。世界上大多数国家或地区所采用的公司治理系统除了受到当地的历史、文化、法律、政治和其他该区域的特定影响外，或多或少受到了股东理论（shareholder theory）或利益相关者理论（stakeholder theory）的影响。股东理论认为，一个公司管理者最重要的责任是确保股东回报最大化。利益相关者理论认为，不仅要考虑股东的利益，还要考虑其他利益相关者，如客户、供应商、员工等的利益。

尽管公司采用不同的公司治理系统，但是所有公司需要依靠一系列利益相关者的贡献才能实现长期成功。

1.3 不同的利益相关者

股东（shareholder）

股东是权益资本的提供者和公司的拥有者，有权享有公司的资产扣除所有负债后的剩余价值，他们的关注点在于能使股东利益最大的盈利能力的增长。

债权人（creditor）

债权人是一个公司债务融资的提供者，债权人不具有投票权，对公司运营的影响也非常有限，他们只享有对利息和本金的索偿权。他们更希望公司能够稳定地经营，能够产生足够的现金流来偿还债务。

管理者和员工（managers and employees）

管理者和员工是公司日常经营的最直接参与者。高级管理者希望在实现他们的报酬最大化的同时能保住职位；级别较低的员工更关注他们是否能得到合适的薪酬、合理的晋升和好的工作环境等。

董事会（board of directors）

董事会由股东选举产生，其主要任务是保护股东的利益、确定战略方向、监管管理层的业绩，在履行好对股东和公司责任的同时在商界维护好自己的声誉。

客户（customer）

客户希望以合理的价格得到能满足他们需求的产品或服务。他们的关注点在于公司能否提供持续的支持、产品保证以及售后服务。

供应商（supplier）

供应商主要关注在将产品或服务交割给公司后，公司能否按照条款及时付款。供应商通常都希望同公司建立公平、透明而且对双方都有利的长期合作关系。和债权人一样，他们关注的是公司产生持续稳定的现金流的能力。

政府或监管机构（governments/regulators）

政府或监管机构力图保护社会公众的利益，保证国家的经济发展，其关注点在于公司是否遵纪守法。由于公司会向政府交税，因此政府也被认为是公司的利益相关者之一。

1.4 利益相关者之间的关系

委托代理人关系（principal-agent relationship）

委托人雇用代理人代表委托人行事，目的是希望代理人能够为委托人实现股东利益最大化。在利益相关者关系中，委托人是股东，代理人是管理者，但是管理者可能会与股东之间存在利益冲突。管理者可能会为了实现个人利益最大化而损害股东的利益。

股东、董事会、管理者之间的关系

传统的股东理论认为，管理层的主要职责在于最大化股东的利益，但在某些情况下管理层可能会处于对自身利益的考虑而损害股东的利益。

首先，股东可以通过对自己的资产进行配置来构建自己的投资组合，所以他们有较高的风险承受能力。但管理者和董事会成员可能会出于保障自己就业的原因而具有风险厌恶的倾向，这种倾向会导致管理层的行为与创造公司价值的目标相背离。

其次，管理层对公司业务更了解，具有很大的信息优势，这种信息优势会使得管理者做出有利于自己但会损害股东利益的决策，因为管理者有"信息不对称"的优势。

另外，董事会的决策能力可能会受内部人士的影响，这种影响会妨碍董事会成员履行其监督控制管理层的义务。

最后，如果董事会成员更偏向于某些具有很大影响力的股东的话，其他股东的利益就有可能会受到影响。

控股股东和少数股东之间的关系

控股股东和少数股东之间可能会存在利益冲突。相较于控股股东的意见，少数股东的意见会显得无足轻重或被忽视。

直接投票制（straight voting）：控股股东对董事会成员的选举有较大的影响，少数股东很难选举出能真正代表自己的董事会成员，以控股股东为主导所做的决定会影响到公司及少数股东的权益。例如，在进行收购交易（takeover transactions）的过程中，收购协议中的条款可能会对控股股东更有利。

关联交易是另外一个控股股东将自身利益置于少数股东利益之前的例子。

此外，在使用多级股权结构（multiple-class structure）的公司中，如采用双级股权结构的阿里巴巴（Alibaba）和脸书（Facebook），以及采用三级股权结构的康卡斯特（Comcast）和谷歌（Google），在新股发行时，控股股东的投票权被稀释的程度会减轻。

股东和债权人之间的关系

股东和债权人有不同风险承受能力。股东可能更喜欢高风险项目，以获得更高的回报潜力，而债权人可能会更喜欢盈利稳定、风险较低的项目。

客户和股东之间的冲突

比如，股东可能会处于对自身利益的考虑而决定提高产品的价格，或降低产品安全性来达到降低成本的目的，但这样做会造成客户和股东之间的利益冲突。

客户和供应商之间的冲突

比如，公司为其客户提供过于宽松的赊销付款条件，可能会导致公司按时偿还供应商货款的能力受到影响。

股东和政府或监管机构之间的冲突

比如，公司可能会通过粉饰财务报表的方式来降低税收负担，使股东受益；银行的股东倾向于较低的股权出资，而监管机构希望银行的股东有更高的股权出资。

1.5 利益相关者的管理

利益相关者管理的一般办法

利益相关者管理包括识别、排序和理解利益相关者群体的利益需求，以及在此基础上进行利益相关者的管理。通常通过与利益相关者多交流，平衡不同利益相关者之间的需求的方式来减少可能存在的冲突。

公司治理和利益相关者管理框架

由法律建立起的基础设施，界定不同的权利。

由签订的合同的内容所形成的基础设施，界定不同的权利。

组织基础设施是一套完整的内部系统，包含了治理程序和对应采用的实践措施，以及公司在管理利益相关者的关系时采用的程序。

最后，政府基础设施是指政府规定强加给公司的规定。

利益相关者管理的机制

有少数服从多数，或者绝对多数投票机制的股东大会；董事会计划；审计委员会机制；报告和透明度机制；关联方交易政策；薪酬政策；股东对于薪酬的话语权机制；员工的劳动合同；与客户和供应商的合同协议；相关法律法规机制。

1.6 董事会

董事会的结构

董事会的组成结构取决于公司的规模结构和操作的复杂性。对于董事会成员的要求是必须包括各色各样的专业知识、背景和相关能力的资格。可以分为一层或者两层，不管是哪种结构，首席执行官和董事长必须分离。交错董事会的董事一般分为3类，分为三年才能把董事会成员全部都重新选举一遍，目的是限制外界能轻易地取得共识的控制权。

董事会的职能和责任

董事的职责是谨慎责任和忠诚的义务。

董事由股东选出，指导战略方向，并监督管理层业绩。

董事会要确保高管和主要领导人连续性的计划。

董事会授权给管理层以日常经营的权利，同时还要辅助完善战略方向。

董事会在评估管理层业绩时要与公司的长期利益相联系起来。

1.7 各委员会的职责及评价标准

审计委员会（audit committee）

审计委员会确保公司向股东提供的信息完全、准确、可信、相关、及时。

薪酬委员会（remuneration/compensation committee）

投资者需要确定公司的薪酬委员会由独立董事组成，他们根据管理层的职责和业绩制定薪酬。

提名委员会（nominations committee）

提名委员会负责聘用新董事及独立董事。

治理委员会（governance committee）

开发并监督公司治理准则的完善，董事会及委员会的章程，公司的道德规范和利益冲突政策。定期复审，并且监督完善的过程，并建议必要的改进措施。

风险委员会（risk committee）

确定风险政策、风险状况、风险偏好；建立企业的ERM并监督其实施。监督公司的风险管理功能的运行状况，定期接收报告，并把其调查结果和建议报告给董事会。

投资委员会（investment committee）

评审管理层倡导的重大投资机会，并考虑其对公司的可行性。建立和修改公司的投资策略和政策。

1.8 影响利益相关者关系的因素

市场因素（market factors）影响利益相关者的关系：

- 股东参与（shareholder engagement）
- 股东行动主义（shareholder activism）
- 竞争动力学（competitive dynamics）

非市场因素（non-market factors）影响利益相关者的关系

- 法律环境（legal environment）
- 媒体（media）
- 公司治理行业

股东参与

股东参加年度股东大会或者分析师召开的会议，不过范围限制在财务和战略方面。通过这两种方式，管理层希望得到股东更大的支持。

股东行动主义

股东行动主义描述的是股东试图迫使公司按照他们期望的方式行事，从而达到股东价值最大化。

竞争动力学

竞争动力学可以帮助使管理层的利益与相关利益人的利益达到一致性。

法律环境

两个系统之间的关键区别在于法官是否有决断的权利。对于民法制度，法官的角色通常局限于对于法规和规范应严格地执行。对于普通法体系、立法机关制定的法律，法官在具体应用的时候可以发挥自己的判断力。

媒体

社交媒体已经成为一个强大的工具，越来越多的利益相关者用来保护他们的利益或用来增强他们对企业的影响力。

公司治理行业

外部公司治理服务行业的出现，使得外部专家来协助公司治理监控和代理投票，这将更大程度地为他们的客户的最佳利益服务。

1.9 较差的公司治理结构和利益相关者管理机制存在的风险

内部控制不健全的风险（weak control systems）

如果一个公司的内部控制或监管机制效率不高的话，某些利益相关者或群体为了自身利益就可能会损害公司或其他利益相关者的利益。

决策缺乏效率的风险（ineffective decision making）

在缺少有效监管的情况下，相对于公司或股东来说，管理层更有机会做出与公司股东的利益不相符的决策来为自身谋取利益。管理层过度自信、薪酬政策不合理等都会成为这种问题的诱因。

法律、监管和声誉风险（legal，regulatory，and reputational risks）

在进行监管的过程中，如果监管机制存在缺陷或对发现的问题没能及时报告的话，会使公司面临法律、监管和声誉损害的风险。

违约和破产风险（default and bankruptcy risks）

较差的公司治理结构，比如在公司经营过程中没能兼顾债权人的利益，可能会影响公司的财务状况及偿债能力。

1.10 有效的公司治理结构和利益相关者管理机制带来的好处

提高公司运营效率（operational efficiency）

有效的公司治理结构能确保企业的决策和经营活动都在适当的监督和管控之下进行，这样不仅能够降低公司经营风险，还能提高运营效率。

提升公司内控能力（improved control）

正常运转的审计委员会和有效的审计系统可以使得公司的内控能力得到提升。

提升公司业绩（better operating and financial performance）

有效的公司治理和利益相关者管理机制可以帮助公司提高业绩，降低管理成本。另外，好的薪酬政策有助于激励管理层做出有助于提升公司价值的决策。

降低违约风险和债务成本（lower default risk and cost of debt）

好的公司治理结构不仅能减少债权人之间的利益冲突，保护债权人的权利，同时能降低公司的债务成本和违约风险。

1.11 在分析公司治理结构和利益相关者管理问题时分析师应考虑的问题

公司的经济所有者和控制权（economic ownership and voting control）

一般来说，上市公司的每一股股票代表一票投票权。也就是说，任何股东的投票权与该股东所持有股票的比例是相同的。但也有例外的情况会使得公司的经济所有权与公司的控制权相分离。

双级结构（dual-class structures）：普通股被分为两种，其中一种股票有优先投票权，意味着某些股东即使持股比例较低，也会拥有很大的投票权。

（1）一种机制是投票权和所有权分离：一种股票持有者的持股数量和他所拥有的投票权是相同的，即一股一票；另一种股票持有者的每一股股票都有不止一票的投票权，例如Facebook。

（2）另一种机制是持有某一类股票的人可以选举大多数的董事会成员：在这种机制下经济所有者的部分投票权会被剥离给这类股票的持有者，例如阿里巴巴的合伙人制度。

双级结构的支持者和批评者意见：支持者认为这种系统能促进公司稳定，有利于长期战略投资，有效隔绝来自外部投资者的短期压力。这些结构的批评者认为这种结构会导致资本提供者之间的利益冲突。

董事会成员（board of directors representation）

董事的独立性、任期、经验、问题和多样性可能带来有用的投资观点。例如，如果有多个董事会与公司从事关联方交易，投资者可能有理由担心出现的任何利益冲突。

在公司工作多年的董事会成员所拥有的宝贵经验和专业知识对公司来说既有好处又有坏处。

薪酬与公司业绩（remuneration and company performance）

分析师应考虑支付给高管的报酬与公司的业绩之间是否有关。

如果有多个董事会与公司从事关联方交易，投资者可能有理由担心出现的任何利益冲突。

投资者的构成（investors in the company）

具有不同特征的投资者可能会对公司的发展起到促进或限制作用。

股东权利的强弱（strength of shareholders' rights）

股东权利的大小也会影响到项目决策和公司的发展。

长期风险管理（strength of shareholders' rights）

分析师应注意公司面临长期环境风险、人力资本风险时如何处理，以及对待投资者和其他利益相关者的态度。

1.12 在投资过程中的环境、社会和治理因素（ESG）

分析公司在投资过程中是否对环境、社会因素有充分的考虑，有助于综合理解公司所面临的风险。

ESG 投资（ESG integration or ESG investing）分类

可持续投资（sustainable investing，SI）或负责任的投资（responsible investing，RI）指的是在投资过程中考虑 ESG 因素。

社会责任投资（socially responsible investing，SRI）指不投资那些涉及违背道德伦理或价值观的公司或行业，比如烟草和武器。

影响投资（impact investing）指投资那些不仅能带来财务回报，还能有针对性地实现社会或环境目标的项目，比如气候债券或绿色证券。

投资分析中的 ESG 因素

环境因素：应考虑包括自然资源管理、污染防治、节水、节能减排以及是否遵守环境安全和监管标准等。

社会因素：主要考虑在工作和生产过程中的人权和福利问题。

ESG 实施方法（ESG implementation methods）

负面筛选（negative screening）指不投资某些行业或部门，比如化石燃料提取或生产可能侵害人权或造成环境污染的公司。

正面筛选（positive screening）关注与那些能促进人格尊严、雇员权利、工作福利以及客户安全的公司。

最佳投资（the best-in-class approach）不排除任何行业，而是专注于寻找每一个部门最佳代表。

主题投资（thematic investing strategies）通常只考虑单一因素，如能源效率或期后变化（就像之前提到的影响投资）。

2 资本预算

2.1 资本预算定义

术语解释

资本预算（capital budgeting） 资本预算是指公司用于决策是否执行一年或一年以上投资项目的过程。

2.2 资本预算程序

资本预算程序是识别、评价那些现金流收入在一年以后的长期资本项目的过程。公司对影响未来盈利的任何决策，比如是否购买新机器、是否向异地扩大业务、是否将公司总部迁至另一城市，是否更换一台送货卡车，等等，都可以用资本预算分析的方法进行检验。资本预算程序对公司未来发展具有重要意义，管理层需要根据宏观经济态势、行业发展前景、公司具体情况做出最合理的决定。

此处“资本”是指使用的固定资产（fixed assets）。资本预算决策是公司管理层面临的最重要的决策之一，因为固定资产投资具有投资额度大、回收周期长等特点，投资一旦完成，将在未来相当长的时间里决定公司的产出水平和财务收支。如果投资决策出现失误，则会加大公司的经营风险与财务风险，相对应地，正确的投资决策可以给公司股东带来长久收益。此外，公司战略大多通过投资决策实现，而资本预算程序同样起着举足轻重的作用。

资本预算程序的实施步骤（administrative step）：

第一步：产生创意（idea）：公司需要通过多种渠道获得未来投资项目列表，初步选取可能给公司带来最大收益的投资项目。

第二步：分析项目建议（project proposals）：该步骤是资本预算程序的关键一环，在全面搜集与投资项目相关的信息基础上对其未来现金流进行预测，从而评估项目的盈利能力。需要特别指出的是，资本预算程序重视现金流量，而财务会计强调收入与利润。

第三步：制定公司范围（firm - wide）的资本预算：根据投资项目现金流的时间、公司资源的可获得性以及公司整体战略规划等因素，进一步对投资项目进行筛选。

第四步：监督决策的执行、进行事后审查（post - audit）：一旦将投资决策付诸实施，则一些原先在资本预算决策中未考虑的因素可能出现，为了确保项目的顺利实施，需要实时对其进行监督和审查。

2.3 资本预算项目用途的分类（categories）

替代性项目（replacement projects）

这种项目的主要目的是为了保证公司能够进行正常持续运营和有效降低公司运营成本。这种项目是为了维持公司既有规模而必须进行的投资，即所谓的“保值投资”。

扩张性项目（expansion projects）

这种项目用来加快公司业务增长，其需要根据产品市场的未来需求进行合理决策。扩张性项目包括投资于现有产品与服务，更关键地，投资于新产品与新服务，即对“蓝海”市场的开发拓展。扩张性项目投资可以看作“新增投资”，资本预算情况需要详细分析。

不同于替代性项目维持公司运营的决策目的，扩张性项目的目的是用来增加公司业务的规模，这种资本预算所面临的不确定性比替代性项目更大。

记忆方法

替代性投资是企业为了维持既有规模的生产经营所“不得不”进行的投资，可以看做是一种“存量投资”；扩张性投资是企业为了扩展规模、开拓市场所进行的投资，可以看作一种“增量投资”。很明显，和“存量投资”相比，“增量投资”的风险和不确定性更大，企业在投资之前必须谨慎考察。

监管性、安全性及环境项目（regulatory，safty，and environmental projects）

此类项目又被称为强制性项目（mandatory projects），常常是由于政府管制或者公司的保险政策等原因所需要，一般考虑的是安全与环保问题，例如化工厂的污水处理设备投资，常常不盈利或微利，这类项目理论上不应当成为以股东利益最大化为目的公司所投资的项目。如果当地法规完备，这类投资项目一般无法避免，执行该项目时常常会带来极高的成本，因此公司最好能够将其关闭与此类项目相关的部门，或者与一些盈利较高的项目一起纳入资本预算过程。

其他项目（other projects）

不同于以上三种决策项目可以用 NPV 法或其他资本预算方法决定是否执行，此类项目常常无法用一般的决策方法进行决策，如偏好项目（取决于公司管理层的个人偏好）或是风险太高以至于无法用一般预算决策方法决策的项目（如一些复杂的研发决策）。

2.4 资本预算的原则

决策基于现金流（cash flow），而非会计收入（accounting income）

在公司理财中，通常运用的是现金流量而并非财务会计强调的收入和利润，因为净现值是对现金流量而不是收益的折现。当考虑一个项目时，我们对项目产生的现金流量进行折现。当从整体评价一家公司时，应对股利而不是利润进行贴现，因为股利是投资者实际收到的现金流量。

在做投资决策时，只能用现金流而不能用利润来进行折现，因为利润并不代表收到的现金流，企业不可能利用没有现金流支撑的利润来购买原材料，支付职工薪酬，分发股利。

此外，仅仅讲现金流是不完全的，在计算项目的净现值时，所运用的现金流量应该是因项目而产生的现金流量“增量”。这些现金流量是公司接受一个项目而引发的直接后果——现金流量的变化。

➢ 增量现金流（incremental cash flow）

增量现金流指公司执行或拒绝某个未决策项目时未来现金流量的差值，也就是由决策引起的公司未来现金流量的变化。也称为相关现金流量。

在计算项目的净现值时，只能采用现金流量的“净增量”（incremental amount）。这些现金流量是公司接受一个项目而引发的直接后果——现金流量的变化。也就是说，是公司投资这个项目和拒绝这个项目的现金流量上的差别。

➢ 沉没成本（sunk cost）

需要特别指出的是，在资本预算过程中，“沉没成本”不予考虑。沉没成本是指公司已经发生的不可收回的成本。无论项目决策是否继续进行，沉没成本已经或即将支付。沉没成本与现有决策的增量现金流无关。一个显著的例子是为了评估项目可行性而支付给第三方咨询机构的咨询费用。

➢ 外部性（externality）

项目的外部性是指项目带来的可能增加或减少公司其他经营活动利润的间接效应，分为正外部性（增加利润）与负外部性（减少利润）。在资本预算过程中，应当充分考虑外部性对项目增量现金流的影响，举例来说，如果公司新产品的推出对老产品的销售收入与利润造成负面影响（如吉列公司推出电动剃须刀，造成消费者减少购买传统剃须刀），则称之为侵蚀（cannibalization），这是负外部性的一种表现形式。相反，如果公司的新产品销售能对老产品的销售与利润产生正面影响（如吉列公司推出新品种剃须泡，从而带动了传统剃须刀的销量），称之为协同，这是正外部性的表现形式。

术语解释

侵蚀效应 侵蚀效应是指新项目减少原有产品的销量和现金流。

协同效应 协同效应是指该新项目同时增加了公司原有项目的销量和现金流。

现金流发生的时间（timing）非常重要

首先，资金具有时间价值，凡是需要折现的决策方法都需要计算现值，所以资金的时间价值尤为重要。其次，现金流发生的结构对不同决策方法的决策结论会有影响，如在IRR法中如果现金流流入方向正负相间，就会有多重内部收益率或是没有内部收益率的情形；在回收期法或贴现回收期法中，由于有主观的回收期期限，所以有可能忽略期限以后的现金流，最终导致较好的投资项目被拒绝。

现金流基于机会成本

➢ 机会成本（opportunity costs）

机会成本是指当把一定的经济资源用于生产某种产品时放弃的生产另一些产品所得到的最大收益，又称为“替代性成本”。

一项资产（asset）往往有多种用途，比如一个仓库可以自用，也可出租或者出售。一旦这项资产用于某个项目或者某种用途，就丧失了其他使用方式所能带来的潜在收入（potential inflow）。这些丧失的收入有充分的理由被看成是成本。因为上马了这个项目，公司就失去了其他利用这项资产的机会，所以称之为“机会成本”。机会成本虽无现金流的支出，但是仍然认为是现金流的流出。财务管理中最先介绍的一个概念——时间价值（time value）就是机会成本的一种。

应分析税后（after-tax basis）现金流

税务占用的现金流是流向政府的，不会流向公司的所有者，然而在计算项目内在价值时需要贴现的现金流是流向所有者或是公司的实体现金流，所以在决策分析时应剔除税收的影响。

融资成本（financing costs）是被忽略的

在计算净现值（NPV）时，税后的现金流是用“必要收益率”贴现的，然而，融资成本是反映在项目要求回报率（project's required rate of return）中的，否则，在贴现时，我们会重复计算融资成本。换句话说，在考虑项目现金流时，不需要考虑融资成本，这点需要考生引起高度重视。

资本预算现金流不等于净收入

在计算净收入时，是剔除了折旧等非现金流支付的，另外，为了能够反映债务融资成本，利息费用也应当从净收入中剔除。此外，在计算净收入与经济收入时也有区别，经济收入是现金流加上公司市场价值的变化，并没有减去融资成本，并以公司的市场价值变化为基础。

2.5 项目间的相互作用如何影响资本项目的价值评估

独立项目（independent projects）与互斥项目（mutually exclusive projects）

独立项目是指相互之间没有关系的项目，可以按照其各自盈利能力对每个项目进行价值评估。如X，Y，Z三个项目彼此独立，但是三者各自都可盈利，那么这三个项目都可以接受。

互斥项目是指在所有可能的项目中只有一个可以被接受，项目之间是相互竞争关系。比如：X和Y之间为互斥关系，那么公司只会选择盈利相对多的那个项目，而不接受盈利相对较少的项目。CFA考试中一般会重点考察互斥项目的选择。

项目次序（project sequence）

某些项目必须按照一定的次序采纳，即今天投资的项目创造了未来投资于其他项目的可能性。比如：今天投资的A项目盈利，就为明年投资B项目创造了可能性；如果今天投资的A项目不盈利，B项目就不会在明年被采纳。

无限资金（unlimited funds）与资本配给（capital rationing）

如果公司有无限资金，就可以采纳所有预期收益率大于资本成本的项目。而许多公司的融资有限，那么必须进行资本配给。目标是为了可以利用一切可以利用的资金来实现股东价值最大化。

2.6 资本项目的价值评估方法

净现值法（net present value，NPV）

所谓净现值，是指特定方案未来现金流入的现值与未来现金流出的现值之间的差额。按照这种方法，所有未来现金流入和流出都要按预定折现率折算为它们的现值，然后再计算它们的差额。净现值法又称为贴现现金流方法（DCF）。所用的贴现率是企业的资本成本，也就是企业的资本投资者所要求的必要收益率水平。如果净现值为正数，即折现后现金流入大于折现后现金流出，该投资项目的报酬率大于预定的折现率。如果净现值为零，即折现后现金流入等于折现后现金流出，该投资项目的报酬率相当于预定的折现率。如果净现值为负数，即折现后现金流入小于折现后现金流出，该投资项目的报酬率小于预定的折现率。

用公式表示为：

$$NPV = -C_0 + \frac{C_1}{(1+r_1)} + \frac{C_2}{(1+r_2)^2} + \cdots\cdots + \frac{C_T}{(1+r_T)^T} = -C_0 + \sum_{i=1}^{T} \frac{C_i}{(1+r_i)^i}$$

其中，NPV 表示净现值；C_0 表示初始投资额；C_i 表示第 i 年现金流量；r_i 表示第 i 期的贴现率；T 表示投资项目的寿命周期。

净现值法则：接受净现值大于 0 的项目，拒绝净现值为负的项目。

那么，

对于独立投资项目：

当 $NPV < 0$ 时，拒绝该投资项目；

当 $NPV \geq 0$ 时，接受该投资项目。

对于互斥投资项目：

选择 $NPV > 0$ 的项目中 NPV 最大的一个。

对于资产更新决策（replacement decision）来说，净现值法的决策规则是选择净现值最大的项目。

【例】 某公司拟投资一个项目，假设该项目的存续期为 3 年，期初投资为 2 000 万元，第 1 年的现金流入为 800 万元，第二年的现金流入为 900 万元，第三年的现金流入为 1 000 万元。该公司的资本成本为 10%，则该项目是否值得投资？

$$NPV = -2000 + \frac{800}{1.1} + \frac{900}{1.1^2} + \frac{1000}{1.1^3} = 222.39\ （万元）$$

根据净现值法则，该项目的净现值大于 0，是可以接受的好项目。

NPV 方法的优点很多，同时考虑了资金的时间价值和整个投资期限的现金流，更重要的，使用 NPV 方法可以更为直观地展示投资项目给公司股东带来的实际价值，有效区分了股东与债权人的各自利益归属。

NPV 是资本预算最常用、最重要的方法，但是它远不是完美的。这里介绍的 *NPV* 方法只考虑了项目投资对股东权益的绝对量的贡献（dollar benefit）没有考虑到项目占用资金的多少，也没有考虑到投资年限的差异。项目占用资金多少的差别可以用 *IRR* 方法很好解决，投资年限的问题也将在后面介绍改进的方法。

内部收益率法（internal rate of return，IRR）

所谓内部报酬率，又叫内含收益率，是指能够使未来现金流入量现值等于未来现金流出量现值的折现率，或者说是使投资方案净现值为零的折现率。

用公式表示为：

$$NPV = -C_0 + \frac{C_1}{(1+IRR)} + \frac{C_2}{(1+IRR)^2} + \cdots\cdots + \frac{C_T}{(1+IRR)^T} = -C_0 + \sum_{i=1}^{T} \frac{C_i}{(1+IRR)^i} = 0$$

其中，C_0 表示初始投资额；C_i 表示第 i 年现金流量；*IRR* 表示内部报酬率；*T* 表示投资项目的寿命周期。

内部报酬率法则：若内部报酬率大于贴现率 k，项目可以接受；若内含报酬率小于贴现率 k，项目不能接受。

那么，

对于独立投资项目：

当 $IRR \leqslant k$ 时，拒绝该投资项目；

当 $IRR > k$ 时，接受该投资项目。

对于互斥（mutually exclusive）投资项目：

选择 $IRR > k$ 的项目中 IRR 最大的一个项目进行投资。

【例】 某公司拟投资一个项目，假设该项目未来 5 年的现金流入分别为 100 万元、94 万元、87 万元、99 万元、195 万元，试用内插法计算该项目的内含报酬率。

$$令\ NPV = -350 + \frac{100}{(1+IRR)} + \frac{94}{(1+IRR)^2} + \frac{87}{(1+IRR)^3} + \frac{99}{(1+IRR)^4} + \frac{195}{(1+IRR)^5} = 0$$

利用金融计算器可知：$IRR = 17.026\%$

IRR 考察的是单位投入资金的回报，即比例回报（percentage benefit），这是和 *NPV* 最大的区别。这弥补了 *NPV* 未考虑项目占用资金数量的缺陷，这是和 *NPV* 的区别。但正因为内部收益率表现的是比率，不是绝对值，一个内部收益率较低的方案，可能由于其规模较大而有较大的净现值，因而更值得投资。所以在各个方案比较时，必须将内部收益率与净现值结合起来考虑。

IRR 方法同样存在缺点，首先，在计算过程中，将计算得出的 *IRR* 值默认为再投资回报率，这可能与现实情况不符；其次，计算可能得不到 *IRR* 值或者有多个 *IRR* 值；最后，在对互斥项目进行评估时，结果可能与 *NPV* 方法不符。

名师解惑

NPV 法和 IRR 法之间的最大差别是什么？

上文已经有所提及，NPV 法只考虑了项目投资对股东权益的绝对量的贡献，即关注的是项目的绝对收益；IRR 法计算出的是项目回报率，是相对收益。在对项目进行评估时，必须根据项目占用资金、投资者特殊情况等多个因素具体分析。

回收期法（payback period，PBP）

回收期是指投资引起的现金流入累积到与投资额相等所需要的时间。它代表收回投资所需要的年限。

回收期法计算一个项目所产生的未经折现现金流量（undiscounted cash flow）足以抵消初始投资额所需要的年限，即以项目投资回收（full recovery）的速度来衡量投资方案的一种方法。

（1）如果项目每年的现金流量相等，则回收期（PBP）可以用以下公式进行计算：

$$回收期 = \frac{原始投资额}{每年现金净流入量}$$

回收期法的决策规则：回收年限越短，方案越有利。

那么，

对于独立投资项目：

当回收期≤基准回收年限，接受该投资项目；

当回收期>基准回收年限，拒绝该投资项目。

对于互斥投资项目：

选择回收期≤基准回收年限的项目中回收期最短的一个。

【例】 A项目的初始投资金额为5 000万元，投产后预计每年的净现金流入为3 000万元，则项目A的回收期为

$$PBP=\frac{5\,000}{3\,000}=1.67\ (\text{年})$$

（2）如果项目每年的净现金流不等，则需要将各年净现金流入与初始投资额进行比较后加以确定。

【例】 A、B项目的初始投资额都为6 000元，使用期限同为4年，预计每年的现金流如下。

年份（t）	项目A	项目B
0	-6 000	-6 000
1	3 000	600
2	2 100	1 800
3	2 100	2 400
4	600	3 600

两项目的累积净现金流量（cumulative net cash flow）如下表所示。

	年份（t）	0	1	2	3	4
项目A	净现金流	-6 000	3 000	2 100	2 100	600
	累积现金流	-6 000	-3 000	-900	1 200	1 800
项目B	净现金流	-6 000	600	1 800	2 400	3 600
	累积现金流	-6 000	-5 400	-3 600	-1 200	2 400

$$PBP_A=2+\frac{900}{2\,100}=2.43(\text{年})$$

$$PBP_B=3+\frac{1\,200}{3\,600}=3.33(\text{年})$$

如果A、B均为独立项目，且公司预先设定的标准年限是3.5年，那么它们都是可行的。如果它们是互斥项目，公司应选择A项目，放弃B项目，因为前者的回收期短于后者。

回收期方法的优点是使用方法非常简单，是测量项目流动性（liquidity）和风险的很好指标。回收期法的缺点是忽略了货币的时间价值（time value）并且忽视了回收期之后的现金流，并且不包含项目的盈利信息。此外，公司在使用回收期法时，在确定基准回收年限时带有一定的主观臆测，但是一般可以采用行业的平均值。

现值回收期法（discounted payback period，discounted PBP）

项目的折现投资回收期是指用该项目的折现现金流量清偿初始投资所需的时间。通过对每

一阶段的现金流量折现，再累加这些折现现金流量，最后计算出达到初始投资所需要的折现现金流量的时间长度。

承上例，设年贴现率（annual discount rate）为 10%。经折现的净现金流和累积折现现金流如下表：

	年份（t）	0	1	2	3	4
项目 A	净现金流	-6 000	3 000	2 100	2 100	600
	折现净现金流	-6 000	2 727	1 736	1 578	410
	累积折现现金流	-6 000	-3 273	-1 537	41	450
项目 B	净现金流	-6 000	600	1 800	2 400	3 600
	折现净现金流	-6 000	545	1 488	1 803	2 459
	累积折现现金流	-6 000	-5 455	-3 967	-2 164	295

$$\text{项目 A 的回收期} = 2 + \frac{1\ 537}{1\ 578} = 2.97(\text{年})$$

$$\text{项目 B 的回收期} = 3 + \frac{2\ 164}{2\ 459} = 3.88(\text{年})$$

如果公司预先设定的基准年限（benchmark payback）是 3.5 年，那么不管 A、B 是独立项目（independent projects）还是互斥项目（mutually exclusive），公司都只能选择 A 项目，放弃 B 项目。

现值回收期法克服了回收期法没有考虑资金时间价值问题，但是它还是没有考虑投资收回后现金流。

平均会计收益率法（average accounting rate of return，AAR）

平均会计收益率法是用投资项目经济周期内的平均收益率来评估投资项目的一种方法。其计算方法是将税后平均收益除以平均账面投资额，即：

$$\text{平均会计收益率} = \frac{\text{平均净收入（average net income）}}{\text{平均账面价值（average book value）}}$$

这种方法计算简便，应用范围很广。它在计算时使用会计报表上的数据，以及普通会计的收益和成本观念。

【例】 某公司正考虑如下投资方案，如下表所示。

时间	投资支出	净利润	折旧	现金流量
0	-100 000			
1		10 000	20 000	30 000
2		13 000	20 000	33 000
3		14 000	20 000	34 000
4		18 000	20 000	38 000
5		20 000	20 000	40 000

盈利指数法（profit index，PI）

所谓盈利指数，是未来现金流入现值与现金流出现值的比率、亦称现值比率、获利指数、折现后收益—成本比率等。

$$PI = \frac{PV}{C_0}$$

$$PV = \frac{C_1}{(1 + r_1)} + \frac{C_2}{(1 + r_2)^2} + \cdots\cdots + \frac{C_T}{(1 + r_T)^T} = \sum_{i=1}^{T} \frac{C_i}{(1 + r_i)^i}$$

其中，PV 表示未来现金流入现值；C_0 表示初始投资额；C_i 表示第 i 年现金流量；r_i 表示第 i 期的贴现率；T 表示投资项目的寿命周期。

【例】 考虑以下两个项目：项目 1 和项目 2，如下表所示。

（单位：元）

项目	C_0	C_1	C_2	PI	$NPV_{12\%}$
1	-2 000	7 000	1 000	3.53	50.5
2	-1 000	1 500	4 000	4.53	35.3

盈利指数的计算以项目 1 为例：

$$PV = \frac{7\,000}{1.12} + \frac{1\,000}{(1.12)^2} = 7\,050(\text{元})$$

$$\text{PV} = \frac{7\,050}{2\,000} = 3.53$$

若两个都是独立项目，根据净现值法的基本投资法则，只要净现值为正就可以采纳。净现值为正，也就是 PI 大于 1，因此，

盈利指数法的基本法则：对于独立项目，若 $PI > 1$，可以接受；若 $PI < 1$，必须放弃。

盈利指数法的缺陷

1. 互斥项目

假若两个项目中只能选择一个，根据净现值法，应该选择净现值比较大的项目 1，而项目 2 的盈利指数大于项目 1，这就会对决策产生误导。

该问题通过增量现金流法调整，如下表所示。

（单位：元）

项目	C_0	C_1	C_2	PI	$NPV_{12\%}$
1 -2	-1 000	5 500	-3 000	2.52	15.2%

由于增量现金流的盈利指数大于 1，应选择投资额比较大的项目 1，该结论与净现值法结论相同。

2. 资本配置

现实中有一种情况，当公司资金不足以支付所有净现值为正的项目时，这种情况就需要进行资本配置（capital rational）。

【例】 假如公司现在有第三个投资项目，项目 3 的现金流量如下表所示。

（单位：元）

项目	C_0	C_1	C_2	PI	$NPV_{12\%}$
3	-1 000	500	6 000	4.34	33.4%

同时假设：

①该公司项目之间相互独立；②公司只有 2 000 万元可供投资。由于项目 1 需要初始投资额为 2 000 万元，因此公司一旦选择了项目 1 就不可能再选择其他项目。而项目 2 和项目 3 都只需要 1 000 万元初始投资，可以同时采纳这两个项目。

在资金有限的情况下，不能仅仅依据单个项目的净现值进行排序，而应该根据现值与初始投资的比值进行排序。由于项目 2 和项目 3 各自的盈利指数均大于项目 1，则在资本配置时就应该优先考虑。

盈利指数法与 *NPV* 方法联系非常紧密。决策规则如下：

如果 $NPV>0$，即 $PI>1$，接受该项目；

如果 $NPV<0$，即 $PI<1$，拒绝该项目。

➢ 投资决策方法小结

小结如表 6-1 所示。

表 6-1 投资决策方法的比较

评价指标	决策准则	优点	缺点
净现值法（*NPV*）	如果按投资者的要求收益率 r 折现，$NPV\geqslant0$，项目是可行的；$NPV<0$，项目是不可行的	考虑了现金流量发生的时间；提供了一个与企业价值最大化目标相一致的客观决策标准；理论上是最为正确合理的方法	没有考虑到项目占用资金的多少，也没有考虑到投资年限的差异
内部收益率法（*IRR*）	如果 $IRR\geqslant r$，项目是可行的；$IRR<r$，项目是不可行的	作用类似于净现值，经常得出与净现值法相一致的结论；容易理解	可能出现多个内部收益率问题；在互斥项目比较中可能给出错误的评价
盈利指数法（*PI*）	如果 $PI\geqslant1$，项目是可行的；$PI<1$，项目是不可行的	作用类似于净现值，经常得出与净现值法相一致的结论；容易理解	在互斥项目比较中，有时会得出与净现值矛盾的结论
平均会计收益率法（*AAR*）	平均会计收益率越高越好。项目平均会计利润率（*AAR*）应高于企业所要求的目标平均会计利润率（*RAAR*）	计算简便，数据易取得	忽视了货币的时间价值；缺乏客观性；没有反映市场信息
投资回收期法	回收期越短越好，回收期应小于所要求的回收期，但回收期不应该用于决定项目的取舍	概念明确、使用简便；初步衡量了项目风险；衡量了项目的变现能力	没有考虑现金流量发生的时间；忽视了回收期之后的现金流量；不是一个客观的决策标准
折现投资回收期法	回收期越短越好，回收期应小于所要求的回收期，但回收期不应该用于决定项目的取舍	概念明确、使用简便；初步衡量了项目风险；衡量了项目的变现能力；考虑了现金流量发生的时间	忽视了回收期之后的现金流量；没有考虑现金流量的时间序列

2.7 净现值方法（NPV）图释，对比 NPV 和 IRR 两种方法

有 A、B 两个项目，不同折现率（discount rate）下的净现值（NPV）如图 6-1 所示。

折现率（%）	项目 A	项目 B
0	600.00	800.00
5	360.85	413.00
10	157.64	98.35
15	-16.66	-160.28

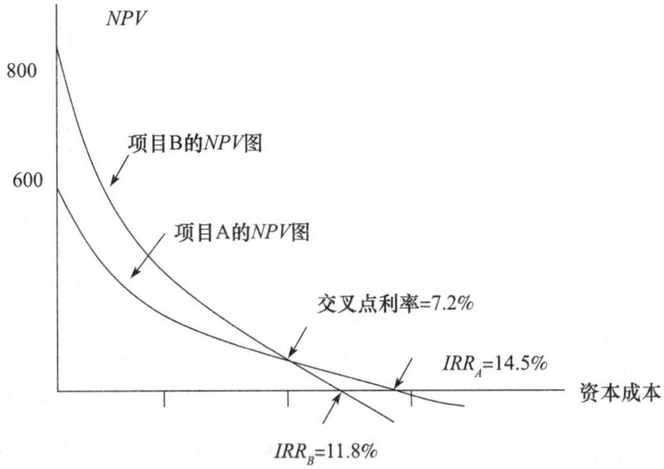

图6-1 净现值图

净现值图（NPV profile）表现的是净现值（NPV）与资本成本（cost of capital）之间的关系，即在不同的折现率下项目的净现值。

下面是对图6-1表示的A、B两个项目净现值图的说明，它清楚地表明了净现值与贴现率或资本成本之间的相互关系：当贴现率为0时，这两个项目的净现值正好等于各自现金流量（包括期初的流出和生产经营期间的流入）之和，A项目的净现值为600，小于B项目。如果A、B是两个互斥（exclusive）的投资项目，那么应该选择B放弃A，如果A、B是两个独立（independent）的投资项目，那么都可以投资。随着贴现率的上升，净现值逐渐下降，但B的*NPV*下降速度大于A，当贴现率为7.2%时，$NPV_A = NPV_B$，当贴现率分别为14.5%和11.8%时，A、B两个项目的净现值降为0，因此，14.5%和11.8%分别为A、B两个项目的内部收益率（IRR）。此后，继续提高贴现率，净现值为负，两个项目都不再具有投资价值。在不同的贴现率下，根据NPV判断准则，项目的选取会有不同。

三个重要问题：

➢ 解释NPV方法和IRR方法在评价独立项目和互斥项目时各自的优缺点

- 对于相互独立的项目，用净现值法（NPV）和内部收益率法（IRR）会得出一致的结论。因为，净现值为正的项目同样有高于资本成本的内部收益率，而内部收益率低于资本成本时，净现值一定为负。
- 评估互斥投资项目时，净现值法（NPV）和内部收益率法（IRR）有时会得出相反的结论，这种差异原因之一是因为对再投资回报率（reinvestment return rate）的假设不同。其次，NPV方法和IRR方法的不同还在于，NPV方法评估的是项目投产为股东创造的财富的收益（dollar benefit），是绝对回报，而 IRR 方法评估的是投入资金的回报率（profitability as a percentage），是相对回报。

➢ 解释多重内部收益率（multiple IRR）以及引起这个问题的现金流模式（cash flow pattern）

如果项目投资以后既发生了现金流入又发生了现金流出，即“非正常现金流量”（non－normal cash flow）的多次改号造成了多重 IRR，根据代数理论，如果现金流改号 M 次，那么就可能会有最多达 M 个正的内部收益率。这种项目用净现值法来处理则不会出现此问题。

【例】 考虑以下项目，其发生如下现金流：$C_0 = -22\,000$ 元，$C_1 = 15\,000$ 元，$C_2 = 15\,000$ 元，$C_3 = 15\,000$ 元，$C_4 = 15\,000$ 元，$C_5 = -40\,000$ 元，求 IRR。

该项目的现金流符号在第 1 期由负变为正，在第 5 期由正变为负，即现金流量的符号改变了两次，通过计算可得使该项目的净现值为 0 的内部收益率有两个，即 6% 和 28%。有两个内部报酬率的原因是现金流量的符号出现了两次变化。实际上，现金流量的符号发生多少次变化，项目的内部报酬率就可能有多少个。

应当注意，许多长期项目在其中期阶段常常需要进行再投资，这些再投资就会使这一阶段的现金流量成为负值，从而出现多重收益率。这种情况下内部报酬率法就可能失效。

➢ 解释 NPV 方法和 IRR 方法进行资本预算（capital budgeting）得出不同结论的原因

NPV 方法和 IRR 方法进行资本预算得出不同结论只在互斥项目投资决策中出现。对于相互独立的项目，用净现值法（NPV）和内部收益率法（IRR）会得出一致的结论。

评估互斥投资项目时，净现值法（NPV）和内部收益率法（IRR）有时会得出相反的结论。

- 这种差异原因之一是因为对再投资回报率（reinvestment return rate）的假设不同。两种方法都假定期间的现金流入可以再投资，但是 NPV 法假定项目前几年所产生的现金流量进行再投资可赚取相当于资本成本的收益率，而内部收益率法假定，项目前几年产生的现金流量进行再投资，再投资回报率等于该项目的内部收益率，也就是说，内部收益率高的项目，再投资回报率也高，而内部收益率低的项目，再投资回报率也低。在此，净现值法所暗含的假设更接近于现实，是优于内部收益率的评估方法。
- 其次，NPV 方法和 IRR 方法的不同还在于，NPV 方法评估的是项目投产为股东创造的财富的收益（dollar benefit）而 IRR 方法评估的是投入资金的回报率（profitability as a percentage）。这既是 IRR 方法的优点，也是它的缺点。优点在于有很多投资项目可以选择而能够融得的资金有限的情况下，可以保证资金投资到回报率最高的项目上。而缺点可以通过以下的例子说明：假设公司目前仅有 A、B 两个互斥的投资项目，需资金投入分别是 100 万元和 10 万元，资本成本为 6%，计算得到 IRR 分别是 10% 和 12%，显然根据 IRR 判断应选择 B 项目投产，但是由于 A 项目规模是 B

的十倍，通过计算得到的NPV大于B项目。这时我们该如何选择呢？由于财务管理的目标是最大化股东的价值，而不最大化投资回报率，所以NPV方法是优于IRR方法的。

综上所述，尽管IRR也考虑到了资金的时间价值，也是一种常用的投资决策指标，但是在一些特殊的情况下，还是会给出错误的选择。所以NPV方法是优于IRR方法的，它总能够给出正确的选择，包括在无资本约束的情况下。

名师解惑

如果在使用NPV与IRR评估项目可行性时，低估了预期的通胀率，那么对NPV与IRR有何影响？

如果在项目评估时低估了预期通胀率，则会导致WACC被低估，因为通胀率与负债成本、权益成本息息相关，这样在计算NPV时，分母被低估，分子（预期现金流）不变，则NPV被高估，则管理层有可能会做出错误决策。但是在计算IRR时，只需要用到未来各期现金流，则IRR并不受影响。

2.8 各种资本预算方法的相对普遍性（popularity）及NPV在股票价值评估中的重要性

➢ 尽管NPV法与IRR法在评估项目时具有优势，但是调查显示，公司会根据以下四个标准选择不同的资本预算方法：

- 企业地理位置（location）

  欧洲的公司倾向于利用回收期法进行项目决策，而不是利用IRR法和NPV法。美国的公司更多地利用IRR法和NPV法。

- 企业规模（size）

  公司的规模越大，就越倾向于使用现金流贴现的方式，如NPV法。

- 公众持股公司（public）vs. 私人持股公司（private）

  私人持股公司倾向于使用回收期法而公众持股公司倾向于使用现金流贴现的方法。

- 管理层教育背景（management education）

  管理层的教育水平越高，就越倾向于使用诸如NPV法和IRR法之类现金流贴现的方法。

  尽管理论上贴现现金流方法，比如NPV方法，优于其他资本预算方法，但研究表明公司采用多种方法评估资本项目。通常，小公司、私人持股公司、非美国公司更愿意采用简单的资本项目评估方法，比如回收期法。

➢ NPV与股票价格的关系：

NPV是用来衡量公司采用某一资本项目所引起的公司未来价值变动的最直接方法，也是与股票价格变动联系最紧密的标准。理论上说，NPV>0的项目引起公司股价成比例的增加。但在现实中，项目对公司股价的影响更为复杂。

3 资本成本

3.1 资本成本的概念

术语解释

资本成本（capital cost） 资本成本是指为了补偿资本提供者——债权人和股东而让渡的资本使用权而给予的收益率。

简单来说，资本成本是指企业（公司）为筹集和使用资金而付出的代价。从广义来讲，企业筹集和使用任何资金，不论短期的还是长期的，都要付出代价。狭义的资本成本仅指筹集和使用资金（包括自由资本和借入长期资金）的成本。

资本成本包括资金筹集费（与筹资活动相关）和占用费（与投资活动相关）两部分。资金筹集费是指在资金筹集过程中支付的各项费用，如发行股票、债券支付的印刷费、发行手续费、律师费、资信评估费、公证费、担保费、广告费。资金占用费是指占用资金支付的费用，如股票的股息、银行借款和债券利息等。相比之下，资金占用费是筹资企业经常发生的，而资金筹集费通常在筹集资金时一次性发生，因此在计算资本成本时可作为筹资金额的一项扣除。

所谓公司资本成本，就是公司的现有证券全体加权平均所构成投资组合的期望收益，可以用来贴现与公司整体风险相似的项目现金流。用公式表示为：

$$WACC = (\omega_d)[r_d(1-t)] + (\omega_p)(r_p) + (\omega_e)(r_e)$$

式中 $WACC$——加权平均资本成本；

ω_d——债券融资的百分比；

r_d——债券资本成本；

t——公司的边际税率；

ω_p——优先股融资的百分比；

r_p——优先股资本成本；

ω_e——普通股融资的百分比；

r_e——普通股资本成本。

公司资本成本具有以下特征：

➢ 资本成本是公司取得资本使用权的代价；

➢ 资本成本是公司投资者要求的最低报酬率；

➢ 不同资本来源的资本成本不同；

➢ 不同公司的筹资成本不同。

例如，一个公司的 WACC 为 12%，就表示在此情况下，投资回报必须超过 12%。换句话说，资本成本也是一种机会成本。从本质上来看，公司的 WACC 代表了公司必须支付给投资者（包括债权人和股东）的税后平均回报。

注意：在计算各类资本的权数时，原则上应采用证券的市场价值（market value）计算确定，但当债券和股票的市场价值非常接近账面价值（book value）时，则可以用账面价值近似计算权重。

3.2 税收对各项资本成本的影响

对于负债成本，需要考虑税收问题。所以税收会直接影响债务成本。

优先股成本和普通股成本是不需要除税的。

但是资本利得税率的降低会增加股票的吸引力，从而降低权益成本，而使WACC下降。所以税收会间接影响资本成本。

3.3 权重计算采用的一些替代方法及公司最优资本结构

➢ 在计算加权平均资本成本的权重时，最适宜采用的计算基础是目标市场价值（market value）。例如，假设某公司目标市场价值为：

债务：¥500 000

优先股：¥300 000

普通股：¥800 000

总资本：¥1 600 000

所以，债务比例：¥500 000 ÷ ¥1 600 000 = 31%

优先股比例：¥300 000 ÷ ¥1 600 000 = 19%

普通股比例：¥800 000 ÷ ¥1 600 000 = 50%

➢ 如果一个公司的资本结构目前有着非常明显的变化趋势，分析师可以结合这种趋势和目前的资本结构来得出目标资本结构。比如：一个公司最近每年都在增加债务在资本结构中所占的比重，那么分析师由此就可以预计公司目标资本结构中的债务比率会相对更高一点。

财务管理的最终目标是股东权益最大化，企业的现实环境是不完美市场（imperfect market）——存在交易费用（transaction cost）、税收（taxation）和破产成本（bankruptcy cost）等，因此资本结构也影响着股权的市场价值。

目标/最优资本结构就是最大化股价，也就是WACC最小时的资本结构，即各种融资所占的最优比重。在本章以后的讨论中假设公司都有既定的目标资本结构，并且通过融资维持相应的目标。为维持最优资本结构，如果当前负债率（debt ratio）低于目标资本结构（target capital structure）时，公司应发放贷款或者新发债券；如果当前负债率高于目标资本结构，则公司将通过权益融资（equity financing）降低负债率。

3.4 边际资本成本和投资机会线决定的最优的资本预算

最优资本预算如图6-2所示。

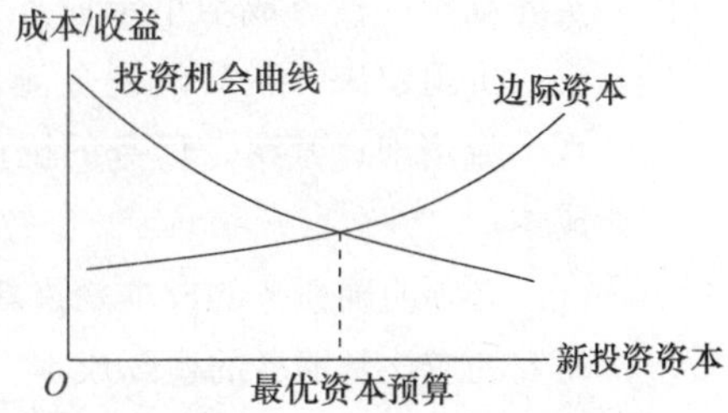

图6-2 最优资本预算

3.5 解释边际成本在决定项目净现值中的作用

边际资本成本（MCC）是指公司新筹集一单位资本所需要负担的成本。在实际筹资活动中，可能会出现这样的情况：当公司以某种方式筹集资金超过某一临界点（break point）时，资本的边际成本会提高。也就是说，即使公司保持目标资本结构，仍有可能导致平均加权资本成本（WACC）的上升。

名师解惑

为什么边际资本成本会逐渐上升

经济学中重视成本——收益原则，对公司资金提供者（股东与债权人）来说，成本即是所要承担的资金风险，收益就是股利（包括资本利得）与利息。随着公司所需资金量的加大，其不可能一直以一个固定的资金成本筹资，因为资金需求的上升意味着股东与债权人面临的风险加大，他们通过提高要求的收益弥补这部分风险。此外，如果新投资的项目风险较大，则边际资本成本会进一步上升。

任何项目的边际成本是该项目增加一个产出量相应增加的成本。例如目前平均人工成本为每人 10 元；如果增加 10 个人，人工的边际成本可能是每人 15 元；如果增加 100 人，人工的边际成本是每人 20 元。这种现象可能是由于比较难找到愿意从事该项工作的工人所导致的。同样的观念用于筹集资本，企业想筹措更多的资金时每 1 元的成本也会上升。边际资本成本就是取得 1 元新资本的成本，筹措的资金增加时边际资金成本会上升。

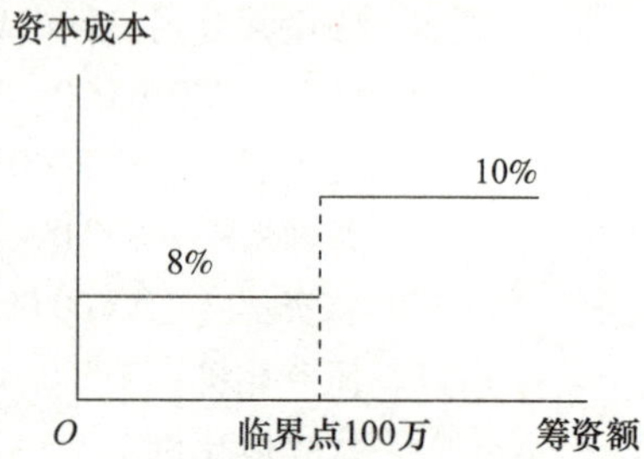

图 6-3　边际成本示意图

注意：边际成本并不是随新融资总额增加连续上升，而是呈阶段性跳跃状，如图 6-3 所示。

对于公司来说，通过不同来源的融资方式增加资本，代价相对是比较高的。所以边际成本呈现一个向上跳跃的趋势。该图说明公司在资本结构不变的情况下增加融资，开始时的边际资本成本（MCC）为 8%，随着融资额的增大，MCC 在筹资额 100 万时的融资成本上升到 10%。这种跳跃称为临界点（break point），指一旦融资额度突破这一点，资本成本就会发生变化。临界点的计算公式：

$$break\ point = \frac{amount\ of\ capital\ at\ which\ the\ components\ cost\ of\ capital\ changes}{weight\ of\ the\ component\ in\ the\ capital\ structure}$$

这里要特别注意区分加权平均资本成本（WACC）和边际资本成本（MCC），WACC 是一个融资额点的全部资金的平均成本，而 MCC 是针对新增一单位融资的。

当 $WACC = MCC$ 时，此时公司到达最优资本预算。

3.6　负债成本的计算

➢ 债务成本

由于债务利息可在税前扣除，因此政府部门承担了债务的部分成本，使得公司实际承担的债务成本小于债务利息，使用税后债务成本的原因如下：首先，公司股票的价值取决于税后的现金流，由于利息的税盾作用，公司缴纳的税收减少，税后现金流增加；其次，债务的税后成本小于税前成本，税后成本才是公司实际承担的成本。

必须明确债务的成本是指新增债务的利息，而不是现存债务的利息，也就是说所研究的应该是债务的边际成本。研究资本成本的目的是在决定资本预算时用其判断项目的可行性，公司已有债务要支付的利息只与过去有关，与现在是否采取新的投资项目并无关系，不管公司是否采取新项目，已有的利息都必须如期支付。

➢ 长期借款成本

长期借款成本是指借款利息和筹资费用。借款利息可以在税前扣除，可以抵税。因此，一次还本、分期还息借款的成本为：

$$R_L = \frac{I_1(1-t)}{L(1-F_1)}$$

式中 R_L——长期借款资本成本；

I_1——长期借款年利息；

t——所得税率；

L——长期借款筹资额（借款本金）；

F_1——长期借款筹资费用率。

上列公式也可以改为以下形式：

$$R_L = \frac{K_L(1-t)}{1-F_1}$$

式中 K_L——长期借款的利率。

当长期借款的筹资费（主要是借款的手续费）很小时，也可以忽略不计。

上述计算长期借款资本成本的方法比较简单，但缺点在于没有考虑货币的时间价值，因而这种方法的计算结果不是十分精确。如果对资本成本计算结果的精确度要求较高，可先采用前面计算现金流量的办法确定长期借款的税前成本，然后再计算其税后成本。公式为：

$$L(1-F_1) = \sum_{t=1}^{n} \frac{I_1}{(1+R)^t} + \frac{P}{(1+R)^n}$$

$$R_L = R(1-t)$$

式中 P——第 n 年末应偿还的本金；

R——所得税前的长期借款资本成本；

R_L——所得税后的长期借款资本成本。

第一个公式中的等号左边是借款的实际现金流，等号右边为借款引起的未来现金流出的现值总额，由各年利息支出的年金现值之和加上到期本金的复利现值而得。

按照这种办法，实际上是将长期借款的资本成本看作使这一借款的现金流入等于其现金流出现值的贴现率。运用时，先通过第一个公式，采用内插法求解借款的税前资本成本，再通过第二个公式将借款的税前资本成本调整为税后的资本成本。

➢ 长期债券成本

发行债券的成本主要指债券利息和筹资费用。债券利息的处理与长期借款利息的处理相同，应以税后的债务成本为计算依据。债券的筹资费用一般比较高，不可在计算资本成本时省略。按照一次还本、分期付息的方式，债券资本成本的计算公式为：

$$R_b = \frac{I_b(1-T)}{B(1-F_b)}$$

式中 R_b——债券资本成本；

I_b——债券年利息；

T——所得税率；

B——债券筹资额；

F_b——债券筹资费用率。

或者：$R_b = \frac{r(1-T)}{1-F_b}$

式中 r——债券利率。

注意：这里的债务成本的利息是针对新发行的债务，而不是对已存在的债务支付的利息。如果不考虑债务的增加会增加企业的破产风险（bankruptcy risk）这一因素，债务融资的税盾作用将导致100%的负债融资为最优资本结构（optimal capital structure）。

3.7 优先股成本的计算

优先股指的是公司在分派股息和清算公司财产时比普通股享有有限权的股份。优先股的股息（dividend）通常是固定的。所以优先股和债券在某些方面比较类似。对持续经营的企业而言，“优先权”意味着只有在优先股股东获取股利后，普通股东才有资格获得股利。优先股和债券在某些方面比较类似，但是不同于债券的是，在确定公司应纳税收入时，优先股股利不能作为一项利息费用从而免于纳税。在美国，从个体投资者角度分析，优先股股利属于应纳税的普通收入，对公司投资者而言，他们投资优先股所获得的股利中有70%可以免缴所得税。优先股成本的计算公式为：

$$R_p = \frac{D}{P_0}$$

其中，D 为固定股利，P_0 是优先股的当前价格。

注意：由此可以得到每年支付固定红利（fixed dividend）的股票的定价公式 $P = D/K$。

3.8 普通股成本的计算

➢ 留存收益成本 R_s

留存收益是企业缴纳所得税后形成的，其所有权属于股东。股东将一部分未分派的税后利润留存于企业，实质上是对企业追加投资。如果企业将留存收益用于再投资所获得的收益率低于股东自己进行另一项风险相似的投资收益率，企业就不应该保留留存收益而应将其派发给股东。留存收益成本的估算难于债务成本，这是因为很难对诸如企业未来发展前景及股东对未来风险所要求的风险溢价做出准确的测定。

公司的管理者有可能误认为留存收益是不存在成本的，是免费的，因为它们是支付股利后的剩余。尽管留存收益融资不存在任何直接融资成本，但是并非免费的，使用留存收益存在机会成本。公司的税后收益是属于股东的，债权人在税前取得了他们的利息收益，优先股股东获得了优先股股利，公司支付了利息、税收、优先股股利后的剩余是属于股东的，这些剩余收益是对股东提供资本的报酬，公司可以将其以股利的形式返回给股东，或者作为留存收益用于再投资。如果用作留存收益，那么存在机会成本——如果公司把它返还给股东，股东可以用于购买股票等投资而获利，因此，留存收益的成本至少等于股东把其再投资所获得的收益。

如果股东自己投资，那么他们的期望收益率为多少呢？（假设股东自己投资与公司投资项目的风险相同），我们曾经讨论过，股票市场一般都会处于均衡状态，期望收益率和必要收益率相等$\hat{R}_s = R_s$。因此，如果公司保持这部分剩余收益用作再投资，其收益率至少为 R_s，否则还不如以股利的形式发放给股东，让股东自己去投资。

➤ 普通股资本成本 R_e

普通股指企业新发行的普通股，普通股成本可以按照前述股利增长模式的思路计算，普通股成本的计算有三种方式。

- 资本资产定价模型法（CAPM 模型）

普通股定价的方法之一是使用 CAPM 模型，资本资产定价模型一般分为以下几个步骤：

（1）估计无风险利率 R_{RF}，无风险利率可以是国库券票面利率，注意：这里的无风险是指没有信用风险（credit risk），但是包含了通货膨胀的风险（inflation risk）；

（2）估计该股票的 β 系数 β_i，用它来估计该公司的系统风险；

（3）估计该股票的预期市场收益率 R_M。

用 CAPM 定价模型计算出该普通股的必要收益率 R_s。

$$R_s = R_{RF} + (R_M - R_{RF})\beta_i$$

CAPM 的公式非常简单，具有很好的理论解释：股票预期回报等于无风险利率与风险溢价（risk premium）之和。但是，资本资产定价模型存在以下问题：首先，股东资产投资多样化可能并不充分，因此，除了市场风险，股东可能还存在其他非系统风险，如果这样，公司实际的投资风险不能用 β 衡量，CAPM 模型有可能低估权益资本成本；其次，即使此模型是有效的，也很难准确地获得公式中一些因素的估计值：①对无风险利率究竟是使用长期国库券的利率还是短期国库券的利率存在争议；②很难估计公司的 β 值；③很难估计市场风险溢价。

- 风险溢价法（又称“债券收益调整法”）

根据某项投资“风险越大，要求的报酬率越高”的原理，普通股股东对企业的投资风险大于债券投资者，因而会在债券投资者要求的收益率上再要求一定的风险溢价。依照这一理论，成本公式为：

$$R_s = R_b + RP_c$$

式中 R_b——债务成本；

RP_c——股东比债权人承担更大风险所要求的风险溢价。

债务成本（长期借款成本、债券成本等）比较容易计算，难点在于确定 RP_c，即风险溢价。风险溢价可以凭借经验估计。一般认为，某企业普通股风险溢价对其自己发行的债券来讲，大约在3%～5%，当市场利率达到历史性高点时，风险溢价通常较低，在3%左右；当市场利率处于历史性低点时，风险溢价通常较高，在5%左右；而通常情况下，常常采用4%的平均风险溢价。这样，股票成本则为：

$$R_s = R_b + 4\%$$

例如，对于债券成本为9%的企业来讲，其留存收益成本为；

$$R_s = 9\% + 4\% = 13\%$$

而对于债券成本为13%的另一家企业，其留存收益成本则为：

$$R_s = 13\% + 4\% = 17\%$$

- 股利增长模型法（DDM）

股利增长模型法是依照股票投资的收益率不断提高的思路来计算留存收益成本。一般假定收益以固定的年增长率递增，成本的计算公式为：

$$R_s = \frac{D_1}{P_0} + G$$

式中 R_s——留存收益成本；

D_1——预期年股利额；

P_0——普通股市价；

G——普通股利年增长率。

但如果需调整发行新股时发生的筹资费用，则股票的筹资成本为：

$$R_e = \frac{D_1}{P_0(1 - F_c)} + G$$

式中 R_e——普通股成本；

F_c——普通股筹资费用率；

G——普通股利年增长率。

【例】 某公司普通股目前市价为 56 美元，估计年增长率为 12%，本年发放股利 2 美元，则：

$$D_1 = 2 \times (1 + 12\%) = 2.24(\text{美元})$$

$$R_e = 2.24/56 + 12\% = 16\%$$

3.9 计算解释项目的 β 值及资本成本

一只股票的贝塔不是与生俱来的，而是由其企业的特征决定的。β 值的驱动因素很多，但关键的因素只有三个：收入的周期性、经营杠杆和财务杠杆。

➢ 收入的周期性

收入的周期性，是指一个公司的收入与整个经济周期状态的依赖性强弱。有些企业的收入具有明显的周期性，也就是说，这些企业在商业周期的扩张阶段经营得很好，而在商业周期的紧缩阶段经营得很差。经验证据表明，高科技企业、零售企业和汽车企业随商业周期而波动，而公用事业、铁路、食品和航空类的企业则与商业周期相关不大。由于贝塔是股票收益率与市场收益率的标准协方差，所以周期性强的股票当然就有较高的贝塔值。

需要指出的是，周期性不等于变动性。比如一个电影制片厂，因为其未来是成功还是失败难以预测，所以收入的变动性大，但是，制片厂的收入取决于影片的发行质量，而非商业周期，所以，电影公司的周期性并不强。也就是说，股票的标准差大并不一定贝塔就高，这一点我们已经强调过。

➢ 经营杠杆

前面我们将成本划分为固定成本和变动成本，并指出固定成本不随产量而变动，而变动成本则随产量（或销量）的增加而增加。在这种划分的基础上，可以计算经营杠杆。

【例】 某企业在生产某种产品时有两种技术可供选择：技术 A 和技术 B，两者的区别如下。

技术A	技术B
固定成本：1 000美元/年	固定成本：2 000美元/年
变动成本：8美元/单位	变动成本：6美元/单位
单价：10美元/单位	单价：10美元/单位
边际贡献：2美元（10美元－8美元）	边际贡献：4美元（10美元－6美元）

技术A固定成本低于技术B，而变动成本高于技术B。这可能是因为技术B的机械化程度较强。也可能是因为A的设备可以租赁，而B的设备则必须购买，或者，技术A所要求的雇员较少，但分包商较多，而技术B则只用熟练雇员，但他们必须在困难时期能留下来，技术B有较低的变动成本和较高的固定成本，就可以说技术B的经营杠杆较高。

图6-4显示了两种技术的成本。对于每一种技术，总成本线的斜率代表其变动成本，A的总成本线的斜率较大，表明A的变动成本较高。

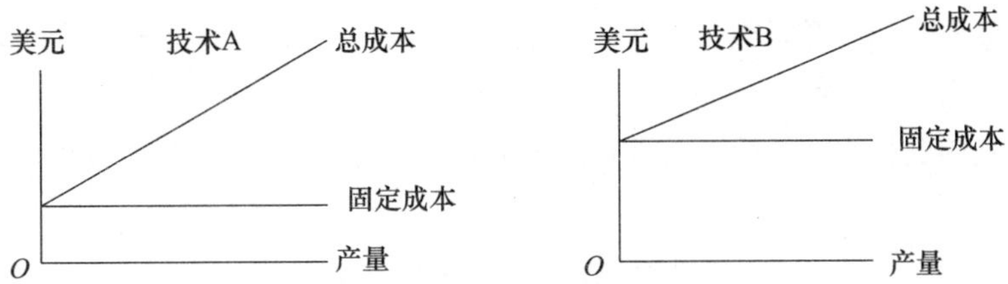

图6-4 两种不同技术的图解

注：技术A的变动成本高于技术B，固定成本低于技术B，技术B的经营杠杆较高。

两种技术用来生产同一种产品，因此二者的单价都是10美元。前面已经介绍过，边际贡献等于价格与变动成本之差，用于衡量每增加一个单位的产品所增加的利润。技术B的边际贡献较大，所以这种技术风险较大。销售意外地增加一个单位，在A技术下可增加2美元利润，在技术B下可增加4美元利润；同样，销售意外地减少一个单位，在技术A下减少2美元利润，在技术B下减少4美元利润。这从图6-4可以看出来。图6-5反映了销售量的变动所引起的税前息前利润的变动：右边的图中斜率较大，表明技术B的风险较大。

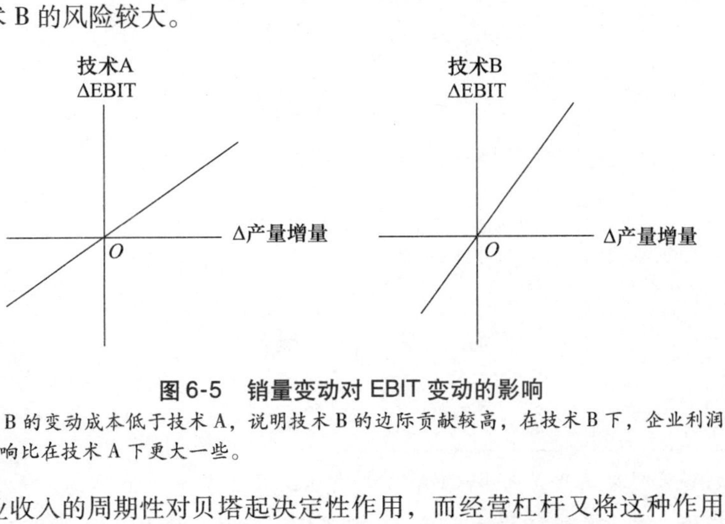

图6-5 销量变动对EBIT变动的影响

注：技术B的变动成本低于技术A，说明技术B的边际贡献较高，在技术B下，企业利润受销量的影响比在技术A下更大一些。

企业收入的周期性对贝塔起决定性作用，而经营杠杆又将这种作用放大。经营风险一般是指无财务杠杆情况下的企业风险，它取决于企业收入对商业周期的敏感程度和企业的经营杠杆。

以上讨论是针对企业的，实际上它们同样可以运用于项目：如果找不到其他方法估计项目的贝塔，可以分析项目的收入及经营杠杆。如果收入的周期性强且经营杠杆高，则贝塔值也高；反之，如果收入的周期性不明显且经营杠杆低，则贝塔值也低。令人遗憾的是，这是一种定性的方法，对于刚刚起步的项目，由于历史数据较少，无法定量地估计贝塔。

➢ 财务杠杆

顾名思义，财务杠杆与经营杠杆是类似的概念。经营杠杆与企业生产经营的固定成本有关，而财务杠杆则反映了企业对债务融资的依赖程度。杠杆企业是指资本结构中有负债的企业。杠杆企业不论其销售情况如何都要支付利息，所以财务杠杆与企业固定的财务费用有关。

而对一个杠杆企业，资产贝塔与权益贝塔是不同的：正如其名称所示，资产贝塔是企业总资产的贝塔系数，除非完全依靠权益融资，否则不能把资产贝塔看作普通股的贝塔系数。

与任何其他组合一样，组合贝塔系数等子组合中每个单项的贝塔的加权平均，所以有：

$$\beta_{资产} = \frac{负债}{负债+权益} \times \beta_{负债} + \frac{权益}{负债+权益} \times \beta_{权益}$$

其中，$\beta_{权益}$是杠杆企业权益的贝塔，可以发现，式中负债的贝塔乘以负债在资本结构中的百分比，即负债/（负债+权益），同样，权益的贝塔乘以权益在资本结构中的百分比这个组合包括企业的负债和权益，所以组合贝塔就是资产贝塔。如前所述，对于全部以权益融资的企业，资产贝塔可以看作普通股的贝塔。

在实际中，负债的贝塔很低，一般假设为零。若假设负债的贝塔为零，并且考虑税收因素，则

$$\beta_{资产} = \frac{权益}{负债(1-税率)+权益} \times \beta_{权益}$$

即

$$\beta_{Assets} = \frac{E}{D \times (1-t) + E} \times \beta_{EQ}$$

对于杠杆企业，权益/（负债+权益）一定小于1，所以$\beta_{资产} < \beta_{权益}$，将上式变形，有

$$\beta_{权益} = \beta_{资产}\left[1 + (1-税率) \times \frac{负债}{权益}\right]$$

即

$$\beta_{EQ} = \beta_{Assets}\left[1 + (1-t) \times \frac{D}{E}\right]$$

记忆方法

权益贝塔与资产贝塔几乎是每年 CFA 必考内容，考生需要重点掌握。而且必须从本质上理解这两种贝塔值。有财务杠杆的情况下，权益贝塔一定大于资产贝塔，换句话说，资产贝塔就是去杠杆的权益贝塔。什么叫去杠杆？也就是全投资假设。资产贝塔就是全投资假设——假

设债权人投资的份额也是股东出的怎么办，即总体资产不考虑杠杆。权益贝塔的风险更大，资产贝塔风险较小。需要记住的是资产贝塔比较小，相当于剔除了财务杠杆，也是股东出的钱。全部自己掏钱的风险和借钱的风险相比，肯定借钱风险大。所以肯定是风险大的数值除以大于1的数字才能等于小的数值，权益贝塔除的是［$1+(1-t)D/E$］，这个分母一定大于1。这样起到了去除财务杠杆的作用。之所以要得到去杠杆化的资产贝塔，其目的就是在评估目标公司贝塔值的时候更具可比性，因为参照公司的财务杠杆各不相同，直接使用权益贝塔不太适合。

【例】 考虑一家树苗栽培公司，公司目前是100%权益型，贝塔为0.8。公司已经决定将资本结构改为负债－权益比为1:1。由于公司的行业不变，其资产的贝塔应保持不变，即0.8。但是，在假设负债的贝塔为零的情况下，公司权益的贝塔将变成

$$\beta_{\text{权益}}=\beta_{\text{资产}}\left(1+\frac{\text{负债}}{\text{权益}}\right)$$

如果公司的资本结构为1:1的负债－权益比，那么权益的贝塔将等于：

$$1.6=0.8\times(1+1)$$

但是，只要公司的业务不变，公司资产的贝塔将保持0.8不变，财务杠杆的效应体现为权益贝塔的增加。

考点总结

贝塔在金融学中是一个极为重要的要素，在CFA一级考试中的公司财务、权益类投资与资产组合等部分中都有所涉及，考生需要重视。贝塔用来衡量一种股票价格的变动与整个股票市场整体变动的相关性指标，是度量公司系统性风险的重要指标。如前文所述，一个公司股票的贝塔值与其收入的周期性、经营杠杆与财务杠杆有关，换句话说，公司股票的贝塔值与公司所处行业与总体风险（包括商业风险与财务风险）有关。关于经营杠杆与财务杠杆下文会有详细介绍。

3.10　考虑国家风险的股本成本计算

对于发展中国家，用CAPM估量权益资本成本，必须还要考虑国家风险溢价。并且权益市场波动越大，国家风险溢价越大。

$$R_s=R_{RF}+\beta(R_M-R_{RF}+CRF)$$

$$CFR(\text{国家风险溢价})=\text{政府债券利差}\times\frac{\text{发展中国家权益指数年标准差}}{\text{发达国家债券市场年标准差}}$$

3.11　筹资突破点的计算

边际资本成本指的是公司每增加1个单位资本所需要负担的成本。我们假设工资的资本是有限的情况下，投资的资本超过了一定额度的时候，资本的边际成本会随资本数量的增加而增加。此时，即使公司保持原有的资本结构，也仍有可能导致平均加权资本的提高。

当公司资本达到一定数量时，随着新资本的扩大，公司经营规模增大，经营风险会增加。从负债方面看，随着公司债务成本增加，新债权人考虑公司的经营风险和财务风险，必定提高贷款或债券的利率，使债务成本增加；从所有者权益方面看，当公司留存收益不能满足按目标资本结构确定的新筹普通股本时，则需要发行新的普通股，投资对新普通股的必要收益率一般

高于原有股本，以此来补偿增加的风险。因此，无论是从负债的角度还是从所有者权益的角度来看，当公司的资本达到一定数量的时候，新资本增加会引起边际资本成本上升。由于公司筹集新资本都按一定的数额批量进行，故新筹集资本的边际资本成本曲线是一条有间断点的曲线。

边际资本成本的计算步骤：

- 确定目标资本结构
- 计算个别资本成本
- 计算筹资突破点（break point）

$$筹资突破点 = \frac{某类资本在一定成本下的筹资额}{该类资本在资本总额中所占的比例}$$

- 划分筹资范围，计算边际资本成本

3.12 正确对待发行费用

发行费用（flotation cost）：发行新资本牵涉的成本，一般由投行收费，根据发行规模与发行方式的不同而不同，一般占总发行资本的 2% 到 7%。对普通股和债券来说，发行费用一般不纳入筹资总额中，因为所占比率很小（小于 1%）。而普通股需要将此成本纳入筹资总额中（一般为 5%）。

$$R_e = \frac{D_1(1+g)}{P_0(1-FC)}$$

但是发行费用属于一次性的费用，只是在项目一开始的时候的一个现金的流出。所以，正确对待发行费用的方法是把它看作项目起初的成本。

4 杠杆的度量

4.1 杠杆效应

术语解释

杠杆（leverage） 杠杆指的是在公司资本成本结构中对固定成本的使用，折旧、租金等经营资本成本产生经营杠杆，利息支出的等金融资本成本产生财务杠杆。

杠杆效应，是指固定成本提高公司期望收益，同时也增加公司风险的现象。经营杠杆是由与产品生产或提供劳务有关的固定性经营成本所引起的，而财务杠杆则是由债务利息等固定性融资成本所引起的。两种杠杆具有放大盈利波动性的作用，从而影响公司的风险与收益。简单来说，杠杆可以使公司在经营状况良好时“锦上添花”，在经营状况恶化时“雪上加霜”，公司管理层在使用杠杆时需要特别谨慎。

4.2 经营杠杆系数

商业风险是指公司经营性收入以及公司收益和产生这些收益的必要支出所面临的风险。商业风险一般包括销售风险与经营风险。

- 销售风险（sale risk）是指公司销售的不确定性。
- 经营风险是指企业未使用债务时经营存在的内在风险，是由固定经营成本造成的经营性收入的不确定性。固定成本相对于可变成本的比重越大，公司的经营性风险就越高。

影响经营风险的常见因素有产品需求、产品售价、产品成本、调整价格的能力、固定成本的比重。经营杠杆本身并不是经营风险变化的来源，经营风险的来源是生产经营的不确定性。经营杠杆的存在会放大息税前利润的变动性，也就放大了企业的经营风险。

与产品生产或提供劳务有关的固定性经营成本是引发经营杠杆效应的根源；而经营杠杆放大了企业的经营风险。

经营杠杆系数（degree of operating leverage，DOL）度量了经营杠杆效应：

$$\text{经营杠杆系数}(DOL)=\frac{\text{息税前利润变化的百分比}}{\text{营业收入变化的百分比}}=\frac{\Delta EBIT/EBIT}{\Delta Q/Q}$$

$$=\frac{(P-V)\Delta Q/EBIT}{\Delta Q/Q}=\frac{(P-V)Q}{EBIT}=\frac{S-TVC}{S-TVC-F}=\frac{EBIT+F}{EBIT}$$

式中 Q——销售单位商品的数量；

P——单位商品价格；

S——销售额；

V——单位商品变动成本；

F——固定成本。

注意：在这种形式下，分母是 operating earnings（EBIT）。

4.3 财务杠杆系数

财务风险是指由于企业运用了债务筹资方式而产生的企业丧失偿付能力的风险，而这种风险最终是由普通股股东承担的。影响财务风险的一个基本因素是债务利息或优先股股息这类固定性融资成本。

固定性融资成本是引发财务杠杆效应的根源，而财务杠杆会放大财务风险。

财务杠杆系数（degree of financial leverage，DFL）度量了财务杠杆效应：

$$\text{财务杠杆系数}(DFL)=\frac{Q(P-V)-F}{Q(P-V)-F-I-PD/(1-T)}=\frac{\Delta EPS/EPS}{\Delta EBIT/EBIT}$$

$$=\frac{Q(P-V)-F}{Q(P-V)-F-I-PD/(1-T)}=\frac{EBIT}{EBIT-I-PD/(1-T)}=\frac{EBIT}{EBIT-I}$$

4.4 总杠杆度

总杠杆度（degree of total leverage，DTL）考察了经营杠杆和财务杠杆的共同作用和连锁作用，直接考察了营业收入的变化对每股收益的影响程度。

$$总杠杆系数(DTL) = \frac{每股收益变化的百分比}{营业收入变化的百分比} = DOL \times DFL = \frac{Q(P-V)}{Q(P-V)-F-I}$$

$$= \frac{S-TVC}{S-TVC-F-I} = \frac{S-TVC}{NI}$$

记忆方法

经营杠杆、财务杠杆以及总杠杆的计算公式需要熟记，这里提供一个简易的记忆方法。经营杠杆$=\frac{EBIT+F}{EBIT}$，如果没有固定成本支出，$F=0$，即没有杠杆，如果$F>0$，则经营杠杆大于1，存在杠杆。财务杠杆也是一样，财务杠杆$=\frac{EBIT}{EBIT-I}$，如果没有利息支出，$I=0$，即没有杠杆，如果$I>0$，则财务杠杆大于1，存在杠杆。总杠杆$\frac{S-TVC}{S-TVC-F-I}$，只要F和I中有一项大于0，则总杠杆大于1。

名师解惑

公司的财务杠杆较高会对盈利能力造成什么影响

公司财务杠杆高，首先会减少净利润；因为借款较多，利息费用增加。ROE 可能会增加，因为如果公司的负债增加，股东权益比例减少，计算 ROE 时，分母变小，就有提升作用。但是与此同时，净利润也较低，即分子也变小，所以最后是一个综合结果。最终 ROE 提升不提升是一个平衡的结果。债务与利息费用增加了，是导致净利润降低作用强烈，还是导致权益减少作用强烈。两者之间的平衡，才能得到最终结果。

4.5 财务杠杆在公司净收入和股权收益中的作用

财务杠杆的使用会增加违约风险，但是也会增加权益所有者的潜在收益。

盈亏平衡的销售量（breakeven quantity of sales）是收入等于总成本时的销售量，净收入为零。

$$盈亏平衡的销售量 = \frac{固定营运成本 + 固定融资成本}{价格 - 单位产品可变成本}$$

每销售一单位产品，其边际贡献（contribution margin）有助于覆盖固定成本（见图6-6）。

经营性盈亏平衡销量（operating breakeven quantity of sales）

$$经营性盈亏平衡销售量 = \frac{固定经营成本}{价格 - 单位商品可变成本}$$

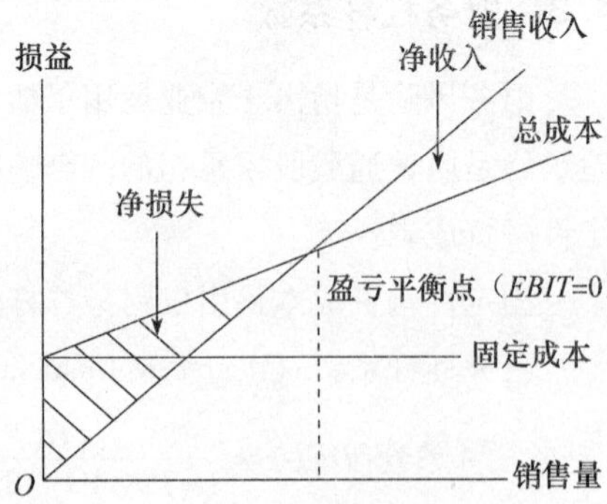

图6-6 盈亏平衡点

考点总结

经营杠杆与财务杠杆计算的公式繁杂，变化形式较多，但却是 CFA 考试的常考点，考生需要熟记以上各项公式。

5 红利和股票回购：基础

5.1 股利的相关概念以及对财务比率的影响

术语解释

股利（dividend） 股利是由公司支付给股东的款项。这是公司支付给股东的一部分公司利润。当公司获得利润或者盈余，这部分钱有两种用途：称为留存收益的这部分钱重新投资于公司，另一部分可以分配给股东。对股东的分配通过两种方式：股票回购或股利。

现金股利（cash dividends）

现金股利是以现金支付的股利，它是股利支付的主要方式。公司支付现金股利除了要有累计盈余外，还要有足够的现金。

常规股利（regular dividends）：公司定期发放一定比例的利润。长期稳定或增长的股利发放可以被投资者视为财务稳健。

特殊股利（special dividends）：当环境有利时，除正规股利的发放外，公司会一次性再向投资者发放股利。处于周期性行业的公司（如汽车公司）往往会在行业景气时发放特殊股利。也叫作额外股利（extra dividends）或非正规股利（irregular dividends）。

清算股利（liquidating dividends）：当公司停业并分红给投资者。出于计税的目的，流动性股利以资本所得（capital gains）征税。

考点总结

考生需要注意的是，公司发放现金股利并没有改变投资者持有股票的总价值。举例来说，公司股票价格20元，分红1元，则分红后股票开盘价为19元，后面怎么变是另外一回事情（一般来说，分红后股价会上涨）。投资者资产变成了19元的股票和1元的现金。如果有1 000股，开始价值20 000元，分红之后变成19 000 + 1 000 = 20 000元，分红之后仍是20 000元，可以看做是有1 000元的股票变现为现金。所以，现金股利会降低公司资产的账面价值和市场价值——总资产里面现金流出了，市场价值也降低了。20元的股票分红后就变成19元了。

如果公司长期发放稳定的现金股利，则被视作是积极信号，股价也会保持稳定甚至稳步增长。一旦公司本期不发放股利，一般被视为是问题发生的前兆。此外，公司发放大量的特殊股利并非总是使投资者收益，表面来看，投资者得到了现金，流动性加强，然而，公司发放大量股利的潜台词也许是——近期没有优良的投资项目，企业没有进一步扩展的打算，说明企业的增长能力放缓，可能会对未来收益产生负面影响。

股票股利（stock dividends）

股票股利是指公司用新股作为股利发放，而不是现金。

一般来说，股票股利的形式有送股与拆股。

送股：上市公司分红的一种形式，即采取送股份的办法向上市公司的股东分配公司利润的一种形式。其实送股可以看成是一种特殊的配股，只是配股价为零。送股和配股最直接的区别就是股东要不要额外掏钱。比如 10 送 2，10 送 3 等。送股时，将上市公司的留存收益转入股本账户，留存收益包括盈余公积和未分配利润，现在的上市公司一般只将未分配利润部分送股。

送股实质上是留存利润的凝固化和资本化，表面上看，送股后，股东持有的股份数量增长，其实股东在公司里占有的权益份额和价值均无变化。这点与现金股利并无二致。

拆股（stock splits）：将现有的个股拆分为多个股票。

一般来说，公司发放股票股利或者拆股都会增加流通股数量，并且使股价以同等比例下跌，但是对股东的总财富没有影响。2 for 1，是 1 股拆成 2 股；3 for 2，就是 2 股拆成 3 股。

有时拆股或配股并不会使股票价格下降，相反，在拆股或配股后，股票价格有上升的趋势。由于一般股票股利超过 50% 的话需要按照拆股计算，所以拆股可以看作程度较大的送股。

拆股会被认为是管理层传达出的一个关于未来收入的积极信号，一般会使股价上升。

如果一份好的收入报告没有以拆股为依据，股票价格会回到初始状态。

逆向拆股/并股（reverse stock splits）：并股后，股票数量减少，价格上升。

对财务比率的影响：支付现金股利会减少资产、所有者权益和流动性比率，增加 debt-to-equity ratio 和 debt-to-assets ratio。

名师解惑

公司为什么会进行拆股或并股

首先对拆股进行分析，如上文所述，拆股不涉及公司现金流的变化，仅仅是股票股数变化。股票拆股后，发行在外的股数增加，每股面额降低，每股盈余下降；公司价值、股东权益总额、股东权益各项目的金额及其相互间的比例保持不变。当一只股票价格高企，无形中提高了投资门槛，将中小投资者挡在门外，为了增加交易量与流动性，公司一般会进行拆股。比如，苹果公司股价现在是每股 600 多元，有些人就买不了这个股票。一手持 100 股，就必须要 6 万多元才能持股。当 1 股拆为 10 股后，股票价格就变成了 60 多元，100 股就变成了 6 000 多元，很多人就有能力买了。

与拆股相对应，并股是公司传递的负面信号，并股又称合股，指的是把两股或多股合成一股的财务操作手法，对于上市公司来说是一种躲避退市的方法。如在中国香港联合交易所，按照规定，上市公司股价低于 0.01 港元，公司将退市。于是不少低价股就会并股。并股对上市公司有好处，如果公司有集资需求，合股后一般可以筹到更多的钱。但是并股治标不治本，在短期内可能能够达到提升股价的效果，但是如果公司经营继续不振，股价会进一步下滑。

5.2 股利的相关概念以及对财务比率的影响

- 宣布支付股息日（declaration date）：股份公司董事会根据定期发放股利的周期举行董事会会议，讨论并提出股利分配方案，由公司股东大会讨论通过后，正式宣布股利发放方案，宣布股利发放方案的那一天即为宣布日，在宣布日，股份公司应登记有关股利负债（应付股利）。

- 除息日（ex-dividend date）：由于股票交易与过户之间需要一定时间，因此，只有在登记日之前一段时间购买股票的投资者，才能在登记日之前列于公司股东名单之上，并享有当期股利的分配权。一般规定登记日之前的第四个工作日为除息日（逢节假日顺延），在除息日之前（含除息日）购买的股票可以得到将要发放的股利，在除息日之后购买的股票则无权得到股利，又称为除息股。除息日对股票的价格有明显的影响。在除息日之前进行的股票交易，股票价格中含有将要发放的股利的价值，在除息日之后进行的股票交易，股票价格中不再包含股利收入，因此其价格应低于除息日之前的交易价格。
- 登记日（holder-of-record date）：由于工作和实施方面的原因，自公司宣布发放股利至公司实际将股利发出要有一定的时间间隔。由于上市公司的股票在此时间间隔内处在不停的交易之中，公司股东会随股票交易而不断易人，为了明确股利的归属，公司确定有股权登记日，凡在股权登记日之前（含登记日当天）列于公司股东名单上的股东，都将获得此次发放的股利，而在这一天之后才列于公司股东名单上的股东，将得不到此次发放的股利，股利仍归原股东所有。
- 支付日（payment date）：股东实际获得股利的日期（见图6-7）。

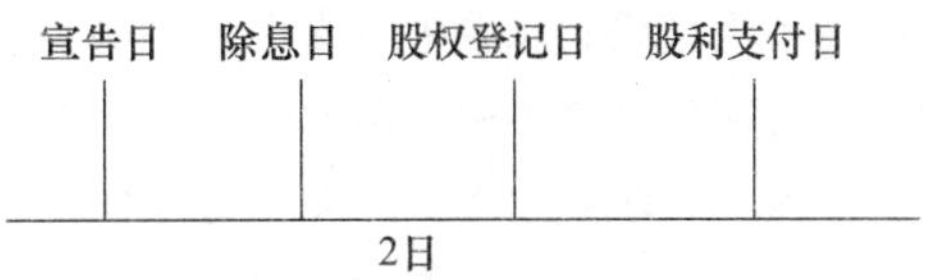

图6-7 股息支付进程表

5.3 股票回购

股票回购（share repurchase）：向投资者支付现金的另一种方式是股票回购。公司使用现金购买其流通股，购回的股份一般保存在公司内，如果以后需要筹措资金，可以将库存股再次出售。

股票回购方法的对比

股票回购一般有三种交易类型。

- 公开市场回购（open market repurchase）：公开市场回购是公司回购股票最常用的方式。公司在公开市场上宣布回购自己股票的意图，一段时间内，公司就可与其他任何投资者一样，在市场上购买本公司的股票。
- 股票要约收购（tender offer）：公司可以通过要约收购的方式回购股票，即公司在短期内按事先确定的价格发出要约收购。要约价格一般显著高于股票的当前市价。要约收购的成功与否，通常取决于愿意接受要约股东能否提供充足数量的股票，否则公司会取消要约，回购也就不会发生。
- 目标定向回购（targeted repurchase）：公司也可以采用目标定向回购的方式直接与大股东协商回购股票。回购价格一般要高于市场价格。这会使得股票的卖方财富上升，而其余股东的财富下降。

股票回购对每股收益的影响

股票回购会降低上市股票的数量，进而增加每股收益（EPS）。用公司基金回购股票会降低利息收入以及收益，借款回购股票会产生利息成本，进而降低收入。收益的减少比率和股票数量的减少比率之间的关系可以决定股票回购对EPS的影响是积极的还是消极的。

如果用来回购股票的公司基金的税后收益率或借款的税后成本高于每股收益率，则回购后EPS 会下降，反之，EPS 会上升。

股票回购对每股账面价值的影响

如果回购价格高于初始的每股账面价值，则账面净值（BVPS）会下降，反之，BVPS 会上升。

现金股利与股票回购对股东财富的影响

如果股票回购使用公司自有基金，则股票回购被认为是以现金支付股东股利的另一种方式。假设税收处理一样，则股票回购与现金支付股利对股东财富影响相同。很明显，使用公司自有基金对股票进行回购，效果与直接使用现金回购一样。

记忆方法

如前文所述，通过动用公司基金或者银行借款回购股票，如果基金税后收益率与借款税后成本大于每股收益率（市盈率的倒数），则 EPS 下降。可以通过这样理解来帮助记忆，以高于股票成本的代价购回股票，公司实际上遭受损失，使利润下降，最终使得 EPS 降低。

同样的理解方式，如果回购价格高于初始每股账面价值，则公司同样遭受损失，公司价值下降，造成回购后账面净值下降。

6 营运资本的管理

6.1 营运资本的定义

术语解释

营运资本（working capital） 营运资本是代表一个企业、组织或其他实体包括事业单位的可用经营流动性资产。与场房、设备等固定成本相比，营运资本被认为是经营资本的一部分。净营运资本等于流动资产减去流动负债，广泛运用于诸如现金流贴现法等估价技术中。如果流动资产少于流动负债，那么就认为该公司有营运资本缺口，也称之为营运资本赤字。

6.2 营运资本流动性的管理与计量

术语解释

流动性（liquidity） 流动性指的是公司利用自身资本迅速变现以偿付短期债务的能力。

一个公司的流动性管理指的是在需要短期资金时能够产生现金的能力。

流动性来源

- 日常经营类的现金：主要来源于公司日常销售收入，应收账款和短期投资等项目的收回。
- 清算的短期或长期资产（secondary source of liquidity）：如债务再谈判、公司重组等。

如果公司的流动性来源主要来自第一类，则一般不会影响公司的日常经营活动。但是如果公司流动性诉诸第二类来源，则会显著改变公司的经营现状与财务结构，表明公司的财务状况正在恶化中。

该知识点在CFA考试中屡次出现，考生需要加强记忆。

影响流动性的因素

- "拖式"影响（drags on liquidity）：所有对现金流入期限或速度的影响，比如未收回的应收账款（坏账）作废的存货，等等，该效应会降低企业日常经营活动中可用资金的数量。
- "拉式"影响（pulls on liquidity）：产生加速现金流出的影响，如商业信用（对供应商的赊账）的数量受到限制或降低。

记忆方法

这里的"拖式"与"拉式"影响不太容易理解，可以将现金看作拖与拉的对象。拖式可以理解为客户拖欠货款，造成现金流入受限；拉式可以理解为供应商对公司的商业信用受限——将现金加速拉出公司。

6.3 计算及解释流动性指标（可和其他同业公司进行比较）

内部流动性（internal liquidity）：是指企业偿还未来短期金融债务的能力。流动性分析包括分析流动资产和流动负债的关系，股东和债权人权益的性质及其大小，公允资产价值对债权人和投资者的保护程度，以及净收益的数量和趋势等。主要的指标有以下几个。

流动比率

$$流动比率 = \frac{流动资产}{流动负债}$$

流动比率（current ratio）：用来测度公司通过兑现流动资产（将流动资产转化为现金）来清偿流动负债的能力。它反映了公司在短期运营中避免无力偿还债务的能力。流动比率越高，则企业偿债能力越强，超过1的部分越大，债权人保障程度越高，如果流动比率小于1，说明公司营运资金为负，面临流动性危机。流动比率低不好，但也不是流动比率越高越好，因为流动比率过高，表明企业滞留在流动资产里的资金过多，未能有效加以利用，反而有可降低企业获利能力。总之，流动比率越高，公司短期偿债能力也越高。

速动比率

$$速动比率 = \frac{速动资产}{流动负债}$$

其中，速动资产 = 流动资产 - 存货。

速动比率（quick ratio）：也叫作酸性试验比率，意在表明可用来偿付近期负债的流动性非常好的流动资产数量，对于那些存货无法及时转变为现金的公司，速动比率是比流动比率更好的流动性测度法。速动比率越高，公司的短期偿债能力也越高。

现金比率

$$现金比率 = \frac{(货币资产 + 交易性金融资产)}{流动负债}$$

这是一个最为保守的比率，现金比率越高，公司短期偿债能力也越高。但是，现金比率也不是越高越好，大量的现金沉积在公司内会造成高额的机会成本。

应收账款周转率

$$应收账款周转率 = \frac{营业收入}{平均应收账款余额}$$

表明该年应收账款转变为现金的平均次数，从一个侧面反映应收账款流动速度，如果应收账款流动速度快，不仅可以减少坏账损失，而且可以加速资产的周转速度。其中注意平均应收账款的计算是用期初值加上期末值除以 2。

$$应收账款周转天数 = \frac{360}{应收账款周转率}$$

收款期越长说明顾客支付账单的速度越慢，意味着企业内部存在更多的资金沉淀。

存货周转率

$$存货周转率(次数) = \frac{销货成本}{平均存货余额}$$

注意：这里很多考生常犯的错误就是在分子使用销售收入而不是销货成本。

存货周转率是用企业在一定时期内存货的周转速度来衡量企业存货的变现速度。判断企业的产品推销能力，以及存货是否超储积压。存货周转率与企业获利能力直接有关，一般情况，存货周转率越快，则利润率越大，营运资金中用于存货上的金额就越小，企业资金周转得就越快，营运能力就越强。

$$存货周转天数 = \frac{360}{存货周转率}$$

较长的存货周转天数意味着公司资金被束缚在存货上，并且发出了一个信号，即公司存货可能是过多的或不合时宜的。而非常短的周转时间可能意味存货不足，这可能延误了顾客的交货时间，并冲击销售。

应付账款周转率

$$应付账款周转率 = \frac{销货成本}{平均应付账款余额}$$

$$应付账款周转天数 = \frac{360}{应付账款周转率}$$

应付账款周转率（accounts payable turnover），是指应付账款在一定期间内的周转次数，如一年内全部应付账款共被结清了几次。付款周期（average payment period），是指一笔应付账款从发生到因被支付而消灭平均经历多长时间。如公司应付账款周转率低于行业平均水平，说明公司较同行可以更多占用供应商的货款，显示其重要的市场地位，但同时也要承担较大还款压力，反之亦然。

6.4 评价公司总运营资本的利用效率

公司短期财务状况涉及公司的短期经营活动。一个典型的制造业公司的短期经营活动包括以下一系列事件和现金流。如图 6-8 所示，现金流入和流出之间的缺口要求进行短期财务决策。该缺口与经营周期和应付账款周期的长度有关。公司可以通过借款或持有由有价证券充当的流动性储备来填补该缺口。改变存货周期、应收账款周期和应付账款周期可以缩短该缺口。

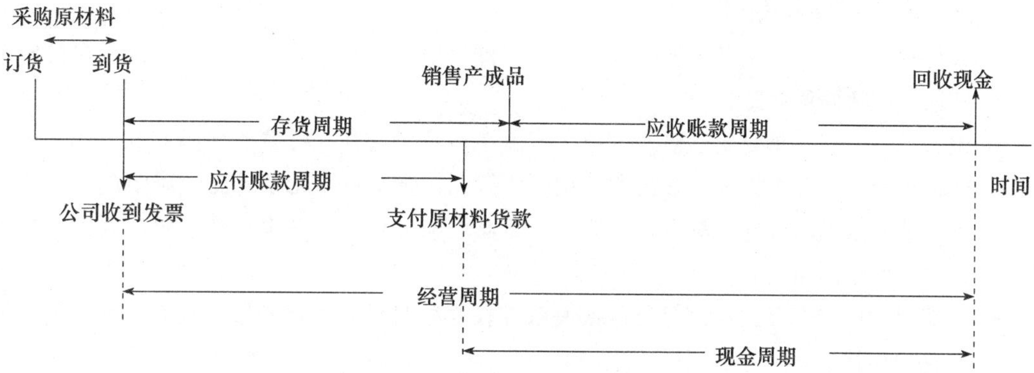

图6-8 典型的制造公司的现金流量图和短期经营活动

经营周期：从存货到达至应收账款收现这段时间间隔。

经营周期 = 存货周期 + 应收账款周期

存货周期是接受订单、生产和销售产品所需时间的长度。应收账款周期是回收现金款所需时间的长度。如果公司以现金购买存货，则营业周期就等于现金周转期。但是大多数公司凭借商业信用赊购存货，缩短了现金投资与现金收回的间隔。

现金周期：始于原材料货款付现，结束于应收账款收现。现金周期是指现金支出至现金回收的这段时间。可以把它看成是经营周期减去应付账款周期。即

现金周转期 = 经营周期 - 应付账款周期 = 存货周期 + 应收账款周期 - 应付账款周期

应付账款周期是公司在购买各种资源（如工资和原材料）的过程中能够延期支付的时间长度。

比较同一企业不同期间和相似企业之间的营业周期对了解企业的流动性具有实际意义。高的现金转化周期没有必要，因为现金转化周期越高意味着公司的运营资本投资过量。

记忆方法

记忆现金周转期的时候可以这么理解，存货和应收账款都是资产所以加（+），而应付账款是负债所以减（-）。

6.5 每日净现金管理工具

管理一个公司的日常净现金头寸的目的在于确保存在充足的现金流，但是应避免现金流过量，因为现金是没有利息的。这些短期证券包括：

- 美国国库券：美国的国库券是美国财政部通过公债局发行的政府债券，按照期限的不同，通常分为三类：T - Bills——美国财政部发行的短期债券，期限不超过一年；T - Notes——美国财政部发行的中期债券，期限不超过十年；T - Bonds——美国财政部发行的长期债券，期限十年以上。
- 短期联邦机构债券：联邦机构债券是由联邦政府机构或联邦政府发起设立的企业发行的证券，它没有联邦政府全额信誉的担保，但是，他与联邦政府千丝万缕的联系，使之成为投资者心目中与联邦债券几乎无差别的无风险证券，并被穆迪和标准普尔公司等主要评级机构视为3A级证券。如房利美与房地美发行的债券。短期联邦机构债券通

常期限为1~360天。

- 银行存单：是银行凭以办理储蓄业务的一种信用凭证。存单一般用于一次存取的整存整取、定活两便储蓄。
- 银行承兑票据：是商业汇票的一种。是由在承兑银行开立存款账户的存款人出票，向开户银行申请并经银行审查同意承兑的，保证在指定日期无条件支付确定的金额给收款人或持票人的票据。对出票人签发的商业汇票进行承兑是银行基于对出票人资信的认可而给予的信用支持。
- 定期存款：定期存款是银行与存款人双方在存款时事先约定期限、利率，到期后支取本息的存款。
- 回购协议：本质是抵押贷款。例如，将一只债券以100元卖给对方，过一段时间以101元回购。本质相当于抵押债券给对方，利息10天1块钱。
- 商业票据：商业票据是指由金融公司或某些信用较高的企业开出的无担保短期票据。商业票据的可靠程度依赖于发行企业的信用程度，可以背书转让，但一般不能向银行贴现。商业票据的期限在9个月以下，由于其风险较大，利率高于同期银行存款利率，商业票据可以由企业直接发售，也可以由经销商代为发售。但对出票企业信誉审查十分严格。如由经销商发售，则它实际在幕后担保了售给投资者的商业票据，商业票据有时也以折扣的方式发售。
- 货币市场共同基金：共同基金是将众多的小额投资者的资金集合起来，由专门的经理人进行市场运作，赚取收益后按一定的期限及持有的份额进行分配的一种金融组织形式。而对于主要在货币市场上进行运作的共同基金，则称为货币市场共同基金。货币市场共同基金是一种特殊类型的共同基金，是美国20世纪70年代以来出现的一种新型投资理财工具。
- 可调利率优先股：可调利率优先股是1982年由大通曼哈顿银行首先创造的，指不支付固定股利，股利与国债利率相挂钩的投资方式。它通常由公共事业公司或大型商业银行发行，曾经被认为是几乎完美的企业短期投资方式。可调利率优先股与普通优先股的区别就在于前者的利率是按一定的标准根据市场的变动来调整的，特点是能保证投资者在市场利率变化中均能获得长、中、短期三种金融资产内最高的利率报酬。它将利率期限结构变动的风险转移给了发行人，此外，由于其利率的可调性，它的市价波动比相应的普通优先股小，起到了减少利率波动风险的作用。

6.6 评估短期投资政策方针

几种利差

- 以票面值贴现

票面价值贴现率（% discount）=（票面价值 − 价格）÷票面价值

The discount-basis yield（银行贴现率 or BDY）。

这里需要注意的是，贴现率是所谓的内扣率，是预先扣除贴现利息以后的比率。

折现收益率 =（票面价值 − 价格）÷票面价值 ×（360/天数）= 票面价值贴现率 ×（360/天数）

360/天数是一个年化的概念。

➢ 货币市场收益率

$$货币市场收益率 = (票面价值 - 价格) ÷ 价格 × (360/天数) = 持有期收益率 × (360/天数)$$

价格指的是证券购买的价格。

货币市场收益率的所谓的外加率，是到期后支付利息的比率。

➢ 将短期贴现债券转换为债券等价收益率

$$均衡债券收益率(BEY) = (票面价值 - 价格) ÷ 价格 × (365/到期天数) = 持有期收益率 × (365/天数)$$

注意：这里是以365天计算的。

名师解惑

折现率、利率、贴现率与收益率之间的关系

对于初次接触金融工具的考生来说，对以上四种“率”的理解可谓云里雾里，即便对于经济管理背景的考生来说，也常常混淆这些重要概念。

折现率是指将未来有限期预期收益折算成现值的比率。折现率不是利率，也不是贴现率，而是一种收益率，但是折现率与当时的利率水平紧密相关。之所以说折现率不是利率，是因为利率是资金的报酬，折现率是管理的报酬。利率只表示资产（资金）本身的获利能力，而与使用条件、使用者和使用途径没有直接联系，折现率则与资产以及所有者使用效果相关，如果将折现率等同于利率，则将问题过于简单化、片面化了。之所以说折现率不是贴现率，是因为：

（1）两者计算过程有所不同。折现率是外加率，是到期后支付利息的比率；而贴现率是内扣率，是预先扣除贴现息后的比率。

（2）贴现率主要用于票据承兑贴现之中；而折现率则广泛应用于企业财务管理的各个方面，如筹资决策、投资决策及收益分配等。

从折现率本身来说，它是一种特定条件下的收益率，说明资产取得该项收益的收益率水平。投资者对投资收益的期望、对投资风险的态度，都将综合地反映在折现率的确定上。

现金管理投资策略

现金管理的目的是在承受尽量小的风险（包括流动性分析与违约风险）下赚取同等的市场回报。公司往往利用现金投资一些短期的高评级债券，这样有利于风险最小化。评价投资策略的报表应该根据策略预期多大程度上实现目标与短期投资的目的，不用担负多余的负债或流动性风险就可以获得收益。在满足安全性与流动性目标方面，策略不应该过于严格。

6.7 应收账款、存货及应付账款账户的管理

应收账款账户管理

应收账款是指因对外销售产品、材料、供应劳务及其他原因，应向购货单位或接受劳务的单位及其他单位收取的款项，包括应收销售款、其他应收款、应收票据等。

公司必须经常在较严格的信贷条款（允许客户赊账购买的条款）与销售能力之间进行权衡。因为信贷条款太严格会无法达到最优销售额；太宽松虽然会显著提高销售额，但是应收账款回收期相应也变长，造成营运资本的减少，需要从他处以一定成本筹资以满足正常经营活动的需求。而且应收账款的增加可能在未来会导致坏账膨胀，直接影响利润。

在赊销方式下，公司在向购买者销售商品或提供劳务时，同时向购买者提供了信用。公司向其他公司提供商业信用，向消费者提供消费信用（由于商业信用所占比例较大，在此不讨论消费信用），公司一旦向其他公司提供商业信用，其账面上便形成了应收账款，因此，商业信用管理就是应收账款管理。公司应收账款由商业信用政策决定，商业信用政策有四项内容，即销售条款、信用分析、应收账款监督和收账政策。

➢ 销售条款

销售条款（terms of the sale）是指公司提供的商业信用条件，包括信用期限、现金折扣等。例如，某客户被授予的信用条件是“2/10，n/30”，这表明客户要在 30 天内付款，如果客户是在 10 天内付款，就能享受销售价格的 2% 的现金折扣。

- 信用期限（credit period）是公司为客户规定的最长的付款期限。如上例中的 30 天，公司在设置商业信用期限时，必须考虑以下几个因素：

  a. 客户违约的概率；b. 金额的大小；c. 商品容易腐坏的程度；d. 购买者议价能力的大小；e. 市场信用环境的好坏。

- 现金折扣（cash discount）是客户在折扣期限内付款可以得到的价格优惠。如上例中的“2%”。现金折扣可以加速应收账款的回收速度，但是，授信方采用现金折扣进行交易时，一定要慎重权衡折扣成本。只有加速收回应收账款所获得的收益超过折扣成本时，现金折扣才是加速应收账款回收的有效政策。
- 折扣期限（discount period）是公司为客户规定的可以享受现金折扣的付款期限。如上例中的 10 天。

➢ 商业信用分析

销售同一种商品，卖方既不可以对客户价格歧视，向客户索取不同的价格，也不可以对客户信用歧视，在价格相同的条件下向客户提供不同的信用条件。但可以针对不同类型的购买者提供不同的信用条件，以尽力区分会付款的客户和不会付款的客户。

- 信用信息

  公司在评价客户信用时，通常用到的信息包括：

  √ 财务报表。公司要求客户提供财务报表，并据此计算出财务比率，然后根据简单原则进行决策。

  √ 客户与其他的公司间付款历史的信用报告。利用过往的记录预测客户未来的信用状况。

  √ 银行。当商业客户向银行要求获得关于其他公司的信用信息时，银行一般会提供一些帮助。

  √ 客户与本公司间的付款历史。

- 信用评分（信用 5C 分析）

  √ 品德（character）。客户履行债务的意愿。

√ 能力（capacity）。客户以经营现金流量来偿还债务的能力。

√ 资本（capital）。客户拥有的金融资产储备。

√ 担保（collateral）。客户违约时的保护性资产。

√ 条件（conditions）。一般性的经营条件。

➢ 应收账款监督

- 应收账款周转天数

应收账款周转天数就是公司收回销售款的平均天数。公司可通过将应收账款周转天数与信用条件中规定的支付政策进行比较，以判断信用政策的有效性。如果信用条款规定为“n/30”，而应收账款周转天数为50天，那么公司就可断定，平均而言，客户逾期付款达20天。

- 账龄分析表

账龄分析表以账龄为序将对应收款加以列表。在下表中，75%的应收账款是在信用期限内，但是有相当大比例的应收账款超出60天。这表明一些客户拖欠款项（如表6-2所示）。

表6-2 账龄表

应收账款账龄	应收账款总额百分比
0～20天	50%
21～60天	25%
61～80天	20%
80天以上	5%
	100%

如果账龄分析表出现“底重”现象，也就是说，账龄分析表的底部中的百分比开始增加，公司就很可能需要重新审查其信用政策。有时候，账龄分析表还附有对支付模式的分析，以提供关于每月销售额中于当月即可收回的百分比的信息。通过分析过去的数据，某公司可能会发现，公司的每月销售额通常有10%在当月收到，下个月收回40%，售后两个月后收回25%，3个月后收回20%，4个月后收回5%。管理者可将这一常规的支付模式与公司客户当前的支付模式进行比较。了解有关支付模式的知识，对于预测公司的营运资本需求也是有用的。

➢ 收账政策

- 一般的收账方式

√ 给客户寄信，通知客户其应付账款逾期情况。

√ 给客户打电话。

√ 利用收账代理机构。

√ 采取法律手段。

- 保理业务

保理业务（factoring）是指公司把应收账款出售给被称为保理公司的金融机构。公司和保理公司对每一客户的基本信息条件达成一致。客户直接把所欠款付给保理公司，并由保理公司承担客户不付款的风险。保理公司折价购入应收账款，折价比例通常是发票金额的0.35%~4%。

- 商业信用融资方式

除无抵押债务工具外，为应收账款进行融资还有三种常用方法：抵押债务、附属财务公司以及资产证券化。

抵押债务通常是指基于资产的可回收融资方式，它是应收账款融资的主要形式。对于具有明显的不确定性和很低资产净值的公司，许多贷款人在没有抵押的情况下不会贷款给公司。在抵押债务下，一旦借款人陷入财务困境，贷款人就能占有抵押资产，并将其以公允的市价出售。

许多高信用等级的大公司成立附属财务公司。附属财务公司是母公司的下属子公司。由于附属财务公司的债权人对其资产，也就是母公司的应收账款，具有索取权，因此，使用附属财务公司与使用抵押债务有点类似。在规模经济很重要且能保证有限负债下属子公司的独立性时，成立一家附属财务公司有其吸引力。

资产证券化是指销售方将其应收账款出售给金融机构，而金融机构将该笔应收账款与其他应收账款打包，并发行证券进行融资。

存货管理

存货是指企业在生产经营过程中为销售或者耗用而储备的物资，包括材料、燃料、低值易耗品、在产品、半成品、产成品、协作件、商品等。

若某企业能够在生产过程中随时购入所需的原材料，或者商业企业能在销售时随时购入该项商品，就不需要存货了。但实际上，企业总有储存存货的需要，对于存货管理的需要主要出于以下几点原因：

存货同样存在权衡的问题。存货水平太低会因缺货减少销售额。

存货太大会占用成本，因为公司的资本都套在存货上了。

将不同行业的平均存货天数与存货周转率进行比较，甚至在不同商业策略的两个公司间比较，都会造成误导。例如，杂货店的存货周转率要明显高于画廊，销售老爷车零部件的汽车零部件厂商的存货周转率明显低于销售“正常”汽车零部件的厂商，因为前者的价格更为昂贵。

在各行各业，存货管理在财务管理中都占据重要地位。

应付账款账户管理

应付账款周转率=采购数额（对方给予的授信额度）÷应收账款平均额

应付账款应付天数=365÷应付账款周转率

有较短应付账款付款期的公司可能会利用折扣的好处来提前还款，因为这会使它以低成本资金来投入需要的营运资本中。

有较长应付账款付款期的公司可能是很重要的买家，它能有效地利用应付账款进行相对低成本的短期融资。

$$\text{cost of trade credit} = \left(1 + \frac{\%\ \text{discount}}{1 - \%\ \text{discount}}\right)^{\frac{365}{\text{days past discount}}} - 1$$

其中，days past discount = the number of days after the end of the discount period。

2/10 net 60的意思是如果货款在10天内支付，则公司可以获得发票金额的2%的折扣，如果没有得到折扣优惠，那么则应等60天时再进行支付。

注意：如果应付账款的成本大于此期间公司的短期借款成本，则应选择在第10天付款，如果应付账款的成本小于此期间公司的短期借款成本，则应选择在第60天付款。

6.8 短期融资（short-term funding）

短期融资（short-term funding）有以下两种。

从银行短期融资

- 无承诺信贷额度（uncommitted line of credit）：银行并无义务一定借出款项，如果公司经营状况恶化，银行可能拒绝借款。
- 有承诺信贷额度（committed line of credit）：在承诺期内，借款人只能一次性全部使用银行所承诺贷款金额。在这种情况下，银行承担的风险较大，需要向借款人收费。
- 循环信贷额度（revolving line of credit）：借款人可在承诺有效期内多次使用银行所承诺的贷款金额，并且可以反复使用偿还的贷款，只要借款人在某一时点所使用的贷款不超过全部承诺即可，相当于长期借款。
- 银行承兑票据（banker's acceptances）：主要用于出口企业，能够从买家银行那里得到货款保证。
- 保理（factoring）：将应收账款卖给银行。

从非银行机构短期融资

一般小公司或者是信誉不是很好的公司使用非银行金融机构进行短期融资。这种融资方式的成本比其他融资方式高，那些在普通银行拿不到短期贷款的公司通常使用这种融资方式。而规模较大且信誉较好的公司则可以通过发行商业票据（commercial paper）来进行短期融资，直接将商业票据卖给投资者或者卖给经纪人，商业票据的利率一般比银行贷款利率低。

7 财务报表分析

7.1 财务分析的定义

术语解释

财务分析（financial analysis） 公司的财务报表分析是利用相关信息，选择、评估、诠释财务数据，以此对公司现在和将来的财务状况和财务表现做出评估模拟的过程。

7.2 杜邦分析法

杜邦分析法，又称杜邦财务分析体系，是利用各主要财务比率指标间的内在联系，对企业财务状况及经济效益进行综合系统分析评价的方法。该体系是以净资产收益率为起点，以总资产净利率和权益乘数为核心，重点揭示企业获利能力及权益乘数对净资产收益率的影响，以及各相关指标间的相互影响作用关系。其数学表达式如下：

$$\text{权益收益率}(ROE) = \frac{\text{净利润}}{\text{总权益}} = \frac{\text{净利润}}{\text{总资产}} \times \frac{\text{总资产}}{\text{总权益}}$$

由于 $ROE = ROA \times \text{权益乘数} = ROA \times (1 + \text{负债权益比})$

$$ROE = \frac{\text{净利润}}{\text{销售额}} \times \frac{\text{销售额}}{\text{总资产}} \times \frac{\text{总资产}}{\text{总权益}} = \text{销售利润率} \times \text{总资产周转率} \times \text{权益乘数}$$

杜邦分析法将净资产收益率（权益收益率）分解如图 6-9 所示。其分析关系式为：

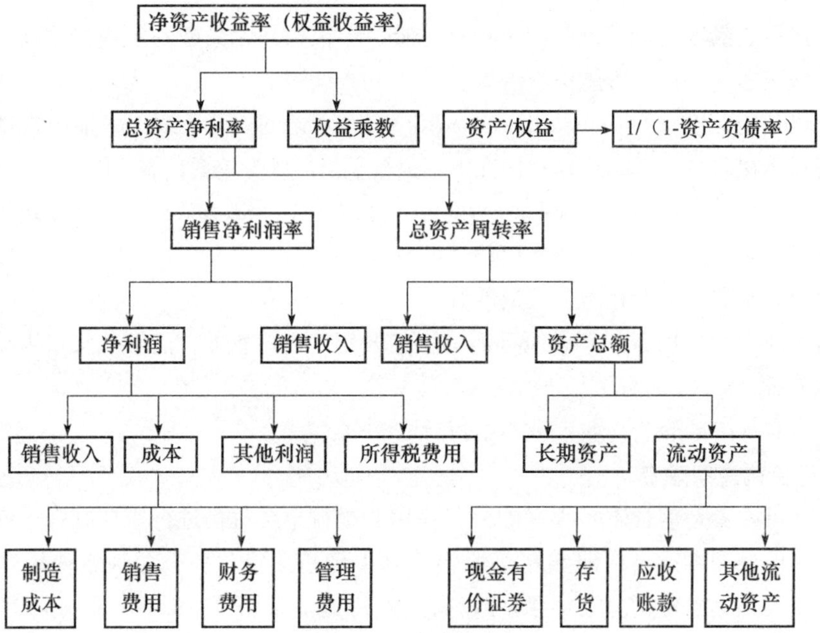

图 6-9　杜邦分析体系

杜邦等式说明，*ROE* 受三个方面因素的影响。

➢ 经营的效率（以销售利润率度量）。

➢ 资产运用的效率（以总资产周转率度量）。

➢ 财务杠杆（以权益乘数度量）。

由此可知，经营效率或资产运用效率的低下都会削弱资产收益率，并导致 *ROE* 下降。

➢ 运用杜邦分析法需要抓住以下几点。

- 净资产收益率是一个综合性最强的财务分析指标，是杜邦分析体系的起点。

  财务管理的目标之一是使股东财富最大化，净资产收益率反映了企业所有者投入资本的获利能力，说明了企业筹资、投资、资产营运等各项财务及其管理活动的效率，而不断提高净资产收益率是使所有者权益最大化的基本保证。所以，这一财务分析指标是企业所有者、经营者都十分关心的。而净资产收益率高低的决定因素主要有三个，即销售净利率、总资产周转率和权益乘数。这样，在进行分解之后，就可以将净资产收益率这一综合性指标升降变化的原因具体化，从而比只用一项综合性指标更能说明问题。

- 销售净利率反映了企业净利润与销售收入的关系，它的高低取决于销售收入与成本总额的高低。

要想提高销售净利率，一是要扩大销售收入，二是要降低成本费用。扩大销售收入既有利于提高销售净利率，又有利于提高总资产周转率。降低成本费用是提高销售净利率的一个重要因素，从杜邦分析图可以看出成本费用的基本结构是否合理，从而找出降低成本费用的途径和加强成本费用控制的办法。如果企业财务费用支出过高，就要进一步分析其负债比率是否过高；如果管理费用过高，就要进一步分析资金周转情况，等等。从图6-9中还可以看出，提高销售净利率的另一途径是提高其他利润。为了详细了解企业成本费用的发生情况，在具体列示成本总额时，还可根据重要性原则，将那些影响较大的费用单独列示，以便为寻求降低成本的途径提供依据。

- 影响总资产周转率的一个重要因素是资产总额。

  资产总额由流动资产与长期资产组成，它们的结构合理与否将直接影响资产的周转速度。一般来说，流动资产直接体现企业的偿债能力和变现能力，而长期资产则体现了企业的经营规模与发展潜力。两者之间应该有一个合理的比例关系。如果发现某项资产比重过大，影响资金周转，就应深入分析其原因，例如企业持有的货币资金超过业务需要，就会影响企业的盈利能力；如果企业占有过多的存货和应收账款，则既会影响盈利能力，又会影响偿债能力。因此，还应进一步分析各项资产的占用数额和周转速度。

- 权益乘数主要受资产负债率指标的影响。

  资产负债率越高，权益乘数就越高，说明企业的负债程度比较高，给企业带来了较多的杠杆利益，同时，也带来了较大的风险。

➢ 传统杜邦财务分析体系虽然被广泛使用，但是也存在某些局限性。

- 计算总资产利润率的“总资产”与“净利润”不匹配。首先被质疑的是资产利润率的计算公式。总资产是全部资产提供者享有的权利，而净利润是专门属于股东的，两者不匹配。由于总资产净利率的“投入与产出”不匹配，该指标不能反映实际的回报率。为了改善该比率的配比，要重新调整其分子和分母。

  为公司提供资产的人包括股东、有息负债的债权人和无息负债的债权人，后者不要求分享收益。要求分享收益的是股东、有息负债的债权人。因此，需要计量股东和有息负债债权人投入的资本，并且计量这些资本产生的收益，两者相除才是合乎逻辑的资产报酬率，才能准确反映企业的基础盈利能力。

- 没有区分经营活动损益和金融活动损益。传统财务分析体系没有区分经营活动和金融活动。对于多数企业来说金融活动是净筹资，它们从金融市场上主要是筹资，而不是投资。筹资活动没有产生净利润，而是支出净费用。这种筹资费用是否属于经营活动的费用，即使在会计规范的制定中也存在争议，各国的会计规范对此的处理也不尽相同。从财务管理的基本理念看，企业的金融资产是投资活动的剩余，是尚未投入实际经营活动的资产。应将其从经营资产中剔除。与此相适应，筹资费用也应从经营收益中剔除，才能使经营资产和经营收益匹配。因此，正确计量基础盈利能力的前提是区分经营资产和金融资产，区分经营收益与金融收益（费用）。

- 没有区分有息负债与无息负债。既然要把金融（筹资）活动分离出来单独考察，就会涉及单独计量筹资活动的成本。负债的成本（利息支出）仅仅是有息负债的成本。因此，必须区分有息负债与无息负债，利息与有息负债相除，才是实际的平均利息率。此外，区分有息负债与无息负债后，有息负债与股东权益相除，可以得到更符合实际的财务杠杆。无息负债没有固定成本，本来就没有杠杆作用，将其计入财务杠杆，会歪曲杠杆的实际作用。

7.3 财务预测分析

预测财务报表是在下期销售增长的预测和一些财务项目的假定上构建的。

对下期销售的预测是通过简单趋势分析、平均历史增长、回归分析或通过对一些因素作一定的假设，比如成功引进新产品、竞争者行为及同行业的经营状况。

通过对未来利息支出、资本结构变化、固定资产支出以及税率的进一步假设，连续重复的预测财务报表可以使收入报表与资产负债表之间一致。

销售百分比法，是假设资产、负债与销售收入存在稳定的百分关系，根据预计销售收入和相应的百分比预计资产、负债，然后确定融资需求的一种财务预测方法。

销售百分比法的一般步骤：

- 假设前提

  各项经营资产和经营负债与销售收入保持稳定百分比，假设计划销售净利率可以涵盖借款利息的增加。

- 筹资顺序
  - 从企业内部筹集的渠道：①动用现存的金融资产；②增加留存收益。
  - 从企业外部筹集的渠道：①增加金融负债；②增加股本。
- 销售百分比法基本步骤
  - 计算各项经营资产和经营负债项目的销售百分比（根据基期数据计算）
  - 预计各项经营资产和经营负债

    各项经营资产总计 = 预计销售收入 × 经营资产销售百分比

    各项经营负债总计 = 预计销售收入 × 经营负债销售百分比
  - 计算资金总需求

    经营资产的增加将导致资金的需求增加，但是部分经营负债也将随之增加，从而解决了一部分经营资金需求，如果企业的销售额不变化，那么原有的资金已经达到了平衡，所以资金的需求完全是由销售总额的增加引起的。

    资金总需求 = 预计净经营资产合计 − 基期净经营资产合计
  - 预计可以动用的金融资产

    预计可动用金融资产 = 基期金融资产 − 预计维持正常经营所需要的金融资产
  - 预计增加的留存收益

    留存收益增加 = 预计销售额 × 计划销售净利率 ×（1 − 股利支付率）

    企业的盈利如果不分配的话，将形成一种资金供给。从而减少对外部融资的需求，这时应该是新年度的全部留存收益，而不仅仅是相对去年增加的留存收益。留存收益取决于收益的多少和股利支付率的高低。
  - 预计需从外部增加的资金

    预计外部筹资额 = 资金总需求 − 可动用金融资产 − 留存收益增加

➢ 销售百分比法示例

【例】 下表是B公司近期的利润表

B公司近期的利润表 （单位：美元）

销售额	1 000	销售额	1 000
成本	800	净利润	132
税前利润	200	股利	44
税	68	留存收益增加额	88

B公司计划来年销售增长25%，即预测销售额达到1 000×1.25=1 250（美元）。为了得到预测利润表，假设总成本仍为销售额的800/1 000=80%，这样，B公司的预测利润表如下表所示。假设成本与销售额之间维持一个固定的比率，实际上就是假设销售利润率不变，可以看到，初始利润表中的销售利润率为132/1 000=13.2%，而预测报表中的销售利润率=165/1 250=13.2%。

B公司的预测利润表 （单位：美元）

销售额（预计）	1 250	销售额（预计）	1 250
成本（销售额的80%）	1 000	税（34%）	85
税前利润	250	净利润	165

股利支付的金额由B公司的管理层决定，假设该公司的股利政策是按净利润的固定比例派发现金，其近期的股利支付率是：

$$股利支付率=现金股利/净利润=44/132=33\frac{1}{3}\%$$

同时，我们还可以计算留存收益增加额与净利润之比：

$$留存收益的增加额/净利润=88/132=66\frac{2}{3}\%$$

该比率被称为留存比率，或者利润在投资率，由于所有的净利润非分配即留存，所以该比率等于1减去股利支付率。假设留存比率固定，预计的股利与留存收益增加额分别为：

$$预计股利=165\times\frac{1}{3}=55（美元）$$

$$预计留存收益的增加额=165\times\frac{2}{3}=110（美元）$$

下表是B公司近期的资产负债表。

B公司近期资产负债表

资产			负债与所有者权益		
	金额（美元）	占销售额的百分比（%）		金额（美元）	占销售额的百分比（%）
流动资产			流动负债		
现金	160	16	应付账款	300	30
应收账款	440	44	应付票据	100	n/a
存货	600	60	流动负债小计	400	n/a
流动资产小计	1 200	120	长期负债	800	n/a
			所有者权益		n/a
固定资产			普通股与股本溢价	800	n/a
厂房和设备净额	1 800	180	留存收益	1 000	n/a
			所有者权益小计	1 800	n/a
资产合计	3 000	300	负债与所有者权益合计	3 000	n/a

在资产负债表中，假设有些项目随销售额的变动而变动，可以表达成销售额的百分比形式，而有些项目则不是如此，以“n/a”（not applicable）表示“不适用”。

例如，在资产部分，年末存货等于销售额的 60%（600/1 000），假设这一比例适用于下一年度，则销售额每增加 1 美元，存货要增加 0. 60 美元，推而广之，年末总资产与销售额之比为 3 000/2 000 =3，即 300%。

总资产与销售额之比称为资本密集率，指的是产生 1 美元销售额所需要的资产的金额，这个比率越高，公司的资本密集度越高。这个比率与总资产周转率互为倒数。

在权益与负债部分，应付账款随着销售额的变动而变动，因为当销售量上升时，公司需要向供货商订的货更多，所以应付账款会“自然地”随着销售额而变化。而应付票据代表银行借款之类的短期负债，除非采取特定的措施，否则这个数字不会发生变化，故标以“n/a”。

同样，对长期负债也标以“n/a”，因为它不会随着销售的变化而自动变化，普通股与股本溢价也是如此。资产负债表右边的最后一项留存收益倒是与销售有关，不过，它并不是销售额的一个简单的百分比，而是需要在对净利润和股利进行预测的基础上才可以计算出来。

先来为 B 公司编制一个局部的预测资产负债表，为此，我们要尽可能地使用上述百分比进行预测，比如，固定资产净额等于销售额的 180%，随着销售额增加到 1 250 美元，固定资产净额应达到 1. 80 ×1 250 =2 250（美元），说明厂房设备应增加 2 250 - 1 800 =450（美元）。需要说明的是，对于那些不直接随着销售额的变动而变动的项目，我们先假设其不变，只是简单地填上初始数字。预测结果如下表所示，其中留存收益的变动额等于我们先前计算的留存收益增加额为 110 美元。

B 公司的局部预测资产负债表

资产			负债与所有者权益		
	下年度（美元）	下年度比本年度增加额（美元）		下年度（美元）	下年度比本年度增加额（美元）
流动资产			流动负债		
现金	200	40	应付账款	375	75
应收账款	550	110	应付票据	100	0
存货	750	150	流动负债小计	475	75
流动资产小计	1 500	300	长期负债	800	0
			所有者权益		
固定资产			普通股与资本溢价	800	0
厂房和设备净额	2 250	450	留存收益	1 110	110
			所有者权益小计	1 910	110
资产合计	3 750	750	负债与所有者权益合计	3 185	185
			外部融资需求	565	565

从预测资产负债表上可以看到，资产预计会增加 750 美元，而若无额外融资，负债和权益只能增加 185 美元，资金缺口为 750 - 185 =565（美元），这个金额称为外部融资需要量（external finance needed，*EFN*）。

EFN 的计算可以直接计算如下：

$$EFN = \frac{\text{资产}}{\text{销售额}} \times \Delta\text{销售额} - \frac{\text{自发增长的负债}}{\text{销售额}} - PM \times \text{预计销售额} \times (1-d)$$

其中，"Δ 销售额" 指预计的限售增加额，在本例中，下年度预计销售额为 1 250 美元，比本年增加 250 美元，故 Δ 销售额 = 250（美元）。自发增长的负债指会自发地随着销售额上下变动的负债，对 B 公司而言，自发增长的负债为 300 美元的应付账款。最后，*PM* 和 *d* 分别表示销售利润率和股利支付率，这两个指标先前计算过，分别是 13.2% 和 $33\frac{1}{3}\%$。已知总资产为 3 000 美元，销售额为 1 000 美元，所以有，

$$EFN = \frac{3\,000}{1\,000} \times 250 - \frac{300}{1\,000} \times 250 - 0.132 \times 1\,250 \times \left(1 - \frac{1}{3}\right) = 565(\text{美元})$$

计算包括三个部分：第一部分是利用资金密集率计算的预计资产增加额；第二部分是负债中自发增长负债的增加额；第三部分是根据销售利润率和预计销售额计算出来的预计净利润乘以留存比率，即预计留存收益的增加额。

B 公司要获得 565 美元的新增融资有三种可能的途径：短期借款、长期借款以及新的权益融资，如何在这三种方式中进行组合取决于管理层，此处仅讨论一种情况。

假设 B 公司决定借入所需要的资金，在这种情况下，公司可能举借一些短期的和一些长期的资金，例如，流动资产增加 300 美元，而流动负债仅增加 75 美元，B 公司可以借入 300 − 75 = 225（美元）的短期应付票据，以维持净营运资本保持不变。由于需要的资金是 565 美元，还有 565 − 225 = 340（美元）要靠长期债务满足。下表为 B 公司完整的预测资产负债表。

B 公司完整的预测资产负债表

资产			负债与所有者权益		
	下年度（美元）	下年度比本年度增加额（美元）		下年度（美元）	下年度比本年度增加额（美元）
流动资产			流动负债		
现金	200	40	应付账款	375	75
应收账款	550	110	应付票据	325	225
存货	750	150	流动负债小计	700	300
流动资产小计	1 500	300	长期负债	1 140	340
			所有者权益		
固定资产			普通股与股本溢价	800	0
厂房和设备净额	2 250	450	留存收益	1 110	110
			所有者权益小计	1 910	110
资产合计	3 750	750	负债与所有者权益合计	3 750	750

这里，用短期借款和长期借款的结合作为一个调节变量，不过需要强调的是，这只是可能的策略中的一种，而并非不一定是最好的，还可以考虑很多其他的情形。之前的各种财务比率在这里可以派上用场，例如，按照刚刚设想的情形，可以考察一下流动比率和总负债比率，看看预测的新的债务水平是否合适。

第7章

权益投资

知识导引

权益投资，是企业购买的其他企业的股票或以货币资金、无形资产和其他实物资产直接投资于其他单位。长期权益投资的最终目的是为了获得较大的经济利益，这种经济利益可以通过分得利润或股利获取，也可以通过其他方式获得。证券市场指数被称为国民经济的晴雨表，它也反映了投资者对市场的信心和预期。证券投资是权益投资中最重要的一部分，我们可以用几种模型对股票价格进行分析评估。

本章主要介绍了金融市场的结构、证券市场指数、有效市场假说理论、权益证券、行业和公司分析以及股票估值模型。学习完本章，读者应掌握几种重要的股票估值模型、不同类型的证券市场指数的计算方法，了解金融市场的功能、分类，金融市场中介以及行业和公司分析。

1 市场结构

考点说明

本节是对证券市场结构以及证券交易过程的概述。本章中有大量的名词和定义。其中部分内容在后续的学习中会进一步详细展开。在阅读本章内容时，希望读者着重理解保证金交易的过程和特点、市价和限价订单的区别以及指令驱动型交易市场等几种交易市场各自的特点和区别。

1.1 金融体系的功能

金融体系是市场经济发展到一定阶段的产物，是为解决资本供求矛盾和流动性而产生的市场。在现实中，世界各国具有不同的金融体系，很难应用一个相对统一的模式进行概括。从直观上看，发达国家金融制度之间一个较为显著的区别体现在不同的国家中金融市场与金融中介的重要性上。这里有两个极端：一个是德国，几家大银行起支配作用，金融市场很不重要；另一个极端是美国，金融市场作用很大，而银行的集中程度很小。在这两个极端之间是其他一些国家，金融体系是一个经济体中资金流动的基本框架，它是资金流动的工具（金融资产）、市场参与者（中介机构）和交易方式（市场）等各金融要素构成的综合体，它为在时空上实现经济资源转移提供渠道，即金融体系提供了促使经济资源跨时间、地域和产业转移的方法和机制。

功能一：满足不同机构的需求

在金融体系中，每一个参与者都有着自己的需求。这些参与者进入证券市场的目的，就是使自己的需求得以满足。这些需求通常包括存款、借款、发行股票、风险管理、资产互换、信息利用等。

- **存款（saving）** 客户通常为了将来的资金需求来存款。金融体系提供了各种资产如股票、债券、定存、房地产等来满足客户的投资需求。
- **借款（borrowing）** 政府、公司以及个人都有借入资金购买产品的需求，金融系统就可以通过购买这些公司的股票、债券等金融产品来为这些公司提供资金。
- **发行股票（issuing equity）** 投资银行通过帮助公司发行和销售股票来促进公司进行融资，而投资者可以通过购买这些公司的股票来分享公司的利润。
- **风险管理（risk management）** 不同的机构在金融过程中都会面对各种风险如利率风险、汇率风险、价格风险，以及信用风险等。参与者进入希望降低他们面对的这些风险。金融市场为这些机构提供了诸如期货和远期等各种衍生工具来帮助这些机构来对冲风险。
- **资产互换（exchanging assets）** 金融市场可以使不同的机构进行资产交换。例如银行可以为不同跨国经营的公司提供货币互换的服务。中国的外贸公司出口袜子挣美元，需要有金融机构把这些美元换成人民币。
- **信息利用（utilizing information）** 金融市场的参与者可以利用自己掌握的信息来购买低估的证券，卖出高估的证券，实现超额收益。

功能二：决定市场利率（determine interest rates）

如果我们把货币也看作一种商品，那么市场利率实际上是货币的价格。就像任何其他类型的商品一样，市场利率一般由市场上货币的供需平衡来决定。当市场利率升高时，货币就会变得“昂贵”，那么市场上的货币供应量就会增加，而需求量就会减少。当需求正好等于供给的时候的利率，就是所谓“平衡利率”（equilibrium interest rate）。由于不同的金融工具的风险、流动性，已经到期时间不同，它们都有各自的平衡利率。

功能三：高效配置资源（allocate capital to its most efficient uses）

金融市场最重要的作用之一就是有效配置有限的资源。投资者根据不同投资的风险和回报来选择投资方式。在一个高效透明的市场之中，投资者可以充分了解到投资的风险和收益，这样资源就会向最高收益和价值的方向流动。

1.2 金融市场中介

> **术语解释**
>
> **金融市场中介**（financial intermediary） 金融市场中介是在个人和市场之间起桥梁作用的人。金融市场中介的存在大大提高了金融市场的运作效率。

金融市场中介包括了以下几个机构。

证券经纪人（brokers）

证券经纪人指在证券交易所中接受并执行客户指令买卖证券，充当交易双方中介并收取佣金的证券商。block brokers，block 的意思是大块的、成批的，所以 block broker 指的就是那些帮助客户进行一揽子股票的大单交易的经纪人。

投资银行（investment bank）

上市公司在上市过程中，需要投资银行帮助公司完成上市程序，并销售股票。投资银行帮助上市公司发行、销售股票并收取一定佣金。

交易所（exchange）

证券交易所是投资者进行证券交易的场所，为证券交易提供场地资源。一些交易所也为客户提供证券经纪的服务。此外，证券交易所也要承担一部分监管的责任。

另类交易系统（alternative trading systems）

另类交易系统又被称为电子通信网络，它是另类交易系统是指电子化交易平台，是证券交易电子化、网络化的产物。其交易内容更加广泛，交易速度更加快捷，但是没有传统交易所的监管功能。

自营商（dealer）

自营商是在股票买卖中，自己建造库存，买卖股票而不是代理他人买卖的公司或个人，自营商的利润或损失来自同一证券的买卖价差。与央行交易政府债券并且能够调控市场流动性的自营商叫作“一级自营商”。

自营商 – 经纪人（dealer-broker）

一些自营商也做证券经纪人的业务，但是我们需要知道的是自营商和经纪人的利益往往相互对立。经纪人主要是为客户寻求最优交易价格，而自营商主要目的是向客户赚取差价。

证券化机构（securitizers）

资产证券化是以特定池或特定现金流为支持，发行可交易证券的融资形式。具体来讲就是资产持有机构把能够产生稳定现金流的资产出售给一个独立的专门从事资产证券化业务的特殊目的公司（special purpose vehicle，SPV），SPV 以资产为支撑发行证券，并用发行证券所募集的资金来支付购买资产的价格。资产持有者将资产注入 SPV 之后，该项资产可以从资产负债表中抹去。

名师解惑

举个例子来说明资产证券化。A 银行有 100 万元的贷款，贷款属于银行的资产，A 银行就可以以这 100 万元为抵押发行证券，投资者购买了这种证券后，就可以得到这 100 万元的利息和本金。A 银行的 100 万元贷款，就被证券化了。可见，证券发行是以企业为基础，而资产证券化则是以特定的资产池为基础发行证券。通过资产证券化，资产持有者低成本地（不用付息）拿到了现金；投资人在购买以后可能会获得投资回报。通常被证券化的资产包括房贷、购车贷款、信用卡应收账款、银行贷款以及设备租赁款等。

储蓄机构（depository institutions）

储蓄性金融机构有许多类型，但就其共同特点来讲，是指其资金来源主要通过吸收各类存款而获得资金的金融机构并对外放贷的机构。包括商业银行、信用协会、储蓄机构和共同基金等。

保险公司（insurance companies）

保险公司收取保费并为被保险单位提供赔偿。保险公司通过向不同的保险购买人提供担保服务来分散风险。通过这种分散化，保险公司大幅度地控制了自己承担的风险。

保险公司承担的主要风险：

➢ moral hazard：被保险人可能会故意承担更多的风险。
➢ adverse selection：保险的主要购买者都是很有可能发生大规模损失的机构或个人。
➢ fraud：保险人购买人故意损坏被保险品或者谎报损失。

套利者（arbitrageur）

通常指在某种实物资产或金融资产（在同一市场或不同市场）拥有两个价格的情况下，以较低的价格买进，较高的价格卖出，从而获取无风险收益的参与者。对于一个信息流动良好的市场，套利机会一般是比较少的。

清算所（clearing house）

清算所是期货交易所中负责对内进行的合同进行交割、对冲和结算的独立机构。其主要作用有：向购买方转移资产，保证交易完成，为保证金交易者提供资金。

托管行（custodians）

托管行是负责保管、持有基金管理公司等投资机构从客户处募集到的资金，并对基金管理人使用这笔资金进行监管和对外披露信息的机构，通常由商业银行来担当。托管行可以防止中介机构盗用客户资金。

1.3 良好运作的市场

纵观现在的全球金融市场，并不是每个国家的金融市场发展都是良好的，或多或少都存在着一些问题。那么究竟怎么样的市场才是一个运作良好的市场呢？

一个运作良好的金融系统应该可以使其中的参与者满足他们的需求。

良好运作的金融系统应该具备以下功能：

➢ 完整的市场：投资者可以以合理的利率存款。信用良好的借款者可以借到资金。避险者可以管理自己的风险。交易者可以获得可交易的资产。
➢ 操作有效（operational efficient）：交易费用低。
➢ 信息有效（informational efficient）：价格充分快速地反映价值信息。
➢ 分配有效（allocation efficient）：资金向最有价值的地方流动。

1.4 金融市场监管

金融市场监管是指国家或政府为了保障金融系统高效地运转，对金融市场上各类参与机构和交易活动所进行的监管，是指金融市场上各类机构及行业组织（如证券交易所、证券业协会等）进行的自律性管理。前者为外部管理，后者则为内部自律。

缺乏监管市场的后果	市场监管的目的
欺诈行为：在复杂的金融市场中，投资经理和机构相对于普通投资者有信息优势，这样就提高了欺诈行为的发生概率	保护没有经验的投资者 建立业绩评估的标准来帮助投资者准确评估机构的投资能力
内幕交易：内部交易会是市场上的投资者失去信心，进而退出市场	阻止内幕交易，防止内幕交易者伤害其他投资者利益
信息昂贵：如果投资者获取信息十分昂贵，市场将不能达到信息有效	要求公司提供财务报告，降低投资者信息获取成本
违约：交易方违约概率增加	要求参与者满足最低的资产，降低违约风险

1.5 资产和金融市场的分类

资产可以分为金融资产和实物资产两大类。

- 金融资产包括证券（固定收益和权益投资）、外汇资产、衍生品合约。
- 实物资产包括大宗商品、房地产等。

金融资产分类

- 固定收益（fixed income）

其投资的分类如下。

债券（bonds）	一般是长期投资（投资期限一般超过 10 年）
中期票据（notes）	投资期限居中，为 2 ~ 10 年
短期票据（bills）	短期投资，1 年以内
商业票据（commercial paper）	公司发行的短期投资工具，一般少于 1 ~ 2 年
可转让存单（certificates of deposit）	可转让定期存单也称大额可转让存款证，是银行印发的一种定期存款凭证，可流通转让，自由买卖
回购协议（repurchase agreements）	借款人售出资产，并约定在将来某天以一定价格购回资产。回购协议的期限可以短到一天（隔夜回购）
可转债（convertible bonds）	债券持有人有权把债券换成一定数量的股票

- 权益类（equity）

其投资的分类如下。

普通股（common stock）	它是股东对企业满足所有债权偿付要求及优先股东的收益权要求后对企业盈利和剩余财产的索取权。股利只有在公司向债权人和优先股东支付利息后才能被分配给普通股股东。在公司破产清算是债权人和优先股东对企业的资产享有优先权
优先股（preferred stock）	优先股是相对于普通股而言的。主要指在利润分红及剩余财产分配的权利方面，优先于普通股。优先股通常预先定明股息收益率。由于优先股股息率事先固定，所以优先股的股息一般不会根据公司经营情况而增减，而且一般也不能参与公司的分红，但优先股可以先于普通股获得股息，对公司来说，由于股息固定，它不影响公司的利润分配
权证（warrant）	与期权类似，是指一种以约定的价格和时间（或在权证协议里列明的一系列期间内分别以相应价格）购买或者出售标的资产（the underlying）的期权

- 集合理财品（pooled investment vehicle）

集合理财品是券商把社会上零散的资金集中起来，由专家进行管理。这包括共同基金、存托凭证和对冲基金等。

共同基金（mutual funds）	投资者可以申购基金份额，也可以在二级市场购买基金
交易型开放式指数基金（ETF）& 交易所交易债券	交易型开放式指数基金综合了封闭式基金和开放式基金的优点，投资者既可以在二级市场买卖 ETF 份额，又可以向基金管理公司申购或赎回 ETF 份额，不过申购赎回必须以一篮子股票（或有少量现金）换取基金份额或者以基金份额换回一篮子股票（或有少量现金）
资产担保证券	资产担保证券是以金融资产为担保而发行债券来筹资。它是资产抵押的证券，抵押品可以是银行借贷、租约或其他资产。如信用卡公司、汽车公司工人售销或分期付款之应收账为担保，来发行本票，借银行信誉，筹取资金。此亦为金融证券化之一例。这是资产证券化的一种形式
对冲基金	一般采用有限合伙制 有限合伙人（LP：limited partners）：投资者 普通合伙人（GP：general partner）：基金经理 一般采用高杠杆的交易策略。基金经理的补偿一般基于管理资产量和净利润

➢ 外汇

由外国央行的发行的货币，如欧元、美元等。

➢ 合约

由双方制定的在未来某一时刻交割资产的契约。包括远期合约、期货合约、掉期合约、保险和信用违约掉期。

远期合约（forward contract）	合约双方约定在未来某一时刻按约定的价格买卖约定数量的金融资产
期货合约（futures contracts）	期货合约是指由期货交易所统一制订的、规定在将来某一特定的时间和地点交割一定数量和质量实物商品或金融商品的标准化合约。期货合约是标准化的合约
掉期合约（swap contracts）	交易双方签订的在未来某一时期相互交换资产或现金流的合约
期权合约（option contracts）	指在特定时间内以特定价格买卖一定数量交易品种的权利
保险（insurance contracts）	被保人向保险人支付保险费，保险人对于合同约定的可能发生的事故因其发生所造成的财产损失承担赔偿保险金责任。一般被用来对冲一些难以预料的风险
信用违约互换（credit default swaps）	相当于投资人给某种债券买的保险，当债务人违约后，发生赔付

实物资产（real assets）

实物资产一般包括房地产和机器设备。实物资产可以提供稳定的收入、税收优势和分散化的好处，但是购买实物资产需要大量的管理费用和前期研究。投资者也可以通过间接的方式来购买实物资产，如购买 REIT 和 MLP。这些投资工具的流动性比一般的实物资产好，通过购买这些工具，投资者间接享有了这些资产的收益。

➢ 大宗商品

大宗商品是在现货和期货市场上交易的商品，例如金属、农产品、能源、碳排放权等。期货市场的大宗商品可以允许参与者投机和对冲风险，并且一般不需要实物交割。

1.6 市场头寸

当投资者决定要参与到金融市场中，做出投资决策时，他就决定持有某种金融资产了。持有金融资产就叫作持有头寸（positions）。根据持有金融资产的方式不同，可以将头寸分为以下三种。

多头（long position）

多头是指投资者对股市看好，预计股价将会看涨，于是趁低价时买进股票，待股票上涨至某一价位时再卖出，以获取差额收益。一般来说，人们通常把股价长期保持上涨势头的股票市场称为多头市场。多头市场股价变化的主要特征是一连串的大涨小跌。

空头（short position）

卖空（short sale）是投资者和股票商认为现时股价虽然较高，但对股市前景看坏，预计股价将会下跌，于是把借来的股票及时卖出，待股价跌至某一价位时再买进，以获取差额收益。采用这种先卖出后买进、从中赚取差价的交易方式称为卖空。卖空者所持有的头寸，叫作空头。人们通常把股价长期呈下跌趋势的股票市场称为空头市场，空头市场股价变化的特征是一连串的大跌小涨。整个卖空交易的过程是，卖空者先从经纪人（broker）处借到股票，立即卖出，将得到的钱部分存在经纪人处作为抵押。抵押的资金会产生利息，经纪人要将部分利息分给卖空者，这部分利息叫作 short rebate rate。从卖空者借到股票到归还整个过程中，这部分股票所产生的股息卖空者是得不到的，但是卖空者要额外付给经纪人这部分股息。这种付息方式叫作代替支付（payment-in-lieu）。

杠杆头寸（leverage position）

杠杆头寸是指投资者借入资金购买资产，这种交易又称为保证金交易。杠杆比例是指资产的总价值除以自有资金部分。例如自己出资 50% 购买股票，杠杆率是 2 倍，那么资产升值 10%，盈利 20%。在保证金交易过程中，被借入的资金被称作保证金贷款（margin loan）。借用的资金所产生的利息被称作 call money rate。保证金交易初始，投资者需要先缴纳一定比例的保证金，被称为初始保证金（initial margin requirement）。当资产价格变动后投资者必须保持其账户内的最低金额必须高于所规定的维持保证金（maintenance margin）的额度，否则投资者就会收到追加保证金通知（margin call），此时，投资者必须向账户内注入资金，使账户金额高于维持保证金的额度。相反的，在卖空交易中，投资者必须向券商交付一定比例的初始保证金，以防止资产升值对券商造成损失。当资产价格上升时，如果投资者的账户内金额亏损到低于维持保证金额度时，投资者就会受到追加保证金通知。

对于多头计算需要追加保证金的资产价格的方法：

$$P'_L = P_0\left(\frac{1 - IM}{1 - MM}\right)$$

其中，*MM* 为维持保证金比例；*IM* 为初始保证金比例。

1.7 市场的分类

市场的分类根据不同的标准可以分为几种类型：

- **一级市场（primary market）和二级市场（secondary market）** 一级市场是发行新证券的市场。二级市场是证券交易的市场。
- **货币市场（money market）和资本市场（capital market）** 货币市场交易一年以内的短期债券的市场。资本市场是交易长期债券和股票的市场。
- **传统市场（traditional market）和其他类投资市场（alternative market）** 传统市场是交易长期债券和股票的市场。其他类投资市场是交易对冲基金、大宗商品房地产等类型资产的市场，这种市场上的资产通常缺乏流动性。

名师解惑

一级市场就是“一手股票”发行的市场。募集到的资金是直接记在公司账上。因此一级市场提供的作用是融资功能。

二级市场就是“二手股票”交易的场所，交易的资金仅在投资者之间转移，与上市公司募资无关。因此二级市场功能是提供流动性功能。

1.8 一级市场

一级市场是需要募集资金的公司或政府机构将其新发行的股票和债券等销售给最初购买者

的金融市场。

一级市场中交易的证券一般包括首次公开募股（IPO）和二次增发股票（secondary offering)。首次公开募股是指企业透过证券交易所首次公开向投资者增发股票，以其募集用于企业发展资金的过程。通常，上市公司的股份是根据向相应证券协会出具的招股书或登记声明中约定的条款通过经纪商或做市商进行销售。一般来说，一旦首次公开上市完成后，这家公司就可以申请到证券交易所或报价系统挂牌交易。

证券公开发行的过程

在新股发行前，投资银行会先做新股推介（indications of interest）以寻找有购买意愿的投资者，寻找有意愿的投资者的过程称为“book building”。如果该证券必须马上出售，该过程被称为“accelerated book building”。

投资银行就是一个金融中介，其中一个业务就是帮公司公开发行股票。投资银行发行股票的方式有以下几种。

- **包销（underwritten offering）** 对于一级市场，大部分公开发行股票由投资银行集团包销而进入市场。投资银行低价购买公司的股票在二级市场销售，这样投资银行就承担了股票的价格风险和收益。没有卖出部分的股票，投资银行也必须全部承担。
- **代销（best efforts）** 投资银行也可以不直接购买股票，而通过代销的方式，作为公司股票的中间商来销售股票。这样投资银行就不需要承担股票的价格风险。

名师解惑

采用包销的方式时，由于投资银行需要使用自己的资金购进股票，再以高价卖出，因此获利方式就是获得一个买卖价差，即 bid-ask-spread，因此投资银行扮演的就是 dealer 的作用。由于实际持有头寸，因此风险有投资银行承担。上市公司不面临发行失败的风险。

采用代销的方式，投资银行仅付出最大的努力（best efforts）帮忙卖股票，因此是否卖得掉投资银行不做保证，因此发行失败的风险是由上市公司承担的。投资银行仅按募集到的资金按照约定好的百分比收取佣金。因此投资银行这时扮演的 broker 的角色。

由此可见，投资银行既可以是 dealer，又可以是 broker 的角色。

包销和代销的比较

包销	代销
需要购买未销售的股票并承担价格风险	不需要购买股票
投资银行希望以更低的价格获得股票	投资银行尽可能地提高股票发行价来获利

股票非公开发行的过程

名师解惑

在上市公司在发行股票的过程中，借助投行的帮助固然可以更好更快的募集到资金，但是由于投资银行会收取高额的佣金，因此对于上市公司就有很强的意愿来绕过投资银行的帮助自己募集资金，因此这种募集资金的过程是私下的，并不面对公众。但是由于上市公司在资本市场的人脉并不如投资银行，因此私下募集资金的量不会很大。

私下募集资金的方式包括以下几种：

➢ **私募配售（private placement）** 它是相对于公募（public offering）而言，私募是指向上市公司向小规模数量授信投资者（accredited investor）（通常 35 个以下）出售股票的方式。私募配售不需要企业有足够多的披露。

➢ **暂搁注册（shelf-registration）** 它是指符合条件的公司，可以为其今后两年内所有可预期的证券发行，预先到证券交易委员会办理被称为暂搁注册的手续，并自主决定证券发行的具体时机。

➢ **股息再投资计划（dividend reinvestment plan）** 它是指将普通股持有的股东可以用分得的股息，以一定的折扣价购买的该公司的股票。

➢ **定向增发（rights offering）** 它是指股东有权以一定的折扣比例从市场上购买该公司的股票。

名师解惑

定向增发是面向公司的已有股东的。因此企业在私下募集资金的时候首选就是已有股东，因为已有股东都是认同公司经营策略且有投资资金的人。

1.9 二级市场

证券的二级市场是证券发行后交易的地方。

二级市场的作用

➢ **提供流动性** 二级市场的主要作用是为证券交易提供场地并提供流动性。

➢ **提供信息** 二级市场的另一个作用是为证券交易提供价格信息，一般来讲新发行的证券的价格是基于其在二级市场的成交价格的。

二级市场的类型

按照交易时间分类，可以分为集合竞价市场和连续竞价市场。

➢ **集合竞价市场（call market）** 它是指证券交易只在特定的时间内进行。在这种市场中，买卖双方报价是持续一段时间的，但是成交却只发生在某个特定时间点。成交价格也只有一个，这个价格往往就是股市当天的开盘价。这个成交价格是买卖双方达到均衡的价格，此时确保买卖双方成交量达到最大，市场的供需达到平衡，交易需求得到最大的满足。

名师解惑

之所以会有集合竞价就是因为股票市场的交易是不连续的，即只有股市开盘了才能交易，比如你半夜听到了一个不好的消息（利空消息），你也要等到第二天开盘才能进行交易。但是世界的变化却是连续的，因此股市的前一天收盘到后一天开盘之间可能发生重大变化，这种变化会影响股票价格，因此如果让这种变化对股价的影响自由发挥，会造成股价的大幅波动，带来市场的巨大风险，因此集合竞价就是用来消化股市不开盘的这段时间的市场变化的。

➢ **连续竞价市场（continuous market）** 它是指当买卖双方投资人连续委托买进或卖出上市证券时，只要彼此符合成交条件，交易均可在交易时段中任何时点发生，成交价格也不断依买卖供需而出现涨跌变化。

按交易方式分类，二级市场可以分为指令驱动型交易市场、报价驱动型交易市场以及经纪人市场。

➤ **指令驱动型交易市场（order-driven market）** 它是指买卖双方投资者的交易指令或者交易委托在送达市场后直接配对见面，以买卖双方的报价为基础进行撮合形成交易价格。

指令驱动型市场中的交易遵循价格优先法则（price priority）和时间优先法则（secondary precedence rule）。

- **价格优先法则** 它是指所有竞价中最低的卖价和最高的买价优先成交。
- **时间优先法则** 它是指在所有报价相同的订单中，根据先来后到的原则，最早下单的优先成交。

二级市场中定价的方式的原则（trade pricing rules）是用来决定交易后的资产价格的方式。包括单一定价原则和歧视定价原则（discriminatory pricing rule）。

- **单一定价原则** 资产价格是成交量最大时的资产价格。一般在集合竞价市场中适用。
- **歧视定价原则** 规定每个时刻最先成交的价格是资产的价格。一般在连续市场中适用。

名师解惑

由于交易是时时刻刻都在发生的，特别是交易活跃的市场，因此股价的变化可以认为是“连续”的，但是交易软件显示市场价格的时候却是“离散”的，即以一秒为最小报价单位报出最新的股票价格。因此可能会出现一秒钟有多笔不同价格的成交，但是显示的价格只能有一个，所以规定一秒钟最先成交的价格就是显示的市场价，这种就是歧视定价原则的由来。

➤ **报价驱动型交易市场（quote-driven market）** 它是指证券交易价格由做市商给出，买卖双方的指令或者委托不配对，而是从做市商手中买入或向其卖出证券。市场中通常存在多个做市商，这些做市商相互竞争来提供最高的买价和最低的卖价。

名师解惑

指令驱动型交易市场是由broker促成交易的，交易双方根据成交金额缴纳佣金给broker。

而报价驱动型市场是由dealer促成交易的，dealer使用自有资金进行交易，获得bid-ask-spread。大家平时看美国的电影中经常看到交易时很多人拿着好多电话在不停地吼叫交易，这种都是报价驱动型市场的特征。

➤ **经纪人市场（brokered markets）** 主要针对流动性较差的市场，为了达成交易，必须借助经纪人broker的帮忙，broker主动为投资者寻求对家。例如为卖家寻找买家，为买家寻找卖家。

市场的信息

市场中有各种各样的信息，根据信息的透明性可以分成以下两种：

➤ **交易前透明（pre-trade transparent）的信息** 如果市场中的投资者在能获得未交易的买卖订单数量和价格的信息，那么这个市场就是交易前透明的。

➤ **交易后透明（post-trade transparent）的信息** 如果投资者能获得完成交易的买卖订单的数量和价格信息，这被称为交易后透明的。

名师解惑

买方投资者喜欢交易前透明的市场，因为这种市场能够让他们提前知道证券的价格和交易成本。

做市商更喜欢交易后透明的市场，因为对于做市商他们在这种市场中有信息优势，可以取得对他们更有利的买卖价格，获得更好的 bid-ask-spread，所谓浑水摸鱼，水越浑越好摸鱼。

1.10 证券交易的过程

市场运行机制是不同的，比如订单驱动型的交易市场与报价驱动型的交易市场交易是不同的。

报价驱动型交易市场的交易

报价交易市场的定价是由 bid-ask-spread 决定的。

➢ 买方出价（bid price）指市场做市商为购买证券而提出的价格。

名师解惑

大家可以把“bid”理解成“buy”，“ask”理解成“sell”。

➢ 卖方出价（ask price）是指做市商为卖出证券而提出的价格。做市商提供的每一个买卖价格都有对应的买卖数量。

➢ 证券买卖差价（bid-ask spread）是指做市商愿意买入和卖出某种证券的价格之差。

名师解惑

市场之中证券的标价是最高的买价和最低的卖价，市场证券的流动性越好，买卖价差越小。

做市商公布买卖指令的过程叫作“做市”。

➢ 当做市商发布了 bid 指令，这种行为叫作“make the market”。

➢ 当做市商发布了 ask 指令，这种行为叫作“take the market”。

指令驱动型交易市场的交易

在指令驱动型交易市场中，当投资者希望买卖证券的时候，他们必须发出订单，确定买卖的数量和价格。

订单中也可以规定交易的方式（execution instructions）、交易的时间（validity instructions）、和交割方式（clearing instructions）。

➢ 交易的方式（execution instruction）

execution instruction 最常用的指令，是市价指令和限价指令。

- **市价指令（market order）** 它是按照当时市场上的最好的价格立即（尽快）买进或卖出某一特定交割月份的一定数量外汇合同的定单，这种定单并不规定具体的成交价格只规定交割月份的合同数量。
- **限价指令（limit order）** 它是按客户确定的价格或履约时间的价格进行外汇合同买卖的定单。它规定了买者愿意买的最高价格或卖者愿意卖的最低价格。

此外，交易的方式相关的指令包括：

- **全额成交或撤销申报（all-or-nothing orders）** 它是指交易必须保证订单能够完全成交，否则不交易。
- **隐蔽订单（hidden order）** 它是指只有经纪人或交易所知道订单的大小。市场上的其他投资者无法知道订单的数量。
- **冰山订单（iceberg order）** 它是指交易员输入数量较大的订单但又不向市场显示全部委托数量。整个订单由可见的最高揭露数量和隐藏部分组成，只有披露数量会向市场公开。只有披露数量全部成交，带有小于或等于披露数量的新订单才进入主订单簿，被市场看到。

➢ 交易的时间（validity instruction）

规定了订单交易生效的时间。

- **当日生效指令（day order）** 订单只在一个交易日内有效，一个交易日内没有成交的订单，在收盘时自动取消，次日不再继续生效。
- **立即执行或撤单指令（immediate or cancel orders）** 订单必须马上成交，如果订单不能马上成交，订单立刻取消。这样的目的是防止大笔订单的信息被市场获得，导致大单交易难以完成。
- **收盘时生效订单（good-on-close orders）** 订单只在交易日将近结束时交易。如果这时的订单是市价单，那么这个订单被称作 market-on-close orders。

止损指令（stop-order） 它是指当市场价格达到某一既定水平时才予执行的指令。止损指令包括**买进止损指令**和**卖出止损指令**。

√ **买进止损指令**在期货合约交易价格达到或高于停止价格水平时即转变为市价指令；

√ **卖出止损指令**在期货合约交易价格降至或低于停止价格水平时即转变为市价指令。

➢ 交割方式（clearing instructions）

规定了订单的交割方式。这种指令更多的就是指导交易达成的，并不认为是一个交易指令。因此不用特别的研究。

2 证券市场指数

知识导引

现在的金融市场中，市场指数已成为了一个不可或缺的参考值。在本章中，我们将会学习到什么是证券市场指数、证券市场指数的用途、构建指数的五种基本方式、计算方法以及这几种方式的优缺点。最后还会介绍除了证券市场指数之外的其他指数。

2.1 证券市场指数

证券市场指数就是用来反映股票市场上各种类型股票的整体水平以及其变动情况的指标。由于股票价格的波动性往往难以预测，所以投资者会面临到市场价格风险。一位投资人如果想要了解一家公司的股票很容易，只要多花点时间关注这家公司的信息就好；而对于多个公司股票价格的变化，想要逐一了解就不是那么容易了，更不要说去了解整个市场或整个国家的整体股价变化，难度就更大了。

为了适应这种情况和需求，一些较有公信力的金融服务机构就会利用自己的业务知识和熟悉市场的优势，编制出证券市场指数公开发布，作为市场价格变动的指标。投资者就可以参照这样的指数来检验自己投资的效果，并用来当作参考的指标，来预测股票市场的动向或大环境的经济发展形势。

名师解惑

简单来说，市场指数就是用来衡量一个国家、市场或行业整体表现的指标。道·琼斯股票指数是世界上历史最为悠久的股票指数，它的全称为股票价格平均数。它是在1884年由道·琼斯公司的创始人查理斯·道开始编制的。其最初的股票价格平均指数是根据11种具有的代表性的铁路公司的股票，采用算术平均法进行计算编制而成的，发表在查理斯·道自己编辑出版的《每日通信》上。其计算公式为：

股票价格平均数＝入选股票的价格之和/入选股票的数量

自1887年起，道·琼斯股票价格平均数开始分成工业与运输业两大类，其中工业股票价格平均指数包括12种股票，运输业平均指数则包括20种股票，并且开始在道·琼斯公司出版的《华尔街日报》上公布。1929年，道·琼斯股票价格平均指数又增加了公用事业类股票，使其所包含的股票达到65种，并一直延续至今。

2.2 构建指数的过程

在构建指数的过程中，我们要解决以下几个问题。

1. 什么是指数试图衡量的目标市场（target market）

金融机构在决定构建一个指数的时候，第一件事就是要决定目标市场。比如说上证综合指数衡量的就是在上海证券市场上市的公司股价的总体走势；而上证医药指数，就是针对上海证券市场里面的那些医药公司的股票来进行追踪。目标市场也可以通过地理位置或资产类型来进行划分，简单来说，对什么板块或地区有兴趣，那个行业或地理位置就是指数的目标市场。

2. 什么股票应该放在指数试图衡量的目标市场内

一般来说目标市场内的股票可以是这个目标市场内全部的股票，或是选择一些具有代表性的股票。如何决定什么股票应该放入指数的目标市场内完全取决于金融机构的过去的经验以及其想要衡量指数的方式。

3. 应该如何决定在指数内所有股票的权重比例

当我们决定好这个目标市场的指数要放什么股票后，我们就必须开始思考每个股票应该放多少权重在这个指数里面呢？股票的权重的比例对于指数来说是有巨大的影响。因此，金融机构会通过不同的计算方式来算出指数内的权重比例，具体计算权重的方法会在后文中介绍。

4. 指数内各股的权重比例应该多久调整一次

由于指数中包含的股票是为了反映目标市场的走势的，因此选取的股票要有代表性，但是随着市场的变化，股价的涨跌，指数中的股票的权重会发生变化，有时候这种变化会导致指数不再能够反映市场变化了。因此，为了能够让目标市场内的指数权重持续保持一致性，金融机构会定期在再平衡日（rebalance date）内对指数的每只股票的权重进行调整。

5. 什么时候应该重新审核选择的股票与其权重比例

由于权重的调整可以使指数能够更好地反映市场走势，因此调整权重应该作为一项常规的工作来进行。重新审核目标市场内股票与其权重比例就像基金经理要定期整理自己手上投资组合的构成，看看有没有需要剔除或增加进去的股票。一般来说，在调整权重比例的时候也是重审的时机，它们都必须定期修改。

名师解惑

什么叫作 index 呢？index 就是我们通常所说的指数，比如我们熟悉的沪深300指数、上证指数、深圳指数等。这些指数的目的是来帮助我们来衡量一个国家，一个地区或者一个行业的表现，比如说我最近有钱了，我是投资房地产股，还是投资银行股？很简单，分别看银行板块和房地产板块过去3个月的走势，我们就可以比较出来这两个市场这几个月的表现，并做出相应的投资策略。所以，我们把这个叫 security market index，用来帮助我们发现、衡量并进行定量分析的。

既然指数可以帮助我们衡量目标市场的整体表现，了解指数的构成方法以及权重比例是如何决定的就非常的重要。任何的指数市场都有自己的构建规则与计算权重的方法。身为一个分析师，在使用证券指数来判断投资组合或整体经济的时候，如果不能理解指数的基本构造，就可能做出不准确的分析结果。学习市场指数可以说是金融领域里的基本功。

所以指数其实就是一个资产组合，资产组合中的股票可以作为一个整体有代表性地反映出某市场的整体资产价格走势。

2.3 股票价格指数的用途

股票价格指数在经济领域中被广泛应用，主要体现在以下几个方面。

1. 反应投资者信心

市场指数通过选择的多个股票反映出可以代表整体市场的回报率及风险，也因此透露出一个市场信息即反应投资者信心（市场情绪）。要求回报率的高低或是投资者愿意冒险的意愿强度，都是解释众多投资者对目前经济环境的看法与心态。

2. 衡量基金经理人业绩表现的基准

市场指数可以作为衡量基金经理投资能力的评估标准。整体的股指波动是参考的标准值，主动型基金经理的目标就是让自己经手的投资组合能够跑赢大盘指数。

3. 估量市场收益与市场风险，估量贝塔值与调整后风险回报

我们常常用资本资产定价模型（CAPM）来求要求回报率。市场指数可以提供 CAPM 模型里面需要的一些数值作为参考，例如贝塔值与调整后风险回报。股票的贝塔值代表了它随市场总体波动而波动的程度大小，即股票所具有的系统性风险，这部分风险是无法通过分散化投资而消除的，它和股票所能获得的预期收益是成正比的，因此贝塔值是选择股票进行投资时需要考虑的最重要因素之一。

$$k_e = r_f + \beta(r_M - r_f)$$

4. 模拟指数的投资组合

最后，对于那些使用消极投资策略（passive investment）的基金经理们来说，股票指数提

供了一个选股策略的参考，他们的资产组合里面大多的资产选择与股指中的差不多，保持跟着大盘走的投资策略。市场指数内的股票成分组合，变成了基金经理投资组合的参考。

名师解惑

投资风格基本上可以分为两种：积极型投资（active investment）与消极型投资（passive investment）。

积极型的投资策略指的是，那些基金经理相信市场还有获得高回报的空间，往往在投资组合里面会选择与指数内股票不同的投资组合，以换取更高的回报率，风险也比较高。

反之，消极型投资策略的基金经理相信市场的反应会完全或大部分的通过指数表现出来，也因此认为获得高回报的概率比较低。

基金经理们的投资组合里面的股票成分就会模仿某个指数内的股票组合，希望借此能达到与大盘相同的盈利水平。

2.4 价格指数与回报指数

在计算目标市场内指数的回报率时，有两种计算方式。

- **价格指数（price index）** 指的是只用股票价格变化来计算回报率，根据只用股价来构建的指数计算出的回报率称为 price return。
- **回报指数（return index）** 指的是不仅用股票价格变化，同时考虑股票分红收益来构建指数，这种既考虑资本增值又考虑分红收益的方法计算出来的回报率称为 total return。

名师解惑

price index 对应的是价格，比如有三只股票 A、B、C，其价格分别是 5 元/股、10 元/股和 15 元/股。则三只股票的平均价格是 10 元/股，这种是以价格为基准的就叫 price index。还有另外一种的计算方式是，假设 A 的回报率 5%，B 是 10%，C 是 15%。平均回报率是 10%。这种就是 return index，是以回报率为基准的，大体的计算方式就这两种分类。

2.5 构建指数时的五种方法

价格加权指数（price-weighted index）

价格加权指数是把指数中的每个股票的市场价格加起来然后再除以指数中所有股票的数量。价格加权指数假设投资者购买指数中的每只股票的数量都是一样的。比如，每只股票都买 100 股。因为该指数是以价格为权重来编制的，所以价格高的股票所占权重要比价格低的股票高。当股票进行拆细的时候，价格加权指数要进行调整。

$$\text{price-weighted index} = \frac{\text{sum of stock prices}}{\text{number of stocks in index adjusted for splits}}$$

价格加权指数有如下的几个特点：

- 指数值的变化与样本股价的总和成比例，高价股权重大于低价股，即高价股上涨或下跌 10% 对指数的影响高于低价股上涨或下跌 10% 对指数的影响。换言之，**高股价**的样本股对指数整体的影响是非常大的。
- 代表每种股票相同数量组成的投资组合的收益率。

- 当股票发生拆股并股或对某只样本股支付10%以上的股利时，除权后股票价格将发生变化，因而导致指数值随之变化，尽管投资者并无盈利或亏损。此时需要对指数计算公式中的除数进行调整，以保持指数值不变。当指数的样本股不发生变化时，由于原股票和替代股票的价格不同，也需对除数进行调整，以保持指数值不变。
- 股票拆分（stock split）后，将导致其在指数计算中的权重下降。因为高增长型股票倾向于经常进行拆股，其权重不断下降。所以价格权重指数低估了市场的总体收益率。

名师解惑

目前为止，有以下几种股指是按照价格加权的方法计算：道琼斯工业指数（DJIA）、日均道琼斯指数（The nikkei Dow Jones stock average）。价格加权指数是最古老的也是最简单的加权方法。

相同权重市场指数（equal-weighted index）

相同权重市场指数（又称为无权重法）计算中，每种股票的权重相同，而不管其价格高还是低、市值大还是小，直接将各种股票相对于其收益率进行平均作为指数值。

这种方法的优点就是因为用来计算的数值是回报率，是一个比例，所以这种方法可以不受高股价的影响。但是为了要常常使这个指数里面的样本股票市值能够反映最真实的市场状况，就需要定期的调整（rebalance）这个指数里面的投资组合。

同时还需要注意的是，用这个方法的时候**小盘股**因为风险高、收益率也高，在计算的时候小盘股会更多地被放在权重里。而大盘股则相反，风险低、收益比较低，因此在指数里的权重也比较低。在分析的时候要注意这一点，避免判断上的误差。

value line composite average 与 financial times share index 是在全球比较出名使用这种计算方法的指数。

市值加权指数（market capitalization-weighted index）

市值加权指数的权重计算方法是，先把指数中每个股票的市值（股价×总股数）算出来，再除以总市值，并按照每只股票的市值占总市值的比例去投资股票。比如股票A的市值占指数总市值的17%，那么就拿17%的资金去购买股票A。

但它的缺点是，不是所有股票都可以流通的，只有可以流通的股票才有市值，才会对股指产生影响，因此不流动的股票会对计算指数产生影响。

标准普尔500指数（S&P 500）就是著名的以市值加权来计算指数收益的。

流通市值加权指数（float-adjusted market capitalization-weighted index）

流通市值加权法基本的计算方法与市值加权法相同，唯一不同的只是这种方法使用的是流通股而不是总股数来计算。流通股指的是那些可以在公开市场交易的那些股票，而不是大股东手里那些不会拿出来交易流通的股票。

但与市值加权法一样，这种算法也会因为公司股票市值的大小对指数的权重造成比较显著的影响，特别是**市值被高估的股票**，由于市值被高估导致对指数的影响过大。

基本面加权指数（fundamental weighting index）

为了避免市值被高估的股票对指数的影响，经常会使用基本面数据做权重计算指数。基本面加权指数所使用的是一家公司的财务报表上的基本面数据，例如：盈利、股利或现金流等来计算指数的权重比例。

与其他计算方法不同的是，这种以财务数据为基础来计算的指数不会受到股价波动的影响。计算时，可以以一个或多个参考值作为组合来衡量（只用盈利，或用盈利与现金流结合来一起看）。

基本加权指数法的优点就是，它不会受到市值或股价变化的波动，因此不会有判断上的偏差。要注意的是，高收益或高现金流的公司，对于此种指数会有较大的影响，因为大部分的权重都是来自它们。

2.6 股指计算

接下来，我们通过例子来详细演示价格权重法、相同权重法以及市值权重法是如何计算权重的。

价格权重（price-weighted）计算

➢ 用价格权重计算指数

根据下表给出的数据，计算出这一个月指数的变化。

	股票价格 2006 年 12 月 31 日	股票价格 2007 年 1 月 31 日
A 公司	5	15
B 公司	15	10
C 公司	50	40

2006 年 12 月 31 日的价格权重指数是 $(5+15+50)/3=23.33$

2007 年 1 月 31 日的价格权重指数是 $(15+10+40)/3=21.68$

两者之差相除 T 零时刻的基数，就得到答案：

$(21.68/23.33)-1=-0.07=-7\%$

➢ 调整分拆股数

在 6 月 1 日时，股票 A、B、C 的价格分别是 15 元、25 元、60 元。而 C 公司因为股价太高，想要分拆成一股变二股的模式，隔日生效。请问重新分拆股票后，价格加权指数的分母变成了多少？

$$6\text{ 月 }1\text{ 日的指数是}(15+25+50)/3=30$$

因为 C 公司把一股变成了二股，一股的股价变成 25 元（50/2）。C 公司并没有受到拆分股票的影响，只是公司股票数目变多了而已。但我们需要重新调整计算指数的分母，使其能对应新的股价。

$(15+25+25)/n=30$，求 n。n 等于 2.17。在接下来计算指数的时候分母都使用 2.17 做权重。

相同权重（equal-weighting）计算

用相同权重法来计算下面这三家公司的股票指数，在零时刻时股票指数是 131 点。

股票	初始股价	目前股价	股价变化
A	\$12	\$15	+25.0%
B	\$52	\$48	−7.7%
C	\$38	\$45	+18.4%

先求出相同权重的股价变化：

$$(25\% - 7.7\% + 18.4\%)/3 = 11.9\%$$

再计算出新的指数价值是：

$$131 \times (1 + 0.119) = 145.59 \text{（点）}$$

我们可以很清楚地看到，在这个方法里面我们只拿每股的收益率来做计算的标准，所以算出来的指数不会受到公司规模或股价的影响。

市值权重（market capitalization weighting）计算

参照下面的表格中三个公司不同的股价与股数，使用价格加权法与市值权重法来比较：当A公司与B公司股价分别增加一倍的时候，这两种方法有什么不同之处。我们假设信息给出的时期就是指数的基准年，基准值（base value）是100。

公司	发行在外的股票数	股票价格	市值
A	100	$100	$10 000
B	1 000	$10	$10 000
C	20 000	$1	$20 000

我们先来看在价格加权法下，当股票A与C股价加倍时，对整体指数的影响：

先用价格加权法求出指数

$$(100 + 10 + 1)/3 = 37$$

如果股票A变成200元，指数变成

$$(200 + 10 + 1)/3 = 70.33$$

如果股票C变成2元，指数变成

$$(100 + 10 + 2)/3 = 37.33$$

我们可以很清楚地看到，相比股票C，股票A给指数带来的影响是巨大的。股票A价格增加一倍时，整体股指上升了33.33点；而股票C股价增加一倍时，股指才上升0.33点。由此得知，价格权重法很容易在计量的时候受到高股价而影响整体的指数。

我们再来看看用市值权重法时，会有什么不同。

首先我们先要求得在基准年时，整体股票市场的市值是多少。

$$(100 \times 100) + (1\,000 \times 10) + (20\,000 \times 1) = 40\,000$$

如果股票A的价格增加了一倍，变成200元时，指数是：

$$[(100 \times 200) + (1\,000 \times 10) + (20\,000 \times 1)]/40\,000 \times 100 = 125$$

如果股票C的价格增加了一倍，变成2元时，指数是：

$$[(100 \times 100) + (1\,000 \times 10) + (20\,000 \times 2)]/40\,000 \times 100 = 150$$

我们发现用市值权重法时股票C的影响是最大的，因为它的市值比重是整体指数里面比较高的，也因此会造成较大的影响。

2.7 调整与重组

介绍完这几种权重的计算方法后，还有两个概念大家必须要知道的就是指数内的权重是如何定期调整与重组以达到与设定的要求权重符合的状态。

➢ 调整（rebalancing）指的是调整指数股票组合内的权重比例。因为股价是会有变化的，并不是一直不变。比如说，在年初构建好一组股票来代表中国股市指数，在这期间股价有升有跌，慢慢地会把一开始所构建好的权重比例给打乱，无法反应我们所设立的目标市场。这样定期调整权重的方法，就称为 rebalancing，一般是每三个月调整一次。

➢ 重组（reconstitution）指的是定期在原先定制好的指数组合内增加或删减股票，重组指数内的股票组成。

名师解惑

因为经济环境总是有高低起伏，像在 2008 年全球金融危机的时候花旗银行曾经差点倒闭，被道琼斯工业指数剔除出来。之后美国政府救市把它救活后，又重新被加回去道琼斯工业指数里面。像是这样的调整就称为 reconstitution。

2.8 不同资产类型指数

以上就是关于指数的基本框架及计算方法，接下来我们要来了解一下指数都是如何进行分类的：权益市场指数、固定收益市场指数以及其他类投资市场指数。

权益市场指数

➢ **主板市场指数（board market index）**

主板市场指数，顾名思义就是衡量整个股票市场的指数。通常指数的组合都会包含百分之九十以上的股票市值，因此能够很好地衡量市场整体趋势。

➢ **多种市场指数（multi-market index）**

多种市场指数是以不同地理位置来划分的市场指数。比如说拉丁美洲股票指数（Latin America index）、发展中国家股票指数（emerging markets index），也有衡量全球股票的指数（MSCI World Index）。

➢ **以基本面为权重的多种市场指数（multi-market index with fundamental weighting）**

这是一种使用市值权重法来计算的指数市场。与一般市值法不同的是，一般都是拿公司的股价乘上在外发行的总股数来当作市值；以基本面为权重的多种市场指数却是以基本面的数据来当作衡量权重的数值，比如说一个国家的 GDP。这样可以避免这个国家因为之前的股票价格上涨而造成指数内权重比例的失调。

➢ **行业/区块指数（sector index）**

行业/区块指数指的就是以不同的行业或区块（地理位置或区域）作为指数衡量的目标市场。比如说有房地产指数、银行业指数、医疗产业指数或以地区划分的亚洲指数等。投资者通过不同的行业/区块指数可以很迅速的判断在这个经济周期下，哪个行业板块或地理位置的股票市场表现的比较好，便于投资者在判断国际间的金融情势。

➢ **投资风格指数（style index）**

投资风格指数是通过划分不同的投资风格来区分指数市场。比如说有股票有分成长型的、价值型的、小盘股、大盘股等，投资风格指数就是按照上述的方式来划分的。每家金融公司在构建投资风格指数时所用的标准都不一样，所以分析师在使用这类型的指数进行投资前，一定要先了解这个指数内的股票组合是如何定义投资风格的。

债券市场指数

债券市场指数与权益市场指数有很大的不同，因此我们接下来会介绍债券市场指数的两个重要特性。

➢ **涵盖范围更广（large universe of securities）**

债券市场比股票市场来的复杂许多，因为发行债券的机构不像股票那么单纯只是通过企业发行，公司发行公司债、国家发行国债或主权债、不同级别的市政单位也能发债。再加上债券的到期日、票息、面额等，有许多的不同造成了债券市场的复杂性。大部分的债券都是有到期日的，这代表了债券指数市场上的债券组合替换率非常高，每年都会有债券到期，每年的指数组合都会有所不同。因此，今年的债券指数与去年的债券指数并不适合比较。

➢ **交易不活跃（dealer market and infrequent trading）**

大部分的债券都是券商在进行交易，因此构建债券市场指数的金融机构需要依赖券商给出的债券信息来构建债券指数。但又因为债券的流动性普遍较低，在日常交易量低迷的情况下，构建债券市场指数所得到的信息质量也不是太好，无法与权益市场相比。

其他类投资指数

其他类的投资产品也是很好分散投资组合的方式，在这里我们会概念性地介绍一下基本的其他类投资指数有哪些。

➢ **大宗商品指数**

大宗商品指数就是以大宗商品**期货合约价格**为主构建的指数市场。

大宗商品期货市场是指一些与生产相关的原料比如说：大豆、水泥、原油、钢铁等。

名师解惑

通过期货合约市场的价格来计算大宗商品指数的基准。通过指数的变化就可以看出商品的平均价格是多少，并且还能够提前反应GDP的变化。因为期货交易市场的交易非常频繁，价格也很容易获得，期货指数相对而言也是比较好的衡量标准。

➢ **房地产指数**

房地产指数是通过房屋买卖的成交价作为指数的衡量标准。通过观察房产指数的变化，投资者可以很快地知道房地产近期的趋势走向。通常来说政府公布的房价统计信息都不及时，反而指数是更好的预测标准。

在美国，有一个叫作房地产投资信托基金（REIT），是专门投资房地产项目的基金。此基金内的房产交易信息是房地产指数很好的参照指标。

➢ **对冲基金指数**

把所有对冲基金的收益率组合在一起就是衡量对冲基金的指数市场。但是我们都知道，政府对于对冲基金的监管没有很严厉的要求，对冲基金并不需要公开自己的收益率或是投资方式。所以公开市场上所知道的对冲基金收益率可能都是那些表现的比较好的基金，那些绩效差或没有存活下来的基金就没有计算在内。

因此，分析师在评估对冲基金指数的时候，需要注意会有存活者偏差（survivorship bias）的问题。

全球证券市场指数简介

最后，通过下面的表格我们把目前全球市场上用得最多的指数做一个大概的介绍。

	反应	股票数量	权重方法	内容
道琼斯工业指数	大部分美国股票	30	价格	由华尔街日报编辑挑选的股票
日经股价指数	大部分日本股票	225	修改过的价格	包括一些流动性高的股票，价格加权和被调整为高价的股票
东证指数	所有在东京证券交易所一部的股票	不固定的	上市公司股票市值，只计算流通股	有大量的流动性较差的股票使得它难以被复制，包括日本股票 93% 的公司市场价值
摩根士丹利资本国际全球指数	在 23 个成熟市场和 22 个新兴市场的股票	不固定的	上市公司股票市值，只计算流通股	对于美元和本国货币都适用
标准普尔除了美国指数以外的已发展的能源行业指数	除美国外的全球能源股票	不固定的	上市公司股票市值，只计算流通股	是一种交易型开放式指数基金的证券组合模型
巴克莱全球债券指数	全球投资级债券	不固定的	上市公司股票市值	由雷曼兄弟原始编制的
麦盖提欧洲公司债券指数欧元高收益债券指数	低于投资级别债券	不固定的	上市公司股票市值	每个月代表市场流动性的部分和调整资金组合
金融时报 EPRA/NAREIT 全球房地产指数	全球房地产	335	上市公司股票市值，只计算流通股	表现公开交易的房地产投资信托基金

3 有效资本市场

知识导引

什么样的资本市场能够称为有效？有效的资本市场对于投资者来说又有什么样的作用？本章主要介绍由著名的金融经济学领域的思想家尤金·法玛教授于 1970 年所提出的有效市场假说理论。我们将详细介绍这个理论中所提到的三种市场：弱式有效市场、半强式有效市场和强式有效市场，以及股票的价格与价值的区别，最后还会解释有效市场假说的应用方式。

考点说明

本章是理论性较强的一章，阅读起来可能会比较枯燥，但同学们需要注意越是没有计算题的章节考点的变化越强，如果没有深刻掌握有效市场假说的理论基础，以及它延伸出来的一些概念，比如说什么是超额收益、市场异象或行为金融学的基本概念的话，答题的时候可能无法很迅速并正确的回答。

3.1 市场有效性

什么是市场的有效性？这里所说的有效或无效指的是针对信息与股价的关系而言的。一个信息能够及时、迅速并合理的反馈在股票价格上的市场，就称为有效资本市场。基金经理通过判断目前的市场反应信息的效率，可以更好地调整自己的投资策略与资产配置。

比如说股价在没有任何新的消息出现前，市场是小幅度波动的，现在突然出台了一个新的宏观经济调控政策，政府说要收紧银根，有效的股票市场会及时反映出投资人对这个消息的反应。股市很可能会下跌，因为未来的经济情势是保守的，缩紧银根就是减少了流动性。所以我们也可以说，市场的有效性即是市场对于新信息的反应速度。股票市场的参与者能否在最短的时间内通过交易手上的股票来反应对此信息的态度（看好、看坏或看法不变）。

在一个信息完全有效的市场内，投资者只能通过消极的投资策略（passive investment，即是构建一个与股票市场指数一样的投资组合）来进行投资。因为当股价已经完全反映了所有的市场信息时，任何的分析方式都已无效，也就不存在超额收益，不能使用积极的投资策略（active investment，即是基金经理的投资组合与大盘指数只有些许相同，基金经理相信自己的投资组合可以跑赢大盘市场）。

当市场发布一条新的信息时，我们应该如何判断股价应该反应这条信息到什么程度才是有效或无效呢？要了解这一点，我们就必须知道内在价值与市场价格的作用与区别。

3.2 股票的内在价值与市场价格

股票的市场价格（market price），简称价格，指的是这只股票目前在市场内所交易的价格为多少。股票的内在价值（intrinsic value），简称价值，指的就是这只股票的真实价格是什么。我们也可以说，股票的价值即是一位理性的投资人，在获得所有关于这只股票的基本信息（特性、风险、回报等）后，愿意购买这只股票所付出的钱。在谈到如何用定量的方式计算出价值之前，我们只需要知道价值与价格不同的。因为价格不等于价值，所以才会有投资的机会。

在解释为什么会有投资机会之前，我们必须先了解一个假设前提就是，在金融的世界里，我们相信一只股票的市场价格是围绕着它的真实价值波动的。所以只要我们找出股票的价值，就可以以价值为基准来与其市场价格比较，来判断到底是要看多或是看空并确定投资方向。

比如说目前A公司的市场价格是25元，而内在价值是30元，我们就可以判断A公司的股票目前是被低估了，可以买进等着以后会上涨，因为价值大于价格（value > price），反之亦然。

名师解惑

虽然我们可以通过比较股票价格与价值来决定自己的投资策略，但股票的内在价值不一定都能准确估值。不同的估值方式，不同的分析师切入点也不一样，因此股票的内在价值是比较难完全估计准确的，也因此加大了投资者的难度。

3.3 影响市场有效的因素

一般来说市场都是处在完全有效及完全无效的中间，不会有市场是完全有效或是无效的。通常不同的国家、时间和市场种类会对信息的有不同程度的反应。总体来说影响市场有效的因素有四种：

- 市场参与者的数量
- 信息的可得性
- 交易的障碍
- 交易成本和信息成本

市场参与者的数量越多，市场的有效性越高

因为通过更多的交易量，股票的信息越会及时地调整与反映出真实的价值。既然如此，我们可以推测中国市场的有效性一定低于美国市场，因为中国市场上的 A 股是不对外国投资者开放的，不像美国的股票市场欢迎任何本国人或外国人交易。这样一来，中国市场的有效性当然低于美国。

信息的可得性越高，市场的有效性越高

当投资者越能够轻松地获取股票的信息时，市场的有效性是比较高的。比如说，在美国的投资人只要进入美国证监会的网站（SEC），就可以随时看到某家公司从上市以来的财务报表，或公开披露的任何信息。换言之，股票市场内的信息越透明，传递方式越快，就越容易提高市场的有效性。

交易的障碍越低，市场的有效性越高

交易的障碍可以理解成交易的可能性，就是在这个市场里投资者不但可以做多（long）还能做空（short）股票。允许做空就意味着从单边市场变成双边市场，价格回归合理的速度更快，更不容易偏离真实价值。

交易成本与信息成本越低，市场的有效性越高

如果交易成本与获得股票相关信息的成本越低，代表投资者更有意愿随时因应任何新的消息来交易股票。这样一来，所有的股票都能在有新信息披露时更及时的反应，市场的有效性也就随之提高了。

3.4 有效市场假说的三种基本情况

20 世纪 70 年代，法玛教授提出了有效市场假说（efficient market hypothesis，EMH）。这个理论说的是如果在一个证券市场中，价格完全反映了所有可以获得的信息，那么就称这种市场为有效市场。衡量证券市场是否具有外在效率有两个标志：一是价格是否能自由地根据有关信息而变动；二是证券的有关信息能否充分地披露和均匀地分布，使每个投资者在同一时间内得到等量等质的信息。

有效市场假说有三种情况。

- 弱式有效（weak-form EMH） 目前市场价格充分反映了历史的交易信息。因此过去的信息对于市场上未来的股票价格将不具有预测效力，因而投资者不能够使用技术分析来获得超额收益。
- 半强式有效（semi-strong-form EMH） 股价不仅反映了历史交易的信息，而且反映了所有的公开信息，包括招股说明书、公司公告、财务报表等。因此在半强式有效市场中，不能使用基础分析法来获得超额收益。
- 强式有效（strong-form EMH） 股价不但反映了与公司有关的所有公开信息，同时也反映了仅为内部人员所知道的内幕信息，即股价完全反映了所有的信息，因此任何分析方法都无效，也没有人能够获得超额收益。

名师解惑

要注意这三种市场是一个层层加上去的关系，弱式有效只反映历史交易信息，而半强式有效包含了弱式有效的历史交易信息再加上公开信息，而强势有效则是反映所有之前两种市场反映的信息再加上内幕信息。因此，如果考试问你，请问在半强式有效市场中使用技术分析是否可以获得超额收益？答案是否定的。

既然我们学到市场的有效程度分为三种，同学们知道我们国家的市场是处于哪一种状态呢？事实证明在中国技术分析还是有点用处的，因为中国目前的情况距离弱式有效市场还存在一定的差距，信息反映速度还是不足。美国基本上是处于半强式有效市场，在美国用技术分析或基本面分析都赚不到钱，只能靠机构投资者挖掘内幕消息的能力了。

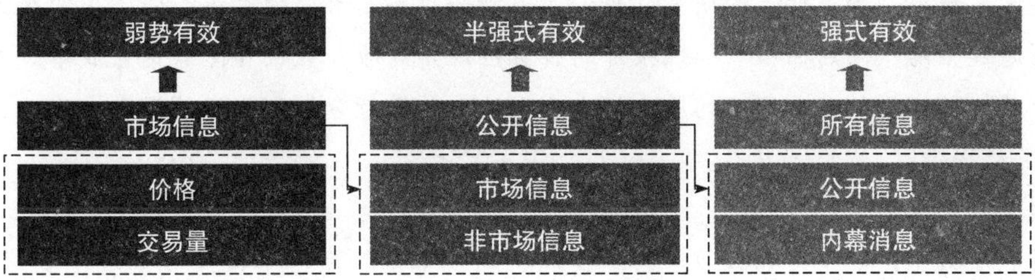

3.5 有效市场假说的应用

解释完有效市场假说的一些基本定义后，这节将要解释在金融市场上，人们如何通过有效市场假说来测试这个市场是这三种市场的哪一种，以及介绍基金经理在面对不同程度有效市场时，如何调整自己的投资策略。

首先，我们要先学习一个概念叫作**“超额收益”（abnormal return）**。超额收益就是能够跑赢大盘的多出来的部分，称为超额。简单来说，在经济很好的情况下，比如说2007年以前的中国股市，买什么股票都赚钱。假设当时股票指数的投资回报率是20%，能够让投资组合的收益超过20%的基金经理，就是能够达到超额收益的基金经理。能否获得超额收益常常会作为市场有效性的测试标准。我们常常会用资产定价模型（CAPM）或多因素模型来计算是否有超额收益。先计算出一个预期回报率，然后用计算出来的数值与实际收益来比较；如果实际收益高于预期回报率的话，代表存在超额收益，反之亦然。

技术分析是通过分析历史股票价格以及成交量的数据来进行投资。如果要测试这个市场是不是弱势有效的话，就需要检测技术分析是否能够获得超额收益。一般来说，技术分析法在新兴市场中能够获取超额收益，但在发达国家却是无效的。

基本面分析是通过分析公司财务报表中的数据（盈利、股利或各种财务比例）来进行投资。一般来说，在半强式有效市场内基本面分析是无效的，因为在这个市场内，股票价格都已反映了公开市场信息（基本面信息）。因此在半强式有效市场中，基本面分析是无效的。

借由**事件研究法（event study）**我们可以测试市场是否为半强式有效市场。事件研究法是一种统计方法，是在研究当市场某一事件发生的时，股价是否会产生波动以及是否会产生超额收益，借由此种资讯，我们可以了解股价的波动与该事件是否相关。比如说在公司发布季度收益报告或股利分红政策时，可以通过比较事件发生前后的股价波动程度来检测此市场是否为半强式有效市场。实证研究发现，发达国家一般来说都是处在半强式有效市场的状态，基本面分析是无效的。

看到这里可能有人会说，既然在半强式有效市场内，基金经理就无法跑赢大盘，只能进行消极投资（跟着大盘走），那基金经理这个角色还有存在的必要吗？虽然基金经理在半强式有效市场内无法获得超额收益，但是他们还是能够帮助投资者达到分散资产，规划投资目标与避税的作用。

名师解惑

通过学习证券市场有效性的研究，我们了解到当市场是有效的时候，即使花费很大努力也很难获得超过市场平均的回报。因此投资的目标应该是风险分散化和降低交易成本。指数型基金的设计是模拟市场的某一部分的股票组合，而这也是进行分散化最好的投资方法。

3.6 市场异象

当我们了解了什么是市场有效性后，我们必须要知道当市场不按照规则进行变化的时候，我们称为“市场异象”（market anomalies）。市场异象是站在与市场有效假说的对立面来看的。市场有效假说认为一共分为三种市场，而这三种市场内股票针对信息反映的速度是不同的，但只要我们先能判断出这是哪一种市场后，我们即能找出股票价格的规律，并制定与其合适的投资策略。

可是不赞成有效市场假说的人们却不是这么认为的，他们普遍相信市场充满了各种偶然因素，并不能找到规律。在详细解释市场异象之前，我们必须先理解什么是**数据挖掘（data mining）**。

简单来说，不管我们是要测试市场的有效性或是计算股指的平均收益率我们都会需要收集市场上很多的数据来分析与进行统计回归，最后得到我们想要求的数值。数据挖掘的意思就是，当分析师一味地收集数据进行分析的时候，有可能会把一些偶然发生的因素当成必然发生的现象。换句话说，就是分析师为了要证明目前的市场是半强式有效的，他在搜集数据时会一直找那些符合他想证明的论点的数据，不断地挖掘数据直到满足他的论点为止。这样的行为我们称为数据挖掘偏差。有些时候数据和股票价格并不一定真的存在经济的相关性，如果分析师一头栽入了搜集数据的迷思的话，很容易忽略了这两者之间是否真的是有因果关系，还是只是偶然相关而已。这是在做所有计量分析时必须要注意的。

时间序列分析中的市场异象

➢ **日历异象（calendar anomalies）**

日历异象指的是金融市场与日期相联系的非正常收益或非正常波动。在日历异象里面最出名的就是一月效应（January effect）。一月效应是指证券市场在一月份的平均收益率比同年其他月份的平均收益率要高，而且这些公司多半为规模不大的中小型企业。

一月效应通常是基于两个理由：第一，投资者会在每年年底 12 月的时候抛售自己手上那些已经亏本的股票，然后在隔年 1 月初的时候，再买回这些股票来进行避税与刺激股价的作用。第二，很多基金经理会在年底的时候卖出那些风险比较高（收益也高）的股票，让自己的投资组合看起来没有那么大的风险。同样的在隔年 1 月份再购回去年年底卖出的股票。这样一来，就造成每年一月时，股票市场表现比较好的异象。

➢ **反应过度/动量异象（overreaction/momentum anomalies）**

因为这两种异象是非常相似的，所以我们放在一起解释。如果有一家公司连续三年股票收益都很差的话，一旦这家公司的股票价格开始上升，它上升的幅度就会超过之前那些收益比它好的公司的上升幅度。这样的一种现象是因为投资者对于未预期到的好消息与坏消息的反应过度而造成的，所以称为**反应过度异象**，并不是真的反映了真实的股票价值。

动量异象就更容易了，它是指当一只股票价格开始上升的原因是因为之前价格短暂的升高而造成的话，就是动量异象。这多半都无法反映真实的股票价值。

跨公司分析中的市场异象

➢ 规模效应（size effect）

规模效应指的是那些中小型企业的股票收益高于大型企业的股票收益的现象。

➢ 价值效应（value effect）

价值效应指的是那些价值型（低市盈率、低市净率与高股利率的公司）的股票的收益率往往比成长型（高市盈率、高市净率与低股利率的公司）的股票来的高。

其他的市场异象

➢ **封闭式基金（close-end investment funds）**

封闭式基金的每股交易时的价格低于此基金的资产净值（net asset value）。根据这一异象的解释众说纷纭，有的说是因为基金经理的管理费用、未来利得的税收或较差的流动性，等等。目前尚未有一种说法能够完全解释这一异象。

➢ **盈利公布（earnings announcements）**

如果市场是有效的时候，当公司公布有正盈利的时候，股价应该在公布当天能够完全反应这条消息，反之亦然。此种异象描述的是，即使公司在当天公布了自己的盈利状况（不管是正盈利或是亏损），股价在当天不会完全反应这条信息，投资者反而还能有多的时间去买进已经公开盈利数据的股票（或卖出已经公开亏损消息的股票）。

➢ **初始发行股票（initial public offerings）**

通常情况下IPO的股价都会比其未来的股价低，但是因为投资者过度追捧IPO的结果，现在很多IPO的价格都只在刚发行的时候被炒的很高，之后的表现反而不是那么好。因为投资者过度乐观，才会有这样的异象发生。

➢ **经济面数据（economic fundamentals）**

有些研究表明，股票价格与一些经济面的数据有关，例如股利发放率、股价的波动性以及国家的利率政策。

综合以上的市场异象，我们不难发现，市场异象在很大的程度上都是因为投资者对股价的过度反应或反应不足所造成的。而会造成投资者这样做的原因是投资者心理因素造成的。最后，我们将简单地介绍一下关于投资者心态的行为金融学。

行为金融学

行为金融学研究的是投资者的行为，在金融市场上如何影响他买卖股票的方式，以及因为每个人认知上的差异而造成市场异象的状况。传统的金融理论认为，投资者是理性的，他们都会以让自己利益最大化的目标去进行投资；但是行为金融学的研究表明，并不是每个人都会照着“合理”的方式去投资，所以市场异象才会发生。

行为金融学家认为投资者有一部分的过度反应（overreaction）是反应在**损失厌恶（loss aversion）**这个心理特征上的。任何人都不喜欢风险，这是肯定的。但行为金融学告诉我们，投资者讨厌损失的程度大于喜欢收益的程度。在面对同样数量的亏损或收益的情况下，投资人更不能接受他们的投资是亏损的，他们更厌恶这样的情形发生。运用在股票上就是当股票有一点点收益时，投资者就希望快点把它卖掉；如果股票因为亏损而套牢了，投资者反而会希望多等一点时间。

另一个重要的心理特征就是**投资者的过度自信（investor overconfidence）**。这完全是投资者主观认知的一种表现，这样也会使得市场上股票的价格出现异常，不能完全反映真实的股价。比如说有一位投资者第一次买股票的时候就是买原材料类型的股票赚到钱，他很可能在之后的投资组合里面都会持有大量的原材料类型的公司，即使经济情势不利于这种公司，他们也不愿意轻易抛售自己的股票，这就是投资者过度自信的表现。

名师解惑

行为金融学是金融学、心理学、行为学、社会学等学科相交叉的边缘学科，力图揭示金融市场的非理性行为和决策规律。行为金融理论认为，证券的市场价格并不只由证券内在价值所决定，还在很大程度上受到投资者主体行为的影响，即投资者心理与行为对证券市场的价格决定及其变动具有重大影响。它是和有效市场假说相对应的一种学说。

其他的行为偏差还有：

- 代表性（representativeness） 过去表现好的公司不代表未来的表现就会一样好。投资者往往会用过去的表现来推算未来的表现。
- 赌徒困境（gambler's fallacy） 指的是最近发生的信息对未来发生的影响。比如说投资者已经套牢了一阵子，不管股价如何低迷，他们都不愿意售出自己手上的股票，像赌徒一样认为既然已经输了几把了，后面应该就会开始赢钱的这种心理。
- 心理账户（mental accounting） 指的是投资者在潜意识中倾向于把不同的投资放在不同的心理账户中分别管理，并且对不同的心理账户的风险偏好也不一样。正确的投资观念应该是把全部的投资以一个投资组合整体的形势来考量，而不是分别考虑。
- 保守型（conservatism） 投资者的反应过度迟缓，害怕风险，不敢轻易改变投资组合与方式。
- 处置效应（disposition effect） 投资者趋于较早卖出盈利的股票而较长时间保留处于亏损股票的行为倾向。
- 狭窄框架（narrow framing） 投资者倾向把发生的事件独立来看，并不从整体经济角度来看发生的事情。

通过如上的说明，我们可以理解原来造成市场股票价格异象的原因很大程度上是由于投资者的心理特征所造成的。因此，股票市场的变化不能完全用数量的方式计量，考虑人们心理特征也是分析师需要注意的一个部分。

4 权益证券概述

4.1 股票的基本定义

股票是股份制公司为了筹集资本时向出资者发行的持股凭证。每股股票都代表股东对企业拥有一个基本单位的所有权。比如说参加股东大会、投票表决、参与公司重大决策、收取股息或分享红利等。简单来说，股票就是一份持有公司股权的凭证；拥有一家公司越多的股票，就等于拥有更多的话语权。

股票是股份公司资本的构成部分，可以转让、买卖或作价抵押，是资本市场的主要长期信用工具，但不能要求公司返还其出资。股票与债券的本质是完全不同的，股东与公司之间的关系不是债权债务关系。股东是公司的所有者，以其出资份额为限对公司负有限责任，承担风险，分享收益。

名师解惑

根据记载，世界上最古老的股票是在荷兰发现的，迄今有四百多年的历史。这张股票凭证是荷兰乌得勒支大学一名历史系学生为写论文在该档案馆查找资料时无意中发现的。人们起初以为这仅仅是一张古老的借据而已，但经过鉴定后发现，这是荷兰东印度公司1606年9月9日在霍伦发行的一张股票，股票持有人为彼得·哈尔门松，票面价值为150荷兰盾。

值得一提的是，这张股票凭证记载了荷兰东印度公司的分红信息，可以看出东印度公司在发行这张股票几年内没有分红，之后业绩开始转好。

4.2 股票的种类

股票可以分为两大类一类是普通股，一类是优先股，在下面的内容中我们会具体的介绍普通股和优先股。

➢ 普通股
  - 可赎回股票
  - 可退回股票

➢ 优先股
  - 累计/非累计优先股
  - 参加分配/不参加分配优先股
  - 可转换优先股

4.3 普通股

普通股（common shares）是股票最基本的一种形式，同时也是发行量最大，最为重要的股票。普通股是指在公司经营管理和盈利及财产分配上享有普通权利的股份。普通股的股东有所谓的**“剩余财产分配权”（residual claim）**，在公司满足所有债权偿付以及优先股股东偿付之后，普通股的股东有权利对公司剩余的资产进行追讨。以下是一些经常看到的普通股股东的权利：

➢ **公司决策参与权** 普通股的股东有权参与股东大会，并有建议权、表决权和选择权，也可以委托他人代表（proxy），令其按照股东（即委托人）的意愿行使其股东的权利。

➢ **利润分配权** 普通股股东有权从公司分配中得到股息，但每家公司分配股息的方式都不一样，甚至有些增长型的企业是不分配股息的，持有增长型股票的股东可以通过资本利得来得到报酬。需要注意的是，普通股股东必须在优先股股东取得固定股息之后，才有享受股息分配的权利。

➢ **优先认股权** 在公司需要扩张而增发普通股股票时，现有普通股股东有权按其持股比例，以低于市价的某一特定价格优先购买一定数量的新发行股票，从而保持其对企业所有权的原有比例。

➢ **剩余财产分配权** 当公司面临破产或清算时，若公司资产在偿还欠债，满足所有债权人之后还有剩余，其剩余部分会按照先优先偿付股股东、后偿付普通股股东的顺序来进行分配。

名师解惑

对于普通股，我们可以这样理解：普通人买的股票就叫普通股。风险我最先承担，收益我最后分享。虽然风险我最先承担，但是我可以参与公司的实际经营管理。虽然风险很高，但是我可以通过操纵来控制风险。

普通股的控制权体现在投票权（voting right）上。如果公司提议改变某个公司策略，大股东的影响力更大，影响力越大的话就越能体现出自己的管理主张。

在董事会投票决议重大事项的时候，投票权有两种不同的形式：

➢ **法定投票系统（statutory voting system）** 每只股票均有一张投票权，股东依照自己的股数量来投票以支持自己偏好的候选人。

➢ **累计投票制（cumulative voting）** 总票数依据候选人的总数乘以手上的股份数额，得到的数目即是股东可以用来表决的票数。

名师解惑

举例说明：假设现在董事会要选三位董事，法定投票系统的方式，如果一个股东拥有100股，就等于拥有100张票。在每次表决时他投给哪位候选者，那位候选者可以得到这位股东的100张票。而累计投票制的方式则是，这位持有100股的股东有300张票数（股东持股数量与候选人人数的乘积，100股×3人=300张），他可以把300张票全部都投给一位心仪的候选人，或是按照他对不同候选人的喜好，依次分配他手上的票数。

法定投票系统的缺点就是小股东的权益容易被大股东所覆盖，因为只要持有的股数多，投票的份额就越大，所以很多公司会采用累计投票制的方式来平衡这一个缺点。累计投票制可以更好地维护少数股东权益（minority interest）。

普通股分类

➢ **可赎回股票（callable common shares）** 它是指在发行后一定时期内，发行公司可以按事先约定好的赎买价格（call price）收回的股票。

名师解惑

可赎回股票中所含的赎回权是发行公司的权利，对发行公司有利。

- 因此，可赎回股票的价格会低于一般股票。
- 当股票市场价格偏高时，如果股价高于可赎回股票事先约定好的赎买价格，发行公司会以约定好的价格买回股票，再以更高的价格发行新股。这样做可以使得发行公司降低其权益融资成本，从而达到公司资本运营的最优策略。
- 可退回股票（putable common shares） 是指在发行后一定时期内，持股人可以按事先约定好的退回价格（put price）将股票卖回给发行公司。

名师解惑

可退回股票中所含的退股权是持股人的权利，对持股人有利。

- 当股票市场低迷时，股东可以按事先约定好的价格将手中的股票卖回发行公司，以达到规避风险的作用。
- 因此，可退回股票的价格高于一般股票。

考点说明

本章节中关于各种股权投资的特点及分类都是重点，应对各种分类进行重点掌握。

4.4 优先股

优先股（preference shares or preferred stock）是相对于普通股而言的，主要指在利润分红及剩余财产分配的权利方面，优先于普通股。

优先股同时拥有债券与股票的两种特征：

➢ **与普通股相似点** 与普通股一样，发行优先股的公司并没有承诺固定的股息分配频率，优先股的股票也是没有到期日的，而且通常会内嵌可退回（putable）或可赎回（callable）权利。

➢ **与债券相似点** 即使发行公司并没有承诺固定发放股息，通常优先股的股东都会定期定额地收到股息，并不享有投票表决的权利，这个特点与债券相似。

优先股的种类

优先股可分为累计优先股（cumulative preference shares）和非累计优先股（non-cumulative preference shares）。

➢ **累计优先股** 指的是将以往营业年度未如期支付的股息累积起来，由以后营业年度的盈利一起支付的优先股股票，但所有的股息必须在普通股股东拿到股息之前付清。

➢ **非累计优先股** 它是按当年盈利分派股息，对累计下来的未足额的股息不予补付的优先股股票，但所有的股息必须在普通股股东拿到股息之前付清。

优先股还可以分为**参加分配优先股（participating preference shares）**和**不参加分配优先股（non-participating preference shares）**。

➢ **参加分配优先股** 它是指那种不仅可以按规定分得当年的定额股息，而且还能够与普通股股东一起参加公司利润分配的优先股股票。

➢ **不参加分配优先股** 它是指只按规定股息率分取股息，不参加公司利润分配的优先股股票。

可转换优先股（convertible preference shares）

可转换优先股是指允许优先股持有人在事先设定的条件下把优先股转换成为一定数额的普通股。否则，就是不可转换优先股。可转换优先股是近年来日益流行的一种优先股。一般说来，发行公司对可转换优先股都规定转换条件和转换比例。持有可转换优先股股票的股东有权根据公司的经营状况和股市行情自行决定是否将优先股股票换成普通股股票或公司债券。通常情况下，在公司前景和股市行情看好，盈利增加时，可转换优先股的股东愿意按规定条件和价格，将优先股股票换成普通股股票；在公司前景不明朗，盈利明显减少，支付股息有困难时则会将优先股股票换成公司债券，这时投资者由公司股东变成公司债权人。简而言之，可转换优先股就是在优先股的基础上再添加一个可转换成股票的权利。

➢ 可转换优先股有以下的优点：
- 优先股的股息率一般高于普通股；
- 在公司盈利时期，投资者可以把优先股转换成普通股，分享盈利；
- 可转换的权利（convertible option）价格在普通股价格上扬时变得更高；
- 优先股的风险比普通股的风险来的低，它不但有稳健的股息收入、优先于普通股分配股息的权利，当公司因破产而进入清算时，它也可以先于普通股股东拿到清偿份额。

可转换优先股的这些特征不但能够规避风险，也能安全的享受到股价上扬时的益处，所以常常会被拿来投资于风险较高的公司，例如风险投资（venture capital）与私人公司（private equity firm）。

名师解惑

简单来说，股票与债券都是企业用来筹集资本的工具，只是股票的持有者与企业的关系“有福同享有难同当”，而债券的持有人则只是要记得固定的偿还本金加上利息费用的借贷关系而已。因此企业不但可以选择自己所偏好的方式筹募资金之外，还有可能同时发行不同信用等级（class A or class B）或不同类型（股息不同、拆股比例不同等、交易方式不同、董事会投票权不同等）的股票。这些信息都可以在美国的证监会（Securities and Exchange Commission of the United States）各个公司的档案里面找到。

4.5 上市公司股票 V. S. 私有股权

上市公司股票（**public equity securities**） 顾名思义指的就是经过证监会注册公开发行的股票，之前我们讨论的股票类型全部都是属于上市公司股票范围。

私有股权（**private equity securities**） 它是指私人股本公司所发行的股票，并没有公开在市面上发行。私人股本股票来自私有股权投资公司，其资金来源于私人资本，带有私募的性质。

在美国，专门投资未上市企业私有股权的（即未公开发行的股权）公司叫作私有股权投资公司。私有股权投资公司的股本中，有三分之一由一般合伙人（**general partner**）出资，公司的控制权在一般合伙人手里，他负责寻找投资机会并做投资决定，因此并购的成败取决于一般合伙人的能力。资本的另外三分之二的资金则由投资人出，这些投资人一般是养老基金、金融投资机构或富人的资金组成，他们叫有限合伙人（**limited partner**）。

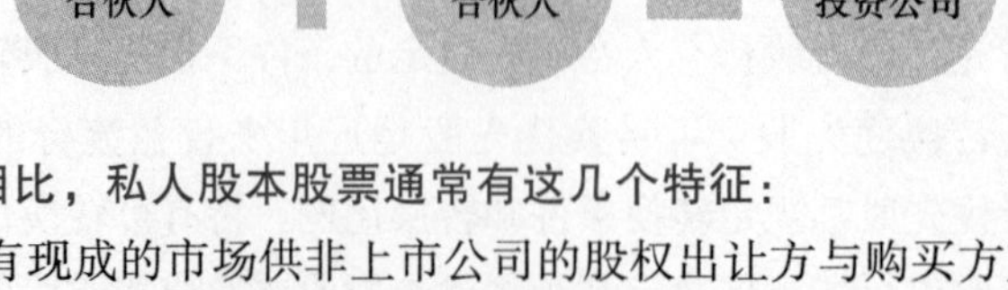

与上市公司股票相比，私人股本股票通常有这几个特征：

➢ **流动性差** 没有现成的市场供非上市公司的股权出让方与购买方直接达成交易。

➢ **股票的价格不是由市场所决定的** 因为是非公开发行，股价是由发行公司和投资者协商而决定的。

- **公司财报披露（financial disclosure）出来的信息更少** 因为私人股本股票的财报披露方式并没有像公开发行股票那么严格，透明化降低对投资者的风险也比较大。
- **较低的报告成本** 因为监管部门对私人股本公司要求出具的报告相对公开发行公司而言较少。
- **因为监管力度较低** 透明化的程度下降了，这样大大增加了公司治理的风险及可能发生的弊端无法被及时发现。
- **更多地关注长期发展** 因为是非公开发行的股票，没有来自公众对短期结果预期的压力，使得私人股本能更多地关注长期发展。
- 一旦股票能公开发行（IPO），投资者的**回报是非常可观的**，甚至大大超过公开发行股票。

私人股本股票（private equity securities）的种类

- **风险投资（venture capital，VC）** “风险投资”这一词语及其行为，通常被认为起源于美国，是20世纪六七十年代后，一些愿意以高风险换取高回报的投资人发明的，这种投资方式与以往抵押贷款的方式有本质上的不同。风险投资不需要抵押，也不需要偿还。如果投资成功，投资人将获得几倍、几十倍甚至上百倍的回报；如果失败，投进去的钱就算打水漂了。对创业者来讲，使用风险投资创业的最大好处在于即使失败，也不会背上债务。这样就使得年轻人创业成为可能。总的来讲，这几十年来，这种投资方式发展得非常成功。

名师解惑

风险投资是专门为一些尚未发展、茁壮的公司提供初始资金。广义的风险投资泛指一切具有高风险、高潜在收益的投资；狭义的风险投资是指以高新技术为基础，生产与经营技术密集型产品的投资。根据美国全美风险投资协会的定义，风险投资是由职业金融家投入到新兴的、迅速发展的、具有巨大竞争潜力的企业中一种权益资本。但是风险投资的流动性很差，它需要3~10年的时间才有可能经由退出渠道（exit route）获得回报。

风险投资公司喜欢投资那些有潜能但是资金不够的公司，它把投资阶段分成了三个时期：种子时期（seed or start-up）、初始时期（early stage）以及中间融资（mezzanine finance）。

- **杠杆收购（leverage buyout，LBO）** 杠杆收购是指公司或个体利用自己的资产作为债务抵押，收购另一家公司的策略。交易过程中，收购方的现金开支被降低至最低。换句话说，杠杆收购是一种收购或控股其他公司的方法。杠杆收购的突出特点是，收购方为了进行收购，大规模融资借贷去支付（大部分的）交易的购买价格费用，通常为收购总价格的70%~100%。同时，收购方以目标公司资产及其未来收益作为借贷抵押。借贷利息将通过被收购公司的未来现金流来支付。

名师解惑

杠杆收购的主体一般是专业的金融投资公司，投资公司收购目标企业的目的是以合适的价钱买下公司，通过经营使公司增值，并通过财务杠杆增加投资收益。通常投资公司只出小部分的钱，资金大部分来自银行抵押借款、机构借款和发行垃圾债券（高利率高风险债券），由被收购公司的资产和未来现金流量及收益作担保并用来还本付息。如果收购成功并取得预期效益，贷款者不能分享公司资产升值所带来的收益（除非有债转股协议）。在操作过程中可能要先安排过桥贷款（bridge loan）作为短期融资，然后通过举债完成收购。杠杆收购在国外往往是由被收购企业发行大量的垃圾债券，成立一个股权高度集中、财务结构高杠杆性的新公司。在中国由于垃圾债券尚未兴起，收购者大都是用被收购公司的股权作质押向银行借贷来完成收购的。

➢ **管理层收购（management buyout，MBO）** 公司的经理层利用借贷所融资本或股权交易收购本公司的一种行为，从而引起公司所有权、控制权、剩余索取权、资产等变化，以改变公司所有制结构。通过收购使企业的经营者变成了企业的所有者。由于管理层收购在激励内部人员积极性、降低代理成本、改善企业经营状况等方面起到了积极的作用，因而它成为20世纪七八十年代流行于欧美国家的一种企业收购方式。国际上对管理层收购目标公司设立的条件是：企业具有比较强且稳定的现金流生产能力，企业经营管理层在企业管理岗位上工作年限较长、经验丰富，企业债务比较低，企业具有较大的成本下降、提高经营利润的潜力空间和能力。

名师解惑

管理层收购的特点

➢ MBO 的主要投资者是目标公司的经理和管理人员，他们往往对本公司非常了解，并有很强的经营管理能力。通过 MBO，他们的身份由单一的经营者角色变为所有者与经营者合一的双重身份。

➢ MBO 主要通过借贷融资来完成的，因此，MBO 的财务由优先债（先偿债务）、次级债（后偿债务）与股权三者构成。目标公司存在潜在的管理效率提升空间。管理层是公司全方位信息的拥有者，公司只有在具有良好的经济效益和经营潜力的情况下，才会成为管理层的收购目标。

➢ 通常发生在拥有稳定的现金流量的成熟行业。MBO 属于杠杆收购，管理层必须首先进行债务融资，然后再用被收购企业的现金流量来偿还债务。成熟企业一般现金流量比较稳定，有利于收购顺利实施。

➢ **私人投资公开股票（private investment in public equity，PIPE）** PIPE 指的是当某家已发行股票的上市公司，为了更有效率的取得资金而进行私募股权融资，而且投资者一般都可以用折价的方式购买到 PIPE。PIPE 在发行中监管机构的审查更少一些，而且也不需要昂贵的路演，这使得获得资本的成本和时间都大大降低。PIPE 比较适合一些快速成长为中型企业的上市公司，因为这些公司没有时间和精力应付传统股权融资的复杂程序。

4.6 境外股票投资

科技的进步不但加快了资本流通的速度加快，也增强了全球金融市场的整合度。这也就是说现在我们可以不但用电脑轻松的买卖自己国家的股票，还可以更方便的投资国外的金融市场，尤其是互联网的发明使得跨国间的交易与沟通方式变得更容易了，投资者的资产也能够更好地在全球资本市场进行配置。即便如此，仍然有若干国家对金融资本的流入/流出施加严格限制。

从公司治理的角度来看，通过在国际板块发行股票，不但公司的知名度能有所提升，股票的流动性也相对增加了。同时也使得国内的公司有更多的国际竞争力，进而提升本国的经济实力。

境外投资的方式

➢ **直接投资（direct investing）**

直接投资指的就是投资人通过国外的股票市场持有外国公司的股权并买卖股票。但是直接投资国外股票市场会面临一些问题：

- 投资的成本或回报是以外币计量的，会有汇率兑换的风险。
- 国外的股票市场的流动性可能不佳。
- 国外股市对上市公司的要求与报告可能不够严谨，会造成分析判断上的错误。
- 投资者必须对自己要投资的国家股票市场的政府监管方式及程序有一定程度上的了解。

➢ **存托凭证（depository receipts，DR）**

存托凭证又称存券收据或存股证，是指在一国证券市场流通的代表外国公司有价证券的可转让凭证，属公司融资业务范畴的金融衍生工具。存托凭证一般代表公司股票，但有时也代表债券。1927 年，美国人 J. P. 摩根为了方便美国人投资英国的股票发明了存托凭证。

以股票为例，存托凭证是这样产生的：某国的某一公司为使其股票在外国流通，就将一定数额的股票，委托某一中间机构（通常为一银行，称为保管银行或受托银行）保管，由保管银行通知外国的存托银行在当地发行代表该股份的存托凭证，之后存托凭证便开始在外国证券交易所或柜台市场交易。存托凭证的当事人，在国内有发行公司、保管机构，在国外有存托银行、证券承销商及投资人。从投资人的角度来说，存托凭证是由存托银行（Depository Bank）发行的几种可转让股票凭证，证明定数额的某外国公司股票已寄存在该银行在外国的保管机构，而凭证的持有人实际上是寄存股票的所有人，其所有的权力与原股票持有人相同。存托凭证一般代表公司股票，但有时也代表债券。

存托凭证可以分为有抵押支持的存托凭证（sponsored DR）和无抵押支持的存托凭证（unsponsored DR）两类。持有抵押支持的存托凭证的投资者具有投票权的。持有无抵押支持的存托凭证的投资者不具有投票权，其投票权被存托银行保留。

- **全球存托凭证（global depository receipts，GDR）**

  全球存托凭证是指上市公司根据存托协议将公司股份寄存在国外的银行，由后者发出单据作为寄存证明，这些单据即为全球存托凭证。通过买卖这些凭证，国际投资者可以间接投资该公司的股票。全球存托凭证是存托凭证按其发行或交易地点之不同，被冠以的不同名称。大部分的 GDR 都是在伦敦与卢森堡交易市场交易，虽然都不是在美国交易市场，但是都是以美元计价。

- **美国存托凭证（American depository receipts，ADR）**

  美国存托凭证是在美国交易市场以美元为计价单位的存托凭证。美国存托凭证是从美国存托股票（ADS）演变而来的。美国存托凭证与美国存托股票不同的是，美国存托股票的面值大多只有作抵押股票面值的几分之一，而美国存托凭证大多以若干单位（比如10股）抵押股票充当以单位的ADR。而美国存托股票是由希望吸引美国投资者而不必在美国市场上挂牌的股票发行公司赞助发起的。美国存托凭证是美国公民可以购买外国股票的权益，它是由银行和经纪公司发起的。

美国存托凭证的种类：

	Level I	Level II	Level III	Rule 144A
交易场所	场外交易（OTC）	美国纽约证券交易所（NYSE）、纳斯达克、美国证券交易所（AMEX）	美国纽约证券交易所（NYSE）、纳斯达克、美国证券交易所（AMEX）	私募
美国证监会（SEC）注册	需要	需要	需要	不需要
可否在美国募资	否	否	是	是
挂牌成本	低	高	高	低

- **全球注册股票（global registered shares，GRS）**

  全球注册股票是可以在世界范围内以不同货币进行交易的股票。

- **一篮子存托凭证（basket of listed depository receipts，BLDR）**

  这是一种存托凭证集合的交易所买卖基金（又可以叫作交易型开放式指数基金ETF），它们可以像股票一样交易。

4.7 股票的风险与回报

股票的回报

- ➢ 股息收入与股息如何再投资都是投资者在投资时需要考量的部分
- ➢ 因股价涨跌而造成的资本利得或损失
- ➢ 投资外国股市时需要面对汇率变动的风险

股票的风险

- ➢ 最常用来衡量股票风险的就是**标准差**（standard deviation）
- ➢ **优先股的风险低于普通股** 原因是优先股会定期定额的支付股息、优先股股东总是先于普通股股东得到派息、在公司清算时优先股股东也能在普通股股东之前取得剩余财产分配的份额。
- ➢ **累计优先股的风险低于非累计优先股** 因为累计优先股的股东总是保留取得任何未分派股息的权利，并且总能在普通股股东之前拿到股息。
- ➢ **可退回股票的风险对于投资者来说比较低**（可退回普通股或可退回优先股都一样）。当股市价格偏低的时候，投资者总是可以以事先约定好的价格卖回给发行公司，以避免损失。
- ➢ **可赎回股票的风险对于投资者来说比较高**（可退回普通股或可退回优先股都一样）。当股市价格偏高的时候，发行公司可以按照事先约定好的价格赎回股票，使得投资者收益封顶，不能完全得到股价上扬的所有回报。

名师解惑

企业发行股票的目的是更好地融资，融到资金以后企业会拿来进行更好的投资，以便壮大企业自身的核心价值或营运实力。企业可以拿这些募集来的股权资本来购买长期资产、机器设备、研发新产品或技术或将扩张企业的地理版图。股权资本就像是企业手中有更多的现金，有了这些现金作为后盾，企业能够并购另一家企业或给管理层提供奖励机制，使得他们有更强烈的动机好好工作。尤其当企业的股票是透过公开市场发行时更能提供更高的流动性，以满足监管机制的要求，也能有更好看的资本充足率与流动比率。

4.8 股票的账面价值与市场价值

企业管理层最重要的目标就是要替股东增加账面价值，进而提升公司股票的市场价值。

- **股票的账面价值（book value of equity）** 指的是资产负债表上公司的资产减去负债后的价值，当公司净收入上升时账面价值也上升。
- **股票的市场价值（market value）** 它是指公司所发行在外的股票的市场价值总额，反映了投资者对公司未来业绩的预期。

4.9 净资产收益率

最常用来分析管理层是否称职，工作是否有效率的指标是净资产收益率（return on equity）。

净资产收益率的计算方法

$$ROE_t = \frac{NI_t}{average\ BV} = \frac{NI_t}{(BV_t + BV_{t-1})/2}$$

净资产收益率是衡量上市公司盈利能力的重要指标，是指利润额与平均股东权益的比值，该指标越高，说明投资带来的收益越高；净资产收益率越低，说明企业所有者权益的获利能力越弱。该指标体现了自有资本获得净收益的能力。一般来说，负债增加会导致净资产收益率的上升。

企业资产包括了两部分。

- 一部分是股东的投资，即所有者权益（它是股东投入的股本、企业公积金和留存收益等的总和）；
- 另一部分是企业借入和暂时占用的资金。

  企业适当地运用财务杠杆可以提高资金的使用效率，借入的资金过多会增大企业的财务风险，但一般可以提高盈利，借入的资金过少会降低资金的使用效率。净资产收益率是衡量股东资金使用效率的重财务指标。

投资者的要求回报与股权成本

企业的股权成本（cost of equity）是投资者投资企业股权时所要求的回报。估计股权成本的方法很多，国际上最常用的有红利增长模型（DDM）或资本资产定价模型（CAPM）。

一般来说，当股票价格下降时，预期回报就会上升；股票价格上升时，预期回报就会下降。因为一个企业的内在价值（intrinsic value）是未来现金流的折现，当预期回报越高（低），用来折现的数值就越大（小），内在价值就越小（大）。

投资者也可以通过比较的市场预期回报率与自己最低的要求回报率，去判断是否值得持有这个股票。如果一位投资者发现股票的预期回报率大于他自己所要求的回报率，在承受一样风险的情况下，这个股票是非常吸引人的。投资人对不同的风险程度会有不同的回报要求、对公司未来的现金流与股权风险有不同的预期。

我们可以把企业的股权成本想象成是投资者面临风险的情况下，所希望得到的最低回报率。

名师解惑

对上市公司进行股权估值的一个关键假设是，股票的市场价格会偏离它的内在价值。任一资产的内在价值是在假定已全面了解资产投资特征时的资产价值。对特定的投资者而言，内在价值的估计反映了他对资产“真实”或“实际”价值的看法。如果某人假设股票的市场价格完美地反映了它的内在价值，估值将只需要观察市场价格。大体上说，正是这种假设为有效市场理论打下了基础，该理论认为资产的市场价格是其内在价格的最优估计。

5 行业与公司分析概述

知识导引

在选定一家公司来进行股票估值之前，身为分析师必须要先从宏观经济角度切入，判断目前经济周期，再选择行业类别，进而决定哪家公司的股票值得投资。因此，本章将介绍在选择投资组合的前期，分析师应该从何种角度切入分析。

5.1 自上而下分析法

自上而下分析法（top-down process）是先从宏观的经济环境开始考察，进而延伸到微观的行业与公司层面。先预测总体的经济走势，在此基础上在再考虑行业的发展情况，最后在该行业中选择最好的公司进行投资。

经济分析：在股权、债券和现金间进行资产配置

➢ **政治形势分析** 国家的政治是否稳定、是否有发生动乱的可能等；国际上各大国家的政府政策导向如何；战争或不稳定的政治因素都会影响投资者的风险溢价。

➢ **财政政策** 包括税收和政府支出，这些政策的变化能够直接影响社会总需求，从而影响国家经济的发展。当增加税收时，将抑制社会的总需求，从而减缓经济发展；当减少税收时，则能促进经济发展。

➢ **货币政策** 主要包括利率和货币供给量，紧缩性的货币政策减少运营资本和商业扩展提高利率使得公司成本上升，消费者购买耐用消费品的成本上升。货币政策可以影响所有的行业以及与之相关的其他经济体。

➢ **通货膨胀**　这是进行经济分析必须考虑的一个重要因素，反映了实际利率和名义利率之间的差别，影响了消费者和公司的支出和储蓄决策。非预期的通货膨胀使得公司很难制定增长和创新计划。另外，通货膨胀和利率会影响对外贸易收支和汇率。

行业分析：在股权投资组合中确定各行业的权重

➢ 通过上述的总体经济分析，来确定在目前经济形势下各行业的表现，并可以预期近期内总体经济环境条件。

➢ 根据各个行业的特征（不同行业对经济周期的敏感度不同），就可以知道在这样特定的经济条件下，哪些行业的发展较为有利、具有盈利增长的前景，哪些行业会遇到困难，而哪些发展前景好的行业股票价格必然会上涨。

公司分析：行业内投资于某公司的权重

在这些发展前景好的行业中，寻找行业的领头羊。并不是所有的公司都能分享行业增长的好处，只有少数竞争力强的公司才有最多的价格上涨空间。因此在这个阶段，对各个公司进行财务报表分析和现金流预测，寻找这些最有前景的公司，对其股票进行投资。

自上而下分析法的研究结果表明，一个公司利润的变动大多来自公司总盈利变动和公司所在行业的变动，而前者更为重要。尽管总体经济和行业对于公司盈利的影响不一致，但是结果显示外部经济环境对于公司盈利有显著的影响。股票市场的波动与不同的宏观经济变量有关（例如失业率、收入或产出），而且研究发现单个股票收益率的变化大部分由市场指数收益率的变动行业的收益率的变动所解释。

名师解惑

自上而下的预测方法是从大环境的角度开始切入，再进而评估企业。首先应该对国际和国内的宏观经济进行预测，判断目前的经济周期是什么。其次是行业预测，最后再对单个企业和资产进行预测。比如说，如果我们想预测一家主流家电制造商的销售收入是多少，我们可以从GDP预测的行业销售量开始。因为企业的销售量应该等于行业的预计销售量乘以该家电制造商的预计市场份额。

5.2　行业分类系统

在我们理解了自上而下分析法和PEST分析法这两种方法以后，我们现在开始要把焦点放在行业分析上。在介绍行业分析之前，我们必须先了解行业是如何分类的。最基本的分类方式就是以企业提供的产品或服务性质来分门别类，另外一种则是以企业对商业周期的敏感性来区分的。

依照产品与服务划分

➢ 基本材料与加工企业（basic materials and processing firms）

➢ 非必需品行业（汽车、高级餐厅等）（consumer discretionary firms）

➢ 必需品行业（食物、药品、工具等）（consumer staples firms）

➢ 能源公司（energy firms）

➢ 金融服务公司（financial services firms）

➢ 健康保健事业（health care）

- 工业和生产者耐用品公司（industrial and producer durables firms）（重金属、航天、武器等）
- 科技型企业（technology firms）
- 电信企业（telecommunications firms）

依照企业对产业生命周期的敏感性划分

- 初创期（embryonic stage）
- 成长期（growth stage）
- 消退期（shakeout stage）
- 成熟期（mature stage）
- 衰退期（decline stage）

产业生命周期（industry life cycle）

接下来将要介绍企业在不同的产业周期阶段各有什么样的特征。

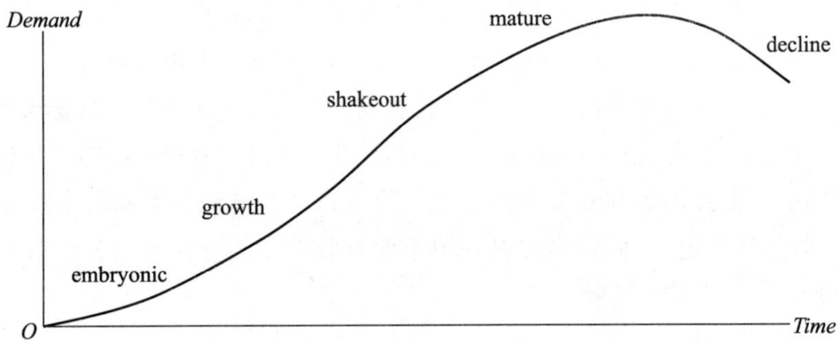

- **初创期**

在这一阶段，由于新产业刚刚诞生或初建不久，而只有为数不多的创业公司投资于这个新兴的产业，由于初创阶段行业的创立投资和产品的研究、开发费用较高，而产品市场需求狭小（因为大众对其尚缺乏了解），销售收入较低，因此这些创业公司财务上可能不但没有盈利，反而普遍亏损；同时，较高的产品成本和价格与较小的市场需求还使这些创业公司面临很大的投资风险。另外，在初创阶段，企业还可能因财务困难而引发破产的危险，因此，这类企业更适合投机者而非投资者。这一时期的市场增长率较高，需求增长较快，技术变动较大，产业中各行业的用户主要致力于开辟新用户、占领市场，但此时技术上有很大的不确定性，在产品、市场、服务等策略上有很大的余地，对行业特点、行业竞争状况、用户特点等方面的信息掌握不多，企业进入壁垒较低。在初创阶段后期，随着行业生产技术的提高、生产成本的降低和市场需求的扩大，新行业便逐步由高风险低收益的初创期转向高风险高收益的成长期。

- **成长期**

在这一个时期，拥有一定市场营销和财务力量的企业逐渐主导市场，这些企业往往是较大的企业，其资本结构比较稳定，因而它们开始定期支付股利并扩大经营。在成长阶段，新产业的产品经过广泛宣传和消费者的试用，逐渐以其自身的特点赢得了大众的欢迎或偏好，市场需求开始上升，新产业也随之繁荣起来。与市场需求变化相适应，供给方面相应地出现了一系列的变化。由于市场前景良好，投资于新产业的厂商大量增加，产品也逐步从单一、低质、高价向多样、优质和低价方向发展，因而新行业出现了生产厂商和产品相互竞争的局面。这种状况会持续数年或数十年。由于这一原因，这一阶段有时被称为投资机会时期。这种状况的继续将导致生产厂商随着市场竞争的不断发展和产品产量的不断增加，市场的需求日趋饱和。生产厂商不能单纯地依靠扩大生产量，提高市场的份额来增加收入，而必须依靠追加生产，提高生产技术，降低成本，以及研制和开发新产品的方法来争取竞争优势，战胜竞争对手和维持企业的生存。这一时期的特点是市场增长率很高，需求高速增长，技术渐趋定型，产业特点、产业竞争状况及用户特点已比较明朗，企业进入壁垒提高，产品品种及竞争者数量增多。

➢ **消退期**

在这一时期成长开始消退，因为竞争者数量增多，企业的增长与盈利都开始下降。同时能够发展的新的客户群体也越来越少，盈利的空间开始要从竞争者份额里面划分。企业投资的价值已经大大超过了总需求，开始形成了供给大于需求的形势。一些能力不足的公司会开始被淘汰，行业内通过这一段时期来进行筛选能够存活的企业。

➢ **成熟期**

产业的成熟阶段是一个相对较长的时期。在这一时期里，在竞争中生存下来的少数大厂商垄断了整个行业的市场，每个厂商都占有一定比例的市场份额。由于彼此势均力敌，市场份额比例发生变化的程度较小。厂商与产品之间的竞争手段逐渐从价格手段转向各种非价格手段，如提高质量、改善性能和加强售后维修服务等。产业的利润由于一定程度的垄断达到了很高的水平，而风险却因市场比例比较稳定，新企业难以打入成熟期市场而较低，其原因是市场已被原有大企业比例分割，产品的价格比较低。因而，新企业往往会由于创业投资无法很快得到补偿或产品的销路不畅，资金周转困难而倒闭或转产。

在产业成熟阶段，产业内行业增长速度降到一个更加适度的水平。在某些情况下，整个产业的增长可能会完全停止，其产出甚至下降。由于丧失其资本的增长，致使产业的发展很难较好地保持与国民生产总值同步增长，当国民生产总值减少时，产业甚至蒙受更大的损失。但是，由于技术创新的原因，产业中的某些行业或许实际上会有新的增长。在短期内很难识别何时进入成熟阶段，但总而言之，在这一阶段一开始，投资者便希望收回资金。

这一时期的特征表现为市场增长率不高，需求增长率不高，技术上已经成熟，行业特点、行业竞争状况及用户特点非常清楚和稳定，买方市场形成，行业盈利能力下降，新产品和产品的新用途开发更为困难，行业进入壁垒很高。

➢ **衰退期**

这一时期出现在较长的稳定阶段后。由于新产品和大量替代品的出现，原产业的市场需求开始逐渐减少，产品的销售量也开始下降，某些厂商开始向其他更有利可图的产业转移资金。因而原产业出现了厂商数目减少，利润下降的萧条景象。至此，整个产业便进入了生命周期的最后阶段。在衰退阶段里，厂商的数目逐步减少，市场逐渐萎缩，利润率停滞或不断下降。当正常利润无法维持或现有投资折旧完毕后，整个产业便逐渐解体了。

依照统计的方式划分

聚类分析（cluster analysis）又称作群分析，这种分类方式的收益相关性高。

聚类分析的局限性：

- 历史数据显示的相关性并不能代表未来的相关性。
- 分类的方式会因为时间和不同国家地区而有所不同。
- 这种分类方法有些时候看起来没有那么直观。
- 容易被统计学里的中心问题所影响。例如，应该被归类在一起的公司与不应该被归类在一起的公司，常常会无法正确地被分类。

必须注意的是，不同行业别的企业是不应该拿来直接比较的。不管是通过基本面分析或是资产定价分析方法，每个企业都应该跟与自己相似的同辈群体（peer group）来进行比较才是比较正确的。

名师解惑

因为相似的经济和技术因素往往会影响一个行业里的所有企业，所以行业知识有助于分析师理解公司所在市场的特征和公司的经济状况。比如说，航空业分析师知道人力成本和燃油成本是航空公司最大的两项费用，而且在许多市场条件下航空公司无法通过提高票价来转移高昂的燃油成本。利用这些信息，分析师可以询问不同的航空公司，它们使用的对冲工具能在多大程度上抵消内在的燃油成本价格风险。有了这些信息，分析师就能更好地预测风险和未来的现金流。分析师还可以运用敏感性分析来决定不同的燃油价格水平会如何影响估值。

5.3 同辈群体

同辈群体（peer group）是指两个或两个以上具有相似地位和层次、大致相当的素质等的企业。例如他们面对的消费者是差不多的，生产的东西也雷同，甚至他们的企业规模也有一定的相似程度。这样一来在做公司分析比较的时候，发生错误的概率就会降低，较之与不同类型或是规模的公司作比较。

分析师在分类同辈群体时通常会做如下的动作：

- 依照企业所提供的产品与服务来分类
- 通过财务年报或行业内刊物找出业内主要的竞争者
- 可比较的企业的销售金额、需求的物资以及所处的地理位置都会差不多
- 对于一些非金融性质的企业调整财务报表数据

名师解惑

行业分类的方式可以有很多种，我们只是把业内最常用的几种拿出来介绍而已。大家要搞清楚行业分类的原因是什么，而不是一味地死记硬背各种方法。行业分类是让分析师依据自己分析的目标需求来制定的分类标准，然后再根据选择好的标准划分后进行比较。

5.4 产业集中度

产业集中通常是指在社会生产过程中，企业规模扩大的过程。它表现为全部企业中仅占很

小比例的企业或数量很少的企业，积聚或支配着占很大比例的生产要素。因此，集中又可以分为工业集中与产业集中。工业集中是以整个工业为考察范围，对各个不同产业生产能力分布状况的一种综合反映。产业集中是以某个具体的产业为考察对象，反映产业内资源在不同企业间分布的状况。集中度即集中的程度。产业集中度（industrial concentration）是针对特定产业而言的集中度，是用于衡量产业竞争性和垄断性的最常用指标。

有两种最常用来衡量产业集中度的方法：

➢ **四企业集中（four-firm concentration rate）**

四企业集中度是指在一个行业中，最大的四家企业的产出占该行业总产出的百分比。集中率的取值范围很广，在完全竞争市场几乎为零，在完全垄断市场为100%。寡头和垄断竞争的划分常以“40”为界：当四企业集中率超过40%时，则被认为是寡头垄断市场；当四企业集中率低于40%时，则被认为是垄断竞争市场。

四企业集中率存在较大缺陷，它没有同时考虑企业规模分布和集中度两个内容。假设某市场的四大企业各占15%的份额，那么市场集中度为60%；但如果第一大企业的份额为57%，后3家企业各为1%，那么市场集中度仍然为60%。我们知道，这两个市场中垄断竞争的情况是有本质区别的。因此，依据动态竞争理论，又引入了赫芬达尔－赫希曼指数来衡量市场的集中度。

➢ **赫芬达尔指数（Herfindahl index，HHI）**

赫芬达尔指数能区别公司市场占有率为基础的市场结构。赫芬达尔指数的计算方法如下：

（1）取得竞争对手的市场占有率，可忽略过小的竞争对手。

（2）将市场占有率平方。

（3）将这些平方值加总。

赫芬达尔－赫希曼指数是用某特定市场上所有企业的市场份额的平方和来表示，其公式为：

$$HHI = \sum_{i=1}^{N} (X_i/X)^2 = \sum_{i=1}^{N} S_i^2$$

式中 X——市场的总规模；

X_i——i 企业的规模；

$S_i = X_i/X$——第 i 个企业的市场占有率；

n——该产业内的企业数。

赫芬达尔－赫希曼指数是计算某一市场上50家最大企业（如果少于50家企业就是所有企业）每家企业市场占有份额（取百分之的分子）的平方之和。显然，HHI越大，表示市场集中程度越高，垄断程度越高。该指数不仅能反映市场内大企业的市场份额，而且能反映大企业之外的市场结构，因此，能更准确地反映大企业对市场的影响程度。

赫芬达尔－赫希曼指数可以很好地衡量产业集中度，区分这个产业目前是否存在寡头垄断或是垄断。看一个产业的垄断与否，可以帮助我们更好地判断这个行业都有哪些主要的领头羊，因为领头羊企业通常都是最容易影响这个产业的最基本原因。当我们选定那几个公司是我们感兴趣想要深入分析的时候，波特五力分析模型可以更好地帮助分析师来了解这个企业目前的处境。

5.5 波特五力分析模型

波特五力分析模型（Porter's five forces model）是迈克尔·波特（Michael Porter）于 20 世纪 80 年代初提出，对企业战略制定产生全球性的深远影响。用于竞争战略的分析，可以有效地分析客户的竞争环境。五力分别是：供应商的议价能力、购买者的议价能力、潜在竞争者进入的能力、替代品的替代能力、行业内竞争者现在的竞争能力。五种力量的不同组合变化最终影响行业利润潜力变化。

五种力量模型将大量不同的因素汇集在一个简便的模型中，以此分析一个行业的基本竞争态势。五种力量模型确定了竞争的五种主要来源，即供应商的议价能力、购买者的议价能力、潜在进入者的威胁、替代品的威胁以及最后一点，来自目前在同一行业的公司间的竞争。一种可行战略的提出首先应该包括确认并评价这五种力量，不同力量的特性和重要性因行业和公司的不同而变化，如下图所示。

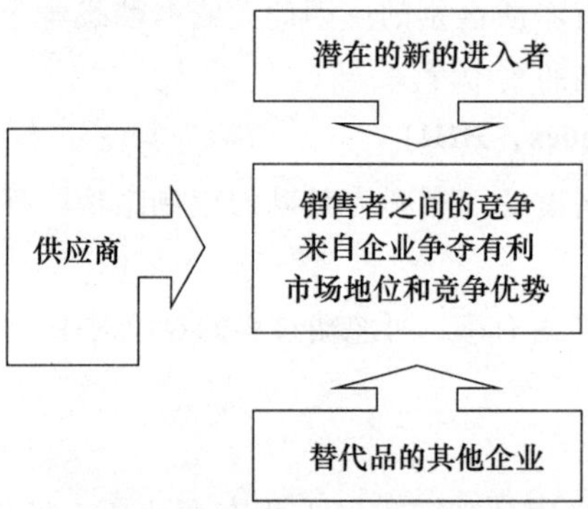

供应商的议价能力（bargaining power of suppliers）

供方主要通过其提高投入要素价格与降低单位价值质量的能力，来影响行业中现有企业的盈利能力与产品竞争力。供方力量的强弱主要取决于他们所提供给买主的是什么投入要素，当供方所提供的投入要素其价值构成了买主产品总成本的较大比例、对买主产品生产过程非常重要或者严重影响买主产品的质量时，供方对于买主的潜在讨价还价力量就大大增强。一般来说，满足如下条件的供方集团会具有比较强大的讨价还价力量：

- 供方行业为一些具有比较稳固市场地位而不受市场激烈竞争困扰的企业所控制，其产品的买主很多，以至于每一单个买主都不可能成为供方的重要客户。
- 供方各企业的产品各具有一定特色，以至于买主难以转换或转换成本太高，或者很难找到可与供方企业产品相竞争的替代品。
- 供方能够方便地实行前向联合或一体化，而买主难以进行后向联合或一体化。[⊖]

购买者的议价能力（bargaining power of buyers）

购买者主要通过其压价与要求提供较高的产品或服务质量的能力，来影响行业中现有企业

⊖ 简单按中国说法：店大欺客。

的盈利能力。一般来说，满足如下条件的购买者可能具有较强的讨价还价力量：

- 购买者的总数较少，而每个购买者的购买量较大，占了卖方销售量的很大比例。
- 卖方行业由大量相对来说规模较小的企业所组成。
- 购买者所购买的基本上是一种标准化产品，同时向多个卖主购买产品在经济上也完全可行。
- 购买者有能力实现后向一体化，而卖主不可能前向一体化。[1]

新进入者的威胁（threat of new entrants）

新进入者在给行业带来新生产能力、新资源的同时，将希望在已被现有企业瓜分完毕的市场中赢得一席之地，这就有可能会与现有企业发生原材料与市场份额的竞争，最终导致行业中现有企业盈利水平降低，严重的话还有可能危及这些企业的生存。竞争性进入威胁的严重程度取决于两方面的因素，这就是进入新领域的障碍大小与预期现有企业对于进入者的反应情况。

进入障碍主要包括规模经济、产品差异、资本需要、转换成本、销售渠道开拓、政府行为与政策（如国家综合平衡统一建设的石化企业）、不受规模支配的成本劣势（如商业秘密、产供销关系、学习与经验曲线效应等）、自然资源（如冶金业对矿产的拥有）、地理环境（如造船厂只能建在海滨城市）等方面，这其中有些障碍是很难借助复制或仿造的方式来突破的。预期现有企业对进入者的反应情况，主要是采取报复行动的可能性大小，则取决于有关厂商的财力情况、报复记录、固定资产规模、行业增长速度等。总之，新企业进入一个行业的可能性大小，取决于进入者主观估计进入所能带来的潜在利益、所需花费的代价与所要承担的风险这三者的相对大小情况。[2]

替代品的威胁（substitutes）

两个处于同行业或不同行业中的企业，可能会由于所生产的产品是互为替代品，从而在它们之间产生相互竞争行为，这种源自于替代品的竞争会以各种形式影响行业中现有企业的竞争战略。第一，现有企业产品售价以及获利潜力的提高，将由于存在着能被用户方便接受的替代品而受到限制；第二，由于替代品生产者的侵入，使得现有企业必须提高产品质量，或者通过降低成本来降低售价，或者使其产品具有特色，否则其销量与利润增长的目标就有可能受挫；第三，源自替代品生产者的竞争强度，受产品买主转换成本高低的影响。总之，替代品价格越低、质量越好、用户转换成本越低，其所能产生的竞争压力就强；而这种来自替代品生产者的竞争压力的强度，可以具体通过考察替代品销售增长率、替代品厂家生产能力与盈利扩张情况来加以描述。

同业竞争者的竞争程度（rivalry）

大部分行业中的企业，相互之间的利益都是紧密联系在一起的，作为企业整体战略一部分的各企业竞争战略，其目标都在于使得自己的企业获得相对于竞争对手的优势，所以，在实施中就必然会产生冲突与对抗现象，这些冲突与对抗就构成了现有企业之间的竞争。现有企业之间的竞争常常表现在价格、广告、产品介绍、售后服务等方面，其竞争强度与许多因素有关。

一般来说，出现下述情况将意味着行业中现有企业之间竞争的加剧，这就是：行业进入障

---

[1] 简单按中国说法：客大欺主。

[2] 潜在的同行，跟风者。

碍较低，势均力敌竞争对手较多，竞争参与者范围广泛；市场趋于成熟，产品需求增长缓慢；竞争者企图采用降价等手段促销；竞争者提供几乎相同的产品或服务，用户转换成本很低；一个战略行动如果取得成功，其收入相当可观；行业外部实力强大的公司在接收了行业中实力薄弱企业后，发起进攻性行动，结果使得刚被接收的企业成为市场的主要竞争者；退出障碍较高，即退出竞争要比继续参与竞争代价更高。在这里，退出障碍主要受经济、战略、感情以及社会政治关系等方面考虑的影响，具体包括：资产的专用性、退出的固定费用、战略上的相互牵制、情绪上的难以接受、政府和社会的各种限制等。

行业中的每一个企业或多或少都必须应付以上各种力量构成的威胁，而且客户必须面对行业中的每一个竞争者的举动。除非认为正面交锋有必要而且有益处，例如要求得到很大的市场份额，否则客户可以通过设置进入壁垒，包括差异化和转换成本来保护自己。当一个客户确定了其优势和劣势时，客户必须进行定位，以便因势利导，而不是被预料到的环境因素变化所损害，如产品生命周期、行业增长速度，等等，然后保护自己并做好准备，以有效地对其他企业的举动做出反应。

根据上面对于五种竞争力量的讨论，企业可以采取尽可能地将自身的经营与竞争力量隔绝开来、努力从自身利益需要出发影响行业竞争规则、先占领有利的市场地位再发起进攻性竞争行动等手段来对付这五种竞争力量，以增强自己的市场地位与竞争实力。

考点说明

波特五力是一个比较难应考的部分，同学往往会发现课文看起来不是那么复杂，但考题有时会给人摸不着头绪的感觉。所以在读这一部分的时候要重于理解每一种竞争力量的作用与影响。

5.6 行业分析步骤

进行行业分时，一般有以下几个步骤。

- 评估经济大环境与产业趋势的关系，例如经济景气时，产业的收益增加或减少（经济环境与产业的相关性）。
- 用不同的模型（红利定价模式，资产定价模型等）与情景模式（经济好，不好，一般）去预测行业数据。
- 找出在共识预测（各大经济数据有共识的预测）里面错误估值的产业。
- 将产业以时间轴的方式来比较，去找到影响其表现的波动率；再与不同商业周期阶段比较，看其表现如何。
- 找出产业里面的战略集团（strategic groups），并用战略集团来分析产业的前景，是指一个产业内执行同样或类似战略并具有类似战略特征的一组企业。在一个产业中，如果所有的企业都执行着基本相同的战略，则该产业中只有一个战略集团。如果每个企业都奉行着与众不同的战略，则该产业中有多少企业便有多少战略集团。
- 找出这个产业目前处于产业生命周期的哪一个阶段，初创期、成长期、消退期、成熟期或是衰退期。
- 定位产业目前在经验曲线的那个部分。可以通过经验曲线（BCG experience curve）找出每单位成本与产出之间的关系。

名师解惑

经验曲线又称为波士顿经验曲线或改善曲线。经验曲线是一种表示生产单位时间与连续生产单位之间的关系曲线。学习曲线效应及与其密切相关的经验曲线效应表示了经验与效率之间的关系。当个体或组织在一项任务中习得更多的经验，他们会变得效率更高。这两个概念出自英语谚语："实践出真知"。

1960年，波士顿咨询公司的布鲁斯·亨德森首先提出了经验曲线效应。亨德森发现生产成本和总累计产量之间存有一致相关性。

简而言之，就是如果一项生产任务被多次反复执行，他的生产成本将会随之降低。每一次当产量倍增的时候，代价值（包括管理、营销、分销和制造费用等）将以一个恒定的、可测的比率下降。

- 找出那些主要影响产业的因素：地理位置、经济环境、政府政策，社会人文或科技。
- 运用波特五力来找出产业的竞争模式。

5.7 公司分析

学习了产业分析以后，我们开始进入到更微观的层面——公司分析（company analysis）。在分析一家公司的时候需要注意以下几个重点。

- 从整体公司来看，公司的运营模式是什么、公司治理以及优劣势（SWOT）是什么
- 公司所在的行业有什么特征
- 公司产品的需求
- 产品成本分析
- 产品价格分析
- 公司的财务报表比率与行业内其他公司比较
- 用财务报表做预测并估算公司的价值

三种最常用的公司竞争策略：

- **成本领先型（cost leadership）**

  做成本最低的生产商，提供与其他公司相似的产品并按行业平均价格或接近于平均价格定价。

- **差异化战略（differentiation）**

  花费同样的成本，但追求带给顾客差异化的体验，从产品上、服务上或销售技巧上。

- **集中目标战略（focus）**

  公司专注在一个利基市场里面，使用成本领先法或是差异化战略来达到行业的领头羊。利基市场指的是指向那些被市场中的统治者有绝对优势的企业忽略的某些细分市场，指企业选定一个很小的产品或服务领域，集中力量进入并成为领先者。

名师解惑

每家公司依规模、行业、财力不同而会选择不同的竞争策略。当报纸或金融商业杂志提到

一家企业的商业模式是什么的时候，它通常指的是目标客户群是什么，向顾客销售什么产品或服务以及怎样提供这些产品或服务，包括如何为这些活动来进行融资。分析师必须常常关注公司经营所在行业的情况和新闻，包括管理、技术或财务等方面的最新进展。

6 股票估值：观念与基本方法

知识导引

本章将会介绍股票价值以及几个基本的估值模型。通过理解什么是绝对估值法与相对估值法，大家可以从不同的角度去理解价值估计的方法。熟悉估值的概念以及基本的计算，是掌握本章的学习重点。

6.1 内在价值与市场价格

股票市场中股票的价格是由股票的内在价值所决定的，当市场步入调整期的时候，市场资金偏紧，股票的价格一般会低于股票内在价值，当市场处于上升期的时候，市场资金充裕，股票的价格一般高于其内在价值。总而言之，股市中股票的价格是围绕股票的内在价值上下波动的。

当要决定是否选择使用股票的内在价值来投资时，需要注意以下几点：

- 计算出来的股价与市场价格相差多少百分比
- 用来计算股价估值的模型是否适合、正确
- 用来计算股价估值的数据是否适合、正确
- 找出内在价值与市场价格偏离的原因
- 假设股票的市场价格真的会趋近于其内在价值

如何为股票定价是金融投资领域的核心专长，因此，我们接下来要介绍有三种类型的估值模型可以用来计算股票的内在价值。

名师解惑

企业通常有两种价值，一个是持续经营假设（going-concern assumption）的价值，另一个是被立即解散清算（liquidation value）的价值。在估值时，持续经营假设是假设企业在可预见的未来都会维持商业活动，企业会持续生产、销售商品或提供服务。我们所有的估值模型都是针对企业是持续经营假设来进行估值的。内在价值包含了持续经营假设，即假设企业在可预见的未来会持续经营。相反，清算价值是假设公司解体、资产被单独售卖时的价值。

6.2 现金流贴现模型

股票估值最重要的就是折现未来现金流，现金流折现主要关注两点，一个是未来现金流，一个是折现率，在下面的模型讲解中我们主要围绕这两方面讨论。接下来我们将要讲解 4 种现金流贴现（discounted cash flow）估值模型，分别是：优先股股价的估值、股利贴现模型、戈登股利增长模型以及股权自由现金流模型。

优先股股价的估值

前面我们已经讲过，优先股是相对于普通股而言的。主要指在利润分红及剩余财产分配的

权利方面，优先于普通股。优先股股东会在未来的每个时期收到公司所承诺要发放的股利，并一直获得，因为优先股是没有到期日的。

计算优先股估值的公式：

$$V_p = \frac{D_p}{(1+k_p)} + \frac{D_p}{(1+k_p)^2} + \cdots + \frac{D_p}{(1+k_p)^n} = \frac{D_p}{k_p}$$

式中 D_p——优先股的股息；

K_p——优先股的要求回报率。

由于违约风险的存在，公司对于优先股的必要收益率会高于债券的必要收益率，同时优先股对于机构投资者来说是免税的，但对个人投资者仍需缴税，这使得优先股收益率应小于债券收益率，所以总的来看，优先股收益率低于公司最高信用等级的债券收益率。

股利贴现模型

股利贴现模型（dividend discount model，DDM），是一种最基本的股票内在价值评价模型。威廉姆斯（Williams）于1938年提出了公司（股票）价值评估的股利贴现模型（DDM），为定量分析虚拟资本、资产和公司价值奠定了理论基础，也为证券投资的基本分析提供了强有力的理论根据。

内在价值是指股票本身应该具有的价值，而不是它的市场价格。股票内在价值可以用股票每年股利收入的现值之和来评价；股利是发行股票的股份公司给予股东的回报，按股东的持股比例进行利润分配，每一股股票所分得的利润就是每股股票的股利。这种评价方法的根据是，如果你永远持有这个股票（比如你是这个公司的老板，自然要始终持有公司的股票），那么你逐年从公司获得的股利的贴现值就是这个股票的价值。根据这个思想来评价股票的方法称为股利贴现模型。

公式：

$$P_0 = \frac{D_0(1+g_c)}{k_e - g_c} = \frac{D_1}{k_e - g_c}$$

式中 P_0——股价；

D_0——当年股利；

g——企业增长率；

k_e——股东要求回报率。

➢ 股利贴现模型知识结构

接下来，我们来看看如何用股利贴现模型在不同年限的持有期里面，如何用图示更清楚表明这个公式的用法。一般来说，贴现现金流模型所要进行贴现的是未来的现金流，未来现金流包括两个部分，一部分是未来所要获得的股利，另一部分是未来卖出股票时股票的价格。所以，一年期、两年期及N年期股利贴现模型就如下所示。

➢ **一年持有期**

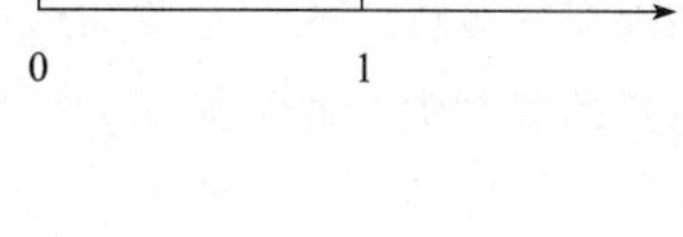

$$V_j = \frac{D_1}{(1+k)} + \frac{P_{j1}}{(1+k)}$$

➢ 两年持有期

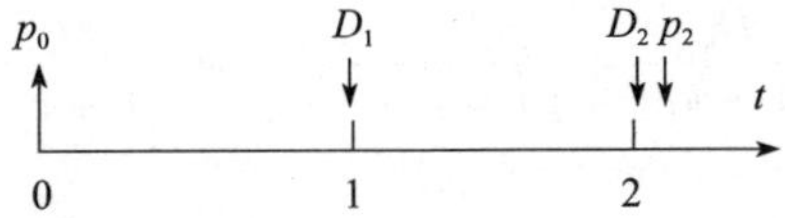

$$V_j = \frac{D_1}{(1+k)} + \frac{D_2}{(1+k)^2} + \frac{P_{j2}}{(1+k)^2}$$

➢ *N* 期股利贴现模型

$$V_0 = \frac{D_1}{(1+k_e)} + \frac{D_2}{(1+k_e)^2} + \cdots + \frac{D_n}{(1+k_e)^n} + \frac{P_n}{(1+k_e)^n}$$

【例】 某家公司预计在第一年产生现金流 100 美元，第二年产生 150 美元，第三年产生 200 美元。如果用 10% 的折现率计算资产现在的价值是多少？

$$V = \frac{100}{1.10} + \frac{150}{1.10^2} + \frac{200}{1.10^3} = 90.909 + 123.967 + 150.263 = 365.14(\text{美元})$$

名师解惑

不同的折现率反映的可能是现金流风险程度不同或不同时期的无风险利率不同。导致现金流风险不同的原因可能是商业风险不同、经营风险不同或财务风险（杠杆，资本结构中的财务比例）不同。

从上面的讲解中我们可以看到，如果我们要想求得现在公司的股价，首先需要知道未来公司的股价是多少，但在实际情况中我们是无法得到未来股票价格的，无论是 1 年的、2 年的还是 N 年以后的。那在这种情况下我们应该怎么办呢？通常情况下，我们都假设公司是持续经营的，那它的股利也是持续增长的。这样，我们就可以得到股利贴现模型的一般公式。

➢ 股利贴现模型的一般公式

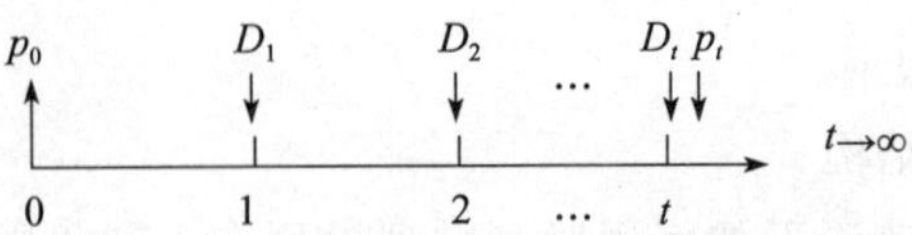

$$V_j = \frac{D_1}{(1+k)} + \frac{D_2}{(1+k)^2} + \cdots + \frac{D_\infty}{(1+k)^\infty} = \sum_{t=1}^{n} \frac{D_t}{(1+k)^t}$$

当 n 趋向于无穷大的时候，$P_n/(1+k_e)^n$ 就会趋近于 0，所以我们就得到了上面的股利贴现模型的一般公式，这样我们只要知道公司每年的股利是多少，就可以估算出该公司现在的股价是多少了，不再需要知道未来该公司的股价了。

但是，在运用这种方法的时候又会出现一个问题，从股利贴现模型的一般公式中我们可以看到，要求公司现在的股价，我们是要知道未来每年该公司的股利的，那我们应该怎样求公司未来每年的股利呢？通常情况下，我们假设公司的股利每年是以一

个常数 g 的速度增长的，再将股利贴现模型的一般公式变形，我们就可以得到了下面将要讲解的戈登股利增长模型了。

戈登股利增长模型

戈登股利增长模型又称为“股利贴息不变增长模型”、“戈登模型”（gordon model），在大多数理财学和投资学方面的教材中，戈登模型是一个被广泛接受和运用的股票估价模型，该模型通过计算公司预期未来支付给股东的股利现值，来确定股票的内在价值，它相当于未来股利的永续流入。戈登股利增长模型是股息贴现模型的一种特殊形式，一般我们都假设股利的增长率是不变的。

戈登股利增长模型有三个假设条件。

1. 股息的支付在时间上是永久性的。
2. 股息的增长速度是一个常数。
3. 模型中的贴现率大于股息增长率。

在戈登模型中，需要预测的是下一期股利的年增长率，而不是预计每一期的股利。当我们假设股利增长是永久持续的时候，其公式是：

$$V_0=\frac{D_0(1+g_c)}{(1+k_e)}+\frac{D_0(1+g_c)^2}{(1+k_e)^2}+\cdots+\frac{D_0(1+g_c)^\infty}{(1+k_e)^\infty}=\frac{D_1}{k_e-g_c}$$

名师解惑

大家也许会对上面的公式感到很迷惑，我们是怎样将上面那么复杂的公式变形得到最后比较简单的结果的呢？下面我们就来对戈登股利增长模型的公式进行以下推导。

戈登股利增长模型的公式其实是一个等比数列，我们将等号两边同时乘以一个等比项 $(1+g_c)/(1+k_e)$，则该公式就变形为了：

$$\frac{1+g_c}{1+k_e}V_0=\frac{D_0(1+g_c)^2}{(1+k_e)^2}+\cdots+\frac{D_0(1+g_c)^\infty}{(1+k_e)^\infty}$$

用戈登股利增长模型的公式减去上面变形后的式子，就可以得到：

$$\left(1-\frac{1+g_c}{1+k_e}\right)V_0=\frac{D_0(1+g_c)}{1+k_e}$$

$$V_0=\frac{D_0(1+g_c)}{1+k_e-(1+g_e)}=\frac{D_0(1+g_c)}{k_e-g_c}$$

根据上面变形后最终得到的公式，我们就可以明白戈登股利增长模型为什么会有三个假设条件。首先，股息的支付在时间上是永久性的；其次，股息的增长速度是一个常数 g_c；最后，为了使上面的结果有意义，我们必须保证贴现率 k_e 是大于股息增长率 g_c 的。戈登股利增长模型其实是股利贴现模型的一种特殊情况。

戈登模型的局限性：

- 要求回报率 k 与增长率 g 的预测值对整个公式来说是非常敏感的，稍有变化就会影响最终结果
- 这个模型只适用于支付红利的公司

➢ 碰到多阶段增长模型时，会比较复杂难算（可用多阶段增长模型）

戈登模型的重要结论：

➢ 要求回报率 k 与增长率 g 之差越大，求得的数值就越小；反之亦然。

➢ 要求回报率 k 与增长率 g 的任何细小变化都会造成股价较大的变化。

名师解惑

前面我们已经说过了，戈登股利增长模型是最被广泛接受和运用的一个股价估值模型了，但是我们从它的最终公式来看却是十分简单的，我们不能被这种表面现象所迷惑，其实戈登股利增长模型的公式中每一个变量都是由一个复杂的公式计算得到的。接下来，我们就对戈登股利增长模型中每个变量是怎么计算出来的做一个系统的解释。

戈登股利增长模型的公式可以分解为：

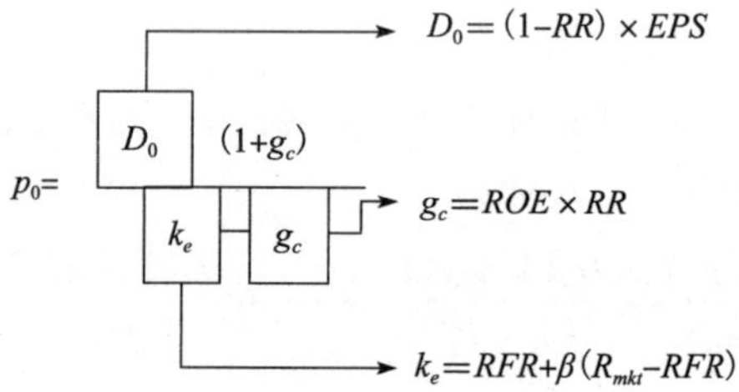

在这个公式中，共有三个重要的变量需要了解：

式中 D_0——当期股利；

g_c——增长率；

K_e——股东要求回报率（也可记作 R_e）。

在详细解释这三个变量是怎么求得之前，有一个很重要的概念必须知道——每股盈利（EPS）是怎么分配的。每股盈利指的是税后利润与股本总数的比率。通常每股盈利会分配到两个地方：①股息，②留存收益率。股息是用来分享给持股人的，而留存收益率指的是盈利所得留存下来作为公司未来增长的投资。

在上面的公式分解中，我们已经提到了要求回报率 Ke 的公式是：

$$k = RFR_{nominal} + \beta(R_M - RFR_{nominal})$$

即要求回报率 = 名义无风险利率 + $Beta$(市场利率 − 名义无风险利率)

对于股利增长率 g，它的计算公式为：

$$g = \text{可持续增长率} = b \times ROE \text{ 净资产收益率}$$

$$b = \text{留存收益率} = 1 - \text{dividend payout ratio(股利支付率)}$$

除了用公式可以算出股利增长率是多少外，我们还可以用公司支付股息的历史数据来计算，或者用行业内所有公司的股息的中位数（median）来计算。

二阶段和三阶段股利贴现模型

二阶段股利贴现模型

二阶段股利贴现模型中，股息增长率从一开始较高的位置（短期）跌落至一个较低的位置并一直保持下去（长期）。

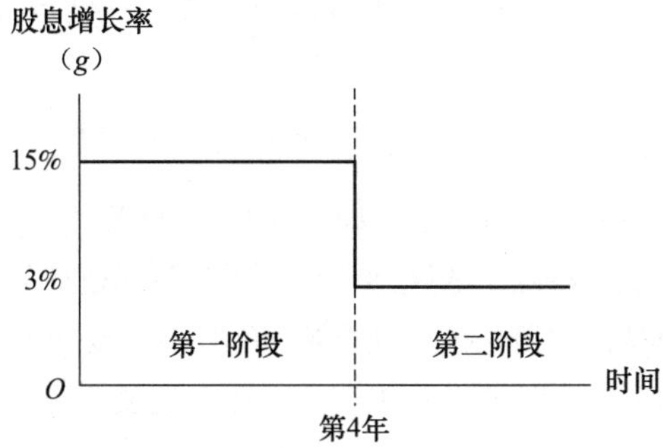

三阶段股利贴现模型

三阶段股利贴现模型中，股息增长率从一开始较高的位置（短期）跌落至一个较低的位置，随后又跌落到一个更低的位置，并一直保持下去（长期）。

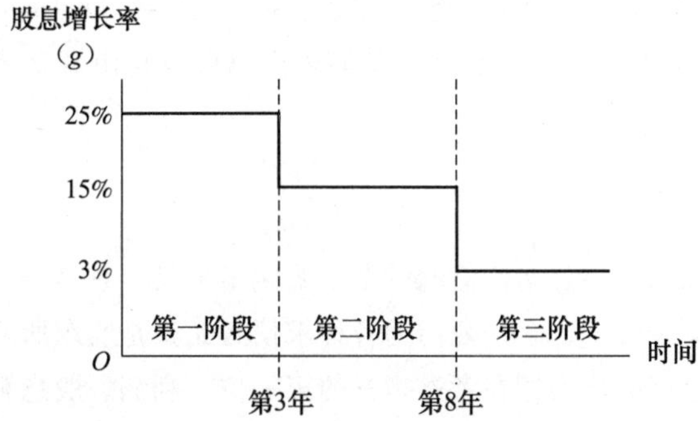

【例】 二阶段模型估值

假设有一个股票的股利将会以每年20%的速度持续增长四年，之后股利会降为以5%的速度继续增长到永久。最后一次支付股利的价格是1美元，折现率是10%。请问这只股票的价值是多少呢?

首先我们要先计算以20%增长四年的股利是多少：

$$D_1 = 1 \times (1.20) = 1.20(\text{美元})$$

$$D_2 = 1.20 \times (1.20) = 1.22 = 1.44(\text{美元})$$

$$D_3 = 1.44 \times (1.20) = 1.23 = 1.73(\text{美元})$$

$$D_4 = 1.73 \times (1.20) = 1.24 = 2.08(\text{美元})$$

需要注意的是，D_4 是要拿来计算第三年的终值的，而且必须要用以后持续增长的利率5%来计算。

$$\text{第三年的终值} = 2.08/(0.10-0.05) = 41.60\ (\text{美元})$$

计算好第三年的终值后，现在在把所有的现金流折现到0时刻，就可以知道股票现在的价值是什么了。

$$1.20/1.1 + 1.44/1.12 + 1.73/1.13 + 41.60/1.13 = 34.84\ (\text{美元})$$

考点说明

在计算多阶段模型的时候，同学们常犯的错误就是计算完终值之后忘记折现到目前的时间点，或使用错误的年数来折现。考试的时候选项内会出现这些错误折现的答案，要多加注意。这种考题一般不是很难，但是很容易出现计算失误的情况。

股权自由现金流模型

股权自由现金流模型（free cash flow to equity models，FCFE）是折现现金流模型里面常用的一种。它的公式与股利贴现模型唯一的区别就是，股利贴现模型是用预测的股利除以要求回报率，而股权自由现金流模型是用股权自由现金流FCFE除以要求回报率。股权自由现金流就是用来衡量企业实际持有的能够回报股东的现金。指在不危及公司生存与发展的前提下可供分配给股东的最大现金额。

股权自由现金流公式：

FCFE = 净利润 + 折旧 - 增加的营运资金 - 固定资本投资（FCInv）- 利息费用 + 新股发行

或是也可以写成：

FCFE = 经营性现金流 - 固定资本投资 + 净借入款（net borrowing）

将FCFE求出之后，再代入如下的公式，就能求出以股权自由现金流折现所计算出来的股票价值了。

$$V_0 = \sum_{t=1}^{\infty} \frac{FCFE_t}{(1 + k_e)^t}$$

股权自由现金流是股东评估公司价值的一个重要测量工具。它是公司给付所有现金开支以及运营投资后所持有的剩余资金，它是公司为各种求偿者尤其是股东所能提供的回报。许多投资者把公司产生自由现金流的能力摆在考察指标的第一位。利润、股息和资产价值也许是重要的指标，但最终这些指标的增长都是由公司产生现金的能力所决定的。丰富的现金流让一个公司可以提高股息、研发新产品、进入新市场、偿还债务、回购股票，甚至成为被并购对象。利润和市盈率指标主导公司表现的评估和股价的估值。但是，会计方法的轻微变动就会引起收益的变动，从而造成不同时间或不同公司间的利润不可比，而实际的现金流可以克服这一不足。

名师解惑

在CFA一级的考试里，我们只要对自由现金流有概念上的理解即可。但到了二级考试中，我们就必须知道如何使用自由现金流的来计算股票估值。

6.3 价格乘数模型

所谓价格乘数（price multiple models）是指一种以乘数形式计量的价格尺度，通过它可以为不同企业或不同股票之间的比较提供基准。价格乘数的经济含义为：资产的收益率、现实财务状况及其他价值标准均会反映企业的价值，因此在对股票定价时必须将股价与这些因素联系起来。在实际中，使用价格乘数的方法共有两种，一个是可比性方法，一个是基本面分析方法。

可比性方法

可比性方法的理论基础是，如果两种相似资产的收益、收益的成长性及对应的风险水平相等，那么它们的价格应该相同。在使用价格乘数进行估计时，这是最常用的方法。

基本面分析方法

基本面分析法是通过对公司的基本面指标，例如每股收益（EPS）、账面价值（BV）、营业额（Sales）、公司自由现金流（FCEE）等，来对公司进行估计。

价格乘数模型广受欢迎的原因有以下几点：

➢ 计算容易

➢ 可在时间序列中使用

➢ 数据可用于公司与公司之间的比较

目前，常用的价格乘数有五种：

➢ 市盈率（price to earnings，P/E）

➢ 市账率（price to sales，P/S）

➢ 市账率（price to book value，P/BV）

➢ 股价与现金流比（price to cash flow，P/CF）

➢ 企业倍数（enterprise value to EBITDA，EV/EBITDA）

其实价格乘数都是从股利折现模型延伸过来的，我们看一下最基础的 *DDM* 公式就能知道：

$$P_0 = \frac{D_1}{k - g}$$

这里要先引入一个新的概念，叫作**调整后市盈率**（justified P/E）。调整后市盈率所用的股票价格就是从 *DDM* 模型计算出来的价格。根据上述的公式，如果我们把两边同除以 E_1（未来12个月的预期盈利），我们可以得到如下的公式：

➢ 动态市盈率（leading P/E）：基于对下一期的盈利预测所得到的

$$\frac{P_0}{E_1} = \frac{D_1/E_1}{k - g} = \frac{1 - b}{k - g}$$

➢ 静态市盈率（trailing P/E）：基于对当期真实的盈利所得到的

$$\frac{P_0}{E_0} = \frac{D_0/E_0}{k - g}(1 + g) = \frac{(1 - b)(1 + g)}{k - g}$$

另外我们还要介绍一下**企业价值**（enterprise value）应用在价格乘数里的基本优缺点。企业价值（EV）指的是企业整体的价值，并不单单只是指股权。企业价值往往更能代表一个公司的整体性。企业价值的计算方法如下：

企业价值 = 普通股 + 优先股 + 债务 + 少数股东权益 − 现金与短期投资

使用企业价值（EV）的优点是：

➢ 针对不同财务杠杆比率的公司也能够比较。

➢ EBITDA 能够很好地衡量资本密集型的企业。

➢ EBITDA 通常都是正数，而 EPS 却不见得。

使用企业价值（EV）的缺点是：

➢ 市价的债务价格很难找到，可以参考市场上类似的债务价格或使用账面记录的债务价格。

价格乘数基本上使用的是比较的方法，通过找出一个行业内的参考基准（benchmark），通过与基准的比较来判断我们所要投资的企业价值是高估或低估。因为如果两个资产是相同的话，它们的价格一定也是一样的，这就是著名的一价定律（law of one price）。价格乘数虽然很方便，也运用广泛，它还是有以下几个需要注意的缺点：

➢ 不同大小、不同产业或增长率不同的公司，是不能拿价格乘数的方法来进行比较的。

➢ 用可比性方法与基本面分析方法时所计算出来的乘数可能会不同，例如可比性方法测算出来 A 公司被高估了，但用基本面分析方法算出来却是 A 公司被低估了。

➢ 用价格乘数来比较周期性企业的时候会很大程度上收到经济环境的影响。

6.4 资产基础模型

资产基础型企业价值指的就是以公司的资产（市值）减去负债（市值）后剩下来的就是企业的价值。企业价值的计算公式为：

$$企业价值 = 资产 - 负债$$

但是公司的资产负债表上若是无形资产的比重很高或大部分的资产是在表外（off-balance sheet）的话，是不适合使用资产支持模型的。

资产基础模型（asset-based models）适合以下的企业类型。

➢ 企业大部分的资产都是短期的有形资产

➢ 企业资产的市值非常容易取得

➢ 面临清算、已经停止运营的企业

➢ 常用在私人股本企业估值上

6.5 三种估值方法优缺点总结

模型	优点	缺点
折现现金流模型	√它们是从基本面分析的核心出发，现值折现的概念也是金融理论的基础 √最被金融分析师广泛接受与使用的模型	√用来估值的数据多半是预测得来的，预测的数值容易有偏差 √预测出来的数值的敏感性强，对求出的价格有很强的影响力
价格乘数模型	√实证证明有些价格乘数模型可以很好的预测股票收益 √价格乘数模型广泛地被分析师所接受 √价格乘数模型的数据很容易取得 √可以用在时间序列与横截面的比较 √每股盈利是负数时也能使用	√用的是过去的数据，反映的是过去 √不能用来比较不同大小、产品或增长率不同的公司 √对周期性公司来说，价格乘数因容易被经济环境变动所影响，所以不适合使用 √用可比性方法与基本面分析方法时所计算出来的乘数可能会不同 √在比较不同国家的公司时，因为会计准则的不同，计算出来的数值也会有差异，不能比较 √如果分母是负数的话，求出来的价格乘数是没有意义的。例如 P/E 比率，如果每股盈利为负值，就不能使用了
价格乘数模型（基于基本面分析法）	√求出的数值都有可靠的金融理论基础 √与广泛的估值指标方法相对应	√因为是来自于基本面分析，所以数据的变动对整体的估值敏感性很高［尤其是要求回报率减去增长率（$r-g$）作为分母的时候］
资产基础模型	√可以得到最基础的估值 √特别适合用在资产是：短期的有形资产、资产市值容易取得、面临清算的企业 √在衡量私人股本公司价值上有很大的帮助	√很难得到市场价值（资产与负债） √市场价值与账面价值通常都不一样 √不能用在无形资产比例很高的公司 √不能用在资产无法反映出未来现金流的公司 √在极度通货膨胀（hyperinflation）的时期，资产的市值更难取得

第8章 固定收益

知识导引

本章介绍债券最基本的特征，了解不同债券的付息方式，以及债券的基础知识。金融市场上的投资种类繁多：股票、债券、外汇与其他投资等，同学们要理解债券本身的特性是什么，它与其他投资工具又有什么不同，债券投资应该遵循什么样的逻辑。

考点说明

固定收益（债券）是CFA考试里面非常重要的一个科目，因为债券本身的概念比较抽象，学习初期往往会比股票难理解。深刻了解CFA考试一级的债券基础，可以帮助我们在准备二级考试的时候得心应手。

1 固定收益债券：基本要素的定义

债券是发债人为了筹措资金而向投资者出具的，承诺按约定支付利息、偿还本金的债务凭证。从本质上来看，债券是一种表明债权债务关系的凭证，证明债券持有人拥有按约定条件向债券发行人取得利息和到期收回本金的权利。它包含了以下四种含义。

- 债券发行人（政府、金融机构、企业等机构）是资金的借入者
- 购买债券的投资人是资金的借出者
- 债券发行人（资金的借入者）需要在一定时期还本付息
- 债券是债务的证明书，具有法律效力，是债券购买者与发行者之间的一种债权与债务的关系

由于债券的利息通常是事先确定的，而债券持有人又会固定收到发行人的利息，所以有时候债券投资又可以称作固定收益（fixed income）投资。在金融市场发达的国家和地区，债券可以上市流通、交易买卖。

名师解惑

债券的历史比股票悠久，最早的债券形式是在奴隶制时代产生的公债。据文献记载，希腊和罗马在公元前4世纪就开始出现国家向商人、高利贷者和寺院借债的情况。进入封建社会之

后，公债得到进一步的发展，许多封建主、帝王和共和国每当遇到财政困难，特别是发生战争时便发行公债。12世纪末，在当时经济最发达的意大利城市佛罗伦萨，政府曾向金融业者募集公债。其后热那亚、威尼斯等城市相继仿效。15世纪末16世纪初，美洲新大陆被发现，欧洲和印度之间的航路开通，贸易进一步扩大。为争夺海外市场而进行的战争使得荷兰、英国等竞相发行公债，筹措资金。在1600年设立的东印度公司，是历史上最古老的股份公司，它除了发行股票之外，还发行短期债券，并进行买卖交易。美国在独立战争时期，也曾发行多种中期债券和临时债券，这些债券的发行和交易便形成了美国最初的证券市场。19世纪30年代后，美国各州大量发行州际债券。19世纪四五十年代由政府担保的铁路债券迅速增长，有力地推动了美国的铁路建设。19世纪末~20世纪，欧美资本主义各国相继进入垄断阶段，为确保原料来源和产品市场，建立和巩固殖民统治，加速资本的积聚和集中，股份公司发行大量的公司债，并不断创造出新的债券种类，这样就逐渐形成了今天多品种、多样化的债券体系。

1.1 债券的概述

债券的基本特征

尽管债券的种类繁多，但在内容上都要包含一些基本要素，这些要素是指发行的债券上必须载明的基本内容，这是明确债权人和债务人权利与义务的主要约定，具体有六个最基本的要素：债券发行人、债券持有人、到期日、面值或本金、息票率和频率、货币标价。

- **债券发行人**（issuer/borrower）就是资金的需求者。债券发行人包括公司（corporation），这里的公司一般都是一流的大公司，包括金融公司和非金融公司，发行企业债券；主权国家政府（sovereign national governments），即中央政府发行的债券，比如美国的国债（US treasury bonds）；非主权政府（nonsovereign governments），一般非中央政府发行的政府债券，比如地方政府债券；准政府债券（quasi-government entities），准市政债券是指那些由和地方政府有密切关系的企业发行，所募资金用于城市基础设施建设的债券。名义上虽是企业债券，但发行单位是政府直属企业（实际上相当于政府部门），政府也提供了事实上的隐性担保，具有相当程度的市政收益债券性质，属于“准市政债券”，比如房利美（Fannie Mae）发行的债券；超国家主体（supranational entities）发行的债券，或者称为国际债券，例如世界银行（World Bank）等机构发行的债券。
- **债券持有人**（bondholder）就是资金的供给者，购买债券的投资人。
- **到期日**（maturity）是指债券所代表的债务合约中止的时间。截至到期日，借款人应该已经按时偿还了合约规定的全部利息和本金。
- **面值或本金**（par value/principal value/maturity value）是指发行人在债券到期后应偿还债券持有人的本金数额，也是企业向债券持有人按期支付利息的计算依据。债券的面值与债券实际发行价格并不一定一致，发行价格大于面值称为溢价发行，小于面值称为折价发行。
- **息票率和频率**（coupon rate/norminal rate and frequency）是指息票利息与债券面值的比率，即用来乘以债券的本金（principal）或面值（par value or face value），得出应付现金利息额的利率。在美国，已发行债券通常每半年支付一次利息，但不绝对，一个重要的例外是抵押贷款支持证券和资产支持证券，它们通常每月支付现金利息。相反，一些在欧洲的债券市场上发行的债券和所有在欧洲市场（Eurobond market）发行的债券，利息一年支付一次。

债券的息票率可以分为固定利率（fixed coupon rate）和浮动利率（floating rate）。固定利率债券（fixed couponrate bond）被称为传统债券（plain vanilla bond or conventional bond）。

- **货币标价**（currency denomination）债券可以以任何一种货币形式发行。绝大多数的债券还是欧元和美元。
  - **双币债券**（dual-currency bonds）是用某一种货币支付利息，在到期日时用另一种货币偿还本金。
  - **货币期权债券**（currency option bonds）可以看作一个单一货币债券和外汇期权的组合。投资者可以选择以哪种货币回收本金或者利息（payment）。

名师解惑

本金和票面利率都是用来确定债券的利息支付数额的，而利息支付的时间周期可以分为每月支付、每季度支付、每半年支付和每年支付等。在美国本土发行的债券大部分是每半年支付一次，在欧洲则大多为每年支付一次。票面利率一般指年利率，如果利息在一年里需要多次支付，则其利息的支付额需要根据票面利率进行计算。

【例】 计算债券的票面利率

假设有一个5年期的债券面值为1 000元，票面利率是5%，每半年付息一次，则该债券每半年支付的利息是多少？

$$C = 1\,000 \times 5\%/2 = 25\text{（元/每半年）}$$

同学们在计算coupon的时候常常会忘记要除以2才是每半年支付的利率，计算半年的票面利率，要格外注意。

收益率的测度

收益率是指投资人的投资回报率。计算收益率的方法有很多，比如使用到期收益率（yield-to-maturity）、即期收益率（current yield），具体方法我们在之后章节会详细介绍。

1.2 债券契约

信托契约（trust deed）是一份法律合约，描述了债券的形式、发行人的义务以及持有人的权利，契约一般被信托人持有，也可以叫作债券契约（bond indenture）。债券契约上的条款（provision）规定了债券发行人需要尽的责任以及义务，是以后债券发行人以及持有人进行交易的基础。

条款

债权人为了避免债务人滥用自己的资金，会制定一些条款规章（covenants）让债务人遵守，并成为借出这笔资金的条件。债券条款一般分为**肯定性条款与否定性条款**。

- **肯定性条款**（affirmative covenants）是指债券发行人在债券持有到期前必须做到的事情。最普遍的肯定性条款是：
  - 按时支付本金和利息
  - 到期时支付所有利息和其他承诺

- 维持一定的财务比例（如公司的流动比率一定要维持在 2 以上）
- 维护债务人所有在用资产和有用资产的正常运营

➢ 否定性条款（negative covenants）是指债券发行人在债券持有到期前不能做的事情。最普遍的否定性条款是：
- 不得变卖已经成为贷款抵押品（collateral）的资产
- 不可用同一种资产对不同的债务进行抵押
- 在未满足特定财务状况的情况下，不能额外借款，增加公司融资杠杆比例

偿还款项的来源

债券契约上还会注明发行人用于偿还债务的资金来源。

➢ 一般来说，超国家组织的资金来源主要有两个方面：第一，以贷款人身份，收取之前所发放贷款的本金和利息，将这些资金用来偿还债务；第二，依赖组织内部成员所得的实收资本。

➢ 主权债券是由国家政府发行，因此投资风险几乎为零。国家可以通过征收税款来还清国债。如果税收金额不足以支付所需要偿还的本金和利息，那么国家可以通过发行货币来偿还国债。

➢ 地方政府的偿债资金主要有三种：第一，地税务机关所征收的税款；第二，通过债券所融资的项目产生的收益；第三，专门设定的用来偿还债务的税收和费用。公司债券的还款来源主要依赖于公司日常运行所产生的收益。

➢ 证券化债券的偿债资金主要依赖于那些用于担保的非流动性资产所产生的现金流。

是否存在抵押

抵押品（collateral）是指债务人提供作为偿债担保的资产。如果债券到期时债务人无力偿还，债权人有权将抵押品变卖来代替本息，减少损失，因此抵押品是用来减少信用风险的一种方法。我们把有抵押品支持的债券称为**担保债券**（secured bonds），把没有抵押品担保债券称为**无担保债券**（unsecured bonds）。由于没有抵押品，债券的发行需要完全依靠公司良好的信誉，因此又被称为**信用债券**（debenture）。要注意，虽然在以美国为主的国家把信用债券（debenture）理解为无抵押债券，但是在英国和其他一些国家会把这个理解为以特定资产为抵押物的债券。通常只有经济实力雄厚、信誉较高的企业才有能力发行这种债券。虽然没有用指定的财产做明确的担保，但信用债券持有人跟一般债权人一样，对发行人所有未对其他债务提供担保的财产拥有索偿权。

当债务人违约无力偿还欠款时，抵押品的变卖顺序我们称之为**求偿顺序**（seniority ranking）。一般来说有担保债券优先于无担保债券，高级债券（senior bonds）先于次级债券（subordinated/junior debt）。

根据抵押品的种类我们可以把抵押担保债券进行分类如下。

担保债券	抵押品
抵押信托债券（collateral trust bonds）	有价证券，比如普通股（common shares）、其他债券及金融资产
设备信托债券（equipment trust certificates）	设备或实体资产，比如飞机
抵押贷款担保债券（mortgage-backed securities）	抵押贷款（mortgage loan）
资产担保债券（covered bond）	“池子”被隔离资产（called “cover pool”）

在这些抵押债券当中，最为常见的抵押债券称为抵押贷款债券（MBS），它的抵押资产为抵押贷款（mortgage loan）。抵押贷款中收到的利息和本金用来支付抵押贷款债券（MBS）的利息和本金。一些金融机构，特别是在欧洲的金融机构会发行担保债券（covered bond）。担保债券的性质和传统提供抵押品的债券类似，但是如果金融机构发生违约，担保债券会提供更高的投资保证。在传统提供抵押品的债券中，如果金融机构（即发行机构）发生违约，那么债券持有人对资产池没有追诉权，但是可以追溯金融机构。可是，如果发行的是担保债券，担保债券的持有者既可以向金融机构也可以向资产池进行追溯。除此之外，在传统抵押资产债券中，传统抵押债券抵押品价值改变时，投资人只能认赔抵押品价值和发行人欠债余额的差距，但担保债券（covered bond）仍可就不足部分向发行人求偿，因此应能获得较高的信用评级，但债券风险较低，代表得到的报酬也较低。

信用增级

信用增级（credit enhancement）是为提升债券评级而采用的技术手段。信用增级的目的，是提供防范信用风险和不能收到还款的保险，从而增加债券的可销售性，通常用于证券化债券。它提供额外的抵押品，保险或者通过第三方的监督来确保债务人会履行他的义务。当然信用风险减少意味着信用品质的提高、债券收益的减少。信用增级主要有两种类型：内部和外部。

➢ 内部信用增级：依赖于债券自身。
  - **优先/次级结构**（subordination）是最常用的内部信用增级手段。它是指根据资产证券化债券的投资风险的不同，将债券划分为不同的级别，以满足不同投资者的需求。将用于还款的金融资产所产生的现金流按高低级别分配到不同的层级中，最高级的最优先偿还，也就是说次级为高级提供信用保障。如果债权人发生违约拖欠的情况，清算资产时的收入优先分配给最高级别债券的债权人，次级承担基础担保品所有的最初损失。一般来说最高级别的部分不会亏损，除非亏损部分已经超过了次级所能承担的部分。在这种结构安排下，优先级证券的风险在很大程度上被次级证券吸收，从而保证优先级证券能获得较高的信用级别，一般为Aaa/AAA。
  - **超额抵押**（overcollateralization）是指以大于本金的剩余资产作为本金的担保，即被证券化的债券实际价值高于其发行额，在发生损失时，首先以超额部分的剩余资产予以补偿。
  - **超额利差**（excess spread）是指按期支付承诺的利息、服务费和其他费用之后，将超额的利息或现金存储在一个专门的账户中，用支付未来可能出现的损失。

➢ 外部信用增级（external credit enhancement）：依赖第三方。
  - **履约担保**（surety bond）和**银行担保**（bank guarantee）这两者都是在违约损失的情况下对投资人进行一定金额的补偿。唯一的区别是前者由保险公司发行，后者是银行发行。
  - **信用证**（letter of credit）是在担保资产产生的现金流出现不足的条件下，由金融机构提供给债务人（即发行机构）一定金额的补偿。

大多数外部信用增级工具的主要缺点是，如果信用增级提供者也就是第三方信用等级下降，那么所担保的债券也可能被降级，而内部信用增级则避免了这类风险。

1.3 法律及监管

债券根据发行、流通的地点以及持有人的不同受制于不同的法律及监管部门。因此债券发行、流通的地点是投资人一个重要的考虑因素。

按照地点划分，全球债券市场包括了国内债券市场（national bond market）和**欧洲债券市场**（Eurobond market）。

➢ **国内债券市场包括了由一个特定的国家发行及流通的，并且以该国货币计价的所有债券。这些债券可以分为两类。**
  - **本国债券**（domestic bonds）是由本国（常驻）机构发行的债券。
  - **外国债券**（foreign bonds）是由非本国机构在本国以本币发行的债券。例如，外国公司在中国发行的债券叫作熊猫债券（panda bonds），在美国以美元发行的债券叫作扬基债券（Yankee bonds）。

➢ **欧洲债券市场是指发行欧洲债券进行筹资而形成的一种长期资金市场，其建立的最主要的用途是用来逃避对债券发行人以及持有人关于法律、监管、税收方面的限制。**
  - **欧洲债券**（Eurobonds）是指发行货币同发行地不同的债券。因为这种债券最初在欧洲引进，所以我们把它叫作“欧洲债券”。但是我们不能把欧洲债券同在欧洲发行的债券相混淆，即使这种债券也有可能在欧洲发行。例如，一家中国的公司在日本以外的国家发行以日元计价的债券就可以称为欧洲债券，这种债券就会被叫作“欧洲日元债券”（Euroyen bonds），如果在美国以外的国家发行以美元计价的债券，这种债券叫作“欧洲美元债券”（Eurodollar bonds）。相比较于本国债券，欧洲债券受到更少的监管，它最初引入的目的是要避免美国的监管机制。大多数的欧洲债券都是以非记名（bearer form）的方式发行，与它相对应的是记名的债券（registered bonds）。

➢ **全球债券**（global bonds）是指同时在多个国家发行的欧洲债券，除在欧洲债券发行市场发行外，全球债券至少还在本国发行。例如，一家中国的公司在日本以外的国家发行以日元计价的债券称为欧洲债券，如果这个欧洲债券还在中国发行，那么这个债券就可以叫作全球债券。

1.4 税收

一般来说，债券的利息收益部分是按照普通所得税税率征税，也就是和个人所得的工资、薪水交的税是一样的。当然免收利息所得税债券例外。例如，持有美国地方政府发行的债券（municipal bonds）免收联邦所得税（federal income tax）以及该州所得税（income tax of the state）。当然债券发行和流通的地方不同，所征收的税率也不相同。

除了利息收益，债券的资本收益也需要缴纳一定的税款。假设债券持有人在债券到期之前出售债券，当卖出价格大于当初的买入价格，所产生的收入我们称之为**资本利得**（capital gain）。一般情况下，长期（大于 12 个月）资本利得税税率低于短期。

在某一些国家（例如美国），**折价债券**（discount bonds）的折价部分也需要按比例定期缴纳税款。我们把一些折价率很高的债券叫作初始折价发行债券（original issue discount bond,

OID)。一般来说，这些债券在持有到期期间会产生税收负债（tax liability），即使在持有至到期期间利息没有以现金流的形式产生。但是目前较多地区要求将 OID 的折价部分作为应纳税利息收入（taxable interest income），并且税基（tax basis）随着利息的产生逐年增加，因此在到期的时候，不会有额外的资本利得税负债（capital gain tax liability）产生。在一些行政管辖区，**溢价债券**（premium bonds）享有一定的税收保护政策。允许投资者在应缴纳的利息所得税中按比例扣除溢价部分直到债券到期。

1.5　债券的现金流结构

本金偿还结构

- **子弹式债券**（bullet bond）是指所有的本金都在到期日那天一起偿还，息票（coupon payment）部分被作为利息（interest payment），一般在债券的期间进行支付。到期日那天支付的款项除了利息部分，还包括债券所有的本金部分，这种支付方式叫作期末整付（balloon payment）。
- **分期偿还债券**（amortizing bond）是指发行人在债券有效期内，分期偿还本金的一种债券。
  - 完全分期偿还债券（fully amortizing bond）是指定期偿还固定数目的本金和利息，直到在到期日全部还清。因此，随着到期日的接近，支付的利息会随着剩余本金部分的减少而减少，本金部分的支付会增加。
  - 部分分期偿还债券（partially amortizing bond）和完全分期偿还债券相似，但是在到期日期间只偿还部分本金，剩下的未偿还的本金将在到期日那天一起全部付清（ballon payment）。
- **偿债基金制度**（sinking fund arrangements）是指在整个债券有效期内或在一个特定的时间之后，即按照预先安排的时间表赎回债务的一定部分。比如，每年必须还清部分本金（比如5%），还有一种是指每年偿还的本金在稳步递增，剩余的本金都将在到期日那天一并还清。

和子弹式债券相比，分期偿还债券和偿债基金制度都可以减少一次性集中偿还的财务负担，减少了违约风险，因此降低了债权人所要面临的信用风险，但缺点是债权人的再投资风险增加。如果市场利率低于购买债券时的利率，那么债权人会被迫把提前收到的本金在利率较低的条件下进行再投资。

息票支付结构（coupon structure）

- **固定息票**（fixed-rate coupon）即是在有效期内定期支付固定的利息。这是一种最常规的债券形式。
- **浮动利率债券**（floating-rate notes，FRN 或者 floaters）是指息票利率会随着某种参考利率（reference rate），如美国国债利率或伦敦银行间同业拆借率（LIBOR-London interbank offered rate）浮动。我们通常把市场利率叫作参考利率（reference rate）。浮动利率债券（FRN）支付的是参考利率加上利差（interest margin）。利差（interest margin）通常以点位（basis point）的形式来表达。例如，一个浮动利率债券（floating-rate note）每年支付一次，支付的是 LIBOR 加上 0.75% 的利差。如果年初的 LIBOR 为 2.3%，那么在年末，这个浮动利率债券的年利率为：2.3% +0.75% =3.05%。如果利差是浮动的，那么这个浮动利率债券又称为可变利率债券（variable note rate）。如果参考利率的变动范围比较大，那么有可能使得浮动利率债券的票面利率变得很大或很小。为了避免票面利率出现这种极端的情况，债券的发行人与投资者皆可以设定利率的上限（cap）或下限（floor）。如果债券同时规定了利率的上限和下限，则称为领子期权（collar）。与浮动利率债券（floater）相反的是逆向浮动利率债券（inverse floater），逆向浮动利率债券的票面利率随着参考利率的减少而增加。

- **梯式债券**（step-up coupon bonds）是指在规定的时期单次或多次增加票面利率，其中前者称为单次梯式债券，后者称为多次梯式债券。梯式债券（step-up coupon bonds）具有赎回特征，它允许公司在息票率重设日（step-up date）的时候赎回债券。也就是说，当市场利率下降，息票率（coupon rate）大于市场利率的时候，公司就会以赎回价格（call price）来赎回债券。
- **信用风险联结债券**（credit-linked coupon bonds）是指息票利率随着债务人信用等级的变化而变化。信用等级降低（升高），息票利率增加（减少）。这种债券可以用于保护债券持有人免受发行人信用等级下降的影响。
- **实物支付债券**（payment-in-kind coupon bonds）是指债券发行人派发额外债券来支付现金利息的一种债券。当公司预计现金流不足以支付债券利息的时候会发行实物支付债券。
- **递延利息债券**（deferred coupon bonds），又叫作息票分割债券（split coupon bonds）。递延利息债券通常会在债券发行的一段时期之后开始支付利息。发行这种债券的公司预期的现金流在未来的特定时间会增加。当一家公司为一个大项目进行融资的时候，可以发行递延利息债券，因为项目的前期一般不会产生现金流。
- **零息债券**（zero-coupon bonds）是指在有效期内不支付利息的债券。这种债券会以低于面值的价格发行，也就是折价发行，到期后按面值偿还本金。它属于递延利息债券的一种特殊形式。
- **指数挂钩债券**（index-linked bond）的息票和本金都是基于大宗商品指数（commodity index）、股票指数（equity index）或者其他公布的指数。
- **通货膨胀指数债券**（inflation-linked bonds，也叫作 linker）是最常见的一种指数挂钩债券。它的本金和利息的支付金额是根据既定的通胀指数，一般参照消费物价指数（consumer price index，CPI）进行调整。指数挂钩债券的报偿通常不会低于债券的票面价值，即使在指数下降的情况，因此指数债券通常又叫作本金保护债券（principle protected bonds）。通货膨胀指数债券（inflation-linked bonds）包括以下几种类型。
  - **指数年金债券**（index-annuity bonds），即完全分期付款债券（fully amortizing bonds），每期付款额直接同通货膨胀（inflation）挂钩。
  - **指数零息债券**（indexed zero-coupon bonds）是指对到期付款额进行通货膨胀调整的零息债券。
  - **利息指数债券**（interest-indexed bond）是指仅将利息部分对通货膨胀指数变化进行调整，保持本金部分不变。

- **本金指数债券**（capital-indexed bond）是指息票利率不变，但本金会随通货膨胀指数的变化而变化。虽然利率不变，但本金的变化也会使得利息支付的金额发生改变。
- **权益挂钩债券**（equity-linked notes）是指期间不支付利息，到期支付款项基于权益指数的债券。

1.6 嵌入期权债券

债券经常会有附加的条款，赋予债券持有者或发行人采取某种措施的权利。用金融术语来说就是债券嵌入了一个期权（options）。我们知道期权就是在一个期限里可以行使的权利，可以是发行人的权利或持有人的权利。

可回购债券（callable bonds）

回购条款（call provision） 赋予债券发行人在到期前按照预先确定的价格赎回全部或部分债券的权利，当然发行人也可以放弃执行这个权利。这个条款使得发行者能够在市场利率降低时收回原来高成本的债券，重新发行低成本的债券，从而减少风险、降低融资成本，对于发行人来说是有益的。但对于投资人来说可回购债券是不利的，他们必须承受在利率下降时，损失高息债券，以低利率进行再投资的风险。因此，可回购的债券收益率比那些不能提前赎回债券的要高。

- ➢ **回购价格**（call price）：债券被提前赎回时所需支付给投资人的价格，通常比本金或面值高。
- ➢ **回购溢价**（call premium）：赎回价格与本金之间的差额。
- ➢ **提前赎回保护期**（call protection period，lockout period，或者 deferment period）是指在这段时间之内确保债券持有者手上的债券不被马上赎回。过了这段不可回购期，发行人就可以执行回购条款。
    - 通常回购条款都会设定几个回购日，比如债券发行后第五年可以执行回购，是**第一次回购日称为“call price”**，之后还会有第二次、第三次的回购日期。而回购的价格会随着每期的回购日而逐渐降低。举例来说，某 20 年的债券发行后，第一次回购日是在 5 年后以 110 的价格（面值的 110%）赎回，第二次回购日是在 10 年后以 105 的价格赎回，第三次回购日是在 15 年后以 100 的价格赎回。

“互利”回购条款（make-whole call）在 20 世纪 90 年代中期第一次出现在美国公司债券市场上，常见于私募发行的债券中。与那些按照某种计划事先固定赎回价格的一般赎回条款不同，互利赎回价格与利率水平反向变动。为了弥补投资人因为债券被提前赎回所造成的损失，“互利”回购条款的赎回价格（即赎回金额）通常是剩余利息偿付额和本金的贴现值之和，所用的贴现率等于与债券剩余期限相同的国债收益率加上一个利差。

- ➢ 可回购条款的类型：
    - **美式回购**（American call）也被称为连续回购，是指只要过了回购保护期，债务人可以在任何一天行使回购权力。
    - **欧式回购**（European call）是指债务人只能在回购日当天行使回购权力，否则视为放弃回购。

- **百慕大式回购**（Bermuda-style call）是指在过了回购保护期之后，债务人只能在特定的日期行使回购权力，一般为债券的付息日。

可回售债券（putable bonds）

可售回的权利（put provisions）授予投资者在债券到期日前以事先约定好的价格售回给债券发行者的权利，以此来锁定市场利率，保障自己的投资不会因为市场利率波动而受到影响。可售回债券对投资人有利，因此债券价格较高，收益较低。

可转换债券（convertible bonds）

可转换债券是指可以按指定数量转换为发行公司普通股的债券。可转换债券不能做逆向转换，转换条款由公司在债券契约中规定。可转换债券兼有债券和股票的特征，具有以下三个特点。

➢ 债权性

与其他债券一样，可转换债券也有规定的利率和期限，投资者可以选择持有债券到期，收取本息。

➢ 股权性

可转换债券在转换成股票之前是纯粹的债券，但在转换成股票之后，原债券持有人就由债权人变成了公司的股东，可参与企业的经营决策和红利分配，这也在一定程度上会影响公司的股本结构。

➢ 可转换性

可转换性是可转换债券的重要标志，债券持有人可以按约定的条件将债券转换成股票。转股权是投资者享有的、一般债券所没有的选择权。可转换债券在发行时就明确约定，债券持有人可按照发行时约定的价格将债券转换成公司的普通股票。如果债券持有人不想转换，则可以继续持有债券，直到偿还期满时收取本金和利息，或者在流通市场出售变现。

如果持有人看好发债公司股票增值潜力，在宽限期之后可以行使转换权，按照预定转换价格将债券转换成为股票，发债公司不得拒绝。正因为具有可转换性，可转换债券利率一般低于普通公司债券利率，企业发行可转换债券可以降低筹资成本。

最重要的转换条款是转换比率和转换价格。

➢ **转换价格**（conversion price）是指通过转换得到的普通股的价格。

➢ **转换比率**（conversion ratio）是指债券持有人可以认领的普通股数量。

$$转换比率=可转换债券的票面价格/转换价格$$

➢ **转换价值**（conversion value）=股票的现价×转换比率。

➢ **转换溢价**（conversion premium）=可转换债券的价格-转换价值。

➢ **转换平价**（conversion parity）是指当转换价值和可转换债券价格相等。

认股权证（warrant）

认股权证是一种选择权，它允许持有者以指定价格从发行公司购买一定数量的普通股股份。通常，上市公司在发行新债券的时候，会同时发行认股权证。

认股权证的价值在于它的存续期相当长。通常认股权证从发行开始至少两年有效，有一些甚至是永久的。此外，执行价格（exercise price）是认股权证的另一个关键特征。执行价格指权证持有者从公司买股票的价格。通常，执行价格会高于发行债券以及认股权证时普通股价格的15%，并且执行价格会按照债券契约的规定随时间推移而上升。相比较于可转换债券，可分性（detachable）是认股权证的又一重要特征。根据这个特征，认股权证可以分为可分认股权证和不可分认股权证。

或有可转换债券（contingent convertible bonds）

或有可转换债券（contingent convertible bonds，也称为“CoCo”）是指在特定事件发生的时候，会自动转换成普通股票的债券。一些欧洲银行会发行这类债券。银行在融资的过程当中需要保证权益类融资的占比，如果银行的权益类融资比例下降到要求的占比之下，那么银行需要提高权益类融资的比例。或有可转换债券（CoCo）的出现帮助银行解决了这一难题。如果银行的权益资金下降到特定的比例之下，或有可转换债券（CoCo）会自动转换成普通股票，从而减少银行的负债，增加银行权益资本，提高银行的权益资金占比。

2 债券市场：发行、流通及资金来源

2.1 债券市场的概况

债券市场的分类

根据债券的特征，可以把国际债券市场根据以下几种标准进行划分，包括发行人的种类（type of issuer）、发行人的信用等级（credit quality）、债券期限（maturity）、息票（coupon）、货币（currency）、地理位置（geography）等。

- 按照发行人的种类可以分为超国家组织（supranational organizations）、国家政府（sovereign government）、地方政府（local government）、准政府机构（quasi-government）、公司（corporate）和结构性金融部门（structured finance sector）。公司债又可以分为金融类公司债券和非金融类公司债券。
- 按照发行人的信用等级可分为投资债券（investment bonds）、非投资债券（non-investment bonds），又称为垃圾债券（junk bond）。标准普尔（Standard&Poor' s，S&P）、穆迪（Moody' s）、惠誉（Fitch）为三大评级机构，它们会提供债券的评级。
- 按照债券期限可分为长期债券和短期债券。到期期限为一年或者小于一年的债券被称为货币市场债券（money market securities），例如美国国库券（treasury bill）、商业票据（commercial paper）、银行存单（certificate of deposit，CDs）。到期期限大于一年的被称为资本市场债券（capital market securities）。
- 按照债券的货币计价方式可以分为本国货币标价债券和外国货币标价债券。
- 按照息票支付结构（coupon structure）可分为固定息票利率债券（fixed-rate bonds）和浮动息票利率债券（floating-rate bonds）
- 按照地理位置可分为本国债券（domestic bonds）、外国债券（foreign bonds）和欧洲债券（Eurobonds）。这些债券在法律及监管（1.3）这一节已经具体描述，在这里就不进行赘述了。除此之外，债券市场还可以被分为发达国家债券市场（developed markets）或者发展中国家债券市场（emerging markets）。由于发展中国家的资本市场发达程度远不如发达国家，因此购买发展中国家债券比发达国家债券的风险更大。

➢ 根据挂钩指数（index）的不同，也可将债券市场进行分类。这部分内容同样在以前的章节进行了具体描述，在这里就不进行赘述。例如，同通货膨胀率（inflation rate）挂钩的债券被称为通货膨胀挂钩债券（inflation-linked bonds）。

债券市场指数

随着债券投资组合的数量和规模的增长，投资者以及投资经理越来越依赖债券指数，并将它作为衡量业绩的基准。不同的债券市场有不同的债券指数，它们能对这些资产的风险、收益以及市场特征提供准确及时的度量。其中最著名的债券指数是巴克莱资本全球债券指数（Barclays capital global aggregate bond index），它可以反映出全球投资级固定利率债券市场的情况。对于新兴市场来说，最被广泛运用的一个固定收益指数是 J. P. 摩根全球新兴市场债券指数。

绝大多数的债券指数是由投资组合的形式组成的。通过选择不同的债券以及改变它的指标权重就能构建出不同的固定收益指数。由于债券种类的繁多以及债券价格的波动性，债券指数的编制、计算和维护要比股票指数难得多。

债券市场中的投资者

债券的价格是由供（supply）求（demand）双方来决定的。和债券的发行人一样，债券的投资者也分为很多种，主要有中央银行（central bank）、机构投资者（institutional investor）和个人投资者（retail investor）。其中中央银行和机构投资人属于直接投资人，而个人投资者属于间接投资人。他们一般通过共同基金（mutual funds）和交易所交易基金（ETF）间接地对债券进行投资。

中央银行买卖债券的目的不是为了盈利而是为了调节货币的供应量，这种手段称为**公开市场交易**（open market operations）。根据经济形式的发展，当中央银行认为需要采取紧缩型的货币政策时，中央银行就会卖出持有的债券，相应地回收一部分基础货币；相反，当中央银行认为需要采取宽松型的货币政策时，中央银行就会买入债券，扩大基础货币的供应量。中央银行也会通过买卖外币债券来管理本国货币的相对价值以及外汇储备。

机构投资者一部分主要包括了养老基金（pension funds）、对冲基金（hedge funds）、公益基金（charitable foundations）、捐赠基金（endowments）、保险公司以及银行；另一部分主要由主权财富基金（sovereign wealth fund）构成。

2.2 一级市场和二级市场

债券市场可以分为**一级市场**（primary market）和**二级市场**（secondary market）。一级市场处理新发行债券的金融市场；二级市场是交易市场，是指债券发行后，能在债券交易所进行公开交易的这一阶段。

➢ 在一级市场发行的债券可以发放给公众投资者，称为公开市场发行（public offering），也可以发放给合格投资者（qualified investors），称为私募（private placement）。在一级市场上发行债券需要投资银行（即中国的券商）的参与，投资银行通过三种方式帮助债券发行，一种为传统的承销（underwritten offering），一种为最大努力分销（best efforts offering），还有一种为上架发行（shelf registration）。在传统的承销方式中，承销商投资银行从发行公司手中购买了所有的债券，然后再卖给投资者，也就是说未成功卖给投资者的部分需要承销商自己消化。对于小规模债券发行，一般只需要一种承销商，但是对于规模比较大的债券发行，需要多个承销商进行承销，这几个承销商形成的组织叫辛迪加组织（Syndication），领导辛迪加组织的投资银行叫作主承销商（lead underwriter）。在最大努力分销中，投资银行不需要承诺债券发行，只需要尽自己最大的努力去发行债券就可以了。当债券发行的消息公布时，各经销商会表明自己购买债券的兴趣，投资银行可以根据各经销商的兴趣来进行定价。有一些债券在发行前会在灰市（grey market）上进行交易，这样，投资银行可以根据灰市上的交易价格来进行定价。一些比较特殊的债券，比如国债（government bonds）会通过拍卖（auction）的方式进行，对手方主要由主经销商（primary dealer）组成。一些个人投资者也可以成为对手方参加拍卖，但是所占比例较小。在上架登记（shelf registration）中，债券发行方先在债券监管机构（例如证监会）登记，在登记后，当发行方需要发行债券时，便可以直接发行。这种发行方式对披露要求少，因此对债券发行者的要求高，一般只有财务状况良好的公司才可以采取这种发行方式。

➢ 在一级市场发行的债券主要在二级市场进行交易，换言之，二级市场的主要作用在于债券的交易。债券的交易所、场外市场（OTC 市场）和电子交易网络共同组成了证券流通的市场。传统的交易方式主要是交易商市场，即一些交易商报出买入价和卖出价来进行交易；而近年来，电子交易成为越来越重要的交易方式。

对于公司债来说，债券交割日（settlement date）通常会设定在债券发行结束的第三个工作日（T+3），对于政府债券（government bonds），债券交割日（settlement date）会设定在债券发行后的第一个工作日（T+1）。

2.3 主权债券

定义

主权债券（sovereign bonds）的发行主体是政府。它是指政府财务部门或其他代理机构为筹集资金，以政府的名义所发行的债券，主要包括国库券和公债两大类。一般国库券是由财政部发行，用以弥补财政收支不平衡；公债是指为筹集建设资金而发行的一种债券，有时也将两者统称为公债或是国债。

国债不但可以在国内发行，也能在国外以及欧洲债券市场上发行。由于政府具备税收以及发行货币的职能，由这两项做担保，主权债券几乎没有违约风险。但是债券的发行货币对债券的违约风险也有影响。一般来说，以本国货币发行的主权债券比用外国货币发行的主权债券风险更低，因为本国政府可以自主发行货币。

名师解惑

中国、美国或英国这些大国发行的债券可以说完全没有违约风险，但如果是现在正在经历经济危机的希腊或西班牙的国债，就可能会面临一些风险。

当期发行和前期发行

国债一般分为当期发行（on-the-run）和前期发行（off-the-run）。当期发行是指流通量最大、交易最为活跃的债券。与当期发行相对应的是前期发行，前期发行是指发行后过了一段时间的债券。

主权债券的分类

固定利率债券

固定利率债券（fixed-rate bonds）是主权债券中最常见的一种，一般以贴现（discount）或息票（coupon）债券的形式发行。贴现债券不支付利息，以低于面值的价格发行，在到期日支付一个固定的金额，投资者的收益是面值和发行价格之间的差异。而息票债券则是以一定的利息率发行，通常是每 6 个月支付一次利息，在到期日以面值赎回。息票债券通常是以一个接近于面值的价格发行，投资者的主要收益是债券存续期中所得到的息票收入。

美国固定利率债券通常都是以发行时间长短来进行分类的，常见的有以下几种。

- **国库券**（treasury bills）是美国财政部发行的票面期限为 1 年或 1 年以下的债券以贴现债券的形式出现的，称为国库券。财政部通常发行期限为 13 周（3 个月）、26 周（6 个月）和 52 周（1 年）的国库券。
- **中长期债券**（treasury notes）是有效期限超过 1 年但不超过 10 年的息票债券，财政部通常发行票面期限为 2 年、5 年和 10 年的中期国债。
- **长期国债**（treasury bond）是有效期限超过 10 年的息票债券。一般的长期国债为 30 年。

浮动利率债券

为了减小利率风险，一些国家也会发行浮动利率债券（floating-rate bonds）。这类债券在主权债券中占了很小一部分，几个最大的发行主权债的国家，例如美国、日本、英国都不发行浮动利率债券。

通货膨胀指数债券

美国从 1997 年开始发行通货膨胀指数债券（inflation-linked bonds），称为通胀保护国债（treasury inflation protection security，TIPS）。TIPS 是一种承诺保护并增加投资者购买力的债券。美国财政部通过参照消费物价指数（CPI）的变化来调整 TIPS 的本金以兑现这种承诺。它偿还给债券持有者的本金恰好维持了最初投资的按照 CPI 确定的购买力。

通胀保护国债被认为是防止通货膨胀的最佳保障，同时它们也提供了战略与策略优势。在策略上，TIPS 提供给投资者推测通货膨胀与实际利率变化的机会。而在战略上，TIPS 提供给有长远规划的个人与机构投资者较高的实际收益率、与传统金融资产低的相关性及并不显著的波动性。投资者认识到 TIPS 将有助于达到他们的长期投资目标，并将减少操作过程中的风险。

2.4 非主权债券、准政府债券以及超国家机构债券

非主权债券（nonsovereign government bond）是由地方政府（比如省、州、城市）主要发行给公共财政项目（比如学校、医院、机场）的债券，也被称作地方政府债券。其主要偿债的资金来源有：通过当地税务机关、投资项目所产生的现金流以及专门用来偿还债务的税收和费用。由于地方政府债券的抵押品的质量等有所不同，所以地方政府债券的信用评级也不尽相同。

准政府机构（quasi-government bonds）是指国家政府建立的不属于政府系统但却承担着某些公共职能的、半自治非政府的组织。此类机构发行的债券称之为准政府债券，也称为机构债

券（agency bonds）。机构债券通常并没有明确的政府支持，尽管如此，人们认为联邦政府不会让其破产，必要时会提供支持，所以风险很小，具有较高的信用。准政府债券的到期收益往往会高于主权债券。

机构债券有以下几点特征。

- 大多数由联邦、州和其他地方政府免税
- 多数被列为受联邦机构监督的合法投资对象
- 其债券可用政府存款作担保
- 联邦储蓄银行同意将此类债券作为借款抵押品
- 不得提前支取
- 拖欠风险小
- 拥有活跃的二级市场

超国家机构债券（supranational bonds）是由少数多个主权国家共同拥有的实体（multilateral agencies）（通常是银行）来发行的债券。例子有世界银行（World Bank）、国际货币基金组织（International Monetary Fund）、亚洲发展银行（Asian Development Bank）等。这些国际组织具有信用高、流动性高的特征。它们根据各自的法规和正常的银行业务的进程来发行债券，但是一般认为这些机构的政府股东结构将提供额外的安全保障。

通常情况下非主权债券、机构债券、超国家机构债券发行人的违约拖欠债务的可能性很小，因此它们有一个共同的特征——较高的信用评级。

2.5 公司债券

银行贷款和联合贷款

银行贷款（bank loans）属于**双边贷款**（bilateral loan），是指一家银行对某一企业提供贷款。适用于中小型公司或者债券市场还不完善的大型公司。获取银行贷款不仅仅要根据公司本身的财政状况，还要根据市场情况以及银行的可用资金。

联合贷款（syndicated loans）是指是由两家或数家银行一起对某一项目或企业提供贷款。一般只有一家银行担任代理行，负责同其他银行的联系，并对贷款进行管理。

商业票据

商业票据（commercial paper）是指由某些信用较高的企业或金融公司开出的无担保短期票据，以比银行利率更低的利率进行融资。商业票据的可靠程度依赖于发行企业的信用程度，可以背书转让，但一般不能向银行贴现。商业票据的期限一般在270天（9个月）以下，最常见的期限是30～50天。这样的期限结构是根据1933年的证券法规定——到期期限不超过270天的商业票据免于登记。为了避免在证券交易委员会（SEC）登记带来的发行成本，发行人很少发行期限超过270天的商业票据。

在大多数情况下，为了偿还持有者手中的到期票据，公司会发行新的商业票据。投资人面临的风险是发行人在到期日时不能发行新的票据。为了预防这一风险，信用评级机构要求公司向银行申请**备用信用额度**（backup lines of credit）。备用信用额度的目的是为了确保公司在不能发行新的商业票据的情况下有足够的流动资金来偿还债务，它是评断商业票据信用品级的一个重要标志。

由于商业票据存在信用风险以及它的流通性要比主权债券低，它的收益率比相类似的短期主权债券要高。

公司债券

在之前的章节中，我们已经探讨了公司债券，并且分析了它的一些特征，公司债券有不同的利率结构包括固定利率和浮动利率。公司债券也可以分为有担保债券、无担保债券，并且具备赎回（call）、售回（put）、可转换（conversion）等特征。公司发行债券还需要依赖一些信用增级。

公司债券（corporate bond）是公司依照法定程序发行，约定在一定期限内还本付息的有价证券。它表明发行债券的公司和债券投资者之间的债权债务关系。公司债券的持有人是公司的债权人，而不是公司的所有者，这是与股票持有者最大的不同点。债券持有人有按约定条件向公司取得利息和到期收回本金的权利，取得利息先于股东分红，公司破产清算时，也能在股东之前收回本金。

公司债券按照到期日来划分可以分为短期（小于5年）、中期（5~12年）和长期（大于5年）。一般把期限为1~12年的称为票据，大于12年的称为债券。**中期票据**（medium-term Notes）指的是那些债券通过承办经理安排的一种灵活的发行机制，通过单一发行计划，多次发行期限不同的票据，这样更能符合公司的融资需求。虽然它称为中期票据，但实际上它的到期期限的范围很广。它的最大特点在于发行人和投资者都可以自由协商确定有关发行条款，比如利率、期限以及是否同其他资产价格或者指数挂钩等。连续发行的灵活性这一特征在企业决定采用“中期票据方式融资”的决策中起到重要的作用。公司能够通过连续地发行中期票据的方式来“平摊”发行成本，而不是在某一天集中发行。

2.6 结构化金融工具

本金保护工具

一个零息债券和对应的看涨期权可以组合成一个结构化金融工具，这个工具被称为保证凭证（guarantee certificate），这样的组合限制了下跌的风险（最大损失为期权费），保护了本金，由此也被称之为**本金保护工具**（capital protected instrument）。

本金保护工具对本金的保护程度是分为不同等级的，像保证凭证这种提供了完全本金保护，但也有一部分本金保护的。总之，这种工具只对发行人有利，如果发行人破产，投资者照样无法取得所有本金。

收益增强工具

收益增级指的是增加利率暴露从而获得更多收入，比如信用联结债券（credit-linked note，CLN）就是这样一种信用增级工具。这种债券每年的息票还是和一般债券一样给付，但是最终的本金偿还会有所不同。如果标的资产没有发生信用事件，到期仍支付面值；如果标的资产到期发生信用事件，投资者收到面值与标的资产现值的差额。

投资联结债券允许发行人将特殊信用事件的风险转移给投资者从而构成对自身的保护。所以，发行人是保护权利的买方而投资者是保护权利的卖方。投资者愿意购买信用联结债券是因为这种债券通常提供更高的息票，而且，这种债券通常是折价发行。所以，如果信用事件不发生，投资者将有一笔客观的收入。

参与工具

参与工具（participation instruments）允许投资者直接参与到标的资产的损益状况。浮动利率债券就是一个常见的参与工具。因为浮动利率债券的息票率会随着利率的变化而变化，这就相当于给予了投资者参与利率变化的机会。

大多数参与工具在设计上都将一部分风险直接与指数或资产收益相连接。比如股票指数等。此外，通常的参与工具都不会有本金保护机制。

杠杆工具

杠杆工具的设计初衷就是为了让投资者利用小投资带来高回报。比如，反向浮动利率债券就是一个例子。和一般的浮动利率债券不同，对反向浮动利率债券而言，参考利率的上升带来息票率下降，反过来，参考利率下降会带来息票率上升。

$$\text{反向浮动利率债券的息票} = C - (L \cdot R)$$

这里的 C 表示当参考利率为 0 时的息票率，也就是这类债券可以达到的最大息票率。L 表示杠杆，R 表示参考利率。举个例子，如果杠杆等于 3，那么参考利率上升 100 个基点会带来息票率下降 300 个基点，反之亦然。

如果这里的 L 在 0 和 1 之间，这类债券也叫作去杠杆反向浮动债券；如果 L 大于 1，那么这类债券就叫作杠杆反向浮动债券。

2.7 银行短期融资来源

小额存款

小额存款（retail deposits）是银行的主要资金来源之一。零售存款账户可存入活期存款账户（deposit account）以及储蓄账户（saving account）。

活期存款账户是指可随时存取和转让的一种银行存款。由于它的灵活性，活期存款账户一般没有利息。储蓄账户支付利息，但是它的便利性不如活期存款账户。

短期大额存款

➢ **中央银行资金**（central bank funds）

为安全起见，大多数国家要求商业银行保留一定比例的存款，称为储备金（bank reserve），以保证储户提款，其余的存款才可以用来投资或者借款。在任一时点，商业银行的存款准备金可能高于或者低于中央银行要求的存款准备金。具有超额准备金存款的商业银行可以以中央银行资金利率（central bank funds rate）将准备金的超额部分借给准备金不足的商业银行，借款期限短到一天，最长可达一年。中央银行资金利率（central bank funds rate）会受到中央银行公开市场的货币供求影响。

➢ **同业拆借资金**（interbank funds）

商业银行之间的借贷市场为同业拆借市场，在同业拆借市场上，一家商业银行将自有资金贷款给另外一家商业银行的资金称为同业拆借资金银行间资金。银行间资金借贷的期限也是一天到一年。同业拆借资金主要用于弥补银行短期资金的不足、票据清算的差额以及解决临时性资金短缺需要。

➢ **大额可转让存单和银行承兑汇票**

存单（certificates of deposit，CD）是由银行或储蓄机构发行的一种证明书，用以证明特定数量的货币已经储存在开单的储蓄机构。存单是银行或储蓄机构为其商业活动筹集资金而发行的。一张存单上标有一个到期日和确定的利率，并能以任何面额发行。银行发行的存单由联邦存款保险公司担保，但是担保的数额最高只能到 10 万美元。对于到期日，则没有最长期限的限制。不过，根据联邦储备委员会监管的规定，存单的期限不能少于 7 天。

存单分为可转让的和不可转让的。不可转让存单一般在零售市场发行，具有一系列短期到期期限。对于不可转让存单，最初的储户必须等到存单到期日才能拿到资金，如果储户选择在到期日以前提取资金，就要支付提前支取的罚金。相反，可转让存单的发行额度比较大，因此，通常又可以称为**大额可转让存单**（negotiable CDs），大额可转让存单允许最初的储户（或者是存单的后来所有者）于到期日以前在公开市场上出售存单。

大额可转让存单，是银行发行的到期之前可转让的定期存款凭证，它是银行重要的资金来源。它有以下几个特点。

- 通常不记名，不能提前支取，可以在二级市场转让
- 大额存单按标准单位发行，面额较大
- 发行者多是大银行
- 期限多在 1 年以内
- 大额存单是银行存款的证券化

回购和和逆回购协议

回购协议（repurchase agreement）指的是出售债券的同时达成协议，在未来的某时刻以事先约定好的价格（回购价格高于出售价格）再由出售者将债券购买回来。其本质就是购买者借款给债券出售者，使用债券作为抵押。回购价格高出出售价格的部分体现的为借款利率，这种借款利率被称为回购利率（repo rate），回购利率是年化利率。如果是期限为一天的回购，称为**隔夜回购**（overnight repo），其他更长期限的回购合约称为**定期回购**（term repo）。通过回购协议进行短期融资的好处在于节约成本，因为回购利率通常比银行的贷款利率更低。

尽管回购交易中的抵押品可能具有很高的品质，但是交易双方都面临着信用风险。举例来说，交易商以政府债券作为借款抵押，如果交易商不能重新买回债券，那么，投资者（债权人）就会拥有债券。此时，如果政府债券的利率上升，则政府债券价格下降，投资者（债权人）持有的债券的市场价值就会低于它借给交易商的贷款金额。相反，如果债券的市场价值上升，这时，投资者（债权人）可能发生违约交不出债券，因为，在借款期间，债权人可能把债券卖给其他交易对手。这个时候交易商借款资金低于抵押品的价值，抵押品的价值超过借款资金的部分需要投资者（债权人）支付给交易商（借款人）。作抵押的债券的市场价格超过贷款价格的部分称为**回购保证金**（repo margin 或者 the haircut）。它在抵押品市场价值于回购合约规定的回购期内（the term of the repo agreement）下跌时起到保护投资者（债权人）的作用。

影响回购利率的因素：

- 回购合约约定的回购期限（repo term）越长，回购利率越高。
- 用于抵押的资产的信用等级越高，回购利率越低。
- 如果抵押资产能够被交给投资者（债权人），回购利率就越低。
- 如果其他资金来源利率越低，回购利率也越低。

影响回购保证金（repo margin 或 the haircut）的因素：

- 合约规定的回购期限越长，回购保证金越高。
- 抵押资产的信用质量越高，回购保证金越低。
- 借款人的信用等级越高，回购保证金越低。
- 抵押资产的需求越高或者供给越低，回购保证金越低。

同回购协议（repo agreement）相反，逆回购协议（reverse repo agreement）是从投资者（债权人）的角度出发，他们通过购买抵押资产将钱借出去。

3 债券的定价

3.1 根据市场贴现率定价

定价原理

任何金融工具的价格等于预期现金流量的现值，由此，价格的确定取决于预期现金流量的估计值以及贴现率的估计值。对某些金融工具而言，预期现金流量比较容易估计，而有些金融工具的预期现金流量却难以估计。贴现率常常利用市场上可比证券的收益率，有时候直接采用**市场贴现率**（market discount rate），我们又把这种市场贴现率称为到期收益率（yield to maturity，YTM）。

债券的价格由其未来现金流入量的现值决定。一般债券的现金流包括：①债券持有期间息票的支付；②债券到期时的面值。债券价格应为：

$$PV=\frac{PMT}{(1+r)^1}+\frac{PMT}{(1+r)^2}+\cdots+\frac{PMT+FV}{(1+r)^N}$$

其中，PMV 为各期利息收入，FV 为债券到期时的变现价值（如果债券投资者一直将债券持有至到期日，则 FV 即为债券的面值；如果债券投资者在债券到期前将债券转让，则 FV 为债券转让价格），N 为债券的付息期数，r 为市场贴现率，又叫作到期收益率（YTM）。

➢ 债券定价的步骤

第一步：预测未来现金流

第二步：确定适当的贴现率

第三步：计算所有预测的现金流现值

其中，第三步只是将第一步与第二步中得到的现金流与贴现率代入债券定价公式即可。债券定价关键在于对未来现金流与贴现率的确定。

【例1】 ABC公司于2011年2月1日购买一张票面额为1 000元的债券，票面利息为8%，每年2月1日支付一次利息，并于5年后的1月31日到期。当时的市场贴现率为10%，请为该债券定价。

$$PV = \frac{80}{(1+0.1)^1} + \frac{80}{(1+0.1)^2} + \cdots + \frac{80+1\,000}{(1+0.1)^5}$$

使用计算器即为：$N=5$，$PMT=80$，$FV=1\,000$，$I/Y=10$，$CPT \to PV=-924.18$

债券的票面利率、市场贴现率、债券价格与面值的关系

【例2】 假设例1中其他条件不变，将息票利率改成12%和10%，分别计算出债券的价格

当息票利率等12%时

$$PV = \frac{120}{(1+0.1)^1} + \frac{120}{(1+0.1)^2} + \cdots + \frac{120+1\,000}{(1+0.1)^5}$$

使用计算器即为：$N=5$，$PMT=120$，$FV=1\,000$，$I/Y=10$，$CPT \to PV=-1\,075.82$

当息票利率等10%时

$$PV = \frac{100}{(1+0.1)^1} + \frac{100}{(1+0.1)^2} + \cdots + \frac{100+1\,000}{(1+0.1)^5}$$

使用计算器即为：$N=5$，$PMT=100$，$FV=1\,000$，$I/Y=10$，$CPT \to PV=-1\,000$

从上述例题中我们可以看出（见图8-1）：

➢ 当债券价格等于面值（平价，par value）的时候，市场贴现率等于票面利率。

➢ 当债券价格大于面值（溢价，premium）的时候，市场贴现率小于息票利率。

➢ 当债券价格小于面值（折价，discount）的时候，市场贴现率大于票面利率。

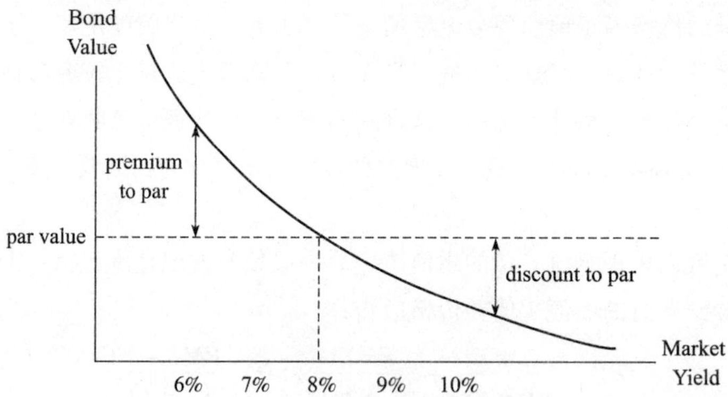

图8-1 溢价发行、平价发行和折价发行

名师解惑

这是一个基本且重要的知识点。当债券市场繁荣的时候（资金供给者多），债券多半会采取溢价发行的形式；当债券市场低迷的时候（资金供给者少），债券会多以折价发行的形式。

3.2 到期收益率

投资到期收益率（yield-to-maturity）是使投资所获得现金流的现值等于投资价格的利率，也称为也内部报酬率（internal rate of return），它是隐含的市场贴现率。

计算到期收益率有三个假设前提：

➢ 债券投资人持有债券到期。

➢ 债券发行人按期偿还所有的本金和利息。

➢ 定期收到的利息以到期收益率进行再投资。

根据债券的定价公式，已知债券的价格、票面价值和息票利率，我们可以计算出到期收益率：

$$PV = \frac{PMT}{(1+YTM)^1} + \frac{PMT}{(1+YTM)^2} + \cdots + \frac{PMT+FV}{(1+YTM)^N}$$

【例3】 设某5年期债券的面值为100元，票面利率为5%（5%是年利率），半年付息一次，该债券的价格为110元，则到期收益率为：

$$110 = \frac{2.5}{(1+y)^1} + \frac{2.5}{(1+y)^2} + \cdots + \frac{102.5}{(1+y)^{10}}$$

使用计算器即为：$N=5\times2$，$PMT=5\%/2\times100=2.5$，$FV=100$，$PV=110$，$CPT\rightarrow I/Y=1.42\%$

注意，这是该债券的半年收益率，每年到期收益率 $YTM=1.42\%\times2=2.84\%$。

3.3 债券价格与其基本特征的关系

债券价格和到期收益率之间的关系

- 债券的价格和到期收益率（YTM）呈反向变动，当到期收益率上升时，债券价格下跌，当到期收益率下降时，债券价格会上涨。（逆效应）
- 相同幅度的利率变化所引起债券价格的上升与下降的幅度不同。利率下降引起债券价格上涨的幅度要超过利率上升引起的债券价格下降的幅度。（凸性效应）
- 息票利率越低，债券价格波动幅度受利率变化影响越大。（息票效应）
- 债券到期时间越长，债券价格波动幅度受利率影响越大。（到期日效应）

债券价格的时间轨迹

假设市场利率不变，债券的价格会随着到期时间的减少而接近其票面价格，当债券到期时，债券价格会等于其票面价值（见图8-2）。

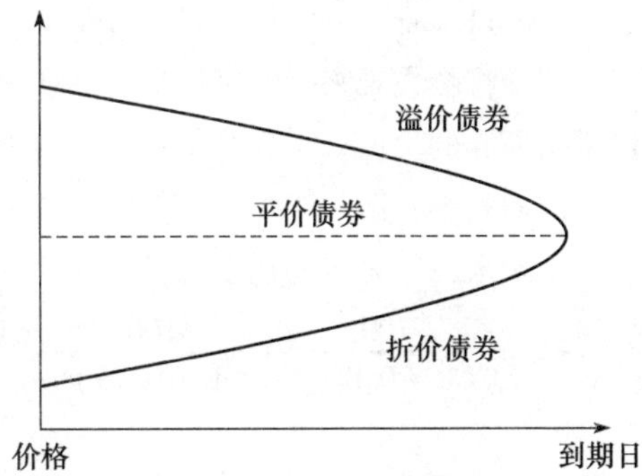

图8-2 债券价格轨迹

- 溢价发行的债券，如果收益率不变，当债券逼近到期日时，债券价格不断下降至面值。当债券接近到期日时，债券持有人收到的利息越来越小，偿还本金部分不断增加，并且偿还本金部的增加额小于利息现值的减少额，因此，债券价格不断下降至面值。
- 折价发行的债券，如果收益率不变，当债券逼近到期日时，债券价格不断上升至面值。当债券接近到期日时，债券持有人收到的利息越来越小，偿还本金部分不断增加，并且偿还本金部分的增加额大于利息的减少额，因此，债券价格不断上升至面值。
- 平价发行的债券，如果收益率不变，债券价格始终保持不变。

债券的票面价格为$1 000，期限为3年，票面利率为6%，每半年付息一次，如果要求回报率分别为3%、6%与12%，列出债券价格随着到期日临近的价格变动趋势。

Time of Maturity	*YTM* = 3%	*YTM* = 6%	*YTM* = 12%
3. 0 years	$1 085. 40	$1 000. 00	$852. 48
2. 5	1 071. 74	1 000. 00	873. 63
1. 5	1 057. 82	1 000. 00	896. 05
1. 0	1 029. 34	1 000. 00	945. 00
0. 5	1 014. 78	1 000. 00	971. 69
0	1 000. 00	1 000. 00	1 000. 00

3. 4 根据即期利率定价

债券的价格是它的现金流量的现值，我们在用市场利率定价的时候，只用一个利率，即债券发行时的市场利率来折现债券所有的现金流量。由于现金流的收到的时间不同，使用同一个利率折现所有的现金流量是不恰当的。不同时期收到的现金流都应该与当时的市场利率相对应，这个市场利率就称为即期利率（spot rates）。通常情况下，即期利率可以看成某一给定时点上无息证券的到期收益率。用即期利率来计算债券价格的公式为：

$$PV = \frac{PMT}{(1+Z_1)^1} + \frac{PMT}{(1+Z_2)^2} + \cdots + \frac{PMT+FV}{(1+Z_N)^N}$$

其中，Z_1，$Z_2 \cdots$，Z_N 是指不同时期的即期利率。

【例 4】 有一个三年到期，每年支付一次利息，息票率是 10%，本金为 1 000 元的债券。这只债券将会在未来三年每年支付一次 100 元的利息。在给定下面三个即期利率之后，我们可以求出债券的价值。

即期利率：第一年 8%，第二年 9%，第三年 10%。

把未来三年每年的现金流量用即期利率折现后相加，即可算出债券价值。

$$PV = \frac{100}{(1+0.08)^1} + \frac{100}{(1+0.09)^2} + \frac{100+1\,000}{(1+0.1)^3} = 92.59 + 84.17 + 826.45 = 1\,003.21$$

3. 5 应计利息、全价与净价

虽然每张债券都会有约定到期日（maturity），但是并不是每个投资者都会持有债券至到期日。因为市场利率的波动会影响债券的价格，债券投资者会根据自己对未来利率的判断决定是否提前卖掉手中的债券。

投资者出售手中债券的日期称为**交割日期**（settlement date）。对于大多数债券来说，交割日期发生在两个债券付息日期（coupon payment date）之间。当债券越靠近下一个付息日期，债券的价格越高。考虑一个债券，票面利率为 5%，到期收益率为 5%，那么在票面利率支付之后，债券的价值就是它的面值，但是，随着时间的推移，当越靠近下一个付息日期时，债券的价值就越高，债券价值的增加速率可以用到期收益率来衡量。因此，在两个债券付息日期之间，债券的价值可以表示为：

$$P = Par \times (1 + YTM)^{t/T}$$

式中 t——从上一个付息日期到债券交割日期之间的时间；

T——从上一个付息日期到下一个付息日期之间的时间。

我们把由此计算出来的价格称为**全价**（full price or dirty price）。全价由两部分组成，债券的**净价**（clean price or flat price）和**应计利息**（accrued interest）。**净价**（clean price）是指债券在付息日计算出来的价值，**应计利息**（accrued interest）是指从上一个付息日期到债券交割日期之间产生的利息。这部分利息卖方无法从发行人那里得到，因为在下一次付息时，发行人会将计息周期内的所有利息全部付给买方，因此，在这段时间买方必须补偿卖方在上一次付息日**到交割日期**（settlement date）间应该赚得的利息。卖方应该从买方手里拿到的这部分利息叫作**应计利息**（accrued interest）。应计利息的计算公式为：

$$AI = \frac{t}{T} \times PMT$$

其中，t 为上次付息日到交割日之间的天数；T 为计息周期天数。

在国债交易中，根据报价中是否含应计利息，可以分为全价交易和净价交易。在全价（full/dirty price）交易方式下，国债价格是含息价格，由于应计利息随时间推移不断变化会使债券价格产生一定的波动，所以就无法从债券价格中准确地得到市场利率大小以及市场利率变动对于债券价格产生的影响，不利于投资者做出准确的判断。

在净价（flat/clean price）交易方式下，成交价格不再含有应计利息，债券价格准确反映了市场利率的大小，净价交易有利于真实反映国债价格的走势，也更有利于投资者的投资判断。具体来说，净价交易与全价交易的区别就在于“净价交易的报价不含有上次付息日至成交日期间的票面利息”，这部分票面利息就是前面所说的应计利息。净价价格也就等于全价价格减去应计利息额的差额。

$$全价价格 = 净价价格 + 应计利息$$

根据债券价格价格等于预期现金流量的现值，全价价格的计算公式为：

$$\begin{aligned} PV^{Full} &= \frac{PMT}{(1+r)^{1-t/T}} + \frac{PMT}{(1+r)^{2-t/T}} + \cdots + \frac{PMT+FV}{(1+r)^{N-t/T}} \\ &= \left[\frac{PMT}{(1+r)^1} + \frac{PMT}{(1+r)^2} + \cdots + \frac{PMT+FV}{(1+r)^N}\right] \times (1+r)^{t/T} \\ &= PV \times (1+r)^{t/T} \end{aligned}$$

其中，t 为上次付息日到交割日之间的天数；T 为计息周期天数。

3.6 矩阵定价

通常有一份部分债券不是频繁交易，因此，不存在一个市场价格来计算债券的必要到期收益率。这时候，矩阵定价（matrix pricing）出现了。矩阵定价是使用类似的在市场上流通债券的到期收益率来估计这部分债券的必要到期收益率。

【例5】 分析师需要估价不频繁交易债券X，息票利率为4%，每半年支付一次利息，3年后到期。给出以下四个相类似债券来估算债券X的价格。

	到期时间	息票利率	债券价格
债券A	2年	3%（每半年支付一次）	99.042
债券B	2年	5%（每半年支付一次）	102.562
债券C	5年	2%（每半年支付一次）	90.002
债券D	5年	4%（每半年支付一次）	98.487

债券 A 的价格为：

$$99.042 = \frac{1.5}{(1+r)^1} + \frac{1.5}{(1+r)^2} + \frac{1.5}{(1+r)^3} + \frac{1.5+100}{(1+r)^4}$$

使用计算器折现率 $r = 0.0175 \times 2 = 0.0350$

用相同的方法得到债券 B、C、D 的贴现率为 0.036 6、0.042 4、0.043 4。

	2%	3%	4%	5%
2 年		99.042 3.50%		102.562 3.66%
3 年			债券 X	
4 年				
5 年	90.02 4.24%		98.487 4.34%	

分别计算出到期日为 2 年和 5 年贴现率的平均值：

$$(0.0350 + 0.0366)/2 = 0.0358; \quad (0.0424 + 0.0434)/2 = 0.0429$$

可以用线性内插法（linear interpolation）来计算 3 年后到期的债券的收益率：

$$0.0358 + \left(\frac{3-2}{5-2}\right) \times (0.0429 - 0.0358) = 0.0382$$

债券 X 的价格为：

$$\frac{2}{(1.0191)^1} + \frac{2}{(1.0191)^2} + \frac{2}{(1.0191)^3} + \frac{2+100}{(1.0191)^4} = 100.662$$

3.7 收益率测度

固定利率债券

有效年利率

根据到期日的不同，债券的收益率有多种不同的表示方法，为了方便投资人对不同的债券进行比较，我们需要一个标准的收益率来评估不同到期日的债券。一般来说，固定收益率是以年为单位的。对于到期日超过一年的债券，我们采用年均复合收益率（annualized and compounded yield），对于那些到期日不超过一年的货币市场工具的收益率，我们依然以年为单位，但不需要用复合利率。

年均复合利率需要依赖于债券的计息期数，也就是一年中支付利息的频率，我们称之为年利率的周期性（periodicity）。如果每年支付一次利息，那么周期为 1。依此类推，每半年支付一次利息的周期就为 2；每季度支付一次利息的，周期就为 4。因此，在用债券定价公式计算年收益率时不要忘记最后的结果要乘以周期。年均复合利率也可以称为有效年收益率（effective annual rate），周期为 1。

- 不同周期年利率之间的转化

  设：债券 A 的周期为 m，年利率为 APR_m，债券 B 的周期为 n，年利率为 APR_n，它们相互之间的转化公式为：

$$\left(1 + \frac{APR_m}{m}\right)^m = \left(1 + \frac{APR_n}{n}\right)^n$$

当前收益率

当前收益率（current yield）是指债券每年支付的利息与债券价格比值。假设票面利息为5%的债券价格为110元，那么当前收益率为：

$$\frac{5\% \times 100}{110} = 4.55\%$$

注意，虽然债券的当前收益率计算简单，但并不是衡量债券真实收益情况的合适方法，因为当前收益率蕴含的信息很有限，没有描绘债券的资本利得（或损失）与再投资收益对债券整体收益的影响。债券的单一收益率（simple yield）考虑了债券的折价部分（discount）和溢价部分（premium），并且假设随着到期日的临近，折价部分和溢价逐渐摊销至0。

赎回收益率

对于可以赎回的债券，投资者采用赎回收益率来衡量债券收益率。所谓赎回收益率（yield to call）是使得持有债券到第一个赎回日的现金流的现值等于债券价格的贴现率。用公式表示如下：

$$PV = \frac{PMT}{(1+y)^1} + \frac{PMT}{(1+y)^2} + \cdots + \frac{PMT + CP}{(1+y)^n}$$

其中，PV 为可回购债券的价格；PMT 为每次支付的利息数额；y 为赎回收益率（在利息支付时间间隔内）；n 为到第一个赎回日之前的利息支付次数；CP 为赎回价格。

可以看出，赎回收益率的计算方法和到期收益率的计算方法一样，只不过债券的持有时间和到期偿还的金额不一样，前者是持有至第一次赎回日，到期偿还预先确定的赎回金额，后者是持有至债券到期日，按面值偿还全部本金。一般来说，由于发行人具有赎回债券的权利（与债券持有人相比，处于优势与主动地位），当利率下降时，发行人通过提前赎回债券避免更大损失，所以赎回收益率低于到期收益率。与之相对应，由于债券被提前赎回，债券持有人失去了本该从利率下降过程中得到的更多收益（债券价格上升）。

第一次赎回的收益率称为**首次赎回收益率**（yield to first call）。如果债券可以以面值赎回，那么称为**首次面值赎回收益率**（yield to first par call）。赎回收益率计算的是持有债券到第一个赎回日的收益率，但是一般的可赎回债券都有不同的赎回时间与对应的赎回价格。债券持有人可以采用**最低收益率**（yield to worst）来衡量可赎回债券的收益率。最低收益率就是根据所有的赎回日计算的赎回收益率中最低值，也就是债券持有人可能得到的最低收益率。

浮动利率债券

正如我们之前所介绍的浮动利率债券的票面利率不是固定的，而是随着某种参考利率（reference rate）如美国国债利率或伦敦银行间同业拆借率（LIBOR-London interbank offered rate）浮动。浮动利率债券的票面利率是这样确定的：

新债券票面利率 = 参考利率 ± 报价差额（quoted margin）

报价差额是对投资者进行的一种补偿，一般来说是根据发行人的信用风险来进行调整。如果发行人的信用等级低于伦敦银行，那么报价差额为正；相反，报价差额为负数。除此之外，浮动利率债券的流动性以及税收等因素也会影响债券的报价差额。

为了保证息票利率能够及时地反映出发行人的信用评级，在一定程度上与市场利率保持一致，我们需要用**要求差额**（required margin），要求差额是参考利率的增加部分，我们把参考利率加上要求差额（required margin）作为折现率，使得浮动利率债券的市场价格等于票面价格。

在票面利率重设日（reset date），我们通过用当前参考利率加上报价差额来预计浮动利率债券的未来现金流，并将这些现金流以参考利率与要求差额之和作为折现率进行折现得到浮动利率债券现值。如果在重置期，发行人的信用等级不变，那么要求差额就等于报价差额。如果发行人的信用等级下降，报价差额（quoted margin）会低于要求差额，那么，浮动利率债券就会以折价方式出售。相反，如果发行人的信用等级上升，浮动利率债券就会以溢价方式出售。浮动利率债券的定价公式为：

$$PV = \frac{\frac{(Index + QM) \times FV}{m}}{\left(1 + \frac{Index + DM}{m}\right)^1} + \frac{\frac{(Index + QM) \times FV}{m}}{\left(1 + \frac{Index + DM}{m}\right)^2} + \cdots + \frac{\frac{(Index + QM) \times FV}{m} + FV}{\left(1 + \frac{Index + DM}{m}\right)^N}$$

其中，*Index* 为参考利率，*QM* 为报价差额，*DM* 为要求差额，又称为贴现差额（discount margin），*m* 为重置周期，*N* 为付息次数，*FV* 为票面价格。

货币市场票据

货币市场票据属于短期债券，包含了**商业票据**（commercial paper）、到期时间少于一年的国债（例如，美国发行的国库券）、回购协议、**银行承兑汇票**（bankers' acceptances）以及利率为伦敦或欧元银行间同业拆借率（Libor和Euribor）的定期存款。和债券的收益率相比，货币市场利率不属于复合利率，不存在周期性，它没有一个通用的计算公式，因此不能用计算器直接得出。

一般情况下，货币市场利率可以是**贴现率**（discount rate），也可以是**附加利率**（add-on rate）。国库券，商业票据，银行承兑汇票的报价利率为贴现利率，而定期存款，回购协议，定期存款的报价利率为附加利率。

贴现率的计算公式为：

$$DR = \frac{FV - PV}{FV} \times \frac{year}{days}$$

$$PV = FV\left(1 - \frac{Days}{Year} \times DR\right)$$

附加利率的计算公式为：

$$AOR = \frac{FV - PV}{PV} \times \frac{year}{days}$$

$$PV = FV \Big/ \left(1 + \frac{Days}{Year} \times AOR\right)$$

其中，*PV* 是票据价格；*FV* 是票面价格；*Days* 是到期天数；*Year* 是指一年里的天数；*DR* 是指贴现率；*AOR* 是指附加利率。

3.8 利率期限结构

收益率曲线及期限结构

收益率曲线（yield curve）是显示一组货币和信贷风险相同，但期限不同的债券或其他金融工具收益率的图表。在大多数情况下，收益率等于利率，但也往往会发生收益率与利率不同的时候，这就导致资本流入或流出某个领域，从而使得收益率向利率靠拢。债券收益率在每个时期中的走势未必均匀，这就有可能形成不同的收益率曲线图。

最常见的收益率曲线图有四种（见图8-3）。

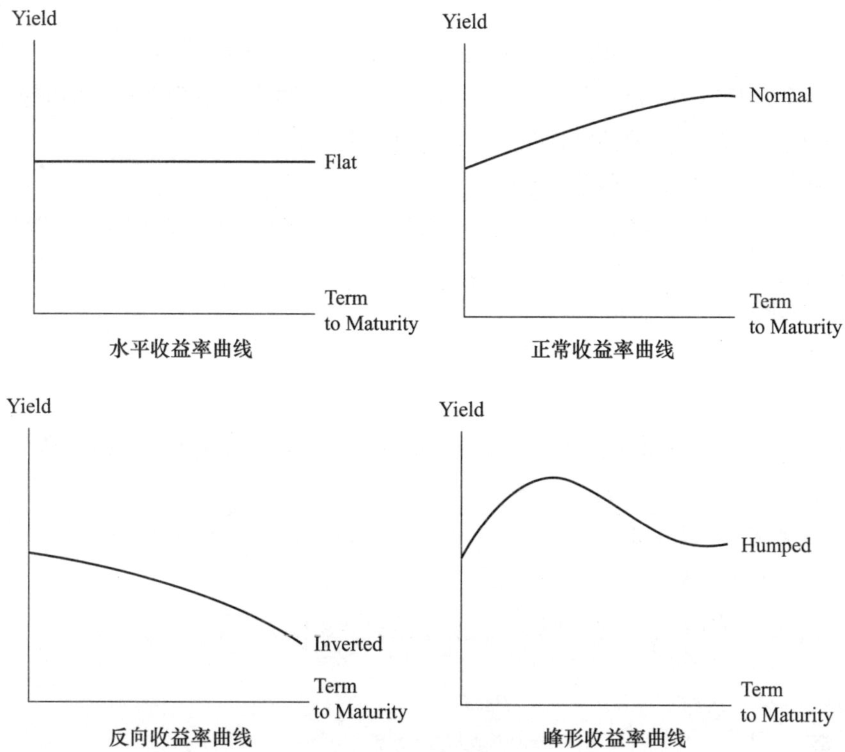

图8-3 收益率曲线图

利率期限结构（term structure）是指某个时点不同期限债券收益率和到期期限的关系及变化规律。由于零息债券的到期收益率等于相同期限的市场即期利率，从对应关系上来说，任何时刻的利率期限结构是利率水平和期限的函数。因此，利率的期限结构，即零息债券的到期收益率与期限的关系可以用一条曲线来表示，如水平线、向上倾斜和向下倾斜的曲线，甚至还可能出现更复杂的收益率曲线，即债券收益率曲线是上述部分或全部收益率曲线的组合。

即期利率与远期利率的关系

即期利率（spot rate）是指零息国债（国库券）的收益率。由于不存在期限超过一年的零息国债，我们通过把付息国债看成一系列的零息国债，来推导出不同期限的即期利率，并描绘出**即期利率曲线**（spot-rate curve）。一般情况下，即期利率曲线向上倾斜，倾斜幅度随着到期限增长而趋于平坦，即，期限越久，收益率越高。当然也存在期限越久，收益率越低的情况，此时即期利率曲线向下倾斜。

假定一个投资者投资1年期的债券面临两种选择。

选择1：购买1年期的国债。

选择2：先买6个月的国债，6个月到期后再买6个月到期的国债。

显然，根据无套利原则，这两种方案所产生的收益率将是相同的。现在我们假设投资者已经知道6个月和1年的该国债即期收益率，但是不知道6个月后购买的6个月到期的国库券的收益率。在这里，6个月之后的6个月期国库券的收益率叫作**远期利率**（forward rate）。即期利率和远期利率可以相互转换，根据无套利原则，由即期利率推算出的远期利率称为隐含的远期利率（implied forward rate）。隐含的远期利率是投资人收支平衡的再投资利率。它的计算公式为：

$$(1+Z_A)^A \times (1+IFR_{A,B-A})^{B-A} = (1+Z_B)^B$$

其中，Z_A 是指到期期限为 A 的短期债券的收益率；Z_B 是指到期期限为 B 的长期债券的收益率；$IFR_{A,B-A}$是指 A 年后 $B-A$ 年期的远期利率，写成 $Ay(B-A)y$。

远期利率也可以用来对债券进行定价。

已知 1 年的即期利率为 Z_1，1 年后的 1 年期的远期利率为 $1y1y$，2 年后 1 年期的远期利率为 $2y1y$。通过上面的公式，

2 年即期利率为：

$$(1+Z_2)^2 = (1+Z_1)\times(1+1y1y)$$

3 年即期利率为：

$$(1+Z_3)^3 = (1+2y1y)\times(1+Z_2)^2 = (1+Z_1)\times(1+1y1y)\times(1+2y1y)$$

依此类推，n 年即期利率为：

$$(1+Z_n)^n = (1+Z_1)\times(1+1y1y)\times(1+2y1y)\times\cdots\times[1+(n-1)y1y]$$

债券定价公式可写成：

$$\begin{aligned}PV &= \frac{PMT}{(1+Z_1)^1}+\frac{PMT}{(1+Z_2)^2}+\cdots+\frac{PMT+FV}{(1+Z_n)^n}\\ &= \frac{PMT}{(1+Z_1)^1}+\frac{PMT}{(1+Z_1)\times(1+1y1y)}+\cdots\\ &\quad+\frac{PMT+FV}{(1+Z_1)\times(1+1y1y)\times(1+2y1y)\times\cdots\times[1+(n-1)y1y]}\end{aligned}$$

【例 6】 给定远期利率计算即期利率

给定：$1y1y=0.028\,75$　$2y1y=0.031\,40$　$3y1y=0.036\,70$　$4y1y=0.039\,45$　$5y1y=0.043\,20$　$6y1y=0.036\,05$　$7y1y=0.044\,55$　$8y1y=0.041\,00$　$9y1y=0.038\,85$

Z_1 也就是 6 个月的即期利率为 2.625%，将这些数据代入上面的公式可得到：

$$\begin{aligned}Z_{10} &= (1.026\,25\times1.028\,75\times1.031\,40\times1.036\,70\times1.039\,45\times1.043\,20\\ &\quad\times1.036\,05\times1.044\,55\times1.041\,00\times1.038\,85)^{1/10}\end{aligned}$$

3.9 利差

定义

利差（yield spread）其实就是两种不同债券的收益率之差。我们之前提到过收益率的高低直接影响到债券发行的价格。国债是没有信用风险的，投资人所需要承担的风险基本为零，收益率自然很低，因此国债的发行价格一般较高。如果将国债与其他公司债的收益率相比，就会发现公司债的收益率比国债高；信用越差的债券，投资人需要承担的风险越高，它与国债的利差就越大，价格就越低，反之亦然。通常我们都会以国债为基准与其他的债券进行比较，利差越大代表债券的风险越高，债券的信用风险越高。因此我们可以把债券的收益率分成两部分，一部分为基准部分（benchmark），高于基础部分的称为利差。一般来说我们用新发行（on-the run）的国债的收益率作为基础部分。

影响利差的因素

发行人的信用风险

由于国债是没有信用风险的，因此，发行人信用等级越低，即信用风险越高，违约拖欠的可能性越大，投资人需要较高的回报率作为补偿，因此利差越大。

债券的流通性和发行量

当把国债作为基准债券比较时，我们发现流动性较低的债券，利差较高。因为投资者需要承担无法及时交易债券的风险，所以会要求较高的回报率作为补偿。反之，那些流动性较高的债券，因为无须给投资者额外的风险补偿，所以利差较低。

债券的发行量也会影响利差的变化。一次发行的规模越大，它们在二级市场上的流动性越高，因为有更多的投资者参与，更多的债券可以买卖。发行量大，流动性好，利差较低，反之亦然。

利差的种类

基准价差

基准价差（benchmark spread）指目标债券的到期收益率与期限相等、特征相似的基准债券（一般为国债债券）的到期收益率的差额。基准价差衡量了目标债券信用风险、流动性风险与可能的期权风险（如果目标债券是含权债券）大小。基准价差的局限性在于：与到期收益率相似，没有考虑即期利率的期限结构，而且不适合用于含期权债券。只有在即期收益率曲线是水平时，基准价差才是准确的。公式如下

$$PV=\frac{PMT}{(1+R+B)^{1}}+\frac{PMT}{(1+R+B)^{2}}+\cdots$$

其中，R 为基准债券的到期收益率；B 为基准价差。

国债收益率价差（G-spread，GS）

对于固定收益率债券，相同期限的当期的国债收益率（on-the-run government bond）通常被作为基准。当债券接近持有到期时，其基准会发生改变。比如对于5年期的公司债券，通常会找5年期的国债作为基准，但是，如果2年过去了，3年期的国债就会被作为其基准。公司债券到期收益率同国债到期收益率之间的差值部分称为国债收益率价差（G-spread，GS）。

除了国债之外，同公司债具有相同发行货币和期限的利率互换（swap rate）中的利率也可以作为基准，这种同互换利率的差额部分称为内插价差（interpolated spread，I-spread）。I-spreads 通常用于以欧元发行的货币。

零波动价差（Z-spread，ZS）

通过试错法，找到一个价差，使得以对应期限的即期利率加上该价差作为贴现率对债券的未来各期现金流进行贴现，得到的现值等于债券的价格。该价差称为零波动价差（Z-spread，ZS）或者静态价差。公式如下

$$PV=\frac{PMT}{(1+Z_{1}+Z)^{1}}+\frac{PMT}{(1+Z_{2}+Z)^{2}}+\cdots$$

其中，Z_1、Z_2 分别是不同期限的国库券即期收益率水平，各不相等；Z 为零波动价差。

与基准利差相比，零波动价差是一种更好的衡量方法，因为基准利差只是国债收益率曲线

上的一个单点，且不考虑即期利率的期限结构。如果收益曲线形状是水平的，即不同期限的利率相等，那么零波动价差将等于基准利差；当收益曲线不是水平的，两者不相等，零波动价差优于基准价差。

名师解惑

影响基准利差与零波动价差之间差异的因素有哪些?

- 即期利率曲线越陡峭，基准利差与零波动价差之间的差异越大。当即期利率曲线是直线时，两种价差相等。如果即期利率曲线的斜率是正值，零波动价差大于基准价差；如果即期利率曲线的斜率是负值，零波动价差小于基准价差。
- 债券的本金偿还得越早，则基准利差与零波动价差之间的差异越大。于是，每期都偿还本金的 MBS（mortgage-backed securities）与 ABS（asset-backed securities）的基准利差与零波动利差之间波动较大。

期权调整利差（option-adjusted spread，OAS）

零波动价差虽然考虑了即期利率的期限结构，但是没有考虑利率的波动性对债券未来现金流的影响。考虑理论定价模型，使得理论价格等于实际价格的价差，称为期权调整利差（option-adjusted spread，OAS）。期权调整价差是在含权债券的零波动价差中扣除期权的成本，以表示债券单纯信用风险与流动风险导致的溢价，公式如下：

$$PV = \frac{PMT}{(1 + Z_1 + OAS)^1} + \frac{PMT}{(1 + Z_2 + OAS)^2} + \cdots$$

期权调整价差剔除了期权对债券现金流的影响因素，适合含期权的债券。例如，可赎回债券（callable bond）对于发行者有利，因此发行者必须提供更高的利率溢价，即 $ZS > OAS$。

$$Z - \text{spread} = OAS + \text{call option cost}$$

可售回债券（putable bond）对于投资者有利，因此发行者只需提供一个较低的利率溢价，即 $OAS > ZS$。

$$Z - \text{spread} = OAS - \text{put option cost}$$

注意，这里的期权成本以收益率水平形式表示。*OAS* 体现了相对于国库券，该特定债券的信用风险与流动性风险的大小。

记忆方法

如前文所述，OAS 是不考虑期权影响因素的 spread，一个含看涨期权债券（可赎回债券）的 spread（ZS）必定高于不含看涨期权债券的 spread（OAS），多出的部分就是看涨期权的成本，或者理解为多出的部分就是债券发行人由于持有赎回权所负担的成本，对债券持有人来说，就是所对应赎回风险的回报。而含看跌期权债券（可售回债券）的 spread（ZS）必定低于不含看涨期权债券的 spread（OAS），少出的部分就是看跌期权的成本，即债券持有人由于持有可售回债券的权利，必然需要将要求的回报率降低，以补偿发行人面临的风险。

4 资产证券化介绍

资产证券化债券（securitized bonds）是一种特殊的债券形式。它通常由一个独立的法人代表来承担偿债义务，这个独立的法人代表是由特定的金融机构所创建的。通过证券化（securitization）这一过程，金融机构将一些资产作为抵押转交给他们所创建的独立法人，再通过独立法人发行可以流通的债券。这些资产主要包括了住宅抵押借款、商业抵押借款、汽车贷款、学生贷款和信用卡债务。我们把这些金融机构称为主办方（sponsor）或者发起人（orginator）。这个特殊的独立法人在各个国家有不同的名称。在欧洲，这个独立法人被称为 special purpose vehicle（SPV）或者 special purpose company（SPC），在美国被称为 special purpose entity（SPE）。

4.1 资产抵押证券的介绍

资产证券化定义

资产证券化是将缺乏流动性但未来现金流可预测的资产组成资产池，以资产池所产生的现金流作为偿付的基础，通过风险隔离、现金流重组和信用增级，在资本市场上发行资产支持证券的结构性融资。

资产证券化的流程

资产证券化就是把简单的债务（类似于贷款或者债券），打包成具有更加复杂的结构化产品进行售卖。通常会通过一个叫作 SPV（为特殊目的而成立的组织）的组织来实现。这是为了进行破产隔离，SPV 里面的资产不会随着发起人的破产而泯灭。SPV 既可以是发起人的一部分，也可能是一个独立的第三方机构。如图 8-4 所示，一个客户要买汽车，Fred 汽车公司为客户提供贷款，并且把这个贷款卖给或者转移到 SPV 中，再以这个 SPV 里面的资产为基础，将其再次打包成证券资产，售卖给投资者。

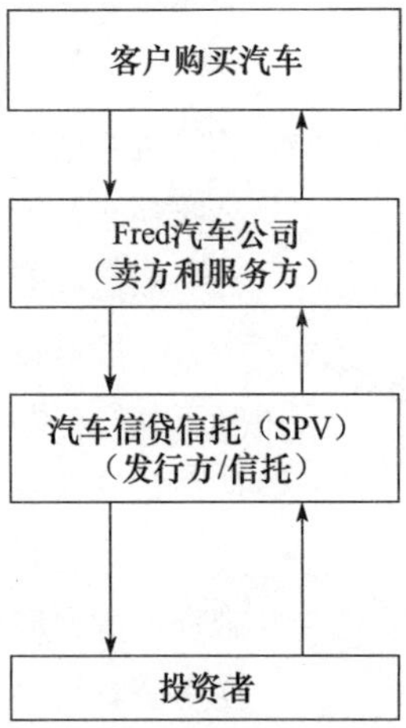

图 8-4 资产证券化流程

证券化交易的基本组织结构与参与者

资产证券化交易的主要参与者是：

- 卖方：组织贷款并把贷款卖给承销商。
- 发行人/信托人：从卖方那里买到贷款并发行 ABS。
- 服务方：为原始贷款服务。

公开发行后，原始贷款的消费者所支付的本金和利息都给了债券的投资者。这部分现金流根据协议规定分配到各个组别，用来支付服务以及本金和利息。这种现金流结构叫瀑布（waterfall）结构。

可以作为 ABS 的抵押资产可以是汽车贷款、信用卡应收账款贷款、住宅权益贷款、房屋建筑贷款、学生贷款、小企业贷款、公司贷款、公司债券、新兴市场债券和结构金融产品。

资产证券化的优势

同传统的融资模式相比较，资产证券化有以下几点优势。

➢ 对发起人，即资金介入者的益处

- 增强资产的流动性。从发起人（一般是金融机构）的角度来看，资产证券化提供了将相对缺乏流动性的资产转变成流动性高、可在资本市场上交易的金融商品的手段。通过资产证券化，发起者能够补充资金，用来进行另外的投资。例如，商业银行利用资产证券化提高其资产流动性。一方面，对于流动性较差的资产，通过证券化处理，将其转化为可以在市场上交易的证券，在不增加负债的前提下，商业银行可以多获得一些资金来源，加快银行资金周转，提高资产流动性。另一方面，资产证券化可以使银行在流动性短缺时获得除中央银行再贷款、再贴现之外的救助手段，为整个金融体系增加一种新的流动性机制，提高了流动性水平。

- 获得低成本融资。资产证券化为发起者提供了更加有效的、低成本的筹资渠道。通过资产证券化筹资比通过银行或其他资本市场筹资的成本要低许多，这主要是因为：发起者通过资产证券化发行的证券具有比其他长期信用工具更高的信用等级，等级越高，发起者付给投资者的利息就越低，从而降低筹资成本。投资者购买由资产担保类证券构成的资产组合的整体信用质量，而不是资产担保类证券发起者的信用质量。同时，资产证券化为发起者增加了筹资渠道，使他们不再仅仅局限于股权和债券两种筹资方式。
- 减少风险资产。资产证券化有利于发起者将风险资产从资产负债表中剔除出去，有助于发起者改善各种财务比率，提高资本的运用效率，满足风险资本指标的要求。

➢ 对投资者，即资金借出者的益处

- 从投资者的角度来看，资产担保类证券提供了比政府担保债券更高的收益。这部分高收益来源于许多因素，但最主要的是资产担保类证券的信用质量。资产证券化品种一般是以超过一个基准利率的利差来交易的。例如在浮动利率资产证券化品种中，一般基准利率使用伦敦银行同业拆借利率，该种投资工具称为“基于利差的投资工具”。资产证券化品种的出现满足了投资者对“基于利差的投资工具”的需求，从而达到投资多样化及分散、降低风险的目的。
- 资产证券化可以帮助投资者扩大投资规模。一般而言，证券化产品的风险权重比基础资产的风险权重低得多。比如，美国住房贷款的风险权重为50%，而由联邦国民住房贷款协会发行的以住房抵押贷款为支撑的过手证券却只占20%的风险权重，金融机构持有的这类投资工具可以大大节省为满足资本充足率要求所需要的资本金，从而可以扩大投资规模，提高资本收益率。资本金所创造的压力已经成为银行等金融机构对支撑证券进行投资的主要驱动力。
- 投资者的风险偏好各不相同，资产证券化为投资者提供了多样化的投资品种，例如，有的投资者对风险比较厌恶，就会选择国债等风险较低的投资品种，相应会得到较低的收益，而有的投资者风险偏好较高，就会投资股票或衍生金融工具，当然要求的收益也较高。而资产担保类证券丰富了投资品种的风险/收益结构，为投资者提供了更多的投资品种选择。资产证券化通过对现金流的分割和组合，设计出具有不同档级的证券。不同档级证券具有不同的偿付次序，以“熨平”现金流波动。甚至将不同种类的证券组合在一起，形成合成证券，从而可以更好地满足不同投资者对期限、风险和利率同偏好。

4.2 住房抵押贷款

住房抵押贷款（residential mortgage loan）是指抵押品是房地产的抵押贷款。如果借款人发生违约，贷款人对抵押资产具有索偿权。**贷款价值比率**（loan to value ratio，LTV）是衡量房地产抵押贷款质量的一个重要指标，它是贷款的资金和用于抵押的房地产价值之间的比例。LTV越低，借款人的自有资本就越高。对于贷款者来说，LTV越低的借款风险越低，因为借款人的自由资本越高，他们违约的可能性就越小。同样，LTV越低的贷款意味着抵押品的价值越高，那么，当违约发生时，贷款人的损失也就越小。

到期期限

在美国，大多数房地产抵押贷款的到期期限（maturity）为15~30年。在欧洲，房地产抵押贷款的到期期限更长，通常为20~40年，有些会提供50年的房地产抵押贷款。在日本，有些银行甚至会提供100年的房地产抵押贷款。

房地产抵押贷款利率

固定利率房地产抵押贷款（fixed-rate mortgage）是指在房地产抵押贷款期间，房地产利率是固定不变的。

可调整房地产抵押贷款（adjustable-rate mortgage，ARM），同时也叫可变利率房地产抵押贷款（variable-rate mortgage），是指在房地产抵押贷款期间，利率会发生改变。基于指数变化的房地产抵押贷款利率（index-referenced mortgage）指的是利率会随参考利率发生变化。通常使用的参考利率是伦敦同业拆借利率（LIBOR）。

混合房地产抵押贷款是指在规定一段时间内采用固定利率（fixed rate），但在这段时间后，采用可变利率（variable rate）的房地产抵押贷款。如果贷款利率从一个固定利率转变成另外一个固定利率，我们把这种抵押贷款叫作展期房地产抵押贷款（rollover or renegotiable mortgage）。

可转换抵押贷款（convertible mortgage）是指贷款者可以选择是否将初始利率转变成固定（fixed rate）或者可调整利率（adjustable rate）的贷款。

本金的摊销（amortization of principal）

对于一个可完全摊销的贷款（fully amortizing loan），每期支付相同的款项，在到期之日时，本金部分剩余为零，因为期间的每一笔支付可以分成利息部分和本金部分摊销。在还款期间，利息部分偿还会越来越小，本金部分偿还会逐渐增多。

对于部分摊销的贷款（partially amortizing），在到期日，本金剩余部分不为零，因此，在还贷末期，会有一笔大额的本金偿还，这个本金偿还部分叫作期末整付（balloon payment）。

仅偿还利息抵押贷款（interest only mortgage）是指无论在贷款初始阶段还是在期末阶段，都不存在本金部分偿还。还有一些抵押贷款在还款期间不偿付利息部分，但是在还款期结束后一次性偿还本金部分。另外一些抵押贷款仅规定在初始的一定期间仅进行利息还款（interest only），在这段时间过去后，进行部分或者完全摊销贷款模式进行还款。

提前还款条款（prepayment provisions）

对于部分或者全部摊销的贷款（partially amortizing or fully amortizing loan），本金偿还部分超过规定本金偿还部分称为提前偿还（prepayment）。如果市场利率下降，贷款买房者会以一个更低的利率去借新款还掉旧款，这是一种提前还款方式。

对于提前还款，一些贷款条款会提供一些惩罚措施，要求提前还款者提供额外罚款。这一提前还款的罚款措施给借款者提供保护，这样就避免了贷款者在市场利率下降的时候提前还款，使得借款者不得不将资金以较低的市场利率进行再投资。

丧失抵押品赎回权（foreclosure）

一些房屋抵押贷款是没有追诉权的（non-recourse loans），即发生违约时，借款者仅仅对贷款者用于质押的资产具有追诉权，对贷款者的其他资产没有追诉。贷款买房者通常会利用这种情况，在用于抵押的房屋价值低于剩余贷款本金时，自愿把房产交给借款者，而发生战略性违约（strategic default）。

另外一些房屋抵押贷款是具有追诉权的（recource loans），即发生违约的时候，借款者除了对用于质押的资产具有追诉权外，对贷款者的其他资产也具有追诉权。如果用于质押的资产价值跌到贷款剩余本金，贷款者发生违约时，借款者有权利就贷款剩余本金高于质押资产价值部分要求贷款者用其他资产予以补偿。

4.3 住房抵押贷款支持证券（RMBS）

住房抵押贷款支持证券（RMBS）是指以房贷资产作为抵押来发行的证券。住房抵押贷款支持证券（RMBS）可以根据它发行人的不同分为机构住房抵押贷款支持证券（agency RMBS）和非机构住房抵押贷款支持证券（non-agency RMBS）。机构住房抵押贷款证券是指由美国政府担保或由政府主办企业担保的证券，主要由以下三个机构发行：政府全国抵押协会（Government National Mortgage Association，GNMA 或 Ginnie Mae）、联邦全国抵押协会（Federal National Mortgage Association，Fannie Mae）、联邦住宅抵押公司（Federal Home Loan Mortgage Corporation，Freddie Mac）。政府全国抵押协会（Ginnie Mae）是由住房和城市发展部（Department of Housing and Urban Development）全资拥有的一家美国政府公司，它发行的住房抵押支持证券以美国政府的信用担保。然而，联邦全国抵押协会（Fannie Mae）和联邦住宅抵押公司（Freddie Mac）是由政府主办的机构（government sponsored enterprise，GSE），虽然它们发行的证券没有被认为是以政府的信用做担保，但是这些证券具有较高的信用评级。那些没有取得这些保证的证券被称作非机构抵押贷款支持证券（non-agency mortgage-backed securities）。

4.4 转手抵押证券及其现金流、风险

机构抵押贷款支持证券（agency RMBS）又被称为转手抵押证券（mortgage passthrough security）。因此，在美国转手抵押证券有三种类型，在美国主要有三种转手债券。

- 由政府全国抵押贷款协会（Government National Mortgage Association，CNMA，Ginnie Mae）发行，这种证券由美国政府的信用做担保的，无信用风险。
- 由联邦全国抵押协会（Federal National Mortgage Association，Fannie Mae）发行。
- 由联邦住宅抵押公司（Federal Home Loan Mortgage Corporation，Freddie Mac）发行。

转手抵押证券是将抵押贷款组成一个集合，并以此为基础卖出份额或参与凭证。集合中可包括几千个或仅仅几个抵押贷款。转手证券的现金流依赖于基础抵押贷款集合的现金流。基础抵押贷款的现金流是抵押贷款的每月偿付额、计划本金偿付额和提前偿付额组成，转手证券的持有者按月取得收入。贷款必须要满足一定的条件才可以被放入机构抵押贷款支持证券的资产池，这些标准包括不可低于最低首付百分比、不可高于最大的贷款价值比（LTV ratio）、贷款规模不可超过最大规模限制等。满足机构抵押贷款要求的贷款称为合规贷款（conforming loans），不满足机构抵押贷款要求的贷款称为非合规贷款（non-conforming loans）。非合规贷款

可以被其他公司证券化作为非机构住房抵押证券（non-agency RMBS）进行发放。

信用增强

非机构 RMBS 的信用质量基于贷款者的信用和贷款的质量。大多数非机构 RMBS 会采取一些信用增强（credit enhancement）的方式来达到投资级别（investment grade）。信用增强的方式包括内部增强方式（internal credit enhancement）和外部增强方式（external credit enhancement）。

外部信用增强（external credit enhancement）是通过第三方的财务担保来增强债券的信用等级，这些担保提供了最初的损失防护，使损失不超过特定的水平，如10%。最常见的信用增强形式是：①公司担保；②信用函；③组合保险；④债券保险。

具有外部信用支持的担保抵押证券的缺点在于容易遭受来自第三方担保人的信用风险。如果第三方担保人降低等级，担保抵押证券也可能被降级，即使其结构表现和预期的一样。因此，投资者对抵押品（贷款）作信用分析时，一定要同时对第三方担保人作信用分析。

内部信用增强（internal credit enhancement）的形式比外部信用增强更复杂，并且即使在没有违约的情况下也可能改变贷款的现金流特征。内部信用增强最常见的形式包括准备金（现金准备金或超额服务利差准备金账户）、超额担保（overcollateralization）和高级/次级债结构。

- 准备金（reserve funds）分为两种：现金准备金（cash reserve funds）和超额服务价差准备金账户。
  - √ 现金准备金来自发行收入的直接现金存款。具体做法是，将交易中获得的一部分承销利润存入抵押基金，该基金主要投资于货币市场工具。现金准备金经常与信用函和其他类型的外部信用增强形式同时使用。
  - √ 超额服务利差准备金账户的形成过程是：在按月支付净息票利息、服务费和其他费用之后，将超额利差或现金分配到一个独立的准备金账户中。
- 超额担保（overcollateralization）：担保物品的价值超过发行证券的面值。例如，当发行资产支持证券时（asset backed security，ABS），如果资产支持证券的面值低于抵押品的价值，那么超额担保就发生了。当违约发生时，超额担保可以使发行者吸收部分损失。
- 高级/次级债结构（senior/subordinated structure）：次级类别承担基础担保品所有最初损失，以保护高级类别。相对于高级结构类别，次级结构类别的持有人承担着更高的违约风险。因此，次级类别证券持有者很显然需要一个收益率溢价，因为他们承担了比高级类别证券持有者更大的违约风险。如果不考虑提前偿付，这种信用增强的方式不会影响高级类别的现金流特征。如果损失限制在次级类别范围内，只要发生提前偿付，高级类别证券持有者就会回收本金。绝大多数的优先/次级结构中都存在着一种转换利率结构（shifting interest mechanism），它指随着时间的推移，将一定比例的提前还款不均匀地从次级债券重新导向优先级债券。在没有利率转换结构的情况下，提前还款应该按照各档级债券面值占总面值的百分比均匀接受，转换利率结构则规定在债券偿还的前期将较多的提前还款分配给优先级债券，随着时间的推移，优先级债券摊到的提前还款比例逐渐下降。转换利率结构实际上是让优先级债券用信用风险（credit risk）向次级债券交换来了提前偿还风险。这种结构使得优先级别在债券还款前期承担更多的提前偿付风险，而相应地减少他们所面临的信用风险。随着优先级吸收提前还款，其本金余额不断减少，然而整个交易的次级水平（次级结构在整个结构中所占的比例）相应提高，从而增加了次级结构对优先级结构信用风险的保护力度。也就是说，当收到的现金流减少时，这些现金流会优先都发给优先级别。

转手抵押贷款支持证券现金流结构及特征分析

下面我们看下转手抵押贷款支持证券的几大特征。

- 在贷款池中的任何一个抵押贷款被称为被证券化抵押贷款（securitized mortgage）。
- 贷款池里的抵押贷款具有各自不同的期限和利率，因此，我们通常会用加权平均期限（weighted average maturity，WAM）来代表整个资产池的期限。用加权平均利率（weighted average coupon，WAC）来代表整个资产池的利率。
  - √ 加权平均期限（weighted average maturity，WAM）等于贷款池中各个贷款期限的加权平均；
  - √ 加权平均利率（weighted average coupon，WAC）等于贷款池中各个贷款利率的加权平均。
- 转手抵押证券可以在二级市场上进行交易，转手抵押证券的这一特征增加了它的流动性。
- 转手抵押证券最重要的特点是具有提前偿付风险，这是因为用于抵押的房地产贷款具有提前偿付风险，这个跟房地产贷款没有提前偿付罚款（prepayment penalty）有很大关系。

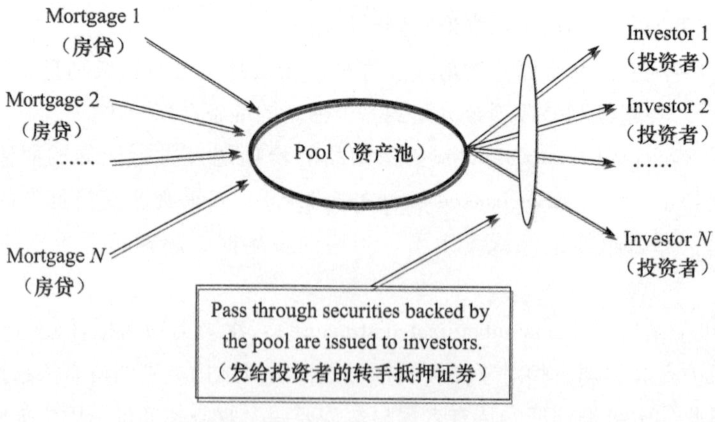

图 8-5 转手抵押证券的现金流

衡量提前偿付速度（月提前偿付利率 & 条件提前偿付率）

提前偿付会导致抵押贷款和 MBS 的现金流不确定。因此，有必要对在什么利率水平时会发生提前偿付进行估计。两个经常被使用的行业基准是：条件提前偿付率（conditional prepayment rate，CPR）和公共证券协会（public security association，PSA）提前偿付模型。

条件提前偿付率是一种经常使用的方法。如果把集合看成是由很多 1 美元抵押贷款构成的集合，那么一段时期的 CPR 便是期初未偿还且期末会终止的抵押贷款的百分比。CPR 通常以年度提前偿付率表示，而每月提前偿付率或者固定每月提前偿付率，则是以月份表示的提前偿付率。举个例子，如果一个集合中的抵押贷款按每月1%的固定比率提前偿付的话，意味着在扣除计划的本金偿付后，债务余额的1%将被按月提前偿付。如果债务本金余额在月初是10万美元，计划的本金偿付额是1 000美元，那么，1%的月到期率意味着9.9万美元（按计划偿付本金后的余额）的1%，或990美元，会在这个月被提前偿付。

年度有效提前偿付率，即CPR，近似于但不完全等于月提前偿付率的12倍。CPR转换为月提前偿付利率为：

$$SMM = 1 - (1 - CPR)^{\frac{1}{12}}$$

现在的行业标准是公共证券协会（Public Securities Association，PSA）的提前偿付模型。该模型以联邦住宅管理局抵押贷款存活率表提供的信息以及简化的CPR为基础，发展出可以描述抵押贷款提前偿付行为的模型。PSA基准（即100% PSA）假定这一系列的CPR在第1个月为0.2%，以后的30个月每月按照0.2%增长，直到6%。例如，一个预期的200% PSA的提前偿付率意味着任何一个月的CPR将2倍于对应100% PSA的CPR。因此，以刚才的例子来说，对于200% PSA，第1个月的CPR将为0.4%，第2个月的为0.8%，直到在第30个月达到12%的水平。图8-6显示的是50% PSA、100% PSA和150% PSA的年提前偿付率。

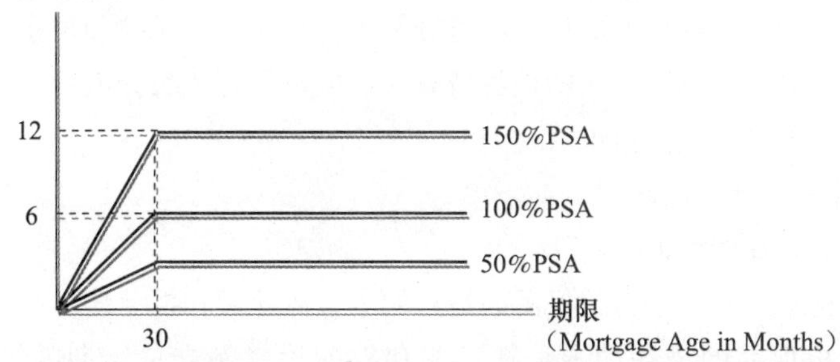

图8-6 50% PSA、100% PSA和150% PSA的年提前偿付率

■ 第 m 个月估计的提前偿付款可表示为：

提前赎付款$_m$ = SMM ×（月初的房产抵押贷款资产 - 本月的计划本金还款）

影响提前偿付的因素及其风险类别

影响提前偿付的因素有三个：现行的抵押贷款利率、房屋成交量和标的资产的特点。

➢ 现行的抵押贷款利率主要受两方面的影响

■ 现在的抵押贷款利率和原来的抵押贷款利率的差额是最重要的因素。抵押贷款利率下降会带来严重的再融资行为。

■ 抵押贷款利率路径会影响现在的提前偿付率。当抵押贷款利率经历了下降，上升和再下降后，这时大部分的买房者已经经历了再融资。这个情况被称为再融资耗尽。

➢ 房屋成交量的影响

■ 抵押贷款利率下降时，房屋成交量会上升。从而增加再融资和提前偿付的速度。

■ 当经济增长率上升时，房屋成交量也会上升。因为经济的增值会导致收入的增加，从而提高房产的销售和提前偿付行为。

➢ 提前偿付也受季节和位置的影响

■ 新发行的 MBS 的提前偿付很少，随着时间的流逝，提前偿付会慢慢变多。

■ 本地经济发展也会影响提前偿付。

➢ 提前偿付风险的类别

■ 紧缩风险（contraction risk）是指抵押贷款池的寿命会因利率下降和提前偿付率的上升而减少。紧缩风险带来的后果是：

√ MBS 的收益率曲线的凸度为负。这是由于随着利率下降，债券隐含的期权允许债务人提前偿付其贷款，所以转手抵押证券的价格在利率降低时受到打压。

■ 扩张风险（extension risk）是指利率上升时证券价格下降和提前偿付速度的放慢的风险。这对短期投资者是一个坏消息，因为他们更愿意收回他们的本金和利息并在现在的高利率上进行再投资。

4.5 担保抵押证券（CMO）的构建及其在机构投资者的资产负债管理中的作用

担保抵押证券（CMO）是利用抵押转手贷款为基础发行的证券，来自一个或多个转手抵押证券或抵押贷款集合的现金流被重新分配给多个具有不同优先要求权的类别。每一组别对资产有不同的主张权和不同的提前偿付风险。担保抵押证券（CMO）可以用来匹配投资者独特的资产/负债需求。

需要注意的是，担保抵押债券的现金流再分配不能剔除紧缩风险和扩张风险。它仅仅是将这些风险打包和再次分配给不同等级的债券持有人。但是，将风险分散给投资者很可能会解决某些特殊风险，从而增加了债券价值。

CMO 偿还类别和风险

顺序偿还结构（sequential pay CMO）

在顺序偿还结构中，所有来自担保品的最初的本金摊还额和提前偿付额按顺序分配给一系列债券。所有来自担保品的最初的本金摊还额和提前偿付额支付给期限最短的类别或档次（tranches），直到它被完全清偿，然后本金偿付额被分配到下一个最短期限的类别，直到所有的类别都被清偿，这个过程才停止。考虑一个含有两个组别（tranche）的简单 CMO 结构。每个档次（tranche）会收到以息票利率计算的利息，但是所有的本金部分（包括计划偿还部分和提前偿还部分）会先支付给档次（tranche）1，直到支付完档次 1 后，本金的现金流才会对档次（tranche）2 进行支付。

顺序偿还结构的发明使得投资期较短的资本市场参与者也能进入抵押贷款支持证券市场，因此他们可以买到与计划投资期限更匹配的债券。投资期较长的投资者同样也可以获利，因为他们可以免受贷款集合中早期出现的提前偿付的影响。

■ 在这种结构中会存在紧缩和扩张风险，并且会在各个组别内得到重新分配。到期较快的档次（tranche）会给投资者更多的扩张保护，则另一个组别会给投资者更多的紧缩保护。

■ 对于大多数连续支付 CMO 而言，最后一个收到本金的档次无法得到利息，直到其他的组别被清偿完毕后才能被清偿。这样的组别被称为 Z-组别（tranche）或增长组别（tranche）（Z-tranche or accrual tranche）。这种债券被称为 Z-债券或增长债券（Z-bond or accrual bond）。

顺序偿还结构的风险特点

组别	紧缩风险	扩张风险
A（顺序支付）	高	低
B（顺序支付）	↑	↓
C（顺序支付）		
D（顺序支付）		
Z（增加）	低	高

■ 组别较前的扩张风险小，较晚的紧缩风险小。

■ Z 债券的紧缩风险较小，因为直到其他组别被清偿之前，它都不存在再投资风险。

按计划摊还类别债券（PAC）

继一段时期利率大幅下降以及由此导致的抵押贷款再融资和提前偿付活动急剧增加后，发行人开始制造抵押提前偿付的债券，该债券称为**按计划摊还类别债券**（planned amortization class，PAC）。这些债券结构对再投资风险和提前偿付引起的加权平均期限波动性提供了实质性的保护。按计划摊还类别债券是 CMO 最常用的形式，它具有本金偿付计划（类似于偿债基金的运作方式），这种偿债计划可以在一定范围的提前偿付率下实行。偿付计划的基础是某种担保品的最低本金现金流，这种担保品有两个被称为按计划摊还类别约束带的提前偿付率。例如，如果按计划摊还类别约束带是 90% PSA 和 300% PSA，那么按计划摊还类别债券的本金偿付计划等同于图 8-7 中粗线和坐标轴围成的区域。每一个 PAC 都两个本金偿还计划，分别是按计划摊还类别约束带的上限和下限。PAC 的债券持有人确保会得到两个计划中较低的偿还金额，除非担保抵押证券（CMOs）的提前支付速度落在约束带以外。如果担保抵押证券的提前支付速度落在约束带以外，那么 PAC 组别获得的支付的时间会早于或者晚于预先设定的支付时间。我们把这种 PAC 组别称为破产 PAC（Broken PAC）。

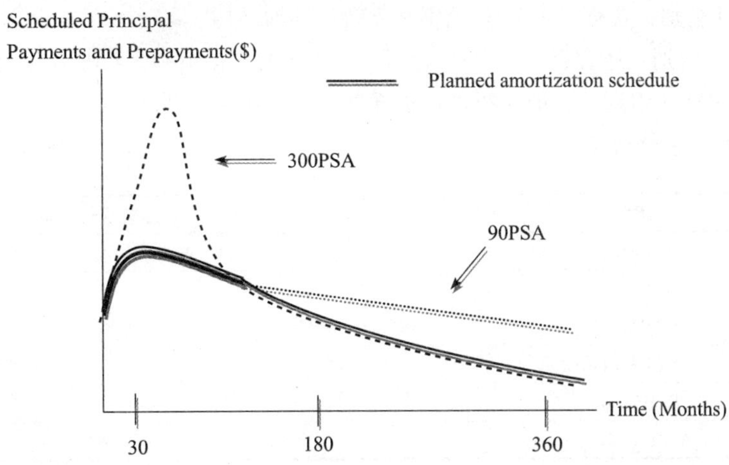

图 8-7

支持组别（support tranche）主要是用来对 PAC 进行提前偿付风险的保护。因此，支持组别比抵押贷款支持证券（MBS）拥有更高的紧缩或者扩张风险，并且会要求比 PAC 组别更高的利率。如果提前偿付速度在设定的最高和最低提前偿付速度内时，支持组别会吸收多余的本金或提供必要的本金。但是如果提前偿付速度在 PAC 窗口外时，PAC 摊销计划就不能实现。

由图 8-7 中可以看出，PAC 组别的提前偿付风险比支持组别的提前偿付风险要低，因为 PAC 组别的平均偿还寿命的波动率比支持组别要低得多。

PSA Speed	PAC I Tranche		Support Tranche
0	13.2	↑	24.0
50	8.8		21.2
100	6.5		17.1
150	6.5		13.3
200	6.5	effective collar	10.4
250	6.5		5.2
300	6.5		2.9
350	5.9	↓	2.4
400	5.4		1.8
450	4.6		1.5
500	4.2		1.2

- PAC 组别的提前偿付风险和支持组别的提前偿付风险是反向关系。
  - √ 当提前偿付速度和提前偿付额下降时，支持组别的平均寿命比 PAC 组别 1 的平均寿命高，因此，支持组别有更多的扩张风险。
  - √ 当提前偿付速度和提前偿付额上升时，支持组别的平均寿命比 PAC 组别 1 的平均寿命低，因此，支持组别有更多的紧缩风险。
  - √ 在 PAC 范围内（100PSA－300PSA），PAC 组别 1 的平均寿命是稳定的。这个范围也被称为有效双限（effective collar）。
- 对于支持组别，还可以继续分成几个次级组。
  - √ PAC I 组别：含有一个 PAC 组别和支持组别的结构。
  - √ PAC II 组别：还含有一个 PAC 计划的 PAC I 的支持组别。PAC II 组别的提前偿付风险比 PAC I 组别高，但是提供保护强度也比 PAC I 组别高。

PAC 组别的提前偿付风险

组别	提前偿付风险
A(PAC I)	低
B(PAC I)	↓
C(PAC I)	
D(PAC I)	
E(PAC II)	
F(PAC II)	高

注：PAC I 组别的提前偿付风险比 PAC II 组别要低，而在 PAC I 组别和 PAC II 组别内部，较早的组别的提前偿付风险比较晚的低。

商业抵押贷款支持证券（CMBS）：结构、赎回权保护和风险

商业抵押贷款支持证券（commercial mortgage-backed security，CMBS）是背离住宅抵押贷款支持证券的代表。对于住宅抵押贷款支持证券来说，其基本担保品是以住宅财产为基础的贷

款（1~4单元）。对于商业抵押贷款支持证券来说，其基本担保品是零售房地产、写字楼、工业资产、多户住宅和旅馆。与住宅抵押贷款不同的是，商业抵押贷款往往在10年内不允许提前偿付，因此商业抵押贷款支持证券的提前偿付风险减少了，但与此同时其违约风险却增加了。

偿付的优先顺序

在商业抵押贷款支持证券结构中，最高等级的债券被最先偿付。由分期摊还、提前偿付或违约引起的任何本金偿还都要首先偿付给级别最高的债券档次，然后是级别次之的档次。根据本金余额收到的所有利息要支付给所有档次的债券。但是许多交易的偿付规则与这种简单的优先顺序偿付假设有所不同。CMBS结构是用来满足投资者风险收益要求的。每一个CMBS都可以分成不同的组别，其中信用等级最高的组别最先获得清偿。

CMBS提前赎回保护

在住宅抵押贷款支持证券市场中，绝大多数抵押贷款都没有提前偿付罚款。但在商业抵押贷款支持证券中，绝大多数抵押贷款都含有某种形式的提前偿付罚款，这些罚款可能会影响债券的存续期和收益率。按照大类来分，CMBS在贷款和商业抵押支持证券结构中都可以进行提前赎回保护。这里先介绍贷款方面提供的提前赎回保护，如提前偿付锁定（prepayment lockout）、收益率保持（yield maintenance）、契约废止（defeasance）、提前偿付罚款（prepayment penalty point）。

- 提前偿付锁定（prepayment lockout）：在规定的期间内禁止进行任何提前偿付行为的契约型协议，这一期间成为锁定期，一般为（2~10年）。提前偿付锁定是提前赎回保护中最严格的形式，因为它剥夺了借款人在锁定期结束之前提前偿付的选择权。在新的商业抵押贷款支持证券交易中，提前偿付锁定的使用非常普遍。
- 收益率保持（yield maintenance）：如果贷款被提前偿付，借款人就需要支付一个“全补偿”罚款给贷款人。罚款等于提前偿付发生时贷款剩余现金流的现值与本金提前偿还额的差值。在计算本金提前偿还额时所用的折现率（replacement rate）是同贷款具有相似到期日的美国国债的当期收益（current yield），由于这个收益一般比贷款利率要低，因此计算出来的本金提前偿还额会高于贷款剩余现金流的现值。收益率保持在早期的商业抵押贷款支持证券交易中较为普遍，目前已不太常用。
- 契约废止（defeasance）的计算方法同收益率保持的计算方法类似。不同的是，契约废止方式不是将贷款偿付额及罚款直接给贷款者，而是由借款人投资于美国国债（剥离债券或国库券），以填补贷款的剩余现金流。通过该条款，借款人向服务商提供足够的资金来投资国库券投资组合，该投资组合能够复制未发生提前偿付时存在的现金流，增加了CMBS贷款池的质量。如同收益率保持，契约废止盛行于商业抵押贷款支持证券交易的早期，目前已不常见。
- 提前偿付罚款（prepayment penalty）。如果借款人想再融资，他必须支付未偿付贷款余额一个固定百分比的数额作为提前偿付罚款。罚款通常随贷款时间的增长而减少（例如第1年是未偿付本金额的5%，第2年是4%等，直到为0）。

除了从贷款角度考虑提前赎回保护外，还要在结构中考虑提前赎回保护。因为商业抵押贷款支持证券是按顺序偿付的，因此对低级债券档次的支付排在高级债券档次之后，只有高级档次债券终止后，才考虑低级档次债券的支付。这种情况与违约导致本金损失后损失分配的顺序相反，此时低档次债券首先承担损失。

住房抵押贷款的全部摊还需要一个很长的时期（譬如30年），抵押贷款支持证券的商业贷款通常是气球型贷款。气球型贷款的大部分本金可以在最后到期日偿还，尽管也可以按照分期摊还的方式在一个更长的时间段内分期偿还。例如，一笔贷款可以在30年内全部摊还，但必须在第10年后才能偿还所有未偿付本金。气球贷款的目的就是保持利息和本金的定期还款额尽可能低。如果贷款者无法支付最后的剩余款项（称为 balloon payments），那么贷款者就发生违约。这个违约的风险称为气球风险（balloon risk）。借款者（lender）不得不拓展贷款的期限，并且会向贷款者索取更高的利息。这种风险称为 CMBS 的扩张风险（extension risks）。

住房抵押贷款支持证券（RMBS）和商业抵押贷款支持证券（CMBS）

CMBS 和 RMBS 最主要的区别是潜在债务人的债务责任不同。

- RMBS 的贷款是由住宅所有人来还款的；
- CMBS 是由房产的投资者来还款，而房产投资者的还款依赖于商业资产的租赁者或者购买者提供的现金流。

与住房抵押贷款支持证券（RMBS）不同，CMBS 是无追索权（nonrecourse loans）的贷款，意味着如果贷款者发生违约，借款者只能依赖贷款者提供的抵押品的质量来收回款项。因此对 CMBS 的分析重点在于分析在抵押资产信用风险，而不是债务人的信用风险。分析 CMBS 可以通过两个比率来衡量信用绩效。

- 债务偿还比率（debt-service coverage ratio）是不动产的净营业收入（NOI）除以还本付息额所得到的比值。净营业收入是指扣除商业资产的税收后，但是在扣除收入所得税之前计算所得的现金流。这个比例通常在1到2之间。越高的数值意味着对借款者的保护越大，借款者面临的风险越小。如果这个比例在1以下，意味着贷款者没有足够的现金流来支付债务，贷款者发生违约的风险增加。从借款者的角度看，这个比率是越高越好。
- 贷款 - 价值比率 = 现在的抵押贷款额/担保品的市场价值

  贷款 - 价值比率是资产的贷款额度和市场价值的比例，如果这个比率越低，借款者的风险就越小。从借款者的角度看，这个比率是越低越好。

其他类型的资产支持证券（ABS）

汽车贷款支持证券（auto loan ABS）

汽车贷款支持证券是指基础资产部分为汽车贷款的证券。汽车贷款的到期日一般从36个月到72个月。发行者包括汽车制造商、商业银行、信用贷款联盟（credit unions）、金融公司等的下属金融机构。汽车贷款支持证券的现金流部分包括利息、计划本金支付部分、提前本金支付部分。汽车贷款的提前支付一般发生在汽车被二次售卖、偷盗、损坏或者被没收的时候。

信用卡支持证券（credit card ABS）

信用卡应收账款支持证券是指抵押资产为银行、零售商以及其他信用卡发行者。信用卡应收账款的现金流包括每年的年费、利息还款和本金还款。信用卡有定期支付计划，但是因为它们的本金还款部分会持续更新（revolving）。因此，ABS 的利息部分会定期支付，但是在锁定期（lock-out period），不会支付本金部分。锁定期通常是在资产支持证券（ABS）创建之后的

18 个月到 10 年。

如果信用卡的持有人在锁定期内进行本金支付，这些支付款项会被用来购买额外的信用卡应收账款，使得应收账款资产池保持稳定，这种结构称为循环结构（revolving structure）。一旦锁定期限结束，本金部分会支付给资产持有者。信用卡支持证券通常会含有早期摊销协议（early amortization provision）来防止本金部分的摊销从而来保证信用卡支持证券的质量。信用卡 ABS 的利率通常是固定的，但是有时候也会是浮动的。利息通常是每月、每季度或者更长时间支付一次。

提前偿还组别与信用组别

资产支持证券（ABS）可以通过合理的结构来分散提前偿付风险，这被称为提前偿付组别（prepayment tranching）或时间组别（time tranching）。

➢ ABS 使用各种贷款来支持，含有信用风险，所以 ABS 需要进行信用增级。
  - 最常见的信用增级方式是高级—次级结构。在这种结构中，次级组别先吸纳损失，直到损失达到其价值后才有高级组别吸纳损失，这样高级组别的部分信用风险被转移到次级组别。这种结构也被称为分档技术（credit tranching）（见图 8-8）。

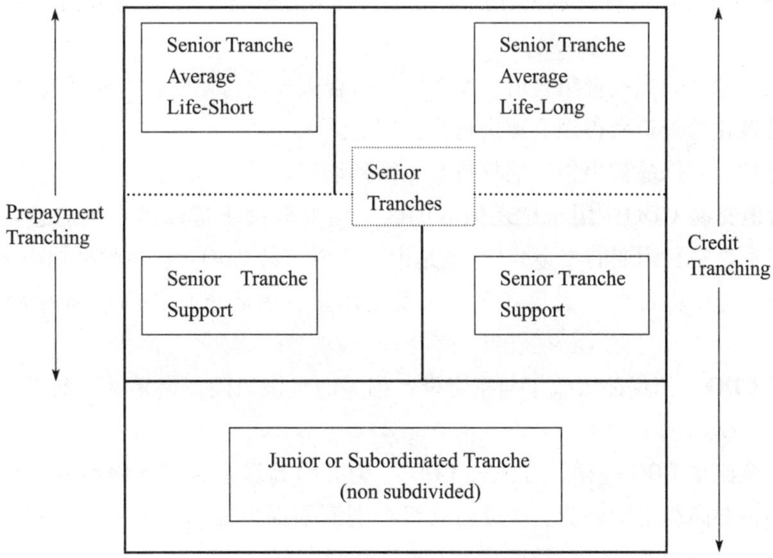

图 8-8

债务抵押债券（CDO）

债务抵押债券（collateralized debt obligation，CDO）是由特殊目的载体（SPV）发行的债券，它的抵押品是债务的资产池，其担保的债券可以分为：

- 高于投资等级的公司债券；
- RMBS、ABS、其他 CDO 以及 CMBS；
- 在新兴市场发行债券；
- 外国银行贷款；
- 不良债券（distressed debt）。

如果抵押资产是公司或者新兴市场的债务，这种资产被称为债券抵押证券（CBO）；如果抵押资产是银行贷款的组合，这种资产被称为信贷抵押资产（CLO）；如果抵押品的资产是ABS、RMBS 或者其他 CDO 和 CMBS，那么这种债务抵押债券叫作结构化融资 CDOS。如果抵押资产是信用违约掉期（credit default swap，CDS），那么这种债务抵押债券叫合成 CDO。与 ABS 不同，CDO 的资金来源不依赖于资产池的利息还款部分。通常，CDO 有一个抵押资产管理者，这个管理者会通过购买或者售卖抵押资产池里面的资产获得现金进行支付。尽管 CDO 是由 SPV 发行的，但是由于现金流的来源不同，CDO 不属于 ABS。

➢ **CDO 的结构**
  - 一个或多个高级组别（senior bonds）；
  - 中级组别（mezzanine trache）；
  - 一个次级组别（subordinated bonds），即权益组别，来保护其他组别使其免受提前偿付和信用风险。

➢ **现金流量交易 CDO**：目的是在不必频繁地进行债券交易的条件下，为高级和中级组别产生现金流，在形成资产组合的过程中，一般有三个相关的期间。
  - 加速成立期。这个阶段通常持续 1 ~ 2 个月，担保品管理者在销售部门的帮助下根据各个组别投资者要求设计投资组合，并开始将来自于债券发行的销售收益进行投资。
  - 再投资期。完成投资组合后，要对资产组合表现进行监管，并对提前偿付款（本金）或处置违约资产所得现金流进行再投资。
  - 结算期。担保品被出售，债权持有人得到偿付。

➢ **市场价值交易 CDO**：用于偿还债务的收益组要取决于担保品产生的总收益（利息收入、资本收益和到期的本金），这就是市场价值交易 CDO。在这种结构中，经理能够积极管理组合出售资产以满足各个组别偿还需求，因此市场价值交易 CDO 的管理更具灵活。

➢ **合成式 CDO**：担保品吸收了与指定资产相关的经济风险，但是并不具有对这些资产的法律所有权。
  - 同现金流量 CDO 一样，合成式 CDO 结构分为高级组别和次级组别，对次级组别融资、不对高级组别融资。次级在高级组别面临损失前先吸收一部分损失，但是次级支组别的收益会被组合经理拿去再投资高级组别。
  - 合成式 CDO 同现金流量 CDO 相比，其优点在于：
    √ 高级部分不需要融资。
    √ 启动时间比较短。
    √ 通过信用违约交易而不是直接购买资产来得到相关资产的风险暴露。
    √ 银行可以用合成式 CDO 来规避信用风险。

5 风险与收益

5.1 收益来源

固定收益产品的收益主要来源于以下三个方面。

➢ 利息和本金收入

➢ 利息再投资所得的在投资收入

➢ 在到期日之前卖掉债券所得资本利得（损失）

收益率应该考虑到投资期限内所有三种潜在货币收益的来源。这需要投资者首先设定整个投资期限的未来货币总收入，收益率则是使债券价格能够在投资期结束时增值到设定的未来收入总额的实际利率。以这种方法算出的收益率就是**总收益率**（total return），也称**实际收益率**（realized return）。但是采用这种方法进行计算时，我们需要做以下假设。

➢ 债券持有者会即时收到利息和本金，不考虑违约情况的发生。

➢ 利息的再投资收益率等于债券的到期收益率。

基于以上假设，债券投资者收益有以下几种情况。

1. 如果投资者持有固定收益债券至到期，那么他获得的年利率等于持有至到期收益率（YTM）。

2. 如果投资者在债券到期日之前卖出债券，并且到期收益率没有发生变化，那么他获得的年利率会等于债券的到期收益率。

3. 如果在购买债券后，在债券第一次付息之前，债券的到期收益率、再投资收益率上升（下降），持有至到期的投资者的实际收益率会高于（低于）债券购买时候的到期收益率。

4. 如果债券的到期收益率、再投资收益率（reinvestment rate）在债券购买后但是在第一次付息之前上升，短期持有债券的投资者的实际收益率会低于债券购买时的到期收益率。

5. 如果债券的到期收益率、再投资收益率在债券购买后但是在第一次付息之前下降，长期持有债券的投资者的实际收益率会低于债券购买时的到期收益率。

下面通过例子来说明以上几种情况。

投资人以86.0478元购买了一份票面价格为100元，有效期为10年，息票利率为8%（每年支付一次）的债券，那么债券的到期收益率为：

$$86.0478=\frac{8}{(1+r)}+\frac{8}{(1+r)^2}+\frac{8}{(1+r)^3}+\frac{8}{(1+r)^4}+\frac{8}{(1+r)^5}+\frac{8}{(1+r)^6}+\frac{8}{(1+r)^7}+\frac{8}{(1+r)^8}+\frac{8}{(1+r)^9}+\frac{108}{(1+r)^{10}}$$

到期收益率 $r=0.103$

根据以上信息，我们来看以下6个例子。

【例1】 假设投资人持有债券直到到期，市场利率保持10.3%不变，即投资人以10.3%对定期收到的利息进行再投资。

投资人第一次收到利息是债券发行一年后，他可以连续9年以10.3%的利率对利息进行再投资，依此类推，投资人在债券到期时收到的所有利息为：

$$[8\times(1.103)^9]+[8\times(1.103)^8]+[8\times(1.103)^7]+[8\times(1.103)^6]+[8\times(1.103)^5]+[8\times(1.103)^4]+[8\times(1.103)^3]+[8\times(1.103)^2]+[8\times(1.103)^1]+8=129.3480$$

投资人在到期时得到实际收益总和为：

$$229.3480=129.3480+100$$

投资人的实际年收益率为：

$$86.0478 = \frac{229.3480}{(1 + r)^{10}}$$

$$r = 0.103$$

从例 1 中我们可以看到，当满足债券持有人持有债券到期，发行人没有违约拖欠利息和本金，利息以相同的市场利率进行再投资即市场利率不变这三个前提条件下，债券投资者持有债券到期的总收益率等于市场利率。

【例 2】 假设投资人在 3 年之后售出债券，市场利率依然保持 10.3% 不变，投资人对前 3 年的利息进行再投资，3 年之后收到的总利息为：

$$[8 \times (1.103)^2] + [8 \times (1.103)^1] + 8 = 26.5569$$

3 年之后债券还剩 7 年到期，此时债券的出售价格为：

$$\frac{8}{(1.103)} + \frac{8}{(1.1043)^2} + \frac{8}{(1.103)^3} + \frac{8}{(1.103)^4} + \frac{8}{(1.103)^5} + \frac{8}{(1.103)^6} + \frac{108}{(1.103)^7} = 88.9124$$

由于市场利率不变，债券的出售价格符合它在其时间轨迹上的价格。

投资人在 4 年后实际收益总和为：

$$115.0250 = 26.5569 + 88.9124$$

投资人的实际年收益率为：

$$86.0478 = \frac{115.4693}{(1 + r)^3}$$

$$r = 0.103$$

当市场利率不变，债券售出时的价格符合其时间轨迹上的价格，即投资人没有任何的资本亏损或收益时，投资人的实际收益率等于市场利率。

【例 3】 假设投资人持有债券直到到期，在第一次付息钱，市场利率上升至 12.3%，并保持这个利率不变，10 年后投资人所得的利息为：

$$[8 \times (1.123)^9] + [8 \times (1.123)^8] + [8 \times (1.123)^7] + [8 \times (1.123)^6] + [8 \times (1.123)^5] + [8 \times (1.123)^4] + [8 \times (1.123)^3] + [8 \times (1.123)^2] + [8 \times (1.123)^1] + 8 = 142.4423$$

实际收益总和为：

$$242.4423 = 142.4423 + 100$$

投资人的实际年收益率为：

$$86.0478 = \frac{242.4423}{(1 + r)^{10}}$$

$$r = 0.109$$

由于市场利息上升，债券再投资收入提高，投资人的总收益率增加。

【例 4】 假设投资人在 3 年之后卖出债券，市场利率上升至 12.3%

投资人在 3 年之后收到的利息为：

$$[8 \times (1.123)^2] + [8 \times (1.123)^1] + 8 = 27.0730$$

3 年卖出债券的价格为：

$$\frac{8}{(1.123)}+\frac{8}{(1.123)^{2}}+\frac{8}{(1.123)^{3}}+\frac{8}{(1.123)^{4}}+\frac{8}{(1.123)^{5}}+\frac{8}{(1.123)^{6}}+\frac{108}{(1.123)^{7}}=80.5611$$

投资人在3年后实际收益总和为：

$$107.6341=27.0730+80.5611$$

投资人的实际年收益率为：

$$86.0478=\frac{107.6341}{(1+r)^{3}}$$

$$r=0.0775$$

和例2相比较，由于市场利率的上升，投资人的在投资收入上升，但是由于债券的出售价格小于其在时间轨迹上的价格，投资人要承担一定的资本损失。因此总收益率减小。

【例5】 假设投资人持有债券直到到期，市场利率下降至8.3%

10年后投资人所得的利息为；

$$[8\times(1.083)^{9}]+[8\times(1.083)^{8}]+[8\times(1.083)^{7}]+[8\times(1.083)^{6}]+[8\times(1.083)^{5}]$$
$$+[8\times(1.083)^{4}]+[8\times(1.083)^{3}]+[8\times(1.083)^{2}]+[8\times(1.083)^{1}]+8=117.5567$$

投资人的实际收益总和为：

$$217.5567=117.5567+100$$

投资人的实际年收益率为：

$$86.0478=\frac{217.5567}{(1+r)^{10}}$$

$$r=0.0972$$

由于市场利率下降，债券再投资收入下降，投资人的总收益率降低。

【例6】 假设投资人在3年之后卖出债券，市场利率下降至8.3%。投资人在3年之后收到的利息为：

$$[8\times(1.083)^{2}]+[8\times(1.083)^{1}]+8=26.0471$$

3年后卖出债券的价格为：

$$\frac{8}{(1.083)}+\frac{8}{(1.083)^{2}}+\frac{8}{(1.083)^{3}}+\frac{8}{(1.083)^{4}}+\frac{8}{(1.083)^{5}}+\frac{8}{(1.083)^{6}}+\frac{108}{(1.083)^{7}}=98.4540$$

投资人在3年后实际收益总和为：

$$124.5011=98.4540+26.0471$$

投资人的实际年收益率为：

$$86.0478=\frac{124.5011}{(1+r)^{3}}$$

$$r=0.1310$$

当市场收益率下降，债券出售价格大于其时间轨迹上的价格，即产生资本利得，弥补了因为利率下降而导致的再投资收入的减少，总收益率增加。

从以上一系列例子中我们可以看出，投资期限是衡量利率风险的重要因素。投资过程中存在两种可以相互抵消的风险（interest risk）：利息再投资风险（reinvestment risk）和市场价格风险（market price risk）。

➢ 再投资风险是指债券的再投资收益随着市场利率的下降而下降。

➢ 市场价格风险是指当投资期限小于债券的到期期限，债券的出售价格会随着利率市场利率升高而降低。

投资时限越短，再投资风险就越低，但市场价格风险越高；投资时限越长，再投资风险就越高，但市场价格风险则越低。因此，由于投资时限的不同，投资相同债券所要承担的利率风险也不相同。

5.2 利率风险

久期（duration）是用来衡量债券价格对利率变动的敏感程度的近似指标。久期越大，债券价格对收益率的变动就越敏感。因为收益率上升所引起的债券价格下降幅度就越大，而收益率下降所引起的债券价格上升幅度也越大。可见，在同等要素条件下，久期小的债券比久期大的债券抗利率上升风险能力强。

名师解惑

其实久期在数值上和债券的剩余年限近似，在债券投资里，久期常常被用来衡量债券或者债券组合的利率风险，它对投资者有效把握投资节奏有很大的帮助。在 CFA 一级考试中，我们只要知道久期的基本定义以及简单的计算方法即可。久期在二级的考试里面还会出现，而且是非常重要的考试内容，大家要注意。

久期的计算

首先我们先来看两个当收益率变化时，债券价格如何变化的例子。

【例 1】 有一个债券的久期是 5，当它的收益率从 7% 增加到 8% 时，它价格变化的百分比是多少？

$-5\times(8\%-7\%)=-5\%$，债券价格降低 5%（注意：收益率增加时，价格就会下降）。

【例 2】 有一个债券的久期是 7.2，当它的收益率从 8.3% 降至 7.9% 时，它价格变化的百分比是多少？

$-7.2\times(7.9\%-8.3\%)=2.88\%$，债券价格上升 2.88%（注意：收益率下降时，价格就会上升）。

有些时候，为了能够更快地看出久期的变化，会用美元久期（dollar duration）来表示每 1%（100bps-基点）收益率变化所引起的价格变化。比如说一个市值为 120 万美元的债券，美元久期为 5.2，我们直接可以用 5.2% 乘上 120 万等于 62 400，即收益率每变化 1%，价格会以 62 400 美元为一单位来变化。

名师解惑

我们来看一个稍微有点难度的例子：

有一个债券目前的交易价格为 \$1 034.50，收益率是 7.38%，久期为 8.5。如果收益率上升至 7.77%，债券的新价格应该是多少？

先求出价格变化的百分比。

$$8.5\times(7.77\%-7.38\%)=3.315\%$$

收益率上升，价格一定是下降，所以新的价格应该是

$$1\,034.5 - (0.033\,15) \times \$1\,034.50 = \$1\,000.21$$

麦考林久期

Macaulay（1938）为了评估债券的平均还款期限，定义了久期，这种久期称为麦考林久期（Macaulay duration）。麦考林久期是时间的概念，它表示以折现现金流为权重，现金流回流的平均时间。具体计算公式如下：

$$MacDur = \frac{\sum_{t=1}^{n} tPVCF_t}{PVTCF}$$

其中，$PVCF_t$ 为 t 时刻的现金流的现值；t 为现金流支付的时间；n 为债券到期之前利息支付的次数；$PVTCF$ 为债券现金流贴现值的总和。

名师解惑

麦考林久期与债券的哪些因素有关?

这一问题是CFA历年考试的热点。一般来说，债券的票面利率、期限与收益率水平影响久期大小。在到期时间相同的情况下，债券的票面利率越低，久期越长；在票面利率相同的情况下，债券的到期期限越长，久期越长；在其他条件相同的情况下，债券到期收益率越低，久期越长。

债券的票面利率越低，说明每一期的利息现金流较少，大部分现金流在债券到期日发生，与此相对应，前期每一期的现金流贴现值较小，占债券总贴现现金流（债券价格）的比重较小，债券到期日的现金流贴现值较大，占债券总贴现现金流（债券价格）的比重较大，于是，按照久期定义公式算出的久期较长。简单地说，如果投资于一只债券，前期收到的现金流越少，回收期就加长。

债券的期限越长，现金流的回收期越长，久期越长。对于零息债券来说，由于在债券存续期内不发生现金支付，所以久期就等于到期时间。

根据价格/收益率曲线，收益率越低，久期越长，收益率越高，久期越短。

修正久期

修正久期代表利率，代表利率变化1%带来的债券价格变化的百分比变化，具体计算公式如下：

$$duration = -\frac{percentage\ change\ in\ bond\ price}{yield\ change\ in\ percent}$$

在这个公式里面我们需要注意的是，收益率与债券价格是反向的关系，当利率下降的时候，债券的价格会上升，反之亦然。

从付息债券的定价公式出发：

$$P = C\sum_{j=1}^{n} \frac{1}{(1+y)^j} + \frac{M}{(1+y)^n}$$

将 P 对 y 求一阶导数，可以得到：

$$\frac{dP}{dy} = -\frac{Macaulay\ 久期 \times P}{1+y}$$

即

$$\frac{\mathrm{d}P/P}{\mathrm{d}y} = -\frac{Macaulay\ 久期}{1+y}$$

则定义修正久期（modified duration），

$$ModDur = \frac{MacDur}{1+r}$$

有效久期

我们之前所提到的麦考林久期，修正久期都只适用于不含权债券（option-free bond），因为不含权债券的未来现金流以及现金流发生的时间是确定的。但对于含权债券来说，之前所提到的久期是不适用的，因为含权债券的现金流回收的时间不确定。含权债券包括可赎回债券（callable bond）、房地产抵押债券（mortgage-backed bond）。无论是可赎回债券还是房地产抵押债券，资金提供者都拥有提前赎回的权利，特别是在利率下降的时候，资金提供者提前赎回的可能性就增大。他们可以赎回债券后以更低的利率借款。由于含权债券通过基准利率曲线进行定价，因此，这里采取的利率变化是基准利率的变化。对于这种含权债券来说，当利率下降的时候，我们计算出PV_+，当利率上升时，我们计算出PV_-。然后，采取以下公式计算出有效久期（effective duration）。这里的$\Delta Curve$指的是基准利率变化的百分比。

$$EffDur = \frac{(PV_-) - (PV_+)}{2 \times (\Delta Curve) \times (PV_0)}$$

组合的久期

债券组合的久期用组合中所有债券的久期的加权平均来计算，权重即为各个债券在组合中所占价值比率。用公式表示如下：

$$D_p = W_1 D_1 + W_2 D_2 + \cdots + W_n D_n$$

其中，D_p为组合的久期；W_1为债券i的价值占组合总价值的比率；D_i为债券i的久期。

组合久期的局限性：一个投资组合里的久期是用来解释收益率每变动1%，整个投资组合市值变化多少百分比，一个投资组合里的久期只能衡量投资组合内收益率变化相同的债券。换言之，当投资组合内的利率以非平行的方式变动时，久期就不适合用来衡量利率风险。

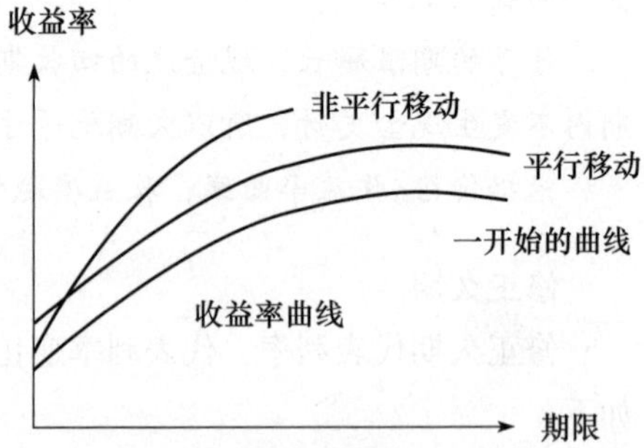

图8-9 收益率曲线的移动

在CFA一级里，收益率曲线只提到两种变化方式。

- **平行移动**（parallel shift）指的是所有在投资组合内的债券收益率的变化量是相同的时候，收益率会平行移动，这时久期可以用来衡量投资组合的价格敏感度。
- **非平行移动**（non-parallel shift）指的是所有在投资组合内的债券收益率的变化量不是完全相同，收益率并非平行移动，这时需要使用**关键利率久期**来衡量投资组合。

当只有一只债券的时候，我们只需要考虑一个与其期限相应的到期收益率，计算价格风险时也只需要知道它的到期收益率变化即可，并不涉及与多个到期收益率相关的收益率曲线风险，它只适用于单个债券。当债券的投资组合由不同期限的多个债券组成时，其价值与多个到期收益率相关，具有收益曲线风险。投资组合中每个债券都有与其期限相对应的久期，因此单一久期无法说明投资组合内的收益率曲线风险。

货币久期

货币久期是用货币值来衡量债券价格的变化，计算公式为：

$$MoneyDur = AnnModDur \times PV^{Full}$$

PVBP 通常也指单位基点货币值（price value of a basis point），表示收益率变化一个基点（0.000 1 或 0.01%）时债券价格的变化。值得注意的是，上文提及的价格波动性是用价格变动的百分比来表示的，而 *PVBP* 是价格变化的绝对值。实际上，*PVBP* 是一种特殊的货币久期：一个基点的货币久期等于货币久期除以 10 000，即收益率变化一个基点的时候，债券价格的变化幅度，即

$$PVBP = \text{货币久期} \times 0.0001$$

【例 3】 某债券的市场价值为 \$10 000，修正久期是 8.5，计算 *PVBP*。

$$PVBP = 8.5 \times 0.0001 \times \$10\,000 = \$8.5$$

可以解释为：收益率每变动一个基点，债券价值就反方向变化 \$8.5。显然，由于收益率变化只有一个基点，所以无论收益率上升还是下降，债券价值都反向变动 \$8.5。

PVBP 还有另一个计算公式：

$$PVBP = \frac{(PV_-) - (PV_+)}{2}$$

PV_+ 和 PV_- 为利率上升和下降一个基点时，债券的市场价格。

5.3 债券的凸度

凸度（convexity）也是衡量价格/收益率曲线弯曲程度的指标。因为价格/收益率曲线是弯曲的，所以用久期来衡量债券的价格变动会有偏差。弯曲的程度越大，凸度就越大，用久期来衡量的偏差就越大。直线的凸度是零。凸度的出现是为了弥补久期本身也会随着利率的变化而变化的不足。因为在利率变化比较大的情况下久期就不能完全描述债券价格对利率变动的敏感性。凸度越大，债券价格曲线弯曲程度越大，用修正久期度量债券的利率风险所产生的误差越大（见图 8-10）。

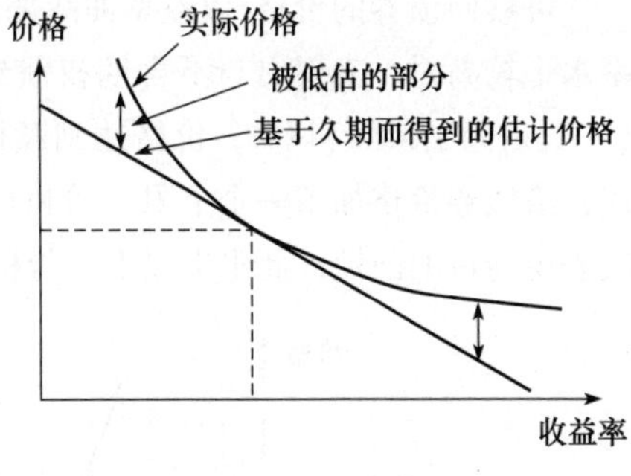

图 8-10 凸度

如图 8-10 所示，直线表示根据久期估算的债券价格变化趋势，基本上是线性的，但是债券价格实际变化趋势是呈现曲线形态。所以，采用久期来估计债券价格波动的方法在收益率变动很小的时候误差不大，但是如果收益率变化较大的时候误差就会很大，显然这是由价格/收益率曲线的凸度决定的。凸度的计算公式如下：

$$ApproxCon = \frac{(PV_-) + (PV_+) - [2 \times (PV_0)]}{(\Delta Yield)^2 \times (PV_0)}$$

在凸度的调整下，债券价格变动的程度如下：

$$\%\Delta PV \approx (-AnnModDur \times \Delta Yield) + \left[\frac{1}{2} \times AnnCon \times (\Delta Yield)^2\right]$$

其中，$\left[\frac{1}{2} \times AnnCon \times (\Delta Yield)^2\right]$ 为凸度的调整性。

货币凸度（money convexity）

用来弥补货币久期对价格波动变化的误差，在货币凸度的调整下，用货币来衡量债券价格变化的表达式如下：

$$\%\Delta PV \approx (-MoneyDur \times \Delta Yield) + \left[\frac{1}{2} \times MoneyCon \times (\Delta Yield)^2\right]$$

考点总结

CFA 考试中，对凸度的考察主要从定义与计算两个方面进行，考生需要重点关注。另外需要注意的是，对于不含权债券来说，无论是在利率上升还是在利率下降的情况下，凸度引起的债券价格变动率都是正值。很显然，如图 8-10 所示，在利率下降时，由久期计算得出的债券价格低于实际价格，凸度将与实际价格相差的部分尽量“补平”了；当利率上升时，由久期计算得出的债券价格也低于实际价格，凸度同样弥补了被过多估计的债券下降幅度。

用上述公式计算凸度时使用的那些价格，是在假定预期现金流以及现金流收回的时间确定的情况下得到的，在这种假设下得到的凸性叫作修正凸性（modified convexity）。和修正久期与有效久期的差别一样，存在修正凸度与有效凸度（effective convexity）。修正凸度假设债券未来的现金流回收期是确定的，所以不能用来度量含权债券的价格变动幅度。而有效凸度已经充分考虑了债券未来现金流的变动情况，所以可以用于衡量含权债券的价格变动情况。实际上，对于不含权债券来说，修正凸度与有效凸度几乎没有差别，但是对于含权债券来说，修正凸度与有效凸度差异较大。并且对不含权债券来说，修正凸度与有效凸度都是正值，对于含权债券来说，当修正凸度为正值时，有效凸度可能是负值。

可赎回债券的价格波动性特征

可赎回债券的价格/收益率曲线如图 8-11 所示，对于可赎回债券或可提前偿付债券，当利率水平较高时，表现出与不含期权债券非常相似的价格波动特征；但当利率低到一定水平时（一般是低于票面利率），价格达到赎回价格，此后利率再下降债券价格也不再升高，即可赎回性给债券价格加了一个上限（价格压制）。存在某一利率水平 y^*：此水平以下，价格收益曲线表现为负的凸性；此水平以上，价格收益曲线表现为正的凸性。

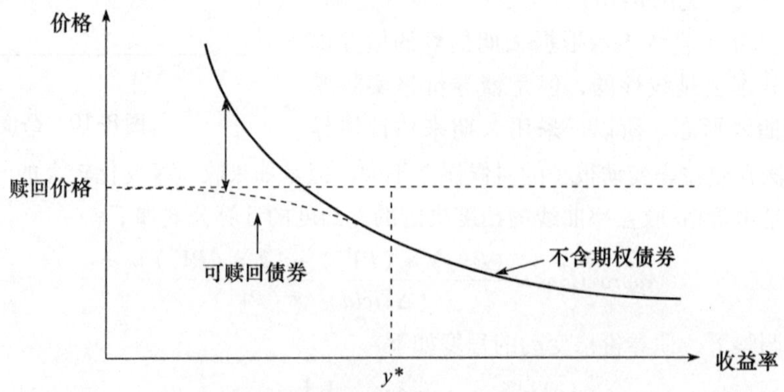

图 8-11 可赎回债券与不含期权债券

也就是说，y^* 是可赎回债券价格波动性的分水岭。对于可赎回债券来说，正凸性对投资者有利，负凸性则会损害投资者利益。究其原因，是因为在收益率水平下降时，债券内嵌的看涨期权价格上升，债券很有可能被赎回。看涨期权对债券有以下两个方面的影响。

- 使可赎回债券的投资者面临再投资风险。在利率下降幅度很大时，发行者很有可能赎回债券，投资者的再投资收益下降。
- 在利率下降时，可赎回权利使得债券价格上升幅度受到限制。因为当市场利率下降时，市场会预期债券被赎回，投资者不愿意买入，或者干脆抛售该债券，造成债券价格上升幅度小于不含权债券。也就是说，可赎回权利使债券持有人面临不对称风险——在利率升高时承担了债券价格下降的所有损失，但在利率降低时，却没能享受到价格升高的好处。

可售回债券的价格波动性特征

可售回债券的价格/收益率曲线如图8-12所示，如果利率较高时，债券持有人将债券以高于市场价格（一般是票面价值）回售给发行人，使得债券的价格不再下降，表现为正凸性更大，对应地，久期也更小。当利率水平较低时，表现出与不含期权债券非常相似的价格波动特征。

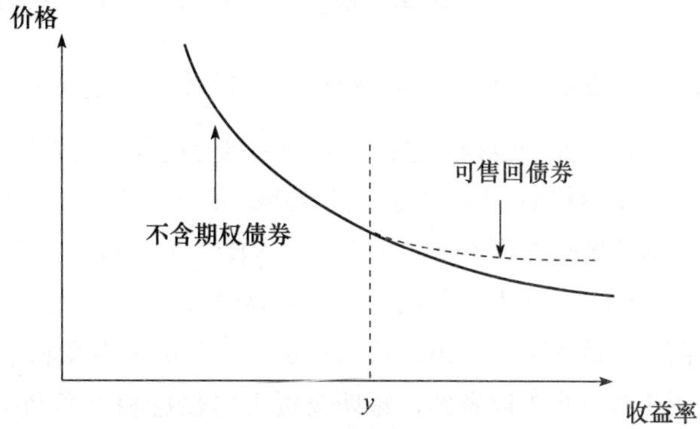

图8-12 可售回债券与不含期权债券

记忆方法

含权债券的价格波动性特征是CFA的重点考察内容。考生需要熟记含权债券的价格/收益率关系，最好在考试时将上文两幅图画在草稿纸上帮助理解。回顾可赎回债券价值与不含期权债券价值关系：

可赎回债券的价值 = 纯债券（不含权）的价值 − 以债券价格为标的的看涨期权的价值

当利率上升时，债券价格下降，则内嵌在债券中的看涨期权价值变小，当利率达到较高水平时，期权的价值几乎可以忽略不计，也就是说，此时可赎回债券与不含权债券的价格波动趋势几乎一致。当利率下降时，债券价格上升，看涨期权价值随之上升，可赎回债券与不含权债券之间的价格差异增大。

对于可售回债券，则有：

可售回债券的价值 = 纯债券（不含权）的价值 + 以债券价格为标的的看跌期权的价值

当利率下降时，债券价格上升，则内嵌在债券中的看跌期权价值变小，当利率达到较低水平时，期权的价值几乎可以忽略不计，此时可售回债券与不含权债券的价格波动趋势几乎一致。当利率上升时，债券价格下降，看跌期权价值随之上升，可售回债券与不含权债券之间的价格差异增大。

总之，利率较低时，可赎回债券价格上涨幅度小于不含权债券，对发行人有利，对债券持有人不利；利率较高时，可售回债券价格下跌幅度小于不含权债券，对债券持有人有利，对发行人不利。

5.4 收益率的波动

在用久期和凸性测量债券价格受利率波动的敏感程度时，我们都假设收益率的波动为平行移动，即对于任何投资期限的债券收益率变化是相同的。这种不改变收益率曲线形状的平行移动是不可能的，我们之前讲过债券的利率风险是受投资期限影响的，因此对于不同投资期限的债券，其收益率的变化是不相同的。我们把在受投资期限影响下的收益率波动称为**收益率期限结构的波动**（terms structure of yield volativity）。收益率期限结构的波动受很多因素的影响。例如，政府为了促进经济，实行量化宽松政策，这一政策会使短期债券收益率迅速下降，但长期债券收益率则要结合未来的通货膨胀程度与经济发展程度的综合考量，受影响程度没有那么剧烈。因此长期债券的价格波动没有短期债券来的剧烈。

我们在用收益率曲线衡量利率风险时要考虑两个方面：第一，到期收益率每变化一个基点，债券价格变化程度；第二，不同投资时限对到期收益率基点变化的程度。

5.5 投资期限、麦考林久期与利率风险之间的关系

之前我们也提到过投资人利率风险包含了两部分，一部分是用所得利息进行投资的再投资风险，市场利率下降，再投资收益减小；另一部分是市场价格风险，是投资者在到期日之前卖掉债券时所面临的资本收益（损失）风险。市场利率上升，债券卖出时的价格减小，收入减小。

在章节 5.1 中我们用了 6 个例子来对不同投资期限的投资人的风险和收益进行研究。从例 3 和例 5 可以看出，长期投资人的收益和市场利率成正相关，即再投资风险占主导地位。从例 4 和例 6 可以看到，短期投资人的收益和市场利率成负相关，即市场价格风险占主导因素。那么到底这个长期、短期投资期限的分水岭在哪里呢？我们来看以下两个例题。

【例 7】 延续之前的例题，假设投资期限为 6 年，市场利率上升至 12.3%。

6 年后所得利息为：

$$[8\times(1.123)^5]+[8\times(1.123)^4]+[8\times(1.123)^3]+[8\times(1.123)^2]+[8\times(1.123)^1]+8=65.4152$$

6 年后卖出债券的价格为：

$$\frac{8}{(1.123)}+\frac{8}{(1.123)^2}+\frac{8}{(1.123)^3}+\frac{108}{(1.123)^4}=87.0215$$

实际收益总和为：

$$168.4827=65.4152+87.0215$$

投资人的实际年收益率为：

$$86.0478=\frac{168.4827}{(1+r)^6}$$

$$r\approx 0.103$$

【例 8】 假设投资期限为 6 年，市场利率下降至 8.3%。

6 年后所得利息为：

$$[8\times(1.083)^5]+[8\times(1.083)^4]+[8\times(1.083)^3]+[8\times(1.083)^2]+[8\times(1.083)^1]+8=59.1332$$

6 年后卖出债券的价格为：

$$\frac{8}{(1.083)}+\frac{8}{(1.083)^2}+\frac{8}{(1.083)^3}+\frac{108}{(1.123)^4}=98.6257$$

实际收益总和为：

$$157.7589=59.1332+98.6257$$

投资人的实际年收益率为：

$$86.0478 = \frac{157.7589}{(1+r)^6}$$

$$r \approx 0.103$$

当投资期限为6年时，债券的收益不受利率风险的影响，即再投资风险和市场价格风险正好相互抵消。而6年正好是这个债券的麦考林久期，由此，我们得出以下结论。

- 当投资期限大于麦考林久期，再投资风险起主导作用，即当利率下降，投资人收益减少。
- 当投资期限等于麦考林久期，两种风险相互抵消，即投资人收益不受利率变化的影响。
- 当投资期限小于麦考林久期，市场价格风险起主导作用，即当利率上升，投资人收益减少。

5.6 信用风险和流动性风险

信用风险（credit risk）

信用风险是针对债券发行人的信用好坏来评估的，而评估信用风险的标准就是这家公司的财务比率与偿债能力。

流动性风险（liquidity risk）

当投资者无法按合适的价格及时卖出或买入某种证券时，流动性较差，称为流动性风险。任何在市场上进行交易的资产都存在流动性风险。简单来说，流动性风险就是投资者所持有的证券无法随心所欲地在市场上流动。国债就拥有非常好的流动性，很容易在市场上变卖。因为投资人多半喜欢流动性高的证券，所以当证券流动性低的时候，证券的价格会下降，投资人的要求收益率会增加。

6 信用分析

信用是社会经济发展的必然产物，是现代经济社会运行中必不可少的一环。维持和发展信用关系，是保护社会经济秩序的重要前提。企业发行债务融资就是建立在信用之上的，在这其中也存在着很大的信用风险。信用风险是金融市场中最古老的也是最重要的金融风险形式之一。它是现代社会经济实体（尤其是金融机构）、投资者和消费者所面临的重大问题。它直接影响着现代经济生活中的各种活动，也影响着一个国家的宏观决策和经济发展，甚至影响全球经济的稳定发展，因此对信用进行分析和评级就显得尤为重要。信用分析就是对债务人的道德品格、资本实力、还款能力、担保及环境条件等进行系统分析，以确定是否给予贷款及相应的贷款条件。信用评级又称资信评级是一种社会中介服务，将为社会提供资信信息，或为单位自身提供决策参考。信用评级是市场经济条件下信用关系发展的产物，可以为经济管理部门、金融机构、投资者、商业伙伴提供客观、公正的资信信息，以加强管理、规避风险、优化投资、促进销售、提高效益。

我们将对信用风险、信用评级以及信用分析等进行详细的介绍和学习。

6.1 信用风险

信用风险是借款人因各种原因未能及时、足额偿还债务或银行贷款的本金或利息而发生违约的可能性。信用风险有两部分组成，第一部分是**违约风险**（default risk），也称违约概率，是指债券发行者不能兑现债券契约中按时足额进行利息和本金的支付的风险。第二个组成部分是**损失幅**

度（loss severity），也叫违约损失率（loss given default），是指债务人一旦违约将给债权人造成的损失数额，即损失的严重程度。债券违约会有不同的损失程度，在大多数情况下，一旦债券发生违约，债券持有人会得到一些补偿，所以投资的本金并不会全部损失。构成一个完整风险概念的两个基本要素是损失的可能性和一旦损失发生后的损失规模，即损失的严重程度。因此，违约损失率是除违约概率以外反映信用风险水平的另外一个重要参数，两者结合在一起才能全面反映信用风险水平。显然，在违约概率既定的情况下，违约损失率越高，信用风险越大。预期损失率（expected Loss，EL）是反映信用风险的一个指标，它是违约损失率和违约概率的乘积：

$$\text{预期损失} = \text{违约概率} \times \text{违约损失率}$$

违约损失率和预期损失可以表示为绝对金额形式（如 45 万欧元）或者相对本金的百分比形式（如45%）。后一种形式反映了相对于总投资的比率，通常对于我们的分析来说会更有帮助。违约损失率也会经常表示成（1 – 回收率），回收率是指在发生违约时本金能够回收的比例。

因为违约风险对大多数高质量的债券发行者来说是比较低的，所以债券投资者更倾向分析这些债券发生违约的可能性而不是分析这些债券违约时会发生的潜在损失。然而，当发行者的违约概率上升时，投资者会更关注万一违约时，债券的回收率是多少，这个问题我们会在之后的章节更加详细的讨论。其他与信用相关的重要风险有以下三种。

信用利差风险（spread risk） 除了国债之外，其他债券都或多或少具有信用风险，因而必须提供高于国债的收益率才能吸引投资者，为了补偿信用风险而提供的这部分高于国债收益率的收益差额称为信用利差。当市场环境或发行者情况发生变化时，信用风险增加导致信用溢价利差升高提高，因而债券价格下跌，这种风险称为信用利差风险。利差通常用基点表示，主要在以下两种情况下会变大：①发行人的信用状况变差，有时也指信用迁移风险或降级风险；②市场流动性风险的增加。

降级风险（downgrade risk） 它是指债券发行人的信用状况恶化、降低，使投资者相信其违约风险增加而导致利差增加、债券价格下跌的风险。

市场流动性风险（market liquidity risk） 当投资者无法按合适的价格及时卖出或买入某种证券时，流动性较差，称为流动性风险。任何在市场上进行交易的资产都存在流动性风险。简单来说，流动性风险就是投资者所持有的证券无法随心所欲地在市场上流动。国债就拥有非常好的流动性，很容易在市场上变卖。因为投资人多半喜欢流动性高的证券，所以当证券流动性低的时候，证券的价格会下降，投资人的要求收益率会增加。债券的流动性可以用买卖价差（交易商报出的买入价和卖出价之间的差）来衡量。如果买卖价差很小，说明债券的流动性好，例如国债；如果买卖价差（bid-ask spread）较大，说明交易每一单位量，投资者就必须承受较大的价格波动，从而可以说明债券的流动性差。买卖价差通常也被认为是一种交易成本。和发行者相关的两大影响市场流动性风险的因素是：①发行容量（是指同一发行人发行在外的公开交易债券的数量）；②发行者信用等级的高低。通常情况下，发行人发行的公开交易的债券越少，债券交易的频率越低，从而导致更高的市场流动性风险。另外，发行者信用等级越低，市场流动性风险越大。

6.2 资本结构、优先级排名和回收率

同一发行者的不同债务之间不一定有着相同的受偿顺序或者说优先偿还权。在这一节，我们会介绍发行者的资本结构，讨论由于资本结构不同而导致的不同的债务求偿权、偿还优先

级，以及偿还优先级是如何在债券违约的时候影响回收率的问题。

资本结构

资本结构是指所有者权益和债权人权益的比例关系。它包括银行贷款、所有等级的债券、优先股和普通股。一些公司和行业有着鲜明的资本结构，债券通常是由同一个主体发行的，它们的偿还等级被合理的划分。其他一些公司，由于它们频繁的兼并和分拆（例如电子公司或集团性联合公司）或者严密的监管（如银行和公用事业）则会有更加复杂的资本结构。这些行业的公司通常会有很多附属公司或者子公司，它们会自己发行债券，同时它们的母公司也会发行不同等级和优先级的债券。同样，一些跨行业的大型跨国公司也会有比较复杂的资本结构。

优先偿还等级

就像借款者可以发行不同到期日、不同票面利息的债券一样，他们也能发行不同优先级的债券。优先等级是指债券支付的优先等级，最高等级的债券拥有对现金流和发行者资产的第一索偿权。这种优先级会在债券发生违约或者重组时对投资者的求偿产生影响。一般来说，债券分为**担保债券**和**无担保债券**，无担保债券一般就是指信用债。担保债券是指由一定保证人作担保而发行的债券。当企业没有足够的资金偿还债券时，债权人可要求保证人以其相关的现金流或者资产进行偿还。无担保债券是指无特定的资产作为担保品，单靠发行公司的信用而发行的债券。当发生违约时，无担保债券的求偿顺序排在担保债券之后（即较晚偿付），这指的就是**偿债顺序**（见图8-13）。

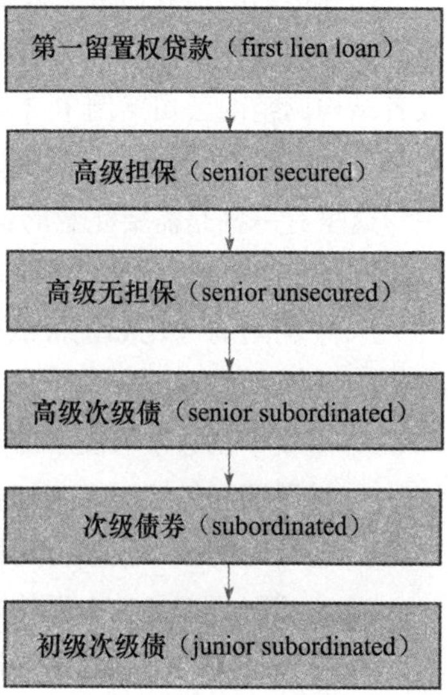

图8-13 偿债顺序

在每一类债券中，都会有较好的债券类型和较高优先等级。在担保债券中，第一顺位担保债券或第一顺位留置债券拥有最高的优先索偿权。第一顺位担保债券是指用公司的特定财产（例如，公用事业公司的一个电厂或者博彩公司的一个赌场）进行担保。第一顺位留置债券是指以公司的一些财产（可以是房屋，也可能是资产、设备、经营执照、专利、品牌，等等）作为担保。此外，也会有第二顺位担保债券，甚至第三顺位担保债券，就像他们的名字一样，它们享有相关资产的索偿权，但是要排在第一顺位担保债券的顺序之后。

在无担保债券中，也会有比较高的债券等级和优先级。高级无担保债券是无担保债券中等级最高的。这也是大多数公司发行公司债券的最主要形式。一些较低等级的债券有次级债券和初级次级债券。在不同的债券等级中，这些债券享有最低的偿还顺序，当违约发生，它们几乎没有可回收性，也就是说，购买这些债券可能会导致100%的本金损失。从监管层和资本的角度看，许多欧洲和美国的银行发行了甚至比次级债等级还低的债券，希望在经济萧条时把它们作为资本缓冲器。不过它们其中的大部分在2008年开始的经济危机中并没有发挥其应有的作用。

公司会发行各个等级的债券和投资者会购买这些不同等级的债券都是有很多原因的。发行者希望优化他们的资本结构成本—找到债券成本和股权成本的最佳平衡点。发行者会发行担保债券，是因为市场（或者投资者）需要这样的债券，因为这些债券的风险可度量，或者说因为这些债券有担保且等级较高，所以发行这些债券的成本更低。同样，发行者也会发行次级债券，因为①发行次级债券的成本要低于股权融资的成本（并且这不会稀释现有股东的股权）而且这比发行高等级债券的要求低；②投资者也愿意买次级债券，是因为他们觉得次级债券所提供的收益率已经能够充分补偿他们所承担的额外风险。信用风险和收益的问题将会在本章的后半部分详细叙述。

回收率

在同一资本结构水平上的所有债权人都是属于同一分类，也就是说，在破产时，一个持有还有 30 年到期的高级无担保债券的投资者和一个持有还有 6 个月到期的债券投资者在企业破产时，享有相同比例的索偿权。这条规定指的是在偿付时，同一债券等级在法律上拥有相同的地位。

已经违约的债券通常会被投资者和经纪人继续在二级市场上交易——交易者会基于他们对破产公司的清算价值或者一些形式的重组做出判断，因为这些债券还有回收价值。在一些重组或者结构调整的公司案例中（无论它们是法定破产或者是基于自愿原则），新的债券、股票、现金，或以它们结合的形式可以以交换原先已经违约的债券来发行。

这里有一些是需要注意的：

➢ 对于不同的行业，回收率可以有很大的差别。如果一家公司是在一个持续恶化的行业中倒闭的（比如说报纸印刷业），其回收率通常要比那些由于受到经济周期影响而导致破产的行业低。

➢ 回收率也通常取决于债券发行在整个信贷周期中的位置。在一个信贷周期的尾声（信贷周期和经济周期密切相关），回收率会比在信贷周期的其他时期要低。这是因为，在这个时间段，很多公司接近，或者已经破产了。

➢ 这些回收率是一个平均数。事实上，回收率的变化差别非常大，无论是跨行业，还是同一行业的不同公司。这可能是由于每个发行者的资本结构的组成都是大相径庭的。

理解回收率非常重要，它是信用分析和信用风险的一个重要组成部分。回忆一下，衡量信用风险最好的方法是预期损失率——发生违约的概率乘以违约损失率。违约损失率就是等于（1－回收率）。知道一个投资者会在债券发生违约时会亏损多少对于分析信用风险时是至关重要的。

受偿优先顺序：并不是绝对的。我们一般都认为破产时受偿优先顺序是——首先是信用等级最高的债券最先被偿付，接着是次高等级，再接着下一等级，就像一个瀑布，这样受偿顺序经常被描述成为绝对的，但在实际的破产或者清算过程中：

➢ 有担保索偿权的债权人有权在任何索偿提出之前对特定资产进行评估，如果评估的担保资产的价值少于其法定金额，这一差额部分的索偿权就会变为高级无担保债券的索偿权。

➢ 无担保债券债权人有权在公司股东（普通股股东和优先股股东）收到股利之前获得全额本金或利息的支付。

➢ 高级债权人的偿付顺序高于初级债权人（也就是次级债权人）。债券的债权人一般为高级债权人，除非他被明确表述为次级债权人。

在实务中，往往很多初级债权人甚至股东在高级债权人被全额偿付之前会得到一些补偿。这为什么会发生呢？因为在破产发生时，会有很多不同等级的索偿人，所有发生减值的债权人（即没有实现全额偿付）都会投票来决定公司重组的方案。虽然投票的过程会受绝对受偿优先顺序的影响，但是该顺序往往和最终决定的重组方案不尽相同。

6.3 信用评级

信用评级机构及信用评级

信用评级（credit rating）是一个由评级机构发布的“可信度的评估”。用专业术语来说，评级机构穆迪（Moody' s）将其定义为“对债券发行人或其他债务人未来全额并按时向投资者偿付到期本息的能力、法律责任和意愿所进行的评价”。有信用等级评定机构给出的信用等级有两层含义。首先，它代表了代理机构关于特定债券或其他金融债务的信用价值的观点。同时，它也表明了发行者的总体信用价值。著名的国际评级机构有：穆迪（Moody' s）、标准普尔（Standard & Poor' s）和惠誉国际（Fitch Rating）。当评级机构将固定收益证券的信用等级调低的时候，就会影响投资者对于该债券的信用风险的评估（信用风险增加），进而反映到债券的价格上去（债券的价格下降，收益率升高）。这种由于信用等级的下降所带来的风险称为降级风险。下面对于信用评级进行简要的介绍。

信用评级机构采用的是一种评分系统，即根据很多指标，如政治经济环境，借款人按时供货的能力等，来给相应发行的固定收益证券打分，最后根据不同的得分用字母 ABCD 来表示债券信用等级的高低。不同的信用评级机构采用的信用等级的标识不一样，但是可以对应起来。下表表示的是三大国际评级机构不同信用等级标识的对应情况。

S&P	Fitch	Moody	信用风险大小
高信用级——投资等级			
AAA	AAA	Aaa	最高等级，最安全
AA + AA AA -	AA + AA AA -	Aa1 Aa2 Aa3	高信用等级
A + A A -	A + A A -	A1 A2 A3	中上信用等级
BBB + BBB BBB -	BBB + BBB BBB -	Baa1 Baa2 Baa3	中下信用等级
低信用级——投机等级			
BB + BB BB -	BB + BB BB -	Ba1 Ba2 Ba3	低信用等级
B	B + B B -	B1 B2 B3	高度投机
极低信用级——高投机等级			
CCC + CCC	CCC + CCC	Caa	高风险，信用极低
CC	CC	Ca	违约可能会迅速发生
C	C	C	极高投机性
CI			仅对收入债券（指不支付利息）
D	DDD DD D		已经违约债券

不同等级和不同标识代表着不同的信用等级含义，具体如下表所示。

等级	含义	说明
AAA	信誉极好，几乎无风险	表示企业信用程度高、资金实力雄厚，资产质量优良，各项指标先进，经济效益明显，清偿支付能力强，企业陷入财务困境的可能性极小
AA	信誉优良，基本无风险	表示企业信用程度较高，企业资金实力较强，资产质量较好，各项指标先进，经营管理状况良好，经济效益稳定，有较强的清偿与支付能力
A	信誉较好，具备支付能力，风险较小	表示企业信用程度良好，企业资金实力、资产质量一般，有一定实力，各项经济指标处于中上等水平，经济效益不够稳定，清偿与支付能力尚可，受外部经济条件影响，偿债能力产生波动，但无大的风险
BBB	信誉一般，基本具备支付能力，稍有风险	企业信用程度一般，企业资产和财务状况一般，各项经济指标处于中等水平，可能受到不确定因素影响，有一定风险
BB	信誉欠佳，支付能力不稳定，有一定的风险	企业信用程度较差，企业资产和财务状况差，各项经济指标处于较低水平，清偿与支付能力不佳，容易受到不确定因素影响，有风险。该类企业具有较多不良信用纪录，未来发展前景不明朗，含有投机性因素
B	信誉较差，近期内支付能力不稳定，有很大风险	企业的信用程度差，偿债能力较弱，管理水平和财务水平偏低。虽然目前尚能偿债，但无更多财务保障。而其一旦处于较为恶劣的经济环境下，则有可能发生违约
CCC	信誉很差，偿债能力不可靠，可能违约	企业信用很差，企业盈利能力和偿债能力很弱，对投资者而言投资安全保障较小，存在重大风险和不稳定性，偿债能力低下
CC	信誉太差，偿还能力差	企业信用极差，企业已处于亏损状态，对投资者而言具有高度的投机性，偿债能力极低
C	信誉极差，完全丧失支付能力	企业无信用，企业基本无力偿还债务本息，亏损严重，接近破产，几乎完全丧失偿债能力
D	违约	企业破产，债务违约

发行者评级和发行评级

信用评级机构对债券发行者和其发行的债券进行评级。发行者评级着重强调一个债务人的整体信用，即他能否按时支付其债务的利息和本金的能力和意愿。通常将高级无担保债券（senior unsecured debt）的信用评级作为发行者评级的依据。对发行者整体的评级被称为公司群评级（corporate family ratings，CFR）。对发行者指定的单一发债评级称为公司信用评级（corporate credit ratings，CCR）。

我们把 3B 级或者以上的债券称为投资级别（investment grade）的债券，把 3B 级或者以下的债券称为高收益债券或者垃圾债券（high yield bonds，或者 junk bonds）。

考虑到一些特殊因素，例如担保债券、次级债券在资本结构中所占的比例和等级，结构性次级债券等，评级机构会给同一机构发行的债券给予不同的评级，我们把这种方法叫作信用评级调整（notching）。信用评级调整更容易发生于评级较低的发行者，因为评级较低的发行者有更高的违约可能，这种可能性使得它发行的债券之间信用评级的差距较大，因此调整的可能性也较高。当评级机构在调整债券信用评级的时候会考虑到结构化从属（structural subordination）问题。结构化从属是指当母公司和子公司均有债务的时候，在子公司的债务未偿清时，子公司的债务契约会限制子公司的现金或者资产向母公司转移。在这种情况下，尽管母公司的债务没有次于子公司的债务，子公司的债权人对于子公司的现金流有优先权。

过度依赖信用评级机构的风险

过度依赖于信用评级机构是存在着很大风险的。因为信用是动态的，最初的或者当前的评级不一定能反映信贷质量在投资者整个持有期的演变过程。更重要的是，债券评级往往不能抓住价格风险，因为债券价格的估值经常发生在调整评级变化之前，信用评级的调整可能并没有充分的反映债券价格的上升或下降。同样，因为信用评级主要反映的是违约概率，而不一定是违约时损失的严重性，而债券具有相同的评级可能会有明显不同的预期损失。此外，就像分析师一样，信用评级机构也很难预测某些信贷的负面结果，如不利的诉讼、地震等自然灾害中的严重损失等。

6.4 传统信用分析方法：公司债券

信用分析与权益分析

进行信用分析的目的是衡量债券发行人偿付债券本息的能力，在对债券进行信用分析的过程中，主要集中于使用各种方法对发行人在整个债券存续期内产生现金的能力进行评估。为了较好地完成信用分析，分析师就必须对发行债券公司的信用质量与公司所处行业重点关注。传统的信用分析包括公司产生现金流的来源、可预测性以及可持续性。

信用分析与权益分析较为类似，但是二者仍然存在差异，以下分别从三个方面展开论述。

➢ 分析动机不同

- 严格来说，管理层为公司股东工作，其最主要的目标是实现公司价值最大化，这是权益分析的最终目的。
- 管理层也需要对债权人负责，具体行为是满足债券相关偿付条款。

➢ 对现金流与资产的求偿部分不同

- 很明显，作为公司外部资金的主要提供者，债券持有人不能从公司价值增长中得到额外收益（公司价值增长带来的信用提升除外），只能得到债券条款约定的本金与利息偿还，并且如果公司违约，债券持有人将会承担损失。
- 相反，从理论上说，股东会从公司价值上升过程中获取超额收益，但是，一旦公司遭遇不利（如破产），股东的资金将被用于清算，用于偿付债权人的债务。

如上所述，股东与债权人的偿付模式类似于金融期权，事实上，近年来在进行信用分析与信用评级时，很多机构将期权定价模型引入分析过程。

公司举债的结果，相当于使股东获得一个以债务到期偿付额 B 为执行价格的看涨期权，期权的到期日就是债务到期日。而债权人拥有公司全部资产 V，又卖掉了一个看涨期权给股东，获得了金额大小为利息 I 的权利金，在该期权到期日（也就是债务到期日），债权人将以债务到期额 B 的价格将公司全部资产回售给股东。由此可见，股东有权分享公司资产价值部分超过债券账面价值的部分，而不管公司资产的变化趋势如何，债权人只能获得债券合约中约定的债务到期额 B。

更深入分析，公司举债的结果，股东最坏的结果就是初期投入的资本全部损失，而不会遭受超过初期投资额的损失。超过股东初期投入的资本损失全部由债权人承担。通过以上分析，引入了信用分析与权益分析第三个不同之处。

➢ 关注点不同

- 权益分析师对能够有效提高公司价值与每股收益的策略与投资较感兴趣，对利润表与现金流量表更为关注。
- 信用分析师则更关心公司的潜在下行风险，主要是在考量公司债务水平与利息费用支出的基础上，评估现金流的可持续性。更关注资产负债表与现金流量表。

信用分析的4C标准

业界通常使用所谓的4C标准来进行信用分析——债务人按期偿付债务的能力（capacity）、抵押物的价值（collateral）、债务人必须遵守的债务合约规定条款（covenants）以及借款人的特征（character）

债务人按期偿付债务的能力

债权人最为关心的就是自己的借出的资金能否得到按时足量偿还，而这直接取决于债务人偿付债务的能力。在这一点上，信用分析与权益分析相似，均从行业分析开始，进而深入到公司内部。

（1）行业分析

➢ 行业结构

对行业结构进行分析，迈克尔·波特的五力模型最为流行，其关注特定行业中竞争形势的五个方面。

- 供应商：如果一个行业依赖于数量有限的供应商，则信用风险较大，反之则反是。如果供应商的数量有限，则公司对顾客的议价能力有限，不能轻易对产品涨价，因为公司的原材料市场是卖方市场，进而压缩了产品价格上涨的空间。
- 消费者（买家）：如果一个行业或公司的销售行为过分依赖于数量有限的买家，则信用风险较大。因为如果大买家不从企业采购商品，则企业的销售额会显著下滑，无形中降低了企业对买家的议价能力，风险加大。如我国创业板上市公司神州泰岳，它是中国移动飞信服务的指定承包商，中国移动作为买家，收入占据神州泰岳总收入的80%以上，该公司存在巨大的潜在风险。
- 行业进入门槛：行业准入门槛越高，则信用风险越低。显而易见，行业准入门槛较高，则潜在竞争者越难以进入市场，竞争激烈程度较小，市场参与者的定价能力较强，越能保证获得稳定的利润与现金流。
- 替代风险：如果一个行业或者公司提供给客户的商品或者服务具有很大价值，并且市场上没有其他合适的替代品，那么该行业或者公司对客户就具有很强的议价能力，可以为企业带来持续稳定的现金流，降低了信用风险。例如，处于专利权保护期内的药品。相反，如果一个行业或者公司提供的产品在市场中充斥着众多替代品，则公司的信用风险较高。随着科技的不断发展，替代风险越发显著，如飞机的发明替代了大部分火车和轮船。
- 竞争激烈程度：行业竞争程度越激烈，表明市场参与者越多，每个参与者占据的市场份额较少，未来现金流的可预测性与可持续性越低，信用风险越高。这里需要注意的是，政府监管对市场竞争程度起到决定性作用。在那些政府严密监管的行业，信用风险相对较低。例如，在水电等公共事业行业，政府监管决定了少数企业处于垄断地位，现金流的稳定性与可预测性都很强，信用风险较低。

➢ 行业基本面分析

在对行业结构进行初步分析后，需要对行业基本面进行深入分析，包括行业发展与宏观经济的联动、增长前景、盈利能力等方面。

- 周期性与非周期性行业：周期性行业的信用风险大于非周期性行业。行业与宏观经济的关联性越强，则收入、利润以及现金流量越不稳定，信用风险越大。快消品行业与医疗行业是典型的非周期行业，汽车与钢铁业则是典型的周期行业。
- 增长前景：尽管增长前景一般被权益分析所重视，在进行信用分析时也不能忽视。一般来说，增长乏力的行业或公司信用风险较高。
- 公开行业数据：信用分析师可以通过收集评级机构、投资银行、行业协会等发布的行业数据对行业的基本面进行深入分析。

(2) **公司基本面分析**

下面进行更为细致的公司基本面分析，也就是对债务人（公司作为债券发行者）进行分析。

- 竞争地位：分析师在认清行业结构与基本面的基础上，势必要回答如下问题：公司的市场份额是多少，是否随着时间变化，是增加、降低还是保持稳定，与同行业竞争对手相比是什么情况?
- 过往的经营状况：主要关注公司过去的经营状况及财务情况，公司收入及现金流量的变化趋势。公司资产负债表各项目的变化趋势等。
- 管理层策略：在进行信用分析时，对管理层的经营理念与策略也需要高度重视，因为归根结底，公司偿债的基础是稳定的现金流量，而公司经营策略的正确与否直接影响现金流量。此外，还应当关注公司高级管理层的履历，他过去的经历是怎么样的，经营风格是什么类型等。信用分析师可以通过多种渠道了解管理层的经营策略，如可以通过解读各类财务报告，参加公司盈余发布会议，以及关注公司网站发布的各种信息等。
- 比率分析：信用分析师可以根据财务报表中的各类项目计算比率，据此来分析特定公司的信用水平。将比率进行对比，继而深入分析，可以得到公司财务状况的健康程度以及竞争优势与劣势。但是需要特别注意的是，由于行业类型、市场竞争结构、经济运行状况以及监管体系的不同，在进行比率分析时应当格外小心。通常来说，在进行信用分析时，可以将主要的比率分为三类：盈利能力与现金流量、杠杆比率（leverage ratios）、保障比率（coverage ratios）。

√ 盈利能力与现金流量

显而易见，盈利能力与现金流量对评价公司信用状况非常重要，因为它是公司偿还债务的基础。信用分析师尤其要注重公司营业利润率与营业利润，因为这是公司潜在利润的根源。一般情况下，公司的经营利润也称为息税前利润（EBIT）。

■ 息税折旧及摊销前利润（EBITDA）

$$息税折旧及摊销前利润 = 营业利润 + 折旧与摊销$$

EBITDA 消除了资本支出及营运资本变化的影响。

■ 来自营运的现金流（FFO）

根据标准普尔的定义，

$$来自营运的现金流 = 净利润 + 折旧与摊销 + 递延所得税 + 其他非现金项目$$

■ 支付股利前自由现金流

支付股利前自由现金流 = 净利润 + 折旧与摊销 − 资本支出 − 非现金营运资本的增加额（+ 非现金营运资本的减少额）− 非经常项目

如果支付股利前自由现金流为负值，意味着公司必须吸纳外来融资，如通过银行借款、债券融资及股权融资，信用风险较高。

■ 支付股利后自由现金流

支付股利后自由现金流 = 支付股利前自由现金流 − 支付的股利

如果支付股利后现金流为正，则表示公司具有比较充裕的资金偿付债务，信用风险较低。

√ 杠杆比率

■ 负债/资本比率

这里的资本是指负债加上股东权益，负债资本比率越低，表明信用风险越低。这一比率通常用于衡量投资级别的公司债券风险水平。

■ 负债/息税折旧及摊销前利润比率

该比率越高，公司的杠杆越高，信用风险越高。需要注意的是，对于那些现金波动率较大的公司，该比率的波动性也较大，例如处于周期性行业中的公司，经营杠杆较高的公司。

■ 来自营运的现金流/负债

√ 保障比率

保障比率衡量的是公司偿付到期利息的能力，有两个主要比率。

■ 息税折旧及摊销前利润/利息费用

该比率数值越高，公司的信用质量越高，信用风险越低。

■ 息税前利润/利息费用

由于息税前利润去除了折旧与摊销的影响因素，该比率在衡量利息保障程度时更加保守。

（3）**债券发行人的流动性状况**

债券发行者的流动性状况在信用分析中也非常重要。很明显，在其他情况相同的情况下，具有较高流动性的公司信用风险较低。可以通过度量以下几个项目来衡量债券发行人流动性状况。

➤ 公司的现金储备：公司持有的现金越多，流动性越强，越能保证按时支付债务，信用风险越低。

➤ 净营运资本：公司的净营运资本越高，则在遭遇经济危机或者金融危机时，信用风险越低。

➤ 经营性现金流：公司经营性现金流持续性越好，数量越多，信用风险越低。

➤ 银行承诺贷款额度：银行的承诺贷款额度可以在一定程度上增加公司的流动性水平。

➤ 未来一至两年时间内债务到期额度与预计资本支出。

抵押物价值

首先，对于那些信用质量较低的公司来说，对抵押物的分析尤为重要。我们已经了解，信用分析的主要功能就是检测公司的违约可能性。也就是不能按时偿还债务的行为，而一旦公司的违约可能性上升到一定水平，就必须重点关注抵押物的价值。

抵押贷款指借款者（borrower，获取借款的一方）以一定的抵押物作为物品保证向贷款者（lender，发放借款的一方）取得的贷款。抵押物通常包括有价证券、房地产以及货物的提单或其他各种证明物品所有权的单据。抵押物本质上是借款者向贷款者提供的一种信用保证，如果贷款到期时，借款者无法按照签订的债务合约偿还本息，则贷款者就成为抵押物的所有者，有权去处理抵押品，作为一种补偿，否则贷款到期，贷款者必须如数归还。

于是，为了进行信用分析，分析师势必要对抵押物的价值有准确把握，然而，这一过程并不简单。对于有形资产（如机器、有价证券等）来说，价值评估相对容易，而对于无形资产来说就不那么简单。无形资产的价值并不能比较准确地度量，将无形资产作为借款抵押物的风险较大。

债务合约规定条款

尽管公司管理层经营的最根本目的是使得股东财富最大化，但是债权人的权益也应当得到充分保护。尤其是对于那些发行较高收益率债券的公司（同时也意味着高风险）来说，债务合约的规定条款不可或缺。一旦在债务合约中此类条款规定不充分，则公司管理层有可能牺牲债权人的利益，保全股东权益。通常来说，债务合约规定条款分为肯定性条款与限制性条款（否定性条款）。

- 肯定性条款：规定债务人必须达到的要求与标准，如按时偿付利息以本金，将某一财务比率限定在某一范围内，维持一定数量的营运资本，按时出具经审计过的财务报告等。
- 限制性条款：指债务人限制实施的事项。如不能任意处置相关资产，不能随意发放股利，不能无限制地发放新债务等。

债务合约规定条款在一定程度上约束了公司管理层的行为，为债权人的利益提供了一道保护屏障，有效降低了信用风险。

借款人特征

借款人的特征也在一定程度上影响信用风险，信用分析师一般对以下几个方面进行深入考察。

- 对管理层经营策略合理性的评估。
- 管理层过往的经营履历，如果高级管理层过去的经营策略与理念导致公司运营不佳甚至破产，则信用分析师需要警觉。
- 是否使用激进的会计政策或者税务政策。如果管理层过多使用表外融资、资本化相关费用，过早确认销售收入，频繁更换审计机构，那么信用分析师需要考虑是否要降低公司的信用评级。
- 管理层曾经有欺诈与渎职的不光彩历史。对于信用分析师来说，这是明显的负面信号。
- 管理层过往对债权人的不利行为。主要是指引起信用等级降级的行为，如使用债务融资实施并购，向股东发放超量的特殊股利，使用债务融资回购股票等。

6.5 信用风险与收益：收益率与利差

我们知道，信用风险越高，投资者对收益率的要求就越高，也就是说，信用风险高的债券需要比信用风险低的债券提供更高的收益，但是收益率的波动性更大。

对于含有信用风险的债券来说，它的收益率由相同期限的无风险收益率和一个收益率溢价构成，我们把这个收益率溢价称为“利差”。利差由信用利差和流动性溢价构成，用于补偿投资者的信用风险。

$$收益率利差 = 流动性溢价 + 信用利差$$

在金融市场不景气时，流动性溢价会升高，导致所有含有信用风险的债券利差扩大，质量较低的债券发行方尤其受到其中的影响。而当信用改善或者趋稳时，信用利差会缩小。信用曲线是描绘一个债券与其他债券之间的收益率利差的曲线，通常是向上倾斜的。长期债券通常比短期债券拥有更大的利差。

利率的变化对持有期收益的影响主要由两方面原因造成：由修正久期和凸性反映出来的价格敏感性。利差缩小有利于持有期收益，而利差扩大不利于持有期收益。久期越大，收益对利差变化的敏感性就越大。

$$Return\ impact \approx -(M.Dur \times \Delta Spread) + 1/2Cvx \times (\Delta Spread)^2$$

其中，*M. Dur* 表示修正久期；*Cvx* 表示凸性；表示利差变化。

6.6 高收益债券、主权债券及市政债券的信用分析

高收益债券信用分析

对于高收益债券，其违约风险会比较高，因此在分析时更应该注意流动性来源、债务结构以及公司结构。根据优先级不同，债券的信用风险会有很大变化。发行高收益债券的公司一般都有复杂的资本结构，从而导致了不同的信用风险。

债券条款分析对于高收益债券分析来说尤为重要，其中关键的是支付限制、抵押限制、控股方变动、维持条款以及所有从受限子公司处获得的保证。条款分析需要非常高的技巧，并且涉及了法律问题，所以可能需要外部法律服务。

高收益债券有时可被认为是高质量债券和股票的集合体，因此投资者需要计算 EBITDA 以及 debt/EBITDA 来比较公司价值。

第9章

金融衍生产品

知识导引

金融衍生产品是指从股票、债券、货币、利率等传统的、较为常见的基础型金融工具的交易过程中衍生而来的新型金融产品，其主要形式有远期、期货、期权、互换（掉期）等。它是金融创新以及金融自由化的产物。金融衍生产品目前在金融市场上已经越来越多地被用于规避和对冲风险，增加金融市场的流通性，促进国际资金的广泛交易，提高投资效率，优化资金配置等方面，并越发地展现出其作为金融创新性工具所特有的规避风险、风险投资、价格发现等功能。

本章主要介绍了金融市场中主要的衍生产品，对衍生产品市场的发展进行了回顾和展望，分析了衍生产品发展的历史背景及其应用和意义，并对将要用到的一些衍生产品基本分析方法和思路进行了初步介绍。学习完本章，读者应掌握衍生产品的定义、种类和基本分析方法，了解衍生产品发展的历史和未来走向，深入理解衍生产品发展的历史背景和应用意义。

考点说明

金融衍生产品在CFA一级考试中占比只有5%，但是内容比较抽象，和衍生品相关的一些公式较为复杂，理解起来也不容易，因此很多学员会放弃。但是这部分的内容虽然难学却不难考，一级重点考察的是概念，因此考生应重点针对概念进行理解掌握。

衍生品主要分为三个部分，第一部分主要讲述衍生品的概念和四种重要的衍生产品（远期、期货、期权和互换）；第二部分主要讲述衍生产品的定价和估值；第三部分主要讲述利用衍生产品去管理投资组合风险。

在各节中，考生应对远期合约应给与充分的重视，因为衍生合约的出发点都是远期合约，因此如果远期合约学好了，后续的章节学习起来就会顺畅很多。

1 衍生品市场和衍生工具

必会知识点

- ➢ 衍生产品定义
- ➢ 衍生产品的分类方法
- ➢ 衍生产品的优缺点

1.1 衍生产品定义

术语解释

衍生产品（derivative） 衍生产品是一种金融工具，这一工具的未来回报依赖于一个标的资产（underlying）的市场价格，而标的资产可以是证券、商品、利率或指数等。

名师解惑

大家思考一下，如果我现在想买一瓶水，可以有两种买法。

首先是现在就买。我们可以到商店去，发现水的标价是 3 元一瓶，我们称这个价格为现货价格（spot price），这个价格明码标价，是没有风险的。

另外一种买法是未来再买。如果说 3 个月后我想买水，但是 3 个月后水的准确价格现在不知道，万一水价上涨，这就给我带来了风险。

而金融市场上的交易行为，很多都发生在未来。

如现在我持有万科的股票，3 个月后我打算购置汽车，需要将股票变现，但是我担心由于房市惨淡，3 个月后万科的股票价格会下跌，这样存在未来价格变动风险。同样，作为出口商，6 个月后我会收到 100 万美元应收账款，但是我担心 6 个月后美国经济萎靡，美元贬值，人民币升值，由美元汇兑得到的人民币变少，存在未来价格变动风险。

所以我们发现如果以现货价格为基础做交易，交易双方不存在风险，但是如果交易双方选择在未来交易，则因为未来价格的高度不确定性，交易双方可能都会面临风险。

那么一个很自然的问题就是：我们如何回避此类风险？这里有一个可行的方案，就是现在我和楼下小卖部老板签一个合约，约定 3 个月后以 3.5 元一瓶的价格购买瓶装水，对于小卖部老板，他也担心水价未来会下跌，因此他也会同意签订这个合约。如果 3 个月过后合约到期了，瓶装水的市场价格为 3 元，在忽略其他成本的情况下，则每瓶水净亏了 0.5 元钱；瓶装水的市场价格是 4 元每瓶，每瓶净赚了 0.5 元钱。

依此类推，我现在想卖一只股票，我可以与交易对手约定未来以每股 15 元卖出，将未来卖出股票的价格锁定，从而避免股价下行风险，但是，与此同时，我也放弃了因为股价上涨而带来的额外收益，这可看做是为了规避风险而付出的代价（成本）。

总而言之，对于未来的交易行为面临的价格不确定风险，我们可以很简单地通过签订合约约定未来买卖价格的方法来规避风险。

所以衍生品的概念其实并不神秘，不要把它想象得太学术。衍生品首先是一个合约，这个合约可以在一定程度上回避未来价格变动风险。同时，衍生品合约也可以给我带来收益，而收益大小取决于合约到期时刻合约中约定的买卖资产的**市场价格**，这就是我们对于衍生品的基本定义。

总结：衍生产品定义的三个关键词

- 合约：衍生产品的本质是合约；
- 功能：第一，可以回避未来价格变动风险，第二，满足市场投机者的目的；
- 价值：价值完全取决于标的资产的市场价格变动。

1.2 四类衍生产品简介

现在我们知道衍生品的本质就是一份合约，而合约是可以有不同的签订方法的。根据合约的特点不同，我们把衍生品分成四大类。

远期合约

远期合约（forward contract）是最为简单的衍生金融工具，它是指双方约定在未来某一个确定的时间，按照某一确定的价格买卖一定数量的某种资产的协议。也就是说，交易双方在合约签订日约定交易对象、交易价格、交易数量和交易时间，并在约定的未来交易时间进行实际交割和资金交收。这里需要注意的是，远期合约是交易双方私下签订的，签订时并没有国家公证人员在旁监管，我们把这种交易叫作场外交易（OTC）。

期货合约

期货合约（futures contract）实际上就是**标准化**（standardized）**的远期合约**。与远期合约类似，期货合约也是买卖双方之间签订的在将来确定的某个日期按约定的条件（包括价格、交割地点和交割方式等）买入或卖出一定数量的某种标的资产的协议。但是交易是在交易所进行的，由于存在固定的交易场所，因此可以进行监管，所以交易所对于交易时间、地点、交割方式、标的资产质量等级等条件进行详细的规定，这些经过详细规定的合约就是标准化的合约。

互换合约

互换合约（SWAP contract）就是**一系列的远期合约**。交易双方达成协议，在将来以事先约定的方式相互交换一系列现金流。前面几种衍生产品都是在到期时交换一次现金流，而互换合约是交换一系列现金流。互换协议由双方商定具体交易条件（互换标的资产、互换金额、互换期限、互换利益分享等），属于场外交易，因此具有特定性。利率互换、货币互换和股权互换是最重要的互换合约。

期权合约

期权合约（option contract）本质上就是**权利与义务不对等的远期合约**。合约规定了在某一特定时间、以某一特定价格买卖某一特定种类、数量、质量标的资产的权利。期权合约有在交易所上市的标准化合约，也有在柜台交易的非标准化合约。与远期和期货合约不同，这两种合约的多头方和空头方在签订协议后，都是既有权利又有义务，按照约定的价格买入或卖出一定数量的资产；而期权合约的独特之处在于其多头方获得了按合约约定买（或者卖）某种资产的权利，完全没有义务（他也可以不进行买卖），而其空头方则只有按照多头方要求履行买卖的义务，全然没有权利。

名师解惑

option 在英文中的含义就是选择权的意思，所以期权的本质就是一种权利，这个权利可以选择决定合约是否生效。

- **看涨期权**（call option）：当标的资产价格上涨到某一位置时，可以较低的价格买入，从而盈利。若标的资产价格并未上涨到可盈利的价位，则可选择不执行这项权利。看涨期权其实是一个买权，即约定以某一价格买入一个资产的权力。
- **看跌期权**（put option）：当标的资产价格下跌到某一位置时，可以较高的价格卖出，从而盈利。若标的资产价格并未下跌到可盈利的价位，则可选择不执行这项权利。看跌期权其实是一个卖权，即约定以某一价格卖出一个资产的权力。

在漫长的世界金融发展史中，金融创新总是迎合着市场参与者的实际需求。在远期和期货出现以后，虽然在一定程度上满足了人们对于消除未来不确定性的需求，但是众所周知，无论市场行情如何，投资者的心理状态只有两种——贪婪与恐惧。在市场向好，投资者收益不断上涨时，他们会忽视风险，追逐更多利益，表现为贪婪；当市场萎靡，投资者遭受重大损失时，他们往往会受恐惧支配，不敢改变既有投资策略，任由损失扩大。结合期权的定义，可以得知，期权的本质就是一种权利和义务不对等的远期合约，期权买者只希望享受预期正确所获得的利益，而不愿意付出预期错误所付出的代价，归根结底，期权的出现恰恰迎合了投资者贪婪而又不愿意承担贪婪导致的不良后果这一迫切需求。投资者一旦持有期权，则万一未来标的资产的价格与预期相悖，他可以合理违约而不承担后果。但是显而易见，期权买方违约必将使期权卖方遭受损失，期权买方必须在初期补偿未来可能的违约行为给期权卖方造成的损失，否则这项交易不可能达成。于是，期权卖方的或有损失在初期以期权费的形式由期权买方支付给期权卖方。从本质上来说，既然期权买方在初期愿意以期权费的形式付出成本，则说明他相信持有期权能够在未来带来比期权费更多的收益。作为理性人，期权买方已经权衡了利益与成本。以看涨期权买方为例，他以有限的代价换取了获得（几乎）无限收益可能性。

1.3 衍生产品分类

国际上金融衍生产品种类繁多，活跃的金融创新活动接连不断地推出新的衍生产品。金融衍生产品主要有以下几种分类方法（见图 9-1）。

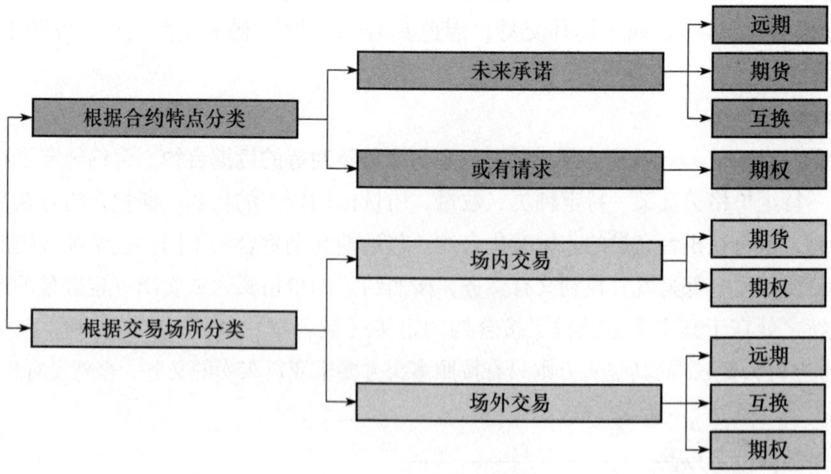

图 9-1 衍生产品的分类

考点说明

CFA 复习中凡是出现“分类”“比较”“优缺点”等都是重点，因为针对这些内容协会出考题比较容易。

考试中衍生产品部分会给出某产品的特征及分类描述，根据描述内容让你选择合约种类，只有真的掌握了合约的特征才能做出正确选择，因此不能仅仅粗略地记忆合约分类方式，应更侧重于合约的特征。

根据合约特点分类

- 远期承诺（forward commitment）：承诺就是说到就要做到，即买卖双方在当下定下的在未来某个时刻进行交易的承诺。在那个时候，买方同意从卖方买入特定资产，卖方同意向买方卖出特定资产，原则上双方都不能违约。
- 或有求偿（contigent claim）："或有求偿"是指只有当某一特定事项（触发条款）发生时才会使得合约得到履行的衍生品类型。典型例子就是期权合约，以看涨期权为例，只有标的资产的市场价格高于合约规定的价格，期权买家才履行合约。

名师解惑

远期承诺 vs. 或有求偿

远期承诺本质是一个承诺。远期承诺有远期、期货和互换，表示说到就要做到，但现实中并不一定，我们知道贷款也有违约的，不是一定有保障，但合约的最初缔约目的是说到做到。或有求偿是在一定条件下生效的合约。在现实中，订婚是一个远期承诺的例子，签一个合约，将未来双方锁定，但不一定不违约，还是有可能存在违约风险的。

术语解释

远期承诺

long（长头寸）：指**买入**标的物

short（短头寸）：指**卖出**标的物

或有求偿

long：指**获得**一个权利

short：指**卖出**一个权利

call：指**买入**标的物的权利

put：指**卖出**标的物的权利

记忆方法

金融里面设置一些莫名其妙的词，即特定术语，我们说买入是long，卖出是short。

这里介绍有一个记忆方法，long就是变多了变长了，就是买入，short就是变少了变短了，就是卖出。

但是对于未来承诺与或有请求来讲，long与short针对的标的不同。也是说，未来承诺的long、short针对的是实际标的物，而对于或有请求来说，long与short针对的是权力，即买权和卖权，而不是标的物，long表示投资者支付期权费买入权利，short表示投资者卖出权利获得期权费。

根据交易场所分类

- **场内交易**（exchange traded）：又称交易所交易，指所有的供求方集中在交易所进行竞价交易的交易方式。这种交易方式具有交易所向交易参与者收取保证金、同时负责进行清算和承担履约担保责任的特点。此外，由于每个投资者都有不同的需求，交易所事先设计出标准化的金融合同，由投资者选择与自身需求最接近的合同和数量进行交易。所有的交易者集中在一个场所进行交易，这就增加了交易的密度，一般可以形成流动性较高的市场。期货交易和部分标准化期权合同交易都属于这种交易方式。芝加哥交易所（CBOT）成立于1848年，该交易所将农场主和商人汇集到一起，最初CBOT的职能是将交易谷物的数量和质量标准化。

➤ **场外交易**（over the counter，OTC）：又称柜台交易，指交易双方直接成为交易对手的交易方式。这种交易方式有许多形态，可以根据每个使用者的不同需求设计出不同内容的产品。同时，为了满足客户的具体要求，出售衍生产品的金融机构需要具有高超的金融技术和风险管理能力。场外交易不断产生金融创新。但是，由于每笔交易的清算是由交易双方相互负责进行的，交易参与者仅限于信用程度高的客户，需要密切关注交易对手的信用风险（交易对手存在不履行合约的可能）。互换交易和远期交易是具有代表性的场外交易的衍生产品。一般来说，由于场外交易的交易双方可以自由商谈来达成双赢的合约，灵活性比场内交易大，所以场外交易的金额数量往往会大于交易所内的交易。

名师解惑

根据交易场所分类：exchange-traded & over-the-counter traded。

exchange-traded：在一个固定的交易所交易。多空双方不直接见面，与清算所交易（A→clearinghouse→B）。

清算所作为所有买家的卖家和所有卖家的买家，起到了重要的桥梁作用。

OTC traded：没有固定交易场所，多空双方直接交易（A→B）。

由做市商或经纪人作为中介以达成交易。

场内交易	场外交易
标准化——增强了流动性	特质性
交易双方都和清算所结算	和对手方加以交易，存在违约风险
在真实存在的交易所交易	不在一个集中地点交易，一般通过电话
被严密监管	不受监管

1.4 衍生产品的优点及缺点

在今天的金融市场上，衍生产品非常受欢迎，获得了巨大的发展。这显然是和衍生产品的功能和作用分不开的。当然并不是说所有的衍生产品都具有完全相同的功能，它们各有所长，也各有所短，因而在市场中都具有独特的地位和作用。

衍生产品的优点

➤ **价格发现** 以期货为例，现货价格与期货价格之间存在一定的定量关系。根据现有的信息可以预测未来现货的价格变化。期货市场上买卖双方通过公开竞价形成的成交价格具有较强的权威性和超前性，是不同交易者对目前市场供求关系的认识和对未来市场预期的综合反映。期货价格也具有较强的连续性。与反映若干间断时点的现货价格相比，期货价格能够动态地反映不断变化的市场供求关系。因为在期货市场上，标准化的合约买卖总是持续地进行，交易者可以不断地根据所获得的最新信息修正原先对市场的看法，形成新的成交价格。举例来说，6 个月的大豆期货价格已经包含了市场参与者对未来宏观经济形势、行业发展前景、天气情况等各类影响大豆未来价格的因素。

- **规避价格风险**　面临价格风险的经济主体，通过放弃某些权利的可能性来规避风险，即套期保值（hedge）。例如，石油化工厂商面临原油价格波动的风险，当原油价格大幅上涨时，即使生产销售等活动完成很好，也会亏损。而当原油价格大幅下跌时，即使生产销售等活动一塌糊涂，也可能赚得利润，即公司的盈利状况无法预测，具有很大不确定性。通过参与石油期货交易，事先买入期货合约，可以锁定未来需要的原油成本，从而消除面临的价格风险，就能够专注于生产销售活动。
- **投机**　由于期货价格波动很大，提供了通过正确预测未来价格来获取利润的可能性。通过承担额外的风险来获取利润的行为就称为投机。当成功预测未来价格时，投机者就获得利润；当错误预测未来价格时，投机者就会遭受亏损。投机者获得利润的能力取决于对未来价格的预测能力。

名师解惑

很多人认为“投机”这个词是个贬义词，其实投机者在衍生品市场中起到了重要的作用。投机者所承担的这种风险正是套期保值者希望回避的，所得到的获利机会也正是套期保值者所放弃的，即通过衍生产品交易，套期保值者将价格风险和盈利机会都转移给了投机者。正好具有相反风险回避需求的套期保值者很少，因此如果无投机者存在，衍生产品市场交易不活跃，套期保值者很难找到匹配的交易对手。投机者的存在大大提高了衍生产品市场交易活跃程度和流动性，适度的投机是金融市场得以存在的重要基础之一。

- **降低交易成本**　由于衍生产品都是基于一定的标的资产（基础资产）衍生出来的，因此在很多情况下，投资者可以通过持有一种或几种衍生产品，作为标的资产头寸的一种替代。用衍生产品代替标的资产头寸，具有一个很突出的优点，就是交易成本大大降低。比如，一个买入一份 100 万美元美国国债期货合约的投资者，可能只需要承担 100 美元的初期交易成本（不考虑保证金），这使得衍生产品常常成为比其标的资产更具吸引力的投资工具。

衍生产品缺点

- **高杠杆性**　衍生产品往往以高风险著称，其高杠杆的交易特征是主要原因之一。金融衍生品的高杠杆率使得一旦操作失误将发生很大的损失。投资者以小博大可能获得大量利润的同时也承担了巨大的风险。从而有许多人批评金融衍生品市场风险大、投机性强，与赌博非常类似。

名师解惑

举例子说明为什么杠杆高。

事实上，衍生产品的高杠杆性是双刃剑，既可以给投资者带来巨额收益，也可以使投资者遭受巨大损失。举例来说，一只股票现在的价格为 10 元，投资者预期在 3 个月后的股价为 15 元，他可以采取两种投资策略，第一，以 10 元作为成本购入股票，等到 3 个月后抛售，如果他的预期正确，则收入为15元，持有期收益率为（15－10）/10＝50%；第二，他与对手方签订一个以该股票为标的资产的3个月远期合约，如果预期正确，作为远期多头，他可以以10元买入该股票，随即在市场上以15元抛售，净收益为5元，但是由于他在初期投入成本为0，则持有期收益率为（5－0）/0＝无穷大。然而，如果他的预期错误，即使3个月后股票价格仅跌至9元，持有期收益率也是无穷小。这个例子形象说明了高杠杆性的两面性——既是获得巨大收益的推手，也是遭受巨大损失的黑手！

➢ **结构复杂** 衍生产品可以说是结构最复杂的金融产品，因为其标的资产既可以是实物资产，又可以是金融资产，有时候还可以是**其他衍生产品**，比如互换期权（swaption），就是互换与期权的结合产品，本质是一个期权，标的资产是一个互换合约，表示拥有一个以约定价格进入一个互换合约的权力。所以涉及衍生产品的交易很多都具有复杂的结构。结构复杂带来的问题是提高了进入衍生品市场的门槛，使得大量不具有专业知识的投资者无法参与交易。

考点总结

尽管投机是衍生产品的功能之一，而过度投机可能带来市场的剧烈波动，但这是不是说衍生产品交易会增加风险呢？

这种想法是错误的。虽然衍生产品自身的价格波动很大，风险性较高，但衍生产品的重要功能之一就是风险管理。通过衍生产品的开发和交易，市场主体可以将分散在社会经济各个角落里的市场风险、信用风险等集中到衍生品交易市场中集中匹配，然后分割、包装并重新分配，使套期保值者规避营业中的大部分风险，不承担或只承担极少一部分风险（如在期货市场上的套期保值要承担基差风险，期权交易要承担期权费等）。对于整个社会来说，衍生品本身并不凭空增加风险，而是将社会整体风险再分配的有效工具。

1.5 无风险套利及无套利定价原则

考点说明

无套利定价原则是衍生产品定价的重要原理。衍生产品定价就是多空双方在合约中约定究竟应该以多少金额买卖标的资产的过程。比如约定￥3/瓶的价格在3个月后买水，为什么不约定是￥3.2/瓶或者是￥2.8/瓶呢？明确在未来交易价格的过程就是衍生品定价。CFA一级考试对于衍生品如何定价不做要求，但是定价背后的重要原理——无套利定价原则需要掌握。

当同一个商品在不同市场以不同价格进行交易时，交易者可通过在较低价格的市场买入该商品，同时马上以较高价格在其他市场卖出该商品，此时可在没有任何风险的情况下获得确定的收益。套利是指利用一个或多个市场存在的价格差异，在不冒任何损失风险且无须投资者自有资金的情况下获取利润的行为。因此只要同样的商品以不同的价格进行交易就存在套利机会。

一价定律 两个在未来能够产生相同现金流的证券（或组合）应当具有相同的价格。这里的“相同”指的是这两个证券（或组合）未来产生现金流的数量、时点、获得的可能性（风险）完全一致。如果二者不一致，则会产生套利机会。

名师解惑

有套利机会不一定就能够套利，因为如果交易成本较高，则套利收益尚不能弥补套利发生的交易成本，则套利无法实现。

无套利原则 在竞争性的金融市场上，一切金融工具的理性价格都是均衡的，不存在套利机会。一旦金融工具的价格偏离平衡价格，就会出现套利机会，第一个发现套利机会的投资者将立即利用此机会获得无风险利润（通过买入被低估资产同时卖出被高估资产）。从理论上说，当金融市场出现无风险套利机会时，每一个交易者都可以构筑无穷大的无风险套利组合来赚取无穷大的利润。这种巨大的套利头寸成为推动市场价格变化的力量，迅速消除套利机会。所以，理论上只需要少数套利者（甚至一位套利者），就可以使金融市场上失衡的资产价格迅速回归均衡状态。因此可以认为绝大部分时候金融工具的价格是均衡价格，不存在套利机会；无套利原则是期货合约、期权以及其他金融工具定价的基本原则。

名师解惑

无套利定价原则如何适用于衍生品定价？

举一个简单例子，一只不分红股票的预期收益率为15%，现在的价格为100元，1年期无风险利率为5%，而现在以该股票为标的资产的远期合约价格为106元，问是否具有套利机会？如果有，则该远期合约的均衡价格应是多少？

解：无套利定价原则的核心是“复制”，可以用无风险证券（向银行借款）和远期合约来复制该股票。分析如下。

在当期，向银行借款100元，实际上相当于进入价值为100元的无风险证券的空头，现金流入100元，用这100元购买股票现货，相当于进入股票多头，现金流出100元，同时卖出一份执行价格为106元的远期合约，没有现金流变化，相当于进入远期合约空头，则在当期净投资成本为0，投资者状态是无风险证券空头、股票多头和远期合约空头。一年以后银行借款到期，还给银行本息共105元，现金流出105元，手中持有的股票价值为S元，此时买卖双方履行远期合约，以106元的价格将手中的股票卖出，现金流入106元，于是到期现金净流入为$106-105=1$元。需要注意的是，不管股票价格如何变化，未来的1元现金净流入是确定的，也就是说不存在风险，而初期净投资成本为0，表明这1元就是无风险套利。如果投资者发现了这一无风险套利机会，则在初期，投资者会买入大量股票，卖出大量远期合约，直接导致远期合约价格从106元下降。那么如果远期合约期初价格为104元呢？此时在初期投资者会卖空股票，得到100元，处于股票空头，继而将这100元存入银行，处于无风险证券多头，同时买入远期合约，处于远期多头。在到期日，投资者从银行取得105元，履行远期合约，付出104元购得股票，然后将股票空头平仓，同样可以获得1元的无风险套利。于是初期投资者会卖空大量股票，买入大量的远期合约，直接导致远期合约价格从104元上升。最终我们发现，只有远期合约价格为105元时，才会消除套利机会，因此远期合约的合理价格就是105元，这是利用无风险套利原则为衍生品定价的典型例子。其他更为复杂的金融衍生产品也可以利用类似方法定价。

这里需要注意的是，只有在一个可以“做空”的市场上才能复制各类证券。

2 衍生品的定价和估值

必会知识点

- 标的资产的定价如何影响衍生产品的定价
- 无套利定价原则
- 远期合约的定价和估值
- 远期合约价格和期货价格的不同
- 互换合约的定价和估值
- 欧式期权的定价和估值
- 美式期权的定价和欧式期权有什么区别

2.1 衍生品定价基本原理

对大多数风险资产来说，资产的现值是资产未来某一时点价值的折现。由于未来资产价格的不确定性，折现率应该是无风险利率加上风险溢价。持有资产可能会产生成本，例如存储费用和保险费用。对于金融资产来说，这些成本费用是较低的。另外一种需要考虑的成本是用于购买资产的资金的机会成本，通常是购买资产的成本乘以无风险利率，在资产持续期内复利计算。

考点总结

- 便利收益率和持有成本对衍生产品价格的影响（convenience yield and cost of carry）；
- 无套利定价原理。

便利收益率与持有成本

便利收益率（convenience yield） 当存在市场交易限制时，在远期无套利定价模型中，对持有成本进行的调整，反映了市场对未来商品可获得性的预期。在期货合约有效期间，商品短缺的可能性越大，则便利收益就越高。若商品使用者拥有大量的库存，则在不久将来出现商品短缺的可能性很小，从而便利收益率会比较低。另外，较低的库存导致较高的便利收益。

持有成本（cost of carry） 指的是存储成本加上融资购买资产所支付的利息，再减去该资产所得的收益。对于不支付红利的股票，持有成本就是 r，因为既无存储成本，又无收益；对于一个股票指数，持有成本是 $r-q$，因为资产的收益率是 q；对于商品而言，若其存储成本与价格的比例为 u，则持有成本为 $r+u$。

考虑以上提到的成本和收益，我们可以定义通过资产未来的价值确定资产的现值：

$$\text{现值} = \text{预期未来价格} / (1 + \text{无风险利率} + \text{风险溢价})T + PV(\text{持有资产收益}) - PV(\text{持有资产成本})$$

如果投资者是风险厌恶的，那么他们会要求一个正的风险溢价，如果投资者是风险中性的，他们要求的回报率就是无风险利率。

衍生品的定价和风险资产的定价不同，衍生品定价使用的是无套利原则，下面我们就具体地来说什么是无套利定价原则。

无套利定价原则

无套利原则 在竞争性的金融市场上，一切金融工具的理性价格都是均衡的，不存在套利机会。一旦金融工具的价格偏离平衡价格，就会出现套利机会，第一个发现套利机会的投资者将立即利用此机会获得无风险利润（通过买入被低估资产同时卖出被高估资产）。从理论上说，当金融市场出现无风险套利机会时，每一个交易者都可以构筑无穷大的无风险套利组合来赚取无穷大的利润。这种巨大的套利头寸成为推动市场价格变化的力量，迅速消除套利机会。所以，理论上只需要少数套利者（甚至一位套利者），就可以使金融市场上失衡的资产价格迅速回归均衡状态。因此可以认为绝大部分时候金融工具的价格是均衡价格，不存在套利机会；无套利原则是期货合约、期权以及其他金融工具定价的基本原则。

在传统的证券市场，两种资产的未来价格相同的情况很少出现。但是对于衍生产品来说，衍生品的风险完全来自标的资产的风险，这样我们就能构建一个组合，组合包括标的资产和一份衍生产品，这个组合消除了未来价格的不确定性。因为该组合未来的现金流是确定的，我们可以通过未来结算价以无风险利率折现的方式计算出现值。在无套利定价原则下定出的组合现值可以确定组合的收益是无风险利率。资产的多头和衍生品的空头可以用下式表示：

$$\begin{aligned}&0\text{ 时刻资产多头}+0\text{ 时刻远期合约空头}\\&=(T\text{ 时刻资产结算价}+T\text{ 时刻远期合约空头结算价})/(1+\text{无风险利率})^{T}\end{aligned}$$

因为远期合约到期时，在 T 时刻的结算价是从完全对冲风险的头寸中得到的，T 时刻的价值在期初就确定了。只要上述等式成立就不存在套利空间。

名师解惑

无套利定价原则如何适用于衍生品定价？

举一个简单例子，一只不分红股票的预期收益率为15%，现在的价格为100元，1年期无风险利率为5%，而现在以该股票为标的资产的远期合约价格为106元，问是否具有套利机会？如果有，则该远期合约的均衡价格应是多少？

解：无套利定价原则的核心是“复制”，可以用无风险证券（向银行借款）和远期合约来复制该股票。分析如下。

在当期，向银行借款100元，实际上相当于进入价值为100元的无风险证券的空头，现金流入100元，用这100元购买股票现货，相当于进入股票多头，现金流出100元，同时卖出一份执行价格为106元的远期合约，没有现金流变化，相当于进入远期合约空头，则在当期净投资成本为0，投资者状态是无风险证券空头、股票多头和远期合约空头。一年以后银行借款到期，还给银行本息共105元，现金流出105元，手中持有的股票价值为 S 元，此时买卖双方履行远期合约，以106元的价格将手中的股票卖出，现金流入106元，于是到期现金净流入为 $106-105=1$ 元。需要注意的是，不管股票价格如何变化，未来的1元现金净流入是确定的，也就是说不存在风险，而初期净投资成本为0，表明这1元就是无风险套利。如果投资者发现了这一无风险套利机会，则在初期，投资者会买入大量股票，卖出大量远期合约，直接导致远期合约价格从106元下降。那么如果远期合约期初价格为104元呢？此时在初期投资者会卖空股票，得到 100 元，处于股票空头，继而将这 100 元存入银行，处于无风险证券多头，同时买入远期合约，处于远期多头。在到期日，投资者从银行取得 105 元，履行远期合约，付出 104 元购得股票，然后将股票空头平仓，同样可以获得 1 元的无风险套利。于是初期投资者会卖空大量股票，买入大量的远期合约，直接导致远期合约价格从 104 元上升。最终我们发现，只有远期合约价格为 105 元时，才会消除套利机会，因此远期合约的合理价格就是 105 元，这是利用无风险套利原则为衍生品定价的典型例子。其他更为复杂的金融衍生产品也可以利用类似方法定价。

这里需要注意的是，只有在一个可以“做空”的市场上才能复制各类证券。

2.2 远期合约的定价与估值

远期合约的定价

因为远期合约买卖双方的任何一方不会在期初有现金交易，这样就要求远期合约的价格必须在期初确定以保证合约的价格在期初为零。为了了解远期合约价格是怎么定出来的，我们假设资产的储存成本和收益为零，资产的净成本简单的定义为资金的机会成本，这里我们认定为无风险利率。

在这些条件下，资产在 T 时刻的远期价格 $F_0(T)$ 必定等于资产的现值 S_0，公式为：

$$F_0(T) = S_0(1 + R_f)^T, \frac{F_0(T)}{S_0} = (1 + R_f)^T$$

如果远期合约价格大于 $F_0(T)+$，也就是大于 $S_0(1+R_f)^T$，套利者就可以卖空一份远期合约，在合约到期时（T 时刻）约定以 $F_0(T)+$ 价格卖出资产，同时在期初贷款 S_0，并以 S_0 价格买入资产，在期初并不用现金投入。在 T 时刻，套利者会交付资产得到 $F_0(T)+$，并且还贷款本息 $S_0(1+R_f)^T$，这样就可以获利 $F_0(T)+$ 与 $S_0(1+R_f)^T$ 的差额。

远期合约的估值

当远期合约满足无套利定价原则，远期合约在期初的价值为：

$$V_0(T) = S_0 - \frac{F_0(T)}{(1 + R_f)^T} = 0，因为 S_0 = \frac{F_0(T)}{(1 + R_f)^T}$$

在远期合约的存续期内（$t<T$），合约的价值为：

$$V_t(T) = S_t - \frac{F_0(T)}{(1 + R_f)^{T-t}}$$

在合约到期 T 时刻，折现因子为 $(1+R_f)^0=1$，远期合约的结算价格为 $S_T - F_0(T)$，即到期时资产的即期价格与远期合约价格的差额。

远期利率合约 FRA

➢ **FRA 收益的定性分析** 如果市场利率在远期利率协议到期日高于协议利率，则多方（借款方）从空方（贷款方）接收到一笔现金；如果市场利率在利率远期协议到期日低于协议利率，则空方（贷款方）从多方（借款方）接收到一笔现金。

➢ **FRA 收益的定量分析** 远期利率协议合约到期日的支付金额可以看作到期日当天的市场无风险利率与协议利率之间的利息成本之差的现值。

总而言之，在合约到期日，多方获得的收益是：

$$(notional\ principal)\left[\frac{(floating\ rate\ at\ settlement-forward\ rate)\left[\frac{days}{360}\right]}{1+floating\ rate\ at\ settlement\left[\frac{days}{360}\right]}\right]$$

其中，$days = number\ of\ days\ in\ the\ loan\ term$。

很明显，如果在合约到期日，浮动利率（floating rate，一般而言就是指LIBOR）高于协议利率（forward rate），则多方（借款人）可以从空方（贷款人）那里获得一笔利息补偿，此时对多方来说，合约收益大于零，以此用来弥补实际从市场上贷款带来的利息损失。

相反，如果在合约到期日，浮动利率低于协议利率，则多方（借款人）向空方（贷款人）支付一笔利息费用，此时对多方来说，合约收益小于零。在这里需要注意的是，自始至终多方并未实际向空方借款，多方最终还是以市场浮动利率借款，只不过规避了由于利率上升而导致的损失（同时也舍弃了由于利率下降而带来的收益）。多方通过FRA，从而将未来借款的成本锁定，这是他进入FRA的根本目的。

➢ 合成 **FRA** 如果不想签订一份远期合约但同时想锁定未来某一时刻的借贷成本，银行可以构造两笔贷款，也就是合成FRA。一家银行可以借入一笔持续期为120天的资金同时出借30天的资金。30天结束后，银行收回30天贷款同时继续持有90天的贷款。这笔90天的贷款利率取决于期初30天和90天的即期利率，这样就合成了1×4FRA。

考点总结

payoff计算注意事项：

➢ CFA考题中给出的利率一般为年利率，需要月度化。

➢ FRA采取的是单利计算。

➢ 在计算浮动利率与协议利率之差后，切记要乘以名义借款本金。

➢ 合约到期日的支付额度是到期日当天的市场利率与协议利率之间的利息成本之差的现值。

➢ 折现率就是到期日的市场利率，同样要记得将市场利率月度化。

【例1】 30天的LIBOR为6%，计算借款者在借入100万美元的债务后，在30天后需要支付的本金与利息总额。

答案 利息为\$1 000 000×0.06×(30/360)=\$5 000。30天后借款者需要连本带利偿还\$1 000 000+\$5 000=\$1 005 000

【例2】 一份远期利率合约（FRA）的期限为30天，本金为100万美元，标的利率为90天的LIBOR，执行价格为5%。假设在合约到期日90天的LIBOR为6%，计算在到期日的合约支付额，并且确定由合约哪一方支付。

答案 由于在到期日90天实际的LIBOR高于执行价格，则多方得利，空方需要向多方支付（0.06－0.05）(90/360)×1million=0.002 5×1million=\$2 500，这实际上是空方补偿给多方的实际借款利息。

2.3 期货合约的定价与估值

与远期合约相似点

➢ 交割方式：都可以实物交割或者现金交割；

➢ 进入合约时合约双方是平等的，此时合约价值为0。

与远期合约区别

期货合约和远期合约虽然都是在交易时约定在将来某一时间按约定的条件买卖一定数量的某种标的物的合约，但它们在以下几方面也存在着显著的区别（见表9-1）。

表9-1 期货合约与远期合约的区别

远期合约	期货合约
场外交易，为交易双方的私下合约	交易所交易，标准化
定制化合约（非标准化）	标准化合约
存在信用风险（违约风险）	清算所确保合约双方不违约，几乎无违约风险
无监管	有监管
通常只有单一交割日	有一系列的交割日
通常会发生实物或现金交割	合约通常在到期前会被平仓
合约到期时结算	盯市（mark to market），即每日结算
无须缴纳保证金	需要交纳保证金

区分远期合约和期货合约如下。

➢ 交易地点

- 远期交易通常没有固定的交易场所，是一个无组织的效率较低的分散市场。银行等金融机构在金融远期的交易中扮演了极为重要的角色。
- 期货交易则主要在交易所内集中进行，交易所不仅为期货交易提供了相对固定的交易场所，而且还为期货交易制定了许多严格的交易规则（如涨跌停板制、最小价格波动幅度、最大持仓限额、保证金制度等），并为期货交易提供了信用担保。因此，相对远期市场而言，可以说期货市场是一个有组织有秩序的统一市场。

➢ 合约定制化 vs. 标准化

- 远期交易遵循"契约自由"的原则，合约中的相关条款如标的物的种类、质量、数量、交割地点和交割月份等都可由交易双方根据需要协商确定，具有很大的灵活性，但因此也给合约的转让及流通造成了很大的麻烦，直接导致了远期合约二级市场的不发达。因此，绝大多数远期合约只能通过到期实物交割来履行。
- 期货合约则是由交易所推出的标准化合约，合约中除价格外的其他有关条款均由交易所统一规定。尽管期货合约在灵活性上不如远期合约，但标准化却大大便利了期货合约的订立和转让，使期货合约具有极强的流动性和吸引力。

➢ 违约风险

- 远期合约的履行通常仅以签约双方的信誉为担保，有着极高的信用风险。即便在签约时采取了交纳定金、第三方担保等措施，远期合约交易中的违约、毁约现象仍时有发生，因而签约前一定要对对方的信誉和实力等作充分的了解。
- 期货合约的履行则由交易所或清算公司提供担保。交易双方直接面对的都是交易所，即使一方违约，另一方也不会受到丝毫影响。而交易所之所以能提供这种担保，主要是依靠完善的保证金制度和清算会员之间的连带无限清偿责任来实现的。可以说，期货交易的违约风险几乎为零。

➢ **监管**

- 远期合约仅有交易双方参与，无相应部门进行监督；
- 而期货合约交易信息都公开，由中央银行、证券与交易委员会进行监管。尽管远期合约和期货合约存在这些区别，但有着更多相似之处，实际上期货合约是一种特殊的远期合约。在进行理论研究时，一般忽略两者间的区别。

➢ **交割时间**

- 远期合约签订后，只有到期才进行交割清算，其间均不进行结算。
- 期货交易则是每天结算的。当同品种的期货市场价格发生变动时，就会对所有该品种期货合约的多头和空头产生浮动盈余或浮动亏损，并在当天晚上就在其保证金账户体现出来。因此当市场价格朝自己有利的方向变动时，交易者不必等到到期就可逐步实现盈利。当然，若市场价格朝自己不利的方向变动时，交易者在到期之前就需要付出亏损的金额。

➢ **保证金**

- 远期合约无须交保证金，交割前无现金流发生。
- 而期货合约必须交保证金并实行盯市，每天都有现金流发生。

名师解惑

标准化（standardized）

期货合约的合约规模、交割日期、交割地点等都是标准化的，即在合约上有明确的规定，无须双方再商定，价格是期货合约的唯一变量。因此，交易双方最主要的工作就是选择适合自己的期货合约，并通过交易所竞价确定成交价格。当然，不同期货合约的交割月份、交割地点等往往也有较大的差异，同种金融工具的期货合约也可以有不同的交割月份，但这也都是由交易所事先确定，并在合约中事先载明的。

期货合约和远期合约的价格比较

为什么远期合约与期货合约的价格实际是不同的？是由于期货合约逐日盯市，期货合约的每日盈亏与利率相关。

价格与利率正相关：

➢ 利率上升价格上升，期货多头赚钱，期货多头盈利能以更高的收益率进行再投资。

➢ 利率下降价格下降，期货多头亏钱，期货多头亏损能以更低的借款成本补足保证金。

价格与利率负相关：

➢ 利率上升价格下降，期货多头亏钱，期货多头亏损要以更高的借款成本补足保证金。

➢ 利率下降价格上升，期货多头赚钱，期货多头盈利要以更低的收益率进行再投资。

如果价格与利率正相关，投资者偏爱期货合约的盯市制度，推升期货合约价格。如果价格与利率负相关，投资者会偏爱远期合约而不会选择期货合约。因为短期国债期货与欧洲美元期货的收益率与价格成反比，价格与利率负相关会导致期货合约价格较低，从而反推出期货合约隐含的远期利率较高。

2.4 互换合约的定价与估值

如果我们假设没有违约风险，利率互换可以通过分解成一个债券的多头与另一个债券的空头来定价，也可以通过分解成一个远期利率协议的组合来定价。

贴现率

在给互换和其他柜台交易市场上的金融工具定价的时候，现金流通常用LIBOR零息票利率贴现，这是因为LIBOR反映了金融机构的资金成本。这样做的隐含假设是被定价的衍生工具的现金流的风险和银行同业拆借市场的风险相同。

运用债券组合给利率互换定价

考虑一个2003年9月1日生效的3年期的利率互换，名义本金是1亿美元。B公司同意支付给A公司年利率为5%的利息，同时A公司同意支付给B公司6个月期LIBOR的利息，利息每半年支付一次（见图9-2和表9-2）。

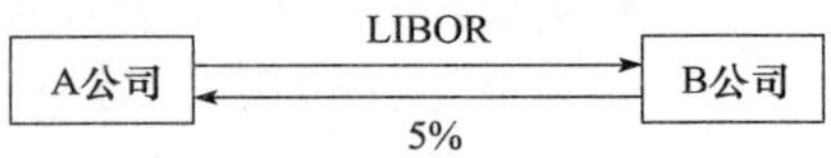

图9-2 A公司与B公司的利率互换

表9-2 利率互换中B公司的现金流量表 （单位：百万美元）

日期	LIBOR（5%）	收到的浮动利息	支付的固定利息	净现金流
2003.9.1	4.20			
2004.3.1	4.80	+2.10	-2.50	-0.40
2004.9.1	5.30	+2.40	-2.50	-0.10
2005.3.1	5.50	+2.65	-2.50	+0.15
2005.9.1	5.60	+2.75	-2.50	+0.25
2006.3.1	5.90	+2.80	-2.50	+0.30
2006.9.1	6.40	+2.95	-2.50	+0.45

上述利率互换可以看成是两个债券头寸的组合。虽然利率互换不涉及本金交换，我们可以假设在合约的到期日，A公司支付给B公司1亿美元的名义本金，同时B公司也支付给A公司1亿美元的名义本金。这不会改变互换双方的现金流，所以不会改变互换的价值。这样，利率互换可以分解成：

- B公司按6个月LIBOR的利率借给A公司1亿美元。
- A公司按5%的年利率借给B公司1亿美元。

换个角度看，就是B公司向A公司购买了一份1亿美元的浮动利率（LIBOR）债券，同时向A公司出售了一份1亿美元的固定利率（5%的年利率，每半年付息一次）债券。因此，对B公司而言，这个利率互换的价值就是浮动利率债券与固定利率债券价值的差。

定义

B_{fix}：互换合约中分解出的固定利率债券的价值。

B_{fl}：互换合约中分解出的浮动利率债券的价值。

那么，对B公司而言，这个互换的价值就是

$$V_{互换} = B_{fl} - B_{fix} \tag{9-1}$$

为了说明式（9-1）的运用，定义

t_i：距第i次现金流交换的时间（$1 \leqslant i \leqslant n$）；

L：利率互换合约中的名义本金额；

r_i：到期日为t_i的LIBOR零息票利率；

k：支付日支付的固定利息额。

那么，固定利率债券的价值为

$$B_{fix} = \sum_{i=1}^{n} k\mathrm{e}^{-r_i t_i} + L\mathrm{e}^{-r_n t_n}$$

接着考虑浮动利率债券的价值。根据浮动利率债券的性质，在紧接浮动利率债券支付利息的那一刻，浮动利率债券的价值为其本金 L。假设利息下一支付日应支付的浮动利息额为 k^*（这是已知的），那么在下一次利息支付前的一刻，浮动利率债券的价值为 $B_{fl}=L+k^*$。在我们的定义中，距下一次利息支付日还有 t_1 的时间，那么今天浮动利率债券的价值应该为：

$$B_{fl} = (L + k^*)\mathrm{e}^{-r_1 t_1}$$

式（9-1）给出了利率互换对一个支付固定利率、收入浮动利率的公司的价值，当一个公司收入固定利率，支付浮动利率的时候，互换对该公司的价值为

$$V_{互换} = B_{fix} - B_{fl} \tag{9-2}$$

【例1】 假设在一笔互换合约中，某一金融机构支付6个月期的LIBOR，同时收取8%的年利率（半年计一次复利），名义本金为1亿美元。互换还有1.25年的期限。3个月、9个月和15个月的LIBOR（连续复利率）分别为10%、10.5%和11%。上一次利息支付日的6个月LIBOR为10.2%（半年计一次复利）。在这个例子中 $k=400$ 万美元，$k^*=510$ 万美元，因此

$$B_{fix} = 4\mathrm{e}^{-0.1\times0.25} + 4\mathrm{e}^{-0.105\times0.75} + 104\mathrm{e}^{-0.11\times1.25} = 0.9824(亿美元)$$

$$B_{fl} = (100 + 5.1)\mathrm{e}^{-0.1\times0.25} = 1.0251(亿美元)$$

因此，利率互换的价值为

$$98.2 - 102.5 = -430(万美元)$$

如果银行持有相反的头寸——收入浮动利率、支付固定利率，那么互换对银行的价值就是+427万美元。

利率互换中固定利率一般选择使互换初始价值为0的那个利率，在利率互换的有效期内，它的价值有可能是负的，也有可能是正的。这和远期合约十分相似，因此利率互换也可以看成远期合约的组合。

运用远期利率协议给利率互换定价

远期利率协议（FRA）是这样一笔合约，合约里事先确定将来某一时间一笔借款的利率。不过在FRA执行的时候，支付的只是市场利率与合约协定利率的利差。如果市场利率高于协定利率，贷款人支付给借款人利差，反之由借款人支付给贷款人利差。所以实际上FRA可以看成一个将用事先确定的利率交换市场利率的合约。很明显，利率互换可以看成是一系列用固定利率交换浮动利率的FRA的组合。只要我们知道组成利率互换的每笔FRA的价值，就计算出利率互换的价值。

考虑表9-2中的B公司，在这个利率互换中，B公司和A公司交换了6次现金流。第一次现金流交换在互换签订的时候就知道了，其他五次利息的交换可以看成是一系列的FRA。2004年9月1日的利息交换可以看作用5%的利率交换在2004年3月1日的6个月的市场利率的FRA，2005年3月1日的利息交换可以看作用5%的利率交换在2004年9月1日的6个月的市场利率的FRA，依此类推。

只要知道利率的期限结构，我们就可以计算出FRA对应的远期利率和FRA的价值，因此运用FRA给利率互换定价的步骤如下。

1. 计算远期利率。

2. 确定现金流。

3. 将现金流贴现。

【例 2】 我们再看例 1 中的情形。3 个月后要交换的现金流是已知的，金融机构是用 10.2% 的年利率换入 8% 年利率。所以这笔交换对金融机构的价值是

$$0.5\times100\times(0.08-0.102)e^{-0.1\times0.25}=-107(\text{万美元})$$

为了计算 9 个月后那笔现金流交换的价值，我们必须先计算从现在开始 3 个月到 9 个月的远期利率。根据远期利率的计算公式㊀，3 个月到 9 个月的远期利率为

$$\frac{0.105\times0.75-0.10\times0.25}{0.5}=0.1075$$

10.75% 的连续复利对应的每半年计一次复利的利率为

$$2\times(e^{0.1075/2}-1)=0.11044$$

所以，9 个月后那笔现金流交换的价值为

$$0.5\times100\times(0.08-0.11044)e^{-0.105\times0.75}=-141(\text{万美元})$$

同样，为了计算 15 个月后那笔现金流交换的价值，我们必须先计算从现在开始 9 个月到 15 个月的远期利率

$$\frac{0.11\times1.25-0.105\times0.75}{0.5}=0.1175$$

11.75% 的连续复利对应的每半年计一次复利的利率为㊁

$$2\times(e^{0.1175/2}-1)=0.12102$$

所以，15 个月后那笔现金流交换的价值为

$$0.5\times100\times(0.08-0.12102)e^{-0.11\times1.25}=-179(\text{万美元})$$

那么，作为远期利率协议的组合，这笔利率互换的价值为

$$-107-141-179=-427(\text{万美元})$$

这个结果与运用债券组合定出的利率互换价值一致。

2.5 期权的定价与估值

期权价格

如前所述，期权是卖方将一定的权利赋予买方而自己承担相应义务的一种交易，作为给期权出售方承担义务的报酬，期权买方必然要支付给期权卖方一定的费用，称为期权费或期权价格。

同样作为避险的金融工具，市场主体在运用期货（远期）进行保值的时候，直接根据需要进入合约的多头方或是空头方，在他们把亏损的可能即风险的不利部分转移出去的同时，也把盈利的可能即风险的有利部分转移出去了，其最大的优点在于获得了确定的市场价格，因而是一种双向保值。而期权则完全不同，一般而言，通过期权保值的市场主体都会选择进入期权的多头方，进一步根据自己买卖的需要选择看涨或看跌期权，在期权交易中，多头方享有执行与否的主动

㊀ 从 T 到 T^* 的远期利率的计算公式为 $\hat{r}=\dfrac{r^*(T^*-T)-r(T-t)}{T^*-T}$。

㊁ 假设 R_c 是连续复利的利率，R_m 是与之等价的每年计 m 次复利的利率，那么 $R_c=m\ln\left(1+\dfrac{R_m}{m}\right)$，$R_m=m(e^{R_c/m}-1)$。

权，因而只把风险的不利部分转嫁出去而保留了风险的有利部分，所以是一种单向保值。很显然，期权是相对更有利的保值工具。然而，市场是公平有效的，避险者进入期货（远期）合约是几乎无需任何初始成本，而进入期权多头方则需要支付相应的成本，即期权费。再进一步拓展思考，市场主体买入期权，就如同向期权卖方投了一个规避市场价格不利变化的保险，因而其支付的期权费与投保人向保险公司支付的保险费在本质上是一致的，都是为了单向规避风险而付出的代价，而这也正是在英文中，期权费和保险费为同一单词（premium）的根本原因。

执行价格

执行价格是指期权合约所规定的，期权买方在行使其权利时实际执行的价格（标的资产的买价或卖价）。显然，执行价格一经确定，期权买方就必然根据执行价格和标的资产实际市场价格的相对高低来决定是否行使期权，由此衍生了期权交易中常用的内在价值、实值、虚值和平价等概念。

定性分析期权合约价值：价值状态

期权的价值状态（moneyness）是定性地判断一个期权赚钱还是不赚钱。可具体分为三种状态。

- **实值期权**（in the money） 如果立即执行权力，权力持有者的利润为正。
- **虚值期权**（out of money） 如果立即执行权力，权力持有者的利润为负。
- **平价期权**（at the money） 如果立即执行权力，权力持有者的利润为零。

显然，在期权可以执行时，期权有无内在价值，将是期权买方行使还是放弃权利的决定因素。

设标的资产市场价格为 S，期权执行价格为 X，看涨期权与看跌期权的货币性如下。

- **实值看涨期权** 如果 $S>X$ 则该看涨期权处于盈利状态，$S-X$ 是指如果期权持有者立即行权，以价格 X 购买一只股票然后以市场价格出售所得的收益。
- **虚值看涨期权** 如果 $S-X<0$，则该看涨期权处于亏损状态。
- **平价看涨期权** 如果 $S-X=0$ 即 $S=X$，则该看涨期权处于盈亏平衡状态。
- **实值看跌期权** 如果 $X-S>0$，则该看跌期权处于盈利状态，$X-S$ 是指如果期权持有者立即行权，以价格 S 购买一只股票然后以 X 价格卖出所得的收益。
- **虚值看跌期权** 如果 $X-S<0$，则该看跌期权处于亏损状态。
- **平价看跌期权** 如果 $S-X=0$ 即 $S=X$，则该看跌期权处于盈亏平衡状态。

价值状态	看涨期权	看跌期权
实值期权	$S>X$	$S<X$
平价期权	$S=X$	$S=X$
虚值期权	$S<X$	$S>X$

注：这里讨论期权价值状态时均不考虑期权费。

定量的分析期权合约价值：内在价值

> **术语解释**
>
> **期权的内在价值**（intrinsic value） 立即执行期权的损益（回报或利润）和零两者的最大值。

下面以欧式期权为例讨论四种期权头寸的损益情况（损益不包括购买期权的费用）。

假设看涨期权的执行价格为 K，到期日标的资产的价格为 S_T。

- 如果 $S_T>K$，那么期权会得到执行，期权持有者会以 K 购买资产，然后以 S_T 卖出，获利为（S_T-K）；

➢ 如果 $S_T \leqslant K$，那么期权持有者将不会执行期权，因为他可以以低于执行价格的价格买到该资产，那么获利为0。

用一个公式来表示：

看涨期权多头的回报为	$\max(S_T-K,\ 0)$
看涨期权空头的回报为	$\min(K-S_T,\ 0)$
看跌期权多头的回报为	$\max(K-S_T,\ 0)$
看跌期权空头的回报为	$\min(S_T-K,\ 0)$

用图形来表示如图 9-3 所示。

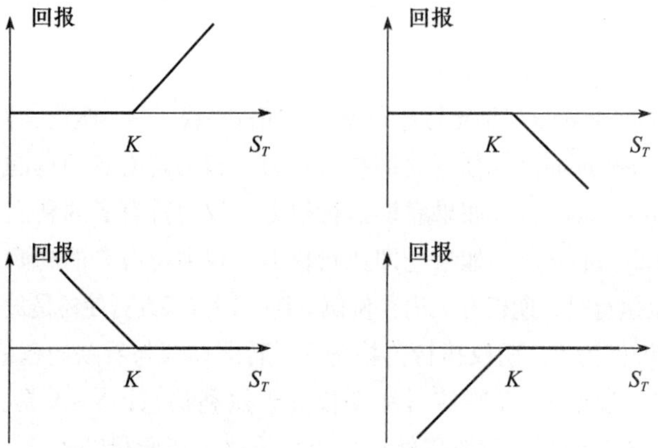

图 9-3 期权的内在价值示意图

图 9-3 中，第一行的两幅图分别表示看涨期权多头与看涨期权空头的回报情况；第二行的两幅图分别表示看跌期权多头与看跌期权空头的回报情况。

值得注意的是，图 9-3 表明的是不考虑期权费情况下的期权损益情况，如果考虑期权费，则期权的内在价值示意图如图 9-4 所示。

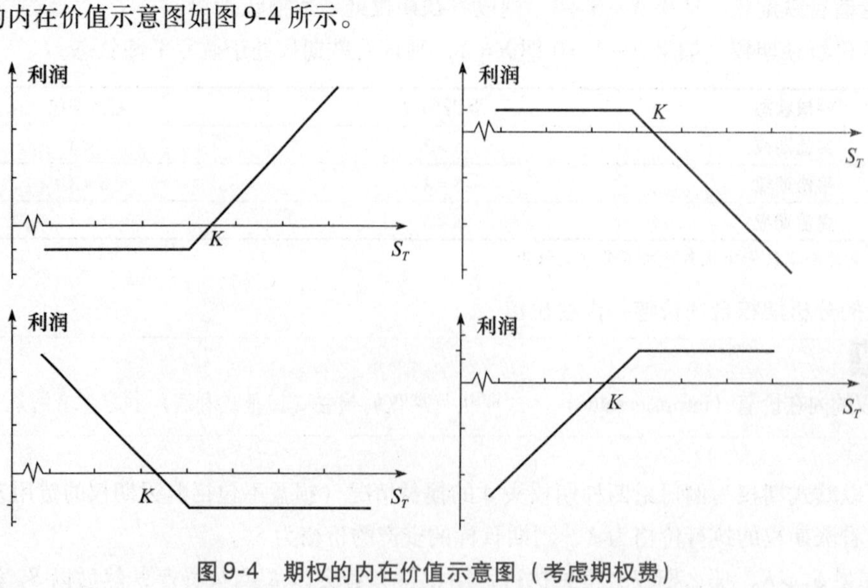

图 9-4 期权的内在价值示意图（考虑期权费）

如果不考虑期权费，则期权的损益称之为“回报”（payoff），如果考虑期权费，期权的损益称之为“利润”（profit，也成为“盈亏”）。

名师解惑

可以看到，看涨期权多头的收益来自资产价格的上涨，看跌期权多头的收益来自资产价格的下跌。这就是为什么称为“看涨”期权和“看跌”期权的原因。

对于期权空头来说，其收益最大不超过期权的价格，对于看涨期权空头来说，其损失是随着到期日资产价格增加而增加的；对于看跌期权空头来说，其损失是随着到期日资产价格下跌而增加的。而且，由于期权只是一种衍生品，和股票债券等资产不一样，除了交易双方，并没有其他现金流入，因此期权交易双方的损益之和是等于零的，也就是说空头的亏损金额总是等于多头的收益，反之亦然。

进一步阐述：期权的盈亏分布详细情况

我们知道，投资者进行某一金融资产的投资，必然是希望从中获取相应的回报（payoff），而其现在为该金融资产支付的合理价格，理论上就应该等于这一回报的现值。进一步来看，如果从将来的回报中减去投资者为此资产支付的价格（暂不考虑利息），就可以得到这一金融资产未来的盈亏状况，即该投资者在这一投资上的真实损益。因此，可以说，一项金融资产的回报和盈亏状况，是投资者最关心的，也可以理解为是金融投资的本质要素。下面我们引入金融资产的回报和盈亏分析，主要介绍期权合约的回报和盈亏分析方法。同时，在期权交易中，市场上广泛存在着将期权、标的资产和其他金融资产相互组合的交易策略，而这些交易策略的实质就是通过不同资产的组合，获取特定的回报和盈亏。

远期和期货的回报和盈亏分析

远期与期货的回报和盈亏情况较为简单，用 K 表示远期的约定价格，S_T 表示远期标的资产的到期价格，则根据以上方法，我们同样可以得到远期多头和空头的回报和盈亏图（见图 9-5）。

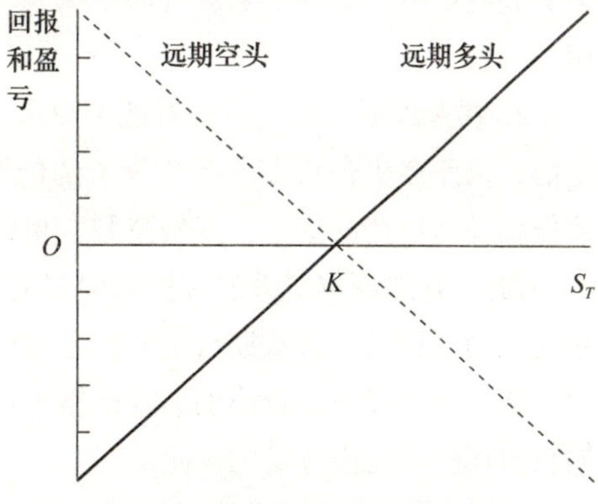

图 9-5　远期合约的回报和盈亏

从图 9-5 中我们可以发现，远期合约到期时的回报和盈亏是相等的，多头为 S_T-K，空头为 $K-S_T$。这是因为一个投资者进入远期合约是无须任何费用的，即初始价格为零。

如果不考虑期货每天结算的特点，期货的到期回报和盈亏状况可以近似地等于远期的回报和盈亏状况。

期权的回报和盈亏分析

为了方便起见，我们引入下列符号，用以代表期权的各个特征。

当前时刻为 t 时刻，期权标的资产（以下一般假设为股票）的当前价格为 S，期权（一般假设为股票期权）在 T 到期（注意是欧式期权），T 时刻标的资产的价格用 S_T 表示，期权的约定执行价格为 X。看涨期权的价格（即期权费）为 c，而看跌期权的价格则为 p。

看涨期权的盈亏分布

看涨期权买方的回报和盈亏分布图如图 9-6a 所示。由于期权买方在买入期权这一资产的时候所支付的价格为期权费，期权的回报和盈亏之间差额即为这笔固定的期权费，因此我们将回报和盈亏放在同一幅图中，它们之间的差距就是期权费的反映。由于期权合约是零和游戏（zero-sum games），买方的回报和盈亏与卖方的回报和盈亏刚好相反，据此我们可以画出看涨期权卖方的回报和盈亏分布图如图 9-6b 所示。

从图 9-6 中我们可以得到两个方面的信息。

1. 期权到期时的价值（即回报）取决于标的资产市价 S_T 与协议价格 X 的差距。对于看涨期权多头而言，其到期时的回报为 $\max(0,\ S_T-X)$，也就是说，如果到期标的资产价格大（等）于执行价格，就执行期权，如果小于执行价格，就不执行期权，到期的回报至少等于零。而看涨期权空头的到期回报则相应地为 $-\max(0,\ S_T-X)=\min(0,\ X-S_T)$，即看涨期权多头的所得（所失）就是空头的所失（所得），而由于多头到期回报至少等于零，从而空头到期的回报至多等于零。

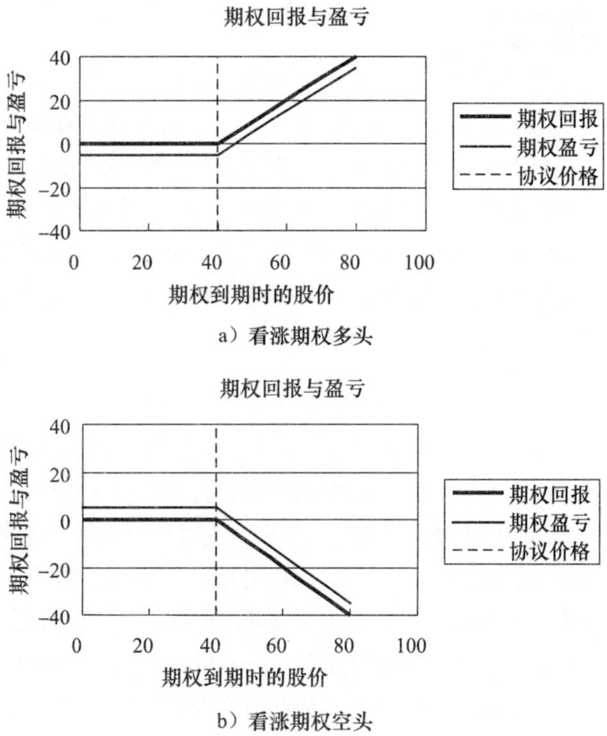

图 9-6　看涨期权回报与盈亏分布图

2. 在考虑期权费之后，看涨期权多头到期的损益为 $\max(0,\ S_T-X)-c$。由于期权费是固定的，因此多头仍然应该在 $S_T=X$ 的价位开始执行期权，但直到 $S_T=X+c$（盈亏平衡点）时才能弥补期权费的损失，开始盈利。相应地，看涨期权空头到期的损益就为 $\min(0,\ X-S_T)+c$。因此，看涨期权买方的亏损风险是有限的，其最大亏损限度是期权价格，而其盈利可能却是无限的。相反，看涨期权卖方的亏损可能是无限的，而盈利是有限的，其最大盈利限度是期权价格。期权买方以较小的期权价格为代价换来了较大盈利的可能性，而期权卖方则为了赚取期权费而冒着无限亏损的风险。

同时，从期权的回报图和盈亏图中，我们也可以再次看到前文所述的内在价值、实值、虚值和平价期权的概念。在看涨期权到期日，其内在价值就等于 $\max(0,\ S_T-X)$，而当 $S_T>X$ 的时候为实值期权，$S_T=X$ 的时候为平价期权，$S_T<X$ 的时候则为虚值期权。

看跌期权的盈亏分布

看跌期权的盈亏分布图如图 9-7 所示。看跌期权多头对于是否要执行期权的决策点仍然是 X，盈亏平衡点则是 $S_T=X-p$，到期的回报是 $\max(0,\ S_T-X)$，损益是 $\max(0,\ X-S_T)-p$。也就是说，当标的资产的市价跌至执行价格点时，执行看跌期权可以开始弥补初期的期权费支出；当标的资产的市价跌至盈亏平衡点以下时，看跌期权买方就可获利，价格越低，收益越大。由于标的资产价格最低为零，因此看跌期权多头最大盈利限度是 $X-p$。如果标的资产市价高于协议价格，看跌期权买方就会亏损，其最大亏损是期权费。看跌期权卖方的回报和盈亏状况则与买方刚好相反，其到期回报为 $-\max(0, X-S_T)=\min(0, S_T-X)$，到期盈亏为 $\min(0, S_T-X)+p$，即看跌期权卖方的盈利是有限的期权费，亏损也是有限的，最大亏损金额为 $X+p$。

在看跌期权到期日，其内在价值为 $\max(0, X-S_T)$。对于看跌期权条件而言，$S_T<X$ 的期权是实值期权，$S_T=X$ 的期权为平价期权，$S_T>X$ 的期权则称为虚值期权。

期权内在价值再探讨

期权的内在价值是指期权合约本身所具有的价值，也就是期权多方行使期权时可以获得收益的现值，前文已经有所涉及。例如，如果股票的市场价格为每股60美元，而以该股票为标的资产的看涨期权协议价格为每股50美元，那么这一看涨期权的购买方只要执行此期权即可获得1 000美元［(60－50)×100＝1 000美元］（股票期权通常为美式期权且一张期权合约的交易单位为100股股票）。这1 000美元的收益就是看涨期权的内在价值。

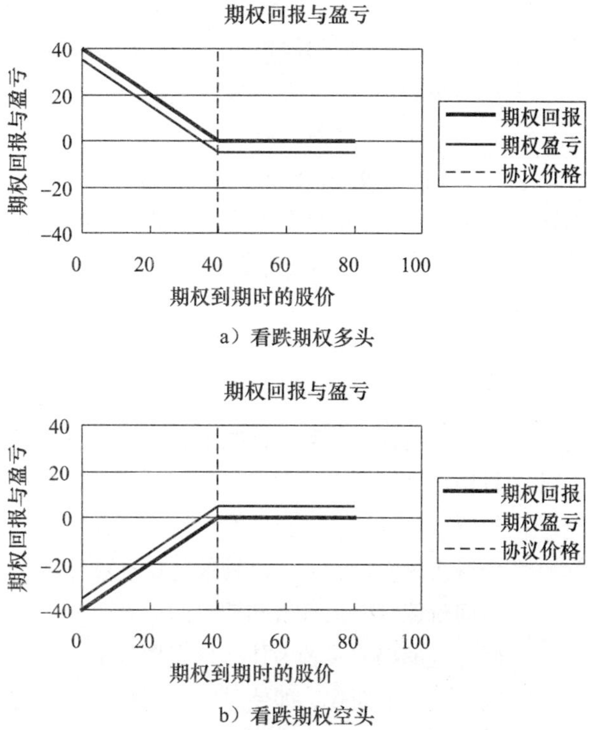

图9-7 看跌期权回报与盈亏分布图

从上述例子中我们可以很明显地看到，一个期权合约有无内在价值以及内在价值的大小，取决于该期权执行价格与其标的资产市场价格之间的关系，即与期权是实值、虚值还是平价有很大的关系。具体来看，理解期权的内在价值，需要注意两个方面的问题。

其一，欧式期权和美式期权内在价值存在一定的差异。

由于欧式期权只能在到期日执行，所以在到期以前的任一时刻，欧式期权的内在价值应该是到期时该期权内在价值的现值。因此，对于欧式看涨期权来说，其内在价值为（S_T-X）的现值。其中，如果标的资产在期权存续期内没有现金收益，S_T的现值就是当前的市价（S），而对于支付现金收益的资产来说，S_T的现值则为 $S-D$，其中 D 表示在期权有效期内标的资产现金收益的现值。因此，无收益资产欧式看涨期权的内在价值等于 $S-Xe^{-r(T-t)}$，而有收益资产欧式看涨期权的内在价值等于 $S-D-Xe^{-r(T-t)}$。同样道理，无收益资产欧式看跌期权的内在价值都为 $Xe^{-r(T-t)}-S$，有收益资产欧式看跌期权的内在价值都为 $Xe^{-r(T-t)}+D-S$。

美式期权与欧式期权的最大区别在于其可以提前执行，因此，美式期权的内在价值就应该等于其即时执行的收益，而无须对 X 进行贴现。但是，我们在后文将证明，美式看涨期权当中，如果标的资产是没有现金收益的，在期权到期前提前行使无收益美式看涨期权是不明智的。因此无收益资产美式看涨期权价格等于欧式看涨期权价格，其内在价值也就等于 $S-Xe^{-r(T-t)}$。另外，有收益资产美式看涨期权虽然有提前执行的可能，但可能性较小，因此一般都认为其内在价值也等于 $S-D-Xe^{-r(T-t)}$，即也等于相应的欧式看涨期权内在价值。对于美式看跌期权来说，由于提前执行有可能是合理的，因此其内在价值与欧式看跌期权不同。其中，无收益资产美式期权的内在价值等于 $X-S$，有收益资产美式期权的内在价值等于 $X+D-S$。

因此，欧式期权和美式期权内在价值的主要差异就在于贴现与否，但现实生活中常常不考虑贴现问题，而将它们视为相同，都采用美式期权即时执行的内在价值。

其二，期权的内在价值应大等于 0。

将期权的内在价值与实值、虚值和平价等相联系，从理论上说，实值期权内在价值为正，虚值期权内在价值为负，而平价期权内在价值为零。但从实际来看，期权多头方是不会执行虚值期权（即标的资产市价低于协议价格的看涨期权和标的资产市价高于协议价格的看跌期权）的，因此内在价值至少等于零。

期权的价值构成

期权的价格包括两部分：内在价值与时间价值。

➢ **内在价值** 就是指期权立即执行时的收益和零之间的最大值，当期权立即执行收益为正时，内在价值等于该收益；当期权立即执行收益为负时，内在价值等于零。期权的价格很显然要大于期权的内在价值，因为如果期权的价格小于其内在价值的话，那么投资者可以买入期权，然后执行期权可得到大于期权价格的收入，这样投资者就可以获得无风险的利润，这种情况在有效市场中是不可能存在的。

➢ **时间价值** 期权价格和期权的内在价值之间的差值就是期权的时间价值，时间价值实际上是期权购买者为什么持有期权的理由，如果期权没有时间价值，那么投资者不可能持有虚值期权，即使是实值期权，其价格也肯定等于内在价值，持有期权没有任何意义。因为当期权为虚值或平价的时候内在价值为零，所以此时期权的时间价值就等于期权的价格。与我们平时所理解的时间价值（即无风险利率，货币持有者暂时放弃货币所获得的回报）不同，期权的时间价值是指在期权有效期内标的资产价格波动为期权持有者带来收益的可能性所隐含的价值。换句话说，期权的时间价值实质上是期权在其到期之前获利潜力的价值。我们知道，期权的买方通过支付期权费，获得了相应的权利，即（近于）无限的收益可能和有限的损失。这意味着标的资产价格发生同样的上升和下降，所带来的期权价值的变化是不对称的，这种不对称性，使得期权总价值超过了其内在价值，就是期权时间价值的根本来源。

与内在价值不同，期权的时间价值通常不易直接计算，因此，它一般是运用期权的总价值减去内在价值求得的。

例如，某债券的市场价格目前为 110 美元，而以该债券为标的资产、执行价格为 100 美元的看涨期权则以 12 美元成交。那么，该看涨期权的内在价值为 10 美元（ = 110 美元 − 100 美元），而它的时间价值则为 2 美元（ = 12 美元 − 10 美元）。

名师解惑

凭借图 9-8 可以更好地理解期权价值的构成关系，该图显示的债券看涨期权的价值状态。显然，期权价值很大程度上依赖于标的资产的价格状态，图 9-8 中，当标的债券的价格不断变大时，看涨期权的价值也不断变大。在不考虑货币的时间价值的情况下，当标的债券的市场价值等于执行价格（平价期权）时，期权的内在价值为零，但是此时期权的时间价值最大，且等于期权价值。当债券价格持续上涨，则期权成为实值期权，内在价值逐渐变大，但是时间价值逐渐变小。更极端地，当债券价格市场变得很高，则期权的价值几乎全部由内在价值构成，时间价值很小。这是什么原因呢？这需要从期权时间价值的本质予以分析，时间价值实际上就是期权在其到期之前获利潜力的价值，在标的资产的价格已经很高的情况下，其继续升值的潜力（可能性）显然很小，则期权时间价值很小。同样，当债券市场价格趋向于零的时候，此时期权为虚值期权，并且标的资产价格很低，其升值的潜力（可能性）同样不大，则期权的时间价值也较小。当债券市场价格等于执行价格时，其升值的潜力（可能性）最大，时间价值也最大。

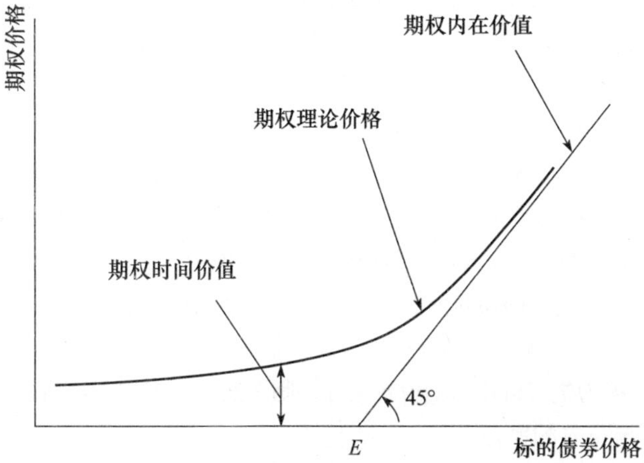

图9-8 期权时间价值

考点总结

- 当期权处于极度实值（可看作近乎100%执行）或极度虚值（可看作近乎0执行）时，时间价值将趋向于零。
- 在到期日以前，因为标的资产还有时间具有价值上升的潜力，则期权时间价值大于零，此时期权价值大于内在价值。期权的时间价值随着到期日的临近而逐渐减少，到期日当天，期权价值等于内在价值。
- 期权价格的变动幅度大于标的资产价格的变动幅度。

3 期权交易策略及风险控制

知识导引

归根结底，期权是一种重要的风险管理金融工具，投资者将期权纳入到投资组合中来的主要目的就是避险（或者将风险控制在一定范围）。举例来说，投资者持有股票，但是担心未来股价下跌，则可以买入以该股票为标的资产的看跌期权，控制未来潜在的损失。如果投资者同样持有股票，但是预期未来股票价格变动不大，不会出现很大程度的上涨，则可以卖出看涨期权，以获得额外回报。总而言之，投资者可以根据自身的资产配置情况、对未来的预期、风险承受能力等诸多因素决定最适合自己的期权交易策略，从某种意义上说，期权的出现为市场投资者提供了多种投资选择。

3.1 期权基本概念再回顾

期权收益的介绍

以下公式表示在到期日看涨期权与看跌期权的内在价值。

$$\text{intrinsic value of a call option} = \max[0, S - X]$$

$$\text{intrinsic value of a put option} = \max[0, X - S]$$

期权交易中，期权买方（多方）支付期权费给期权卖方（空方），在到期日，如果期权处于虚值状态，则空方赚得期权费。此外，期权交易是所谓的“零和游戏”，他人的损失就是我的收益，他人的收益就是我的损失。

看涨期权的多方与空方的状态

对看涨期权的多方来说，在到期日，期权的价值为 $\max(0, S-X)$，收益为 $\max(0, S-X)-c$，c 为期权费。从理论上说，看涨期权的多方最大收益是无穷的，因为股票价格可以上涨至极高的水平，但是看涨期权的多方最大损失是有限的，即为支付的期权费。在到期日，如果标的资产的价格为执行价格与期权费之和，则看涨期权多方刚好到达盈亏平衡点。

对看涨期权的空方来说，情形刚好相反，在到期日，期权的价值为 $-\max(0, S-X)$，收益为 $-\max(0, S-X)+c$，c 为期权费。看涨期权空方最大收益就是期权费，最大损失是无穷大。在到期日，如果标的资产的价格为执行价格与期权费之和，则看涨期权多方刚好到达盈亏平衡点。

看跌期权的多方与空方的状态

对看跌期权的多方来说，在到期日，期权的价值为 $\max(0, X-S)$，收益为 $\max(0, X-S)-p$，p 为期权费。从理论上说，看跌期权的多方最大收益是行权价减去期权费，因为股票价格最多只能下降到零，看跌期权的多方最大损失即为支付的期权费。在到期日，如果标的资产的价格为执行价格与期权费之差，则看涨期权多方刚好到达盈亏平衡点。

对看跌期权的空方来说，情形刚好相反，在到期日，期权的价值为 $-\max(0, X-S)$，收益为 $-\max(0, X-S)+p$，p 为期权费。看涨期权空方最大收益就是期权费，最大损失是行权价减去期权费。在到期日，如果标的资产的价格为执行价格与期权费之差，则看涨期权多方刚好到达盈亏平衡点。

3.2 有担保的看涨期权空头

术语解释

有担保的看涨期权空头 或称备兑认购期权（covered call），即投资者在初期持有一只股票，同时卖出以此股票为标的资产的看涨期权。“有担保”（或“备兑”）形象地描绘了这种投资策略的特点，即投资者持有股票用来保证履行未来看涨期权，当然，只有在到期日该期权处于实值状态（市场价格大于执行价格）才需要履行。

名师解惑

在什么情况下 covered call 最为有效？

显而易见，投资者卖出看涨期权会得到期权费，这在一定程度上弥补了持有该股票所付出的购买成本。同时，应当认识到，投资者得到期权费的代价是舍弃了该股票上涨带来的潜在收益，于是，在预期所持股票未来不会出现大涨的情况下，理性的投资者会采取这种投资策略。

期权到期日 covered call 的收益情况

期初 $t=0$ 时，投资者持有股票，并且卖出看涨期权，总的投资成本为 $s-c$，s 为期初股票价格，c 为收到的期权费。

在到期日 $t=T$ 时，如果股票的价格 $S>X$（执行价格），期权空方执行期权，则投资者收入为 $S-(S-X)=X$；如果股票的价格 $S<X$，则期权空方不执行期权，投资者收入为 $S-0=S$。此时可以得到该策略最大收益为 $X-(s-c)$，该表达式中的执行价格 X、股票期初价格 s 以及期权费 c 都是确定的，所以最大收益是一个常数。损失表达式为 $S-(s-c)$，但是未来的股票价格 S 不确定，则在期初来看，损失并不确定。然而，同样可以得到最大损失的表达式，即当股价为 0 时，最大损失为 $-(s-c)$。

简而言之，对于 covered call 来说，在初期，策略的最大收益与最大损失已经确定。

根据期权平价关系，可以得到如下表达式：

$$covered\ call = -c + S = -p + \frac{X}{(1+r_f)^{T-t}}$$

即 covered call 等价于持有一个债券，同时卖出一个看跌期权。

由图 9-9 可知，covered call 的盈亏情况与卖出一个看跌期权（short put）的策略类似。

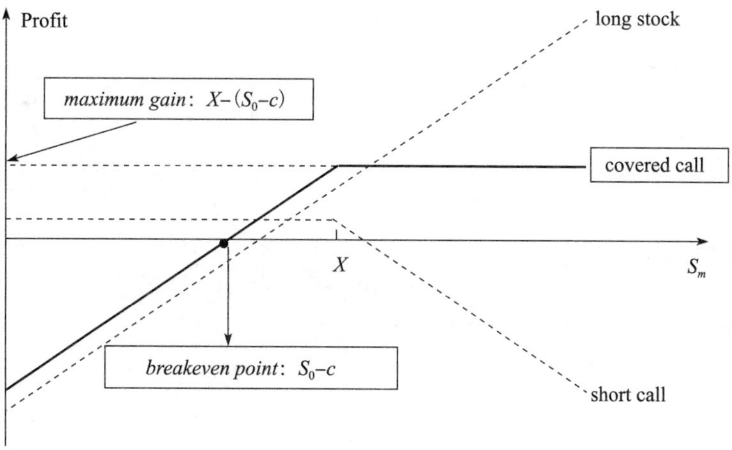

图 9-9 covered call 示意图

3.3 欧式保护性卖权

术语解释

欧式保护性卖权（protective put） 即投资者在初期持有一只股票，同时买入以此股票为标的资产的看跌期权。

名师解惑

在什么情况下 protective put 最为有效？

如果投资者希望持有股票，但是又担心股票价格在未来出现大幅下跌，可以采取这种投资策略。虽然在初期投资者需要买入看跌期权，增加了成本，但是万一股票在未来下跌，则执行期权可以弥补损失。相反，如果股票在未来上涨，投资者可以获得收益。

期权到期日 protective put 的收益情况

期初 $t=0$ 时，投资者持有股票，并且买入看跌期权，总的投资成本为 $s+p$，s 为期初股票价格，p 为付出的期权费。

在到期日 $t=T$ 时，如果股票的价格 $S>X$(执行价格)，投资者执行期权，收入为 $S-0=S$；此时收益为 $S-(s+p)$，但是在期初来看，未来的股票价格 S 不确定，最大收益不确定。如果股票的价格 $S<X$，则投资者执行期权，投资者收入为 $S+(X-S)=X$。此时可以得到该策略最大损失为 $X-(s+p)$，该表达式中的执行价格 X、股票期初价格 s 以及期权费 p 都是确定的，所以最大损失是一个常数。损失表达式为 $X-(s+p)$。

简而言之，对于 protective put 来说，在初期，投资策略的最大损失已经确定。

根据期权平价关系，可以得到如下表达式：

$$protective\ put = S + p = c + \frac{X}{(1+r_f)^{T-t}}$$

即 protective put 等价于持有一个债券，同时买入一个看涨期权。

由图 9-10 可知，protective put 的盈亏情况与买入一个看涨期权（long call）的策略类似。

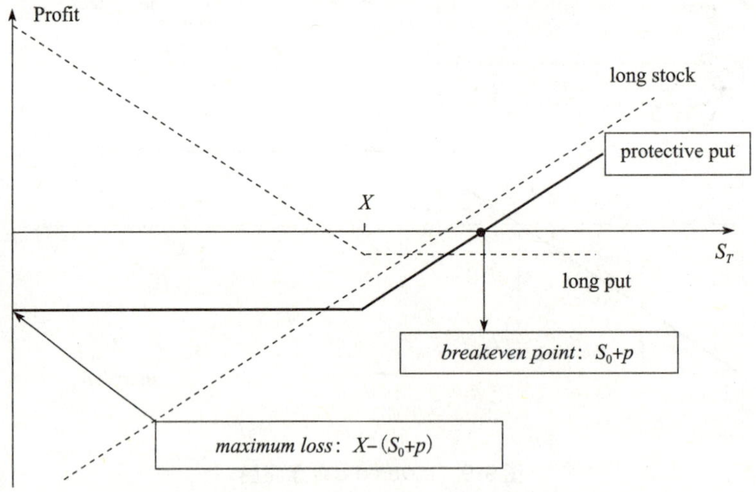

图 9-10 protective put 示意图

记忆方法

covered call 与 protective put 是 CFA 一级考试与期权相关内容的重点，考生需要熟练掌握。covered call，首先记住第一个单词“covered”为被动语态，可以理解为投资者手中持有的股票被用来保护看涨期权空头，即万一股票价格涨幅很高，期权的损失巨大，但是投资者手中仍然持有股票用以交割，于是 covered call 的资产配置就是持有股票同时卖出一份看涨期权。而 protective put 则是主动式投资方式，可以这样理解，既然是“保护”，则是买入看跌期权用来保护股票价格下跌，也就是说，投资者主动持有一份看跌期权，同时持有股票。

名师解惑

既然欧式保护性卖权的盈亏情况与看涨期权多头策略类似，那为什么不直接买入看涨期权?

首先，市场提供的金融产品需要满足不同投资者的需求，如果一个投资者已经持有股票，但是该股票的流动性较差，交易成本很高（如税收）则可以通过构造 protective put 锁定收益；如果投资者在初期并不持有股票，但是又很看好这只股票后期市场表现，则可以买入看涨期权。其次，根据上文的期权平价关系，protective put 等于持有一只债券和一个看涨期权，而债券的现金流在未来是确定的，不管标的股票的价格怎么变化，投资者在未来肯定能获取确定现金流。但是如果仅仅买入看涨期权，万一未来看涨期权处于虚值状态，则投资者的本金全部损失。

第10章 其他类投资

知识导引

除了传统的证券投资外，我们还会涉及其他类投资。什么是其他类投资呢？所谓其他类投资，是指传统的股票、债券和现金之外的金融和实物资产，如房地产、证券化资产、对冲基金、私人股权基金、大宗商品、艺术品等。那我们为什么要其他类投资呢？德意志银行旗下全球其他类投资管理分支机构睿富（RREEF）首席经济学家兼策略师 Asieh Mansour 日前对过去10年全球市场的总结时说道："四大其他类投资（alternative investment）资产类别——房地产、基础建设、私募投资和对冲基金的回报率要高于传统的股票和债券投资。"展望未来10年，他断言，股票和债券的投资回报将进一步萎缩，这将促使全球机构投资者创建跨越所有资产品种的投资组合，以提高回报，减少波动。那是什么造成其他类投资的迅猛发展的呢？简单来说就是传统市场低迷及国家之间分化严重。所以，了解其他类投资也是一项重要课题。

考点说明

其他类投资在CFA一级考试中占比只有3%，尽管在CFA考试中的比重不大，但它是未来金融投资的一个发展方向。我们也尽量要去抓住每一个道题的分数。

其他类投资总共分2个 reading，其他类投资和商品投资。第一个 reading 介绍了几种其他类投资，其中我们需要重点掌握的是对冲基金、私募股权投资、房地产投资以及大宗商品投资等。

其他类投资的介绍

1.1 其他类投资与传统投资的区别

传统投资包括股票和债券等，其他类投资可能包含许多非传统的金融投资资产，如对冲基金、私募基金、风险投资和一些金融衍生品。其他类投资也可能包括一些有形资产投资，比如商品、房地产等。那其他类投资和传统投资的区别是什么呢？

➤ **资产估值**（asset valuation）

其他类投资中的资产评估可能比传统投资要复杂。例如，股票债券等传统投资产品在任何时间都有它的市场价格，但是其他类投资产品往往缺少一个市场价格机制，所以它们的价格往往用来套利，这种特点也导致了它价值的未知性。所以，为了补偿投资者承受的这种风险增加，其他类投资的回报一般高于传统投资。

- **交易流动性**（trading liquidity）

  相对于传统投资产品股票和债券而言，其他类投资由于缺少规范市场，所以流动性较差，并且在交易活动上受到限制。

- **投资期限**（investment horizon）

  对于传统市场来说，因为它有成形的规范市场和较高的交易流动性，投资者既可以做短期投资，也可以做长期投资。但是，大部分其他类投资者都是做长期投资，因为其他类投资者缺少快速将其他类投资产品套现的市场，并且需要花费更多交易费。

- **风险相关性**（risk correlation）

  把其他类投资加入到传统投资的投资组合中能够增加投资组合的多元性，其他类投资同传统投资之间只存在相当小的风险相关性。在很长一段历史时期内，其他类投资都能作为很好的分散化投资，因为它相对于传统投资的相关性较低。但是在某些特定时期，比如全球范围内的经济危机，其相关性可能会增加，因此风险分散化的效果就不那么明显了。但是总体来说，风险分散化仍旧是其他类投资的特点之一。

  此外，投资者应该注意，由于其他类投资的历史业绩数据不全面，因此在评估投资业绩时，可能会存在一些问题。许多投资类型，比如房地产直接投资和私募股权投资用的是估计值而非市场价值，因此，其投资风险可能会被低估。对于对冲基金来说，尤其是对冲基金指数，会存在回填偏差（backfill bias）以及存活者偏差（survivorship bias），因此业绩很可能会被高估。

  由于其他类投资经常受到投资经理的主动管理，而且存在流动性溢价和杠杆的使用，因此其他类投资的平均收益一般高于传统投资。此外，特别的税收优惠也是其他类投资的平均收益高于传统投资的原因之一，比如房地产投资信托（REIT）在满足某些条件下会得到税收优惠。

1.2　其他类投资的种类

其他类投资包括对冲基金、私募股权投资基金、房地产投资、大宗商品投资以及其他。

- **对冲基金**（hedge fund）

  对冲（hedging）是一种旨在降低风险的行为或策略。套期保值常见的形式是在一个市场或资产上做交易，以对冲在另一个市场或资产上的风险。但是经过几十年的演变，对冲基金已失去其初始的风险对冲的内涵，hedge fund 的称谓也徒有虚名。对冲基金已成为一种新的投资模式的代名词。即基于最新的投资理论和极其复杂的金融市场操作技巧，充分利用各种金融衍生产品的杠杆效用，承担高风险，追求高收益的投资模式。

- **私募股权投资基金**（private equity funds）

  它是指通过私募形式对私有企业，即非上市企业进行的权益性投资，在交易实施过程中附带考虑了将来的退出机制，即通过上市、并购或管理层回购等方式，出售持股获利。大多数的私募股权投资基金涉及了杠杆收购，通过对一些已经盈利的具有庞大客户群的公司进行投资，来获取利润。投资于初创型公司的风险投资是私募股权投资基金中的一部分。

➢ **房地产投资**（real estate）

一般通过直接或者间接投资于建筑以及土地，总体来说以租金收入和物业增值收入来体现投资价值。随着证券化的风靡，房地产投资也扩大了投资范围，包括私募商业地产股权或债权投资、公募地产股权或者债权投资。

➢ **大宗商品**（commodity）

商品投资包括对实物资产投资，比如粮食、金属、原油等。投资者可以通过商品期货合约以及基于商品指数的基金进行商品投资。商品指数通常基于各种商品期货。

➢ **其他**

包括投资于有形资产（比如酒类、艺术品、邮票及其他收藏品）和无形资产（比如专利权）。

1.3 收益：一般策略

基金经理一般运用两种投资策略——被动投资或者主动投资。被动投资经理假设市场是有效的，并且主要是 beta 驱动的收益（beta 表示对于某个特定市场指数的敏感性，衡量了系统性风险）。主动投资经理假设市场是无效的，可以通过非有效定价来获取系统性风险调整后的正收益，这种收益称为 alpha 收益。对于被动投资来说，预期的 alpha 收益为零。

$$\text{总收益} = \text{alpha 收益} + \text{beta 收益}$$

beta 驱动的资产组合通过复制市场指数来承担市场风险，所以应该与市场指数完全正相关。而 alpha 收益与 beta 收益不相关，主要由投资经理的专业技能决定。在理论上，alpha 收益由于不能被市场风险所解释，所以值得更深入的研究。alpha 收益理论上可以作为业绩增强以及分散风险的工具，但在实际上许多积极投资的敞口（exposures），比如风格偏差（style biases）和宏观头寸（macro positions）与市场是相关的，因此可能产生 beta 收益而非 alpha 收益。

其他类投资一般能提供获得 alpha 收益的机会。一般的追求 alpha 收益的投资策略包含以下类型：

➢ 绝对收益：绝对收益追求的是独立于市场收益，理论上来说，这种基金的 beta 接近于零。由于没有特定的市场指数作为标准，alpha 收益通常会指定一个现金比率（如 LIBOR），或通胀调整后的收益率，或者一个特定的名义收益率（比如 10%）。

➢ 市场分割：当资本无法从较低预期收益的地方自由转移至较高预期收益的地方时，就存在市场分割。分割通常由投资限制以及投资目标的差别所造成。

➢ 集中投资：这种策略将基金经理的资产集中在一起进行投资，虽然可能无法分散风险，但一旦这种集中的头寸超过市场表现，投资者更容易获得超额收益。

1.4 投资组合中其他类投资的潜在好处

那么其他类投资对我们的投资组合有什么好处呢？

➢ 分散化（diversification）

大部分人认为像对冲基金、私募股权基金等其他类投资产品在独立投资的角度上是风险非常大的投资。但是，当你考虑到整个投资组合时，会发现许多投资组合有很大的分散化潜力。因为这些其他类投资的回报率和传统投资产品的相关性相当低，所以说在投资组合中加入其他类产品，将会减少波动性，换句话说，就是减少了风险。同时并不会降低回报率。所以说，大部分投资者在投资组合中增加其他类投资的原因就是为了增加投资组合的风险分散化效果。

➢ 对冲通货膨胀的风险（hedge against Inflation）

　　一些其他类投资产品能很好地对冲通货膨胀。比如商品投资就能很好地对冲通货膨胀。

➢ 新的风险和机遇（new exposures and opportunities）

　　其他类投资非常广泛，对于投资者来说，存在许多机遇和挑战。这是传统市场没有的。

➢ 更高的回报率（higher returns）

　　如果独立投资一些其他类投资产品，风险是非常大的，但高风险带来的回报也相对较高。对于一些能够承受高风险的投资者来说，不失为一个很好的机遇。

1.5　投资结构

许多其他类投资都采用合伙制（partnership），比如对冲基金和私募股权投资等。在合伙制下，基金是一般合伙人（general partner，GP），而投资者是有限合伙人（limited partner，LP）。由于这种基金并不上市交易，所以受到的法律监管小于那些上市交易的基金。

基金的费用结构通常包括管理费加上业绩激励费。对冲基金通常用“高水位”（high water marks），即超过历史最高收益的方式，计算业绩激励费。也就是说，只有超过了历史最高收益水平，才能获得激励费，否则只能获得管理费。

名师解惑

有限合伙制中涉及两个主体：一般合伙人和有限合伙人。对冲基金也是投资人出钱，基金经理来经营。基金经理被授权管理这些基金，他们常被允许使用杠杆等金融工具，并做许多传统基金不能做的事情。

对冲基金

我们首先来学习对冲基金（hedge fund）。投资人把资金集中放在一起就叫基金，而这部分资金由某个机构统一来管理，由此组成的这个公司就称为基金公司。与传统意义上的共同基金不同，对冲基金同时持有股票的多头头寸和空头头寸。对冲基金是一种无约束且监管宽松的投资工具，其管理费的一部分来自业绩费。在美国，SEC（证券交易委员会）不对对冲基金进行监管，而且对冲基金的投资者范围较窄，投资的门槛很高。

对冲基金有以下特点：

➢ 是一种通过高杠杆、持有多头及空头头寸，并使用衍生品的积极管理的投资工具。

➢ 目标是追求高收益（绝对收益或者基于某个标准的投资收益），并且投资监管较少。

➢ 作为一种私人投资方式，由于投资门槛很高，仅向有限的投资者开放。对冲基金投资被限定在一些达到一定净财富和收入标准的合格的投资者之中。通常是一些机构，或者拥有一定财富的个人投资者。

➢ 通常限制投资者赎回。对冲基金通常设定了一段锁定期（lockup period），在锁定期之内不允许投资者撤资或赎回。此外，如果需要赎回，投资者应当提前 30 ~ 90 天提出，这段时间就称为通知期限（notice period）。

对冲基金的飞速发展带动了基金的基金（funds of funds）的发展。基金的基金是一种持有对冲基金组合的基金，其目的是为了让一般投资者在一定程度上获得对冲基金的投资收益。此外，基金的基金还能对对冲基金进行尽职调查，并且协商更有利的赎回条款，这是个人投资者无法做到的。由于基金的基金投资于各种对冲基金，所以可以根据投资风格、投资区域及管理风格来分散风险。但是，基金的基金的缺点在于管理费用较高，投资者不仅要支付对冲基金的管理费，而且还要支付基金的基金的管理费。

投资策略——事件驱动型策略

事件驱动型策略通过短期内的事件，通常是公司结构变化等来获利。这种策略通常称为“自下而上”策略（从公司分析到行业分析），与“自上而下”（从宏观经济分析到行业分析，最后到公司分析）相对。事件驱动型策略可以分为以下几个方面：

➢ 合并套利（merger arbitrage）：公司兼并收购消息公布后，买入被收购公司股票并卖出提出收购的公司股票。之所以这样操作，是因为基金经理寄望于收购方出高价并且承担债务，因此收购方的股价会下跌，而被收购方的股价会上涨。这种策略的风险在于如果兼并收购并没有执行，对冲基金就不能及时清仓（close its position）。

➢ 破产重组（distressed/restructuring）：主要投资于破产或濒临破产公司的证券。可以通过购买折价的债券并寄希望于公司将来破产重组，从而高价卖出债券来获利。也可以通过购买优先债（senior debt）并卖出次级债（junior debt），或者购买优先股并卖出普通股，寄希望于利差扩大而获利。同时可以卖空公司的股票，但是如果公司前景改善，那么这种投资方式的风险将会增加。

➢ 制衡股东（activist shareholder）：购买足够多的公司股票以影响公司的战略决策。这种对冲基金策略与私募股权投资不同，它主要投资于公开的股票市场。

➢ 特殊情况：这种策略主要关注正在重组过程中的公司的股票，而不是正处于兼并收购或者破产的公司。这种策略包括证券发行回购、专项资金分配（special capital distribution）以及资产出售和分拆。

投资策略——相对价值策略

相对价值基金（relative value funds）通过相关证券之间的相对价格差异来获利，其假设是未来价格水平会趋于一致。相对价值策略主要包括以下几个方面：

➢ 可转债套利（fixed income convertible arbitrage）：这是一种市场中性的投资策略，通过发现可转债与标的债券及隐含期权的价格差异来获利。通常是通过购买可转债并同时卖出公司股票的方式进行。

➢ 资产支持固定收益（fixed income asset backed）：通过观察资产支持证券 ABS 与抵押贷款支持证券 MBS 的定价差异来获利。

➢ 一般固定收益（fixed income general）：关注固定收益市场中的相对价值，包括两家公司债发行方的交易、公司债与政府债发行方的交易等。

- 波动性：如果市场波动率大于期权的隐含波动率，说明期权的价值被低估了，因此可以买入（long）一个期权；相反，如果市场波动率小于期权的隐含波动率，说明期权的价值被高估了，因此可以卖出（short）一个期权。
- 多重策略：这种策略不仅关注某一种交易类型（如可转换套利），某一种交易基准（如波动性），或者某一种资产类型（如固定收益），而是寻求任何可能存在的投资机会。

投资策略——宏观策略

宏观对冲基金通过“自上而下”的方式判断全球经济走势，并用多头头寸或空头头寸来获利。交易是基于预计经济变量的变动的，通常对冲基金对固定收益、股票、外汇以及商品市场进行投机交易。

投资策略——股票对冲策略

股票对冲策略是最传统的对冲基金交易策略，通过参与公开股票市场，持有股票或其衍生品的多头及空头头寸进行交易。股票对冲策略运用的是“自下而上”的投资策略。股票对冲策略包括以下几个方面：

- 市场中性（market neutral）：通过使用量化（技术）分析或者基本面分析法来判断股票被高估还是低估。市场中性需要维持一个与市场风险无关的净头寸，因此应该尽量保持资产组合的β为零。
- 基本面增长（fundamental growth）：通过基本面分析来寻找高成长及高资本增值的公司，并持有该公司的多头头寸。
- 基本面价值（fundamental value）：通过基本面分析来寻找价值被低估的公司，并持有该公司的多头头寸。
- 量化为导向（quantitative directional）：通过技术分析来寻找价值被高估或低估的公司。对冲基金根据市场走势以及行业周期来决定到底是持有净多头头寸还是净空头头寸。
- 卖空偏好（short bias）：通过技术分析或基本面分析来寻找价值被高估的股票，然后再做空。对冲基金通常基于市场预期来决定持有的头寸类型。
- 特定部门（sector specific）：通过研究特定行业的，运用技术分析或基本面分析来寻找投资机会。

名师解惑

两只股票，做空A并做多B，构建投资组合之后，$\beta = w_B\beta_B - w_A\beta_A$，那就有可能通过$w_A$和$w_B$的配比使得$\beta = 0$，$\beta$是系统性风险，是不可能被分散的风险。换句话说，就是可以把投资者的系统性风险变成0。构建的投资组合，只要买的股票越多，非系统风险会被分散掉的，但是系统性风险是不可被分散的。是不是构建了之后系统性风险就完全没了呢？买的股票多非系统性风险是可以被分散掉了的。但是系统性风险是不可以被规避掉的。市场中性基金的系统性风险没有了，但是非系统风险还在。是非系统性风险没有了，系统性风险还在，总之肯定要承担风险的。风险分成两种：一种是系统性的，一种是非系统性的。考试的时候只要记住市场中性基金只要$\beta = 0$就好了。大盘涨跌就和我们没有关系了。对未来大盘走势不确定的时候构建这样一个组合，那么不管未来大盘是涨是跌，都和投资者没有关系了。

对冲基金的费用结构及收益

对冲基金的费用结构通常由管理费及激励费组成。管理费是无论如何都要支付的，而激励费只有在超过一个特定的预设回报率（hurdle rate）之后才能够获得。一般，“2 and 20”表示2%的管理费以及20%的激励费。预设回报率通常基于无风险利率加上溢价来设定。

如果前一年基金的价值下跌，那么只有在基金价值向上突破之前的高位（high water mark）之后才能获得激励费。也就是说，对冲基金一定要在扣除费用前的基金价值超过历史高位，才能获得相应的激励费。

考点总结

2016 年 CFA 一级的考纲要求计算对冲基金的管理费、激励费以及扣除费用后的收益度量，详细请参考以下案例。

【例】 ABC 作为一家对冲基金，其初始投资资本为 1 亿美元。每年收取其管理的资产年末价值的2%作为管理费，并收取20%作为激励费。第一年，ABC 获得了30%的收益，假设管理费按照年末估值进行计算。

1. 如果激励费及管理费分开计算，那么应该分别是多少？投资者的实际收益是多少？

解答 由于第一年获得30%收益，所以年末总资产1.3亿美元，管理费应该以1.3亿美元作为基数，总共为$130million × 2% = $2.6million；激励费为（$130 − $100）million × 20% = $6million；总费用为$8.6million；投资者收益为（$130 − $100 − $8.6）/$100 = 21.40%。

2. 假设激励费是基于扣除管理费后的收益计算的，那么总费用和投资者收益应该是多少？

解答 管理费与第1题的结果一样，都是$2.6million。激励费为（$130 − $100 − $2.6）million × 20% = $5.48million；总费用为$8.08million；投资者收益为（$130 − $100 − $8.08）/$100 = 21.92%。

3. 如果 hurdle rate 设定在5%，激励费基于超过 hurdle rate 进行计算，那么扣除管理费用后的激励费和投资者收益应该是多少？

解答 激励费为（$130 − $100 − $5 − $2.6）million × 20% = $4.48million；总费用$7.08million；投资者收益（$130 − $100 − $7.08）/$100 = 22.92%。

4. 第二年，基金价值跌至1.1亿美元，费用结构与第1题一样，但是多了一个高水位的要求，那么第二年费用总额为多少？投资者的净收益是多少？

解答 管理费为$110million × 2% = $2.2million；由于有了高水位的要求，当年基金价值下跌，所以没有激励费，总费用就是$2.2million；由于第一年末扣除管理费后，头寸变为（$130 − $8.6）million = $121.4million，因此投资者净收益为（$110 − $2.2 − $121.4）/$121.4 = −11.20%，第二年末的头寸为（$110 − $2.2）million = $107.8million。

5. 第三年，基金价值上升至1.28亿美元，费用结构与第1题和第4题一致，那么第三年的费用总额为多少？投资者的净收益是多少？

解答 管理费$128million × 2% = $2.56million；因为存在高水位的条件，所以激励费为（$128 − $121.4）million × 20% = $1.32million，自此，$121.4million 成为新的高水位；总费用为$3.88million；由于第二年末的头寸$107.8million 即第三年初的头寸，因此投资者收益为（$128 − $3.88 − $107.8）/$107.8 = 15.14%。

6. 根据第1、4、5题的费用结构，计算三年期的算术平均及几何平均年收益。

解答 算术平均收益 = (21.4% - 11.2% + 15.14%)/3 = 8.45%；几何平均收益 = $\sqrt[3]{124.12/100}-1$ = 7.47%；资本利得为（\$124.12 - \$100）million = \$24.12million；总费用为（\$8.6 + \$2.2 + \$3.88）million = \$14.68million。

基金的基金是持有一篮子对冲基金的基金。由于其资产构成的特殊性，其收益与对冲基金投资者的收益会有显著不同。如果投资者投资的是基金的基金，那么他的收益将会被进一步摊薄，因为基金的基金相对直接投资对冲基金来说，多收了一个管理费。因此，我们将基金的基金的优缺点总结如下。

基金的基金的优点：

- 可以对外出售。对于基金的基金，可以向一般投资者发售。
- 个人也可以参加对基金的基金的投资。基金的基金的投资门槛不如对冲基金那么高，却能获得一部分对冲基金的收益。
- 分散化（diversification）：增加了投资组合的多元性，可以分散风险。
- 专业性（expertise）：可以找专业的人负责管理。
- 尽职调查（due diligence process）：由于对冲基金的信息披露不完全，一般投资者很难对其进行准确的业绩评估，但是对冲基金的机构投资者（基金的基金）从开始就专门负责对冲基金的研究，因此能够给投资者更专业的投资建议。

基金的基金的缺点：

- 资产管理费：基金的基金通常拥有最好的基金经理。投资者不仅支付了对冲基金的管理费，也要支付基金的基金的管理费，因此这类投资的管理费用较高。
- 业绩无法被担保：尽管基金的基金有很好的尽职调查，但是业绩还是不能被担保。因为，我们上面已经提到过了，对冲基金过去的历史数据不详细，所以缺乏衡量业绩的基准。
- 分散化：分散化既是基金的基金的优点也是其缺点。投资基金的目的是高回报，但是分散化回避了风险，也就减少了回报。

其他考虑

对冲基金一般需要杠杆来扩大受益，通过向经纪人（prime broker）借股票来实现杠杆操作。也就是说，对冲基金通过向经纪人借钱来投资。杠杆是对冲基金高收益或者高损失的主要原因。

保证金账户就是对冲基金的自有资本，经纪人对保证金数量的要求取决于投资的风险以及对冲基金的信用。保证金要求越小，对冲基金的杠杆越大，反之亦然。

除此之外，另一种放大损失的因素是投资者的赎回。当对冲基金表现不佳时，投资者就更倾向于赎回投资。当基金净资产价值NAV下降时，投资者可能会赎回一部分投资份额甚至退出投资。当投资者赎回时，对冲基金经理可能要减少自己投资的头寸以偿付投资者，因此会产生额外的交易成本。正因为赎回可能会对对冲基金的业绩产生消极的影响，所以投资者在赎回时需要支付赎回费以弥补基金经理的损失。

当然，投资者并不是任何时候都能赎回的。通知期限内，投资者可以通知基金经理自己的赎回要求，基金经理也就可以在不扩大损失的情况下减少头寸。锁定期内投资者无法赎回，这也就给了基金经理时间去实现投资目标。对于基金的基金来说，其赎回相比直接投资与对冲基金来说更具有弹性，因为基金的基金可能与对冲基金之间存在特别的赎回协议。

对冲基金的定价问题

对冲基金的定价对于计算业绩与满足投资者赎回要求来说是非常重要的。定价可以用头寸的市场价值，也可以用估计价值来衡量。当使用市场价格或机构报价时，基金的价值就会因此而有所不同。普遍的做法是用平均报价来衡量，平均报价是买价（bid price）与卖价（ask price）的平均值。而另一种更准确和保守的方法是，多头时用买价，空头时用卖价表示。

当然，对冲基金持有的头寸可能流动性较差，或者之前没有过相关交易，那就很难得到市场价格，因此就有必要对其价值进行估计。估计价值时应该注意使用行业认可的方法，并保持使用方法的前后一致性。

在投资一些流动性较差的工具时，比如可转债、担保债务凭证（collateralized debt obligation）、新兴市场债券等，流动性就成为基金定价时的一大障碍。在实务中经常使用流动性折价来反映公允价值。这个假设就导致了某些基金存在两个NAV——交易NAV（trading NAV）和报告NAV（reporting NAV）。交易NAV基于持有的头寸相对于流通量和交易量，包含了流动性折价；而报告NAV是基于市场价格或报价的。

投资对冲基金的尽职调查

投资对冲基金前，应该对其进行尽职调查，需要考察的范围包括投资策略与过程、记录保存、基金规模及存续时间等。

由于对冲基金受到的监管较少，因此想要评估其投资策略及过程是比较困难的，因为很多对冲基金为了保持自身的竞争优势，不愿意披露这方面的信息。但是，对冲基金投资于哪个市场、大致的投资策略以及比较的标准等信息还是比较容易获得的。

由于对冲基金会保存记录，因此在尽职调查过程中应该对基金的收益计算和报告方式，以及如何与标准比较的进行考察。此外，还应该对基金的费用结构进行调查。

基金规模以及存续时间也是一个普遍考察的对象。基金的存续时间越长，也就说明其对投资者造成的损失越小，越值得投资。投资者还会对基金的规模进行考量，举例来说，如果投资者最低投资规模是1 000万美元，基金的最高占比为10%，那么这位投资者最低可以考虑的投资规模为1亿美元。

除了以上几个方面外，尽职调查的范围还涉及管理风格、关键人物风险、声誉、投资者关系以及基金成长计划等。

1.6 私募股权投资

私募股权（private equity）投资通常意味着投资于非上市公司或者将上市公司私有化。随着资本市场的发展，私募股权投资逐渐显现出了重要性。私募股权投资主要有以下几种形式。

- **杠杆收购**（leveraged buyout，LBO） 杠杆收购通过借债举杠杆的方式去收购上市公司，使其私有化。当LBO收购了目标公司后，之前用以收购的债务融资就成为目标公司资本结构的一部分。
- **风险投资** 风险投资是指投资于初创型的，拥有高成长潜力的公司，但是投资失败的可能性很大。

- ➢ **发展资本**（development capital） 发展资本是指对一些更为成熟的公司在发展扩张阶段的少数股权投资（minority equity investment）。
- ➢ **投资于经营困难的公司**（distressed investing） 它是指投资一些财务困难的公司的债券。财务困难是指正在进行破产程序、有过或可能将要有债务违约。如果一家公司的业务计划很好，但是苦于缺乏资金，并且财务困难，那么投资者就会认为购买这家公司的债券是有意义的，公司也可能由此进行重组甚至复兴。

私募股权投资的结构与费用

与对冲基金一样，私募股权投资基金的投资者称为有限合伙人LP，而基金的管理者称为一般合伙人GP。简单地说，LP出钱，GP出力。

费用也与一般的对冲基金一样，由管理费和激励费组成。管理费通常是承诺资本的1%～3%，承诺资本是指LP承诺投入的资本，一般分3～5年完成注资。要注意的是，管理费是以承诺资本为基础的，而不是投资者投入的资本，这一点与对冲基金有很大的不同。在承诺资本完全投入之后，管理费按照投资项目中所剩余的资金进行计算。如果一项投资完成，资金归还给投资者，项目中不再有资金，那么自然也就不存在管理费。

一般来说，获得激励费的要求更高，在LP没有收回自己的初始投资之前，GP是不能收取激励费的。大多数情况下，激励费占到了毛利的20%。此外，私募股权投资的合伙协议中常常包含一些条款来保护投资者，比如规定LP没有收回自己的初始投资之前不能收取激励费、为部分激励费设立托管账户（escrow account），以及费用追回条款（clawback provision）等。

除了上述的管理费及激励费之外，私募股权投资还可以卖出公司赚钱，也可以通过将收购后的公司进行资产剥离（divestiture of assets）来收费。

私募股权投资策略

我们主要讨论杠杆收购与风险投资的投资策略。

杠杆收购

LBO通常是指将上市公司私有化操作，但也有目标公司已经是私有化的情况。LBO如果是由公司管理层发起的，我们可以称为管理层收购（management buyout，MBO），此时管理层买入公司的控股股权。还有一种情况是保留管理层的收购项目（management buy-in，MBI），此时收购方的管理层进驻被收购公司实行日常管理。由于LBO一般依托债务融资，如果债务融资成本很高或者根本无法获取，那么就不会有LBO。

由于LBO的融资主要依靠债务，而债务融资势必对投资者有影响，因此用于杠杆收购的贷款或者发行的债券通常附带保护投资者的条款。这些保护性条款通常要求公司维持一定的财务比率，适时提交信息等。这些条款的主要目的是限制公司不断地借债，或者对分红及日常经营操作进行限制。但是，债务融资中的贷款与债券之间也有差异，贷款有担保，相对更安全；而债券在破产时是不安全的。正因为这个原因，债券融资通常提供了高收益以弥补高风险。

LBO的融资除了自有资金、银行贷款以及高收益债券之外，还能使用夹层融资（mezzanine financing）。夹层融资是指在风险和回报方面介于优先债务和股本融资之间的一种融资形式，是一种长期的、从属的债务。由于夹层融资帮助企业改善资产结构，所以在发行时通常会提供股票的认股权证（warrants）或者可转换权（conversion options）。夹层融资通常支付较高的息票率。

什么因素使得公司容易成为被收购对象

使得公司容易成为被收购对象的因素包括：

- 股价被低估。股价被低估指的是PE公司所认定的公司内在价值高于其市场价格。此时，PE公司甚至愿意支付溢价来获得对方股东的批准。
- 管理层有意愿收购。管理层有意愿收购目标公司，可能是因为已经看见了能够长期增长的投资机会但苦于没有相关资源，比如人力、渠道、设备等。
- 无效率的公司。PE公司通过对被收购的公司创造价值来获取可观的净资产收益率，因此会对一些目前管理无效率，但将来前景向好的公司十分感兴趣。
- 能够产生大量可持续现金流的公司。PE公司对能够产生大量可持续现金流的公司十分感兴趣，因为PE在LBO时大量采用了债务融资，而这些能产生稳定现金流的公司可以为其偿还利息及本金。
- 低杠杆。低杠杆也就是指较少的债务。如果目标公司债务较少，那么LBO之后，PE公司的还款压力就较小。
- 资产。PE公司较青睐一些拥有大量实物资本的公司。

风险投资

风险投资又称VC，被投资的公司因为会成为VC资产组合的一部分，所以通常被称为资产组合公司（portfolio company）。VC通常涉及公司初步形成到最终公开发行的所有阶段，根据每个阶段的风险不同，投资者要求的收益也会有所不同，比如前期的要求回报率要高于后期。我们将VC的投资阶段分为以下结构。

1. 形成阶段。形成阶段的融资是指公司正处于形成初期，包含了以下几个阶段。

- 天使投资（angel investing）。天使投资是指在创意形成期的投资，将创意转化为商业计划。这个阶段的投资通常由个人而不是VC基金来完成。
- 种子阶段（seed stage）。种子资本支持产品开发以及市场化，包括市场研究。这个阶段通常是VC进驻的第一个阶段。
- 早期阶段（early stage）。早期阶段融资帮助公司在商业量产以及销售之前的运营。

2. 后期阶段。后期融资是指在产品量产及销售之后，且在正式公开发行之前，维持公司的运营。通常用于公司的扩张时期。

3. 夹层融资阶段。这个阶段主要致力于协助公司上市。

形成阶段中，管理层通常拥有公司的控制权，而后期阶段管理层可能需要向VC卖出公司的控制权。

退出策略

PE投资的最终目的就在于在期初时进入，并在高价时退出。下面就是一些PE通常的退出策略。

- 出售（trade sale）。这种策略是指将公司卖给一个战略买家，如竞争者。

  其优点有：

  - 退出时立刻获得现金
  - 售价可能会较高
  - 执行方便快捷

- 较 IPO 更低的交易成本
- 信息披露的要求更低，保密性好

其缺点有：
- 管理层的反对
- 对员工吸引力不够
- 潜在买家数量不多
- 价格可能要低于 IPO

➢ IPO。被收购方将自己的股权卖给公开市场投资者。

其优点有：
- 可能获得高发行价格
- 由于管理层留守，所以管理层容易通过
- PE 公司知名度提高（publicity）
- 将来股价有能力上扬

其缺点有：
- 交易成本高
- 实施周期长
- 受到股市波动性风险
- 信息披露要求高
- 可能存在锁定期
- IPO 通常只适合大型的、成长业绩出色的公司

➢ 再资本化（recapitalization）。再资本化并不是真正的退出策略，因为 PE 公司仍然保有控制权。当利率较低时，引入杠杆（借债）成本较低，再资本化就比较受欢迎。通常，再资本化是后期退出的前兆。

➢ 二次销售（secondary sales）指的是出售给另一家 PE 公司或者其他投资者。

➢ 清算（write-off/liquidation）。PE 公司将此项投资进行清算并转向另一个项目。

很明显，出售及 IPO 是 PE 投资中最常用也是最有利的退出方式。

私募股权投资的问题

与对冲基金一样，PE 的业绩报告同样存在着一些问题，包括存活者偏差（survivorship bias）、回填偏差（backfill bias）以及其他偏差。正因为这些偏差的存在，PE 公司的业绩通常被高估。此外，由于缺乏流动性，PE 公司可能无法对其投资进行盯市（mark to market），因此会导致投资波动性的低估。

被投资公司的定价

通常有三种方法对被投资公司进行定价：市场或可比公司、折现现金流以及基于资产的方法。

市场或可比公司法（market or comparable approach）利用不同的乘数来衡量公司或者净资产的价值。

折现现金流法（或称为 DCF 法）利用公司未来预期现金流折现的现值来衡量公司或其净资产的价值。如果经过 DCF 法得到的公司价值高于目前的价格，那么就值得投资。

基于资产（asset-based）法用公司的资产市值减去负债市值得到其净资产价值。

私募股权投资需要考虑的问题

PE 投资时，需要考虑诸如当前与未来经济情况、再融资风险等问题。由于 PE 投资往往是长期行为，就需要 LP 有耐心。

不仅 PE 对投资者有要求，投资者也需要对 GP 进行考量。主要考虑的问题是 GP 的相关经验与学识、估值方法、GP 的动机是否与 LP 的利益一致、承诺资本以及相关的退出策略等。

1.7 房地产投资

房地产投资是其他类投资的重要组成部分，投资房地产的理由有如下几点：

- 可能在长期内可以获得租金与物业增值的双重收益。房地产投资具有投资资金密集度大，收益实现时间较长等特点。在经济蓬勃发展时期，投资者可以获得稳定的租金收入，并且可以得到可观的物业增值收益。
- 如果遭遇经济动荡，长期稳定的租金收入可以减轻投资者的现金压力。房地产投资者在与租房者签订租约时就已经确定租金，即使经济不振，也可以得到较为稳定可靠的租金收入。
- 由于与其他主要金融资产的相关性较弱，可以有效分散投资风险。股票、债券、衍生品等主要金融资产与房地产投资的关联性不大，将房地产投资列入投资组合，可以有效降低非系统性风险。
- 可以有效抵御通胀。在通胀高企时期，房地产成为为数不多的有效保值投资种类，投资者可以避免资产受到通胀的侵蚀。

房地产投资的方式

可以通过两个维度区分房地产投资的方式——基于权益与债务，以及私人市场与公开市场，如下表所示。

	基于债务	基于权益
私人市场	抵押贷款结构性借款	直接拥有房地产所有权
公开市场	MBS CMO	投资于房地产公司股票 REIT

以下是房地产投资方式的详细分类：

- 完全所有（outright ownership）：投资者无限期、完全拥有房地产所有权。
- 杠杆权益头寸（leverage equity position）：投资者尽管完全拥有产权，但是为了保有产权，必须受到某种债务条件的约束，一旦债务条件无法满足，需要以产权作为抵押品。
- 抵押（mortgages）：投资者按期得到借款人的利息和本金偿还，而且当借款人无法履约时可以收回房产，因此这是一种间接的房地产投资形式。基于分散风险的目的，投资者可以投资多种抵押贷款。
- 一揽子工具（aggregation vehicles）：通过投资于大量的房地产项目来分散风险。如房地产信托计划（REIT）等。

- 房地产投资信托（real estate investment trusts，REIT）。
  - 基本特征：投资公司出售股份，资金用于投资房地产投资组合。投资者通过购买股份即可以用少量资金分散投资于房地产，无须管理，通常收益相当于高等级公司债券，比货币市场基金高一或两个百分点。
  - 优势：投资方式便利（投入少量资金即可分享房地产产生的收益）、专家管理、流动性好（REIT同股票一样在交易所挂牌交易转让）。REIT又分为股权REIT与抵押REIT——股权REIT投资于已建成的房地产，获得房地产升值或租赁等收入，是最普遍的方式；抵押REIT是为房地产开发商提供以建筑物为抵押的贷款，获取利息收入。
- 混合基金（commingled funds）：由某个中介组织且由相似的机构投资者共同出资，进行房地产投资，可以是开放式，也可以是封闭式。
- 房地产有限合伙人契约（real estate limited partnerships，RELP）：投资者作为有限责任合伙人投资于房地产投资项目，由无限责任合伙人负责管理经营。

房地产投资的特点

- 房地产是无法移动，不可分割，具有独特性的资产。房地产亦称不动产，形象地说明了其特殊属性。
- 房地产仅能与近似的其他房地产相比较。正因为房地产具有独特性，不是标准化的投资品，所以相对定价法在房地产估值中较为常见。
- 市场流动性差，交易成本与管理费用高。房地产投资所需的资金一般都很大，销售过程长、成本高，并且物业需要专门的人员管理，这就造成房地产的流动性较差。
- 没有全国性的或者国际性的拍卖市场，因此很难定价。与股票、债券、衍生品等金融资产不同，房地产没有一个集合竞价的市场，造成信息流通不畅，定价较为困难。
- 由于房地产自身的状况和信息无法自由获取，房地产投资的效率较低。

房地产定价的方法

- 销售比较法（comparable sales approach）：通过价值基准来估计价值，一般价值基准取市场上相似的房地产的市场价格，或者取估价期附近进行交易的相似房地产的平均价格或者中位数价格。该方法的一种正规形式是采用回归的估价方法，该方法认为房地产的价格取决于寿命、大小、位置、空置率，等等，将这些特征量化，然后给每个房地产打分。把相关的所有房地产的价格和这些因素进行回归，得到每个因素对于价格的影响系数。最后将待估价的房地产的各项因子的值代入到回归方程中，得到估计的价格。

  这其实是一种相对估值法，在房地产市场中具有广泛应用。但是，在估值定价过程中，由于房地产的诸多特征有可能被错误定价，并且市场上与待估价的房地产相似的房屋在近期可能没有交易，使该方法具有一定的局限性。
- 收入法（income approach）：用房地产未来的净运营收入（net operating income，NOI）进行贴现得到，采用永久年金的贴现公式：$价格=\frac{NOI}{贴现率}$，贴现率可以用基准资产的价格和未来收入得到：$贴现率=\frac{基准\ NOI}{基准价格}$。

考点总结

在使用收入法对房地产进行定价时，关键要计算净运营收入（NOI）。NOI的计算过程如下：NOI＝潜在的租金毛收入－房屋估计空置率与租金回收损失－保险与税收－水电费－房屋修缮费。这里尤其要注意不能从租金收入中减去房屋折旧费用，这是CFA考试中很容易出错的地方。

- 成本法（cost approach）：估计房屋的现时重置成本，并且加上占用土地的价值，得到房屋的价格。这种方法虽然比较简单，但是非常粗糙，因为房地产的市场价值在很多时候不同于现时建造成本。该方法无法完全描述房地产的全部价值。

房地产投资的风险

与其他的投资类似，房地产投资可能会与预期的业绩表现不一致，因为房地产价值可能会受到经济波动以及资金管理风险的影响，包括如何运用资金来控制支出、管理物业出租以及物业出售等。如果需要长期融资时无法获得有利的融资条件，就会存在很大的风险，以至于后续的项目无法进行。

许多房地产股权投资基金运用杠杆来获得高收益，但是同时也扩大了潜在的损失。同时，由于杠杆的存在，如果资金周转不足，那么还可能无法支付贷款利息，所以投资于房地产股权基金时，应该注意基金的贷款数额，以防范这类风险。

1.8 商品投资

投资者投资于商品可以直接获得经济增长或者消费品增长所带来的收益与回报。由于直接投资于商品较为麻烦（如需要运输费用与储存费用等），一般投资者更愿意投资于以特定商品为标的资产的衍生品。此外，投资于商品还可以对冲通货膨胀风险。

商品投资工具

通过直接投资大宗商品或者商品的衍生产品可以获得商品头寸，以下就是商品投资方式的概括。

- ETF适用于只能购买股票或追求交易简便的投资者。ETF一般通过投资商品或者商品期货来复制商品价格走势。ETF使用杠杆交易，并且一般费率低于共同基金或者信托。
- 通过投资一些与商品直接相关的公司的股票来获得商品头寸，比如投资壳牌石油公司。
- 积极管理的投资基金通过投资商品期货来获得商品头寸，既可以像一般的共同基金一样向公众募集资基金进行投资，也可以像对冲基金一样对投资者设立高门槛。
- 私人管理账户通过选择对某一类商品有了解的专业人士进行投资管理。

投资商品、相关衍生品及相关证券的动机

对于被动投资者来说，投资于商品及相关证券可以有效分散风险，当实体经济发生通货膨胀时，商品价格上升，而金融产品的价格下跌。

对于主动投资者来说，在经济增长时期投资商品可以取得较高收益率。经济增长使得社会总需求增加，商品价格上升。当然，由于生产率的变化，最终产品的价格没有原材料的价格上涨得快，这意味着在不同时期买卖不同的商品是一种积极投资策略。

所谓与商品相关的证券（commodity-linked equity），顾名思义，是那些与商品价格高度相关的证券。如将商品作为重要原材料的公司股票、债券等，这些证券的回报与商品价格高度相关，投资于这类证券，也可以看作对商品的间接投资。

现货溢价与期货溢价

期货溢价（contango）是指期货价格高于现货价格（futures price > spot price）。一般来说，当某项大宗商品的价格处于高位且波动幅度很大时，更有可能出现现货溢价现象。例如，当原油价格处于高位时，一些石化与炼油企业（原油的消费者）就会以买入原油期货的形式规避未来可能的原油进一步上涨风险。如果原油期货市场参与者被此类企业主导，则远期期货的价格被推高，期货溢价现象更为常见。此时这类企业被称之为多头对冲（long hedger）。

现货溢价（backwardation）是指期货价格低于现货价格（futures price < spot price）。与期货溢价相反，如果大宗商品的价格处于低位且波动幅度很大时，生产者担心未来商品的价格进一步下跌，则会在即期卖出大量商品期货，锁定价格，在这种情况下，远期期货的价格下降，如果低于现货价格，则称之为现货溢价。

商品投资的收益率与风险以及加入商品投资后对投资组合的影响

大宗商品的收益有三个来源。

- 抵押品收益（collateral yield）：投机者或套期保值者在远期或期货交易中如果用国债作抵押，那么国债收益率即为抵押品收益。
- 价格收益（price return）：在大宗投资活动中，单边多头方（long－only）由于商品即期价格的变动而得到收益，该收益可正可负，取决于商品即期价格的变动方向。
- 滚动收益（roll yield，或者 convenience yield）：如果投资者或套期保值者进入的远期或期货合约到期，而他们仍然想维持该头寸，则会签订一份新的商品衍生品合约，由于重新签订合约而得到的收益（或损失）称为滚动收益。

考点总结

滚动收益是CFA一级其他类投资考察的重点内容，考生需要重视。首先需要记住，当重新签订合约时，处于backwardation状态时，滚动收益是正的；处于contango状态时，滚动收益是负的。可以这么理解，滚动收益本质上就是期货（或远期）价格的变化减去价格收益的变化，可以假设价格收益的变化为零，则滚动收益就是期货（或远期）价格变化。对于backwardation来说，合约签订时期货价格小于现货价格，随着到期日的临近，期货价格不断上升，逐渐靠近现货价格，至到期日，期货价格等于现货价格，投资者会获得正收益。相反，对于contango来说，合约签订时期货价格大于现货价格，随着到期日的临近，期货价格不断下降，逐渐靠近现货价格，至到期日，期货价格等于现货价格，投资者会获得负收益。CFA考试的时候并不会考原因，只会考对还是错，问backwardation的rolling yield是负的，是对还是错？其实很简单，只要知道什么是backwardation，稍微思索一下便可得到答案。注意，这里考虑的衍生产品都是针对多头（long），如果是针对空头（short）直接取一个负数就好。

金融资产由于对于经济周期的反应不及大宗商品，因此如果当前经济正处于通货膨胀状态或者货币政策从紧时，金融资产的表现就不那么理想了。此时，就应该在投资组合中加入大宗商品的头寸。如果在投资组合里加入商品指数投资，可以使投资分散化，因为它们的价格与证券价格无关，同时还可以抵御通胀。

解释商品指数投资策略为什么属于主动投资

我们知道，证券指数策略是一种被动投资策略。但是，由于在商品投资中需要不断通过调整保持适当仓位，因此商品指数策略被认为是一种主动投资。由于大宗商品的周转率非常高，合约到期之后，需要重新签合约，而大宗商品指数一直在变，就没有办法进行有效跟踪。许多商品衍生交易的管理者也在同一时间里对合约展期，并支付更高的交易成本，使得商品指数投资策略的收益率下降。

商品指数投资中另外两个方面也需要积极管理。由于商品指数权重根据商品生产量及消费量不断变动，因此管理者必须为了匹配指数而不断调整商品投资结构。此外，现金抵押品需要不断地用于短期现金等价物（如国债）的投资，须进行积极管理，这也表明商品指数投资策略属于主动投资。

1.9 基础设施投资

基础设施资产指的是那些对资本敏感，长期被公众使用为公众服务的房产。投资者投资的目的是期望获得稳定的现金流，这些现金流根据经济增长、通货膨胀等因素调整。不仅如此，投资者也希望从中获得资本升值。

基础设施分类

根据使用用途分为经济基础设施资产和社会基础设施资产。经济基础设施资产指的是为经济活动提供支持的资产，比如交通基础设施（马路、桥等）和公共基础设施（水、电等）；社会基础设施资产包括交流资产（教育、医疗等）。

根据资产的发展阶段，又可以分为棕色领域投资（brown field investment）和绿色领域投资（green field investment）。前者投资的时期较晚，通常这些资产已经被政府控制或持有；后者投资时间较早，通常属于在建工程。

基础设施投资还可以根据投资位置的不同来划分，理论上，基础设施建设可以在全球范围内投资。

基础设施投资形式

基础设施投资形式可以分为直接投资和间接投资。大多数基础设施投资的形式都是间接投资。可公开交易的基础设施证券提供了诸如流动性、透明度高等有点，最有名的例如 MLP（Master Limited Partnerships）。

基础设施投资风险和回报

现金流稳定而且分红较多是基础设施建设的优点，但是，与此同时，基础设施投资的成长空间小，预期收益率较低。

存在的风险比如基础设施的收入不稳定，存在杠杆融资的风险、操作风险和建设风险等。

1.10 其他类投资风险管理

其他类投资工具的风险管理与传统投资工具具有一些不同之处。因为其他类投资工具的风险与回报情况常常是非对称的，并且组合的透明度与流动性都不高。常见的投资比如收藏品投资。收藏品被归类于“其他的其他类投资”，收藏品投资领域方兴未艾，具有较好的前景。常见的收藏品投资有艺术品（油画、雕塑等）、酒类、邮票与钱币、珠宝与手表等。收藏品投资的重要特点是投资者几乎只能通过藏品升值的方式获得收益，并且投资周期较长，藏品的流动性差，交易成本较高。收藏品投资与传统投资方式有很大不同，市场进入门槛较高。投资者必须具有一定的专业鉴别技术与丰富的收藏经验，否则一旦买入假货或者赝品，就很有可能遭受巨大损失。另外，一些珍贵收藏品的保存条件要求很高，如某些酒类需要恒温恒湿保存，油画的保存条件也较为苛刻，这也造成投资于收藏品的成本较高。

总体来说，与传统投资工具相比，其他类投资工具的流动性普遍不强。特别是在其他类投资工具的私人市场，流动性尤其差。例如，私募基金投资与具有完全产权的房地产投资的流动性很差，具有较长锁定期，万一投资失误，负面影响将会持续很长时间，并且不能及时得到投资回报。于是，在这种情况下，对投资项目的选择与风险控制显得尤其重要。

此外，用于测量传统投资工具的指标，如平均回报率、回报率标准差，贝塔等并不能完全度量其他类投资工具的风险，在度量特定其他类投资工具时，这些指标不太可靠。

投资及风险管理

在投资风险管理的过程中，投资经理根据投资组合的策略进行投资的配比，与此同时，投资者也应该对投资经理的风险管理进行有效监控。

其他类投资由于投资产品的不同，风险也会不同，比如，非公开市场投资（PE 投资与房地产投资）与公开市场投资（商品期货、REIT 等）的风险就有所不同。对于非公开市场投资来说，以 PE 投资举例，往往需要一个较长的投资锁定期，因此流动性不强。但公开市场投资的流动性就显著优于非公开市场投资，价格也能及时得到反映。

在实际的投资操作过程中，投资者应该意识到指数的历史收益以及风险可能无法反映其真实情况。投资表现可能会与经济周期高度相关，尤其是大宗商品与房地产投资。并且过去的表现也无法预示未来的表现。对于投资经理来说，一些流动性差的投资，比如 PE 投资，如果仅投资一个项目有可能完全赔本，因此分散化投资就显得尤为重要。此外，投资经理还应该注意管理风险以及如何使用杠杆。

还需要注意的一点是，高业绩激励费并不一定导致投资者的利益受损，因为高费率使得投资者与投资经理的利益趋于一致。所以，高业绩激励费是一把“双刃剑”，既鼓励了投资经理，但同时又使得投资者的成本增加。

我们之前说过，在投资分析时，一定要做尽职调查（due diligence）。对于投资者来说，由于其投资的产品的信息不够透明，如对冲基金等，尽职调查很有必要。而对于对冲基金、PE 投资基金以及房地产公司来说，尽职调查也是必不可少的。如果要投资流动性差的公司，那就有必要经常对其进行独立的估值。

风险及收益的度量

夏普比率一般来说是一种较好的衡量风险收益的方法，但资产的非流动性决定了这种方法在衡量其他类投资的风险收益时并不合适。非流动性是指在估值的过程中运用的是估计的价格，而非实际的交易价格，结果导致收益被高估，风险被低估。此外，用标准差来衡量风险水平忽视了实际的分散化投资的效果。

许多其他类投资的收益分布并不满足或者接近正态分布，而是趋向于高峰（leptokurtic）和左偏（negatively skewed）。因此，对下行风险的评估就显得尤为重要，比如使用在险价值（VaR）来衡量预期的最小损失。如果在分析过程中假设了正态分布，那么会低估下行风险。

后　记

写书是一项系统工程，从书的策划到最终脱稿，从框架体系到具体内容，从第一稿到最后的清样，很多人都为此投入了大量的精力，耗费了许多的心血，反复地讨论，不断地争执，最后达成意见统一。在整个编写过程中，所有人不敢有一丝一毫的懈怠，担心任何一个遗漏或者笔误会辜负大家对金程教育的期望，对承诺的期望。因为我们深知自己担负的是责任，是信任，是托付。

我们知道我们是在多少人的关爱、重托和信任下成长的，一套书的出版是众多人的心血智慧和殷切希望。借此机会，首先，我们要感谢那些培养我们成长的孜孜不倦的师长、对我们寄予厚望的家人和对我们充满期待的读者，没有这种鞭策、期待和信任，就没有我们的今天，没有我们的成长和本书的出版。

其次，我们要感谢活跃在教学第一线、专注热情和全心投入的金程教育 CFA 教学团队，他们的全情投入、对培训事业一如既往的关注，是促成本书出版的关键要素，他们在教学过程中总结的方方面面，不断地为丛书注入新内容，添入更有价值的元素。

再次，我们要感谢在本书编撰过程中金程教育金融研究院的研究员和机械工业出版社华章公司的编辑们，他们默默付出，加班加点，忍受孤独，互相包容，困难时彼此鼓励。正是这种辛勤工作，确保了本书的正确性和可读性。作为本书的“把关员”，他们以其专注和投入，尽职尽责地守护读者信任。

最后，我们要感谢养育和培养我们的父母，关注我们成长的兄弟姐妹和朋友，没有这种关注、鼓励和支持，就没有我们今天胸怀天下、为人诚恳和踏实做事的态度。

总而言之，希望我们的努力能够回报社会、帮助读者，希望我们的不足能够得到大家的原谅和帮助。真诚欢迎读者指出所有的问题，因为我们是诚意的，我们是努力的，我们是向上的。

祝所有 CFA 考生顺利通过考试，祝所有有志于金融行业的人们实现职业理想！

汤震宇　博士

金程教育首席培训师

金程教育金融研究院院长

CFA FRM CTP CAIA CMA RFP 经济师 CISI 会员

2017 年 3 月于上海